北京西城年鉴

BEIJING XICHENG NIANJIAN

2018

北京市西城区地方志编纂委员会办公室　编

中華書局

图书在版编目（CIP）数据

北京西城年鉴．2018／北京市西城区地方志编纂委员会办公室编．--北京：中华书局，2018.10
ISBN 978-7-101-13470-4

Ⅰ．①北… Ⅱ．①北… Ⅲ．①西城区－2018－年鉴
Ⅳ．①Z521.3

中国版本图书馆CIP数据核字(2018)第230028号

责任编辑 李晓燕
版式设计 刘明月
封面设计 刘明月

北京西城年鉴2018
北京市西城区地方志编纂委员会办公室 编
*
中华书局出版
（北京市丰台区太平桥西里38号 100073）
http://www.zhbc.com.cn
E-mail:zhbc@zhbc.com.cn
北京信诚世纪文化传媒有限公司印刷
*
787×1092毫米 1/16 34.75印张 36插页 1053千字
2018年12月第1版 2018年12月第1次印刷
印数：1000册 定价：180.00元

ISBN 978-7-101-13470-4

《北京西城年鉴》编辑部

编 辑 说 明

一、《北京西城年鉴》是一部综合性资料性工具书，在中共北京市西城区委和西城区人民政府的领导下，由区地方志编纂委员会办公室主持编纂。

二、《北京西城年鉴》以邓小平理论和“三个代表”重要思想为指导，贯彻落实科学发展观、习近平新时代中国特色社会主义思想，遵循实事求是的原则，科学、客观地反映实际情况，为领导决策提供可资参考的依据，为各行各业提供有价值的资料，为各方面人士了解西城、研究西城提供最新信息。

三、《北京西城年鉴》从2000年开始，逐年编纂出版。当年出版的年鉴，全面记述上一年度西城区在各条战线、各个方面所发生的重大事件和新的情况，系统汇集重要的文献。以记述西城区属各系统、各单位情况为主，对境域内中央、市属有关单位适当记述。

四、《北京西城年鉴》以条目体为主，用语体文记叙，直陈其事，文字力求言简意赅。文内一般直书月、日，不再书写上一年度年份。

五、《北京西城年鉴(2018)》记述2017年1月1日至12月31日期间情况，设有特载、专文、大事记、党派、政权·政协、群众团体、政法·军事、重大改革·功能街区建设·重大项目建设、综合经济管理、工业·商贸、金融、城市建设、交通·邮电·公用事业、城市管理、科技·教育、文化·旅游·体育·卫生、社会生活、街道、人物、统计资料、附录共21个一级栏目。一级栏目下设二级栏目，二级栏目下设分目，分目下设条目。

六、《北京西城年鉴(2018)》收有西城区党、政、军、各民主党派、各人民团体、街道、部分企业负责人名录，驻区部分单位负责人名录，以及获国家、中央部委、北京市奖励与荣誉称号的单位和个人名单。所列均以2017年内为限。

七、《北京西城年鉴（2018）》所选文章和条目，均由各部门、各单位确定专人撰写，并经主管负责人审核。统计资料由区统计局提供。照片由各单位及区新闻中心提供。

八、《北京西城年鉴（2018）》由《北京西城年鉴》编辑部负责编辑，进行文字加工和版式设计。编辑部设在西城区地方志编纂委员会。

九、《北京西城年鉴（2018）》在编辑出版工作中，得到了全区各单位和社会各界的大力支持和帮助，在此一并表示感谢。由于编辑水平所限，疏漏与不足在所难免，恳请广大读者批评指正。

中国共产党北京市西城区第十二届委员会第五次全体会议

北京市西城区第十六届人民代表大会第四次会议

中国人民政治协商会议北京市西城区第十四届委员会第二次会议 ▶

◀ 中共北京市西城区第十二届纪律检查委员会第三次全体会议

北京市西城区监察委员会成立大会 ▶

区委区政府理论学习中心组集中学习十九大报告

西城区十九大代表到基层宣讲

十九大代表潘瑞凤到社区宣讲十九大精神

广外街道举办区域化党建项目发布会暨智慧党建上线仪式

什刹海风景区疏解整治促提升临时党支部成立仪式

椿树街道工会开展“探寻发展之路”系列主题活动

西城区首家党建讲习所在牛街街道启动

青年党员学习十九大精神

西城区举办宣传党的十九大精神主题晚会

◀区政府向公众报告工作

西城区参与型社区分层协商模式现场观摩推进会 ▶

区人大代表、政协委员监督经济适用住房摇号全过程

部门一把手接听“12341”区政府服务热线成常态

德胜街道召开年度平安边界建设联席会议

金融街核心区巡更系统正式启动

月坛街道提升环境品质设立自行车停放区

西城房地中心秩序维护员入驻背街小巷，开启街巷物业服务

我的西城宜居创想——北京市西城区街区、胡同公共空间创意设计方案征集（暨概念大赛）活动

什刹海景区拆除酒吧违建

德胜街道拆除违建

展览路街道整治群租房

新街口街道利用公共空间服务周边快递行业

大栅栏街道开展“亮出天际线”专项行动

万通商城闭市

天意新商城闭市

东鼎市场闭市

西城区组织重点企业赴河北固安交流宣介

义务植树日，西城区领导与广外街道干部群众参加义务植树

陶然亭街道提升街巷品质

广内街道善果胡同微更新点完成改造

区领导检查低洼院落

区环保局检查锅炉环保改造情况

西城区开展“大气污染综合治理秋冬季攻坚行动”

◀白塔寺地区街巷长和准物业管理启动仪式

西长安街街道"红墙"准物业保洁模式在南北长街试点，运用数字化云平台管理街巷 ▶

全区八成以上小区实现垃圾分类

西城区"公厕革命"

◀西城互联网+生活性服务业体验馆亮相北京国际服务贸易交易会

2017北京西城电子商务促进会

“2017北京国际茶业展·北京马连道国际茶文化展·遵义茶文化节”专题推介会在北京展览馆举行

“菜百首饰”6月1日正式上线 ▶

西单商场获北京十大商业品牌称号

英国百货公司哈罗德（Harrods）的Mini店“英园”进驻大栅栏

白塔寺药店开通微信抓药（中药饮片调剂代煎）便民服务

大栅栏•北京坊竣工

2017"中国旅游日"启动仪式暨北京旅游志愿服务活动在什刹海举办

北京旅游博览会上的北京西城旅游展台

第十六届什刹海旅游节开幕式

"拒绝不合理低价游 明明白白去旅游"宣传活动进社区

北京大观园第二十二届红楼庙会

西城区检察院举办公众开放日

西城区法律援助进校园活动启动仪式

“西城法援护航夕阳红”试点启动

2017年西城区统计法律知识竞赛暨诚信统计单位授牌仪式

西城区举办庆祝中国人民解放军建军90周年大会

西城区人武部欢送入伍新兵

西城交通支队召开庆“三八”节女警、辅警座谈会

国家安全日宣传活动

西城区举办2017年旅游行业第三届安全技能大赛

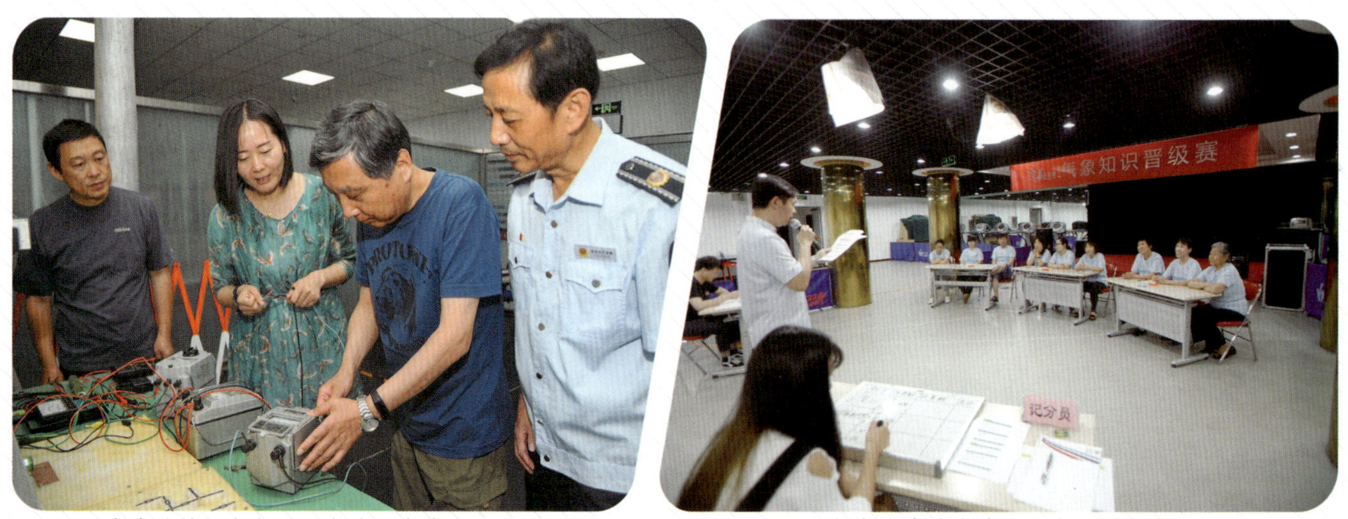

区安全监管局主办2017年度“安全生产大培训”

区气象灾害防御中心举办知识竞赛

椿树街道设立微型消防站 ▶

什刹海街道治安巡逻车覆盖辖区内街巷达90%

▲新街口街道举行反恐演习

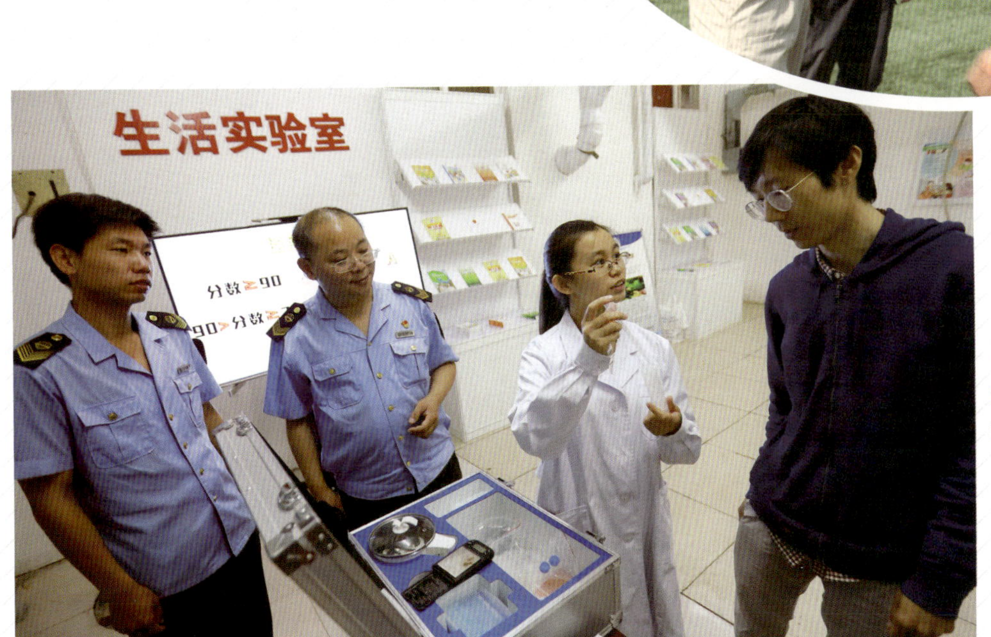

◀ 西长安街街道安全教育“氧吧”投入使用

◀ 西城区教育系统十佳女教师评选揭晓

进步小学金帆管乐团在第65届欧洲国际青少年音乐节上获得一等奖▶

西城区“城宫计划”实现义务教育阶段的全覆盖▶

“北京市西城区教育系统小学校长教师实训基地”授牌仪式

一五六中校园中开辟出小麦杂粮田

西城经济科学大学举办社区教育特色课程

第四届“西城杯”幼儿教师
实践评优活动颁奖暨第五届名师工作室拜师大会

宣武红旗业余大学首届大学生
创新创业培训班举办创业项目路演

西城区科普活动周启动仪式

西城区全国科普日暨第六届西城区“简约生活、创意无限”设计大赛颁奖仪式在大观园举行

西城区青少年儿童图书馆打造的“少儿智慧空间体验馆”免费开放

天桥街道举办科普知识进社区活动

西城区举办抗战中的西城史料展

“诵读经典 传承京味”——老舍读书会在大栅栏街道民俗图书馆成立

北京大观园举办中英文双语红楼诗会

◀ 老挝赛色塔县代表团访问西城区

西城区代表团向柬埔寨隆边区赠送环卫设施 ▶

◀ 斯洛伐克皮示佳尼市代表团访问西城区

“青年之桥 丝路使者”第一期文化体验交流活动在二十一世纪饭店举行

西城区与甘肃省嘉峪关市缔结友好区市关系，“丝路明珠·魅力嘉峪关”摄影展同时在民族文化宫举办

西城区和市港澳办在国家大剧院共同举办“庆祝香港回归20周年——京港交流音乐会”

在台湾新北市淡水广场举行的“第六届北京特色周”活动中，老舍茶馆为台湾同胞带去特色茶体验

“亲情中华”海外华裔青少年北京夏令营全体营员到西城参观体验

“爱满京城”西城区“三关爱”志愿服务活动启动

西城大妈争当食药安全志愿者

大栅栏街道三井社区“志愿五环”服务模式发布仪式在老舍茶馆举行

牛街街道举办道德讲堂系列“身边·印象牛街”活动

广内街道发布“共享单车文明公约八条”

西城区举办纪念活动庆祝申冬奥成功两周年

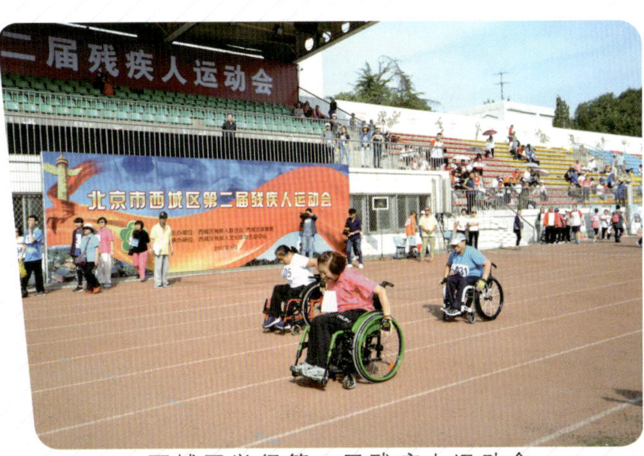

西城区举行第二届残疾人运动会

牛街街道举办“非遗武术进社区　全民健身总动员”主题活动

白纸坊街道首届“坊间杯”足球邀请赛开幕

北京西城国际金融体育康乐节暨2017
金融街地区第九届龙舟赛比赛现场

西城区老干部金秋
趣味运动会开赛▶

《天桥街道志》首发

第十二届文博会西城展区

西城区清明寒食系列活动在陶然亭公园举办

中国首届国际打击乐艺术节登陆西城

"弘武•继艺"武术专场演出在天桥剧场举办

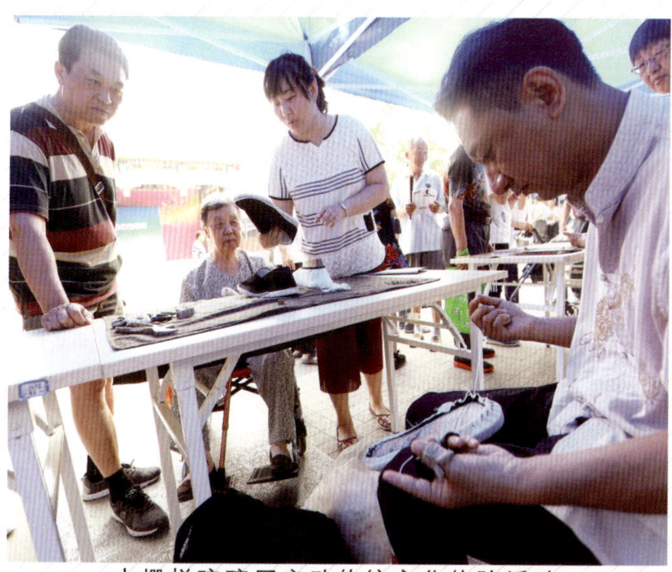
大栅栏琉璃厂启动传统文化体验活动

椿树街道举办首届文房四宝艺术节

广外街道举办首届"国弈"文化节

宣南博物馆举办宣南文化讲座

广外医院创建三级中西医结合老年病医院评审大会

西城区检查幼儿园所健康管理服务工作

护国寺中医医院与北大人民医院签约 北大人民医院专科医联体

北京市第二医院携手养老院，试点医养结合远程医疗

流动红十字会服务站

西城区全民健康生活方式行动第二阶段启动

月坛街道政务公开主任办公会开进社区

新街口街道冠英园社区居民票选公益金扶持项目

金融街百姓生活服务点投入使用

牛街第一届清真烹饪比赛

白纸坊街道家庭人口文化节开幕

广安门桥区花带

金融街中央绿地——“草原风光”绿雕

西单文化广场

京韵园微公园

新华1949文化创意园区

西城区行政区划地图
图 例
县级行政中心
乡、镇、街道、地区
机关单位
医院
学校
宾馆
购物中心
博物馆
世界遗产
旅游景点
公寓大厦
其他
高速公路
一级街道
二级街道
三级街道
四级街道
铁路及车站
朝阳区
东城区
海淀区
丰台区
西城区人民政府
北京市
德胜街道
北下关街道
展览路街道
新街口街道
什刹海街道
交道口街道
金融街街道
月坛街道
西长安街街道
广内街道
广外街道
牛街街道
椿树街道
大栅栏街道
天桥街道
陶然亭街道
白纸坊街道
太平桥街道
甘家口街道
北太平庄街道
安贞街道
东华门街道
天坛街道
前门街道
北京动物园
玉渊潭公园
官园公园
北海公园
景山公园
中山公园
故宫博物院
劳动人民文化宫
青年湖公园
地坛公园
陶然亭公园
大观园
北京古代建筑博物馆
莲花池公园
紫竹院公园

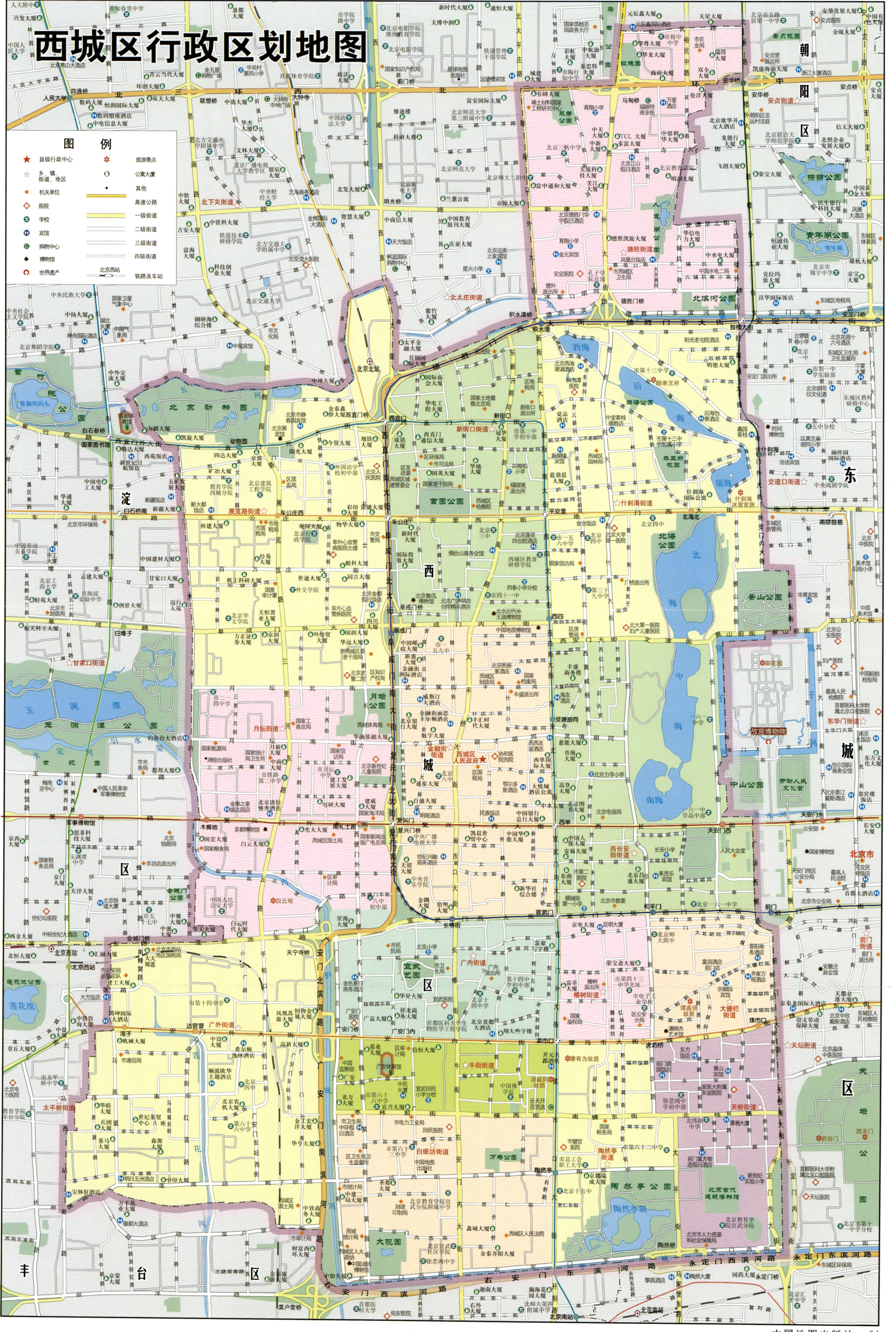

中国地图出版社 制

目 录

特 载

专 文

大事记

党 派

政权 政协

群众团体

政法　军事

重大改革　功能街区建设 重大项目建设

综合经济管理

工业　商贸

城市建设

交通　邮电　公用事业

城市管理

科技　教育

文化　旅游　体育　卫生

社会生活

街　道

人　物

统计资料

附　录

索　引

BEIJING XICHENG YEARBOOK

CONTENTS

特 载

在区委十二届五次全会上的讲话

中共北京市西城区委书记 卢映川

（2017 年 11 月 11 日）

同志们：

这次会议的主要任务是，坚持以习近平新时代中国特色社会主义思想为指引，深入抓好党的十九大精神学习宣传贯彻，按照市委十二届三次全会决策部署，奋力推动西城新发展。刚才，少峰同志传达了市委十二届三次全会精神。下面，我代表区委常委会讲四个方面的意见：

一、坚定不移以习近平新时代中国特色社会主义思想为指引，坚决贯彻落实好中央、市委关于学习宣传贯彻党的十九大精神的重大决策部署

党的十九大是在全面建成小康社会决胜阶段、中国特色社会主义进入新时代的关键时期召开的一次十分重要的大会。大会鲜明提出的习近平新时代中国特色社会主义思想，深刻回答了新时代坚持和发展中国特色社会主义一系列重大理论和实践问题，进一步指明了党和国家事业的前进方向，是我们党团结带领全国各族人民在新时代开启新征程、续写新篇章的政治宣言和行动纲领。大会审议通过的《中国共产党章程（修正案）》，将习近平新时代中国特色社会主义思想写入党章，确立为我们党必须长期坚持的指导思想，必将对推进党的事业和党的建设发挥根本性指导作用。大会审查批准的中央纪委工作报告，对进一步加强党风廉政建设和反腐败斗争提出了要求。大会及十九届一中全会选举产生了新一届中央领导机构，进一步确立了习近平同志在党中央和全党的核心地位，反映了全党全国各族人民的共同心愿。

认真学习宣传贯彻党的十九大精神，是全区当前和今后一个时期的头等大事和首要政治任务。一段时间以来，全区广大党员干部群众及时认真收看收听大会盛况，区委在第一时间召开常委（扩大）会议、全区领导干部大会进行传达学习，做出安排部署。全区上下积极行动起来，倾心倾力投入学习宣传贯彻，各级理论学习中心组认真学习、深入研讨，“三级党代表走基层”、“九进”（进机关、进社区、进企业、进学校、进军营、进“两新”组织、进街巷、进网络、进家庭）宣讲生动活泼、深入人心，各街道各部门学习宣传活动形式多样、载体丰富、有声有色，迅速掀起了学习宣传贯彻的热潮。

我们要坚决贯彻落实好习总书记关于对党的十九大精神“来一个大学习”、“学懂弄通做实”的重大指示精神，贯彻落实好中央决定和市委实施意见要求，按照市委书记蔡奇在市委十二届三次全会上提出的“六个全面学习宣传贯彻”和“以上率下、步步深入”，特别是到西城宣讲调研时提出的“四个下足功夫”要求（在认真学习把握习近平新时代中国特色社会主义思想上下足功夫、在落实党的十九大提出的各项目标任务上下足功夫、在践行以人民为中心的发展思想上下足功夫、在全面从严治党上下足功夫），切实把党的十九大精神学习宣传好、贯彻落实好，切实用党的十九大精神，特别是习近平新时代中国特色社会主义思想武装头脑、指导实践、推动工作，持续掀起学习宣传贯彻热潮，并不断引向深入。

我们要全面学习领会党的十九大精神，并着力在以下五个方面深下功夫，切实提高思想认识。

一是要深刻学习和认识理解过去五年党和国家事业发生的历史性变革及其根本原因，更加坚定自觉地维护核心、维护党中央权威和集中统一领导。过去五年的成就是全方位的、开创性的，五年来的变革是深层次的、根本性的。取得这些重大历史性成就，最根本在于有习近平总书记这个坚强领导核心为全党掌舵领航，有习近平新时代中国特色社会主义思想的科学指引。没有习总书记两次视察北京重要讲话精神和首都治理思想的指引，就不会有今日北京发展的良好局面。我们要更加坚定自觉地维护好习近平同志在党中央、在全党的领导核心地位，维护好以习近平同志为核心的党中央权威和集中统一领导。

二是要深刻学习和认识理解中国特色社会主义进入新时代和我国社会主要矛盾发生变化两个重大政治论断，更加

坚定自觉地担当起当代中国共产党人肩负的历史使命。中国特色社会主义进入新时代的重大政治论断，深刻揭示了我国发展新的历史方位。我国社会主要矛盾发生变化的重大政治论断，深刻揭示了我国经济社会发展的阶段性特征。只有深刻认识这两个重大政治论断，才能够更加深切理解和认清新时代我们党要团结带领人民进行伟大斗争、建设伟大工程、推进伟大事业、实现伟大梦想的历史使命。我们要进一步增强政治责任感和历史使命感，自觉肩负起职责使命，向着奋斗目标坚定前行。

三是要深刻学习和认识理解习近平新时代中国特色社会主义思想及其重大的理论和实践指导意义，更加坚定自觉地以这一伟大思想为指引开拓奋进。党的十九大最重要的历史性贡献就是提出了习近平新时代中国特色社会主义思想，并确立为我们党必须长期坚持的指导思想。这是以习近平同志为主要代表的中国共产党人顺应时代发展，把马克思主义基本原理同当代中国发展实践紧密结合创立的，是我们向新征程新目标奋进的科学指引和行动指南。我们要更加坚定自觉地以这一伟大思想为指引，切实武装头脑，切实自觉坚守，切实在实践中躬身力行。

四是要深刻学习和认识理解历史交汇期和新时代中国特色社会主义发展的战略安排，更加坚定自觉地把各项重大任务不折不扣地落到实处。党的十九大提出了历史交汇期和向第二个百年奋斗目标迈进的两个阶段的战略安排，明确了今后一个时期的重大任务。这一系列战略安排和重大目标任务，清晰勾画了党和国家未来发展的宏伟蓝图和科学路径，集中宣示了今后一个时期我们党的施政纲领。我们必须深入学习领会好其中的丰富思想观点和具体要求，切实转化为我们做好工作的精神动力和思路举措，自觉贯彻落实到各项工作中去。

五是要深刻学习和认识理解新时代党的建设总要求，更加坚定自觉地履行好管党治党责任、切实提高执政能力和领导水平。党的十九大报告明确指出，“四个伟大”中起决定性作用的是党的建设新的伟大工程，鲜明提出了新时代党的建设总要求，特别强调要以加强党的长期执政能力建设、先进性和纯洁性建设为主线，以政治建设为统领，把党建设好、建设强，使我们党始终走在时代前列、得到人民衷心拥护，并从政治建设、思想建设、组织建设、作风建设、纪律建设和制度建设等方面作出了一系列具体部署。全区各级党组织、每一名党员干部，都要认真领会这些部署要求，始终把党的建设作为重要政治责任，牢牢扛在肩上。

党的十九大精神博大精深、内涵丰富。我们要坚决按照中央、市委重大决策部署，进一步掀起学习宣传贯彻的新热潮。要坚持首善标准，重点抓好各级中心组学习，分层分批实施好全区党员干部大轮训，深入开展好“三级党代表走基层”、“九进”宣讲活动，精心组织好“砥砺奋进再扬帆”系列主题宣传，推动党的十九大精神家喻户晓、深入人心。要坚持领导干部带头学，坚持学原著、读原文、悟原理，注重全面学、系统学与专题学，注重联系区域职责定位与岗位工作实际学，注重跟学带学，围绕“新时代的历史使命”、“新时代的重大论断”、“新时代的重大思想”、“新征程的战略安排”、“新时期的重大任务”等专题，深入开展研讨交流，引导全区广大党员干部群众更加坚定自觉地把思想和行动统一到党的十九大精神上来，学出信仰、学出信心、学出担当、学出干劲，坚决做习近平新时代中国特色社会主义思想的忠诚信奉者、自觉坚守者和躬身实践者。

二、坚定不移担当好推动首都核心区新发展的使命职责，努力在建设国际一流的和谐宜居之都进程中走在前列

学习贯彻党的十九大精神，必须紧密联系首都和核心区工作的特殊地位和极端重要性，紧密联系区情实际和现实问题，全面对标对表，不断引向深入。我们要清醒认识到，面对新时代首都发展的战略要求和核心区的职责使命，加强“四个中心”功能建设、提升“四个服务”能力还有很多不足，“大城市病”治理任重道远，人口、功能过度聚集状况尚未得到根本改变，城市精细化管理、智能化运行水平有待进一步提高，防范处置传统和非传统安全风险工作体系和能力现代化水平，与首都定位要求还不完全匹配。面对社会主要矛盾变化新特征，我们在满足群众日益增长的美好生活需要方面，还存在很多发展不平衡不充分的问题，还有近10万户居民居住在老旧平房区，优质教育、养老服务、人居环境、生活便利等服务供给与群众需求相比，还有不小差距，背街小巷、老旧小区、平房院落管理服务还要大力提升。面对新征程战略部署和目标要求，我们在业态转型升级、结构深度优化上还有很大提升空间，抓住新科技革命机遇实现创新发展还有很大潜力，历史文化保护和先进文化传播仍需进一步加强，适应社会深刻转型的运行调节机制尚不完善，公共责任体系构建、市民文明素养提升等社会治理基础重塑任务艰巨。面对新时代党的建设总要求，我们仍然存在许多薄弱环节，一些党组织组织力不强、战斗堡垒作用不突出，一些党员干部在纪律、作风、现代治理能力和国际化视野上还有欠缺。我们要聚焦新时代、新特征、新部署、新要求，把全面学习贯彻党的十九大精神与落实市第十二次党代会精神、区第十二次党代会部署紧密结合起来，牢固树立“四个意识”，始终坚持首善标准，深入践行“红墙意识”，推动西城不断实现新发展，走向更加美好的明天。

我们要坚持站在国家和首都大局高度谋划推动工作，以首都城市战略定位统领区域发展管理和一切工作。西城区是首都核心区，必须清醒认识和把握自身在首都职能履行中所处的特殊位置、所负的重大职责使命，始终以国家和首都大局为重、为先。最核心最重要的要求就是，始终坚持以习近平总书记视察北京重要讲话精神为根本遵循，始终把落实“四个中心”定位作为根本标尺，始终把服务保障首都职能履行作为第一要求，以此统领区域发展和管理，统领全区各项工作，做到功能业态布局与城市战略定位相一致，人口资源环境与城市战略定位相协调，服务保障能力与城市战略定位相适应。紧紧围绕政治中心定位的落实，深入推进非首都功能疏解和空间布局优化，不断提升各方面保障能力和服务水平。紧紧围绕文化中心定位的落实，坚决履行好历史责任和新的文化使命，不断提升历史文化名城保护水平和区域文化软实力。紧紧围绕国际交往中心定位的落实，全面服从服务国家战略需要，不断提升国家外事活动服务保障能力和区域开放水平。紧紧围绕科技创新中心定位的落实，切实发挥好资源优势，不断提升创新驱动发展能力和智能化管理水平。

我们要注重从社会主要矛盾发生变化的新特征出发，以改革创新、转型发展不断满足人民群众对美好生活的新期待。我国社会主要矛盾的变化，在北京这座特大型城市尤其是作为核心区的西城体现得十分突出，我们必须深入分析、切实把握。要深刻认识到，人们对更好教育、更稳定工作、更满意收入、更可靠社会保障、更高水平健康和养老服务、更舒适居住条件、更优美环境、更丰富精神文化生活等方面的需要在持续增加，并且呈现出不断升级态势；与此同时，人们对民主、法治、公平、正义、安全、环境，对共同富裕、人的全面发展、社会全面进步等方面的需要也日益增长，呈现出“便利性、宜居性、多样性、公正性”的新特点。与之相比，我们发展不平衡不充分的问题还广泛存在。必须主动适应变化，进一步增强推动转型发展的定力、实现发展转型的能力，深入贯彻新发展理念，以深化供给侧结构性改革为牵引，全面推动各方面改革创新。我们要准确分析把握社会主要矛盾变化在我区的具体体现，坚持问题导向，立足区域实际，紧扣创新发展、减量发展、绿色发展、均衡发展、共享发展，切实走出疏功能、控人口、治环境、惠民生、提品质、增宜居的转型发展新路子。要更加深入细致地体察群众需求，进一步改进我们的工作方式，把各项工作做得更扎实、更细致，更加符合群众的心思。要按照新时代要求，不断提高政策创制能力、实践推动能力，更好解决区域发展出现的新问题，更好推进各项事业协调发展，更全面地实现好人民群众的根本利益。

我们要切实把实施新版总体规划作为总抓手，以首善标准全面推进国际一流的和谐宜居之都核心区建设。新版北京城市总体规划，是在习近平总书记亲自指导下编制的，集中全面体现了党中央对首都工作的要求。实施好新总规，就是当前和今后一个时期我们学习贯彻党的十九大精神的具体要求和实际行动。我们要坚持以总体规划为任务书、路线图，全面落实好每一条要求、每一项部署，有效转化落实总规“4+1”课题研究成果，严格落实好“一疏、双控、三减、四降”（疏解非首都功能，建筑总量和人口规模调控，减重、减负、减量，降低人口、建设、商业、旅游密度），努力把宏伟蓝图逐步变成现实。要积极发挥主动性、创造性，进一步细化深化规划实施措施，明确目标任务、阶段安排、实施步骤、项目方案、政策措施，让各项规划要求扎实细致落到实处。要紧紧抓住关键领域和环节，以科学务实精神推进规划管理方式和管理工具创新，努力形成一套与超大型城市相匹配、更有效更管用的制度、举措、机制，不断提升城市规划建设管理水平。要坚持把工匠精神贯穿到规划实施各方面、全过程，坚持稳扎稳打、不懈进取，坚持精雕细刻、精益求精，一环紧扣一环，一茬紧压一茬，一步步推动城市日益走向更加和谐宜居、更加精致美好。我们作为核心区，就应该有核心区的样子，有核心区的追求，就要体现在实施总体规划的首善标准上，努力建设功能布局更优、发展水平更高、生态环境更美、精神风貌更佳、城市管理更精细、公共服务更优质的首都核心区。

我们要自觉紧密结合新时代中国特色社会主义发展战略安排，以强烈责任担当推动核心区发展与治理始终走在前列。面向未来，北京建设伟大祖国首都、大国首都、强国首都的历史进程已经展开并迈出坚实步伐。这一历史进程，与党的十九大提出的两个阶段战略安排高度契合，与“两个一百年”奋斗目标紧密对接。市委书记蔡奇多次强调指出，西城区“地位特殊、责任重大，是全市工作的重心”。这个重大责任，就是要推动区域发展始终在首都发展新的历史进程中走在前列，自觉为全市乃至全国当标杆、作表率。这个重大责任，是由西城特殊区位、特定职能所决定的。能不能完成好这个重大责任，是对我们“四个意识”的重要检验。我们必须坚决贯彻从政治上看西城的要求，切实提高政治站位，坚持和加强党的领导，把中央和市委重大决策部署不折不扣落实到位，发挥好区委总揽全局、协调各方的作用。要始终坚持看得远、谋得深、想得细、干得实，不断把各项工作做得更扎实、更出色，让中央和市委放心，让全区人民满意。要主动作为、奋发有为，努力为建设好伟大社会主义祖国首都、迈向中华民族伟大复兴的大国首都、国际一流的和谐宜居之都作出西城应有的贡献。

三、坚定不移推进发展和管理转型、全面提升城市品质，切实把党的十九大精神转化为生动实践

深入推进科学治理、全面提升发展品质，更好地服务保障首都职能履行，更好地服务市民生活宜居，更好地展现城市文化风采，是我们学习宣传贯彻好党的十九大精神的实践要求和具体体现。我们要坚持一张蓝图绘到底，以“钉钉子”精神抓好落实，奋力推进首都核心区科学发展、科学治理。

一是要紧紧抓住疏解非首都功能“牛鼻子”，推动区域功能与空间布局不断优化。我们要坚持以“疏解整治促提升”专项行动为重要抓手，运用疏解非首都功能倒逼和激励机制，切实推动区域功能优化提升，为各项工作打头、开路。从今年情况看，各街道各部门都做了大量工作，多项整治任务提前完成全年计划或超额完成任务，广大一线同志奋勇当先、不怕困难，啃下一个又一个硬骨头，为城市走向更加精致美好奠定了扎实基础。我们要再接再厉、连续奋战，坚决完成好“动批”最后两个市场的疏解，确保圆满收官。要把“疏解整治促提升”专项行动向纵深推进，滚动制定年度行动计划，强化规划引领，突破平房院内违建、老旧小区综合整治等难点问题，确保取得更多扎实效果。要继续实施好人口调控，密切关注随着批发市场等大规模业态调整逐步完成、原有措施边际效应逐渐递减的新情况，把加强棚改和文保腾退、推进自愿登记式疏解和改善居住条件、促进历史遗留项目解决等作为重点，进一步把人口

密度降下来。要大力促进功能布局合理配置，落实好疏解腾退空间资源再利用指导意见，加强整体谋划与分类施策，促进高品质协调发展。要积极支持城市副中心和雄安新区建设，认真做好冬奥会筹备服务工作，主动融入京津冀协同发展，深入落实公共服务、基础设施共建共享和对口帮扶任务，发挥好核心区辐射带动作用。

二是要着力完善“高精尖”经济结构，推动区域发展活力不断增强。我们正处在转变发展方式、优化经济结构、转换增长动力的关键阶段。要抓紧抓实供给侧结构性改革，聚焦完善“高精尖”经济结构，制定落实好实施意见，更好发挥金融街、中关村科技园区西城园两大发展平台作用，不断推动实现产业业态转型升级。要坚持把功能定位作为衡量产业业态选择的尺子，严把产业项目准入关，加强在产业方向、业态选择和发展路径方面的调控和引导，严格落实并不断完善产业禁限目录，引领推动区域发展层次能级不断提升。要积极探索城市资产管理的有效办法，立足精细管理、精准使用，用好腾退空间资源和“腾笼换鸟”手段，加大资源投向调控力度，实现资源的更高效利用。要把握新技术革命和产业变革趋势，更加突出高端发展，厚植金融管理中心优势，继续做强金融、科技、文化创意、商务服务等高端服务业，更多依靠全要素生产率提高，增强发展的后劲。要深化“放管服”改革，推行“一窗受理、一网通办”，创造良好营商环境，激发区域发展活力。

三是要不断提升精细化治理水平，推动城市更加精致宜居。坚持人与自然和谐共生是新时代坚持和发展中国特色社会主义十四条基本方略之一。近年来我们的城市环境面貌变化很大，这是同志们挥洒汗水干出来的成果，是全区人民共建共治的成果，让人发自内心感到自豪。同时也要看到，现在的成果只是初步的，摆在我们面前的任务依然很重，要继续深入推进背街小巷整治提升三年行动，实施好街区整理计划，严格落实好治霾、治水、治垃圾等各项措施，着力解决好乱停车、乱架空线等痼疾顽症，推动城市环境秩序持续向好。要显著改善绿色生态环境，注重大尺度绿色空间拓展，结合腾退空间和市政遗留项目，精心建设城市森林、小微绿地和街心公园，积极开展绿色家庭、绿色学校、绿色社区创建和绿色出行等行动，切实改善群众宜居环境。要加强城市风貌管控，建立风貌设计审查机制，高标准、高水平制定好街区设计导则，推进城市设计与控制性详规一体编制、一体实施，把首都风范、古都风韵、时代风貌的城市特色充分展现出来。要持续深化城市精细化管理，坚持精治、共治、法治和体制机制创新，进一步细化城市管理的粒度、频度、维度，深化城市管理体制综合改革，增强街道在城市治理体系中的基础地位，更好发挥河长制、街巷长制作用，真正把城市运行的各方面、各个细节都管好。要切实提高城市管理智能化水平，推广西长安街大数据管理模式和经验，推进城市地下管网安全运行实时监测，构筑动态、协调、有效的城市常态运行保障机制和风险应对免疫系统。

四是要切实办好群众家门口的事，推动社会治理不断创新。增进民生福祉是发展的根本目的，也是我们始终不渝的追求和责任。要坚持把百姓的表情包作为工作的晴雨表，注重在具体工作、具体服务、具体项目中细致体察、认真解读、精准把握群众需求，切实把工作落小落细、落到实处。坚持从街头巷尾看民生，围绕群众关心的就业、教育、健康、养老、住房、社保、环境、交通等问题，列出行动计划、项目清单，持续加大投入，精准“靶向治疗”，不断提高民生保障和公共服务水平，尽最大努力让群众生活更便利更舒心。要主动适应把握社会发展变化特点，着力重塑社会治理基础，完善党委领导、政府负责、社会协同、公众参与、法治保障的社会治理机制。健全民生工程民意立项机制，在更多工作领域探索推行清单式管理新模式，更细致做好信息发布、政策解读，着力构建诚信体系和公共责任体系，大力弘扬城市文化精神和家园意识，实现政府治理和社会调节、居民自治良性互动的良好格局。

五是要擦亮历史文化金名片，推动文化更加繁荣兴盛。文化是民族与国家的灵魂，是人们美好生活需要的重要内容。要牢牢掌握意识形态工作主动权，把核心价值观融入街规民约培育、诚信体系和公共责任体系构建，积极传承发掘中华优秀传统文化，抓好互联网主阵地，不断提升社会道德水准和市民文明素养。要坚持把加强历史文化名城整体保护摆在首位，坚决落实好“老城不能再拆了”要求，巩固拓展多层次保护格局，积极探索多种有效的全面保护方式。坚持把有序实施老城整体保护和复兴作为重大任务，严格遵循文物该修则修、该用则用、该建则建原则，精心建设好鼓西大街、什刹海等试点片区，切实把老城风韵展现出来。大力弘扬优秀民族文化和民俗文化，扶持非物质文化遗产代表性项目和传承人，支持老字号品牌传承发展。深入实施文化惠民工程，打造更多公共阅读空间，鼓励和支持艺术家创作更多反映时代心声、群众喜闻乐见的精品力作，丰富群众文化生活，让文化滋养人们的心灵。

六是要坚决为党中央站好岗、放好哨，推动区域更加安全稳定。维护区域安全稳定是我们的政治责任，是人民群众对我们最起码的要求。要坚持总体国家安全观，把确保政治中心绝对安全摆在各项工作的首位，扎实推进“长安计划”实施，以最严格标准落实好各项管控措施，加强对现有安全隐患的专项治理并形成长效机制。完善社会矛盾排查预警机制，加强重大决策社会稳定风险评估，深化拓展领导包案制度，从源头上预防和减少矛盾。持续强化重点区域、重点行业安全生产监管和隐患排查治理，确保生产安全、城市运行安全、社会治安安全和食品药品安全。要进一步创新“西城大妈”等群防群治工作模式，织严织密立体化社会治安防控网络，切实提升技术装备水平，推行大数据、模块化、分布式管理，全面提升维护安全稳定的能力和水平。

七是要大力加强民主法治建设，推动形成共同促进区域科学治理的强大合力。认真落实地方党委工作条例，把方向、谋大局、定政策、促改革，发挥好总揽全局、协调各方的作用，切实加强改进对人大、政府、政协的领导。支持人大及其常委会依法履行职责，确保党的主张通过法定程序成为全区人民的共同意志。支持人民政协积极履行政治协商、民主监督、参政议政职能，推动协商民主广泛多层制度化发展。不断提高运用法治思维和法治方式推进转型发展、维护社会和谐稳定的能力，完善法治建设推进机制，全面推行权力清单、责任清单、负面清单制度，推进行政程序法治化，切实加强公共法律服务体系建设，推动法制宣传教育向社会各领域、各行业延伸，提高公民法治素养、培养全民法治信仰，让法治成为全社会的思维方式和行为模式。要以更大力度推进群团改革，切实增强政治性、先进性、群众性和凝聚力，有效引领广大群众听党话、跟党走。全面加强对统一战线的领导，扎实做好民族、宗教、侨务、双拥等各项工作，加强同各民主党派、无党派人士团结合作，找到最大公约数、画出最大同心圆，汇聚形成推动区域科学治理、科学发展的强大合力。

四、坚定不移贯彻落实好新时代党的建设总要求，推动全面从严治党向纵深发展

进入新时代，开启新征程、完成新任务，关键在于坚持党要管党、全面从严治党，把党建设得更加坚强有力。我们要按照新时代党的建设总要求，自觉肩负起管党治党政治责任，全面推进党的政治建设、思想建设、组织建设、作风建设、纪律建设，把制度建设贯穿其中，深入推进反腐败斗争，扎实推动全面从严治党向纵深发展，为区域发展提供坚强的政治、思想、组织和作风保障。

坚持把政治建设摆在首位，不断提高政治觉悟和政治能力。旗帜鲜明讲政治是我们党作为马克思主义政党的根本要求。我们要牢固树立“四个意识”，严格落实中央政治局关于加强和维护党中央集中统一领导的若干规定以及市委实施办法精神，更加坚定自觉地坚决维护习近平同志在党中央、在全党的核心地位，坚决维护以习近平同志为核心的党中央权威和集中统一领导。要严格遵守党章，坚决维护党章的严肃性和权威性，切实把党章要求贯彻到党的工作和建设的全过程、各方面。要严格遵守政治纪律和政治规矩，始终在政治立场、政治方向、政治原则、政治道路上同党中央保持高度一致，一切听从以习近平同志为核心的党中央指挥，不折不扣贯彻落实好中央和市委的各项决策部署要求。要认真贯彻落实《准则》《条例》，坚持和健全民主集中制，进一步加强和规范党内政治生活。要大力践行“红墙意识”，强化党性锻炼，不断提高政治觉悟和政治能力，切实把对党忠诚、为党分忧、为党尽职、为民造福作为根本政治担当，永葆共产党人的政治本色。

深入抓好思想理论武装，挺起共产党人的精神脊梁。政治上的坚定源于理论上的清醒。我们要毫不动摇地坚持用习近平新时代中国特色社会主义思想武装头脑、统一认识、凝聚力量。坚持把坚定理想信念作为思想建设的首要任务，教育引导全区党员干部牢记宗旨，切实解决好世界观、人生观、价值观这个“总开关”问题。要持续推进“两学一做”学习教育常态化制度化，精心组织开展好“不忘初心、牢记使命”主题教育，引导广大党员干部不断提高马克思主义思想觉悟和理论水平，自觉做共产主义远大理想和中国特色社会主义共同理想的坚定信仰者、忠实实践者。

打造高素质专业化干部队伍，全面提高施政本领。新时代赋予新使命，新使命需要好干部。我们要坚持正确选人用人导向，突出政治标准，切实把新时期好干部标准落到实处。要深入实施处级领导班子和干部队伍建设五年规划，健全领导班子综合分析评价机制，做实用好履职业绩档案，推广立体化干部考察体系，科学精准配强班子、选好干部。要大力开展精准化培训，强化实践锻炼，着力增强广大党员干部的学习本领、政治领导本领、改革创新本领、科学发展本领、依法执政本领、群众工作本领、狠抓落实本领、驾驭风险本领，提升懂城市、善治理的专业化能力素养，努力培养锻造一支与实现新时代奋斗目标相适应、与首都核心区职责定位相匹配的高素质专业化干部队伍。要更加注重年轻干部培养。加大在城市治理一线发现、培养、使用干部力度。深入实施关爱激励和容错免责机制，旗帜鲜明为敢担当的干部“撑腰打气”，主动为干部排忧解难，引导广大党员干部敢于担当、攻坚克难。要坚持党管人才原则，大力实施人才优先发展战略，形成各类人才创造活力竞相迸发、聪明才智充分涌流的生动局面。

建强基层组织战斗堡垒，实现全面进步、全面过硬。党的基层组织是党在基层全部工作和战斗力的基础。要以提升组织力为重点，切实突出政治功能，不断增强全区各级党组织的政治领导力、思想引领力、群众组织力、社会号召力。要扎实推进“一增强两提升三规范”工程，着力解决一些基层党组织弱化、虚化、边缘化问题，努力把全区各基层党组织建设成为宣传党的主张、贯彻党的决定、领导基层治理、团结动员群众、推动改革发展的坚强战斗堡垒。要进一步完善党建责任清单，推动党建工作责任落地落细落实，不断提高党建质量。要认真抓好基层党支部建设规范化试点推广，切实发挥好“基层党建讲习所”作用，推动“两新”组织党建实现“有效覆盖”，实现国企、教育、卫生等各领域党建全面进步、全面过硬。坚持城市治理重心在哪里，党建工作就开展到哪里，深化党组织建在基层一线和重大项目上的工作机制，引导党员干部在攻坚克难中发挥先锋模范作用，不断增强群众对党的工作认同、干部认同、组织认同和思想认同。

持之以恒正风肃纪，大力营造良好政治生态和政治文化。党的作风就是党的形象，关系人心向背，关系党的生死存亡。我们要持续整治“四风”问题，不断巩固落实中央八项规定精神成果，深化“为官不为”“为官乱为”问题专项治理，推动党风政风持续向好。要深入抓好中央、市委巡视“回头看”反馈意见的整改落实，特别是要切实以吕锡文、刘跃平、苏东等反面典型为镜鉴，强化警示教育，坚决肃清影响，针对“圈子文化”、不良政商关系、以权谋私等问题，进一步健全有效防范机制。综合运用好监督执纪“四种形态”，把管和治更多地体现在日常。要不断完善监督机制，增强派驻监督实效，推进社区纪检专员全覆盖、基层党支部纪检委员全配备，充分发挥巡察利剑作用，推动全面从严治党向基层延伸，着力解决发生在基层和群众身边的不正之风和腐败问题。要深入推进纪律检查体制改革和国家监察体制改革试点，构建集中统一、权威高效的反腐败工作体系。始终坚持无禁区、全覆盖、零容忍，强化不敢腐的震慑、扎牢不能腐的笼子、增强不想腐的自觉，大力营造风清气正的政治文化和政治生态。

同志们，让我们更加紧密地团结在以习近平同志为核心的党中央周围，更加坚定自觉地坚持以习近平新时代中国特色社会主义思想为指引，在市委坚强领导下，不忘初心、牢记使命、尽心奋斗，切实展现新风貌、新气象、新作为，努力在首都发展新征程中干在实处、走在前列，奋力书写西城发展新篇章！

政府工作报告

——2018 年 1 月 9 日在北京市西城区第十六届人民代表大会第四次会议上

北京市西城区人民政府区长　王少峰

各位代表：

现在，我代表西城区人民政府向大会报告工作，请予审议，并请各位政协委员提出意见。

一、2017 年工作回顾

2017 年，在市委市政府和区委的坚强领导下，在区人大、区政协的支持和监督下，面对新时代首都发展新要求，区政府坚持以习近平新时代中国特色社会主义思想为指导，认真学习宣传贯彻党的十九大精神，深入落实首都城市战略定位，积极融入京津冀协同发展，统筹推进“五位一体”总体布局和协调推进“四个全面”战略布局，牢固树立政治意识、大局意识、核心意识、看齐意识，深入践行红墙意识，加快推动《北京城市总体规划（2016 年—2035 年）》（以下简称《总规》）落地，圆满完成“一带一路”国际合作高峰论坛、党的十九大等重大活动服务保障任务。顺利实现区十六届人大一次会议确定的主要目标，区域经济社会平稳健康发展。全区地区生产总值预计达到 3900 亿元，增长 6.5%；一般公共预算收入完成 422.12 亿元，增长 2.01%；居民人均可支配收入预计达到 7.65 万元，增长 6.5%。主要做了以下几方面工作：

（一）疏解非首都功能取得阶段性成果

区域性批发市场疏解基本完成。全年有序推进“动批”最后 5 家市场平稳闭市，12 家市场疏解实现圆满收官，共疏解约 35 万平方米、1.3 万个摊位。天意、万通市场实现闭市，疏解 7.3 万平方米、6300 个摊位。“官批”市场按计划实现疏解签约。出台《疏解腾退空间资源再利用指导意见》，疏解后的天皓成市场已转型为宝蓝金融创新中心，成功引进中能建集团公司等 7 家科技金融类企业。天和白马二期、北京科技大厦转型为北矿金融大厦、首建金融中心，天意（部分）改造建成西城园科技成果展示中心，为实现科技、金融、文化进一步融合发展创造了有利条件。

疏解整治促提升成效明显。科学编制专项行动计划，动员群众广泛参与，赢得驻区单位支持，注重政策保障和人文关怀，推动专项行动见实效。全年拆除违法建设 30 万平方米，整治“开墙打洞”325 条街、5674 户，清理群租房 1055 户、地下空间 235 处，规范直管公房转租转借 5750 户。支持生活性服务业发展，完成 16 个商市场规范提升，为进一步强化首都核心功能、创造更好的人居条件提供了有力支撑。促进中小微企业发展，鼓励个转企，市场主体总量稳中有降、结构持续优化。

协同发展扎实推进。积极参与京津冀协同发展，支持北京城市副中心和雄安新区建设，加强与兄弟区在医疗、教育、保障房等方面的合作，支持新城公共服务配套建设。区属企业在津冀两地投资项目 17 个、总投资超过 220 亿元。做好与河南邓州的对口协作和对保定阜平、张家口张北、赤峰喀喇沁旗、玉树囊谦等地精准扶贫。

（二）“大城市病”治理取得积极进展

大气环境质量持续好转。以环保督查为契机，集中精力解决群众反映强烈的环境问题。完成燃气锅炉低氮改造 518 处、1573 台、2278 蒸吨。更新 1760 余台电采暖设备，发放煤改电补助款 3200 余万元，杜绝散煤反弹，持续巩固无煤化成果。报废老旧机动车 33374 辆。区域降尘量月均值下降到 4.5 吨 / 月 · 平方公里。通过一系列组合拳，尽心竭力让空气更加洁净，在广大人民群众和驻区单位的支持下，细颗粒物（PM2.5）年均浓度下降至 60 微克 / 立方米，胜利完成第一阶段治理任务。

绿色生态空间不断拓展。实施“留白增绿”、拆违还绿、沿道布绿，建成广阳谷等 4 处城市森林，修建京韵园等绿色休闲空间 27 处、微绿地 66 处，全年新增绿地 13.5 公顷、改造 6.24 公顷、屋顶绿化 1.04 万平方米、垂直绿化 1500 延长米。公园绿地 500 米服务半径覆盖率达到 95.03%，提前三年实现“十三五”规划确定的目标，让群众身边增添更多绿茵鸟鸣的公共空间。落实河长制，实行“一河一策”，强化水污染防治统一监管。持续推动海绵城市建设，成功创建全市首批节水型区。对 50 座二类公厕安装立体循环异味处理系统，提升公厕品质。积极推动垃圾分类，逐步实现垃圾减量化、无害化和资源化。我区被评为首都环境建设示范区。

群众出行条件得到改善。推进 46 条市政道路建设，丰盛胡同西段、红居南街等 10 条道路竣工通车，打通南菜园街等5处交通堵点，安德路等33条道路配套设施进一步完善，完成31条道路、26公里电力架空线入地工程和35条市政排水管线改造。加强无障碍设施建设，继续保持全市领先水平。鼓励社会单位共享停车资源，新增居住区停车位1642个，努力缓解停车难问题。加强对共享自行车的规范管理，服务市民绿色出行。

街区整理工作迈出坚实步伐。为推动《总规》落地，进一步优化街区功能配置，提升城市品质，启动了街区整理工作。认真落实区人大《关于扎实推进街区整理不断提升核心区品质的决议》，成立城市品质提升艺术审查委员会，编制街区整理实施方案、城市街区设计导则和公共空间管理办法，为街区整理提供科学指导。在广内、什刹海、新街口、大栅栏等街道先行试点，对重点街区进行城市设计。推动西什库片区综合整治提升，探索白塔寺"联合连片"更新模式，实施达智桥片区居民自治管理。119条街巷实现"十有十无五好"目标，环境品质明显改善。

城市治理体制机制不断创新。整合原市政市容委、环境办和交通委职能，新增水务和能源管理职能，成立区城市管理委员会（环境建设管理办、交通委和水务局）。集成行政执法专业力量，依托城管执法监察局（分队），建立区街综合行政执法（指挥）中心，20个城管执法分队下沉街道，进一步推动城市管理重心下移。街道统筹，街巷长主责，全面推进背街小巷整治提升，成立街巷自治共建理事会，推行临街公约、居规民约，像绣花一样，用心精致管理好群众身边的环境，努力探索多元参与、共建共享的特大型城市区域和基层治理体系。

（三）高精尖经济结构更加优化

金融业支撑引领作用日益突出。区域金融业实现增加值1900亿元，占全区GDP比重接近50%。新引进中哈产能合作基金、维萨、万事达、网联清算公司等战略型、创新型及外资金融机构83家，实缴注册资本金404.5亿元。区域内各类金融机构达到1866家、总部企业175家。启动金融街与丽泽金融商务区一体化发展。举办金融街论坛、金博会、投融资对接会等活动，金融街国际影响力不断提升，更好服务国家金融改革和"一带一路"建设。

科技创新步伐持续加快。全区国家高新技术企业预计突破700家，专利申请1.4万件，发明专利申请量突破6000件，科技服务业收入超过1600亿元，中关村科技园西城园预计实现总收入2850亿元，自主创新能力不断增强。积极推进广安军民融合特色产业基地建设。华融创新等15家注册资本超千万元的科技企业落户园区。培育中关村高成长企业12家，4家企业成为互联网百强企业。毛景文等5名同志当选新一届两院院士，园区目前共有两院院士48人。

产业融合日益深化。规模以上文化创意产业单位677家，实现收入751.9亿元，实现利润总额64.1亿元。"天宁壹号"、西什库31号等文创园区发展品质不断提升，北京坊精彩亮相。全区限额以上企业实现网上零售额290亿元，同比增长15%。编制文商旅融合发展新三年行动计划，举办"北京马连道国际茶文化节"等系列主题活动和第十六届什刹海文化旅游节等旅游节庆活动。制定老字号振兴发展计划，组织振兴老字号餐饮发展系列活动，带动展现老字号传统技艺、创新成果、匠心风范。支持马凯餐厅"回家"。20余家老字号企业先后赴台湾、澳门、香港参加推介洽谈等活动，多渠道加强与港澳台的交流合作。

区属国有企业焕发新活力。构建国有资本三级授权体系取得实质性进展。实施天桥盛世等企业重组，完成宣房集团公司制改革，推进房地中心转企改制。规范国有资本经营预算管理。支持区属国有企业创新发展，稳妥推进布局股权投资、大数据、教育、医疗等新兴产业板块。加大与央、市属企业合作力度，达成40个合作项目，引入资金262亿元。区属国有企业资产总额达到3970亿元，增长4.1%，实现利润总额38.5亿元，增长137.1%，纳税72.11亿元，增长14.2%，有力支撑了区域经济社会发展。

营商环境进一步优化。研究制定"1+5+X"产业政策体系，落实金融、科技、文创、生活性服务业支持政策，促进中小微企业和民营经济发展。不断简化办事程序，提高服务效率，市场主体落户更加便利。为55679户企业发放新版"五证合一、一照一码"营业执照，并实现外贸领域企业"十五证"合一。西长安街大数据中心被列入国务院"放管服"领导小组全国调研典型案例。完善市场监管"三联"机制，西城区作为落实事中事后监管真抓实干、成效明显的地方之一，受到国务院通报表彰。

（四）区域文化魅力进一步彰显

区域文明程度稳步提升。坚持以社会主义核心价值观为引领，加强网络舆论引导，多途径传递正能量，积极营造良好社会氛围。打造"西城好人"道德品牌，广泛开展文明单位、文明校园、文明家庭、文明商业街区和文明商户等群众性精神文明创建活动，持续提升社会诚信建设制度化水平，取得全国文明城区五连冠。

公共文化设施日益完善。对接群众需求，完成区公共数字文化服务项目一期平台建设，20余家文化馆、博物馆、图书馆等在"西城文化云"上线运行。制定实施《博物馆三年行动计划》，新建月坛、天桥、什刹海3个街区博物馆，街区博物馆总数达到8个。探索"书香西城"公共文化社会化运营模式。模范书局等4家书店入选十大"最北京"实体书店，李金龙等3名同志获评十大金牌阅读推广人。

文化活动更加丰富。组织开展原创话剧邀请展、中国国际芭蕾演出季、"2017柏林戏剧节在中国"戏剧展演、中国国际合唱节、老舍国际戏剧节，与英国南岸艺术中心联合主办世界女性艺术节和百老汇原版音乐剧等各类文化活动7600余场次，参加人次超过190万。成功举办非遗展演季、非遗时尚大赛等非遗传承活动，免费为群众举办昆曲专场、非遗武术专场等21场次精彩演出。"民间瑰宝·记忆西城"系列活动被列为北京市响应文化部"非遗与设计师对话"活动的唯一重点项目。《北京人家之B超神探》等原创剧目成功上演，经典剧目《北京法源寺》赴台演出获得高度赞誉。

历史文化名城保护工作得到加强。认真落实区人大《关于加强历史文化名城保护提升城市发展品质的决议》，加强中轴线重点地区综合整治，开展鼓楼西大街整理与复兴试点，基本完成阜成门内大街（一期）整体改造，持续推进杨梅竹斜街综合整治提升。启动浏阳会馆（谭嗣同故居）、晋江会馆（林海音故居）等15项文物腾退项目，完成护国双关帝庙、护国观音寺、三清观、兆惠府第遗存腾退工作，划定第一批14处区级文物保护单位保护范围和建设控制地带。实施新市区泰安里、西什库教堂等12处文物修缮工程，完成沈家本故居、景山寿皇殿等文物修缮。加强非遗保护工作，组织评定第五批46项区级非遗项目，区级非遗项目达到208项。

（五）民生福祉不断增强

居民居住和生活条件进一步改善。加快棚户区和老旧小区改造，6033户居民受益。42栋老楼抗震加固项目惠及居民3983户。3个老旧小区改造试点顺利推进，加建13部电梯，建成2个立体停车场。完成5528间、7.7万平方米平房翻建修缮。方便群众早餐和菜篮子等基本生活需求，新建和规范提升各类便民商业网点70个，百姓生活服务中心7个（累计建成30个百姓生活服务中心），区域内规范化、连锁化、品牌化生活性服务网点比例提高到69%，实现社区商业便民服务七项基本功能全覆盖。

教育综合改革不断深化。集中力量解决“入园难、入学难”问题，新增入园儿童2430名，新增义务教育阶段入学学生7289名。新成立35中和15中教育集团，全区教育集团达到19个。深化学区制改革，不断完善工作机制，第十二学区正式运行；重组6所中小学，进一步优化教育资源配置。持续推进“校圆工程”，校园安全得到进一步保障。实现“城宫计划”在全区中小学的全覆盖，积极发展素质教育，促进学生全面成长。成立教育督导委员会，组建教育督导研修中心，深入推进管办评分离，提高教育督导工作质量和水平。

社会保障更加高效。出台新的区域促进就业创业政策，精准做好困难群体就业创业服务，城镇登记失业率0.88%，我区连续三年被北京市认定为充分就业区。加强老年精神关怀服务，建立区、街、居三级精神关怀服务体系，向7105位老人提供居家照护服务12.7万次。全区共有养老机构44家、床位4118张（区级养老机构4家，街道和社会养老机构12家，养老照料中心28家），社区养老服务驿站达到25家。我区被民政部和财政部批准为全国居家和社区养老服务改革试点区。建立区街困难群众基本生活保障工作协调机制，特殊人群服务与救助更加精准。创新精神残疾人社区访视服务，举办西城区第二届残疾人运动会，建成全市首个聋人冰壶示范区。我区选手参加全国残疾人职业技能大赛，包揽了“手工编织”冠亚军。

“健康西城”建设扎实推进。启动“健康西城”品质提升行动计划。深入推进“三纵两横一平台”医疗卫生服务体系建设，建成11个紧密型医联体。全面实施医药分开综合改革，364家医疗机构积极参与，占全市参改机构数的十分之一。深化家庭医生签约服务，全人群签约率达到42.5%，重点人群签约率达到91.6%。创建4个全国百强社区卫生服务中心，社区卫生工作连续七年获得全市第一。促进区属医院转型升级，三级医院增加到6个。卫生发展综合评价绩效继续保持全市第一。大力改善体育健身场地设施，更新健身器材760件。全国“武术之乡”创建工作顺利通过了审核验收。承办2017海峡两岸武术交流大会，创新开展线上武术比赛，参与群体更加广泛。成功举办首届西城区中小学武术比赛，什刹海体校被评为国家“首批港澳青少年游学基地”。

（六）社会治理创新迈出新步伐

社会治理能力不断提升。推进街道管理体制改革，在展览路、广内街道先行试点，增强服务群众和区域治理能力。落实信访工作责任制，完善信访工作机制。创新社区治理，开展“三社联动”，推广“参与型”社区分层协商模式，圆满完成全国社区治理和服务创新实验区创建中期评估。

“平安西城”创建成果丰硕。加强立体化防控体系和“雪亮工程”建设，严厉打击违法犯罪，加大治安秩序整治力度，充分发挥“西城大妈”在群防群治中的重要作用，社会保持和谐稳定。自5月以来，坚持区领导每天带队开展夜查，加强多部门联合执法，对全区生产经营单位实现全覆盖。大力实施“阳光餐饮”工程，通过“北京市食品安全示范区”考核验收，全年未发生食品安全事件，三家大型超市获得北京市“放心肉菜示范超市”称号。深入开展安全隐患大排查大清理大整治专项行动，整改549处“三合一”、高风险密集居住场所隐患。更新39部存在严重安全隐患的老旧电梯。为6913户困难家庭更换不合格燃气灶具、安装燃气安全辅助设备和独立式感烟火灾探测报警器。探索开展“无安全生产事故行业、无安全生产事故街道”创建工作，标准化、安责险和安全员队伍建设等工作进展名列全市第一。我区荣获2013—2016年度全国平安建设先进区，实现“长安杯”三连冠。

共建共治共享格局更加巩固。深化民生工作民意立项机制，认真听取民意、积极对接民需、精准制定政策、组织群众参与，在环境整治、低洼院修整、棚户区和老旧小区改造等多个领域，开展19项试点工作，取得了积极成效。加强社会组织服务体系建设，形成分级分类、功能互补的社会组织服务网络。驻区单位、居民群众积极参与社会治理。妇女儿童、档案史志、公益慈善等社会事业稳步推进，民族宗教、外事侨务工作进一步加强。做好双拥工作，扎实开展驻区部队“三后”服务（后路、后院、后代），军休优抚安置工作稳步提升，积极服务强军改革。

一年来，我们牢固树立“四个意识”，不断增强“四个自信”，努力深化红墙意识，坚决维护以习近平同志为核心的党中央权威和集中统一领导，严守政治纪律和政治规矩，积极推进“两学一做”学习教育常态化制度化，全面加强政府系统党的建设。坚决肃清吕锡文、刘跃平、苏东流毒影响，严格落实中央八项规定精神，加大“四风”问题监督检查和处理警示力度，开展政策落实跟踪审计，深入推进政府系统廉政建设和反腐败斗争。坚决执行区人大及其常委会的决议，认真落实重大事项向人大报告和向政协通报协商制度，自觉接受监督，共办理人大议案1件、代表建议125件，办理政协委员提案210件。强化依法行政，做好“七五”普法工作，出台《关于进一步加强行政执法工作的意见》，不断加大行政执法力度。深入推进行政机关负责人出庭应诉和考核评价工作，全年共34人次出庭应诉。深化政府信息公开，主动公开1.7万余条、依申请公开1805件。建立政府向公众报告工作制度。坚持政府常务会微博直播，邀请公众代表列席常务会。会议开放和政府开放日活动向街道和部门延伸。着力解决群众最关心最关注的问题，全年办理群众重要实事175件，区领导、部门主要负责人走进政民互动直播间，与网民互动，解答热点难点问题。打造公开透明政府，切实保障群众的知情权、参与权、监督权，群众对政府工作满意度持续提升。

各位代表，这些成绩的取得，得益于市委市政府和区委坚强领导，得益于人大代表、政协委员和社会各界大力支持，得益于全区干部群众齐心协力、苦干实干。成绩来之不易，需要备加珍惜。在此，我代表区政府，向给予我们支持和帮助的人大代表、政协委员、各民主党派、工商联、无党派人士、各人民团体和社会各界，向中央、市属单位和驻区部队，向所有关心、支持西城区发展的同志们、朋友们表示衷心感谢！

在看到成绩的同时，我们也清醒地认识到，对照人民群众的期盼和市委市政府与区委的要求，政府工作还存在着不少差距和挑战：一是“大城市病”治理任重道远，交通拥堵等问题一直未得到根本解决，背街小巷、老旧小区、平房院落的精细化管理服务还有待提升。二是补齐民生短板任务艰巨，学前教育、人居环境等服务供给还存在不平衡不充分的问题。三是减量集约实现高质量发展面临新的挑战，腾退空间利用还不够充分，有限资源投放不够精准，产业结构需要更加优化。四是安全稳定面临新的情况和复杂环境，保持核心区绝对安全需要进一步加大力度。五是历史文化名城保护仍需加强，公众参与意识和市民文明素养还需要大力提升。六是懒政怠政、为官不为等问题依然存在，党的建设和作风建设必须常抓不懈。我们要不断提高政治站位，以更大的担当、更有力的措施，切实推动问题的解决。

二、2018年工作思路和重点任务

2018年是全面贯彻党的十九大精神的开局之年，是改革开放40周年，是决胜全面建成小康社会、实施“十三五”规划承上启下的关键一年，做好各项工作至关重要。

今年区政府工作的总体要求是：**全面贯彻党的十九大精神，以习近平新时代中国特色社会主义思想为指导，坚持新发展理念，统筹推进“五位一体”总体布局和协调推进“四个全面”战略布局。牢固树立“四个意识”，深入践行红墙意识，坚持以人民为中心的发展思想，牢记发展为民的使命担当。按照市委市政府和区委的决策部署，牢牢把握稳中求进的总基调，紧紧围绕“四个中心”功能建设，履行好“四个服务”职能，抓好“三件大事”，打好“三大攻坚战”，统筹做好稳增长、促改革、调结构、惠民生、防风险和疏功能、转方式、治环境、提品质、增宜居等各项工作，努力创建国际一流的和谐宜居之都的首善之区，进一步增强群众的获得感、幸福感、安全感。**

做好今年工作，要把握好以下几个方面的要求：

一是更加注重创新开放发展。大力弘扬创新精神、增强改革意识、树立系统思维，积极运用新技术，推进发展转型和管理转型，不断提高治理体系和治理能力现代化水平。把握京津冀协同发展和北京市深化服务业扩大开放综合试点等重大战略机遇，加强区域交流、国际交往，实现优势互补、合作共赢。

二是更加注重减量集约发展。认真落实《总规》要求，统筹疏解与提升，在“疏”字上持续用力、在“舍”字上保持定力、在“优”字上集中发力。积极探索增减挂钩、多减少增的调控办法，持续优化市场主体结构，调整传统商业区，降低人口、建筑、商业、旅游密度，走绿色发展道路，让我们的城市更加和谐宜居、精致美好。

三是更加注重均衡协调发展。坚持问题导向，不断完善政策机制，强化空间管理和利用，加大投入力度，加强生态修复、城市修补，合理优化布局，改善配套服务，构建人员力量、政策引导、资源配置的协同体系，努力实现区域产业发展均衡、城市功能均衡、民生保障均衡。

四是更加注重质量首善发展。贯彻落实中央经济工作会议精神，把握金融街国家金融管理中心定位，加快形成推动区域高质量发展的指标体系、政策体系、标准体系、统计体系。始终在首都发展大局中审视西城发展，坚持高标准、高站位，发挥核心区的示范引领作用。

五是更加注重安全有序发展。牢固树立安全发展理念，弘扬生命至上、安全第一的思想，始终把安全稳定作为区域发展的前提和基础，全力保障城市安全运行、社会安定有序、企业安全生产、居民安居乐业。处理好发展与稳定的关系，统筹发展目标和实施路径，确保稳得住、进得好，更好地服务首都发展。

六是更加注重普惠共享发展。始终把人民对美好生活的向往作为奋斗目标，把人民利益摆在至高无上的地位，让发展成果更多更公平惠及全体人民。着力在教育、就业、收入、文化、社保、医疗、养老、居住、环境等方面，精准供需对接，补齐工作短板，切实保障和改善民生，不断增加群众福祉，努力实现人民的全面发展。

综合考虑各方面因素，今年全区经济社会发展的主要预期目标是：地区生产总值增长6%左右；区级一般公共预算收入增长2%以上；居民人均可支配收入增长与经济增长同步；城镇登记失业率控制在1%以内；万元GDP综合能耗、水耗降低率和细颗粒物（PM2.5）年均浓度完成市下达指标。

为实现上述目标，重点做好以下六个方面工作：

（一）提升城市精细化治理水平，全面推动《总规》落地

坚持一张蓝图绘到底，坚决落实“一疏双控三减四降”要求，支持配合做好核心区控制性详规编制工作。着眼创建国际一流的和谐宜居之都的首善之区，实施精细管理、精准服务、智慧运行，让城市生活更美好。

一是加快实施街区整理计划。全面落实区人大决议，建立政府主导、指挥部统筹、街道主责、主体尽责的工作机制，形成任务单、路线图、时间表，明确阶段性目标。统筹编制各街区的设计方案，形成覆盖区域、街道、街区、街巷胡同、老旧小区、平房院落六大系统的街区设计体系。力争上半年，完成全部街区的划分工作，打牢街区整理常态化、精细化和长效化基础。12月底前，按照“一街一策”要求，所有街道设计方案全部完成。在街区层面上实现各项工作集成，注重环境整治、功能完善和服务配套，整理一片让群众满意一片。依据街区整理项目库，集中开展街区整治提升，力争每个街道至少实现1个街区精彩亮相。

二是深入推进背街小巷整治提升。完善街巷长制，更好地发挥街巷理事会作用，着力解决好停车无序、非法小广告、架空线凌乱等痼疾顽症。积极探索长效机制和管理方式，严防新生违法建设和“开墙打洞”反弹。实现全区所有主次干路架空线入地，完成369条支路胡同通信架空线入地，462条背街小巷实现“十有十无五好”目标。

三是着力缓解交通拥堵。扎实推进白纸坊东街、北纬路等40条道路建设，实施17条道路大中修、5条道路疏堵、37条道路市政排水管线改造工程，畅通微循环。盘活居民小区和商务楼宇的停车位存量，推广德胜地区“共享停车”APP运行模式，缓解居民停车难问题。进一步规范共享自行车停车秩序，鼓励绿色出行。

四是大力开展治污工作。严格落实市区清洁空气行动新的三年计划，用心做好污染源普查工作，坚决打好蓝天保卫战、碧水攻坚战、突出问题歼灭战。淘汰老旧机动车1.75万辆，全面完成锅炉低氮改造，持续做好油烟排放、工地扬尘等监管。出台《西城区海绵城市建设规划》，发挥河长制作用，坚持“一河一策”“一湖一策”，全面开展河湖水质改善、水系连通工程。加强水体监测，推进雨污分流，对辖区水环境实施精准管理。推进垃圾分类示范片区创建工作，实施垃圾分类精细化管理，建成垃圾转运中心，试点实施定时定点上门收运，实现垃圾不落地目标。

五是持续加强绿色生态建设。建立全区拆违腾退空间“留白增绿”台账，公园绿地500米服务半径覆盖率达到96%。全年计划新增城市绿地8公顷，其中新建2个城市森林公园，新增20处口袋公园、休闲空间。大力推广立体绿化，开展藤萝廊架、垂直绿墙等建设，新增屋顶绿化1万平方米、垂直绿化1000延长米。启动西海湿地公园建设。推动前三门大街、什刹海环湖绿道建设。推进花园式单位、花园式社区创建工作，推广绿色家庭、绿色学校、绿色社区等创建行动，努力为人民群众营造更加绿色宜居的生活环境。

（二）深化疏解提升和协同发展，更好地保障首都职能履行

以疏解北京非首都功能为“牛鼻子”推动京津冀协同发展，精准发力、多措并举，在优化提升城市功能上下功夫、见成效。

一是纵深推进非首都功能疏解。落实好《西城区疏解整治促提升专项行动实施方案（2018年–2020年）》，突出重点、聚焦难点，层层压实责任，力求落地见效。加快推进“官批”市场疏解收尾工作，实现区域性批发市场全面收官。做好商市场升级改造。配合做好市级部门的搬迁服务。加大拆除违法建设力度，坚决拆除侵占公共空间、占压各类管线、存在安全隐患的违法建设，力求在平房院内违法建设拆除、老旧小区综合整治等难点问题上实现新突破。全年拆除违法建设不少于20万平方米。常住人口规模实现《总规》年度任务目标。

二是系统实施整治提升。加强和谐宜居示范区建设，开展重点地区周边综合整治，抓好西单文化广场升级改造、南北长街老城保护和环境整治提升项目，营造安全、安静的政务环境。巩固街面整治成果，建立长效机制，推动由主要大街向周边辐射，实现整治效果连线成片。强化传统功能区的提升，以生活居住区为重点，利用腾退空间增加公共配套和休闲绿地。推广老旧小区准物业化管理和居民自我管理模式，逐步提升管理水平和环境品质。

三是主动融入京津冀协同发展。强化“一盘棋”意识，全力支持北京城市副中心和雄安新区建设，对接新城发展需求，加强多领域合作。发挥金融街国家金融管理中心的辐射带动作用，深入推进金融街与丽泽金融商务区一体化发展，支持其他区金融功能区建设，加强与天津金融创新示范中心、河北金融后台服务中心的协同配合，促进三地金融产业协调发展。落实好《京津冀产业转移指南》，跟进做好“动批”等市场疏解商户外迁津冀地区的服务。深入实施精准帮扶，助力对口受援地区打好脱贫攻坚战。

四是积极承载国际交往中心功能。建立重大国事活动服务保障长效机制，适应重大国事活动常态化。研究编制《西城区服务首都国际交往中心功能空间规划》，构建安全有序的环境秩序。进一步加强对外开放与合作，打造北京坊国际文化交流集聚区等国际交往空间。组织开展国际交流活动，办好2018年北京国际民间友好论坛，深化与友城务实合作。

（三）大力弘扬社会主义核心价值观，积极推动文化繁荣发展

牢固树立文化自信，认真落实全国文化中心建设各项任务，激发文化创新创造活力，积极培育良好的社会风气和道德风尚，不断提高城市文明进步水平。

一是持续深化文明城区建设。坚持以培育和践行社会主义核心价值观为统领，加强思想道德建设，开展理想信念教育，旗帜鲜明地弘扬主旋律，宣传好、培育好“西城好人”品牌，倡导文明新风尚。推进社会公德、职业道德、家庭美德、个人品德建设，深入开展文明街巷、文明商户、文明家庭等群众性精神文明创建活动。强化社会责任意识、规则意识、奉献意识，推进诚信建设，打造“诚信西城”信用名片。

二是不断加强历史文化名城保护。实施“四名”汇智计划，落实《首都功能核心区规划实施要点》，聚焦中轴线、阜景街“一轴一线”和大运河文化带什刹海片区等重要节点，实施老城整体保护和复兴。加快实现德胜门对景和新地百改造亮相，重点推进会贤堂、贤良祠、先农坛（庆成宫）

等文物保护项目。启动绍兴会馆等直管公房类重点不可移动文物腾退。做好阜内大街、陟山门地区品质提升工作。加快改善什刹海整体环境，编制西板桥及部分河道景观设计方案，积极保护和恢复老城内历史水系。注重历史建筑的活化利用。实施区级博物馆（规划馆）建设，建立博物馆联盟，推动辖区内馆际交流和资源共享。扶持非遗代表性项目，促进老字号创新发展，更好地传承京味文化。

三是全面提升公共文化服务能力。落实“1+3”公共文化政策，完善区、街、社区三级公共文化服务设施，做好首都公共文化服务示范区创建工作。推动24小时公共阅读空间建设，举办特色阅读推广活动。丰富区域文化品牌，支持创作武术剧《北京人家之武学宗师》，设立艺术创作扶持基金，用心讲好西城故事。广泛开展“万人走进艺术殿堂”等群众性文化活动，不断满足人民群众多层次、多样化的文化需求。

（四）深化供给侧结构性改革，推动区域经济高质量发展

落实创新驱动发展战略，依托区域金融、科技、文化等资源优势，加快转变发展方式，不断激发发展动能，打造首都“高精尖”产业发展新高地。

一是做强做优金融业。落实全国和北京市金融工作会议精神，大力发展现代金融业，精准投放资源，加大对战略型、创新型和外向型金融机构的引进力度，做好国家金融改革衍生机构的承接工作，支持财务公司、资本控股集团等大型国有企业改革衍生的金融板块机构发展。推动“新三板”等要素市场建设，发展金融科技等高端产业和新兴金融业态，为构建“高精尖”经济结构提供有力的金融服务支持。完善金融街国家金融管理中心功能，整合金融办职能，加快组建金融街管委会，发起金融街合作发展理事会，坚持开放、绿色、智慧、安全、人文的原则，提升服务保障能力，积极防范金融风险，实现金融街新发展。

二是大力推动科技创新。落实北京市高精尖产业发展系列政策，实施大数据战略，推进区域大数据中心、大数据协同安全国家工程实验室、北京未来城市设计创新中心等创新平台建设。积极引进一批国内外知名设计机构入驻设计之都大厦，举办联合国教科文组织创意城市网络市长圆桌会议等活动。扩大在工程技术、设计服务、科技金融、知识产权与科技推广四个领域的领先优势。鼓励企业加大研发投入，加强技术研究，加快专利转化，提升自主创新能力。大力推进出版创意产业园创建全国知名品牌示范区工作。协调广安军民融合特色产业示范基地，引入军贸技术研究院等高端创新要素。以“动批”区域为重点，高水平编制北展地区城市形态和产业发展规划，积极在金融科技、人工智能等新兴重点领域布局。加快智慧西城建设，积极推进“互联网+”在各领域的深度应用和集成创新。

三是积极促进融合发展。加快金融、科技、文化等产业的深度融合，打造金融新经济、科技新经济、文化新经济、服务新经济。进一步推进文商旅融合发展，开发文化主题酒店，探索建立“北京人家”旅游合作体。制定文化创意产业发展三年行动计划，完善文创产业扶持政策，推动文化创意产业提质增效。抓住北京市服务业扩大开放综合试点的重大机遇，推动科学技术、互联网和信息、文化教育、金融、商务和旅游、健康医疗等多领域融合发展。制定生活性服务业新三年发展行动计划，丰富“互联网+实体服务”形式，实现“精·智”服务圈和“家·佳”网点全覆盖，建设社区服务“第三空间”，着力打造生活性服务业新业态。

四是不断改善营商环境。加快出台“1+5+X”产业政策和实施细则，吸引高端产业落户西城，支持区属国有企业、中小微企业和民营经济创新发展。加强知识产权保护，发挥行业协会指导服务功能。继续办好金融街论坛、金博会、设计周等活动，积极发挥各类高端对话平台作用，进一步提高扩大对外开放能力和水平。优化企业监管信息共享平台建设，健全“三联”监管机制，不断提升市场监管效能，营造市场化、法治化、国际化的营商环境。激发、保护和弘扬企业家精神，营造尊重和激励企业家干事创业的社会氛围。

（五）加强社会治理创新，大力保障和改善民生

坚持以人民为中心的发展思想，紧贴群众需求，实施精准服务，积极回应群众关切，进一步增进民生福祉。

一是持续深化教育综合改革。全面落实幼有所育、学有所教，实施学前教育新的三年行动计划，努力实现15个街道公办园全覆盖。探索多样化办园模式，扩大普惠性幼儿园覆盖面，多渠道、多方式提高学前教育普及程度和学前教育水平。扎实推进学区制改革，深化集团化办学和贯通式培养，进一步推动优质教育资源共享。实施智慧教育工程，开发一批优质在线开放课程和特色教育资源，提升教育信息化水平。加强师德师风建设，实施教育家培养工程和教师轮岗制度，积极培养一批学科教学与学校管理的带头人。加强对民办教育机构服务和监管。深化“校园工程”，充分利用周边腾退空间，改善办学条件，完善学校功能。健全学校、家庭、社会协同育人机制，坚持立德树人，打造西城教育共同体。努力争创国家义务教育均衡发展优质区。

二是全面推进“健康西城”建设。落实好“健康西城”品质提升行动计划，开展国家健康城区建设，构建“区－街－社区”一体化的公共卫生管理体制。深化医药卫生体制改革，探索建立现代医院管理制度。深入推进紧密型医联体建设，优化家庭医生签约服务，为居民提供高质量全方位全生命周期的健康管理。普及全民健身冰雪运动，铺设可移动仿真冰场1250平方米，为群众提供更多运动场地。持续推进武术之乡建设，深化京津冀武术交流。加强全民健身示范街道建设。培育具有西城特点的中医健康文化。大力开展爱国卫生运动，营造健康生活环境，倡导健康生活方式。

三是稳步提升社会保障和养老服务水平。健全精准服务措施，加强职业技能培训，提供全方位公共就业服务，促进高校毕业生、登记失业人员等群体高质量就业创业。全面落实全民参保计划，推进社保经办模式改革。创建全国残疾预防综合试验区，提升残疾人创业就业能力和助残服务能力，织密社会保障安全网。推进养老机构标准化建设、规范化管理，开展辐射社区居家养老服务，深化推广“百岁老人口述史”项目，加强精神关怀，让老年人安享幸福晚年。

四是大力改善群众居住环境。在充分尊重群众意愿基础上，按照居民申报、社区组织、政府立项、有序实施的模式，统筹安排资金，继续实施老旧小区综合改造、加装电梯、平房院落综合修缮和棚户区改造。创新人居环境改善模式，探索小规模更新改造，尝试配置功能模块，提高群众居住条件适宜度。推动菜园街项目E地块和光源里项目C1地块开工，实现丰台高立庄三期、百万庄项目B地块项目完工，确保保障房年度开竣工任务全面完成。加快推进三里河南区危旧房改建项目搬迁建设。大力开展“厕所革命”，将全区727座三类公厕全部提升至准二类公厕设施标准（2018年完成500座改造提升，2019年完成227座改造提升），实现冬暖夏凉无臭味。

五是全力维护区域安全稳定。持续推进“长安计划”和“雪亮工程”，强化街道社区综治中心功能，提升区街综合执法水平，加强矛盾纠纷排查化解工作，发挥“西城大妈”等群防群治力量作用，主动防范社会风险，确保全区社会面稳定。全力做好重大活动服务保障工作。强化网格管理、应急处置，确保城市安全运行。深入开展安全生产执法工作，开发西城区安全生产“一张图”系统，加强“双预防”大数据可视化分析系统建设。针对消防设施不足的522栋高层建筑和577座筒子楼，新设无线联网式火灾自动报警系统。加强社区微型消防站建设，进一步提升火灾防控能力。加强特种设备精准监管平台建设，确保特种设备运行安全。全面推进“阳光餐饮”工程和“放心肉菜示范超市”建设，确保群众“舌尖上的安全”。

六是不断创新共建共治共享工作机制。持续深化民生工作民意立项机制，涉及群众的事情和群众商量，广泛听取意见，积极争取支持。充分运用大数据技术推动社会治理创新，实现预先管理、精准服务、科学治理。以提高服务能力为重点，大力培育公益性、互助性社会组织，建设好社会工作者队伍。继续做好民族和宗教工作，不断促进民族团结、宗教和睦、社会和谐。塑造街区文化，培养家园意识，搭建共商共治平台，促进社会协同和公众参与，构建西城特色社会公共责任体系。

（六）积极推进重点领域改革，不断激发区域经济社会发展新活力

始终把改革摆在更加突出的位置，围绕关键环节和重点领域精准发力，切实推动重大改革任务举措落地生根，进一步增强发展动力。

一是持续深化城市管理体制改革。按照系统完备、科学规范、运行有效的治理要求，构建以街巷长制和街巷理事会为核心的特大型城市区域和基层治理体系。建立街道实体化综合执法平台，持续推动执法力量下沉。运用大数据、云计算、物联网等现代技术，加快推进智慧市政、智慧交通、智慧环境、智慧社区等建设，全面提升城市运行管理水平。

二是全面推动街道大部制改革。总结推广试点经验，建立“一办、六部、两中心、一平台”街道大部制工作格局，整合内设机构，梳理工作事项，优化工作流程，切实发挥统筹协调作用，提升基层工作效能。进一步规范街道职权配置，理顺街道与职能部门派出机构关系，建立健全体制机制，实现“街道吹哨、部门报到”。

三是积极实施政务服务改革。聚焦群众关心的办事不方便问题，加快推进全区“一号一窗一网一次”政务服务。将政务服务中心15个部门、173个事项和15个街道公共服务事项纳入“一窗式”综合受理。落实行政审批“三集中三到位”，建立统一标准的管理数据库，进一步规范审批程序、提高服务效率。完善网上政务服务大厅功能，加快政务服务APP建设，让信息多跑路，让企业和群众少跑腿。

四是稳步推进国有企业改革。积极鼓励区属企业战略转型升级，推进国有资本进退调整，优化国有资本产业布局，提高核心竞争力。健全国有资本三级授权经营体系。完善企业法人治理结构，健全国有企业监事会制度。创新开展企业负责人业绩考核和薪酬管理，激发企业经营管理者的积极性。深入推动事业单位转企改制。继续加强与央、市属企业合作，支持国有企业走出去。

三、全面加强政府自身建设

始终坚持党对一切工作的领导，严格落实新时代全面从严治党新要求，提高政治站位、强化使命担当，不断加强政府系统党的建设，改进工作作风，提升服务能力，切实展现新风貌新气象新作为。

一是进一步加强政府系统党的建设。按照区委统一部署，认真开展“不忘初心、牢记使命”主题教育，深入推进“两学一做”学习教育常态化制度化，自觉用习近平新时代中国特色社会主义思想，武装头脑、指导实践。充分发挥各级党组的领导核心作用，创新党组工作和党的建设，以提升组织力为重点，培育树立党建品牌，进一步强化基层党组织建设，夯实贯彻落实党的路线方针政策和决策部署的基础。

二是扎实推进党风廉政建设和反腐败工作。严格执行中央八项规定和实施细则要求，坚持不懈转作风、驰而不息反“四风”，同群众想在一起、干在一起。切实履行全面从严治党主体责任，认真履行“一岗双责”，切实做好巡视发现问题的整改，纠正损害群众利益的行为。坚定不移推动反腐败工作，突出关键领域和重点环节，深化廉政风险防控，强化审计监督和行政问责，充分利用政风行风热线等渠道，严防群众身边的腐败问题。

三是坚持不懈推进依法行政。依法接受区人大及其常委会的法律监督和工作监督，坚决落实各项决议、决定并定期报告工作。自觉接受区政协民主监督，认真听取各民主党派、工商联、无党派人士和人民团体的意见，不断改进政府工作。高质量办理人大代表议案建议和政协提案。完善重大行政决策制度，规范决策程序，进一步提高决策科学性和公众参与度。动态梳理行政权力和责任清单，坚决做到法无授权不可为、法定职责必须为。持续推进“七五”

普法，加强文明执法，强化政府公务人员的法律意识，提高运用法律法规解决实际问题的能力。加大政府信息公开力度，做好行政执法“双随机”检查事项清单的确认和动态管理工作。持续推动政务公开，定期向公众报告政府工作。健全行政机关负责人出庭应诉公示制度与考核评价制度，做好行政复议和行政应诉工作，努力推进法治政府建设。

四是不断深化服务型政府建设。坚持开展“访民情、听民意、解民难”工作，及时了解社情民意和群众诉求，关注困难群体、特殊群体，时刻把群众的冷暖放在心上，切实为群众解难题、办实事。始终把群众满意作为政府工作的最高标准，完善“第三方”评价机制，强化绩效管理，改进监督方式。加强思想教育和业务培训，不断增强服务本领，提高专业化水平，努力打造一支廉洁、高效、有情怀、对党和人民绝对忠诚的干部队伍。不断提高政府服务效能。

各位代表，今年将开展区“十三五”规划中期评估，要严格按照党的十九大精神、市区第十二次党代会决策部署，对标对表《总规》各项指标和任务，紧密结合核心区控制性详细规划编制，科学合理调整区“十三五”规划纲要和各专项规划任务及目标。全面梳理区“十三五”规划实施以来的各项工作，总结推广经验做法，认真分析面临的形势和存在的问题，进一步改进工作。支持人大代表和政协委员开展区“十三五”规划中期评估的视察和调研工作，汇聚各方智慧，更好地推动区域发展。

各位代表！西城区发展站在了新的历史起点上，率先全面建成小康社会、创建国际一流的和谐宜居之都的首善之区，是全区人民的共同期盼。目标鼓舞人心，蓝图催人奋进。让我们更加紧密团结在以习近平同志为核心的党中央周围，深入学习贯彻党的十九大精神，牢固树立“四个意识”，深入践行红墙意识，在市委市政府和区委的坚强领导下，按照本次大会确定的目标任务，团结奋进、开拓创新、扎实工作，奋力谱写新时代西城发展的新篇章！

北京市西城区人民代表大会常务委员会工作报告

——在北京市西城区第十六届人民代表大会第四次会议上

北京市西城区人大常委会主任 杜灵欣

（2018年1月10日）

各位代表：

我受西城区第十六届人民代表大会常务委员会委托，向大会报告工作，请予审议。

2017年工作回顾

2017年，区人大常委会在区委的领导下，认真学习宣传贯彻党的十九大精神，坚持以习近平新时代中国特色社会主义思想为指导，以习近平总书记两次视察北京重要讲话精神为根本遵循，认真落实市、区第十二次党代会精神，坚持党的领导、人民当家作主、依法治国有机统一，围绕新时代区域发展大局和民生改善，认真履行宪法法律赋予的各项职权，为更好地保障首都职能履行、更好地服务市民生活宜居、更好地展现城市文化风采发挥了重要作用。区十六届人大一次会议以来，共召开常委会会议11次、主任会议25次，常委会听取和审议议题65项，任免国家工作人员117人次、人民陪审员172人次，先后接受了4名区级国家机关组成人员和领导人员辞去职务。

一、保证区人民代表大会依法行使职权，推动区域新发展

常委会坚持把保证区人民代表大会充分行使职权，作为坚持和完善人民代表大会制度的重要责任，认真做好代表大会会议的筹备和保障，积极推动代表大会决议的贯彻落实。

（一）认真落实国家监察体制改革试点任务。按照全国人大常委会关于在北京市、山西省、浙江省开展国家监察体制改革试点工作决定的要求，组织召开区十六届人大二次会议，选举产生了区监察委员会主任。根据区监察委员会主任的提名，常委会任命了区监察委员会副主任、委员，为推进监察体制改革试点工作奠定了重要基础。区人大法制委员会对区监察委员会进行了工作视察，听取了相关工作情况的汇报。

（二）完成西城区出席北京市第十五届人民代表大会代表选举工作。落实北京市人大常委会的部署和安排，经过认真筹备，组织召开了区十六届人大三次会议，依法选举产生了83名出席北京市第十五届人民代表大会代表，为北京市第十五届人民代表大会依法履职提供了基础保障，为推动西城新发展提供了重要支持。

（三）大力推动历史文化名城保护。西城区作为北京营城建都的肇始之地，是北京历史文化名城保护的重点地区。推动老城整体保护与复兴，保护古都风貌，传承历史文脉，是我区的重要历史责任。为凝聚全区力量、同心同向推动历史文化名城保护，常委会认为有必要提请代表大会作出相关决议。为此，常委会组织代表视察了什刹海阜景街、“三金海”地区、大栅栏琉璃厂、天桥等街区的重点项目，并通过走访、座谈、联组活动等方式，广泛征求

代表意见，研究起草了《关于加强历史文化名城保护提升城市发展品质的决议》草案。区十六届人大二次会议充分行使重大事项决定权，审议通过了该项决议，以法定程序使历史文化名城保护成为全区人民的共同意志。常委会积极推动决议的落实，加大对决议的宣传，组织代表视察沈家本故居腾退修缮情况和阜成门内大街整治复兴工程推进情况，听取和审议了区政府落实决议情况的报告。区政府大力推进名城保护工作，一批不可移动文物建筑腾退亮相，历史街区风貌明显改观，基础设施和城市环境显著改善。

（四）扎实推进街区整理工作。街区整理是首都功能核心区落实《北京城市总体规划（2016年—2035年）》的有效实现途径，是百姓家门口的事，需举全区之力共同推进。常委会对此高度重视，组织代表视察了广阳谷城市森林、达智桥等街区整理重点项目，听取了区政府专题汇报，形成了相关决议草案，并通过联组活动广泛征求了代表意见。区十六届人大三次会议经过审议，作出了《关于扎实推进街区整理不断提升核心区品质的决议》，为加快推进国际一流的和谐宜居之都首善之区建设提供了民主法治保障。

二、加强监督工作，不断增强监督实效

常委会牢牢把握新时代区域发展新要求，围绕法律法规实施、疏解整治促提升、民生改善等方面的重点问题，综合运用多种监督方式，加大跟踪监督力度，不断增强监督实效，保证、支持和促进区级国家机关依法行使职权。

（一）深入开展计划预算监督。常委会听取和审议了区政府关于2017年上半年和1–9月计划执行及调整情况的报告，对2018年计划报告的主要内容进行了初步审议。回应群众关切，继续对我区生活性服务业发展情况开展监督，组织58名代表视察了广外小马厂百姓生活服务中心和西长安街西黄城根南街百姓生活服务中心，推动提升生活性服务业发展品质。此外，还对区政府关于区属国有企业运行和改革情况、2017年政府投资计划安排情况、社会保险工作情况等进行了监督。

深入推进预算监督，常委会听取和审议了区政府2016年财政决算报告、2016年预算执行和其他财政收支情况的审计工作报告以及审计查出问题整改情况的报告、2017年上半年和1–9月财政预算执行情况的报告，就2016年财政决算、2016年审计工作报告、2017年财政预算调整作出决议。关注税收政策的影响，加强了对“营改增”后地方税收变化情况、“营改增”全面实施情况的监督。认真贯彻落实《北京市预算审查监督条例》，启动了《西城区预算监督办法》的修订工作。尝试对2018年预算编制中的“重点支出”和“重大投资项目”进行重点审查，并首次组织各专门委员会委员参加部门预算初审，进一步加大了预算审查监督力度。此外，为提高常委会计划预算监督的针对性和实效性，区人大财经委员会全年深入开展区情调研，先后走访了20多家区属单位和驻区企业。

（二）持续加强对法律法规实施情况的监督。关注大气污染防治，结合中央环保督察反馈意见，常委会连续第四年开展大气污染防治法律法规贯彻实施情况的检查。执法检查组通过听取汇报、集中视察、随机抽查、问卷调查等方式，重点检查了我区贯彻实施相关法律法规的总体情况、区政府有关部门履职情况、部分建筑施工和餐饮单位落实相关法律法规情况。执法检查组还对露天烧烤、道路遗撒等情况进行了夜查。常委会在听取和审议执法检查报告后，从认真落实中央环保督察组反馈意见、深化环境保护机制体制改革、加大执法力度等方面提出了审议意见。

组织区人大及其常委会选举、任命的国家工作人员进行宪法宣誓，增强了国家工作人员忠于宪法、依法履职的意识。设立了规范性文件备案审查工作机构，认真开展备案审查工作，对区政府贯彻实施《北京市各级人民代表大会常务委员会规范性文件备案审查条例》情况进行了监督。此外，还对我区安全生产法律法规实施情况、贯彻红十字会法推动无偿献血和造血干细胞捐献工作情况开展了视察检查。配合市人大常委会就《北京市生活垃圾管理条例》《北京市全民健身条例》等法律法规贯彻执行情况开展检查。组织区人大代表参与了《北京市机动车停车管理条例》《北京市非物质文化遗产保护条例》的立法调研。组织28名区法院审判员、16名区检察院检察员向常委会进行了书面述职。

（三）着力推动城市治理水平全面提升。围绕治理大城市病、缓解交通拥堵，常委会再次听取和审议了区政府关于市政道路建设工作情况的报告，从积极落实习近平总书记视察北京重要讲话精神、研究完善道路沿线快速拆违机制、提高道路规划设计水平、动员社会力量参与、做好道路沿线环境治理和日常管理等方面提出审议意见。区政府认真落实审议意见，精细化设计道路建设方案，统筹推进慢行系统建设、停车设施建设，强化交通秩序管理，精心打造精品道路工程。围绕疏解非首都功能、全面提升城市品质，常委会听取和审议了区政府关于开展“疏解整治促提升”专项行动工作情况的报告，从科学制定规划、做好居民生活保障、加强城市精细化管理等方面提出了审议意见。

围绕深化城市管理体制改革，常委会继续加大关于落实城市管理主体责任加强城市环境精细化管理议案的督办力度，听取和审议了区政府进一步办理该议案情况的报告，推动城市治理精治、共治、法治，区域环境品质得到进一步提升。还就全区绿地建设工作情况开展监督，组织代表视察了京韵园、逸骏园两个微公园的建设情况，为推动生态西城规划的落实发挥了积极作用。

（四）不断推动民生改善。常委会高度重视关于全面提升养老基础设施辐射居家养老服务能力议案办理工作，在过去五年推动养老工作的基础上，重点围绕养老基础设施辐射能力建设，着力推动议案办理。组织代表分两批视察了广内街道德馨养老照料中心和养老驿站、金融街街道丰汇园养老驿站、月坛街道华方养老照料中心。听取和审议了区政府关于该议案办理情况的报告，从推进养老基础设施建设、完善服务标准体系、实施分类保障、加强宣传推广等方面提出了审议意见，推动居家养老服务能力持续

提升，养老基本公共服务体系不断完善，中心城区特色养老服务模式更加巩固。我区被民政部和财政部批准为全国居家和社区养老服务改革试点区。

聚焦我区基础教育综合改革，着眼丰富教育供给、促进学生全面发展，常委会将西城区“城市学校少年宫计划”（以下简称“城宫计划”）工作进展情况列入监督议题，组织代表视察了奋斗小学和回民学校“城宫计划”开展情况，听取和审议了区政府专项工作报告，从巩固深化“城宫计划”成果、加强外聘教师队伍管理、强化课程建设、加强专项经费管理等方面提出审议意见，促进区政府深入推进“城宫计划”、精心打造西城品牌。关注食品药品安全，连续第六年对西城区食品药品质量状况进行监督，推动了“北京市食品安全示范区”创建工作。关注全民健身行动，就全区体育运动场地建设情况开展监督，对月坛综合训练馆、崇效胡同足球场等场地建设情况进行了视察。还对计划生育特殊困难家庭扶助工作进行了监督，促进了相关工作的开展。

（五）切实促进公正司法。围绕司法工作难点和社会关注热点加强监督，常委会听取和审议了区法院关于推进基本解决执行难工作情况的报告，提出了深化细化执行举措、推动执行机制建设、促进执行工作与区域经济社会发展相结合等审议意见，推动区法院全面提升执行效果。听取和审议了区检察院关于未成年人案件检察工作情况的报告，从加强未成年人案件检察专业化建设、工作规范化建设、社会化帮教体系建设以及加强对侦查审判活动监督等方面提出了审议意见，推动区检察院持续加强对未成年人的司法保护。关注司法体制改革中西城区检察机关内设机构及职能调整情况，听取了相关工作汇报，推进各项改革任务深入落实。

三、强化服务保障，充分发挥代表主体作用

根据届首之年特点，常委会重点做好代表履职培训、代表联系选民、代表建议督办等工作，支持和保障代表依法履职。

（一）加强代表建议办理工作。进一步完善办理工作机制，加强承办单位与代表的沟通，不断提高办理工作质量，区十六届人大一次会议期间收到的代表建议130件（含议案转建议6件）已经全部办复，其中，被解决或吸纳的99件，被列入计划的12件，作为工作参考的19件。坚持常委会主任、副主任牵头重点督办、各专门委员会分类督办、代表联络部门协调督办的工作机制，推动解决了一批群众关注的热点问题。配合市人大常委会开展了“关于科学规划、合理利用疏解后腾退空间”建议的督办工作。坚持代表审议意见处理工作机制，对区十六届人大一次会议期间代表就政府工作提出的审议意见进行归纳整理，会后交区政府研究处理。区政府将187条审议意见分解立项，列入政府督查考核，逐条进行督办。主任会议专题听取了区政府研究处理情况的报告，推动代表审议意见更好落实。

（二）加大代表履职培训力度。依托区人大常委会、各专门委员会、街道人大工作机构三大平台，认真组织代表初任培训和履职学习，参与代表1152人次。根据常委会全年工作安排，组织全体区人大代表分两批进行了每期三天的集中培训，邀请全国人大常委会、市人大常委会有关专家重点围绕人大制度、代表职责、议案建议操作实务等方面进行了讲解，切实增强了代表的职务意识，提高了代表的履职能力。通过召开区情通报会、编发《西城人大》杂志、订阅报刊、组织视察等方式，服务代表进一步知情知政，为代表履职提供了基础性保障。

（三）深入开展代表联系选民月活动。结合落实区人大代表联系和接待选民办法，围绕“疏解整治促提升”专项行动、治理“开墙打洞”等代表和群众高度关注的问题，首次在全区开展了“区人大代表联系选民月”活动。386名区人大代表参加了活动，参与率达92.3%，举办见面会231次，接待选区选民及群众4317人次，累计征集意见建议651件。常委会高度重视这些意见建议的办理，在综合归纳、系统分析的基础上，形成专题报告报送区委。区委领导高度关注，批转区政府处理落实。区政府结合具体工作对这些意见建议再次进行梳理分类，由主管领导牵头，交相关部门办理。

（四）扩大代表对常委会、专门委员会工作的参与。坚持代表自主选择列席常委会会议、参加执法检查和视察调研的工作机制，年初将常委会议题和执法检查、专门委员会视察安排发送全体代表，代表根据意愿和关注点自主报名参加，全年列席常委会的代表共90人次，参与执法检查和各专门委员会视察调研的代表共601人次。围绕历史文化名城保护、街区整理和群众关注的热点问题，组织代表分专题开展了会前视察调研，更好地听取民声、了解民意，为大会期间审议相关议题、提出议案建议做好充分准备。

（五）充分发挥街道人大工作机构的基础性服务平台作用。加强街道人大工作机构建设，组织各街道人大工作机构办公室负责人进行业务培训，切实提高了服务保障能力。各街道人大工作机构结合本地区实际，积极开展视察调研、代表与选民见面、代表接待选民日、代表进法院、代表参与社区居民代表大会等活动，认真组织区人大代表向选民报告履职情况。一年来，15个街道共组织代表活动163次，参与代表2632人次。

受市人大常委会委托，组织市人大西城团代表参加培训、视察调研、年中集中活动，圆满完成了市人大西城团代表的联络服务工作。

四、着力抓好自身建设，切实提高履职能力

坚持把加强自身建设摆在重要位置，充分发挥常委会党组的领导核心作用，大力推进常委会和机关工作制度化、规范化，不断提高履职能力。

（一）深入学习宣传贯彻党的十九大精神。按照市委、区委的部署和要求，常委会党组及时召开会议，对学习宣传贯彻党的十九大精神进行研究部署。采取观看直播、参观展览、党的十九大精神宣讲、局处级领导干部讲党课、座谈交流、学习问答等多种方式，组织党组成员和机关全

体党员干部原原本本学习党的十九大精神，坚持在学懂弄通做实上下功夫，自觉用习近平新时代中国特色社会主义思想武装头脑，指导实践，推动人大各项工作。

（二）全面加强常委会及机关党的建设。大力推进常委会党组建设，更加充分地发挥了党组在人大工作中的领导核心作用。坚持重大问题、重大事项向区委请示报告制度。坚持重要工作、重大问题党组先行研究原则，全年共召开党组会议36次，研究常委会重点工作、党组及机关党的建设、党风廉政建设等事项。着力加强党组工作制度建设，修订党组工作规则，制定党组“三重一大”事项决策制度、党组理论学习中心组学习制度、党组定期研究自身建设重大问题规定、领导班子实行AB角工作制、党组领导机关党建和指导机关党组织工作办法等制度。扎实推进机关党组织建设，完成机关党委和党支部换届选举，健全党组织工作制度体系，认真推进“两学一做”学习教育常态化制度化，不断提高机关党建工作水平。坚持全面从严治党，将党风廉政建设贯穿工作始终。认真抓好市委巡视 “回头看”整改意见的落实，把肃清消除吕锡文、刘跃平、苏东等人流毒影响引向深入，制定治理“圈子文化”、处理好政商关系加强廉政建设的具体措施并认真执行。实行领导干部落实党风廉政建设主体责任全程纪实和台账管理，有针对性地开展党风廉政宣传教育活动，营造风清气正的政治生态和良好工作环境。

（三）大力推进常委会工作制度化规范化。修订区人大常委会议事规则、区人大常委会任免国家机关工作人员办法，制定区人大专门委员会工作规则（试行）、常委会规范性文件备案审查办法（试行）、区人大代表联系和接待选民办法、区人大代表建议批评和意见及其办理情况公开工作办法。结合常委会议题安排和履职需要，认真组织会前学法、专题学习和专题研讨，不断提高常委会组成人员履职能力。改进常委会会议服务，完善“一府两院”报告工作和常委会组成人员审议发言机制，进一步提升常委会审议质量。各专门委员会充分履行职责，重点围绕常委会监督议题，协助开展监督工作，全年共组织各类会议活动48次。推进机关信息化建设，代表网上服务平台开通运行。加强信息宣传工作，通过网站、公报、《西城人大》和《北京西城报》等多种渠道，积极宣传人民代表大会制度，及时公开履职情况。

各位代表，过去一年人大工作取得的成绩，是区委正确领导的结果，是全体代表和常委会组成人员依法履职、扎实工作的结果，是区级国家机关主动接受监督、驻区单位和广大人民群众全力支持的结果。在此，我代表区人大常委会向全体代表，向所有关心和支持区人大工作的各级领导、同志们、朋友们，表示崇高的敬意和衷心的感谢！

在总结成绩的同时，我们也清醒地认识到工作中存在的问题和不足，特别是与习近平新时代中国特色社会主义思想对人大工作提出的新要求、与人民群众对美好生活的向往相比还有差距，主要是常委会开展监督的形式还需要进一步丰富，为代表履职服务的方式方法还需要进一步创新，常委会工作制度建设还需要进一步推进等。对于这些问题，我们将认真研究，并在今后的工作中切实加以改进。

2018年主要工作任务

2018年是贯彻党的十九大精神的开局之年，是改革开放40周年，是决胜全面建成小康社会、实施“十三五”规划承上启下的关键一年，也是落实《北京城市总体规划（2016年—2035年）》的重要一年。区人大常委会将在区委的领导下，深入学习贯彻党的十九大精神，坚持以习近平新时代中国特色社会主义思想为指导，坚持党的领导、人民当家作主、依法治国有机统一，认真落实市、区第十二次党代会精神，主动适应新时代首都发展的新任务新要求，紧紧围绕首都功能核心区建设、民生改善、区域民主法治建设，认真履行宪法法律赋予的各项职权，持续加大工作力度，凝聚代表合力，密切与人民群众的联系，不断提高人大工作实效，为深入推进科学治理、全面提升核心区品质作出新贡献。

一、深入学习贯彻党的十九大精神

深入学习贯彻习近平新时代中国特色社会主义思想和党的十九大精神，认真组织开展“不忘初心、牢记使命”主题教育，自觉用习近平新时代中国特色社会主义思想武装头脑、指导实践，推动区人大及其常委会各项工作实现新的发展，努力使区人大及其常委会成为全面担负起宪法法律赋予的各项职责的工作机关，成为同人民群众保持密切联系的代表机关。

二、着力推动代表大会决议落实

坚持把促进代表大会各项决议落实作为全年工作重点抓紧抓实。紧紧围绕关于扎实推进街区整理不断提升核心区品质决议的落实，组织开展代表视察调研，听取和审议区政府相关工作报告，全面推进街区整理工作深入开展，进一步提升核心区品质。通过多种方式持续推动关于加强历史文化名城保护提升城市品质决议的落实，进一步促进老城整体保护与复兴。坚持和完善代表审议意见处理机制，切实推动本次代表大会上代表的审议意见得到有效落实。

三、持续加强和改进监督工作

深化计划预算监督。拟听取和审议区“十三五”规划中期评估报告、2017年财政决算报告、审计报告、审计查出问题整改情况的报告，以及2018年上半年和1–9月计划、预算执行情况的报告，对2019年计划报告的主要内容、财政预算报告和预算草案的初步方案进行初步审查。加强对区政府关于2018年政府投资、生活性服务业发展、国有资产管理和构建“高精尖”经济结构情况的监督。修订并实施《西城区预算监督办法》，全面推进绩效管理，努力实现对“重点支出”“重大投资项目”预算审查监督工作的新突破。

进一步加强专项工作监督。关注城市绿色生态环境，拟听取和审议园林绿化工作情况的报告。着眼于深化医药卫生体制改革，拟听取和审议区政府医药分开综合改革情况的报告。关注公正司法，拟听取和审议区法院加强金融审判服务区域金融健康发展情况的报告。着眼于城市治理和民生改善，拟对学前教育工作、地下空间清理整治管理、城管执法监察工作、民族宗教工作、区检察院公益诉讼工作情况开展监督。

强化对法律法规实施的监督。围绕相关法律法规开展执法检查，推动相关法律法规在本行政区域内的正确实施。还将对非物质文化遗产法、档案法贯彻执行情况开展监督。坚持宪法宣誓制度，增强国家工作人员忠于宪法、依法履职意识。按照区人大常委会任免国家机关工作人员办法，严格任免程序，依法任免国家机关工作人员。加强对任命人员履职情况的监督，继续组织部分审判员和检察员向常委会书面述职。积极开展规范性文件备案审查工作，维护国家法制统一。

四、进一步深化代表工作

落实区人大代表联系和接待选民办法，进一步密切人大代表与群众的联系。认真做好代表履职培训，积极拓宽代表信息沟通渠道，通过区情通报会、新媒体、《西城人大》、人大代表网上服务平台、视察调研等方式，服务代表知情知政，为代表执行职务创造条件。加强代表议案督办，拟听取和审议本次代表大会确定的议案办理情况的报告。继续坚持常委会主任、副主任牵头重点督办，各专门委员会分类督办，代表联络部门协调督办的工作机制，加强代表建议办理督办工作，落实区人大代表建议、批评和意见及其办理情况公开工作办法。坚持代表自主选择参加常委会执法检查、视察调研、列席常委会会议等制度，保障代表依法履职。推进街道人大工作机构建设，更好地发挥其协助常委会开展工作、服务代表履职等方面的重要作用。完善市区两级代表联系机制，加强两级人大代表之间的联系。建立和完善代表履职监督制度，组织代表向选民报告履职情况。做好市人大西城团代表联络服务工作，组织好市人大西城团代表活动。

五、深入推进自身建设

坚持党的领导是做好人大工作的根本保证和关键所在。要充分发挥区人大常委会党组在人大工作中的领导核心作用，全面落实从严治党要求，牢固树立“四个意识”，大力践行“红墙意识”，认真贯彻执行党章党规，坚决维护党中央权威和集中统一领导。坚持重大问题、重大事项向区委请示报告制度，坚持人大重要工作、重要问题党组先行研究原则，持续推进常委会及机关党的建设，保证人大工作正确的政治方向。

结合常委会监督议题安排和工作需要，认真落实会前学法制度，加强对宪法和有关法律的学习。结合履职需要，组织常委会组成人员开展专题学习和专题研讨。推进常委会工作制度建设，落实常委会议事规则，完善常委会会务组织工作。认真落实区人大专门委员会工作规则（试行），更好地发挥专门委员会职能作用。加强常委会机关建设，进一步提高服务保障能力。完善常委会网站，办好常委会公报，及时公开常委会履职情况，主动接受社会监督。

各位代表，新时代赋予我们新的伟大使命。我们要更加紧密地团结在以习近平同志为核心的党中央周围，坚持以习近平新时代中国特色社会主义思想为指导，在区委的领导下，深入学习贯彻党的十九大精神，充分发挥人民代表大会制度优势，不忘初心，牢记使命，扎实工作，为率先全面建成小康社会、加快推进国际一流的和谐宜居之都的首善之区建设作出更大贡献。

中国人民政治协商会议
北京市西城区第十四届委员会常务委员会工作报告

——在政协北京市西城区第十四届委员会第二次会议上

北京市西城区政协主席 章冬梅

（2018 年 1 月 8 日）

各位委员：

我代表政协北京市西城区第十四届委员会常务委员会，向大会报告工作，请予审议。

2017 年工作回顾

2017 年，是政协北京市西城区第十四届委员会的开局之年。在中共西城区委领导下，政协北京市西城区第十四届委员会及常务委员会深入学习贯彻中共十八大及十八届三中、四中、五中、六中全会和十九大精神，深入学习贯彻中共中央关于加强社会主义协商民主建设、加强和改进人民政协民主监督工作的重大部署，坚持团结和民主两大主题，紧紧团结和依靠各界委员，充分发挥人民政协作为协商民主重要渠道和专门协商机构作用，认真履行政治协商、民主监督、参政议政三大职能，为西城区经济社会各项事业发展做出了积极贡献。全年共召开常委会会议、主席会议、秘书长会议 15 次，经审查立案的提案 247 件，开展重要协商活动23次，组织调查研究、视察考察、座谈研讨等各类履职活动155次，参与委员达3910人次。

一、强化政治引导，共同思想政治基础进一步夯实

坚持把政治建设放在首位，组织和推动各界委员深入学习中共十八大及十八届三中、四中、五中、六中全会精神和习近平总书记两次视察北京重要讲话精神。尤其是十九大召开之后，迅速掀起了学习贯彻十九大精神的热潮。采取辅导报告、参观展览、微信群谈体会等形式，引导政协委员和机关干部深刻领会中共十九大提出的一系列重要思想、重要观点、重大判断、重大举措，明确今后的努力方向和奋斗目标，更加紧密地团结在以习近平同志为核心的中共中央周围，切实提高政治站位，始终保持政治上的清醒与坚定，牢固树立“四个意识”，深化“红墙意识”，自觉在思想上政治上行动上同以习近平同志为核心的中共中央保持高度一致。

二、聚焦优化流程，协商民主实效进一步提高

区政协把区委制定的《西城区政协2017年协商工作计划》的八个议题和9月份区委临时交办的协商议题作为全年工作重中之重的任务，精心组织政协常委和委员深入实地进行调研视察，邀请专家辅导培训，搭建知情明政的平台。通过召开议政性常委会会议、议政性主席会议、专题协商会议、议政会、双月协商座谈会等多种形式，搭建协商议政平台。广大委员积极参与，从历史文化名城保护、推进街区整理、提升生活性服务业水平、推进紧密型医联体建设、促进大气污染防治责任制落实、改善文化创意产业布局、优化城市功能、完善学区制管理、和谐宜居建设等方面提出了具有真知灼见的意见建议，经归纳整理共89条，得到区委充分肯定，为政府部门更好地改进和推动工作起到了积极的促进作用。在协商过程中，坚持将党的领导贯穿始终，落实到协商活动方案制定、组织实施、形成协商报告的各个环节；坚持以人民为中心的理念，通过政协街道联组等平台，让政协委员深入群众，深入实际，做到协商内容来源于实践、落地于实践；注重及时总结经验，优化流程，形成了“党组研究部署、专委会制定方案、深入调研视察、广泛议政协商、形成协商报告”的协商工作程序，协商民主规范化制度化水平和实效性不断提高。

三、关注热点精准发力，民主监督力度进一步增强

坚持把区委区政府中心工作、重点任务的贯彻落实作为政协民主监督的重要内容，推动民主监督工作深入开展。成立了城市管理民主监督组，调整了社会治理民主监督组和财政预算民主监督组，制定了《政协北京市西城区委员会关于民主监督组的工作规则》。三个监督组通过实地调研、查阅资料、召开座谈会等形式分别围绕社会组织建设、城市环境建设及城市管理综合行政执法、区财政2016年决算及2017年预算执行情况开展了民主监督，提出了改进工作的意见建议，为政府部门做好相关工作提供了重要参考。继续做好特约监督员推荐工作，向区行政服务中心、城市管理执法局推荐了16名政协委员担任特约监督员，在日常民主监督工作中发挥了积极作用。

四、坚持履职为民，参政议政水平进一步提升

各专委会围绕西城改革发展的重大问题和涉及人民群众切身利益的热点难点问题，成立了5个课题调研组，积极议政建言，“加强西城区社会组织建设”“加快西城区文化产业园区建设”2篇调研报告作为政协常委会建议案报西城区委，“西城区公共文化资源共享利用现状”“将PPP项目应用于城市建设、管理和环境保护”“充分发挥区域资源优势，积极推动京台社区交流”3篇调研报告作为《领导参阅》分别报送区委及相关区领导，为科学民主决策提供参考。

为促进委员深入基层，广泛联系群众，制定了《政协北京市西城区委员会关于政协委员联系社区的制度》，各街道联组制定了《政协委员联系社区实施细则》，将委员们分到辖区内各社区，确保每名委员联系一个社区，各联组组织委员深入养老中心、公益展示中心、澜创园、文博馆、居委会等开展“走街串巷访民情”活动，进行政策法规宣传和社情民意采集。通过面对面、心贴心的交流，委员们拉近了与群众的距离，倾听了百姓需求，为更好地参政议政、建言献策奠定了基础。

注重发挥提案在委员履职中的重要作用，不断提高提案质量，加大提案督办力度，增强提案办理实效。十四届一次会议以来，广大政协委员、各民主党派和人民团体，认真履行职能，积极建言献策，共提交提案281件，经审查立案247件。修定了《政协北京市西城区委员会提案工作办法》，编撰了《提案工作指南》，对政协委员及提案办理人员开展了提案培训。加强专委会提案办理协商，将农工党西城区委提出的“关于统一协调西城区为老服务机构管理的建议”等7件提案作为重点提案，由政协领导督办。对部分涉及公共利益、公众权益、社会关切及需要社会广泛知晓的提案，提案办理报告以摘要的形式试行提案办理复文公开，增强提案办理的透明度，扩大提案督办的社会性和广泛性。

各界别委员注重利用社情民意信息反映区域发展情况和民情民意，一年来共提交社情民意信息586件，其中涉及北京市工作的5件信息被市政协《诤友》采用。

五、团结凝聚各方力量，统一战线进一步巩固

充分发挥人民政协作为爱国统一战线组织的作用，团结各界人士，凝聚共识，为推动区域经济社会发展汇聚力量。重视发挥各民主党派、人民团体在政协工作中的作用，认真了解和反映他们对全区经济社会发展的意见建议，通过党派团体提案、议政会、界别协商座谈会、秘书长会，为各民主党派、人民团体搭建起有效的履职平台。依托专委会密切同各界别的联系，组织开展富有界别特色的活动，政协界别的代表性和优势得到进一步体现。贯彻落实党的民族宗教政策，充分发挥港澳台侨和民族宗教界委员作用，共同维护全区民族团结、宗教和顺、社会和谐大局。区政协领导利用民族宗教等重要节日走访看望委员，加强与各界别委员的联系沟通，倾听他们的呼声，帮助解决实际问题。

六、夯实基础强化管理，两支队伍能力素质进一步提高

中共政协党组认真贯彻执行《中国共产党党组工作条例》，切实发挥领导核心作用，把中国共产党的领导贯穿政协履职工作始终。坚持把委员队伍和机关干部队伍建设作为基础性工作来抓，不断提高两支队伍能力素质。

针对换届后新委员多的特点，坚持抓学习和立规矩并重，规范政协委员履职行为。分三期开展委员全员培训，请全国政协、北京市政协有关专家作专题报告，学习人民政协理论和履职方法；组织“推进人民政协工作创新实践”专题研讨活动，提升委员对政协工作的认知和理解。召开区情通报会、举办《北京城市总体规划（2016—2035）》（以下简称《总规》）《西城区街区整理城市设计导则》、大数据专题辅导，促进委员知情明政。成立摄影、文博、瑜珈、印章篆刻、书画鉴赏学习小组，努力提升政协委员艺术欣赏水平和文化修养。先后修定了《政协北京市西城区委员会全体会议工作规则》《政协北京市西城区委员会常务委员会工作规则》《政协北京市西城区委员会专门委员会通则》《政协北京市西城区委员会界别组履职活动规则》《政协北京市西城区委员会反映社情民意信息工作办法》《政协北京市西城区委员会委员履职工作规则》，完善委员履职统计分析、履职评价考核机制，进一步激发了委员履职的积极性和主动性，提高了履职实效。

为提升政协机关党组织战斗力，对机关党委书记进行了增补，对机关党支部及工会进行了换届选举。深入推进“两学一做”学习教育常态化制度化，落实“三会一课”制度，坚决贯彻全面从严治党要求。根据政协工作实际，调整充实专委会工作室力量，加强政协机关干部队伍教育和管理，提高了服务委员履职的能力和水平。

各位委员，一年来区政协各项工作成绩的取得，是中共西城区委坚强领导、市政协有力指导和区人大常委会、区政府大力支持的结果，是参与区政协的各民主党派、人民团体和全体委员团结奋斗的结果。在此，我代表政协北京市西城区第十四届委员会常务委员会，向忠实履职的各界委员，向所有关心、支持政协工作的各级领导、各界人士，表示崇高的敬意和衷心的感谢！

在看到成绩的同时，我们也清醒地认识到工作中仍存在着差距和不足，主要表现在：参加协商界别的代表性还不广泛，协商的质量有待进一步提高；开展民主监督的方式方法还需不断创新完善；社情民意信息办理情况的反馈工作还需进一步建立健全机制；委员履职的服务和管理水平还有待提升。

2018年工作思路

2018年，区政协要以马克思列宁主义、毛泽东思想、邓小平理论、“三个代表”重要思想、科学发展观、习近平新时代中国特色社会主义思想为指导，深入学习贯彻中共十九大精神，坚持中国共产党的领导，坚持以人民为中心的发展思想，牢牢把握人民政协的性质定位，充分发挥政协委员的主体作用，在中共西城区委的领导下，紧紧围绕落实《总规》、加强“四个中心”功能建设、履行“四个服务”职责，就非首都功能疏解、人口规模调控、街区整理、文化名城保护、科技创新、环境改善、民生保障等重点工作，谋良策、建真言、凝共识、聚合力，切实发挥协商民主重要渠道和专门协商机构的作用，为加快推进发展转型和管理转型，全面提升核心区发展品质，建设国际一流和谐宜居之都的首善之区贡献力量。

一、统一思想，全面领会中共十九大精神

要把学习贯彻中共十九大精神作为首要政治任务，组织政协各参加单位和各界委员在学懂弄通做实上下功夫，把思想和行动统一到十九大精神上来，把智慧和力量凝聚到实现十九大确定的目标任务上来。开展学习中共十九大精神全员培训，通过专题辅导、研讨交流等多种形式，不断把对中共十九大精神的学习引向深入。深刻领会习近平新时代中国特色社会主义思想的精髓要义，深刻把握社会矛盾变化的新特点，明确“两个一百年”的奋斗目标和“两步走”战略部署，增强政治认同、思想认同、理论认同、情感认同，夯实团结奋斗的共同思想政治基础。牢固树立政治意识、大局意识、核心意识、看齐意只，践行“红墙意识”，坚定道路自信、理论自信、制度自信和文化自信，更加自觉地坚持中国共产党的领导。要坚持理论联系实际、指导实践，把学习贯彻十九大精神与深入贯彻落实习近平总书记两次视察北京重要讲话精神结合起来，与贯彻落实《总规》结合起来，与贯彻落实区委第十二次党代会精神结合起来，进一步转化为推动核心区全面发展的思想自觉和行动自觉。

二、扩大协商，紧紧围绕西城发展大局献计出力

深入贯彻创新、协调、绿色、开放、共享的发展理念，将中共西城区委交办的年度协商计划作为政协工作的重中之重和全年的工作主线，围绕疏解非首都功能、《总规》落实、街区整理、优化“高精尖”经济结构、历史文化名城保护、民生改善等重大议题开展协商议政。要在扩大协商的广泛性上有新突破，加大各界别参与协商的力度，调动各界别参政议政的积极性，体现人民政协的界别优势。要在调研深入性上有新突破，强化调查研究对协商工作的支撑作用，坚持不调研不协商，先调研后协商。要在协商的规范化制度化建设上有新突破，在协商民主探索实践的基础上，进一步规范政协协商议政的流程，推进协商民主制度化建设。

三、突出重点，提高民主监督工作实效

结合西城区发展实际，将“历史文化名城保护”“街区整理”两个人大决议的执行情况及全区重点工作的落实作为民主监督的重点，把协助区委政府解决问题、改进工作、增进团结作为民主监督着力点，积极探索符合西城特点的民主监督方式。进一步提高民主监督组织化水平，将重点监督内容纳入区委年度协商计划，推进协商式监督深入开展。发挥社会治理民主监督组、财政预算民主监督组、城市管理民主监督组的作用，积极开展专项监督。做好特约监督员的推荐，不断完善特约监督工作，探索开展评议性监督。重视发挥协商活动、委员提案、大会发言、视察调研、反映社情民意信息等的民主监督作用，做好日常民主监督。

四、搭好平台，进一步拓展履职新领域

发挥专门委员会联系委员作用，围绕区委交办的协商计划议题，积极开展各项视察调研、界别活动及跨界别沟通交流，为委员履职搭建多种平台，丰富形式和内容，激发政协委员履职积极性。发挥政协街道联组作用，落实好委员联系社区制度，继续开展“走街串巷访民情”活动，将履职为民的理念落到实处。完善提案工作机制，加强提案立案审查，提高提案质量。推进提案工作创新，加大集体提案工作力度，加大提案办理复文公开力度，开展提案评选表彰。强化提案办理协商实践，完善提案交办协商，开展难点提案个别协商、热点提案集中协商、重点提案督办协商。就社情民意信息与市政协、区委、区政府相关部门加强沟通，把握时势热点方向，提高社情民意信息质量，完善社情民意信息办理情况的反馈机制。加强政协理论研究，围绕贯彻落实中共十九大对政协工作的新要求开展主题研讨活动，总结实践经验，推动新时代政协理论和工作创新发展。

五、凝心聚力，为西城发展广泛汇聚正能量

充分发挥人民政协联系广泛、渠道通畅的优势，集民智、汇民意、聚人心，多做协调关系、理顺情绪、化解矛盾、增进团结的工作，为顺利推进改革创新营造良好社会环境。不断巩固和发展最广泛的爱国统一战线，加大走访看望各界政协委员的力度，扎实做好团结联谊、凝聚人心的工作。密切同各民主党派、无党派人士的联系与合作，鼓励政协专委会与各民主党派开展联合调研，加大党派提案督办力度。贯彻落实中共中央民族和宗教政策方针，加强与民族宗教界代表人士的联系，促进民族团结、宗教和睦。充分发挥政协街道联组联系社区的作用，紧密政协委员与人民群众的联系，通过广泛深入的走访、调研、视察等活动，做好上情下达、下情上传和解疑释惑、凝聚共识的工作，调动各族各界委员参与西城建设的积极性、主动性、创造性，为西城创新发展增添新活力。

六、夯实基础，不断强化政协自身建设

坚持党对政协工作的领导，发挥中共政协党组领导核心作用，加强政协机关党委和党支部建设，积极开展“不忘初心，牢记使命”主题宣传教育，用习近平新时代中国特色社会主义思想武装头脑、指导实践、推动工作。坚持全面从严治党，加强廉洁教育，落实党风廉政建设主体责任。以提升政治把握能力、调查研究能力、联系群众能力、合作共事能力为核心，加强委员履职能力建设，打造能够担负新时代人民政协事业发展的委员队伍。创新委员履职管理方式，进一步完善委员履职考评机制。大力提升机关干部能力素质，推进学习型、服务型、创新型机关建设，努力为委员搭建好知情明政平台和协商议政平台，提高服务委员履行政协委员职能和服务委员做好本职工作的能力水平，努力把政协打造成和谐温馨的委员之家。

各位委员，我们亲身经历和见证了中国特色社会主义进入新时代，感受西城区在中华民族伟大复兴征程中的新进步新气象，我们深感骄傲与自豪，也深感责任重大。让我们更加紧密地团结在以习近平同志为核心的党中央周围，高举中国特色社会主义伟大旗帜，解放思想、开阔思路，求真务实、攻坚克难，以拼搏为美，向行动致敬，充分发挥人民政协职能作用，为创建国际一流和谐宜居之都的首善之区、实现人民群众对美好生活的向往做出新的更大贡献！

深入学习贯彻党的十九大精神
以首善标准坚定不移推进全面从严治党

——在中国共产党北京市西城区第十二届纪律检查委员会第三次全体会议上的工作报告

中共北京市西城区纪委书记　虞宝才

（2018年2月27日）

同志们：

我代表中国共产党北京市西城区第十二届纪律检查委员会常务委员会向第三次全体会议作工作报告，请予审议。

这次会议的主要任务是：深入学习贯彻习近平新时代中国特色社会主义思想，全面贯彻落实党的十九大精神，认真贯彻落实十九届中央纪委二次全会战略部署，按照市纪委十二届三次全会、区委十二届六次全会的工作部署和要求，总结2017年纪检监察工作，部署2018年工作任务。今天上午，卢映川同志对我区深入推进全面从严治党提出了总体要求，我们要认真学习领会，抓好贯彻落实。

一、2017年主要工作

2017年，在市纪委和区委的正确领导下，全区纪检监察组织牢固树立政治意识、大局意识、核心意识、看齐意识，坚决维护习近平总书记在党中央和全党的核心地位，坚决维护党中央权威和集中统一领导，以迎接服务党的十九大和学习贯彻党的十九大精神为主线，紧紧围绕党的领导、党的建设、全面从严治党，着力推进监察体制改革试点工作，持之以恒改进作风，坚定不移惩治腐败，始终把纪律挺在前面，坚定履行监督执纪问责和监督调查处置职责，党风廉政建设和反腐败工作取得明显成效。

（一）在迎接服务党的十九大和学习贯彻党的十九大精神的过程中督促管党治党责任落实

把学习贯彻党的十九大精神作为首要政治任务，举办“西城区纪检监察系统学习贯彻党的十九大精神专题培训”和“西城区纪检监察干部能力素质提升班”，做到培训全员覆盖，纪检监察干部用习近平新时代中国特色社会主义思想武装头脑、指导实践、推动工作的能力不断提高。深入开展十九大精神宣讲活动，用多种形式促进十九大精神入脑入心。十九大召开期间，采取“普查加抽查”方式，对环保管控、值班值守和重点事项执法情况进行检查，督促各主责单位依法履职，为大会胜利召开营造和谐稳定的安全环境。加强对党风廉政建设情况的监督检查，健全述职述责、谈话教育、签字背书、检查考核等压力传导机制，建立健全清单化明责、痕迹化履责和台账化记责工作机制，推动区级层面和全区各单位落实责任。制定派驻纪检监察组、街道纪工委、社区纪检专员、区属国有企业纪检监察机构监督责任重点任务清单，规范履职履责行为，实现监督责任清单全覆盖。制定派驻纪检监察组考核评价办法，通过发挥绩效考核的激励促进作用，提高各派驻机构的监督效能。起草实施问责条例的程序规定，规范细化问责案件的启动、审批、调查、处理等流程，实施问责20起，给予党政纪处分13人，诫勉谈话7人。

（二）国家监察体制改革试点工作和纪律检查体制改革统筹推进

区委高度重视国家监察体制改革试点工作，加强对试点工作的组织领导，制定改革时间表和路线图，建立健全工作制度，坚决落实党中央、市委赋予的重大政治任务。2017年4月13日，区委召开西城区监察委员会成立大会，区监委正式组建，并与区纪委实现合署办公。通过整合行政监察、预防腐败和查处贪污贿赂、失职渎职及预防职务犯罪等力量，实现人员转隶融合，机构职能和工作流程优化，区委对反腐败工作的领导得到加强，国家监察体制改革“西城试验田”结出硕果，创造了西城经验。按照“执纪监督、执纪审查分开”的要求，组建3个执纪监督室和6个执纪审查室，强化日常监督，规范审查调查，实行信访举报一口受理、问题线索统一管理，形成执纪监督、执纪调查、案件管理、审核审理相互配合、相互制约机制。制定贯彻落实北京市纪检监察机关监督执纪工作规则工作要点和流程图，建立留置场所协调保障机制、典型案件查处和警示教育衔接机制，健全案件监督管理部门统筹审查（调查）工作对外协调机制，规范执纪审查（调查）措施审批程序，初步建立起一套规范、有效的调查程序和司法程序衔接转换机制。在全市率先全面试用12项调查措施，办理4起留置案件，实现以“留置”取代“两规”。将派驻机构统一更名为派驻纪检监察组并赋予相应监察职能和权限，向街道派出监察组，监察范围进一步扩大，监察对象由改革前的5200余人增加到48500余人。深化组织创新和制度创新，探索社区纪检专员工作模式，全区43%的社区已设立纪检专员，在金融街集团、华远集团、天恒置业、广安控股等区属国有企业设置专职纪委书记，确保纪检监察工作无盲区、无死角。随着监察体制改革试点工作取得阶段性成果，西城区专责监督体系基本搭建完成。

（三）巡察利剑作用得到有效发挥

根据区委巡察全覆盖五年规划，先后抽调28名干部，按照“职业+专业”的模式成立4个巡察组，在全市率先开展巡察工作，并在市委巡视巡察工作会议上介绍了经验。坚持政治定位，找准巡察重点环节的着力点，制定并试行“3+1”巡察内容清单和工作规范，构筑全链条全流程巡察模式。探索并实行整改情况全面报告、重点问题专项报告的“双报告”制度和巡察结果向社会通报、向主管区领导通报、向同类型单位通报的“三通报”制度，最大限度巩固运用巡察成果。以“发现问题、形成震慑，推动改革、促进发展”为主要任务，分4批对20家区属单位进行巡察监督，共发现问题530条。对巡察发现的问题，督促被巡察单位对照反馈意见，及时制定整改方案，明确具体措施和责任人，限期整改。根据巡察发现的问题和案件线索，整改问题95条，健全完善制度35项，立案8件，给予纪律处分4人，调整处级干部3人，促进了责任落实和标本兼治，推动中心工作顺利开展。

（四）以监督检查促进政令畅通和决策部署的落实

加强对市、区党代会精神落实情况的监督检查，围绕“疏解整治促提升”十大专项行动、背街小巷治理、精准扶贫、夏季防汛、秋冬季大气污染综合治理，采取“一项目一指定”的方式，开展专项监督20项，对在防汛工作中未认真履职的2家单位进行通报。对2家单位下发《纪律检查建议书》，督促党委（党组）切实履行主体责任，及时堵塞漏洞，完善相关制度。在75家单位开展“为官不为”“为官乱为”专项治理和“严肃查处侵害群众利益的不正之风和腐败问题”专项工作，集中整治“微权力”腐败。共发现“为官不为”“为官乱为”问题线索67个，立案19件，给予党政纪处分27人；排查发现群众身边不正之风和腐败问题线索79个，立案19件，给予党政纪处分24人。

（五）作风建设在坚持中不断深化

持之以恒正风肃纪，对隐形变异问题深挖不放、露头就打，对执纪审查对象存在“四风”问题的，坚持先于其他问题查处和通报，坚决防止不正之风反弹回潮。紧盯重要时间节点，深入辖区大型超市、专卖店、饭店等商业场所，对财务票据、购物卡券的发放情况进行核查，对被监督单位公车封停、食堂使用、值班值守、窗口工作人员履职等情况进行突击检查。共查处违反中央八项规定精神案件14起，给予党政纪处分7人，诫勉谈话7人。在主流媒体刊发新闻报道100余篇，在15个街道打造各具特色的“一街一品”廉洁文化教育品牌，在首都博物馆举办《清风正气贯古今——西城廉洁文化展》，开通“廉洁西城”微信公众号，扩大了廉洁文化的影响力。在“西城纪检监察网”等平台，通报典型案件9起，涉及18人，持续增强警示教育的震慑力。

（六）形成并巩固反腐败斗争压倒性态势

持续保持高压态势，力度不减、节奏不变。把握运用监督执纪“四种形态”，着眼政治生态治理，开展“线索大起底”工作，对160件未办结及暂存的问题线索进行集中梳理，重新研究处置方式，减少线索存量，实现问题线索“零暂存”。建立信访举报和问题线索发现及受理机制、快速办理机制、线索排查协调机制、闹访缠访处理机制，实现信访件“一站受理、联网对接、协同办公、亮灯督办”。全区纪检监察组织共接受信访举报739件（次），受理问题线索439件，初核127件，立案70件，结案87件，给予党政纪处分72人，其中处级18人，科级及其他54人，涉嫌职务犯罪移送司法机关提起公诉5人。

回顾过去的一年，全区党风廉政建设和反腐败工作的深入开展，得益于市纪委和区委的坚强领导，是全区各级党组织、纪检监察组织和全体党员干部共同努力的结果。在肯定成绩的同时，我们也要清醒地认识到存在的问题和不足：全区各级党组织履行管党治党责任不到位，把纪律挺在前面的主动作为不够，党风廉政建设责任压不实的现象依然存在；不收敛不收手的情况仍然存在，享乐主义、奢靡之风呈现隐形变异，形式主义和官僚主义问题尚未根除；纪检监察机关在监督执纪问责中践行“红墙意识”的观念不强，还存在政治站位不高、履职尽责不力、自身管理监督不严等问题。对这些问题，我们必须高度重视，采取有力措施，认真加以解决。

二、2018年重点工作

2018年是全面贯彻落实党的十九大精神的开局之年，是我区实施“十三五”规划承上启下的关键一年，做好纪检监察工作责任重大。要以习近平新时代中国特色社会主义思想为指导，认真学习贯彻党的十九大和中央纪委二次全会精神，落实市纪委十二届三次全会和区委十二届六次全会决策部署，不忘初心，牢记使命，增强“四个意识”，坚定“四个自信”，积极践行“红墙意识”，忠实履行党章和宪法赋予的职责，紧紧围绕坚持和加强党的全面领导，紧紧围绕维护习近平总书记在党中央和全党的核心地位，紧紧围绕维护党中央权威和集中统一领导，坚持党要管党、全面从严治党，坚持稳中求进工作总基调，聚焦纪检监察工作主责主业，监督检查党章执行和党的十九大精神贯彻落实情况，以党的政治建设为统领，全面推进党的各项建设，继续深化监察体制改革试点工作，持之以恒正风肃纪，深入推进反腐败斗争，营造风清气正的良好政治生态，强化自我监督、自觉接受监督，建设忠诚干净担当的纪检监察干部队伍，坚定不移推动全面从严治党向纵深发展。

（一）全面贯彻落实党的十九大精神，把党的政治建设摆在首位抓紧抓实

推动全面从严治党责任落到实处。加强对全面从严治党突出问题的专项整治，对主体责任缺失、监督责任缺位、党内监督不力以及作风和腐败问题多发频发、违纪违法现象屡禁不止的，严肃追究责任，既追究主体责任，也追究监督责任，典型问题通报曝光。对该问责而不问责的，严肃追责。完善党风廉政建设责任制检查考核，加大日常检查力度，层层传导压力，大力整治落实主体责任压力层层递减的现象，推动工作延伸到基层、责任落实到基层。建立决策痕迹管理模式，让决策全过程可回溯、可查询，为问责提供倒查依据。全区各级纪律检查组织要持续深化转职能、转方式、转作风，防止“三转”不到位，甚至“回头转”，发挥好党内监督专责机关作用，切实承担起协助党委推进全面从严治党政治责任。

加强党内政治生活的监督。加强对党内政治生活状况、党的路线方针政策执行情况、民主集中制等各项制度执行情况的监督检查，把坚持和加强党的领导，维护党中央权威和集中统一领导落实到纪律建设、监督执纪、巡察、责任追究各个环节。严格请示报告制度，区纪委每半年向市纪委、区委报告1次工作，基层纪检监察组织重要工作要及时向区纪委请示报告，做到步调一致、令行禁止。将选人用人作为日常监督、巡察监督、派驻监督重点，突出一把手和后备干部，把好党风廉政意见回复关。协助区委加强政治生态建设，恢复和发扬党的光荣传统和优良作风，形成积极健康的党内政治文化氛围。

严明政治纪律和政治规矩。加强对执行党章和学习贯彻党的十九大精神情况的监督检查，及时发现、报告和查处“七个有之”问题，坚决清除对党不忠诚老实、阳奉阴违的两面人、两面派，坚决反对和纠正个人主义、分散主义、自由主义、本位主义、好人主义，坚决防止山头主义和宗派主义危害党的团结、破坏党的集中统一，对结党营私、拉帮结派，搞圈子文化、码头文化的严肃查处、绝不姑息。把贯彻落实党中央重大决策部署作为严肃的政治纪律，加强对组织实施北京城市总体规划、疏解非首都功能、精准救助、安全生产、大气污染治理等工作的监督检查，发现问题，严肃问责，确保中央、市委政令在西城畅通。

（二）深化监察体制改革试点工作，构建更加完备的反腐败工作体制机制

牢牢把握监察体制改革的目标。认真落实市委《关于深化监察体制改革试点的实施意见》，着力构建党统一指挥、全面覆盖、权威高效的监督体系和科学有效的监察权运行机制，实现对所有行使公权力的公职人员监察全覆盖，通过组织和制度创新，切实把监察体制改革形成的制度优势转化为治理效能，不断提高以法治思维和法治方式惩治腐败的能力和水平，推动国家治理体系和治理能力现代化。区改革试点工作小组各成员单位要全面加强协调配合，履行好工作范围内的职责，确保我区深化试点工作继续走在全市前列，创造更多可复制可推广的西城经验。

完善工作机制和工作流程。跟进中央深化国家监察体制改革试点工作，在《中华人民共和国监察法》颁布后，抓好学习宣传贯彻落实，及时做好制度规范修改和配套建设。按照落实责任、依纪依法、严格程序、简化手续原则，推进信访受理、执纪监督、审查调查、案件审理、案件管理等重点工作和关键环节流程再造，切实提高工作效率。推动监察机关与公安机关、检察机关、审判机关、司法行政机关工作流程对接，健全和完善检察机关、公安机关强制措施与监察机关留置措施无缝对接办法，构建执纪执法相互贯通的协调机制。

提升监督体系的日常监督作用。根据党章对纪律建设的新要求，推动各级党组织严格执行党内监督条例，把选人用人和管理监督权责一致的要求落到实处。全面完成社区纪检专员设置，并探索赋予相应监察监督职权。进一步探索执纪监督、执纪审查分设后加强日常监督的有效途径，健全发现问题、纠正偏差的有效机制，加强监督成果的运用和转化，提高日常监督实效。探索建立监督情况定期报告制度，及时向分管区领导和被监督单位通报巡察整改、责任制检查和问题线索处置情况，有针对性地提出工作或监察建议。强化派驻监督，充分发挥派驻纪检监察组“派”的权威和“驻”的优势，形成派驻监督、巡察监督、监察监督相互协同、相互制约、相互贯通的工作运行机制。

（三）加强党的纪律建设，锲而不舍落实中央八项规定精神

开展经常性纪律教育。增强纪律教育实效性，运用正反两方面教材，既示范引领，又以案明纪、以案促改。增强教育的政治性，凡被查结的党员领导干部违纪违法案件，都要在本部门本单位开展警示教育，用好忏悔录这个反面教材，召开专题民主生活会，从案件中汲取教训。把坚决反对特权思想和特权现象作为着力点，教育引导党员干部严格执行廉洁自律准则，加强道德修养、模范践行社会主义核心价值观，严格遵守党纪国法，严格家教家风，严格教育管理亲属和身边工作人员，决不允许以言代法、以权压法、逐利违法、徇私枉法。

打好作风建设持久战。坚决贯彻习近平总书记关于进一步纠正“四风”、加强作风建设的重要批示精神，落实市委《关于进一步纠正“四风”锲而不舍抓好作风建设的若干措施》，把对待上级决策部署“表态多调门高，行动少落实差”等形式主义、官僚主义问题作为整治重点，针对疏解整治促提升专项行动等重大任务中存在的抓落实变调走样、做群众工作不深不细、方法简单粗暴等突出问题，加大监督问责力度。把监督检查中央八项规定精神和市委贯彻落实办法执行情况作为重点任务，密切关注作风问题新动向，以钉钉子精神，一个节点一个节点坚守、一个问题一个问题突破，扭住不放、寸步不让，管出习惯、抓出成效、化风成俗。深化“为官不为”“为官乱为”专项治理，重点解决不作为、乱作为、冷硬横推问题。对“四风”问题突出的部门和单位严肃追究领导责任，问责一批突出问题、查处一批违纪干部、通报一批典型案件。

深化运用监督执纪“四种形态”。贯彻惩前毖后、治病救人方针，坚持严管和厚爱结合，把纪律挺在前面，在早发现上深化，加强信息综合研判，提高发现违纪、职务违法问题能力。科学分类处置，提高精准把握政策能力，做到强化监督有态度、执纪问责有力度、治病救人有温度。用好第一种形态，注重谈话函询质量，既严肃认真，又让干部感受到组织的温暖。要更加精准把握运用各种形态，综合考虑违纪违法性质情节和认错悔罪态度，给予不同处置，做到宽严相济、精准得当。把党纪处分和政务处理的执行情况纳入问题线索全流程管理，加强执行情况的监督。

（四）坚持发现问题、形成震慑不动摇，深化巡察监督工作

进一步发挥政治巡察的利剑作用。认真贯彻落实区委巡察工作五年规划，坚持政治巡察定位、坚持问题导向、坚守价值取向，年内将开展4轮巡察，对26个党组织贯彻落实党的十九大精神情况，以及党的领导是否坚强、政治生活是否严肃、党的组织是否健全进行检查，着力解决弱化、虚化、边缘化问题，坚决纠正走过场、搞形式的问题，推动基层党组织加强政治建设。以基层党组织领导班子及其成员，特别是一把手为巡察重点，着力发现和解决群众身边的不正之风和腐败问题，推动全面从严治党在基层见到实效。

持续深化巡察制度建设。健全完善巡察工作协调联动、巡察成果运用、干部队伍建设等工作制度，为推动巡察工作科学化、规范化、精细化发展夯实基础。对标看齐市委巡视工作，在巡察准备、巡察了解、巡察报告、巡察反馈、巡察移交、整改督办、立卷归档等7个重点环节逐条逐项进行对照梳理，规范各环节工作。修订完善“3+1”巡察清单，将坚持党的领导、加强党的建设、全面从严治党等各项新决策、新部署、新要求纳入其中，为科学精准开展巡察监督提供重要依据。

提升巡察全覆盖质量。贯彻党中央巡视工作方针，实现区委一届任期内巡察全覆盖，发现问题、形成震慑，推动管党治党责任落实。统筹运用巡察监督、派驻监督和信访、审计发现的问题线索，紧盯重点人、重点事、重点问题，做到发现问题准、分析原因透、汇报情况明，推动政治巡察不断深化。强化巡察结果综合运用，督促分类处置，定期检查整改进度，强化整改问责，确保条条要整改、件件有着落。

（五）深化标本兼治，推动反腐败斗争压倒性态势向压倒性胜利转化

保持高压态势不松劲。坚持无禁区、全覆盖、零容忍，坚持重遏制、强高压、长震慑，坚持受贿行贿一起查，坚决减存量、重点遏增量，做到精准发现，实施精准惩处，精准有序惩治腐败。准确把握首都核心区的反腐败工作规律，紧盯重点领域和关键环节，重点查处政治问题和经济问题相互交织形成利益集团的腐败案件；重点查处党的十八大后不收敛不收手，问题线索集中、群众反映强烈，现在重要岗位并且可能还要提拔使用的领导干部；重点查处选人用人、审批监管、金融信贷、土地出让、生态环保等方面的腐败问题，实现查办案件政治效果、纪法效果、社会效果的有机统一。加强对基层纪检监察组织的业务指导，增强办案能力，深挖案源，提高线索成案率，彻底消除“零立案”现象。严格依纪依法审查调查，立足教育挽救，使审查对象真心忏悔、认错认罪。要确保办案安全，牢牢守住底线。

*坚决惩治群众身边的腐败问题。*认真做好群众信访工作，拓宽举报渠道，提升通过信访发现问题线索的能力。持续开展严肃查处群众身边的不正之风和腐败问题专项工作，监督检查相关职能部门履职履责情况，重点查处基层干部违反中央八项规定精神、侵害群众利益、利用执法监管等公权力搞权钱交易问题，对吃拿卡要、盘剥克扣、优亲厚友行为决不手软。紧盯群众反映强烈的突出问题和突发事件背后的腐败问题，健全舆情快速反应机制，对民愤集中、性质恶劣的重点督办、限时办结，对典型案例一律通报曝光，对工作推动不力、问题得不到解决的严肃问责。

*探索深化标本兼治的途径。*在强化震慑的同时，认真总结日常监督、审查调查、巡察中发现的体制机制问题和制度漏洞，推动以案治本。加大专项清理力度，规范领导干部配偶、子女及其配偶经商办企业行为，斩断利益输送链条，扎牢不能腐的笼子。推动各级党组织加强思想道德建设和党性教育，解决好世界观、人生观、价值观这个“总开关”问题。充分挖掘区域特色廉洁元素，深入推进廉洁文化“五个一”工程，打造廉洁文化主题教育基地，筹划廉洁文化参观线路、展览和剧目，创建街道廉洁文化品牌，营造正风反腐良好氛围。广泛开展群众性廉洁文化活动，推动文明家风建设，以优良党风带动社风民风。

三、践行忠诚干净担当，建设一支让党放心、人民信赖的纪检监察队伍

打铁必须自身硬。纪检监察机关是党内的“纪律部队”，要始终做到忠诚坚定、担当尽责、遵纪守法、清正廉洁，始终坚持人民立场、秉持高尚情怀，始终坚持实事求是、求真务实、忠于职守、认真履职。要增强居安思危的忧患意识、许党许国的担当精神，提高履职能力，强化自我监督和自我约束，保持做好新时代纪检监察工作的定力、耐力、活力，保持工作、政策、措施的连续性、稳定性、前瞻性，认真履行好党和人民赋予的光荣使命，确保党和人民赋予的权力不被滥用、惩恶扬善的利剑永不蒙尘。

（一）加强政治建设，锻造过硬政治品格

扎实开展以学习实践习近平新时代中国特色社会主义思想为重点的“不忘初心、牢记使命”主题教育，推进“两学一做”学习教育常态化、制度化，加强思想理论武装，坚定理想信念宗旨。全区纪检监察干部要尊崇党章，严格执行新形势下党内政治生活若干准则，按照民主集中制原则，坚持不懈开展批评和自我批评，营造良好政治生态。把党内政治文化作为创建纪委机关办公文化的重要内容，弘扬忠诚老实、公道正派、实事求是、清正廉洁的价值观，坚决抵制和反对各种腐朽、庸俗文化的侵蚀。模范遵守党的政治纪律和政治规矩，坚决执行党的路线方针政策，在政治立场、政治方向、政治原则、政治道路上始终同以习近平同志为核心的党中央保持高度一致，坚决维护党中央权威和集中统一领导。

（二）加强组织建设，夯实全面从严治党专责监督责任

围绕对党忠诚、敢于担当、本领高强、清正廉洁，把区纪律检查委员会建设成为坚强战斗集体。加强区纪委常委会自身建设，严字当头、以身作则，在落实全面从严治党责任上作表率。落实好干部标准，把政治强、作风硬、德才兼备、敢于担当的优秀干部选拔进纪检监察领导班子。充分发挥区纪委委员职责作用，带头牢固树立“四个意识”，带头履行全面从严治党政治责任，带头做到忠诚干净担当。加强基层纪检监察组织建设，探索区纪委机关对基层更加科学合理的领导方式和方法。

（三）加强作风建设，培育忠诚干净担当的精神特质

纪检监察干部要坚守原则，敢于为党和人民利益唱“黑脸”，坚决同违纪违法行为作斗争，决不能消极懈怠、回避矛盾。要带头力戒形式主义、官僚主义，大兴调查研究之风，及时研究新情况，解决新问题，创造性地做好工作。以不尚空谈、实事求是的思想作风，以艰苦奋斗、崇尚实干的工作作风，以勤俭节约、崇尚清廉的优良家风，促进政治生态不断净化、持续优化。畅通党员群众反映情况、提出意见建议的渠道，切实改进工作作风。

（四）加强能力建设，做纪法皆通的专才

强化教育培训，不断提高全体纪检监察干部的政治能力、理论水平和专业素质。开展全员培训和全流程业务培训，增强干部培训系统性，提高思想政治水准和把握政策能力，提高运用互联网技术和信息化手段水平。打通机关干部、派驻机构干部、派出机构干部交流渠道，推动干部合理流动，促进综合能力的提高。注重在主责主业、基层一线培养锻炼年轻干部，储备一批优秀干部，为纪检监察干部队伍长远发展打牢基础。

（五）加强廉洁建设，做严格自律的标杆

有权必受监督，用权不可任性。要严格执行监督执纪工作规则和相关法律法规，严格落实党务公开条例，在行使权力上慎之又慎，在自我约束上严之又严，在推进工作上实之又实，习惯在约束和监督下工作生活。强化自我监督，自觉接受党内和社会监督，严守集体决策、请示报告、备案回避、涉案款物管理等规定，对打听案情、跑风漏气、说情干预的要严肃查处，对日常监督中该发现没发现、该处理不处理的要严肃问责，对欺瞒上级组织、弄虚作假的决不容忍，坚决清除“害群之马”，坚决防止“灯下黑”。

同志们，全面从严治党永远在路上，任务艰巨、使命光荣。让我们更加紧密地团结在以习近平同志为核心的党中央周围，不忘初心、牢记使命，锐意进取、埋头苦干，以“红墙意识”担当起新时代核心区职责使命，努力开创党风廉政建设和反腐败工作新局面，为落实党的十九大战略部署，为我区在北京建设国际一流的和谐宜居之都进程中走在前列提供坚强纪律保证。

关于北京市西城区 2017 年财政预算执行情况和 2018 年财政预算草案的报告（摘录）

——2018 年 1 月 9 日在北京市西城区第十六届人民代表大会第四次会议上

北京市西城区财政局局长　聂杰英

各位代表：

我受西城区人民政府委托，向大会报告西城区 2017 年财政预算执行情况和 2018 年财政预算草案，请予审议，并请各位政协委员提出意见。

一、2017 年预算执行情况

2017 年是“十三五”规划实施的攻坚之年，全区各部门全面贯彻落实党的十八届三中、四中、五中、六中全会和十九大精神，深入学习理解习近平总书记系列重要讲话精神和习近平新时代中国特色社会主义思想，认真落实市委市政府各项决策部署，牢牢把握西城区功能定位，坚定信心，攻坚克难，财政收支平稳运行，财政改革稳步推进，圆满完成各项工作任务，为全区经济社会发展提供了有力保障。

（一）2017 年一般公共预算收支完成情况

一般公共预算收入完成 4221153 万元，同比增长 2.01%，完成区第十六届人大第一次会议批准的年度一般公共预算收入任务 4221000 万元的 100%。

在收入完成 4221153 万元的基础上，减去向市财政的上解支出 1570018 万元，加上市体制返还及补助 562543 万元和“营改增”过渡期财力补助 560604 万元，加上从国有资本经营预算等调入资金 9660 万元和全额调入的 2016 年底预算稳定调节基金 223375 万元（年初预算安排 100000 万元），以及动用以前年度区级结余资金 59944 万元和街道结余资金 19979 万元，当年区级财力为 4087240 万元。加上当年市专项转移支付收入 339074 万元以及上年市专项转移支付结转收入 9789 万元，当年总财力为 4436103 万元。

一般公共预算支出完成 4307720 万元，同比增长 1.1%，其中：区本级一般公共预算支出 3959033 万元，完成区本级支出预算调整任务 4107454 万元的 96.39%。

收支相抵后，年终结余 128383 万元，其中：专项转移支付结余 145 万元。

2017 年，西城区一般公共预算实现收支平衡。

（二）2017 年政府性基金预算收支完成情况

政府性基金预算收入完成 276912 万元。其中：土地前期成本调库收入 273194 万元；补缴的土地价款收入 3718 万元，同比增长 43.17%，完成区第十六届人大第一次会议批准的年度政府性基金预算收入任务 3250 万元的 114.4%。

2017年一般公共预算收支平衡情况图

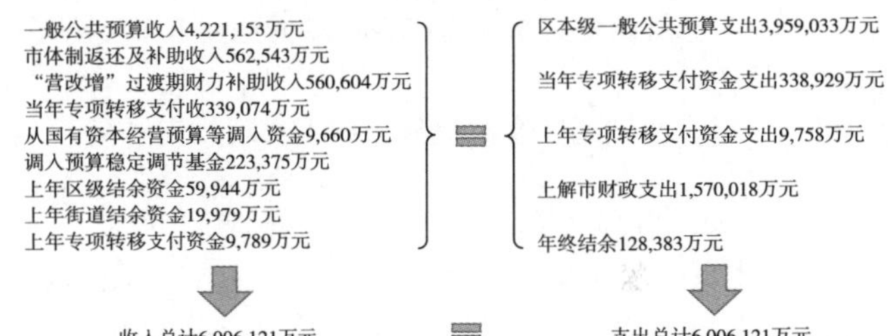

在收入完成 276912 万元的基础上，加上当年市专项转移支付收入 203706 万元以及上年市专项转移支付结转收入 3371 万元，当年总财力为 483989 万元。

政府性基金预算支出完成 481619 万元，其中区本级支出 276912 万元，完成区本级支出预算调整任务 226912 万元的 122.03%，主要是返还大栅栏煤市街以东“C3、H 项目”地块土地前期成本和丰盛胡同东段道路改造项目 262034 万元；市专项转移支付资金支出 201336 万元，主要是法源寺文保区保护提升项目和南北长街旧城保护及环境整治提升项目；上年市专项转移支付结转资金支出 3371 万元，年终结余 2370 万元。

2017 年，西城区政府性基金预算实现收支平衡。

2017年政府性基金预算收支平衡情况图

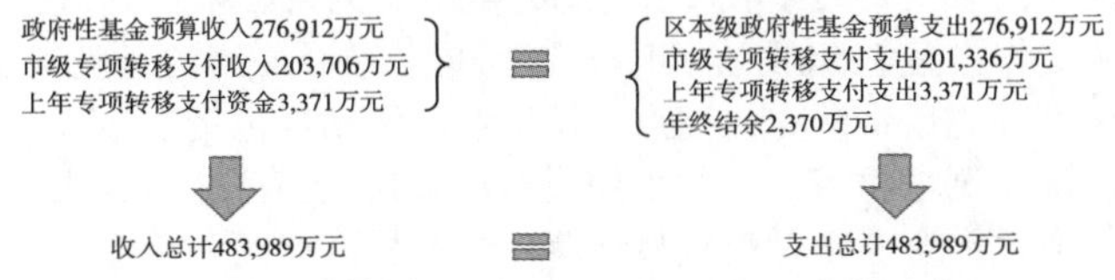

（三）2017 年国有资本经营预算收支完成情况

国有资本经营预算收入完成 39541 万元，同比增长 27.96%，完成区第十六届人大第一次会议批准的年度国有资本经营预算收入任务 32888 万元的 120.23%。

在收入完成 39541 万元的基础上，加上上年结余收入 6586 万元，减去调入一般公共预算资金 8684 万元，当年总财力为 37443 万元。

国有资本经营预算支出完成 30789 万元，完成国有资本经营预算支出调整任务 30789 万元的 100%，年终结余 6654 万元。

2017 年，西城区国有资本经营预算实现收支平衡。

2017年国有资本经营预算收支平衡情况图

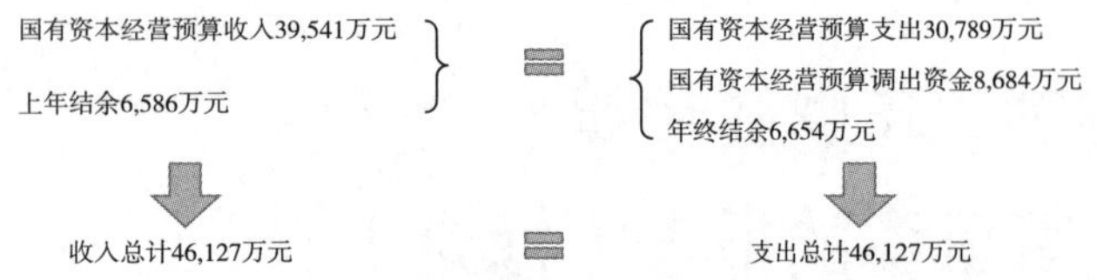

（四）2017年社会保险基金预算收支完成情况

社会保险基金预算收入完成8342万元，同比增长12.2%，完成社会保险基金预算收入任务7435万元的112.2%。

在收入完成8342万元的基础上，加上上年结余收入3525万元，当年总财力为11867万元。

社会保险基金预算支出完成8022万元，完成社会保险基金预算支出调整任务8248万元的97.26%，年终结余3845万元。

2017年，西城区社会保险基金预算实现收支平衡。

2017年国有资本经营预算收支平衡情况图

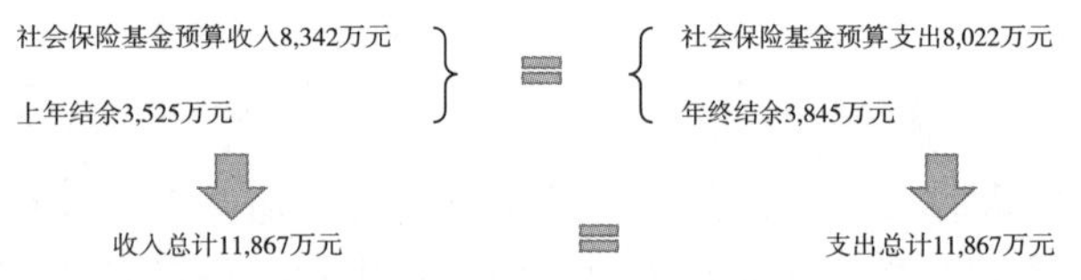

需要说明的是，上述数据是根据预算执行情况初步汇总的，在财政决算编制完成后，还会有所变化。

（五）落实区人大决议情况和2017年财政预算执行效果

1. 抓税源、重服务，组收工作圆满收官

2017年是组收工作最为艰难的一年，经济下行压力加大、“营改增”政策性甩尾、同期一次性入库、法院实行垂直管理等多重减收因素叠加显现，面临的困难与挑战前所未有。面对严峻的收入形势，全区各部门特别是财税部门围绕年初制定的目标，咬定青山不放松，统一思想、创新思路、多措并举，成效显著。一是建立组收工作机制。成立西城区财政组收工作领导小组，出台《西城区财政组收工作方案》，组收效率明显提升。深化政企联络沟通机制，区领导先后带队走访重点税源企业，主动提供精准服务，深度挖掘增收潜力。二是加快构建高精尖经济结构。成功促成重点企业金融科技板块落户中关村西城园和企业迁回西城等重点项目。三是强化重点税源监控。完善重点税源企业台账，监测前200名税源企业动态情况，加强分析研判，确保主体税源稳定。加强收入调度工作，在重要时点做好收入测算、信息交流等工作。经过共同努力，我区经济结构持续优化，财政收入平稳增长，圆满完成全年一般公共预算收入目标。

从1–12月主要行业完成情况看，金融业累计入库1816924万元，同比增长2.32%，总量占比达43.04%；房地产业受房产税政策调整及项目清算等因素带动，累计入库335202万元，同比增长21.39%，总量占比7.94%。六城区中，我区一般公共预算收入总量位列第二，增幅和进度均位列第六位。

2. 调结构、保重点，支出预算提速增效

2017年以来，我区从首都“四个中心”的战略定位出发，按照保重点任务、保中心工作的原则统筹安排财政资金。同时，加快财政支出进度，首次全部完成一季度、上半年、三季度、十一月份四个重要时点市政府财政支出绩效考核任务，以支出提速推进全区重点项目实施。

一是创新财政保障模式，支持疏解非首都功能。投入1364773万元用于推进疏解整治促提升专项行动，顺利疏解动物园区域等批发市场，推进文兴东街道路项目征收、中心城区老旧小区综合整治、珠粮街区棚改项目、街道背街小巷整治等工作。改变原有“财政兜底”的资金保障模式，在棚户区改造项目中，为信达宣东A–G地块、棉花A2A5地块等项目争取贷款贴息19300万元；在小商品批发市场疏解工作中，针对各类市场不同主体、不同产权的性质特点，采用市场主体、财政贴息、政府投资引导基金参与、市区两级资金共同负担等多种方式，灵活解决疏解难题。

二是合理运用财政政策，构建高精尖经济结构。投入约70000万元用于落实金融、科技等相关产业扶持奖励政策，支持亚洲基础设施投资银行、全国中小企业股份转让系统股份有限公司等国际组织和重点机构发展，有效激发企业发展活力。制定《西城区关于财政支持疏解非首都功能构建高精尖经济结构的意见》，保障重点产业发展和重点项目落地。

三是积极推动公共事业发展，持续保障和改善民生。投入1696946万元用于教育、科学、文化、医疗和社会保障等事业发展，支持教育基本建设和房屋修缮、体育场装修改造、全区信息化建设等项目。

四是持续改善生态环境质量，投入27392万元聚焦大气污染治理，贯彻落实清洁空气行动计划，保障锅炉低氮改造工程、煤改清洁能源等工程顺利进行。推进机动车排放及油气回收检测与监管工作，支持餐馆油烟在线监测系统建设。

五是加强基础设施建设，提升城市治理水平。投入366517万元推动陶然亭路、白纸坊东街、北新华街南段道路、前门西河沿和北纬路等道路改造和道路微循环项目顺利实施。

此外，严格落实中央及市级的各项要求，加快存量资金消化力度。将消化存量资金与全区重点工作相结合，统筹预算稳定调节基金和以前年度财政收回结余资金，主要用于保障房房源建设、世纪天乐市场疏解、西城区综合养老服务中心建设、兆惠府腾退等全区重点项目支出。全年消化存量资金573131万元，占存量资金总量的90.06%。

3. 转观念、重创新，财政改革持续深化

2017年以来，全区各部门始终坚持稳中求进工作总基调，以问题为导向，积极推进机制体制创新，不断深化财税体制改革。

一是创新财政资金配置方式。探索PPP模式，梳理政策制度，构建PPP储备项目库，确定地铁19号线牛街站一体化项目作为PPP试点实施，实现了零的突破。成功举办 PPP 主题沙龙活动，搭建政府、金融机构、企业交流平台。灵活运用政府投资引导基金和产业创投引导基金，支持疏解非首都功能、构建高精尖经济结构等重点工作。推进政府购买服务改革，编制政府购买服务指导性目录，提高公共服务供给水平。创新公共管理综合保险“服务+保险”保障模式，通过保险机构特色化服务，建立动态监控和巡检机制，利用市场化手段和专业化管理辅助社会治理。

二是改进预算管理模式。加强预算编制管理，提前启动 2018 年部门预算编制工作。加大财政绩效评价力度，全年完成绩效评价项目 61 个，涉及资金 429619 万元，占当年部门预算项目支出（不含基本建设类项目）资金规模 30%，优秀良好率达到 90 % 以上。扎实开展投资评审工作，完成评审项目 334 个，送审额 567877 万元，审减 35099 万元，资金节约率 6.18%。加大监督检查工作力度，对 14 家一级预算单位及所属的 26 家二级单位开展会计信息质量检查，涉及资金 351429 万元，较上年增长 2.40%。加大政府采购力度，全年政府采购规模 317670 万元，较上年增长 37%，节约金额 11319 万元，资金节约率 3.56%，并对 23 家预算单位和 21 家采购代理机构开展政府采购信息公开专项检查。加强依法行政力度，对行政执法检查中发现的违法线索进行立案，严格履行行政处罚工作程序，对 10 家单位做出行政处罚。加大预决算信息公开力度，建立预决算信息公开平台，部门预算公开单位 84 家。贯彻落实《北京市预算审查监督条例》要求，配合区人大财经委专题审议 2018 年区发展改革委、区国资委、区教委和区城市管理委部门预算及重大投资项目预算编制情况，进一步提高预算编制科学化、规范化、精细化水平。

三是完善风险管理机制。积极推进内部控制工作，在全市范围内率先完成行政事业单位内控报告编报工作。重新梳理财政财务工作流程和风险点，修订内控操作规程，有效规范财政权力运行。建设完善账户管理系统，对预算单位银行账户进行自查清理。加强财政资金管理力度，规范区街两级财政专户管理。

各位代表，2017 年全区预算执行情况良好，财政改革持续推进。但面对新形势和新挑战，我们也清醒地认识到，财政工作仍然存在诸多挑战和不足：一是政策变化和一次性入库因素仍是影响财政收入的重要因素，需进一步提高政策研判能力、分析预测能力和组收工作能力。二是随着疏解整治促提升等重点工作的逐步推进，仍需进一步加强财政资金统筹和调度力度。三是按照《北京市预算审查监督条例》要求，仍需进一步推进预算管理、财政绩效、信息公开等各项财政改革。我们将高度重视以上问题，积极采取措施抓紧解决。

二、2018 年财政预算草案说明

根据财政部和市财政局编制 2018 年财政预算的有关要求，结合全区的实际情况，确定西城区 2018 年预算草案编制的指导思想是：深入贯彻落实党的十九大精神，以习近平新时代中国特色社会主义思想为指导，坚持稳中求进工作总基调，坚持新发展理念，紧扣我国社会主要矛盾变化，结合北京市第十二次党代会建设国际一流和谐宜居之都奋斗目标和《北京城市总体规划（2016 年 -2035 年）》，围绕首都城市战略定位，深化供给侧结构性改革，提升社会经济发展和财政收入质量；着力优化支出结构，聚焦首都新一轮发展、加快推进非首都功能疏解、提高保障和改善民生水平、促进区域转型发展等中心工作；加快建立现代财政制度，建立全面规范透明、标准科学、约束有力的预算制度，全面实施绩效管理，为西城区经济社会高质量发展提供有力保障。

预算草案编制的主要原则：一是坚持突出重点，认真贯彻落实党中央和北京市的决策部署，准确把握核心区的功能定位，围绕区委、区政府中心工作和西城区经济社会发展中的重点问题，合理安排各项资金。二是坚持厉行节约，深入贯彻中央八项规定精神，严格控制行政成本，大力推进节约型机关建设。三是坚持真实完整，各部门所有收入和支出全部纳入部门预算，全面、完整、准确反映部门各项收支情况。四是坚持科学合理，科学预测预算收入和安排预算支出，确保预算编制的程序和方法要科学，基本支出和项目支出核定要科学，测算过程要有理有据。五是坚持绩效管理，建立“预算编制有目标、预算执行有监控、预算完成有评价、评价结果有应用”的预算绩效管理机制。六是坚持透明规范，落实《预算法》和深化预算管理制度改革要求，建立全面规范透明、标准科学、约束有力的预算制度。

（一）2018 年一般公共预算安排情况

1. 收入预算安排情况

综合考虑宏观经济形势、国家财税政策调整以及 2017 年纳税评估、稽查补税等一次性入库占比较高等因素，2018 年全区一般公共预算收入预期完成 4305600 万元，同比增长 2%。

2. 支出预算安排情况

在收入预期完成 4305600 万元的基础上，减去向市财政的上解支出 1466609 万元，加上市体制返还及补助 360016 万元和营改增过渡期财力补助 560604 万元，以及上年结余资金 128383 万元和从国有资本经营预算中调入资金 10389 万元，当年区本级财力为 3898383 万元。加上提前下达市专项转移支付 141100 万元，当年一般公共预算总财力 4039483 万元。

一般公共预算支出安排 3911100 万元，其中：区本级财力支出 3770000 万元，比上年下降 4.77%，年终结余 128383 万元。

2018 年，西城区一般公共预算实现收支平衡。

2018年一般公共预算收支平衡情况图

一般公共预算收入预期4,305,600万元
市体制返还及补助收入360,016万元
“营改增”过渡期财力补助收入560,604万元
提前下达专项转移支付收入141,100万元
从国有资本经营预算调入资金10,389万元
上年结余128,383万元

=

区本级一般公共预算支出安排3,770,000万元
市级专项转移支付支出141,100万元
上解市财政支出1,466,609万元
年终结余128,383万元

收入总计5,506,092万元

支出总计5,506,092万元

2018 年部门预算中，全区党政机关、事业单位的“三公经费”财政拨款支出预算安排了 5727 万元，同比下降 1.12%，其中：因公出国（境）费用 400 万元，与 2017 年预算持平；公务接待费 312 万元，比上年下降 5.74%；公务用车购置及运行维护费 5015 万元，比上年下降 0.91%。其中：公务车购置 1443 万元，比上年下降 4.63%；公务用车运行维护费 3572 万元，比上年增长 0.68%。

2018 年部门预算中，安排政府采购资金 194556 万元，占区级预算支出的 5.16%，涉及项目共 2442 个。

2018 年部门预算中，安排政府购买服务资金 44770 万元，占区级预算支出的 1.19%，涉及项目共 558 个。

（二）2018 年政府性基金预算安排情况

1. 收入预算主要科目安排情况

2018 年政府性基金预算收入预期完成 3414 万元，同比减少 273498 万元，全部为国有土地使用权出让收入。同比减少主要是 2017 年有土地前期成本调库收入 273194 万元。

2. 支出预算主要科目安排情况

在收入预期完成 3414 万元的基础上，加上上年结余资金 2370 万元和提前下达市专项转移支付资金 5179 万元，当年政府性基金预算总财力预计为 10963 万元。

政府性基金预算支出安排 8593 万元，其中区财力支出安排 3414 万元；市专项转移支付支出 5179 万元，年终结余 2370 万元。

2018 年，西城区政府性基金预算实现收支平衡。

2018年政府性基金预算收支平衡情况图

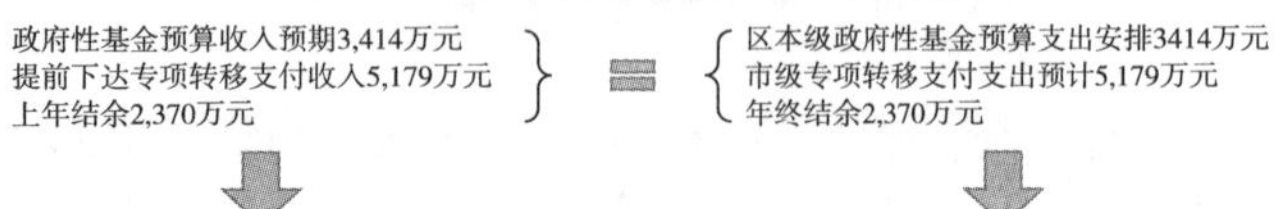

（三）2018 年国有资本经营预算安排情况

1. 收入预算安排情况

2018 年国有资本经营预算收入预期完成 34900 万元，同比减少 4641 万元，下降 11.74%，全部为利润收入。收入下降主要是受到房地产企业项目结利周期的影响。

2. 支出预算安排情况

在收入预期完成 34900 万元的基础上，加上动用以前年度结余资金 6654 万元，减去按照 25% 比例调出资金 10389 万元用于一般公共预算，当年国有资本经营预算总财力预计为 31165 万元。

2018 年国有资本经营预算支出安排 31165 万元，具体是：

（1）国有经济结构调整支出 29373 万元，主要用于国有企业疏解促提升补充流动资金注资等项目，支持企业做大做强。

（2）国有企业改革成本支出 1792 万元，用于解决国有企业历史遗留问题。

2018 年，西城区国有资本经营预算实现收支平衡。

2018年国有资本经营预算收支平衡情况图

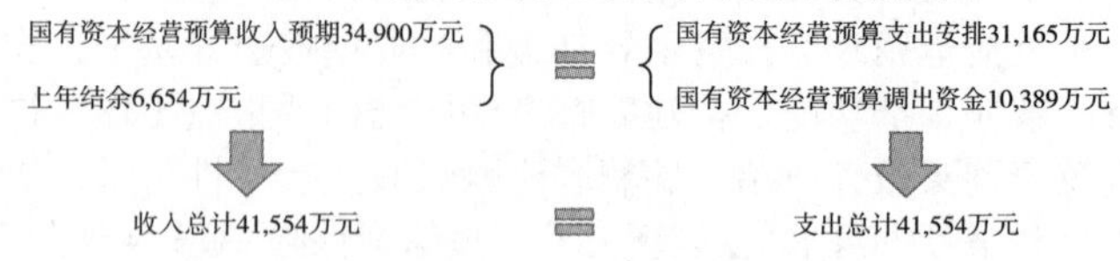

（四）2018 年社保基金预算安排情况

1. 收入预算安排情况

2018 年社保基金预算收入预期完成 8723 万元，同比增加 572 万元，增长 7.02%。根据京人社居发 [2017]210 号通知要求，2018 年调整了城乡居民无社会保障老年福利养老及城乡居民养老保险财政补助标准。

2. 支出预算安排情况

在收入预期完成 8723 万元的基础上，加上上年结余 3845 万元，当年社会保险基金预算总财力预计为 12568 万元。

2018 年社保基金预算支出安排 8644 万元，同比增加 396 万元，增长 4.8%，年终结余 3924 万元。

2018 年，西城区社会保险基金预算实现收支平衡。

2018年社会保险基金预算收支平衡情况图

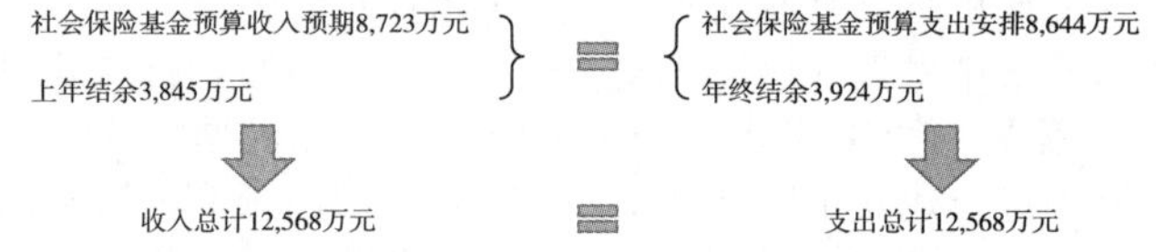

三、2018 年财政预算主要支出方向

2018 年是贯彻党的十九大精神的开局之年。十九大报告提出，要贯彻新发展理念，建立现代经济体系；要提高保障和改善民生水平，加强和创新社会治理；要加快生态文明体制改革，建设美丽中国等一系列重大战略部署。全区各部门将进一步提高政治站位，自觉融入经济发展和社会进步的整体格局，从人民最需要、改革最关键、发展最薄弱的环节入手，在疏解非首都功能、转型发展、环境建设、名城保护、保障民生等五个领域，加大投入，提质增效，形成推动区域发展的强大合力。

（一）全力保障疏解整治促提升专项行动，提高城市治理水平

全力保障疏解整治促提升专项行动，按照“力度不减、节奏不变、重在整治提升”的要求，安排资金重点推进中心城区重点区域整治提升、疏解区域性专业市场和部分公共服务功能、市政基础设施建设、便民服务设施建设、增加公共空间等提升工作。

加快道路交通设施和轨道交通配套建设。安排资金 103121 万元，用于马连道、北纬路、白纸坊东街、文兴东街等道路建设，支持市政排水管线改造工程、慢行系统改造和交通疏堵工程。

加快推进架空线入地工程，安排资金 85290 万元用于阜内北街、佘家胡同、罗贤胡同和三里河地区等架空线入地整治项目。

推进街巷准物业管理服务和背街小巷整治提升，安排资金17480万元用于推进街区整理计划，支持拆除违章建筑、开墙打洞、群租房和地下空间治理等相关工作开展。

（二）加快构建高精尖产业结构，提升经济发展质量

支持金融产业发展，提升经济发展质量。安排资金39058万元，用于落实金融产业发展政策，强化国家金融管理中心功能，突出总部金融优势，支持国际金融组织、金融基础设施类机构、高附加值金融机构发展及衍生金融机构发展，保障亚投行总部临时办公场所运转，开展金融街论坛暨北京金融博览会。

支持特色产业园区建设。发挥科技创新引领作用，安排资金20296万元，用于兑现中关村科技园西城园产业政策，着力发展设计研发、内容创意、科技金融、智慧城市等四大特色产业，提升区域创新创业孵化服务水平。

支持国有企业改革发展。安排资金31165万元，用于鼓励区属企业参与承担区域疏解整治等重点工作，促进企业提升发展现代服务业，解决国有企业改革历史遗留问题，提高国有企业发展竞争能力。

（三）加强生态环境建设，提升城市宜居水平

增加绿色生态空间，提升区域环境品质。安排资金110704万元，重点用于月坛南北街及延长线、鼓楼西大街、西直门桃C地块及全区50条胡同、学校周边等重点区域环境综合整治。支持违建拆除区域景观恢复工程、微公园建设工程等项目建设。

持续加大空气和水污染防治力度，贯彻落实清洁空气行动计划。安排资金33180万元，用于燃气（油）锅炉低氮改造、传统及简易煤改电低谷电补贴、中意水处理站运行维护、机动车排放及油气回收检测与监管等项目。

完善各类垃圾的收运和管理体系。安排资金162978万元，用于环卫专项作业、垃圾收运处理，道路清扫保洁、生活垃圾处理、绿地道路养护、环卫作业电动车辆更新等。

（四）推动历史文化名城保护和历史文化传承

加大文物修缮和腾退保护力度。安排资金194026万元，开展安徽会馆、华康里、云南新馆、梁诗正旧居、聚顺和栈南货老店等12处文物腾退项目。支持新市区泰安里、杨椒山祠文物修缮项目。推进旧城风貌保护，支持背街小巷整治、违法建设拆除工作，推进平房区域、胡同周边等重点区域准物业管理，还原街区历史风貌。继续推进街道博物馆建设，支持大栅栏历史文化展览馆、粤东新馆建设。注重历史文化传承，开展非物质文化遗产调查、整理、濒危项目保护及课题研究。

（五）保障和改善民生，提升公共服务水平

坚持教育优先发展战略。安排资金637522万元，用于铁二中、161中学等44所学校的改扩建和翻建，支持实验幼儿园建设，启动实验幼儿园分园、第四幼儿园等5所幼儿园改扩建工程。支持各级各类教师人才队伍建设和教育综合改革，提升教育发展软实力。

落实社会保障和就业政策。安排资金636282万元，用于机关事业单位基本养老保险基金补助，支持定向安置房昌平配套养老院建设、裕中西里养老院建设和残疾人职业康复中心装修改造等项目。落实城乡无保障老年人养老保险、帮扶就业、残疾人、最低生活保障金等各项社会保障政策。

深化医药卫生体制改革。安排资金271611万元，优化推进医疗卫生机构基础设施建设，支持北京市回民医院、护国寺中医医院等修缮改造工程，支持卫生信息化建设，做好疾病预防控制及动物防疫工作，加大食品药品安全投入。

持续加大简易楼腾退力度，改善居民居住条件。安排资金200000万元，用于推进梁家园、西南园、樱桃斜街、虎坊路等24处简易楼腾退。安排资金40186万元，用于对新安中里、马连道中里等老旧小区修缮整治和加装电梯，对直管公房综合修缮，落实保障性住房补贴等政策。

与此同时，严控一般性支出，继续按照“零增长”的原则，编制公务接待费和因公出国（境）费用预算。

四、开拓创新，扎实工作，确保完成2018年预算任务

（一）坚定发展信心，全力做好2018年工作

（二）推动“三个转变”，确保实现收入预算目标

（三）突出“三个管理”，提高财政资金统筹能力

（四）做好“五项工作”，持续深化财政改革

关于北京市西城区2017年国民经济和社会发展计划执行情况与2018年国民经济和社会发展计划草案的报告（摘录）

——2018年1月9日在北京市西城区第十六届人民代表大会第四次会议上

北京市西城区发展和改革委员会主任 王志忠

各位代表：

受西城区人民政府委托，现将2017年国民经济和社会发展计划执行情况与2018年国民经济和社会发展计划草案的报告提交大会审议，并请各位政协委员提出意见。

一、2017年国民经济和社会发展计划执行情况

2017年是推进供给侧结构性改革的重要之年，也是推动区域发展转型和管理转型的关键之年，面对新时代首都

发展的战略要求和核心区的职责使命，在区委的坚强领导下，在区人大、区政协的监督指导下，全区上下始终把落实“四个中心”城市战略定位作为根本标尺，坚持走疏功能、控人口、治环境、惠民生、提品质、增宜居的转型发展新路子，持续推进各领域改革创新，区域发展各项事业扎实推进，较好地完成了全年任务目标。地区生产总值预计达到3900亿元，同比增长6.5%；一般公共预算收入实现422.12亿元，同比增长2.01%；居民人均可支配收入预计达到7.65万元，同比增长6.5%；城镇登记失业率0.88%；万元GDP能耗下降率预计能够达到4%；万元GDP水耗下降率预计能够达到3%；细颗粒物（PM2.5）年均浓度达到60微克/立方米。

（一）疏解非首都功能取得丰硕成果

一是区域性批发市场疏解即将实现全面收官。动物园区域12家批发市场全部平稳闭市，共疏解约35万平方米、1.3万个摊位。区属国企主动担当，天意市场平稳闭市。民营企业积极响应，实现了万通市场和谐疏解。疏解后的天皓成市场已转型为宝蓝金融创新中心，成功引进中能建集团公司等7家科技金融类企业。天和白马二期、北京科技大厦两个新建楼宇主动适应市场需求，转型为北矿金融大厦、首建金融中心，为实现科技、金融、文化融合发展奠定了基础。

二是疏解整治促提升专项行动持续突破。深入落实首都城市战略定位，率先出台《疏解腾退空间资源再利用指导意见》，引导空间资源投向符合首都城市战略定位的方向。坚持疏控并举，严格执行新增产业禁止和限制目录，工商部门全年不予办理登记业务达515件。完成16个商市场疏解提升，累计疏解建筑面积约1.7万平方米，疏解商户1612户。市场主体结构大幅优化，个体工商户存量约2万户，全年共减少1.4万户，全区企个比3.22：1。完成有证有照不规范“七小”门店清零目标。全年拆除违法建设30万平方米，整治“开墙打洞”5674户，群租房1055户，占道经营1.2万件，无证无照经营108户，地下空间235处，清理直管公房转租转借5750户。加强疏解过程中的政策保障和人文关怀，对因遭遇火灾、交通事故、突发重大疾病或其他特殊困难导致生活陷入困境的个人和家庭开展临时救助工作。开展实有人口核查，初步建成人房关联的大数据系统。

三是主动融入京津冀协同发展大局。持续支持北京城市副中心和雄安新区建设，搭建政策宣讲、信息对接、人才交流、产业合作等服务平台。先后与天津西青、河北石家庄等地区签订战略合作协议。区属企业在津冀地区投资项目17个，预计总投资额超过220亿元；企业合作项目40个，总投资额768亿元，引入资金262亿元。加强与兄弟区在医疗、教育、保障房等方面的合作，积极做好与河南邓州的对口协作和对保定阜平、张家口张北、赤峰喀喇沁旗、玉树囊谦等地精准扶贫工作。

（二）抓重点补短板，城市品质不断提升

一是街区整理迈出重要步伐。认真落实区人大《关于扎实推进街区整理不断提升核心区品质的决议》，成立城市品质提升艺术审查委员会，编制街区整理实施方案、城市街区设计导则和公共空间管理办法，指导各街道开展街区整理，广内街道启动达智桥片区等试点项目，发挥示范引领作用。以北京坊、老盐业银行等“八大建筑”为代表的一期项目实现精彩亮相。启动鼓楼西大街、阜成门内大街（一期）生态重构和老城复兴工作试点，开展交通、立面整治等多项街区整理，打造高品质的文化休闲区。编制马连道街区城市设计导则，对街区茶产业核心区进行整体规划设计。针对南中轴西侧风貌协调区开展天桥北部片区街区导则编制及城市设计研究。加强中南海及周边核心地区综合整治，开展国家大剧院周边、陟山门地区街区环境整治项目和南北长街文物腾退、街区保护工作。实施西长安街及其延长线两侧景观提升工程。整治违规报刊亭、废弃信息亭。新建和规范提升各类便民商业网点70个，建设百姓生活服务中心7个，区域内规范化、连锁化、品牌化生活性服务网点比例提高到69%，全区累计建成30个百姓生活服务中心，实现了261个社区商业便民服务七项基本功能全覆盖。

二是“平安西城”创建成绩喜人。加强立体化防控体系建设，打击违法犯罪，强化治安秩序整治力度。大力开展“雪亮工程”，充分发挥“西城大妈”在群防群治中的重要作用，社会治安综合治理工作持续向好。制定安全生产保障制度，持续开展“无安全生产事故行业、无安全生产事故街道”创建工作。更新39部存在严重安全隐患的老旧电梯。推进燃气安全使用，为6913户困难家庭更换不合格燃气灶具、安装燃气安全辅助设备和独立式感烟火灾探测报警器。完成“一企一标准、一岗一清单”编制企业310家，完成任务目标147%，完成标准化达标创建三级达标企业212家。安责险累计投保4702家，保费958万元，投保家数和保费在全市名列第一。在全市率先完成规范化建设示范区创建，安全员队伍规范化建设初评达标率为100%，全市排名第一。

三是城市精细化管理持续深化。推进背街小巷整治提升，以街道为基础、以街巷长为关键，创新多元参与、共建共享的特大型城市治理体系，任命街巷长1402名，背街小巷街巷长1238名，组建自治共建理事会1423个，成立志愿服务团队1403个，制定居民公约2673份。119条街巷实现“十有十无五好”目标，街巷环境品质明显提升。大力推进大数据应用建设，建设人口大数据移动监测平台，探索利用移动通信数据监测区域人口。加强政务数据交换，新建4条数据共享链路。实现什刹海景区前、后海环湖区域免费WIFI全覆盖。完善热线服务平台，推进热线资源整合，逐步实现全区一个号码对外接听，部门主要负责人解答群众咨询。精心做好水电气热保障，完成1050户一户一水表改造、5000套（件）节水便器和1.5万个节水限流器的换装。对42个小区实施老旧供热管网改造，提升供暖质量，惠及6600户居民。对63个小区460.7万平方米住宅实施供热计量改造。

四是社会治理创新迈出新步伐。深化城管体制改革，成立区城市管理委员会，20个城管执法分队划归街道，依法管理城市能力进一步增强。开展街道管理体制改革，在展览路、广内街道试点“一中心、七大部”运行模式，增强服务群众和区域治理能力。积极推进“多网”融合体系全覆盖，在全市率先完成与市网格化E通车运行数据对接，实现城市服务管理一体化运行。推进落实信访工作责任制，创新完善信访工作机制。健全民生工作民意立项机制，建立“1+15+N”的制度体系，围绕民意需求制定政策、实施工程。重点推进第一批实施的19个试点项目，涵盖环境整治、低洼院修整、棚户区和老旧小区改造等群众十分关切的领域。创新社区治理，深入开展“三社联动”，推广“参与型”社区分层协商模式，圆满完成全国社区治理和服务创新实验区创建中期评估，共建共治共享格局更加巩固。加强社会组织服务体系建设，形成分级、分类、功能互补的社会组织服务网络。推行临街公约、居规民约等社会规范，打造秉承红墙意识的特色社区文化。在全市率先成立治安志愿者协会，人民群众的安全感不断提升，参与社会治理的主人翁意识不断增强。妇女儿童、档案史志、公益慈善等社会事业稳步推进，民族宗教工作进一步加强。

五是绿色生态环境显著改善。环境保护工作稳步推进，PM2.5年均浓度为60微克/立方米，区域降尘量月均值下降到4.5吨/月·平方公里，优于年度目标值5吨/月·平方公里。完成燃气锅炉低氮改造518处、1573台、2278蒸吨。严查散煤，杜绝反弹，更新1760余台电采暖设备，发放煤改电补助款3200余万元，持续巩固无煤化成果。开展餐饮油烟污染专项整治，查处餐饮油烟违法行为为33起，罚款12.5万元。加强机动车污染监管，共检查重型柴油车6.1万辆，环保查处超标车553辆，报废老旧机动车3.3万辆。落实河长制，实行“一河一策”，加强水污染防治，北护城河鼓楼外大街为II类水质，北海、永引下段广北滨河路（桥）为IV类水质，均优于或达到目标水质（IV类）。生活污水集中处理率100%，重点污染源废水排放达标率100%，持续推动海绵城市建设，建成全市首批节水型区。建成广阳谷等4处、5.7公顷城市森林。利用拆后空地、畸零地块，完成京韵园、逸骏园、龙头井等绿色休闲空间27处、微绿地66处。实现新增绿地13.5公顷、改造6.24公顷、屋顶绿化1.04万平方米、垂直绿化1500延长米。公园绿地500米服务半径达到95.03%。逐步实现垃圾减量化、无害化和资源化，餐厨垃圾收运5.9万余吨，厨余垃圾收运1.8万余吨，清运生活垃圾60.76万吨，比同期增长1.76%。提升公厕品质，对50座二类公厕安装立体循环异味处理系统。

（三）历史文化名城保护水平和区域文化软实力不断提升

一是公共文化服务水平大幅提高。采取新建、改建、扩建、租赁、共建共享、购买服务等多种方式，推进街道、社区基本设施建设。完成区公共数字文化服务项目一期平台建设，实现公共文化服务向线上拓展。打磨原创话剧邀请展、百姓戏剧展演、中国国际芭蕾演出季等文化品牌，扩大了区域文化影响力。承办“伟大的民族复兴—中国梦档案资料展览”，打造经典剧目《北京人家之B超神探》《北京法源寺》《缂丝箭衣》等，为区域增添了文化活动亮点。全区三级基层文化阵地共开展文化活动7669场次，惠及190万人次，呈现出浓厚的文化氛围。打造“书香西城”区域文化新品牌，3家区级公共图书馆、29家街道图书馆实现“一卡通”，发挥25家特色阅读空间延伸作用，极大丰富了群众阅读生活。广内公共图书馆—甲骨文悦读、中国书店琉璃厂店、中国新闻书店、模范书局被评为最古都、最红色、最京味、最创新的“最北京”实体书店。

二是有效保护和传承优秀传统文化。坚决落实区人大《关于加强历史文化名城保护提升城市发展品质的决议》，完成护国双关帝庙、护国观音寺、兆惠府第遗存腾退，启动浏阳会馆（谭嗣同故居）、晋江会馆（林海音故居）等15项文物腾退，实施新市区泰安里、西什库教堂等12处文物修缮工程。结合全区重点项目和文物腾退工作的开展，划定第一批14处区级文物保护单位保护范围和建设控制地带。制定实施《博物馆三年行动计划》，筹建西城区博物馆，有序推进街区博物馆建设，中国法治名人博物馆及中国司法研究会交流基地即将投入使用。完成46个区级非遗项目评定，全区共有涵盖十大类的各级非遗项目208项，居全市之首。“民间瑰宝·记忆西城”系列活动被列为北京市响应文化部“非遗与设计师对话”活动的唯一重点项目。精心挖掘历史遗存文化价值，形成了《杨椒山历史与文献汇编》《我的父亲爱新觉罗·载涛—金从政口述家族史访谈》等文化成果，其中，《坊间珍闻什刹海访谈录》获北京市委市政府“第十四届哲学社会科学优秀成果二等奖”。

三是文商旅融合的文化供给不断扩大。编制《西城区旅游与文化、商业及相关产业融合发展三年行动计划（2017–2019年）》，推动文化旅游深度合作。加强区域旅游协同发展，邀请对口帮扶县市参加什刹海文化旅游节，组织300多家旅行社参加奈曼旗、攀枝花等5地市北京旅游推介会。成功举办“北京特色周”台湾旅游推介会、第十六届什刹海文化旅游节。借助专业设计资源及设计交流平台，设计出一批代表景区景点及老字号的旅游商品。组织“2017中国北京国际文化创意产业博览会”“2017北京马连道国际茶文化节”“2017西单时尚节”“2017北京西城电子商务促进会”等系列主题活动，带动服务消费、体验消费、特色消费，努力促进消费市场平稳向好。智慧旅游建设项目顺利推进，完成“西城英文版旅游APP”系统二期项目建设。打造天桥演艺区品牌，举办“2017柏林戏剧节在中国”戏剧展演、百老汇原版音乐剧等国内外高品质演出活动。在全市率先制订《西城区老字号餐饮企业振兴发展计划》，带动展现老字号传统技艺、创新成果、匠心风范，支持老字号餐饮“回家”。运用新理念新技术为老字号发展注入新活力，在北京坊举办“中华老字号互联网+博览会暨中华老字号时尚创意大赛成果展”，鼓励老字号企业与跨境电商融合发展。

（四）优化“高精尖”经济结构，区域发展活力不断增强

一是金融业发挥支撑引领作用。区域金融业实现增加值1900亿元，占全区GDP比重接近50%。区域内各类金融机构达到1866家，其中，新引进亚洲金融合作协会、中哈产能合作基金等战略型、创新型及外资金融机构83家，实缴注册资本金404.5亿元。总部企业支撑区域经济增长特征明显，效益不断增强。全区总部企业175家，收入合计1.4万亿元，资产总计72.2万亿元。优质上市公司活力凸显，拥有A股挂牌企业31家，以数量不足全国的1%实现利润占比28.8%；“新三板”新增挂牌企业13家，总计84家。举办金融街论坛、金博会、投融资对接会等活动，金融街国际影响力不断增强，有力服务国家金融改革和“一带一路”建设。

二是高精尖产业政策体系不断完善。立足首都城市战略定位，充分发挥区位优势，大力实施供给侧结构性改革。按照减量集约、安全发展、高端引领、创新驱动和特色凸显的理念，不断完善“1+5+X”产业政策体系。研究制定优化高精尖经济结构的意见，正在制定并陆续发布包括优化营商环境、服务业扩大开放、低效空间资源利用、高精尖人才发展、财政支持构建高精尖的意见等一系列综合性政策。加快研究出台金融、科技、商务、旅游、文创等各部门支持高精尖经济发展配套政策。

三是创新驱动带来新动力。中关村西城园国家高新技术企业预计突破500家，中关村高新技术企业650家，增幅在15%以上。全年预计实现收入2850亿元。北京设计之都大厦实现开业运营，积极引入国际国内权威机构和领军企业入驻，成功举办“东西方建筑文化交流论坛暨全国巡展”等设计主题活动。中关村广安军民融合特色产业基地开展了合作共建签约，北广电子集团改造老旧厂房引进高新技术企业。网联清算、华融创新等注册资本超千万的15家科技企业落户西城园，4家企业获得互联网百强企业，8家具有行业领先优势的企业申报中关村领军企业。

四是区属国有企业不断释放活力。调整重组天桥盛世等企业，国有资本三级授权体系构建取得实质性进展。有序推进混合所有制改革和员工持股试点，启动对庆丰餐饮公司股份制改革。完成宣房集团、华天集团等公司制改革。规范国有资本经营预算管理。支持区属国有企业创新发展，培育新兴产业板块，推进房地中心转企改制。区属国有企业资产总额达到3970亿元，同比增长4.1%，实现利润总额38.5亿元，同比增长137.1%。西城特色现代都市型高精尖产业发展新高地正在形成。

五是文化创意产业发展稳中求进。规模以上文化创意产业单位677家，实现收入合计751.9亿元，实现利润总额64.1亿元。提升“天宁壹号”产业园区、西什库31号、西海48、新华1949、西皇城根21号等文创园区的发展品质，实现园区发展品牌化、高端化。发挥天桥演艺园区、繁星戏剧村等演艺园区的作用，推荐企业参加“第二届北京市文化创意创新创业大赛”，并承办市文创大赛西城分赛区赛事活动。

六是营商环境不断改善。深入推进“放管服”改革，全年共取消行政许可事项3项，取消调整非行政许可事项11项，清理行政审批中介服务事项14项。依托区级信息共享交换平台，真正实现让数据“内部跑”代替企业“外部跑”，精减办事流程，提高政府的行政效率。积极落实160项先照后证事项，建立工商登记和许可审批部门之间的有序衔接机制。为5.6万户企业发放新版“五证合一、一照一码”营业执照，占全区企业总数的89.7%。完善微信、网络和电话“三位一体”登记预约模式，微信预约占比提升到80%。区领导带队走访驻区重点企业，解决企业需求，加强对重点企业的服务力度。

（五）努力改善民生，提升群众获得感

一是居民居住和生活条件不断改善。通过限价商品房和廉租房选房，解决了867户轮候家庭住房困难；通过经适房轮候家庭摇号，274户家庭取得摇号顺序。320户入住康宜家园、中信悦海苑、盛嘉华苑等配租型保障性住房项目。发放保障性住房租金补贴共计6664万元。加快棚户区和老旧小区改造，6033户居民受益。42栋老楼抗震加固项目惠及居民3983户。老旧小区综合整治进行顺利，灵境小区、安德馨居、白云路7号院等3个老旧小区试点改造任务进展顺利，加建13部电梯，建成2个立体停车场。

二是食品安全保障水平不断提升。在全市范围率先开展创建北京市食品安全示范区工作，并顺利通过考核验收。全区食品安全监督抽检4650件，合格率98.6%。“阳光餐饮”工程取得实效，全区4149家餐饮服务单位有1739家实现了“阳光餐饮”，完成率达41.9%。其中学生、托幼机构和养老机构食堂、中央厨房、集体用餐配送单位、规模以上和综合性商业体（大厦）餐饮服务企业完成率100%；“放心肉菜示范超市”创建扎实推进，创建超市均完善了食品安全风险防控、事故处置等制度，“放心肉菜”实现全程追溯，三家大型超市获得北京市“放心肉菜示范超市”称号。

三是居民出行环境持续改善。推进46条市政道路建设，完成10条道路建设任务。完成33条道路大中修、5处交通疏堵工程，无障碍设施建设水平保持全市领先。推进《路侧停车动态监测和电子收费管理系统建设项目》的实施，对前门西大街等8条道路804个停车位实施电子收费试点。积极缓解群众停车难问题，新增居住区停车位1642个，鼓励社会单位共享停车资源。规范共享单车管理，施划1213处非机动车停放区域。完成31条道路电力、81条道路通讯等架空线入地工程，完成35条市政排水管线改造。

四是“健康西城”建设深入推进。有序落实医药分开综合改革，稳步推进医药分开、药品阳光采购、规范医疗服务价格等重要改革任务，机构运行平稳，社会反响良好，改革符合预期。切实提升社区卫生服务能力，四类慢病患者在社区就诊人次上升32.1%，在二、三级医院下降4.4%。扎实推进紧密型医联体建设，完善顶层设计，深入推进“三纵两横一平台”建设。新建54个以优秀全科医生命名的家庭医生工作室，全人群签约率达42.5%，重点人群签约率91.6%。扎实开展社会救助帮扶，修订完善《西城区社会救助工作绩效评价方案》和《西城区社会救助工作绩效评价标准细则》，实现精准救助。为低保人员发放救助金近1.81亿元。加大对应急救护人员培训力度，开展系列应急救护培训活动，获得第四届全国红十字会应急救护大赛选拔赛一等奖。体育健身场地设施条件得到改善，全区共更新健身器材760件。“武术之乡”创建工作通过审核验收。承办2017海峡两岸武术交流大会线上线下赛事活动。什刹海体校被国家旅游局评为港澳青少年游学基地。

五是教育教学质量稳步提升。进一步推进教育资源布局调整，确定了9所精品学校，成立小学精品学校联盟，推进7所学校合并重组，成立一所民办九年一贯制学校，完成一所民办十二年一贯制学校转制。深入推进学区制改革，成立第十二学区，统筹定向安置房所在区入学事项。优质教育资源规模不断扩大，2017年新增教育集团2个，教育集团规模扩大至19个。新增入园儿童2430名，新增义务教育阶段入学学生7289名。落实学前教育三年行动计划，推进8所幼儿园建设、审批，新增3所民办园，不断扩大入园能力。

六是养老服务体系不断完善。共有区级养老机构4家，街道和社会养老机构12家，养老照料中心28家，共计养老机构44家、床位4118张。广外红莲北里10号楼综合养老服务指导中心、裕中西里28号楼、昌平区回龙观等项目正稳步推进。制定《西城区失能老年人居家照护服务单位管理暂行办法》，加强对服务单位监管，为失能老年人发放服务补贴5.9万人次，补贴金额2375.2万元。区域优质餐饮企业积极参与养老助餐服务，保障了全区三无、高龄等特困老年人群体的就餐需求。制定了《关于进一步加强老年精神关怀服务工作的指导意见》，建立区、街、居三级精神关怀服务体系，向7105位老人提供居家照护服务12.7万次，消费服务补贴1597.9万元。

七是劳动就业和社会保障水平再上新台阶。就业工作稳中向好，出台新一轮就业创业政策，扩大政策鼓励范围、提高就业奖励标准、激励劳动者提升职业能力，深入推进用工本地化。全年新增就业3.3万人，城镇登记失业人员实现就业1.3万人，完成指标任务的117%；累计帮助1.1万名就业困难人员实现就业，完成指标的150%。消除“零就业家庭”37户，连续三年被北京市认定为充分就业区。社会保险基金收支平稳，共收缴五项社保基金406.6亿元，同比增长8.3%。在全市率先出台《西城区关于深入构建和谐劳动关系的实施意见》，建立协调劳动关系三方委员会，最大限度增加劳动关系和谐因素。推进厂务公开民主管理工作制度化、规范化、法治化建设。

二、2018年国民经济和社会发展计划安排

2018年是全面贯彻党的十九大精神的开局之年，是改革开放40周年，是决胜全面建成小康社会、实施“十三五”规划承上启下的关键一年，是《总规》落地的第一年。我们面临着新形势和新任务，党的十九大提出了习近平新时代中国特色社会主义思想，为我们推进各项工作提供了根本遵循，指明了前进方向。我国经济已由高速增长阶段转向高质量发展阶段，经济更具活力和韧性，我区经济发展也要适应这一变化。同时北京市城市总体规划发布实施，为西城区经济社会更高质量、更有效率、更加公平、更可持续发展提供了规划保障。

党的十九大报告指出新时代我国社会主要矛盾是人民日益增长的美好生活需要和不平衡不充分的发展之间的矛盾，西城区的经济和社会发展也存在新期盼和新要求。从外部环境来看，美国大规模减税政策和美联储持续加息缩表等不确定因素对我国经济带来的影响需提前研判。从西城区来看，发展的不平衡不充分问题也依然存在，“大城市病”治理任重道远，城市精细化治理水平有待进一步提高。在业态转型升级、结构优化上还有很大提升空间，实现创新发展还有很大潜力，历史文化名城保护仍需加强，公共责任体系构建、市民文明素养提升等社会治理基础重塑任务艰巨。

2018年西城区经济社会发展要全面贯彻党的十九大精神，以习近平新时代中国特色社会主义思想为指导，以供给侧结构性改革为主线，坚持稳中求进工作总基调，深入推进科学治理、全面提升发展品质，更好地服务首都职能履行，更好地服务市民生活宜居，更好地展现城市文化风采，坚持一张蓝图绘到底，以“钉钉子”精神抓好落实，奋力推进首都核心区经济社会持续健康发展。

根据中央、北京市、西城区“十三五”规划纲要，结合北京市发展目标以及区域发展实际，2018年经济社会发展主要目标初步安排如下：

——地区生产总值增长6%左右。

——区级一般公共预算收入增长2%以上。

——居民人均可支配收入增长与经济增长同步。

——城镇登记失业率控制在1%以内。

——万元GDP综合能耗、水耗降低率完成市下达指标。

——细颗粒物（PM2.5）年均浓度完成市下达指标。

以上各项指标在计划执行中，还将根据实际情况做出适当调整。

三、实现2018年经济社会发展计划的主要措施

为实现上述经济社会发展目标，我们具体从以下五个方面开展工作。

（一）立足首都城市战略定位，全面贯彻落实《总规》

（二）紧紧抓住非首都功能疏解这个“牛鼻子”不放松，不断优化首都核心功能

（三）坚持文化自信，推动文化更加繁荣兴盛

（四）聚焦优化高精尖经济结构，推动区域发展活力不断增强

（五）办好群众家门口的事，推动城市更加精致宜居

北京市西城区人民法院工作报告（摘录）

——2018年1月10日在北京市西城区第十六届人民代表大会第四次会议上

北京市西城区人民法院院长　蔡慧永

各位代表：

现在，我代表西城区人民法院向大会报告工作，请予审议。

2017年的主要工作

2017年，在区委的领导、区人大及其常委会的监督和上级法院的指导下，区法院全面贯彻落实党的十九大精神和习近平新时代中国特色社会主义思想，牢牢把握司法为民、公正司法主线，忠诚履行宪法和法律赋予的职责，依法审理各类案件，全面深化司法改革，不断加强队伍建设，各项工作取得了新的进展。

一、充分发挥审判职能，有效维护公平正义

一年来，我院紧抓执法办案第一要务，妥善化解各类矛盾纠纷，努力为区域和谐稳定、社会公平正义和人民安居乐业提供有力的司法保障。2017年我院案件总量达到64640件（含旧存8808件），同比上升9.4%；审结案件57066件，同比上升13.5%；未结案件7574件，同比下降14%，形成“两升一降”的良好审判运行态势，审判质效在全市一类法院中位列第二。

（一）依法审理刑事案件，惩治犯罪保障人权。严格贯彻落实宽严相济的刑事政策，依法审结各类刑事案件883件，判处罪犯1041人。严厉打击多发性暴力犯罪和侵财犯罪，审结故意伤害、抢劫、盗窃、诈骗等案件387件，判处罪犯438人，切实维护人民群众人身和财产安全。依法审结危害公共安全、破坏市场经济秩序、妨害社会管理秩序案件379件，稳妥审结涉2600余人、标的额达40多亿元的尚金锋非法吸收公众存款案，为辖区营造和谐稳定的社会环境。依法惩处职务犯罪，审结贪污、贿赂、渎职侵权等案件21件，彰显党和国家惩治腐败的坚定决心；组织国家机关、企事业单位800余人次观摩职务犯罪庭审，零距离接受廉政警示教育。充分发挥刑事审判的教育挽救功能，对初犯、偶犯、情节轻微、主观恶性较小的犯罪分子，依法从轻、减轻或免除处罚，对215名被告人宣告缓刑。稳妥开展涉未成年人审判工作，积极开展少年法庭成立三十周年宣传普法活动，依法公开宣判“五少女校园欺凌”案，表明以司法遏制校园暴力的鲜明立场，被誉为反校园欺凌的标本式判决。

（二）依法审理民商事案件，定纷止争促进发展。深入贯彻以人民为中心的发展思想，稳妥审结涉及婚姻家庭、食品药品、劳动就业、教育培训、物业服务、医疗纠纷等各类民事案件19497件，依法解决司法领域中突出的民生问题。认真贯彻新发展理念，依法审结各类商事案件15803件，积极维护更加稳定、透明、可预期的营商环境。审结民间借贷纠纷案件2336件，依法否定变相高息行为，规范和引导民间融资秩序；稳妥审结涉北交所邮币卡等金融案件11403件，努力维护资本市场秩序，防范金融风险；积极推进执行转破产工作，成立执行裁判庭专门审理企业破产案件，加大“僵尸企业”清理力度，服务供给侧结构性改革。审结涉知名运动品牌斐乐（FILA）商标案、苹果公司侵犯著作权案等知识产权案件2659件，同比上升49.4%，有效遏制知识产权侵权行为，支持“老字号”品牌传承，服务创新驱动发展战略。

（三）依法审理行政案件，促进法治政府建设。全年审结行政案件1231件，涉及城建、治安、交通、食药、教育、卫生等众多领域，保障公民权利、监督和促进依法行政。认真落实“行政复议双被告制度”，审结涉中央部委、市政府及相关部门的“双被告”案件371件。建立金融行政审判专业团队，妥善审结全国首例征信处罚案件、全国首例股转系统分层管理案件，发布《金融行政案件司法审查报告》，推动、监督和支持金融监管机构依法行政。率先将多元化解机制引入行政诉讼领域，与银监会、保监会等金融监管机构达成诉调对接框架协议，力促矛盾纠纷高效实质化解。推进行政首长出庭应诉工作常态化，行政首长全年共出庭45次。发挥司法建议监督作用，向行政机关发出司法建议10份，进一步加强司法与行政的良性互动。

（四）聚焦破解执行难，努力实现胜诉权益。全年共执结案件15601件，执结总标的额46.72亿元，基本解决执行难取得突破性进展。积极争取区两办发文支持破解执行难，推动完善综合治理执行难工作格局。加大执行强制力度，联合区公安分局、区检察院出台《关于依法打击拒不执行判决、裁定犯罪行为的工作意见》，重拳打击拒执犯罪，推出强制措施逆向审批制度，激励法官用足限制出境、限制高消费、纳入失信名单等强制手段，避免出现“消极执行”“选择性执行”等问题。开展“夏日惊雷”集中执行活动，促进涉民生案件权益的依法及时兑现，开展涉金融行政处罚类案件专项活动，维护金融管理措施的权威性和有效性。全年执行到位率、实际执结率分别较2016年提高8个百分点和11个百分点。深化执行辅助工作机制改革，引入京东、淘宝等网拍平台入驻现场办公，财产

变现率提升16个百分点；将人民调解员引入家事等民生案件执行，活用群众智慧、注入柔性力量。研发涉案财产统一管理平台、送达流程管理系统等多个应用软件，以信息化助推执行工作。

二、围绕中心服务发展，积极优化法治保障

深入践行红墙意识，制定服务区“十三五”规划全面顺利实施的工作意见，围绕首都核心区“四个中心”功能建设，依法担当作为，为区域转型发展、功能优化提供全面、优质、高效的司法保障。

（一）全力以赴保障“疏解整治促提升”专项行动。全年共审执结涉“疏解整治促提升”专项行动各类案件5326件，其中“万容批发市场”“众合批发市场”“天和国际批发市场”疏解案件2648件，涉案标的额23.3亿元。形成在党委领导下“人民调解先行、委托公证辅助、司法确认和执行保障”的疏解新模式，最大限度保护各方利益，高效平稳推进疏解工作，为全市同类案件办理提供了可参考的样本。稳妥处理涉疏解整治的房屋（场地）租赁纠纷案件、劳动争议纠纷案件以及征收拆迁、拆除违法建筑的行政案件，执结什刹海街巷整治等案件，助力城市品质提升。

（二）积极作为保护历史文化名城金名片。在深入总结沈家本故居司法腾退经验的基础上，制定《关于为区域文物保护利用提供司法服务保障的意见》，不断完善文物腾退司法保护模式。加强与区政府的政策沟通，协助区文委制定文物腾退工作手册，细化文物腾退流程，将文物腾退项目纳入司法保护绿色通道，组建文物腾退项目专门合议庭，加大立案、裁决、执行力度。受理杨椒山祠、太原会馆、万寿兴隆寺、东莞会馆、龚自珍故居等文物腾退民事案件70件，执结大栅栏观音寺、粤东新馆、新市区泰安里等腾退执行案件，发挥“执行一案，带动一批”的示范效应。

（三）坚持不懈服务区域重点民生工程和高精尖产业。围绕服务首都职能履行和保障民生，执结涉百万庄北里棚改、宣武医院脑科中心改扩建及未英胡同道路改造等案件，保障重大民生工程顺利进行。围绕推进发展转型和科技创新，大力加强对金融、文创等高精尖产业的司法服务力度。发布《加强金融审判、防范金融风险、服务金融健康发展的实施意见》，启用金融街人民法庭新址，打造集金融审判实务、司法研究交流、风险信息发布于一体的全新工作平台，为金融管理中心职能履行和金融产业健康发展提供司法支撑。调研中关村西城园企业知识产权保护需求，发布特许经营合同典型案例，加强电商平台知识产权案件研究，为区域文创产业和科技企业发展提供司法政策指引。

三、统筹深化司法改革，持续提升司法公信

作为北京市“司法体制综合改革试点法院”，我院在“四梁八柱”改革框架系统搭建后，持续深化司法体制综合配套改革，全面落实司法责任制，统筹推进全国和北京市13项改革试点工作，加快步伐建设智慧法院，改革的系统性、整体性、协同性不断增强。

（一）司法责任制落实不断巩固深化。通过遴选员额法官、组建新型审判团队、建立专业法官会议制度、推进审委会改革、完善法官业绩评价办法、构建法官职业保障体系，逐步实现“让审理者裁判，由裁判者负责”的改革目标。取消院庭长个案审批权，转变院庭长监督管理行权方式，发挥案件督查评查机制保障案件质效的作用，将院庭长有序放权与有效监督有机统一。严格贯彻落实院庭长办案制度，形成“五固定、一机动”的院庭长办案机制，将院庭长编入审判团队，主要承办重大疑难复杂新类型案件。全年院庭长共审结案件17886件，同比上升25.1%，占同期结案总数的31.3%，院庭长办案渐成常态，示范表率作用有效凸显。

（二）以审判为中心的刑事诉讼制度改革扎实推进。进一步明确和细化庭前会议、非法证据排除、法庭调查等关键环节、关键事项的基本规程，提高刑事审判的质量、效率和公信力。进一步落实证人、鉴定人出庭作证制度，启用证人隐匿出庭设备、远程视频手段，有效提高证人、鉴定人出庭率。进一步加强人权司法保障，启动刑事案件律师辩护全覆盖试点工作，保证每一起刑事案件均有律师到庭辩护。进一步完善刑事案件速裁程序和认罪认罚从宽制度，与公检司三家会签《刑事认罪认罚案件试点工作实施细则》，设立刑事速裁法庭，探索48小时内审结案件的速裁机制。全年适用速裁程序审理案件377件，占刑事案件总量的38.2%。坚持从快不降低标准、从简不减损权利，不断完善证据制度、健全诉讼权利告知程序，促进公正和效率双提升。

（三）多元化解和繁简分流机制持续优化升级。全面整合前端诉讼服务功能，深化“五位一体”大诉服平台建设，实施“疏、保、辅、调、裁”五字工作流程，形成精准分流疏导案件的“双筛查”机制、引入社会力量全覆盖的“双调解”机制以及立案速裁与金融速裁并行的“双速裁”机制。全年引导20027件民商事案件至诉前调解程序，成功调解案件5284件，速裁案件11056件，多元调解工作走在全国前列。我院独具特色的涵盖物业供暖、婚姻家庭、劳动争议、医疗赔偿等民生领域的司法确认案件达到3744件，稳居全市首位，多元解纷机制不断升级，形成社会合力。2017年我院被确定为“全国法院案件繁简分流机制改革示范法院”。

（四）司法便民为民机制创新更显司法温度。深化家事审判改革，构建全流程的家事纠纷解决机制，丰富情感修复手段，引入家事调查员机制，试行财产申报制度，全面关注当事人身份利益、人格利益、情感利益和财产利益。在全市率先推出离婚证明书制度，隐去判决书的事实部分和财产内容，充分尊重和保护当事人的隐私。依托与区妇联、区公安分局建立的反家庭暴力联动机制，建立无障碍取证通道，发出人身安全保护令21份，积极预防和遏制家庭暴力行为。设立互联网法庭，应用语音转文字技术，实现部分案件在线审理和在线执行，有效减轻群众诉累。加大法制宣传力度，抓住消费者权益保护日、国际禁毒日、

六一儿童节等重要时间节点，开展赵海法官社区巡回审判和“法官六进”活动，坚持讲好“小西课堂”，传播法律知识，提高全社会的法治意识。

四、全面落实从严治院，着力打造过硬队伍

（一）狠抓思想政治建设，确保队伍政治过硬。持之以恒推进“两学一做”学习教育常态化制度化，深入学习贯彻党的十九大精神和习近平新时代中国特色社会主义思想，牢固树立“四个意识”，坚持“四个自信”。落实意识形态工作责任制，加强干警意识形态教育引领，发挥审判职能弘扬社会主义核心价值观、维护国家意识形态安全。创新法院基层党组织建设，深化开放式党建新模式，推进机关党建规范化建设，全面实行党建项目化管理，党建政治功能有效凸显。突出文化兴院，开展全院大讨论，举办“司改之翼－司法改革工作主题展”，评选“十大风采青年”，弘扬“追求卓越、追求至善、厚德载法、厚积薄发”的西法精神。

（二）筑牢党风廉政防线，确保队伍纪律过硬。严格落实党风廉政建设“两个责任”，分级建立覆盖全员的干警廉政档案，紧密对接司改要求，紧扣梳理廉政风险、编制职权清单、设置预警提示等9个节点，架构法院廉政风险防控体系。有效发挥特邀监督员明察暗访、风纪曝光台、廉政风铃系统和廉政监督卡作用，深入开展涉案款物专项清理、“不作为、慢作为”专项整治活动，加大信访举报线索查处力度，充分运用“四种形态”推动监督执纪常态化。开发“一考四档”信息化系统平台，加强对干警绩效、廉政、作风、品行的全方位、全过程监督评价，实现管理的可视化。落实规章制度审查、备案、评估机制，切实解决制度执行空转问题，确保各项举措精准落地。

（三）重视司法能力提升，确保队伍专业过硬。结合司法责任制落实，扎实推进审判专业化建设。出台《关于进一步推进专业化建设的意见》，从审判布局、审判机制、人才培养、成果转化和评价保障等方面，解决专业化建设发展不充分、不平衡的问题。继续推进审判规范化、模块化建设，积极承担《北京法院案件办理规范》17个中标项目，自主推出45个规范化成果，促进裁判标准的统一和裁判能力的提升。出台《专家型人才递进式选拔培养工作方案》，建立涵盖全国、市级、院级、院级后备四级、共计99人的人才梯队，形成“一人一策”个性化培养方案，提炼“一二三四五”工作法，实现专家型人才培养工作的可视化、流程化、精准化。完善全员分级分类分层培训体系，实施升级版庭室、干警“五个一”工程。我院金融街人民法庭庭长刘建勋法官被推荐参评“全国审判业务专家”，5名青年干警在市高院组织的“第四届司法业务技能大赛”中被评为“司法业务技能标兵”，人才培养工作初见成效。

五、主动接受各界监督，阳光司法温暖人心

（一）有效畅通监督渠道。主动接受人大监督，坚持重大事项报告制度，今年围绕执行工作主题向区人大常委会专项报告了推进基本解决执行难工作的情况。完善代表委员联络机制，邀请市区两级代表委员100余人次参与旁听案件、视察座谈、信访听证、监督执行等活动12次，办理代表建议、委员提案各4件。依法接受检察机关监督，就民事诉讼监督中提出的问题及时复查、整改。通过立案法官评价系统、12368语音热线、微博微信客户端、监察监督电话等平台畅通监督渠道，将群众来信纳入信息系统，确保件件有答复、事事有回音。

（二）切实践行阳光司法。落实人民陪审员制度改革要求，完成人民陪审员倍增计划，健全参审评价机制，人民陪审员全年参审案件9455件，参审17959人次，落实司法民主，助推司法公正。严格落实裁判文书、审判流程、执行信息、庭审活动公开四大平台建设要求，上网公开裁判文书14065件，公开率98.3%；对立案、审理、结案、执行等流程节点做到依法、及时公开，发布节点信息218795条，满足人民群众司法查询需求；依法公开执行业务规范、工作流程、执行公告、失信被执行人信息等内容，全面提升执行工作透明度。坚持办好法院开放日活动，广邀专家学者、干部群众、青年学生2800余人次走进法院，近距离了解法院工作、感受司法公正。开展典型案件网络图文直播、微博直播、视频直播共计57次，阳光司法深入人心。

（三）主动回应群众关切。围绕人民群众关注的社会热点及前沿问题，召开新闻发布月例会，就未成年人身伤害、遗嘱继承、消费者欺诈等主题进行了12场典型案例新闻通报会。拍摄完成《万万没想到》《法铸金融》等多题材微电影、微视频，用接地气的方式讲述审执好故事、传播法院好声音。配合媒体宣传“渐冻人”探望权执行案、五旬夫妇销售“瘦肉精”牛肉案等案件，满足群众的知情权。开通西法官方微信公众号，利用“两微一端”新媒体平台，精心策划全媒体宣传，全年共发布微博1200余条、微信95篇、头条号105条，实现公正公开“码”上分享，法律服务“触”手可及。

过去的一年，我院荣获“全国优秀法院”称号，30个集体、个人获得“全国法院信息化先进集体”“全国巾帼文明岗”“北京市青年岗位能手”等市级以上表彰奖励。

成绩的取得，是区委的坚强领导，区人大及其常委会的有力监督，区政府、区政协的大力支持，社会各界和各位代表委员的关心、信任和帮助的结果。在此，我代表区法院全体干警向大家致以最衷心的感谢和最崇高的敬意！

当前法院工作主要存在以下问题：一是案件量持续高位运行，2017年全院案件总量首次突破6万件大关，案多人少的矛盾仍然突出；二是随着改革向纵深推进，群众对改革的成效有更高期盼，经济的高质量发展对司法供给有更高要求，司法服务保障能力和水平尚需进一步提高；三是新的审判权运行机制还处在磨合过程中，审判管理和风险防控面临新挑战，司法体制综合配套改革还需要进一步深化；四是纪律作风建设还存在薄弱环节，从严治党、从严治院还有待加强。

针对上述问题，我们将在深入调查研究的基础上，认真剖析根源，积极寻找对策，扎实采取措施，努力加以解决。

2018 年的主要任务

（一）进一步发挥审判职能保障区域发展。

（二）进一步深入贯彻以人民为中心的发展思想。

（三）进一步深化司法体制综合配套改革。

（四）进一步建设与区域功能定位相匹配的一流队伍。

北京市西城区人民检察院工作报告（摘录）

——2018 年 1 月 10 日在北京市西城区第十六届人民代表大会第四次会议上

北京市西城区人民检察院检察长 李卫国

各位代表：

现在，我代表西城区人民检察院向大会报告工作，请予审议。

2017 年主要工作

2017 年，在区委和市检察院的领导、区人大及其常委会的监督下，西城区人民检察院认真学习宣传贯彻党的十九大精神，以习近平新时代中国特色社会主义思想为指导，深入贯彻习近平总书记对北京重要讲话精神，紧紧围绕首都城市战略定位和西城区域功能定位，紧紧围绕全面提升检察工作法治化水平和全面提升检察公信力两个主基调，牢固树立“四个意识”，积极践行“红墙意识”，坚持“三首”标准定位，忠实履行法定职责，深入推进司法改革，着力强化队伍建设，为北京城市总体规划落地落实，为西城创建国际一流和谐宜居之都的首善之区提供了有力司法保障。

一、积极投身平安建设，维护社会和谐稳定

作为核心区检察机关，我们守土有责、守土尽责，依法履行检察职能，坚持惩防并举，最大限度增进和谐，保障群众安居乐业。

严厉打击各类刑事犯罪。全年共批准逮捕 743 人，提起公诉 1116 人，同比上升 13.1%、21.3%。一是坚决打击危害国家安全和公共安全犯罪，强化与公安、法院的协作配合，深入开展打黑除恶、反恐防暴等专项行动，妥善办理了公安部挂牌、市检察院交办的系列涉恶案件，现已对涉案 9 名嫌疑人作出批捕决定。加大对社会反映强烈的持毒贩毒、酒驾醉驾等高发犯罪的惩治力度，共起诉 225 人，增强群众安全感。二是严肃惩治故意杀人、故意伤害等严重暴力犯罪以及聚众斗殴、寻衅滋事等严重扰序行为，共起诉 193 人。依法办理了西城首例校园欺凌案，对涉案 5 名未成年人提起公诉，切实净化校园环境。三是依法办理盗窃、诈骗等多发性侵财犯罪，深入打击以投资理财、升学就业、购房婚恋等为名骗取财物的行为，共起诉 258 人，保护群众合法财产权益。

积极促进区域和谐稳定。一是认真贯彻宽严相济刑事政策。当宽则宽，该严则严，在严惩严重犯罪的同时，对轻微犯罪特别是因民间纠纷引发的轻微案件，依法从宽处理，决定不批捕 150 人、不起诉 118 人，修复破损关系，减少社会对抗。二是严格落实疑罪从无原则。对事实不清、证据不足的案件，坚决不批捕不起诉，决定不批捕 265 人、不起诉 42 人，严守防范冤错案件底线，确保案件依法公正处理。三是切实加强人权司法保障。优化强制措施审查职能，强化羁押必要性审查工作，依法对 59 人提出变更强制措施建议。加大对妇女、儿童、老年人、残疾人等群体的保护力度，依法起诉猥亵、拐骗、虐待等犯罪 10 件 10 人。严格适用未成年人刑事案件特别程序，与山东、四川等地检察机关合作，成功为 3 名附条件不起诉未成年人开展异地考察帮教，促使其更好融入社会。

主动参与社会风险治理。始终把防控风险、服务发展摆在突出位置，积极参与社会治安综合治理，确保辖区安定有序。一是妥善处理信访案件，共接待群众来访 992 批次 1433 人次。坚持在法治轨道上建立涉法涉诉联动机制和多元化解决机制，综合运用以案说法、司法救助、律师参与等方式，妥善处理了尚金峰案等案件的集体访、告急访。二是着力加强释法说理，坚持既解“法结”又解“心结”，增进群众对司法决定的认同。在一起 200 余人聚众扰序案件中，运用理性、平和、亲民方式，进行政策解读，引导合法维权，有效防止了矛盾升级。三是积极开展法治宣传，结合查办案件开展“七五”普法，推动形成办事依法、解决问题用法的良好氛围。注重加强对未成年人不良行为的早期干预，有针对性地开展未成年人犯罪特点和规律研究。依托“三平台一赛事”，举办防治校园欺凌宣传教育，受众达 40 余万人。坚持与时俱进，打造普法精品，围绕提升辖区未成年人的尊法守法意识、自我防护意识，精致谋划第 18 届“西检杯”赛事，首次采用模拟法庭辩论形式，实现线上线下全程直播互动，深受广大中学生及其家长欢迎喜爱。

二、坚持以人民为中心，依法延伸检察触角

主动适应发展新常态，聚焦优化首都功能和保障民生民利，深度切入，全面融入，促使提升城市发展品质，增强群众获得感。

加强检察服务保障。完善我院服务和保障区“十三五”

规划实施意见，自觉在西城“一核、一城、两轴、两区、四片”空间布局中找准方位、精准对接。一是积极配合“疏解整治促提升”专项行动。依法介入辖区批发市场调整清退、“拆墙打洞”整治、简易楼腾退等重大项目，共参与10余次协调会，严打违法犯罪，监督依法行政，确保了专项工作有序推进。二是积极服务国家金融管理中心建设。认真贯彻全国金融工作会议精神，专业化办理金融领域案件，共起诉65人，突出惩治非法集资等涉众型经济犯罪，依法办理了全国首例违法运用资金案。联合区金融办、金融街街道，大力开展“防范打击非法集资宣传月”活动，向老年人等易感群体详解非法集资常见手法，努力防范金融风险。针对辖区信用卡诈骗犯罪频发高发所暴露出的问题，引导银行监管机构，从源头上规范各大银行发卡行为，切实维护金融秩序。三是积极推进国家知识产权试点城区建设。加大产权保护力度，着力惩治辖区侵犯知识产权和制售假冒伪劣行为，共审查起诉8人，保障市场创新活力，营造公平竞争环境。办理的全市首例涉及企业信息管理系统的侵犯商业秘密案，获评“全国检察机关保护知识产权十大典型案例”。

切实维护社会公益。一是严惩危害食品药品安全犯罪。强化与辖区食药部门的协作配合，深入开展专项立案监督，依托“两法衔接”平台，建议移送涉刑案件5件，起诉制售有毒有害食品、销售假药劣药等犯罪11人，有效打击了一批隐藏在沿街店铺、背街小巷等区域，销售非法添加“瘦肉精”、“西地那非”等成分食品药品的犯罪，保障群众“舌尖上的安全”。二是强化对首都生态环境的司法保护。由市检察院指定管辖，集中办理全市涉及森林和野生动植物犯罪案件，制定类案证据指引，完善捕诉衔接机制，依法打击非法买卖象牙、盗伐滥伐林木等破坏环境资源行为，共批捕22人、起诉80人，守护首都青山绿水，促使环境更加宜居。三是依托新增检察职能，探索提起公益诉讼。积极履行检察机关作为公益代表的职责使命，组织筹备辖区公益诉讼工作推进会，强化全区共识，拓宽线索来源。紧紧围绕食药安全、文物保护、土壤、大气和水体污染防治等群众关切领域，筛查有价值信息400余条，现已取得初步成效，决定立案1件，对负有监管职责的行政机关发出诉前建议1份，督促其依法主动履责，共同保护社会公益。

推进区域科学治理。一是积极配合有关单位，深入开展“三打击一整治”专项行动，围绕解决辖区旅游景点、公交站点、医院等重点地区治安突出问题，严厉惩治了一批“黑导游”开展“非法一日游”、“血头”非法组织卖血、利用“伪基站”发送垃圾短信的案件，努力形成司法震慑，坚决维护首都形象。积极运用法律手段维护社会主义核心价值观，严厉打击涉黄涉赌等风化犯罪，依法办理蓝黛俱乐部案，对其中26人提起公诉，规范社会行为，引领社会风尚。二是积极依托司法办案，针对办案中发现的管理、安防等漏洞或隐患，通过检察建议、预防报告、座谈交流等形式，向有关单位提出健全举措，推动构建更趋完备的社会治安防控体系。三是围绕健全市场廉洁准入机制，为工程招投标单位提供行贿犯罪档案查询。2017年查询总量达19081次，同比增长29.8%，切实将失信企业排除在外，促进社会诚信体系不断完善。

三、深耕监督主责主业，捍卫宪法法律权威

坚持法律监督宪法定位，以五大监督部为载体，全面强化对刑事、民事、行政诉讼活动的监督，守护公平正义这条司法“生命线”。

强化刑事立案、侦查活动监督。积极配合公安机关侦审合一改革，对其在侦查取证、适用强制措施等方面的违法情形或不规范事项，及时提醒，督促纠正，跟进效果，共监督立案44件，监督撤案41件，追捕追诉23人，提出书面纠正意见12件，发出检察建议10份，切实彰显宪法法律权威。围绕建设新型检警关系，全面推进“公安机关执法办案管理中心+检察机关派驻检察室”工作模式，推动监督触角向“一站式”执法办案中心延伸，共监督立案30件，监督撤案30件。进一步健全“两法衔接”机制，与辖区国税、工商等行政执法机关合作，建议移送涉刑案件75件，公安机关现已立案65件，促进加强监管，推动依法治区。

强化对审判活动的监督。坚持依法监督、居中监督等原则，综合运用检察建议、提出抗诉等有效方式，促进法院完善自身防错纠错机制，共同维护司法公平公正。针对刑事、民事或行政裁判中认定事实不清、适用法律不当、量刑不够均衡等问题，先后发出各类检察建议11份；对认为确有错误的，提出或提请抗诉2件，确保履行监督职能与维护审判权威并行不悖。坚持抗诉与息诉并重，对认为裁判正确的40余件申诉案件，耐心做好息诉服判工作。

强化刑事执行监督。推动刑事执行检察从“办事”模式向“办案”模式转变，针对刑罚执行和监管活动中不当减刑、假释或暂予监外执行，不依法及时收押罪犯或接收社区矫正人员等问题，提出纠正意见5件。加强对交付执行环节的监督，采取“两个渠道”对比、“四个现场”监督模式全程开展监督，实现了社区矫正“零漏管”目标。将刑事执行检察的登记、流转、办理等全部纳入信息化系统，形成数据积累和监管机制，现已累计创建各类档案2500余个，推动刑事执行检察走向精细化专业化。我院驻所检察室再次获评“全国检察机关派驻监管场所一级规范化检察室”。

四、不断深化司法改革，努力提升司法公信

在区委、政法委和市检察院领导下，以钉钉子精神狠抓改革部署落实，推动改革红利释放，促进检察权公正高效权威运行。

深入推进司法体制改革。我们积极适应“后改革期”的阶段性特征，在去年改革搭建起“四梁八柱”的基础上，紧扣“选人、授权、明责”三个环节，做好“精装修”工作，强化整体效应。一是深化检察官员额制改革。严格考试和审查程序，打通优秀人才上下左右流动通道，分两批选任17名同志进入检察官队伍，让那些想办案、能办案的检察

官人额，促使检察官专注司法办案、回归办案本位。严格落实领导干部办案规定，入额院领导直接办案数占全院检察官平均办案量30%以上，切实发挥了带头示范作用。二是突出检察官的主体地位。坚持以检察官为核心搭建办案单元，一线办案力量始终在85%以上，保障了案件优质高效办理。进一步细化权限清单、履职清单，对检察官充分授权，约80%的案件由检察官独立承办、独立负责，推动权责利逐步统一。三是突出强化同步管理监督。完善案件评查、检务督查、部门自查等制度机制，依托信息化平台，实现办案流程全程留痕、动态监控，促进管理监督从一般个案审批、文书签发向全院全员全过程的案件质量效率监督转变，确保放权不放任、有权不任性。

统筹推进其他改革任务。立足改革的系统性特征，配套推进紧密相关的诉讼制度和工作机制改革，促使同频共振、叠加聚合。一是深化以审判为中心的刑事诉讼制度改革，探索审查逮捕案件诉讼式审查模式，突出司法亲历，强化证据复核，促进法律统一正确适用，全年不逮捕率为31.9%，侦查机关复议复核为1件，法院无罪判决0件，检察机关在审前程序的主导作用，在庭审和证明犯罪中的主体作用进一步凸显。二是深化刑事速裁程序改革，根据案件难易、数额大小、刑罚轻重等具体情况，分别适用速裁、简易、普通程序，推动形成多样化多层次的刑事诉讼制度体系。速裁案件占同期起诉案件的38%以上，促进了繁简分流，提升了司法效率。三是深化认罪认罚从宽制度试点。成立专业化办案组，建立值班律师制度，在法律文书和程序衔接方面做“减法”，在犯罪嫌疑人、被告人认罪认罚自愿性审查和听取辩护人意见方面做“加法”，共对真诚悔罪的322人建议从宽处理，推动实现节约司法资源、强化人权保障和维护社会稳定的多赢局面。

积极配合国家监察体制改革。北京是全国首批试点省市。按照上级统一部署，我们牢固树立“四个意识”，提高政治站位，强化使命担当，坚决拥护、支持、配合、推进改革。一是认真落实“转隶”这个关键任务。根据全国人大常委会试点决定，检察机关撤销职务犯罪侦查和预防部门，职能整合、人员转隶至监察委。我们认真梳理机构设置和人员配备，全面掌握队伍思想动态，研究制定相关配套制度，确保了58名同志全部按时转隶。二是着力探索“检监”衔接配合机制。积极推进组织创新、制度创新，参与谋划西城试点方案，配套出台自身改革方案，在管辖划分、办案衔接、过渡安排等方面加强论证，明确责任部门，制定工作说明，规范衔接流程，确保了改革试点顺利推进。三是保持惩腐肃贪工作不断、节奏不变。作为反腐败重要一环，我们在转隶前忠于职守，加快19件积存案件查办进度；转隶后强化配合，依法审查职务犯罪案件，推动反腐败工作向纵深开展，现已起诉20人，17人获有罪判决。

五、全面加强自身建设，着力打造过硬队伍

我们牢记打铁必须自身硬，按照“五个过硬”要求，不断加强教育、监督、管理，切实提升履职能力。

坚持政治建检，强化队伍核心战斗力。始终把思想政治建设摆在首位，以“两学一做”学习教育常态化制度化为契机，认真学习贯彻党的十九大精神，深入开展大讨论活动，引导干警牢固树立“四个意识”，不断强化“红墙意识”，在检察实践中提出“四红”意识，确保在思想上政治上行动上自觉同以习近平同志为核心的党中央保持高度一致。注重在改革推进过程中全面加强党的建设，适应办案机构、组织体系、办案模式的变化，研究制定机关党委、支部书记和普通党员三份责任清单，推动党建工作落到实处。全面推进从严治检，严格落实“两个责任”，坚决执行中央“八项规定”和市委“十五条意见”，狠抓“关键少数”，以市检察院巡视基层为契机，推动自查自纠自改工作常态化，驰而不息整治“四风”。

坚持专业强检，建设高素质检察队伍。立足补齐短板，采取“实务＋实战”的实训模式，先后组织各类培训52期，参训干警达700余人次，助推全院干警提升司法素能。注重借势借力，加强“法律＋”人才培养，以我院被最高检和市检察院明确为国际检察官联合会重点接待单位为契机，择优选拔30余名青年干警，全程参与服务保障，促进开拓眼界、提升格局、展示风采。开辟检察人才培养的新渠道，精心打造检察官系列大讲堂，积极搭建检察官联席会学习平台，引导全院干警自动增压加码、自主钻研业务、自觉提升能力。2017年，我院新增全国检察业务专家1人，全市检察教官2人，再次获评“全国检察机关文明接待示范窗口”。

坚持文化兴检，推动全院内涵式发展。始终将文化“软实力”建设作为一项龙头工程和长期规划，牢牢把握“四新”检察院建设试点和“双一流”争创活动契机，以“全国模范检察院”为发展愿景凝心聚力，以“西检精神”为价值遵循强化引领，全面更新院史展、文化墙、阅览室等文化园地，认真规划母婴室、共享交流区等人性设施，策划开展“党旗飘扬、检徽闪耀”、“宪法宣誓”等主题活动，在全院范围内传播尚德、明法、求实、创新的红色正能量。在连续五届获评“首都精神文明标兵单位”后，我院荣膺“全国文明单位”称号，被推荐参选“全国检察文化建设示范院”。

六、依法自觉接受监督，积极打造阳光检务

牢固树立监督者更要接受监督的意识，努力畅通监督渠道，主动接受各界监督，以监督促公正，以公开促公信。

依法接受人大、政协监督。严格落实宪法规定，对人大负责并报告工作，先后就我院未成年人案件检察工作、改革后检察职能调整情况作了专题报告。认真办理代表建议、委员提案，对代表、委员提出的“携手金融行业共同预防金融犯罪”等意见建议，深入学习，专题研究，登门答复，并与区金融办联手，共同打造预防金融犯罪基地，切实将代表、委员的意见建议转化为检察工作主动对接总规、全面融入大局的强大动力。

全面深化检务公开。高度重视检察公共关系建设，坚持举办博友基层行、检察开放日等活动，邀请辖区单位、

社区群众、知名博友“走进来”直观了解检察工作。积极拓宽群众参与司法、监督司法的路径，利用“两微一端”回应社会关切，参与拍摄《首都检察形象宣传片》、《百名检察长访谈》等系列微视频、微直播，增进公众对检察工作的了解和支持。坚持能公开的一律公开，推动从职能职责公开向案件信息公开转变，对已生效的起诉书、抗诉书，终结性的不起诉决定书、刑事申诉复查决定书，一律上网公开。全年累计发布案件程序性信息2766条、法律文书527份。我院连续六年被评为“全国检察宣传先进单位”。

各位代表，过去一年我院检察工作的发展进步，离不开区委和市检察院的正确领导，区人大及其常委会的有力监督，区政府、区政协及社会各界的大力支持，更离不开各位代表、委员的理解、关心、支持和帮助。在此，我代表西城区人民检察院，向大家表示诚挚的敬意和衷心的感谢！

在总结工作、汇报成绩的同时，我们也清醒地认识到，检察工作还存在一些问题和不足：一是宗旨意识需要进一步增强，检察机关的人民性在一些细节方面体现得还不够充分，司法的“温度”仍有进一步彰显的空间。二是服务大局的意识还要进一步提升，特别是司法的融入融合能力亟待强化，对接总规要求、推动依法治区的检察措施需要更实、更细、更有针对性。三是落实改革任务的举措有待进一步体系化、精细化，尤其是随着国家大数据战略的全面推进，亟需强化系统思维，打破数据壁垒，推动智慧司法建设，跑出改革的“加速度”。四是少数干警的程序意识、规范意识不强，严格执纪、规范司法的制度笼子需进一步扎紧织密。五是在办理高科技犯罪、互联网金融犯罪等新型犯罪方面，还存在高素质、专家型人才结构性的短缺，发展的适应性和可持续性亟待进一步增强。对于这些问题，我们将紧紧盯住不放，下大气力解决。

2018年主要任务

一是突出学习，抓好党的十九大精神的深入学习贯彻。

二是突出融合，抓好保安全护稳定增和谐促发展工作。

三是突出主业，抓好法律职业共同体之间的协作配合。

四是突出重点，抓好改革综合配套措施的细化、实化。

五是突出实干，抓好队伍的正规化专业化职业化建设。

（责任编辑　华大友）

专　文

西城构建社会公共责任体系的实践与思考

中共北京市西城区委书记　卢映川

西城作为首都核心区，是承载“四个中心”和“四个服务”功能的重要载体，是彰显国家形象的重要窗口，在国家治理体系和首都治理大局中有着特殊位置、肩负着重要责任和使命。面对新形势新要求，西城区必须深入贯彻落实党的十九大精神和习近平新时代中国特色社会主义思想，始终把落实首都城市战略定位作为根本标尺，把服务保障首都职能履行作为第一要求，扎实有效落实新一版北京城市总体规划，切实加强“四个中心”功能建设，不断提高“四个服务”能力水平，深入推进发展和管理转型，全面提升城市品质，努力实现更高质量更高水平的发展。肩负起历史使命、完成好职责要求，推动实现治理体系和治理能力现代化至关重要。发展实践证明，实现城市治理的科学有效、促进城市健康有序运行，不能仅仅依靠政府单一主体、单方向的治理，需要积极构建和持续完善社会公共责任体系，引导、调动各社会成员强化公共责任意识、履行好主体责任，打造多元共治、良性互动的治理格局。

一、城市治理与社会公共责任体系

（一）社会公共责任的内涵

社会公共责任是社会成员遵守各项法律法规、公共道德及秩序规范的要求，是自觉履行维护公共和共同利益的义务和行为，是一种自我约束和自觉行为，是作为社会参与者的主体义务和责任。社会公共责任的主体主要包括企业单位、社会组织、市民群众等不同社会成员。公共责任意识是一种文明素养，是现代文明的重要标志。自觉履行社会公共责任体现为社会成员超越个人狭隘眼界和个人直接功利目的而关怀公共事务、事业和利益的思想境界和行为态度，　体现为社会成员在公共生活中理解、尊重、包容他人并与他人平等相处、合作共事的精神气度和行为取向，是影响一个城市治理成效的直接因素，也是衡量一个城市文明程度的标尺之一。公共责任有着不同的表现和类型。就整体和局部的关系而言，有维护公共利益和共同利益之分。公共利益针对社会整体责任提出，强调基础性、普遍性。比如，遵守交通规则等法律法规、遵守爱护公共财产等社会公共道德是全体社会成员必须履行的公共责任，体现在受法律约束、道德约束。共同利益针对某个区域、某个领域或特定群体等局部责任，侧重区域性、行业性。即在不违背整体社会利益的前提下，某一范围内的局部利益共同体为实现多元并存、安全和谐等公共意愿而形成的利益诉求。有的受已存的秩序或规范约束，如企业安全生产责任等；有的则仅体现为一种自我约束，如维护城市风貌的整体协调、保护传承历史文化、履行居规民约和临街公约等。此意义上，公共责任意味着权利的让渡和义务的增加，即在遵守法律法规、秩序、道德的约束框架下，为维护共同利益自愿额外牺牲个体权利、承担更多公共责任，通过个体的权利让渡和义务增加实现社会成员整体福利的增加。

（二）社会成员自觉履行公共责任是城市科学治理的基础

理论研究和发展实践都表明，良好的城市治理和社会运行秩序是建立在各社会成员自觉共同履行好主体责任基础之上的。实现城市治理现代化，要求从单一集权型管理转向多元参与的民主型治理，从城市政策制度管理转向城市治理主体间复杂关系的协调管理，从内部自主性响应转向外部适应性网络合作系统。因此，城市治理必定是多元主体共同参与，以广大市民的多种生活需求为出发点，更加注重政府、社会和市场多方协同提升城市规划、建设和管理水平。特别是在当前社会变革转型的背景下，城市治理不可避免面临诸多挑战和瓶颈难题，单一、单向的发力都难以有效解决城市运行中的全部问题，难以实现城市科学高效治理的可持续性。必须有效构筑社会公共责任体系，激发各社会成员的主体责任意识和主人翁精神，依靠各主体的共同力量解决城市发展、管理、运行中的问题，建立健全长效治理机制，形成共建共管、共治共享的治理局面，实现城市发展和谐宜居、社会运行健康有序、人民生活幸福美好的城市治理目标。

（三）社会公共责任体系的构建

构建社会公共责任体系，就是要通过有效的途径、方式、手段、路径促使不同社会成员充分认识自身应承担的社会公共责任，自觉参与进来，并积极展开行动、履行相应义务。社会公共责任体系构建是新形势下推动治理转型、重塑治理基础、完善治理体系、提升治理能力的重要内容，只有形成有效的责任架构和责任体系，才能更好地适应不同区域、不同领域的治理实践需要，推动形成和保持城市的良好发展和健康运行状态。社会公共责任体系是多要素、多视角的。从空间的角度，通过责任体系的架构来推动某个区域实现有效治理、展现良好风貌；从行业的角度，通过责任体系的架构来保障企业履行社会责任、实现行业健康发展；从群体的角度，通过责任体系的架构来维护某特定人群的共同利益、保证和谐文明等等。这样，通过多角度、全要素公共责任体系的运转和配合，推动城市的有效治理，实现社会的和谐稳定。

二、构建社会公共责任体系的必要性和现实紧迫性

（一）是落实以人民为中心的发展思想，推动共建共治共享的需要

坚持以人民为中心的发展思想就是坚持人民主体地位，坚持发展依靠人民、发展为了人民、发展成果由人民共享，这是做好城市治理工作的出发点和落脚点。社会公共责任体系就是这样一种依靠人民管理城市的社会参与和责任履行机制，让人民群众参与到城市规划建设管理全过程，让每个社会成员既是城市治理成果的享有者，也是社会公共责任的自觉维护和履行者，通过主体责任的履行，切实解决城市运行管理中的问题，提高多元治理水平，实现共建共治共享。

（二）是完善超大城市治理体系、提升治理能力和水平的重要内容

探索形成有效的超大城市治理体系、实现治理体系和治理能力现代化，是首都特别是核心区必须要回答好的时代命题。当前发展中还面临着许多困难和挑战，人口资源环境矛盾依然突出，“大城市病”还比较严重，影响了首都功能的发挥；城市精细化管理水平不高，治理污染、改善环境、缓解交通拥堵还需要下更大力气，等等。实现建设国际一流的和谐宜居之都的目标，就要着力提高城市治理水平，在不断解决一个一个问题的过程中，逐步构建有效的超大城市治理体系，让城市更加宜居、社会更加和谐、人民生活更加幸福。现有治理体系总体上仍然受传统思维影响较大，还存在诸多亟待完善之处，特别是公众参与不够，市民的城市主人翁精神和主人意识还没有那么强，居民参与治理的机制仍不完善，共建共治共享的积极性、主动性和有效性还有很大提升空间。这客观上要求通过探索构建社会公共责任体系，引导社会成员在城市治理过程中充分发挥主体作用，使社会参与、公共责任履行真正落地见效，不断夯实构建超大城市治理体系的重要基础。

（三）是解决重大治理实践问题，推进科学治理、长效治理的重要途径

建设国际一流的和谐宜居之都，面临着疏功能、转方式、治环境、惠民生、提品质、增宜居等方面一系列重大治理实践问题。疏解整治促提升、背街小巷整治、街区整理和老城复兴、公共服务保障等重点工作，违法建设拆除、“开墙打洞”整治、生活服务网点配套、垃圾分类、停车秩序优化等难点问题，无不涉及广大市民的切身利益，受到居民群众的高度关注。有效推动工作、回应好群众关切，需要不断完善居民参与治理机制，在问题把脉、制定方案、措施实施等各个环节中都要积极引导居民参与进来，通过共建共治来实现治理目标、增强群众认同。探索构建起社会公共责任体系，引导居民增强公共责任意识，鼓励居民履行公共责任义务，提高居民自我约束自觉性，是推动实现共建共治不可缺少的重要一环，更是从源头上减少问题的发生，实现长效治理、科学治理的重要途径。

（四）是适应发展变化，实现治理转型、推动治理创新的迫切需要

进入新时期，西城发展和管理正面临着前所未有的变化。从宏观尺度上讲，新技术革命影响加速演进，社会急剧变革转型，虚拟社会与现实社会交互并存；从区域性具体因素上讲，首都城市核心区的规划管控越来越严，安全运行管理标准越来越高，市民群众心理预期值越来越大，等等。这些因素和宏观尺度上的变化是客观的、不以人的意志为转移的，都对以往的发展和管理方式形成了新的挑战，深刻影响着我们的发展方向、路径方式和管理要求。需要我们做出适应性调整，积极构建社会公共责任体系，推动治理转型和创新，从单一管制的管理模式向基于自治的治理模式转变，不断推动社会运行调解机制和城市治理方式走向成熟，从而推动社会不断发展成熟。

三、主要探索实践及问题

（一）主要探索实践

近年来，围绕增强社会成员公共责任意识、深化群众参与机制、打造共建共治共享治理格局，西城区积极探索、创新实践，取得了初步成效，积累了一些有益经验。持续推动“文明城区”创建常态化长效化，初步形成了驻区单位、部队和社会各界以及广大居民群众共同参与、合力推动的协同工作机制。制定西城区《“十三五”时期诚信体系建设规划》、《加强诚信建设制度化的意见》，出台《推进社会信用体系建设工作方案》，初步探索出一套适合区域诚信建设的工作模式。开展“践行红墙意识，勇担社会责任”、“公民社会责任意识培育——垃圾减量垃圾分类宣传”等系列活动，组织“城市品质提升大讨论”，推进民生工作民意立项，设立社会单位资源开放共享专项资金，推行“门前三包”“临街公约”“居规民约”，多措并举提升社会成员公共责任意识。健全常态化思想理论教育引导机制，开展“道德讲堂”“家庭教育”等系列活动，打造“西

城好人”品牌，不断提升市民群众文明素养。促进志愿服务制度化、常态化、社会化、便利化、持续化发展，出台《关于志愿服务工作体制机制改革的意见》，“西城大妈”志愿服务品牌社会效果不断显现。

（二）存在的问题

构建社会公共责任体系是一项长期复杂的系统工程。现实情况看，不管是从公共责任履行状况的角度，还是从塑造培育工作开展的角度，社会公共责任体系都还存在诸多问题，在推动实现科学有效治理城市、促进城市健康有序运行中的基础作用还不能充分发挥。

1. 公共意识不强、公共责任缺失较为普遍存在

当前，我们处在社会转型的加速期。经济社会快速发展的同时，急剧变革亦给社会带来了利益再分配、社会结构分化等多重压力，新旧规范相互冲撞与摩擦， 约束人们行为的规范体系日益多元化， 局部失范较为普遍存在。一是文明素养还有欠缺。随地吐痰、乱扔垃圾、“中国式过马路”、排队加塞、乱停车、宠物随地便溺、遇有纠纷恶语相向等不文明现象依然存在。二是诚信意识和信用水平不够高。履约践诺、诚实守信的社会氛围尚未完全形成，生产安全事故、食品药品安全事件仍有发生，老人摔倒无人敢扶、“老赖”、恶性竞争、假冒伪劣、商业欺诈等社会现象依然存在，其根源在于部分企业和居民的诚信缺失。三是社会成员对社会公共责任的认知水平不高、对社会公共事务的参与意识不强。一些社会成员只关心自己，注重个人利益的实现，对公共事务事不关己、高高挂起。城市治理中，“开墙打洞”、私搭乱建、违规经营、私自出租、楼道堆物等为一己权利而损害公共利益的情况还普遍存在。在老旧小区加挂电梯等公共项目实施中，经常有部分社会成员因为不愿让渡自己的权利而产生“邻避效应”，致使项目搁浅，大多数人的利益受损。

2. 把构建公共责任体系摆在重要位置、作为重要基础工作不够

对构建社会公共责任体系的必要性和现实紧迫性认识不足，对公共责任意识的塑造培育工作重视程度不够，无法带来持续性的整体良好成效。一是缺乏整体考虑和系统设计。开展的各类社会公共责任建设工作碎片化，各部门、各领域协同性不够，各项举措之间的关联性和耦合性不足，还没有形成系统的体系，不能发挥整体的良好效应。二是紧密联系实际、结合治理实践问题针对性不强。还多停留在概念化、抽象化的层面，一般性号召多，具体行为引导规范不够，缺乏详细的实施步骤和操作细则，针对性、操作性差。三是理念和方式转变不到位。习惯于传统的管制思维，习惯于包办、替代等保姆式的管理方式，还没有真正从传统的单一主体、单一方向的管理理念和方式中走出来，与治理体系和能力现代化要求不相适应。四是激励约束机制不完善。对自觉履行公共责任行为的激励不充分，对逃避公共责任、破坏公共秩序、损害公共利益等行为的约束不够有力，导致增强公共责任意识的指向性、引导性不强。

四、总体思路与主要举措

（一）总体思路

深入学习贯彻习近平新时代中国特色社会主义思想和党的十九大精神，坚持以人民为中心的发展思想，把构建社会公共责任体系作为推进治理体系和能力现代化的重要方面和促进城市科学治理的重要基础来抓，切实转变治理理念、治理方式，以解决制约城市健康有序运行的突出问题、回应群众关心的热点难点问题为抓手，加快构建良性互动、带头守法、主动履责的社会公共责任体系，强化社会成员公共责任意识，引导社会成员自觉履行公共责任，不断完善共建共治共享的治理格局，促进形成与首都城市核心区发展要求相匹配的城市治理能力和水平。

坚持党建统领。发挥党的政治领导力、思想引领力、群众组织力、社会号召力，加强党组织对社会责任工作的领导。不断提升基层党组织的组织力，强化街道、驻地企业、机关、学校、科研院所、社区、社会组织等各领域基层党组织在社会公共责任体系构建中的战斗堡垒作用，发挥好广大党员的先锋模范和引领示范作用，让基层党组织成为思想政治建设、公民道德培育、社会责任履行、先锋模范带头的策源地。

激发主体作用。构建社会公共责任体系的最终目的是让广大市民群众有更多的幸福感、获得感和安全感。要坚持人民城市人民建、人民城市人民管、人民城市为人民，始终尊重群众主体地位，切实保障群众的知情权、参与权、管理权和监督权，把构建责任体系与满足人民群众需要有机统一起来，使居民群众真切感受到自己是自觉履行公共责任的直接受益者，最大限度地调动和保护群众的积极性、主动性和自觉性，使个体行为与公共目标更好地同频共振，让市民真正成为城市的“主人翁”。

强化问题导向。坚持围绕现阶段城市治理和运行中存在的突出问题来展开，结合疏解整治促提升、城市精神文明和生态文明建设、历史文化保护、城市品质提升、和谐宜居环境塑造和健康风尚引导等重点领域工作来构建社会公共责任体系。通过社会公共责任体系的有效构建和运转，推动问题的解决，谋求更大的工作成效。

（二）主要举措

1. 分类推进社会公共责任具体规范制定

自觉履行公共责任的前提是明晰社会成员自身应承担的责任和义务。构建社会公共责任体系不宜采取“一刀切”的模式，应根据公共责任的不同表现和类型，分地域、分领域、分人群、分事项，从动力机制、核心内容、实践模式、评价考核、推进路径等方面分类制定具体、明确、系统、权威的责任履行规范。规范的制定要立足区域功能定位，体现政务区、办公区、商业区、文保区、居住区等不同区域的发展要求；要积极开展需求调查，深入分析研究广大居民群众的诉求，使责任规范与百姓需求“形神合一”；要针对不同类型社会成员参与社会活动的方式和范围，依据公共事务的不同性质和特征来精细分类制定；要围绕停车、垃圾治理、交通秩序、环境爱护、开墙打洞等城市治理难点问题的有效化解来界定各方参与边界，明确各方主体责任，为社会协同共治提供遵循，为社会成员自我约束、自我管理及化解矛盾、促进和谐提供规范。

2. 提升组织化程度、发挥社会组织作用

构建社会公共责任体系，需要不断提升组织能力，切实提升组织化程度，把更多的群众组织动员起来、团结凝聚起来，真正形成全民履行社会公共责任的思想自觉和行动自觉。社会组织是现代社会最基本的组织形态之一，具有自己的独特优势，是发挥社会协同和公众参与作用的重要载体，在社会公共责任体系构建中有着不可或缺的作用。要积极培育发展各种类型的社会组织，弥合政府、企业、家庭等各类组织实体之间的社会空间，钩织人与人之间的社会交往网络，充分调动广大市民群众履行社会公共责任的主动性和积极性。要加快转变职能，合理让渡公共服务空间，对社会组织能够承接的公共服务项目让渡给社会组织，向社会组织购买公共服务，有效地推进公共服务向多元化、均衡化转变，为社会组织提供更广阔的发展空间。要积极创新社会组织管理方式，强化管理、服务、引导，分类制定社会组织管理制度，对不同类型的社会组织实行不同的管理方式，提升精细化管理程度。要大力营造良好的社会组织发展环境，鼓励社会组织间的合作与正当竞争，积极引导和支持社会组织搞好自身建设，促使其能够发挥更大的作用，成为构建社会公共责任体系、促进社会和谐稳定的中坚力量。

3. 健全诚信体系

社会公共责任体系能够良好运转、发挥作用，需要健全的诚信体系作保障，需要持续加强诚信文化建设，营造诚信精神氛围，创建诚信履责环境，培育诚信自觉行为。要进一步加强政府诚信、商务诚信、社会诚信、司法公信的制度化建设，健全合理的信用制度和有据可查的信用体系。以现有的西城区企业监管信息共享平台为基础，融入个人诚信体系，归集整合打通金融、工商、税收缴纳、社保缴费、交通违法、安全生产、质量监管、统计调查等领域信用信息，加快实现信用信息互联互通和交换共享。加快建立信用信息记录和征集制度，多种方式征集、整合信用记录，拓宽诚信档案涵盖范围，做好信用信息管理与诚信考核。完善诚信联合奖惩机制，联合银行、司法、通讯、民航、铁路、酒店、媒体、社会组织、商家等机构实行守信联合激励和失信联合惩戒措施，建立违法失信“黑名单”和行业禁入制度，不断提高违法失信成本，构建“一处失信、处处受限”的信用惩戒格局。

4. 强化激励与约束机制

社会公共责任的履行，在一定程度上需要权利让渡，作为一种自觉行为，必须强化正向激励，营造人人尽责的良好社会风尚。建立正面典型发现和培树机制，对居民认真履行垃圾分类、见义勇为，社会组织踊跃参与社会治理、建言献策，辖区企业积极落实安全生产、诚信经营等主动承担社会公共责任的行为，要积极表彰、正向引导。结合“访听解”“全响应”建立完善意见问题反馈监督机制，对违反交通法规、失信、污染环境等不履行公共责任的行为，以主动监管和接受举报相结合的方式，加大核实、查处力度，强化公共责任体系的约束效用。要紧密结合区域品质提升的重点领域、重要工作，积极运用新技术，不断丰富激励和约束方式方法，以公开表彰、政策扶持、税收优惠等形式鼓励承担社会公共责任，以法律惩处、媒体曝光、纳入诚信档案等手段约束社会公共责任缺失的行为。

5. 改进宣传教育

构建社会公共责任体系的各环节都离不开广大社会成员的积极参与，需要切实加强公共沟通互动，强化全方位、多维度的宣传教育。要树立传受双向互动的宣传教育理念，杜绝高高在上、发号施令，少一些灌输性和强制性，多一些参与性和互动性，与社会成员进行充分交流和沟通，赢得群众的信任和支持。要争取“利益认同”，站在群众的立场看问题、讲道理，解读好怎样为群众谋利益的工作意愿和目标；争取“情感认同”，带着感情去做工作，把真实情况、困难所在向群众说清楚，得到群众的理解；争取“理念认同”和“执政认同”，通过润物无声的宣传教育和细致入微的工作实绩，让百姓从内心里认同党的领导，认同中国特色社会主义道路。要坚持分类推进，充分考虑对象的经济状况、教育程度、职业习惯、生活方式以及接受信息的习惯，并据此选择不同的宣传教育工具、媒介和方式，做到有的放矢，取得好的宣传效果。要积极运用和改进各种宣传教育方式方法，特别是要善用新技术新手段，用好手机、平板电脑等移动终端，用好微信、微博、微视频、微电影等新媒体，统筹网上网下宣传，打通线上线下渠道，输送思想、引导舆论、争取人心、赢得支持。

（三）重点行动

社会公共责任体系构建是实现治理体系和治理能力现代化的重要内容，涉及社会基础重塑，不可能一蹴而就，需要十年、二十年，甚至一代人、两代人下功夫去完成。要秉持“功成不必在我”的精神理念，结合现阶段核心区城市治理的突出问题，坚持重点突破，实施攻坚行动，久久为功、坚持不懈，为社会不断走向成熟持续夯实基础。

1. 居规民约践诺守责行动

不断完善居规民约，培育居民公共意识，引导居民积极参与社会生活，共同营造美好、和谐的居住环境。目前，居规民约还普遍存在着主体参与表面化、修订过程形式化、内容千篇一律、群众认同不高、贯彻不够彻底等问题，需要不断改进完善。一是坚持居民主体地位。居规民约要与人们日常生活、行为规范紧密联系起来，能够代表社区居民最广泛的共识，由居民共商制定，并共同遵守。二是完善程序规范。细化社区居民共同讨论、社区居委会代拟草案、征求居民意见、社区法律顾问依法把关、居民会议民主决定（签订承诺书）、及时公开并报街道备案的制定和修改流程规范。三是突出特色和实用。针对每个社区的实际情况，体现本土特色、群众意愿和发展导向，注重细节、关注小事，注重好用、实用、管用，防止面面俱到、全面无用。四是注重践行承诺和责任履行。杜绝仅仅写在纸上、挂在墙上的现象，引导社区居民互相配合、互相影响、互相监督，在实践中感知、领悟，不断提升共同家园意识。五是明确激励约束措施。加强对践诺守责人员、事迹的宣传和奖励，与家庭文明建设相结合，树立道德标杆，扩大影响力。加强对违反规约人员的惩戒，根据法律精神、群众意愿和违约行为轻重，采取批评教育、邻里评议、公开曝光、社区警告、责令改正、不良档案记录、取消相关荣誉评选资格、纳入个人信用等级评定等约束措施。

2. 临街公约文明倡响行动

分区域制定和推广临街公约，推动临街单位、门店和住户等临街主体履行社会公共责任，共同维护好街巷环境、街区风貌、街面秩序。一是适应城市管理精细化要求，不断完善“门前三包”制度。明确沿街建筑物所有人、使用人或者物业管理单位的责任区范围，严格执行责任制度，增强责任意识，通过自我管理、自我教育、自我约束，做到规范设置垃圾容器，规范投放生活垃圾，规范设置店招店牌，规范经营行为，确保门前环境整洁、市容有序、设施完好。二是落实背街小巷整治标准，加强自治共管。推动街巷自律自治社会组织建设，与街道、社区开展多方协商，监督广大成员践行临街文明公约，引导商户开展自律、自治活动，支持和奖励临街单位、商户开放共享厕所、停车位等服务资源，积极参加公益慈善行为。组建街巷志愿服务队，在文明卫生、公共秩序、平安建设、扶老助残、学生接送、交通导引等领域发挥作用。三是由街道办事处负责，搭建由辖区沿街机关、企事业单位、社会组织、志愿者、群众共同参与的街巷治理平台，建立日常工作协商、联系制度，科学设计推进门前三包工作的活动载体，推动形成自我约束到位、志愿服务到位、监督检查到位、应急响应到位的社会参与街巷治理的良性互动氛围。

表1：“门前新三包”主要内容

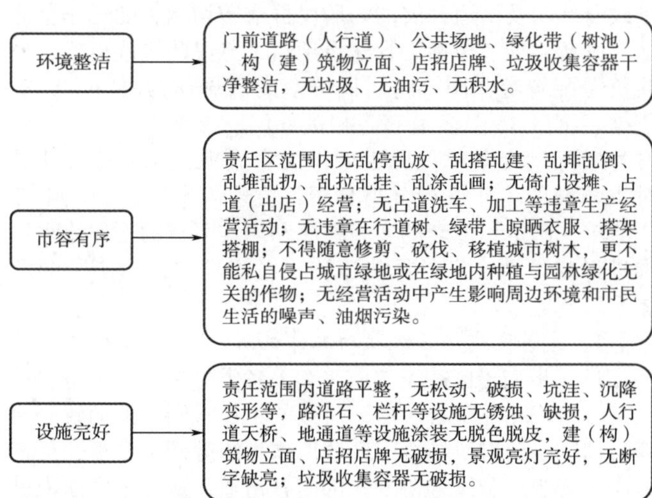

项目	主要内容
环境整洁	门前道路（人行道）、公共场地、绿化带（树池）、构（建）筑物立面、店招店牌、垃圾收集容器干净整洁，无垃圾、无油污、无积水。
市容有序	责任区范围内无乱停乱放、乱搭乱建、乱排乱倒、乱堆乱扔、乱拉乱挂、乱涂乱画；无倚门设摊、占道（出店）经营；无占道洗车、加工等违章生产经营活动；无违章在行道树、绿带上晾晒衣服、搭架搭棚；不得随意修剪、砍伐、移植城市树木，更不能私自侵占城市绿地或在绿地内种植与园林绿化无关的作物；无经营活动中产生影响周边环境和市民生活的噪声、油烟污染。
设施完好	责任范围内道路平整，无松动、破损、坑洼、沉降变形等，路沿石、栏杆等设施无锈蚀、缺损，人行道天桥、地通道等设施涂装无脱色脱皮，建（构）筑物立面、店招店牌无破损，景观亮灯完好，无断字缺亮；垃圾收集容器无破损。

3. 生活垃圾减量分类行动

通过责任体系构建，强化居民责任意识，发挥居民主体作用，让垃圾减量和分类投放成为所有社会成员的一种自觉行为习惯。一是提高居民环境意识，倡导绿色低碳生活方式，加强对废旧物品的再循环利用，形成“人人减少垃圾”的自觉行为，从源头上减少垃圾产生量。二是落实垃圾强制分类标准要求，细化分类收集、分类清运、分级处置原则和程序规范，在党政机关率先推行，并逐步扩大到其他公共机构、相关企业和住户，形成“户户分类垃圾”的自觉行为。三是利用“互联网 +”手段，推行垃圾换物和积分奖励，向市民发放垃圾分类电子积分卡，按照市民交投垃圾种类和数量奖励积分。四是积极开展垃圾分类示范片区创建工作，构建垃圾分类公共治理机制，建立完善培训站点，细化家庭指导手册，强化专人指导力量，发挥好“一长四员”（楼门长和垃圾分类宣传员、指导员、分拣员、监督员）作用，打造垃圾分类样板。

4. 公共安全意识强化行动

强化公共安全的责任意识、防范意识、风险意识、应急能力，确保党委和政府领导责任、部门监管责任、企业主体责任落实到位，助推“党政同责、一岗双责、齐抓共管、失职追责”的安全生产责任体系建设。一是建立公共安全教育体系。注重加强安全生产政策和知识的培训，将安全生产监督管理纳入各级党政领导干部培训内容，完善企业安全教育培训制度，针对性开展企业安全生产培训，切实提升各责任主体安全责任履行能力。构建公共安全知识教育体系，把安全知识普及纳入国民教育体系，不断提升市民群众安全避险、应急处理等能力，强化全民安全意识。二是提高公共安全防范能力。强化安全风险识别防范，及时消除安全隐患苗头性因素和风险。特别是提高人员密集场所员工的消防安全意识，普遍达到“一懂三会”要求：懂得本场所用火、用电、用水、用气火灾危险性，会报警、会灭火、会逃生。三是提升应急处置能力。完善应急处置工作机制。强化常态化应急演练和模拟演习，提高演练的针对性和实效性。加强应急队伍和志愿者队伍建设，畅通各方力量参与公共安全应急救援渠道，提高救援能力。

5. 企业诚信经营倡导行动

倡导企业诚信经营，推动全区诚信体系建设，营造文明诚信的市场环境。一是由区工商局向企业发起《文明诚信经营倡议书》。倡议企业从我做起、诚信经营，抵制假货、放心消费，自觉抵制不文明行为，树立良好的文明形象，做文明诚信的模范。共同以文明诚信行为树立行业形象，营造文明和谐的经营环境。二是建立企业诚信“红黑榜”和失信被执行人名单发布制度。区质监局、区商务委、区住建委、区工商局、区环保局、区法院等部门，利用人口密集区显示屏、人气网站、新闻媒体，刊播守信企业红名单，曝光失信企业黑名单及失信被执行人名单，推动跨区域、跨部门、跨行业企业信用信息的互联、互通、互查。三是创新守信激励措施，对具有优良信用记录的企业，在办理行政许可以及信贷过程中，根据实际情况依法采取“绿色通道”和“容缺受理”等便利服务措施。严格失信惩罚措施，对恶意逃废债务、合同欺诈、不依法诚信纳税等严重失信企业及其失信被执行人重点监管，依法依规采取行政性约束和联合惩戒措施。

6. 参与公益积分激励行动

通过对公益活动参与者、乃至所有履行公共责任行为的参与者进行激励，营造更多的组织和个人积极参与公益活动、履行公共责任的社会氛围。一是由区政府和社会组织共同推出针对公共责任行为记录和获得“积分”的规则和制度，区政府委托社会组织开发“积分”管理平台并负责专业运营。二是由区政府投入一定引导资金，吸引组织和个人的捐赠，共同成立履行社会公共责任专项基金，并委托该社会组织管理该基金。捐赠者以及其他履行公共责任的组织和个人，可以按照规则获得“积分”。三是该社会组织招募“积分”使用特约单位，包括电商、辖区商家、社区服务机构等商品和服务提供者。四是特约单位按照招募约定对公益活动参与者购买自己的商品或服务提供一定优惠和折扣，公益活动参与者也可凭“积分”在特约单位兑换商品或服务，特约商户可凭借“积分”获取政府相应补贴。

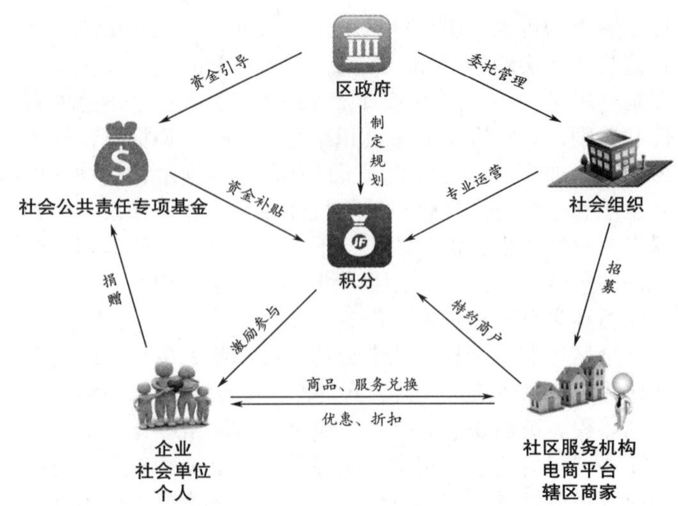

图 1　参与公益活动积分激励运营模式

西城区开展民生工作民意立项工作的实践与思考

中共西城区委副书记、西城区人民政府区长　王少峰

民生是人民幸福之基，社会和谐之本。党的十八大以来，西城区坚持以人民为中心的发展思想，紧紧围绕保障和改善民生，积极推进社会治理创新，探索建立了全响应网格化社会服务管理模式和“访民情、听民意、解民难”工作机制，在此基础上，又创新性地开展了民生工作民意立项工作，并取得了一些重要的实践经验。本课题通过实地调研、深度访谈、座谈会等形式，重点围绕深化提升民生工作民意立项工作，从实践和理论层面进行了深入研究思考，并提出了具体对策建议。

一、实践探索

多年来，西城区始终秉承党的群众路线，围绕保障和改善民生、密切干群关系、促进社会和谐的总目标，坚持民需导向、问题导向，在实践中不断创新、升级和发展社会服务管理，探索构建了“全响应”网格化社会服务管理模式，这一创新模式在2012年荣获“全国城市管理进步奖”。为了更加快速准确地了解居民的需求，使得政府服务更加贴近居民的实际，在“全响应”的工作基础上，建立了“访民情、听民意、解民难”工作机制，于2014年荣获中国政府创新最佳实践奖和“倾听民意”政府奖。2015年开始，围绕推进社区治理创新，积极探索“参与式”协商共治机制，努力构建“党委领导　政府负责　社会协同　公众参与　法治保障”多元主体共同参与、民主协商共治的社区治理工作新格局，该项工作代表北京市在民政部召开的全国性会议上做了典型经验介绍。

为进一步提高社会共建共治共享水平，切实解决服务管理对接群众诉求不够精准、与群众需求存在一定错位等问题，2014年在全区开展了民生工作民意立项试点工作，并于2017年全面推行。通过实践探索，积累了以下有益经验。

（一）主要做法

1、构建民意立项“1+15+N”制度体系

区级层面将民意立项作为政府开展民生工作的基本方式，加强制度设计，研究制定了《关于全面推行民生工作民意立项工作的意见》（以下简称《意见》），明确凡是政府部门及街道开展的与居民群众密切相关的工作全部纳入民意立项，包括工程建设项目、惠民政策或措施、公共资源配置等，同时将居民群众的意见作为决策实施的依据。全区15个街道和各相关部门，依据《意见》结合自身实际制定本单位民生工作民意立项机制实施办法，对本领域的工作进行分类分析，梳理出本单位的民生工作清单，制定相配套的实施程序和切实可行的工作流程，推进形成覆盖全区的民生工作民意立项“1+15+N”制度体系。

2、完善区街居三级联动工作机制

进一步完善区委区政府（相关各委办局）、街道、社区三级组织相互配合、协调对接的工作机制，推动政府治理与社区自治有机结合。区政府作为统筹调度中枢，负责总体方案制定和统筹协调各部门各街道，从区级层面推进重点项目及一般项目的实施；街道作为促进政府治理和居民自治良性互动的关键协调主体，负责执行区政府的政策，并调动辖区内社区组织通过多种方式获取民意；社区作为动员居民和其他多元主体参与的基础环节，负责组织社区居民的参与，协调各多元主体之间的利益关系，促进社区

内部达成共识，制定具体方案并适时向上反馈信息。建立了民生工作联席会、专题调度会等沟通机制，定期听取民生工作民意立项机制落实情况，协调解决工作推进中的重大问题。2017年，在区级层面确定了重点推进的19个试点项目，由区社会办持续跟踪项目实施效果，及时总结推广经验。

3、探索民生项目分类推进工作模式

根据自上而下的任务刚性程度和自下而上的民意分化程度两个重要的分类维度（如下图），将民生项目分为三大类，提出可供选择的民意征求和表达机制的方式方法：**第一类是“政府要做＋群众支持”的民意征求型。**属于政府部门必须完成，有指标、有标准的民生工程，要在实施前和过程中听取意见，通常的程序是公布方案、征求意见，听取意见、完善方案，依法公开、接受监督，推进实施。比如棚户区改造、修建道路等。**第二类是“群众要做＋政府该做”的民需申报型。**指群众要做、政府该做，且需要一定比例利益相关主体达成一致意见才能实施的民生工作。通常由各职能部门、各街道公布项目的条件、资金规模等情况，然后由居民来开展民主协商、形成一定的意见，达到一定比例的同意之后来向政府申请，再启动项目，比如老楼加挂电梯。**第三类是“群众想做＋政府能做”的民情驱动型。**指社区、居民有切实需求、反映集中，属于政府该做，但尚未安排计划的事项。基本程序是群众提出需求、社区协商上报、街道根据轻重缓急及资金安排情况，分级、分步骤安排落实，反馈项目结果。

图 民生工作民意立项的不同类型

4、打造多元参与、分层协商的工作格局

一是拓宽倾听“民意”渠道。通过完善政府向公众报告工作制度，建立健全参与式财政机制、政府重大决策项目公众参与制度等配套制度机制，采取向社会公开区委常委会决策结果、政府常务会微博直播、部门一把手接听政府服务热线、建立政府开放日、议政日、听证会等方式，主动引导居民参与，吸纳群众合理性意见，努力做到民生项目让百姓参与、政府工作让百姓感知、民生工作让百姓满意。**二是建立分层协商机制推动“民议”。**搭建胡同、网格、社区和街道四层协商平台，建立确定议题、公示信息、组织协商、落实成果和监督评价的五步议事法，综合运用实地调研、座谈会、问卷调查、居民代表大会、社区议事会等多种形式，动员组织群众多方参与、有序协商，分层化解矛盾，共同构建起“需求问事、协商议事、自治管事、为民办事”的西城参与型社区分层协商治理模式。如新街口街道的胡同沙龙、开放空间，德胜街道的走访沟通、问卷调查、志愿者调查，展览路街道的菜单式管理等丰富多样的民意征求形式和社区协商形式。**三是培育引导参与协商的意识能力。**引入专业社会组织对居民、社区、政府部门工作人员开展能力建设，协助主责单位共同制定工作计划，探索运行流程机制，传授居民如何表达、如何聆听以及多元主体之间如何协商、如何形成共识的技巧、规则和相关专业领域的知识，将自上而下的政府推动与自下而上的居民诉求很好地结合起来，发挥了基层政府的主导性作用、居委会的基础性作用、社会组织的协同性作用和社区居民的参与性作用。

5、建立政民互动监督评价机制

一是加强政策宣传解读。区社会办主要领导就民生工作民意立项机制走进西城政民直播间，通过视频的政策解读和与网民的微博直播互动，主动回应社会关切，加强宣传，进一步加大公众对参与民生工作途径的了解，增进社会共识。**二是建立民意监督机制。**将民生工作民意立项纳入西城区政府政务公开的创新工作模式，持续深化政务公开。主动邀请人大代表、政协委员、群众代表在项目立项、实施、结项等重点环节，对听取和采纳群众意见的落实情况进行监督，对民意立项的成果进行评价，不断提高民意立项的透明度和规范化、标准化水平。**三是建立绩效评价机制。**按照“征集民意、确定方案、实施项目、绩效评价”的闭环，把民意立项推进完成情况纳入街道绩效考核管理。探索将群众投诉、反映问题、信访等负指标纳入民生工作年度考核体系，多维度检验民生工作绩效，确保民生工作民意立项落到实处。

（二）几点启示

通过对民生工作民意立项开展情况的全面总结和深入梳理，加深了对民意的认识和理解，并形成了以下启示：

1、要更加关注自下而上的群众自发的民意表达。获取民意至少包括自上而下的有目的的民意征求和自下而上的群众自发的民意表达两种方式。获取民意的方式对后期群众支持行为可能产生影响，如果在立项前，需求是由群众自己表达出来的，并由他们主动寻求政府的政策扶持，立项后，项目能得到群众更好的支持；反之，通过民意征求的立项，群众可能会提出过多的要求，影响政府政策的有效实施。

2、民意征求和民意表达都需要多样化的方式和机制来保障。在获取民意的过程中，既需要小范围的沟通，也需要大范围的讨论；既可以是非正式的了解，也可以是正式的会议，包括实地调研、座谈会、问卷调查、听证会、社区议事会、社区代表大会等，这样才能获取更加真实和全面的民意。

3、民意征求和民意表达必须贯穿到民生工作的全过程。民意征求和民意表达是不断深化的过程，反复多次地深入沟通，民意才能真正在立项、实施、评估、考核等各个阶段产生作用。因此，政府、社区组织、民众之间要长期互动、不断沟通和持续反馈，才能真正实现政府治理与群众参与的有机结合。

4、*必须把握好政府的责任与边界问题*。要进一步理清政府、市场、社会（居民）三者的关系，项目的立项不仅要考虑居民是否“想做”、政府是否“能做”，也要考虑政府是否“该做”，不能“错位”亦不能“缺位”或“越位”。在某些“市场失灵”的情况下（如老旧小区的物业管理问题），政府基于维护社会稳定的考虑必须“补位”并承担“兜底”责任，但要特别警惕因政府“包办”所导致的居民过度依赖和市场、社会发育不足的问题。

5、*注重发挥社区居民自治的作用*。面对民意分化程度较高的情景时，要更多地支持引导通过社区议事会等推动社区协商民主的发展，以“民议”推动“民意”表达，让分化的民意自发地碰撞和协调，让群众自己化解自己的矛盾，避免转化为民众和政府之间的矛盾，为项目实施创造良好环境。

6、*逐步推动形成制度化、法治化和长期常态化的制度设计和机制保障*。比如老楼加挂电梯等硬件设施建设升级改造项目，后期如何运营、维护、管理等，要积极引导居民增强责任意识，依据法律法规商定建立相应的运行规则，避免过度依赖政府，减少后期不必要的隐患和纠纷。

二、面临问题

西城区开展的民生工作民意立项工作虽然在制度、机制、工作方法等方面取得了一定的实践经验，但对照党的十九大提出的新目标新任务新要求，还存在着一些问题和不足，突出表现在以下几方面：

（一）对开展民意立项工作的意义认识还不到位

民意工作是一项需要花费时间、耐心，前期效率并不高的复杂工作，但在制定任务时还没有将这些作为影响工作进度的重要因素考虑。工作考核时往往负面看待失败的民意立项工作，基于多一事不如少一事的心态，一些部门乃至街道不看好民生工作民意立项，或者简化民意工作，缺乏主动沟通、相互配合的意识，相互推诿、消极等待、被动应付；有的存在信息发布不及时、不全面，相关部门不能准确了解把握项目进度等问题；个别部门为了完成“硬性任务”，简单追求效率而牺牲民意、效果，甚至以“民意”为借口来搪塞应付上级的工作要求。

（二）统筹推进工作的机制还不健全

一是组织协调机制尚不完善。在区级层面，虽然有了组织协调机制，但其约束力还不够。街道作为上下协调和关键的执行部门，在民意立项中的表达空间还比较小，还缺乏一定的协调或调动必需资源的能力，完成项目面临一定难度，需要依靠区政府的统筹安排。**二是缺乏长效的资金保障机制。**目前大部分民意立项项目虽然列入政府的民生资金大盘子，但大都散落在各个部门，相互之间没有衔接形成稳定的资金支持体系。在社区层面，承接的都是下达任务，对后续的项目和资金难以产生稳定的预期。**三是提前预测民意民需的能力还有欠缺。**大数据、新技术的应用还不充分，民生项目更多地关注基础设施建设，对精神文化层面还缺乏足够的重视和关注，还不能更好适应新时代居民群众全方位、多层次、多样化的需求。

（三）对民意的界定把握还缺乏科学规范的标准和依据

民意丰富的内容和表达的多样化，是困扰着民生工作民意立项工作的重要问题。但在实践中，**还没有界定把握民意的基本标准。**在确定民意征求的范围、方式以及支持率时，存在简单以地域、人数、比例来界定民意的现象，有泛民意化倾向，甚至出现民意裹挟、民意对专业性意见的干扰等现象。**对民意在不同区域、不同群体、不同阶段的特性研究不够。**听取民意主要在立项阶段，还没有贯穿到项目实施的各环节、全过程。研判民意时，对赞同的人群还缺乏分层分析，了解赞同背后的原因，特别是对持反对意见的人群真实诉求缺少深入分析，对受损（或微受益）群体的补偿机制还不完善，而这些也是民意难以达成的重要原因，还可能成为后续推进工作的隐患和阻碍。

（四）推动“民议”的方法手段还需创新

民意分化和“众口难调”是民生工作民意立项的要害问题。目前社区虽然普遍建立了社区议事会、网格议事会、楼管（宇）议事会等参与讨论公共事务的平台，但议事的组织、议题的设定、参与议事的范围还未明确，特别是还缺乏意见表达如何吸收、反馈等议事的流程，议事效率不够高、效果不够好。在引导居民群众通过“民议”消除分歧、达成共识、化解矛盾，从而实现政府意图与民意有效对接方面还缺乏有效的方法手段。

（五）社会力量还未完全激活

一是驻区单位、产权单位的参与度不高。一方面，与驻区单位、产权单位有效沟通的机制尚未完全建立，另一方面，部分驻区单位、产权单位社会责任意识不强，没有很好履行社会公共责任，有的是没有履行公共责任的能力。二是社会组织、专业力量还未充分调动起来。目前，社会组织普遍存在参与社会治理、提供公共服务能力不足的问题，有序组织引导、说服教育等第三方桥梁和纽带作用发挥不充分，如何让他们在项目中发挥更大的作用，还有待政策更大支持。三是一些居民还有等靠要的心态。把社区的公共事务当作政府的事，自主议事的意识和能力还不强，参与社区议事的主要是社区积极分子，大多数居民群众还没有真正参与进来。

（六）绩效考核存在着追求效率忽视效果的问题

考核的内容主要针对项目的形式，包括是否有民意立项的程序、相应的机制，以及完成项目的数量，忽略居民的满意程度。有的项目在执行过程中，有可能需要根据民意的变化做出调整，但绩效考核对此没有给予充分的关注。考核缺乏弹性，没有切实考虑不同项目类型之间的差异，针对不同民意立项项目中民意的适用范围、参与程度、呈现方式，制定多样化的分类考核标准。

三、对策建议

（一）工作原则

坚持以民为本。始终把人民对美好生活的向往作为奋斗目标，牢牢把握新时代社会主要矛盾的深刻变化，坚持“问需”“问计”“问效”于民，紧紧围绕群众多层次、多样化需求，以增进民生福祉为目标，以群众满意度为检验标尺，促进资金、力量、政策与群众需求有效对接和精准匹配，不断提升人民群众的获得感、幸福感。

坚持多元参与。转变政府治理观念，完善党委领导、政府负责、社会协同、公众参与、法治保障的社会治理体制，处理好政府、市场与社会的关系，加强协商民主平台建设，激发社会内生活力，推动政府治理和社会调节、居民自治良性互动，实现多元主体有序、有效参与，构建共建共治共享的社会治理格局。

坚持公平公正。始终把实现好、维护好、发展好最广大人民的根本利益作为基本价值取向，坚持少数服从多数的民主协商原则，保障利益受损群体的利益诉求和表达，践行和弘扬以公平正义为核心的社会主义核心价值观。

坚持依法有序。着力在精治、共治、法治上下功夫，建立完善不同类型项目的操作流程、方法、标准，赋予各参与主体平等地位，注重提升各参与主体能力素质，健全规范有序参与、有效参与机制，保障民意得以真实表达、准确畅通传递。

坚持公开透明。将公开透明贯穿于立项、实施、监督、评价的全过程，逐步规范公开范围、内容和标准，减少政府与群众之间的信息不对称，充分保障广大群众的知情权、表达权、参与权和监督权。

（二）方法路径

民生工作民意立项的政策设计，有双重涵义：一是更好地满足民需，激发社会活力；二是通过居民依法有序参与，倒逼政府体制机制改革，提升政府治理现代化水平，真正贯彻以人民为中心的新发展思想，更好地共建繁荣富强民主自由美丽的社会。基于这样的要求，民生民意工作要坚持“五个强化”，切实体现民事民提、民事民议、民事民决、民事民评，使居民群众在共建共享发展中有更多获得感。

1、强化民意把握

不断增强“民意”把握能力。深刻理解民意的本质是体现居民基本的、合理诉求，始终坚持以民为本、民需导向、服务于民，加强培训引导，不断增强政府部门和工作人员的“民意”意识和“民意”把握能力，将“民意”贯穿到民生工作的全过程，体现在制度建设、财务支持、绩效考核评估等各环节，切实做到工作围绕群众转、办法依靠群众出、成效接受群众验。

科学把握民意的多样性、阶段性特征。遵循民生工作民意立项工作自身内在发展规律，**在征集“民意”阶段，**要切实保障个体的知情权，充分尊重个体意见和利益诉求的自由表达权利，使正反意见和不同声音都能平等地、公开地得以表达。**在把握“众意”阶段，**要通过沟通协商使分散的、个体的“民意”聚合和汇总成“众意”，要尊重保护少数人的正当合法权益，不能简单以多数人的意见压制少数人，着重避免出现“多数人对少数人的暴力”，避免出现“会哭少数”对“沉默多数”的“绑架”。**在追求“公意”阶段，**要把代表个体利益的分散民意和代表特定群体利益的聚合“众意”引导发展为代表公共利益和整体利益的“公意”，从而形成不同个人及群体的共识。在此基础上，编制民意把握手册，制定界定民意征求范围、民意形成比例、民意与市场专业性对接程度的流程规范。

2、强化民主聚智

进一步健全民意倾听和表达机制。深化“全响应”、“访听解”、政府向公众报告工作、政府重大决策项目公众参与等制度机制，注重运用互联网技术和信息化手段，建立线上线下一体化平台，让政策与民意形成有效对接。深化大数据应用，建立对群众需求全面统计、智能分析、科学研判机制，提前预测民需、准确了解民意。

积极支持引导“民议”。进一步完善社区议事规则，规范各类协商形式和组织流程。充分发挥社区自治组织作用，聚焦群众关心的“热点”和“痛点”，有针对性地确定协商议题注重对利益受损群体的利益保障，建立合理合法的利益补偿机制，找到个人利益与公共利益的结合点，在寻求公共利益最大化的同时使个人意愿、利益、主张得以实现，避免解决旧问题时产生新矛盾。

建立健全稳定的多元参与机制。加强各类协商平台建设，畅通驻区企业、产权单位、社会组织，以及不同利益和诉求的居民群体参与和表达的渠道。引导树立妥协意识、契约意识、规则意识，培育协商精神、协商文化，积极推进多元主体在民主协商中通过公开平等自由理性的方式达成有约束力的共识。

加强第三方评估。针对涉及专业性、技术性强的项目，邀请专家学者、专业技术人员、第三方机构参与论证评估，重点抓好民生项目实效评估，并将评估结果作为考核领导班子和领导干部工作成效的重要依据，进一步促进民生项目品质提升，降低项目实施风险，找到居民与政府之间、不同利益诉求的居民之间的“最大公约数”。

3、强化民力推动

拓展民力的行动空间。通过还权于民、赋权于民，充分调动民众的参与意识和意愿。强化对居民的全方位能力建设，必要时引入专业社会组织提升居民参与能力，培养居民民主参与的规则意识、民意表达能力和技巧，从而提升处理不同意见和达成共识的能力。积极培养社区自组织，促进社区福利再生产。加强专业化力量与民意之间的双向互动与沟通，特别是在一些需要专业知识支撑的项目中让民意得到更好的发挥。

注重公民意识和责任义务的培养。把民生工作民意立项作为社会关系再组织的重要契机，进一步厘清政府与居民的权力、责任、义务边界，培养居民权责意识和自我服务、自我教育意识和自我治理能力，推动公共性形成机制建设，完善社会自我调节和自我推动机制，实现政府治理、社会调节、居民自治良性互动。

进一步加强政策宣传解读和政民互动。及时回应社会关切，加大宣传力度，进一步增进居民群众的了解、认同。注重发挥社区党组织作用，团结动员各主体积极有序参与社区公共事务，共建美好家园。

4、强化民利永续

健全完善持续发展保障机制。强化区级层面的统筹协调，健全街道调动相关资源的配套政策，强化“条”“块”协作配合，真正做到“街道吹哨、部门报到”。研究制定项目运行费用合理分担办法，依据不同项目情况明确产权单位、居民、政府分担比例，确保收支平衡。进一步转变思路，以政府项目的投入撬动社会资源的有序参与，把更多的社区和居民事务交由社会来筹集资源，政府从政策和制度平台给予充分的支持，营造民事民意民议、民利民力民享的社会环境，为民生工作良性永续发展奠定基础。

建立“群众申报、社区组织、政府立项、主体实施”工作机制。设立“民生工作基金”，基金由区级统筹、街道监管、社区申请并自主运行。在财政预算中进一步统合民生资金，强化统一使用，每年选取群众需求最迫切、投资大的项目，如老旧小区综合改造、棚户区改造等，明确申请条件，提出规划指标，列出年度项目菜单，建立完善流程标准、规则方法，由群众申报，谁先申报谁先实施。

5、强化民心检验

建立以民意为导向的评价标准。考核体系要以群众满意度为关键指标，把程序性标准和结果性标准结合起来，将民生工作民意立项工作的流程实施情况作为考核的重要内容，同时体现民意需求和实际实效。比如，建立“民意不立项”核准退出机制，对不符合民意或者民意有所改变的项目，在材料完备的基础上可以进行“不立项”类单独考核，项目考核与资金使用脱钩。

强化对过程的效果评价。要以居民的参与度和满意度来检验民意立项是否真正在老百姓心里“立住”。加强上下级部门之间信息沟通和问题协商，在立项、实施、结项等工作环节建立反馈和评估机制，根据民意随时调整项目实施方式，切实将民意意识贯穿到工作始终。

健全民意监督评议机制。采取内部监督加外部评议方式，从项目实施及产生绩效等多维度进行综合评价，对未经民意立项的民生工作，造成重大负面影响的要进行问责。

四、理论思考

在中国特色社会主义进入新时代的背景下，应对社会主要矛盾深刻变化的挑战，民生工作民意立项始终坚持以人民为中心的发展思想，以满足人民日益增长的美好生活需要为出发点，以治理体系和治理能力现代化为着力点，把党的群众路线生动贯彻于社会治理的全过程，具有多方位多层次的重要意义。

（一）民生工作民意立项是坚持以人民为中心发展思想和把群众路线贯彻于社会治理的生动实践

多年来，西城区的民生工作一贯坚持以人民为中心的发展观，“全响应”和“访听解”工作制度创新了群众工作体制机制和方式方法，增强了开展群众工作本领。但基本上遵循的是自上而下的工作思路，体现的是“以我为主”心态和俯身亲民的姿态——“民有所呼，我有所应”“民有所需，我有所为”，人民群众在公共事务治理中的主体地位尚未真正建立。

真正受老百姓欢迎的民生工作，必须源自老百姓的呼声，合乎老百姓的利益，合乎老百姓的愿望。民生工作民意立项源于群众需求、终于群众满意，顺应了在新时代走好群众路线新的长征路的要求。主要体现在：更加注重群众自下而上的主动表达和横向内部的自主协商，增强了群众的主体意识；更加注重工作方式方法的教育引导，变“群众工作干部做”为“群众工作群众做”；更加注重干部思想观念的转变，实现“为民做主”向“由民做主”的转变。同时，也贯彻了“从群众中来，到群众中去”的群众路线和工作方法。“从群众中来”体现了民生工作“做什么”的立项依据是来自民需。尊重了民意，通过多种渠道和方法征集表达民意；在“怎么做”上也广开言路汇聚民智，尽可能地在项目实施过程中吸纳群众合理的意见建议。其次，“到群众中去”不仅体现在把党和政府保障改善民生的政策充分地向基层群众宣传解释，也体现在把群众的评价作为检验工作好坏的重要依据而纳入考核环节，让群众对“做的如何”拥有发言权，从而倒逼政府治理机制的改革创新，提升政府治理现代化水平。

（二）民生工作民意立项是主动应对社会主要矛盾变化挑战的积极探索

我国社会主要矛盾已经转化为人民日益增长的美好生活需要和不平衡不充分的发展之间的矛盾。这决定了新时代开展民生工作必须找准并聚焦于群众关心的“热点”和“痛点”，有效弥补民生保障和改善中存在的“短板”，努力解决不平衡不充分发展的问题，尽力实现人民美好生活的愿望。

民生工作民意立项的出发点是为了解决过去政府的民生工程或者为民办实事项目中普遍存在的“政府买单、百姓不买账”问题。政府好心为民办事和巨额资金投入有时却换不来百姓的满意，其中很重要的一个原因就是在政府决策过程中政府和民众之间存在着严重的信息不对称问题。民众真实的偏好难以及时准确地传递给项目决策者，政府的善意和考量同样也难以深入有效地传导给基层普通群众。民生工作民意立项机制的探索有助于克服信息不对称问题，减少政府与民众之间不必要的误解，使得政府资源和百姓需求更为精准地匹配和对接，既提高了财政资金的使用效率，又解决了民众的所急所需，提高了百姓对民生工程的满意度，拉近了党心和民心之间的距离。

（三）民生工作民意立项是提升治理能力现代化和打造共建共治共享社会治理格局的有效途径

民生工作民意立项着眼于满足人民日益增长的美好生活需求，立足于提升治理能力现代化、打造共建共治共享的社会治理格局，既是治理目标和治理手段的有机结合，也是参与感和获得感的有机结合，让群众在共建共治的过程中真正实现共享。

中国特色社会主义进入新时代，人民美好生活需要日益广泛，不仅对物质文化生活提出了更高要求，而且在民主、法治、公平、正义、安全、环境等方面的要求日益增长。因此，民生工作不能仅仅停留在满足物质文化生活的直接需要层面，更要看到在这些直接需求背后广大人民群众对公平、正义、法治和民主的深层诉求。在保障和改善民生过程中，参与感与获得感是紧密相连相互促进的，在某种意义上甚至可以说，民众有了参与感才更有获得感，否则就容易出现“端起碗来吃肉，放下筷子骂娘”的现象。民意立项一方面是政府对自身的约束和改革，另一方面则是对民众的赋权和增能，让普通群众在政府的民生工作中有更多的发言权和更大的影响力，这也是构建共建共治共享社会治理格局的前提条件，为构建有效的超大城市治理体系提供了思路、探索了路径。

（四）民生工作民意立项是激发社会内生动力和提升居民自治能力的有效手段

在基层公共事务中，由于政府的“大包大揽”导致了群众的“袖手旁观”，居民中普遍存在着“要我做”的被动消极心态和对政府的高度依赖性；参与渠道和平台的缺乏与参与意识和能力的低下同时并存。

民生工作民意立项机制在立项、实施、监督和评价的各个环节强调“问需”“问计”和“问效”于民，通过对民众的赋权和对民意的尊重，让居民更多地参与项目决策过程。群众不再是被动接受，而是参与到决策和实施过程中，对服务拥有知情权、选择权和相当程度的决策权。一定程度的赋权撬动了居民的社区参与主体意识，增强了社会动员能力，激发出群众对公共事务的参与意愿，变过去的“要我做”为现在的“我要做”。同时，有助于提高社会的自我调节能力和居民自治能力。民意的表达过程同时也是各种意见之间的协商和妥协过程，如何处理和协调不同群体之间、多数人和少数人之间的意见分歧是民意立项的一个主要难点。无论是妥协意识、契约意识和规则意识的建立还是共识公约的形成，都有赖于在民意立项中开展公开、平等、理性和充分的对话协商。只有社会自我调节能力得以发挥和增强，政府工作才能事半功倍，形成良性循环的政社互动关系。民生工作民意立项的开展实际上正是在寻找政府治理、社会自我调节和居民自治的良性互动。

（五）民生工作民意立项是发展社会主义协商民主特别是基层协商民主的有益尝试

习近平总书记指出，有事好商量，遇事多商量，做事多商量，大事反复商量，众人的事情由众人商量，找到全社会意愿和要求的最大公约数，是人民民主的真谛。民生工作民意立项重在推动“民议”、难在达成共识，是发展社会主义协商民主特别是基层协商民主的必然要求和有效途径。

协商民主是自由平等的公民通过公开讨论和理性对话形成合法决策的民主形式。真实和高品质的协商民主必然要求信息对称、主体平等、讨论公开、表达充分、善于倾听、尊重多元、服膺理性，从而尽可能地缩小分歧、达成共识，最终实现公共利益。民生工作民意立项的核心任务之一是为普通居民和利益相关方搭建议事协商的公共平台，从而以民生建设带动协商民主，以协商民主促进民生建设，最终实现两者的良性循环。民生工作民意立项机制和基层协商的制度化、程序化和科学化发展有着高度的内在契合性。倾听“民意”是开展民生工作的前提基础，推动“民议”是提升民生工作的内核精髓，汇“民智”聚“民力”是落实民生工作的有效保障，要把三者有机结合起来。

无论是对于部门还是街道，绝大多数民生工程最终都要落地于社区、依靠于社区。作为征集反映民意、组织群众协商、引导民意走向的基础平台，社区在民生工作民意立项中起到贯彻落实和具体组织的重要作用。长期以来社区居委会承担了大量的行政下派工作，已经高度“行政化”。民意立项机制的建立有助于促进社区自治组织的职能转变和归位增能，更加紧密地联系群众、服务群众和组织群众，真正为民意表达和多元协商发挥桥梁作用和平台功能。

（六）民生工作民意立项推动了政府工作作风的转变和倒逼了政府体制机制的改革

民生工作民意立项的基本特征是自下而上地反映和传导民意，并将其有效地纳入政府相关决策之中，或者对既有决策进行完善。过去，一些地方民生项目的决策往往由相关部门的少数人“拍脑袋”做出，决策过程既不公开透明也不科学合理。民生工作民意立项则要求“必使政府听命于正当民意之前”，项目“做不做”、“怎么做”都要有充分的民意基础、获得广泛的民意支持，这会迫使政府改进“闭门决策”、高高在上的官僚作风，更加主动地了解、倾听和尊重民意，更加充分地吸纳广大群众智慧，通过“开门决策”提高政府决策的科学性和合理性。

更为重要的是，民生工作民意立项通过居民参与有助于带动和倒逼政府深层体制机制改革，从而加快了向更加公正透明高效的服务型政府转变进程。随着工作的持续深化，对政府相关工作在观念转变、规则制定、程序规范、资金安排、条块协调、考核评价以及组织保障等多个方面和系列环节都提出了更高的要求。首先，各级领导干部和工作人员都需要树立明确的“民意意识”，准确掌握民意的内涵，学习民意立项的工作方法；其次，部门和街道预算工作需要逐渐引入公众参与机制，把民意作为预算编制和调整的重要依据；再次，社会治理重心需要进一步向基层下沉，加强条块的协同配合，发挥好各自的优势形成合力，真正做到民生工作中“街道吹哨，部门报到”。最后，对民生工作开展好坏的评价考核体系需要以民意的契合度为关键内核，把程序性标准和结果性标准结合起来。

（责任编辑　贾国平）

大 事 记

2017 年西城区大事记

1月

3日 中共中央政治局委员、国务院副总理刘延东到西城区月坛社区卫生服务中心考察北京市基层医疗卫生工作。国家卫生计生委主任李斌、北京市代市长蔡奇等参加调研。

4至6日 西城区举办第五届爱在西城公益文化节暨社会力量服务展洽会。

9日 北京市政府在西城区召开现场会，研究推进分级诊疗制度建设有关工作。

☆ 西城区召开 2017 年春节军政座谈会。

10日 老挝万象市赛色塔县委书记塔暖·坦通率代表团访问西城区。

13日 “2017 年西城区全民健身冰雪季”活动在陶然亭公园启动，正式发布《西城区全民健身实施计划（2016—2020 年）》及《西城区冰雪运动规划（2016—2022 年）》。

16日 西城区举行北京坊建筑集群设计颁牌仪式，标志着位于大栅栏历史文化保护区东北角的北京坊建筑集群正式落成。

19日 “天桥艺术 +”项目竣工。

21日 西城区最大的百姓生活服务中心——展览路南营房百姓生活服务中心正式开张。

22日 中共西城区委十二届二次全会召开。

☆ 西城区召开 2017 年“疏解整治促提升”专项行动部署会。

2月

3日 市委副书记、市长蔡奇到新街口街道调研垃圾分类工作。

4日 市委副书记、市长蔡奇参加并指导西城区区委常委会班子 2016 年度民主生活会。

7日 全国人大常委会副委员长沈跃跃到西城区广安门外街道调研垃圾分类工作。

14日 区纪委召开十二届二次全会。

15日 西城区召开 2017 年组织、宣传、统战工作会。

☆ 西城区召开十二届区委第一轮巡察工作动员部署会，对全区第一轮巡察有关工作进行具体安排部署。

16日 国家食品药品监督管理总局到西城区指导并共同探讨创建食品安全示范区工作。

☆ 西城区召开 2017 年综合经济工作部署会。

26日 西城区召开全区领导干部会议，传达学习习近平总书记 2 月 23 日下午至 24 日视察北京重要讲话精神和市委常委扩大会会议精神。

27日 《西城区城管监督指挥中心空气重污染应急预案》正式实施。

3月

1至5日 区四套班子领导深入西城区 4 个优秀志愿服务项目，参与志愿服务活动。

2日 市领导郭金龙、蔡奇等到西城区就“学习贯彻习近平总书记视察北京重要讲话精神，加快疏解非首都功能”开展主题调研。

3日 西城区 2017 年精神文明和生态文明建设工作大会召开。

8日 西城区 2017 年老干部工作会议召开。

13日 区领导卢映川、王少峰带队调研疏解整治促提升工作。

15日 市委常委、市教工委书记林克庆到德胜社区卫生服务中心调研了解西城区医改工作情况。

22日 民政部部长黄树贤到西城区调研养老机构服务质量提升工作。

☆ 市委副书记、市长蔡奇到西城区调研北京中轴线

注：☆表示与上一条同日。

沿线历史文化名城保护工作。

23日 十二届区委第二次全面深化改革领导小组全体（扩大）会议召开。

☆ 市人大调研组到西城区开展非遗保护条例立项论证调研。

☆ 西城区“城宫计划”实现义务教育阶段的全覆盖。

24日 原创音乐剧《焦裕禄》首演在天桥艺术中心启幕。

☆ 市人大常委会主任李伟到新街口街道调研垃圾分类工作。

31日 西城区召开健康西城促进大会暨医药分开综合改革动员部署会。

☆ 西城区与国家电力投资集团公司签订战略合作框架协议。

☆ 国家文物局副局长宋新潮到西城区调研文物保护工作。

4月

1日 区四套班子领导、区绿化委员会部分委员与武警官兵、社区干部、学生和居民代表，在莲花池东路“逸骏园”绿地参加首都第33个全民义务植树日活动。

5日 西城区召开背街小巷整治提升动员部署大会。

6至7日 西城区召开第十六届人民代表大会第二次会议。会议选举产生区监察委员会主任，听取审议区政府关于历史文化名城保护工作情况的报告，作出《关于加强历史文化名城保护提升城市发展品质的决议》。

8日 零时起，全区364家医疗机构平稳实现新医改信息系统的切换。

13日 区监察委员会成立大会召开。

14日 西城区召开区应急委第八次全体会议暨公共安全形势分析和安全生产工作大会。

16日 西城区1.6万余名天主教、基督教信徒分别到宣武门教堂、西直门教堂、缸瓦市教堂参加复活节宗教活动。

17日 西城区完成所有1442名街长、巷长任命工作。

18日 “感动西城”2016年度人物颁奖典礼在天桥艺术中心举行。3名年度人物特别荣誉奖、10名年度人物奖和17名年度人物提名奖集体亮相。

18至20日 瑞士蒙特勒市市长洛朗·威利率山笛演奏团访问西城区，就进一步深化旅游、青少年教育等领域友好合作展开交流。

20日 第16届什刹海文化旅游节开幕。

☆ 西城区特色阅读空间“紫芳书苑”举行揭牌仪式。

20至23日 首届琉璃厂“文房四宝艺术节”在荣宝斋大厦举办。

21日 西城区发布《西城区老字号餐饮振兴发展计划》。

☆ 区红十字会第二次会员代表大会开幕。

24日 区领导王少峰、孙硕首期做客西城区“政民互动直播间”。

25日 市委副书记、市长蔡奇到西城区调研北京餐饮老字号传承发展情况。

26日 区领导卢映川、王少峰、吴向阳带队，集中走访河道沿岸、老旧小区及在施工地，实地调研西城区环保工作。

27日 西城区举行2017年庆祝“五一”国际劳动节暨先进个人、先进集体表彰大会。

28日 区四套班子领导带领全区各职能部门及15个街道主要负责人赴东城区学习交流工作经验。

5月

3日 西城区召开民族宗教工作会议。

4日 2017“西城青年之星”颁奖典礼举行。

5日 西城区与北京市监狱管理局清河分局签订《战略合作框架协议》。

9日 最高法院副院长张述元到西城区调研沈家本故居文物腾退和修缮利用工作。

10日 市委副书记、市长蔡奇到大栅栏地区调研。

12日 中共西城区委十二届三次全会召开。

☆ 西城区召开推进“两学一做”学习教育常态化制度化工作会议。

13日 市委副书记、市长蔡奇到西城区调研背街小巷整治提升工作。

15至16日 国务院办公厅第一督查组进驻西城区，进行“放管服”改革专项督查。

17日 西城区与北京服装学院签订战略合作框架协议。

18日 中国共产党北京市西城区代表会议召开。经过无记名投票，差额选举产生西城区25名出席北京市第十二次党代会的代表。

22日 西城区召开城管执法局成立20周年“老城管回家”座谈会。

23日 由西城区科学技术协会、中国消防博物馆主办的2017年西城区科普活动周暨首届全国科技工作者日活动在中国消防博物馆启动。

26日 中央统战部副部长、国家民委主任巴特尔到西城区调研民族工作。

27日 西城区与最高人民法院签订合作协议，就文物修缮利用和法治文化建设等工作进行座谈。

31日 “童心庆六一·爱在大栅栏”欢庆儿童节活动暨中国SOS儿童村爱心联盟启动仪式举行，全国首家SOS儿童村爱心合作示范点落户大栅栏。

6月

1日 西城区与北京首都开发控股（集团）有限公司签订战略合作框架协议。

3日 市委书记蔡奇、市委副书记、代市长陈吉宁带队到西城区调研生活性服务业品质提升工作。

9日　西城区与首钢集团签订战略合作框架协议。

15日　西城区正式发布鼓楼西大街整理与复兴计划。

16日　西城区召开2017年全国文明城区创建与迎检工作推进大会。

☆　“2017北京国际茶业展、2017北京马连道国际茶文化展、2017遵义茶文化节”在北京展览馆和马连道中国茶叶第一街开幕。

26日　西城区穆斯林群众分别在牛街礼拜寺等6座清真寺举行节日会礼等宗教活动。

28日　西城区非物质文化遗产12330工作站成立仪式在区非物质文化遗产保护中心举行。

7月

1日　西城区开展在职党员“双提升”社区统一行动日活动。

3日　市委副书记、代市长陈吉宁到西城区暗访背景小巷环境提升整治工作。

10日　2017年什刹海文化旅游高峰论坛举办。

☆　“一窗式”综合受理政务服务模式正式开启试运营，实行“前台综合受理、后台分类审批、统一窗口出件”的办事新模式。

11日　区青年联合会第二届委员会第一次全体会议召开，选举产生区青联新一届主席、副主席、常务委员会委员。

15日　市委书记蔡奇到西城区调研架空线入地工作。

☆　市委常委、副市长、中关村管委会党组书记阴和俊到西城区调研科技创新工作，重点考察中关村西城园产业发展情况。

16日　市委书记蔡奇到什刹海酒吧街开展主题调研。

19日　2017北京西单时尚节开幕。

☆　市委副书记、代市长陈吉宁到西城区调研北京市提升生活性服务业品质工作进展情况并召开交流推进会。

20日　由中国—东盟中心、市友协、西城区政府主办的2017中国—东盟日活动举办，东盟十国在京驻华大使等150余人出席活动。

27日　区四套班子领导带领全区各职能部门及15个街道主要负责人赴海淀区学习交流工作经验。

8月

2至5日　区委书记卢映川率西城区对口帮扶调研组，到青海省玉树藏族自治州囊谦县开展精准扶贫实地调研。

3日　西城区在全市率先建立向公众报告工作制度，区政府首次向公众报告工作。

10至12日　区长王少峰率队赴内蒙古喀喇沁旗开展精准扶贫工作。

18日　西城区与甘肃省嘉峪关市签订合作协议，缔结友好区市。

25日　全国首个“残疾预防日”活动在西城区德胜社区卫生服务中心举行。

31日　北京金融街投资（集团）有限公司所属北京华融基础设施投资有限责任公司与首钢集团有限公司所属北京首钢房地产开发有限公司签订项目合作协议。

☆　万通新世界商品批发市场闭市停业。

9月

2日　市委书记蔡奇，市委副书记、代市长陈吉宁到西城区调研核心区规划建设管理推进工作。

8日　2017年西城区教师节大会在北京四中召开。

9日　西城区召开城管体制改革及城管执法组织重心下移大会，宣布区城市管理委员会正式挂牌成立（全市首个成立的区级城市管理委员会），区城管执法局下辖的20个分队全部转隶至街道。

14至15日　2017年第六届金融街论坛在北京金融街威斯汀大酒店举办。

15日　北京规模最大的小商品批发兼零售市场——天意商城闭市。

17至24日　2017北京社会科学普及周暨西城区第六届社科普及周活动在大观园举办。

18至22日　国务院安委会第二十八督查组第一小组对西城区的生产经营单位和安全员办公场所进行督查检查。

19日　西城区第三次捧得全国平安城市最高奖项“长安杯”，西长安街街道获“全国综治先进集体”称号。

☆　2017年区政府统计开放日活动在大栅栏劝业场举行。

☆　市委书记蔡奇到西城区实地调研老旧小区综合整治试点项目。

20日　“2017天桥民俗文化节”在天桥斜街南口广场开幕。

23日　西城区与房山区签署全面战略合作协议。

24日　市委书记蔡奇，市委副书记、代市长陈吉宁率十六区和相关部门主要负责人到西城区聚焦背街小巷环境整治提升组织第二次现场推进会。市政协主席吉林、市委副书记景俊海参加。

26日　西城法院金融街人民法庭在广成街4号举行揭牌仪式。

26至28日　西城区友好交流城市斯洛伐克皮什佳尼市市长米洛斯·塔马卡率代表团一行访问西城区。

27日　广阳谷城市森林建成并开放，成为北京核心区内建设最早、面积最大的城市森林。

28日至11月底　“2017北京大栅栏琉璃厂精品交易文化季”举办。

30日　西城区在陶然亭公园高君宇墓前举行烈士公祭仪式。

☆　西城区召开统一战线工作领导小组（扩大）会。

10月

6日 “动批”内单体面积最大、商户最多的市场——世纪天乐市场正式闭市。

10日 西城区教委在三里河第三小学举办西城区小学精品学校联盟成立仪式。

12日 西城区落实《北京城市总体规划（2016年—2035年）》要求，开展疏解整治促提升专项拉练调研。

14日 西城区召开动员部署大会，传达学习党中央、国务院对《北京城市总体规划（2016年—2035年）》的批复精神。

16日 区委区政府理论学习中心组到北京展览馆参观“砥砺奋进的五年”大型成就展，区四套班子领导及区委区政府理论学习中组成员参加。

18日 中国共产党第十九次全国代表大会在京举行。西城区干部群众通过多种渠道收听收看十九大开幕会，聆听习近平总书记的报告。

19至21日 西城区参加第22届澳门国际贸易投资展览会。

26日 市委书记蔡奇到西城区宣讲党的十九大精神并与基层党员干部座谈。

27日 西城区学习宣传贯彻党的十九大精神宣讲活动全面展开，由三级党代表（十九大代表、市党代表、区党代表）、区领导、处级领导、专家学者等组成的宣讲团，开展“三级党代表走基层”、领导干部“九进”宣讲等系列活动。

31日至11月29日 北京市第一环境保护督察组进驻西城区开展环境保护督察工作。

11月

9日 市委全面深化改革督察组在北京市肛肠医院召开医药分开综合改革专项督查工作现场会，推进“三纵两横一平台”医联体建设。

11日 中共西城区委十二届五次全会召开。

10至30日 中共北京市委、北京市人民政府安全生产第十一督察组进驻西城区督察安全生产工作。

15日 西城区成为全市首个节水型区。

16至18日 西城区第十六届人民代表大会第三次会议召开。

18日 十二届区委全面深化改革领导小组第四次全体会议召开。

19日 西城区迅速落实“全市安全隐患大排查大清理大整治专项行动部署电视电话会”精神，自11月19日起，在全区开展为期41天的安全隐患大排查、大清理、大整治行动。

20日 “e时代·i西城”——2017北京西城电子商务促进会暨系列活动正式启动。

21日 北京市学习贯彻党的十九大精神宣讲团到西城区开展宣讲活动，全区400余名干部、群众参加。

25日 “2017年北京市西城区中小学生武术比赛”在广安体育馆举行。

27日 西城区京港合作交流会在香港柏尔铂尔曼酒店举办。

30日 位于“动批”商圈的最后一家市场——东鼎市场闭市，标志着由12家服装批发市场组成的“动批”正式告别历史舞台。

12月

1日 十二届区委全面深化改革领导小组第五次全体会议召开。

2日 “2017海峡两岸武术交流会”在广安体育馆举办。

5至8日 第七届书香中国·北京阅读季阅读盛典在天桥艺术中心举行。

8日 西城区总工会暖心驿站挂牌仪式在德胜街道工会服务站举行。

9日 市委书记蔡奇，市委副书记、代市长陈吉宁到西城区调研中轴线沿线重点地区综合整治保护工作。

10日 以“红领巾讲红故事，好少年学好传统”为主题的学习宣传贯彻党的十九大精神西城党史文艺巡演活动正式启动。

14日 西城区委区政府召开法律顾问团成立大会。在原有的区政府法律顾问团基础上，正式建立区委区政府法律顾问制度。

18至19日 西城区举办“情系西城，筑梦红墙”——西城区宣传党的十九大精神主题晚会。

18至19日 西城区政府代表团赴河北省张家口市张北县及保定市阜平县开展对口帮扶工作。

28日 西城区召开街道规划顾问集体见面会，为来自全区统战系统的56位具有城市规划、建筑设计等专业背景的统战人士颁发聘书。

☆ 西城区人民政府教育督导委员会成立。

30日 西城区召开中共西城区委十二届六次全会。

党　派

中国共产党北京市西城区委员会

概　述

年内，在市委的领导下，中国共产党北京市西城区委员会认真学习宣传贯彻党的十九大精神，以习近平新时代中国特色社会主义思想为指导，深入贯彻习近平总书记对北京重要讲话精神，牢固树立“四个意识”，大力践行“红墙意识”，认真落实首都城市战略定位，牢牢把握区域发展的重心和主线，大力推进疏功能、转方式、治环境、惠民生、提品质、增宜居等各项工作，深入落实全面从严治党要求，圆满完成年度目标任务，全区各项工作取得新的成效和成果。

疏解整治促提升取得重大阶段性成果。有力有序推进疏解工作，实现“动批”全部12家市场疏解的圆满收官，顺利完成天意市场、万通市场闭市工作，完成官园批发市场疏解协议签订。严格落实市、区两级新增产业禁限目录，深入推动业态调整和优化升级。制定《西城区疏解腾退空间资源再利用指导意见》，坚持将腾退空间优先用于留白增绿、环境改善和生活宜居。人口规模调控取得新的成效，实现常住人口连续负增长。主动融入京津冀协同发展，对接、支持北京城市副中心和雄安新区建设，与天津、河北两地签订战略合作协议，支持保定阜平、张家口张北、赤峰喀喇沁旗、玉树囊谦的精准脱贫。

城市精细化治理实现良好开局。制定实施整治提升三年行动计划，建立街巷长制，健全街巷自治共建理事会，引导驻区单位和居民群众落实临街公约、居规民约和“门前三包”责任，胡同停车、架空线凌乱、“开墙打洞”等痼疾顽症治理取得重要成效，全年拆除违法建设26万平方米，加强违规广告牌匾整治、公共空间和地下空间治理及直管公房管理，119条背街小巷基本实现“十有十无”目标。全力推进46条市政道路建设，新增居住区停车位1642个，规范共享单车管理，鼓励绿色出行。制定《街区整理实施方案》和《街区整理城市设计导则》，有序推进街区修补和有机更新。深入实施城市管理体制改革，成立区城市管理委员会，建立区街两级综合执法平台，实施街道“大部制”改革试点，初步形成重心下移、力量下沉综合执法监管的城市管理格局。加快推进全国环境分类分级标准化试点成果转化，健全“全响应”服务机制。制定垃圾分类处理实施意见，垃圾分类精品小区建设取得初步成效。加强“智慧西城”建设，金融街等重点区域实现人流预警、人脸识别、高清摄像等智能化管理全覆盖，西长安街大数据中心被列入国务院“放管服”领导小组全国调研典型案例。

区域环境品质得到新提升。认真落实中央和市委市政府环保督察组的督察意见，及时抓好整改。深入实施大气污染防治行动计划，大气质量持续改善，细微颗粒物年均浓度为60.06微克/立方米。全面推进河长制，实行“一河一策”，城市河湖水环境、水生态治理水平持续提升。持续推动“海绵城市”建设。成功创建全市首批节水型区。持续大尺度增绿扩绿，建成广阳谷、新街口北大街等4处城市森林，利用腾退空地、畸零地块修建京韵园、逸骏园、龙头井等27处绿色公共休闲空间和66处小微绿地，全年新增、改造绿地近20公顷，被评为首都环境建设示范区。

文化魅力不断彰显。健全常态化思想理论教育引导机制，加强中国特色社会主义和中国梦宣传教育，社会主义核心价值观以更加生动的形式走进寻常百姓家。以全国文明城区复审迎检为契机，着力加强长效机制建设，实现全国文明城区五连冠。坚决落实“老城不能再拆了”的要求，大力推动老城保护与复兴，成立城市品质提升艺术审查委员会，全力推动鼓楼西大街整理与复兴试点等重大项目实施，北京坊、“地百”降层改造等一批精品项目实现亮相。推出区级公共数字文化服务暨西城区文化云项目，“书香西城”入围“国家公共文化服务示范项目”。围绕宣传贯彻党的十九大广泛开展展览展示、文艺创作等各类活动300余项，为群众文化生活提供丰富多彩的精神食粮。

经济发展活力增强。深入推进供给侧结构性改革，不断优化“高精尖”

经济结构，全年共引进亚洲金融合作协会、中哈产能合作基金等各类金融机构83家。充分发挥中关村西城园创新引领作用，积极推动设计之都核心区、广安军民融合产业基地建设，加快培育大数据、人工智能、新能源等科技新经济。制定文化创意产业发展三年行动计划，实现联合国首个“国际创意与可持续发展中心”落地。积极稳妥推进区属国有企业改革和转型发展，完成区级国有资本运营平台和天桥盛世集团等企业重组改制。全面落实“放管服”改革要求，建立区、街道、社区三级联动政务服务体系，探索实行精准定制服务和“一号咨询、一窗受理、一网通办”服务模式。

民生服务继续加强，社会治理机制不断完善。深入推进教育综合改革和学区制管理，扩大集团办学规模，新增学前教育学位2430个。启动“健康西城”品质提升行动计划，推进区属医院转型升级，深化家庭医生签约服务，着力为群众提供全生命周期的卫生与健康服务。开展全民健身运动，成功举办首届西城区中小学武术比赛，“全国武术之乡”创建工作通过审核验收。加快全国居家和社区养老服务改革试点区建设，制定加强老年精神关怀服务工作的指导意见，重点推进4家区级养老机构建设和养老助餐品牌化。出台西城区新一轮促进就业创业政策，连续三年被认定为“北京市充分就业区”。不断完善社会保障、社会福利、社会救助服务体系，加大精准救助力度，更多群众感受到党的关怀与温暖。推进百万庄北里、白纸坊等棚户区改造项目，实施灵境小区、安德馨居、白云路7号院3个老旧小区综合整治、加装电梯试点。落实生活性服务业三年行动计划，持续优化网点布局，新建7家百姓生活服务中心，新建和规范提升各类便民商业网点70个。以全国社区治理和服务创新试验区建设为依托，推进多网融合、一体化运行，在全市率先完成与市网格化E通车运行数据对接。全面推广“参与型”社区分层协商，推行民生工作民意立项机制。完善社会组织工作体系，实施社区工作者工资待遇动态调整和长效增长机制。鼓励社会单位资源开放共享，加快构建社会公共责任体系和诚信体系，社会治理能力和水平进一步提升。

民主法治建设扎实推进。在充分发挥人大作用方面进行新探索，围绕加强历史文化名城保护、扎实推进街区整理作出两项决议。支持区政府依法高效履行职能。建立完善符合区域实际的协商民主实施机制，围绕推进街区整理、落实总体规划等方面扎实开展协商民主新实践。巩固发展爱国统一战线，广泛汇聚各民主党派、工商联、无党派人士等各界智慧力量。支持民主党派在疏解整治促提升、背街小巷环境整治等工作中开展民主监督和智力支持；以中介组织、社会组织、金融科技产业等领域为重点，系统推进新的社会阶层人士统战工作取得新突破；引导统一战线各界人士充分发挥独特优势，围绕总规实施、精准扶贫等做出新贡献。扎实做好民族、宗教、外事、侨务、对台等各项工作。领导工会、共青团、妇联等群团组织改革创新、认真履职、做好服务。双拥共建水平不断提升，军民团结融合更加深入。坚持把法治作为科学治理基本方式，研究制定法治建设评估指标体系，深入推进法治西城建设。深化司法体制改革，全面提升司法效能。坚持规范权力运行，深入推进依法行政。广泛开展“七五”普法工作，全民法治意识不断增强。

多方加强安全稳定维护能力建设。坚持牢固树立总体国家安全观，完善社会矛盾排查预警机制，加强重大决策社会稳定风险评估，全面建立领导包案制度，从源头上预防和减少矛盾。深入推进“平安西城”建设，加强重点区域安全管控，织严织密立体化社会治安防控网络，构建全民反恐防恐工作格局，“西城大妈”群防群治模式得到社会广泛好评。严格落实安全生产主体责任，强化安全生产红线意识，全面开展安全隐患大排查大清理大整治专项行动，持续提高城市防灾减灾和应急处置能力，7个社区成功创建全国综合减灾示范社区。加强食品药品安全监管，创建北京市首批食品安全示范区。

全面从严治党纵深推进。制定实施《关于深入推进全面从严治党的实施意见》《关于落实全面从严治党主体责任的实施意见（试行）》，完善区委党建工作领导体制，构建全方位责任体系。制定实施《西城区关于严格党的组织生活的意见》，完善重大决策部署传达机制，建立党内情况通报机制，进一步严肃党内政治生活。严格落实意识形态主体责任制，全年研究涉及意识形态的议题60余次，妥善处理突发重大复杂敏感问题。始终把思想建设作为党的基础性建设抓紧抓实抓好，区级理论中心组集中学习30余次，举办处级干部学习贯彻党的十八届六中全会精神轮训班6期和学习贯彻党的十九大精神专题研讨班5期。深入推进“两学一做”学习教育常态化制度化，建立西城区马克思主义经典著作学习交流基地，定期开展“品读经典”学习活动。坚持正确选人用人导向，突出政治标准，制定实施处级领导班子和干部队伍建设五年规划，健全完善动态分析机制，选优配强处级领导班子。在全市首推公务员选培生政策，建立实行优秀干部定期调研和动态发现机制。坚持党管人才原则，创新吸引集聚高端人才的激励政策，制定加快“高精尖”产业人才发展意见，搭建高层次人才信息管理平台。以提升组织力为重点，不断增强全区各级党组织的政治领导力、思想引领力、群众组织力、社会号召力。进一步完善党建责任清单，建立完善党（工）委书记抓基层党建责任清单和配套管理机制。制定完善国有企业、机关、中小学、医院、“两新”组织等各领域加强党建工作的意见。积极推进基层党支部建设规范化试点工作。建立19个基层党建讲习所。拓展“服务先锋”工程，坚持把支部建在网格上、项目里、街巷中，增强群众对党组织的工作认同、干部认同、组织认同和思想认同。深入贯彻落实廉洁自律准则和纪律处分条例，广泛开展反腐倡廉教育，坚决筑牢拒腐防变的思想防线。把肃清消除吕锡文、刘跃平、苏东等人流毒影响引向深入，坚决摒弃“圈子文化”、不良政商关系，做到警钟长鸣、引以为戒。严格落实“两个责任”，深入开展党风廉政建设“1+6”

制度体系执行情况监督检查，发挥好巡察利剑作用。深入推进纪检监察体制改革工作，顺利完成转隶工作，按期组建区监察委员会并实现正常运转。在全市率先实现纪检派驻机构全覆盖，全面推进街道社区纪检专员改革。坚持以零容忍的态度保持惩治腐败、正风肃纪的高压态势，持续整治“四风”问题，实践监督执纪“四种形态”，大力营造风清气正的政治生态。

（陈　曦）

区委主要工作和重大活动

【中央领导调研工作】 1月3日，中共中央政治局委员、国务院副总理刘延东到月坛社区卫生服务中心调研，看望慰问基层医护人员、就诊患者，考察家庭医生签约服务、医疗联合体建设、康复治疗等情况，并与13家医院及社区卫生服务中心负责人座谈。国家卫生计生委主任李斌、北京市代市长蔡奇等参加调研，区领导卢映川、王少峰、郁治陪同。3月17日，民政部副部长高晓兵带队到北京牛街民族敬老院调研。参观敬老院建设情况，听取北京民族敬老院标准体系建立和评星过程汇报，表示将组织相关部委领导调研考察。3月22日，民政部部长黄树贤带队到牛街民族敬老院调研工作。了解养老机构通过建立服务质量标准化体系，促进养老机构服务质量提升等工作情况。公安部消防局副局长罗永强、国家卫生计生委副主任王培安、国家质检总局副局长陈钢等参加调研。市领导王宁，区领导卢映川、吴向阳、杜黎彬陪同。5月4日，国务院安全生产委员会第一巡查组对西城区安全生产工作落实情况进行巡查。到展览路街道专职安全员办公区，实地检查专职安全员队伍建设情况；召开专题座谈会，听取西城区安全生产工作情况汇报。区领导卢映川、王少峰、吴向阳、朱国栋参加会议。5月15至16日，国务院办公厅第一督查组进驻西城区进行“放管服”改革专项督查。召开对接会，听取西城区落实“放管服”改革政策措施总体情况汇报；与相关部门分组恳谈，了解西城在行政服务标准化、事中事后监管领域的工作情况和典型经验等；邀请国企、民企、上市企业、新三板企业、中小微企业、创业者等不同类型企业代表座谈，深入了解西城区“放管服”改革政策落实情况。区领导卢映川、王少峰、孙硕陪同督查。5月26日，中央统战部副部长、国家民委主任巴特尔调研西城区民族工作。到牛街礼拜寺察看礼拜堂、寺内文物、历史文化陈列等，了解前来牛街礼拜寺做礼拜的穆斯林群众的宗教生活情况；深入牛街民族敬老院、春风社区、牛街街道全响应网格化社会服务管理指挥中心等基层一线了解情况；看望新疆来京务工维吾尔族群众语言文化政策学习班的学员，慰问担任班主任和授课教师的北京市民族联谊会维吾尔族志愿者。国家民委办公厅巡视员、副主任普永生，国家民委政法司司长宋全，国家民委研究室主任石玉刚参加调研。市领导王宁，区领导卢映川、王少峰、王旭、李异等陪同。8月25日，国务委员、国务院残工委主任王勇，国务院副秘书长孟扬，国家卫计委副主任曾益新带队，到西城区德胜社区卫生服务中心调研残疾预防工作开展情况。中国残联主席张海迪，中国残联党组书记、理事长鲁勇，市领导王宁，区领导卢映川、王少峰、吴向阳、郁治陪同调研。9月8日，司法部副部长熊选国带队到德恒律师事务所调研党建工作。了解德恒律师事务所发展概况，以及覆盖所有分支机构的IMS系统和电视电话会议系统等信息化建设成果；召开座谈会，听取相关工作汇报，对德恒律师事务所的党建工作给予高度评价。市领导张延昆，区领导王旭陪同。9月18至22日，国家安全监管总局副局长徐绍川带领国务院安委会第二十八督查组第一小组，对西城区生产经营单位和安全员办公场所进行督查。到中国职工之家，实地查看酒店中控室、后厨、安全通道等重点区域，检查酒店内灭火器材、灶台燃气、安全标识等安全器械、设备的使用情况；到展览路街道养老照料中心和街道专职安全员办公室，检查西城区安全生产大检查等有关工作；召开座谈会，听取西城区落实大检查工作情况汇报。市领导王宁，区领导王少峰、朱国栋陪同。

（邓　悦）

【市领导调研工作】 2月3日，市委副书记、市长蔡奇带队到新街口街道调研垃圾分类工作。到大乘巷胡同实地查看垃圾分类开展情况，听取街道及社区工作汇报，并与社区居民进行座谈。市领导张建东，区领导王少峰、徐利陪同。2月7日，市委常委、政法委书记张延昆带队到金融街调研。先后察看全响应网格化社会服务管理指挥分中心建设情况；通过“三维”综合管理平台了解视频实时监控和信息检索情况，了解重点部位监控和安全防范情况；通过APP宣传片了解开展社会治理创新工作情况，听取街道对综治维稳系统、监控设施、金链子工程等重点项目汇报。2月27日，副市长王宁带队到西城区调研学校工作。分别到北京小学走读部、四十四中、三十五中初中部，走进教室检查各项教育设施设备，听取3所学校就开学初相关情况的汇报；召开座谈会，就学校的开学工作进行交流。区领导卢映川、吴向阳、司马红陪同。3月6日，市政协副主席赵文芝带队，就贯彻北京市第四次政协工作会议精神，推进政协协商民主建设情况，开展政协民主监督工作及加强市政协对区政协工作联系指导情况进行调研。区政协主席章冬梅汇报西城区相关工作情况。区政协副主席程军、姜兆春参加。3月15日，市委常委、市教工委书记林克庆到德胜社区卫生服务中心调研，了解医改工作情况。区领导卢映川、王少峰、马新明、吴向阳、郁治陪同。3月21日，副市长程红调研西城区疏解整治促提升工作。到月坛华方养老照料中心，了解居家辐射式养老模式；到展览路南营房百姓生活服务中心，了解建设运营、市场供应和安全措施落实情况；到阜成门外大街两侧，察看临街违建拆除情况，交流疏解整治过程中的经验和做法；到北京凌奇公司，察看停车楼建设和投资运行情况；召开座谈会，听取西城区“疏解整治促提升”专项行动有关情况汇报。区领导卢映川、王少峰、姜立光、吴向阳、田巨德、郁治、徐利陪同。3月23日，市人大常委会主任李伟带领市人大调研组，到西城区开展非遗保护条例立项论证调研。到区非物质文化遗产保护中心，查看抖空竹、天桥中幡、北京评书等多项非遗代表项目；召开座谈会，听取市文化局、西城区非遗项目保护单位和代表性传承人工作汇报及建议。市人大常委会副主任杨艺文、闫傲霜参加调研，区领导杜灵欣、陈宁、徐利陪同。3月23日，市政协副主席李长友带队调研西城区疏解整治促提升工作。实地查看广宁公园和和平门小区，了解边角地腾退使用和地下空间清理等具体工作情况；召开座谈会，听取西城区疏解整治促提升工作汇报。区领导卢映川、章冬梅、吴向阳、朱国栋、田巨德、程军陪同。3月24日，市人大常委会主任李伟到新街口街道小乘巷胡同调研垃圾分类工作，到大觉社区大乘巷教师楼实地走访，听取该楼多年来以自管会为基础，坚持垃圾分类工作的情况汇报。区长王少峰陪同。3月27日，市委副书记、市长蔡奇到西城区明查暗访，走进位于西单西侧的西斜街，了解商街背后的环境并与相关负责人商讨整治措施。明查暗访结束后，在市政府主持召开会议，听取东城区、西城区汇报，为背街小巷环境整治“把脉开方”。副市长张建东、市政府秘书长李伟参加。4月25日，市委副书记、市长蔡奇带队调研西城区老字号马凯餐厅。听取关于西城区老字号保护和振兴发展工作情况汇报，了解马凯餐厅迁回原址后的工作设想，就餐厅未来发展提出要求。市领导程红参加调研，区领导卢映川，王少峰陪同。5月2日，市委常委、教工委书记林克庆到西城区调研教育工作。听取西城区学前教育、小学教育、中学招生考试改革、加强学校干部贯通培养等工作情况汇报，并就相关工作提出要求。区领导司马红陪同。5月9日，市委副书记、市委党校校长（兼）景俊海带队到西城区调研疏解整治促提升、楼宇党建、社区建设等多项工作。到西长安街街道和平门社区，实地察看新壁街18号楼地下空间整治及利用情况；到广内街道报国寺院内，察看报国寺市场整治撤市及文物保护情况；到广宁公园，听取西城区拆违撤市建设公园绿地有关进展汇报；到长安兴融中心，了解金融街街道商务楼宇党群工作中心站经验做法；实地走访西长安街街道义达里社区，了解社区“睦邻之家”24小时“访、听、解”机制。区领导卢映川、王少峰、田巨德陪同。5月9日，市人大常委会副主任杨艺文率执法检查组到西城区检查《全民健身条例》和《北京市全民健康条例》执行落实情况，先后到新街口街道社区健身服务中心、新街口青少年足球训练场、北京第三十五中学等处实地查看，听取西城区关于宣传贯彻执行《北京市全民健身条例》的工作情况汇报。区领导杜灵欣、沙秀华、司马红陪同检查。5月10日，市委副书记、市长蔡奇带队到大栅栏街道调研。到H地块，参观前门居的规划设计；到琉璃厂东街，了解老城区居民停车难问题；参观“百花园”胡同微公园、樱桃斜街干线入地和樱桃胡同菜市场，对菜站经营情况进行实地调研；到杨梅竹斜街，参观模范书局，对街巷天际线内的牌匾标识、绿化等城市设计提出要求。市领导隋振江，区领导卢映川、王少峰陪同。5月13日，市委副书记、市长蔡奇带队到西城区背街小巷“回头看”。先后到西斜街、佟麟阁路，听取百姓对背街小巷治理的意见建议，慰问百岁老人和治安志愿者，实地查看新建的立体停车楼，听取西城区开展背街小巷整治提升工作的情况汇报。市领导隋振江，区领导卢映川、王少峰陪同。6月3日，市委书记蔡奇、代市长陈吉宁带队到榆树馆百姓生活服务中心调研疏解整治促提升工作。查看着蔬菜品种，了解菜店服务半径、菜品供货来源等问题，对榆树馆百姓生活服务中心提供多元化服务模式表示肯定。市领导张工、程红陪同。6月25日，市委书记蔡奇到西城区调研学习宣传落实市第十二次党代会精神有关工作。到西长安街街道北长街82号，查看街道出资承租改造便民菜店情况；到德胜街道聚力德胜党建促进中心，了解推进基层党支部规范化建设等工作；召开座谈会，听取西城区学习宣传落实市第十二次党代会精神有关工作汇报。区四套班子领导参加座谈。7月8日，市委书记蔡奇带队召开疏解整治促提升专项行动现场推进会，市四套班子领导，十六区和相关部门主要负责人参加，先后到东城、西城、海淀、昌平、朝阳五区的疏解整治现场进行拉练式检查、观摩交流和现场座谈；到西城区察看地安门西大街、西什库大街、大红罗厂街、西黄城根北街连片整治“开墙打洞”、还被挤占公共空间于市民的情况，要求加快重塑街区生态。市领导张硕辅、杜飞进、崔述强、隋振江、卢彦参加。7月15日，市委常委、副市长、中关村管委会党组书记阴和俊带队调研西城区科技创新工作。了解中关村西城园产业发展情况，先后到北京DRC工业设计创意产业基地、北京普天德胜科技孵化器有限公司、中国北京出版创意产业园区实地查看；组织召开座谈会，听取西城区科技创新及相关产业发展情况汇报，对西城区下一步科技创新工作提出指导意见。区领导卢映川、王少峰、吴向阳、司马红陪同。7月19日，市委副书记、代市长陈吉宁带队调研西城区百姓生活服务中心。实地查看广外小马厂百姓生活服务中心、金融街百姓生活服务中心两个网点，听取西城区生活服务业建设情况汇报。副市长程红，城六区区长参加调研，区领导卢映川、王少峰陪同。7月21日，副市长王宁带队来西城区调研拆违促提升及文物腾退保护工作。实地查看沈家本故居及杨椒山祠，就沈家本故居修复情况与区街领导及施工单位进行交流；围绕《习近平总书记听取北京城市总体规划工作汇报时重要指示精神任务清单的分工方案》，听取西城区拆违促提升、文物腾退保护工作情况汇报。区领导卢映川、王少峰、孙硕、姜立光、吴向阳、徐利等陪同。7月28日，市委常委、统战部部长齐静带队调研牛街地区民族事务工作。参观牛街礼拜寺礼拜大殿、望月楼、历史文化陈列室，了解礼拜寺历史沿革、牛街地区伊斯兰教传承历史及少数民族群众生活情况；到牛街民族敬老院，了解敬老院工作情况，与老人亲切交谈；到春风社区“民生一条街”，听取社区民族团结创建工作情况介绍。区领导卢映川、王少峰、李异陪同。8月9日，市委常委、宣传部长杜飞进带队到西城区中国北京出版创意产业园调研。先后到天闻数媒科技（北京）有限公司、北京磨铁图书有限公司、北京维旺明科技有限公司、北京联合出版有限责任公司等园区企业，深入了解企业运营模式、发展方向、宣传渠道、资本运作等实际情况；召开文化创意产业现场会，听取相关企业工作汇报。区委常委、宣传部长陈宁陪同。8月15日，副市长隋振江带队调研什刹海地区重点项目。到什刹海乐春坊胡同1号试点示范院落，了解有效利用地下空间、完善配套基础设施工作情况；到鼓西大街整理与复兴计划体验中心，听取鼓西大街空间品质提升的设计思路及理念汇报，观看鼓楼西大街规划宣传片。区领导卢映川、王少峰、姜立光、徐利陪同。8月23日，市公安局局长王小洪到新街口街道实地检查工作。到新街口街道西里一区社区综治中心、警务工作站进行实地检查，现场向管片民警了解社区警务工作站运行情况，听取街道关于社区综治中心运行情况汇报。8月28日，市委常委、市委政法委书记张延昆带队到西城区调研党的十九大安保工作情况。到西长安街街道综治中心，观看“数字红墙”大数据平台演示，了解综治中心运行情况和推进基层平安建设工作情况；到西城公安分局机动处置支队，现场观看相关实战科目演练，检查一分钟处置岗的日常值守、应急处置工作情况；召开座谈会，听取西城区维稳安保工作等开展情况。区领导王旭、刘国周陪同。8月31日，市长陈吉宁带队到新街口街道调研垃圾分类工作。到大乘巷胡同实地查看垃圾分类开展情况，听取街道及社区对此项工作的汇报，并与部分社区居民进行沟通交流。市领导隋振江，区领导姜立光陪同。8月31日，市委常委、教工委书记林克庆带队调研西城区教育工作。分别到北京市第四中学、北京师范大学附属实验中学和北京市正泽学校，了解学校基本情况、高考综合改革和推进优质高中招生考试改革等工作。区领导司马红陪同。9月6日，市委常委、组织部长、凉水河市级河长魏小东到西城区调研河长制工作。到凉水河西城段进行巡查、现场办公，调研“河长制”具体落实情况，听取现场工作汇报。区领导孙仕柱、朱国栋陪同。9月9日，市委书记蔡奇带队调研北京坊和杨梅竹斜街保护修缮项目。充分肯定杨梅竹斜街的保护修缮和文化发展模式，在模范书局与西城区领导就如何促进文化创意产业发展进行座谈；实地查看北京坊建筑集群、空中胡同漫步体系、被保留的胡同肌理以及已经完成保护修缮的重点文物保护单位——劝业场和金店，参观“大栅栏与北京坊城市复兴展览”和西城区“打造宜居城区街区、胡同设计竞赛展览”。市领导王宁，区领导卢映川、王少峰陪同。9月18日，市委副书记景俊海带队调研西城区基层党建等相关工作。到广内街道核桃园党群服务中心，察看街道讲习所、名书记工作室、公交博物馆，了解区域化党建和资源共享利用情况；到西长安街街道西华书房听取“准物业”工作开展情况，参观南北长街大数据中心，了解街道利用“互联网+”思维及大数据技术提升社会治理能力等相关情况；召开座谈会，听取相关工作汇报并进行交流。9月18日，市委副书记景俊海带队到西城区调研基层党建工作。到广内街道为老服务中心和党群活动服务中心，听取街道关于区域化党建格局的有关介绍，查看区域化党建组织分布图；到西长安街街道西华书房，听取街道关于区域化党建模式下的“准物业”工作开展情况；到南北长街大数据中心，观看街道数据全响应3.0版宣传短片，听取街道利用大数据技术开展为民服务相关工作的情况。召开座谈会，听取区、街以及社区对党建工作的意见建议，就加强改进城市基层党建工作、以党建引领城市基层治理进行面对面交流。区领导王飞、孙仕柱、吴向阳等陪同调研。9月19日，市委书记蔡奇到西城区实地调研老旧小区综合整治试点项目，检验整治成果，总结交流经验，深入推进工作。到安德馨园小区查看加装电梯工程进展情况，了解老旧小区垃圾分类、居民停车、自行车管理、服务配套等内容。召开座谈会，听取七个试点区和市有关部门汇报工作情况。市领导崔述强、隋振江，区领导卢映川、王少峰、吴向阳陪同调研。9月23日，市委常委、宣传部长、市推进全国文化中心建设领导小组副组长兼办公室主任杜飞进调研西城区“新华1949”文化创意设计园，先后走访园区内的北京文化创意产业展示中心、开心麻花剧场、北京市文化创新工场，了解西城区利用老旧厂房拓展文化空间的情况，深入园区第一线与文创企业负责人进行交流。区领导卢映川、王少峰、王飞、李异陪同调研。9月24日，市委书记蔡奇，市委副书记、代市长陈吉宁率十六区和相关部门主要负责人到西城区，聚焦背街小巷环境整治提升，坚持典型引路、问题导向，组织第二次现场推进会。实地查看莲花河绿道做足水文章、为市民提供蓝绿交织的公共休憩空间；前门西河沿街利用腾退空间配建菜场等便民设施，实行机动车单行禁停，恢复胡同宁静；大栅栏北京坊项目建设在保持胡同肌理的同时，体现建筑布局多样性等情况。市领导吉林、景俊海、张工、杜飞进、崔述强、牛有成、张建东、隋振江、卢彦参加，区领导卢映川、王少峰、姜立光、吴向阳陪同调研。9月28日，市委书记蔡奇、市长陈吉宁带队检查西城区重点商业企业“十一”前市场供应保障和安全生产。实地检查西城区重点商业企业顺天府超市西什库店，听取企业“十一”期间销售、做好安全生产等方面工作汇报，查看节日商品供应和食品安全情况，检查消防设备设施。区领导卢映川、王少峰陪同。10月12日，市委常委、市委政法委书记张延昆带队到西城区调研基层行政综合执法工作。到什刹海景区行政综合执法中心，查看景区及周边力量部署、重点部位管控情况，了解执法人员构成、运转机制及周边景区秩序管理等情况；到大栅栏街道联合执法小分队，了解通过综合执法、视频巡控，加强重点部位秩序整治，进行人流量和大人流预警等情况。区领导王少峰、王旭、姜立光陪同。10月13日，市委常委、副市长张工到西城区调研党的十九大维稳安保工作。到北京展览馆，实地察看十九大期间党代表参观“砥砺奋进的五年”大型成就展维稳安保工作情况，听取关于维稳安保工作情况汇报；到西长安街街道全响应指挥中心，观看街道“数字红墙”大数据平台演示，听取西城区党的十九大维稳安保工作任务、警力部署及勤务保障工作汇报。区领导卢映川、王少峰、王旭、刘国周陪同。10月19日，副市长卢彦到西城区什刹海街道社保所调研社保所建设和业务开展情况。听取西城区关于基层社保所建设以及出台新一轮就业政策有关情况的汇报，观看社保所建设宣传展板，查看社保所业务自助终端机，了解群众自助办理业务的有关流程，在社保所大厅与办事群众、窗口工作人员进行交流。区领导王少峰、王飞、郁治陪同。10月26日，市委书记蔡奇到西城区带头宣讲党的十九大精神并与基层党员干部座谈。先后到西长安街街道义达里社区和街道党工委，与基层党员干部交流。市领导魏小东、崔述强参加。区四套班子领导陪同。11月2日，副市长王宁到大栅栏街道调研学习贯彻十九大精神，并与基层党员干部交流座谈。到安成宾馆，实地察看屋顶绿化美化情况；到百顺社区国粹苑，参观建设情况并与演员进行交流；到大栅栏街道养老助残服务中心，参观老年用品体验室、多功能服务室、呼叫中心、志愿者服务站等区域；召开座谈会，听取街道学习十九大精神安排工作汇报。区长王少峰陪同调研。11月2日，市委常委、市纪委书记、市监委主任张硕辅到西城区宣讲党的十九大精神，并就市委巡视整改落实及纪律检查体制改革、监察体制改革试点工作开展调研。到金融街街道二龙路社区，了解基层学习贯彻党的十九大精神情况；到区委区政府，与金融街街道工委书记、纪委书记、二龙路社区党委书记、京畿道社区党委书记等进行座谈，听取相关工作汇报，重点了解区纪委合署独立办公、派驻全覆盖、巡察工作、街道监察组设置等情况。12月3日，市委书记蔡奇到西城区调研生活性服务业建设工作。实地参观百万庄中里百姓生活服务中心，对丰大农业采取的基地直营直供运作模式给予肯定，希望继续推广直营直供模式，多开设为居民提供优质服务的门店。市领导陈吉宁等参加。12月9日，市委书记蔡奇到西城区、东城区调研中轴线沿线重点地区综合整治保护工作，市委副书记、代市长陈吉宁一同调研。先后实地察看先农坛北京古代建筑博物馆、西四北历史文化保护区及阜内大街古都风貌协调区、景山东街街区改造情况和京师大学堂建筑遗存。强调，要认真落实中央对北京城市总体规划批复精神，本着对历史、国家、人民负责的态度，持之以恒、久久为功，把中轴线申遗保护作为文化中心建设重大工程抓实抓好。市领导崔述强、隋振江、王宁参加，区领导卢映川、王少峰、吴向阳陪同。12月11日，市委副书记景俊海带队到牛街街道基层党建讲习所调研。到牛街西里二区社区的牛街街道基层党建讲习所，听取讲习所设立以来党员教育培训、体验式服务活动组织等情况汇报，了解讲习所制度建设及日常运行情况，观看社区开展“两学一做”专题教育活动展板。区领导王飞、孙仕柱陪同。12月20日，市委常委、组织部部长魏小东带队到什刹海景区综合行政执法中心调研。听取综合行政执法中心关于实体化平台搭建、体制机制建立、综合执法等情况汇报，到什刹海公共服务大厅对为民服务情况进行观摩。

（邓　悦）

【区委常委会（扩大）会议】 3月7日，区委常委会召开扩大会议，区委书记卢映川主持会议并讲话。区委副书记、区长王少峰传达学习习近平在北京城市规划建设和冬奥会筹办工作座谈会上的讲话；区委副书记马新明传达中央第十一巡视组关于对北京市开展巡视“回头看”的反馈意见。区四套班子领导（含不驻会领导）、区法院院长、区检察院检察长、西城公安分局局长、区长助理参加会议。4月7日，区委常委会召开扩大会议，王少峰传达中央设立雄安新区有关文件；区委书记卢映川主持会议，传达市委书记郭金龙、市长蔡奇批示精神并讲话。区四套班子领导（含不驻会领导）、区长助理、区法院院长、区检察院检察长、不再担任区级领导职务的市管干部参加会议。6月26日，区委常委会召开扩大会议，卢映川主持并传达蔡奇到西城区调研的讲话精神，区委常委会委员做简短表态发言。区四套班子领导（含不驻会领导）、区法院院长、区检察院检察长、西城公安分局局长、区长助理参加会议。8月30日，区委常委会召开扩大会议，区委书记卢映川主持会议、传达北京市区委书记会议精神并讲话。区四套班子领导（不含不驻会领导）、区法院院长、区检察院检察长、区长助理、各街道工委书记、相关委办局负责人参加会议。10月24日，区委常委会召开扩大会议暨区委区政府理论学习中心组学习党的十九大精神交流研讨会议，传达学习贯彻党的十九大会议精神。区委书记卢映川主持会议、介绍参加党的十九大情况并作总结讲话，区委常委、区人大常委会主任、区政协主席围绕学习宣传贯彻党的十九大精神发言。区四套班子领导（不含不驻会领导）、区法院院长、区检察院检察长、区长助理参加会议。11月7日，区委常委会召开扩大会议，区委副书记、区长王少峰传达市委十二届三次全会精神；区委书记卢映川主持会议并讲话。区四套班子领导（不含不驻会领导）、区法院院长、区检察院检察长、区长助理参加会议。12月11日，区委常委会召开扩大会议，传达习近平总书记重要批示精神。区委书记卢映川主持会议、传达《中共中央办公厅印发习近平总书记关于进一步纠正“四风”、加强作风建设重要批示的通知》，区四套班子领导（不含不驻会领导）、区法院院长、区检察院检察长、区长助理参加会议。12月24日，区委常委会召开扩大会议，区委副书记、区长王少峰传达市委十二届四次全会主要精神，区委书记卢映川主持并讲话。区四套班子领导（不含不驻会领导）、区法院院长、区检察院检察长、区长助理参加会议。

（陆　羽）

【西城区领导干部会议】 1月24日，西城区召开领导干部会议，区委常委、区纪委书记王鹏通报市纪委处理决定和市纪委十一届六次全会精神。区委书记卢映川讲话。区四套班子领导（含不驻会领导）；区法院院长，区检察院检察长，区法院、区检察院正处职领导干部；区人大、区政协各处室主要负责人；区委区政府各部、委、办、局，双管单位，各街道，人民团体，企事业单位（含学校、医院）党政主要负责人及正处职领导干部；区委授权国资委党委管理的企业党政主要负责人参加会议。2月26日，西城区召开领导干部会议，观看新闻短片；区委副书记、区长王少峰通报习总书记到京视察有关情况、传达习总书记视察北京重要讲话精神；卢映川主持会议、传达郭金龙讲话精神并讲话。区四套班子领导（含不驻会领导）；区法院院长，区检察院检察长，区法院、区检察院正处职领导干部；区人大、区政协各处室主要负责人；区委区政府各部、委、办、局，双管单位，各街道，人民团体，事业单位（含学校、医院）党政主要负责人及正处职领导干部；区委授权国资委党委管理的企业党政主要负责人参加会议。6月24日，西城区召开领导干部会议，传达学习北京市第十二届党代会精神。区委书记卢映川主持并讲话。区委副书记马新明传达北京市第十二次党代会报告；区纪委书记王鹏传达市纪委工作报告；区委副书记、区长王少峰传达蔡奇在十二届市委一次全会上的讲话。区四套班子领导、区法院院长、区检察院检察长出席会议，区委区政府各部、委、办、局，各街道，人民团体，区属企事业单位党政主要负责人，区人大常委会、区政协各处室主要负责人参加会议。

（陆　羽）

【区委十二届二次全会】 1月22日，中共北京市西城区第十二届委员会第二次全体会议召开。全会深入学习贯彻落实党的十八大、十八届三中、四中、五中、六中全会和中央经济工作会议精神，认真落实市委十一届十二次全会的工作部署和区第十二次党代会要求，总结2016年工作，研究部署2017年任务。书面审议《2016年区委常委会抓党建工作情况报告》。区委书记卢映川受区委常委会委托向全会报告工作。全会讨论确定党的十九大代表候选人推荐人选。会议审议通过《中国共产党北京市西城区第十二届委员会第二次全体会议决议》。会议由区委副书记马新明主持。

（陆　羽）

【区委常委会班子民主生活会】 2月4日，区委常委会班子2016年度民主生活会召开。区委书记卢映川通报区委常委会班子2015年度民主生活会整改方案落实情况和2016年度民主生活会征求意见情况。区委书记卢映川代表区委常委会班子作对照检查发言。班子成员逐一作个人对照检查发言，开展相互批评。市委副书记、市长蔡奇出席会议并讲话。区委书记卢映川作表态发言。

（陆　羽）

【组织、宣传、统战工作会】 2月15日，西城区2017年组织、宣传、统战工作会召开，传达全国、全市组织部长、宣传部长和全国统战部长会议精神，区委组织部部长孙仕柱、区委宣传部部长陈宁，区委副书记马新明分别部署2017年组织、宣传、统战工作重点任务，总结2016年相关工作。以视频会议形式召开，设立二龙路办公区主会场和57个视频分会场。区四套班子主要领导和相关领导；区人大办公室主任、区政协秘书长；区委区政府各部、委、办、局，双管单位，人民团体，各街道，区属企、事业单位（含学校、医院）党政主要领导、分管领导、相关科室负责人和工作人员；区委办公室、区委组织部、区委宣传部、区委统战部全体人员；区委统战系统各部门（区台办、区民族宗教办、区政府外事侨务办、区侨联、区工商联）全体人员参加会议。区委书记卢映川讲话，区委副书记马新明主持。

（陆　羽）

【精神文明和生态文明建设大会】 3月3日，西城区2017年精神文明和生态文明建设工作大会召开。陈宁作2016年西城区精神文明建设工作报告；姜立光作2016年西城区城市环境、环保、绿化工作报告；区长王少峰与驻区单位代表（中央直属机关事务管理局副局长张宇航、中央军委联合参谋部政治工作局组织纪检处副师职干事张建新）签订《加强环境建设共建和谐宜居西城协议书》；与区部门和街道代表（城管执法局、展览路街道办事处）签订《加强环境建设打造和谐宜居西城责任书》；国务院机关事务管理局后勤改革与综合管理司副司长王金波、北京市环境保护局副巡视员刘广明、首都绿化办副主任廉国钊、北京市城市管理委员会副主任吴亚梅、首都文明办主任滕盛萍、区委书记卢映川先后讲话。全区各相关单位参加会议。会议由区委副书记、区长王少峰主持。

（陆　羽）

【区委十二届三次全会】 5月12日，中共北京市西城区第十二届委员会第三次全体会议召开。区委副书记、区长王少峰传达市委十一届十三次全会精神，区委书记卢映川讲话。全会讨论确定市第十二次党代会代表候选人预备人选。会议审议通过《中国共产党北京市西城区第十二届委员会第三次全体会议决议》。会议决定5月18日召开中国共产党北京市西城区代表会议。会议由区委副书记马新明主持。

（陆　羽）

【党代表会议】 5月18日，中国共产党北京市西城区代表会议召开，选举西城区出席北京市第十二次党代会代表。出席中国共产党北京市西城区第十二次代表大会代表共398名，其中基层一线代表144名，占36.18%。区委书记卢映川主持会议，区四套班子领导王少峰、杜灵欣、章冬梅、马新明等出席会议。会上，区委常委、区委组织部部长孙仕柱作《关于西城区出席北京市第十二次党代会代表候选人预备人选推荐提名工作情况的报告》。经过无记名投票，大会差额选举产生西城区25名出席北京市第十二次党代会的代表参加市党代会。

（陆　羽）

【巡视“回头看”情况反馈会议】 6

月15日，市委第一巡视组对北京市西城区巡视“回头看”情况反馈会议召开，区四套班子领导、不再担任区级领导职务的市管干部，2013年1月以来退休的区级领导班子成员，区法院院长、区检察院检察长，区长助理出席会议，区委区政府各部、委、办、局，各街道，人民团体，区属企事业单位党政主要负责人，区人大常委会、区政协各处室主要负责人，区法院、区检察院正处职领导干部，区纪委常委、区委组织部副部长，部分党代表、人大代表、政协委员，各民主党派、工商联负责人和无党派人士代表，党风廉政监督员、特邀监察员参加会议。会议由区委书记卢映川主持，市委第一巡视组组长雷显武反馈“回头看”反馈意见，市巡视工作领导小组成员、市委组织部干部监督处处长朱洲讲话，区委书记卢映川作表态发言，市委巡视办副主任邵亚平作对巡视组测评的说明，参会人员填写测评意见。

（陆　羽）

【区委十二届四次全会】　7月26日至27日，中共北京市西城区第十二届委员会第四次全体会议召开。区委书记卢映川主持并讲话。区委副书记、区长王少峰传达习近平总书记在中央政治局常委会会议审议北京城市总体规划时的重要讲话精神和市委十二届二次全会精神。请辞和递补区委委员。书面审议《区委常委会2017年上半年工作报告（审议稿）》。书面报告《西城区2017年上半年经济社会发展情况和下半年工作安排》《西城区2017年上半年干部选拔任用工作报告》。全会审议通过《中国共产党北京市西城区委员会工作规则》。会议审议通过《中国共产党北京市西城区第十二届委员会第四次全体会议决议》

（陆　羽）

【党员领导干部专题警示教育大会】　8月19日，西城区党员领导干部专题警示教育大会召开，观看警示教育片《永远在路上》，工作人员宣读刘跃平、苏东、王功伟、鞠瑾等四人的反思材料，区委书记卢映川讲话。区四套班子领导（含不驻会领导），区法院院长，区检察院检察长，西城公安分局局长，区长助理出席会议；区人大、区政协各处室主要负责人；区委区政府各部、委、办、局，区法院、区检察院，双管单位，各街道，人民团体，企事业单位（含学校、医院）正处实职领导干部参加会议。会议由区委副书记、区长王少峰主持。

（陆　羽）

【巡视“回头看”整改情况测评会议】　8月23日，市委第一巡视组对北京市西城区巡视“回头看”整改情况测评会议召开，区四套班子领导、区法院院长、区检察院检察长，区长助理出席会议，区委区政府各部、委、办、局，各街道，人民团体，区属企事业单位党政主要负责人，区人大常委会、区政协各处室主要负责人，区法院、区检察院正处职领导干部参加会议。会议由区委书记卢映川主持，市委第一巡视组副组长赵广才作填表说明，参会人员填写测评意见。

（陆　羽）

【全市领导干部会议】　9月26日下午市领导干部会议召开，部署党的十九大北京市维护安全稳定、城市运行保障、住地服务保障、环境氛围布置等有关工作。以视频会议形式召开，全区设立二龙路办公区主会场和63个视频分会场。区四套班子领导（不含不驻会领导）区法院院长，区检察院检察长，区长助理；区人大、区政协各处室主要负责人；区委区政府各部、委、办、局，区法院、区检察院，双管单位，各街道，群众团体，事业单位（含学校、医院）企业领导班子成员参加会议。10月26日上午全市领导干部会议召开，传达学习贯彻党的十九大精神。以视频会议形式召开，全区设立二龙路办公区主会场和63个视频分会场。区四套班子领导（不含不驻会领导）区法院院长，区检察院检察长，区长助理；区人大、区政协各处室主要负责人；区委区政府各部、委、办、局，区法院、区检察院，双管单位，各街道，群众团体，事业单位（含学校、医院）企业领导班子成员参加会议。

（陆　羽）

【贯彻落实《总规》要求会议】　10月14日，西城区贯彻落实《总规》要求加强老城保护加快推动核心区建设动员部署大会召开。以视频会议形式召开，全区设立二龙路办公区主会场和63个视频分会场。区四套班子领导（不含不驻会领导）区法院院长，区检察院检察长，区长助理；区人大、区政协各处室主要负责人；区委区政府各部、委、办、局，区法院、区检察院，双管单位，各街道，群众团体，事业单位（含学校、医院）企业领导班子成员参加会议。

（陆　羽）

【学习宣传贯彻党的十九大精神部署会】　10月26日下午西城区学习宣传贯彻党的十九大精神工作部署会召开，区四套班子领导（不含不驻会领导）；区法院院长，区检察院检察长，区长助理；区委区政府各部、委、办、局，双管单位，群众团体，事业单位（含学校、医院），企业主要负责人1人；各街道党政主要负责人在二龙路办公区会议楼三层报告厅参加会议。区委书记卢映川动员部署西城区学习宣传贯彻落实党的十九大精神工作，区委副书记、区长王少峰主持会议。

（陆　羽）

【区委十二届五次全会】　11月11日，中共北京市西城区第十二届委员会第五次全体会议召开。全会要求紧密团结凝聚在习近平新时代中国特色社会主义思想伟大旗帜下，深入学习宣传贯彻好党的十九大精神。区委书记卢映川主持并讲话。区委副书记、区长王少峰传达市委十二届三次全会精神。会议审议通过《中国共产党北京市西城区第十二届委员会第五次全体会议决议》。

（陆　羽）

【区委常委班子专题组织生活】　11月18日，区委常委班子开展专题组织生活，围绕贯彻落实全市领导干部警示教育大会和蔡奇重要讲话精神，结合中央、市委四个重要文件进行深入学习交流，进一步推动全面从严治党向纵深发展。专题组织生活由区委书记卢映川主持，区四套班子主要领导、区委常委班子成员依次发言。

（陆　羽）

【西城区工作务虚会】　12月24日，

西城区工作务虚会召开，区四套班子主要领导，区委常委，区政府副区长结合党的十九大精神、市委十二届四次全会精神，分析研判西城区发展实际，就全区2018年重点工作和思路进行务虚发言。会议由区委书记卢映川主持，区四套班子领导、区法院院长、区检察院检察长出席，有关区委区政府各部、委、办、局，各街道，人民团体，区属企事业单位主要负责人参加。

（陆　羽）

【区委十二届六次全会】 12月30日，中共北京市西城区第十二届委员会第六次全体会议召开。全会以习近平新时代中国特色社会主义思想为指导，深入学习贯彻党的十九大和中央经济工作会议精神，认真落实市委十二届四次全会部署要求，全面总结2017年工作，研究部署2018年任务。书面审议《2017年区委常委会抓党建工作情况报告》。区委书记卢映川受区委常委会委托向全会报告工作。区委副书记、区长王少峰作关于全区经济社会发展工作的报告。全会审议通过《西城区关于落实北京城市总体规划加强首都功能建设　提升“四个服务”水平的实施意见》。会议审议通过《中国共产党北京市西城区第十二届委员会第六次全体会议决议》。区委书记卢映川主持会议。

（陆　羽）

【区委常委会会议】 年内，共召开区委常委会议48次，完成议题258个。其中学习传达类议题34个，占13.1%；党的建设方面议题55个，占21.3%；重大经济发展事项及全区重点工作方面议题48个，占18.6%；区经济社会发展战略、重大改革方面议题25个，占9.6%；组织工作及人事任免方面议题41个，占15.8%；宣传思想文化工作方面议题11个，占4.3%；纪律检查工作方面议题19个，占7.4%；统一战线工作方面议题5个，占1.9%；政法工作方面议题5个，占1.9%；群众及人民团体方面议题13个，占5%；议军及双拥工作方面议题2个，占0.8%。区委常委会会议深入学习宣传贯彻党的十九大精神和习近平新时代中国特色社会主义思想，认真贯彻落实市委各项决策部署，坚持“五位一体”总体布局和“四个全面”战略布局，自觉践行五大发展理念，坚持以习近平总书记视察北京重要讲话精神为根本遵循，按照市委总体部署和要求，加快疏功能、转方式、治环境、补短板、促协同，全面做好稳增长、促改革、调结构、惠民生、防风险各项工作，大力实施发展转型和管理转型，深入推进科学治理、全面提升发展品质，更好地保障首都职能履行、更好地服务市民生活宜居、更好地展现城市文化风采，区委常委会根据《关于新形势下党内政治生活的若干准则》《中国共产党党内监督条例》，研究制定具体实施意见。

（陆　羽）

区委办公室工作

【概况】 中共北京市西城区委办公室（简称区委办公室）是区委的综合办事部门。内设综合科、会议科、信息科、秘书科、文书科、财务科、区委主体责任办公室、离退休干部科、区委督查室、区委机要局（区密码管理局），在职人员39人。年内，区委办公室贯彻落实党的十九大和十九届一中全会精神，学习习近平总书记系列重要讲话精神，牢记习近平总书记提出的“五个坚持”工作标准，转作风、提能效、促发展，着力提升服务发展、服务决策、服务落实工作水平，打造区委敏锐“前哨”和坚强“后院”。以“同心、同向、同力、同步”的工作理念不断完善“大办公室”工作体系；以“上级指示清楚、部门交流广泛、基层联系密切、内部沟通顺畅”的协调网络凝聚推动全区落实中央、市委精神的强大合力，发挥办公室参谋助手、统筹协调、出谋划策、督促检查、服务保障作用，确保各项工作高效运转。

地址：西城区二龙路27号
邮编：100032
电话：88064211

（王　林）

【综合工作】 年内，举办承载“办公室系统干部基础能力提升工程”活动，确定每月最后一周的周五为办公室系统人员学习活动日，邀请社会各界讲师开展开放式分主题授课，先后开展劳动技能体验、《中国共产党纪律处分条例》解读等体验活动，搭建起提高全区办公系统工作人员综合素质的新平台，实现资源共享，打造办公室系统服务品牌；统筹安排全区重大会议活动，通过年度重大活动预安排、月度重大活动预安排的编制，对全区重要会议、重大活动和重点工作进行动态管理，严格审批，确保活动精简、节约、高效。重点围绕疏解非首都功能、京津冀协同发展、背街小巷治理、开墙打洞整治等中心工作，加强调研服务保障力度，服务保障中央、市委及其他领导调研40次，区级领导调研80余次。做好区委办公室内部的应急值守、组织人事、工资管理和印章管理等服务保障工作。

（王　林）

【会议服务与管理】 全年区委常委会会议48次，区委书记专题会议44次，区委全会5次，西城区党代表会议1次，区委常委会（扩大）会议8次，其他各类全区性会议57次，市委市政府理论中心组（扩大）学习3次，组织、服务、保障教师节大会、国有企业党建工作会议等专项会议23次。组织承担服务保障的会议共计166次。起草《区委常委会2017年工作要点》和《区委常委会2017年议题计划》，并以此为依托，重点抓好会议议题申报管理、会议材料审核把关、会议决策督促落实等工作，及时编发区委常委会会议、议事协调会议纪要。根据《中国共产党地方委员会工作条例》《关于新形势下党内政治生活的若干准则》和《中国共产党党内监督条例》等党内法规，修订《中国共产党北京市西城区委员会全体会议议事决策规则》《中国共产党北京市西城区委员会常务委员会会议议事决策规则》《中国共产党北京市西城区委员会书记专题会议议事规则》，制定《中国共产党北京市西城区第十二届委员会常务委员会工作规则》《中国共产党北京市西城区委常委会工作手册》。组织安排党代表、人大代表、政协委员列席党代表会议、区委全会和区委常委会重要议题，参与区委决策，有效拓宽代表、委员的履职途径。严格按照中央、市委、区委工作要求，完善各类会议的审批和服务工作规范。

（陆　羽）

【区委党风廉政建设主体责任】　年内，组织区领导和全区各部门签订2017年党风廉政建设责任书和个性化责任清单，部署新一年度党风廉政建设主体责任全程纪实工作，让区领导履行“一岗双责”责任留有痕迹。研究制定《2017年西城区落实党风廉政建设“两个责任”任务分解》，确定25项主要任务，明确10个责任单位，把责任落实落细，向基层延伸。着眼基础管理体系建设，着力完善运行机制，在明确领导工作分工的基础上，为加强工作协作，保证全区工作有序开展，牵头推进全区各单位领导班子成员“AB角”工作机制，确保各项事务处理、职责履行不因个人情况而断线、受影响。推行领导岗位职责工作手册管理，牵头组织23家单位编制区委常委工作手册并推广至全区处级单位，明确、细化每个领导岗位职责、事项、准则，使领导者清楚知晓自己的职责和履行职责的基本事项内容和基本处理方式，同时兼顾年度重要会议和活动预安排，让每个领导岗位固化、常态工作做到有规律可循。

（周　琦）

【信息工作】　年内，拓宽信息策划采编新思路，准确把握习近平总书记视察北京、“一带一路”高峰论坛、市十二次党代会、党的十九大等重大活动节点，着力在挖掘信息深度上下功夫，向市委信息综合室报送信息840余条，《北京信息》采用80余条，刊登《加强京冀对口支援合作》《老旧小区电梯改造的难点与建议》等专题调研材料；编发区内《西城信息》（普刊）245期，刊登信息4400余条；开展基层单位集中授课、培训近20次，取得良好成效。立足于“把疏解非首都功能向纵深推进”重大工作主线，先后聚焦对接西城区“疏解整治促提升”专项行动、“背街小巷”整治提升、街区整理计划、治理大气污染、推动经济发展方式转变、历史文化名城保护、提高民生服务保障、全面学习宣传贯彻党的十九大精神等中心任务，开展大量采编工作，编发《学习宣传贯彻党的十九大精神》简报7期以及市委环保督察工作简报专刊，开设“疏解整治促提升”“背街小巷整治提升”等专栏，与区发改、财政、税务、城管、公安、工商等部门以及属地街道建立完善信息对接联系机制，先后刊登相关信息970余篇，获得区领导批示近30条，确保信息服务领导科学决策的职能履行。

（邓　悦）

【文书工作】　年内，完善公文处理制度，严格执行请示报告制度，提高公文审核质量和公文流转效率。审核制发京西发27件，京西办发43件，京西文77件，京西办文13件，京西函5件，京西办函1件，京西字11件，京西办字8件，西办通报36期，无号文83件，共计304件。共处理各类文件2000余件，其中有区委主要领导和区委办公室主要领导批示文件1060件，处理给区委主要领导、区委办公室主要领导来信265件，确保公文流转及时、准确、有效。本年度区委办公室向区机关文档中心移交上一年度归档文件共计1185件。

（高艺玮）

【财务工作】　年内，召开区委系统财务工作布置会、预算培训会，明确年度财务工作要点和经费收支管理要求。修订区委办《内部控制制度》，完善经费支出审批权限和程序，有效推进财务管理制度化、规范化。落实财政财务业务改革要求，启动财政资金申请流程电子签章，实现经费收入规范统一、归口办理。根据区财政局统一部署，完成区委组织部、区委宣传部、区委社会工委等8家单位2016年财政资金使用绩效考评，对考评指出的问题，召开专题会议研究制定措施，督促整改落实。为规范和加强国有资产管理，对资产账务进行核对交接，对固定资产进行盘点清查，对到期和闲置资产进行处置，有效规范管理，盘活存量。落实主体责任和党风廉政要求，深入查找风险点，制定防控措施，确保财政资金安全，防止违规违纪问题发生。推进财务信息公开，对年度预决算和“三公”经费收支情况，及时通过财政专网和党建网进行公开，接受社会和群众监督。完成区委重要政治任务、重大活动、重点项目、调研考察的经费保障工作和财务服务工作。

（廖长兵）

【督查与建议提案办理】　年内，区委督查工作围绕市委、区委的重要决策，按照市委、区委主要领导批示精神，分阶段对全区重点工作任务和专项工作进行督查，完成12项市委重点督查事项和重点督查任务、51项区委重点工作、69项市委和区委领导重点批示事项的承办工作；全年共开展联合督查4次；编辑各类督查刊物11期（含普刊5期、专报6期）。办理建议提案39件，其中政协党派团体提案18件，至6月初，提案办理工作已全部完成，办结率为100%。

（徐士喆）

组织工作

【概况】　中共北京市西城区委组织部（简称区委组织部）是区委主管党的组织工作、干部工作和人才工作的职能部门，内设办公室、干部任免科、干部管理科、干部监督科、组织科、组织指导科、党员教育科、党建办秘书科、干部教育科、人才工作科、调研宣传科、机关人事科。区委组织部行政编制55名，有在职人员50名。年内，区委组织部贯彻党的十八届六中全会精神和党的十九大精神，落实全国、全市组织部长会议精神，抓住“两学一做”学习教育工作常态化制度化重要契机，以坚定党员干部理想信念为核心，以改革创新精神为统领，以培养选拔党和人民需要的好干部为重点，以加强基层服务型党组织建设为基础，以坚持党管人才为保证，完善科学有效的选人用人机制，增强基层党组织的生机活力，凝聚各方面优秀人才，不断提升组织工作科学化水平，努力为深入推进西城区转型发展提供坚强的组织保证。

地址：西城区二龙路27号

邮编：100032

电话：88064079

（冯永志）

【“两学一做”学习教育常态化制度化】 年内，牢牢把握“两学一做”学习教育常态化制度化的基本要求，结合全区工作实际，研究制定推进“两学一做”学习教育常态化制度化方案，围绕规范党员行为、规范组织生活、规范支部运行，明确提出“三规范”具体内容，先后3次组织开展“合格党员、合格支部”标准大讨论，为学习教育常态化制度化提供参照标准。研究出台严格党内组织生活的意见，推广党支部规范化试点经验，组织党员承诺践诺，推动“两学一做”常态化制度化成为生动实践。总结提炼和宣传“红墙意识”，为全区每名党员干部印制了相关学习材料，在全区组织开展“践行‘红墙意识’、深化‘两学一做’”活动，使西城区成为推动“两学一做”常态化制度化全国第一个典型。

（冯永志）

【严肃党内政治生活】 年内，坚持以中央对北京市巡视“回头看”和市委对西城区巡视“回头看”指出问题整治为契机，两次在全区范围内组织开展专题民主生活会，强化各级领导班子和党员领导干部在推动核心区建设发展中的“四个意识”，提高政治站位，抓好巡视整改。着眼落实中央、市委关于维护与党中央集中统一领导的决定和中央政治局执行“八项规定”实施细则，组织各级党组织召开专题组织生活，进行学习讨论，增强了各级党组织和党员干部维护中央权威、执行中央“八项规定”的坚定性、自觉性。根据区委关于肃清吕锡文、刘跃平、苏东等流毒影响的要求，组织指导全区各级党组织召开专题组织生活会，从身边的典型案例中汲取教训，坚定政治信仰。落实领导干部带头过好双重组织生活，带头讲党课，带头谈心谈话，推动了基层党组织生活。

（冯永志）

【党员干部思想理论教育】 年内，坚持把思想理论武装放在首位，把习近平新时代中国特色社会主义思想特别是习近平总书记两次视察北京重要讲话和对北京工作重要指示及北京市第十二次党代会精神，列入各级理论学习中心组和基层党组织“三会一课”重要内容，组织党员干部深入进行学习思考，坚定理想信念。利用19个基层党建讲习所阵地，对基层党务工作者进行精准化培训，提升党建工作能力水平。组织各类培训班提升党员干部的政治理论水平，武装党员干部思想，全年共举办6期处级干部“学习贯彻党的十八届六中全会精神”理论轮训班、3期主体培训班和16期专题培训班，培训2600余人次。

（冯永志）

【综合分析处级领导班子】 年内，组织对2011年以来积累的历年数据进行趋势性对比，做好宏观分析，为区委调配班子提供了重要参考。组织对民主测评排序靠后的10个处级班子进行重点调研，加强重点分析，为区委分析研判班子打下了扎实基础。根据全区处级领导班子实际情况，给每个处级班子、每名处级干部建立“关键词”库，做到具体情况具体分析，为精准化选配班子打下坚实基础。全年共对93个处级班子中的193人进行调整，涉及到84个班子，各班子整体功能不断增强。

（冯永志）

【干部人事制度改革】 年内，完善了立体化考察考核干部体系，将考察考核内容细化为12个方面，做到从政治意识、大局意识、工作实绩等方面全方位考准考实干部。研究制定关于进一步防止“带病提拔”的实施办法，建立完善处级干部选拔任用全流程检查单制度，将干部选拔任用细化为5个环节46个步骤，做到干部选拔任用全程留痕和责任可倒查。修订完善处级领导干部离任交接办法、处级干部选拔任用工作补充规定，确保干部离任有效衔接。制定关于进一步加强优秀年轻干部培养选拔工作的意见，规范了年轻干部选用工作。

（冯永志）

【优秀干部调研工作】 年内，注重在基层一线培养锻炼干部，在疏解整治促提升和背街小巷整治一线开展干部调研，经过单位推荐、资格审查、深入调研、民主测评、实地走访和集体座谈等环节，共对27个单位43名经过实践锻炼、重大项目考验干部进行了深入调研，提拔使用了27名干部，对其他干部也明确了组织培养的方向和措施，树立重基层、重一线的鲜明导向，调动了基层一线干部的工作积极性。

（冯永志）

【干部管理监督】 年内，坚持以干部管理监督专项整治工作为突破口，推动干部监督“严紧硬”。在全区范围内开展治理超职数配备干部、干部违规兼职、违规办理和持有因私出国（境）证件等7项干部管理监督专项整治工作。结合贯彻落实新修订的《领导干部报告个人有关事项规定》和《领导干部个人有关事项报告查核结果处理办法》，加大对不如实报告个人事项处理力度，对6名重点抽查和6名随机抽查中未按规定如实报告个人有关事项的处级干部分别给予诫勉、取消考察对象（后备干部人选）资格的处理，并在全区范围内进行通报。在领导干部个人事项报告随机抽查工作中，漏报或隐瞒不报情形下降了25%。

（冯永志）

【完善基层党建工作责任体系】 年内，注重加强基层党建工作的顶层设计，研究制定《中共北京市西城区委关于深入推进全面从严治党的实施意见》《关于落实全面从严治党主体责任的实施意见（试行）》，建立区委常委“两新”联系点。完成党工委（党组）书记述职评议考核和基层党组织“三评一考”工作，建立党建述职评议考核工作三项清单；召开中小学、国有企业和“两新”党建推进会，细化中小学、国有企业和“两新”党建责任清单，破解部分党组织弱化虚化边缘化和覆盖不够等重点难点问题。发挥三个党建督导组作用，两次重点督查了“两学一做”学习教育常态化制度化推进情况和基层党建重点任务落实情况。探索制定了直属党工委党建责任清单和党支部评星定级考核标准，层层压实党建责任。

（冯永志）

【优化组织体系】 年内，进一步优化党组织设置，更好地落实管党治党责任，及时对人力资源公共服务中心和工商联等相关党组织进行了隶属关系调整。组建指挥部联合党组办公室，调整党支部设置，统筹指导全区6个建设指挥部和各街道“项目党支部”工作，通过组织设置上的合并，形成更大的统筹发展合力，实现党的组织与重点项目、重点任务无缝对接。建立园区非公企业党委联席会议制度，定期组织召开“一园十一街道”党建工作联席会，梳理园区非公企业党组织隶属关系，加大园区“两新”组织党组织管理力度。成立西城区行业协会商会综合党委，梳理社会组织隶属关系，实现社会组织党的工作全覆盖。扩大社会组织和非公企业党组织全覆盖，实现社会组织覆盖率达到85%以上、非公企业覆盖率达到90%以上。

（冯永志）

【服务型党组织建设】 年内，坚持将基层党建与中心任务融合，持续深化以“服务先锋”工程为载体的基层服务型党组织建设。探索“党建+社会治理创新”工作模式，在棚户区改造、地下空间整治、背街小巷治理等任务中，将“支部建在项目上”，真正做到“小支部大治理”。在背街小巷治理中创新党员作用发挥途径，为1331条街巷选配党员干部街（巷）长，建立411个街巷治理临时党支部，形成千名党员、千名干部、千面旗帜引领疏解整治局面。探索在职党员服务群众长效化常态化机制，持续开展“在职党员社区统一行动日”活动，组织700个基层党组织和9600名党员服务社区群众，成为推动区域建设发展力量。7月，开展2017年“共产党员献爱心”捐献活动，共有51996名党员、12951名群众参加，捐款338.76万元。

（冯永志）

【规范党支部建设】 年内，强化“党的一切工作到支部”，坚持将支部的组织优势转化为政治优势和区域发展优势，将党支部规范化建设。在市委组织部规定的“一规一表一册一网”试点基础上，规范组织生活，健全了党支部主题党日制度；规范支部运行，梳理形成五年党支部建设评估报告，完善拓展了党支部评星定级考核标准；规范党员行为，制发《西城区共产党员活动手册》，试行开展党员积分管理工作；分系统分领域召开党支部规范化建设现场会，提升党支部规范化科学化水平。

（冯永志）

【坚持夯实党建工作基础】 年内，在完成“366”结项基础上，固化“全面培养、普遍培训、重点培育”的体系建设，共完成3700多个党支部书记全员轮训任务。指导推进40个党建项目实施，解决基层党组织重点难点问题，打造了一批诸如“双创时代——非公企业91金融‘互联网+党建’治理”和“爱心储蓄银行”等具有西城特色的党建精品。在规范18个党群活动服务中心基础上，完成陶然亭和牛街两个街道党群活动中心启动运行。借鉴上海白领驿家经验，启动“西城晶华”优化升级。探索实施“互联网+党建”工作模式，建立“西城组工”微信公众号和“西城党建”微信群，提升了基层党建工作信息化水平。元旦春节期间开展走访慰问生活困难党员、老党员和老干部活动，拨付党费138万余元，做好困难党员、建国前入党未享受离退休待遇的老党员走访慰问工作。全区各级党组织共走访慰问党员5354人，慰问金共163.9万元。

（冯永志）

【推进世界高端金融人才聚集区建设】 年内，从金融人才最关注高管奖励、工作居住证等问题入手，制定《关于支持世界高端金融人才聚集区人才发展的若干政策》，推动人才政策创新。组织完成金融街人力资源协会换届大会，进一步构建政府主导、社会参与的聚集区人才管理体制。建立区领导联系重点金融机构制度，整合区域资源打造金融行业创新业务团队集结地“金融集”。制定西城区党委联系服务专家工作实施办法，建立区委领导联系专家机制。梳理了涉及人才补贴、人才激励等35项区域人才政策。持续开展优秀人才培养资助项目工作，加大对重点人才、拔尖团队的资助力度；启动第三届百名英才遴选活动，新增城市建设规划管理类人才队伍，不断完善人才激励机制。

（冯永志）

【加快高精尖产业人才发展】 年内，建立与首都功能核心区高精尖产业结构相适应的人才队伍，实施《关于进一步加快高精尖产业人才发展的工作意见》，从人才引进、设立人才发展基金等方面提出人才发展的指导意见。搭建由院士、联系专家、领军人才组成的700余人“西城区高层次人才信息管理平台”，建立了人才数据动态统计机制，重点抓住西城区创新引领型人才和顶尖专家人才，为区域发展重点产业开发高端人才。

（冯永志）

【推进人才国际化发展】 年内，搭建全球引才聚才高架桥，在美国硅谷设立西城海外人才联络处，构建海外人才引进和开发平台。借助市委组织部揽才平台，面向全球发布了金融产业功能区建设和历史文化名城保护方面的2个政府特聘岗位。搭建人才交流立交桥，举办第十一届“春晖杯”创新创业大赛获奖项目走进西城专场活动，来自美英等国家和地区的58名优秀海外人才与区域30余家投资机构进行了对接交流。

（冯永志）

【组织部门自身建设】 年内，按照“敏锐、明察、公道、贴心”的要求，努力把组织部打造成“讲政治、重公道、业务精、作风好”的模范部门。制定《区委组织部人员工作手册》和《区委组织部碰头会工作制度》《区委组织部部务会会议制度》等11项制度措施，建立区委组织部学习制度，定期设置课题，组织全体人员轮流上讲台进行学习辅导，培养出一批组织工作的“政策通”“活字典”“问不倒”。加强思想作风建设，培养全体组工干部“放心不下”“我在现场”“马上就办”“办就办好”的工作作风，增强做好组织工作责任感和事业心。成立区委组织部机关党委，调整划设5个机关党支部，组织实施机关党建“凝聚力工程”创新项目，打造“有温暖、有关爱、有格局、有情怀”的组工之家，营造团结干事、积极进取的良好氛围。

（冯永志）

宣传工作

【概况】 中共北京市西城区委宣传部（简称区委宣传部）是区委主管意识形态工作的职能部门。负责组织制定全区对外宣传工作总体规划；指导、协调全区新闻宣传报道工作；全区新闻发言人队伍建设；负责指导、协调全区新闻发布工作；研究制定全区对外文化交流工作规划并组织实施，指导、协调全区对外文化交流工作。内设办公室、理论教育科、宣传文化科、新闻科（西城区人民政府新闻办公室）、网信科。有在职人员25人。年内，开展全区党的思想理论建设；组织全区党员、干部的理论学习；规划、部署、协调全区性的思想政治教育工作。指导、协调全区综合宣传工作；开展全区文艺创作和文化活动等文化建设的指导工作，协调文化市场管理工作。组织协调全区对外宣传报道、新闻发布和对外文化交流工作；实施全区新闻宣传队伍管理和培训工作。组织协调和引导全区宣传系统舆情信息工作。落实互联网信息传播方针政策和法律法规，指导、协调、督促全区互联网行业主管部门、打击网络违法犯罪主管部门及其他相关部门加强互联网信息内容管理；协调全区有关部门做好网络文化阵地建设的规划和实施工作；组织、协调网络宣传和舆论引导工作；组织开展社会舆情、网络舆情的监测预警、信息报送和分析研究工作；牵头处置互联网信息内容突发事件；组织全区网络发言团队、网评员队伍的管理运行和教育培训，为区域社会经济发展提供良好氛围。

地址：西城区二龙路27号
邮编：100032
电话：88064083

（谭凌子）

【做好学习宣传贯彻十九大精神工作】以区委名义制定下发《西城区学习宣传贯彻党的十九大精神工作安排》，对全区学习宣传党的十九大精神做出部署。制定下发《西城区学习宣传贯彻党的十九大精神宣讲活动安排》，安排“三级党代表走基层”、领导干部“九进”等特色宣讲590场，明确了宣讲任务和要求。下发《西城区委关于学习宣传贯彻党的十九大精神实施方案》，对全区深入学习宣传和进一步贯彻落实党的十九大精神工作做出具体安排。制定下发《关于进一步做好区级领导党的十九大精神宣讲工作的通知》，对区领导围绕区域发展的重点问题、广大群众关注的热点难点问题，开展“宣讲+调研”活动予以规范。组建西城区学习宣传贯彻党的十九大精神宣讲团，深入基层开展宣讲活动。组织全区400余名机关干部、党外人士、区属企业、街道干部、“两新组织”、社区群众代表参加市委宣讲团成员、市发展改革委主任谈绪祥在西城区宣讲报告会。市委书记蔡奇到西城区宣讲调研时，对西城区党的十九大精神学习宣传贯彻和宣讲活动给予肯定。中央电视台《新闻联播》栏目也对西城区宣讲工作进行了报道。年内，全区共开展各类宣讲719场，其中“三级党代表走基层”宣讲232场，党政一把手“九进”宣讲49场，西城区党的十九大精神宣讲团宣讲8场，各单位通过支部书记讲党课、百姓宣讲团巡回宣讲等形式开展宣讲430场，宣讲受众达8万余人。编印《西城区学习宣传党的十九大精神学习材料》8期共18万余册，下发到全区3760个基层党组织，实现学习人员和内容全覆盖。其中，学习材料第四期被组织部列为全区处级干部学习贯彻党的十九大精神轮训班培训材料。

（吕晓鸥）

【开展区委区政府理论学习中心组学习】全年开展区委区政府理论学习中心组集中学习30余次，编发《西城宣传—中心组学习专刊》9期，推送“西城理论学习”微信公众号20期。围绕十九大主题，区级中心组开展5次专题学习，全区处级中心组开展专题交流研讨、集体学习200余次。全年配发《党的十九大报告》《党的十九大报告辅导读本》《十九大党章修正案学习问答》《习近平谈治国理政》（第二卷）等辅导书籍8700余册，配发新《党章》10万余册，增强各级党员领导干部学习贯彻习近平新时代中国特色社会主义思想的政治自觉、思想自觉、行动自觉。

（吕晓鸥）

【学习贯彻习近平视察北京讲话精神】年内，制定《关于学习宣传贯彻习近平总书记视察北京重要讲话精神的通知》，在全区掀起学习贯彻重要讲话精神的热潮。

（吕晓鸥）

【学习宣传贯彻市十二次党代会精神】年内，制定下发《西城区学习宣传市十二次党代会精神实施方案》，编发《市十二次党代会学习材料》3期68780册，要求全区党员干部群众把习近平总书记两次视察北京重要讲话作为案头卷、工具书、座右铭，持续深入学习，领会思想精髓，增强行动自觉，在实践中结出丰硕成果。

（吕晓鸥）

【推进基层理论宣讲大众化、时代化】年内，继续深化“品读经典”等理论学习活动，邀请中国人民大学马克思主义学院院长郝立新、中国人民大学哲学院副院长臧峰宇、中国社科院国家文化安全与意识形态建设研究中心副主任朱继东等知名专家学者为学员们解读毛泽东《矛盾论》、《实践论》、马克思《德意志意识形态》、恩格斯《家庭、私有制和国家的起源》等经典篇目。全年开展集中学习6次，推送微信公众号6期，编发学习资料6期。成功举办“2017北京社会科学普及周暨西城区第五届社会科学普及周”。大力开展理论宣讲活动，全年举办西城讲坛85场、公益讲座百场，受众近万人。在2017年度“宣讲家杯”优秀报告（党课）评选中，西城区报送作品数量和获奖数量均位列全市第一，连续四年获得优秀单位组织奖。开展北京市“丹柯杯”优秀理论研究成果评选推荐活动，共选送39篇参选，其中有8篇获奖（一等奖4个、二等奖2个、三等奖2个），报送的研究成果从数量到质量均在全市名列前茅。全年编发《西城宣传》刊物6期，其中“砥砺奋进的五年”特刊、“学习宣传贯彻十九大精神”专刊，得到全区党员干部的一致好评。“砥砺奋进的五年”特刊通过精选200余幅照片，以图文并茂的形式，全方位展示了西城区五年来的发展变化以及取得的主要成就。

（吕晓鸥）

【扎实有效开展意识形态工作】 年内，严格落实意识形态工作责任制，定期召开意识形态会商研判会，就全区意识形态领域形势以及苗头性倾向问题进行沟通和分析研判。参与长安行动计划起草工作，将落实意识形态责任制、舆情监测及引导、突发事件应对处置等内容写入计划。开展意识形态工作责任制示范点建设行动计划，从机关、街道、企业、医院、学校各选定一家单位作为示范点单位，对5家示范点单位开展现场督查。在全区范围内开展意识形态书面督查，共有117家单位提交了自查报告。全年编写《意识形态动态参考》11期，供领导干部学习参考。及时排查全区各类意识形态重点地区和阵地，对区内各类文化场所进行梳理形成工作台账，做好全区3家区级公共图书馆、37家演出剧场、531家出版物经营单位、98所中小学、4所职高、12所青少年课外活动中心、15个政务微博、39个微信公众号、2个APP客户端的阵地管控工作。不断加大监管力度，确保文化市场安全有序发展。推进“扫黄打非”进基层工作，规范、完善工作体系，建立工作站、联络点303个，实现“五进”“六有”，2家工作站被评为全国示范点。探索酒吧演出监管办法，强化琉璃厂文化街区艺术品交易市场监管，取缔非法钢管舞演出11家，撤销非法涉外演出4家，停业整顿酒吧6家，规范艺术品经营单位44家。全年检查文化经营单位1073家（次），立案116件，结案84件，有效净化了西城区文化市场环境。

（吕晓鸥）

【加强基层宣传理论培训工作】 6月28至30日，举办西城区宣传干部培训班。培训采取集中授课、交流研讨相结合的方式，邀请经济日报社总编辑傅华、中国传媒大学媒介与公共事务研究院企业传播所学术所长寇佳婵、北京市社科院首都文化研究中心副主任沈望舒，围绕学习贯彻习近平总书记系列重要讲话精神、意识形态工作、文化建设、公共沟通等内容进行授课，全区各单位宣传工作负责人等120余人参加培训。

（吕晓鸥）

【推出“五个一批”宣传教育活动】 年内，围绕迎接宣传贯彻党的十九大这条主线，以“砥砺奋进的五年”为主题，在全区广泛组织开展主题展览、宣讲征文、展映展播、文艺创作和展演等重点宣传教育活动300余项。举办“践行红墙意识，推动转型发展——党的十八大以来西城发展纪实展”等一批重点主题展览。开展“红墙下，砥砺奋进的民生守望者”主题宣讲等一批宣讲征文活动。打造“红墙意识”主题原创作品征集和主题晚会等一批重点文艺演出。推出《百年字号》《生如兰花》等一批优秀展映展播作品。开展喜迎十九大读书会、剪纸展等一批群众性主题文化活动。

（权　寅）

【做好宣传环境布置】 年内，研究起草《西城区重大环境布置联席会议制度》，形成区委宣传部统筹协调、区城市管理委和区文明办具体负责、各街道属地管理、各相关部门协同配合的工作体系，建立重要时间节点“日查”制度，做好总书记视察北京、全国“两会”、国庆和十九大宣传环境布置工作，印制张贴宣传挂画2.2万余张，营造了良好的社会氛围。

（权　寅）

【整合区域资源开展爱国主义教育活动】 年内，携手爱国主义教育基地、学校等资源，发挥好“8+名人故居纪念馆”品牌效应，组织开展红领巾讲红故事、文化名人国内外巡展联展、李大钊在京津冀的光辉足迹网上展播等活动，用好区爱国主义教育网、“西城故事”微信公众号等网络新媒体平台，深化爱国主义教育。

（权　寅）

【打造百姓宣讲精品团队】 年内，出台《西城区百姓宣讲调研工作细则》和百姓宣讲工作经费管理办法，先后组建“践行红墙意识　共筑美好生活”和“牢记使命　砥砺前行”2个区级团、25支街道系统级宣讲团和一批社区基层单位宣讲团，深入机关、校园、企业、社区宣讲1000余场，讲好西城故事，弘扬社会正能量。有5名宣讲员被选入市级团，展示了西城宣讲员的风采。百姓宣讲工作在全市汇讲评比中取得团体和个人“双第一”

（权　寅）

【推进全国文化中心建设工作】 年内，充分发挥西城区落实北京市推进全国文化中心建设领导小组办公室统筹协调作用，形成长效机制。领导小组下设办公室、项目推进组和5个专项组，建立了会议协商制度、报告与信息制度、督查考核制度、专项工作制度等。深化文化内涵挖掘，研究制定《文化内涵挖掘专项工作组项目库》。

（权　寅）

【开展大型主题宣传】 4月，按照中央宣传部指示精神，西城区围绕践行“红墙意识”、深化“两学一做”开展大型主题宣传报道活动，涉及全区28个单位、29项工作、80余名采访对象，如此全面、系统、深入的宣传，在近年北京的典型宣传中尚属首次。此次宣传报道收听、收看人次过亿，“红墙意识”在社会上迅速升温，认知度、认可度、认同度显著增强。同时，对全区开展“两学一做”学习教育情况进行全面梳理，开展“树立和践行‘红墙意识’大讨论”活动，面向全区基层党组织下发“红墙意识”系列学习材料3期近7万册，召开“红墙意识”深化研究主题研讨会，举办践行“红墙意识”推进“两学一做”座谈会。深化“红墙意识”学习宣传，系统总结和梳理工作经验，编写《北京西城践行“红墙意识”　永做忠诚卫士》信息专报，在中宣部《宣传工作》（2017年第47期）刊登。

（郝江超　吕晓鸥）

【加强新闻发言人队伍建设】 年内，推动区、处两级新闻发言工作体系建设，建立由局、处两级实职领导担任新闻发言人的工作制度，在信息发布和舆论引导工作中发挥重要作用。6月7至9日，组织全区新闻发言人专题培训，通过理论讲解、案例分析、实战演练等形式，全面提升西城区新闻发言人队伍的发布能力和舆论引导水平。

（郝江超）

【“什刹海歌手证”事件成功辟谣】 8月，有网友发布文章称“北京后海酒吧开始查‘歌手证’”，文章引起社会热议。获悉情况后，区委宣传部联合相关部门迅速进行核实，经调查发现此文章内容不属实并向社会公布，主动回应社会关切。网民阅读量1165万次，网民观点纷纷从质疑执法转向正面评论。为此，人民日报和新浪微博联合授予@北京西城政务微博“2017年度十佳政务公开案例”荣誉称号。

（郝江超）

【新闻发布成效显著】 年内，围绕区域中心工作、重点工作，积极对接媒体，主动开展新闻发布。全年共组织召开新闻发布会、新闻通气会、集体采访等活动52场次，接待中央及市属媒体采访、拍摄活动70场次，在中央市属主流媒体通过电视、报纸、网络等多种形式共发布新闻2000余条（不包括转载），推出了一批有分量的重点报道，被市委宣传部评为2016年度北京市新闻发布工作十佳单位。

（郝江超）

【区委区政府信息发布权威平台建设】 年内，通过“政民互动直播间”对百姓关注的热点敏感问题进行在线互动交流，及时化解社会矛盾，进一步提升了政务公开的范围和程度，提高了政府各部门对百姓民生舆情的关注度。全年录制节目10场，先后邀请4位区主要领导、7个部门的一把手，围绕民生、道路建设、就业、旅游、医疗改革等10个话题进行发布，引发网民讨论1100余次。

（郝江超）

【做好热点难点问题舆论引导】 全年，共先后参与什刹海景区正月十五出现大人流聚集事件、共享单车停放引舆论热潮事件、庆丰包子食品安全危机事件、回民小学校歌事件等突发事件新闻处置近20次。统筹指导世纪天乐市场闭市、天意市场闭市等“动批”疏解重点任务、棚户区改造项目等全区重点工程和重大项目的舆论引导工作。做好涉及西城的网络虚假信息处置应对工作。

（郝江超）

【编发优秀网络文章电子刊物】 年内收录市区优秀网评文章，按照民生篇、经济篇、社会篇、环境篇、文化篇等分章节分类整理成册，共1期43篇，供网评员学习交流。

（郝江超）

精神文明建设

【概况】 北京市西城区精神文明建设委员会办公室（简称区文明办）是西城区精神文明建设委员会的办事机构，负责协调组织开展全区精神文明建设的日常工作。内设综合科、创建协调科、宣传教育及未成年人工作科，在职人员17人。年内，深入贯彻习近平新时代中国特色社会主义思想，聚焦首都城市战略定位和建设国际一流和谐宜居之都战略目标，以争创全国文明城区五连冠为契机，使城市公共文明程度和市民文明素质达到新的提升，为确保年度重点工作完成提供了精神力量和道德支撑。

地址：西城区广安门南街68号

邮编：100054

电话：83976220

（刘　克）

【全国文明城区创建工作】 年内，落实常态化创建工作格局，实现全国文明城区创建“五连冠”。首次设立全国文明城区创建宣传日，文明城区创建实现多层次全面推进，更加突出中国梦、核心价值观等精神层面公民思想道德建设，首次在实地检查组应用文明城区创建管理平台推进文明城区创建问题的整改，首次运用第三方社会组织实地督查文明城区创建工作，区领导包片检查督导街道文明城区创建，实现全覆盖。

（刘　克）

【“核心价值观”公益宣传活动】 年内，利用区属媒体、户外施工围挡、LED大屏、网络、宣传栏等多种载体开展喜迎党的十九大、砥砺奋进的五年、塞罕坝精神等社会主义核心价值观宣传，制作各类公益广告2万多平方米。社会主义核心价值观的宣传，实现广覆盖，全区上下实现联动局面。

（刘　克）

【评选和学习宣传道德模范】 年内，共推荐北京榜样候选人80人，有20人被评为周榜样，8人被评为月榜样，十九大代表、广内街道西便门东里社区党委书记潘瑞凤，九一金融信息服务（北京）有限公司董事长许泽玮入选2017年度北京榜样。评选西城区“公德之星”20名。依托“西城好人e家”微信公众号，将近年来当选的所有典型变为长期性系统性的“西城好人”形象展示，让学习雷锋、争做好人成为社区流动的风景，用身边人身边事教育激励人，打造一片道德新高地。

（刘　克）

【道德讲堂建设】 年内，共评选出19堂优秀示范课和10名优秀主持人，摄制《聆听道德故事　争做文明市民》宣传片，在全区开展各类道德讲堂总堂活动30场，以“互联网+”的模式广泛传播西城道德故事，道德讲堂已成为广大干部职工和居民净化心灵、崇尚道德的神圣殿堂。

（刘　克）

【“学雷锋”志愿服务活动】 年内，开展多种形式常态化志愿服务活动。建立健全志愿服务工作联席会制度，研究制定全区志愿服务工作发展规划、制定相关政策措施、协调解决工作中的重大难点和问题。持续开展学雷锋志愿服务站（岗）、示范站（岗）创建活动，培育和评选推荐五星级志愿者。深化文明单位志愿服务活动，加强志愿服务队品牌建设，推进志愿服务活动到社区、到家庭。举办文明单位志愿服务培训，提升了文明单位志愿服务队建设整体水平。举办“爱满京城——西城区三关爱志愿服务在行动”大型主题实践活动，全区26个“三关爱”志愿服务项目参与本次活动，启动新一轮“三关爱”志愿服务活动运行，17个项目获得90万元的专项资金帮扶。

（刘　克）

【诚信建设】 年内，落实中央和北京市关于加强诚信建设的总体要求和部署，广泛开展文明商业街区和文明商户创建，制发《关于深入开展文明商户创建活动的实施方案》，建立市级、区级文明商户创建体系，逐步实现文明商户创建全覆盖，培育一批文明商户，评选出西单商业街、大栅栏商业街、马连道茶叶街、什刹海（烟袋斜街、护国寺街）等主要商业街区100家区级文明商户，在西单商业街召开“首都文明示范街”暨争当“文明商户”推进会，制发文明商户创建提示牌1万个、营业员胸牌2.7万个，宣传折页2万张。在各街道重要街区，开展诚信安全做食品主题实践活动；在全区开展“不剩饭、不剩菜”为主题的光盘行动，制发《西城区全面深入开展“光盘行动”工作方案》，开展西城美食节等宣传引导勤俭节约主题活动，制发文明餐桌提示牌22.75万个，海报1万张，布置到全区各餐厅、酒店等场所。

（刘 克）

【通过传统节日传承中华美德】 年内，以春节、元宵、清明、端午、七夕、中秋、重阳等传统节日为契机，营造节日环境氛围，举办民俗工艺展示、经典诵读和传统礼仪展演活动，引导市民群众在参与中传承中华美德。在全区倡导文明祭扫新风尚，营造崇尚科学、反对迷信、爱护蓝天、清洁空气的节日氛围；组织全国道德模范、首都道德模范、北京榜样、中国好人、首都精神文明建设奖等先进代表20人参加文明单位创建联盟龙舟赛事，走进宋庆龄故居，缅怀老一辈无产阶级革命家为国为民奋斗终身的爱国情怀。

（刘 克）

【公共文明引导】 年内，开展学雷锋，做文明有礼的北京人系列公共文明引导行动，坚持公共文明引导日宣传，开展“礼在北京 让出文明——市民爱心斑马线专项行动”交通路口文明引导服务，进驻市属公园开展文明游园引导，坚持公共场所禁烟宣传，以“西城文明引导”微信公众号为载体，培育社会文明风尚，营造良好的公共环境与服务氛围。

（刘 克）

【礼让斑马线专项活动】 年内，组织“礼在北京 让出文明——市民爱心斑马线专项行动在西城”活动，在20个主要路口，设立伸缩护栏，助力养成“红灯请等候 礼让斑马线”的良好习惯；制作“红灯请等候 礼让斑马线”宣传品下发到街道、社区百姓中，编印《中老年文明交通读本》向全区261个社区老年人发放。在全区干部、群众中广泛开展“十大不文明行为”征集活动，制定“十不要”文明市民系列守则，制作宣传画及折页50万套，起草制定非机动车、行人、公共场所系列文明守则，围绕“三绿色一志愿”主题，面向全区开展“优秀环保公益组织”及“绿色生活好市民”评选推荐工作。

（刘 克）

【未成年人思想道德实践活动】 年内，广泛开展“我的中国梦”主题教育实践活动，11人被评为“首都最美少年”，116名青少年当选“西城区最美少年”。开展“文明家风伴我成长——2017年寒假未成年人传统文化主题教育活动”，优秀童谣推选活动、清明祭英烈活动，“童心向党”歌咏征集活动，举办青少年空竹邀请赛，开设“每周一课”，提高青少年的综合素质。区关心下一代工作委员会组织200名学生参观消防博物馆，开展消防安全教育，青少年益智玩具室内庙会活动，“未来创客快乐体验校园行活动”，完成15个街道的关心下一代示范基地挂牌工作，编辑8期《百花园》青少年专版。组建关心下一代工作通讯员队伍，编印关心下一代工作简报，及时推广先进工作经验，树立工作典型。

（刘 克）

【网络文明引导】 年内，创新做好西城文明网、“文明西城”官方微博以及微信公众号的文明传播工作。全年发布信息2259条，地方传真栏目采纳信息约60条，制作“三月春风暖 雷锋处处在”等原创专题9个，完成《别拿文化遗产的尊严开玩笑》等原创评论41篇，完成《北京西城区向春节坚守岗位的人致敬 用镜头记录奉献》等综稿6篇。“文明西城”新浪微博共发布信息946条，微博阅读量为1398338次，互动量5373次，粉丝数51287个。“文明西城”官方微信公众号共发布信息约410条，粉丝数8161个，全区网络文明传播志愿小组281个。

（刘 克）

【文明市民学校建设】 年内，召开2017年西城区建设学习型城市工作示范区暨市民教育工作会议。举办以“当好东道主 文明北京人”为主题的“西城区第十届市民讲外语风采大赛”活动，开展以“喜迎十九大 舞动主旋律”为主题的“西城区第七届市民艺术节舞蹈比赛”，开展市民讲外语活动，参与以“学外语、促交往、迎冬奥”为主题的北京外语游园会，举办以“砥砺翰墨香 大美绘西城”为主题的西城区文明市民学校第16届书画精品展，牵头组织西城区第15届市民学习周系列活动。开展西城区社会工作者职业水平考试考前辅导培训和广内街道社区工作者培训等，全区近1200名社会工作者先后接受了40课时的业务培训，培训课程9门，总培训量达7500人次。完成2017年区教育督导室对民办教育的教学督导工作，组织11位教师，开设38个班次的市民课程或讲座，培训12532人次，与北京市外事职业学校合作开设15门职业技能体验课。

（刘 克）

统一战线工作

【概况】 中共北京市西城区委统一战线工作部是中共西城区委主管统一战线工作的职能部门（简称区委统战部）。内设办公室、党派科、联络科，党外知识分子工作科、新的社会阶层人士工作科，西城区社会主义学院是区委统战部的直属事业单位。统战部在职公务员19人，社会主义学院4人，工勤1人。年内，区委统战部以开展“两学一做”学习教育活动为契机，促进党的统一战线方针政策在各领域得到贯彻落实。围绕全区中心工作开展政党协商，加强党外代表人士的队伍建设和教育培训，落实民族宗教和基层统战工作，总结新的社会阶层人士统战工作经验，团结带领全区统一战线各界人士和统战干部凝心聚力，为加快建设国际一流和谐宜居之都，实现西城区长远规划奋斗目标贡献力量。

地址：西城区二龙路27号
邮编：100032
电话：88064280

（陈昌杰）

【统战工作会】 2月15日，区2017年统战工作会召开，传达全国统战部长会议精神，部署2017年统战工作，区委书记卢映川要求全区各级统战工作主管领导和统战干部要深刻理解统一战线工作的内涵和理念，增强做好统战工作的责任感和使命感，把握重点落实好2017年统一战线各项工作任务。会议由区委副书记马新明主持，区四套班子主要领导、区法院院长出席会议，全区各单位主管统战工作的领导及干部近200人参加会议。

（陈昌杰）

【签署友好合作单位协议书】 2月28日，举行中共山西省晋城市委统战部与中共北京市西城区委统战部友好合作单位协议书签订仪式。晋城市委常委、统战部长焦光善，西城区委常委、统战部长王旭出席仪式并签订友好合作单位协议书。3月6日，举行中共甘肃省嘉峪关市委统战部与中共北京市西城区委统战部友好合作单位协议书签订仪式。嘉峪关市委书记柳鹏，西城区委书记卢映川出席会议并讲话，嘉峪关市委副书记、统战部长张静昌、西城区委常委、统战部长王旭出席并签订友好合作单位协议，嘉峪关市长王砚与西城区区长王少峰互相赠送礼物。

（陈昌杰）

【区民主党派工作会议】 3月1日，西城区民主党派工作会议召开，王旭出席会议并讲话，各民主党派区委领导班子成员50余人出席会议。区委统战部及各民主党派区委总结2016年的工作情况，交流2017年的工作思路与安排，表彰2016年各民主党派调研、信息工作，启动新一届民主党派后备干部推荐工作。

（陈昌杰）

【统战工作交流考察】 3月22至26日，王旭带队赴浙江省湖州市和上海市静安区学习考察，交流统战工作，全区统战系统各单位领导及其他工作人员共计18人随行。5月21至24日，内蒙古杭锦旗委常委、统战部长孟克图娅一行9人赴西城学习考察，交流统战工作。12月5日，江西省赣州市委统战部及各民主党派赣州市委一行49人赴西城学习考察，交流统战工作。

（陈昌杰）

【基层统战工作培训会议】 3月28日，区委统战部召开西城区2017年基层统战工作培训会议，部署2017年全区基层统战工作要点。王旭出席会议并讲话，全区相关各委办局主管领导、教育工委及所属学校书记、卫生计生委工委及所属医院书记、各街道工委及部分社区书记70余人参加培训。

（陈昌杰）

【全国“两会”情况通报会】 3月30日，区委统战部召开2017年全国“两会”情况通报会。邀请全国政协常委、北京四中校长刘长铭通报全国“两会”的情况，西城区各界统战人士180余人参加会议。

（陈昌杰）

【民主党派中青年骨干培训】 5月24至26日，区委统战部举办西城区2017年民主党派中青年骨干培训班，王旭出席培训班并做开班动员，各民主党派区委中青年骨干成员90余人参加培训。

（陈昌杰）

【部长联席会】 8月11日，区委组织部、统战部召开部长联席会，研究党外干部工作。孙仕柱、王旭出席会议并讲话，西城区法院院长蔡慧永、政法委有关领导列席相关议题的研究。

（陈昌杰）

【“丝路明珠 魅力嘉峪关”摄影展】 8月18日，由中共嘉峪关市委统战部主办，中共北京市西城区委统战部、嘉峪关市文学艺术联合会协办的“丝路明珠·魅力嘉峪关”摄影展在民族文化宫开幕。嘉峪关市委书记王砚、西城区政协主席章冬梅共同为摄影展揭幕。西城区相关部门以及西城各界群众200多人参观了展览。

（陈昌杰）

【对口帮扶工作】 8月21至23日，王旭率西城区统战系统干部赴河北省张北县、阜平县考察，就对口帮扶事宜作相关协商对接。张北县委书记郝富国、阜平县委书记郝国赤等两地领导干部陪同考察座谈，全区各民主党派成员及区工商界企业代表30余人参加调研。

（陈昌杰）

【中央社院统战高端智库调研】 9月5日，中央社院科研部综合二处一行到西城进行统战高端智库调研。区委统战部有关领导和北京社院科研管理部领导陪同调研。

（陈昌杰）

【区委统一战线工作领导小组（扩大）会】 9月30日，西城区召开区委统一战线工作领导小组（扩大）会议，区四套班子领导出席，王飞、王旭、吴向阳、李异参加会议，区长王少峰主持会议，西城区委统一战线工作领导小组成员单位及其他相关单位领导参会。

（陈昌杰）

【学习贯彻《总规》座谈会】 10月13日，区委统战部召开贯彻《北京城市总体规划》座谈会，组织统战人士为北京城市总体规划及西城建设建言献策。会议由王旭主持。王飞、姜立光、全区各相关单位领导及统一战线各界人士140余人出席会议。

（陈昌杰）

【党外处级干部培训】 10月15日，西城区第一期党外处级干部研修班在北京大学政府管理学院开班。北京大学政府管理学院党委书记李海燕致辞，王旭出席并讲话。开班仪式由区委组织部相关领导主持，全区各部门41位处级领导干部参加本次研修班。

（陈昌杰）

【学习宣传贯彻落实十九大精神动员部署会】 10月27日，区委统战部组织召开西城区统一战线各界人士学习宣传贯彻落实中共十九大精神动员部署会，动员全区统一战线广大成员和统战系统各单位深入学习贯彻会议精神，王旭出席并讲话，西城区统战各界人士、统战系统各单位机关干部、基层统战干部等约200人出席会议。

（陈昌杰）

【西城园新联会成立】 12月11日，中关村科技园区西城园新的社会阶层人士联谊会召开成立大会，选举产生首届理事会和领导班子，北京梅泰诺通技术股份有限公司总裁尹洪涛当选首届理事会会长。市委统战部新的社会阶层人士工作处处长薛晏、王旭出席会议并讲话，西城区首家新的社会阶层人士统战工作实践创新基地正式落户西城园。

（陈昌杰）

【规划顾问集体见面会】 12月28日，区委统战部召开街道聘请规划顾问的集体见面会。王旭、郁治出席并讲话。区委统战部、区相关委办局、各街道、受邀专家近百人参会，其中56位专家被全区各街道聘请为规划顾问，任期三年。

（陈昌杰）

【政党协商工作】 年内，围绕全区重点工作，结合统战人士资源优势，召开3次专题协商座谈会，就深入推进全区教育均衡化和背街小巷环境整治、社区卫生及养老等方面听取各民主党派、工商联、无党派代表人士以及政协委员的意见建议。完成民主党派服务监督街道“背街小巷环境整治提升”专项行动工作。举办年度西城区各界人士区情通报会、议政会，邀请3名相关领域民主党派代表人士列席两次区委常委会。全年各民主党派、无党派人士完成调研57篇。

（陈昌杰）

【党外代表人士队伍建设】 年内，启动新一届民主党派后备干部推荐工作，在全区范围开展党外干部基础数据统计，对全区621名副科级以上党外干部情况进行摸底。组织召开系列党外科级领导干部座谈会，调研走访党外科级干部集中的单位15家，汇总形成党外干部推荐工作建议，建立并完善相关制度11项。完成市政协换届委员推荐工作。

（陈昌杰）

【新的社会阶层人士工作】 年内，贯彻全国新的社会阶层人士统战工作会议精神，开展新的社会阶层人士统战工作培训。完善西城区新的社会阶层人士统战工作联席会议制度，健全新的社会阶层人士统战工作机制，完成《西城区推进新的社会阶层人士统战工作情况的调查与思考》调研报告。结合区情特点，提出“一个重点，三个领域，多点支撑”的工作布局，指导推进全区新的社会阶层人士统战工作。加强西城区新的社会阶层代表人士联谊会组织建设，落实会长会议制度和轮值会长制度，搭建理事参与平台，密切理事日常联系，进一步增强组织的活力和凝聚力。

（陈昌杰）

【民族宗教工作】 年内，联系全区民族宗教界代表人士，协助有关部门开展少数民族干部的培养和举荐工作。落实领导干部交朋友制度和重大节日走访制度，做好重大节日期间服务保障工作。帮助佛教居士林赴四川阿坝自治州、内蒙杭锦旗开展慈善救助公益活动。配合市委统战部做好民族工作调研工作。按照市委工作要求，完成西城区民族宗教领域风险排查工作报告。

（陈昌杰）

【基层统战工作】 年内，制定2017年度西城区街道系统绩效管理考评细则，督促西城区11家国有企业指定主管领导负责统战工作。组织召开西城区街道工委与民主党派结对子工作推进会，部署2017年对口联系工作重点，协调全区185名党政领导与212名统战人士交朋友。加强走访慰问黄埔老人，送去服务与关爱。完成“黄埔情缘 相约北京——第十二届台湾眷村与北京社区交流节”活动。

（陈昌杰）

【社会主义学院培训】 年内，发挥区社会主义学院人才培养和方针政策宣传基地作用，全年组织举办培训班19个，着重加强对各统战领域换届后新一届领导班子、中坚骨干和中青年后备人才的政治引领和教育培训，组织开展民主党派中青年骨干、新成员培训、党外处级干部、知联会理事、新阶层工作及教育系统和卫生系统专题培训，培训学员2000余人次。

（陈昌杰）

对台工作

【概况】 中共北京市西城区委台湾工作办公室、北京市西城区人民政府台湾事务办公室（简称区台办）是西城区委、区政府负责辖区涉台事务的工作机构，在职人员5人。主要职能是“组织、指导、管理、协调、服务”辖区的对台工作，处理日常涉台事务，广泛动员社会各界人士积极做促进祖国统一工作。年内，区台办贯彻落实中央及北京市对台工作精神，以巩固深化两岸关系和平发展为主要任务，组织“第六届北京特色周”活动、话剧《北京法源寺》入岛交流演出、2017年海峡两岸武术交流大会等重点活动，加强对台交流交往工作的实效性，做好对台宣传及经济工作，努力为台商创造公平公正的经营环境；及时、妥善处理涉台突发事件，确保辖区涉台发展环境的稳定。区台办被国台办评为《两岸关系》《台湾工作通讯》刊物宣传工作先进单位。

地址：西城区二龙路27号

邮编：100032

电话：88064282

（丁震宇）

【涉台教育】 年内，下发《2017年西城区深入开展涉台宣传教育工作的通知》，指导全区各单位开展涉台宣传教育活动，组织“区涉台教育宣讲团”

进党校、进学校、进社区巡回宣讲活动。4月20日，邀请国台办宣传局局长、新闻发言人马晓光为全区各单位负责统战、对台的领导和干部、政协委员近200人做两岸关系形势报告。8月18日，邀请北京联合大学台湾研究院副院长李振广为广内街道做两岸关系形势报告，街道干部和社区群众共100余人参加。李振广从2016年以来两岸关系形势、民进党的内政战略与策略、国民党的内部斗争与未来前景等5个方面对当前两岸关系进行讲解。11月1至2日，组织西城区京台社区交流培训会，邀请市台办调研员邓劲松讲解京台社区交流业务知识，邀请中国人民大学国际关系学院教授王英津教授讲解两岸关系，各街道主管领导、干部及社区书记共100人参加。年内，完成2期《西城对台工作》的编发工作。向北京市台办报送工作信息28件。

（丁震宇）

【组团赴台交流】　8月11至17日，北京三十五中女子篮球队赴台，先后与台湾铭传大学、大成国中、治平中学、永吉国中进行篮球友谊赛交流。8月20至26日，区政协港澳台侨委员会组织“京台社区交流”课题调研组部分成员11人，赴台湾南投县埔里镇桃米社区、嘉义市红瓦厝社区、屏东县恒春镇水泉社区、高雄市左营区崇实里等地进行考察调研和座谈交流，拜会台湾有关文化协会和企业，了解台湾社区发展情况，推动京台两地社区交流。9月9至15日，区人大常委会考察团14人赴台湾考察城市管理和社区建设。先后考察台东县池上乡万安社区发展协会、屏东县潮州镇彭城社区乐龄学习中心、高雄市燕巢区安招社区发展协会等地。9月20至26日，西城区产业发展促进局考察团14人，赴台湾开展文化交流考察活动。参访苗栗巧克力云庄、竹山文化园区、六堆客家文化园区、驳二艺术特区、松山文创园区等地。9月24日至10月1日，白纸坊街道组织27人赴台湾参加在高雄举办的“两岸生明月共炫民族风”京台社区中秋文化大舞台活动及社区交流活动，分别到高雄市燕巢区金山里、西燕里、深水里参观访问，在高雄市德光社区与社区居民一起举办中秋联欢晚会。街道的演员们表演了京剧、空竹、书法、武术、舞蹈等8个具有民族特色的节目。11月15至21日，什刹海街道组织干部及社区书记15人赴台湾新吉莊社区、佳和社区等地交流学习，对台湾基层社区组织的建设、发展及运营进行深入了解。11月19至25日，西城区教委“双基地”赴台交流第二团一行12人，到台湾进行考察交流，走访台北新生小学、新竹北平小学、台中仁美小学、高雄博爱小学等学校。重点在传统教育与现代的有机融合方面与台湾小学进行交流。11月29日至12月5日，区城管执法局一行13人分别到台北转运站、慈济内湖环保站、高雄市燕巢区金山社区、屏东县潮州镇彭城社区等地，对台湾基层社区组织的建设、台湾城市建设进行深入了解。12月13至19日，由区妇联相关单位执委组成的妇女参访团赴台湾就妇女创业就业、妇女儿童权益保护、家庭教育和妇女社会组织培育等情况进行考察交流。年内，全区共有36个团组赴台交流，全年办理公职人员458人、非公职人员73人赴台手续。

（丁震宇）

【接待来访交流】　5月10至14日，台湾内坜高中校长李丽花带领内坜高中、阳明高中、北科附中、大园国际高中、罗东高级工业职校、高级中学的校长、老师到西城区参访交流，分别与十三中和十五中学签定京台结对学校交流合作协议。7月30日，由台湾新党主席郁慕明率领的新党中学教师研习营一行23人到北京四中参观访问。国台办海峡两岸交流中心副主任苗京平、市台办、区教工委、区台办有关领导参加交流活动。9月16日，2017年“海峡两岸”暨香港道教宫观联谊会在北京白云观举行。北京白云观、香港蓬瀛仙馆、台北指南宫等200多位来自大陆、台湾、香港的道教人士以及各界名家受邀参会。北京市台办副主任杜德平、北京市宗教局处长陈延豹、区台办、区民宗办、区外侨办、区文委等领导出席。中国道教协会常务副会长兼秘书长张凤林道长以及北京白云观李信军监院、香港蓬瀛仙馆梁德华馆长、台北指南宫高超文理事长三地宫观代表，分别致辞表达对道教文化及中华传统文化的支持。10月11日，台湾花莲私立海星高级中学附设花莲县海星幼儿园和花莲县私立吴甦楽幼儿园的园长和教师一行7人到北京市北海幼儿园参观交流。北海幼儿园园长柳茹介绍幼儿园的基本情况、办园理念、文化建设、育人目标等。座谈活动中，京台两地教师探讨了传承中华民族文化和幼儿自主性培养方面的教育心得，彼此借鉴经验。10月12日，西城区接待中国国民党高雄市黄国雄党部主任委员史忠義率领的参访团一行21人到西城区新街口街道社区服务中心，参观社区图书馆、健身房、文艺活动室、教室及老年大学。

（丁震宇）

【第六届北京特色周交流活动】　2月9至13日，由北京市台办、西城区政府共同主办的第六届“北京特色周”活动在台湾新北市淡水金色水岸举办。西城区共组织14个非物质文化遗产表演摊位、10家老字号餐饮摊位、8项民间传统曲艺表演及文创科技、旅游推介项目赴台展演。北京市台办主任王力军、西城区区长王少峰、西城区副区长李异分别带团赴台参加交流活动，区台办、区商务委、区旅游委、区产业发展局、西城工商分局、华天集团的领导随团赴台交流。通过为期5天的展销展示活动，不仅让台湾同胞在家门口品尝到了原汁原味的老北京特色小吃，买到了货真价实的老字号产品，感受到了非物质文化遗产传承人的精湛技艺，更是在旅游推介活动中体会到了北京西城的传统文化魅力和北京人民的热情好客。

（丁震宇）

【《北京法源寺》赴台交流演出】　11月8至9日，由北京天桥盛世投资集团与中国国家话剧院联合出品的话剧《北京法源寺》在台北中山纪念馆演出3场，得到台湾各界广泛赞誉。话剧《北京法源寺》以中华传统戏曲舞台设计的理念，融入现代光影科技，凝聚了两岸文化工作者的共同心血，被国台办列为重点对台文化交流项目。区委常委、统战部部长王旭，市台办副巡视员马振生，区台办和天桥盛世投资集团以及相关单位领导赴台参加首演及相关交流活动。

（丁震宇）

【海峡两岸武术交流大会活动】 西城区承接北京市台办和北京武术院任务，承办2017海峡两岸武术交流大会活动。该项活动分为线上和线下两部分。12月2日，在广安体育馆举办海峡两岸武术体育大会现场比赛和联谊活动，台湾嘉宾172人参加了比赛、开幕式及相关联谊交流活动。市台办副主任杜德平、北京武术院院长彭红、西城区副区长司马红及区台办、区体育局的领导出席开幕式。

（丁震宇）

【对台商联谊和服务工作】 1月10日，西城区举办2017年台商新春联谊活动，市台办主任王力军、区委书记卢映川、区人大常委会主任杜灵欣及王旭、孙硕、吴向阳、杜黎彬、徐利、程军等区领导和区相关委办局、街道、企业的领导与台商朋友们欢聚一堂，共庆中华民族的传统节日。3月8日，组织西城区女性台商15人参观北京坊。台商们参观了改造升级的劝业场旧址、北京坊设计建造展厅和部分进驻商家。年内，走访台资企业10家，协调台资企业投资咨询、环保审批等事项8件。

（丁震宇）

【台胞台属工作】 10月31日，西城区召开台胞台属学习十九大座谈会，区台办主任主持。北京富光媚科技开发有限公司董事长、北京台资企业协会西城分会总干事陈艳媚，中国梦发展促进会会长、中华两岸和平发展促进联盟主席李复圣，富邦华一银行北京分行个人金融部主管涂光远等14位台胞台属参加座谈会。北京联合大学教授刘红深入解读十九大报告，从台湾问题的定位、统一工作的重要性和学习体会3方面进行细致的讲解。11月14至15日，在北京稻香湖景酒店举办台胞台属学习十九大精神培训会，邀请北京联合大学台湾研究院京台交流研究中心副主任朱松岭授课，共40余名台胞台属参加。年内，为14名台胞子女办理《台胞子女入学身份证明》。

（丁震宇）

【处理涉台突发事件】 年内，区台办与公安等有关部门协调配合，共处理涉台突发事件1件，确保区域涉台环境安全稳定。

（丁震宇）

决策服务与调查研究工作

【概况】 中共北京市西城区委北京市西城区人民政府研究室（简称区委区政府研究室），是负责全区综合性调查研究工作、为区委区政府决策服务的工作部门。区委区政府研究室（区委改革办）行政编制31名，内设综合科、政治科、文化科、社会科、经济科、秘书科、协调科。年内，区委区政府研究室（区委改革办）深入学习宣传贯彻党的十九大精神，以习近平新时代中国特色社会主义思想为指导，全面贯彻落实习近平总书记两次视察北京重要讲话精神，牢牢把握首都城市战略定位和核心区转型发展、科学治理要求，紧紧围绕区委区政府研究室（区委改革办）“调研、文稿、改革”三项主业，努力打造坚强有力的领导集体和作风过硬的干部队伍，自觉履行好职能职责，争首善、创一流，切实当好参谋助手、服务科学决策和推动改革发展。

地址：西城区二龙路27号
邮编：100032
电话：88064257

（阳　斌）

【调查研究】 年内，统筹推进调研工作开展，形成“年度要点指导、联席会议统筹、专家顾问辅助、调研刊物展示、队伍培训支撑、激励机制保障”的调研工作格局。向区委常委会汇报三年来调研工作开展情况。组织召开全区调研工作联席会，制定《西城区2017年调查研究工作要点》，引导全区围绕7个领域、88个重点方向开展调研。围绕首都发展大局和全区中心工作，合力推出对区域发展具有建设性意见的研究成果，区级层面完成重点课题30篇，部门层面完成课题122篇。牵头承担区委、区政府主要领导主持的《西城构建社会公共责任体系的实践与思考》《西城区开展民生工作民意立项工作的实践与思考》等课题研究4篇。评选出2016年度优秀调研成果69篇，其中一等奖6篇、二等奖15篇、三等奖15篇、优秀奖33篇。向市级刊物推荐优秀调研成果，4篇调研成果刊登在《北京调研》《工作研究特刊》等刊物上。

（阳　斌）

【文稿起草】 年内，围绕区委、区政府中心工作，发挥以文辅政、参谋助手作用，共起草5次全会文件，完成工作报告、领导讲话、情况汇报等各类文稿共计160余篇。注重文稿与理论文章的转化，以西城区委署名在《北京工作》发表理论文章2篇，以区委主要领导署名在《前线》《北京工作》等刊物发表理论文章9篇，以区委区政府研究室（区委改革办）干部署名在《北京日报》发表理论文章1篇、在《北京西城报》发表评论文章5篇、在《西城论坛》发表理论文章1篇。其中，区委区政府研究室（区委改革办）主要领导署名理论文章《领导干部四个字的内涵特征与实践路径》在《北京西城报》发表，《“领导干部”四字意深责重》在《北京日报》发表，被党建网、光明网等多家媒体相继转载，获得市委主要领导批示“此文有见解”。

（阳　斌）

【决策咨询服务】 年内，坚持高端引领、以用为本、精准服务，“用高、用好、用准”专家资源。组织专家落实好“四个一”工作要求，创刊《专家建言》，9个顾问单位、12个专委会、117名专家积极为区域发展建言献策，其中15名专家列席区政府常务会议，提出决策建议23条；10名专家参加政府向公众报告工作活动；13名专家参与落实北京新总规等多项全区重大咨询论证研讨活动。

（阳　斌）

【调研信息交流】 年内，按照区委主要领导批示精神创办的《西研荐文》出刊4期，短平快小调研《决策小建议》出刊4期，为区领导和全区各部门、各单位提供了决策参考。完成《西城调研与决策》改版，编印12期，每期500册。编印《北京市西城区二〇一六年度调查研究重点课题汇编》《北京市西城区二〇一六年度优秀调研成果选编》各500册，发至全区各单位、各部门。

（阳　斌）

【调研队伍建设】　8月28至29日，召开全区调研工作培训会，全区140余名干部参加培训。会议通报了全区调研工作开展情况，宣读了2016年度优秀调研成果获奖名单，4家单位作了典型发言。会议还从“市第十二次党代会及市委十二届二次全会精神解读”“区第十二次党代会报告起草过程”以及“如何做好调查研究”三个专题开展集中培训，并围绕调研工作组织研讨。扎实推进中国政法大学合作产学研基地建设，完成年度法治建设第三方评估工作，先后接收24名研究生到全区各单位、各部门实习锻炼，并提出在实践期间完成好“六个一”任务。搭建全区调研干部成长平台，分批次安排区新闻中心等部门11名干部到区委区政府研究室进行为期3至6个月的“以干代训”。

（阳　斌）

老干部工作

【概况】　中共北京市西城区委老干部局（简称区委老干部局）是西城区委管理全区离退休干部工作的职能部门。在职人员67人。管理服务离休干部1131人（含易地安置），处级及以上退休干部2339人，离退休干部党支部160个。年内，老干部工作以开展“两学一做”学习教育为契机，围绕中心工作，着力整合资源，融合发展，加强离退休干部思想政治建设和党支部建设，全面落实政治待遇、生活待遇；突出全面从严治党主题，突出迎接党的十九大和学习贯彻十九大精神主线，在“和谐西城、魅力西城、人文西城”建设中，发挥好离退休干部的作用；利用社区资源做好老干部工作，提升老干部管理服务水平；开展主题实践活动、示范性学习阵地建设，加强对老干部党校、老干部活动中心和老干部大学建设的指导，老干部工作取得实效。

地址：西城区双槐里小区23号楼
邮编：100054
电话：83525651

（许薇冰）

【老干部领导小组（扩大）会】　2月21日，召开老干部工作领导小组会。区委副书记、区委老干部工作领导小组组长马新明出席并讲话。会议由区委常委、组织部部长孙仕柱主持。区委老干部工作领导小组成员28家单位主要领导出席。马新明在会议上强调，一要准确把握中办发〔2016〕3号文件对离退休干部工作职能职责的新定位，按照全面从严治党对离退休干部的新要求和老干部工作为党和人民事业增添正能量的新使命，扎实落实好中央精神和要求。二要继续加强离退休干部“两项”建设，构建立体化多渠道的思想政治工作网，强化党建工作创新。加强正能量活动的顶层设计，引导老干部发挥模范表率作用。三要创新服务管理，用心用情落实好市委市政府提出的为老干部办实事计划。进一步统筹区域资源，加强老干部文化活动阵地建设，为老干部就近学习活动创造条件。四要加强组织领导，科学构建离退休干部工作机制。全区各单位、各部门要认真践行习近平总书记在全国老干部工作“双先”表彰会上的重要指示，进一步解放思想、开拓创新，不断推动全区老干部工作迈上新台阶，迎接党的十九大胜利召开。

（许薇冰）

【老干部工作会】　3月8日，召开2017年老干部工作会议。区委书记卢映川出席会议作区情通报并讲话，北京市老干部局副局长宋永健，区领导杜灵欣、马新明、孙仕柱、吴向阳出席会议。会议由区委副书记、区长王少峰主持。原区委老领导刘贵岭、金松龄一同出席。老干部工作领导小组成员单位主要领导及相关工作人员、局职离退休干部、离退休干部党支部书记等200人参加会议。孙仕柱传达了全国老干部工作“双先”表彰大会和北京市老干部工作会议精神。马新明作了老干部工作报告，要求全区老干部工作深入贯彻落实《关于进一步加强和改进离退休干部工作的意见》（中办发〔2016〕3号）和北京市《关于进一步加强和改进离退休干部工作的实施意见》精神，抓好各项重点工作的落实。王少峰宣读了“五星”老干部获奖名单并现场进行表彰。老干部社团代表、区老干部思想政治工作研究会会长张克勤，“五星”老干部代表、“学习之星”获得者北京市第八中学离退休干部党支部书记刘国玮作了交流发言。卢映川向与会的老干部们介绍了2016年全区发展情况，并向老领导、老同志通报了今后五年的总体取向和2017年工作重点。他强调，抓好《实施意见》的落实做好新形势下的离退休干部工作，要切实加强离退休干部思想政治引领和党组织建设，引导老同志始终永葆共产党人的情怀和本色；要真心真意关心关爱老干部，着力为老同志做好事、办实事；要注重发挥老同志的独特优势，切实为党和人民事业增添正能量；要加强组织领导，不断提升老干部工作水平。各级党组织要从弘扬党的优良传统、巩固党的执政基础的高度来认识老干部工作，切实把老干部工作摆在重要位置，纳入重要议事日程，坚持以改革创新精神推进老干部工作，积极探索老干部工作的新思路、新方法、新模式，推出更多精细化的服务举措，真情真意推动老干部工作持续健康发展。宋永健对西城区在贯彻落实老干部工作领导责任制、开展正能量活动、落实市委市政府为离休干部解决实际困难的政策措施等方面工作给予了充分肯定。并提出，随着市属机关单位移至城市副中心办公，单位离退休干部的学习活动，特别是党组织整建制的开展组织生活面临一定的困难和问题，因此要进一步深化利用社区资源做好离退休干部服务管理工作，更好地搭建社区平台，更好地把市属离退休干部纳入服务范围，就近提供便利服务，引导发挥作用。

（许薇冰）

【老干部管理服务】　年内，及时贯彻市、区老干部政策，提高离休干部特需经费标准，由每人每年1000元提高到1500元；落实本市企业单位和经费自理事业单位离休干部参照行政机关单位相关政策享受采暖补贴和住房物业服务补贴政策。做好离退休干部统计年报工作，加强退休干部信息库建设维护、更新和利用；做好离退休干部困难帮扶工作，全年为85位生活上有实际困难的老干部给予困难帮扶近150万元。不断创新并完善健康体检、走访慰问等工作。灵活设置体检方式供老干部选择以满足其不同需求，圆满完成600余名离休及局职老同志的健康体检工作。继续将节日走访与日常走访有机结合，加大对生活困难、身患重病、孤老、离休支部书记、局职离退休干部的走访慰问。

（许薇冰）

【老干部思想政治引领和党组织建设】 年内，加强离退休干部思想政治引领和党组织建设，落实全面从严治党要求。组织离退休干部集中收看十九大开幕盛况；第一时间对传达精神、开展专题活动、加强宣传宣讲等方面工作进行部署；邀请专家学者宣讲十九大精神；组织老干部进行交流研讨并及时跟进离退休干部学习贯彻情况。强化离退休干部思想政治引领。成立老干部党校办公室（正科级），构建以老干部局主导，宣传部、党校各司其职、相互配合的沟通协调机制，借助区委宣传部讲师团师资、区委党校理论课程指导，进一步加强党校办学力量。全年围绕落实全面从严治党、学习贯彻党的十九大精神、习近平总书记系列重要讲话精神、中办发3号文和北京市《实施意见》，举办局职老干部读书班、处级老干部读书班、离退休干部党支部书记读书班、老干部理论骨干发挥作用研讨班共计12期，培训老干部1200余人。发放相关学习读本、资料近5000册。加大宣传调研力度。用好《西城老干部》报、西城老干部思政会会刊和“西城老干部”微信公众号，围绕喜迎十九大、建党96周年、全面从严治党等重要时间节点和重大事件，开设专题专栏，开展主题征文，收到征文百余篇，全年微信公众号共推送60余期，线上线下共计刊载老干部自创作品近400篇。进一步加强离退休干部党组织建设。在兴趣团队、老干部（老年）大学各班次共成立功能性党组织近百个，明确职责任务，严明从严治党要求，在“两学一做”学习教育制度化、常态化中发挥着凝心聚力的作用。全区各离退休干部党支部积极开展“喜迎十九大”主题党日活动，通过党课、参观、座谈等多种形式提升党员意识。

（许薇冰）

【利用社区资源做好老干部工作】 年内，全区确立16个优秀项目，给予资金支持10万余元。其中椿树街道琉璃厂西街党委上报的“传承书画艺术 椿萱翰墨艺苑”——老年人书画班，陶然亭街道龙泉社区党委上报的“阳光驿站”工程等8个项目被评为一类项目。

（许薇冰）

【老党员先锋队活动】 年内，75支老党员先锋队覆盖了全区15个街道，近2000名老同志参加志愿服务活动，服务内容涉及为区域发展建言献策、助老助残、关心下一代、治安巡逻等多个领域，成为展示老党员作用的“金名片”。年初召开老党员先锋队工作推进会，将6月定为“我在红墙边·老党员先锋队志愿服务月”。老党员先锋队在“志愿北京”网站进行实名注册，实现全区老党员先锋队工作规范化管理。不断充实宣讲团成员，组建西城区老干部学习宣传贯彻党的十九大精神宣讲团，宣讲十九大精神，宣讲身边感人故事。全年以老干部党校为阵地集中宣讲7场，以社区为阵地，宣讲近百场次。老干部网宣员积极发声引导舆论。组织老干部网宣员通过在人民网、新华网等国内官方网站发表评论、跟帖的形式，传播正能量；组织网宣员创作体现老干部时代风貌的等原创作品，在重要节点撰写《让自己无愧于这个伟大的新时代》《畅谈新变化，喜迎十九大》等感言文章，创作《法治中国赞》《为建党九十六周年而歌》等诗歌歌颂党、歌颂美好生活。精选老干部网宣员自创作品刊载在“西城老干部”微信公众平台，持续传播向上向善的精神力量。前后发布老干部网宣员自创作品60余篇，持续传播向上向善的精神力量。22名非公党建指导员继续发挥优势作用。

（许薇冰）

【老干部活动阵地建设】 年内，整合区域教育资源，构建西城地区老干部大学教育联盟。探索老干部终身教育渠道，将老干部的学习教育纳入西城学习型城区建设的“大盘子”，为老干部办理“西城区市民终身学习成果认证制度”学习卡，衔接市民终身教育体系；将离退休干部党校的学习培训班次纳入全区教育课程体系，激励老同志老有所学。加强区域内央属、市属老干部教育资源的共享共用，十一前夕，西城地区老干部大学教育联盟正式启动，通过联盟校之间定期的培训研讨、活动交流，加强资源融合和工作的互联互通，提升涉老教育水平。不断完善“区—街—社区”三级老干部（老年）大学阵地建设，全区3家区级老干部（老年）大学共开设78个班，在校学员近2000人，全年上课达2.36万人次。年内，在48家单位（社区）设立老干部大学社区大课堂，开设95门特色课、7门精品课、15门老干部职业技能体验课，课程教学活动达3057课时。开展“不忘初心 继续前行”系列主题活动，举办新春联欢会、书画笔会、全区离退休干部乒乓球赛、棋牌赛、迎国庆趣味运动会等系列活动。重点抓好兴趣小组骨干队伍建设，不断提高老干部团队自我服务、自我管理水平。20个老干部兴趣团队共计约32610人次定期在活动中心开展手工、合唱、舞蹈、球类等各种活动。继续培育老干部骨干人才，80余名老干部人才到学校、社区担任“教员”。

（许薇冰）

【老干部工作队伍建设】 年内，推进“两学一做”学习教育常态化制度化，强化工作人员的大局意识和看齐意识，把老干部工作队伍建设成一支讲政治、重感情、业务精、作风好、信得过的队伍。加大老干部工作人员培训力度，举办“学先进、学业务、树形象、树品牌”老干部工作培训会，邀请区委组织部刘开平作了《坚持党的一切工作到支部》的培训，此次培训纳入西城区组工干部培训计划。重视老干部工作人员成长成才，开展以

“真情奉献·精彩瞬间”为主题的全区老干部工作人员中摄影作品征集活动。组织观看十九大开幕式，邀请人大代表潘瑞凤传达十九大精神，精细研究部署学习十九大精神并撰写心得体会，组织学习“红墙意识”专题辅导、参观“砥砺奋进的五年”大型成就展和十三陵“明镜昭廉”党风廉政教育基地、廉洁奥运主题展，组织机关工作人员拓展培训，提升团队凝聚力。区委老干部局机关党委与老干部手工组联合开展了“薪火相传　三代人共话党内政治生活”——纪念中国共产党成立96周年主题党日活动。

（许薇冰）

保密工作

【概况】 中共北京市西城区委保密委员会办公室（简称区委保密办）、北京市西城区国家保密局（简称区保密局），既是区委保密委员会的办事机构，也是区政府负责本区保守国家秘密工作的行政机构，由区委办公室管理。在职人员12人。年内，区保密局认真学习贯彻落实中央、市委和区委关于保密工作重要决策部署，加强依法治密，加大保密监督检查力度，强化科技支撑，筑牢保密防线，确保年度工作任务的完成。

地址：西城区二龙路27号

邮编：100032

电话：88064287

（石继鹏）

【签订《责任书》】 3月1日，区委保密委主任吴向阳与区属111家单位主要领导签订2017—2018年度《西城区保密工作管理责任书》。

（石继鹏）

【区委保密委第一次会议】 4月26日，召开区委保密委会议。收看市委保密委电视电话会议，学习中央保密委全体会议精神，听取市保密局局长吴钢华作的报告。区委常委、区委保密委主任吴向阳对做好全年保密工作提出要求。

（石继鹏）

【中办第一督查组督查指导】 5月9日，中办第一督查组一行5人、市委保密办4人到西城区就贯彻落实中共中央关于加强和改进保密工作意见情况进行督查。区委副书记马新明到会。东城区、西城区、朝阳区、海淀区、丰台区、石景山区、门头沟区、房山区委保密委、保密办领导参会并汇报有关情况，中共西城区委组织部等7家单位有关领导参会。督查组现场查看了有关材料。

（石继鹏）

【保密检查】 6月14日，召开全区保密干部培训会，传达学习市委保密办文件和区领导批示精神，就做好市党代会期间保密工作提出要求。部署2017年度机关、单位保密自查自评工作。分3个督查组于7至10月，对区属111家单位保密管理15项工作内容进行专项督查。7月18日，迎接市保密局副局长曹世雷等一行5人到西城区开展保密管理专项检查。年内，加强全国“两会”、市第十二次党代会、党的十九大期间保密检查工作，对代表驻地和行车路线周边重点区域的单位进行保密检查，对区属各单位的网络、涉密人员、涉密载体的管理和信息发布保密审查等提出要求。利用互联网门户网站检查平台进行检查。在高考、中考前夕，对区考试中心试卷保密室、16所学校的考场、试卷保密室进行现场检查。检查指导区属单位做好政务信息公开保密审查工作。

（石继鹏）

【保密法制宣传教育和培训】 9月7至8日，举办区属单位主管领导、办公室主任、保密干部140余人参加的保密机要工作培训班。年内，组织34名区领导参加全市领导干部保密教育培训和观看《胜利之盾》保密文献纪录片。组织区委保密委委员、保密工作应急领导小组成员和重点单位主管领导30余人参观国家保密教育实训平台。在区级10个培训班、区属16家单位安排保密教育课程。区保密局干部在区级和区属单位组织的各类培训班宣讲13次。组织各单位征订《保密工作》和《保密科学技术》杂志。利用“4·15”国家安全教育日、“12·4”宪法宣传日、保密法宣传月活动开展保密知识宣传教育。向各单位发放保密宣传教育光盘140盘、《中华人民共和国保守国家秘密法》单行本2000余册、保密常识宣传折页3000余份、保密宣传手机托架和折扇各3000余个。区属单位组织保密知识答题1.8万余人次，观看保密宣传片或培训1.1万余人次。

（石继鹏）

【区委保密委第二次会议】 11月24日，召开区委保密委第二次全体会议。通报2017年保密工作情况；部署2014–2017年北京市保密工作先进集体和个人评选工作；通报将保密工作管理纳入全区社会治安综合治理考评体系相关工作。区委常委、区委保密委主任吴向阳讲话。

（石继鹏）

【综治和绩效考评工作】 12月，将区属97家单位保密工作管理纳入区社会治安综合治理考评，区保密局制定考核评分标准，并对全部相关单位进行评定打分。对纳入年度绩效考评的46家政府职能部门保密工作管理进行评定打分。

（石继鹏）

【制度建设】 年内，区委下发西城区关于加强和改进保密工作的实施意见。区保密局修订《中共北京市西城区委保密委员会工作规则》《中共北京市西城区委保密委员会委员工作职责》。编辑、印制并向各单位下发《西城区保密工作制度》。

（石继鹏）

【依法行政】 年内，梳理行政职权和责任清单25项。修订调整区保密行政管理部门行政执法岗位目录和AB岗关联执法人员。完成区级保密行政管理部门公共服务事项39项梳理评估。配合市保密局对3家民营军工企业的资质申请进行现场初审。

（石继鹏）

【保密技术监管】 年内，确保“涉密计算机违规连接互联网集中监控平台”正常运行、日常维护和监控记录等相关工作。为确保党的十九大期间国家秘密安全，用网络版检查软件对重点单位的办公用计算机进行检查。推广保密科学技术应用，服务指导区属单位做好保密技术防护。推进区电子政务内网建设，参与电子政务内网涉密信息系统分级保护设计方案评审。

（石继鹏）

【深化“三大管理”】 年内，指导区属单位定密、涉密人员和计算机网络管理三大管理。以定密服务全区重大涉密事项。开展涉密岗位及涉密人员确定审核。加强涉密人员管理，以“以岗定人”原则，在区内机关单位中持续开展涉密人员定岗定责工作，明确各机关、单位定密责任人。指导各单位做好网络、应用系统和信息设备安全保密隐患排查工作。对全区机关单位建立的党建网、人大网等网站和子网站、办公OA系统、政务邮箱系统、微博、微信公众号实行动态监管。

（石继鹏）

区直机关工委工作

【概况】 中共北京市西城区委区直属机关工作委员会（简称区直机关工委），是区委的派出机构，主要负责区直属机关党的建设和思想政治工作。内设工委办公室、工委组织部、工委宣传部、机关纪工委（内设监察科）、机关工会、机关团工委，在职人员17人。年内，以习近平新时代中国特色社会主义思想为指导，把党的十九大精神，市、区第十二次党代会精神贯彻落实到工作的全过程、各方面，围绕服务中心、建设队伍两大任务，突出巡视反馈意见整改落实，全面抓好“两学一做”学习教育常态化、制度化，推动机关党建工作取得新的进展。

地址：西城区二龙路27号
邮编：100032
电话：88064356

（李博洋）

【推进“两学一做”学习教育常态化制度化】 4月6日，举办“‘两弹一星’精神永放光芒”主题宣讲会，6月14日，举办“践行红墙意识、做合格党员”主题演讲比赛，编排“红墙意识”风采展示活动。7月10日，西城区直机关工委基层党建讲习所揭牌并开讲第一课，传达中共北京市第十二次代表大会会议精神。落实机关各级党组织主体责任，通过原文学习、主要领导讲党课、观看教育片、参观教育基地、制作党日活动掠影宣传栏等多种方式，教育引导广大党员学思践悟、知行合一。

（李博洋）

【学习宣传贯彻十九大精神】 4至8月，举办“不忘初心跟党走、劈波斩浪再扬帆”——迎接党的“十九大”胜利召开主题征文活动。6月2至16日，举办“喜迎十九大　我为党旗添光彩”主题征文活动。9月28日至10月20日举办“砥砺奋进的五年”——区直机关“服务为民在基层”机关文化品牌创建活动回顾展。10月17日，向全体机关党员发出号召，进一步提高政治站位、强化责任担当，发挥先锋表率作用，以优异成绩迎接党的十九大胜利召开。10月18日，第一时间组织机关干部群众收听收看党的十九大盛况。11月1日，制定方案对机关学习宣传贯彻工作进行具体安排。为基层发放相关书籍9种共2万余册，通过《机关简报》进行学习宣传十九大精神信息推送。11月21日，组织130名机关干部参加北京市学习贯彻党的十九大精神宣讲团报告会。11月22日，举办区直机关“学习宣传贯彻党的十九大精神”报告会，十九大代表、广内街道西便门东里社区书记潘瑞凤以《不忘初心　牢记使命　用实际行动践行十九大精神》为题进行宣讲，200名干部职工聆听。12月26至28日，举办机关基层党支部书记“学习贯彻党的十九大精神”培训班，对党的十九大精神、党章、党支部工作实务进行深入解读，90余名基层党支部书记参加培训。

（李博洋）

【压实机关党建工作责任】 3月，修订完善建立工委处级领导党建基层联系点制度，深入基层调研“三会一课”、流动党员教育管理等重点工作情况。4月，梳理制定直属党组织书记、党员责任清单及直属党组织班子成员基本情况，进一步强化责任落实。6月，研究确定37项机关党建工作重点任务。10月，重新修订区直机关党建工作指导标准。12月14日，制定下发《关于进一步加强机关党的建设工作的意见》，切实加强和改进新时代机关党的建设工作。11月27日至12月15日，区直机关工委对系统各级党组织工作开展全面督查，重点就落实党建任务、党支部规范化试点建设、《西城区直机关党建工作指导标准》执行情况等进行检查考核，确保年初确定的工作任务落地见效。

（李博洋）

【加强基层党组织规范化建设】 9月22日，召开区直机关系统党支部规范化建设试点工作部署培训会议，在系统119个基层党支部认真开展“一规一表一册一网”试点工作，采取局级领导干部所在党支部全部做试点、工委班子成员直接联系试点等措施，保证试点工作既出成效、出经验，又反映不足，促进完善。10月9至11日，对系统各级党组织的纪律检查委员设置进行规范，进一步加强基层党组织的纪律检查工作。11月23日至12月12日，按照分级负责的原则，开展基层党组织设置情况专项检查，促进基层党组织设置规范科学。抓好全区基层党建督查反馈意见整改工作，指导机关单位结合单位职能特点实施党建创新项目10余个，为推动党建工作与中心工作紧密结合、带动基层党组织创新发展起到引领示范作用。

（李博洋）

【党员教育管理】 3月13至15日，举办2017年党员发展对象培训班，全年共发展预备党员85名，转正88名，对79名新党员进行党的知识考核。规范使用《西城区共产党员活动手册》，7月1日前全部发至所属548个党组织、9745名党员手中，详细登记党员特别是党员领导干部参加组织生活情况，明确党员组织生活、党员日常学习、党费交纳情况要详细记录在册。严肃党内政治生活，7月31日，集体约谈系统33名局级领导所在的9个基层党组织，将其纳入党支部规范化运行试点名单，要求每季度报送领导干部参加活动情况，作为试点工作和年底党建工作述职评议的重要考核内容。落实意识形态工作责任，10月中旬，区直机关工委先后深入73个直属党组织进行调研，召开党组织、工会组织、共青团组织开展不同层面的座谈交流，对274名机关党员进行书面问卷调查，广泛听取系统各单位领导、党务工作者、党员和群众的意见建议，形成《2017年度区直机关党员队伍思想状况分析》，提出加强新时代机关党员队伍建设的对策和建议。11月13日，制定下发《区直机关工委关于健全规范党支部主题党日制度的通知》，推进机关党支部生活标准化、制度化、常态化、长效化。围绕党务干部能力素质提升，全年共组织5期党组织书记脱产培训、1期异地培训。稳妥慎重做好失联党员规范管理和组织处置工作，经查找重新纳入规范管理党员7人，停止党籍216人。

（李博洋）

【服务中心工作】 5月31日，举办区直机关系统举办"一带一路"辅导报告会，180余名机关干部参会。9月13至14日，举办"2017年西城区百姓宣讲区级团巡讲区直机关专场报告会"，360名机关干部聆听报告。9月21日举办"习近平总书记视察北京重要讲话精神与北京城市未来发展"辅导报告会，260名机关干部参加学习。11月16日、17日、22日，组织400名机关干部参加区直机关工会系统"迈进新时代，开启新征程"健步行活动。深化"服务为民在基层"工作品牌，组织号召各级党组织持续开展"在职党员社区统一行动日"活动，服务社区居民需求和社会治理需要。

（李博洋）

【机关文化建设】 1月25日，举办区直机关2017年新春联欢会。3月27、28日，组织400名机关干部观看音乐剧《焦裕禄》。3月31日，组织开展"疏非控人，和谐宜居"为主题的机关干部书画摄影作品展。4月14日，举办宣传委员、宣传报道员培训，160余人参加。4月20日，举办"春风十里正读书"读书分享会。5月11日，举办"约个摄影师去旅行"摄影技巧讲座。5月24日，举行西城区第十届龙舟赛区直机关赛区赛事。6月28日至7月12日，举办践行中的"红墙意识"——基层党建工作成果展。6月29日，举办区直机关系统纪念建党96周年暨第三届机关文化节闭幕式，区四套班子领导，区直机关系统各单位主要领导、党组织书记，系统先进党组织和优秀党员代表共440人参加，并观看了党员干部自编自演的文艺节目。发放《西城区直机关工作人员行为规范手册》600余本，规范机关工作人员日常行为。全年编发《机关简讯》13期，制作更新宣传栏18期。

（李博洋）

【机关工会工作】 年内，指导26个直属基层工会完成了换届改选工作，新组建基层工会组织3个，工会组织规范化建设水平不断提高。充分发挥工会委员会、经济责任审查委员会"两委"委员作用，全年召开委员会议4次，确保区直机关工会"三重一大"事项科学民主决策。强化工会干部能力素质提升，3月20日、9月1日分别举办工会主席、工会干部培训班两期，全年共组织工会主席现场调研学习2次、工作交流研讨3次。

（李博洋）

【机关青年工作】 年内，区直机关共青团以"学习总书记讲话　做合格共青团员"教育实践为主线，积极促进党团联动、强化青年教育。　3月3日，开展"关爱盲童　用爱感知世界"主题公益活动。4月10日，举办"怎样做一名合格团员"主题团课培训。4月27日举办"弘扬五四精神　汇聚青春力量"主题团日暨"北京坊非遗工艺制作体验行"活动。7月19日举办"学习贯彻总书记重要思想，强化'红墙'意识，为建设国际一流和谐宜居之都作贡献"主题团课培训。9月19日举办"彰显青春　共筑友谊"团干部拓展培训。全年共举办"志愿北京—白衣天使行动"系列主题讲座6期，共青团系统"书记阅读会"2期，全年受到团员青年好评。

（李博洋）

【服务基层工作】 年内，落实关爱劳模政策，开展劳模的休养体检、慰问、帮扶工作。新增北京月坛体育馆、北京月坛综合训练馆、北京广安体育馆3处机关会员健身场地。在区委区政府南、北办公区分别为机关干部会员进行国民体质监测，组织开展"太极文化进机关"活动、举办区直机关龙舟赛、五人制足球赛、羽毛球积分赛、"和谐杯"乒乓球赛。积极做好普惠服务，为2400余名会员发放防暑降温清凉包；春节向2700余人次发放电影票；元旦、春节、五一、国庆前举办"新鲜蔬菜进机关"副食展销活动。全年慰问70岁以上老党员和生活困难党894人，发放慰问金21.5万元，为128名机关干部申请红会、慈善协会帮扶慰问金17.9万元，使患重大疾病的机关干部感受到组织温暖。

（李博洋）

【强化工委自身建设】 全面落实《中国共产党工作机关条例（试行）》，修订完善工委制度汇编，坚持民主集中，严格执行工委议事规则和"三重一大"集体研究决策制度，严格落实"一把手"不直接分管人、财、物工作规定，全年共召开工委会6次、书记办公会19次。探索实行领导班子及科室负责人AB角设置，制定班子成员岗位职责手册。认真落实中央八项规定精神各项要求，扎实开展"为官不为""为官乱为"、"严肃查处群众身边的不正之风和腐败问题"、有关工作作风问题专项治理工作。坚持谈心谈话制度，主要领导分别与班子成员及科级领导干部进行了集体约谈和个别谈心，提出工作和勤政廉洁要求，客观指出存在的苗头性、偏向性问题及有关情况，力促领导干部工作作风转变。

（李博洋）

社会建设工作

【概况】 中共北京市西城区委社会工作委员会（简称区委社会工委），与北京市西城区社会建设工作办公室（简称区社会办）合署办公。区委社会工委是负责本区社会建设工作的区委派出机构。区社会办是负责本区社会建设工作的区政府工作部门。内设机构：办公室、政策科、党建工作科、街道社区工作科、社会组织工作科、社会工作队伍建设科，在职人员25人。年内，区委社会工委落实《2017年西城区社会治理工作要点》，不断完善社会治理体制。一是大力推进民生工作民意立项。出台《关于全面推行民生工作民意立项机制的意见》，建立覆盖全区的民生工作民意立项"1+15+N"的制度体系。重点推进第一批实施的19个试点项目，建立民意立项动态案例库，梳理民生工作民意立项好事例64件。二是推进街道管理体制机制改革。制定《关于深化街道管理体制机制改革的工作方案》，完善“大部制”运行机制。推进政务服务“一窗式”受理模式，推广西长安街道“数字红墙”模式，推进全响应网格化大数据体系建设。三是“全响应”网格化体系建设快速推进，探索建立西城区全响应网格化社会服务管理工作街道系统评价体系，加强党建引领，创新网格化工作机制，为1331条街巷选配党员干部街巷长，建立411个街巷治理临时党支部。四是扎实推进社区建设取得新进展。推进“一刻钟社区服务圈”升级覆盖，统筹街道利用拆迁、拆违腾退空间建文化体育等文体设施和百姓生活服务中心。加快智慧社区建设，新建6个智慧社区，推进9个社区的升星建设和1个社区的示范点建设。深入开展社会单位资源共享工作，新撬动94家单位开放单位资源服务社区居民。创建首批30个“社区之家”示范点。五是推动社会组织培育发展取得新成效。起草《关于加强西城区街道“枢纽型”社会组织建设的实施方案》，促进社区社会组织参与社区治理，继续发挥社会建设专项资金的培育、支持作用，129个项目获得市、区专项资金支持，推介41个优秀服务项目和30家优秀社会力量。六是不断加强社会工作者队伍建设。制定《西城区2017年社区工作者工资调整方案》，完善社区工作者工资待遇动态调整和长效增长机制。高标准完成北京市专业机构规范化建设考核，积极推动专业社工机构参与京津冀协同联动推动机制。七是创新社会动员和志愿服务体制机制。深入推进社会动员试点建设工作，确定4个街道为市级社会动员试点街道。探索构建社会公共责任体系，推荐七彩云南等10家优秀非公企业参评“北京市非公有制企业履行社会责任”评选。八是社会领域党建工作取得创新突破。推进“两新”组织“两个覆盖”，建立“两新”党建联席会制度，“两新”党组织覆盖率分别提高到了89.99%和73.33%，实现非公企业和社会组织发展与党建工作推进“三同步”。实施社会领域党务干部素质提升工程，轮训200名“两新”党组织负责人及党务工作者。加强“两新”党建信息化平台建设，探索开展空中党课、网上教育管理。

地址：西城区西直门内大街275号
邮编：100035
电话：82141123

（栾德廷）

【“爱在西城”公益文化节】 1月4至6日，区委社会工委在西城区社会服务中心举办第五届“爱在西城”公益文化节暨社会力量服务展洽会。公益文化节集中展示全区社会组织发展成果，公开发布2个政府部门、9个街道及1家国企的70个购买项目，总金额1705万元，涵盖20多个服务领域，包括“为老助残、志愿服务、社区教育、社会工作、公共文化、综合减灾、心理咨询、家庭教育、法律援助、文明素质培养与道德教育、环境保护”等。全市近200家社会组织负责人和公益带头人与各街道、社区建立了相关联系。

（张 宇）

【第五届“最美社工”】 1月22日，第五届“寻找首都最美社工”评选结果正式对外发布。西城区社会工作者联合会总干事李璐龄获“首都最美社工”，什刹海街道柳荫街社区书记范丽丽、牛街街道西里二区社区书记王长友获“优秀社工”。西城区睦邻社会工作事务所团队获优秀社工团队。

（贾 鹏）

【党建工作联席会】 3月28日，召开全区2017年非公有制企业和社会组织党建工作联席会议，区委常委、组织部部长孙仕柱出席会议，“两新”组织党建工作联席会议成员单位的主要领导参加会议。会议部署2017年“两新”组织党建完善组织基础、健全运行机制、加强队伍建设、夯实工作基础四个方面13项重点工作任务；展览路街道、广外街道、教育工委在大会上发言。孙仕柱结合中央巡视组向北京市委反馈巡视“回头看”情况中对“两新”组织党建提出的整改意见，加强西城区非公有制企业和社会组织党建工作提了要求。会后下发《2017年西城区非公企业和社会组织党建工作重点任务》。

（王 茜）

【社会工作职业水平考试考前辅导】 5月16日至6月6日，区委社会工委组织全区党政、事业单位和社区近1100名报考人员进行了考前辅导。辅导紧贴考试内容，分中级、初级两个班次的培训进行分别辅导，共计5个单元、40个课时，采取无偿培训的方式。

（贾 鹏）

【考察大数据社会治理工作】 5月21至27日，区委副书记马新明率区社会建设工作考察团12人赴上海徐汇区、贵州省贵阳市和云南省昆明市学习考察社会治理工作。通过实地考察、查阅资料、座谈交流等方式，探讨和学习上海徐汇区街道体制改革、贵阳市大数据社会治理应用和发展以及昆明市社区治理等经验。考察后形成《西城区赴沪、筑、昆学习考察的报告》，报区委主要领导参阅。

（朱永明）

【市网格化督导组督导网格化工作】 7月19日，市社会办副主任赵济贵带领市网格化联合督察组，到西城区就网格化工作进行督导。督查组到西长安街街道参观街道全响应社会服务管理指挥分中心，了解街道运用大数据推进社区治理及厅网站建设情况；到区政府参观城管指挥中心，听取区委社会工委关于网格化工作推进情况的整体汇报、区城管监督指挥中心的系统演示及区、街平台建设情况汇报；实地考察了西长安街街道西交民巷社区及天桥街道东经路社区的网格化体系建设工作落实情况。

（唐 平）

【开展街道管理体制改革试点】 8月31日，区社会建设工作领导小组办公室召开街道管理体制改革试点工作启动会，区委书记卢映川、区长王少峰对改革试点进行部署。展览路、广内街道作为试点街道按照构建一个模式、形成一套机制、探索新型体制的要求开展改革试点，规划政务服务和街区治理中心的建设方案；整合科室职能并入大部运行；建立街道大部门之间统筹协调，部门内部充分融合的基本运行机制。

（朱永明）

【举办社区心理学培训班】 9月11至15日，区委社会工委组织面向社区工作者举办社区心理学培训班，由北京建筑大学文法学院社会工作系教授孟莉、中国青年政治学院社会工作系教授许莉娅组成主讲教师团队，对西城区社区骨干心理支持服务专项能力进行为期5天的培训，参加培训的社区工作者50余人。

（贾　鹏）

【“两新”党组织及党建工作摸排】 年内，区委社会工委全面开展新一轮“两新”党组织及党建工作情况集中摸排，进一步完善台账，落实一企一账、一社一账制度，实现分类统计、数据分析、实时更新。对从业人员50人以上、100人以上的非公企业，从业人员30人以上的民办学校、民办医院、律师事务所分别建立了分类统计台账。建立现场督导和书面督导机制，加强组建指导，每月统计更新进展情况。

（王　茜）

【非公企业获履行社会责任奖】 年内，经区“两新”党建责任部门申报，区委社会工委择优推荐，市委社会工委、北京市新经济组织发展研究院综合评审等环节，西城区北京和合谷餐饮管理有限公司、北京市惠佳丰劳务服务有限责任公司、一展天下（北京）国际会展有限公司、北京双圆工程咨询监理有限公司、北京互晓文化传媒股份有限公司、北京梅泰诺通信技术股份有限公司等6家非公企业入围“2017年北京市非公有制企业履行社会责任百家上榜单位”，北京金丰和科技企业孵化器有限责任公司、北京金助友养老服务有限公司2家非公企业获得履行社会责任突出贡献专项奖，区委社会工委获得最佳组织奖。

（王　茜）

【“两新”党建信息化平台建设】 年内，深化以“互联网+”为基础的党员教育模式，推广使用社会领域党员在线学习系统、“党员驿家”微信平台，探索开展空中党课、网上教育管理，缓解“两新”党员难集中、活动难开展等问题。微信平台累计发布信息700余条，在线学习系统累计发布学习课件、资讯及信息300余条。

（王　茜）

【社会领域党务干部素质提升系列工程】 年内，与中国青年政治学院合作组织三期党务干部进高校培训班，共轮训200名“两新”党组织负责人及党务工作者；组织一期60人的社会领域发展对象培训班；每季度举办一次社会领域党建沙龙；结合庆祝建党96周年，组织开展重温经典的主题活动；为迎接党的十九大召开，组织开展“传承红色经典，筑牢基层党建”的主题活动；每季度出版一期社会领域党建专刊，交流分享经验。

（王　茜）

【学习宣传贯彻党的十九大精神系列活动】 年内，区委社会工委组织机关党员及社会领域党组织开展学习宣传贯彻党的十九大精神活动。研究制定社会领域学习宣传贯彻党的十九大精神工作方案，重点开展“七个一”专题学习宣传活动，即开展一系列主题展览参观学习活动，开展一系列社会领域党建沙龙，开展一次党代表讲党课活动，组织一期社会领域学习宣传贯彻党的十九精神专题研修班，开展一次社会领域红色教育之旅，组织一次社会领域发展对象培训班、开展一系列线上学习教育活动。以“两新”党组织名书记工作室为载体，采取名书记传帮带的方式深入推进两新组织学习宣传贯彻党的十九大精神；开展三级党代表走基层活动，组织“两新”领域党代表在所在单位宣讲党的十九大精神；依托社会领域“党员驿家”微信公众号及社会领域党员在线学习系统，为社会领域党组织和党员打造移动学习宣传阵地。

（王　茜）

【社工工资待遇规范调整工作】 年内，区委社会工委起草出台《2017年西城区社区工作者工资调整方案》，社区工作者的调整额度为每人每月增加435元。

（贾　鹏）

【增发社区工作者专项绩效奖金】 年内，区委社会工委起草出台《关于增发2017年度社区工作者绩效奖金方案》，采取增发社区工作者专项绩效奖金的方式，对社区工作者进行激励，发放标准按每人每月平均1000元标准，每年分两次发放。

（贾　鹏）

【京津冀社会工作协同发展合作】 年内，北京市西城区社会工作者联合会与天津市津南区社会工作者联合会签订双方项目合作协议。项目合作以优势互补、资源共享、合作互利、共同发展为原则，由西城区社会工作者联合会牵头在北京选择资深督导与专业人员，向津南区的专业机构提供专业支持服务，采用交流学习、实习考察、跟踪督导、能力建设等多种方式，按资源共享、社工倍能、种子培育三个阶段推进，培养领军当地的社会工作人才队伍，培育本土专业社工机构，提升社会工作服务水平，推动津南区社会工作的专业发展。

（贾　鹏）

【睦邻社工中心在天津市注册】 年内，西城区睦邻社会工作服务中心正式在天津市津南区登记注册，实现京津社会工作的协同发展，实现北京社会工作发展创新经验的本土化、在地化。津南睦邻成立两年来，项目落地津南区、和平区、北辰区等，服务包含支持性培训项目及一线实务性项目。

（贾　鹏）

【睦友与天津市津南区合作】 年内，西城区睦友社会工作事务所与天津市津南区民政局合作，针对全区6个项目共12名社区工作者进行一对一专项督导，在项目开展前通过团体督导帮助社区工作者理清项目服务开展思路，完善项目申报书，在项目开展期间通过实地走访每个社区项目，了解服务场域及服务对象，为每个项目及社区工作者提供有针对性的督导，同时为社区工作者开展与项目及服务相关的技能培训课程，在项目结项期间开展服务项目评审，促进服务进一步提升。实施开展项目实地走访督导4次、社工技能培训3次，项目团体督导2次，参与公益项目评审1次。

（贾　鹏）

【睦友督导培训保定市社工】 年内，睦友社工事务所与中社基金会合作，由睦友社工事务所派遣具备丰富经验的社工通过实地督导和线上督导的形式，为保定市3家社工机构4个项目开展专业督导服务。对保定市社会工作者实际开展项目管理、实务工作坊等进行专题培训，累计为保定市4个社工项目，开展41次个别督导及8次专题培训，70余名社工从中受益。

（贾 鹏）

【承接天津市社会组织公益创投项目】年内，北京市睦邻社工事务所中标天津市社会组织公益创投项目第三方服务项目，承接2016至2017年天津市社会组织公益创投项目的评估工作；同时还承接了天津市7家社会组织孵化基地及15家枢纽型社区社会组织调研工作。在天津市社工协会的支持下，协助天津市社会组织管理局完成7次市级培训任务。

（贾 鹏）

【京台社区交流工作】 年内，区委社会工委组织京台社区建设工作交流活动。组织了行前培训，安排一期25人的赴台交流。接待三期共80人的台湾村里长的来京参访，协助组织街道与社区京台交流培训。广内街道代表西城区在北京市组织的京台经验交流会上做了介绍。

（贾 鹏）

【“社区服务站外包”试点】 年内，睦邻社工事务所社区发展部承接由西城区社会建设专项资金支持的“展览路街道滨河社区服务站外包项目”，为全市首家试点项目。该项目是以社区全体居民为服务对象，由睦邻社工事务所派驻5名专业社工，采取“3+2”模式承接社区服务站，与展览路街道滨河社区合作开展社区服务，创新公共服务体制。在社区居委会指导下进行社区动员，推动居民参与，深化三社联动，实现服务站减员增效，推动多元参与治理主体体系建设及参与式协商机制的建立，推进社区治理体制改革，推动社区现有工作人员和机构专业社工人员的“双促进和双提升”。

（贾 鹏）

【楼宇企业职工服务】 年内，西城区企业社工部承接政府购买的企业职工类服务项目。依托新街口街道国英一号党群服务中心、德胜街道北环中心商务楼宇工作站等，用“社区发展”的理论视角探索企业社工的发展路径，面向中小企业，通过整合党委、工会、妇联、团委等多方面的资源，开展“认识一企业、开展一专场、学习一主题、传递一公益”四个服务，培育发展“楼宇员工俱乐部”，打造“商务楼宇员工帮助计划”“午间工作坊”“师友计划”的服务品牌，搭建员工与员工之间，员工与企业之间，企业与企业之间的沟通平台，营造友好楼宇，初步形成专业社工助力楼宇党建、助力基层工会服务的介入模式。

（贾 鹏）

【精准救助和帮扶试点服务】 年内，什刹海街道聚焦西安门、爱民街、大红罗、西什库、西四北等社区的低保低收入的社会救助家庭，针对服务对象经济收入水平低，物资资源匮乏，身心健康状况不佳，缺少外界关注与社会支持等问题，开展需求评估、专业服务等精准救助和帮扶试点服务工作。机构以社会工作专业理论为指导，运用专业社会工作方法，通过解决子女入学、就医、就业等家庭基本生活问题，缓解服务对象情绪和心理压力。提供陪伴和探访服务，组织技能培训，制定家庭发展规划，提高社会救助家庭内生动力。

（贾 鹏）

【社会治理创新空间建设】 年内，区委社会工委充分使用好地下空间，探索创新街道社会治理模式，协助天桥街道建立社会治理创新空间，着力建设集社会治理创新理论研究、创新实践组织指导、创新公益项目策划、创新枢纽型组织建设、创新成果展示于一体的街道社会治理创新支持性平台，扶持培育社会组织发展，服务社区居民，发展地区公益服务事业。经过近两年的托管运营，基本盘活天桥街道社会治理创新空间的多个功能区域，最大效能的发挥其服务社区居民，发展地区公益服务事业的作用。

（贾 鹏）

【社会工作专业机构规范化建设】 年内，区委社会工委组织开展悦群、睦友、睦邻、仁助、联睦5个社工事务所规范化建设工作，悦群、睦友、睦邻等3个社工事务所高标准完成了北京市专业机构规范化建设考核。其中睦友、睦邻2个社工事务所完成5A级社会组织考核。

（贾 鹏）

【人民调解专项能力培训】 11月27日至12月1日，区委社会工委与区司法局西城区人民调解协会合作，由西城区人民调解员协会、西城区人民调解专家团等组成讲师团，就社区民间纠纷调解能力，推进社会工作者专业能力建设，建立有效的社区社会矛盾预防和化解机制，对社会工作者的人民调解专项能力进行专题培训，培训社区工作者210余人。

（贾 鹏）

【孵化培育社会组织】 年内，区社会组织孵化中心向社会发布招募通告，有18家公益团队申请参加孵化。经过入壳评审，择优选择10家初创期社会组织，为其提供一对一咨询15次，提供小组辅导15次，组织沙龙分享活动5次。通过为期一年的孵化培育，有10家社会组织成功出壳，在机构管理运行水平和承接项目能力均有明显提升。

（张 宇）

【社会组织能力提升培训】 年内，区委社会工委制定《西城区社会组织能力建设三年提升计划（2017—2019）》。按照三年整体计划，针对初创期社会组织、成长期社会组织以及枢纽型社会组织开展培训，举办120余家社会组织参加的社会组织能力建设培训班，提升初创期社会组织的组织建设发展能力和项目承接能力，成长期社会组织的项目运营管理能力。举办社会创业与社会进步、社会创业方向、社会创业模式、项目管理、团队沟通与管理等主题的沙龙。组织街道枢纽型社会组织开展专题培训。

（张 宇）

【社会建设项目管理】 年内，区委社会工委按照立项评审结果公示后，确定共支持82家社会组织开展119个社会建设服务项目。服务方向涵盖城市环境卫生保护、绿色生活方式引导、提升城市品质、老旧小区自我服务管理、社区安全与法制宣传、社区养老、青少年教育成长、社会志愿服务、人文关怀与社会心理服务、特殊人群社会融合、法律咨询与援助服务、社会文明素养提升、社会组织培育孵化、“三社联动”推进提升、驻区单位资源共建共享、社会领域党建创新等，总资金2910.19万元。加强项目日常管理与考评，从征集立项、日常管理、中期检查、结题评审和成果总结等方面细化社会建设项目考核标准，完善绩效评价和服务对象满意度评价体系，规范专项资金管理。

（张　宇）

【“枢纽型”社会组织体系建设】 年内，区委社会工委研究草拟《西城区关于推进“枢纽型”社会组织规范建设的指导意见》，发挥“枢纽型”社会组织作用，指导区级枢纽型社会组织切实发挥联合、联络、联动社会组织的作用，促进社会组织间的交流和资源整合；探索在不能单独建立党组织的社会组织建立联合党支部。加强街道级枢纽型社会组织建设，每个街道通过新建或者现有社会组织升级、委托专业机构运营等方式，建立街道“枢纽型”社会组织。依托街道社会组织孵化基地，开展社会组织孵化培育、能力提升、培训交流等人才队伍提升。

（张　宇）

【“一中心多基地”培育社会组织】 年内，区委社会工委依托西城区社会服务中心，以服务社会组织建设发展为主，针对社会组织开展孵化培育、能力提升培训、社会工作人才队伍培养、优秀社会组织宣传和优秀社会建设项目展示交流等。在街道层面，已有15个街道的社会组织孵化基地或促进中心建成并投入使用，主要是孵化、培育以居民为主体的社区社会组织，经过长期、持续的培育、辅导，逐渐提高社区社会组织的自我管理能力，最终实现自造血、自运转、自治理的目标。

（张　宇）

【社区社会组织公益大赛】 年内，区委社会工委举办第二届社区社会组织公益项目大赛。大赛围绕提升城市品质，建设美好西城，确定了“社区发展”“社区邻里互助”“社区环境治理”“社区为老服务”“社区文化建设”“社区安全维护”6个支持方向。对于符合支持方向的项目，拟提供小额项目支持资金、一对一项目专业辅导、优质项目管理及组织机构发展培训等，吸引和指导有公益心的居民参与社区治理。通过社区公益项目大赛挖掘和培育社区社会组织，引入专业社会组织开展能力建立建设培训，整合多方资源，为社会组织发展对接资源，从而促进社区社会组织参与社区治理程度。

（张　宇）

【社会组织公益行系列活动】 年内，区委社会工委继续开展贯穿全年的“北京社会组织公益行”系列活动，16家社会组织开展各类公益服务活动38项。组织带头人、从业人员和志愿者组成的百姓宣讲团，参加区委宣传部、区文明办组织的百姓宣讲活动。

（张　宇）

【社会组织服务能力及诚信指标体系研究】 年内，区委社会工委委托北京市思科社会组织能力建设促进中心开展西城区社会组织服务能力现状调查以及服务能力等级评估和诚信评估指标体系建设工作。从社会建设专项资金项目运行角度、西城区社会组织机构发展自评估角度、西城区各街道向社会组织购买服务三个方面，完成对西城区社会组织服务能力的调查和分析，构建符合西城区政府购买特点的社会组织服务能力及诚信评估指标体系。

（张　宇）

【推进社会治理工作】 年内，研究制定《2017年社会治理工作要点》和《西城区2017年社区建设工作要点》，明确2017年重点工作任务。调整完善社会治理体制改革专项小组设置，将原社会建设与社会治理体制改革专项小组调整为协商民主和社会体制改革专项小组，进一步健全完善牵头部门统筹，职能部门负责的推动改革工作体制。

（朱永明）

【新闻发布民生工作民意立项机制】 年内，在全区“两会”上，对实施群众工作提升工程，推进民生工作民意立项机制进行。6月底主要领导走进西城政民直播间，解读民生工作民意立项政策，并与网民的微博直播互动，主动回应社会关切，进一步加大公众对参与民生工作途径的了解。与区新闻中心对接，民生工作民意立项工作先后通过新闻联播、北京日报、新华网、西城报、北京西城微信公众号等多种媒介进行宣传报道。

（朱永明）

【依法行政工作】 年内，制定《2017年社会领域依法行政工作要点》。与区司法局合作开展“疏解整治促提升法律十进‘七五’行”主题法治宣传活动，组织普法专兼职工作队伍，以法治讲座，法律咨询等形式到20个社区开展法治宣传教育活动。

（朱永明）

【资源共享工作】 年内，区委社会工委制定《西城区社会单位共治共建项目资金管理细则（试行）》，对87家驻区单位资源共享先进行奖励、宣传，发挥引领带动作用，形成共建共享的氛围。完善资源共享激励机制，发挥好社会建设专项资金撬动作用，增强专项资金的使用效益，引导和鼓励驻区单位认真履行社会责任。开展构建社会责任体系的调研，协同北京师范大学社会发展与公共政策学院、北京国际城市发展研究员等机构，开展资源共享工作案例调研，提出构建西城区社会责任体系的思路和建议。

（朱永明）

【为民办实事】 年内，区委社会工委确定153件街道为民办实事项目，按季度对各街道为民办实事进展情况进行汇总，撰写《街道为民办实事情况年度报告》，各项办实事任务已全部完成。

（朱永明）

【社会组织百姓宣讲】 年内，区委社会工委组建13家社会组织宣讲员队伍。以“砥砺前行的五年”为主题，举办5场宣讲活动。通过“一滴水见太阳”的宣讲，折射出社会组织这个群体蓬勃发展五年来，让全社会更加了解社会组织，让公益正能量更广泛的传递和弘扬。观众达400余人。

（朱永明）

【民生工作民意立项】 年内，区委区政府出台《关于全面推行民生工作民意立项工作的意见》，明确工作程序，确保工作落实可操作、可量化、可监督；推动民意立项机制，构建民生工作联席会机制、全过程公开机制、完善公众参与机制、监督评价机制，保障民意立项全面落实。稳步推进项目试点及项目调研工作，聘请第三方社会组织，指导梳理民生工作民意立项工作机制。收集典型案例，建设民意立项动态案例库，为解决同类问题提供交流借鉴，做好民意立项宣传推广工作。

（唐 平）

【疏非控人统计工作】 年内，开展疏解整治促提升专项行动中新增公益设施调查统计，每月持续对全区15个街道在疏解整治促提升专项行动中新增公益设施进行调查统计。统计分析各街道利用疏非控人腾退空间结合群众需求用于补充街道公益设施不足、社区办公和服务用房不足、百姓生活服务中心不足、街道博物馆场地不足、街道养老场所不足、文化体育活动空间不足等情况。同时将疏非控人工作纳入街道绩效考核指标。

（唐 平）

【社区用房建设】 年内，重点推进社区用房达标率，持续对全区15个街道社区用房建设情况进行调查统计，将相关情况报市级相关部门。推动办公区域全部搬至地上工作，持续改进社区用房条件。推进申请第三批北京市固定资产资金支持的新街口街道富国里社区、什刹海街道西海社区、西长安街街道北新华社区3个社区用房项目。

（唐 平）

【智慧社区建设】 年内，区委社会工委落实《北京市智慧社区建设指导标准》，新建6个智慧社区，推进9个社区的升星建设和1个社区的示范点建设，按月上报市委社会工委报表。各街道制定推进方案，稳步推进智慧社区建设工作。加快大数据运用和互联网+创新，增加优质服务平台，围绕群众生活实际需求，培育和支持“易家修”互联网+便民维修平台等社区“O2O”项目，提高生活服务便利化与精细化供给水平。

（唐 平）

【街道系统绩效考评体系】 年内，区委社会工委制定《2017年西城区街道绩效考评细则》，经过参评部门自评、考评主体专项评价、第三方满意度评估和察访核验、考评结果确认、专家评审、现场述职打分、领导小组审议等环节，形成最终考评结果，即日常工作考评和年终述职考评两大版块，其中日常工作考评占60%，年终现场述职考评占40%。

（唐 平）

【全响应网格化工作】 年内，区委社会工委在全市率先完成与市网格化E通车运行数据对接，每日向E通车平台自动报送前一天西城区全响应事件报送和处置情况的相关统计结果。在西长安街、天桥街道进行“厅网站”试点，西长安街街道建成数字红墙社会服务管理平台3.0版，运用大数据建设推进辖区社会治理取得明显成效。天桥街道在社区服务站开发为民办实事终端，方便居民百姓，不出家门就能办理公共服务事项。

（唐 平）

党校工作

【概况】 中共北京市西城区委员会党校（简称区委党校）、西城区行政学院，是中共西城区委领导下的培养党员领导干部和理论干部的学校，是党委的重要部门，是培训轮训党员领导干部的主渠道，是党的哲学社会科学研究机构。主要负责全区处级党政干部、中青年后备干部、企事业单位领导干部及公务员的教育培训工作。大专体制。内设校务办公室、党群工作办公室、教务一科、教务二科、科研室、政治理论教研室、管理学教研室、社会学教研室、对外培训一科、对外培训二科、教学保障科、财务科、总务科、离退休干部科。在职教职工共72人，包括专职教师16人，其中教授2人、副教授12人。年内，区委党校按照中央和市委两级党校工作会议精神，围绕落实区委各项部署和全区干部教育培训工作要求，牢牢把握党的理论教育和党性教育这一党校工作重心，进一步加大培训力度，全年培训学员总计4000余人次，完成西城区干部培训计划中确定的各项任务。

地址：西城区南菜园49号

邮编：100054

电话：83975878

（武惠萍）

【处级干部专题研讨班】 年内，举办处级干部“学习贯彻十八届六中全会精神”专题研讨班6期，区属各委、办、局、街道、人民团体等处级干部929人参加了集中脱产培训。培训采用领导授课、专家辅导、观看视频、集中自学和研讨交流等方式进行，区委党校邀请有关专家就“党的十八届六中全会精神解读”“《关于新形势下党内政治生活的若干准则》解读”“全面从严治党的历史与现实”等内容进行专题讲座，并第一时间安排习近平总书记视察北京的专题辅导，从“建设一个什么样的首都、怎样建设首都”的角度，把握有序疏解北京非首都功能、提高城市发展水平、提高民生服务水平等方面的重大要求。培训期间组织学员以研讨小组的形式，围绕如何深入贯彻六中全会和区十二次党代会精神进行研讨交流。举办处级以上领导干部学习贯彻“十九大精神”轮训班9期，区属各委、办、局、街道、人民团体等处级以上干部1198人参加了集中脱产培训。区委党校邀请有关专家就学习贯彻十九大精神、习近平新时代中国特色社会思想解读、党的十九大与“两个一百年”的奋斗目标、《党章》解读、坚定不移走新时期中国特色社会主义经济道路、学习党的十九大精神解读北京城市总体规划等内容进行专题讲座辅导。同时，进行了影视教学《不忘初心 继续前行》。安排学员分组开展集体学习、小组讨论和个人自学活动，内容涉及十九大精神、习近平两次视察北京讲话精神、习近平在中央政治局第一次集体学习时的讲话精神等方面。11月24日，区委书记卢映川做开班动员并围绕“立足学懂、弄通、做实，切实学习宣传贯彻落实好党的十九大精神”做专题报告。12月14日，区长王少峰在第3期专题研讨班上结合自己对党的十九精神的学习心得做专题报告。区委常委、组织部长孙仕柱参加了9期研讨班的结业式，要求学员要深化学习成果，把十九大提出的各项目标任务精准落实到各自的工作实践中。

（武惠萍）

【领导干部理论进修班】 年内，举办处级干部理论进修班2期，一年制处级干部专题培训班1期，区属各委、办、局的197名处级领导干部参加了集中脱产培训。培训中切实强化主业主课地位，安排了党的经典理论研读、习近平总书记视察北京重要讲话、党性锻炼和素质能力提升等单元模块。在党的理论教育方面设置2个独立单元：组织开展党的理论和经典原著的学习，加强《共产党宣言》《关于费尔巴哈的提纲》等马克思主义经典著作的讲解导读；重点加强习近平总书记系列重要讲话精神和治国理政新理念新思想新战略的学习以及党的十八届六中全会精神、党的十九大精神的培训，设置多个专题给予解读。在党性教育方面，把党规党纪学习教育作为重要内容，开展党的理想信念、党的宗旨、党的优良传统教育，注重利用延安、遵义会址等异地教学红色教育基地，保证优质的理想信念和党性教育效果。党的理论教育和党性教育内容设置达整个教学的83%。采用课堂授课、现场教学、异地教学、影视教学、全班活动、小组学习、单元考核、学员论坛等多种教学模式。按照西城经济社会发展需要及首都功能核心区发展的新要求，邀请中央党校、清华、北大等著名学府的专家学者以及市、区相关领导，结合全市区域政治、文化等发展状况和西城区文化、经济社会发展等内容，开展国情、市情、区情教育。将“区领导带头进党校课堂”和“谈话式教学”安排进来，同时增加舆情应对、新媒体应用等体现新形势、新能力、新要求的课程，将理论学习、能力培养和学员个人需求相结合，提升领导干部的综合素质。

（武惠萍）

【公务员科级任职培训班】 年内，西城区行政学院举办公务员科级任职培训班3期，174人参训。培训采取全脱产形式，针对科级公务员的职位特点和要求，内容涉及党的理论和党性教育、公共管理和科级干部素质与能力、国情市情区情教育及异地教学等。培训坚持把学习贯彻党中央精神、习近平总书记系列重要讲话精神特别是视察北京重要讲话精神作为核心内容，把党的理论和党性教育摆在突出位置，课程安排与党中央治国理政新理念新思想新战略、与首都和区域发展中心大局紧密相关。从区党代会报告解读、区十三五规划纲要解读，到经济新常态解读、京津冀协同发展与有序疏解非首都功能，与社会现实、工作实际紧密结合，让学员接受到最准确的政策方向、最前沿的实践经验。紧扣科级公务员工作应具备的能力素质要求，安排了公务员职业道德建设核心内容与行为规范、突发事件应急处置、保密教育、公共的法律意识和依法行政等内容。采取小组讨论、谈话式教学、现场教学、影视教学、班级讨论等多种教学形式，着重加强对公务员的区情教育以及岗位履职所需的基本素质、基本技能和依法行政能力的培训。结合西城区“疏解整治促提升”专项行动工作，组织学员赴宁波杭州上海开展异地教学活动，学习社会服务管理、创新型城市建设和城市治理经验。

（武惠萍）

【主题活动】 年内，区委党校在秋季处级领导干部培训班开展“我推荐的一句习近平讲话”的主题学习交流活动。近百名干部结合各自的学习和理解推荐了习总书记在不同时期、不同场合、不同方面的治国理政的经典话语，结合实际工作加以阐述、发表感言，并陈述推荐理由。“中国梦”“撸起袖子加油干”“坚持文化自信”“法制治国”“把权利关在制度的笼子里”“不忘初心继续前行”“绿水青山就是金山银山”……共同重温总书记讲话，涵盖了党的十八大以来习近平总书记的一系列重要讲话所贯穿到的坚定信仰追求、历史担当意识、真挚为民情怀、务实思想作风和科学思想方法，坚定了用总书记讲话的思想精髓更好地武装头脑、指导工作和解决实际问题的信心与决心，达到了相互学习、共同提高的良好效果。

（武惠萍）

【微党课教学】 年内，区委党校在处级班培训期间共开展8次“微党课”教学。参训学员各自利用10至15分钟，围绕党史、治国理政方针、党的路线政策、党的工作方法等主题，为全体学员上了一系列短小精致的党课。学员们结合身边的事例和工作实际，紧扣主题、紧扣时代脉搏，以精炼的语言、生动的形式、鲜明的观点讲授了不同风格的微党课。

（武惠萍）

【科研工作】 年内，区委党校结合教学工作需要，加强对区情及经济和社会发展实际的研究，年内共立项各级课题16项。其中北京市党校系统科研协作课题2项、西城区社科联社会科学课题2项、区党建研究会课题3项、校内课题8项、校内重点课题1项。此外，承担区委组织部委派项目基层党建案例的选编工作。全年发表论文成果20项。其中出版专著2部、核心期刊发表1篇、国家级刊物发表4篇、省级刊物发表8篇、区（市）级刊物发表5篇。获得各类科研奖项7个，其中《网络舆情分析与舆论引导》获北京市党校、行政学院系统第三届精品课评选二等奖，《西城区基层领导干部法治素养状况的调查与思考》获北京市党建研究会优秀自选课题二等奖。向北京市思想政治研究会推荐的2篇优秀论文均获“丹柯杯”优秀研究成果一等奖，此外还获得区委区政府研究室优秀调研成果优秀奖1项和区党建研究会科研奖励2项。全年共编辑出版《西城论坛》4期，选编各类文章80多篇30余万字，发放全区各单位，并与全国400余家地市党校进行交流。开通党校校长工作信息专报通道，编辑报送《党校工作通讯》专报6期。向市委党校报送信息40余篇，其中13篇被《校院信息》采用，在全市基层党校中名列前茅。

（武惠萍）

党史工作及地方志工作

【概况】 中共北京市西城区委党史工作办公室（北京市西城区地方志编纂委员会办公室），是区委、区政府主管党史、地方志工作的职能部门（简称区史志办）。内设办公室、党史科、志鉴科、宣传科，在职人员18人。党史工作的主要职责是组织、指导全区党史工作开展，征集、整理、编纂全区党史资料，承担市委和区委部署的党史资料征研任务，开展地域党史资料编研；配合相关部门对党员、群众进行党史和革命史教育，面向社会开展党史宣传。地方志工作的主要职责是按照《地方志工作条例》和《北京市实施〈地方志工作条例〉办法》，依法组织、指导、督促和检查全区地方志工作开展；拟定地方志工作规划和编纂方案；组织编纂地方志书和地方综合年鉴；收集、整理、保存地方志文献和资料，组织整理旧志；组织开发利用地方志资源；推动地方志理论研究和学术交流，组织开展业务培训。年内，党史工作开展《中共北京市西城区历史（1920—2012）》的编写和修改工作，深入开展改革开放史研究，按照市委党史研究室编写《北京改革开放实录》要求，撰党史专题文章《西城区"一街一品"党群活动服务中心的形成和发展》。推进党史资料征集工作，加强党史资料室建设，编辑《西城区党的群众路线教育实践活动、"三严三实"专题教育、"两学一做"学习教育重要文件汇编》。地方志工作全面开展，完成《北京西城年鉴（2017）》编纂出版工作，《北京市西城区志》《北京市宣武区志》（简称《西城区志》《宣武区志》）通过复审，完成《北京年鉴》西城部分供稿任务，推进地情资料征集工作。3月，北京西城区地方志编纂委员会办公室被授予"北京市地方志工作先进集体"称号，3人被授予"北京市地方志工作先进个人"称号。

地址：西城区南菜园街51号
邮编：100054
电话：83975321

（郝慧芳）

【《中共北京市西城区历史》编写工作】 年内，根据市委党史研究室相关要求和《〈中共北京市西城区历史（1920–2012）〉编写方案》，创新机制，统筹安排，继续推进《中共北京市西城区历史（1920–2012）》的编写工作。全年组织召开编写研讨会18次，对不同时期的历史脉络、时代特点、工作重点、西城特色进行深入研究，对全书结构、内容、写法进行充分讨论，对如何突出党的领导地位、科学使用原西城、宣武两区资料、突出区域特色等重点难点进行集体攻关。召开编写培训会1次，邀请党史专家讲授区级地方党史正本写法和改革开放新时期地方党史写作。沟通协调市委党史研究室、兄弟区党史部门，及区内有关单位，开展工作调研和学习交流，提高正史初稿编撰质量。年初形成资料稿60余万字，年中完成初稿40余万字，年底完成第四轮修改。

（董盼盼）

【撰写专题文章并上报】 4月，按照市委党史研究室《关于征集"改革开放实录"专题选题的函》要求和区委领导批示精神，区委党史办结合西城区工作特色，研究确定选题和写作提纲。撰稿过程中，多次走访联系区委组织部、区委社工委和聚力德胜党建促进中心等相关单位，收集编写素材，参加市委党史研究室专题培训和专题座谈会，保证了文稿按时保质完成。8月，完成《西城区"一街一品"党群活动服务中心的形成和发展》专题文章的撰写和上报工作，全文共1.2万字。

（董盼盼）

【完成区委意见反馈工作】 年内，市委党史研究室陆续编写《不忘初心 砥砺奋进——十八大以来北京创新发展纪实》《北京市第十一次党代会以来大事记》和《京津冀协同发展大事记》，出版前发函向各区委征求意见。按照市委党史研究室要求和区领导批示精神，区委党史办认真梳理书中涉及西城区的内容，上报请示3次，牵头召开协调会1次，协调联络区内有关单位20余家，共反馈补充各类意见建议80余条，4万余字，提供图片70余张。

（董盼盼）

【党史资料征集整理工作】 全年收集区域政治、经济、文化、社会、生态和党的建设等方面大事要事电子资料400余条目，约300余万字。根据编研任务和学习教育活动需要，征集购买资料图书300余册，完成了《北京革命史回忆录》等图书共计约30万字的电子转化，不断充实党史资料库和数据库。

（董盼盼）

【市委党史研究室领导到西城调研】 9月22日，市委党史研究室副主任陈志楣一行五人到区委党史办调研《中共北京市西城区历史》编写工作。市委党史研究室领导充分肯定了该书的编写成果，对继续做好编写工作提出指导性意见：一要更加突出西城区党史发展的主题、主线，主流、本质；二要更加突出党的建设过程中基层干部党员群众的创造精神；三要更加突出西城区地域特色，重点突出改革开放和现代化建设时期城市建设管理等方面的创新经验；四要时间服从质量，按照内容需要对结构和字数进行必要调整，在建党100周年之前完成编写出版。

（董盼盼）

【年鉴编纂工作】 3月14日，全区年鉴工作会议召开。市地方志办公室副主任张恒彬、区政府副区长司马红出席会议。各单位主管年鉴工作的领导、组稿人及年鉴编辑部成员共200余人参加会议。会议总结上年全区年鉴工作，安排部署年内工作。12月，《北京西城年鉴（2017）》编纂出版，系统记述上年辖区内自然、政治、经济、文化和社会的发展变化过程。该书由200个单位参加编写，其中区属单位158个、辖区单位52个。全书107万字，一级栏目21个、二级栏目105个、三级栏目196个、条目2570条、特载9篇、专文2篇、大事记144条、表格28张、图片133张。

（郝慧芳）

【地名志地名典编纂工作】 4月28日，市志办召开《北京市地名志》《北京市标准地名词典》编纂工作部署会，对全市地名志地名典工作做了部署。5月，西城区成立以区政府副区长、区地方志编委会副主任司马红为主任的区地名志编委会，区史志办、区规划分局、区民政局的领导为副主任，区相关委办局和街道办事处领导为成员，由区史志办组织协调编纂工作。成立地名志和地名词典专家组，明确地名志主编和执行主编、副主编。6至7月，制定地名志和地名词典编纂工作方案。8月12日，区政府办（西政办〔2017〕9号）文件形式印发编纂工作方案，明确指导思想、基本原则、目标任务、工作安排、经费保障和编纂要求。9至11月，拟定地名志提纲和编纂细则，明确篇目框架、收录范围和编写要求。

（郝慧芳）

【向《北京年鉴》供稿】 6月，根据市志办要求，区史志办完成向《北京年鉴》

供稿工作，撰写区情9200余字，其中组稿“北京金融街”1500余字。客观反映辖区政治、经济、文化、社会等各方面发展变化概貌；突出疏解非首都功能、服务国家金融改革和“一带一路”建设、提升核心区品质等及区域内科教文卫方面的发展建设等情况。

（郝慧芳）

【参与北京市年鉴互审】 9月，参与市年鉴互审工作，审改《北京市大兴年鉴（2017）》《北京市朝阳年鉴（2017）》稿件，共计30万字，并参加市志办组织的讨论会。

（郝慧芳）

【区地方志编纂委员会扩大会召开】 9月18日，西城区地方志编纂委员会扩大会暨第二轮志书复审会召开。市地方志办党组书记、主任陈玲，党组成员、副主任张恒彬，区委副书记、区长、区志编纂委员会主任王少峰出席会议。市志办区县指导处领导、区地方志编纂委员会成员、区志编辑部成员共120余人参加。会议通报近年来全区二轮修志工作情况，安排部署志书复审的相关工作。王少峰对区志编纂工作提出要求：提高政治站位，不断强化完成二轮修志工作的使命担当；加强统筹协调，以首善标准扎实推动志书复审工作，打造精品佳志；持续推动史志事业繁荣发展，通过挖掘、整理和研究，把静态的历史文化转变为动态的人文活动，把深藏于民间的历史资源和文化精髓融入西城大文化建设中。

（郝慧芳）

【推进中国名镇志工程】 年初，通过调研、走访对街道系统进行业务指导。根据市志办专家组意见，《北京天桥志》作为西城区首部基层中国名镇志文化工程项目。6月9日，《北京天桥志》编纂启动会在天桥街道办事处召开，市地方志办公室、区史志办，天桥街道工委办事处等单位领导和志书编修团队参加会议。之后，区志办邀请专家学者对篇目进行研讨，提出修改意见，完成篇目（初稿）的拟定工作，并上报至中国地方志指导小组办公室。至年底篇目通过审核，志书进入收集整理资料阶段。

（郝慧芳）

【京剧口述史资料整理】 年初，京剧口述史资料征集工作启动。之后拟定工作方案，以辖区内5位京剧世家后人（盛、世、元、韵四科传承人）的鲜活故事为载体，记录与西城紧密联系的乡情乡音。截至年底，完成3期口述采访，整理口述资料5万余字，影像、图片100张。

（郝慧芳）

【二轮修志工作】 年内，区志编辑部按照年度工作计划，及时召开区志编辑部工作会议，坚持工作例会制度，分编负责、集中讨论，修改志稿，为提交复审稿做准备。10月12日，《西城区志》通过市志办专家组复审。全书31编，图片200余张，总字数90万字。评审小组认为志稿结构完整，记述规范，较好反映了二轮断限内西城区政治、经济、文化、社会等方面的地域特点和时代特点。同时指出志稿目前存在的问题，包括调整部分篇目、精选图照，规范统计表和图注，规范概述大事记行文，补充部分资料，进一步精简文字等方面。11月14日，《宣武区志》通过复审稿评议会。全书29编，图片150余张，总字数90万字。评审小组认为复审稿结构完整、内容丰富、严谨规范、著述性强，充分反映了原宣武区十几年改革发展的情况，符合区域实际。同时指出志稿存在各编的分类排序不规范、某些章节结构安排不恰当、图照不够精选全面等问题。复审会后，区志编辑部针对评审专家组意见分别组织召开专题会，认真梳理意见建议，有针对性地修改完善。至年底，两部志书编纂进入复审稿修改阶段。

（郝慧芳）

【方志馆建设筹备与地情资料室建设】 年初，依据北京市“十三五”规划中关于建设各级方志馆的规定，区史志办着手依托正在规划建设的区档案馆建设西城方志馆。拟定《关于建设西城方志馆的方案》，于3月中旬报送区政府并获准通过。进一步充实地情资料室文献。通过征集、购买、交换等方式新增各类资料500余份、书籍400余册。完善地情资料室的检索服务功能，规范管理，全年提供辖区单位及社会公众查阅检索服务30余人次。

（郝慧芳）

【缅怀先烈主题活动】 为纪念李大钊就义90周年，联合北京李大钊故居管理处开展“缅怀革命先烈，传承红色基因”主题活动。3月28日举行“清明时节，走进故居，缅怀先烈”活动，邀请李大钊后代、李大钊研究专家、机关干部、部队战士、中学生等50余人走进故居，缅怀先烈。4至8月，先后在河北省高碑店市第二中学、天津美术学院、北京八中等7个单位举办“李大钊在京津冀的光辉足迹”巡展，共5000余人次参观。

（阮珍珍）

【党史宣传月工作】 根据市委党史研究室统一要求，党史宣传月分为迎接党的十九大召开、学习宣传党的十九大精神两个阶段。6月16日，区史志办与区委宣传部、区文化委员会联合在西城区文化中心承办北京党史宣传月开幕式，同时举办“牢记嘱托，砥砺奋进——党的十八大以来北京发展纪实”和“践行红墙意识，推动转型发展——党的十八大以来西城发展纪实”主题展览。宣传月期间在机关、街道巡回展出，受众约1万人次。12月10日，在区文化中心小剧场举办“红领巾讲红故事·好少年学好传统——学习宣传贯彻党的十九大精神西城党史文艺巡演启动仪式”，市委党史研究室、西城区委领导，区史志办、区委教工委等单位领导干部及教师、学生、家长代表130余人参加活动并观看演出。巡演启动后，小分队走进机关、军营、社区、公益组织开展巡回演出10余场，近5000人次观看。

（阮珍珍）

【史志文艺宣传队伍建设】 创新史志宣教形式，“换个主语讲党史”，联合区文明办、区委教工委在全区小学生中开展“红领巾讲红故事·好少年学好传统”主题教育活动。依托西城史志文艺宣传队师资力量，征集、创作、排练《习大大视察来我家》《十九大精神放光芒》等朗诵、曲艺、戏曲表演节目35个，通过比赛选拔优秀节目和小演员，组建“西城区史志文艺宣传小分队”，开展史志文艺宣传

"六进"活动。

（阮珍珍）

【服务基层党建活动】 年内，结合庆祝建党、建军，纪念全民族抗战爆发80周年等重要时间节点，深入街道社区、区图书馆、驻区武警部队等单位，举办"名人之后话名人——我的祖父李大钊"等5场史志宣讲、党史知识问答、"铭记历史，继续前进——抗战中的西城史料展"、"党史文艺进军营，共叙浓浓鱼水情——纪念建军90周年文艺演出"，近2000名干部群众、武警官兵参与。

（阮珍珍）

【制作红色文化游戏棋】 服务全国文化中心建设和历史文化名城保护中心工作，深入挖掘区内党史、地情资源，制作西城区"红色足迹·文化之旅"游戏棋。该产品收录区域现存的革命遗迹遗址、名人故居、王府、纪念馆等52个参观点，正面绘制一条始于"建都纪念阙"终于"蓟城纪念柱"的线路图，背面辅以图文介绍。游戏棋面向全区小学生、社区居民发放。

（阮珍珍）

【拓展史志宣传阵地】 巩固专业媒体阵地，在《北京党史》《北京支部生活》等刊物上发表《西城区强化红墙意识，落实全面从严治党新方略》等18篇；参与制作电视节目，6至7月配合北京电视台录制"红色京津冀"栏目之"走入百花深处""鲁迅住所"等4辑节目；强化新媒体应用，利用"西城史志网""北京西城"微信公众号等新媒体平台，发表、转载41篇文章，报送42条信息，其中10条被中国共产党历史网采用；拓展信息传播渠道，邀请北京电视台、今日头条、千龙网、《北京日报》等15家媒体报道西城史志宣传活动50余次，千龙网、北京时间网络直播2次，点击量13万余人次。

（阮珍珍）

【地方志宣传工作】 1月18日，西城区纪念《地方志工作条例》颁布11周年系列宣传活动在天桥街道举办。区史志办、天桥街道天桥社区干部及社区居民100余人参与。系列活动自上年11月4日始，陆续在金融街、展览路、天桥等5个街道开展。年内，根据区地方志工作进度开展地方志宣传工作，制作西城区地名志宣传展板，编辑《地方志工作信息》12期并上传至区史志网，向市志办报送信息6条。

（郝慧芳）

纪检　监察

【概况】 中共北京市西城区纪律检查委员会、北京市西城区监察委员会，实行一套工作机构、两个机关名称，按照地域管辖和分级负责原则，承担西城区党内纪律检查和国家监察职能，具体履行监督、执纪、问责和监督、调查、处置职责。下设办公室、组织部、宣传部、研究室、案件监督管理室、党风政风监督室、信访室、案件审理室、第一至第九纪检监察室、机关党委、区委巡察办、反腐倡廉宣传教育信息中心（事业单位）和纪律审查保障中心（事业单位）。派驻区级党和国家机关纪检监察机构20个（不含法、检），派出区直机关工委和各街道工委纪检监察机构16个。机关编制143名，派驻编制101名，事业编制13名。纪检监察工作的主要职责是负责贯彻落实党中央、市委和区委关于纪律检查工作的决定，严明党的纪律，全面履行党章赋予的职责，维护党的章程和其他党内法规，检查党的路线、方针、政策和决议的执行情况，协助区委加强党风建设和组织协调反腐败工作；监察委员会履行维护宪法和法律，依法监察公职人员行使公权力情况，调查职务违法和职务犯罪，开展廉政建设和反腐败工作，履行监督、调查、处置职责。对公职人员依法履职、秉公用权、廉洁从政从业及道德操守情况进行监督检查。对涉嫌贪污贿赂、滥用职权、玩忽职守、权力寻租、利益输送、徇私舞弊以及浪费国家资财等职务违法和职务犯罪进行调查。依据相关法律对违法公职人员作出处分决定；对在行使职权中存在的问题提出监察建议；对履行职责不力、失职失责的领导人员进行问责；对涉嫌职务犯罪的，将调查结果移送检察机关依法提起公诉；对党和政府行政机关执行党和国家政策、法律法规的情况以及党政领导干部履行职责和行使权力进行监督，监督检查作风建设规定、廉洁自律规定执行情况，督促落实党风廉政建设责任制并实施责任追究，开展巡察监督，负责作出关于维护党纪政纪的决定；检查和处理区级机关各部门、各街道和区委管理的党员领导干部违反党的章程和其他党内法规的案件，并可直接受理和查处下级纪检机构管辖范围内的案件，决定或取消对这些案件中党员的处分；受理对党组织和党员违反党纪行为的检举和党员的控告、申诉，保障党员的权利；负责区委工作部门、区委批准设立的党组（党委），下一级党委、纪工委等党组织和区管干部违反党的章程和其他党内法规的比较重要或复杂案件的初核、审查并提出处理建议；负责对履行职责不力、失职失责的党组织和党员领导干部及其他领导人员的问责调查，参与事故、事件中涉及的监督对象违纪违法行为和需要问责情形的调查，并提出处理建议；负责依法调查公职人员涉嫌贪污贿赂、滥用职权、玩忽职守、权力寻租、利益输送、徇私舞弊以及浪费国家资财等职务违法和职务犯罪行为，并提出处理建议；负责组织协调党风廉政建设和反腐败教育工作，开展对党员、公职人员的党章党规党纪教育、党性和廉洁自律教育，深入开展警示教育，组织协调廉政文化建设及纪检监察电化教育工作；负责对纪检监察工作重大理论和实践问题进行调查研究，参与制定或修订纪检监察规章制度，参与起草制定区内党风廉政建设相关规定和实施意见等工作；承担北京市反腐败协调小组国际追逃追赃和防逃工作办公室有关职责；负责区纪委区监委机关和派驻纪检监察组、纪（工）委、监察组的组织机构建设和干部队伍建设。按照干部管理权限，会同有关部门，负责相关纪检监察干部的提名、考察、任免工作；承办市纪委市监委、区委授权和交办的其他事项。年内，全区纪检监察组织牢固树立政治意识、大局意识、核心意识、看齐意识，坚决维护习近平总书记在党中央和全党的核心地位，坚决维护党中央权威和集中统一领导，以迎接服务党的十九大和学习贯彻党的十九大精神为主线，紧紧围绕党的领导、党的建设、全面从严治党，着力推进监察体制改革试点工作，持之以恒改进作风，坚定不移惩治腐败，始终把纪律挺在前面，坚定履行监督执纪问责和监督调查处置职责，党风廉政建设和反腐败工作取得明显成效。

地址：西城区西直门南大街6号国二招宾馆北楼

邮编：100035

电话：83926110

（李天恩）

【区纪委第十二届二次全体会议】 2月14日，区纪委第十二届二次全体会议举行。会议深入贯彻落实党的十八届六中全会和中央纪委七次全会精神，按照市纪委六次全会、区委二次全会的工作部署和要求，总结2016年纪律检查工作，部署2017年任务。全会审议通过区委常委、区纪委书记王鹏代表区纪委常委会所作的《提高政治站位　忠诚履职尽责　以首善标准推动全面从严治党向纵深发展》的工作报告和区纪委全会决议。全会号召，全区各级纪检监察组织要更加紧密地团结在以习近平为核心的党中央周围，在市纪委和区委的正确领导下，不忘初心、继续前进，开拓创新、奋发有为，为西城区在北京建设国际一流的和谐宜居之都进程中走在前列提供有力保障。

（李天恩）

【推动管党治党责任落实】 年内，持续加强对党风廉政建设情况的监督检查，健全述职述责、谈话教育、签字背书、检查考核等压力传导机制，建立健全清单化明责、痕迹化履责和台账化记责工作机制，推动区级层面和全区各单位落实责任。制定派驻纪检监察组、街道纪工委、社区纪检专员、区属国有企业纪检监察机构监督责任重点任务清单，规范履职履责行为，实现监督责任清单全覆盖。制定派驻纪检监察组考核评价办法，通过发挥绩效考核的激励促进作用，提高各派驻机构的监督效能。起草实施问责条例的程序规定，规范细化问责案件的启动、审批、调查、处理等流程，实施问责20起，给予党政纪处分13人，诫勉谈话7人。

（李天恩）

【学习贯彻党的十九大精神】 年内，将学习贯彻党的十九大精神作为首要政治任务，举办“西城区纪检监察系统学习贯彻党的十九大精神专题培训”和“西城区纪检监察干部能力素质提升班”，做到培训全员覆盖，纪检监察干部用习近平新时代中国特色社会主义思想武装头脑、指导实践、推动工作的能力不断提高。深入开展十九大精神宣讲活动，用多种形式促进十九大精神入脑入心。

（李天恩）

【正风肃纪工作】 年内，持之以恒正风肃纪，对隐形变异问题深挖不放、露头就打，对执纪审查对象存在“四风”问题的，坚持先于其他问题查处和通报，坚决防止不正之风反弹回潮。紧盯重要时间节点，深入辖区大型超市、专卖店、饭店等商业场所，对财务票据、购物卡券的发放情况进行核查，对被监督单位公车封停、食堂使用、值班值守、窗口工作人员履职等情况进行突击检查。共查处违反中央八项规定精神案件14起，给予党政纪处分7人，诫勉谈话7人。

（李天恩）

【党风廉政宣传教育】 年内，在主流媒体刊发新闻报道100余篇，在15个街道打造各具特色的“一街一品”廉洁文化教育品牌，在首都博物馆举办《清风正气贯古今——西城廉洁文化展》，开通“廉洁西城”微信公众号，扩大了廉洁文化的影响力。在“西城纪检监察网”等平台，通报典型案件9起，涉及18人，持续增强警示教育的震慑力。

（李天恩）

【信访监督和案件查处】 把握运用监督执纪“四种形态”，着眼政治生态治理，开展“线索大起底”工作，对160件未办结及暂存的问题线索进行集中梳理，重新研究处置方式，减少线索存量，实现问题线索“零暂存”。建立信访举报和问题线索发现及受理机制、快速办理机制、线索排查协调机制、闹访缠访处理机制，实现信访件“一站受理、联网对接、协同办公、亮灯督办”。年内，全区纪检监察组织共接受信访举报739件（次），受理问题线索439件，初核127件，立案70件，结案87件，给予党政纪处分72人，其中处级18人，科级及其他54人，涉嫌职务犯罪移送司法机关提起公诉5人。

（李天恩）

【统筹推进监察体制改革试点工作和纪律检查体制改革工作】 4月13日，召开西城区监察委员会成立大会，正式组建区监委，与区纪委实现合署办公。按照“执纪监督、执纪审查分开”的要求，组建3个执纪监督室和6个执纪审查室，强化日常监督，规范审查调查，实行信访举报一口受理、问题线索统一管理。制定贯彻落实北京市纪检监察机关监督执纪工作规则工作要点和流程图，建立留置场所协调保障机制、典型案件查处和警示教育衔接机制，健全案件监督管理部门统筹审查（调查）工作对外协调机制，规范执纪审查（调查）措施审批程序，初步建立起一套规范、有效的调查程序和司法程序衔接转换机制。在全市率先全面试用12项调查措施，办理4起留置案件，实现以“留置”取代“两规”。将派驻机构统一更名为派驻纪检监察组并赋予相应监察职能和权限，向街道派出监察组，进一步扩大监察范围，监察对象由改革前的5200余人增加到48500余人。深化组织创新和制度创新，探索社区纪检专员工作模式，全区43%的社区已设立纪检专员，在金融街集团、华远集团、天恒置业、广安控股等区属国有企业设置专职纪委书记，确保纪检监察工作无盲区、无死角。

（李天恩）

【巡察工作】　根据区委巡察全覆盖五年规划，先后抽调28名干部，按照“职业＋专业”的模式成立4个巡察组，在全市率先开展巡察工作，并在市委巡视巡察工作会议上介绍了经验。坚持政治定位，找准巡察重点环节的着力点，制定并试行“3+1”巡察内容清单和工作规范，构筑全链条全流程巡察模式。探索并实行整改情况全面报告、重点问题专项报告的“双报告”制度和巡察结果向社会通报、向主管区领导通报、向同类型单位通报的“三通报”制度，最大限度巩固运用巡察成果。以“发现问题、形成震慑，推动改革、促进发展”为主要任务，分4批对20家区属单位进行巡察监督，共发现问题530条。对巡察发现的问题，督促被巡察单位对照反馈意见，及时制定整改方案，明确具体措施和责任人，限期整改。根据巡察发现的问题和案件线索，整改问题95条，健全完善制度35项，立案8件，给予纪律处分4人，调整处级干部3人，促进了责任落实和标本兼治，推动中心工作顺利开展。

（李天恩）

民主党派　工商联

民革西城区委员会

【概况】　中国国民党革命委员会北京市西城区委员会（简称民革西城区委），下设6个专门委员会（祖国统一和平促进委员会、社会和法制委员会、经济委员会、老年妇女和青年委员会、教科文卫体委员会、人口资源环境委员会）。有区委委员23人，其中主任委员1人，副主任委员4人，秘书长1人。截至年底，有党员1024人，支部32个。党员中有全国人大代表1人，全国政协委员2人；市人大代表2人，市政协委员6人；区人大代表3人，区政协委员21人；民革中央委员3人，民革市委委员13人（其中主委1人、常委3人、委员9人）。国家特约工作人员1人，市特约工作人员4人，区特约工作人员10人，民革中央和民革市委专委会委员70人。

地址：西城区牛街20号楼301、302室

邮编：100054

电话：8349089

（魏　威）

【参政议政】　年内，民革西城区委围绕中共西城区委、区政府的中心工作和区域发展的全局性、战略性问题，组织广大党员参加多种形式的参政议政会议。民革西城区委参加区政协召开的议政会1次、中共西城区委统战部召开的双月政党协商会5次。各专委会撰写调研报告7篇：《发挥首都文化中心地位，推动民办教育促进法地方实施细则的调研报告》《婚姻法24条调研报告及建议》《加强西城区静态交通治理工作的几点建议》《发挥名校的辐射作用，促进教育均衡发展》《关于进一步加强公共文化服务体系建设中安全管理的提案》《一带一路战略对我国金融业的挑战与机遇》《关于西城区实现人口规模调控目标综合施策的思考》。在中共西城区委统战部党派调研报告评选中，《关于西城区实现人口规模调控目标综合施策的思考》及《发挥首都文化中心地位，推动民办教育促进法地方实施细则的调研报告》获得二等奖。全年向西城区政府、中共西城区委统战部及民革市委等相关部门报送意见和建议类信息共计222篇，其中35篇被民革北京市委采用，8篇被民革中央采用，2篇被市政协采用，2篇被全国政协采用。编写《西城民革》刊物4期。年底，民革西城区委按照《民革西城区委信息、调研表彰办法》，评选出信息工作优秀支部10个，信息工作先进个人10名，参政议政先进个人14名。年内，在政协西城区第十四届二次全会上提交《关于西城区实现人口规模调控目标综合施策的思考》和《发挥名校的辐射作用，促进教育均衡发展》2篇党派提案。

（魏　威）

【思想建设】　3月，组织区委委员、支部主委参加民革市委两会精神传达会。10月，组织　90余名党员参观“砥砺奋进的五年”大型成就展，号召全区党员浏览网上展馆。11月，组织44名区委委员和支部主委参加民革北京市委学习中共十九大会议精神培训班。11月，组织33名骨干党员参加中共西城区委统战部、西城区社会主义学院举办的学习宣传贯彻落实十九大精神系列宣讲会。12月，举办学习中共十九大精神和北京市总体规划报告会，80余名党员参加。

（魏　威）

【组织建设】　3月，6个专委会分别召开工作会，为第二届专委会委员颁发聘书。3月，组织20名党员参加中共西城区委统战部举办的2017年第一期民主党派新成员培训班。7月，民革北京市委第十三次代表大会召开，13名西城区民革党员当选为民革北京市第十五届委员会委员。8月，举办2017年度上半年新党员培训班。12月，民革中央第十三次全国代表大会召开，3名西城区委民革党员当选为民革中央第十三届委员会委员。12月，按照民革中央和民革北京市委要求，申报民革党员之家1处。年内，民革西城区委新发展党员34名，转入党员3人，转出1人，去世党员4人。

（魏　威）

【社会服务】　4月，民革西城区委联合北京市西城区社区文明推进协会书香驿站，共同组织“牵手地球日，共

筑未来梦”公益捐赠活动。5月，祖统专委会慰问北京市盛基艺术学校的藏区贫困孤儿。6月，民革西城区委班子成员两次跟随中共西城区委、区政府领导赴河北省张家口市阜平县考察精准扶贫工作，提供对口帮扶资源线索66项。11月，与牛街街道和展览路街道两个共建单位共同举办“妇科常见病防治讲座”。

（魏　威）

【纪念活动】 8月，举办庆祝中国人民解放军建军90周年观影活动，组织110余名党员观看影片《建军大业》。9月，选派4名新党员组成代表队参加民革北京市委“不忘合作初心，继续携手前进——纪念民革成立70周年”知识竞赛选拔赛，获得初赛团体第一名、决赛团体第二名。9月，组织10余名党员参加“纪念抗战胜利72周年”抗战文物及音乐作品捐赠仪式，参加民革北京市委向抗战英烈敬献花篮仪式。9月，祖统专委会举办“牢记历史，不忘国耻”纪念“九一八”事变86周年暨与民革重庆市祖统专委会委员座谈活动。

（魏　威）

民盟西城区委员会

【概况】 中国民主同盟北京市西城区委员会（简称民盟西城区委），下设组织部、宣传部、调研部、社会服务部、统战理论研究室、教育委员会、文化艺术委员会、科技委员会、金融经济委员会、医疗卫生委员会、妇女委员会、青年委员会、老龄委员会。截至年底，有盟员2260人，基层委员会1个，支部70个。区盟员中有第十二届全国人大代表1人；第十二届全国政协委员5人，其中常委3人。第十五届市人大代表2人，其中常委1人；第十三届市政协委员3人，其中常委1人。第十六届区人大代表7人，其中常委1人；第十四届区政协委员22人，其中常委6人。第十二届民盟中央委员7人，其中常委2人。第十二届民盟北京市委委员10人，其中副主委1人，常委1人。在西城区政协十四届一次全会上提交民盟党派提案2件，界别提案6件，街道联组提案2件；提交委员个人提案19件，提交提案委员人数39人次；完成2个党派提案的答复办理工作。在西城区政协十四届一次全会上提交的《关于保护与利用什刹海水文化遗产的建议》获2017年度党派团体优秀提案。

地址：西城区牛街20号楼3层

邮编：100053

电话：83495372　83490227

（宋小华）

【参政议政】 年内，民盟西城区委参加中共西城区委和区政府召开的重大问题协商会3次、议政会1次、双月座谈会3次。在“深入推进科学治理、全面提升发展品质”议政会上，民盟西城区委做题为《关于建立保险保障制度，实现精准扶贫救助的几点建议》的发言。完成《关于改善北京西城文保区四合院人居环境的调研报告》《发挥商业保险功能，实现西城区精准扶贫与帮扶的调研》《关于西城区老字号现状及发展的调研》《“开墙打洞”的违法性及治理对策的思考》《关于破解西城区国企改革资本协同及国资收益难题的调研》《关于京津冀地区处置垃圾焚烧飞灰的调研》6篇调研报告。截至11月，区盟员提供社情民意信息105篇。《关于改善北京西城文保区四合院人居环境的调研报告》获2017年度西城区民主党派优秀调研成果一等奖。

（宋小华）

【组织建设】 年内，民盟西城区委发展新盟员68名，其中男37人，女31人，平均年龄38岁；中央、市属及区属单位人数分别为45、20、3人；研究生以上学历40人，占58.8%；中高级职称33人，占48.5%。调入盟员1名，调出盟员21名，退盟3名，死亡7名。对7个基层支部进行换届调整，选举一批年轻盟员担负主委职责。

（宋小华）

【思想建设】 9月16日，举办全委（扩大）会暨秋季培训班，向广大盟员传达和学习中央、北京市、西城区的最新精神和动态；17日，组织40余名盟员就“京津冀协同发展建设美丽乡村”赴保定易县调研。10至11月，组织骨干盟员赴福建宁德进行异地培训，主题为“不忘合作初心，继续携手前进——爱党爱国爱盟”。11月，召开二届六次全委（扩大）会议暨学习中共十九大会议精神报告会，邀请中共北京市委党校马克思主义理论研究中心研究员谢天成作《建设国际一流的和谐宜居之都——深入学习贯彻中国共产党第十九次全国代表大会精神》主题报告。二届九次主委会议，集体学习习近平总书记7月26日在省部级主要领导干部专题研讨班上的重要讲话精神；学习7月24日蔡奇到民主党派市委调研时的讲话精神；8月1日蔡奇到市委统战部调研时的讲话精神；学习齐静在全市统战系统领导干部会议上的讲话精神。二届十次主委会议，组织班子成员集体学习中共十九大会议精神。二届十一次主委会议，集体学习民盟第十二次全国代表大会精神。组织区盟员参加民盟市委与中共西城区委统战部组织的专题报告会、讲座以及座谈会等学习实践活动。全年出版《西城盟讯》4期，开设“学习十九大”“西城动态”“培训心得”“文化广角”等栏目，共刊登盟员稿件30余篇。

（宋小华）

【自身建设】 全年组织召开主委会议6次，全委（扩大）会议3次，四部一室八委分别召开工作会或组织活动1—8次，组织新盟员35人参加区委统战部新成员培训班1次；新盟员50人参加盟市委新盟员培训班2次，11人参加盟市委组织的中青年骨干培训班，14人参加盟市委举办的参政议政培训班，10人参加区委统战部组织的中青年骨干培训班。组织50名盟员代表参加盟市委换届大会。

（宋小华）

【社会服务】 2月、9月，走访慰问金融街宏汇园社区2户贫困残疾家庭，为他们送上生活必需品和节日的祝福；3月，盟区委跟随盟中央、盟市委赴黔西南州兴义市出席第五届“中国美丽乡村·万峰林峰会”开幕式，助推黔西南“星火计划、科技扶贫”试验区发展；5月，赴黔西南州兴义市开展第五届“中国美丽乡村·万峰林峰会”系列活动之“民盟名师大讲堂”，并与兴义三中签订合作共建协议；6月，在北京启喑实验学校举办“送科技进校园”活动；同月，组织部分盟员走进西城区司法局阳光中途之家参加“司法行政开放日”活动；7月，在黔西南兴义三中开展赠书和支教活动；继续开展“烛光行动·千校计划”，北京四中网校在民盟中央的指导下向全国1000所学校捐赠《北京四中数字化校园平台》。

（宋小华）

民建西城区委员会

【概况】 中国民主建国会北京市西城区委员会（简称民建西城区委）下设组织部、宣传部、参政议政部、信息部、社会服务部、会员服务部、会员培训部，专委会21个，工作委员会2个，学会1个。截至年底，民建西城区委共有委员25人，其中主委1人、副主委7人、秘书长1人。支部19个，其中综合性支部16个，单位支部3个，会员2326人。会员中有全国政协委员2人；市人大代表3人，其中常委1人；市政协委员13人，其中常委3人；区第十六届人大代表6人，其中常委1人；区第十四届政协委员37人，其中副主席1人、常委6人。

地址：西城区牛街20号楼304室

邮编：100053

电话：83490530

（李　鹏）

【参政议政】 年内，民建西城区委围绕中共西城区委、西城区政府中心工作开展调研活动。完成《使用互联网+构建首都核心区智慧便利店体系协助人口疏解的思考》《关于加快西城区居家养老服务体系建设的建议》《关于疏解非首都核心功能的城市治理研究的讨论》等调研报告12篇。经政协北京市西城区第十四届委员会常务委员会第六次会议审议通过，《关于西城区地下空间整治促进疏非控人的建议》获评2017年度优秀党派团体提案，《关于发挥金融优势加速西城区构建高精尖产业结构的建议》《关于疏解城市功能的同时要关注民生需要的建议》《关于扎实推进城市“双修”工作，提升大栅栏地区宜居宜业品质的建议》《关于加强城市道路建设增加渗水路面的建议》获得2017年度优秀委员提案。在2017年度西城区民主党派工作会上，《关于加快西城区居家养老服务体系建设的建议》《充分利用西城区工业遗存　打造文化创意产业园》被中共西城区委统战部评为2017年度西城区民主党派优秀调研成果一等奖。民建西城区委共收集社情民意信息130余篇，报送108篇，17篇信息被民建中央、北京市政协、民建北京市委等单位采纳。

（李　鹏）

【思想建设】 年内，民建西城区委组织各支部学习中共北京市第十二次代表大会精神、中共十九大精神、民建十一大精神，各支部跟进举办座谈、讲座等形式的主题学习活动。全年，共有1000余人次参加中共北京市委统战部、民建北京市委、中共西城区委统战部、民建西城区委组织的民主党派基层骨干培训班、新会员培训班、信息员培训班。

（李　鹏）

【组织建设】 年内，民建西城区委发展会员87人，平均年龄38岁。从其他地区转入西城15人，从西城转出13人，去世7人。西城区59名代表参加民建北京市第十一次代表大会，大会选举产生了中国民主建国会北京市第十一届委员会。向中共西城区委统战部推荐西城区新的社会阶层代表人士联谊会第二届理事会理事8人。向民建北京市委第十一届专委会推荐成员近100人。

（李　鹏）

【议事工作】 年内，民建西城区委召开6次主委会、4次全委会，研究议定工作方案、专委会人员调整、人才推荐等重要事项。

（李　鹏）

【社会服务】 年内，民建西城区委携手大栅栏街道举办“公益行——捐资助学”活动，连续5年为大栅栏辖区内4名困难学生提供助学金；赴厂桥派出所慰问一线民警，组织医药卫生界会员为民警作健康体检；与区文化委签署合作框架协议，致力于提高西城区公共文化服务品质；同西城区卫计委、文化委共同启动“非物质文化遗产代表性传承人健康计划”，为全区55岁以上代表性传承人实施健康体系建设工作；组织医疗卫生专家在江苏省东台市人民医院开展义诊活动，惠及群众近500人；组织医疗卫生专家在山西省河曲县开展义诊活动，并组织企业家会员考察当地农业生产情况，拟建立绿色农产品供销关系。

（李　鹏）

民进西城区委员会

【概况】 中国民主促进会北京市西城区委员会（简称民进西城区委）下设组织部、宣传部、社会服务部、议政调研部、初高等教育专委会、幼小教育专委会、社会法制专委会、医药卫生专委会、统战理论专委会、经济金融专委会、文化传媒专委会、企业联合会、青年委员会、老龄工作专委会、政府协会特约专委会。有主任委员1名、副主任委员7名，秘书长1名，委员23名。截至年底，有基层支部48个，会员1345人。区会员中有全国人大代表1人，全国政协委员1人；市政协委员2人；区人大代表4人，区政协委员21人；国家监察部特约监察员1人；市特约工作人员5人；区法院人民陪审员5人，区政协明察暗访工作小组成员2人。年内，民进西城区委切实加强自身建设，不断提高履职水平，紧紧围绕首都和区域发展重点，扎实推进并完成全年各项工作。民进西城区委被民进北京市委评为“参政议政优秀组织一等奖”“社会服务工作先进集体”“思想宣传工作先进集体”，1人被评为民进北京市委参政议政先进个人。

地址：西城区牛街20号305、306室

邮编：100053

电话：83495331　83495076

（胡　楠）

【参政议政】 年内，民进西城区委派员参与区“深化教育体制改革，促进教育均衡发展”协商会、“加强背街小巷环境综合整治提升”专题协商会并作主题发言；在西城区政协和中共西城区委统战部召开的“深入推进科学治理　全面提升发展品质”专题议政会上，以《关于建立社区养老服务志愿者驿站　推进健康西城品质提升的建议》为题进行大会发言。民进西城区委在政协北京市西城区第十四届委员会第一次会议上提交《关于推动西城区学区制建设的建议》《完善

科学运动服务体系　提升健康西城工作优势》2件党派集体提案，其中《关于推动西城区学区制建设的建议》被评为优秀提案。年内，3位政协委员参与的团体、联组提案获得优秀奖，4位政协委员提案获得个人优秀提案奖。专委会组织课题组成员在全面把握区情基础上，有针对性开展调研活动，共提交《西城区中小学法制教育现状调研》《智慧社区APP治理》等11篇调研报告，其中向民进北京市委提交的《北京市推进“PPP”模式存在问题及对策研究》《关于京津冀职业教育协同发展现状的调查》《北京市绿色金融发展建议》《建设书香校园　促进全民阅读》《门诊患者对北京市新医改认识和态度的调查》《课后托管情况调查研究》《京津冀生态环境调研报告》7篇获奖。向西城区委统战部提交的《以工匠精神打造和谐宜居之都》获一等奖，《建设书香校园　促进全民阅读》获二等奖，《校外托管机构现状调研》《门诊患者对北京市新医改认识和态度的调查》《关于京津冀职业教育协同发展现状的调查》《北京市面向老年人群的养老模式探讨》4篇获三等奖。民进西城区委立项课题《新时期民进基层组织发展面临的问题与对策研究》被北京社会主义学院收入调研成果文集。民进西城区委向民进北京市委和中共西城区委统战部报送信息210余条，被采用、采纳110余条。其中《注重家庭文化建设，建立家庭教育课程》《关于推进京津冀教育协同发展》提交全国政协，《提高PPP项目含金量，发挥首都PPP项目的创新示范效应的建议》获得市领导批示，《北京市推进“PPP”模式存在问题及对策研究》被民进中央采用，《关于京津冀职业教育协同发展现状的调查》《关于限制食品中添加反式脂肪酸含量的建议》被民进市委采用。年内，向民进北京市委提交77份建议案。

（胡　楠）

【组织建设】　年内，民进西城区委新增补副主委1人，成立企业支部。发展新会员33人，其中大学以上学历33人，占100%；中高级职称职务18人，占54.5%；教育、文化、出版界12人，占36.4%，医卫界4人，占12.1%，科技、经济、政府机关、新阶层及其他人士17人，占51.5%；平均年龄38.2岁。调入1人，调出1人，去世3人。

（胡　楠）

【思想建设】　3月，参与中共西城区委统战部召开的党派工作会。7月，举办2017年暑期培训班。10月，举办“同心同德　歌唱祖国——民进西城区委庆祝教师节、国庆节、中秋节”联谊会。年内，参加中共北京市委统战部、市社院举办的区级组织负责人培训班；组织区委委员参加中共西城区委统战部举办的民主党派区委委员培训班、政党协商会；组织委员、支部主任、骨干会员参加民进中央、民进北京市委、中共西城区委统战部等组织的“两会”精神座谈会、学习十九大会议精神报告会、台湾形势讲座、统战大讲堂、学习实践活动经验交流会、京津冀一体化信息交流会、五年规划座谈会、“党外人士大家谈”座谈会、“砥砺奋进的五年”大型成就展活动等。全年召开3次全委（扩大）会。截至12月底，参加培训活动共455人次。全年出版《西城民进》6期。

（胡　楠）

【社会服务】　年内，民进西城区委设立社会服务部和企业联合专委会，创新社会服务工作模式，打造社会服务品牌，扎实有序推进社会服务工作。2月，在北京市西直门社区举办“汉字的笔画”公益讲座；联一支部和医卫支部联合开展“尊老敬老”活动，向什刹海华方养老照料中心捐赠图书。3月，举办庆“三八国际妇女节”插花讲座、少儿书法绘画培训班。5月，邀请内蒙古乌兰察布市商都县教育局到康乐里小学、北京市回民学校开展友好交流活动，并与内蒙古乌兰察布盟教委签署“教育对口帮扶协议”；组织庆“六一”儿童节烘焙活动；区委与社区卫生服务中心对接开展服务、培训工作。6月，区委与天堂河戒毒所开展“6·26戒毒日”活动；与北京市青少年创新学院联合主办“西城区模拟政协活动”；与浙江衢州民进开展友好交流活动；医卫支部组织会员赴新疆义诊，并与乌鲁木齐民进开展友好交流活动。7月，组织4名正高、副高级教育专家到贵州黔西南进行教师培训。8月，举办“庆祝建军90周年”电影招待会；在北京市西便门东里社区举办儿童《七步作文法》讲座；参加与张北、阜平对口支援对接会，捐赠药品30万元。9月，慰问师大附中支部会员；组织在职、退休教师参加庆祝“教师节”观影观剧活动。11月，组织东城、西城会员参加“激情飞扬　谁羽争锋”联合羽毛球比赛；参加民进中央“书香彩虹—安龙行动”捐赠活动，捐赠图书1.4万余本。12月，与江西赣州民进开展工作交流活动；企业支部会员为北京市西长安街西交民巷社区两位重疾儿童捐款1万元。年内，“有爱读书会”会员录制完成《幸福的婚姻》《习惯的力量》等有声图书，上传至喜马拉雅APP平台。区委与各支部捐款捐物总价达100多万元，培训贫困地区教师1300余人次。民进西城区委获得民进北京市委社会服务工作先进集体称号。

（胡　楠）

【总结表彰】　12月27日，民进西城区委召开总结暨表彰大会，200余人参加大会。民进北京市委、中共西城区委统战部领导出席大会并致贺词。会议表彰先进支部19个、年度人物6名、议政调研先进个人7名、信息宣传先进个人7名、会务工作先进个人10名、社会服务先进个人8名、先进个人57名。

（胡　楠）

农工党西城区委员会

【概况】　中国农工民主党北京市西城区委员会（简称农工党西城区委）下设参政议政工作委员会、老龄工作委员会、妇女工作委员会、社会服务工作委员会、青年工作委员会、理论研究小组。有区委委员23人，其中主任委员1人，副主任委员6人，秘书长1人（专职副主委兼）。截至年底，有基层支部32个，党员1169人。党员中有市人大代表1人，市政协委员4人（常委2人）；区人大代表1人，区政协委员20人（其中副主席1人，常委3人，副秘书长1人）；市特约监察员1人，西城区特约监察员9人。地址：西城区牛街20号307、308室

邮编：100035
电话：83490517

（穆瑞华）

【参政议政】 年内，在区政协召开的十四届一次全会上，农工党西城区委提交党派提案2件，农工党员中的政协委员提交个人提案10件。农工党西城区委提交的《关于统一协调西城区为老服务机构管理的建议》被确定为2017年政协主席督办提案。年内，农工党西城区委结合区政协、区委统战部双月专题协商会、议政会主题认真开展调研，完成《对促进西城区教育均衡发展的建议》《在背街小巷环境整治提升中发挥好民主党派的作用》《聚力共管 促进西城区为老服务建设》《对西城区棚户区改造的问题分析和建议》等多篇调研报告，并在会上作主题发言。年内，农工党西城区委获西城区委统战部2016年度西城区民主党派调研工作优秀单位，党派调研《关于统一协调西城区为老服务机构管理的调研和建议》《关于在社区卫生服务中心逐步开展临终关怀的调研和建议》《对西城区棚户区改造的建议》《对西城区餐厨垃圾和餐厨废弃油脂收运市场管理的建议》《关于"西城区社区卫生服务分级诊疗工作"的调研》获西城区委统战部2016年调查研究三等奖。吕策执笔的《参政党履行民主监督职能若干问题及对策研究》获2016年度北京市统战理论研究与调查研究优秀成果三等奖。年内，农工党西城区委向农工党北京市委报送信息101条，向区委统战部报送信息76条。

（穆瑞华）

【组织建设】 年内，农工党西城区委班子成员坚持集体走访基层支部和所在单位中共党组织，以促进各基层支部按照区委的工作要求开展活动。做好新党员教育工作，履行新党员见面会制度，驻会副主委向新党员们介绍农工党西城区委基本情况、主要工作。做好后备干部的培养教育，建立区委后备干部人才库。年内，农工党西城区委完成34名入党申请人审核工作，其中完成30人的外调工作，并上报农工党市委。农工党市委审批新党员39人，组织关系转入6人、转出3人，去世4人。

（穆瑞华）

【自身建设】 2017年是中国农工民主党开展坚持和发展中国特色社会主义学习实践活动的收官之年，自2013年以来，农工党西城区委深入贯彻落实"学习实践"活动，持续开展中国共产党重要会议精神学习培训；农工党党史、党章培训；做合格的民主党派成员、合格的基层支部主任等全方位、多层面的学习培训，夯实党员的思想政治基础，并将学习实践活动与参政议政、社会服务工作有机结合，履职尽责、发挥好参政党作用，11月，农工党西城区委获农工党中央"中国农工民主党开展坚持和发展中国特色社会主义学习实践活动优秀组织"，1名党员获优秀党员，3名党员获先进个人。年内，农工党西城区委获农工党中央2017年《前进论坛》征订发行工作先进集体和农工党北京市委2016年度先进集体荣誉。111名党员获农工党北京市委2016年度优秀党员，4名党员获农工党北京市委2016年度参政议政先进个人，5名党员获农工党北京市委2016年度思想理论研究先进个人，13名党员获农工党北京市委2016年度社会服务先进个人，3名党员获农工党北京市委2016年度组织工作先进个人。全年编辑出版《西城农工》4期。

（穆瑞华）

【主要活动】 年内，按照农工党北京市委和西城区委统战部的部署安排，农工党西城区委及时下发《农工党北京市西城区委学习宣传贯彻中国共产党十九大精神工作方案》到各基层支部，并举办学习中共十九大精神和《北京城市总体规划（2016—2035）》专题培训、《北京市第十二次党代会报告》专题培训、《农工党党史》学习培训，组织近百名党员参观"砥砺奋进的五年"大型成就展，组织全区党员浏览"砥砺奋进的五年"大型成就展网上展厅。召开年度信息工作暨基层支部主任工作会议，对信息工作进行总结部署，对2016年度信息工作先进支部、信息工作先进个人、理论研究工作先进个人、调研工作先进个人进行了表彰。

（穆瑞华）

【民主监督】 根据区统战部《西城区民主党派、无党派人士民主监督"背街小巷环境整治提升"专项行动工作方案》要求，农工党西城区委调动全区党员积极参与，全面开展"针对背街小巷 农工党西城区委在行动"系列工作。6月，区委及时召开"背街小巷工作动员部署会"，成立6个背街小巷专项工作组，深入对口联系街道金融街街道和广外街道，以"共建共享全覆盖、十有十无促提升"为目标，开展明察暗访和背街小巷进程调研工作，并形成《关于西城区背街小巷治理的调研》《在背街小巷环境整治提升中发挥好民主党派的作用》两份调研报告。

（穆瑞华）

【社会服务】 为落实农工党中央第十届"中国环境与健康宣传周"，6月，农工党西城区委组织11位党员专家到北京市西城区交警大队开展送健康义务诊疗服务，接待咨询者300人次。11月，落实农工党中央第二十九届"国际科学与和平周"，农工党西城区委在展览路朝阳庵社区广场举行义诊活动，为110名社区居民进行健康查体和医疗咨询。为落实农工党中央"星火计划"精准扶贫，5月，农工党西城区委组织6名党员专家赴邵阳市与农工党邵阳市委会缔结友好区（市）委会进行签约并开展医疗帮扶活动，在新宁县金石镇卫生院开展义诊咨询活动，累计接待义诊咨询者300余人次。8月，农工党西城区委组织6名医学专家赴吉林东丰县开展医疗帮扶活动，在东丰县妇幼保健院开展为期两天的大型义诊和医学讲座，累计接待各类义诊咨询者近500人次。4月、7月，为落实农工党北京市委《关于推进区级组织开展京津冀结对帮扶工作的通知》要求，农工党西城区委先后组织10名党员专家，前往结对帮扶点——河北衡水市冀州区医院举办大型义诊活动，累计接待各类义诊咨询者487人次。同时，年内农工党西城区委宣武医院支部走进太行山区易县开展大型义诊活动，肛肠医院支部先后走进赵登禹路民办幼儿园、联合参谋部直属单位、延庆大庄科平北红色第一村开展义诊和健康知识讲座，丰盛医院支部在宏汇园社区开展高血压防治知识讲座。

（穆瑞华）

致公党西城区委

【概况】 中国致公党北京市西城区委员会（简称致公党西城区委）下设参政议政专委会、社会服务专委会、文化工作专委会、老龄工作专委会、青年党员工作专委会和16个综合党支部，4个单位支部。截至年底，有党员602人。致公党西城区委由19人组成，有主任委员1人，副主任委员6人（其中专职副主任委员1人），秘书长1人（专职副主任委员兼）。党员中有全国人大代表2人；市人大代表3人，市政协委员2人；区人大代表3人（其中常委1人），区政协委员21人（其中副主席1人、常委3人、副秘书长1人）；致公党中央委员3人（其中常委2人），致公党市委委员8人（其中主委1人、专职副主委1人、常委2人）。

地址：西城区牛街20号520、522室

邮编：100053

电话：83194292　83194491

（梁训新）

【参政议政】 年内，提交2件党派提案、34件政协委员个人提案。向致公党市委和中共西城区委统战部、区政协报送社情民意信息81篇、社会活动信息201篇。年内，致公党西城区委获得“2016年度西城区民主党派调研工作优秀单位”和“2016年度西城区民主党派优秀信息单位”。7篇调研报告和信息被致公党中央评为2016年度参政议政优秀成果，1篇调研报告获中共北京市委、市政府颁发的北京市第十四届哲学社会科学优秀成果一等奖。5篇调研报告和9篇信息获得致公党北京市委“2016年参政议政优秀成果”奖。2篇调研报告获“2016年度西城区民主党派优秀调研成果二等奖”。4篇调研报告被中共北京市委研究室《决策参考》刊载；1篇调研报告被北京市政府《昨日市情》刊载；1篇调研报告被北京市委统战部《建言专报》刊载。

（梁训新）

【组织建设】 年内，致公党西城区委第十六支部成立。全年新发展党员28名，转入党员7名，转出党员6名，去世党员2名，全年党员总数净增27人。区委17名党员代表参加致公党北京市第九次代表大会，西城区党员当选市委主委1人，当选市委副主委2人，当选市委常委2人，当选市委委员4人。

（梁训新）

【自身建设】 年内，致公党西城区委15个综合支部和2个单位支部根据区委要求，按照规定程序，选举产生了新一届支部委员会，基层支部换届工作圆满完成。致公党西城区委举办2017年全区干部和骨干党员暑期学习班，与区社院联合举办了3个专题培训班，组织支部委员参加西城区民主党派基层组织工作经验交流会，并推荐党员参加致公党中央、致公党北京市委、北京社院举办的各种培训班。致公党西城区委第二、十、十一和十三支部获中共西城区委统战部表彰的“西城区民主党派基层组织先进支部”。

（梁训新）

【社会服务】 年内，医疗卫生总支部、第十五支部等组织党员到河北易县、张北、阜平开展义诊和调研。致公党西城区委获中国致公党中央“中国致公党社会服务工作先进集体”，5名党员获“中国致公党社会服务工作先进个人”，2名党员获“中国致公党社会服务工作优秀组织工作者”。致公党西城区委和第十三支部分别获“中国致公党北京市委员会社会服务工作先进集体”，致公党西城区委社会服务工作委员会获“中国致公党北京市委员会社会服务工作优秀集体”，23名党员获“中国致公党北京市委员会社会服务工作先进个人”。

（梁训新）

九三学社西城区委员会

【概况】 九三学社北京市西城区委员会（简称九三学社西城区委）下设组织部、宣传部、参政议政工作委员会、社会服务工作委员会、青年工作委员会、妇女与老龄工作委员会。截至年底，共有28个支社，社员1294人。区社员中有九三学社中央常委1人、委员2人，九三学社市委常委1人、委员8人；全国政协委员2人；市人大代表2人，市政协委员3人，市青联副主席1人、委员1人；区人大常委2人、代表1人；区政协委员17人；区法院人民陪审员15人；区青联委员6人。年内，区委获得九三学社中央颁发的参政议政先进集体，被九三学社北京市委评为参政议政先进集体；获得北京市三八红旗集体；被中共西城区委统战部评为2016年调研工作、信息工作优秀单位；2016年上报的5篇调研报告全部获奖；第三综合支社在“坚持和发展中国特色社会主义学习实践”活动中被社中央评为先进集体；市政路桥支社、金融支社、广安门医院支社、石油石化支社、发改委支社、第三综合支社被中共西城区委统战部评为民主党派优秀基层组织。发改委支社、市政路桥支社、第三综合支社、西城医卫支社、复兴医院支社、西城金融支社、建筑设计院支社、燃气集团支社、第二综合支社被九三学社西城区委评为2017年度优秀支社。

地址：西城区牛街20号510、512室

邮编：100053

电话：83490296　83495029

（安　宇）

【参政议政】 年内，九三学社西城区委向中共西城区委统战部报送调研报告5篇，其中《疏解区的复兴策略研究——以动物园批发市场更新为例》《防患未然·安全校园——2017年北京市西城区中小学校安全设计调研报告》《西城区危旧街区改造中历史文化的传承保护浅析》获调研报告二等奖。《应对西城老龄化充分发挥养老驿站的功能——关于将“老年痴呆症前期的评估与干预”纳入公共服务体系建设的建议》《法源寺社区文保与百姓安居的调研与对策》获调研报告优秀奖。九三学社西城区委全年报送信息166篇，被社中央采用3篇，市政协采用7篇，市委统战部采用2篇。年内，九三学社西城区委受邀参与德胜、天桥街道背街小巷整治提升专项工作，通过实地调研和座谈的方式，进一步了解了街道“疏非解控”和“治理背街小巷”的工作进展，就背街小巷整治提升从规划论证、疏解人口、政策保障、环境治理、居民生活、地下空间、架空线入地等方面提出了具体的意见建议。

（安 宇）

【组织建设】 年内，九三学社西城区委新发展社员46人，研究生以上学历35人，高级职称15人。上半年，区委积极配合社市委做好市委换届大会代表、市委委员候选人推荐、考察、公示等各项筹备工作，组织大会代表参加社市委换届大会代表培训会。大会召开前，通过邮件、短信、电话确认参会人员出席率，确保了西城区38名代表准时参会。下半年，因工作需要，按照组织程序增补1人为九三学社西城区委兼职副主委。

（安 宇）

【制度建设】 年内，九三学社西城区委结合新时期对民主党派工作的新要求，对区委会议、工作等制度进行了逐条修订，出台《优秀支社评比表彰办法》《社情民意信息工作表彰办法》《关于区委委员履行职责的若干规定》等制度，为评优工作树立标准，规范流程。坚持主委会学习制度。健全档案管理制度，完善全区社员资料库、文书档案和照片档案。

（安 宇）

【思想建设】 年内，主委会成员坚持参加各种研讨会、报告会和培训会，及时传达通报全国“两会”情况，学习中共十九大精神、北京城市新总规、习近平总书记视察北京讲话精神，做到学习有主题、有中心发言。九三学社西城区委举办骨干社员培训班，提升骨干社员的统战理论水平和整体素质，多次召开委员议政会活动，为北京市和西城区的发展献计出力，组织各种培训，强化团队合作意识，增强区委委员凝聚力；出版3期内部刊物《西城九三》，加强舆论宣传和思想学习。

（安 宇）

【社会服务】 年内，九三学社西城区委持续开展义诊、科普宣传、捐资助学等社会服务活动。复兴医院支社成立“九三学社志愿者”“让记忆与爱同行”，把健康带到百姓身边；医卫支社、儿童医院支社“骄阳义诊进康庄”为民解忧；第三综合支社冒雨“助力无偿献血”爱心志愿服务活动；友谊医院支社“发扬传统，传递爱心，助老结对”活动让老人不再孤单；环保支社“走进太阳村”关爱服刑人员子女成长。科普讲座进社区，社内燃气和治霾专家多次到德胜街道举办专题科普讲座；医卫专家到天桥街道开展合理用药常识的科普大讲堂活动；九三学社西城区委与德胜街道举办“迎八一士兵突击”、国家疾控中心支社“健康讲座进军营”、广安门医院支社军营诊等军民共建活动。响应中共西城区委统战部精准扶贫的号召，动员社员寻找与本职工作有契合点的项目精准对接，有3个项目列入统战系统扶贫名录。九三学社西城区委还与区妇联一起前往阜平县扶贫，助力小康目标实现。

（安 宇）

台盟西城区委员会

【概况】 台湾民主自治同盟北京市西城区委员会（简称台盟西城区委）有参政议政、社会服务、妇女工作3个专项工作委员会。有区委委员9人，其中主任委员1人、副主任委员3人、秘书长1人。截至年底，有2个支部，盟员111人。盟员中有全国人大代表1人（任常委）；市人大代表1人，市政协委员2人（其中常委1人）；区人大代表1人（任常委），区政协委员6人（其中常委2人）；台盟中央委员2人（其中主席1人）；台盟市委委员9人（其中副主委1人、常委3人）；市特约工作人员1人；区特约工作人员9人。

地址：西城区牛街20号514室

邮编：100053

电话：83495426

（胡 悦）

【参政议政】 在区政协十四届一次会议上，台盟西城区委提交《关于西城区人口调控工作的建议》党派提案，被评为2017年度党派团体优秀提案；台盟的2位区政协委员提交4件委员提案，其中1件被评为2017年度委员优秀提案。完成《关于西城区社会治理创新模式的调研》报告，获台盟北京市委2017年度优秀调研报告三等奖、2017年度西城区民主党派调研成果三等奖。与广内街道共同召开民主监督“背街小巷环境整治提升”工作会议，将民主监督工作紧扣西城区提升城市发展品质中心任务，动态反馈监督中发现的问题。全年报送信息43条，10人分别获得台盟北京市委2017年度信息先进一等奖、二等奖、优秀奖，台盟西城区委被评为2017年度西城区统战系统信息工作优秀单位、2017年度西城区政协反映社情民意信息工作三等奖，1人被评为西城区政协2017年度优秀信息员。11人向台盟北京市委报送北京市“两会”提案线索。在区政协和中共西城区委统战部联合召开的“深入推进科学治理、全面提升发展品质”议政会上，台盟西城区委代表作《着力疏解非首都功能，积极推进西城区产业转型》发言。参加西城区双月专题协商会3次。在“加强背街小巷环境综合整治工作，提升城市管理精细化水平”专题协商会上，台盟西城区委代表作“拆违先行，规划跟进，提升背街小巷可持续发展品质”会议发言。领导班子成员参加6次西城区民主协商会，围绕西城区监察委员会主任人选、西城区出席北京市第十二次党代会代表候选人、市人大代表建议人选、西城区委区政府工作报告等，提出意见建议。台盟西城区委负责人列席中共西城区委十二届全体会议5次。台盟西城区委获台盟中央2017年参政议政市级组织参政议政突出进步奖和台盟第九届中央委员会地市级参政议政突出进步奖。2位盟员获评台盟北京市委2017年度参政议政先进个人。

（胡 悦）

【思想建设】 年内，台盟西城区委主委陈子云以台湾省籍党员代表身份出席中共十九大会议，并在会后面向西城区统一战线各界人士200余人作大会精神专题讲座。审议制定学习宣传贯彻中共十九大精神工作计划，为全体盟员配发十九大学习资料，全面启动了学习工作。台盟西城区委班子成员参加中共西城区委书记召开的西城区统一战线各界代表人士学习贯彻十九大精神座谈会。为纪念台盟成立70周年，组织盟员参加台盟市委征文活动和座谈会，书写和讲述盟员个人与台盟组织之间的感人故事。组织参加台盟中央纪念台湾人民“二·二八”起义70周年座谈会，弘扬台盟爱国爱乡光荣传统。结合“不忘合作初心，继续携手前进”专题教育主题，组织参观“铁血铸军魂，方寸映丹心”专题邮展，纪念中国人民解放军建军90周年。组织青年盟员及待入盟台胞参加第七届“走近台盟、认知台盟”主题活动。与台盟海淀区工委和西城区社会主义院举办盟员暑期读书班，深入学习领悟习近平总书记第二次视察北京重要讲话和中共北京市第十二次代表大会精神。组织100余人次参加全国“两会”精神报告会，台盟北京市委履职培训班和西城区民主党派中青年骨干培训班等学习活动20余项。以线上线下结合方式动态宣传工作成果。编印4期《西城台盟简报》，组织稿件100余篇，设置“盟员风采”“中共十九大会议精神学习”等特色栏目。利用微信平台，及时向盟员、其他区级组织和统战群体等宣传推介区委活动情况。通过《西城统战》微信公众号展示区委主委风采等。

（胡　悦）

【组织建设】　年内，台盟西城区委召开8次主委会议、2次全委（扩大）会议，研究确定2017年工作要点和各项工作的实施方案。西城区7位代表出席台盟第十次全盟代表大会。22位代表出席台盟北京市第十一次代表大会，其中9人当选台盟北京市第十一届委员会委员，3人当选台盟北京市第十一届委员会监督委员会委员。台盟北京市委新任主委陈军走访西城区委统战部，并到区委机关检查指导。推荐2位青年盟员作为西城区青年联合会第二届委员会委员人选。推荐1位盟员担任西城区人民法院人民陪审员。推荐1位在本职领域内具有较高专业造诣的盟员作为西城区党委联系服务专家库人选。推荐1位盟员作为西城区新的社会阶层代表人士联谊会第二届理事会理事提名人选。推荐3位相关专业的盟员作为西城区民主党派街区整理“规划顾问”人选。2位盟员受聘担任西城区城管执法监督员。3位盟员受聘担任西城区街道规划顾问。台盟西城区委获得“北京市参政议政服务发展同心奖”先进基层组织，1位盟员获得“北京市参政议政服务发展同心奖”先进个人，中青年支部被评为2017年西城区民主党派优秀基层组织。新发展1名盟员。开展“博学明政，书香台盟”读书活动，举办老盟员新春团拜会、三八妇女节慰问等活动。参加台盟北京市委第九届“同心杯”室内挑战赛，获得“最佳创意奖”。

（胡　悦）

【涉台工作】　年内，台盟西城区委引导盟员聚焦对台工作内容，多层次多角度进行台情研究，参加各相关部门举办的台情报告会等。到台商企业开展台情学习活动，观看台湾少数民族获奖电影《太阳的孩子》。参加台盟北京市委第十届“交流与共享”研讨会、台盟中央大江论坛养老与健康产业分论坛、“京台文化研习营”等涉台活动。与结对的广安门内街道开展“七彩连结美丽台湾”主题宣教彩绘活动，引导社区少年儿童表达对海峡两岸和平发展的美好期盼。邀请中央音乐学院台湾专家工作室，举办西城区统战干部音乐治疗体验活动。组织盟员参加中央音乐学院3位台生的专业演奏会。

（胡　悦）

【社会服务】　年内，台盟西城区委在台盟市委开展的“助梦启航”活动中，38位盟员捐款3826元。台盟西城区委代表在2016至2017年度“台盟之星”奖学金、奖教金颁奖活动中，将盟员捐款送到门头沟区付家台中心小学优秀师生的手中。持续第十四年开展环保公益活动，联合台盟东城区委、朝阳区工委共同赴怀柔植树，并开展雁栖湖大坝健步走活动。台盟西城区委代表与台盟其他区级组织代表共同赴贵州省赫章地区白果镇小学，开展扶贫捐助活动。

（胡　悦）

西城区工商业联合会（商会）

【概况】　北京市西城区工商业联合会（简称区工商联）内设办公室、非公企业党建办公室、会员部和经济服务部4个科室。机关行政编制18人，其中常务副主席1人，副主席3人。年内，发展新会员91户，截至年底共有会员3096户，其中企业会员2492户，团体会员、个人会员和老会员604户。基层组织18个，其中包括15个街道商会和3家行业商会（女企业家联谊会、大栅栏琉璃厂商会、牛街清真食品商会）。有区工商联常委44人，执委109人。会员中有市人大代表6人、市政协委员8人；区人大代表21人、区政协委员40人。全年区工商联贯彻落实党的十九大、中央经济工作会议、习近平总书记系列讲话精神，以创建领导班子好、会员发展好、商会建设好、作用发挥好、工作保障好“五好”县级工商联为契机，充分发挥工商联桥梁纽带作用，把促进区域非公经济健康发展和非公有制经济业内人士健康成长作为工作的出发点和落脚点。区工商联连续两年获全国民营经济新闻宣传工作先进单位，连续三年获全国“五好”县级工商联。

地址：西城区牛街20号4层
邮编：100053
电话：83495617

（屈佳雯）

【主席、会长会】　2月28日，区工商联召开十届一次主席、会长会。会上传达了中国共产党北京市西城区第十二次代表大会精神与西城区政府工作报告重点内容、梳理区工商联2017年重点工作、介绍筹备组建“青年企业家工作委员会”“健步会”“巾帼苑”等有关情况、通报在执委以上非公企业建立党组织的相关工作要求。30余名副主席、商会副会长围绕新一届工商联领导班子如何更好开展工作建言献策。6月19日，区工商联召开十届二次主席、会长会。与会人员参观经略天则·北京台湖总部基地，听取区工商联2017年上半年工作总结和下半年工作思路，学习中国共产党北京市第十二次代表大会精神和市委十二届二次全会精神，各位副主席、商会副会长就上述内容展开讨论。副区长、区工商联主席、商会会长司马红向与会人员分享五点感受。11月1日，区工商联召开以“不忘初心砥砺奋进，民营企业健康发展再创辉煌”为主题的十届三次主席、会长会。传达学习了十九大报告精神并布置区工商联学习宣传贯彻十九大精神工作方案；传达学习中共中央、国务院《关于营造企业家健康成长环境弘扬优秀企业家精神更好发挥企业家作用的意见》。15名副主席、商会副会长围绕学习贯彻党的十九大精神从不同角度展开讨论，就如何深入学习党的十九大精神，以十九大精神为指引，进一步弘扬优秀企业家精神、更好发挥作用、推进企业创新发展谈了具体打算，司马红出席会议并讲话。

（屈佳雯）

【十届二次执委会】 3月31日，区工商联召开十届二次执委会。传达学习习近平视察北京重要讲话精神及市联非公企业党建工作推进会会议精神，向获得2016年诚信经营示范单位颁发奖牌。副区长、区工商联主席、商会会长司马红作区工商联2016年工作报告并对2017年工作进行部署，区委常委、区政法委书记、统战部部长王旭就做好区工商联全年的各项工作提出意见和建议。

（屈佳雯）

【街道商会工作会】 7月，区工商联召开街道商会工作会，15个街道商会会长、秘书长、工作人员30余人参加会议。会上部署了北京市工商联“四好商会”创建工作，15个街道商会就上半年商会开展工商联工作做经验交流并提出建议。

（屈佳雯）

【光彩事业】 8月，区工商联7家会员企业赴河北省张北县、阜平县调研精准扶贫、精准脱贫，开展对口帮扶工作。为贯彻落实习近平总书记精准扶贫战略思想，区工商联向全区非公企业发出积极参与脱贫攻坚战的倡议书，发布《西城区民营企业社会责任报告书》。年内，区工商联会员企业捐款捐物折合人民币150余万元。

（屈佳雯）

【成立区工商联机关党委】 9月29日，区工商联召开中国共产党北京市西城区工商业联合会机关委员会第一次代表大会，会议由区工商联党组书记、副主席郭君瑛主持，区工商联非公企业党委党员代表和机关党员干部参加会议。选举了机关党委领导班子。

（屈佳雯）

【参政议政】 12月20日，区工商联召开政协委员座谈会，区工商联界别政协委员参加会议。通报了区政协2017年度提案工作和调查研究工作，讨论了林耀委员将在区政协十四届二次全会上的大会发言《贯彻新发展理念、按照“高精尖”要求，推进区域产业转型升级的意见建议》和提案工作。年内，《经济新常态下关于大力支持和引导非公企业有序疏解非首都功能的建议》获区政协党派团体优秀提案。

（屈佳雯）

【服务会员】 12月，区工商联召开改革优化营商环境座谈会。区工商联顾问单位的主管领导及企业家代表共30余人参加座谈。顾问单位的领导结合企业家提出的问题，介绍了本部门与民营经济发展相关的工作。随后，大家以“营商环境”为主题进行互动交流，企业家们就在运营过程中遇到的实际问题向职能部门进行政策咨询。年内，区工商联创新“互联网+工商联服务”，开发“西城区非公有制企业数据服务平台”。组织和协办“政府采购政策解析会”“运用场外资本市场融资培训会”等6场专题培训。为贯彻落实京津冀协同发展战略，组织百余家企业赴河北省唐山市曹妃甸、固安、保定等地考察交流，举办招商引资推介会，帮助企业拓展发展空间。举办知识产权保护培训暨“以案释法”系列活动，引导企业依法维权，提升法律风险防范的能力和水平。与区红十字会、区安监局三方联动开展“促进西城区民营企业提升安全应急能力”系列活动，促进企业及员工提升安全生产、应急处置、自救互救的技能水平。

（屈佳雯）

【友好交流】 年内，陕西省渭南市临渭区工商联、河南省邓州市工商联、内蒙古杭锦旗统战部等外埠商会领导到区工商联交流座谈，双方在经济、科技、文化、资源等方面寻找合作商机、搭建平台，互惠共赢。年内，区工商联与烟台市芝罘区工商联、南京市浦口区工商联、张家口市宣化区工商联签订友好商会协议书。

（屈佳雯）

【非公党建工作】 年内，新成立党支部3个，发展14名入党积极分子。区工商联非公企业党委指导8家非公企业建立党组织，实现在区工商联执常委以上企业党的组织和党建工作全覆盖。指导4家基层党组织申报市社工委社会领域志愿者服务示范项目。完成“民营企业党员e家网络平台”建设。开展“践行红墙意识，勇担社会责任”——让“红墙意识”走进非公企业系列活动。宣传贯彻十九大精神，指导各基层党组织结合企业特点，开展参观展览、座谈交流、撰写心得体会、答题竞赛等学习教育活动。区工商联非公企业党委举办2场“三级党代表走基层”宣讲十九大精神报告会。

（屈佳雯）

（责任编辑　贾国平）

政权　政协

北京市西城区人民代表大会常务委员会

【概况】　北京市西城区人民代表大会是西城区地方国家权力机关，区人大常委会是本级人民代表大会的常设机关，下设办公室、研究室、代表联络室、法制委员会办公室、财政经济委员会办公室、预算审查办公室、教科文卫体委员会办公室、城建环保委员会办公室等8个办事机构。区人大常委会在区委的领导下，认真学习宣传贯彻党的十九大精神，坚持以习近平新时代中国特色社会主义思想为指导，以习近平总书记两次视察北京重要讲话精神为根本遵循，认真落实市、区第十二次党代会精神，坚持党的领导、人民当家作主、依法治国有机统一，围绕新时代区域发展大局和民生改善，认真履行宪法法律赋予的各项职权，为更好地保障首都职能履行、更好地服务市民生活宜居、更好地展现城市文化风采发挥了重要作用。年内，共召开常委会会议11次、主任会议24次，常委会听取和审议议题65项，任免国家工作人员117人次、人民陪审员172人次，先后接受4名区级国家机关组成人员和领导人员辞去职务。

地址：西城区广安门南街68号

邮编：100054

电话：83976304

（李　锟）

【区第十六届人大二次会议】　4月6至7日，北京市西城区第十六届人民代表大会第二次会议在北京天泰宾馆召开，347名代表出席会议。会议选举产生了区监察委员会主任王鹏；听取和审议了区长王少峰所做的关于历史文化名城保护工作情况的报告，并作出关于加强历史文化名城保护、提升城市发展品质的决议。

（李　锟）

【区第十六届人大三次会议】　11月16至18日，西城区第十六届人民代表大会第三次会议在北京国二招宾馆召开，379名代表出席会议。大会依法选举产生83名出席北京市第十五届人民代表大会代表和区人民检察院检察长李卫国。听取和审议了王少峰所做的区政府关于全面贯彻落实新精神上新要求、积极推进街区整理、进一步提升核心区品质的报告，表决通过了关于扎实推进街区整理、不断提升核心区品质的决议。

（李　锟）

【区第十六届人大常委会会议】　西城区第十六届人大常委会第一次会议于1月11日召开。区人大常委会主任杜灵欣主持。会议补选闫傲霜为北京市第十四届人民代表大会代表。西城区第十六届人大常委会第二次会议于2月20日召开。杜灵欣主持。会议审议通过西城区人大常委会2017年工作要点和会议议题预安排；听取关于区十六届人大一次会议代表议案、建议情况分析的报告；审议通过《北京市西城区人大常委会任免国家机关工作人员办法》；审议并表决通过区十六届人大常委会代表资格审查委员会组成人员名单；审议并表决通过关于召开区十六届人民代表大会第二次会议的决定；传达学习北京市十四届人大五次会议精神；审议并表决通过区人大常委会主任会议、区人民政府、区人民法院和区人民检察院提请的有关人事任免议案；被任命人员进行宪法宣誓。西城区第十六届人大常委会第三次会议于3月28日召开。杜灵欣主持。会议表决通过区政府提请的人事任免议案，并进行宪法宣誓；听取并初步审议区政府关于历史文化名城保护工作情况的报告、区人大关于加强历史文化名城保护、提升区域文化品质的决议（草案）及说明、关于设立区监察委员会的说明（草案）；听取和审议区人大常委会代表资格审查委员会关于代表资格审查情况的报告；审议并表决通过关于举行区十六届人大二次会议的有关事项；决定列席区十六届人大二次会议的人员范围。西城区第十六届人大常委会第四次会议于4月7日召开。杜灵欣主持。会议任命田迪、段辉建、闫彬为北京市西城区监察委员会副主任；任命于新旭、焦伟、郝明为北京市西城区监察委员会委员；被任命人员进行宪法宣誓。西城区第十六届人大常委会第五次会议于4月17日召开。杜灵欣主持。会议听取和审议区政府关于“城市学校少年宫计划”（以下简称“城宫计划”）工作进展情况的报告；听取和审议区政府关于市政道路建设工作情况的报告；审议通过区人大常委会关于开展大气污染防治法律法规贯彻实施情况执法检查实施方案；审议并表决通过区人民政府提请的人事任免议案；被任命人员进行宪法宣誓。西城区第十六届人大常委会第六次会议于6月22日召开。区人大常委会副主任杜黎彬主持。会议听取和审议区政府关于西城区2016年财政决算草案的报告，听取和审议区政府关于西城区2016年度预算执行和其他财政收支情况的审计工作报告；表决通过北京市西城区人民代表大会常务委员会关于批准西城区2016年财政决算及其报告的决议和关于批准西城区2016年度预算执行和其他财政收支情况审计工作报告的决议；听取和审议区法院关于破解“执行难”工作情况的报告；听取和审议区检察院关于未成年人犯罪检察工作情况的报告；审议并表决通过区人大常委会主任会议、区人民政府提请的人事任免议案；被任命人员进行宪法宣誓。西城区第十六届人大常委会第七次会议于8月24日召开。杜灵欣主持。会议听取和审议区政府关于西城区2017年上半年国民经济和社会发展计划执行情况的报告，听取和审议区政府关于西城区2017年上半年财政预算执行情况的报告；听取和审议区政府关于全面提升养老基础设施辐射居家养老能力议案办理情况的报告；听取和审议区人大常委会执法检查组关于贯彻实施大气污染防治法律法规执法检查情况的报告；审查区政府落实区人大常委会关于西城区“城市学校少年宫计划”工作进展情况审议意见的书面报告；审查区政府落实区人大常委会关于市政道路建设工作情况审议意见的书面报告；审议并表决通过区人民政府、区人民法院和区人民检察院提请的人事任免议案；被任命人员进行宪法宣誓。西城区第十六届人大常委会第八会议于9月28日召开。杜灵欣主持。会议审议并表决通过《北京市西城区人民代表大会专门委员会工作规则（试行）》；审议并表决通过《北京市西城区人民代表大会常务委员会议事规则》；审议并表决通过关于召开区十六届人民代表大会第三次会议的决定；审议并表决通过区人民政府和区人民检察院提请的人事任免议案；被任命人员进行宪法宣誓。西城区第十六届人大常委会第九次会议于10月31日召开。杜灵欣主持。会议听取和审议区政府关于西城区2017年1至9月国民经济和社会发展计划执行情况和计划调整的报告、关于西城区2017年1至9月财政预算执行情况和调整预算的报告，表决通过关于批准西城区2017年财政预算调整方案的决议；听取和审议区政府关于开展“疏解整治促提升”专项行动工作情况的报告；听取和审议区政府关于进一步办理落实城市管理主体责任、加强城市环境精细化管理议案情况的报告；审议通过区人大常委会关于修订《西城区预算监督办法》的工作方案；听取和初步审议区政府关于牢牢把握新精神和新要求、深入推进街区整理、进一步提升核心区品质的报告、区人大关于扎实推进街区整理、不断提升城市品质的决议草案及说明；听取和审议区人大常委会代表资格审查委员会关于代表资格审查情况的报告；审议通过关于举行区十六届人大三次会议的有关事项；决定列席区十六届人大三次会议的人员范围；审查区法院落实区人大常委会关于破解“执行难”工作情况报告审议意见的书面报告；审查区检察院落实区人大常委会关于未成年人犯罪检察工作情况报告审议意见的书面报告。西城区第十六届人大常委会第十次会议于11月28日召开。杜灵欣主持。会议听取和审议区政府关于落实加强历史文化名城保护、提升城市发展品质决议情况的报告；听取和审议区政府关于区十六届人大一次会议代表议案、建议办理情况的报告；审议并表决通过《北京市西城区人大常委会规范性文件备案审查办法（试行）》；审议并表决通过关于召开区十六届人民代表大会第四次会议的决定；审查区政府落实区人大常委会关于西城区2016年财政决算报告审议意见的书面报告；审查区政府落实区人大常委会关于西城区2016年审计报告审议意见的书面报告；审查区政府落实区人大常委会关于贯彻实施大气污染防治法律法规执法检查报告审议意见的书面报告；审议并表决通过区人民政府提请的人事免职议案。西城区第十六届人大常委会第十一次会议于12月21日召开。杜黎彬主持。会议审议并表决通过关于接受王鹏辞去北京市西城区监察委员会主任职务的请求的决定；初步审议区政府、区法院、区检察院的工作报告，讨论区人大常委会工作报告；听取和初步审查西城区2017年国民经济和社会发展计划执行情况与2018年国民经济和社会发展计划草案的报告，听取和初步审查西城区2017年财政预算执行情况和2018年财政预算草案的报告；听取和审议区人大常委会代表联络室关于区十六届人大一次会议代表议案及建议办理情况的报告；听取和审议区人大常委会代表资格审查委员会关于代表资格审查情况的报告；审议通过关于举行区十六届人大四次会议的有关事项；审查区政府落实区人大常委会关于全面提升养老基础设施辐射居家养老能力议案办理情况审议意见的书面报告和区政府落实区人大常委会关于开展疏解整治促提升专项行动工作情况审议意见的书面报告；审议并表决通过区检察院提请的人事任免议案。

（李　锟）

【区第十六届人大常委会主任会议】 西城区第十六届人大常委会第二次主任会议于1月10日召开。杜灵欣主持。会议研究关于对北京市西城区十六届人大代表李钢采取强制措施的请示的批复（草案）；研究关于补选市人大代表的相关工作。西城区第十六届人大常委会第三次主任会议于2月6日召开。杜灵欣主持。会议研究代表建议督办工作；研究区人大常委会2017重点工作；研究关于召开区十六届人大二次会议筹备工作。西城区第十六届人大常委会第四次主任会议于2月16日召开。杜灵欣主持。会议听取区法院、区检察院提请的人事任免议案；听取区人大常委会第三次会议有关议题准备情况的汇报；研究区人大常委会2017年学习计划和区人大代表履职培训方案。西城区第十六届人大常委会第五次主任会议于2月26日召开。杜灵欣主持。会议研究人事任免议案。西城区第十六届人大常委会第六次主任会议于3月9日召开。杜灵欣主持。会议听取区政府关于西城区2017年政府投资计划安排情况的报告；听取区政府关于“营改增”后地方税收变化情况的报告；研究区人大常委会关于大气污染防治法律法规贯彻实施情况执法检查的实施方案（草案）；研究区人大关于加强历史文化名城保护、提升区域文化品质的决议（草案）；研究关于举行区十六届人大二次会议的有关事项；听取区人大常委会第三次会议有关议题准备情况的汇报。西城区第十六届人大常委会第七次主任会议于3月27日召开。杜灵欣主持。会议研究人事任免议案；听取区政府关于历史文化名城保护工作情况的报告；研究关于设立区监察委员会的说明草案；研究区人大关于加强历史文化名城保护、提升城市发展品质的决议（草案）及说明（讨论稿）；听取代表资格审查情况报告；研究代表联组会前活动安排。西城区第十六届人大常委会第八次主任会议于4月1日召开。杜灵欣主持。会议听取区十六届人大二次会议会前活动情况汇报。西城区第十六届人大常委会第九次主任会议于4月7日召开。杜灵欣主持。会议研究区监察委员会副主任、委员名单草案；听取区人大常委会第四次会议准备情况的报告。西城区第十六届人大常委会第十次主任会议于4月18日召开。杜黎彬主持。会议听取区政府关于贯彻实施北京市各级人民代表大会常务委员会规范性文件备案审查条例情况的报告和区人大法制委员会就相关议题开展视察调研情况的汇报；研究区人大常委会关于大气污染防治法律法规贯彻实施情况执法检查的实施方案；听取区十六届人大常委会第五次会议议题准备情况。西城区第十六届人大常委会第十一次主任会议于5月11日召开。杜灵欣主持。会议听取区政府关于区属国有企业运行和改革情况的报告；听取区法院部分审判员、区检察院部分检察员向常委会书面述职工作情况报告；研究确定区人大常委会关于西城区“城宫计划”工作进展情况报告的审议意见书；研究确定区人大常委会关于市政道路建设工作情况报告的审议意见书；听取区人大常委会代表联络室关于组织各街道联络员赴全国人大深圳培训基地进行培训工作情况的汇报。西城区第十六届人大常委会第十二次主任会议于6月1日召开。杜灵欣主持。会议听取区政府关于社会保险工作情况的报告；听取区政府关于西城区体育运动场地建设工作的报告；听取区政府关于开展“疏解整治促提升”专项行动工作情况的报告；听取关于开展“历史文化名城保护”调研工作准备情况的汇报；听取区十六届人大常委会第六次会议准备情况的报告。西城区第十六届人大常委会第十三次主任会议于6月20日召开。杜灵欣主持。会议研究人事任免议案；研究西城区人民代表大会专门委员会工作规则；审议通过西城区人大代表联系和接待选民办法。西城区第十六届人大常委会第十四次主任会议于7月6日召开。杜黎彬主持。会议听取区法院、区检察院提请的人事任免议案；听取区政府关于“营改增”全面实施情况的报告；听取区政府关于区食品药品质量状况的报告；研究确定区人大常委会关于西城区2016年财政决算报告的审议意见书；研究确定区人大常委会关于西城区2016年预算执行情况和其他财政收支情况的审计报告的审议意见书；研究确定区人大常委会关于区法院破解“执行难”工作情况报告的审议意见书；研究确定区人大常委会关于区检察院未成年人犯罪检察工作情况报告的审议意见书；听取区人大常委会副主任沙秀华关于前往青海探望支援干部、医生的情况汇报。西城区第十六届人大常委会第十五次主任会议于8月10日召开。杜灵欣主持。会议研究人事任免议案；听取区政府关于计划生育特殊困难家庭帮扶救助工作的报告；研究区人大常委会执法检查组关于贯彻实施大气污染防治法律法规执法检查情况的报告（初稿）；听取区人大常委会第七次会议有关议题准备情况的汇报。西城区第十六届人大常委会第十六次主任会议于8月17日召开。杜灵欣主持。会议研究人事任免议案。西城区第十六届人大常委会第十七次主任会议于8月22日召开。杜灵欣主持。会议研究人事任免议案。西城区第十六届人大常委会第十八次主任会议于9月7日召开。杜灵欣主持。会议听取区政府关于全区绿地建设工作情况的报告；听取区检察院关于职能调整情况的报告；研究确定区人大常委会关于贯彻实施大气污染防治法律法规执法检查情况报告的审议意见书；研究北京市西城区人民代表大会专门委员会工作规则（讨论稿）；研究北京市西城区人民代表大会常务委员会议事规则（修改稿）；研究区人大常委会关于召开区十六届人大三次会议的决定草案；听取区人大常委会第八次会议有关议题准备情况的汇报。西城区第十六届人大常委会第十九次主任会议于9月21日召开。杜灵欣主持。会议研究人事任免议案。西城区第十六届人大常委会第二十次主任会议于10月12日召开。杜灵欣主持。会议听取区政府关于西城区生活性服务业发展情况的报告；研究确定区人大常委会关于全面提升养老基础设施辐射居家养老能力议案办理情况报告的审议意见书；研究关于举行区十六届人大三次会议的有关事项；听取西城区人大常委会代表资格审查委员会关于区十六届人大代表的代表资格审查报告（草案）；研究关于修订《西城区预算监督办法》的建议及工作方案；听取区十六届人大常委会第九次会议有关议题准备情况的汇报。西城区第十六届人大常委会第二十一次主任会议于10月27日召开。杜灵欣主持。会议听取北京市西城区关于落实北京总规、推进街区整理计划、提升城市品质的报告；研究北京市西城区人民代表大会有关落实北京总规的决议及说明（草案）；研究区人大常委会规范性文件备案审查工作办法（试行）（草案）；研究关于区十六届人大三次会议列席人员范围的说明；研究关于召开区十六届人大常委会第九次会议相关事项。西城区第十六届人大常委会第二十二次主任会议于11月8日召开。杜灵欣主持。会议研究人事任免议案；听取区十六届人大三次会议会前活动情况汇报；听取区政府关于十六届人大一次会议代表关于政府工作意见和建议研究处理情况的报告；听取区人大教科文卫体委员会关于西城区贯彻落实《中华人民共和国红十字会法》推动无偿献血和造血干细胞捐献情况工作报告；研究确定区人大常委会关于开展“疏解整治促提升”专项行动工作情况的审议意见书；研究区人大代表建议、批评和意见及其办理情况公开办法（草案）；研究关于举行区十六届人大四次会议的决定草案；听取区人大常委会第十次会议有关议题准备情况的汇报。西城区第十六届人大常委会第二十三次主任会议于11月27日召开。杜灵欣主持。会议研究人事任免议案；听取区人大常委会第十次会议有关议题准备情况的汇报。西城区第十六届人大常委会第二十四次主任会议于12月7日召开。杜灵欣主持。会议研究人事任免议案；研究区十六届人大四次会议的有关事项；研究区人大常委会工作报告（草案）；听取西城区人大常委会代表资格审查委员会关于区十六届人大代表的代表资格审查报告（草案）；听取区十六届人大常委会第十一次会议有关议题准备情况的汇报。西城区第十六届人大常委会第二十五次主任会议于12月28日召开。杜灵欣主持。会议听取区十六届人大四次会议会前活动情况汇报；研究西城区人大常委会法律顾问工作规则（草案）。

（李　锟）

【市十五届人大代表选举工作】 年内，区人大常委会落实市人大常委会的部署和安排，经过认真筹备，组织召开区十六届人大三次会议，依法选举产生83名出席北京市第十五届人民代表大会的代表。

（李　锟）

【落实国家监察体制改革试点任务】 年内，区人大常委会按照全国人大常委会关于在北京市、山西省、浙江省开展国家监察体制改革试点工作决定的要求，组织召开区十六届人大二次会议，选举产生区监察委员会主任。根据区监察委员会主任的提名，任命区监察委员会副主任、委员，为推进监察体制改革试点工作奠定了重要基础。区人大法制委员会对区监察委员会进行了工作视察，听取了相关工作情况的汇报。

（李　锟）

【推动历史文化名城保护】 西城区作为北京营城建都的肇始之地，是北京历史文化名城保护的重点地区。推动老城整体保护与复兴，保护古都风貌，传承历史文脉，是西城区的重要历史责任。为凝聚全区力量、同心同向推动历史文化名城保护，常委会认为有必要提请代表大会作出相关决议。为此，常委会组织代表视察了什刹海阜景街、“三金海”地区、大栅栏琉璃厂、天桥等街区的重点项目，并通过走访、座谈、联组活动等方式，广泛征求代表意见，研究起草《关于加强历史文化名城保护提升城市发展品质的决议》草案。区十六届人大二次会议审议通过该项决议，以法定程序使历史文化名城保护成为全区人民的共同意志。常委会积极推动决议的落实，加大对决议的宣传，组织代表视察沈家本故居腾退修缮情况和阜成门内大街整治复兴工程推进情况，听取和审议区政府落实决议情况的报告。区政府大力推进名城保护工作，一批不可移动文物建筑腾退亮相，历史街区风貌明显改观，基础设施和城市环境显著改善。

（李　锟）

【推进街区整理工作】 街区整理是首都功能核心区落实《北京城市总体规划（2016年—2035年）》的有效实现途径，是百姓家门口的事，需举全区之力共同推进。常委会对此高度重视，组织代表视察广阳谷城市森林、达智桥等街区整理重点项目，听取区政府专题汇报，形成相关决议草案，并通过联组活动广泛征求代表意见。区十六届人大三次会议经过审议，作出《关于扎实推进街区整理不断提升核心区品质的决议》。

（李　锟）

【开展计划预算监督】 年内，常委会听取和审议了区政府关于2017年上半年和1至9月计划执行及调整情况的报告，对2018年计划报告的主要内容进行了初步审议。回应群众关切，继续对区内生活性服务业发展情况开展监督，组织58名代表视察广外小马厂百姓生活服务中心和西长安街西黄城根南街百姓生活服务中心，推动提升生活性服务业发展品质。此外，还对区政府关于区属国有企业运行和改革情况、2017年政府投资计划安排情况、社会保险工作情况等进行了监督。年内，常委会听取和审议了区政府2016年财政决算报告、2016年预算执行和其他财政收支情况的审计工作报告以及审计查出问题整改情况的报告、2017年上半年和1至9月财政预算执行情况的报告，就2016年财政决算、2016年审计工作报告、2017年财政预算调整作出决议。关注税收政策的影响，加强对“营改增”后地方税收变化情况、“营改增”全面实施情况的监督。贯彻落实《北京市预算审查监督条例》，启动《西城区预算监督办法》的修订工作。尝试对2018年预算编制中的“重点支出”和“重大投资项目”进行重点审查，并首次组织各专门委员会委员参加部门预算初审，进一步加大了预算审查监督力度。此外，为提高常委会计划预算监督的针对性和实效性，区人大财经委员会全年开展区情调研，先后走访20余家区属单位和驻区企业。

（李　锟）

【加强对法律法规实施情况的监督】 年内，常委会连续第四年开展大气污染防治法律法规贯彻实施情况的检查。执法检查组通过听取汇报、集中视察、随机抽查、问卷调查等方式，重点检查了西城区贯彻实施相关法律法规的总体情况、区政府有关部门履职情况、部分建筑施工和餐饮单位落实相关法律法规情况。执法检查组还对露天烧烤、道路遗撒等情况进行了夜查。常委会在听取和审议执法检查报告后，从认真落实中央环保督察组反馈意见、深化环境保护机制体制改革、加大执法力度等方面提出了审议意见。年内组织区人大及其常委会选举、任命的国家工作人员进行宪法宣誓，增强国家工作人员忠于宪法、依法履职的意识。设立规范性文件备案审查工作机构，开展备案审查工作，对区政府贯彻实施《北京市各级人民代表大会常务委员会规范性文件备案审查条例》情况进行监督。此外，还对西城区安全生产法律法规实施情况、贯彻红十字会法推动无偿献血和造血干细胞捐献工作情况开展视察检查。配合市人大常委会就《北京市生活垃圾管理条例》《北京市全民健身条例》等法律法规贯彻执行情况开展检查。组织区人大代表参与《北京市机动车停车管理条例》《北京市非物质文化遗产保护条例》的立法调研。组织28名区法院审判员、16名区检察院检察员向常委会进行书面述职。

（李　锟）

【推动城市治理水平全面提升】 年内，常委会再次听取和审议区政府关于市政道路建设工作情况的报告，从积极落实习近平总书记视察北京重要讲话精神、研究完善道路沿线快速拆违机制、提高道路规划设计水平、动员社会力量参与、做好道路沿线环境治理和日常管理等方面提出审议意见。区政府认真落实审议意见，精细化设计道路建设方案，统筹推进慢行系统建设、停车设施建设，强化交通秩序管理，打造精品道路工程。围绕疏解非首都功能、全面提升城市品质，常委会听取和审议了区政府关于开展"疏解整治促提升"专项行动工作情况的报告，从科学制定规划、做好居民生活保障、加强城市精细化管理等方面提出审议意见。年内常委会继续加大关于落实城市管理主体责任加强城市环境精细化管理议案的督办力度，听取和审议区政府进一步办理该议案情况的报告，推动城市治理精治、共治、法治，区域环境品质得到进一步提升。还就全区绿地建设工作情况开展监督，组织代表视察了京韵园、逸骏园两个微公园的建设情况，为推动生态西城规划的落实发挥了积极作用。

（李　锟）

【推动民生改善】 年内，常委会组织代表分两批视察广内街道德馨养老照料中心和养老驿站、金融街街道丰汇园养老驿站、月坛街道华方养老照料中心。听取和审议区政府关于该议案办理情况的报告，从推进养老基础设施建设、完善服务标准体系、实施分类保障、加强宣传推广等方面提出审议意见，推动居家养老服务能力持续提升，养老基本公共服务体系不断完善，中心城区特色养老服务模式更加巩固。年内常委会将西城区"城市学校少年宫计划"（简称"城宫计划"）工作进展情况列入监督议题，组织代表视察奋斗小学和回民学校"城宫计划"开展情况，听取和审议区政府专项工作报告，从巩固深化"城宫计划"成果、加强外聘教师队伍管理、强化课程建设、加强专项经费管理等方面提出审议意见，促进区政府深入推进"城宫计划"、精心打造西城品牌。关注食品药品安全，连续第六年对西城区食品药品质量状况进行监督，推动"北京市食品安全示范区"创建工作。关注全民健身行动，就全区体育运动场地建设情况开展监督，对月坛综合训练馆、崇效胡同足球场等场地建设情况进行视察。还对计划生育特殊困难家庭扶助工作进行监督，促进了相关工作的开展。

（李　锟）

【促进公正司法】 年内，常委会听取和审议区法院关于推进基本解决执行难工作情况的报告，提出深化细化执行举措、推动执行机制建设、促进执行工作与区域经济社会发展相结合等审议意见，推动区法院全面提升执行效果。听取和审议区检察院关于未成年人案件检察工作情况的报告，从加强未成年人案件检察专业化建设、工作规范化建设、社会化帮教体系建设以及加强对侦查审判活动监督等方面提出审议意见，推动区检察院持续加强对未成年人的司法保护。关注司法体制改革中西城区检察机关内设机构及职能调整情况，听取了相关工作汇报，推进各项改革任务深入落实。

（李　锟）

【加强代表建议办理工作】 年内，进一步完善办理工作机制，加强承办单位与代表的沟通，不断提高办理工作质量，区十六届人大一次会议期间收到的代表建议130件（含议案转建议6件）全部办复，其中被解决或吸纳的99件，被列入计划的12件，作为工作参考的19件。坚持常委会主任、副主任牵头重点督办、各专门委员会分类督办、代表联络部门协调督办的工作机制，推动解决一批群众关注的热点问题。配合市人大常委会开展"关于科学规划、合理利用疏解后腾退空间"建议的督办工作。坚持代表审议意见处理工作机制，对区十六届人大一次会议期间代表就政府工作提出的审议意见进行归纳整理，会后交区政府研究处理。区政府将187条审议意见分解立项，列入政府督查考核，逐条进行督办。主任会议专题听取了区政府研究处理情况的报告，推动代表审议意见更好落实。

（李　锟）

【加大代表履职培训力度】 年内，依托区人大常委会、各专门委员会、街道人大工作机构三大平台，组织代表初任培训和履职学习，参与代表1152人次。根据常委会全年工作安排，组织全体区人大代表分两批进行每期三天的集中培训，邀请全国人大常委会、市人大常委会有关专家重点围绕人大制度、代表职责、议案建议操作实务等方面进行讲解，切实增强了代表的职务意识，提高了代表的履职能力。通过召开区情通报会、编发《西城人大》杂志、订阅报刊、组织视察等方式，服务代表进一步知情知政，为代表履职提供了基础性保障。

（李　锟）

【开展代表联系选民月活动】 年内，结合落实区人大代表联系和接待选民办法，围绕"疏解整治促提升"专项行动、治理"开墙打洞"等代表和群众高度关注的问题，首次在全区开展"区人大代表联系选民月"活动。386名区人大代表参加了活动，参与率达92.3%，举办见面会231次，接待选区选民及群众4317人次，累计征集意见建议651件。常委会高度重视这些意见建议的办理，在综合归纳、系统分析的基础上，形成专题报告报送区委。区委领导高度关注，批转区政府处理落实。区政府结合具体工作对这些意见建议再次进行梳理分类，由主管领导牵头，交相关部门办理。

（李　锟）

【扩大代表对常委会、专门委员会工作的参与】 年内，坚持代表自主选择列席常委会会议、参加执法检查和视察调研的工作机制，年初将常委会议题和执法检查、专门委员会视察安排发送全体代表，代表根据意愿和关注点自主报名参加，全年列席常委会的代表共90人次，参与执法检查和各专门委员会视察调研的代表共601人次。围绕历史文化名城保护、街区整理和群众关注的热点问题，组织代表分专题开展会前视察调研，更好地听取民声、了解民意，为大会期间审议相关议题、提出议案建议做好充分准备。

（李 锟）

【发挥街道人大工作机构作用】 年内，加强街道人大工作机构建设，发挥街道人大工作机构的基础性服务平台作用，组织各街道人大工作机构办公室负责人进行业务培训，提高服务保障能力。各街道人大工作机构结合本地区实际，开展视察调研、代表与选民见面、代表接待选民日、代表进法院、代表参与社区居民代表大会等活动，组织区人大代表向选民报告履职情况。全年15个街道共组织代表活动163次，参与代表2632人次。受市人大常委会委托，组织市人大西城团代表参加培训、视察调研、年中集中活动，圆满完成了市人大西城团代表的联络服务工作。

（李 锟）

【学习宣传贯彻十九大精神】 年内，按照市委、区委的部署和要求，常委会党组及时召开会议，研究部署学习宣传贯彻十九大精神。采取观看直播、参观展览、十九大精神宣讲、局处级领导干部讲党课、座谈交流、学习问答等多种方式，组织党组成员和机关全体党员干部学习十九大精神，坚持在学懂弄通做实上下功夫，自觉用习近平新时代中国特色社会主义思想武装头脑，指导实践，推动人大各项工作。

（李 锟）

【加强常委会及机关党的建设】 年内，推进常委会党组建设，更加充分地发挥了党组在人大工作中的领导核心作用。坚持重大问题、重大事项向区委请示报告制度。坚持重要工作、重大问题党组先行研究原则，全年共召开党组会议36次，研究常委会重点工作、党组及机关党的建设、党风廉政建设等事项。着力加强党组工作制度建设，修订党组工作规则，制定党组“三重一大”事项决策制度、党组理论学习中心组学习制度、党组定期研究自身建设重大问题规定、领导班子实行AB角工作制、党组领导机关党建和指导机关党组织工作办法等制度。扎实推进机关党组织建设，完成机关党委和党支部换届选举，健全党组织工作制度体系，推进“两学一做”学习教育常态化制度化，不断提高机关党建工作水平。坚持全面从严治党，将党风廉政建设贯穿工作始终。抓好市委巡视 “回头看”整改意见的落实，把肃清消除吕锡文、刘跃平、苏东等人流毒影响引向深入，制定治理“圈子文化”、处理好政商关系加强廉政建设的具体措施并认真执行。实行领导干部落实党风廉政建设主体责任全程纪实和台账管理，有针对性地开展党风廉政宣传教育活动，营造风清气正的政治生态和良好工作环境。

（李 锟）

【推进常委会工作制度化规范化】 年内，修订区人大常委会议事规则、区人大常委会任免国家机关工作人员办法，制定区人大专门委员会工作规则（试行）、常委会规范性文件备案审查办法（试行）、区人大代表联系和接待选民办法、区人大代表建议批评和意见及其办理情况公开工作办法。结合常委会议题安排和履职需要，组织会前学法、专题学习和专题研讨，不断提高常委会组成人员履职能力。改进常委会会议服务，完善“一府两院”报告工作和常委会组成人员审议发言机制，进一步提升常委会审议质量。各专门委员会充分履行职责，重点围绕常委会监督议题，协助开展监督工作，全年共组织各类会议活动48次。推进机关信息化建设，代表网上服务平台开通运行。加强信息宣传工作，通过网站、公报、《西城人大》和《北京西城报》等多种渠道，宣传人民代表大会制度，及时公开履职情况。

（李 锟）

北京市西城区人民政府

概 述

2017年，在市委市政府和区委的领导下，在区人大、区政协的支持和监督下，面对新时代首都发展新要求，区政府坚持以习近平新时代中国特色社会主义思想为指导，认真学习宣传贯彻党的十九大精神，深入落实首都城市战略定位，积极融入京津冀协同发展，统筹推进“五位一体”总体布局和协调推进“四个全面”战略布局，牢固树立政治意识、大局意识、核心意识、看齐意识，深入践行红墙意识，加快推动《北京城市总体规划（2016年—2035年）》（以下简称《总规》）落地，圆满完成“一带一路”国际合作高峰论坛、党的十九大等重大活动服务保障任务。顺利实现区十六届人大一次会议确定的主要目标，区域经济社会平稳健康发展。全区地区生产总值达到3920.7亿元，一般公共预算收入完成422.1亿元，居民人均可支配收入达到7.65万元。主要做了以下几方面工作：

（一）疏解非首都功能取得阶段性成果

区域性批发市场疏解基本完成。全年有序推进北京动物园服装批发市场（简称“动批”）最后5家市场平稳闭市，实现12家市场疏解圆满收官，共疏解约35万平方米1.3万个摊位。天意、万通市场实现闭市，疏解7.3万平方米6300个摊位。北京官园商品批发市场（简称“官批”）按计划实现疏解签约。出台《疏解腾退空间资源再利用指导意见》，疏解后的天皓成市场转型为宝蓝金融创新中心，成功引进中能建集团公司等7家科技金融类企业。天和白马二期、北京科技大厦转型为北矿金融大厦、首建金融中心，天意（部分）改造建成西城园科技成果展示中心，为实现科技、金融、文化进一步融合发展创造了有利条件。

疏解整治促提升成效明显。科学编制专项行动计划，动员群众广泛参与，积极赢得驻区单位支持，注重政策保障和人文关怀，推动专项行动见实效。全年拆除违法建设30万平方米，整治“开墙打洞”325条街5674户，清理群租房1055户、地下空间235处，规范直管公房转租转借5750户。支持生活性服务业发展，完成16个商市场规范提升，为进一步强化首都核心功能、创造更好的人居条件提供了有力支撑。促进中小微企业发展，鼓励个转企，市场主体总量稳中有降、结构持续优化。

协同发展扎实推进。积极参与京津冀协同发展，支持北京城市副中心和雄安新区建设，加强与兄弟区在医疗、教育、保障房等方面的合作，支持新城公共服务配套建设。区属企业在津冀两地投资项目17个、总投资超过220亿元。做好与河南邓州的对口协作和对保定阜平、张家口张北、赤峰喀喇沁旗、玉树囊谦等地精准扶贫。

（二）“大城市病”治理取得积极进展

大气环境质量持续好转。以环保督查为契机，集中精力解决群众反映强烈的环境问题。完成燃气锅炉低氮改造518处1573台2278蒸吨。更新1760余台电采暖设备，发放“煤改电”补助款3200余万元，杜绝散煤反弹，持续巩固无煤化成果。报废老旧机动车33374辆。区域降尘量月均值下降到4.5吨/月·平方公里。细颗粒物（PM2.5）年均浓度下降至60微克/立方米，完成第一阶段治理任务。

绿色生态空间不断拓展。实施“留白增绿”、拆违还绿、沿道布绿，建成广阳谷等4处城市森林，修建京韵园等绿色休闲空间27处、微绿地66处，全年新增绿地13.5公顷、改造6.24公顷、屋顶绿化1.04万平方米、垂直绿化1500延长米。公园绿地500米服务半径覆盖率达到95.03%，提前三年实现“十三五”规划确定的目标。落实河长制，实行“一河一策”，强化水污染防治统一监管。持续推动海绵城市建设，成功创建全市首批节水型区。对50座二类公厕安装立体循环异味处理系统，提升公厕品质。积极推动垃圾分类，逐步实现垃圾减量化、无害化和资源化。西城区被评为首都环境建设示范区。

群众出行条件得到改善。推进46条市政道路建设，丰盛胡同西段、红居南街等10条道路竣工通车，打通南菜园街等5处交通堵点，安德路等33条道路配套设施进一步完善，完成31条道路、26公里电力架空线入地工程和35条市政排水管线改造。加强无障碍设施建设，继续保持全市领先水平。鼓励社会单位共享停车资源，新增居住区停车位1642个。加强对共享自行车的规范管理，服务市民绿色出行。

为推动《总规》落地，进一步优化街区功能配置，提升城市品质，启动街区整理工作。落实区人大《关于扎实推进街区整理不断提升核心区品质的决议》，成立城市品质提升艺术审查委员会，编制街区整理实施方案、城市街区设计导则和公共空间管理办法，为街区整理提供科学指导。在广内、什刹海、新街口、大栅栏等街道先行试点，对重点街区进行城市设计。推动西什库片区综合整治提升，探索白塔寺“联合连片”更新模式，实施达智桥片区居民自治管理。119条街巷实现“十有十无五好”目标，环境品质明显改善。

城市治理体制机制不断创新。整合原市政市容委、环境办和交通委职能，新增水务和能源管理职能，成立区城市管理委员会（环境建设管理办、交通委和水务局）。集成行政执法专业力量，依托城管执法监察局（分队），建立区街综合行政执法（指挥）中心，20个城管执法分队下沉街道，进一步推动城市管理重心下移。街道统筹，街巷长主责，全面推进背街小巷整治提升，成立街巷自治共建理事会，推行临街公约、居规民约，努力探索多元参与、共建共享的特大型城市区域和基层治理体系。

（三）高精尖经济结构更加优化

金融业支撑引领作用日益突出。区域金融业实现增加值1900亿元，占全区GDP比重接近50%。新引进中哈产能合作基金、维萨、万事达、网联清算公司等战略型、创新型及外资金融机构83家，实缴注册资本金404.5亿元。区域内各类金融机构达到1866家、总部企业175家。启动金融街与丽泽金融商务区一体化发展。举办金融街论坛、金博会、投融资对接会等活动，金融街国际影响力不断提升，更好服务国家金融改革和“一带一路”建设。

科技创新步伐持续加快。全区国家高新技术企业预计突破700家，专利申请1.4万件，发明专利申请量突破6000件，科技服务业收入超过1600亿元，中关村科技园西城园实现总收入2850亿元，自主创新能力不断增强。积极推进广安军民融合特色产业基地建设。华融创新等15家注册资本超千万的科技企业落户园区。培育中关村高成长企业12家，4家企业成为互联网百强企业。毛景文等5人当选新一届两院院士，园区两院院士达48人。

产业融合日益深化。规模以上文化创意产业单位677家，实现收入751.9亿元，实现利润总额64.1亿元。“天宁壹号”、西什库31号等文创园区发展品质不断提升，北京坊精彩亮相。全区限额以上企业实现网上零售额290亿元，同比增长15%。编制文商旅融合发展新三年行动计划，举办“北京马连道国际茶文化节”等系列主题活动和第十六届什刹海文化旅游节等旅游节庆活动。制定老字号振兴发展计划，组织振兴老字号餐饮发展系列活动，带动展现老字号传统技艺、创新成果、匠心风范。支持马凯餐厅“回家”。20余家老字号企业先后赴台湾、澳门、香港参加推介洽谈等活动，多渠道加强与港澳台的交流合作。

区属国有企业焕发新活力。构建国有资本三级授权体系取得实质性进展。实施天桥盛世等企业重组，完成宣房集团公司制改革，推进房地中心转企改制。规范国有资本经营预算管理。支持区属国有企业创新发展，稳妥推进布局股权投资、大数据、教育、医疗等新兴产业板块。加大与央、市属企业合作力度，达成40个合作项目，引入资金262亿元。区属国有企业资产总额达到3970亿元，增长4.1%，实现利润总额38.5亿元，增长137.1%，纳税72.11亿元，增长14.2%。

营商环境进一步优化。研究制定“1+5+X”产业政策体系，落实金融、科技、文创、生活性服务业支持政策，促进中小微企业和民营经济发展。不断简化办事程序，提高服务效率，市场主体落户更加便利。为55679户企业发放新版“五证合一、一照一码”营业执照，并实现外贸领域企业“十五证”合一。西长安街大数据中心被列入国务院“放管服”领导小组全国调研典型案例。完善市场监管“三联”机制，西城区作为落实事中事后监管真抓实干、成效明显的地方之一，受到国务院通报表彰。

（四）区域文化魅力进一步彰显

区域文明程度稳步提升。坚持以社会主义核心价值观为引领，加强网络舆论引导，多途径传递正能量，积极营造良好社会氛围。打造“西城好人”道德品牌，广泛开展文明单位、文明校园、文明家庭、文明商业街区和文明商户等群众性精神文明创建活动，持续提升社会诚信建设制度化水平，取得全国文明城区五连冠。

公共文化设施日益完善。对接群众需求，完成区公共数字文化服务项目一期平台建设，20余家文化馆、博物馆、图书馆等在“西城文化云”上线运行。制定实施《博物馆三年行动计划》，新建月坛、天桥、什刹海3个街区博物馆，街区博物馆总数达到8个。探索“书香西城”公共文化社会化运营模式。模范书局等4家书店入选十大“最北京”实体书店，李金龙等3人获评十大金牌阅读推广人。

文化活动更加丰富。组织开展原创话剧邀请展、中国国际芭蕾演出季、“2017柏林戏剧节在中国”戏剧展演、中国国际合唱节、老舍国际戏剧节，与英国南岸艺术中心联合主办世界女性艺术节和百老汇原版音乐剧等各类文化活动7600余场次，参加人次超过190万。成功举办非遗展演季、非遗时尚大赛等非遗传承活动，免费为群众举办昆曲专场、非遗武术专场等21场次精彩演出。“民间瑰宝·记忆西城”系列活动被列为北京市响应文化部“非遗与设计师对话”活动的唯一重点项目。《北京人家之B超神探》等原创剧目成功上演，经典剧目《北京法源寺》赴台演出获得高度赞誉。

历史文化名城保护工作得到加强。认真落实区人大《关于加强历史文化名城保护提升城市发展品质的决议》，加强中轴线重点地区综合整治，开展鼓楼西大街整理与复兴试点，基本完成阜成门内大街（一期）整体改造，持续推进杨梅竹斜街综合整治提升。启动浏阳会馆（谭嗣同故居）、晋江会馆（林海音故居）等15项文物腾退项目，完成护国双关帝庙、护国观音寺、三清观、兆惠府第遗存腾退工作，划定第一批14处区级文物保护单位保护范围和建设控制地带。实施新市区泰安里、西什库教堂等12处文物修缮工程，完成沈家本故居、景山寿皇殿等文物修缮。加强非遗保护工作，组织评定第五批46项区级非遗项目，区级非遗项目达到208项。

（五）民生福祉不断增强

居民居住和生活条件进一步改善。加快棚户区和老旧小区改造，6033户居民受益。42栋老楼抗震加固项目惠及居民3983户。3个老旧小区改造试点顺利推进，加建13部电梯，建成2个立体停车场。完成5528间7.7万平方米平房翻建修缮。方便群众早餐和菜篮子等基本生活需求，新建和规范提升各类便民商业网点70个，百姓生活服务中心7个（累计建成30个百姓生活服务中心），区域内规范化、连锁化、品牌化生活性服务网点比例提高到69%，实现社区商业便民服务七项基本功能全覆盖。

教育综合改革不断深化。集中力量解决“入园难、入学难”问题，新增入园儿童2430名，新增义务教育阶段入学学生7289名。新成立35中和15中教育集团，全区教育集团达到19个。深化学区制改革，不断完善工作机制，第十二学区正式运行；重组6所中小学，进一步优化教育资源配置。持续推进“校园工程”，校园安全得到进一步保障。实现“城宫计划”在全区中小学的全覆盖，积极发展素质教育，促进学生全面成长。成立教育督导委员会，组建教育督导研修中心，深入推进管办评分离，提高教育督导工作质量和水平。

社会保障更加高效。出台新的区域促进就业创业政策，精准做好困难群体就业创业服务，城镇登记失业率0.88%，西城区连续三年被北京市认定为充分就业区。加强老年精神关怀服务，建立区、街、居三级精神关怀服务体系，向7105位老人提供居家照护服务12.7万次。全区共有养老机构44家、床位4118张（区级养老机构4家，街道和社会养老机构12家，养老照料中心28家），社区养老服务驿站达到25家。西城区被民政部和财政部批准为全国居家和社区养老服务改革试点区。建立区街困难群众基本生活保障工作协调机制，特殊人群服务与救助更加精准。创新精神残疾人社区访视服务，举办西城区第二届残疾人运动会，建成全市首个聋人冰壶示范区。西城区选手参加全国残疾人职业技能大赛，包揽了“手工编织”冠亚军。

“健康西城”建设扎实推进。启动“健康西城”品质提升行动计划。深入推进“三纵两横一平台”医疗卫生服务体系建设，建成11个紧密型医联体。全面实施医药分开综合改革，364家医疗机构积极参与，占全市参改机构数的十分之一。深化家庭医生签约服务，全人群签约率达42.5%，重点人群签约率91.6%。创建4个全国百强社区卫生服务中心，社区卫生工作连续七年获得全市第一。促进区属医院转型升级，三级医院增加到6

个。卫生发展综合评价绩效继续保持全市第一。大力改善体育健身场地设施，更新健身器材760件。全国“武术之乡”创建工作顺利通过审核验收。承办2017海峡两岸武术交流大会，创新开展线上武术比赛，参与群体更加广泛。成功举办首届西城区中小学武术比赛，什刹海体校被评为国家“首批港澳青少年游学基地”。

（六）社会治理创新迈出新步伐

社会治理能力不断提升。推进街道管理体制改革，在展览路、广内街道先行试点，增强服务群众和区域治理能力。落实信访工作责任制，完善信访工作机制。创新社区治理，开展“三社联动”，推广“参与型”社区分层协商模式，完成全国社区治理和服务创新实验区创建中期评估。

“平安西城”创建成果丰硕。加强立体化防控体系和“雪亮工程”建设，严厉打击违法犯罪，加大治安秩序整治力度，充分发挥“西城大妈”在群防群治中的重要作用，社会保持和谐稳定。自5月开始，坚持区领导每天带队开展夜查，加强多部门联合执法，对全区生产经营单位实现全覆盖。大力实施“阳光餐饮”工程，通过“北京市食品安全示范区”考核验收，全年未发生食品安全事件，三家大型超市获得北京市“放心肉菜示范超市”称号。深入开展安全隐患大排查大清理大整治专项行动，整改549处“三合一”、高风险密集居住场所隐患。更新39部存在严重安全隐患的老旧电梯。为6913户困难家庭更换不合格燃气灶具、安装燃气安全辅助设备和独立式感烟火灾探测报警器。探索开展“无安全生产事故行业、无安全生产事故街道”创建工作，标准化、安责险和安全员队伍建设等工作进展名列全市第一。西城区获2013—2016年度全国平安建设先进区称号，实现“长安杯”三连冠。

共建共治共享格局更加巩固。深化民生工作民意立项机制，认真听取民意、积极对接民需、精准制定政策、组织群众参与，在环境整治、低洼院修整、棚户区和老旧小区改造等多个领域，开展19项试点工作，取得了积极成效。加强社会组织服务体系建设，形成分级分类、功能互补的社会组织服务网络。驻区单位、居民群众积极参与社会治理。妇女儿童、档案史志、公益慈善等社会事业稳步推进，民族宗教、外事侨务工作进一步加强。做好双拥工作，扎实开展驻区部队“三后”服务（后路、后院、后代），军休优抚安置工作稳步提升，积极服务强军改革。

牢固树立“四个意识”，不断增强“四个自信”，努力深化红墙意识，坚决维护以习近平为核心的党中央权威和集中统一领导，严守政治纪律和政治规矩，积极推进“两学一做”学习教育常态化制度化，全面加强政府系统党的建设。坚决肃清吕锡文、刘跃平、苏东流毒影响，严格落实中央八项规定精神，加大“四风”问题监督检查和处理警示力度，开展政策落实跟踪审计，深入推进政府系统廉政建设和反腐败斗争。坚决执行区人大及其常委会的决议，认真落实重大事项向人大报告和向政协通报协商制度，自觉接受监督，共办理人大议案1件、代表建议125件，办理政协委员提案210件。强化依法行政，做好“七五”普法工作，出台《关于进一步加强行政执法工作的意见》，不断加大行政执法力度。深入推进行政机关负责人出庭应诉和考核评价工作，全年共34人次出庭应诉。深化政府信息公开，主动公开1.7万余条、依申请公开1805件。建立政府向公众报告工作制度。坚持政府常务会微博直播，邀请公众代表列席常务会。会议开放和政府开放日活动向街道和部门延伸。着力解决群众最关心最关注的问题，全年办理群众重要实事175件，区领导、部门主要负责人走进政民互动直播间，与网民互动，解答热点难点问题。打造公开透明政府，切实保障群众的知情权、参与权、监督权，群众对政府工作满意度持续提升。

（张明磊）

区政府主要工作及重大活动

【政府决策会议】 年内，区政府召开政府常务会议36次、政府专题会议37次，共讨论议题303个。1月4日，第1次会议听取关于西城区2016年依法行政工作情况及2017年工作思路、“疏解整治促提升”十大专项行动进展情况、西城区2016年安全生产工作情况及2017年工作思路、西城区2016年市政道路建设情况及2017年重点工作情况、西城区2016年历史文化名城保护工作情况及2017年工作思路、人事任免的情况汇报。2月8日，第2次会议听取关于受壁街（西二环路—赵登禹路）市政道路及停车场工程房屋征收社会稳定风险评估报告及征收补偿方案修改情况、西城区政务公开实施意见及细则相关情况、西城区政府绩效管理2016年年终考评情况通报及2017年考评体系情况、西城区政府重点工作2016年落实情况及2017年分解情况、人事任免情况、给予有关人员行政处分情况的汇报。2月17日，第3次会议听取关于人事任免的情况汇报。2月23日，第4次会议听取关于西城区2017年为群众拟办重要实事有关情况、2017年人大代表议案、建议和政协委员提案承办情况、西城区清洁空气行动计划2017年工作措施、《北京市西城区人民政府法律顾问团工作规则》有关情况的汇报。3月1日，第5次会议听取关于区政府会议重要议题计划2016年执行情况及2017年编制情况、《西城区博物馆（展览馆）建设三年行动计划（2017—2019年）》编制情况的汇报。3月11日，第6次会议听取关于人事任免的情况汇报。3月15日，第7次会议听取关于西城区推进社区协商工作实施意见有关情况、建立健全民生工作民意立项机制指导意见有关情况、西城区历史文化名城保护工作报告有关情况的汇报。3月23日，第8次会议听取关于西城区土壤污染防治工作方案有关情况、西城区2017年市政道路建设工作、西城区2016年棚改工作完成情况和2017年重点工作、西城区2017年园林绿化工作的汇报。3月28日，第9次会议听取关于西城区落实医药分开综合改革有关情况、健康西城品质提升行动计划（2017—2020年）有关情况、西城区对利用“开墙打洞”房屋从事经营活动相关处理的指导意见有关情况、人事任免情况、给予有关人员行政处分情况的汇报。4月14日，第10次会议听取关于西城区背街小巷环境整治提升三年行动计划（2017—2019年）有关情况、西城区进一步加强和推进信访工作实施意见有关情况、西城区2017年义务教育阶段入学工作、西城区“城市学校少年宫计划”工作进展情况的汇报。4月19日，第11次会议听取关于加强和改进新形势下西城区民族宗教工作意见有关情况、西城区2017年承办全国政协提案、市级人大建议和政协提案的情况、西城区第一季度大气污染防治工作进展情况、西城区进一步加强垃圾分类处理工作的实施意见有关情况、《西城区财政科技专项项目管理办法》《西城区可持续发展类项目实施细则》《西城区科技创新类项目实施细则》有关情况的汇报。5月4日，第12次会议听取关于建立区综合行政执法指挥中心和街道综合行政执法中心工作机制实施意见、西城区2017年第一季度城市管理工作、西城区缓解交通拥堵第十三阶段工作总结及第十四阶段重点工作、提升西城区消防综合应急救援能力2017年度任务分解有关情况、西城区第五批区级非物质文化遗产代表性项目名录申报立项工作、人事任免情况的汇报。5月11日，第13次会议听取关于西城区2017年第一季度安全生产工作情况和第二季度重点工作安排、西城区加强政府热线工作指导意见有关情况、西城区贯彻落实《北京市人民政府关于加强政务服务体系建设的意见》的工作方案有关情况、《西城区旅游与文化、商业及相关产业融合发展三年行动计划（2017—2019年）》编制情况、西城区做好新形势下就业创业工作实施意见有关情况的汇报。5月24日，第14次会议听取关于人事任免的情况汇报。6月7日，第15次会议听取关于西城区2016年度预算执行和其他财政收支审计有关情况、西城区2016年财政决算草案报告有关情况、西城区推进大数据建设实施意见（草案）有关情况、人事任免情况的汇报。7月1日，第16次会议听取关于《西城区促进全民阅读建设书香西城的指导意见》《西城区特色阅读空间奖励补贴若干细则》有关情况、西城区开展全国健康促进区试点暨全国健康城区试点的工作方案有关情况、人事任免情况的汇报。7月12日，第17次会议听取关于西城区2017年上半年国民经济、社会发展计划执行情况、西城区2017年上半年疏解整治促提升专项行动进展情况、西城区2017年上半年大气污染防治工作进展情况、《北京市西城区人民政府贯彻〈中华人民共和国大气污染防治法〉〈北京市大气污染防治条例〉执行情况的工作报告》起草情况、西城区开展医药分开综合改革进展情况、人事任免情况的汇报。7月19日，第18次会议听取关于西城区2017年上半年城市管理工作情况、西城区2017年上半年安全生产工作情况、市政府绩效考评、区政府绩效管理中期微调有关情况、西城区法治政府评估指标及评估结果有关情况、西城区2017年上半年政府服务热线工作情况、人事任免情况的汇报。8月2日，第19次会议听取关于人事任免的情况汇报。8月8日，第20次会议听取关于《西城区人民政府工作部门行政机关负责人出庭应诉公示及考核评价办法》起草情况、西城区2017年上半年财政收支预算执行情况、全面提升养老基础设施辐射居家养老服务能力议案办理有关情况的汇报。8月16日，第21次会议听取关于人事任免的情况汇报。8月23日，第22次会议听取关于《西城区关于深入构建和谐劳动关系的实施意见》有关情况、《西城区关于深入开展携手奔小康行动　加强对口帮扶贫困地区脱贫工作的意见（2017—2020年）》有关情况、人事任免情况的汇报。8月31日，第23次会议听取关于西城区2018年部门预算编制工作方案有关情况、《“北京西城”网站管理暂行办法》有关情况的汇报。9月6日，第24次会议听取关于人事任免的情况汇报。9月13日，第25次会议听取关于人事任免的情况汇报。9月20日，第26次会议听取关于西城区2017年1—8月份信访工作情况及第四季度信访形势分析、西城区2016年预算执行和其他财政收支审计查出问题整改情况、《西城区“疏解整治促提升”专项行动实施方案（2018—2020年）》编制情况、文兴东街（车公庄大街—西直门外南路）道路工程房屋征收社会稳定风险评估报告及征收补偿方案修改情况、人事任免情况的汇报。9月27日，第27次会议听取关于进一步办理落实城市管理主体责任、加强城市环境精细化管理议案办理情况、《西城区推进行政审批“一科制”改革实施方案》有关情况、北京市西城区政府文件及部门规范性文件清理工作情况的汇报。10月11日，第28次会议听取关于《北京市西城区突发事件总体应急预案（2017年修订）》编制情况、《北京市西城区街区公共空间管理办法》起草情况、西城区紧密型医联体建设工作情况的汇报。10月18日，第29次会议听取关于西城区2017年1—9月国民经济、社会发展计划执行和调整情况、西城区2017年1—9月“疏解整治促提升”专项行动工作进展情况、西城区2017年1—9月财政预算执行情况和调整预算、西城区2017年1—9月清洁空气行动计划和秋冬季攻坚行动方案落实情况、《北京市西城区行政规范性文件管理办法》有关情况、西城区2017年第三季度12341政府热线工作情况的汇报。10月25日，第30次会议听取关于西城区2017年第三季度城市管理工作情况、西城区2017年第三季度安全生产工作情况、《深入落实〈总规〉精神　积极推进街区整理　提升城市品质》工作报告有关情况、《西城区迎接北京市环境保护督察工作方案》有关情况的汇报。11月1日，第31次会议听取关于西城区2017年前三季度经济社会发展形势分析、人事任免情况的汇报。11月8日，第32次会议听取关于西城区房屋征收（拆迁）工作的有关情况、《落实加强历史文化名城保护　提升区域文化品质决议的工作报告》有关情况、区十六届人大一次会议代表议案和建议办理工作有关情况、《北京市西城区关于在市场体系建设中建立公平竞争审查制度的实施方案》有关情况、

《西城区全面推进“一号一窗一网”模式的政务服务改革工作实施方案》有关情况、迎接市委市政府安全生产督察工作有关情况、人事任免情况的汇报。11月22日，第33次会议听取关于《西城区进一步深化简政放权放管结合优化服务改革重点任务分工方案》有关情况、《西城区关于财政支持疏解非首都功能构建高精尖经济结构的意见》有关情况、《2018—2020年西城区公共管理综合保险方案》有关情况、西城区2017—2018年冬季供暖和扫雪铲冰工作情况、长安计划起草工作情况、人事任免情况的汇报。12月3日，第34次会议听取关于《政府工作报告》有关情况、西城区2017年国民经济和社会发展计划执行情况与2018年国民经济和社会发展计划有关情况、西城区2017年政府投资计划完成情况及2018年政府投资计划安排、《西城区关于完善高精尖经济结构的实施意见》有关情况、西城区2017年财政预算执行情况和2018年财政预算草案有关情况的汇报。12月21日，第35次会议听取关于西城区生活性服务业发展情况、《北京市西城区第三期学前教育行动计划（2018—2020）》有关情况、《西城区推进学区制工作的实施方案》有关情况、西城区知识产权试点城区建设进展情况、人事任免情况的汇报。12月28日，第36次会议听取关于2017年西城区依法行政工作情况、2017年大气环境质量目标和大气污染防治规划完成情况的汇报。

（何　丹）

【22件实事完成情况】 1.完善棚户区改造、城中村边角地、简易楼腾退三个专项方案，完成棚户区改造6033户，完成年度任务的120%。2.完成高立庄项目一期、二期安置房1700套建设任务，实现保障性住房竣工目标。3.完成平房翻建、修缮5528间7.7万平方米，完成全年任务的140.87%；55栋楼房综合修缮任务全部完成；平房院落下水管线改造任务完成241处，完成全年任务的108%。4.完成灵境小区5号、7号、9号楼加装电梯试点工程；安德馨居小区共增设6部电梯；白云路7号院共增设4部电梯，增加机动车停车位、管网更新改造、综合整治等项目均完成。5.裕中西里、广华轩小区等8个住宅小区的39部住宅电梯分批次完成安装，并通过监督检验已投入使用。6.新建居住区停车泊位1136个，完成全年任务的378.7%。7.共施划1213处非机动车停放区域，重点明确了不准共享自行车停放的区域，建立非机动车管理宣传小区204个，发动民间志愿者、街道协管员、保安1600余人参与共享自行车的管理工作，辖区内轨道交通所有地铁口均有专人或兼职及运维人员管理。8.完成“宣武艺园地下停车场”建设项目。9.关停42处5.05万平方米散租住人工程，清理20处旅馆工程、8处仓库工程。10.实现新增城市绿地27处13.5公顷，超额完成任务；实现公园绿地500米服务半径达到93%；开展园艺培训、园艺体验等园艺文化推广活动336场，完成任务的112%。11.完成在社会餐饮单位、学生及托幼机构、养老机构食堂等660家餐饮服务单位的“明厨亮灶”工作。12.完成10座旱厕改造工程，实现全区改造任务清零；完成20座二类公厕整体改造；完成460个院落的户厕改造，完成全年任务的191.7%。13.完成15座清洁站整体改造任务。14.完成84条胡同整治任务，超额完成2条。15.完成5000余套节水型便器水箱及配件的换装工作。16.全区累计城镇登记失业人员为2.15万人，城镇登记失业率为0.88%，同比上升0.04%；城镇登记失业人员实现再就业13921人，再就业率为64.73%，同比下降0.07%，完成指标任务的127%；累计帮助1.06万名就业困难人员实现就业，完成指标的151%；消除“零就业家庭”36户，提高了就业质量，西城区连续三年被北京市认定为充分就业区。17.由中国人寿财产保险股份有限公司北京市分公司负责老年餐桌、政府组织的公益活动和各项志愿服务、军休老干部活动等养老服务设施内的公众责任保险，保险费20万元；由中国人寿保险股份有限公司北京市分公司负责托老所、养老驿站等为老服务场所登记在册的老人、登记在册的失能老人、入户上门医疗服务人员等固定参保人员的人身意外伤害险附加伤害医疗险，保险费29.6万元。两项目保险金额共为49.6万元，与上述两家保险公司签订协议，并按协议支付相关费用。18.开展高危人群评估和5个癌种的高危筛查工作，共完成临床检查2005例，完成率100.25%。19.新建和规范提升各类便民商业网点70个，网点连锁化率提升到47%，比上年提升12个百分点；新建和改造提升7个百姓生活服务中心，实现全区累计建成百姓生活服务中心30个。20.增加学前学位2430个，超额完成全年任务。21.实施公共文化“五大公益”活动中利用基层文化阵地开展“百姓戏剧”等各级各类文化活动7600余场次，受众19万人次；免费为群众艺术团体开展艺术辅导、培训706场次；全区公益电影放映共315场，观众1.15万人次。22.组织开展庆祝申冬奥成功两周年纪念庆祝活动、冰蹴球活动、第二届冰蹴球青少年邀请赛；组织8000人次参与冰雪公益课。

（陈　星）

区政府办公室工作

【概况】 北京市西城区人民政府办公室（简称区政府办公室）是负责协助区政府领导处理区政府日常工作的区政府工作部门。主要职责是：协助区政府领导组织起草、审核以区政府和区政府办公室名义发布的公文。负责区政府会议的会务组织工作。研究区政府各部门、各街道以及其他机构请示（商洽）区政府的事项，提出审核意见，报请区政府领导审批；承办市政府、市政府办公厅文件。负责推进、指导、协调、监督、考核本区政府信息公开工作，承办区政府行政机关的政府信息公开事宜。负责区委、区政府总值班工作；协助区政府领导组织处理需由区政府直接处理的突发事件和重大事故，承担西城区突发事件应急委员会的具体工作，负责区政府领导交办的本区各类突发公共事件应急处置、日常管理、宣传教育和培训工作；负责组织修订本区突发事件总体应急预案；负责统筹、规划、指导、监督和检查区级专项应急预案编制修订工作和应急演练工作。负责国务院、市政府领导批转、批示事项及区政府主要领导的批示、指示和交办事项的督促检查、反馈和协调工作；负责市、区政府重大决策、重要工作部署在西城区贯彻落实情况；负责督促检查区政府阶段性重点工作落实情况；区政府重点工作任务分解的编制、重要文件确定事项、重要会议议定事项以及区长与有关部门签订责任书的督促检查、反馈和协调工作；负责区政府系统各部门、各街道督查工作的业务指导与培训工作；参与对区政府各部门、各街道年度工作目标的督查考核；负责相关的督查管理系统的建设、运行、管理和维护；负责编写有关西城政务督查的相关刊物；负责各位区长的联络服务工作；负责各街道办事处工作的综合考核。负责区政府绩效办日常工作，组织实施区政府绩效管理年度考核工作，对考核对象进行日常检查和监督，撰写全区年度绩效分析报告，对绩效考核实施过程中存在的问题进行研究，提出相关意见和建议。负责联系区人大、区政协的相关工作；组织区政府有关部门办理各级人大代表建议和政协委员提案；协助安排人大代表、政协委员的视察工作；为人大代表、政协委员知情知政提供服务和保障。负责各街道办事处工作的综合考核。负责以区政府、区政府办公室名义发布的非公文类文件的起草、审核、制发工作；负责撰写区政府领导讲话及区政府日常各类文稿工作。负责全区机要通讯文件的交换工作；负责本机关以及区政府部分部门的财务、人事、固定资产管理等工作。负责区政府系统综合事务的协调工作，协助安排区政府领导参加重要政务活动。负责落实查抄政策界定善后工作及查抄办档案管理工作。负责对区政府系统行政办公室的业务指导。承办区政府领导和上级机关交办的其他事项。

地址：西城区二龙路27号

邮编：100032

电话：88064311

（于明艳）

【文书和档案工作】　年内，共处理各级各类文件6257件。其中办理收文5657件，以区政府、区政府办公室名义制发文件569件，与区委办联合会签文件31件。组织举办区政府系统公文处理工作培训会，全区共95家单位169人参加。完成2016年度文书档案归档2678件。区政府用印共6429次，区政府办公室用印共3420次；开具区政府办公室介绍信共46件。

（于明艳）

【信息工作】　全年专报市政府信息680条，《昨日市情》（专、普刊）采用140条；上报长篇经验交流类信息18篇，《昨日市情》《特刊》采用14篇，市领导批示9条（期）。《西城信息》（专刊）共编发12期；《西城信息》（特刊）共编发75期，区领导批示10期。

（潘　江）

【政府信息公开工作】　年内，全区主动公开政府信息29817条。全区各政府信息公开工作机构共受理政府信息公开申请1181件，主要涉及房屋征收、腾退、拆迁等方面信息。收到涉及政府信息公开方面的行政复议115件，行政诉讼236件。建立政府信息查阅中心41个。

（吴旭红）

【人大建议政协提案办理工作】　年内，西城区政府承办全国、市、区三级人大代表建议和政协委员提案共381件，其中全国政协委员提案3件，北京市人大代表建议10件，北京市政协委员提案20件，西城区人大代表议案1件，西城区人大代表建议125件，西城区政协委员提案210件，区级会下平类建议、提案12件。所有建议提案全部按期办理完毕。

（刘　惟）

应急管理工作

【突发事件处置和应急演练】　年内，区领导赴现场指挥处置突发事件达35人次。全区应急系统密切配合、协调联动，妥善处置一般性突发事件73起，其中社会安全类17起、事故灾难类56起，未发生公共卫生和自然灾害类突发事件。突出重大会议活动安全保障、城市运行、校园安全、建筑施工、防汛等重点，开展反恐处突、大规模性聚集、深基坑塌陷、地震应急疏散、火灾逃生、道路安全、食品安全、燃气泄漏、防汛等应急演练763项，通过演练，熟悉预案流程，检验应急保障，提升应急处置组织协调能力。创建市级综合减灾示范街道3个、全国和市级综合减灾示范社区15个，试点建设社区应急志愿服务站3个。

（张文静）

【应急机制建设】　年内，编制印发《西城区"十三五"时期应急体系发展规划》；修订《西城区突发事件总体应急预案》；启动区级11个专项指挥部的12个专项预案修订工作，完成"突发公共卫生事件、安全生产事故、突发环境事件、粮食供给、火灾事故、空气重污染应对"6个应急预案的修订。修订完善《西城区值守应急工作管理制度》《西城区区委区政府总值班室工作制度》。建立专班制度，探索专业值班模式，区应急办抽出4名干部专门负责值班工作，其他干部轮流值班，确保高质量完成日常各项政务值班、应急值守工作。节假日、敏感时期、汛期和重大会议活动期间，启动应急机制和区级指挥部，按照"1+X+16"模式（一个总指挥部、"X"个专项指挥部、15个街道及西直门管委会等16个地区分指挥部），各相关委办局、各街道分别安排干部在重点地区进行集中值班、靠前指挥。建立协调联动机制，与西城公安分局、区城管监督指挥中心（全响应网格）和12341西城政府热线建立四位一体信息联动共享机制，突发情况一经发现立即汇总至区应急办，遇有重要事项及时与公安、交通、消防部门的实时视频联通会商，快速核实了解情况。

（张文静）

【应急宣教工作】　年内，以"全国中小学安全教育日"、"5·12"防灾减灾日、安全生产月、"11·9"消防日为载体，通过现场咨询、悬挂横幅、展板、微信公众号、《北京西城报》、知识竞赛等多种形式开展主题社会宣传活动465项；开展各级各类应急技能培训102期，6.3万人接受普及培训，7912人取得相应证书。

（张文静）

【应急保障体系建设】 年内，完成街道高清公共安全图像信息系统四期建设，在天桥街道安装90个监控点位；在牛街街道安装77个监控点位，在牛街西里8号楼顶建设了环形鹰眼摄像机。完成宗教场所安防及预警系统二期建设，在白云观及周边地区建设147路高清视频监控、33台应急广播、19块户外信息显示屏，以及人群聚集风险监测预警系统、人脸识别系统；启动宗教场所安防系统三期建设项目，包括四个宗教场所（广济寺、广化寺、火神庙、广福观）共100个监控点位，实现全区18个宗教场所安防系统全覆盖。完成道路交通非现场执法系统建设项目，建设22套抓拍系统。推进区公共安全图像系统科技提升项目，选取什刹海荷花市场、鼓楼西大街和护国寺街进行全景监控建设，完成后海荷花市场和松树街社区监控。完善视频会议系统，完成区高清电视电话会议系统扩建项目（二期）建设，安装高清视频会议终端22套，领导桌面会议系统47套；配发APP“应急通”39部。推动图像信息资源共享，将民防9个高点监控接入区政府平台，通过运用新的技术手段，有效提升了城市安全运行保障能力和突发事件应急处置能力。

（张文静）

政务服务管理

【概况】 北京市西城区政务服务管理办公室（原北京市西城区综合行政服务中心，8月7日更名，简称区政务服务办）是负责为企业法人、社会组织办理行政许可事项、非行政许可事项以及公共服务事项的区政府派出机构。主要职责是：负责组织实施本区政务服务工作，并指导街道办事处政务服务相关工作；负责指导推进政务服务体系建设和服务方式创新；负责区级政务服务中心建设、运行和监督管理；指导、协调、监督区级专业大厅、街道政务服务中心、社区政务服务站的建设、运行和管理；协调推进“互联网＋政务服务”建设；负责西城区政府热线（非紧急救助中心）的建设、运行、监督、考核和评价；负责政务服务体系标准化建设；承办区政府交办的其他事项。根据西编发〔2017〕15号新三定方案，区政务服务办公室机关行政编制20名，其中主任1名，调研员1名，副主任3名，副调研员1名；设置综合科、体系管理科、监督考评科、区政府热线管理办公室、信息化科5个科室，科级领导职数5正1副。区政务服务办所属区政务服务中心（原区政务全程办事代理中心）编制15名，科级领导职数1正2副；区政府热线管理中心编制7名，科级领导职数1正1副。年内，区政务服务办公室完成大厅一层行政审批改革“一窗式”服务新模式、行政服务标准化实施、12341政府热线建设、窗口规范化管理、信息化应用、绩效考评等工作，出台了《北京市西城区人民政府办公室关于印发〈北京市西城区全面推进“一号一窗一网一次”模式的政务服务改革工作实施方案〉的通知》，全面启动“一号咨询、一窗受理、一网通办、一次办结”模式的政务服务改革。

地址：西城区西直门内大街275号
邮编：100035
电话：82141595

（高　伟）

【窗口标准化、规范化管理】 年内，区政务服务办不断深化国家级政务服务标准化试点和全国政务服务标准化示范的实践成果。一是统一政务服务工作机构名称。按照市、区关于加强政务服务体系建设的意见和方案，政务服务中心名称统一为“西城区政务服务中心”，全区各街道公共服务大厅名称统一为“西城区××街道政务服务中心”，各街道办事处在社区设置的服务站统一加挂“××街道××社区政务服务站”的牌子，区内各委办局单独设立的专业服务大厅统一加挂“西城区政务服务中心××分中心”的牌子。二是实施现场管理规范。通过对窗口服务区实地测量，细化、量化了窗口办公区域物品摆放标准，加强服务现场管理，制定《政务服务中心窗口现场管理规范》，在中心大厅实施现场管理规范——物品摆放定位的基础上，要求全区各级各类大厅根据本大厅实际情况，制定出符合本大厅实际的现场管理规范并实施。三是指导、督促、检查各专业大厅和街道公共服务中心做好“一本两册”（标准化记录本、岗位工作手册、管理工作手册）。

（高　伟）

【政务服务标准化研究及培训】 年内，国家标准委委托区政务服务中心做《政务大厅服务标准体系和标准立项研究》课题研究，课题组从亟待解决的问题上着手做深入的研究和修改，进一步调整和完善课题报告，让研究成果真正指导政务服务标准化工作。围绕职业心理健康标准化建设，开展窗口工作人员心理综合素质调查、驻场咨询、团体咨询、全员培训。6月7至9日对全区政务服务体系窗口负责人及进驻中心的窗口首席代表共100余人进行标准化知识培训，通过培训开阔工作视野和思路，提高运用法治思维方式解决问题的能力，强化服务标准，培养良好服务行为，不断提高政务服务工作质量和效率。

（高　伟）

【标准化建设宣传】 年内，结合区政务服务中心的整体宣传方案，将区政务服务中心开展标准化工作情况通过《西城行政服务》杂志在全区政务服务体系进行宣传；2月4日《中国纪检监察报》在头版头条以《服务大厅“开门红”》为题对中心窗口工作人员履职情况、优质服务进行报道；结合国务院“放管服”督察组检查工作，5月16日在北京电视台和5月19日的《北京日报》以“西城区近千服务事项有了统一办理标准”为题进行宣传报道；9月6日和8日，区政务服务中心领导就政务服务标准化工作分别接受“首都之窗”和“千龙网”采访；在9月25至27日由人民日报社、中国城市报、国家大数据专业委员会组织的“第二届全国政务服务论坛暨政务服务博览会”上，区政务服务中心受邀参会，发表了《北京市西城区坚持以人民为中心推进政务服务标准化建设》的主旨演讲，并获得“中国政务服务突出贡献奖”。在由中央国家机关工委《紫光阁》杂志社、中国行政体制改革研究会、人民网联合举办的第二届全国政务服务大厅典型案例展示活动中，区政务服务中心凭借《离红墙最近、与百姓最亲》获“标准化优秀奖”。同时，在区政务服务中心LED屏、网站、宣传展板等宣传渠道上展示标准化成果，在各级大厅滚动播放“标准化微电影”“政务服务妙语三字经”“标准化宣传片”等宣传材料。

（高 伟）

【行政服务绩效考评】 年内，区政务服务管理办公室按照区绩效办的统一要求，结合《西城区行政服务标准体系》，一是调整政务服务专项考核指标。为进一步优化完善政府绩效管理指标体系，按照区绩效办统一要求，针对“一窗”“一网”“一号”管理模式，结合政务服务工作实际情况，对政务服务工作专项考评指标体系进行完善，按照标准化精细化管理模式，开展“环境形象、服务事项、服务行为、日常管理、考核评价”五对标，从“人员考勤、工作纪律、仪容仪表、服务语言、行为举止、业务办理、环境卫生及物品摆放、设施设备、投诉处理”9个方面加强日常管理考核。考核方式主要以日常检查、不定期检查和日常监测等方式进行，确保考核指标设置的科学化。二是拓展绩效考评的方式和内容。年内区政务服务管理办公室主要通过满意度问卷调查（包括现场拦截和电话回访）、现场暗访监测、监控视频抽查、现场情景回溯调查、业务陪同办理五种方式对各级各类服务大厅进行监测与分析，注重过程管理和全流程监控，进一步强化窗口服务监测，及时通报检查结果。全年完成满意度调查问卷2886份，现场暗访监测864次，监控视频抽查57次，现场情景回溯调查90人次，业务陪同办理7人次，形成全区政务服务标准化执行监测报告。三是加强特邀监督员队伍建设。以人大、政协换届为契机，商请区人大、政协推荐15名代表、委员组成新一届特邀监督员，同时修改完善特邀监督员聘请管理办法，制定《特邀监督员工作实施方案》。将特邀监督员分成三组随机对全区政务服务窗口工作情况进行检查，并开通微信群，及时沟通和反馈检查中发现的问题，区政务服务中心对存在问题第一时间进行处理。做到绩效考评服务于日常管理，提升了政务服务质量和效率。

（高 伟）

【12341政府热线建设】 年内，区政府热线持续推进全区热线资源整合，启动人力社保局二期和国土局不动产咨询业务，进一步扩大了热线咨询解答覆盖范围，建立知识库动态管理及更新机制，完善咨询解答标准，为群众提供精准及时的咨询服务。同时，建立健全热线工作机制，完善热线工作体系，制定热线指导意见与热线运行规范，规范热线业务管理；强化管理落实责任，建立日常疑难梳理总结、专题研讨会商、定期报送与政府热线工作建议书制度，加大实地调研和协调督办力度，组织全区各部门一把手接听政府热线活动，推进快速响应及问题解决；根据市中心统一部署，组织完成区长接听市12345热线活动，实现与群众零距离互动。为进一步提高工作效率与质量，为全区热线承办单位配发IP电话，使部门办理反馈程序衔接更及时顺畅。强化热线监督考评，年末完成对全区热线承办单位的绩效考核工作，提升诉求办理“三率两度”指标；加强热线队伍建设，加强对全区热线承办部门指导，定期开展业务培训与总结会，规范坐席员的业务标准，提高热线整体工作水平。

（高 伟）

【行政审批制度改革】 年内，区政务服务管理办公室为贯彻落实中央、国务院和北京市关于全面深化改革、推进“放管服”改革和加强政务服务体系建设等一系列文件精神，按照区委、区政府的重大决策部署，大力推进政务服务“一窗式”改革工作。一是做好事项基础梳理工作。制定《西城区全面梳理公共服务事项工作实施方案》，分四大类别采取“分工模式”“三上两下”进行梳理。共梳理全区38个委办局748项事项，编制办理事项服务指南；梳理15个街道办事处共有公共服务事项122项，建成标准化数据动态管理系统。二是加强统筹稳步推进。成立西城区政务服务“三个一”（一窗受理、一网通办、一号咨询）推进领导小组，统筹推进政务服务“三个一”工作。组织人员到各地进行“三个一”工作的调研，开拓视野拓宽思路。制定《西城区全面推进“一号一窗一网”模式的政务服务改革工作实施方案》，并在11月8日第32次区政府常务会上通过，以区政府办公室名义印发全区组织实施。三是扎实推进 “一窗式”政务服务工作。实行“前台综合受理、后台分类审批、统一窗口出件”服务模式，先期将13个进驻部门143项事项和工商西城分局110项事项纳入“一窗式”，分批次分阶段推进“一窗式”受理工作。通过实行“前台综合受理、后台分类审批、统一窗口出件”，推行“清单式”受理，实行标准化“流水线”作业。12月，出台《北京市西城区关于全面推进“一号一窗一网一次”模式的政务服务改革工作实施方案》，新“四个一”战略格局已定位。

（高 伟）

【进驻部门完成工作】 1至12月底，区政务服务大厅总接待量为706118人次，其中业务受理353629件，占总接待量的50%；业务咨询352489人次，占总接待量的50%；平均每天总接待量为2625人次，其中平均每天业务受理1315件，平均每天接待咨询1310人次。

（高 伟）

人力资源和社会保障

【概况】 北京市西城区人力资源和社会保障局（简称区人力社保局）是负责本区人力资源和社会保障的区政府工作部门。主要职责：贯彻国家关于人力资源和社会保障的法律、法规、规章、政策和北京市的相关规定；研究制定本区人力资源和社会保障管理方面的管理措施；拟订本区人力资源和社会保障事业发展规划，并组织实施和监督检查；负责拟订并组织实施本区人力资源市场发展规划；依法管理人力资源市场，促进人力资源合理流动和有效配置；负责本区促进就业工作；完善公共就业服务体系；落实就业援助制度；实行职业资格证书制度相关政策；实施面向劳动者的职业培训制度；贯彻高校毕业生就业政策以及高技能人才的培养和激励政策；负责管理辖区社会保险工作；贯彻社会保险规定；指导本区社会保险经办机构依法开展社会保险具体工作；负责对社会保险基金的收支、管理情况进行监督检查；负责管理本区机关事业单位人员工资、福利和分配制度改革工作；贯彻机关事业单位工作人员工资、福利、津贴和补贴政策；落实机关企事业单位工作人员工资增长和支付保障机制；执行机关事业单位工作人员离退休政策；负责会同有关部门指导本区事业单位人事制度改革；管理本区专业技术职称工作；贯彻专业技术人员管理和继续教育政策；落实本区事业单位人员和机关工勤人员管理政策。负责高层次人才选拔、培养和管理服务；负责引进国外智力工作；参与本区人才管理工作；履行全区公务员主管部门职责；负责全区公务员综合管理工作；落实公务员管理政策；按规定承担区政府部门的督查考核和绩效考评工作；负责区政府各部门、各企事业单位领导人员及区政府授权管理的科级干部的任免工作；负责制定并组织实施本区军队转业干部安置计划和培训计划；承担本区自主择业军转干部的管理服务；负责本区企业军转干部解困和维稳工作；负责驻区部队随军家属安置工作；负责贯彻劳动关系政策；完善劳动关系协调机制；指导本区劳动人事争议调解仲裁工作；组织实施劳动保障监察，依法查处各类违法案件；落实各项童工、未成年工和女职工劳动保护政策；承办区政府和上级业务指导部门交办的其他事项。全局下设23个内设机构、13个事业单位，在职职工650余人，主要分布在西直门南小街20号、德外塔院胡同8号等6个办公地点。年内，西城区人力资源和社会保障工作围绕全区发展战略规划任务，着力深化改革、着力改善民生、着力依法行政、着力优化服务，全面提升工作质量和效益，区域人力社保事业建设水平稳步提升。

地址：西城区西直门南小街20号
邮编：100035
电话：66206008

（齐盛超　张梅）

【就业重点工作指标完成情况】　年内，全区城镇新增就业35742人，完成任务指标任务的102%。城镇登记失业人员为21507人，城镇登记失业率为0.88%；城镇登记失业人员实现就业13921人，完成任务指标的127%，就业率为64.73%；累计帮助10574名就业困难人员实现就业，完成任务指标的151%，就业率为67.83%。累计认定“零就业家庭”36户，辖区“零就业家庭”保持动态脱零。

（闫娟娟）

【充分就业区创建】　年内，区人力社保局以持续创建充分就业区为目标，不断创新服务手段、加大工作力度。6月13日，出台西城区新一轮促进就业政策《北京市西城区人民政府关于做好新形势下促进就业创业工作的实施意见》（西政发〔2017〕13号），鼓励辖区劳动者就业创业。经北京市社会保障和就业工作领导办公室考核认定，西城区被认定为“2017年度北京市充分就业区”，连续四年创建充分就业区。15个街道被认定为西城区充分就业街道，239个社区被认定为西城区充分就业社区。广外街道、牛街街道、德胜街道被认定为北京市充分就业街道，椿树街道四川营社区、新街口街道育德社区被认定为北京市充分就业社区。

（闫娟娟）

【失业人员服务管理】　年内，区人力社保局指导各街道及时、准确填报失业人员信息，实时掌握失业人员的动态状况。贯彻落实就业失业登记业务经办监督管理制度，对15个街道进行了就业失业经办业务实地检查，针对检查出的问题及时指导整改，促进经办人员全面提升业务素质，为失业人员提供优质服务。在元旦、春节前开展困难失业人员“送温暖”慰问活动，共慰问困难失业人员1618人，发放补助金80.9万元。

（闫娟娟）

【创业带动就业】　年内，区人力社保局制定新一轮西城区创业就业区域政策，出台《北京市西城区人民政府关于做好新形势下就业创业工作的实施意见》（西政发〔2017〕13号）和《实施意见》的细则（西人社发〔2017〕64号），全面推进西城区创新创业工作；贯彻落实《北京市人民政府关于进一步做好新形势下就业创业工作的实施意见》文件精神，依托市区街三级创业服务体系，全力推动“大众创业、万众创新”工作深入开展。结合西城区创业工作特点，联合广外街道、北京财会学校、普天德胜创业孵化器共同筹办“圆梦之旅”活动，使大学生在创业前先期学习了一定的创业经验；年内全区实现创业991人，完成指标任务的123.8%；创业带动就业3719人，完成指标任务104.7%；发放创业担保贷款193万元。全年累计拨付岗位补贴、社保补贴、稳岗补贴共计2.34亿元。

（张桂良）

【公共就业服务】　年内，区人力社保局对全区就业困难人员进行全面摸查，提供一对一职业指导服务，摸查率达到100%。组织开展“春风行动”“就业援助月”“民营企业招聘月”“高校毕业生就业服务月”等活动。建立企业用人需求档案2524户和企业招聘需求档案505户，采集空岗信息63152个。举办各类招聘会34场，提供岗位近1.3万个，达成就业意向884人。完成全区19005份流动人员人事档案数字化扫描工作。

（王　铁）

【职业能力建设】　年内，区人力社保局规范民办职业技能培训机构管理。加强区域内职业技能培训机构督导管理，配合市人力社保局对辖区内民办培训机构开展分级评估工作，西城区有20家民办培训学校被评为“A”级培训机构，数量位居全市之首。从严审批社会力量办学，强化行政审批事中、事后监管，严格控制不适合区域功能定位和经济社会发展职业（工种）培训的办学规模，年内办理民办职业技能培训学校行政许可事项16件。建立动态监测报告制度，准确把握辖区职业培训走势。推进岗前培训和在职培训，实施就业培训援助，结合就业困难人员特点，推行订单培训、定岗培训、定向培训和转业转岗培训。在北京市第四届职业技能大赛中，西城区选手共有57人进入参赛职业（工种）前10名，7名选手夺得冠军。在年初召开的大赛总结表彰会上，继上届大赛之后，区人力社保局又一次被大赛组委会评为北京市“优秀组织奖”。年内，全区各民办培训机构共培训各类人员5061人，其中失业人员技能培训3048人，失业人员创业培训817人，来京务工人员培训1196人。企业在职职工培训12862人，辖区民办职业技能培训学校培训社会人员19175人。

（贾子辰）

【高技能人才培养】 年内，区人力社保局继续组织技师研修培训，持续开展“服务西城，建设西城——高技能人才大讲堂”活动，年内共为5个委办局和2个街道的2000多名服务对象组织了7场多种形式的大讲堂活动。搭建高技能人才宣传展示平台，充分运用《技能人才之窗》《西城就业报》《西城人力社保》等媒体，以宣传王建生、余晓波、李荣春、郝振江、马国庆等行业领军人物为主题，启动“工匠人物”系列宣传报道活动，加大典型宣传力度，努力营造“尊重技能、尊重人才、尊重劳动”“人人皆可成才，人人尽展其才”的社会氛围。贯彻落实高技能人才培养和激励政策，组织辖区企业参加区级优秀人才项目资助活动，12月启动第三届百名英才高技能人才组“突出贡献人才”遴选工作。

（贾子辰）

【社会保险】 年内，全区五项社会保险费累计收缴446.31亿元，同比增长8.53%；社会保险基金累计支出290.15亿元，同比减少16.27%，各项社会保险待遇按时足额支付。

（杜文芳）

【社会保障管理服务】 区人力社保局规范特殊工种退休审批工作模式，年内办理退休核准16323人次。加强工伤调查取证工作，年内认定工伤1531件。开展一次性救助医疗困难参保职工222人，发放医疗救助款488万元。调整医疗鉴定专家库，在全市率先成立辅助器具专家顾问组，劳动能力鉴定1530人，鉴定结论改变率连续5年保持零记录。做好社会保险基金支付工作，为1.19万人次支付工伤保险待遇，为7.54万人次支付生育保险待遇，为1261名外埠城镇职工和农民合同制工人发放失业保险待遇，享受养老保险待遇人员43.37万人。调整基本养老金，人均养老金为3983元，同比增幅6.5%。

（杜文芳　刘杰）

【机关事业单位参加养老保险改革】 年内，开展机关事业单位编制内合同制工人补缴养老保险工作，共补缴165人554.82万元；启动市属机关事业单位就近办理工作，已接收159家市属机关单位，月均办理业务1000人次；做好职业年金虚账做实工作，完成197家机关事业参保单位的职业年金虚账做实工作，共计3.04亿元；保障3.5万机关事业退休人员基本养老保险待遇调整落实到位，应调尽调。

（杜文芳）

【社保经办模式改革】 年内，区人力社保局大力推广社保网上预约服务，单位可提前1至20天预约办理社保登记、征缴等业务，在约定时间段到社保大厅取号，并可优先于现场取号单位办理业务，扫描号码条上的二维码还可随时查询排队人数，方便单位合理安排时间。充分利用“互联网+”，提升社保信息化服务水平。进一步完善“西城社保”官方网站，丰富网站内容，利用“西城社保”官方微信公众号，发布通知公告、培训课件等，增加培训预约、政策知识问答模块，微信公众号关注人数已超万人。将常见业务的二维码信息由58项扩展到62项，方便服务对象随时扫码查看。通过北京市社会保险网上服务平台上的网申系统、大厅自助查询机和柜台窗口三种途径，共受理个人权益记录缴费信息查询打印25.6万件。社保支付业务全面推行复核制度，社保稽核处理投诉举报案件391件，全年追缴欠费5989万元。

（杜文芳）

【医疗保险基金管理】 年内，区人力社保局构建多层次审核模式，采取电话回访核实、预审筛查、明查暗访、横向比较、内控抽查等多种方式，全面做好医疗保险基金审核结算工作。健全完善内控管理及风险防控工作制度，建立考核监管体系，完善医保费用支出分析月报，形成动态监控机制，稳妥推进总额控制管理。设立大厅双值班制度，实现定点医疗机构纸介申报网上预约，推出多项手工报销业务的便民特色服务，完成跨省异地住院实时结算业务试点工作，开展形式多样、覆盖广泛人群的宣传培训活动。严格筛查门诊异常数据，建立与监察部门、参保单位、社保所联动机制，形成合力打击违规骗保行为。全年共审核各类医疗费用2258.58万人次，同比下降0.77%，医保基金支付113.32亿元，同比增长5.85%。

（王海星）

【医保付费总额控制】 年内，区人力社保局全面推进总额控制管理工作，对定点医疗机构总额使用情况和各项费用指标进行监控和统计分析。根据总额控制管理办法，对超总额控制同期指标10%以上，且质量指标综合增速高于全市平均水平的定点医疗机构开展现场检查，共同查找问题，帮助整改；对总额控制当期指标超支率在30%以上或连续两个月超支15%以上，且质量指标综合增速高于全市平均增速5个百分点以上的定点医疗机构暂缓支付医疗费用，并向市医保中心进行备案。全年定点医疗机构申报费用94.39亿元，全年总额控制指标实际使用率最终控制在93.24%。

（王海星）

【社会保险基金监督管理】 年内，区人力社保局强化基金监督联动机制和智能化监测，防范基金安全风险。按照人力社保部的统一部署开展城乡居民养老保险经办机构内部控制和养老保险重点指标等专项监督检查，对公益性就业组织安置就业特困人员专项补贴情况、数字证书使用和管理情况、社会保险转移接续业务进行监督检查。强化经办业务的事中监督，对业务和经办人员进行“双随机”检查。处理社会保险基金监督系统、医疗保险费用审核结算监督系统预警疑似数据6798条。做好社会保险缴费专项审计补缴工作。配合国家审计署和北京市审计局做好各项审计工作。内控监督检查社保业务13.5万笔。社保支付业务全面推行复核制度，社保稽核处理投诉举报案件391件，全年追缴欠费5989万元。深化医疗费用支付制度改革，促使定点医疗机构主动控费。加强常态化监管，遏制不合理费用支出，筛查医院预警数据17.26万人次，拒付2019人次不合理费用47.15万元。筛查个人医保数据11.05万笔，追回违规人员169人次医保基金117.52万元。

（杨萍　王海星　杜文芳）

【行政许可】　年内，将原劳动关系科和职业能力建设科分别承担的“企业实行综合计算工时工作制和不定时工作制审批”“经营劳务派遣业务行政许可”及“举办实施以技能为主的职业资格培训、职业技能培训的民办学校审批”等3项行政审批职能，统一调整到劳动关系科承担，并加挂“行政审批科”牌子。全区有45家企业获得劳务派遣经营许可资质，涉及劳务派遣从业人员9万余人。347家企业获准实行特殊工时工作制，涉及职工16万余人。加强行政许可审批事中事后监管，年内办理民办职业技能培训学校行政许可事项16件。

（贯子辰　寇芸生）

【劳动关系协调】　年内，区人力社保局印发《关于深入构建和谐劳动关系的实施意见》。年内有65家企业被评为和谐劳动关系单位，全区累计达到996家，覆盖职工达到335255人。全区劳动合同履行情况监控范围内企业达到3477家，涉及职工122826人。监控范围内企业劳动合同签订率达到100%。劳动合同续订率达到97.22%。全年新增集体合同备案用工单位740余家，涉及职工5.6万余人。

（寇芸生）

【劳动保障监察】　年内，区人力社保局深入开展“劳动用工规范一条街工程”，对企业遵守劳动保障法律法规情况进行重点规范。组织开展农民工工资支付、清理整顿人力资源市场秩序、高危行业劳动用工等6项专项执法大检查，加大劳动保障监察执法监管力度。加大劳动监察日常巡查检查和投诉举报案件查处力度，检查用人单位6596户，受理投诉举报案件98件，案件查处率、按期结案率均达100%。妥善处理各类群体性聚集事件35起，及时解决农民工工资598.23万元。

（绳　鹤）

【劳动人事争议仲裁】　年内，区人力社保局通过开展庭审观摩活动，进一步落实“庭审三规范”。加强对“一裁终局”案件的审理力度，保证案件终局裁决率。优化案件审批流程，完善仲裁文书层级审批制度。实现案件繁简分流，完善群体性劳动争议应急处理机制。加强基层调解组织建设，实现调解组织在企事业单位、行业、街道三个层次调解网络的覆盖。年内，共受理各类劳动人事争议案件3460件，结案率达到92.22%，调解率达到49.60%。

（王学聪）

【公务员队伍建设】　年内，区人力社保局出台《西城区选培生管理办法》，全年考试录用公务员177名。配合推进城市执法体制改革，完成城管执法分队下沉街道的任职备案。建立科级领导干部“业绩档案”制度和“AB角”制度。针对考核易发问题，编制《西城区2017年度公务员考核奖励工作任务计划表》，完成2017年度公务员考核奖励备案及区政府绩效管理专项考评工作。完成全区科级公务员档案核查及全国公务员信息采集工作。加强全区公务员教育培训，健全教育培训考核体系，运行教育培训管理平台，加大在线学习管理力度。举办初任公务员培训、科级公务员任职培训、军转干部培训、人事干部系列培训等培训班，开展英语人才库培训，继续与清华大学、中国人民大学合作举办公务员高级研修班，开展十九大精神专题学习。

（曹丽凤　赵三春）

【人才服务】　年内，区人力社保局根据北京市人才引进工作的要求，制定人才引进计划，保障西城区重点领域高层次人才的引进需求。办理高级人才引进32人，其中外埠高级人才引进19人，留学人才引进13人。上报引进非京生源毕业生310人，办理工作居住证业务7193件。开展人才选拔推荐工作，推荐9人参加北京市和国家级百千万人才评选表彰。

（李曜　段颖）

【事业单位管理】　年内，区人力社保局推进事业单位岗位设置管理工作，做好岗位设置方案核准，完成对区文委、环卫等系统所属单位变更岗位设置方案的审核，对拟聘的事业单位工作人员进行岗位任职资格审核。进一步深化中小学教师职称改革，组织区教育系统高级职称评审委员会，全年7人获得正高级教师职称，311人获得高级教师职称、224人获得一级教师职称，直接认定初级教师职称324人。开展中关村高端领军人才职称直通车评价工作，协调市人力社保局为西城区增设轻工业设计专业，西城区推荐的4人获评教授级高级工程师。组织164家事业单位面向社会公开招聘工作人员，完成招录384人。

（段颖　甄广恩）

【军转干部安置】　年内，区人力社保局制定军转安置工作方案，根据每位军转干部的职务职级、服役年限、奖惩情况、边远山区经历、专业特长等信息进行分类；统计全区党政机关及事业单位的机构编制、职位空缺、人才需求等情况。分层分类推进军转安置工作，按照双向选择和指令性安置相结合的方式实施统筹安排，在充分了解军转干部个人专长、个人志愿和单位需求的基础上进行妥善安置，力求把合适的人选安置到合适的岗位上，实现“人岗相适、各得其所”，提升安置工作的公平性、科学性和透明度。全年安置军转干部59人，其中团职干部5人，营职（含）以下行政及专业技术干部54人。

（甄广恩）

机构编制

【概况】　北京市西城区机构编制委员会办公室（简称区编办）是区机构编制委员会的常设办事机构，负责本区行政管理体制改革、机构改革及机构编制日常管理工作，既是区委工作机构，也是区政府工作机构，列入区委序列，与区人力社保局合署办公。年内，区编办围绕统筹推进“五位一体”总体布局和协调推进“四个全面”战略布局，全面深化各项改革，不断推进行政体制改革，加快转变政府职能，增强机构编制管理创新，优化编制资源配置，为推进全区经济建设和社会发展提供保障。

地址：西城区西直门南小街20号

邮编：100035

电话：66205928

（付晓东　乔泽蕾）

【清理规范涉及群众办事创业证明】 1月20日，根据北京市相关文件和《关于落实清理规范涉及群众办事创业各类证明要求的通知》（西审改办发〔2017〕2号）文件精神，针对市政府各部门取消的74项证明事项，区政府各部门一律对应取消。自通知印发之日起，除法律法规规章规定外，政府部门、各街道一律不得擅自调整和增设要求基层开具涉及群众办事创业的各类证明，确有必要的，须经市级业务主管部门审核同意并报送区编办备案。

（付晓东　乔泽蕾）

【取消和调整非行政许可审批事项】 2月9日，根据中央、市政府相关文件和《关于做好北京市人民政府关于取消和调整一批行政许可审批事项落实工作的通知》（西审改办发〔2017〕3号）文件精神，区政府审改办要求各有关单位根据市政府取消和调整的197项中央设定市级部门实施的非行政许可审批事项规范行政审批事项清单，做好取消调整工作，同时做好权力清单动态调整工作。

（付晓东　乔泽蕾）

【规范行政审批中介服务事项】 2月9日，根据中央、市政府相关文件和《关于做好北京市人民政府关于清理规范一批政府部门行政审批中介服务事项落实工作的通知》（西审改办发〔2017〕4号），区政府审改办要求各有关单位，根据市政府决定清理规范的150项政府部门行政审批中介服务事项，梳理本区涉及到的正在开展的中介服务事项，提出处理意见，做好备案工作；加强同市级业务指导部门联系，做好各项落实和衔接工作。

（付晓东　乔泽蕾）

【取消部分中央指定地方实施行政许可事项】 2月9日，根据中央相关文件和《关于做好国务院第三批取消中央指定地方实施行政许可事项的决定》（西审改办发〔2017〕5号）文件精神，区政府审改办要求各有关单位做好取消的落实工作，公布取消的行政许可事项，不得以任何形式保留或变相审批公布的行政许可事项，要及时公布本部门取消的行政许可事项，更新行政审批事项清单，做好权力清单动态调整工作。

（付晓东　乔泽蕾）

【完善西城园管委会安全生产监管体制】 4月10日，根据《关于完善西城园管委会安全生产监管体制的批复》（西编发〔2017〕9号）文件精神，明确西城园管委会承担的安全生产工作职责，确定其内设机构办公室为职责牵头部门。

（付晓东　乔泽蕾）

【设立西城区金融发展促进中心】 4月10日，根据《关于同意设立西城区金融发展促进中心的批复》（西编发〔2017〕10号）文件精神，成立区金融促进中心，为区金融服务办所属相当副处级财政补助公益一类事业单位。

（付晓东　乔泽蕾）

【修订编委工作规则】 4月17日，在《北京市西城区机构编制委员会工作规则》（西编字〔2010〕16号）基础上，修订印发《北京市西城区编委工作规则》（西编发〔2017〕2号），明确了西城区机构编制委员会的工作机构、主要职责、会议制度及文件审批制度。

（付晓东　乔泽蕾）

【增设区委党建工作领导小组办公室秘书科】 4月18日，根据《关于区委组织部成立区委党建工作领导小组办公室秘书科的批复》（西编发〔2017〕7号）文件精神，成立西城区委党建工作领导小组办公室秘书科，主要职责为党建工作规划起草、计划实施、调查研究、督促检查、经验推广。

（付晓东　乔泽蕾）

【西城区机构编制问题整改】 6月6日，根据中央编办、市编办文件要求和《关于加强西城区机构编制问题整改推进审批联动的通知》（西编发〔2017〕12号）文件精神，要求西城区各部、委、办、局，各街道开展机构编制违纪违规问题自查，整改问题，强化各单位机构编制管理。

（付晓东　乔泽蕾）

【部署区行政审批制度改革重点工作】 7月7日，根据北京市行政审批制度改革要求和《关于印发〈2017年西城区行政审批制度改革重点工作安排〉的通知》（西审改办发〔2017〕7号）文件精神，区政府审改办部署西城区“权力瘦身”专项行动、“审批提速”专项行动、“双随双百”专项行动、“创新监管”专项行动、“减证便民”专项行动、“政务服务”专项行动6项重点工作。

（付晓东　乔泽蕾）

【区行政服务中心更名】 8月7日，根据《关于同意区行政服务中心更名及调整内设机构的批复》（西编发〔2017〕15号）文件精神，将“区综合行政服务中心”更名为“区政务服务管理办公室”（简称区政务服务办），并对主要职责进行调整，增设信息化科，“管理协调科”更名为“体系管理科”，区政务服务办所属相当科级公益一类财政补助事业单位“西城区政务全程办事代理中心”更名为“西城区政务服务中心”。

（付晓东　乔泽蕾）

【整合区环保局环境执法机构】 8月7日，根据《关于同意区环保局整合环境执法机构的批复》（西编发〔2017〕22号）文件精神，撤销西城区环境保护监察一队、环境保护监察二队，成立西城区环境保护监察支队，为区环保局所属相当科级公益一类财政补助事业单位。

（付晓东　乔泽蕾）

【组建区老干部党校办公室】 8月7日，根据《关于组建北京市西城区老干部党校办公室的批复》（西编发〔2016〕22号）文件精神，组建北京市西城区老干部党校办公室，与北京市西城区老干部活动中心合署办公，主要职责为区老干部党校日常管理、办学保障，组织区离退休党员干部的学习教育和专题读书班，承担区离退休干部党支部书记轮训任务、指导区离退休干部临时党支部的党建工作。

（付晓东　乔泽蕾）

【调整部分学校名称及建制】 8月7日，《关于同意调整区教委所属部分学校名称及建制的批复》（西编发〔2017〕23号）文件精神，将区教委所属“北京市西城区裕中小学”更名为“北京市三帆中学附属小学”，“北京市西城区福州馆小学”更名为“北京市第八中学附属小学”，“北京市西城区北长街小学”更名为“北京市第一六一中学附属小学”，“北京市西城区柳荫街小学”更名为“北京市第十三中学附属小学”，“北京市西城区北礼士路第一小学”更名为“北京市西城外国语学校附属小学”，“北京市西城区半步桥小学”更名为“北京市第十五中学附属小学”，“北京市第二一四中学”更名为“北京市第一六一中学分校”，撤销“北京市西城区新街口东街小学”建制，将其编制及人员并入“北京雷锋小学”，撤销“北京市北纬路中学”建制，将其编制及人员并入“北京市育才学校”，成立“北京市西城区志成小学”，为区教委所属公益一类事业单位，撤销“北京市西城区四根柏小学”、“北京市西城区中华路小学”，将其编制及人员并入“北京市西城区志成小学”，并核定各校编制。

（付晓东　乔泽蕾）

【区中小学劳动技术教育中心更名】 8月7日，根据《关于同意区中小学劳动技术教育中心更名的批复》（西编发〔2017〕24号）文件精神，将“北京市西城区中小学劳动技术教育中心”更名为“北京市西城区学生综合实践活动中心”，并明确主要职责。

（付晓东　乔泽蕾）

【明确区司法局所属事业单位类别】 8月17日，根据《关于明确司法局所属事业单位类别的通知》（西编办发〔2017〕1号）文件精神，明确区司法局所属北京市精诚公证处、北京市中信公证处、北京市国立公证处均为公益二类事业单位。

（付晓东　乔泽蕾）

【组建西城区城市管理委员会】 9月6日，根据市编办相关文件和《关于组建西城区城市管理委员会的通知》（西编发〔2017〕34号）文件精神，组建北京市西城区城市管理委员会（简称区城市管理委），负责城市环境建设、城市管理的综合协调，市政基础设施、市政公用事业、市容环境卫生、能源日常运行、交通等管理工作，挂北京市西城区城市环境建设管理委员会办公室（简称区环境办）牌子，保留北京市西城区交通委员会（简称区交通委）牌子，加挂北京市西城区水务局（简称区水务局）牌子。不再保留北京市西城区市政市容管理委员会（北京市西城区城市环境建设委员会办公室）。

（付晓东　乔泽蕾）

【设立区委巡察办】 9月28日，根据市编办相关文件精神和《关于设立中共北京市西城区委巡察工作领导小组办公室的通知》（西编发〔2017〕36号）文件精神，设立中共北京市西城区委巡察工作领导小组办公室（简称区委巡察办），设在区纪委，机构规格为正处级。主要职责为贯彻巡察工作领导小组决定，向巡察工作领导小组报告工作，统筹、协调、指导巡查组开展工作，向市委巡视工作领导小组办公室报告区委巡察工作情况，办理巡察工作领导小组交办的事项。

（付晓东　乔泽蕾）

【整合区妇幼保健机构】 12月21日，根据《关于同意整合区妇幼保健计划生育服务中心与区妇幼保健院的批复》（西编发〔2017〕41号）文件精神，整合北京市西城区妇幼保健计划生育服务中心与北京市西城区妇幼保健院，设立北京市西城区妇幼保健计划生育服务中心，加挂北京市西城区妇幼保健院牌子，为区卫生计生委所属公益二类财政补助事业单位。

（付晓东　乔泽蕾）

【落实行政审批“一科制”】 12月21日，根据区政府办公室《北京市西城区人民政府办公室关于印发北京市西城区推进行政审批“一科制”改革实施方案的通知》（西政办字〔2017〕15号）及区编委关于调整相关部门机构职责的文件（西编发〔2017〕43–61号）文件精神，将区编办、区发展改革委、区教委、区科信委（区知识产权局）、区民政局、区司法局、区财政局、区人力社保局、区环保局、区住房城市建设委（区重大办）、区房管局（区房屋征收办、区住房保障和改革办）、区文化委、区卫生计生委、区安全监管局、区体育局、区园林绿化局（区绿化办）、区民防局（区地震局）、区民族宗教办、区档案局（区档案馆）审批职能集中到一个内设机构，设置审批科，实现了行政审批“一科制”。

（付晓东　乔泽蕾）

【渣土管理所调整隶属关系】 12月27日，根据《关于将区渣土管理所划至区城市管理委的通知》（西编发〔2017〕42号）文件精神，将区环卫中心所属区渣土管理所划至区城市管理委。

（付晓东　乔泽蕾）

【西城区棋院更名】 12月27日，根据《关于同意区体育局所属北京西城区棋院更名的批复》（西编发〔2017〕63号）文件精神，将区体育局所属相当科级公益二类财政补助事业单位“北京西城区棋院”更名为“北京市西城区武术和棋类运动管理中心”，增加武术运动管理职能。

（付晓东　乔泽蕾）

【撤销北京新星娱乐城】 12月27日，根据《关于撤销区文化委所属北京新星娱乐城的通知》（西编发〔2017〕64号）文件精神，撤销区文化委所属北京新星娱乐城，将其1名事业编制划入区文化委所属北京市红楼电影院。

（付晓东　乔泽蕾）

法制工作

【概况】 北京市西城区人民政府法制办公室（简称区法制办）是西城区人民政府工作部门。行政编制22人，实有22人，事业编制13人，实有11人，工勤编制1人，内设综合科、监督指导科（执法监督队）、审核科、行政复议科、行政调解指导科。年内，区政府法制办围绕全区中心工作，以全面贯彻《中共北京市西城区委关于全面推进西城区法治建设的实施意见》为抓手，规范行政行为，强化行政执法监督，努力化解行政争议，发挥法律参谋助手作用，完成年度的各项工作任务。

地址：西城区南菜园街51号

邮编：100054

电话：83975063

（董若男）

【梳理完善权力清单】 年内，区法制办开展全区权力清单“瘦身”工作，完成权力清单动态调整并对外公开，全区政府部门权力清单共4665项，其中行政许可120项，行政处罚3999项，行政确认49项，行政强制45项，行政征收10项，行政裁决3项，行政给付48项，行政奖励9项，行政检查160项，其他权力222项。

（王 巍）

【依法行政培训】 区法制办全年组织区政府常务会会前学法7次、区依法行政培训1次，组织处级领导干部依法行政研讨班2期、法制讲座2次。对西城区法治人才库进行了动态调整，完成2017年度法治骨干人才库的培训计划，全区共90人参与培训。通过组织定期法治培训、不定期法治论坛、庭审观摩和研讨等形式，提升在库人员的法治素养，做到以点带面，提高全区政府工作人员依法行政理念和水平。

（王 巍）

【建立法治政府建设指标考评体系】 年内，区法制办完成法治政府评估及法治建设评估的打分，形成《西城区法治政府评估报告》。评估得分为649分，总得分率为81.13%。就西城区法治政府评估指标及评估结果中的扣分事项，提出整改措施及整改方案。

（王 巍）

【编制法治西城建设指标考评体系】 6月26日，区法制办组织召开《西城区法治建设评估指标体系》研讨会，区委书记卢映川，中国政法大学终身教授、中国行政法学研究会名誉会长应松年，中国政法大学副校长、教授、中国政法学研究会会长马怀德，北京大学法学院教授、中国政法学研究会副会长姜明安等著名专家学者参会并致辞。

（王 巍）

【提升行政执法能力和水平】 年内，区法制办运用科技手段明确行政处罚事项，加强对行政执法全流程、人均执法量和职权履责率的监督，不断规范行政执法行为。全年区属部门人均处罚量为23.13件，人均检查量为64.07件，职权履责率为8.25%，履职均衡度为72.67%，岗位关联率为87.39%，均完成市政府要求。

（王 巍）

【加强行政执法监督力度】 年内，区法制办配合完成行政执法双随机、行政检查事项清单确认等工作。为城管体制改革工作提供法律意见，划分区街两级城管职责权限。同时，对全区行政执法部门、执法主体、受委托行政执法主体进行清理和确认。改变案卷评查方式，建立区级行政处罚案卷评查员库，通过以干代训等形式，提升各部门自我纠错、自我提升的工作水平。全区共有22个部门的259卷完成自查自评。9月对利用平台随机抽取的22个部门的98份案卷进行核查，抽验合格率100%。

（王 巍）

【开展重点领域的执法协调】 年内，区法制办坚持行政执法联席会议制度，切实增强各部门之间的经验交流，固化行政执法实操。同时加强疏解非首都功能、文物保护、拆违撤市、环境整治等重点领域的执法协调，针对私有房屋排险解危、道路快速拆违、地下空间整治、后海望海楼周边水域整治等工作提供法制意见。

（王 巍）

【区委区政府及部门文件合法性审核】 区法制办全年共审核区委文件、区政府文件、部门文件、其他各类公文草案127件次。对涉及区委区政府重点工作的文件草案，从必要性、合法性、合理性、可行性、规范性等方面给予重点审查，为提高文件质量，辅助政府决策提供了法制保障。

（刘奕彤）

【规范性文件备案审查】 区法制办全年向市政府、区人大常委会报送备案区级行政规范性文件4件，均准予备案，做到有件必备、及时报备。接受区政府所属工作部门向区政府备案的部门行政规范性文件9件，出具准予备案文书，在“北京西城”网站予以公告，做到有备必审、依法公开。在区人大第十六届人大常委会第十次主任会议上听取了区政府关于贯彻实施《北京市各级人民代表大会常务委员会规范性文件备案审查条例》情况的报告，区政府法制办主任向各位委员汇报了区划调整后区政府规范性文件制定和备案工作情况，从规范性文件制发情况、主要工作做法、自查发现问题到下一步工作措施等方面详细进行了汇报。

（刘奕彤）

【规范性文件清理】 年内，区法制办根据市政府办公厅及市政府法制办的相关文件的要求，配合区政府办做好现行有效的区政府文件清理工作，同时根据国务院办公厅及市政府办公厅的要求，做好“放管服”改革涉及区政府规范性文件及部门规范性文件的清理工作。区法制办提请区政府常务会议审议通过《北京市西城区人民政府关于公布西城区政府文件清理结果的通知》，并以区政府名义印发，对外公布清理结果。

（刘奕彤）

【政府合同审核及部门合同备案】 区法制办全年共审核政府合同、协议22件，合同文本涉及区域间友好协作、战略合作、文物腾退、征收安置等全区重大事项，从条款内容、文字表述、结构格式各方面进行审核把关，在确保合法、减少风险的基础上逐件出具《合同审核意见书》。接受区政府所属工作部门向区法制办备案的部门签订的合同79件，出具准予备案文书。

（刘奕彤）

【区委区政府法律顾问团工作】 在第三届区政府法律顾问团基础上，成立区委区政府法律顾问团，性质为区委区政府常设法律咨询机构。区法制办为做好法律顾问制度的深化和推进工作，在充分征求各位法律顾问意见后，报区政府常务会审议通过《北京市西城区人民政府法律顾问团工作规则》，并以区政府名义发布。全年区委区政府法律顾问参与区政府重大决策、合同协议审核、执法问题研究等事项25件次。

（刘奕彤）

【对全区法律顾问制度监督检查】 年内，区法制办对全区各部门法律顾问制度落实情况进行了监督检查。经过汇总统计，已有65个部门聘请了法律顾问，均签订了聘任协议。区法制办也加大了对各部门法律顾问制度落实情况进的监督，尤其在合同审核和文件起草制定方面，均强调各部门在报送区法制办前，都要经本部门法律顾问审核出具意见，并将此作为年底绩效考核的一项评分标准。

（刘奕彤）

【法律法规规章征求意见】 区法制办全年完成市立法草案及全国人大立法草案征求意见稿共12件，充分征求了有关部门意见，并在认真研究的基础上，提出修改建议，及时反馈。

（刘奕彤）

【制定区行政规范性文件管理办法】 为规范西城区行政规范性文件的制定和备案等工作，确保行政规范性文件的合法性，根据《北京市行政规范性文件备案规定》，结合实际情况，区法制办起草了《北京市西城区行政规范性文件管理办法》，首次明确了区政府行政规范性文件“三统一”要求。区政府行政规范性文件实行统一登记、统一编号、统一公布制度。未经统一登记、统一编号、统一公布的行政规范性文件无效，不得作为行政管理的依据。此文件经区政府常务会审议通过，于2018年1月1日起实施。

（刘奕彤）

【组织专业培训】 年内，区法制办组织全区各部门关于规范性文件制定和备案工作业务培训及部门法律顾问培训。邀请市法制办文审处副处长为全区各部门法制科人员就《行政规范性文件制定与监督》为题进行了培训，邀请区政府法律顾问委员李晓光律师就《如何担任政府法律顾问》为全区各部门法律顾问开展了讲座。进一步加强对基层行政规范性文件管理工作指导、宣传、服务等工作，按季度开展部门规范性文件监督检查。

（刘奕彤）

【行政调解工作】 年内，为进一步推进行政调解工作，西城区相关行政机关探索建立行政调解委员会，聘请专业人士参加，使调解具有权威性，行政调解效果更好。按照《北京市行政调解办法》，西城区建立了三级行政调解网络，全面行政调解工作。有的单位出台了行政调解的配套工作制度，保障了行政调解工作的顺利开展。年内全区行政调解案件共有9190件（其中行政争议共有345件，民事纠纷共有8820件），调解成功7381件，调解成功率占案件总数的80.32%。

（郭　雷）

【行政调解、司法调解、人民调解的衔接配合工作】 年内，区法制办进一步探索“行政调解、司法调解、人民调解”联动衔接机制，并取得了一定的成效。行政调解与司法相对接，使达成的调解协议得到司法的保障，行政争议的化解更具权威性，化解及时到位。

（郭　雷）

【行政复议接待立案工作】 全年区法制办行政复议接待室通过当面、电话、网络等形式共接待行政复议咨询280起414人次。行政复议接待室共收案211件，其中受理185件，做出不予受理决定26件。

（郭　雷）

【行政复议工作】 区法制办全年共办理行政复议案件211件，审结201件，其中不予受理24件，申请人撤回申请（终止）27件，驳回复议申请21件，维持具体行政行为96件，撤销具体行政行为28件，确认具体行政行为违法2件，责令被申请人履行法定职责3件。复议科全年共代理被复议案件53件，审结44件，其中申请人撤回申请（终止）2件，驳回复议申请3件，维持具体行政行为39件。

（李　雯）

【行政应诉工作】 全年区法制办共代理以区政府为被告的行政诉讼案件368件，其中一审201件，已审结159件，其中裁定驳回起诉86件，判决驳回诉讼请求40件，原告撤回起诉21件，判决撤销行政行为11件，裁定移送区法院审理1件；二审162件，已审结121件，其中裁定驳回上诉120件，撤销一审裁定、指令一审法院继续审理的1件。再审5件，已审结1件，驳回再审申请。

（李　雯）

【行政强制执行案件审核】 为确保违法建设查处工作严格依法进行，区法制办不断加强强制拆除违法建设的审核工作，全年共收到申请强制拆除违法建设案件28件，结案12件，区政府批准强制拆除违法建设10件，退回补充案卷材料2件。

（李　雯）

【出台行政首长出庭公示及评价机制】 为进一步有效化解行政争议，不断提高行政机关负责人法治意识，推进行政机关依法行政，　8月22日，经区政府常务会议审批，出台《北京市西城区人民政府工作部门行政机关负责人出庭应诉公示及考核评价办法》。《办法》中进一步明确行政机关负责人的概念以及行政机关正职负责人出庭应诉的情形，细化行政机关负责人出庭应诉程序方面的具体要求，并建立行政机关负责人出庭应诉公示、培训及考核评价制度。

（李　雯）

【组织编写2016年败诉案例分析】 为进一步推进西城区法治政府建设，提高行政复议、应诉工作水平，区法制办对2016年度以西城区政府及各委办局为被告的行政复议、诉讼败诉案件进行梳理，由各单位对败诉案件深刻剖析原因，总结经验教训，对基本案情、败诉原因及本单位分析意见进行整理总结并撰写案例分析材料，部分案例邀请西城区人民法院行政庭法官进行点评，并将败诉案件分析报告及典型案例汇编成册印发给各单位。

（李　雯）

【发挥复议委员会作用】 年内，区法制办为进一步发挥行政复议作为化解行政争议主渠道的作用，提高复议案件审理质量，增强案件审理的透明度及公信力，在行政复议案件审理过程中，邀请专家、律师等复议委员会非常任委员参与疑难复杂案件听证程序，不断加大其参与复议案件审理力度。同时，复议委员会充分参与涉及群体利益及疑难重大复杂案件的研讨，并负责代理区政府为被告的民事诉讼案件，进一步发挥复议委员会积极作用。

（李　雯）

【为文保腾退工作提供法律建议及意见】 西城区拥有众多各级文物，为保护这些重要的文化资源，区政府将文物保护腾退工作列为年内的专项行动。为依法开展相关工作，区法制办参与了沈家本故居腾退等文物保护腾退工作的研究、调研与协调，一方面为相关部门依法开展腾退提供有力的法律服务，另一方面通过协调法院民庭、行政庭及执行庭等司法部门做好与腾退工作相关的司法审理及执行工作。

（李 雯）

【参与研究拆违历史积案】 拆违整治工作作为西城区的重点工作，不仅时间紧、任务重，而且面临诸多困难，长期困扰政府及相关部门。为破解困境，区法制办年内参与了由区环境办牵头、相关执法部门参加的拆违历史积案研究工作，各部门从各自职责出发，提出拆违工作中面临的难点，并共同研究建立拆违联席会议制度。区法制办作为拆违工作的重要组成部门，对拆违工作的法定程序及执法依据做了大量梳理及研究工作，为拆违整治工作提供坚实的法制保障。区法制办将拆违强拆申请的审查工作列为优先办理的工作事项，收到报请审批的案件材料后第一时间安排专人办理，并就审查中发现的问题及时与相关部门联系沟通，审查结束后及时送交区政府审批，保证了拆违整治工作的依法开展。

（李 雯）

【研究涉及疏解整治工作的政府信息公开案件】 年内，区法制办多次与区政府信息公开办、区住建委、区征收办、工商西城分局等部门研究涉及西城区房屋征收、拆迁及房屋腾退等重点工作领域的政府信息公开类案件，就涉及百万庄棚改项目、菜园街及光源里棚改项目、华嘉胡同拆迁项目及西城区房屋腾退政策等政府信息公开申请的查询、程序及答复等具体内容进行探讨与分析。

（李 雯）

民族宗教事务

【概况】 北京市西城区民族宗教事务办公室（简称区民族宗教办）是西城区政府负责民族宗教工作的职能部门。有工作人员16人，其中行政编制15人，机关工勤编制1人；设综合科、民族科（行政审批科）、宗教科。主要职责是：贯彻落实国家有关民族、宗教工作的法律、法规、政策以及北京市的有关规定；拟定民族、宗教工作规划并组织实施；指导、检查、监督本区相关部门开展民族、宗教工作；负责调查研究本区民族、宗教工作情况，组织民族、宗教工作学习交流活动；负责培训民族、宗教干部；联系民族、宗教界人士，依法保护少数民族公民、信教群众在本区的合法利益；依法对本区民族宗教事务进行管理。年内根据北京市民族宗教工作会议精神和全区中心工作要求，全面贯彻党的民族宗教政策，把握“共同团结奋斗，共同繁荣发展”这一民族工作主题，抓住宗教工作基本方针，强化宣传培树典型，优化机制，服务民生，推进民族团结进步创建，促进宗教界和谐稳定，做好“四个服务”，为区域稳定、和谐发展做出贡献。

地址：西城区二龙路27号
邮编：100032
电话：88064187

（白红雨）

【清真食品展卖】 1月19日，北京市烹饪协会、北京市品牌协会与牛街街道合作举办清真食品进社区展卖活动。知名清真食品企业鸿宾楼、西部马华、年记熟食等企业参展，各色清真食品受到居民的欢迎。

（马 宁）

【新春团拜】 1月20日，举行民族宗教界代表人士新春团拜会。卢映川、王少峰、杜灵欣、章冬梅等区四套班子领导与民族宗教界代表人士共庆新春佳节。区长王少峰介绍了区情，并代表区委、区人大、区政府、区政协，向全区少数民族同胞、宗教界人士和广大信教群众致以亲切问候和新春美好祝福，对广大民族宗教界人士和信教群众在安全稳定、社会和谐、生态文明建设、加强社会道德素养提升等方面都做出的默默无闻的贡献给予肯定，希望广大民族宗教界人士在新的一年里继续怀揣对西城的关注之情、热爱之心，共建文明。与会者纷纷表示，要在新的一年里，不负区委、区政府的厚望，围绕疏解非首都功能、提升城市品质、产业转型升级等重点工作积极建言献策，尽绵薄之力。

（马 宁）

【民族工作调研】 2月23日，河北邯郸市民宗局和部分企业负责人一行6人来京调研民族工作。参观了牛街地区清真食品市场，与西城区华天饮食集团公司负责人、牛街清真食品商会负责人和部分清真企业负责人进行了座谈，双方积极进行项目对接，共同促进京津冀民族经济协同发展。3月31日，辽宁大连市沙河口区副区长尹忠科、民族宗教局局长殷爱民等一行5人到德胜街道调研民族工作，听取德胜街道运用科技手段实行全响应社会服务管理新模式介绍，参观安北民族团结示范社区。双方就两地民族工作经验做法进行交流和探讨。4月18日，市政协民宗委主任刘江平一行12人到西城区进行依法治理民族事务和推动宗教事务纳入社会法制的专题调研。参观牛街礼拜寺，听取牛街街道全响应网络化社会服务管理情况介绍。刘江平给予了充分肯定，希望不断总结和推广牛街街道民族工作经验，以扩大创建民族团结特色品牌的影响力，同时勉励大家要进一步强化党的民族政策的宣传教育，在各族群众中牢固树立“三个离不开”思想，不断增强“五个认同”。7月6日，国家民委城市民族工作专题研究班40余人，到德外法源清真寺和德胜街道参观和调研。

（马 宁）

【民族宗教政策培训】 3月2日，区民族宗教办举办伊斯兰教界民族宗教政策培训班，全区6所清真寺阿訇、骨干乡老、区民族宗教办部分干部百余人参加培训。北京市宗教局宗教四处处长丁希松讲授了《宗教事务条例》。5月18日，举办民族政策培训班，街道主管民族工作的领导、干部和民族政策宣传员50余人参加培训。北京市民委原副主任马中璞从北京市少数民族的状况、首都民族工作的开展情况和民族工作的方向等方面进行了讲解。

（马 宁）

【挪子文化传播室建立】 3月7日，牛街街道西里一区社区党委举行建立挪子文化传播室仪式。成立于2002年的挪子队，一直活跃在社区，吸引了不少喜爱运动的青壮年，队伍不断发展壮大，逐渐成为牛街地区独有的民族体育文化品牌。掷子队秉承了“抬头看路，低头做人”的文化内涵和精神，契合了民族团结进步创建活动，社区党委投入20万经费，设立掷子文化传播室，开辟专用的训练场地，使这一民族特色体育项目得以传承发展。

（马　宁）

【复活节活动】 4月16日是天主教、基督教的复活节，共有1.6万余信徒分别到宣武门教堂、西直门教堂、缸瓦市教堂参加宗教活动。为确保信教群众度过一个和谐愉快的节日，公安、交通、消防等部门与相关街道做了大量服务保障工作。

（吕丛阳）

【民族宗教工作会议】 5月3日，区长王少峰主持召开民族宗教工作会议，市民委副主任范宝，区委、区政府主要领导，各部门负责人、重点企业代表、宗教团体和宗教场所负责人、统战及民族宗教系统工作干部近300人参加会议。会上，副区长李异总结了五年来的民族宗教工作，牛街街道、新街口街道、西城公安分局、聚德华天控股有限公司领导做了经验介绍，区委常委、统战部部长王旭部署了《关于加强和改进新形势下西城区民族宗教工作的意见》。范宝参加会议并讲话。区委书记卢映川就当前和今后一个时期的民族宗教工作提出了要求。

（马　宁）

【宗教界防恐演练】 5月23日，区民族宗教办、西城公安分局、德胜街道、西城区伊斯兰教协会在德外法源清真寺组织全区宗教界防恐演练。五大宗教活动场所负责人约60余人参加演练。在西城公安分局国保支队、巡察支队、德胜地区派出所的指导下，参演人员按照预案就现场管控、伤员抢救、群众疏散、险情排除、报警等科目进行演练，成功处置了一起持械伤人、毁物的模拟警情。西城公安分局教官团警官高磊进行了点评，就逃生技巧进行了培训。整个演练活动使参与者获益匪浅。

（马　宁）

【穆斯林节日】 6月26日是信仰伊斯兰教的十个少数民族的传统节日——开斋节。1.7万余穆斯林群众分别在牛街礼拜寺、德外法源清真寺、三里河清真寺、正源清真寺、前门清真寺、后河沿清真寺参加节日会礼。来自巴基斯坦、新加坡、马来西亚等14个国家的180余名穆斯林也参加了会礼。中央电视台、中国国际电视台、北京电视台新闻频道、半岛电视台等新闻媒体做了采访报导。为做好开斋节活动服务保障工作，区委、区政府高度重视，各部门精心安排，协同配合，确保宗教场所的安全稳定，主要领导分别带队开展走访慰问活动，为各清真寺教职人员送去慰问金及防暑降温用品，帮扶少数民族困难家庭，开展民族团结宣传月活动，组织民族工作重点社区开展丰富多彩的文化体育活动，营造“民族团结共创和谐”的氛围。当日第十届北京清真美食节也在牛街地区拉开帷幕，全市著名的清真餐饮企业在牛街集体亮相，吸引了中外游客，牛街街道第十二届社区民族团结杯象棋决赛、第十二届民族团结书画展也为节日增加了喜庆气氛。9月1日是伊斯兰“古尔邦”节，6座清真寺在这一天同时举行了会礼活动。节日当天，北京市宗教局副局长范宝、市公安局副局长张健、李耀光，区委常委、统战部长王旭，副区长李异等专程到牛街礼拜寺看望全体阿訇并向穆斯林群众祝贺节日。

（马　宁）

【和谐寺观教堂创建活动】 6月10日，区民族宗教办组织区级宗教团体、属地宗教活动场所负责人召开以“规范年”为主题的和谐寺观教堂创建活动工作会议。会议传达了市宗教局《关于2017年继续以“规范年”为主题开展和谐寺观教堂创建活动的实施意见》，部署了《2017年西城区和谐寺观教堂创建活动工作方案》。确定全年创建活动的目标是：牢固树立“红墙意识”、始终坚持“首善标准”，以创建活动为抓手，通过“一学两促创五好”活动内强素质，外树形象。结合西城区实际，确立“场所环境秩序整治、信众骨干队伍培训、规范财务管理”三个重点，突出问题导向，把发现问题、解决问题贯穿始终，不断提升宗教活动场所自我管理能力。创建活动自5月份启动至12月份结束。

（吕丛阳）

【红十字应急救护知识培训】 7月2日，区民族宗教办和区红十字会在广济寺举办红十字应急救护知识培训，广济寺30位义工和法师参加培训，北京市红十会应急工作指导中心的老师通过详细讲解、现场操作演示，进行了“紧急救助包扎”和“成人心肺复苏”的技能培训。从6月起，陆续对全区18处宗教活动场所志愿服务义工开展应急救护培训，经过考试可获得北京市红十字会救护员的资格。年内在广济寺、西什库教堂、白云观3处宗教场所设立了流动红十字会服务站。

（吕丛阳）

【中央统战部门检查西城区宗教工作】 7月4日，中央统战工作领导小组第一调研检查组在中央统战部常务副部长张裔炯的带领下到伊斯兰教德外法源清真寺、天主教宣武门教堂、佛教法源寺检查工作。检查组一行对西城区宗教工作给予充分肯定，并就进一步贯彻党的宗教工作基本方针、提高宗教工作法制化、加强党对宗教工作的领导、不断提高做好新形势下宗教工作水平提出了具体要求。市委常委、统战部部长齐静，区委书记卢映川等陪同检查。

（吕丛阳）

【清真食品检查】 7月13日，针对群众反映清真食品标志使用不当的问题，区民族宗教办协同牛街工商所、社区民族政策监督员，到牛街街道开展“清真食品标志管理专项治理行动”联合执法检查。对未换领新版清真食品专用标志的经营单位督促尽快更换；现场收回违规企业旧版清真食品专用标志；对于滥用清真标识的咖啡厅摘除清真字样，责令整改。

（马　宁）

【阿訇、乡老参观北京展览馆】 10月16日，西城区伊斯兰教协会组织全区六所清真寺180余名阿訇、乡老到北京展览馆参观“砥砺奋进的五年大型成就展”。面对五年来中国在航天、军事、科技、文化等方面取得的成就深感震撼。纷纷表示参与志愿服务，发挥余热，为党的“十九大”顺利召开，为祖国的发展强盛做力所能及的事情。

（马　宁）

【组织观看十九大开幕会】　10月18日，区民族宗教办组织全区各宗教团体观看党的十九大开幕会，并在当天组织了学习讨论。阿訇尹国芳、西直门教堂神父张洪波发言。

（吕丛阳）

【落实十九大精神研讨会】　11月1日，宗教界贯彻落实十九大精神研讨会召开，全区爱国宗教团体负责人、宗教活动场所负责人及信众骨干等80余人参加研讨会。国家行政学院信息技术部主任丁茂战以“新时代的行动纲领”为主题，宣讲了十九大报告精神。区委统战部副部长、区民族宗教办主任韩俊田做重点发言。

（吕丛阳）

【民族团结主题活动】　12月25日，德胜街道安德路北社区举办以“十年同心　共筑团结梦”为主题的活动，纪念被评为民族团结社区十周年。安德路北社区是一个集回、满、蒙、侗、傣、苗、瑶、土家、布依、汉族等13个民族居住的社区，以回族居多，少数民族群众215户468人，占社区总户数的15.43%。2007年被评为西城区民族团结进步社区。在庆典上，独具民族风情的歌舞表演、美食品鉴和民族服饰展示活动成为亮点，展现了各民族团结一家亲的景象。

（马　宁）

【和谐寺观教堂创建活动】　10月31日，区民族宗教办组织开展和谐寺观教堂创建工作交流培训，进行了宗教活动期间大人流的疏导和管理培训。培训会上通报了和谐寺观教堂创建活动的检查情况。各寺、观不仅管理制度健全且各有特点：天主教的宣武门堂、西直门堂、佛教的天宁寺都将制度汇编成册，内容清晰便于查找；基督教缸瓦市堂历年积累制度90余项，涵盖广泛；伊斯兰教牛街清真寺及时记载各项活动，第一时间反馈信息。这一切为全区做好宗教工作提供了经验。全区爱国宗教团体负责人、宗教活动场所负责人及信众骨干等80余人参加培训。

（吕丛阳）

【慈善捐赠】　12月15日，区民族宗教办与区红十字会在广济寺举行“公益互助　情满西城”暨自动体外心脏除颤仪（AED）捐赠活动。这是北京市首次在宗教场所安装自动体外心脏除颤仪。区领导李异、郁治以及西城区宗教界人士和信教群众代表近百人参加活动。捐赠仪式上，宗教界当场向区红十字会认捐了“少儿大病救助”项目，这标志着宗教界参与红十字社会公益活动的长效工作机制正式建立起来。宗教团体、宗教场所通过项目制方式做慈善，确保爱心善款得到有效利用。

（吕丛阳）

对外事务·港澳事务·侨务工作

【概况】　北京市西城区人民政府外事侨务办公室（简称区政府外事侨务办）是负责本区外事工作、港澳事务及侨务工作的区政府工作部门。在外事领域，主要负责外事统筹协调归口管理，具体承担因公出入境管理、以友城为重点的国际交流、国际语言环境建设及外国媒体、外籍人员、非政府组织等涉外管理职责。在侨务领域，具体承担宣传和贯彻执行国家侨务政策，开展涉侨宣传、文化交流和华文教育工作，办理归侨、侨眷、外籍华人亲属身份确认等事项。内设因公出入境管理科、国际交流和侨务科、涉外管理科，行政编制16名。全年接待团组24批次368人次。西城区共有国际友好（交流）城市19个，分布在15个国家。

地址：西城区二龙路27号

邮编：100032

电话：88064597

（刘姝婕）

【加强区委对外事工作的领导】　年内，区政府外事侨务办党组坚持党对外事工作的领导，坚持重大事项请示区委外事工作领导小组的原则，及时调整区委外事工作领导小组成员名单，并将全年因公出国赴港澳计划报区委外事工作领导小组审批。

（刘姝婕）

【谋划国际交往中心核心承载地建设】年内，围绕建设全国国际交往中心，西城区成立推进国际交往中心定位落实课题组。在组长杜灵欣、副组长孙仕柱和李异的指导下，区政府外事侨务办作为区委外事工作领导小组办公室，牵头开展专题调研，形成《西城区服务首都国际交往中心功能专题研究》，推进国际交往中心各项任务纳入区委全会通过的《西城区关于落实北京市总体规划加强首都功能建设提升“四个服务”水平的实施意见》。统筹推进全区加强全国国际交往中心建设工作，督办重点任务清单各项工作。

（刘姝婕）

【重大国际活动服务保障】　5月，高质量完成“一带一路”高峰论坛配偶活动的保障工作。高峰论坛是“一带一路”框架下最高规格的论坛活动，是年内全国最重要的主场外交活动，配偶活动是高峰论坛的重要组成部分。区政府外事侨务办作为牵头单位，联合区内16家单位，成立临时指挥部，开展多次演练和现场工作会，全方位做好高峰论坛配偶活动场所周边环境整治工作。1月，服务保障在西城区北京文化创意产业中心举行的2017年外国驻华记者新年招待会，各界人士近600人参加活动。7月，服务保障由中国—东盟中心、北京市人民对外友好协会和西城区政府在月坛雅集传艺荟共同主办的“2017中国—东盟日”活动，印尼、柬埔寨、老挝、缅甸和新加坡的驻华大使及其他东盟国家驻华使馆代表等近150人出席活动。10月，服务保障联合国驻华协调办在宋庆龄故居举办的“联合国日”重大外事活动，各界人士近500人参加活动；12月，服务保障在首都博物馆举办的2017年驻华使节招待会，100多个国家的驻华使节和国际组织驻华代表夫妇应邀出席活动。

（刘姝婕）

【通过外事接待推介西城优势资源】3月，配合外交部接待时任尼泊尔总理普拉昌达参观白塔寺；3月，配合中联部接待以色列总理本雅明·内塔尼亚胡参观什刹海；3月，配合市民交协接待日本游学团参观第三十五中学；4月，配合市友协接待纽约州议会代表团一行5人观看金融街沙盘；4月，配合全国友协接待、保障美国内华达州代表团一行4人参观什刹海；5月，配合中联部接待日本宏池会年轻国会议员代表团参观什刹海社区服务中心、松树街社区，了解基层党建工作；5月，配合国家汉语国际推广领导小组办公室接待美国弗吉尼亚教育代表团参观北京第二实验小学德胜校区、西城区师范学校附属小学，共商特色教育合作；9月，配合中联部接待斯里兰卡统一国民党领导人贾扬塔·卡鲁纳提拉克一行5人参观什刹海街道柳荫街社区；9月，配合全国政协接待越南祖国阵线中央委员会副主席张氏玉映一行5人参观义达里社区；11月，配合中联部接待埃塞俄比亚人民革命民主阵线副主席、政府副总理德梅克·梅孔嫩一行21人参观区行政服务中心；11月，配合中联部接待菲律宾民主人民力量党代总裁、参议长阿奎里诺·皮门特尔三世一行11人参观什刹海街道社区服务中心。

（刘姝婕）

【参与国家和北京市重要外事活动】 2月，配合中斯建交60周年、中以建交25周年，与斯里兰卡、以色列专业文保部门洽谈历史名城保护项目合作；2月，与市友协组织“北京东盟文化之旅”活动，加强与越南、缅甸等“一带一路”沿线国家的友好交往；5月，配合中马建交45周年，与市友协、马耳他大使馆共同举办《岁月年轮》摄影展；10至11月，配合中日邦交正常化45周年，赴日本东京承办“2017中国节”和“2017年度锦秋交流之夜”活动。

（刘姝婕）

【构建全方位友城体系】 年内，推动与“一带一路”沿线及周边国家相关城市、城区、机构开展友好交往与务实合作，探索建立友好关系，包括：白俄罗斯明斯克市列宁区、波兰华沙贝莫沃区等；积极维护与古巴哈瓦那老城区、印度班加罗尔市、奥地利格拉茨市、斯洛伐克皮仕佳尼市、摩洛哥卡萨布兰卡市等重要城市（区）的友好关系；与老挝塞色塔县、斯里兰卡科伦坡市等城市（区）开展友好交往。1月，老挝赛色塔县代表团一行访问西城区，双方就基层党建、政务、教育、经贸等领域开展交流；4月，瑞士蒙特勒市市长及山笛艺术家一行访问西城区，拜会区政府并参加什刹海旅游文化节。两市（区）就加强两地旅游、文化、青少年教育、城市建设等领域合作深入交流；9月，斯洛伐克皮仕佳尼市市长代表团一行到访，两市（区）就政务、养老、教育、历史文化名城保护、金融等领域开展交流；9月，接待驻塞尔维亚大使馆经商参赞访问西城区，介绍西城区资源，助推与当地市区下一步建立友好关系。

（刘姝婕）

【促进友城合作项目】 年内，区政府外事侨务办发挥外事工作桥梁纽带作用，助推区域优势资源与外国交流意愿有机对接，实现“讲友谊、讲互利、讲实效”的局面。保障捷克PPF集团中国总裁代表团、VISA副董事长一行、古巴驻中国大使馆经商处专员及古巴国民银行北京代表处总代表分别与区金融办、金融街驻区金融机构、金融产业部门交流合作。与韩国、日本友城民间团体、青年学生的交流活动继续发挥独有的作用：6月，日本中野区春秋会会长一行9人来访并拜会区政府；7至8月，瑞士蒙特勒市师生团一行9人到西城区进行民宿交流活动；8月，西城区与日本北区联合代表队参加中日友好交流城市初中生乒乓球友谊比赛大会；12月，日本东京都北区政府总务课课长率区民交流团拜会区政府，并同西城区老年大学、椿树街道居民开展书法交流。

（刘姝婕）

【因公出入（境）管理】 年内，区政府外事侨务办落实中央“八项规定”和“两学一做”常态化教育活动要求，不断优化因公出入境管理体系，进一步规范管理、强化服务、提升质量。科学统筹制定全区年度因公出国（境）计划，严格按照计划进行审核，强化事前、事中、事后监督管理。加强出访成果转化，服务全区重点工作。不断优化西城区因公出入境管理系统，利用信息化手段，服务因公出入境管理工作。牵头召开北京市因公出入境管理工作交流机制第三组2017年会议，推进全市因公出入境管理工作交流提升。践行“外事为民”宗旨，助推区内企业走出去，做好APEC商务旅行卡管理与服务，面向中关村科技园区西城园内高新技术企业进行APEC商务旅行卡宣传推介；修订《西城区企业人员申办APEC商务旅行卡实施细则》，进一步规范申办流程，年内共申办APEC商务旅行卡88人次。

（刘姝婕）

【国际语言环境建设】 年内，继续开展市民讲外语系列活动。与西城区文明市民总校合作，以迎冬奥、讲外语为契机，通过开展“市民讲外语风采大赛”等活动，普及冬奥外语知识，丰富居民群众的业余生活，鼓励外语人才展示才能。5月，与西城区文明市民总校联合举办西城区2017年第十届市民讲外语风采大赛，全区共27家单位、28个团体共500余人参与其中。10月，组织西城区居民参加由市政府外办举办的“2017年北京外语游园会”，为广大外语学习爱好者搭建交流学习经验、展示学习成果的平台。继续开展公共场所外语标识检查工作。积极探索公共场所外语标识检查工作的新思路新办法，对陶然亭公园和什刹海景区双语标识进行检查校对。

（刘姝婕）

【领事保护宣传活动】 年内，区政府外事侨务办践行“外事为民”理念，开展领事保护宣传“进万家、进校园、进机关、进社区”系列活动，举办出境游情景剧、安全讲座和图片展等活动，营造区内国际化氛围，协助居民巩固出境必备常识，强化安全风险防范意识。3月，北京市“领事保护进万家”暨2017年西城区领事保护宣传年启动仪式在金融街街道市民学校举行。4月，“领事保护进万家”活动在陶然亭街道米市社区、北京市职工服务中心、金融街购物中心广场等地举行。12月，“领事保护进校园”活动走进第十五中学。

（刘姝婕）

【港澳工作】 6月，区政府外事侨务办配合市港澳办开展“寻根追梦·同心同行”香港大学生内地名城名校探访交流活动。个性化安排香港大学生与义达里社区家庭一同包饺子，全面交流展示老北京家风、民俗，配合专业团队拍摄活动纪录片，在凤凰卫视、大公网等爱国爱港媒体上同步播放。7月，西城区和市港澳办在国家大剧院共同举办“庆祝香港回归20周年——京港交流音乐会”，香港和内地9个文艺团体500余人参加。区政府外事侨务办协调首都女子乐团、春之声合唱团、北京八中金帆交响乐团等艺术团体参与活动，并协助安排香港青少年在京的参观活动。增进香港市民尤其是青少年对祖国的了解和感情，促进港人的文化回归和人心归回。重点支持第22届澳门国际贸易投资展览会老字号展销及非遗项目展示、西城区京港合作交流会等项目的推进和开展。

（刘姝婕）

【侨务工作】 年内，区政府外事侨务办启动全区范围内侨情调研工作。梳理办事流程，全年共接待侨务咨询事项131件，办理华侨身份认定、归侨证等事项共计24件；制作并印发“西城区侨务业务办理事项及程序”折页500册。以15个“侨之家”为依托，通过组织侨法宣传“七进”，有序开展全区侨法宣传月活动，宣传党和国家的侨务政策法律法规。推荐陶然亭街道获评“国务院侨办为侨服务示范单位”，带动全区各单位共同推动基层侨务工作发展。严格按照市侨办工作要求，及时、足额下拨2017年专项帮扶经费。与区文化委合作，为困侨侨眷送上文艺演出门票，全年共惠及涉侨人士200余人次。协助有关部门依法处理华侨房产纠纷等案件，处理结果当事人均表示满意。与泰国华侨代表、河南省和无锡市侨办开展座谈交流，推介西城区侨务资源。组织开展区“青年联合会”候选人推荐及考察工作。梳理12条区内接待华人华侨团体重点线路，为向海外华人华侨推介西城区资源搭建平台。积极与西城园合作，组织召开侨务政策宣讲会。配合市侨办选派优秀教师赴意大利米兰开展“中华文化大乐园”教学活动，以增进海外华裔青少年对中华文化的了解，促进中外文化交流与友好合作。积极利用海外侨界资源，拓展、优化友城布局。

（刘姝婕）

对外联络

【概况】 北京市西城区对外联络服务办公室（简称区外联办）是负责本区对外联络服务工作的部门。主要职责是：贯彻执行北京市关于对外联络服务工作的方针、政策，落实区委、区政府关于对外联络服务工作的部署和要求，研究制定具体工作措施并组织落实；负责指导、协调本区有关部门做好为驻区中央国家机关、驻区部队、中央企事业单位和外省市驻京机构的综合服务工作；负责协调相关部门完成市政府下达的服务驻区中央国家机关、企事业单位、外省市驻京机构折子工程，并督促检查落实情况；负责本区与外省市开展合作交流工作，负责外省市来访的接待和区级领导出访的组织协调工作；负责友好市区间的友好交流工作，为本区经济建设和社会发展服务；负责重要会议、大型活动接待服务工作；负责组织协调区域合作工作，负责对口支援和帮扶工作。设综合科（监察科）、联络服务科、接待服务科等3个科室，编制15人，年末在岗人数13人。年内，按区委区政府要求和部署，围绕全区中心工作，在服务驻区中央单位、推动区域协同发展、加强合作交流方面取得成效。

地址：西城区二龙路27号

邮编：100032

电话：88064715

（韩 颖）

【走访驻区中央单位】 年内，区外联办联络安排区四套班子主要领导走访全国政协、中央纪委、中央财办、中央组织部、财政部等5家中央部委，区领导单独走访国家发改委信息中心1家单位，汇报西城区经济社会发展、民生改善等各领域重点工作情况，听取中央部委领导对西城区工作的意见建议，共征询服务需求26项。在走访中，中央部委对西城区提供的优质高效服务保障表示感谢，并表示将切实履行驻区单位职责，充分发挥自身优势，支持帮助西城区更好发展。

（苗林林）

【落实中央单位服务需求】 区外联办全年通过走访征询、市政务服务办《交办通知单》和中央单位来函等渠道承办中央单位服务事项32项，其中重大项目建设11项、环境秩序保障10项、交通秩序保障6项、民生服务2项、治安秩序保障1项、行政咨询1项、行政审批1项。截至12月底，中组部南楼改造庭院绿化、三里河南四巷交通秩序整顿、中南海周边共享单车整治、财政部机关办公区地下排水疏通等27项服务事项已办结。

（苗林林）

【召开中央单位座谈会】 1月17日，区外联办邀请中央财办、中宣部、国务院国资委等38家中央部委参加西城区中央单位座谈会，就“疏解整治促提升”专项行动等西城区重点工作中遇到的困难，借助中央单位力量助力西城区精准扶贫任务，以及挖掘引导中央单位资源参与共驻共建和美丽西城建设等重点工作展开座谈交流。

（苗林林）

【地区间合作交流】 年内，西城区与甘肃省嘉峪关市缔结友好关系。区外联办安排区领导赴浙江省宁波市、绍兴市，河北省秦皇岛市、张家口市等地就旧城保护和改造、城市管理创新以及党建工作等学习考察29批次，接待广东省广州市越秀区、河南省邓州市、内蒙古自治区霍林格勒市、贵州省遵义市、辽宁省沈阳市沈河区、青海省玉树州囊谦县、内蒙古自治区喀喇沁旗、河北省张北县、贵州省六盘水市、河北省秦皇岛市等党政领导考察团35批次。协调区属医院、街道与邓州市相关医院、街道（乡镇）建立结对协作关系。与沈阳市共同研究提出《北京市与沈阳市对口合作实施方案（2017—2020年）》。组织举办2017年政府驻京机构座谈会，走访四川省攀枝花、山西省忻州、浙江省绍兴等驻京办事处，争取其在疏解整治促提升、人口规模调控、“大城市病”治理等方面的支持，协调解决驻京机构房屋租赁、证件办理、周边秩序等需求事项。

（王　霈）

【对口帮扶工作】　年内，西城区分别于青海省囊谦县、内蒙古自治区喀喇沁旗签订《携手奔小康行动协议》。发布《西城区关于深入开展携手奔小康行动加强对口帮扶贫困地区脱贫工作的意见（2017—2020年）》《西城区对口帮扶项目和资金管理办法》。区外联办安排区委区政府主要领导深入受援地调研3批次。确定2017年北京市帮扶资金项目32项，涉及基础设施、民生改善、产业合作等多领域。区委组织部、区教委等9部门分别与张北县签订帮扶事项26项，与河北省阜平县签订帮扶事项14项。提出《2017年—2018年精准帮扶囊谦县项目计划》。广泛动员社会力量积极参与对口帮扶，区统战系统向阜平县捐赠价值15万元的药品，致公党西城区委赴阜平县进行义诊惠及200余位患者，区红十字会向张北县、阜平县、喀喇沁旗分别捐赠20万元扶贫资金，区妇联与阜平县签署对口援建协议书。街道和区属企业分别与29个深度贫困村建立结对帮扶关系。

（王　霈）

【区领导到新疆调研】　6月4至7日，区委常委、区委组织部长孙仕柱，副区长李异带领区委组织部、区委宣传部、区教委等部门领导一行共6人赴新疆和田地区、乌鲁木齐市调研，并看望西城区选派到当地参与援建的机关干部和教师。

（韩　颖）

【区领导到青海调研】　8月2至5日，区委书记卢映川率西城区对口帮扶调研组一行13人，深入青海省玉树藏族自治州囊谦县开展精准扶贫实地调研，并与当地签订《北京市西城区和玉树州囊谦县携手奔小康行动协议书》，向囊谦县捐赠“平安城市”项目建设资金350万元。

（韩　颖）

【区领导到内蒙古调研】　8月10至12日，区长王少峰率队赴内蒙古喀喇沁旗就精准扶贫工作进行实地调研，并与当地签署《北京市西城区内蒙古自治区喀喇沁旗携手奔小康协议书》。区委常委、副区长廉茹艳，副区长李异，及区政府办、区发改委、区信访办、区外联办、区地税局、区国税局等部门负责人共14人参加考察调研。

（韩　颖）

【西城区与嘉峪关市缔结友好区市】　8月18日，西城区与甘肃省嘉峪关市缔结友好区市。卢映川、王旭、吴向阳、李异等区领导，及嘉峪关市委书记王砚，市委常委、市委统战部部长张静昌出席活动。区长王少峰和嘉峪关市委常委、常务副市长王进平分别代表两地政府签订《友好区市协议书》。自此，西城区已与全国84个地市缔结为友好区市。

（韩　颖）

【西城区党政代表团赴河北调研】　11月23至25日，西城区委副书记、区长王少峰率西城区党政代表团一行16人赴河北省阜平县、张北县，就落实《携手奔小康行动协议》，扎实推进京冀对口帮扶，确保两地有效脱贫开展考察调研。

（韩　颖）

档案管理

【概况】　北京市西城区档案局（简称区档案局）是西城区人民政府负责档案事业行政管理的主管部门。内设办公室、党群工作办公室、业务指导科、法制科、档案管理科、档案利用科、机关文档科、档案编研科、展陈征集科、信息化科、档案鉴定科共11个科室。西城区档案馆（简称区档案馆）为地级国家综合档案馆，是集中管理全区档案的文化事业机构，与区档案局合署办公，一个机构、两块牌子。主要职责是：收集、保管对国家和社会具有保存价值的档案资料；开发档案信息资源，为社会提供服务；是区政府信息公开查阅场所，是市、区爱国主义教育基地。区档案局（馆）大部分科室集中在南馆办公，北馆有档案利用科、机关文档科2个科室，负责档案管理和查档利用。区档案馆档案全宗229个，馆藏档案资料75.01万卷（件、册、张），其中照片5.32万张，底图3402张，资料2万余册，开放档案23403卷11886件，机读目录462.48万条，数字化馆藏1966.3万余页14499GB。馆藏档案数字化工作，提高了档案查阅速度，提升了档案服务水准。全区档案室有全宗212个，374.79万卷（件、册、张）。室藏档案年利用16.2万人次。年内区审计局通过北京市区县机关档案工作管理测评。

南馆地址：西城区广安门南街68号
邮　　编：100054
电　　话：83976506
北馆地址：西城区二龙路27号
邮　　编：100032
电　　话：88064666

（王振威）

【档案法制建设与宣传】　年内，修订《西城区档案局档案行政执法检查双随机抽查工作手册》，对检查目的、检查方式、检查内容、检查程序等进行了明确规定和提出要求，为执法检查工作奠定基础。制发2017年档案行政执法检查通知，对全区125家立档单位开展全面的行政执法检查，通过单位自查、专项检查、双随机检查等不同方式的检查，达到督促各档单位及时收集归档、档案安全保管、新会计法的落实及档案有效利用的预期效果。其中，联合区法制办、区财政局对西城区21家单位进行双随机抽查，合格单位15家，不合格单位6家，区档案局对不合格单位下发了书面整改通知书，责令限期整改。加强行政执法人员名录库动态管理，完善《档案行政执法检查随机抽查工作手册》，加强行政执法随机抽查网上公示的工作。区档案局认真宣传贯彻《档案法》及《档案法实施办法》，围绕档案馆日“档案——我们共同的记忆”活动开展社区档案宣传，展示宣传展板9块，发放档案法制宣传品资料十余种，共计2500件（册），聘请2位“非遗”专家演示传拓技艺；组织全区1.5万人参加《中国档案报》“宝葫芦”杯档案法律法规知识有奖竞赛活动，区档案局获国家档案局颁发的优秀组织奖，14人分别获得一等奖、三等奖和鼓励奖；组织全区专兼职档案人员参加《中国档案》杂志社和《北京档案》杂志社组织的《档案——我们共同的记忆》及《讲述档案背后的故事》征文，共征集98篇，两次征文区档案局均获得优秀组织奖，其中《档案——我们共同的记忆》1人获优秀奖。《讲述档案背后的故事》一等奖1名、二等奖1名、三等奖4名、纪念奖5名。

（王振威）

【档案行政管理与服务】 年内，下发《西城区档案局关于加强机关调整工作中档案管理的通知》，指导涉及区级城市管理体制下移执法重心的相关单位做好档案工作；先后转发《国家档案局办公室关于加强汛期档案安全保管的通知》和《北京市档案局关于印发北京市档案安全工作会议文件的通知》，及时传达贯彻档案安全精神，并要求各单位切实做好档案安全管理工作。要求库房设在地下室和租赁档案库房的10个单位专门向区档案局报送档案安全自查报告。完成调研课题《突发事件应急档案管理工作的调研与思考》的撰写。加强档案业务指导，完成2016年归档工作，共审查、备份归档数据80多个单位3.5万余条；指导完成西长安街街道、团区委档案进馆工作，指导区审计局通过2017年市区县机关档案管理测评。加大项目档案监管力度，对重点工作、重大活动、重大建设项目、新机构等档案工作，加强监督指导和服务。完善区重点工程建设项目档案管理登记，强化建设项目档案监督指导和检查，贯彻落实《关于做好2017年我市保障性住房建设项目档案管理登记工作的通知》；落实《机关文件材料归档范围和文书档案保管期限规定》，针对区卫计委保管期限表编制、区检察院司法体制改革，提出指导意见；完成18家单位档案工作测评复查；继续培育“家庭建档示范户”。

（王振威）

【档案利用服务】 区档案馆全年接待查档利用者12776人次，提供利用档案11570卷（件），复制扫描馆藏档案24886页，开具证明11481份，利用数字化档案11570件。为居民查阅婚姻、招工、知青等档案提供了便利，为各单位工作查考提供了有力凭证。2017年是城市疏解关键年，及时提供馆藏规划档案，为治理开墙打洞提供可靠依据。查档大厅更新了饮水机，增加绿植，更换12个阅览桌，进一步美化阅览环境。机关文档科接待查档利用77人次，调阅档案1206卷件，复印档案1973页，打印电子文件58页。积极为各单位服务，提供大兴旧宫东站项目变更材料、2015、2016年区领导对北京市空气清洁计划工作的批示、纪检案件审理档案、知识产权局沿革及活动材料、为“12341”特服号延续使用提供北京市工信局的批复。接收部门移交2016年归档文件7277件，其中永久3639件，30年1610件，10年2028件，纪委业务档案329件，数码照片档案备份109张，插入归档电子文件2715件。完成2010年以前区委、区政府、区发改委档案的移交进馆，其中文书永久33261件，长期16712件；完成市政管委294卷基建档案的移交进馆。清点库房11个全宗23823卷件。制定6项开放档案制度。完成原宣武区80–83年5291卷延期开放档案的目录重新补充题名，重新鉴定并拟写延期开放理由。完成原西城区1980—1983年6778卷延期开放档案的目录重新补充题名，重新鉴定并拟写延期开放理由。重新鉴定1984年延期开放档案并拟写延期开放理由，原西城数据44680件，原宣武数据22875件；重新鉴定1980—1983年延期开放11434卷，开放635卷；复审1985年15个全宗开放档案3000余条；初步完成1985年原西城和原宣武档案的初审开放鉴定95204件；完成1984—1986年30万条数据目录的完善补充。

（王振威）

【基础业务】 年内，完成区委、区政府、区发改委、西长安街街道、区科委、团区委、区市政管委、区委组织部8家单位档案进馆，共接收258卷52824件，实物档案3个。接收整理区文联259件实物档案（字画类），进一步丰富了馆藏档案门类。区社工委将41位百岁老人的口述档案，82本图书资料、4张光盘（视频时长共计75分钟）移交区档案馆。整理与归档2016、2017年339张馆藏档案数字化备份光盘。完成纸质目录打印共计32611件（其中照片档案349件）2019页；完成原南区文档中心进馆档案的全宗介绍撰写及全部打印工作，共计44个部门150多页；转换0009全宗2006—2010年文件级已扫描档案图像格式，共计796件。完成45个全宗83386件档案清库工作。与纸质目录、电子目录以及已扫描档案图像进行校对，查缺补漏，共计11843件。针对短期电子目录进行校对及备份，共计105346条。采用单位交流、个人交流、征集、购置等多种渠道共收入图书资料509册、光盘四张，整理上架200册（其中包括甄润昌老师300余册）。征集到甄润昌老师各类实物剪报图书报纸4233件册、李海涛（李大钊侄子）162件个人档案资料、收藏家秦杰的1300余张文物老照片和1万余张信笺、600幅宣传画等一批具有档案价值的珍贵资料。推进“留存城市记忆”工程，立足全区重点工作，针对环境整治、开墙打洞、棚户区改造等开展拍摄工作，已拍摄相关照片1万余张，录像40余小时。

（王振威）

【档案信息化工作】 年内，区档案馆继续修改完善《西城区档案馆馆藏档案数字化成品利用制度》《档案解密制度》。完成2016、2017年档案数字化成品的整合、备份，2017年文书档案数字化加工共计125657页，对档案实体出入库21个全宗3卷12369件档案进行清点。利用档案信息网的网上发布和网上互动等功能，定期更新开放档案目录、发布工作动态及公告，举办网上展览，提供开放档案查阅服务，涉及7个一级目录、27个二级目录和9个三级栏目的信息更新上报150余条；更新开放档案文件目录2000余条，更新《西城追忆》4期。5月22日开通西城档案微信公众号，通过微信宣传档案工作，全年刊发各类信息88条，关注人数352人。

（王振威）

【档案编研利用】 全年刊发4期《西城追忆》，约24万字，合订本《北京西城往事》1本；编撰10期《档案传真》，内容有反映疏解非首都功能人口调控、拆除违章建筑、红墙意识形成历程、防汛、治理水污染、党代会安保、城市规划管理、防火安全、空气治理等问题。区委常委、宣传部长陈宁在第四期做出批示。启动《西城区珍品档案》图册编辑工作，完成《展览路记忆》编撰工作，其中《珍品档案》图册梳理200余个条目。完成367473字的《西城区档案馆指南》重新编写印制1000册的工作。与区文物保护研究所合作编研的《平淡天真——金从政口述我的父亲载涛（1887年6月23日—1970年9月2日）》口述著作已核正定稿；在2014—2015年度北京市档案学会档案学术成果学术评奖活动中，刑晶晶撰写的《优化社会保险业务档案管理工作刍议》获调研类报告类三等奖，张小丽等编著的《西城追忆　文物保护专辑》《抗战记忆　抗战西城》分别获文献编研类二、三等奖。

（王振威）

【档案宣传与基地教育】　年内，区档案局与区妇联联合举办“忠厚传家久　诗书继世长”主题展览，分别在市工人俱乐部、区档案馆展出，15个街道及机关干部、查档居民等600余人参观展览。开展5期“档案记忆西城”文化公益系列讲座。邀请原师大女附中毕业生、西安交大退休大学教师王民培宣讲“以优良的党风作家风”，青年学者侯磊分别在区委老干部学习班、北京第十五中学作北京四合院住宅的变迁讲座；北京联合大学应用文理学院院长张宝秀作题为“一核一城三带两区”与全国文化中心建设的讲座；“侯宝林先生百年诞辰纪念会”座谈会；协助德胜街道和展览路街道筹办街道博物馆。围绕“档案——我们共同的记忆”这一主题召开《西城追忆》作者、读者座谈会。

（王振威）

【档案安全】　年内，全区各立档单位均建立了一把手负第一位主体责任、档案管理部门负直接责任的档案安全工作领导机制。局（馆）分别与相关科室签订《西城区档案局档案数据使用安全保密责任书》。制定《档案解密制度》。定期开展档案安全检查，举办由机关服务中心、物业单位、消防维保公司共同参与的消防演练，提高了应对突发事件的行动能力。推行“双人进库制”，严格把控档案库房日常管理。严格落实档案库房的“八防”措施。更换了南馆5层库房的全部LED灯管。推进区档案馆公共区域的视频监控探头与区级视频监控平台联网工作。做好档案馆数字化档案数据的管理及备份工作。做好2016年基层立档单位电子数据备份工作，共接收79家立档单位文书备份数据，共计3.5万余条；接收67家立档单位数码照片光盘67张。完成机房、利用大厅局域网布线工作。完成2016年共计24个数据库，总容量约4G的数据库及数据结构表的备份工作。区长王少峰、区委常委王旭、副区长司马红多次主持召开新馆建设专题会研究解决新馆建设问题，参与新馆建设各类协调会近20次。司马红率队到市档案馆新馆建设工地学习建设经验。重新确定了新馆建设用地。

（王振威）

【档案科教】　年内，举办档案行政执法培训班；积极开展档案继续教育。联合区财政局举办会计档案培训班，聘请国家档案局蔡盈芳主讲3期，全区共计500余名档案和会计人员参加；组织2017档案专业继续教育培训班，聘请国家档案局、市档案局、市营养源研究所的领导和专家分别从档案安全、机关档案、档案科研、档案写作、电子文件管理、健康教育等方面进行培训，区属各立档单位及相关部门的档案人员共计129人参加。举办12·4档案法规培训班，140余人参加。组织2017年文书档案、照片档案专题培训，档案测评、复查单位的培训，天恒公司归档培训，中国少年儿童活动中心档案管理培训，区属临时机构专题培训，提高基层档案工作水平，切实履行监管责任。

（王振威）

【“档案馆日”活动】　6月9日，“国际档案日”暨北京市第九届“档案馆日”活动的主题为“档案——我们共同的记忆”。6月8日，区档案局（馆）与区妇联联合举办的“忠厚传家久　诗书继世长”家风家训展览在北京市工人俱乐部首展，市妇联副主席赵丽君，西城区委常委、宣传部长陈宁出席开展仪式，300余人参观展览。开放1984年、1985年到期档案25933件。在档案馆日当天正式公布西城档案微信公众号。邀请汲古阁拓片技艺传承人吴刚和京城马氏传拓技艺传承人马国庆分别在区档案馆和社区展示非物质文化遗产魅力。王民培作“以优良的党风作家风”讲座，来自全区的档案工作者、社区居民、西城追忆作者读者等60余人参加了讲座。举行档案资料捐赠仪式。甄润昌先生向区档案馆捐赠剪报、图书、实物等共4000余件。区社工委向区档案馆移交了41名百岁老人口述史资料82本、光盘4张。在牛街街道菜园北里社区开展档案法制、家庭建档宣传，接待社区居民300余人，发放宣传材料法规宣传扇子、宣传本、《家庭建档指南》、《档案法律法规宣传册》、《中国的世纪记忆遗产折页》、2017年寻找我们共同的记忆折页、家庭建档盒、宣传袋、档案宣传挂图、《西城追忆》、《西城往事》12种2000余份。印制西城报专版6万余份。在区档案馆张贴中国档案杂志和中国档案报统一印刷的宣传挂图50余张。在档案馆日期间，购买国家档案局统一印刷的档案法规答卷1.5万张并发放到区属单位，开展档案法宣传。以“档案——我们共同的记忆”“档案背后的故事”为题在全区开展档案征文活动。档案馆日当天开展查档体验活动，参观者参观查档大厅、查阅开放档案等，同时为来访者提供档案管理咨询活动。

（王振威）

【档案学会】　8月18日，召开区档案学会监事会理事会会议，通过了学会自行注销的建议，协助会计师事务所开展清算工作，全部资金164800.8元上交区财政，学会全部印章上交区民政局社团办，并完成学会注销工作。

（王振威）

信访工作

【概况】　中共北京市西城区委北京市西城区人民政府信访办公室（简称区信访办）是区委、区政府受理人民群众来信来访的工作部门。区信访办内设5个科室：综合科、办信科、接访一科、接访二科、排查调处科。办公地点在南菜园街51号，其中接访二科在二龙路27号办公。区信访办机关行政编制24名。其中主任1名，副主任4名；科级领导干部5正4副。年内，区信访办全面贯彻落实习近平等中央领导重要批示和国家信访局及市委、市政府关于信访工作的决策部署，围绕中心服务大局，强化目标导向和问题导向，以打造“阳光信访、责任信访、法治信访”为引领，以开展“责任落实年”活动为抓手，继续深化信访工作制度改革和信访法治化建设，着力畅通信访渠道、夯实基层基础、解决信访突出问题、加强信访理论和工作研究，全面提升信访工作质量和水平，维护了群众合法权益，全区信访形势平稳可控。

地址：西城区南菜园街51号

邮编：100054

电话：83975493

（陈建军）

【信访工作基本情况】 年内，区信访办受理承办信访总量同比上升0.6%。主要包括：办理来信同比件次上升15.7%、人次下降44.2%，其中联名信同比件次下降12.1%、人次下降56.4%；接待来访同比批次下降17.1%、人次下降19.3%，其中集体访同比批次上升9.7%、人次下降37.4%；网上信访同比件次上升8.8%。

（陈建军）

【构建“1+1+1+4”工作体系】 为推动信访工作责任制落实，年内，构建了“1+1+1+4”信访工作体系。具体为：出台1个意见（西城区委区政府《关于进一步加强和完善信访工作机制的意见》），转发1个细则（《北京市信访工作责任制实施细则》），出台1个办法（《2017年西城区信访工作考核办法》），建立健全4个工作机制（“五级式”信访工作模式、信访工作联席会议工作规则、重点矛盾纠纷领导包案制度、依法维护信访秩序工作实施办法）。

（陈建军）

【区领导包案解决重点信访问题】 年内，区委、区人大、区政府、区政协四套班子22位领导参与对17件重点矛盾纠纷和29个信访重点人的包案化解工作，建立“区领导包案督导、责任单位牵头负责、协办单位辅助配合、属地街道积极稳控、区联席办协调保障、律师团队法律支持”的工作专班体系。包案区领导主持召开各类协调会、专题会70余次，督导和推动化解以上重点矛盾纠纷9件、重点人7个。

（陈建军）

【区领导接访和阅批来信】 坚持领导接待群众来访和阅批群众来信制度。年内，区领导71人次参加接访，共接待来访群众51批次61人次，阅批群众来信111件次。

（陈建军）

【建立五级式信访工作模式】 年内，为落实中办、国办《信访工作责任制实施办法》和《北京市信访工作责任制实施细则》，推动信访矛盾纠纷预防和化解，建立“五级式信访工作模式”，区委区政府向全区下发《关于印发〈五级式信访工作模式〉的通知》，明确各级的主要作用和基本任务，层层压实信访工作责任。即：第一级，责任部门或属地街道现场处理，为做好信访工作奠定基础；第二级，区信访办统筹协调处理，对有效化解信访问题提供保障；第三级，区主管领导牵头处理推动问题解决，对重大疑难复杂信访问题重点攻克；第四级，区信访工作联席会议协调解决，对重点信访问题有力促进；第五级，区委区政府主要领导督办解决，对全区信访工作整体把握。该做法被市信访办在全市推广。

（陈建军）

【信访复查复核工作】 年内，区信访办完善信访事项复查复核工作制度。进一步加强复查案件的档案管理，区分复查案件材料和内部工作材料，增强复查档案的针对性，方便对档案材料查询、利用。做好已有信访工作办公系统平台对复查案件的入网登记，做到件件有登记、件件有交办、件件有反馈，使复查案件有迹可循。发挥复查工作的监督作用，促进信访问题化解。区信访办全年收到信访人提出的复查申请140件，其中受理87件，引导法定途径解决50件，不予受理1件，不再受理2件。受理案件中，主动撤回3件，维持办理机关答复意见的18件，撤销原答复意见的46件，撤销并重新答复的13件，变更原答复意见的7件。信访人对复查意见不服提出复核申请的7件，上级机关全部予以维持。

（陈建军）

【网上信访工作】 年内，区信访办适应信息化形势，落实“互联网+信访”战略，在“北京西城”门户网站增设“网上信访”专栏，扩大网上信访覆盖面。全年网上信访总数1132件次，同比上升10.5%。其中，网上信访交办立案件74件，同比上升120.7%。

（陈建军）

【服务保障重点工作】 年内，围绕“疏解整治促提升”专项行动，信访部门加大了服务保障力度。区信访办延伸工作触角，长期抽调干部进驻重点项目指挥部，各街道信访干部也参与到重点工作中，做到关口前移、重心下移，一线接待来访群众，现场处理矛盾纠纷，服务全区中心工作、重点工作有序推进。区信访办对全区信访部门服务和保障“疏解整治促提升”工作的情况进行总结，形成经验材料，在全市相关工作座谈会上进行交流。北京市信访办政务头条号宣传了西城区工作经验。

（陈建军）

【人民建议征集工作】 年内，区信访办拓宽人民建议征集渠道，开展网上人民建议征集工作。配合区政府落实重大事项征集群众意见建议制度，引导群众建言献策，并推动重要建议落实转化运用。北京市特邀建议人“定明法师”关于什刹海景区环境建设的建议被区政府采纳，取得的成果被《北京晚报》、《北京日报》、北京电视台等多家媒体连续报道。全年办理建议类信访问题1475件次，同比上升73.5%。其中自收件194件次，上级交办1281件次。

（陈建军）

【区领导调研信访工作】 4月17日，区领导到区信访办调研，察看了区信访接待大厅，看望了接访一线信访干部、行政复议工作人员、律师和心理咨询师，组织召开了信访工作座谈会。区委书记卢映川，区长王少峰，区委常委、区委办主任吴向阳，主管副区长朱国栋参加调研和座谈。区委常委、区委政法委书记王旭主持座谈会。全区15个街道及13个相关委办局主要领导参加会议。区信访办汇报了全区信访工作有关情况、信访干部队伍建设情况、存在的问题、工作思路和建议。区卫计委、区房管局、新街口街道作了典型发言。参会人员就全区如何落实好信访工作责任制、如何预防和化解矛盾纠纷、如何化解信访突出问题和积案、如何加强信访法治化建设有效维护信访秩序、如何加强信访干部队伍建设，进行了深入的研究，提出了意见和建议。参会区领导参加讨论并分别提出相关要求。座谈会明确，对区内突出信访问题，要实行全区统筹、定期调度、专题解决、精准发力。王少峰要求，要加强源头预防，做好形势预判；要重视人民建议，做好政策可行性分析；要提高初信初访解决率，将其列入考核评定；要坚持领导包案，专班开展工作；要坚决维护信访秩序，依法处理闹访行为；要多措并举，化解问题；要加强信访干部队伍建设，更多给予支持和激励。卢映川强调，要切实加强源头预防；要健全完善科学的信访工作机制；信访办要充分发挥统筹、协调、督办的作用，为党和政府决策当好参谋；要高度重视信访干部队伍建设，真心关爱信访干部；要把信访工作岗位作为后备干部培养锻炼的平台，发挥好加钢淬火的作用。

（陈建军）

【法治信访宣传活动】　5月，全区统一开展了以“落实信访责任制，推动信访法治化”为主题的信访宣传月活动。区信访办投入资金30余万元，为全区15个街道261个社区制作宣传条幅、展板、宣传材料及宣传品等。宣传日当天，各街道悬挂条幅360条，摆放宣传展板780块，张贴海报1.2万余份，发放宣传折页19.2万余张，发放其他宣传品15万份，印发《北京西城报》信访专刊6万余份，形成信访法治化宣传全区总动员的氛围。

（陈建军）

【信访干部能力建设】　区信访办主动了解全区各部门、各街道信访工作机构的需求，有针对性地做好业务指导和服务工作。年内，坚持“需求导向、贴近业务、分级分类”的原则，组织2批次280余人次信访干部进行依法行政、政府信息公开、信访信息系统应用、窗口业务办理等方面的培训，聘请心理咨询师对参训人员进行心理疏导和交流技巧、自我心理调节能力的辅导，提升了信访干部的综合素质和履职能力。建立全区信访干部微信群，加强日常工作交流，及时总结提炼各部门、各街道信访工作机构的成功做法和实践成果。

（陈建军）

【“三率”提升工作】　按照国家信访局和北京市信访办的要求和统一部署，为进一步规范信访基础业务，区信访办年内突出抓好“三率”（信访事项受理率、办结率、群众满意率）提升工作。全区各单位对“三率”情况进行了自查。区信访办建立《“三率”工作通报制度》等7项制度，指定专门人员负责网上督查工作，建立初信初访工作台账便于对基层单位及时提醒和督导，组织全区信访干部开展专题培训，进行点对点指导，不断提升全区信访工作的精细化、规范化、标准化水平。

（陈建军）

【政务头条号正常运行】　年内，“北京市西城区信访办头条号”正常运行，围绕信访中心工作和重大信访部署，唱响主旋律、弘扬正能量，发好信访声音、讲好信访故事，回应社会关切，正确引导社会舆论。全年共编发各类信息580余条，取得过全国第六、全市第一的好成绩，在全市相关会议上，西城区信访办介绍了经验做法。

（陈建军）

中国人民政治协商会议北京市西城区委员会

【概况】　中国人民政治协商会议北京市西城区委员会（简称区政协）是中国人民政治协商会议的地方组织，主要职责是政治协商、民主监督、参政议政。区政协第十四届一次全会共有委员413人，常务委员74人。设学习指导和文史资料委员会、提案委员会、教文卫体委员会、社会和法制委员会、经济科技委员会、城建环保委员会、民族和宗教委员会、港澳台侨委员会8个专门委员会。机关设办公室、研究室、专委会工作一室、专委会工作二室、专委会工作三室、专委会工作四室、专委会工作五室、专委会工作六室8个办事机构，行政编制40人（不含局级）。年内，在中共西城区委领导下，政协北京市西城区第十四届委员会及常务委员会深入学习贯彻中共十八大及十八届三中、四中、五中、六中全会和十九大精神，深入学习贯彻中共中央关于加强社会主义协商民主建设、加强和改进人民政协民主监督工作的重大部署，坚持团结和民主两大主题，紧紧团结和依靠各界委员，充分发挥人民政协作为协商民主重要渠道和专门协商机构作用，认真履行政治协商、民主监督、参政议政三大职能，为西城区经济社会各项事业发展做出了积极贡献。全年共召开常委会会议、主席会议、秘书长会议15次，经审查立案的提案247件，开展重要协商活动23次，组织调查研究、视察考察、座谈研讨等各类履职活动155次，参与委员达3910人次。

地址：西城区广安门南街68号
邮编：100054
电话：83976102

（白亚毛）

常务委员会会议

【第一次会议】　2月23日，区政协第十四届委员会常务委员会召开第一次会议，区政协主席章冬梅主持会议并讲话。会议通报了区政协主席、副主席、秘书长工作分工；审议通过《政协西城区委员会全体会议工作规则（讨论稿）》《政协北京市西城区委员会常务委员会工作规则（讨论稿）》《政协北京市西城区委员会专门委员会通则（讨论稿）》《政协北京市西城区第十四届委员会常务委员会2017年工作要点（讨论稿）》《政协北京市西城区第十四届委员会常务委员会关于设置专门委员会的决定（讨论稿）》《政协北京市西城区第十四届委员会常务委员会关于任命专委会主任委员、常务副主任委员、副主任委员、委员的决定（草案）》《政协北京市西城区第十四届委员会常务委员会关于任命副秘书长的决定(草案)》。区政协副主席程军、姜兆春、李建国、刘学增、张培彤，秘书长王申恒出席会议。

（白亚毛）

【第二次（扩大）会议】 4月25日，区政协第十四届委员会常务委员会召开第二次（扩大）会议，章冬梅主持会议并讲话。会议邀请首都医科大学副校长孙力光做题为《积极推进首都医改取得惠民实效》的通报。会议审议通过《政协北京市西城区委员会委员履职工作规则(试行)(讨论稿)》《政协北京市西城区委员会提案工作办法（讨论稿）》《政协北京市西城区委员会关于提案审查工作的办法（讨论稿）》《政协北京市西城区委员会关于加强提案办理工作检查督办的办法（讨论稿）》《政协北京市西城区委员会关于主席、副主席、秘书长检查督办重点提案办理工作的办法（讨论稿）》《政协北京市西城区委员会关于评选优秀提案的办法（讨论稿）》。会议还通报了《政协北京市西城区委员会民主监督组工作规则》《政协北京市西城区第十四届委员会关于任命财政预算民主监督组组长、副组长、成员的决定》《政协北京市西城区第十四届委员会关于任命社会治理民主监督组组长、副组长、成员的决定》《政协北京市西城区第十四届委员会关于任命城市管理民主监督组组长、副组长、成员的决定》《政协北京市西城区委员会界别组履职活动规则（试行）》及《政协北京市西城区第十四届委员会界别组召集人名单》。

（白亚毛）

【第三次（扩大）会议】 7月18日，区政协第十四届委员会常务委员会召开第三次（扩大）会议，章冬梅主持会议并讲话。区委常委、区委办公室主任吴向阳应邀出席会议。会议邀请西长安街街道工委副书记、办事处主任桑硼飞向大家做了题为《大数据思维助推政务服务新格局》的学习讲座。吴向阳通报了区政协十四届一次会议党派团体提案办理工作情况；会议审议通过《政协北京市西城区第十四届委员会常务委员会2017年上半年工作总结及下半年工作安排》。

（白亚毛）

【第四次（扩大）会议】 8月1至2日，区政协召开“推进人民政协工作创新实践”研讨会暨十四届区政协第四次常委（扩大）会议。章冬梅出席会议并作总结讲话。会议围绕政协工作创新实践主题进行了委员交流发言。刘利明、雷湘方、邹晶、戴卫红、史书刚、古波、杜凤英、程文光等8位委员先后发言。会议邀请北京恩波智业研究所所长、北京创新思维博悟馆馆长、北京大学经济学院客座教授王力作“创新思维推进政协工作开展”讲座；邀请市政协研究室主任陈煦作“把握人民政协民主监督性质定位，推进人民政协民主监督工作”专题辅导。

（白亚毛）

【第五次（扩大）会议】 9月29日，召开区政协第十四届委员会常务委员会第五次（扩大）会议，章冬梅主持并讲话。会前，邀请田申申委员作“街区整理计划：构建超大城市治理体系探索”讲座。会议审议通过《政协北京市西城区委员会关于政协委员联系社区的制度》《政协北京市西城区第十四届委员会常务委员会关于西城区社会组织建设发展的建议案》和《政协北京市西城区第十四届委员会常务委员会关于充分利用西城工业遗存打造文化创意产业园——关于西城区文化创意产业园建设的建议案》。

（白亚毛）

【第六次（扩大）会议】 12月22日，召开区政协第十四届委员会常务委员会第六次（扩大）会议，章冬梅主持并讲话。会议听取高忻、吴江作区政协常委述职报告。会议听取区纪委副书记、区监委副主任田迪作2017年西城区党风廉政建设和反腐败工作情况的通报，区政府办公室主任缪剑虹作2017年西城区政府关于政协委员提案办理情况的报告。会议审议通过《关于召开中国人民政治协商会议北京市西城区第十四届委员会第二次会议的决定》《政协北京市西城区第十四届委员会常务委员会关于表彰2017年度优秀提案的决定》《政协北京市西城区第十四届委员会常务委员会关于表彰2017年度优秀社情民意信息和优秀信息员的决定》。会议审议了《中国人民政治协商会议北京市西城区第十四届委员会常务委员会工作报告（讨论稿）》《中国人民政治协商会议北京市西城区第十四届委员会常务委员会提案工作报告（讨论稿）》《政协北京市西城区第十四届委员会第二次会议议程（草案）》《政协北京市西城区第十四届委员会第二次会议日程（草案）》《政协北京市西城区第十四届委员会第二次会议决议起草委员会建议名单（草案）》《政协北京市西城区第十四届委员会第二次会议小组召集人建议名单（草案）》，决定提交政协北京市西城区第十四届委员会第二次会议预备会通过。

（白亚毛）

专门委员会工作

【提案委员会】 全年共提出提案281件，包括平时提案5件，经提案委员会审查立案247件。其中，党派团体提案19件，界别提案13件，街道联组提案7件，委员提案208件。共有293名委员提交提案，占委员总数(413名）的70.94%。立案的247件提案按照归口交办的原则分别送交全区81个部门办理。提案内容广泛，聚焦改革，紧扣民生，充分体现了政协各界心系西城发展、情牵群众冷暖的责任情怀。关注全局，内容丰富，提案征集有新收获；形成合力，重点督办，提案办理协商有新进展；强化保障，完善机制，提案服务水平有新提升；深入基层，加强监督，提案社会影响有新扩展。

（白亚毛）

【学习指导和文史资料委员会】 全年共组织委员履职培训会、主题研讨会、辅导报告会、区情通报会、委员座谈会、参观视察等各项活动15次，参加委员达700余人次。组织全体委员履职培训，邀请来自全国政协和市政协的专家、学者围绕人民政协理论、提案撰写、社情民意信息报送等主题进行专题辅导。与区委统战部联合召开区情通报会，为委员了解和把握全区经济社会发展大局，进一步认清形势、倾力履职起到很好的指导作用。举办学习落实《北京城市总体规划（2016年—2035年）》辅导报告会。举办常委学习十九大精神研讨班。编辑出版《知学》5期。围绕“深入推进科学治理、全面提升发展品质”与区委统战部联合召开议政会，听取各民主党派、人民团体和政协委员的意见建议。围绕“推进人民政协工作创新实践”主题开展研讨会,历时5个月,收集稿件80篇。

（白亚毛）

【教文卫体委员会】 教文卫体委员会全年组织开展各类活动26项，委员参加活动531人次。3月，召开教文卫体委员会成立大会暨2017年工作会议，从所属102名委员中推选出主任委员25名。以主任委员为骨干，带领委员开展各项活动。遵循“自觉自愿、自娱自乐、自我管理”原则，成立文博、摄影、书画、文艺、体育5个兴趣活动小组。结合专委会自身情况制定《教文卫体委员会主任委员工作规程》。围绕西城区紧密型医联体建设，开展专题协商、广泛协商，深入议政。组织开展《西城区公共文化资源共享利用现状》专题调研，形成了调研报告。

（白亚毛）

【社会和法制委员会】 3月，召开社会和法制委员会成立大会。成立西城区政协第十四届委员会社会治理民主监督组，分设疏解整治、行政服务、为老服务、食药安全、社会组织民主监督小组，参与的政协委员共68人。组织“加大人口疏解力度，优化城市功能”专题协商工作。完成《中共政协北京市西城区委员会党组关于“加大人口疏解力度，优化城市功能”专题协商情况报告》。开展行政服务、社会组织、疏解整治民主监督小组的活动。完成区政协主席章冬梅负责督办的农工党西城区委提出的“关于统一协调西城区为老服务机构管理的建议”的提案督办。开展“关于西城区社会组织建设发展”的专题调研，并形成常委会建议案。

（白亚毛）

【经济科技委员会】 3月，召开经济科技委员会全体会议暨成立大会。组织开展“落实生活性服务业三年行动计划，提升服务业水平”和“编制西城区文化创意产业发展三年行动计划，改善产业布局”两次协商议政视察活动。召开“编制西城区文化创意产业三年行动计划，改善产业布局”专题协商座谈会。组织召开由章冬梅领衔督办的“关于发挥金融优势，加速西城区构建高精尖产业的建议”重点提案督办会议。发挥财政预算民主监督小组作用，履行监督职能。开展《充分利用西城工业遗存　打造文化创意产业园——关于西城区文化创意产业园建设》的调研，并形成建议案。

（白亚毛）

【城建环保委员会】 3月，召开城建环保委员会成立大会。先后视察了城市精细化管理和增加绿色生态空间工作情况。考察了平谷区和延庆区生态环境保护情况和北京排水集团槐房再生水厂。协助市政协筹备背街小巷环境整治提升协商恳谈会议。针对历史文化名城保护工作开展专题协商。组织委员视察了西城区历史文化名城保护工作开展情况。组织区政协常委集体视察推进和谐宜居示范区建设情况。分别就“加强背街小巷环境综合整治工作，提升城市管理精细化水平”“加大突出环境问题治理力度，促进大气污染防治责任落实”和“深入落实《总规》精神积极推进街区整理提升城市品质”为主题进行专题协商。成立城市管理民主监督组，开展民主监督。完成《将PPP项目应用于城市建设、管理和环境保护》的调研报告。

（白亚毛）

【民族和宗教委员会】 3月，召开民族和宗教委员会成立会。修订《民族和宗教委员会工作规则》。依托少数民族、宗教界别小组开展界别活动。举办宗教形势报告会。组织委员视察西城区宗教活动场所。配合市政协开展关于“依法治理民族事务和推动宗教事务纳入社会法制”的调研。召开2017年民族和宗教工作情况通报会。

（白亚毛）

【港澳台侨委员会】 3月，召开港澳台侨委员会成立大会。修订《港澳台侨委员会工作规则》。举办2017　年台湾形势报告会。组织港澳台侨委员会委员视察台资企业和港澳台界别委员企业汇通投资有限公司天通苑社区服务集团。开展《充分发挥区域资源优势，积极推动京台社区交流》的专题调研，形成调研报告。

（白亚毛）

重要活动

【区政协与区政府年度联席会议】 2月9日，区政协与区政府召开“两政”联席会，就2017年度重点工作进行沟通协商。区政协主席章冬梅主持会议，区委副书记、区政府区长王少峰出席会议并讲话。区委常委、常务副区长孙硕，区委常委、副区长姜立光、廉茹艳，副区长张明、司马红、朱国栋、郁治、徐利、张利星，区长助理王东妮，区政协副主席程军、姜兆春、李建国、荣洋、张培彤，秘书长王申恒，以及区政协机关各室负责人参加会议。会上，程军通报了2017年政协工作要点、全年重点工作；姜兆春通报了区政协十四届一次会议提案有关情况、提案涉及的主要问题以及2017年提案工作安排。各副区长对2017年各自分管的重点工作进行了通报，并就2017年度区政协相关工作发表意见。

（白亚毛）

【委员培训】 3月15至30日，区政协十四届委员会分三期组织政协委员进行履职培训。区政协章冬梅、程军、姜兆春、李建国、刘学增、张培彤、王申恒出席培训活动。三期委员履职培训分别于3月15至16日、22至23日、29至30日举行，活动邀请全国政协原研究室副主任原冬平作题为“按习近平为核心的中共中央要求，做称职的政协委员”的专题讲座，全面解读习近平在庆祝人民政协成立65周年大会上的重要讲话精神，阐述人民政协理论的相关知识；邀请全国政协提案委驻会副主任田杰讲授“人民政协的提案工作”；邀请市政协提案委主任李春增为委员们进行“提案基本知识”培训；邀请市政协研究室副主任康军讲授“人民政协反映社情民意信息工作”，介绍市政协社情民意信息工作格局，阐述政协信息工作特点；邀请全国政协文史和学习委员会副主任卞晋平讲授“新形势下的人民政协协商民主”，结合西城区政协委员构成，系统的、历史的梳理人民政协的性质定位，介绍新时期人民政协协商民主建设的最新成果；邀请北京大学第一医院教学副院长、呼吸内科副主任李海潮进行题为《呼吸系统疾病的一些常见误区》的医疗知识普及。活动中委员们积极讨论，仰光、何悦明、马寅生、李硕、魏健、蔺炜、欲晓、余渡元、宁剑冰等委员做了履职经验交流。

（白亚毛）

【主席集体视察】 3月28日，区政协就西城区历史名城保护工作组织主席集体视察，章冬梅、程军、姜兆春、李建国、荣洋、刘学增、张培彤、王申恒参加视察。邀请30多名区政协委员深入实地视察西城区名城保护工作开展情况，为推进西城区历史名城保护工作建言献策。委员们实地察看了雁翅楼、乐春坊1号院、白米斜街简易停车项目、万寿兴隆寺、万松老人塔、天桥艺术中心，了解西城区历史文化名城保护与提升区域文化品质工作开展情况，什刹海阜景街建设指挥部、和谐宜居示范区建设指挥部、区文化委、天桥演艺区建设指挥部等相关单位介绍了文物保护开发利用相关情况。

（白亚毛）

【议政性主席会议】 3月28日，区政协召开十四届委员会首次议政性主席会议。副区长徐利出席会议并介绍情况。区委宣传部、区发改委、区文化委、区住建委、区市政市容委、市国土局西城分局、市规划委西城分局、天桥演艺区建设指挥部、和谐宜居示范区建设指挥部、什刹海阜景街建设指挥部、大栅栏琉璃厂建设指挥部主要领导参加会议。章冬梅主持会议。区政协委员先实地察看了泰安里、华康里、杨梅竹斜街、北京坊等项目，了解西城区历史文化名城保护与提升区域文化品质工作开展情况。徐利向与会委员介绍了西城区关于历史文化名城保护工作面临的新形势新任务新要求，“十二五”以来所取得的工作成效，面临的主要困难和挑战，下步工作的总体考虑等方面的情况。8名委员提出了30多条意见建议。徐利充分肯定了委员提出的意见建议，回应并解答了委员们提出的问题，明确了吸纳和借鉴委员的可行性建议的具体措施。

（白亚毛）

【第一次双月协商座谈会议】 5月4日，区政协、区委统战部联合召开2017年第一次双月协商座谈会，对“深化教育体制改革，促进教育均衡发展”进行协商。章冬梅出席并讲话，区委副书记马新明主持会议。会上，司马红从西城区教育改革的背景、改革的原则和理念、主要改革举措及主要成效对议题情况进行介绍。区政协委员张长军、李雯、赵芙蓉、革瑛、寿延、李文义、裴金刚、苏金柱从不同角度分别发言。

（白亚毛）

【生活性服务业三年行动计划专题协商】 6月6日，区政协开展“落实生活性服务业三年行动计划，提升服务业水平”专题协商，区政府副区长徐利、程军、姜兆春、王申恒参加专题协商活动。委员视察了车公庄大街北里44号的榆树馆百姓生活服务中心和西黄城根南街36号的西长安街街道百姓生活服务中心。座谈会上，徐利详细介绍了西城区落实生活性服务业三年行动计划工作情况。白泉涌、曾伟、李墨白、李卫东、曹瑞芳等政协委员进行议政发言。区商务委、区发展改革委、西城工商分局、西城食品药品监管局、区环保局等单位负责人参加视察座谈，听取意见建议。

（白亚毛）

【第二次双月协商座谈会议】 6月27日，区政协、区委统战部联合召开2017年第二次双月专题协商会，就“加强背街小巷环境综合整治工作，提升城市管理精细化水平”这一主题进行专题协商。区委书记卢映川出席会议并讲话，王少峰主持会议。部分区政协委员，各民主党派、工商联、无党派人士、侨联、新的社会阶层代表人士、海联会理事等统一战线各界代表人士；区委统战部、区政协机关、区文明办、区市政市容委和15个街道相关负责领导参加会议。

（白亚毛）

【紧密型医联体建设专题协商座谈会】 7月20日，区政协开展“推进紧密型医联体建设，提升健康服务水平”专题协商座谈会。章冬梅出席并讲话。程军主持会议。区财政局、区人社局负责人到会听取意见建议。区卫生计生委主任安学军通报了“推进紧密型医联体建设，提升健康服务水平”工作情况，郁治介绍了相关情况。郁治就西城区医改和紧密型医联体建设情况作了介绍，并提出下一步工作打算。区政协委员宋坪、王晓敏、罗韬、史亦丽、刘利明、路瑾、李梅、徐斌，重点交流发言，在充分肯定工作成绩的同时，对全区推进紧密型医联体建设建言献策。

（白亚毛）

【西城区区情通报会】 8月17日，区政协与区委统战部联合召开区情通报会。会上，王少峰向政协委员以及各民主党派、工商联、无党派人士、新的社会阶层代表人士通报了上半年主要工作进展情况，办理区政协委员提案情况，为群众办实事情况以及下半年重点工作的安排。

（白亚毛）

【第三次双月协商座谈会议】 8月29日，区政协、区委统战部联合召开“加强社区卫生、养老服务，促进‘健康西城’品质提升”双月协商座谈会。章冬梅出席并讲话。王旭主持会议。区政协机关各室主任、区委统战部领导班子成员，区卫计委、区民政局领导，部分政协委员，各民主党派、工商联、无党派、侨联、新的社会阶层代表人士、海联会等界别代表人士参加会议。郁治通报了社区养老工作情况。民建北京市委副主委、市人大常委会常委黄石松，区政协委员李竹溪、徐斌、王峥、聂娅，西城区工商联（商会）副会长、区人大代表张磊提出意见建议。

（白亚毛）

【治理环境问题专题协商座谈会】 9月12日，区政协召开“加大突出环境问题治理力度，促进大气污染防治责任落实”专题协商座谈会。章冬梅出席并讲话。姜立光通报相关情况。姜兆春主持会议。区政协常委，副秘书长，区政协各室主任、部分政协委员参加会议。区环保局副局长邓焕哲介绍“加大突出环境问题治理力度，促进大气污染防治责任落实”工作情况。陈光宪、柴丽敏、邹晶、舒泽萍、陈丽萍、张瑞等委员就该主题发言。区委宣传部、区市政市容委、区科信委、区质监局、区环保局、区环境办、西城工商分局、西城交通支队、区城管执法局、区城管监督指挥中心、区园林绿化局、区园林市政管理中心、区环卫中心负责人到会听取意见建议。

（白亚毛）

【文化创意产业专题协商座谈会】 10月12日，区政协召开专题协商座谈会，就《西城区文化创意产业三年行动计划（2018—2020）（征求意见稿）》、改善产业布局进行协商议政。章冬梅出席并讲话。徐利通报相关情况。程军主持。区产业发展促进局领导，区政协副秘书长、各室主任、部分政协委员参加座谈。

（白亚毛）

【常委集体视察】 10月17日，章冬梅率区政协常委、部分委员视察了西城区疏解整治促提升工作重点区域的整治情况。区委常委、区政府常务副区长孙硕陪同。委员们先后视察了展览馆路33号楼、西便门外大街背街、广外南街甲59号楼地下室、广内善果胡同宝马舞厅等4个“疏整促”工作取得实际效果的地点。展览路街道、月坛街道、广外街道和广内街道的相关工作主管领导出面向委员们详细讲解了街道“疏整促”有关工作的进展情况。

（白亚毛）

【专题议政会】 10月31日，区政协和区委统战部联合召开“深入推进科学治理、全面提升发展品质”议政会。王少峰、章冬梅等出席会议。区政协常委、副秘书长、各专门委员会主任、部分政协委员，区各民主党派、工商联、侨联、知联会的负责人以及部分党派、团体成员参加会议。王旭主持会议。会上，副区长姜立光就西城区相关工作进行通报，从八个方面分析了存在的不足，并阐述了下一步的工作打算。各民主党派、工商联、侨联、知联会及部分政协委员在会上发言。

（白亚毛）

【议政性常委会议】 11月2日，区政协召开“深入落实《总规》精神，积极推进街区整理提升城市品质”议政性常委会议。章冬梅主持会议。副区长翟冀出席会议。会上，区城市管理委主任、区环境办常务副主任宋甲乐向与会人员解读了《西城区街区整理实施方案》。市规划委西城分局局长倪锋结合西城区实际宣讲新修订的《北京城市总体规划》对《西城区街区整理城市设计导则》制定情况进行说明和解读。杨文玲、刘井坤、曹海、田申申、吴江、甘泉、杜凤英等7名委员依次在会上发言，针对议题建言献策。

（白亚毛）

（责任编辑　陈　艳）

群众团体

西城区总工会

【概况】 北京市西城区总工会（简称区总工会）是中国共产党领导下的职工群众自愿结合的群众组织。区总工会受中共北京市西城区委和北京市总工会双重领导，负责指导全区各行各业的基层工会工作。区总工会机关设8部室：办公室、组织人事部、财务部、经济生活部、权益保障部、基层建设部、宣教部、经审办（内设机构）。年内，在区委和市总领导下，全区各级工会以迎接党的十九大胜利召开和学习贯彻党的十九大精神为主线，全面贯彻落实中央、市委和区委党的群团工作会议精神，严格按照市总改革的总体部署，谋改革，强基层，转方式，优服务，团结动员全区广大职工为促进区域发展转型和管理转型、全面提升城市发展品质发挥主力军作用。建立西城职工微信公众号，全年在《工人日报》中工网等媒体开设专版并发表稿件120余篇。完成基层工会主席脱产轮训2个班次，举办财务管理、经费审查、工资集体协商、民主管理、工会宣传、基层组织建设等业务培训10个班次，培训各类专业人员1000人次。区总工会审计项目被推荐为全国优秀审计项目，区总工会经审会被北京市总工会评为经审规范化建设一档单位。获2017年北京市安全生产先进单位。

地址：西城区北营房东里12号楼（北区）

邮编：100037

电话：68300043

（刘　鹏）

【工会改革】 年内，成立区总工会改革领导小组，明确工会改革工作的时间表、路线图。深入全区各街道、机关和企事业工会调研，完成3万名职工服务需求状况问卷调查、595名在册省部级以上离退休劳模生活现状的摸底分析，形成《关于西城区工会改革的调研与思考》调研报告。组织区总工会改革领导小组成员，分别赴上海、重庆等群团改革试点城区学习。广泛征求区委全面深化改革领导小组、区相关部门、基层工会主席、会员代表以及部分区总工会离退休老干部代表等5个层面的意见，经市总和区委审议通过了《西城区总工会改革方案》。完成市总关于建立职工事务经费保障联席会议制度、落实工会代表建议案办理、购买社会组织服务、开展职工服务项目评估共4项改革试点任务。

（刘　鹏）

【二届三次委员（扩大）会议】 7月6日，区总工会召开第二届委员会第三次全体（扩大）会议。会议由区总工会党组书记王奇主持。会上，区总工会主席李会增作题为《强化“四个意识”谋划改革创新为促进区域科学治理和发展品质提升作贡献》的工作报告。区委副书记马新明出席会议并讲话，对区总工会的改革工作表示肯定。第二届委员会委员、经费审查委员会委员、基层主管书记、直属基层工会主席等200余人参加会议。

（刘　鹏）

【迎新春劳模茶话会】 1月10日，由区总工会举办的2017年西城区新春劳模慰问演出在天桥艺术中心上演。区领导卢映川、王少峰、杜灵欣、马新明、李会增、司马红、张利星出席活动，与来自全区各条战线的70余名劳模和300余名先进职工、先进集体代表共迎新春。青海省玉树州委常委、州总工会主席晁学德应对口支援单位区总工会的邀请，携表演团参加演出。公安西城分局的劳模代表在演出前上台发言。

（臧　璐）

【庆祝“五一”系列活动】 4月27日，区总工会召开西城区2017年庆祝“五一”国际劳动节暨先进个人、先进集体表彰大会，区人大常委会主任杜灵欣出席大会并讲话，区委副书记马新明主持会议。市总工会副主席张青山，区政协主席章冬梅，区委常委、区委组织部部长孙仕柱，区委常委、区委宣传部部长陈宁，区人大常委会副主任、区总工会党组书记、主席李会增，副区长张利星出席大会。李会增宣读荣获全国、市级先进集体、先进个人名单，与会领导为获得全国工人先锋号、全国五一劳动奖章、首都劳动奖状、北京市工人先锋号以及首都劳动奖章的个人和集体代表共23人颁发奖牌、证书。

（臧　璐）

【西城职工创新·匠心主题展】 4月

27日，区总工会举办“逐梦前行——西城职工创新·匠心主题展”。展览共铺设83块展板，分为“忠诚与传承”“时间与空间”“生活与乐活”“奇技与奇迹”四个部分，分别通过西城工匠的“红墙精神”、劳动者对西城热土的热爱、得益于劳动者创造的“乐活”、劳动者发掘利用自身优势走向幸福生活等内容，集中展示了近年来各行各业劳动者在推动区域整体发展过程中取得的成果。

（刘晨晨）

【职工文体活动】 年内，对全区资源进行整合，指导建立职工互助文体组织6家。采取购买服务、协商租赁、合作共建等形式，落实职工活动共享阵地23处。设立100万元文体活动专项资金，发放示范性文体活动箱500件。建立“菜单式”文体服务项目清单，开展区域职工运动会、职工文化艺术节、职工健步行、羽毛球积分联赛等群众性文体活动，参与活动职工达3万余人次。组织参加全市职工歌咏比赛，教育工会、金融街集团工会分获第一名和第三名。参加市总工会“五月的鲜花”大合唱比赛，区职工合唱队获冠军。组织职工参加全市职工摄影展活动，分获一、二、三等奖。参加“锦鲲杯”中国舞蹈北京站、杭州站公开赛，区职工国标舞蹈队先后获成年组别冠、亚军。利用工人文化宫活动阵地，举办舞蹈、器乐、瑜伽等免费培训，参加会员2000余人次。免费为基层放电影24场，观影会员职工7200人次。区工人文化宫被市体育局健美操体育舞蹈协会评选为北京市先进会员单位。

（刘晨晨）

【经费审查委员会工作】 4月20日，召开第二届经费审查委员会第四次会议，审议区总工会2016年度预算执行情况及财务收支管理情况；审议并通过区总工会2017年预算（草案）。6月29日，召开第二届经费审查委员会第五次会议，审查区总工会2017年1至6月预算执行情况及财务收支管理情况；审议并通过区总工会第二届经费审查委员会2017年上半年工作报告（审议稿）。11月8日，召开第二届经费审查委员会第六次会议，审议区总工会2017年度工会经费收支预算调整情况；听取区总工会直属基层工会2017年度审查审计情况汇报，并围绕审查审计问题研究相关措施。年内，采取自审、联审、引入第三方审计的方式，完成对本级、本级事业单位及直属基层工会审查审计、经济责任审计项目258个，书面和实地回访136家，约谈1家，区总工会经审办实施的审计项目获评全国优秀审计项目，区总工会经审会被市总评为经审规范化建设一档单位。

（韩悦彤）

【工会组织建设与会员发展】 年内，推进建会、建家工作，全年新增基层工会组织1872家，发展会员29283人。研究制定《西城区总工会对街道工会服务站装修补贴办法》，全区809家建会单位完成了职工之家实体化建设。加强专职工会社会工作者队伍专业化、职业化、社会化建设，研究制定《西城区专职工会社会工作者年度考核细则》。

（赵彦芳）

【厂务公开民主管理】 年内，召开区厂务公开民主管理工作会议，推进厂务公开民主管理建制扩面、提质增效，全区事业单位、国有控股企业和百人以上非公企业职代会建制率均达到100%。德胜餐饮、广外茶业、新街口物业等行业，先后建立行业性职代会制度，全区百人以上企业建立董事会、监事会制度45家，其中建立职工董事、职工监事制度42家。研究制定《西城区关于深入构建和谐劳动关系的实施意见》。配合区人力社保局，在全市率先成立区和谐劳动关系三方委员会。

（刘世鹏）

【工资集体协商】 年内，完成455家餐饮企业的行业协商排查，对10家服务企业职工收入情况进行了调查，续签集体合同、工资专项协议企业达到7346家，覆盖职工16.5万人，累计建制率、签约率均达93.3%。

（刘世鹏）

【维权机制建设】 年内，开展劳动争议调解，协助政府妥善处理和解决整治“开墙打洞”、治理背街小巷、批发市场疏解攻坚、推进区域业态转型升级等重点任务中的劳动关系矛盾，受理劳动争议1201人次，成功调解劳动争议案件180件，解答法律咨询400余人次，以职工队伍稳定促进了区域和谐稳定。

（刘世鹏）

【劳模管理】 年内，研究提出《西城区关于进一步加强和规范劳动模范、先进人物和先进集体发现培养工作的方案》。推荐评选全国工人先锋号2个、全国五一劳动奖章1名、首都劳动奖状2个，北京市工人先锋号5个、首都劳动奖章13名。召开2017年庆祝“五一”国际劳动节暨先进个人、先进集体表彰大会，举办西城区2017年新春劳模专场慰问演出活动。发挥典型示范作用，通过职工演讲、职工大讲堂、“走近最美劳动者”访谈等形式，营造全社会尊重劳模、关心劳模、学习劳模、争当劳模的浓厚氛围。落实劳模各项待遇，慰问劳模、先进人物1832人次，发放慰问金、差额补贴养老金、专项补助金、丧葬补助金335万余元。

（臧　璐）

【送温暖工程】 年内，实施精准帮扶救助，入户走访、慰问在档各类困难职工611人次，发放慰问金、慰问品、医疗救助金151万余元。开展“金秋助学”活动，发放助学金18.5万元。实施就业援助，帮助1133人实现培训和就业。开展普惠服务活动，投入资金174万元，慰问参加“疏解整治促提升”专项行动的一线会员和参与十九大安保工作的一线公安干警。投入资金111.5万元，为区环卫中心、区园林市政中心、区北展指挥部、白纸坊街道棚户区改造总指挥部及光源里社区棚户区改造指挥部、展览路百万庄社区棚户区改造指挥部等一线职工会员送清凉。投入资金70万元，挂牌设立“暖心驿站”，为环卫工人、园林工人等户外职工就近就便解决喝水、避暑、取暖、热饭等实际困难，更大范围地服务好户外劳动者。

（臧　璐）

【群众性经济技术创新工程】 年内，开展“安全生产月”系列活动，组织全区913家企业、3747个班组、4万余名职工，参加北京市总工会“安康杯”劳动竞赛。获2017年北京市安全生产先进单位。成功举办“逐梦前行——西城职工创新·匠心主题展”，充分展示全区职工创业创新成果。与区卫计委、团区委联合举办卫生应急技能竞赛、助产技术人员技能考核练兵。指导193名职工顺利申领职业发展助推金。

（臧　璐）

【女职工工作】　12月26日，区总工会女职工委员会二届一次委员（扩大）会议在德胜科技园区召开。来自全区各单位的近70名工会女职工委员会委员、女职工代表参加会议。会议通过了区总工会第二届女职工委员会主任、副主任、常委、委员名单；总结了区总工会女职工委员会的工作；部署了今后五年主要工作任务，宣读了关于组成区总工会第二届女职工委员会的决定。三八妇女节组织全区基层工会女职工150余人到玉泉营花卉展销厅欣赏、购买鲜花，丰富女职工节日文化生活。为6名单亲困难女职工发放三八慰问金3000元。

（臧　璐）

【职工互助保险】　年内，扩大职工互助保障覆盖面，暖·互助“在职职工医疗互助保障计划”受益42898人，理赔金额达1015万元。

（蔡红燕）

【职业介绍】　年内，组织开展春风行动专项活动，开展10场春风行动专场招聘会，为求职者提供就业机会。组织参加“2017年京津冀区域（北京）人才交流洽谈会”招聘活动；举办残疾人专场招聘会，组织20余家企业参加，帮助残疾人实现再就业；组织参加北京市合同期满大学生村官双向选择洽谈会，265名求职者参与咨询洽谈。举办各种创业岗位技能培训班、定向岗位技能培训班，参与培训人员400余人。

（臧　璐）

西城区妇女联合会

【概况】　北京市西城区妇女联合会（简称区妇联）是在中共北京市西城区委领导下的各族各界妇女为进一步发展而联合起来的社会群众团体，是党和政府联系妇女群众的桥梁和纽带。下设办公室、组织联络部、权益发展部、宣传教育部、妇女儿童工作委员会办公室、妇女儿童发展中心6个办事机构。年内，区妇联以《中共中央关于加强和改进党的群团工作的意见》为指导，结合“两学一做”专题教育实践活动，以联系和服务广大妇女为工作生命线，围绕区委区政府中心工作推进各项工作。

地址：西城区广安门南街68号
邮编：100054
电话：83976200

（智　芳）

【两节送温暖活动】　1月4日，区妇联慰问老妇救会主任、“两癌”贫困妇女、单亲特困母亲、纯老年人家庭困难妇女、低收入困难妇女、困难儿童等各类困难群体325人，慰问金额共计17.5万元。联合民建西城区委开展“爱心编织送温暖”活动，组织全区巾帼志愿者编织1170套围巾、手套，赠送给环卫女工、西城大妈等工作在一线的妇女姐妹。

（智　芳）

【“书香·家·春秋”阅读活动】　1月14日，区妇联在“甲骨文·悦读”空间开展家庭阅读项目“书香·家·春秋”换书大会，20余个家庭现场进行图书置换，6户家庭代表分享读书心得，建立家庭阅读群，开展“最美书香角落”评选，20户家庭获优秀奖，60户家庭获参与奖。

（智　芳）

【迎新春团拜会】　1月17日，西城各界女性代表在老舍茶馆三层举办迎新春团拜会。区委副书记马新明出席并致辞，区政协主席章冬梅，区委常委、区委宣传部部长陈宁，副区长郁治出席，区妇联领导班子全体成员及百余名各界女性代表参加。

（智　芳）

【“家庭剧乐部”培训活动】　2月17日，区妇联在西城区少年宫开展“家庭剧乐部”公益行第二季汇报演出，活动通过公开招募形式面试70余名小朋友，最终有22名小演员脱颖而出，经过一周集中训练，排演出家庭童话剧《虚惊一场》。此剧受到家长和小朋友们的欢迎，共演出2场。

（智　芳）

【“两癌”免费筛查】　2月22日，区妇联联合区卫生计生委启动适龄妇女“两癌”免费筛查。宫颈癌筛查人数5506人，查出宫颈癌前病变40人；乳腺癌筛查人数5627人，查出乳腺癌7人。

（智　芳）

【“三八”庆祝活动】　3月2日，区妇联以“和合家美、绽放西城”为主题，举办西城区各界女性纪念“三八”国际妇女节庆祝大会。大会回顾全区2016年妇女儿童工作，表彰“十佳女教师”，启动2017年西城区巾帼建功标兵、巾帼文明岗、巾帼建功先进集体和寻找“西城最美家庭”活动。市妇联主席马兰霞，区人大常委会主任杜灵欣，区政协主席章冬梅，区委副书记马新明，区委常委、区委宣传部部长陈宁，区委常委、副区长廉茹艳，副区长张利星等，及400余名全区各界妇女代表参加大会。

（智　芳）

【首届“鲜花点亮生活”家庭插花大赛】3月4日，区妇联携手区园林绿化局在天桥艺术中心举办“鲜花点亮生活”庆祝“三八”国际妇女节家庭插花大赛。全区100户家庭参赛，比赛评出一等奖5名、二等奖10名、三等奖

20名。

（智　芳）

【“三八”维权周活动】 3月6日，区妇联联合区司法局、西城公安分局，区法院、区检察院共同举办“巾帼耀西城·法治在行动”——“三八”妇女维权周启动仪式暨反家庭暴力法实施一周年宣传活动。“三八”维权周期间，全区各级妇联组织举办各类普法活动549场，受益妇女5万余人次。

（智　芳）

【“幸福女性大讲堂”系列培训】 3月9日，区妇联启动“幸福女性大讲堂”系列培训活动。大讲堂根据全区女性的实际需求整合资源，全年共开展各类培训46场，包括法治课堂、健康课堂、品味课堂及亲子课堂等，内容涵盖普法、心理、婚恋、摄影、园艺、茶艺、健康养生、亲子手工等方面，受益人数达2000余人。

（智　芳）

【二届二次执委会】 3月24日，区妇联召开二届二次执委（扩大）会议，区妇联执委、各街道和各委办局主管领导、女工干部、妇联界别政协委员，市区妇女代表共计120余人参加会议，区委副书记马新明出席会议并讲话。会议传达了全国妇联十一届六次执委会和市妇联十三届五次执委会精神，增补了14名区妇联第二届执委。区妇联党组书记、主席李高霞作题为《坚定政治方向　落实妇联改革　努力开创西城区妇女儿童事业新局面》的工作报告，总结2016年工作，部署2017年重点任务。

（智　芳）

【寻找“西城最美家庭”活动】 3月2日，区妇联启动寻找2017年“西城最美家庭”活动。6月8日，在北京职工服务中心举行“忠厚传家久，诗书继世长”主题展览暨“传承名人家风，争做最美家庭”项目启动仪式，号召西城百姓学习名人家训、传承名人家风，弘扬家庭美德、建设家庭文明，以家风促民风。12月7日，区妇联在区第一文化馆举办2017年“最美家庭”揭晓活动，会上揭晓2017年度“西城最美家庭”136户，市、区领导向获奖家庭代表颁发荣誉证书并赠送全家福照片。市妇联副主席马红萍及最美家庭代表、区各委办局以及15个街道的妇女工作者共420余人参会。

（智　芳）

【纪氏家训研讨会】 4月21日，区妇联联手大栅栏街道办事处、纪晓岚研究会，举办纪氏家训研讨会。纪晓岚第六世孙纪清远、纪晓岚研究会会长张宝友等20余名学者参会，用原创诗歌、书法、国画等多种形式表达对纪晓岚家规家训的理解和感悟，围绕进一步宣传纪氏家训、着力构建和谐家庭、弘扬社会主义文明新风尚展开讨论。现场还发放了由纪清远题名并作序的画册《纪晓岚铭文》。

（智　芳）

【召开妇女代表联系制工作会】 5月4日，区妇联在京彩瓷博物馆召开西城区妇女代表联系制工作会议。北京市第十三次妇女代表大会西城代表、西城区第二次妇女代表大会各组组长、15个街道妇联主席等共30余人参加会议。

（智　芳）

【获全国妇联表彰】 5月底，在全国妇联举办的全国城乡妇女岗位建功先进集体（个人）表彰大会上，大栅栏街道石头社区助老服务队、区法院民六庭分获“全国巾帼文明岗”称号；普天德胜科技孵化器有限公司董事、总经理侯洁获“全国巾帼建功标兵”称号；区妇幼保健院获“全国三八红旗集体”称号；老舍茶馆尹智军获“全国三八红旗手”称号。

（智　芳）

【召开“妇女之家”建设工作推进会】 6月6日，在北京市职工服务中心召开西城区“妇女之家”建设工作推进会，总结“妇女之家”建设工作情况，对27个西城区“示范妇女之家”、27名“妇女之家”优秀带头人和18个妇女之家优秀项目进行表彰。

（智　芳）

【组建“最美风采宣讲团”】 6月22日，区妇联汇集9位优秀家庭代表和单位代表组建2017年“最美风采宣讲团”，参加全区百姓宣讲活动。宣讲团以整体组团宣讲及个人专题宣讲等不同形式走进社区、企业、学校、社会组织开展巡回宣讲，弘扬孝老爱亲传统美德，倡导树立良好家风，全年共组织宣讲10场次。

（智　芳）

【“我是小小摄影家”活动】 7月16日，区妇联启动第四届“我是小小摄影家”夏令营活动，活动主题为“读城——发现北京四合院之美”，鼓励社区儿童用相机了解西城历史和发展现状，记录美好生活，同时在拍摄过程中增进亲子互动，促进家庭和谐。各街道学生及家长近100人参与活动。活动共征集摄影作品173幅，其中部分优秀作品在首都博物馆展出2个月。

（智　芳）

【“名师家教讲堂”进社区系列活动】 7至8月，区妇联开展“西城区名师家教讲堂”系列活动，开设绘本与读书兴趣培养、亲子沟通技巧、旧物改造变成宝等课程，通过组织孩子们参观航天城、科技馆感受科技新知，提高家教水平。

（智　芳）

【召开反家庭暴力工作联席会】 8月21日，区妇联召开2017年西城区反家暴工作联席会第一次会议，就反家庭暴力工作开展情况和《中华人民共和国反家庭暴力法》实施以来的新问题开展研讨。《反家暴法》实施一年来，全区反家暴工作形成平台联建、诉讼联调、信访联通、培训联动、关爱联帮、普法联抓的六联工作机制，为辖区受暴妇女儿童撑起有力的“保护伞”。

（智　芳）

【举办基层妇联干部培训班】 8月，区妇联与西城区专业社工人才研修院联合举办“西城区基层妇联干部培训班”，分三期对280余名区、街、居三级妇联干部进行轮训。培训班通过业务能力培训和团队能力拓展，提升基层妇联干部整体素质。

（智　芳）

【召开“十三五”时期妇女儿童发展规划推进会】 9月28日，召开“十三五”时期妇女儿童发展规划推进会，60个成员单位签订目标责任书。市妇儿工委办常务副主任刘玲，副区长司马红，成员单位委员、联络员共100余人参加会议。

（智　芳）

【召开二届执委培训班】 10月11至12

日，区妇联举办2017年第二届执委培训班。培训班采取集中授课、读书交流、专家解读等形式，设置读书分享交流会、卓越女性的职场形象与礼仪、21世纪国家发展的战略新定位、提倡性别平等保障女性权益专题。区妇联第二届执委、机关干部和街道妇联主席50余人参加培训。

（智　芳）

【对口援建活动】 11月2至3日，区妇联带领民主党派人士、政协委员、驻区企业家、社会组织负责人等，赴河北省保定市阜平县开展对口援建工作，并与当地妇联签订对口帮扶协议；到阜平县“妇字号基地”途悦编织加工厂、阜平县手工业协会，实地考察当地妇女创业就业情况和实际需求，并为长林希望小学的学生赠送棉衣、书包、书籍和保温杯。

（智　芳）

【女领导干部领导力提升专题培训班】 11月7至10日，区委组织部、区妇联与区委党校联合举办2017年西城区女干部领导力提升专题培训班。全区部分处级女领导干部约40人参加培训。

（智　芳）

【青年婚恋交友沙龙】 区妇联关注大龄青年婚恋需求，全年共举办9场“爱在一起·缘聚西城”婚恋交友沙龙活动，受益人数达1300余人。

（智　芳）

【推进街道妇联组织区域化建设】 截至年底，西城区15个街道全部落实“街道妇联兼职副主席不少于2人，执委不少于30人”的改革要求。全区街道妇联兼职副主席55名、执委556名；259个社区妇联也全部落实“社区妇联兼职副主席不少于2人，执委不少于15人”的改革要求。社区妇联兼职副主席519名、执委3908名。

（智　芳）

【出台《西城区妇联改革实施方案》】 12月25日，区妇联专题向区委常委会汇报《西城区妇联改革实施方案》制定情况。区委书记对区妇联工作给予充分肯定，并作出重要批示。经研究讨论，区委常委会通过《西城区妇联改革实施方案》，并决定以区委办公室名义下发全区。

（智　芳）

共青团西城区委员会

【概况】 共青团西城区委员会（简称团区委）是西城区先进青年的群众组织。下设办公室、组织部（社会部）、宣传部、统战部、权益部5个部室和直属事业单位西城区志愿服务指导中心，西城区未成年人保护委员会（简称未保委）办公室、西城区综治委预防青少年违法犯罪专项组办公室设在团区委，在职人员31人。主要职责是积极发挥党联系青年的桥梁和纽带作用，组织青年、引导青年、服务青年、维护青少年权益，指导全区各级团组织开展工作。年内，团区委围绕中心、服务大局，投身推动区域社会经济发展的各项工作，结合实际需求，竭诚服务青少年成长发展，全面推进区域化团建工作和社区青年汇建设，推动西城共青团事业全面发展。截至年底，西城区共有团组织1867个，其中基层团委88个，基层团工委18个，基层团总支34个，基层团支部1727个；全区共有团员20727名，团干部1502名，其中专职团干部39人，兼职团干部1463人。团区委下辖49个直属团组织，其中机关事业单位团组织25个、国有企业团组织16个、非公企业团组织6个、民办高校团组织2个。

地址：西城区南菜园街51号

邮编：100054

电话：88395420

（何　铮）

【青少年思想政治工作】 年内，学习贯彻党的十九大精神和习近平新时代中国特色社会主义思想。组织共青团各系统、“两新”组织中的团员青年观看十九大开闭幕会，收集感想300余篇；举办共青团系统学习党的十九大精神系列培训班，开展专题培训30余场；召开宣讲会、报告会、组织生活会，覆盖青年2000余人次。依托新媒体平台开展知识竞答、手写寄语、习语金句等互动活动，参与青年近4万人次。打造一批如“青年星榜样”等具有共青团特色的优质栏目，制作“百日学习”线上音频等原创文化产品。年内，“青春西城”微信公众号粉丝量增至1.5万人，全年累计阅读量突破62万，在上年较2015年增长一倍的基础上再翻一番；新拓宣传阵地“今日头条”实现3000人次关注；“喜马拉雅”音频平台APP的创新应用，得到北京共青团系统的广泛认可。

（肖　珊）

【志愿者管理与表彰】 截至年底，全区共有实名注册志愿者291187人，占全区常住人口的23.4%，其中年内新注册志愿者18385人。有计时的志愿者78236人，占注册志愿者总人数的26.9%。累计开展志愿服务项目14325个，时长15695078小时，注册志愿团体4453个，年内新注册志愿团体670个。全区志愿服务工作获得多项荣誉和奖励。北京市西城区地方税务局获第四批全国学雷锋活动示范点。在2017年宣传推选学雷锋志愿服务“四个100”先进典型活动中，区第一文化馆“温馨影院”志愿服务项目、大栅栏街道石头社区、北京市红丹丹视障文化服务中心分获最佳志愿服务项目、最美志愿服务社区和最佳志愿服务组织称号。西城区金融法律知识进社区项目获2017年“北京社会志愿者公益行”优秀志愿服务活动。赵纯、李博获2017年度北京市优秀应急志愿者；国家大剧院南广场低空监测警民联动项目、西城区金融法律知识进社区项目获2017年度北京市优秀应急志愿服务项目；西城区城市环境建设志愿服务队、红十字应急救护培训志愿服务队获2017年度北京市优秀应急志愿服务团队。“爱在莱百”志愿服务项目获2017年北京市十佳企业志愿服务项目奖。中电建王金平家庭获“2017年北京市优秀企业志愿家庭”。郑春玲等7个志愿家庭获评“西城区最美家庭”。徐立斌等6人当选2016—2017年度西城区“公德之星”。

（李彬彬）

【区志愿服务联合会第二次会员代表大会】 7月13日，西城区志愿服务联合会召开第二次会员代表大会，会议审议通过《北京市西城区志愿服务联合会章程》，选举产生理事会、监事会。区委常委、区委宣传部部长陈宁当选为会长，副区长郁治当选为第一副会长。大会共有298名会员代表，其中区属代表152名，驻区中央、北京市机关企事业单位代表88名，社会组织代表31名，个人会员27名。会上发布了志愿者积极参与背街小巷治理倡议书，号召志愿者积极行动，参与、监督背街小巷治理工作，主动宣传街巷胡同整治提升工程的内容和意义，维护好背街小巷治理成果。会上还成立了西城区12支专业志愿服务总队，包括综治、环境、医疗、金融、法律、教育等各个领域。

（李彬彬）

【未成年人保护】 1月，团区委发挥“共青团与人大代表、政协委员面对面”活动作用，1名政协委员在区“两会”期间就加强青年电商创业人才培养提交委员提案。7月，制作青少年法治教育与自护教育flash短片《共享单车》，通过社区青年汇、学校、“青春西城”微信公众号等多种渠道展播。寒暑假期间，组织全区15个街道针对青少年开展星光自护培训80场，4000余人次参加，将“皮皮鲁送你100条命”自护课程引入学校和街道。10月，下发《关于2017—2019年度聘任西城区中小学法治副校长的决定》，对法治副校长队伍进行调整，重新聘任123名法治副校长，并组织全区法治副校长和德育工作者进行青少年法治教育培训，全年法治副校长入校近300次。组织全区合适成年人工作培训，全年派出合适成年人37次。11月，开展“共青团与人大代表、政协委员面对面”调研座谈活动，形成《青年婚恋的家庭教育问题研究报告与政策建议》，在团中央“面对面”活动调研成果评选活动中获地市级优秀报告。11月，分别参加全市法治副校长培训、未成年人刑事案件社会调查培训以及涉未成年人民事案件社会观护员培训。12月24日，第十八届“西检杯”西城区中学生思想道德法律知识竞赛决赛在北京第十四中学举行，40支代表队、500余名学生参与竞赛，经过初赛的模拟法庭与决赛的现场辩论，最终有6支队伍获胜。

（朱婷婷）

【首届“西城青年之星”评选】 年内，团区委组织开展首届“西城青年之星”评选活动，共收到团组织推荐和个人自荐材料196份，依据候选人建议人选事迹，本着优中选优、兼顾各方的原则，经过青年投票和专家评审，评选出25个“西城青年之星”，于5月4日举行表彰仪式。评选活动覆盖广泛，涵盖驻区中央党政机关、金融机构、大型国企、医疗机构、学校、市属单位、非公企业、区属单位和街道社区等，从各行各业和基层一线寻找、发现、推选了一批带头传播正能量的青年典型，并通过网络投票和宣传报道，在区域青年中产生了广泛影响。

（高　健）

【西城区青年联合会二届一次全会】 7月，西城区青年联合会召开第二届委员会第一次全体会议。区青联二届委员会303名委员人选构成符合《青年联合会组织办法》和西城区实际情况以及青年分布特点，较好地兼顾了各党派、各行业、各民族等要求，吸纳了新阶层人士，重点选拔了一批85后优秀青年人才代表，为未来区青联更好地发挥作用打下了坚实基础。

（刘　涛）

【青年统战工作】 年内，团区委面向区青联委员募集资金129210元，与内蒙古喀喇沁旗、河北省张北县台路沟乡开展工作间沟通，对贫困家庭青少年开展对口支援帮扶工作。组织区青联委员代表赴两地进行精准帮扶实地考察，开展“红墙助学金”捐赠仪式，在仪式上与当地中小学正式签订帮扶协议，促成“红墙助学金”行动落地。在校际合作、公益活动、志愿服务、捐款捐物、社会组织建设等方面，均与当地县委县政府达成对口支援合作意向，建立了畅通的工作间沟通渠道，进一步明确了工作目标和任务。

（刘　涛）

【帮扶区域弱势青少年群体】 1、2月，团区委开展“两节送温暖”活动，为231户生活困难家庭青少年、低保重残青少年、服刑人员未成年子女发放慰问金8.46万元、物资7.5万元，组织全区150名重点青少年观看儿童剧《三只小羊》，为困难青少年提供社会融入和艺术体验机会。4月起，“七彩梦”青少年才艺资助项目在什刹海、椿树、德胜三个街道开课，为社区贫困儿童提供美术和书法免费课程。4月29日，组织150名生活困难家庭青少年及其家长参观北京海洋馆。5月启动精准帮扶市级示范项目“西城青春DIY”——困难家庭青少年正向发展支持计划和“西城阳光关爱周末托管成长计划”，来自全区15个街道的169名生活困难家庭青少年获益。7月，动员区青联委员参与精准帮扶，在区青联二届一次全体会上审议并通过《西城区“青联委员精准帮扶行动”实施办法》（试行），借助青联平台开展“职业体验工作坊”，帮助青少年进行职业生涯规划。8月，组织150余名精准帮扶青少年及其家长观看童话剧《小王子》。9月，启动“学习伙伴”“大手拉小手”服务项目，为什刹海街道和广内街道共60名生活困难家庭青少年提供为期一年的一对一学习辅导、志愿服务和小组活动，并在展览路街道开展“礼敬中华”青少年素质培养计划，为16名青少年提供个别差异性培养策略。10月，为低保家庭青少年发放“希望之星1+1”奖学金19800元。12月，凝聚社会组织、企业、青联委员个人等的爱心，为辖区内33名困难青少年募集并发放第一批“红墙助学金”4万元。

（朱婷婷）

【社区青年汇建设】 年内，团区委落实在社区青年汇工作中的主体责任，做好区级层面的工作统筹。在制度设计方面，修订管理制度，加强对督导的工作指导和督查，在团市委2016—2017年度社区青年汇考核评估中，团区委的社区青年汇工作考核在城六区中排名第一，共有6家社区青年汇获“社区青年汇优秀奖”，获奖比例达25%。在活动开展方面，全年全区24个社区青年汇共开展新青年城市体验营、新青年学堂、学习培训、交友联谊、志愿服务、文化艺术、体育比赛等各类活动800余次，参与青年2.3万余人次。在社工队伍管理方面，对2016—2017年度市区考核成绩优秀的8名专职社工给予奖励，为11名外地生源的专职社工提供集体宿舍，在最大程度上为社区青年汇和专职社工做好支援和保障，确保社工队伍稳定。在品牌项目方面，除传统的“缘聚青年汇”“青年文体节”之外，继续开展“夜宿海洋馆”和“儿童成长营”项目，收到参与青年好评。

（高　健）

【加强自身基础工作】 年内，夯实基层基础。在全区各级团组织中实施“青桥计划”，为基层团组织输送资源，共支持精准帮扶、团建创新等项目41个，总投入资金110.5万元。制定《机关干部“向基层服务对象报到”工作方案》，充实基层一线的工作力量。加强团干部队伍建设。加强学习，学习贯彻习总书记系列重要讲话精神和治国理政新理念新思想新战略、学习党的十九大精神，制作学习读本、资料汇编；聚焦城市治理，组织团干部开展“学习习总书记讲话　提升城市治理能力”培训，开拓视野、更新理念。加强实践锻炼，选派干部到区委区政府相关部门以干代训，提升团干部工作站位，拓展工作视野。

（肖　珊）

西城区科学技术协会

【概况】 北京市西城区科学技术协会（简称区科协）是北京市西城区科技工作者的群众组织，是中共西城区委领导下的人民团体，是区委、区政府联系科技工作者的桥梁和纽带，是推动科学技术事业发展的重要力量，是北京市科学技术协会在西城区的地方组织。有区级学会、协会、研究会17个，街道科协15个，会员3万余人，区级科普教育基地64个。年内，贯彻落实《中华人民共和国科学技术普及法》和《全民科学素质行动计划纲要》，建设全国科普示范区，提升区域公众科学素质，促进科技强区、科普惠民、服务民生。举办首届全国科技工作者日纪念活动及第十九届科普之夏、科普日等活动。10月30至31日，组织科协代表十九大精神学习班，知名专家汪玉凯、徐勤政分别围绕《十九大的历史地位与中国未来转型发展》《北京市新版城市总体规划隐含的战略问题与实施方向》授课。区科协获全国科协系统先进集体标兵、北京市科协系统先进集体荣誉称号。

地址：西城区广安门南街68号
邮编：100054
电话：83976206

（樊士广）

【组织建设与人才】 年内，结合“两学一做”学习教育常态化制度化，开展街道、社区、科普教育基地和科技企业走访调研。指导街道、社区落实《关于街道科学技术协会规范化建设的指导意见（试行）》和《关于社区科学技术普及协会规范化建设指导意见（试行）》，调整和完善基层组织，促进能力和水平提升。通过集中学习、研讨交流、科普基地参观以及现场教学、挂职锻炼，提升干部理论素养和实践能力。开展《信息化背景下城镇社区科普需求及满意度调研》，分析区域科普需求及满意度，研究解决办法。组织科普工作者培训班5期，培训街道、社区、学（协）会科普工作者和学校科技教师900人次，提升能力素质和爱岗敬业意识。组织参加中国科协求是杰出青年成果转化奖候选人、中国工程院院士候选人、北京市科学技术奖等各级各类评选评优15项，推荐优秀项目40个、优秀科技工作者60名。区科协副主席、北京积水潭医院院长田伟获首届全国创新争先奖章。王璐等4人获评北京优秀青年工程师。杨国顺等19位青年科技工作者当选西城区青联委员。北京35中学获第32届全国青少年科技创新大赛“十佳科技教育创新学校之星”称号，卓小利、杜春燕获全国“十佳科技辅导员”称号，马兰、关怡等4人获第37届北京青少年科技创新大赛“十佳科技辅导员”称号等。鼓励科技工作者勤钻研出成果，征集“崇尚创新　科学发展”科技论文150篇，6篇获全国青少年科技辅导员奖，8篇获市级优秀奖，48篇获区级优秀奖，基层科技工作者用自己的行动，引领科学技术在本行业本领域的发展、推广。

（樊士广）

【科技工作者日纪念活动】 5月23日，由区科协、中国消防博物馆主办的首届全国科技工作者日纪念活动暨科普活动周在中国消防博物馆启动。北京市科协副巡视员兼科普部部长陈维成，区人大常委会副主任沙秀华，副区长、区全民科学素质纲要实施工作领导小组组长司马红及中国消防博物馆副馆长王新民出席活动，区全民科学素质纲要实施工作领导各成员单位、部分科技资源单位、街道社区、消防官兵等200余人参加活动。启动仪式上，出席活动的领导为获区级科普益民计划优秀奖的社区和个人代表、为获得第13届北京百万家庭数字生活技能大赛的数字魅力社区和优秀个人颁奖。科技工作者和科普志愿者表演了科学秀。区青少年科技馆、郭守敬纪念馆、区医学会、区老卫协和区体科所、区园林市政管理中心等20多个单位在科技体验区为参会人带来会与人聊天的机器人、动植物标本、3D绘画展示和VR体验。科普活动周期间，全区各单位共举办各类科普重点活动120余项，千余名科技工作者参与其中，向民众传播科学。

（樊士广）

【科普之夏活动】 8月3日，在北京市航空科普促进中心举办以“科普伴我成长，智慧成就梦想”为主题的2017年“科普之夏”主场活动，百余名科普志愿者和居民参加。现场播放精彩飞行影片，举办航空知识讲座，进行1∶1飞行模拟操作体验，通过航空案例分析和理论讲授，以寓教于乐、互动问答的方式，讲解航空发展史和航空科普知识。现场对中国地质博物馆等19家单位和19名个人予以表彰。7至9月，组织24项科普展示和体验活动走进街道和社区，全区各单位组织科普展示和体验活动300余项，惠及民众2万余人次。

（樊士广）

【科普日活动】 9月20日，主题为“创新驱动发展　科学破除愚昧”“小智慧巧创意　关注身边的科普”的西城区全国科普日主场活动暨第六届西城区“简约生活、创意无限”设计大赛颁奖仪式在大观园举行，150余名基层科普工作者和社区居民参加。现场组织大赛获奖作品展示和科普竞答，出席活动的领导为年度“科普之夏”活动和第六届“简约生活、创意无限”资源再设计创意大赛活动的获奖单位和个人颁奖。全区各单位围绕科技创新、低碳环保、健康生活等，举办科普讲座、参观体验、科学竞答、展览展示等系列活动100余项，参与民众万余人次。西城区“全国科普日”主场活动获中国科协全国科普日优秀活动奖。

（樊士广）

【纲要实施】 年内，印发《北京市西城区全民科学素质工作行动计划纲要实施方案（2016—2020年）》《西城区全民科学素质行动计划纲要实施方案（2016—2020年）〈2017年任务分工〉》。根据岗位和人员变动，调整全民科学素质行动纲要实施工作领导小组成员，副区长司马红任区全民科学素质纲要实施工作领导小组组长，分解年度任务，完善工作措施，召开工作会，明确责任和要求，协调落实区域重点人群科学素质提升目标。11月20至21日，围绕“夯实队伍基础、提升科普素养”举办全民科学素质纲要实施工作专题培训班，学习贯彻十九大精神，解读《西城区全民科学素质纲要实施工作方案》。订阅《科技生活》《全民科学素质专刊》，促进全民科学素质成员单位第一时间了解新要求新理念新知识。各成员单位结合职能职责，落实工作任务，实施重点工程，针对四类重点人群（青少年、城镇劳动者、领导干部和公务员、社区居民）组织科学普及活动，为区域全民科学素质提升贡献力量。

（樊士广）

【社区科普益民计划】 年内，西城区10个社区、2个科普场馆和12名个人获市科协、市财政“年度社区科普益民计划”奖励资助116万元。受奖励资助社区包括广安门外街道莲花河社区、金融街街道受水河社区、展览路街道黄瓜园社区、大栅栏街道石头社区、牛街街道菜园北里社区、广安门内街道西便门西里社区、白纸坊街道右内西街社区、椿树街道宣武门外东大街社区、白纸坊街道平原里社区、广安门外街道手帕口南街社区；优秀科普场馆为中国古动物馆、西城区椿树少年宫；12名个人被评为优秀科普宣传员。年度区级科普益民计划评选出20个优秀科普社区，分别是：什刹海街道四环社区，西长安街街道府南社区，大栅栏街道前西社区、铁树社区、石头社区、延寿社区，天桥街道禄长街社区，金融街街道大院社区、音乐学院社区，陶然亭街道粉房琉璃街社区、南华里社区，展览路街道新华南社区、滨河社区，月坛街道全总社区，广内街道槐南社区，白纸坊街道半步桥社区、万博苑社区，广外街道红居街社区、荣丰社区和依莲轩社区；评选出优秀科普信息宣传员62名。

（樊士广）

【科普信息化建设】 年内，立体化、全方位的科普传播体系初步建成，15台全媒体科普云平台全部搭建完毕，每天连续滚动播放“科普中国”视频图片达4小时。启动科普资源数据库建设项目，开展社区科普信息化建设和应用研究，推进科普场馆索引数字化项目，为居民提供精准化科普服务。在首都科技网、《北京西城报》等媒体刊登科普信息100余篇。编制《科普进行时》宣传刊物6期，“科普进行时”微信公众号发布科学事件和科普活动信息384条。

（樊士广）

【社区科普活动】 年内，为街道提供特色活动资金210万元，指导开展群众性科普活动，提升民众科学素养，服务百姓健康生活。德胜街道打造“科教活动展厅”，建设全媒体形态科普宣传的新型展播互动平台，有效整合科普资源，形成科普宣传展示新模式。什刹海街道举办“我是小极客”、科技小能手系列活动，组织航空科普之旅、青少年科技之旅等科普参观体验活动。西长安街街道联合区域科普教育基地和科技资源单位组织科普“三进”活动。大栅栏街道开展“减少灾害风险　建设安全城市”和“科技点亮生活”主题科普宣传和展览活动。天桥街道组织科普人文教育大课堂系列活动。新街口街道建设“科技养老”科普体验展厅，组织科普体验及“健康知识”交流学习。金融街街道依托智慧生活科学馆及其微信公众号开展主题活动、组织科普培训和交流。椿树街道开展走进科普教育基地系列活动，通过参观、宣教及体验互动提升科学认知。陶然亭街道依托“科普E动空间”开展科普讲座、科普读书和益智玩具比拼活动。展览路街道承办气象知识大赛，联合举办神奇3D打印、机器人总动员、木工小达人、科技小实验和认识脑科学等科普体验活动。月坛街道制作发放防灾减灾科普知识教育片，开展《科普影视集萃》电子资源巡回放映活动。广安门内街道汇集区域医疗资源开展健康科普进社区巡讲活动，受众人群达千余人次。牛街街道建设社区热转印创客中心、社区水晶秀工作室，丰富科普活动内容。

白纸坊街道依托纸文化博物馆开展科普活动，彰显区域特色，传播科学思想。广安门外街道举办“健康养生科普大课堂”。

（樊士广）

【青少年科技活动】 9至12月，开展“体验 创造 分享”全区中小学生科技节活动，组织开展科学普及、科技创新活动11类35项，在校每名学生都参加一个活动。组队参加第37届北京青少年科技创新大赛，获学生优秀科技项目一等奖32项，全市排名首位，5名学生获科技创新“市长奖”，占全市二分之一；启喑实验学校3名学生获优秀项目二等奖，实现残障学生参赛获奖零的突破。参加中国科协“明天小小科学家”评选，耿逸凡、赵子琪获“明天小小科学家”称号，“明天小小科学家”参评项目获一等奖4个、二等奖8个、三等奖4个；参加第32届全国青少年科技创新大赛，西城区代表队获一等奖2个、二等奖6个、三等奖1个，所获全部奖项占全市半数以上。区级青少年科技创新大赛中，万余名选手参与5个项目比赛，1492名学生获奖1294项。

（樊士广）

【富民兴边、科技下乡工作】 6月14至15日，开展“践行京津冀一体化战略　北京医疗专家丰宁行”，组织6位医疗专家到河北承德丰宁县医院义诊、巡诊，就科室运作、疑难病症、治疗方法进行交流，并就青少年科技创新对接、医疗资源如何为丰宁健康养老基地建设服务展开沟通。11月2日，组织区域医疗专家团队和科普资源，赴内蒙古通辽市奈曼旗，分别在旗人民医院和实验小学开展义诊巡诊和科普宣传，惠及民众700余人次。12月8日，在怀柔月亮湖科普基地举办牵手共建青少年科教活动，组织科普知识竞答、益智互动体验，怀柔区桃山小学50余名学生参与。

（樊士广）

【学（协）会活动】 年内，为学（协）会提供协作资金36万元，指导其加强自身建设，发挥专业优势，开展群众性科普活动。区医学会举办空巢老人俱乐部项目，实现区域全覆盖。区老卫协继续开展健康运动科普大课堂活动，组织医学专家及志愿者开展健康咨询服务，编辑印发科普知识宣传读物。区文化产业协会组织以“欢歌喜迎十九大”为主题的中老年免费电脑培训活动。区图书馆管理协会建设“迷你科普小屋”公益项目，倡导带走一本留下一本，以科普图书阅览为媒介，引领人们思想认识的变革和资源共享新模式。区人力资源管理协会面向会员举办科普参观和健身活动。区土木建筑学会开展青少年古建民居园艺知识和节能环保建筑科技知识培训以及建筑科技论文征集和评选。区预防医学会开展防癌科普宣讲和宣传展示，增强居民防癌抗癌科学认知。

（樊士广）

【科普大学建设】 年内，试点建设社区科普大学西城分校第一个教学点——新街口教学点，以社区居民科普需求为向导，以提升社区居民科学素质为目标，开设12个培训班，开展健康、法律、园艺、安全常识等科普讲座，年培训人数达到6000人次。

（樊士广）

【简约生活创意无限比赛】 5至8月，以“简约生活、创意无限——小智慧巧创意”为主题，面向全区征集简约生活和创意设计作品，经过宣传、培训、征集、评审、展览展示等工作阶段。大赛共征集作品3000余件，选拔作品358件参加比赛，其中创意产品组316件、低碳纪实摄影组42件，经过专家评审，最终评选出获奖作品186件，其中一等奖17件、二等奖66件、三等奖103件。9月20日在全国科普日西城区主场活动现场颁奖。部分获奖作品在北京文化博览会和北京设计周展览，全部获奖作品图片在西城科协网站展示。通过比赛倡导变废为宝、资源循环利用，宣扬低碳环保的生活理念。

（樊士广）

【绿色科普驿站】 年内，在第一批6家“绿色科普驿站”建设基础上，为白云驿站、西单驿站、七彩驿站、大栅栏驿站、玫瑰园驿站、广内驿站6家第二批“西城区绿色科普驿站”挂牌，赠送科普图书和益智百宝箱，指导开展科普主题的咨询讲座、体验、图书阅览和展览展示活动近500场次，实现区域全覆盖，推进科普协作模式跨部门发展。

（樊士广）

【群众性科普展演】 年内，动员群众自编自演反邪教科普广场舞、唱响科普好声音，宣传反邪教新风尚，传播科学文化理念，喜迎十九大。7月21日，由区科协、区委防范办、区文化委联合组织的“喜迎十九大　科普舞起来”——西城区2017年反邪教科普广场舞展演活动在西城区文化中心举办，来自街道社区的20支队伍参加，展览路街道鸿韵舞蹈队《苗岭欢歌》、德胜街道三色舞舞蹈队《洗衣歌》获一等奖。9月15日，“喜迎党的十九大 颂歌汇集科普情”科普歌曲大家唱活动在西城区文化中心举办，来自街道社区的16支队伍参加，西长安街街道长安合唱团和广安门内街道金歌合唱团获一等奖。展演活动吸引2000余名群众参与。

（樊士广）

【科技协作】 年内，组织36家科技企业参加市科协“金桥工程”培训，组织相关科技项目参加北京市金桥工程种子资金申报，5个项目获资金支持，其中二等项目1个、三等项目4个。获2017年度“金桥工程”组织奖。

（樊士广）

西城区归国华侨联合会

【概况】 西城区归国华侨联合会（简称区侨联），是中国共产党领导的由归侨侨眷组成的人民团体，是党和政府联系广大归侨侨眷和海外侨胞的桥梁和纽带，在中共西城区委的领导和北京市侨联的指导下，依据《中华全国归国华侨联合会章程》开展工作。下设4个专委会：维权服务工作委员会、文化交流工作委员会、对外联络工作委员会和参政议政工作委员会。年内，学习贯彻党的十九大精神，贯彻习近平总书记系列重要讲话精神和治国理政新理念新思想新战略，坚持以习总书记两次视察北京重要讲话和对北京工作的一系列重要指示精神作为行动指南，准确把握侨联工作定位和工作任务。现为二届委员会，共有45名委员，设有主席1人、副主席3人、常委15人。下设17个基层侨联组织。

地址：西城区牛街20号506室

邮编：100053

电话：83494732

（闫丽霞）

【参政议政】 12月16日，在西城区政协十四届一次会议上，区侨联提交《关于传统文化进社区及校园的建议》等2件团体提案，其中《关于进一步加强西城区社会组织工作的建议》获优秀提案奖。年中分别组织侨界人士参加区政协、区委统战部议政会、双月座谈会，以“深入推进科学治理、全面提升发展品质”为主题，围绕教育改革、落实规划、医疗卫生、社区养老等民生问题开展座谈。9月完成《政府与社会力量相结合推动健康社区建设的模式探讨》专项调研报告。

（闫丽霞）

【侨界代表人士工作】 年内，加强侨界代表人士的培养，配合区委组织部、区委统战部完成市人大代表、市欧美同学会、区青联委员推荐、考察工作，推荐2名侨联委员担任市人大代表，推荐36名优秀留联会会员担任区青联委员。推荐全新优筑、蓝深科创两家新侨企业加入中国侨联新侨创新创业联盟（简称侨创联盟），区侨联海外委员、新加坡英诺集团董事长陈力萍新增为侨创联盟海外委员，西城留联会副会长、北京诺亦腾科技有限公司总经理刘昊扬获评中国侨联新侨创新创业杰出人才。

（闫丽霞）

【维护侨益】 年内，制作发放侨法宣传资料，引导侨界群众强化法制意识，依托侨界法律顾问团，全年接待侨界群众来信来访15人次、法律和政策咨询30余次。拜访侨界代表人士30余名，探望困难归侨侨眷20余户，慰问不同领域侨界群众200余人次。全年共发放区红十字会和市侨联困难补助19400元，两节慰问共计39600元。整合区红十字会资源，为两家侨资企业开展应急救助培训，通过培训，有百余人取得初级急救员证，增强了侨资企业应急防灾、自救互救的意识和能力。

（闫丽霞）

【联情联谊】 年内，依托为侨服务中心，开展“情暖侨心　侨力为国”项目，走进基层开展主题讲座15场。3月3日，国际劳动妇女节前夕，组织30余名侨界女性朋友举办“温馨花艺　绽放美丽”插花活动；12月9日，与区教育工委统战部联合举办“不忘初心话愿景 共圆杏坛教育梦”教育系统老归侨座谈会。在新春饺子宴、九九重阳走访慰问、老归侨健康体检等传统活动的基础上，引入中医文化讲座、口腔健康体检项目，贴近老侨真实需求。

（闫丽霞）

【新侨工作】 1月6日，整合地区资源，与北京建筑大学党委统战部、北京建筑大学侨联共同举办“同心、同步、同鼓舞——一带一路文化体验走进非洲活动”，西城留联会会员、北京建筑大学归国留学师生和非洲留学生代表70余人参加活动。4月23日，组织留联会会员参观爱国主义教育基地平北抗日英雄纪念馆，参与环湖绿色骑行；5月30日，举办“端午结　中国情”绳编文化体验、京彩瓷陶艺文化体验等活动；组队参加西城全民健身徒步大会，倡导健康生活方式；选送优秀归国留学创业人才加入西城区百姓宣讲团，鼓励归国留学人员讲述自己的创业故事。

（闫丽霞）

【调研工作】 年内，市侨联副主席苏泳、市欧美同学会秘书长王璞分别带队到区侨联调研工作，听取区侨联2017年工作落实情况及2018年工作设想。征求对市侨联工作中存在问题及推动市侨联改革工作的意见建议。5月23日，接待内蒙古杭锦旗统战工作交流考察团一行8人到西城区侨界文化交流基地参观交流；6月13日，广东汕头市民主党派联合调研组一行7人来区调研，区侨联领导参加座谈。

（闫丽霞）

【二届二次全委会议】 3月31日，西城区侨联召开二届二次全委（扩大）会议。市侨联主席荣洋，区委常委、区委统战部部长王旭出席会议并讲话。区委统战部副部长，区侨联党组书记、主席安亚荣主持会议。会议学习传达李源潮在中国侨联九届四次全委会议上的讲话精神；审议2017年工作报告；通过《关于设置西城区侨联专门工作委员会和任命各专门工作委员会主任的决定》以及《关于成立西城区侨联青年委员会的决定》；通报《中国侨联开展“从事侨联工作20年以上的工作者”表彰》，其中区属老归侨9人获此殊荣；市侨联理论研究和调查研究优秀成果评比获评建言献策类一等奖；区侨联获市侨联系统信息工作先进单位二等奖。

（闫丽霞）

【接待海外侨团】 年内，充分发挥区侨联海外顾问和海外委员优势，助力海外侨胞与西城区建立多层次、多领域、多形式合作关系。4月14日，接待马来西亚沙巴华北同乡总会访华团及北京马来西亚联谊会等一行11人来区进行文化体验交流。年内，推动与荷兰、斯洛伐克开展友好交流；接待日本、匈牙利、瑞典等多个国家和地区的侨团及个人来访180余次。

（闫丽霞）

【新侨乡文化节】 5月26日，承办“亲情中华·侨韵北京”第八届首都新侨乡文化节围棋邀请赛，参加活动人员来自全市部分城区、高校、归侨联谊会和驻区中央单位等8家单位，侨界围棋爱好者40余人在北京棋院展开激烈角逐，西城侨联选手分获冠、亚军，清华大学侨联选手获得季军。市侨联文化交流部部长曹江河；区委统战部副部长，区侨联党组书记、主席安亚荣出席开幕式并致词。在各分会场活动中，选派月坛、金融街代表队参加文化节合唱、舞蹈比赛，分获二、三等奖；参加首都新侨乡厨艺大赛，获中餐组二等奖；组队参加首都新侨乡冰壶体验赛，获团体二等奖。

（闫丽霞）

【西城侨界书画展】 7月7日，区侨联在大栅栏琉璃厂汲古阁画廊举办“亲情中华、侨韵北京、艺融西城”书画展。全区近百名侨界书画爱好者参加，活动共征集150余幅作品，80幅书画作品装裱参展，千余名侨界群众观展。开幕式上，区侨联为老舍茶馆、同仁堂等西城区第二批侨界文化交流基地单位授牌。市侨联副主席李冬娟；区委统战部副部长，区侨联党组书记、主席安亚荣和区政协港澳台侨委员会、致公党西城区委负责人出席开幕式。

（闫丽霞）

【海外华裔青少年来区参观】 7月17日，“亲情中华”海外华裔青少年北京夏令营全体营员来区参观体验，50余位海外华裔青少年营员走进北京同仁堂，了解中医药文化，在老舍茶馆体验老北京特色文化活动。市侨联文化交流部部长曹江河；区委统战部副部长，区侨联党组书记、主席安亚荣陪同。通过活动，展示西城文化魅力，弘扬中华传统文化，引领民族认同。

（闫丽霞）

【接待为国服务团】 9月5日，“创业中华·牵手京津冀”第17届海外侨届高层次人才为国服务团来区参访，来自16个国家和地区的78名海外专家学者，带来89个项目，涉及文化创意、人工智能、互联网+、生物医药等领域。区长王少峰出席交流活动，向与会人员介绍区情和发展规划，区委组织部、区委统战部、区外事侨务办、金融服务办、产业局、西城园管委会和广安控股公司的负责人参加接待活动。

（闫丽霞）

【加强京津冀协作】 9月25至28日，区侨联与河北省承德市侨联共同主办“圆梦中华　创业京津冀”海外华商和高层次人才西城、承德行活动。区委统战部副部长，区侨联党组书记、主席安亚荣带队。来自美国、西班牙、葡萄牙等国家的20人参加交流活动，业务领域涵盖房地产、餐饮、文化及旅游等产业。活动围绕承德市“文化旅游、大智移云、节能环保、清洁能源”等十大绿色产业，通过人才、资源与项目对接，进一步推动侨界资源与承德市及下辖县经济发展的多层次合作。区侨联组织侨资企业代表参与精准扶贫，先后赴河北省张北、阜平两县，宁夏银川市等地考察帮扶项目。

（闫丽霞）

【基层侨联工作培训班】 11月27至28日，举办2017年基层侨联工作培训班。区委统战部副部长，区侨联党组书记、主席安亚荣出席开班仪式并做2017年工作总结和动员讲话。邀请西城区学习宣传贯彻党的十九大精神宣讲团的专家、侨界法律专家就党的十九大精神和新时代中国侨务法治建设分别授课。培训期间，全体学员观看侨界先进典型学习纪录片《黄大年》，结合学习贯彻党的十九大精神、如何发挥基层侨联组织的优势、依法维护侨益等方面座谈交流。区、街侨联委员，侨界法律顾问团成员及留联会代表80人参加，发放侨务学习资料及党的十九大书籍300份。

（闫丽霞）

【学习贯彻党的十九大精神】 年内，制定《西城区侨联学习宣传贯彻党的十九大精神工作方案》，组织全体机关干部全程观看党的十九大。区侨联党组理论中心组开展学习党的十九大精神专题学习，组织区侨联委员开展“谈体悟　话未来”党的十九大心得征集活动；区侨联处级干部参加区委组织部“学习贯彻党的十九大精神”专题研讨班；区侨联举办侨界人士学习党的十九大精神座谈会；参加区委统战部党总支“宣传贯彻落实中共党的十九大精神宣讲会”；落实“三级党代表走进基层”以及领导干部“九进”等宣讲活动，走进侨资企业开展党的十九大宣讲；10月27日，举办“以党的十九大精神为指导开创新时代基层侨联工作新局面”报告会；11月27日，组织70名侨界群众参观“砥砺奋进的五年”大型成就展；12月29日，组织50名侨界群众参加首都侨界学习党的十九大精神宣讲活动；组织30名侨界群众参加市侨办学习宣传贯彻党的十九大精神宣讲会。

（闫丽霞）

西城区残疾人联合会

【概况】 西城区残疾人联合会（简称区残联），是中共西城区委、区政府领导下的残疾人群众团体组织。内设办公室（监察科）、组联维权部（康复科），下设西城区残疾人劳动就业服务所、西城区残疾人文化体育活动中心、西城区残疾人职业康复中心3个全额拨款事业单位。区政府残疾人工作委员会秘书处设在区残联。区残联是将残疾人自身代表组织、社会福利团体和事业管理机构融为一体的残疾人事业团体；履行“代表、服务、管理”职能，即代表残疾人共同利益，维护残疾人合法权益，开展各项业务和活动，直接为残疾人服务，承担政府委托的部分行政职能，发展和管理残疾人事业。区残联接受区委领导，业务上接受市残联指导，同时指导辖区15个街道开展残疾人工作。截至12月，全区持有第二代中华人民共和国残疾人证人数为41597人。年内，区残联下属残疾人劳动就业服务所获“西城区民生守望者先进集体”。

地址：西城区西直门内南小街国英园4号

邮编：100035

电话：83539004

（朱轶琳）

【区政府残疾人工作委员会工作会议】 3月14日，2017年西城区人民政府残疾人工作委员会召开工作会议，35家残工委成员单位参加，会议总结2016年残疾人工作，部署2017年重点工作及残工委成员单位安排残疾人就业调查工作。区残工委主任、副区长郁治出席会议并讲话。

（朱轶琳）

【第二届主席团第二次全体会议】 3月31日，西城区残联第二届主席团第二次全体会议召开，会议审议通过了调整第二届主席团主席、副主席及部分委员的建议。副区长郁治担任第二届主席团主席。理事长孙晓临向大会作了《加快转型升级　提升服务水平　切实推进残疾人全面小康进程》的工作报告，区残联党组书记刘少华主持会议。

（朱轶琳）

【残疾人康复服务】 年内，推广新版辅助器具服务网站平台的使用，全年审核处理923名残疾人提交的辅助器具申请，完成区级评估421人次。首次创新开展精残人社区访视服务，以互联网+社区康复工作的服务模式，为1500名精残人、300名智障人、100名肢残人分类开展康复服务，社区康复服务活力和效能显著增强。5月，开展残疾预防“进家庭、进社区、进校园”活动，全面宣传残疾预防、残疾康复的相关知识。在陶然亭街道，针对预防褥疮方法入户开展进家庭指导活动。在大栅栏街道，与妙策士经筋骨疗法中医研究院合作开展主题讲座与体验活动。6月，在北京启喑实验学校，与中国残联辅助器具中心开展了“‘目’浴阳光、预防近视”等主题活动。在西城区我们的家园残疾人服务中心，开展“全人发展观下的特殊儿童康复与教育”培训。

（朱轶琳）

【创建全国残疾预防试验区工作】 10月13日，西城区创建全国残疾预防综合试验区试点工作启动会召开，副区长郁治、市残联康复部主任施继良出席，区残联、区卫生计生委、区财政局、区民政局、公安西城分局、区安全监管局、区妇联、各街道办事处及市区医疗机构120余名负责人参会。会上，区残联理事长孙晓临就西城区创建全国残疾预防综合实验区试点工作实施方案进行工作部署，区妇幼保健院院长刘好、广外社区卫生服务中心主任郑颖、什刹海街道残联理事长张威结合各自职责分别介绍了工作经验。区卫计委副主任郭燕葵表示对婚前医学检查率、免费孕前优生健康检查率等挑战较大的指标，希望医务工作者以首都核心区的高度责任感，共同为残疾预防工作做出卫计系统应有贡献。郁治就做好残疾预防与残疾康复工作提出要求，在进一步明确残疾预防工作对于健康西城发展的重要意义中，细化工作领导小组职责分工，完善工作机制，严格按照试验区任务指标落实好各项任务，确保数据真实可靠，在创建过程中通过加强业务培训，扩大社会宣传，保障工作资金，做好项目实施质量的督导评估，以创建为契机提升辖区居民的健康水平，在残疾预防与精准康复方面再创佳绩。

（朱轶琳）

【举办首个全国残疾预防日主题宣传活动】 8月25日，中国残联和北京市的首个“全国残疾预防日”主题宣传活动成功举办。国务委员、国务院残工委主任王勇，国务院副秘书长孟阳，国家卫计委副主任曾益新，中国残联主席张海迪，中国残联党组书记、理事长鲁勇到德胜街道社区卫生服务中心调研残疾预防工作情况。副市长王宁，区领导卢映川、王少峰、吴向阳、郁治等陪同调研。同日，在德胜街道社区卫生服务中心南侧，由市残联和西城区共同开展“残疾预防日”主题宣传活动，市残联党组书记郭旭升、理事长吴文彦陪同中国残联党组书记、理事长鲁勇，副市长王宁逐一观看宣传展览，慰问一线工作人员。

（朱轶琳）

【残疾人社会保障】 年内，全区残疾人中有14522人享受重度残疾护理补贴，5780人享受生活补贴，5667人享受九养助残补贴，5393人享受个体就业社会保险补贴，3597人享受机动轮椅车燃油补贴，864人享受残疾人城乡居民养老保险补贴，165名残疾儿童享受康复补助，84名残疾学生及困难家庭残疾人子女享受助学补助，6名未入学残疾儿童享受送教上门，191人享受市级居家服务，67人享受区级帮困服务，91人享受特困家庭生活临时救助金，“两项补贴”覆盖率、残疾人医疗保险参保率、助残券一卡通发放率等7项市级任务指标全部完成。完成全国残疾人基本需求和服务状况动态更新工作，确保数据真实、服务跟进，40977名残疾人服务和需求信息实现动态更新，响应率达96%。为375户残疾人实施家庭无障碍改造产品类安装服务，截至年底，全区9083户有需求的残疾人家庭全部实施了无障碍改造。

（朱轶琳）

【残疾人维权服务和政府购买服务】 年内，依托法律援助中心、司法所和温馨家园残疾人法律服务工作站，为280余名残疾人就近就便提供法律服务需求。建立残疾人法律救助协调机制，加强与公、检、法、司等单位的联系，受理460件次来信来访，案件办结率96%，推动残疾人疑难、复杂案件的即时办结。开展普法宣传教育活动105次，切实提高残疾人自觉守法、遇事找法、依法维权的意识。全年走访慰问11050户残疾人家庭。发放法律援助无障碍助残卡7000张。从残疾人康复、教育、就业、文化等多个方面，围绕五类残疾人的不同需求，梳理拓展出28个项目纳入政府购买服务内容，全年提供服务1564次，6万余人次直接或间接受益。

（朱轶琳）

【残疾人就业服务】 截至12月，全区劳动年龄段内残疾人16253人，其中已就业14413人，未就业1840人。为1948家用人单位申报安排残疾人5594人，比上年同期有所上升。全年共组织4场残疾人专场招聘会、2场用人单位安置残疾人优惠政策宣讲会，新安置残疾人就业442人。重视残疾人职业发展规划，全年为60名残疾人开展专业职业能力测评。优先保障残疾人应届大学生就业，18名应届残疾人大学生中有10人实现就业，3人享受实习见习补贴，2人享受自主创业扶持。全年为195名残疾人开展初级化妆师、茶艺师、面点师等十余项技能培训和创业培训，受训者取得相应证书。组织残疾人参加各级职业技能大赛，10月，在全国残疾人岗位精英职业技能竞赛中，西城区获手工编织组冠亚军。

（朱轶琳）

【“希联圆梦”双创基地揭牌】 8月17日，市残联副理事长唐海蛟、副区长郁治为“希联圆梦”残疾人双创基地揭牌。市残联教育就业部主任杨泰峰、市残疾人社会保障和就业服务中心主任顾锦荣、什刹海街道工委书记海峰以及区残联领导班子参加揭牌仪式。“希联圆梦”双创基地地处烟袋斜街，承载着“聚集资源、技能培训、创业辅导、组织培育、展示义卖、文化传播”等六大支持功能，是西城区残疾人文创产业的展示中心和弘扬残疾人良好精神风貌的宣传窗口，年内接待国际和国内交流5次，日均吸引客流量百余人次，月均销售额达万余元。

（朱轶琳）

【残疾人文化工作】 年内，举办全国助残日残疾人中华古典诗词歌舞会、国际残疾人日走进高雅艺术活动。建立北京市基层文化活动基地2家，开展文学创作、摄影、书画交流、文明礼仪等各类艺术和文化主题培训，参与者达3200人次，征集书画美术作品262幅。残疾人艺术团、青少儿融合艺术团、残疾人文联、残疾人体协4大文化平台有效展示区域内残疾人文化体育魅力，激发特色服务潜能。7月14日，残疾人合唱队在“喜迎十九大，颂歌献给党”2017年第十四届北京景山合唱节决赛中获铜奖。

（朱轶琳）

【残疾人体育工作】 1月12日，首届残疾人冰雪活动体验周暨2017年残疾人冰上龙舟挑战赛、2017年冰蹴球邀请赛在后海冰场举行，各街道、各专门协会组建了22支代表队，与张家口市桥东区代表队一同体验冰蹴球、冰龙舟和冰嬉活动。以筹办冬残奥会为契机，培育发展冰雪项目，打造全市首个残疾人冬季冰雪嘉年华活动，建成全市首个聋人冰壶示范区。西城籍运动员王蒙在平昌冬残奥会上获残疾人冰壶项目团体金牌。西城籍运动员戴童在第十一届世界冬季特奥运动会雪鞋男子100米M03组决赛中获银牌。5月16日，与区体育局联合举办残疾人社会体育指导员培训班，来自全区15个街道、区肢残人协会的48名残疾人文体骨干参加培训。9月24日，与区体育局在北京市回民学校联合举办西城区第二届残疾人运动会，全区15个街道、5个专门协会和2所特教学校的340余名残疾人运动员在田径和趣味比赛的35个项目中展开激烈角逐，决出团体和个人前三名等多个奖项。市残联理事长吴文彦，区领导杜灵欣、章冬梅、王飞、司马红、郁治参加开幕式。11月8日，西城区残疾人乒乓球运动员在北京市第十一届“和谐杯”残疾人乒乓球比赛中获得五项单打和团体第一名的好成绩。

（朱轶琳）

【残疾人事业宣传工作】 年内，举办4次信息员培训班。全年刊发《西城残疾人》杂志6期，在市区各类媒体刊发区内残疾人新闻报道32篇。在“2016年度感动西城”人物评选中，李可入围年度十大人物；组织参加市残联“不忘初心跟党走”演讲比赛，完成西城赛区初赛承办任务，西城区选送的3名选手中，朱轶琳获二等奖并入选北京市十九大宣讲团，参与全市多场宣讲活动。残联微信公众号坚持每日更新，全年共推送微信800余条，社会关注度不断上升。

（朱轶琳）

【残疾人基层组织建设工作】 温馨家园综合改革试点工作历时一年半，6个街道级温馨家园通过与专业社会组织的有效合作，共同探索出民非运营、整体托管、购买项目3类服务管理模式，成功开展了残疾人就业技能培训、轻残帮重残、文体素质提升与骨干培养等5个项目，扩大了服务覆盖面，提升了残疾人参与度，丰富了服务内涵。经过市残联考察、街道反馈、服务对象口碑、第三方综合评估后，西城区形成了全市首套《温馨家园实务操作手册》。12月，市残联在西城区召开经验总结会，下一步在全市推广西城区的温馨家园改革模式。11月18日，举办2017年社区残疾人专职委员培训班，辖区15个街道170余名残疾人专职委员参加培训。

（朱轶琳）

【残疾人协会工作】 年内，与北京市朝阳区亚运村立德社会工作事务所签订《西城区残联专门协会活动经费》助残服务项目，该项目旨在调节残疾人及其家属的情绪和心理压力，根据不同类型残障人士的特点及具体要求，围绕残疾人相关节日，开展文艺汇演、比赛竞技、外出参观及社会融合等活动，为不同类型的残疾人搭建平台，提升其生活质量与归属感，全年共为5个协会组织27项活动。参加2017年京津冀三地专门协会交流活动，其中《盲协活动的一天》在主题为“展协会成果、树法人意识、促融合发展”的第四届京津冀残疾人专门协会交流活动中获“优秀案例论文奖”。

（朱轶琳）

【残疾人调研和交流工作】 1月20日，中国残联副理事长程凯带领中国残联研究室支部全体党员到生命阳光心理健康指导中心与残疾朋友共庆新春。3月1日，区委副书记马新明就辖区残疾人工作先后到“我们的家园”残疾人服务中心和区残联进行调研与指导，听取区残联汇报。3月30日，西城区教育督导组就全面实施素质教育工作到展览路街道慧馨园温馨家园实地考察。4月23日，中国残联副主席刘再军到润威国艺茶文化培训中心看望西城区聋人专场茶艺培训的学员。5月26日，国家民族事务委员会主任、党组书记巴特尔到牛街街道残疾人温馨家园看望残疾人。2月和7月，市委办公厅文体学会乒乓球队两度到区残联，与残疾人轮椅乒乓球队开展乒乓球友谊交流活动。9月11日，广州市财政局、民政局、卫生局、残联等多个部门到大栅栏街道残疾人温馨家园和区妇幼保健院观摩精残人日间照料服务项目和残疾预防项目。11月9日，中国残联副主席吕世明、市残联党组书记郭旭升来到区残联，与各级残疾人专门协会代表、助残社会组织代表参加首都残疾人学习党的十九大精神座谈会。11月14日，中国残联研究室副主任郭春宁到大栅栏街道温馨家园调研慰问。

（朱轶琳）

西城区文学艺术界联合会

【概况】 西城区文学艺术界联合会（简称西城区文联）是西城区各文艺家协会及文艺工作者组成的人民团体，是西城区委区政府联系区域文学艺术界的桥梁和纽带，是繁荣发展地区文艺事业、建设社会主义先进文化的重要力量，是北京市文联的团体会员。区文联下属区作家协会、区戏剧家协会、区美术家协会、区书法家协会、区摄影家协会、区长城摄影协会、区民间艺术家协会、区音乐家协会、区舞蹈家协会、区曲艺家协会共10个文艺家协会。有理事186人、主席1人、常务副主席1人、副主席22人。区文联机关内设办公室、组联部、事业发展部及“两刊”编辑部，在职人员18人。年内，区文联坚持以人民为中心的工作导向，大力弘扬社会主义核心价值观，着力开展“深入生活，扎根人民”文艺采风和志愿服务，团结引导广大文艺工作者，推动西城区文学艺术事业的繁荣发展。

地址：西城区月坛南街32号

邮编：100045

电话：68516710

（王　崇）

【“燕风涿韵”——涿州市书画作品晋京展】 1月4日，由中共涿州市委宣传部、西城区文联、涿州市文联共同主办，涿州市书画院、西城区第一文化馆承办，涿州市书法家协会、涿州市美术家协会协办的涿州市书画作品晋京展在西城区第一文化馆开幕。书画展以“燕风涿韵”为主题，展示涿州历史、文化、风土人情，共展出涿州市各界书画家书画作品80余幅。

（王　崇）

【“送欢乐 下基层”慰问演出】 1月18日，由北京市文联主办，北京杂技家协会、西城区文联承办的“送欢乐 下基层”慰问演出在西城区第一文化馆开演，慰问失独老人、一线环卫工人、文化监督员、文明乘车引导员和社区居民。

（王　崇）

【《国乐盛典》民族交响音乐会】 1月18日，西城区文联、区文化委在解放军歌剧院共同主办“迎冬奥 庆新年”——《国乐盛典》大型民族交响音乐会，音乐会由中国广播民族乐团的艺术家演奏，首都700余名观众观看演出。

（王　崇）

【新中国少数民族优秀作品展】 由西城区文联和民族文化宫联合主办的《新中国少数民族优秀作品展》分别于1月12至25日、2月3至10日在民族文化宫中国民族图书馆展出。展览从馆藏的文献中遴选少数民族作家的优秀作品约300种，展出了少数民族文学作品的历史文物、中国当代少数民族作家的作品和全国少数民族创作奖——“骏马奖”优秀作品。

（王　崇）

【迎新年双拥慰问演出】 1月23日，西城区文联、区双拥办、区文化委在解放军歌剧院共同主办“2017西城区迎新年双拥慰问演出”。

（王　崇）

【“守望幸福——纪实摄影展”】 3月6日，由西城区文联主办的“守望幸福——纪实摄影展”在区政府办公大厅开幕。展览展出20余位摄影家拍摄的近百幅照片，真实记录了全区广大干部职工春节期间坚守岗位的工作画面。

（王　崇）

【“回顾与发现——一带一路摄影展”】 5月15日，由西城区文联主办的“回顾与发现——一带一路摄影展”在区第一文化馆开幕。展览以国内“一带一路”的起始点和沿途为主要采风地，西城区文联派出十余位摄影家到西安、天水、兰州、西宁、张掖、武威、银川、呼和浩特等地采风，并沿途征集摄影作品。展览展出摄影作品100余幅，内容涵盖具有地域特点的文化遗址、交通要塞、民俗风情、建设与发展情况等。

（王　崇）

【京津冀生态湿地摄影作品展】 6月13日，西城区摄影家协会联合天津现代摄影艺术中心、河北省廊坊市摄影家协会、唐山市摄影家协会、秦皇岛市摄影家协会，在北京市民族文化宫举办“关爱大自然·给鸟儿一个家”——京津冀生态湿地摄影作品展，展览展出作品200幅。

（王　崇）

【文化帮教活动】 6月14日，西城区书协5位书画家到柳林监狱开展“墨法尚德”笔会活动，现场挥毫泼墨，以书法的魅力引导服刑人员培养高雅情趣、专心接受教育改造，并对爱好书法的服刑人员现场给予指导和鼓励。

（王　崇）

【慰问公交总队五路居派出所】 6月18日，西城区美协组织书画家来到市公安局公交总队五路居站派出所，开展“弘扬公安英模精神，忠诚履行职责使命”书画慰问活动。

（王　崇）

【迎“七一”专场音乐会】 7月1日，区文化委、西城区文联在天桥剧场共同主办“喜迎十九大　颂歌献给党——2017年西城区迎‘七一’专场音乐会”。演出分为“荣耀沧桑——嘹亮颂歌纪念党”“和谐盛世——娓娓颂歌感恩党”和“辉煌崛起——深情颂歌祝福党”3个篇章，台上台下、艺术家和观众共同抒发爱党爱国革命情怀，歌颂中国共产党，祝愿党的十九大胜利召开。

（王　崇）

【“墨缘同怀”书法联展】 7月6日，京津冀协同发展书法交流展——“墨缘同怀”河北廊坊北京西城书法联展（北京站）开幕式在国艺美术馆举行，现场展出了来自北京与廊坊两地书法家的100余件优秀书法作品。

（王　崇）

【柯桥视觉艺术作品巡回展】 7月10日，由西城区文联、绍兴市柯桥区委宣传部、绍兴市柯桥区文联主办的“时尚·印象·幸福”柯桥视觉艺术作品巡回展开幕式在西城区第一文化馆举行。展览作品100余件，紧扣“时尚·印象·幸福”柯桥建设的主题，展现了绍兴柯桥独特的历史人文风俗、经济社会文化发展成就和优美的自然风光。

（王　崇）

【区文联、区书协慰问武警官兵】 7月30日，西城区文联、区书协组织部分书法家前往民族文化宫北京武警某部，书法家们为部队官兵书写作品，用翰墨的形式慰问驻区武警部队官兵。

（王　崇）

【区美术家协会五人作品联展】 8月9日，“笔耕不辍——西城区美术家协会五人作品联展”在西城区文化中心开幕，参展画家晁谷、苏建华、陈溪岫、郑山麓和刘艺青均为区美协会员，是西城区美术队伍的中坚力量。

（王　崇）

【纪念京韵大鼓“少白派”专场演出】 9月13日，西城区文联和区第一文化馆联合主办、区曲艺家协会协办主题为“曲韵流金薪火传·京腔京味总是情”——纪念京韵大鼓“少白派”创立88周年专场演出，演出在区第一文化馆缤纷剧场举行。

（王　崇）

【庆祝宣南书馆成立十周年活动】 9月初，《北京评书宣南书馆成立十周年纪念文集》正式发表。9月18日，“北京评书·宣南书馆”成立十周年暨首届“宣南书荟”新闻发布会举办。9月23日，“宣南书荟”首场公演暨全国中青年评书、评话演员会书开幕。9月24日，“北京评书　四世同堂”传承成果汇报演出在天桥艺术中心开演。9月25日，“北京评书·宣南书馆”传承成果研讨会在京举办。

（王　崇）

【主题征文活动颁奖暨朗诵会】 10月12日，西城区“不忘初心跟党走，砥砺奋进再扬帆”主题征文颁奖暨迎接党的十九大朗诵会在区文化中心举行。全区干部群众与著名朗诵艺术家共同登台，以朗诵获奖作品和革命诗歌等方式喜迎党的十九大召开。征文活动由市文联及西城区文联、区委宣传部、区双拥办和中国新闻文化促进会语言文化传播专业委员会联合主办，全区各单位及社区，驻区中央、北京市属单位和驻区部队等参与征文。

（王　崇）

【第四届“东方杯”书画大赛作品展】 10月13日，由区文化委、区社会办、西城区文联、区文化产业协会主办，河北省张北县文联和西城区第一文化馆协办，北京幽州山房东方书店承办，中国郭沫若研究会支持的西城区第四届“东方杯”书画大赛作品展在西城区第一文化馆小剧场举办。展出的120幅作品均是经过专家评审的获奖作品，作品紧紧围绕“喜迎十九大丹青耀西华”主题，在建军90周年和党的十九大召开之际，展现全区改革发展辉煌成就、凸显大美西城的时代风貌和城市品味，反映百姓安居乐业的生活。

（王　崇）

【重阳敬老书法作品展】 10月15日，由西城区文联主办，区书法家协会和九千堂美术馆承办的《喜迎十九大——枫叶如丹重阳敬老暨平正学堂开办九周年书法作品展》开幕式在九千堂美术馆举行。展览展出了张世俊、马铁汉、陈国振等26位作者的43幅书法作品，西城区书法艺术家弘扬主旋律、传播正能量，用笔墨为党的十九大献礼，参展者中70岁以上16人，80岁以上5人，都是为区书协发展作出突出贡献的老艺术家。

（王　崇）

【“传承·家风”手工艺作品展】 10月19日，在西城区第一文化馆举办主题为“传承·家风”的西城区民间艺术家庆祝党的十九大手工艺作品展。展览共展示了全区40位民间艺术家创作的100余件作品。大部分作品是在7至10月期间专门为庆祝党的十九大、围绕“传承·家风”主题而创作的。

（王　崇）

【麻风病专家李桓英访谈记新书推介】 11月26日，《大爱初心——麻风病专家李桓英访谈记》新书推介活动在甲骨文·悦读空间举办。活动由区委宣传部主办，西城区文联、区新闻中心、甲骨文·悦读空间共同承办。配合新书出版还同时制作了关于李桓英先进事迹的视频宣传短片，在活动开场时循环播放。作者之一黄殿琴及本书主人公、96岁的麻风病专家李桓英出席活动。区委宣传部部长陈宁，北京市医院管理局党群工作处处长张海鸥，友谊医院党委副书记、纪委书记张建，西城区文联常务副主席张云裳以及区卫计委副书记安梅等领导，出版社总经理及编辑团队、西城区作协的作家代表和阅读爱好者参加活动。

（王　崇）

【“情系西城 筑梦红墙”主题晚会】 12月18、19日，由区委宣传部、区文化委、西城区文联共同主办，区第一、第二文化馆，北京万兴歌舞团等单位承办的“情系西城，筑梦红墙”——西城区宣传党的十九大精神主题晚会，接连两场在天桥剧场上演。晚会全部作品来自西城区文联艺术家原创，以宣传“红墙意识”为创作主题，分《光荣与梦想》《忠诚与信仰》《坚守与传承》三大主题篇章，以舞台艺术形式讴歌和再现了全区干部群众践行“红墙意识”的生动实践。

（王　崇）

【二届二次理事会】 12月22日，西城区文联在区政府广安门办公区召开二届二次理事会。北京市文联组联部主任陈卫东，区委常委、区委宣传部部长陈宁出席会议。会议由西城区文联党组书记、驻会副主席汪帮宏主持。区委宣传部副部长、区文联常务副主席张云裳作题为《不忘初心 牢记使命——为繁荣地区文艺事业而努力奋斗》的工作报告，会议增补王传越、孙鸣笛、张国维、鄂矛、童薇、魏新志6名理事，增补童薇为驻会副主席。为了更好地汇报一年来区文联工作情况，理事会上播放了视频短片《心系红墙情·聚力新征程——2017年西城区文联活动掠影》，并发放了《西城区文联“两刊”调查问卷》，征求各理事对《西城文苑》《西城画苑》采编发行的意见和建议，为提升“两刊”采编发行质量提供依据。

（王　崇）

西城区社会科学界联合会

【概况】 西城区社会科学界联合会（简称区社科联）是中共北京市西城区委领导下的人民团体，是区委、区政府联系社会科学界专家学者和社会工作者的桥梁和纽带。履行对社会科学界团体和社会科学界人士的联络、协调、管理和服务职能，组织开展学术研究、理论宣传、社科普及、决策咨询和对外学术交流等活动，推动地区哲学社会科学事业发展。区社科联下设办公室、学术活动部，编制人数10人。年内，深入学习贯彻党的十九大精神，努力践行“红墙意识”，积极推进“两学一做”学习教育常态化制度化建设。发挥思想库、智囊团作用，针对重大理论和现实问题，开展课题研究。其中，围绕区委区政府中心工作，组织开展《西城区“红墙意识”深化研究》《威斯汀大酒店党建工作研究》《西城文化脉络及其特征研究》《以人民为中心的执政理念在西城区的实践与探索》《疏解非首都功能背景下的西城区产业发展研究》5项重点课题研究。结合西城区实际，组织开展《西城区提升城市品质路径研究》《西城区功能定位研究》等6项常规课题研究。弘扬传播老城文化，举办“北京老城文化传承与发展论坛”“北京西城老字号谱系研究成果发布会暨西城区老字号印谱艺术展”“北京老号·西城印迹——北京西城老字号丛书及印刻艺术展”“我与老字号的故事”读书征文活动。组织编写《北京西城老字号传承故事集锦（续集）》。开展以“高举旗帜 牢记使命”为主题的西城区学习贯彻党的十九大精神专家座谈会、“红墙意识”深化研究主题研讨会、践行“红墙意识”推进“两学一做”座谈会、“近代陶然亭与马克思主义在中国的传播”座谈会等4场学术交流研讨活动。开展社科普及惠民活动，全年在39个机关、社区组织“社区大讲堂”社科知识讲座45场，受众4500余人；举办“2017年北京社会科学普及周暨西城区第六届社会科学普及周”；出版科普图书城市治理能力现代化丛书《治理的工具箱·综合篇》。开展社科类社团组织管理服务工作，全年召开社科类社团组织工作例会4次。重点支持社区德育大讲堂、外交官带你看世界、“城市阅读课堂”系列讲座等11个项目，推动社科类社团组织开展社科普及活动。全年各社团开展各类讲座202场，受众1.6万余人。全年编辑出版《西城社会科学》杂志6期，发布“西城社会科学”微信87期。

地址：西城区东桃园胡同2号北院
邮编：100035
电话：88391758

（吴艳梅）

【召开社科类社团工作例会】 1月5日，区社科联召开社团组织负责人工作会，听取各社团2016年工作完成情况及2017年工作思路汇报。区社科联党组书记、常务副主席张新华主持会议，区属24家社团组织负责人参加会议。11月22日，召开社团负责人例会，组织社团负责人参加由区直机关工委举办的“学习宣传贯彻党的十九大精神宣讲报告会”。

（吴艳梅）

【第二届委员会常委会第一次会议】 1月12日，区社科联召开第二届委员会常务委员会第一次全体会议。会议审议并通过《区社科联2016年工作总结和2017年工作思路》《关于区社科联主席、常务副主席、副主席、秘书长分工调整》；通过关于调整庞成立为常委、周爱峰为委员的决议；讨论并通过《〈西城社会科学〉编委会名单调整方案》和《2017年编辑工作方案》《北京市西城区社会科学界联合会会员管理办法（修订稿）》；讨论《北京市西城区社会科学界联合会专项委员会管理办法(征求意见稿)》。

（吴艳梅）

【发布宣传西城老字号谱系研究成果】 4月23日，由区社科联主办、区第一图书馆承办，启动《我与老字号的故事》读书征文活动，活动共征集稿件35篇。5月23日，由区委宣传部、区社科联、区商务委共同主办的“北京西城老字号谱系研究成果发布会暨西城区老字号印谱艺术展”在月坛雅集传艺荟开幕。副区长徐利主持会议，区委常委、区委宣传部部长陈宁出席活动并讲话。北京市社科联副巡视员王彦京，北京市商务委流通发展处处长邵全等市、区有关部门领导，西城区老字号企业负责人，部分研究老字号的专家学者，区社科类社团组织负责人等出席开幕式。8月21日，由区社科联和深圳市宝安区文联联合主办的“北京老号·印迹西城——北京西城老字号谱系丛书及印刻艺术展”在深圳市宝安区群众艺术馆开幕。北京市社科联党组副书记、副主席荣大力，区社科联党组书记、常务副主席张新华，区文联党组书记汪帮宏，区社科联副主席叶宝祥出席开幕式。

（吴艳梅）

【开展重点课题研究】 年内，围绕区委区政府中心工作，组织开展重点课题研究。与首都师范大学杨生平研究团队合作，完成课题《西城区“红墙意识”深化研究》，课题系统梳理、挖掘、提炼“红墙意识”的历史成因、发展演变、核心内涵、主要特征、价值功能和实践路径；与区委组织部、北京市委党校江伟研究团队合作，完成课题《威斯汀大酒店党建工作研究》，总结归纳涉外企业党建创新的做法、经验、特点和启示、问题与建议；与首都师范大学历史学院教授郗志群研究团队合作，完成课题《西城文化脉络及其特征研究》，系统梳理西城文化的历史分期、文化脉络、文化特征和文化价值等。与北京市委党校教授董晓宇研究团队合作，完成课题《以人民为中心的执政理念在西城区的实践与探索》，总结提炼西城区城市治理体系和治理能力现代化的创新做法和经验模式；与北京市社科院比凯城市发展研究院教授古波研究团队合作，完成课题《疏解非首都功能背景下的西城区产业发展研究》，系统梳理、探讨西城区疏解非首都功能背景下产业发展现状、产业发展战略、空间布局和重点产业发展建议、传统产业调整对策等，为西城区功能街区发展和产业调整升级提供理论支撑。

（吴艳梅）

【参与举办第16届丁香诗会】 4月10日，宣南文化研究会、区社科联等单位在法源寺共同举办第16届丁香诗会。区社科联主席吴元增、常务副主席张新华、副主席兼秘书长叶宝祥参加活动。

（吴艳梅）

【年度常规课题立项评审】 4月27日，区社科联召开常规性课题开题会，经过课题小组评议。审议通过由区委党校、宣武红旗业余大学、民办教育协会、成人教育协会、心理健康服务中心等单位申报的《西城区提升城市品质的路径研究》《西城区功能定位研究》《互联网+时代小微企业融资创新研究》《钱学森“大成美育”教育思想的实践与研究》《西城区学习型学校创建研究》《失婚族心理重建路径研究》等6项课题开题报告。9月14日，召开常规性课题中期评审会议，会议由区社科联主席吴元增主持，分别与各课题组交换了修改意见，要求各课题组于10月底完成结题报告。

（吴艳梅）

【践行“红墙意识”学习教育座谈会】 5月8日，区社科联召开“践行‘红墙意识’、推进‘两学一做’学习教育”座谈会，邀请西长安街街道原工委书记冯卯辰、西长安街街道办事处原主任解建军、原副主任马崇凤、综治办原主任许红等首次提出和践行“红墙意识”的西长安街街道部分老领导老同志以及“红墙意识”课题负责人杨生平等社科专家与区社科联全体党员一起，回顾“红墙意识”产生的历史背景、发展历程、核心内涵、主要特征和时代价值。与会者表示，“红墙意识”是西城党员干部群众在多年实践中形成的思想行动自觉和价值追求，践行“红墙意识”、推进“两学一做”是西城党员干部新的实践要求。

（吴艳梅）

【第六届社科普及周】 9月17至24日，与市社科联合作在大观园举办“2017年北京社会科学普及周暨西城区第六届社会科学普及周”。本届社科普及周主题为“弘扬中华优秀传统文化 推进全国文化中心建设”。副区长徐利主持开幕式。北京市政协原副主席、市社科联主席沈宝昌，市委宣传部副部长韩昱及区四套班子领导出席开幕式。市社科联、区委区政府、市委社会工委等主办、承办、协办单位领导和相关人员及300余名市民群众参加活动。社科普及周期间，举办了大运河文化带专题知识竞赛、大运河文化带专家谈、红墙意识百姓宣讲、工匠精神主题宣讲等4场活动，以及“党的十八大以来西城区发展纪实”“西城区践行红墙意识展览”“西城区老字号印谱展览”“陶然文化展”等4场展览，同时开展了社科专家面对面咨询、社科知识猜谜、扫码赠书、图书云借阅等活动。全区各社科类社团组织也以讲座、展览、咨询等形式推出各具特色的社科普及活动。

（吴艳梅）

【学习贯彻十九大精神专家座谈会】 10月21日，区社科联组织召开“高举旗帜 牢记使命”——西城区学习贯彻党的十九大精神专家座谈会。会议由区委常委、区委宣传部部长陈宁主持，区委副书记王飞，区委常委、区委组织部部长孙仕柱出席会议并讲话。《北京西城报》10月25日在理论专版刊登与会人员的发言摘要。专家发言汇编成册并作为10月26日北京市委书记蔡奇来区调研的汇报材料，受到市区领导肯定。

（吴艳梅）

【开展周末社区大讲堂活动】 年内，与市社科联合作，依托北京市社科专家资源库，通过建立“社科大讲堂联系群”，每月发布讲课新需求和讲座新菜单，加强沟通，对接供需，面向居民，开展周末社区大讲堂。李贺林、刘洪森、祝志南、常欣欣等来自市社科院、北京师范大学等单位的专家学者分别在区人大、德胜街道、月坛街道、陶然亭街道等39个机关、社区组织开展《“四个全面”战略布局的历史逻辑》《“一带一路”倡议的发展思路与重大意义》《学习习近平总书记关于意识形态重要讲话精神》等讲座45场，受众4500余人。

（吴艳梅）

【编写出版《治理的工具箱·综合篇》】 年内，与北京精典博维图书出版公司合作，组织编写全市第一本城市治理现代化丛书《治理的工具箱·综合篇》。通过词条式的编写方式，系统介绍当代政治、经济、社会、管理、历史、法律、心理、科技等领域的新理论、新思想、新理念、新知识，12月18日出版发行。区委组织部、区委宣传部把此书作为提高城市治理能力，提高社科素养工具书，发给全区党员领导干部供学习参考。10月26日，北京市委书记蔡奇到西城区调研，此书被列为调研材料之一。

（吴艳梅）

【编印《西城社会科学》】 年内，利用内部期刊《西城社会科学》，及时刊登西城社科研究成果。刊物开设“主题阅读”“社科时评”“党建研究”“工作西城”“工作研究”“重点课题”“人物风采”“社团风采”等栏目，传达社科领域中央、市、区重要会议精神和工作部署，聚焦社科专家学者对西城区党的建设、经济发展、文化建设、城市治理等工作的最新理论探讨、实践研究，聚集全区各部门对重点难点工作的实践探索和理性思考。全年共编辑出版6期，刊发稿件100余篇，共计50万余字。

（吴艳梅）

【加强新媒体宣传】 年内，利用“西城社会科学”公众微信平台和“西城社科联”网页，发布西城社科工作动态，传播西城社科声音，展示西城社科研究新成果，增强社科知识的宣传普及力度。全年发布“西城社会科学”微信87期，刊登文章348篇，更新“西城社科联”网页信息160余条。

（吴艳梅）

西城区红十字会

【概况】 西城区红十字会（简称区红十字会）是中国红十字会的地方组织，是西城区人民政府直接联系从事人道主义工作的社会救助团体，依法取得社会团体法人资格，独立自主地开展工作。按照西城区行政区域划分，下设15个街道红十字会及区直机关、教育、卫生、国资、侨联5个系统工作委员会，有基层组织406个，会员93017人，团体会员104个，志愿者3143人。

地址：西城区南菜园街51号
邮编：100054
电话：83975413

（焦　蕊）

【第二次会员代表大会】 4月21日，西城区红十字会第二次会员代表大会在中国职工之家召开，284名会员代表参会。市红十字会党组书记、常务副会长马润海，区人大常委会主任杜灵欣，区委副书记马新明，区委常委、区委组织部部长孙仕柱，副区长郁治，区政协副主席程军等出席会议，全区各委办局、街道主要领导，红十字会工作主管领导及部分兄弟友好红会领导出席会议。大会聘请区委书记卢映川，区委副书记、区长王少峰为区红十字会第二届理事会名誉会长，聘请马新明为区红十字会第二届理事会名誉副会长，审议通过了题为《凝聚人道力量发挥助手作用为全面提升城市发展品质贡献力量》的工作报告和《西城区红十字事业2016—2020年发展规划》。大会通过《西城区红十字会第二次会员代表大会理事选举办法》，选举产生区红十字会第二届理事会理事85名。马润海、马新明、郁治在会上讲话。在同日召开的第二届理事会第一次会议上，选举产生第二届理事会常务理事33名，选举郁治为会长、王志东为常务副会长，李爱香、蔡莹媛、许伯宁为副会长。由会长提名，大会决定由李胜杰担任秘书长。

（焦　蕊）

【红十字组织建设】 2月24日，区红十字会召开2017年工作部署会，传达区红十字系统2017年整体工作计划，各部室负责人对工作任务进行分解，各红十字工作委员会、街道红十字会秘书长、专干40余人参会。6月、11月，先后举办三期培训班，对15个街道、5个红十字工委、部分学校和社区专兼职工作者开展业务培训，通过学习红十字运动与文化、区红十字会组织机构与业务制度、摄影技术与新媒体传播等课程，使基层红十字工作者了解红十字文化、知识，熟悉工作内容和流程。

（焦　蕊）

【募捐救助工作】 年内，加强对募捐救助相关工作的调研，完成《关于西城区“爱在西城”公益慈善募捐筹资机制的分析及建议》及《西城区“捐废献爱”活动的现状及建议》两篇调研报告。向基层红十字组织下发《关于规范人道救助申报流程的通知》，对救助流程进行调整，进一步明确救助标准和流程，强化基层红十字组织和工作者对救助申请审核的权力与义务。全年共接收捐款133277.52元，发放救助款1763095.6元，救助858户、2273人次，其中：为700户家庭发放两节慰问款56.4万元，按全市统一要求发放非典后遗症患者救助金两次共计15.75万元。1月17日，与区书协联合举办2017年少儿大病救助暨第五届公益书画家新春送福活动，向辖区内8名大病患儿家长发放救助金17.5万元，副区长郁治，区红十字会、区文联、区书协领导以及北京市鑫宣市政工程公司等爱心企事业单位代表和公益书画家代表出席活动。活动中，北京市第三十五中学高中部义工社师生代表将同学们开展义卖所筹善款捐给区红十字会用于少儿大病救助，冷万里、邢光辉、王兴家、徐丽君4位书法家现场书写春联、福字送给患儿家长，郁治向捐款学生代表和公益书画家颁发捐赠证书、感谢状并讲话。

（焦　蕊）

【应急救护培训与应急救援体系建设】年内，先后走进中国足协、中央社会主义学院、区行政服务中心、区政协、区工商联会员单位、区处级领导研修班、律师事务所、北京市监狱管理局等中央、市属、区属单位开展应急救护教育培训，各街道红十字会和各红十字工作委员会多次开展应急救护知识宣传普及讲座，7万余人次接受普及培训。全年共开展取证培训班120期，9500人取得相应证书，其中：举办4学时单项技能培训11期，8学时救护技能培训班107期，共9427人取得红十字救护技能证；举办16学时急救员培训班2期，共71人取得初级急救员证。组织人员参加市红十字会组织的应急救护师资培训班，2人获得红十字应急救护培训师资证。在广泛普及应急救护培训基础上，为部分单位及社区配备家庭急救包60个，为部分重点行业配备车载急救包150个。4至5月，组织区红十字会应急救援队参加北京市红十字会举办的京津冀红十字会暨“首都紧急救援支援服务站”骨干培训、竞赛，取得第一名，并代表北京市红十字系统参加2017年首都防灾减灾宣传活动暨职工应急技能比武大赛。定期巡查备灾库，确保防火防盗设施完好，物资安全可用。购置自动体外除颤仪3台，联合区民宗办为广济寺、白云观、北堂天主教堂等3个宗教场所安装，并开展培训和实战演练。

（焦　蕊）

【参加全国红十字应急救护大赛夺冠】7月25日，选派应急救援队员参加市红十字会举办的“首都社区应急救护大赛暨第四届全国红十字应急救护大赛选拔赛”，获团体一等奖和3个单项技能优秀奖。9月6、7日，选派6名区红十字会应急救援队员代表市红十字会参加中国红十字总会在安徽合肥举办的“第四届全国红十字应急救护大赛”，以总分第一的成绩获一等奖，队员分获两项个人技能一等奖，两项个人技能二等奖。

（焦　蕊）

【第二届理事会第二次会议】11月16日，区红十字会第二届理事会第二次会议召开，全区各街道红十字会、各系统红十字工作委员会主管领导、专兼职工作者和红十字志愿者100余人参会。会上，总结2017年工作，部署2018年工作，并举行区红十字系统年度表彰仪式，表彰展览路街道红十字会、红十字学校工作委员会等12个先进集体，宋竹君、吴红岗等15名先进个人，常向明、李宏义等10名“十佳”优秀志愿者，胡亮静、李竹青等10名优秀志愿者。

（焦　蕊）

【红十字志愿服务】春节前，公益书画家联谊会开展第五届大病患儿救助金发放暨公益书画家新春送福行动。3月3日，与市红十字会志愿服务部在西城区甲骨文阅读空间开展“人道追梦·爱满京城”——首都红十字组织学雷锋志愿服务系列活动启动仪式。六一儿童节，区红十字会“希望之光”志愿服务队带领4名大病患儿参观海洋馆。6月14日，区红十字会律师法律服务团和“希望之光”志愿服务队在柳林监狱举行“西城区红十字志愿服务基地”揭牌仪式暨国际禁毒日主题教育活动，对300余名服刑人员进行禁毒教育、法律帮扶和文化教育，教导服刑人员远离毒品诱惑、追求高质生活，区红十字律师法律服务团为服刑人员提供法律咨询，5名书画家与服刑人员开展“墨法尚德”笔会活动，鼓励指导服刑人员爱好书画、修身尚德。9月21日，“希望之光”志愿服务队与法律服务团志愿者到柳林监狱开展法律咨询服务和消夏文艺慰问演出。11月1日，“路德先锋”服务队陪同社区老人赴奥林匹克森林公园开展健步走活动，并为出行不便老人赠送连心卡提供免费就医接送服务。10月28日，“希望之光”“路德先锋”和“希望之光”爱心企业支队共同参与重阳敬老慰问活动；威斯汀中外志愿者服务队在春节、端午、中秋、重阳等节假日赴对口帮扶社区孤老院、残障中心开展慰问活动；牵手希望服务队日常开展造血干细胞捐献宣传动员服务。8月2日，红十字青少年志愿者服务队成立，并于11月开展对口援助内蒙赤峰盲童活动。年内拍摄《红十字救在身边》宣传片。

（焦　蕊）

【造血干细胞捐献】1至9月，每周5天在西单献血屋一层造血干细胞宣传岗开展无偿献血与捐献造血干细胞宣传服务活动，并开展5次造血干细胞捐献现场招募活动，全年共招募捐献志愿者262人，对库内捐献志愿者（指经抽取血样登记在库的有意向捐献者）18856人进行回访。年内成功实现捐献2人。9月27日后，由于西单文化广场升级改造，西单献血屋腾退，无法按计划持续开展造血干细胞捐献志愿者日常招募工作，改为街头、广场、社区及商场分散宣传和参与区红十字会和各街道无偿献血服务，并协调有关部门开辟新的服务阵地。

（焦　蕊）

【红十字青少年工作】年内，落实区委区政府《关于促进西城区红十字事业发展的工作方案》，按照“十三五”期间实现对全区中学生应急救护培训全覆盖的目标，先后走访区教委、区中小学保健所、区中学生国防中心研究推进教育系统落实方案，对全区小学生和学龄前儿童开展普及性避险逃生知识培训，对中学生开展普及培训及急救员技能取证培训。走进北京市第四中学、第三十五中学等举办安全知识大讲堂20余期，近2000名学生受益，并组织四中800余名学生开展逃生避险演练。下半年，组织全区各中小学开展“凝聚人道力量 点燃生命之火”红十字青少年大型主题活动，在青少年中宣传无偿献血、捐献造血干细胞，号召青少年积极参与人道公益事业。

（焦 蕊）

【红十字文化传播与宣传】 年内，升级中国网西城区红十字公益文化专栏；在重大会议活动中通过微信公众号实时推送活动信息和影像；编印红十字会机关报6期并向全区红十字理事，街道、社区和工委专兼职干部和志愿者发放；为全区红十字理事和专兼职干部订阅《中国红十字报》和《博爱》杂志各100份；制作、购买并发放新红十字会法、章程、会法释义和宣传材料近3万份；全年各媒体共刊载区红十字会工作信息100余篇次。根据市红十字会整体安排，于5月8日开展“携手人道，关爱生命”主题活动，庆祝第70个世界红十字日，并对新修订实施的《中华人民共和国红十字会法》进行普及宣传；与区文明办、区商委、区科协、西直门管委会和北京凯德茂西直门房地产经营管理有限公司等11家单位，在西环广场交通枢纽举办“弘扬人道精神争做文明北京人，畅享科技公益助力品质提升”博爱文化月宣传活动。于“5·12”全国防灾减灾日、“6·14”世界献血者日、“12·1”艾滋病宣传日、“12·4”普法宣传日等重要时点，联合相关部门动员红十字志愿者上街头、进社区开展红十字文化、捐献造血干细胞及应急救护知识宣传。“牵手希望”志愿者常向明的宣讲《那么远，这么近》、造血干细胞捐献者曲晨的宣讲《我的捐献经历》和区红十字会干部杨洁的宣讲《红墙边的西单献血屋》多次在区级重要活动会议中展示。在区内播放反映红十字志愿者开展服刑人员帮扶服务活动的宣传短片《高墙里的人道之光》，宣传红十字志愿者的感人事迹，号召全区各界关注、参与红十字志愿服务活动。设计制作机关文化墙，共21块展板，内容包括十九大精神、党建工作、会务会法宣传、红十字特色工作等。

（焦 蕊）

【对外交流及对口帮扶】 年内，援助内蒙古赤峰市喀喇沁旗红十字会20万元，建立红十字应急救护培训生命体验基地；援助河北省张家口市张北县红十字会20万元，在张北县小二台镇德胜村和台路沟乡后大营滩村建立两座红十字博爱卫生站；援助门头沟区红十字会10万元，开展山区增收帮扶项目。在募捐形式上进行创新尝试，与喀喇沁旗红十字会联合参加全国红十字系统众筹扶贫大赛，推出“桔梗、北沙参”参赛项目，通过网上众筹及媒体推广，为当地农民募集捐款5万余元，获得中国红十字总会颁发的优秀组织奖。

（焦 蕊）

（责任编辑 齐 田）

政法　军事

政　法

政法委员会工作

【概况】 中共北京市西城区委政法委员会（简称区委政法委）是区委领导、管理全区政法工作的职能部门，并担负着协调组织全区力量维护辖区安全稳定的重要职责。西城区委政法委的工作机制是委员会制，与西城区社会治安综合治理委员会办公室、西城区维护稳定领导小组办公室、西城区防范和处理邪教问题领导小组办公室、西城区流动人口管理办公室合署办公。年内，区委政法委及全区政法各单位在区委的领导下，不断提高履职能力，圆满完成了全国“两会”、党的十八届六中全会等重大安全保卫任务，巩固了全区政治稳定的局面。全区社会治安保持总体平稳。不断完善区、街两级维稳工作领导运行机制，党委领导、政府各部门积极参与、社会和群众广泛支持的大政法、大维稳、大综治、大信访的工作格局逐步形成。政法维稳工作的触及点和参与面进一步拓展，政法工作通过解决一系列涉及城市建设、企业改制等带来的不稳定事件，为区域其他改革发展事业扫清了障碍。运用法律、政策、经济、教育等综合手段解决疑难矛盾纠纷的能力不断增强，排查化解涉法涉诉信访案件328件。以“面”保“点”的安保模式不断完善，“全、响、应”的信息化群防群控体系建设有了跨越性发展，信息化精确指导与群防群控动员组织优势结合更加高效。

地址：西城区二龙路27号

邮编：100032

电话：88064290

（田瑞鑫）

【重大安保工作】 年内，区政法委统筹全区，坚持专群结合、源头治理工作方针，以扎实细密的工作举措、坚决有力的工作执行，全力确保重要点位的绝对安全，圆满完成全国“两会”、“一带一路”国际合作高峰论坛、党的十九大等重大政治和国际交往活动安保工作，切实为党中央站好岗、放好哨，以实际行动践行红墙意识。

（谢　涛）

【“两学一做”学习教育常态化】 年内，区政法委开展两学一做教育活动，促进执法为民、公正廉洁执法，并形成长效机制，共走访群众1.8万人次，走访单位430余家，为群众办实事1300余件，进一步密切了警民关系，推动了政法工作好地开展。

（田瑞鑫）

【西城政法综治网】 年内，区政法委继续坚持《西城政法综治网》网络宣传阵地，全年共编辑刊发2900余篇，有效宣传了政法工作精神，统一了思想认识；交流好的经验做法，为各单位相互交流借鉴提供了有效途径；适时反映全区政法机关和广大政法干警的突出业绩，宣传了政法队伍先进典型，展现了政法队伍的新形象和新面貌，收到了各级领导的充分肯定和全区政法干警的广泛好评。

（田瑞鑫）

【社会稳定风险评估工作】 年内，西城区完善社会稳定风险评估机制建设，进一步推动重大决策应评尽评，全年共报备风险评估报告39件。区维稳办通过将风险评估工作纳入决策程序，有效指导176个拟上区委常委会、区长办公会的决策和项目。实现了把风险防范和化解处置的责任与措施落实在决策之前，将事后维稳的被动转变为事前的主动评估，最大限度地减少决策的负面影响，有效避免造成重大损失或者引发群体性事件的各类隐患，为实现区域稳定奠定了坚实基础。

（张国华）

【政法宣传工作】 年内，区政法委加强法治宣传和研究，组织全区法学会会员、法律工作者，围绕全区中心工作精心组织课题研究，确定了14个区级法学研究课题，汇编成《北京西城法学研究2017》。

（田瑞鑫）

社会治安综合治理工作

【概况】 北京市西城区社会治安综合治理委员会办公室（简称区综治办）是区委、区政府解决社会治安问题的办事机构，承担维护社会稳定和社会治安综合治理“打击、防范、教育、管理、改造”工作任务。年内，在区委、区政府的领导下，以平安西城建设为主线，以重大活动社会面安保工作为重点，以机制建设为保障，不断完善综治信息化平台建设，推进综治中心工作，深化“雪亮工程”，谋划重点地区治理，强化疏整促专项整治，夯实综治基层基础，努力提升人民群众安全感和满意度，全区社会治安综合治理工作持续向好。年内，西城区获2013—2016年度全国平安建设先进县（市、区、旗）荣誉，获“长安杯”。年内，区、街同频共振，运用法治思维，健全长效机制，完善综合执法实体化平台建设，形成多部门综合执法模式，推动执法资源整合、力量下沉，破解街区治理难题，综合执法经验在全市加强街道综合执法平台建设现场会上得到推广。严格落实责任制，全区自上而下层层签订社会治安综合治理领导责任书，签订率达100%。

地址：西城区北礼士路12号
邮编：100044
电话：88391661

（霍爱全）

【十九大安保】 年内，为全力以赴做好十九大安保的各项服务和保障工作，为党的十九大胜利召开提供良好的社会环境，在区委、区政府的领导下，把十九大期间维稳安保任务列为全年重点工作写进责任书，组织召开综治委全会，部署年度重点工作，以“红墙意识”统领全区干部群众思想，以扎实细密的工作举措、坚决有力的工作执行，精心组织、广泛动员、周密部署，全面加强社会面管控，保证了全区社会的和谐稳定，圆满完成了十九大安全保障的各项工作任务。全区共发动组织群防群治力量72200人，其中治安志愿者53000人、巡防队员1530人、民兵525人、流动人口和出租房屋管理员425人，其他社会防防控力量16720人。启动一级超常规社会面防控时，72200名群防群治力量全部上岗；启动二级加强社会面防控时，组织41731名群防群治力量上岗。其中二级加强社会面防控时，动员组织25510名治安志愿者，巡防队员1530人，民兵525人，流动人口和出租房屋管理员425人，其他社会防防控力量13741人。

（霍爱全）

【基层综治中心建设】 年内，区、街领导班子先后多次就综治中心建设工作进行专题研究，为落实相关工作安排，多次召集公安分局信通处、街道相关部门就街道综治中心建设情况进行协调调度。各街道综治办牵头组织协调，有关部门共享信息资源，实行协作联动。综治中心由街道工委副书记任综治中心主任，综治办主任任常务副主任，其他相关科室及职能部门领导任副主任。成员由街道相关科室、各职能部门和社区组成，街道综治中心实现集中办公。年内，15个街道均建成街道综治中心，完成比例100%。已有190个社区综治中心完成挂牌，“两站三室”建成，工作制度上墙，完成比例74.2%。

（霍爱全）

【西城大妈】 年内，“西城大妈”作为西城区平安志愿者，实名注册总人数为78035人。在“一带一路”国际合作高峰论坛、党的十九大等一系列重大活动中，“西城大妈”站岗执勤、巡逻值守、不畏辛苦、尽职尽责，积极参与到重大活动的安全保障活动中，为地区社会面防控工作贡献力量。通过创办平安志愿服务大赛，开展“最美西城大妈”标兵、“最强西城大妈团队”等十项平安金奖评选，以项目资金支持的形式推进西城平安志愿服务团队建设项目化、实体化、互联化、社会化和品牌化。“西城大妈”获评感动西城十大人物之首。《西城洋大妈》微视频走红网络，“西城大妈”宣传微视频《我们》获“全国第二届平安中国微电影微视频比赛”优秀微视频奖。

（霍爱全）

【平安社区创建】 年内，将平安社区创建工作纳入社会治安综合治理领导责任制和年度考核进行评价。围绕“平安社区”主题，将居民最关心、最亟待解决的三个问题作为各社区递进式指标。各部门、各社区积极对照指标查漏补缺，广泛征求居民意见建议和重点问题，收集递进性指标。全区261个社区全部完成基础性指标打分工作，递进式指标完成率达到94%，零发案社区100个，占社区总数38.3%。

（霍爱全）

【雪亮工程】 全国综治系统“雪亮工程”项目启动以来，西城区委、区政府全面发挥自身职能和平安建设主力军作用，充分依托全区全响应社会服务管理工作格局，按照“建设集约化、联网规范化、应用智能化”标准要求，将项目建设纳入了全区深化社会治安综合治理和信息化应用的重要工程，构建起了区、街道、社区三级平台，有效提升了城区社会治安防控能力。年内，“雪亮工程”整体规划设计和部分建设工作逐步展开，已安装建设高清探头5380个（3年内共规划建设2万余个），建成两级视频监控管理平台30个，其中二级平台1个（位于公安分局）、三级平台29个（位于各派出所），实现重点公共区域的视频监控覆盖率、联网率和新建高清摄像机比例达到100%，摄像机点位、地理信息标注率达到100%，摄像机完好率达到98%的任务目标，整体推进情况积极、平稳、顺利。

（霍爱全）

【地下空间整治】 年内，区综治办统筹协调区房管局、区民防局和地下空间联席会各成员单位，充分发挥综治体系优势，超额完成“疏解整治促提升”地下空间清理整治专项工作全年工作任务。清退地下小旅店51家，工作量占比115.9%；带动疏解2879人，涉及人口占比144%。督导房管局清退155处普通地下空间，面积96877平方米，疏解11660人；督导民防局清整50处人防地下空间，面积52713平方米，疏解3178人。

（霍爱全）

【重点地区整治】 年内，社会治安重点地区排查整治工作，在区委区政府的领导下，坚持“以打为主、打防结合”的方针和“治重点、破难点、抓热点、重实效”的工作思路，按照“滚动排查、挂账，滚动整治、销账”的总体要求，按照地区、区域特点和存在的突出问题，重点以整治涉车盗窃案件、扒窃案件、黄赌警情、盗销自行车、医院号贩子、入室盗案件等治安类问题以及交通秩序、市场经营秩序（无照经营）、城市环境秩序等秩序类问题为主。全区挂账的治安重点地区共19处，分别为市级4处、区级4处、街道级11处。全区社会治安三级挂账整治工作共查处治安案件1214起，治安拘留910人次；查扣各种黑车447辆，其中：机动车177辆，黑摩的484辆；处理非法运营人员8256人次，批评教育422人次。处罚违章停车6925起，教育劝离3500余辆。查获号贩子283人次，行政拘留89人次；处罚无照经营7010起；处罚非法小广告102起，清缴小广告8105张。罚款5万余元；处罚店外经营4682起；救助、劝离流浪乞讨人员27人次。全区各单位在技防建设上投入资金710余万元，维护安装探头507个；更换防盗门锁芯700余个，安装楼房防爬刺7处。

（霍爱全）

【铁路护路】　年内，区护路办按照市区整体工作部署，健全机制，积极作为，完成了全年工作目标，连续第三年在全市护路联防相关考核中获得了考核满分的优异成绩，护路联防整体工作在全市排名中名列前茅。

（霍爱全）

流动人口和出租房屋管理工作

【概况】　北京市西城区流动人口和出租房屋管理委员会（简称区流管委），是负责流动人口和出租房屋指导协调和综合管理工作的议事协调机构。下设办公室（简称区流管办）与区综治办合署办公，为区流管委的常设办事机构。2017年是“十三五”规划推进之年。西城区流动人口服务管理工作以人口疏解工作为主线，着眼于京津冀协同发展、有序疏解非首都功能和服务改善民生等中心任务，深化违法群租房治理工作，聚焦疏功能、控人口主旋律，提升流动人口服务管理水平，为西城区经济发展提供了和谐稳定氛围。截至12月，西城区录入市流管平台185321人，出租房屋71977户。流动人口累计核销249748人。发现违法群租房1055户，治理1055户，劝退流动人口10437人。

地址：西城区北礼士路12号

邮编：100044

电话：88391655

（郭敬成）

【流管工作会】　1月19日，区流管办组织召开2017年西城区流管工作会，会议由区委政法委副书记、区综治办、流管办主任王静主持。副区长朱国栋出席了会议。各派出所所长及主管副所长，各委办局相关领导，各街道工委副书记、综治（流管）办主任参加了会议。会议传达了《西城区基层流管站和流管员队伍规范化建设实施意见》；对《西城区基层流管站和流管员队伍规范化建设实施意见》进行了部署；朱国栋针对工作部署提了要求。

（郭敬成）

【疏整促专项部署会】　1月22日，召开2017年西城区疏解整治促提升专项行动部署会，会议由区委副书记马新明主持。会上，区长王少峰部署疏解整治促提升专项行动任务；区委书记卢映川讲话，对疏解整治促提升专项行动提出工作要求。

（郭敬成）

【政法工作会】　2月28日，西城区召开2017年政法工作会、综治委流管委全会暨“两会”安保部署会，会议通报2016年全区社会治安综合治理考核情况，部署2017年政法、综治、流管工作暨全国“两会”安保任务。区委书记卢映川、区四套班子相关领导、区各委、办、局主要领导参加了会议。

（郭敬成）

【流管工作推进会】　4月13至14日，西城区流管办在阳坊大都酒店召开西城区流管工作推进会，区流管办副主任李文生主持会议，各街道主管副书记、综治办主任、具体工作人员及区流管办全体干部参加了会议。会议首先听取了15个街道关于一季度违法群租房整治工作的汇报，并重点就群租房专项整治工作及流管体制机制调整工作进行了研究和部署。

（郭敬成）

【日租房研讨会】　5月8日，西城区流管办组织召开日租房治理工作研讨会。会议由区委政法委副书记、综治办主任、流管办主任王静主持，西城公安分局、区法制办、区城管执法监察局、区地税局、工商西城分局、区房管局、西城消防支队的主管领导参加了会议。会议传达了第11次政府专题会关于加强西城区日租房、群租房日常管理工作有关议题的具体情况及区长王少峰指示精神，并对西城区日租房基本情况进行了介绍。各参会单位根据相关政策法规，结合自身职责就规范治理日租房问题进行了深入探讨。

（郭敬成）

【提前完成流管工作任务】　按照市委市政府、区委区政府关于疏解非首都功能、调控人口规模、治理“大城市病”总体要求，依据《2017　年西城区违法群租房专项整治实施方案》，西城区流动人口服务管理工作以人口疏解工作为主线，着眼于京津冀协同发展、有序疏解非首都功能和服务改善民生等中心任务，深化违法群租房、和地下空间治理等工作，聚焦疏功能、控人口主旋律，提升流动人口服务管理水平，为全区经济发展提供了和谐稳定氛围。自1月份开展治理工作以来，西城区流管办以综合治理为手段，立足早部署、细排查、快治理，坚持四项工作机制，积极开展群租房清理整治工作，截至5月19日，累计清理违法群租房802户，劝退流动人口8337人，提前完成全年疏解整治任务，治理成效明显。

（郭敬成）

【工作调度会】　7月27日，西城区召开群租房、日租房治理工作调度会。副区长朱国栋出席会议，区流管办主管领导及各街道主管领导参加会议。会议重点通报了首都综治办中期察访核验情况，并对群租房、日租房治理工作进行了再动员再部署，各街道结合通报内容汇报了自查情况及整改措施。

（郭敬成）

【督导检查】　根据区领导对首都综治办转发的“违法群租房专项整治中期察访核验情况通报”批示要求，由区流管办牵头，在区委、区政府督查室督导下，组织4个督导小组，于8月

14至18日，对全区15个街道进行为期一周的督导检查。

（郭敬成）

【纪检督查】 按照区领导相关批示精神，针对首都综治办违法群租房治理工作中期核验结果，8月29日，区纪检监察委第三监察室主任王峰一行三人到区流管办检查指导违法群租房治理工作。区综治办、流管办主任王静、区流管办副主任李成志参加会议。

（郭敬成）

【工作调度会】 9月20日，西城区召开违法群租房整治工作调度会，区综治办主任、流管办主任张宝生出席会议。西城公安分局、区房管局、各街道主管领导参加会议。会议听取了各街道关于全市第二次违法群租房电话察访情况回头看工作汇报。部署了全市违法群租房整治工作年终检查验收工作。

（郭敬成）

【千名流管进万家】 党的十九大安保工作进入决战决胜冲刺阶段后，西城区积极推进“三个一批”专项部署，结合全区流管员队伍已经补齐配强，各派出所均成立流管中队等实际情况，于10月15日18时30分，由人口支队组织各派出所带领流管员紧紧围绕十九大会场、代表驻地、路线周边住宅型出租房屋及各社区群租房、日租房、时租房、院地下空间、出租大等出租房屋，开展 “千名流管进万家”出租房屋统一清查专项行动，发挥流管员人熟、地熟、情况熟的作用，为重点地区重点出租房屋的清查治理工作提供了基础保障，并取得积极效果。

（郭敬成）

【召开流管工作总结培训会】 11月27至29日，区流管办召开流管工作总结培训会，对全年的流管工作进行总结；相关单位进行了工作通报；各街道对年内工作中存在的问题及好的经验作了研讨交流；会上还部署了2018年有关工作；并请北京市相关专家进行了流管工作培训。参加会议的单位有西城公安分局、区司法局、区法制办、区发改委及各街道主管领导。

（郭敬成）

公安工作

【概况】 北京市公安局西城分局（简称西城公安分局）在市局党委和区委、区政府的坚强领导下，主管本行政区域内社会治安管理的公安行政机关。局内设有专业警种业务处（室、所）、支队等机构21个，在辖区各街道和繁华街区共设立19个户籍派出所和10个治安派出所。年内，西城分局全年累计投入民警、保安、文职辅警等安保力量29.7万余人次，会同7.5万余名群防群治力量，有力地维护了全区的政治稳定和社会安定。分局创新府右街派出所警力置换、机关支援、新任干部锻炼等5项举措，落实11个安保“网格”和“五巡八控”机制。全年，共有效处置了各类上访人员，同比下降10.06%，妥善应对处置了各个利益群体进京规模集访。妥善处置了世纪天乐商户聚集等突发情况和动批12个市场疏解工作，共立各类刑事案件同比上年下降33.9%；破获当年现案同比上年下降23.6%；立破案差值为正的10.3%，实现发破案同步，其中共立八类案件同比上年上升6.4%，八类案件侦破率为83.5%，比上年的76%高7.5个百分点，比全市的74.7%高8.8个百分点；破获当年现案同比上年2125起下降23.6%；尤其是依托。依托“忠诚·2017平安行动”，紧盯侵害群众切身利益的“黄赌毒”“盗抢骗”“黑拐枪”和电信网络诈骗等突出违法犯罪，坚持主管局领导、刑侦专业队、派出所打击队三级联动、捆绑作战，连续快侦快破一系列重大敏感案件，促使刑事警情同比下降29%。围绕全区治安乱点，紧盯非法一日游、游商号贩子等治安顽疾和季节性高发警情，会同综治、交通、城管、工商等行政执法力量持续开展“并肩治乱”，强化联合执法、综合治理、依托社区“网格化”管控优势不断“减存量、控增量、防反弹”，连续打掉“锦顺阁”“紫禁阁”“奉天楼”诈骗以及荣丰良子会所组织卖淫等团伙。涉恐涉枪涉爆案件下发的涉枪线索全部100%查证办结，做到100%线索查证，不过夜落地核查到人，第一时间攻坚侦破案件，持续净化了社会环境。年内，强力推进派出所“两队一室”改革，扎实推进“一格一警”“7×24”小时警务运行模式建设，固化完善“西城大妈”、金融街“金链子”工程以及“门店联保”、“行业自管”等群防群治组织动员机制，全面提升治安要素掌控力度。通过改革，社区民警增长了89%。80个警务室7×24小时值守以来，累计接待群众6000余人次、就近处警近2300余件次、解决各类群众纠纷求助1200余件次。年内，将“人脸识别”“视频巡控”等信息化手段融入到涉访处置各个环节，搭建了具有67个信息系统、3000亿数据调用量的综合研判合成作战平台，建成两级视频监控管理平台，实现重点公共区域的视频监控覆盖率、联网率和新建高清摄像机比例“三个100%”，全面推进“数字西城”“智慧西城”“平安西城”建设。有针对性办好爱警工作21件实事，落实市局“三就”要求，为患病民警及家属提供挂号等服务642人次，帮助123名民警子女解决就近入学，举行向从警30周年以上民警发放荣誉纪念章仪式，采取“金牌卫士”评选、发放“战时喜报”、“送奖到家”、“战果墙”等机制形式战时激励，2017年分局再次获得“首都劳动奖状”荣誉称号，连续第四次被评为“全国公安机关执法示范单位”，获“四个不发生”突出贡献集体荣誉称号，获北京市第十届“人民满意的政法单位”争创奖，1335人立功受奖，5个集体、19名个人立二等功。

地址：西城区二龙路39号

邮编：100032

电话：83995110

（刘　旭）

【完成重大安保任务】 年内，西城公安分局完成“两节两会”、“一带一路”国际合作高峰论坛、十九大等系列重大安保任务，分局以刘国周为班长的新一届党委班子，科学统筹、分兵把口，24小时在岗在位，围绕重点地区，群防群治，夜以继日、连续奋战，先后完成专项警卫任务，刑事类、秩序类警情同比分别下降93%和96%，实现会议期间“点线”周边警情、火情“零接报”的刚性目标，做到“大事没出，小事也没出”。

（刘　旭）

【重视基础信息采集】 年内，西城公安分局要求中心区各相关派出所围绕“人、地、事、物、组织”五要素，开展基础信息调摸、采集和动态维护：一是打印出相对固化的地、物、组织等信息，由社区民警负责采集更新维护；二是对流动性较大的人、事等信息，由社区民警组织积极分子逐户走访、逐人采集；三是针对制高点等专项采集信息，确定专职民警针对性入户采集。

（刘　旭）

【完善“立体查控体系”】 年内，西城公安分局结合政治中心区各实战单位需求，将“人脸识别”“视频巡控”等信息化手段融入涉访处置各个环节，同步接入“三办”地区“5.01”涉访数据，解决“预警查控难、外围巡控难、日常监控难”，以“盘活警力资源、提升维稳效能”为目标导向，强化勤务岗位人员动态呈现，促进情勤指一体化加速推进，增加了科技信息化对政治中心区支撑力度。

（刘　旭）

【创新“警卫智能交互平台”】 年内，西城公安分局创新研发“警卫智能交互平台”，于十九大安保期间上线应用。平台具备“警卫现场”“警卫线路”“警卫住地”三个主要功能体系，其中“警卫现场”功能体系已上线应用，具备统筹警力布局、部署工作措施、显示核录战果、警令信息交互等功能，未来还可实现与指挥、情报、警保等部门的数据信息全面贯通。

（刘　旭）

【“人脸识别”】 年内，西城公安分局将“人脸识别”“视频巡控”等信息化手段融入到涉访处置各个环节，搭建了具信息系统、数据调用量的综合研判合成作战平台，社区民警借助移动警务终端，实现了第一时间对辖区人、地、物、事、组织各类信息核查比对和采集上传，跨越式提升了警务效能和工作效率。

（刘　旭）

【推进“雪亮工程”】 年内，西城公安分局已安装建设高清探头5380个、建成两级视频监控管理平台，实现重点公共区域的视频监控覆盖率、联网率和新建高清摄像机比例“三个100%”。

（刘　旭）

【疏解整治工作】 年内，西城公安分局按照区政府推进京津冀协同发展领导小组工作部署的疏非控人工作精神，成立地下空间综合整治工作专班，专项摸排，联勤联动，充分发挥综合治理优势。年内，已清退地下小旅店51家，超额完成清退44家的目标，工作量占比115.9%，涉及人口占比144%。

（刘　旭）

【提升反恐氛围】 年内，西城公安分局通过深化“微网格”采集机制与“三位一体”巡控体系，主动开展反恐防恐宣传，设立专版宣传防诈骗、防盗窃、防恐怖的防范措施，制定了有效信息奖励制度。仅政治中心区多次开展反恐防恐宣传活动，共计发放各类宣传材料12800余份，每个社区制作2条横幅，悬挂明显位置，营造全民反恐氛围。

（刘　旭）

【重特大敏感案件侦破】 年内，西城公安分局将刑侦工作作为社会治安抓手，依托重大案件侦破机制，发挥刑侦部门打大攻坚职能作用，以“命案必破”为带动，按照“发一起、破一起”的原则，落实“四长必到”强化多警联动，专案攻坚，确保快侦快破。“高峰2017平安行动”中，分局共立各类刑事案件同比下降6.4%；刑事拘留各类嫌疑人同比上升5.9%；共收缴毒品11566.71克。

（刘　旭）

【组建押解队】 年内，西城公安分局为减轻办案工作压力，确保执法安全，组建押解队，负责执行将被刑事拘留人员从刑事办案中心送押至看守所押解任务。年内共押解犯罪嫌疑人1320人，未发生任何被押解人员自伤、自残、脱逃情况。

（刘　旭）

【反恐防恐宣传】 年内，西城公安分局主导的区反恐办公室，组织相关部门面向西城区综治办、流管办、教委、各街道工委及反恐防恐重点单位，开展反恐防恐培训54场，印发宣传海报1.2万余份、《公民防恐怖袭击手册》6000余本，深入社区、单位、学校、医院等开展反恐宣传培训10余场、专项演练5场，参与活动的干部、社会信息员、学校师生等逾万人。年内共接群众举报被关注人员驾驶无牌车辆油站加油、冒用身份证住店以及发现疑似爆炸物等突出情况5件，处理犯罪嫌疑人4人，其中做拘留以上处理3人，教育释放1人。

（刘　旭）

【消除暴恐安全隐患】 年内，西城公安分局以“缉枪治爆”“易制爆危险化学品”专项行动为抓手，不断强化日常监管工作，年内培训从业人员160人次。检查危险物品单位270家次、刀具销售1050家次、“五小”门店6200家次、药店400家次，共破获非法购买储存易制爆品案件1起，刑事拘留犯罪嫌疑人1人，查获各类化学品、化学试剂约70种，处罚违规使用易制爆化学品企业18家，收缴管制刀具93把，收缴气枪、仿真枪47支，气枪铅弹1318发、钢珠弹5瓶、弩9支，依法刑事拘留9人，查获枪状物83支，行政拘留7人，依法刑事拘留9人。

（刘　旭）

【治安系统打整工作】 年内，西城公安分局采取“重点问题目标考核”“突出问题三级建账销账”方式，带动治安系统打整工作纵深发展。年内累计打掉赌博团伙52个，端掉卖淫窝点71个，抓获卖淫嫖娼、赌博、号贩子等，同比上升5.2%。十九大安保期间，治安警情降到近三年历史同期最低水平，黄、赌、盗窃非机动车分别下降71.4%、57.1%、74%，医院号贩子、“黑车”等扰序类违法行为实现零警情。

（刘　旭）

【烟花爆竹安全监管】 年内，西城公安分局牵头区政府烟花办、组织区政府职能部门，全面开展春节除夕、初五、元宵节重点时段烟花爆竹安全监管，取得突出成效。全区1760个禁放点，集中燃放点150处，尤其除夕零时至正月十五晚24时，全面落实燃放秩序的维护和持续开展烟花爆竹回收工作，共回收各类烟花爆竹1800

余箱，总计28.8万余元。全区未发生因燃放烟花爆竹导致的火情，未发生因燃放烟花爆竹导致人员重伤和死亡情况。

（刘　旭）

【社区戒毒康复工作】 年内，西城公安分局主导的区禁毒办公室发挥职能作用，协调政府各职能部门按照《禁毒法》要求，将已社区戒毒（康复）人员全部纳入“向日葵”系统管理，并要求各单位履行法律职责，强化社会责任，形成由政府统一领导、相关部门负责、全社会广泛参与的禁毒工作机制和服务管理模式。积极挽救吸毒人员，提升群众对禁毒工作的满意度。对此，做到底数清、情况明，均落实层级管理措施，确保不发生任何安全隐患。

（刘　旭）

【“两队一室”警务改革】 年内，西城公安分局扎实推进“两队一室”警务改革：一是强化指导帮扶，二是强化督导推进，三是强化制度建设，四是强化组织保障。年底前分局所有户籍派出所全部完成“两队一室”组建工作。全局257个社区警务室已有80个社区警务室按照7×24小时值守机制运转，全年无差错。

（刘　旭）

检察工作

【概况】 北京市西城区人民检察院（简称区检察院）是国家法律监督机关，在区委和市检察院的领导、区人大及其常委会的监督下，紧紧围绕首都城市战略定位和西城区域功能定位，紧紧围绕全面提升检察工作法治化水平和全面提升检察公信力两个主基调，牢固树立“四个意识”，积极践行“红墙意识”，坚持“三首”标准定位，忠实履行法定职责，深入推进司法改革，着力强化队伍建设，为北京城市总体规划落地落实，为西城创建国际一流和谐宜居之都的首善之区提供了有力司法保障。严厉打击各类刑事犯罪。全年共批准逮捕743人，提起公诉1116人，同比上升13.1%、21.3%。积极促进区域和谐稳定，认真贯彻宽严相济刑事政策，严格落实疑罪从无原则，切实加强人权司法保障。主动参与社会风险治理。始终把防控风险、服务发展摆在突出位置，积极参与社会治安综合治理，确保辖区安定有序。坚持以人民为中心，依法延伸检察触角。加强检察服务保障。完善区检察院服务和保障区“十三五”规划实施意见，自觉在西城“一核、一城、两轴、两区、四片”空间布局中找准方位、精准对接。切实维护社会公益，严惩危害食品药品安全犯罪，强化对首都生态环境的司法保护，依托新增检察职能，探索提起公益诉讼，推进区域科学治理。深耕监督主责主业，捍卫宪法法律权威。坚持法律监督宪法定位，以五大监督部为载体，全面强化对刑事、民事、行政诉讼活动的监督，守护公平正义这条司法“生命线”。强化刑事立案、侦查活动监督。积极配合公安机关侦审合一改革，对其在侦查取证、适用强制措施等方面的违法情形或不规范事项，及时提醒，督促纠正，跟进效果。强化对审判活动的监督。坚持依法监督、居中监督等原则，综合运用检察建议、提出抗诉等有效方式，促进法院完善自身防错纠错机制，共同维护司法公平公正。强化刑事执行监督。不断深化司法改革，努力提升司法公信。全面加强自身建设，着力打造过硬队伍。按照“五个过硬”要求，不断加强教育、监督、管理，切实提升履职能力。坚持政治建检，强化队伍核心战斗力。坚持专业强检，建设高素质检察队伍。坚持文化兴检，推动全院内涵式发展。依法自觉接受监督，积极打造阳光检务。牢固树立监督者更要接受监督的意识，努力畅通监督渠道，主动接受各界监督，以监督促公正，以公开促公信。依法接受人大、政协监督。全面深化检务公开。高度重视检察公共关系建设，坚持举办博友基层行、检察开放日等活动，邀请辖区单位、社区群众、知名博友“走进来”直观了解检察工作。

地址：西城区新街口西里三区18号楼
邮编：100035
电话：59555839

（张　擎）

【首例适用认罪认罚从宽制度案件】 1月，区检察院依法办理的被告人王某非法运输珍贵、濒危野生动物制品案顺利获判，被告人没有提出上诉，一审判决已经生效。该案系西城区人民检察院首例适用认罪认罚从宽制度提起公诉的案件。

（张　擎）

【入选知识产权十大典型案例】 4月25日，最高人民检察院发布检察机关保护知识产权十大典型案例，西城区人民检察院办理的何晨亮、刘春刚、臧廷杰侵犯商业秘密案入选。该案是最高人民检察院对区检察院检察工作的肯定。同时充分体现了首都检察官的专业能力和责任担当，彰显了检察机关依法严厉打击侵犯知识产权犯罪、服务首都科技创新发展的态度和决心。

（张　擎）

【检察公众开放日活动】 5月27日，区检察院举办“关注儿童保护，净化成长环境”为主题的检察公众开放日活动，部分市、区人大代表，西城团区委主要领导，新华社、北京晚报、京华时报等媒体记者，西城团区委权益部干部，西城区专职社会工作者、高校学生代表共40余人参加本次活动。区检察院未检工作立足检察职能，坚持开展青少年法制教育和预防青少年违法犯罪，形成了具有特色的“三平台一赛事，线上线下双运行”的青少年法制教育模式，以“西检杯”平台为依托，走进西城中小学校，为青少年健康成长，保护未成年人权益发挥了重要作用。

（张　擎）

【专题党课报告会】 6月30日，为深入贯彻党的十八大和十八届三中、四中、五中、六中全会精神以及习近平总书记系列重要讲话精神，积极推进区检察院“两学一做”学习教育常态化制度化，进一步激发全院干警的工作热情和主动性、创造性，推树典型、弘扬正气，区检察院以“党旗飘扬·检徽闪耀”为主题召开纪念建党96周年表彰大会暨“两学一做”学习教育常态化制度化专题党课报告会。院班子成员及全体党员干部参加了此次会议，会议邀请了部分离退休党员干部代表出席。

（张　擎）

【涉野生动植物案件专题研讨会】 7月，为严厉打击涉及野生动植物及制品犯罪，切实维护首都生态安全，区检察院与北京市公安局森林公安分局召开涉野生动植物案件专题研讨会。院党组成员、副检察长赵文胜，森林公安分局政委孙磊等领导出席会议，院审查逮捕部、侦查监督部负责人及相关办案人员，森林公安分局法制科全体人员、刑警队副队长等参加会议。

（张　擎）

【《检察监督线索案件办理工作手册》】7月，为进一步规范检察监督线索案件办理工作，切实落实检察官主体责任，推动检察管理监督由办事向办案工作模式转换，区检察院结合自身实际，制定出台《检察监督线索案件办理工作手册》。该手册共24条，涵盖检察监督线索案件的受理、分流、办理、管理、监督等工作流程，并明确了检察官履职范围。

（张　擎）

【跨区帮教协作】 11月，区检察院与门头沟院联合开展一例跨区帮教协作，对区检察院依法作出附条件不起诉的门头沟籍未成年犯罪嫌疑人王某开展为期6个月的矫正帮教。区检察院以本案为契机，进一步加强未检工作跨区域交流协作和信息共享，推动建立健全未检跨区协作的长效机制，努力实现跨区域、零距离、满分爱的帮教工作形式。

（张　擎）

【区检察院被评为第五届全国文明单位】11月，在全国精神文明建设表彰大会上，区检察院被评为第五届全国文明单位。近年来，区检察院党组紧紧围绕自身区域定位，始终坚持“三首”标准，在不断提升业务水平的同时高度重视精神文明建设工作，连续五届被评为“首都精神文明单位标兵”，后经市文明办推荐参选全国文明单位并荣膺此奖。

（张　擎）

【法律援助律师参与涉检信访接待】12月，为推动社会矛盾化解，引导群众合法、理性信访，区检察院积极探索处理涉检信访问题新途径，结合信访工作实际，正式启动法律援助律师参与检察机关信访接待工作。旨在充分发挥律师作为第三方进行矛盾纠纷化解的优势，依法将群众诉求导入法治制轨道。西城法律援助中心同时也高度重视此项工作，在区检察院检察服务中心专门设立法律援助律师工作站，指派律师每月2次定期值班接待预约来访群众。

（张　擎）

【举办“西检杯”知识竞赛】 12月24日，由区检察院、区教委和团区委共同举办的第18届“西检杯”西城区中学生思想道德法律知识竞赛在北京市第十四中学高中部礼堂举行，相关领导出席活动并致辞。本届“西检杯”采取预赛模拟法庭和决赛辩论赛相结合的方式，共有39所学校，40支队伍，近500名学生参加。参赛学校涵盖辖区内所有中学，调动了中学生学习法律知识的积极性主动性，同时也为预防青少年违法犯罪、营造健康校园环境作出了积极贡献。区检察院将继续以赛事为平台，坚持与时俱进，注重体现时代特色，通过多种形式让在校学生更加明了法律的边界行为的底线，不断提升其遵法守法意识和自我保护能力。

（张　擎）

审判工作

【概况】北京市西城区人民法院（简称区法院）牢牢把握司法为民、公正司法主线，忠诚履行宪法和法律赋予的职责，依法审理各类案件，全面深化司法改革，不断加强队伍建设，各项工作取得了新的进展。全年收案64640件（含旧存8808件），同比上升9.4%；审结案件57066件，同比上升13.5%；未结案件7574件，同比下降14%，形成“两升一降”的良好审判运行态势，审判质效在全市一类法院中位列第二。年内，区法院获“全国优秀法院”称号，30个集体、个人获得“全国法院信息化先进集体”“全国巾帼文明岗”“北京市青年岗位能手”等市级以上表彰奖励。

北区地址：西城区后英房胡同1号
邮编：100035
电话：82299240

南区地址：西城区半步桥街50号
邮编：100054
电话：63543081

（韩晓冬）

【区法院被评为全国优秀法院】 1月14日，最高法院在国家法官学院召开全国法院院长会议，会上隆重表彰了获得全国优秀法院、全国优秀法官荣誉称号的集体和个人。区法院院长蔡慧永作为全国优秀法院的集体代表出席会议，并上台接受了全国优秀法院的奖牌。这是区法院继2008年原宣武法院首次获得此项荣誉以来，时隔八年后的再次获奖；也是自2010年两区合并后，区法院获得的最高荣誉。

（韩晓冬）

【区长作出重要批示】3月22日，区长王少峰在区法院编发的法院专报《西城法院出台意见全力保障西城区“十三五”规划全面顺利实施》上作出重要批示：感谢西城法院积极主动的工作！为“十三五”规划提供司法服务和保障，将有利于区域发展规划在法治轨道上顺利实施，支持并促进政府依法行政工作，提升法治政府的建设水平。请政府各部门主动对接工作，接受法律监督，提高依法履职能力，推动区域科学发展。

（韩晓冬）

【新闻通报涉民生案件立案速裁工作】3月30日，区法院召开“涉民生案件立案速裁工作新闻通报会”。光明日报、北京电视台、北京晚报、民主与法制时报等中央、市、区级十几名媒体记者到场采访报道。中国法院网、北京法院网及区法院新浪官方微博全程同步图文直播。

（韩晓冬）

【被授予“首都劳动奖状”】 4月27日，西城区总工会举办了西城区2017年庆祝“五一”国际劳动节暨先进个人、先进集体表彰大会，区法院被北京市总工会授予“首都劳动奖状”。

（韩晓冬）

【区法院院长在最高法院介绍经验】5月12日，区法院院长蔡慧永受邀前往最高法院，在“执行大讲堂”向全国四级法院执行干警介绍了区法院执行改革工作经验。

（韩晓冬）

【被评为全国法院信息化工作先进集体】 5月，全国法院信息化工作会在山东省高级法院召开，会上展示了现阶段全国智慧法院的建设成果，表彰了信息化工作先进集体和个人。区法院信息技术办公室被评为“全国法院信息化工作先进集体”。

（韩晓冬）

【“永恒之蓝”专项防护工作】 “一带一路”国际合作高峰论坛举办期间，在国际上大规模爆发针对“永恒之蓝”系统漏洞的网络勒索攻击，国内大量金融机构、企业、教育网遭受攻击。为保障区法院网络、审判业务系统、司法公开和诉讼服务系统的安全，5月14日，信息办全体技术人员开展了专项防护工作。此次专项防护工作，信息办成立了应急保障小组并制定了应急处理预案，将区法院防病毒特征库升级至最新版本，对重要系统文件数据进行备份，禁止了内网和互联网防护边界处和核心处的135、137、138、139、445等端口，对全院90余台服务器、900余台办公电脑安装了补丁。

（韩晓冬）

【市高院院长作出重要批示】 6月7日，市高院党组书记、院长杨万明在区法院报送的《西城法院“五字流程”加强前端纠纷化解》的信息上作出重要批示：“西城法院总结的五字流程格局，抓住了诉讼前端工作的重点，且兼顾了工作的系统性和关联性，很有启发。希望西城在综合试点上创造更多的经验。”11月13日，杨万明在区法院报送的司改专刊《西城法院院庭长办案“四固定”制度取得明显成效》上作出重要批示：“请司改办、审管办对西城经验加以总结。在综合部门选择法官助理的做法值得关注。”

（韩晓冬）

【院庭长办案机制“五固定、一机动”】 年内，区法院全面推行院庭长办案工作常态化、制度化、规范化、实效化。“五固定”是指固定办案指标、固定办案团队、固定办案类型、固定办案要求、固定办案日期（每周三、四）；“一机动”是指在年底结案等特定时期，院领导的收案实行动态调整，向完成结案任务难度较大的庭室倾斜。

（韩晓冬）

【首次启用证人隐匿出庭设备】 年内，区法院在审理一起刑事案件时，证人基于保障人身安全的考虑，向法院提出隐匿出庭的请求。经审查，承办法官同意该请求，在庭审过程中首次启用证人隐匿出庭设备。开庭时，证人单独身处庭外场地，通过电子设备对证人的外形、声音进行模糊化处理，并将作证过程同步传输至开庭现场。

（韩晓冬）

【五字工作流程】 年内，区法院依托于发展成熟的“五位一体”的大诉服新平台，创新探索出繁简分流机制，提升了前端的诉讼服务水平，并与中端专业审判、后端集约执行有机结合。“疏、保、辅、调、裁”的五个工作流程环环相扣，使矛盾纠纷在诉前呈“脉动式”快速流转。

（韩晓冬）

【“双调解”】 年内，区法院继续实行“双调解”。诉前调委会和协会调委会并立双调解，依托诉调对接中心，在诉讼服务大厅，同时由诉前人民调解委员会与人民调解协会两个人民调解组织共同开展调解工作，与立案、立案速裁庭无缝衔接，在大厅实行一站式服务。简案快速调解和疑难案件调解共存，加强与人民调解组织合作，开展巡回法官团队建设和指导、示范调解，实现简案快速调解，深化与北京多元调解促进会合作，对于重大疑难案件和商事案件开展行业性专业性调解。

（韩晓冬）

【“双速裁”】 年内，区法院在原有速裁机制基础上，进行部门资源整合，建立“双速裁”团队，即在立案诉服大厅设立速裁“阳光法庭”，直接对接立案疏导，充分发挥速立速裁作用；在金融街人民法庭设立金融速裁组，对涉金融民商事案件中的信用卡、金融借款等简易案件进行快速裁决。

（韩晓冬）

【获“全国法院案件繁简分流机制改革示范法院”称号】 7月10日，在全国法院案件繁简分流机制改革推进会上，区法院被最高法院评为“全国法院案件繁简分流机制改革示范法院”。

（韩晓冬）

【获“全国维护妇女儿童权益先进集体”称号】 8月1日，经中华全国妇女联合会评定，区法院民六庭获2016年度“全国维护妇女儿童权益先进集体”称号。

（韩晓冬）

【首例涉“疏解整治促提升”专项行动案】 8月9日，区法院行政庭开庭审理原告赵龙江诉被告北京市工商行政管理局、北京市工商行政管理局西城分局一案。该案是北京市“疏解、整治、促提升”专项行动中工商行政管理部门涉责令整改的第一起案件，同时也是专项行动中北京市工商行政管理局作出复议决定的第一起案件，北京市工商行政管理局西城分局局长赵斌、北京市工商行政管理局副局长况旭作为行政机关领导出庭应诉。

（韩晓冬）

【出具全市首份离婚证明书】 8月14日，区法院在全市率先推出离婚证明书制度。规定自该日起，凡经区法院调解或判决离婚的案件，在调解书和判决书生效后，双方当事人凭本人身份证并携带裁判文书向法院提交书面申请，经核实无误后，由法院出具《离婚证明书》。为保护当事人隐私，《离婚证明书》只记载当事人基本身份信息（含身份证号）、裁判文书信息（含案号、案由、生效时间）及离婚等必要信息。 8月18日，区法院民六庭法官审结一起离婚案件，当事人达成离婚协议。法官向当事人出具调解书时，告知双方可向法院申请离婚证明书。原告表示，希望法院开具离婚证明书，以保护双方隐私，法官遂按规定向其出具了全市首份离婚证明书。

（韩晓冬）

【金融街人民法庭揭牌仪式】 9月26日，区法院在西城区广成街4号举办金融街人民法庭揭牌仪式。北京市委常委、政法委书记张延昆，最高法院审判委员会专职委员杜万华，中国银监会党委委员、副主席王兆星，市高级法院党组书记、院长杨万明，市委副秘书长、政法委常务副书记于长辉，市高级法院党组副书记、副院长王明达，西城区委副书记、区长王少峰，区法院党组书记、院长蔡慧永出席了揭牌仪式。新华社第一时间通过双语首发报道《刚刚，金融街法庭揭牌了！》《Beijing moves financial court to economic hub》。

（韩晓冬）

【最高法院督导组督查指导工作】 9月29日，最高法院督导组成员、立案庭审判长闫宏波一行到区法院就涉诉信访安保维稳与诉讼服务工作进行督导检查，市高级法院党组成员、副院长马强，申诉审查庭庭长杭涛，立案庭庭长杨艳、诉讼服务办公室主任邓颖等陪同，区法院党组书记、院长蔡慧永，副院长李艳红以及立案、诉服、信访、法警队、行政保障部等相关领导参加了接待。

（韩晓冬）

【“人民法庭研究基地”】 11月23日，由最高法院民一庭、最高法院中国应用法学研究所、重庆市高级法院、西南政法大学共同承办的“第二届人民法庭建设高层论坛”在西南政法大学召开。会上，区法院金融街人民法庭被最高法院选定为“人民法庭研究基地”。

（韩晓冬）

【获评“北京市未成年人保护工作先进集体”】 12月26日，区法院未审庭被北京市未成年人保护委员会、北京市人力和社会保障局授予“北京市未成年人保护工作先进集体”。

（韩晓冬）

【全国首例征信处罚案】 全国首例征信处罚案即中品质协（北京）质量信用评估中心有限公司、陈某、王某诉中国人民银行营业管理部行政处罚案，是征信监管机构运用《征信业管理条例》对企业征信机构进行行政处罚的全国第一单。年内，区法院秉持多元解决纠纷和实质性化解争议的理念，多次组织原被告面对面调解，一方面了解征信行业的执法现状和政策法规，另一方面对原告进行法律释明和风险提示，对其提出的主要争议即行政处罚中违法事实的认定问题重点加强法律和政策的解析和引导。最后原告自觉履行了行政处罚决定，本案以自动撤诉结案，审执同时落地，纠纷实质化解，规范了征信行业主体行为，维护了监管秩序。

（韩晓冬）

司法行政工作

【概况】 北京市西城区司法局（简称区司法局）政法专项编制140名，其中局机关65名、街道司法所75名。局机关现有干部63人，工勤人员1人。设有办公室、法制科、法制宣传科、律师行业综合指导科、律师执业监管科、公证工作管理科、基层工作科、社区矫正和帮教安置工作科、法律援助工作科、计财科、信息调研科、政工科、离退休干部科、机关党委等14个科室；另设有职能办公室3个，即西城区法制宣传教育领导小组办公室、西城区综治委特殊人群专项组办公室、西城区综治委社会矛盾多元调解专项组办公室（分设在法宣科、矫正帮教科、基层科内）。下辖15个街道司法所、3家公证处、1个区法律援助中心、1个阳光中途之家。

地址：西城区南菜园街51号

邮编：100054

电话：83975231

（刘　伟）

【疏解整治促提升工作】 年内，区司法局成立10个法律服务组，累计接待咨询4120余人次，协助化解矛盾2194件，办理公证事项1703件，办理法律援助案件911件。选派人民调解员、法律援助律师和公证员进驻万容、众合、天和白马等市场疏解项目一线，形成“人民调解先行、委托公证辅助、法援律师全程代理”的疏解新模式，集中为产权方、市场和商户提供包括律师代理、公证、调解协议制作等全程代办式无缝隙法律服务，最大限度为动批市场高效平稳疏解提供了有力保障。

（刘　伟）

【普法依法治理工作】 年内，“七五”普法宣传大力实施。启动法律十进“七五”行活动。推动落实“谁执法谁普法”责任制，制定“七五”普法责任清单，对全区37家单位落实“谁执法谁普法”普法责任制工作进行了督导考核。成立大栅栏国粹苑“西城区市民法治文化苑”普法基地。加强新媒体普法，形成“一网、三微”格局。以广外街道红居街社区为重点打造法治文化示范社区，开展各类法治实践活动，区域法治氛围更加浓厚。

（刘　伟）

【人民调解工作】 年内，区司法局加强调解员队伍建设，招募860余名志愿者组建人民调解志愿者库，充实区人民调解专家库。实施人民调解“以案代补”制度。强化人民调解、行政调解、司法调解衔接机制建设，完善多元调解工作体系。推进特色调解组织建设。

（刘　伟）

【社区矫正工作和帮教安置工作】 年内，区司法局“两类”人员教育稳控扎实到位。把握矫正调查、接收宣告、临释人员信息核查及重点人出监无缝衔接四个环节，建立重点关注人员事项四类台账，实现个案监管风险防范和责任风险预警制度化。全时对重点部位和重点人员进行电子监控和督察。完善公、检、法、司、监所联动机制，固化部门联席会议、“两所会商”、监所协作和检司联动四项制度，与公安联合开展人户分离、下落不明刑释人员排查整治专项行动。畅通救助帮扶渠道。依托区阳光中途之家开展各类线上线下教育和社区服务。

（刘　伟）

【公证工作】 年内，区司法局大力开展“规范执业行为　提升公证公信力”教育整顿活动，就2016年以来办理的遗嘱、继承、委托、强制执行等公证事项对3个区属公证处开展了13批次的督导检查，将公证质量管理主体责任落到实处。丰富公证便民举措，3家公证处实现网上申请办理公证服务全覆盖；4类公证事项代当事人调查核实；减免公证费用的当事人群体和公证事项范围进一步扩大。

（刘　伟）

【律师工作】 年内，区司法局有序推进律师管理工作，狠抓律师许可管理。加大对辖区律所巡查检查力度。与区律师协会建立投诉案件会商机制和案件评议机制，严肃查处律师违法违规职业行为。选派22名律师成立“区重点矛盾纠纷及重点人领导包案”律师服务团，全年共参与重大矛盾纠纷化解60次，提供法律意见建议140余条。做好律师参与信访接待工作，妥善化解数十起群体性矛盾纠纷。

（刘 伟）

【法律援助及“12348”工作】 年内，区司法局为做好弱势群体法律援助工作，实施援助律师办理刑事认罪认罚案件制度，设立公安执法办案中心和人民检察院法援工作站。扩大老年人法律援助覆盖面。加强街道法援工作站建设，配备专职值班律师队伍。综合运用案件质量评估、受援人回访以及庭审旁听三项措施，切实提升法援办案质量。全年西城区共办理各类型法律援助案件2605件，较2016年办案量1053件增幅达147%。

（刘 伟）

【“疏解整治促提升”专项行动工作会】 3月7日，西城区召开2017年司法行政系统工作会暨“疏解整治促提升”专项行动工作会。西城区司法局党组书记袁世良传达了习近平总书记对政法工作的指示精神，市、区政法工作会和市司法行政工作会会议精神，西城区司法局局长李铁作西城区2017年司法行政工作报告，表彰了5个考核优异的司法所，区司法局副局长王爱民部署了“疏解整治促提升专项行动”相关工作。市司法局政治部主任谢尚河肯定了西城区工作，并就2017年工作提出了具体要求。副区长朱国栋就做好2017年西城区司法行政工作提出了希望。

（刘 伟）

【举办第七届“司法行政开放日”活动】 6月10日，西城区举办主题为“践行‘红墙意识’司法行政在身边”第七届司法行政开放日活动。本届司法行政开放日活动以推职能、推服务、推媒介为重点，全区司法行政系统整体联动线上、线下有机结合，传统媒体和新媒体协同应用，以案例分析、职能介绍、调查问卷等形式，充分发挥北京西城政务微博、晨夕法律服务和西城法援等微信公众号、法律服务网、西城普法今日头条等新媒体和网络平台作用，利用微博、微信、飘窗等方式预告活动信息，对开放日进行有效、持续的气氛烘托与内容推送。

（刘 伟）

【司法部领导到德恒律师事务所调研】 9月7日，司法部党组成员、副部长熊选国一行到北京市德恒律师事务所调研党建工作。北京市委常委、政法委书记张延昆等陪同调研。德恒律师事务所党委书记、主任、首席合伙人王丽博士与党委、管委会主要成员陪同调研组参观了德恒所的办公环境，介绍了德恒所的发展历史，演示了覆盖德恒所所有分支机构的IMS系统和电视电话会议系统等信息化建设成果，并介绍了德恒所党员之家。座谈中，王丽以《坚持党建促所建 走有中国特色律师之路》为题汇报了德恒所党委党建工作的实践做法和心得体会。张延昆肯定了德恒所的党建工作一直走在前列，发挥了一定的引领作用。熊选国在座谈中指出，对德恒所倡议并创新打造的“一带一路服务机制”和“一带一路国际商事调解中心”新型服务平台表示肯定和赞赏，并表示要以具体措施支持平台建设，助推平台健康快速发展。

（刘 伟）

【十九大安全维稳工作】 年内，成立了十九大维稳安保工作领导小组，制定下发《西城区司法局十九大维稳安保工作实施方案》，联合区公安、卫计委对全区15个司法所“五类”人员管控情况开展安保专项督查。对全区律师事务所开展“拉网式”巡查走访38次，成立专项工作检查组先后6次对重点律师事务所开展检查，约谈律师43人次。建立相关敏感案件报备制度。在十九大期间共调解纠纷2537件，成功化解2491件，成功率达98%。

（刘 伟）

【市委政法委领导到新街口司法所调研】 11月14日，市委常委、市委政法委书记张延昆到新街口街道司法所调研基层司法行政工作，市委政法委秘书长李中水陪同调研。市司法局局长苗林等参加了调研。张延昆一行实地考察了新街口司法所，察看了公共服务区、人民调解室等办公场所及工作流程，详细询问了社区服刑人员的教育管控情况以及群众申请调解的诉求变化情况。他就进一步发挥人民调解工作在“疏解整治促提升”中的作用提出了要求。

（刘 伟）

【“12·4”国家宪法日系列宣传活动】 12月，区司法局在全区范围内开展了以“学习贯彻党的十九大精神，维护宪法权威”的“12·4”国家宪法日系列宣传活动。西城区在2017年的国家宪法日宣传活动中，通过线下、线上多措并举的宣传形式，利用新媒体及“互联网+”等创新多样的“智法”媒介，向全区范围内的广大市民宣传法治精神，普及法律知识，收获良好的宣传效果。

（刘 伟）

公安交通管理

【概况】 北京市公安局公安交通管理局西城交通支队（简称西城交通支队）是本行政区道路交通安全管理的职能部门。支队内设有执勤大队和业务职能部门共12个。年内，支队围绕全区各类交通热点、难点问题，铺开各项整治措施。执法方面，现场执法29.4万余起、同比提升11%；扣车1905辆、同比提升13%；拘留320人、同比提升30%；查获醉驾案件146起，占案件总数72.3%，同比上升39.7%；查获酒后驾车1124起，同比上升2.8%；处罚非机动车行人违法3.9万余起、寄递送餐车违法2159起，均较上年同期有大幅提升；贴条40.9万余张，同比提升10.5%；拖车7597辆，占全市总拖车数目的25%。执法处理方面，处理非现场违法行为176069笔，罚款总额27846407元；满12分扣留驾驶证449个；受理涉牌套牌案件410起，结案72起；处理一般程序409起；办理车辆检验合格标志14578笔；违法信息撤销3700笔。缓堵方面，完成23条试点道路二维码设施台账建设，包括信号灯箱73个、指路牌371面、街牌176面、人行导向牌109面、地铁指示牌47面、地下通道指示牌20面，共修剪遮挡设施类路树枝叶34处，拆除私设标志牌25面；积极协调区政府将41套慢行系统建设非现场执法监控设备接入非现场执法平台并报公安部检测；针对儿童医院、故宫北门、北海北门等重点违法行为突出的点位，新增违法停车监控设备3套，在乐道巷、新文化街等地点建设非现场执法设备7套；积极配合区政府实施新建道路和5处疏堵工程建设，全力配合区政府对右安门东街、右安门西街、广安门南街等26条道路实施慢行系统改造工程；管界内12处堵点、13处乱点已全部销账完毕。特勤方面，充分发挥城市运行和服务保障13家单位联动作用，安排公交、医疗、清障救援等力量前置备勤；制作40面个性化交通提示牌，分别在12处分流疏导节点码放；调整岗位129处，高峰时段部署警力139人；完成各类勤务任务6071起。接处警方面，处置122警情121186起，其中事故类报警43712起，拥堵类报警2329起，反映类报警75145起。妥善处置上访、起火、敏感案事件等突发情况共312起。法制接待方面，接待群众来电1464人次、来访2558人次；受理滞纳金案件9起，受理国赔案件12起；复议案件立案444件，累计办结370件；出庭应诉全部办结10起行政诉讼案件。

地址：西城区赵登禹路303号
邮编：100034
电话：88313209

（杨　阳）

【创新缓解交通拥堵】 年内，按照“将最有效的供给满足最迫切需求”的思路，调整交通管理措施，在均衡流量和解决交通拥堵问题上，注重理念创新、机制创新、方法创新，用足现有政策法规，通过采取机动车单行、禁行、禁左、可变车道等交通组织调整，以渠化调整、工程改造、增设停车设施、增加科技执法设备等作为缓解拥堵重点考虑的手段和方法，通过各个局部区域交通组织优化水平的提升，实现路网流量“主辅均衡、区域均衡、时空均衡”，以提高支队管界道路整体通行能力。

（杨　阳）

【推动一区一警机制】 年内，积极与区政府沟通，得到区政府的大力支持，全区15个街道办事处均成立了由街道主管书记任组长的专门推进机构，15名民警全面进驻街道办事处，兼任各街道综治办副主任，参加街道办事处综治工作会议，积极向属地街道党委、政府汇报道路交通管理工作，全力争取支持，架起了政府与支队之间的桥梁，推进夯实交通安全管理工作。

（杨　阳）

【醉驾查处】 年内，进一步加大对醉驾案件的查处力度，统筹安排夜查小分队的查酒时间和频次，并重点在交通要道设置查酒岗位，实现查酒力度持续稳定，保持高压态势。全年支队共查办醉酒驾车刑事案件202起，同比上升39.7%；查获酒后驾车1124起，同比上升2.8%；因醉酒驾驶引发的重大交通事故0起，同比减少3起；因发生交通事故被发现的醉驾案件56起，占案件总数27.7%，其中引发简易程序交通事故的54起，占事故类醉酒案件数96.4%，发生一般程序交通事故的2起，占3.5%。

（杨　阳）

【交通安全监管】 年内，强化对大型单位的交通安全防范责任、内部驾驶员管理、交通安全法律法规和安全行车教育工作的监管，共检查大型单位200余家；深入企业内部开展隐患排查，对6家连续违法超标的单位挂“重大交通安全隐患单位”警示牌进行警示；联合区安监、运管等部门，对年内发生连续违法及严重违法超标单位开展联合执法，约谈企业负责人26次；全年对1022家社会单位及专业运输单位采取限期改正措施，对216家社会单位及专业运输单位采取禁止机动车上路行驶措施，对连续发生严重违法、违法超标的3家专业运输单位采取挂“重大交通安全隐患单位”警示黄牌措施。

（杨　阳）

【交通安全宣传】 在重大活动前夕，组织开展中央部委及服务单位交通安全宣传活动，多次深入各专车处进行交通服务保障工作动员；深入开展交通安全“三见面、三把关”工作，组织召开工作部署会、教育培训会27次；针对辖区老年人群体制作了老年人交通安全宣传课件、宣传片及宣传手册，在辖区261个社区滚动播放并开展宣传教育；结合辖区内中小学多的情况，强化对学校的交通安全宣传工作，通过主题班会、交通安全进课堂、阳光少年交警队会操等（在全市少年交警队会操中，西城区参赛的北京师范大学京师附小获二等奖）形式，深入开展学生群体日常宣传教育70余次，帮助学生认知43种禁令标识、29种指示标识以及48种警告标识，有效提高学生交通安全意识；在全区20个重点路口设计制作固定式宣传展板，提示广大市民朋友文明安全出行。

（杨　阳）

【证照办理】 年内，共办理驾驶证换证业务96808人次；办理驾驶证审验25969人次；办理临时号牌72028人次；办理异地验车26356人次；办理电动车上牌照640起；残疾车上牌照196起，办理进京证换办业务16281人次，申领车辆免检合格标办理40997起。

（杨　阳）

【交通事故处理】 年内，支队共处理交通事故14767起（上年同期13902起），同比上升6.2%。其中，简易程序处理14686起（上年同期13827起），同比上升6.2%；一般程序处理81起（上年同期75起），同比上升8%。管界共发生亡人交通事故25起，亡25人（上年同期36起，亡36人），死亡人数同比下降30.6%。

（杨　阳）

【交通特勤警卫】 年内，结合反恐维稳新形势，针对交通特勤任务量大、规格高、跨度时间长等实际，将交通安保与路面防控有机结合起来，健全了以敏感要害部位反恐防控为核心、以深化城市运行机制为依托的路面警情快速反应处置体系；针对管界内涉军访等敏感警情多发态势，对三办、中纪委、金融街等地区调整了专项警卫方案，强化了与公安分局相关部门联动对接，确保突发案事件第一时间发现处置。年内，圆满完成全国“两会”、“一带一路”高峰论坛、高考交通服务保障、党的十九大安保及首长日常办公等各类、各级交通警卫任务6071起；共妥善处置包括涉军访在内的各类突发事件312起，查获红色警示信息人员19名；快速有效处置各类122警情121186起，实现了辖区社会面交通安全畅通、和谐稳定。

（杨　阳）

【统筹优化静态停车】 年内，在老旧小区及平房区周边具备条件的道路，增加路侧机动车停车泊位，对于不具备设置停车位条件的道路，将在部分次干路、支路开辟夜间临时停车位、限时停车位等，最大限度满足居民刚性停车需求，在赵登禹路四根柏小学门、四十一中学门前、北营房中街等地区设置限时停车位，对广外医院周边马连道北路实施机动车单行单停措施。

（杨 阳）

【环保污染整治】 年内，加大与公安分局、城管、街道综治、属地派出所等部门联合执法力度，安排2名干部常驻区环保局负责联络沟通，设置西直门桥北、南礼士路、复兴门桥等24小时货车卡控岗，并专门安排6个执勤队围绕辖区“半环、三纵、五横”等货车渣土车违法突出道路、区域。年内，先后开展联合整治行动540余次，共查处货车渣土车2万余起，组织工地堵门行动72次。

（杨 阳）

【建议提案答复】 年内，支队共收到市级人大建议9件，区级人大建议、政协提案53件（单办25件、主办16件、会办12件），与上年71件相比较少18件，减少25.3%。其中人大建议27件（单办16件、主办6件、会办5件），政协提案26件（单办9件、主办10件、会办7件）。实现提案建议答复率100%、代表委员满意率100%。

（杨 阳）

【信访接待】 年内，西城交通支队共受理各级、各类信访16617件。市非紧急转办4999件；局办转来局长、支队长电子邮件4387件；区非紧急转办2820件；北京市网上信访信息系统602件；政风热线519件；受理群众来访、来电共3290件，其中正式受理案件381件（代缴纳罚款27件、开具答复意见书6件），其他相关咨询2909件。

（杨 阳）

军 事

武装部工作

【概况】 北京市西城区人民武装部（简称区人武部），受北京卫戍区和西城区委、区人民政府双重领导，负责西城区军事工作，是西城区委的军事指挥机关，区人民政府的兵役机关。编制现役军人5人、文职人员7人、职工18人，为副师级。设部长、政治委员、副部长、政工科长各1人，下辖军事科、政治工作科、保障科。年内，区人武部以深化改革和练兵备战为重点，按照“举旗铸魂、聚焦打赢、厉行法治、强基固本、创新推动、坚强班子”的思路抓建设谋发展，积极适应国防和军队改革新形势，聚焦备战狠抓动员准备，统筹协调深化军民融合发展，着眼当好“应急应战指挥部、地方党委军事部、后备力量建设部、同级政府兵役部、军民融合协调部”，在夯实能力打牢基础上下功夫，国防动员和后备力量建设不断提高，圆满完成年度各项任务。年内，区人武部在年度工作中成绩显著，被评为“先进人武部”“北京市征兵工作先进单位”“安全稳定工作达标单位”。

地址：西城区教子胡同14号

邮编：100053

电话：66187322

（王红光）

【落实党管武装制度】 年内，区人武部积极探索新形势下党管武装工作有效途径和方法，切实把人民武装建设成一支听党指挥、能打胜仗、作风优良的强大加量。加强党管武装理论知识教育，结合专武干部和民兵骨干集训，进行党管武装知识学习；协调区委党校把党管武装理论知识纳入党政干部培训课程；普及深化全民国防教育，推进国防教育规范化、制度化；开展“赞颂辉煌成就、赓续红色基因、支持改革强军”主题宣传教育活动；宣传优秀军人典型，努力营造关心支持国防、尊崇军人的良好氛围。认真落实党管武装工作制度，坚持地方党委议军、现场办公、党政领导“军事日”等制度，组织街道党管武装工作述职，表彰先进典型。推进基层党管武装工作力度，认真贯彻《专职人民武装干部工作规定》，规范选拔任用、教育培训和军地联考联评，加强党对企业民兵单位领导，促进基层党管武装工作落实。

（王红光）

【开展主题教育活动】 年内，区人武部开展“维护核心、听从指挥”主题教育活动，扎实推进“两学一做”学习教育常态化制度化。落实军委提出的8个方面要求和陆军明确的5个重点环节，着力把真学实做、真抓实落贯穿始终，融入日常，推动“两学一做”学习教育扎实有效。7月至10月，开展“学强军思想、讲强军故事、干强军事业”群众性主题实践活动。人武部党委把强军目标作为党委中心组学习、干部理论轮训、思想政治教育的重要内容，全面把握强军目标的重大意义、科学内涵和实践要求。

（王红光）

【部队全面停止有偿服务】 5月26日，西城区召开驻区部队全面停止有偿服务房地产租赁行业工作部署会，会议深入学习中央军委关于组织开展全面停业有偿服务工作指导意见，部署驻区部队全面停止有偿服务房地产租赁行业工作，采取验证终止收回、转换移交和社会化保障等停止方式，明确工作程序和善后处理问题，通报未停项目18处。6月20日，军地联合执法，全面清理驻区部队未关停有偿服务点。截至12月，共全面停止军队有偿服务点28处。

（王红光）

【国防动员融合发展】 3月份，调整优化区国动委办事机构设置和成员单位组成，完成区人防专业队伍组织整顿。4月至9月，完善防空袭方案计划，协调区国动委各专业办公室参加“人民防空演习，提高专业队伍动员保障能力；结合防空警报试鸣，组织开展疏散演练；普及和加强国防教育宣传，为党政机关、所属民兵单位、中小学校征订《解放军报》《中国国防报》《国防教育》《中国民兵》等7种报刊杂志；通过组织参观、红色公祭、军营一日、军事日等途径，深入开展国防教育实践活动；烈士纪念日前夕，组织区四套班子领导和各界群众代表在高君宇烈士墓前举行公祭活动，缅怀革命先烈，弘扬爱国主义精神。区属各级形成“领导重视国防、各级支持国防、全民热爱国防”的良好氛围。8月12日，北京市在西城区什刹海街道举办征兵宣传暨国防教育走进街道活动。年内，先后4次组织国防动员成员单位进军营活动，参观军营荣誉室、体验部队生活、了解强军实践和五年来所取得改革成就。

（王红光）

【落实实战化军事训练】 4月，卫戍区印发《北京卫戍区全面落实实战化军事训练实施细则（试行）》。年内，区人武部全面推进实战化训练落实，提升遂行任务能力。强化党委管训治训，每月组织1次党委议训，研究解决军事训练重难点问题；每月坚持参训不少于8天，拟制实战训练计划、演练示范讲解和考核评估；健全完善训练责任制，确保训练质量。坚持作战牵引，深化作战研究，以辖区安全为牵引，拟定重点课题，分解细化任务，结合战备执勤，现场勘察，突出作战指挥、力量运用、行动样式、综合保障、反恐维稳、抢险救援等组织战法研究。注重军事体育训练，民兵应急分队严格落实每工作日1小时体能训练，将格斗擒敌等科目纳入训练计划。大力改善训练条件，提高训练保障效益，发挥人武部系统训练资源优势，统筹协调轻武器实弹射击，民兵应急分队轮训；发挥军民融合优势，拓宽供给渠道，搭建信息化保障管理平台。

（王红光）

【安全大检查】 4月26日，卫戍区印发《北京卫戍区2017年安全大检查实施方案》。区人武部党委根据陆军2017年安全大检查任务部署电视电话会议精神，召开专题会、干部职工会动员部署会，进行思想发动，围绕军委“防范八个方面重大安全问题”和陆军“七个安全重点”，在陆军“十三个方面”安全大检查的基础上，结合调整改革进程和“争创安全年”活动，展开13个方面80项内容安全大检查。5至6月，对照陆军、卫戍区明确的重点内容，采取“打勾式”检查和“拉网式”排查，对发现的问题隐患，进行系统梳理，立抓整改，制定防控措施，确保了检查整改扎实有效，问题隐患及时“归零”。

（王红光）

【民兵组织建设】 年内，区人武部按照北京市部署要求，结合民兵担负任务，合理调整编组布局，拓展编兵渠道，优化兵员结构，编组民兵13500人，建立7500人的应急、支援和储备三大类96支分队。本着突出战备、要素规范、功能作用齐全的原则，先后两次修订完善各种战备方案，重点围绕情况设想、组织指挥、兵力使用、行动方式、协同事项和通信联络进行细化和修改，共设置综合防卫、应急维稳、抗洪抢险等15个方案。完善区级100人的民兵应急分队和15个街道50人的快速反应分队力量建设，巩固了区、街道两级民兵常备应急力量体系。坚持创新驱动，为优化民兵编组结构，率先在北京工商大学组建民兵应急连，强力推进编组向大专院校方向拓展，完成基本配套设施建设、集中训练和授旗仪式。按照“短时间、勤集中”方式，组织完成900人军事训练和轻武器实弹射击，抽调250名民兵骨干参加为期5天的民兵执勤训练。对辖区基层民兵单位进行清理清查，及时发现和纠治管理不正规、训练不经常、人员出入队频繁等问题，进一步提升了基层民兵规范化建设管理水平。

（王红光）

【民兵安保执勤】 2月27日，区人武部召开“两会”民兵安保执勤工作会议，部署年度民兵应急维稳任务。年内，区人武部根据北京卫戍区和西城区委区政府的统一安排，先后组织全国“两会”、“一带一路”高峰论坛和党的十九大期间的民兵安保执勤工作任务。动用126个民兵单位，2万余人次民兵，历时42天，担负辖区17处立交桥、20处过街天桥、28处地下通道，共计65处执勤点看护、巡视任务。广大执勤民兵充分认清形势，自觉强化政治意识、大局意识和责任意识，展示了首都民兵的良好形象，坚守岗位、履职尽责、作用明显，询问盘查可疑人员3000余人次，劝说疏导逗留人员110余人次，有效处置可疑人员利用桥梁、地下通道悬挂横幅，抛撒传单等行为30余起，为维护区域安全稳定发挥了重要作用。3月6日，中央军委国防动员部工作组检查西城区全国“两会”民兵安保执勤工作，现场指导并检查了执勤民兵装备器材、交接登记，对民兵掌握知识进行提问，西城区民兵安保执勤工作受到工作组通报表扬。

（王红光）

【夏秋季兵员征集】 年内，区人武部深入研究新形势下兵役工作“五率”要求，立足早动手、早准备，联合公安分局采取入户调查登记、网上比对登记等多种形式，广泛开展兵役登记工作。组织院校毕业生征兵普查和兵役登记，适龄青年登记率达到99.6%。加大征兵宣传和网上征集报名工作，严格落实义务兵定向招录招聘、提高优待金标准、进藏兵特殊优待等政策规定，进一步激发了青年的参军热情。认真组织开展政治考核和体格检查工作，各职能部门同心协力、严把各个关口，保证了兵员质量。严守廉洁征兵纪律底线，采取发布监督投诉电话、聘任监督员、坚持集体审核定兵等方法步骤，建立健全内部监督制约机制，维护了征兵工作的良好秩序。圆满完成279名兵员征集任务（男兵265人、女兵14人），其中大学生征集比例达到90%。

（王红光）

【军事设施保护】 3月15日，西城

区调整区军事设施保护委员会领导及成员，调整后的区军事设施保护委员会领导及成员30人，成员单位涉及军地28个单位，办公室设在区人武部。7月7日，为推进京张铁路建设项目与军事设施保护矛盾问题解决，市军保办组织西城军地及相关单位召开协调会，共同研究解决矛盾问题的措施办法。军队调整改革以来，至年底，驻西城区军事机构82个，重点军事设施保护单位24个。

（王红光）

【军官预备役】 11月13至16日，卫戍区组织2017年北京市军队转业干部集中办理军官预备役登记工作，登记安置西城区军队转业干部381名。年内，统计登记军官预备役1155名，其中转业安置驻西城区国家机关企事业单位368人、北京市属机关企事业单位197人，转业安置西城区政府机关企事业单位70人，选择自主择业520人。

（王红光）

【财务管理】 年内，区人武部党委坚持集体理财，严格财经纪律，加强经费管理、使用、审批、结算和监督，消除资金管理安全隐患，确保各项经费保障到位。1月，参加卫戍区年度预算执行情况考评审定，完成年度经费预算编制工作。10月，迎接区财政局经费预算项目绩效考评工作；坚持每季度与地方财政对账和预算调整，保障经费足额开支。年内，完成两批次共13名退休、转业干部的住房资金申请审批和发放。

（王红光）

双拥共建工作

【概况】 年内，是西城区双拥办机构调整后的第一年，在北京卫戍区和市双拥办的指导下，在区委区政府的坚强领导下，全区军民以饱满的政治热情、求真务实的工作作风和争创一流的精神状态，以习近平新时代中国特色社会主义思想为指导，认真学习贯彻党的十九大精神，深入践行红墙意识，全面弘扬柳荫精神，从理论与实践、传统与创新结合上摸索出有区域特色、时代内涵的双拥工作运行模式，双拥工作呈现出依法统筹、全民参与的良好发展态势，圆满完成了年度任务，创建品质得到新的提升，为强军改革和区域转型发展提供了有力保障。

地址：西城区西单北大街西斜街82号
邮编：100032
电话：66124993

（赵　晟）

【普及全民国防教育】 年内，西城区继续坚持把双拥宣传和国防教育作为基础工程，常抓不懈，多点延伸，全面推进。组织军民认真学习贯彻习近平新时代中国特色社会主义思想，深入开展以“不忘初心、继续前进”为主题的理想信念教育、社会主义核心价值观教育、国防教育和双拥光荣传统教育。组织开展“赞辉煌成就、喜迎历史盛会、军民同心筑梦”宣传教育活动，举办各类报告会、知识讲座、读书演讲、文艺演出百余场（次），深入宣传党的光辉历程和国家建设成就，宣传听党指挥、能打胜仗、作风优良的强军目标，宣传党的“十八大”以来西城区经济社会建设和双拥创建成果，进一步调动干部群众参与双拥、投身创建的积极性。金融街、广内、天桥、椿树等街道利用专题学习、重要节日和重大纪念活动，开展各种形式的国防教育及实践活动。各单位利用清明节、国防教育日、烈士纪念日等时机，组织军民开展祭扫、缅怀及宣誓活动。新街口街道举办清明诗会；什刹海街道建成“柳荫妈妈高玉贵纪念馆”；白纸坊街道组织多场专题报告会；全国烈士纪念日前夕，区四套班子领导和群众代表在高君宇烈士墓前隆重举行公祭活动，有效激发了干部群众爱党爱国、拥军奉献热情。为推动双拥创建工作奠定了坚实的思想基础。

（赵　晟）

【实事拥军工作】 年内，区双拥办坚持把服务部队作为重点，扎实做好实事拥军各项工作。投入3000多万元，支持强军改革和驻区部队建设，保障水电气暖供应，为官兵出行提供便利。推出“军人依法优先”举措，进一步开放服务官兵场所，为驻区23支部队发放159台野外播放器。各街道坚持慰问新兵、欢送退伍老兵，筹措近百万元，奖励优秀官兵146名，救助家庭困难官兵211人。动员社会各界开展拥军服务工作，数百家企事业单位参与慰问部队及共建活动，西单商场为官兵赠送50辆自行车。以传统节日为契机，深入开展实事拥军活动。元旦春节和“八一”前夕，区四套班子领导分率慰问组，亲切慰问驻区有关部队，为官兵送去了党和政府的关怀及节日的问候，赠送慰问金785万元。各街道、各单位分别召开座谈会、联谊会，组织走访慰问驻街部队。

（赵　晟）

【军民融合发展】 年内，德胜街道利用辖区科技企业集中优势，创建“科技双拥实践基地”，与驻区部队建立16个双拥共建项目，为区域军民融合开辟了新路子，引导干部群众进一步明确双拥工作的本质属性和地位作用，不断增强开展工作的责任感和自觉性。围绕“疏解整治促提升”专项行动，在驻区部队大力支持下，妥善解决了居士林部队营区燃气管道占道、平安里西黄城根北街一号部队家属院燃气管道占压管线问题，协调军委机关事务管理总局服务局提供车位事宜，有效缓解了周边居民停车难问题。配合驻区部队做好全面停止对外有偿服务工作，在国防动员部、军委机关事务管理总局和北京卫戍区的大力支持下，妥善解决了有关街道社区服务中心用房困难等问题。

（赵　晟）

【双拥文化建设】 为迎接党的十九大和纪念建军90周年，以双拥为实践平台，组织开展十项重大活动，收到了明显成效。组建西城区双拥合唱团，作为骨干团体，参与区域文化双拥活动；组织官兵观看优秀剧目展演，观演达近1700余人次；开展读书征文活动；组织宣扬优秀军转干部活动；组团赴四川绵阳、新疆塔城慰问西城籍服役士兵；历时一个月，制作完成双拥电视片《使命》；深化“武术进军营”活动，区体育局选派专业人员深入部队，指导官兵武术训练；开展婚姻服务进军营活动，9对新婚军人走进武警原六支队，在市、区民政局领导和官兵见证下举行了领证仪式；

举办多场座谈、演讲、歌咏、演出等活动，牛街街道举办观影、升旗和微感言征集活动，月坛街道组织“我为国防展风采”活动，大栅栏开展“重温军营再立新功”活动，广外组织千里送真情活动，金融街举办家国情怀演讲汇，新街口组织优秀家风宣传教育活动，天桥、陶然亭等街道组织参观、讲座等活动。召开“西城区庆祝建军90周年大会”，区四套班子领导、驻区部队领导、各委、办、局和各街道领导、受到表彰的“红墙卫士”、“好军嫂”以及驻区部队官兵、军烈属代表共800余人参加会议。会议通报表彰了2016年西城区“红墙卫士”“好军嫂”，观看了双拥电视宣传片《使命》，通过现场采访，宣扬了“红墙卫士”、好军嫂、优秀军转干部代表，以及中国双拥年度人物范丽丽的事迹。

（赵　晟）

【双拥创建工作】　4月初，区双拥共建领导小组下发通知，对一个时期的创建工作提出了具体要求。各单位按照要求，深入开展双拥创建活动，收到了明显成效。一是基层共建丰富多彩。各共建单位深入开展双拥月、党建周活动，落实“军营一日”“地方一日”制度，做到活动经常，共建质量不断提高。什刹海街道坚持把共建活动落实到月，延伸到院，成功接待了部队4个大区级单位的参观调研。举办第三届“融合杯”军地棋牌赛，来自驻区24支部队、15个街道的112名选手参加现场角逐。各街道积极组织专业工作者赴军营举办强军文化、京味文化讲座，开展法律、心理知识授课和咨询活动，军地共同组织体能测试，开展军民体育竞赛活动，深受官兵欢迎。根据部队需求，有关街道为部队培训了60名厨师、水电等专业人才。部分街道为官兵购买了图书、影视设备和文体器材；广外街道为官兵赠送电脑和健身器材，活跃了官兵的业余文化生活，进一步增进了军民友谊。二是双拥设施建设进一步完善。启动什刹海街道双拥一条街升级改造工程，以打造室外“双拥博物馆”为目标，增加双拥元素，丰富双拥内涵，建设首都双拥新窗口；新街口街道启动“双拥街建设”，举行了启动仪式。投入部分资金，对爱国主义教育基地、基层共建场所予以完善改造，形成了更为完备、更具功能的双拥共建阵地。

（赵　晟）

【双拥典型和品牌特色建设】　年内，推出“柳妈妈饺子队”这一新的双拥品牌，开展评选表彰2016年西城区“红墙卫士”、好军嫂活动，55名官兵、30名军嫂光荣入选。柳荫街社区党委书记兼主任范丽丽当选“2016年中国双拥年度人物”。什刹海、西长安街、展览路等街道继续开展评选双拥“五好”活动，98名好家长、好军嫂、“最美战士”受到表彰。广内街道开展评选表彰安心服役的好战士活动。天桥街道与驻街部队共同组织了评选学雷锋先进集体、先进个人活动。全区先后总结宣扬了22个先进群体及个人的事迹，利用《首都双拥》《西城报》等媒体，重点宣扬了社区主任冯代莲、亓永红、退休干部恩征光的拥军事迹。参加中国《双拥杂志》主办的水关长城双拥展览，有效扩大了西城双拥的社会影响。为动员更多的干部群众投身双拥创建工作，最大限度地激发创建动能，夯实双拥的社会基础，筹建并启动了双拥志愿者队伍建设工作。第二季度在柳荫街先行试点，明确了组建办法，制定了志愿者守则，并逐步向全区推广。双拥志愿者主要由社区退休职工、预备役人员组成，参与区域双拥共建活动，承担服务部队等相关任务。

（赵　晟）

【解决“三后”问题】　年内，区委组织部、区民政局、人力社保局创新思路，采取办班培训、政策宣传、集中招聘等形式，为军转干部、随军家属和退役士兵就业安置提供服务。开展“随军家属就业服务月”活动，组织40余名军嫂参观义达里社区，帮助更新就业观念。召开随军家属就业双选洽谈会（38家企事业单位，提供97个就业岗位），154名军嫂现场报名。各街道发挥“军嫂之家”功能，相继开展就业咨询和技能培训等服务活动。上年10月，全国双拥办和军委政治工作部在北京市启动“助力随军家属就业工程”试点，区委区政府高度重视，建立了联席会议、情况通报和军地联审等制度，形成部队报需求、多方拿岗位、军地组织招聘、政策配套保障等措施。截至年底，全区接收安置军转干部108人，全部安置完毕；接收随军家属153人，安排就业22人，发放安置补助299.5万元；接收退役士兵339名，招聘录用41人。发挥区域教育资源优势，努力扶持官兵“后代”，继续深化政策保障入学升学工作，较好解决了需求激增、学位不足的矛盾，圆满完成军人子女幼升小、小升初任务，确保了军人子女享受优质教育资源。

（赵　晟）

【拥政爱民工作】　年内，驻区部队继承和发扬拥政爱民的优良传统，充分发挥职能作用，坚决维护社会和谐稳定，出色完成了执勤、巡逻、维稳任务。全力支持西城区的转型发展和公益事业。积极参加区委宣传部、区文联开展的“不忘初心跟党走、劈波斩浪再扬帆”主题征文活动。29支部队筛选报送稿件193篇，17篇获奖；17支部队获组织奖。积极配合“疏解整治促提升专项行动”，深入开展爱老助老活动、帮困助学活动，近千名空巢老人和贫困学生得到官兵的照顾和资助。大力支持少年军校建设，选派优秀官兵，圆满完成了学生军训任务。连续十一年开展“帮困助残送温暖”活动，筹资37.5万元，慰问750户困难居民。先后派出万余名官兵，参与疏解非首都功能、城市治理、环境整治、植树造林等活动，彰显了官兵爱西城、建西城的政治责任感。

（赵　晟）

【双拥信息宣传工作】　年内，各单位利用报刊杂志等主流媒体和网络微信新媒体，认真总结宣传经验作法，及时报道工作动态，大力宣扬双拥先进典型事迹，全面展示军民迎接“十九大”、共建美好西城的作法和成就。截至年底，共报送宣传报道80篇，刊发50篇，其中，国家级刊物1篇；军级报刊1篇；市级刊物33篇；网络媒体刊发4篇；西城报刊发5篇。据统计，双拥宣传报道总量位列全市第二名。

（赵　晟）

民防工作

【概况】 西城区民防局（简称区民防局）是西城区国防动员委员会的常设办事机构和区政府人民防空工作主管部门，承担西城区人民防空、公共安全宣传教育职能。年内，民防工作突出抓好思想政治建设、安全稳定、依法行政、组织和干部队伍建设，认真落实中央“八项规定”，落实廉政建设责任制和廉洁自律各项规定，深入推进民防组织指挥、城市防护、宣传教育“三大体系”建设和防震减灾工作，求真务实，开拓创新，完成了年度各项工作任务，防震减灾科普宣传工作获得市级优秀。

地址：西城区西单横二条2号华恒大厦4层

邮编：100031

电话：88064999

（李显臣）

【应急指挥体系基础建设】 年内，完成5处民防高点监控系统的升级改造；民防通信线缆断点及时得到维修清查；民防专网接入各街道全响应平台工作进行了摸底；完成了民防应急指挥车、值班室154A电台的维护维修和应急值守任务，副市长卢彦和区长王少峰两次到应急指挥车上检查指导工作。对全区范围内防空警报器进行加电测试，对故障警报器进行维修。对民防应急物资储备库进行维护及清整，储备物资77类、3千余件（套）及9类77种民防应急救援装备。组织应急培训共计118天；应急指挥车值勤、备勤值班共计26天。

（李显臣）

【防空防灾宣传阵地建设】 年内，进一步扩大宣教阵地，创新宣教方法，丰富宣教内容，加强宣传阵地建设，对万寿宣教基地综合调试、检修共53次，对德胜、展览路、新街口3个街道下拨宣教基地维护维修经费共40万元。年内德胜教育基地改建完成，正式投入运营参观使用。展览路街道和金融街教育基地接待参观学习人员8000余人次。年内月坛雅集、金融街宣教中心开发再利用多次被有关新闻媒体报道。BTV生活频道3月份播放了金融街教育基地被百姓充分利用的相关报道。《人民日报》《北京日报》等媒体多次报道了北京雅集（原天外天）非遗文化展示平台改建成果。在西城区科信委《西城网站监测报告》中，区民防局取得满分。全年防灾减灾网站刊登信息共计447条，工作动态信息22条。

（李显臣）

【防空防灾主题宣传教育活动】 3月1日，区民防局在教育基地开展主题为“与民防一同抗灾”的大型社会宣传活动，向居民发放宣传资料和宣传品。邀请市局的讲师团为社区开展公共安全大讲堂活动19场；5月12日，围绕“减轻社区灾害风险，提升基层减灾能力”的主题，在北京展览馆南广场集中开展“防灾减灾日”户外宣传活动。依托万寿公园等全区15个云视窗，不定期播放人民防空和地震应急知识；据统计，全年发放宣传材料7.1万册，发放应急包540个、布袋子7000个、扑克牌2万副，皮尺、小腰包、围裙等宣传品2000个。为社区开展19场安全知识大讲堂活动，培训了400余人。年内，防灾减灾网站刊登信息共计447条，工作动态信息22条。向华北人防、北京民防、西城报和市民防网站等相关刊物投寄稿件、照片80余篇幅，刊用稿件11篇，照片15幅，西城报7次就西城区民防工作进行了报道，制作了《谱写西城民防新篇章》记录片。

（李显臣）

【人防工程综合整治工作】 年内，根据年度综合整治工作方案，完成44处散租住人工程、20处旅馆工程、8处仓库工程的清理整治，面积共70728平方米，清理房间3173间，清理人员4481人。全区散租住人工程已全部清零。

（李显臣）

【安全监管和专项治理工作】 年内，区民防局把安全管理工作摆在突出位置，采取层层签订安全管理责任书、分组分片包干的方法，加强日常安全检查和专项治理。将区民防局督查与街道民防科巡查有机结合，结合人防工程综合整治工作，7个督查组协助、指导街道开展日常安全管理工作。点面结合，加强联动，严格执法。全年共检查人防地下室1897处次，执法约谈42处。

（李显臣）

【人防工程维护维修工作】 年内，共完成2941.7平方米的早期工程隐患治理工程，完成19905平方米的地下室维护维修工程，完成19437平方米地下室维护维修工程和24726平方米地下室清理整治工作。

（李显臣）

【人防工程建设管理】 年内，全年共办理人防工程行政许可事项98件，竣工验收备案1件，拆除3件，改造2件。续签合同14份，新签合同13份。收取人防工程使用费19处，525万余元。签发人防工程使用证征求意见书31份。人防工程管理台账更新数据300余条。

（李显臣）

【人防工程防汛工作】 年内，根据《西城区2017年人防工程防汛工作方案》要求，汛前组织各街道完成了526处、近24万平方米早期人防工程汛前普查和678处、142万平方米防空地下室防汛普查工作。完成人防工程防汛抢险专业队伍整组工作，组建4支、50人的抢险专业队伍并进行了防汛演练；汛期储备各种防汛应急物资发电机4台、水泵22台、呼吸机3台、充气泵1台、电缆盘8个、水龙带19盘、膨胀沙袋900个、编织袋3100余条，向区人防工程抢险专业队和各街道民防科（办）发送防汛预警信息4次，安排加强值班8次、20人次。全年共组织抢排险14处，含早期工程出入口塌陷9处、人防工程内部倒灌、漏水5处，没有发生人员伤亡和财产损失，确保人防工程安全度汛。

（李显臣）

【人民防空训练工作】 年内，按照《2017年度西城区民防局训练工作计划》和《2017年西城区民防专业队训练计划》对全体人员进行了培训，共完成基本知识、体能训练等基础训练71.5天，共计572学时；完成修订街道、社区人民防空袭方案、民防应急救援分队、工程管理、通信警报业务培训等专业训练147天，共计1175学时；完成西城区人民防空袭人口疏散组织指挥研究性演练、人防工程防汛演练、京津冀通信演练等综合训练29天，共计232学时。

（李显臣）

【应急培训和演练工作】　年内，完成人民防空袭人口疏散组织指挥研究性演练、人防工程防汛演练、京津冀通信演练等综合训练29天，共计232学时；在区基本指挥所、房山区大石窝镇组织15个指挥部成员（委办局）单位、各街道和全局人员参加的人民防空袭人口疏散组织指挥研究性演练。完成民防应急救援分队、工程管理、通信警报业务培训等专业训练147天，共计1175学时；民防应急救援分队在华北四省市应急救援骨干培训考核中夺得第一。完成了“9·16”警报试鸣设备保障工作，对所有警报设备进行了巡查检修。

（李显臣）

【民防进社区工作】　年内，完成市局要求的民防进30个社区的目标任务。在硬件建设上，为30个社区540名民防志愿者配备消防应急包540个、马甲60个，在社区安装应急亭15个，对于未安装应急亭的部分社区，按照应急亭配置标准，为每个社区配备手摇警报器、应急照明灯、扩音器、逃生绳、反光背心、多功能折叠铲、应急雨衣、应急高筒靴、警戒带等器材，共计19种1350件，以应对社区的突发情况。为18个社区安装宣传栏共计82个。绘制30个包含道路、楼宇、服务设施等元素社区掩蔽路线平面。社区疏散演练标识现场调研前期根据社区实际安装条件设置标识牌的分布并体现在平面图中，制定人员掩蔽路线。为社区安装19个避难疏散导视牌，92个引导标识，184个掩蔽场所标识。

（李显臣）

【公共安全志愿者队伍建设】　年内，按照社区民防建设工作标准要求，通过整合、梳理，在30个社区中增加540名民防志愿者，并组织培训了160名民防志愿者人员。同时，区民防局还结合志愿者自身工作实际，开展各种自学、自训活动，让他们利用业余时间进行学习。开展志愿者体能训练，为志愿者配置应急救援装备。

（李显臣）

【民防法制体系建设】　年内，区民防局共审理外签合同67份，确保了外签合同的合法有效。加强法制宣传，加大执法力度，有效打击非法、违规行为。制作下发1900把宣传折扇，内容为违法使用人防工程的条、款、项及图片，面向人防工程使用单位下发，进一步加强使用单位的法律意识，制作西城区民防工程执法检查指导手册500本，为一线执法人员快速有效执法提供法律依据。依法对使用人防工程的单位共进行执法检查，在执法检查中发现的违法问题，除对使用单位进行批评教育或责令限期整改以外，还分别对问题严重，且屡教不改的7家使用单位实施行政处罚，罚款121500元，确保了人防法律法规有效贯彻实施。

（李显臣）

【防震减灾工作】　年内，不断夯实防震减灾三大体系建设基础，防震减灾工作取得了新的发展进步。坚持依法推进防震减灾工作，落实防震减灾法定职责，建立健全防震减灾工作机制。将市防震减灾年度考核任务和区防震减灾工作要点中涉及的各项任务分解到区各部门、各街道。完成白纸坊街道半步桥地震安全社区和广外街道红居街地震安全社区创建工作，椿树街道椿树园社区被授予“国家级地震安全示范社区”称号。北京市第七中学被评为区级地震科普示范学校；156中学、北京小学走读部、进步小学均被评为市级地震科普示范学校，进步小学获得国家级地震科普示范学校的称号。对全区8处强震仪进行维护保养和定期巡查，协调专业技术人员，对西城区地震发生所面临的灾害风险评估进行综合会商。对9个街道的126处共89083平方米的开阔场地进行测量、标记，协调园林部门加强地震应急避难场所建设；对地震应急物资库进行二次升级改造，储备了部分防震应急物资，进一步提高了地震应急保障能力。

（李显臣）

武警第六支队

【概况】　中国人民武装警察部队北京总队二师第六支队（简称武警第六支队），前身是保卫中国工农红军前委的3个警卫连之一，组建于井冈山时期。1942年10月20日改编为中央警备团，1983年2月改编为中国人民武装警察部队北京市总队第一支队，1995年7月，改称为武警北京市第一总队第一支队。1999年2月，武警北京市第一、二总队合编为北京市总队，支队番号改为武警北京市总队二师第一支队，隶属武警北京总队第二师领导。2014年3月，支队番号改为武警北京市总队二师第六支队，隶属武警北京总队第二师领导。年内，武警第六支队贯彻习近新时代中国特色社会主义思想和习近平强军思想，紧跟总队党委决策部署，聚焦迎接保卫学习贯彻十九大这条主线，坚持稳中求进，紧盯“两个安全”，打牢“两个基石”，建设发展整体平稳，使命任务完成圆满。

地址：西城区南礼士路5号院
邮编：100037
电话：52824124

（王　斌）

【支队政治建设】　年内，武警北京总队第六支队牢牢抓住政治建队这条生命线，把保卫党中央、保卫习主席、保卫首都安全作为官兵最高的政治荣誉，首位首抓，确保绝对。以《习近平论强军兴军》等为基本教材，深入推进“把习主席系列重要讲话作为案头卷工具书座右铭”活动，严密组织党委中心组带机关理论学习，深化习主席系列重要讲话精神特别是党的十九大和习近平强军思想贯注。广泛开展向“大功三连”和国旗护卫队学习活动，扎实推进“两项重大教育”、迎接保卫党的十九大和改革调整专题教育，紧跟内外形势和官兵思想搞好随机性及“四反”教育，深入彻底肃清郭徐等涉案人员流毒影响，抓实党员干部政治能力训练，基层内涵底蕴在按纲抓建中不断厚实。推动强军目标落地生根，运用挂钩帮带机制捆绑建队，“三帮一提高”活动有效落实，基层自建能力提升很快，全面建设齐头并进。纵深推进风气整治，严惩官兵身边“微腐败”，基层风气逐步纯正。扎实推进营区政治环境建设，《点赞2017》老兵复退文艺汇演反响良好，参加师“精忠杯”篮球赛蝉联三连冠。11名战士被武警院校录取，2名战士保送提干。

（王　斌）

【思想政治工作】 年内，武警北京总队第六支队思想政治工作在教育铸魂育人中得到加强。设立理论学习日、编印口袋书，建立对抗竞赛、量化考评、奖惩兑现等机制，督导官兵原汁原味学习习主席系列重要讲话，掌握基本观点、基本思想、基本要求。利用“身边人谈身边事”等载体，开展“十二观”随机教育，灌输立身做人道理。引导官兵自觉把个人梦融入中国梦、强军梦，用大梦照亮小梦，让小梦助推大梦。积极发挥“六小阵地”作用，用教育讲台交流强军报国心得、用警营广播传播强军报国之声、用演艺唱响强军报国战歌，让领袖讲话、英模人物、队史队魂进入宣传栏、灯箱、LED屏等，使官兵在潜移默化、耳闻目染中修枝剪叶，争当“四有”军人的价值追求更加坚定。深入开展政治能力训练活动，建强政治干部主体力量，六中队排长邢俊恺被总队评为十佳“四会”政治教员，5人在师“四会”政治教员比武中获奖。拓展两用人才培训途径，175人取得驾驶证。

（王　斌）

【执勤维稳任务】 年内，执勤维稳任务在整体联动中圆满完成。支队党委始终把中心任务当作饭碗工程、锅底工程列入党委重要议事日程，分管专司机关合营。遇有重大任务成立专班，班子成员分片包段、分区督导。扎实开展“学规范、查隐患、找问题、补漏洞”执勤安全整顿等系列活动，精细搞好重大任务“四过”评估，狠抓“三班四哨两小时”管控和“常见病、多发病”治理，每月开展“最美哨兵”评选、播放执勤检查录像通报，督导正规化执勤末端落实。常态督导战备工作“两个规范、三个标准”落实，“两个不经、一个保持”战备水平得到提升。每日派出动态指挥组，及时向重点敏感地区派出侦查力量。全年固定目标和社会面巡逻防控任务完成圆满，央视春晚、“一带一路”国际合作高峰论坛、党的十九大等重大临时任务确保了万无一失，多起有碍安全的情况处置稳妥，56人任务中立功，23人火线入党。

（王　斌）

【核心军事能力】 年内，核心军事能力在演训牵引中明显提升。针对场地受限和时间难保证的实际，研究落实军事训练“八落实”的办法，广泛开展“五小练兵”“五小教育”和基础体能达标竞赛活动，利用在队训练、勤训轮换等狠抓实战化条件下的专勤专训、专哨专训，特别是哨兵一招制敌训练。按照实战化标准组织专项集训、勤训轮换、“魔鬼周”训练、首长机关指挥要素演训，不断提升部队核心军事能力。积极贯彻军事训练“八落实”，分批开展各类集训及“魔鬼周”训练，四大队副大队长曹振、五中队班长李宁波分别被武警部队评为标兵教练员和优秀教练员，特勤排参加总队比武总评第二名。

（王　斌）

【安全发展基础】 年内，安全发展基础在综合治理中持续加固。强化底线思维，树牢安全靠建的思想，每月整理下发《队史箴录》，定期组织观看警示专题片和“四反”图片巡展，常态组织官兵学习各项纪律内容，熟知熟记上级特别规定、加强措施和刚性要求。积极推进“四心工程”，加强对婚恋进步受挫、心理指数偏高等特殊人群的教育谈心和关爱力度，因情施策做好“一人一事”工作。运用政治考核和“三互”活动载体、层层定期召开思想分析会、注重发挥思想安全骨干作用，及时全面了解掌握官兵思想动态，筑牢“防火墙”，设置“隔离带”。借助北京林业大学资源建强心理骨干队伍，在新兵下连、重大任务等时期跟进组织心理测查及疏导。结合传达事故问题通报，跟进搞好防手机失泄密、热射病等常识教育，严防因无知无畏出问题、触底线。强化“三个不放心”管控，挖雷排险及时，坚持稳中求进，突出风险防控，改革调整推进稳妥。

（王　斌）

【综合保障效能】 年内，支队综合保障效能在增强服务意识中跟进有力。科学设置伙食保障支撑点，拓宽保障渠道，与7家地方单位签订应急保障协议，建立4个应急联合保障支撑点，形成多点辐射的保障格局。加强“一组五队”编组训练和后勤岗位练兵，先后培训厨师等专业人员315人，有62名官兵考取资格证书，总队后勤实战化比武考核取得第三名，1人取得第一名。落实“6211”“1162”伙食保障模式，吃碰饭等督导活动常态落实，伙食质量有所提升。巡诊送药坚持经常，多名病号治疗及时，关爱到位。为21名干部分配了住房，干部最期盼的“安居”问题得到有效缓解。严把经费预算编制、执行和工程立项审核关口，财经活动更加正规。加大安全行车警示教育，全年动用车辆9000台次，安全行驶30万公里，未发生交通事故。成立专班、攻坚克难，清偿工作推进有力并按时限完成任务。组织立功受奖官兵亲属来京参观游玩，每年组织500多名复退老兵参加两用人才培训，实现“入伍即入学、退伍即毕业”的目标。

（王　斌）

【依法从严治军】 年内，把依法治军、从严治军的导向抓实。坚持严下先严上、严兵先严官，从严管机关、从严管主官、从严管个别人。及时传达学习各类违规违纪问题通报，组织观看《浴火强军》等警示教育片，析原因、论危害、明底线，党员干部敬畏法度的思想防线更加牢固。对照军纪委70个问题清单，突出领导机关、各级主官，深入推进基层风气专项整治，不正之风减少明显。组织开展纪检委员培训，扎实抓好党风廉政监督员联系点建设，紧跟搞好正确行使民主权利教育，监督网络更加严密，监督本领得到提升。在士官选取、技术学兵、评功评奖等关键节点、重要时段重申纪律要求，事中事后逐单位摸排党员干部落实廉洁自律规定情况，纪检监察跟进有力。积极拓宽民主平台，畅通官兵意愿表达渠道，采取各种形式公示党员发展、立功受奖等官兵关注问题的名额、标准、条件及结果，处理敏感问题阳光公正。年内研究推荐97名战士参加考学，发展党员219人，组织预提指挥士官培训143人、技术学兵325人。

（王　斌）

武警第七支队

【概况】　中国人民武装警察部队北京市总队二师第七支队，始建于1949年6月，前身为北平市人民政府公安局公安总队第1团。1962年5月，改称中国人民武装警察总队第2团。1966年6月7日，改称中国人民解放军北京卫戍区警卫第二师7团。1969年12月27日，改称为警卫第二师第5团。1979年1月，改称为第7团。1983年2月转隶为武警北京市总队第七支队。1995年7月，改称中国人民武装警察部队北京市第一总队第七支队。1999年2月，支队改编为武警北京市总队二师第七支队。同年6月，后勤处调整为正营级。2005年6月，四大队十六中队撤编，运输队降为汽车运输排，成立勤务汽车中队。2013年1月，勤务汽车中队撤编，和警通中队合并为勤务中队。2014年，支队进行编制体制调整，下设司令部、政治处、后勤处，4个大队18个中队及勤务中队、卫生队两个直属队。2015年7月，支队成立机动中队。防区分布在西城、东城、朝阳、丰台、大兴5个区，主要担负警卫、守卫、看押、看守以及武装巡逻等任务。年内，武警七支队党委认真贯彻总队党委"14668"思路目标和二师党委"六抓一保"决策部署，按照支队既定工作思路，稳步推进各项任务建设，部队全面建设保持了稳步协调的发展态势。

地址：西城区珠市口西大街133号

邮编：100050

电话：52824726

（马文沛）

【政治思想教育】　年内，支队深入学习贯彻习主席系列重要讲话和四级党委扩大会议精神，着力加强党员干部政治能力训练，自上而下召开专题民主生活会，党委核心领导能力逐步增强。深化精锐之师系列教育效果、有序展开"两项重大教育"和经常性思想教育，严密组织习主席系列讲话知识竞赛和"学讲话、迎大考、建精锐"歌咏比赛，稳步推进营区政治文化环境建设。跟进任务中政治工作，"两会""峰会"和十九大任务期间35人立功，4人火线入党，激发了官兵争先创优热情。狠抓"四反"教育和网络舆情监测，组织348名干部骨干参观铁窗生活，新闻工作走在总队、师前列。

（马文沛）

【完成中心任务】　年内，支队扎实开展"学查找补"和"清死角、扫盲区"执勤实践活动，顺利撤收二法二检等6处目标和1处规定外哨位。打赢制胜以全国"两会"、"一带一路"国际合作高峰论坛和十九大安保为重点的三场维稳战役，完成各类临时勤务1854起，用兵3.2万人次，处置各类情况76起，评选最美哨兵110人。十一中队有效处置新华社火情和持刀滋事情况，受到军地广泛赞扬。十九中队中央电视台圆满完成武警部队"智慧磐石"工程试点建设任务，积累科技强勤经验方法。七中队执勤分队训练场地试点建设受到总队表扬，广泉小区首长住地和梅地亚新闻中心住地被总队表彰为先进住地，十七、十一中队分别被总队表彰为"一带一路"和十九大安保先进单位。全年3个单位被评为执勤标兵中队，支队被总队评为执勤先进支队。

（马文沛）

【支队安全管理】　年内，支队认真落实安全工作"八个规范"，持续开展五项指令性活动，加大"四不两直"安全检查，落实"二楼以上窗户、平台加装防护措施"硬性要求，开展密切内部关系专项整治活动，分流直属队超编士兵13人。持续开展"学法规、用法规、守法规"、"安全年"、"安全工作大检查"和"三治两抓"活动。稳步推进"百日安全竞赛"，每周播放警示录像，适时组织安全保密普查和零点夜查，突出对15个重点问题跟踪治理，妥善处理4起官兵家庭涉法问题，处置有碍安全情况15起。一季度被师表彰为安全工作先进单位，三季度被总部表彰为百日安全竞赛优胜单位。

（马文沛）

【基层基础建设】　年内，支队落实"承包、挂钩、结对"机制，安排7批141人次到基层蹲点帮建、当兵锻炼，对连续5年未进先进的三大队和十二、十七中队实施帮扶建档，对挂钩指导不力的2名机关股长进行追责。参加师《纲要》培训，落实支队《依法抓建七项措施》和《办实事计划》，利用季度按纲建队考评，及时总结经验教训，促进基层建设稳步提升，对随军随队、转业退休干部家庭进行走访慰问，有效激发干部队伍工作动力。

（马文沛）

【后勤保障工作】　年内，支队加强"一组五队"应急保障能力建设，组织2批28人次驾驶员集训，选派4人参加总队中级厨师培训，41人参加师军械集训，卫生员刘伟获后勤岗位练兵卫生员比武专业第一。推进战备库室改造、家属院防水等工程建设，建成启用机关集约化大食堂。严密组织枪弹清查整治和车辆秩序专项整顿，扎实开展生活费清查和军粮专项整治，跟进做好重大任务前心理筛查，协调健宫医院为连职干部体检，为24名随军干部分配住房，稳妥推进刘一村出租土地停偿工。

（马文沛）

【整风整改工作】　年内，支队建设基层风气监察联系点，培养48名基层风气监督员，扎实开展基层风气专项整治和正确行使民主权利教育。组织党委（支部）宣誓承诺、"七一"建党96周年纪念活动，开展主题党日、重温入党誓词。强力推进干部住房、官兵休假两个100%的刚性落实。全年提升干部29人、发展党员126人、考学提干6人、技术学兵93人、转改士官151人、立功受奖65人，严格程序、坚持原则、官兵服气。及时对2名违规上访干部进行严肃处理，对18名违规违纪的士兵进行公开处理，责令发生问题的3名中队主官在大会上做出检查，立起从严执纪的问责导向。

（马文沛）

（责任编辑　华大友）

重大改革 功能街区建设 重大项目建设

区委全面深化改革领导小组办公室

【概况】 中共北京市西城区委全面深化改革领导小组办公室（简称区委改革办）是区委全面深化改革领导小组下设的常设性工作机构，设在区委区政府研究室，一个机构、两块牌子，承办区委全面深化改革领导小组的日常事务。区委改革办设主任1名（由区领导兼任）、专职副主任2名，设6个内设机构，其中秘书科、协调科独立设置，其余4个科室依托区委区政府研究室的经济科、政治科、文化科和社会科设置，分别承担相应领域改革任务。年内，在区委常委会的领导下，西城区全面深化改革工作坚持以习近平新时代中国特色社会主义思想为指导，牢固树立"四个意识"，积极践行"红墙意识"，全面落实中央、市委的部署要求，围绕推进科学治理、提升发展品质这条主线，着眼重点突破、实现整体推进，推动了城市管理体制改革、监察体制改革、医药卫生体制改革等一系列重大改革任务的落地见效，总结了一批新经验、形成了一批新制度、探索了一批新模式，努力开创了西城区全面深化改革的新局面，坚定不移把全面深化改革工作不断向纵深推进。

地址：西城区二龙路27号
邮编：100032
电话：88064450

（刘玉博）

【发挥决策议事协调作用】 年内，在区委领导下，区委全面深化改革领导小组充分发挥决策议事协调作用，在把方向、谋大局、定政策、促改革上加大力度，先后召开5次区委全面深化改革领导小组全体会议，及时传达部署中央、市委有关改革会议精神，听取全部9个改革专项小组组长对本领域改革改革工作的汇报，审议通过事关西城改革全局的重要改革议题20余件。

（刘玉博）

【调整领导小组成员和专项小组设置】 年内，十二届区委为加强党对全面深化改革统筹领导，进一步突出改革重点、提高工作效能，对表市委，对领导小组成员和专项小组设置进行相应调整，领导小组成员扩大为全体区委常委，专项小组由12个调整为9个，组长全部由区委常委担任。

（刘玉博）

【研究制定年度工作要点】 年内，区委改革办结合西城实际，从解决影响和制约区域科学发展的深层次矛盾和问题入手，制定出台2017年全面深化改革工作要点。2017年工作要点较往年相比，体现了全面推进、重点突破和创新意识3个方面的特点，改革任务涵盖9个领域71项，明确关乎全区发展大局的重点改革任务8项，以制度创新为核心，紧扣改革主题，增强改革味道。全年在71项改革任务中共完成67项，完成率为94%，制定出台重要改革文件70余份。

（刘玉博）

【修订改革规划】 8月，结合年内全面深化改革工作面临的新形势、新任务、新要求，区委启动和部署《西城区重要改革举措实施规划（2014—2020年）》修订工作，对改革任务进行全面梳理调整，力求使规划成果更加适应时代要求、更加符合发展规律、更加反映人民意愿。

（刘玉博）

【优化工作机制】 年内，区委改革办围绕建立全过程、高效率的改革工作体系和落实机制，全面推行"三会三单"机制（"1+9工作会、1+N会商会、'一线话改革'座谈会"等会议机制和"改革议题单、工作建议单、督察督办单"等推进机制），积极构建"上下衔接、左右协同、内外沟通、统筹实施"的改革工作格局，重点领域改革牵头部门的实施力度不断增强，区域全面深化改革工作的整体效能得到切实加强和提升。

（刘玉博）

【健全评估机制】 年内，为深入落实中共中央总书记习近平提出的"两个是否"的评价标准，切实增强改革的可行性和有效性，探索建立"嵌入式”改革评估制度，并聘请北京国际城市发展研究院，对“大部制”街道管理体制改革推进情况及百姓服务中心建设运行情况进行动态的、专业化评估，进一步提升了改革成效，确保了改革举措落到实处。

（刘玉博）

【推进改革试点建设】　年内，区委改革办坚持试点先行，把握改革试点方向，推进国家监察体制改革、医联体等改革试点工作，进一步加强工作统筹，科学组织实施，及时总结推广，发挥了试点对全区改革的示范、突破、带动作用。特别是针对基层管理体制创新这一制约区域科学发展的难题，在没有任何经验可以借鉴的情况下，主动担当，在展览路、广内2个街道推进“大部制”街道管理体制改革，对新模式下街道的机构设置及运行机制进行了积极探索，取得了一定的实践经验做法。

（刘玉博）

【强化理论创新】　年内，区委改革办开展构建有效超大城市治理体系的研究探索，撰写《关于进一步加强街巷长制建设的指导意见》，明确了街巷长在基层治理中的职责作用，对于探索建立街巷治理长效机制和强化基层基础工作具有重要意义。出台《关于进一步加强指挥部建设的指导意见》，探索新形势下城市跨单元、跨街区建设和治理体制机制创新，进一步增强了各功能街区指挥部在推进区域科学治理、提升发展品质中的作用。

（刘玉博）

【加强调查研究】　年内，围绕背街小巷治理、“大部制”街道管理体制改革及指挥部建设等全区重点改革任务组织开展调研40余次，挖掘了一批改革特色亮点，发现了一些改革推进中的难点问题，为进一步深化改革提供了良好借鉴。和中国人民大学合作开展《关于背街小巷治理作为城市治理体系的重要内容的实践与思考》课题研究，探索推进城市现代化治理的新途径和新方法，总结和提炼了一套规范长效的治理制度方案和政策工具箱。和北京建筑研究院合作开展“24×20计划”街区考察活动，招募40位社会志愿者24小时全程观察、记录区域内20个街区胡同的功能设置、临街业态、街巷秩序，广泛动员社会力量参与街区共治，有效推进街区整理计划的深入开展。

（刘玉博）

【加强改革工作督察督办】　年内，区委改革办发挥督察的“指挥棒”作用，明确督察主体和职责，着力构建上下贯通、横向联动、内外结合的督察工作格局，确定年度20项重点督察任务，制定出台《西城区全面深化改革督察督办工作办法（试行）》，采取自查、专项督察、重点督察、联合督察、整改复查“回头看”等相结合的工作方式，全年开展各类督察共30余次，并就国家监察体制改革试点、医药卫生体制改革及街巷长制运行管理等重大改革任务开展重点督察，进一步推进了全区各项改革任务的落地见效。根据区委督查室统一要求，承接3项政府折子工程的统筹协调工作。建立督查台账，对承接的区政府折子工程坚持做好日常督查，每季度对各专项小组工作进展情况进行汇总分析，保证改革任务落到实处。

（刘玉博）

【加强与上级部门对接】　年内，区委改革办探索建立与市委深改办工作对接机制，主动对标对表，切实增强全面深化改革的自觉性。市委深改组第十七次全体会议召开后，针对市委深改第四督察组督察情况报告中指出的问题，区委第一时间整改落实，立即起草《关于调整区委全面深化改革领导小组组长、成员及党的建设制度改革等4个专项小组领导成员的建议方案》和《西城区全面深化改革督察督办工作办法（试行）》两个重要改革文件并在十二届区委全面深化改革领导小组第四次全体会议上审议通过。

（刘玉博）

【加深与智库合作】　年内，区委改革办坚持与社会智库合作，组织北京国际城市发展研究院参与改革决策咨询和重大课题研究，对西城区2016年全面深化改革执行情况开展第三方评估。与北京城市研究院合作编发《全面深化改革研究动态》《专报》等各类期刊共380期。不断加强政策解读、工作借鉴和情况反馈。

（刘玉博）

【经济体制改革】　年内实现“动批”、天意、万通等小商品批发市场顺利闭市，天皓成市场、天和白马二期、北京科技大厦同步实现转型升级。出台《西城区疏解腾退空间资源再利用指导意见》。推进国资国企改革，实施金融街资本运营中心、金融街集团、天桥盛世投资集团公司资产调整重组。有序推进混合所有制改革和员工持股试点，启动对庆丰餐饮公司的股份制改革。推进国有企业负责人薪酬制度改革，出台薪酬制度改革指导意见。制定实施《关于区内外优质教育资源共享、品牌共建工作的管理办法》。严格执行新增产业禁止和限制目录，全年不予办理工商登记业务515件。持续深化“放管服”改革，建立健全政府权力清单制度，落实商事制度改革，推进“先照后证”“多证合一、一照一码”，探索“联席会议、联动平台、联合监管”的事中事后监管模式，推进行政审批“两集中、两到位”，探索“互联网+政务服务”模式，让“数据多跑路、群众少跑腿”。

（刘玉博）

【历史文化名城保护与城市规划建设管理体制改革】　年内，对标北京城市总体规划，创新实施街区整理计划，出台《西城区街区整理实施方案》，编制完成全市第一个进行全域管控的城市设计导则《西城区街区整理城市设计导则》，带动广内、大栅栏、牛街等街道组织编制覆盖整个街道的城市设计方案，启动鼓楼西大街整理与复兴计划，基本完成阜成门内大街（一期）整体改造。创新超大城市有效治理体制机制，推进城市管理体制改革与执法重心下移，成立区城管委，落实街巷胡同整治提升三年行动计划，建立街巷长机制，1131条背街小巷实现物业管理服务全覆盖。严格规范棚改项目补偿补助奖励、定向安置房配售、实物安置等执行标准和工作程序，棚户区改造顺利推进。深入推进“四名”工作体系建设，实施文物“解危、解放、解读”工程，制定《西城区不可移动文物腾退五年行动计划》。制定《西城区2017年国有不可移动文物腾退补偿方案》，统一了全区文物腾退补偿标准，健全了公房文物腾退法律保障机制，文保区疏解腾退有序展开。成立城市品质提升艺术审查委员会。

（刘玉博）

【纪律检查体制改革】 年内，推进国家监察体制改革试点，实现党内监督与国家监察的有机统一。组建成立区监察委，加强党对反腐败工作的统一领导，全区反腐败资源得到进一步整合，实现对所有行使公权力的公职人员的监察全覆盖。制定《关于加强西城区纪委派驻机构建设的实施意见》，向全区派驻22个纪检组，在全市率先实现派驻机构全覆盖。出台《关于全面推行社区纪检专员工作的实施意见（试行）》，推动街道社区纪检组织全覆盖。制定《关于加强和改进区属国有企业纪检监察组织建设的实施意见》，在金融街集团、天恒集团、华远集团和广安控股分别配备了专职纪委书记，强化对企业领导人员权力的监督制约。

（刘玉博）

【文化体制改革】 年内，健全常态化思想理论教育引导机制，研究制定《西城区培育和践行社会主义核心价值观行动方案》，开展“道德讲堂”等系列活动。落实《西城区博物馆（展览馆）建设三年行动计划》，进一步推进基层文化建设创新发展。推进西城区非遗剧院筹建工作，着力打造演艺类非遗资源的展示平台。完成西城区公共数字文化服务项目（西城区文化云）一期平台建设，搭建“互联网+”模式，推动公共服务数字化、信息化发展。持续深化文化企业资产重组和国有经营性文化单位转企改制。探索建立公共文化服务设施社会化运营工作机制，引入社会力量参与运营管理，在条件成熟的5家特色阅读空间成立公益理事会。制定《西城区老字号餐饮企业振兴发展计划》，大力支持老字号企业创新发展。

（刘玉博）

【党的建设制度改革】 年内，构建干部工作“1+5”制度体系，进一步规范完善选人用人机制。推进履职业绩档案信息化系统建设，不断强化对处级领导班子运行情况和处级干部履职情况的分析研判。建立立体化干部考察考核评价体系，对干部进行分级分类测评，进一步增强干部考察工作的针对性和有效性。拓展“一增强两提升”工作载体，探索建立“党建+”工作模式，丰富“服务先锋”工程路径。实行“AB角”制度，推行机关运行年度工作手册管理和领导岗位职责手册管理，全面推进机关运行管理的科学化、规范化、精细化。

（刘玉博）

【科技教育体制改革】 年内，进一步深化义务教育重点领域综合改革，实施集团办学、学区制和贯通培养等改革举措，建成19个教育集团和12个学区，实现学区间、学校间资源均衡配置。落实学前教育三年行动计划，探索形成多种办学方式并存的学前教育格局。深化职业教育改革，推进职业教育改革转型发展。搭建公共服务平台，创新产业政策体系，加快推动以出版原创为核心的文化创意产业发展。完善中关村高新技术企业评审机制，提升高新技术企业认定的专业化和规范化水平。

（刘玉博）

【生态文明体制改革】 年内，推进公园城区建设，实施精品绿化添彩工程，通过留白增绿、拆违还绿、沿道布绿，完成绿色公共休闲空间建设27处、微绿地66处，实现新增城市绿地13.5万平方米，实现公园绿地500米服务半径覆盖率达到93%。在菜市口闲置用地建成核心区“城市森林”，占地面积3.44万平方米。研究完善区域环境保护督查考核办法，全力推进清洁空气行动计划，加大空气污染防治力度。全面落实河长制，实施“一河一策”。继续推进“海绵城市”建设，积极落实“黑土计划”，实现资源的有效循环利用。

（刘玉博）

【协商民主和社会体制改革】 年内，探索“大部制”街道管理体制机制改革。不断深化全响应网格化社会治理工作体系，在西长安街街道率先建立社会治理创新大数据分析与应用平台，推动先进技术在民生领域的转化应用。实施群众工作提升工程，建立覆盖全区的民生工作民意立项“1+15+N”的制度体系。完善社会组织分级分类管理机制，推进街道“枢纽型”社会组织体系建设。持续推进医药卫生体制改革，全区364家定点医疗机构全面实施医药分开综合改革、医疗服务价格调整、药品阳光采购等改革工作。推进西城区紧密型医联体建设，建立社区首诊、分级诊疗制度。完善社区卫生服务机构、老年病医院、临终关怀机构等医养结合体系建设。进一步完善社区卫生服务机构运行机制，建立健全社区卫生绩效考核体系，探索建立家庭医生签约服务奖励制度。深化“参与型”社区分层协商治理，全区261个社区全部建立了社区议事厅等协商议事平台。健全完善西城新的社会阶层代表人士联席会议制度，探索开展新的社会阶层人士统战工作模式。

（刘玉博）

【法治建设领域改革】 年内，建立区委区政府法律顾问团，实施区政府常务会全程微博直播和法律顾问直接参与区重大项目咨询、论证。落实主审法官办案责任制，建立主审法官绩效考评体系。完善检察官办案责任制，构建职权配置合理、运行顺畅、公正高效的办案机制。深化多元调解和繁简分流机制，建立人民调解、行政调解、行业调解、商事调解、司法调解联动工作体系。制定实施“长安计划”，全面实行区级领导包案化解信访积案和社会矛盾，不断提升安全稳定维护能力和水平。

（刘玉博）

西城区产业发展促进局

【概况】 北京市西城区产业发展促进局（简称区产业发展局）是主要负责西城区功能街区发展建设和产业促进及全区投资促进、招商引资项目的收集和推介工作的政府工作部门。区产业发展局下设办公室、综合科、产业科3个科室，行政编制15人，在职人数17人。年内，区产业发展局围绕首都发展的新形势新要求，坚持以文化为内核、以金融为动力、以科技为支撑，抓机制、建平台、强服务，各项工作有序开展。

地址：西城区培育胡同15号
邮编：100052
电话：66206294

（陈　娟）

【文化创意产业总体情况】 年内，西城区规模以上文化创意产业单位689家，实现收入合计899.4亿元，同比下降2.1%。实现利润总额91.5亿元，同比下降4.3%。其中，现代服务业仍占主导地位，583家现代服务业法人单位实现收入合计628.2亿元，同比增长6.5%，实现利润总额73.6亿元，同比增长10.5%，人均创收69.1万元，同比增加1.9万元，人均创利8.1万元，同比增加0.5万元。

（陈　娟）

【参与北京市文创活动】 年内，落实北京市文化创意产业促进中心工作任务，协助做好第十三届中国（深圳）国际文化产业博览交易会筹备工作；推荐西什库31号文创园作为北京市文化创意创新创业大赛西城分赛区，并承办赛事活动。

（陈　娟）

【推进全国文化中心建设工作】 年内，根据区推进文化中心建设领导小组会议精神，区产业发展局牵头制定了《西城区推进全国文化中心建设产业发展组工作方案（征求意见稿）》《产业发展组落实北京市推进全国文化中心建设工作项目库》。

（陈　娟）

【调研活动】 年内，接待北京市、西城区各级领导到西城区各文创园区参观调研共20余次，承担北京市市委常委、宣传部部长杜飞进参加的“北京市保护利用老旧厂房拓展文化空间”现场推进会西城调研活动；协助组织西城区政协第十三届经济科技委员专委会文创产业专题调研活动。

（陈　娟）

【课题研究】 年内，区产业发展局围绕更好地贯彻落实市、区两级规划中对文化创意产业发展的各项要求，推动文化创意产业实现跨越式发展，有序推进两项课题研究工作，启动《西城区文化创意产业发展三年行动计划（2018–2020）》和《关于促进西城区文化创意产业创新发展若干政策》编制工作。

（陈　娟）

【文创园区服务保障】 年内，区产业发展局与各文创园区就发展规划、企业入驻等事宜进行多次交流座谈；协调区工商分局、区食药局等相关单位共同解决园区发展中面临的企业注册、证照办理等困难与问题；协调组织区各委办局及重点企业调研区内文创园区，向园区推荐各种优质资源，扩大园区的知名度。协助推进天宁1号园区信息发布及招商工作，年内“天宁1号”园区一期招商任务已完成85%。支持北京印钞有限公司打造金融文化产业园区，与北钞公司形成紧密的合作关系，支持企业通过理念创新和模式创新改造提升现有厂房及附属设施，打造金融文化产业园区。与北钞公司共同研究北厂区产业功能布局规划，进一步明确产业定位和产业布局以及更新改造设计 。同时，区产业发展局与区金融办协调，对将来入驻园区的金融企业进行可行性研究，并与区文化委研究对拟建设的中国印钞博物馆给予政策扶持。

（陈　娟）

【打造文创园区活动】 年内，以“欢享中国式新生活”为主题，举办北京坊新春文化坊会；以“文化消费，惠民惠企”为主题，组织第五届西城区惠民文化消费季活动，组织区属企业开展“都市艺术嘉年华”“当代小剧场戏曲艺术节”“精品小剧场剧目演出”等文化惠民活动；以“匠心营造——中国式新生活”为主题，组织第十二届中国北京国际文化创意产业博览会西城展区活动，通过“融合文化科技，创新产业发展”“聚合文创力量，展示产业成果”“聚集创意设计，缔造现代生活”“聚焦艺术传承，弘扬传统文化”等4个区域集中展示了一批区内的领头企业、领先品牌、领军人物，从不同角度展示西城区文创产业发展成果。

（陈　娟）

【人才培养工作】 年内，区产业发展局做好人才培训服务，组织召开西城区文化创意产业园区管理人才工作培训会，邀请专家学者围绕文创产业发展进行专题授课，提高文创产业的服务管理能力；参观东城区中小企业服务中心、文化人才（国际）创业园和77文创园，就文化产业发展、文创园区建设、文化政策制定、文化人才培养等方面的思路和举措进行了交流和探讨；推荐企业人员参加首都文化创意产业投融资培训班、2017北京文化创意产业高级人才研修班等培训，多渠道为企业人才培训提供平台。促进人才合作交流，与北京服装学院建立“区校”战略合作，双方加强教育及人才培养方面的合作，在年内的北京坊、设计周等活动中，集中展示推广了北京服装学院大量创意人才的作品。为人才发展搭建平台，通过北京坊会、文博会、北京市文化创意创新创业大赛、惠民文化消费季等活动平台为人才发展搭建平台 。多途径推荐人才争取有关奖励、资助及扶持，推选区内文创人才参评“首都文创杰出人物”；推荐有代表性的园区、企业、人才申报2017年度西城区优秀人才培养资助。

（陈　娟）

【完成调研课题】 年内，完成《关于西城区在城市疏解过程中重点产业调整发展的研究》调研课题，通过西城区专家库专家评审。

（陈 娟）

【低效闲置商务楼宇资源情况调查】 年内，区产业发展局对西城区区域内的所用商务楼宇开始建立台账，并重点对低效闲置楼宇重点开展调查分析。前期已经对36栋商务楼宇开展抽样调查，并做出了调查分析。年底前，已完成区内的100栋商务楼宇开展调查摸底。

（陈 娟）

【编制《什刹海片区产业发展规划》】 年内，区产业发展局依照北京历史文化名城保护规划及北京市“十三五”规划定位，在继承和维护什刹海阜景街区皇城古都历史文化的基础上，引导街区产业转型和优化升级，构建产业发展新生态，探索历史文化功能街区可持续发展的道路。规划在摸清街区资源禀赋条件及消费需求基础上，明确街区产业定位和发展趋势、产业发展模式、产业集群分区，确定街区产业功能组合，明确街区发展需要实现的产业功能，并对区域进行功能分区和布局；根据街区产业定位与布局，结合区域资源禀赋条件、发展现状等从街区功能划分、业态组合、动线设计等方面进行街区产业规划设计。

（陈 娟）

【借助“投联网西城系统”平台宣传工作】 4月，区产业发展局通过“投联网西城系统”平台进行招商信息和宣传发布，楼宇出租信息发布300余条，写字楼趋势双月分析报告3份，软文宣传4份，网上信息推送5000余人次，基本完成项目既定计划和目标。借助组织参加第21届京港会的契机，做好项目信息上架工作。共征集金融、文化创意、高新技术产业等18个项目，项目涉及总金额约282.475亿元人民币。

（陈 娟）

【扶贫工作】 年内，按照区政府统一部署，区产业发展局与河北省阜平县经济开发区管委会对接，确定为阜平县经济开发区招商工作进行网上宣传、联系适合投资阜平县的企业实地考察以及为阜平县在北京召开招商说明会等三项任务。8月初，区产业发展局组织区商务委、区旅游委、中关村科技园西城园、区外联办、区协同办、区工商联、区发展服务中心等单位赴阜平县实地考察，开展帮扶对接工作。

（陈 娟）

北京西城区和谐宜居示范区建设指挥部

【概况】 北京西城区和谐宜居示范区建设指挥部（简称和谐宜居指挥部，原北京金融街建设指挥部）隶属区委、区政府，由区政府直接管理。2015年12月，区委区政府根据中央、北京市委市政府对和谐宜居示范区建设的重要指示精神，将“三金海”（三里河—金融街—中南海）区域的和谐宜居示范区建设任务纳入北京金融街建设指挥部职责范围，将北京金融街建设指挥部更名为北京市西城区和谐宜居示范区建设指挥部，职责是：统筹“三金海”和谐宜居示范区建设的相关工作，协调推进和谐宜居示范区项目建设及搬迁等工作。制定“三金海”地区和谐宜居示范区规划实施方案。统筹“三金海”整治提升专项工作，制定依法整治规范的工作目标；配合相关部门和属地街道做好“七小”“地下空间”等环境整治和疏解提升工作。配合中关村科技园区西城园管委会推进西城园广安街区建设。承办区委、区政府交办的其他事项。内设办公室、综合规划处、项目建设协调处、项目征收管理处4个机构。工作人员30名，其中常务副总指挥1名、处长（主任）4名、副处长（副主任）6名。年内，和谐宜居指挥部按照区委区政府的要求，积极践行“红墙”意识，围绕年初确定的工作目标和重点任务，始终把保障首都职能的履行摆在首位，聚焦中央政务服务能力提升，在各个部门的配合和支持下，完成新兴盛项目、大吉B地块、联通生产楼、161中学南校区、未英胡同道路5个项目的拆迁、征收收尾工作；加快推进了南北长街万寿兴隆寺等33个项目的征收、疏解、腾退项目的前期手续办理；实现疏解人口616户2361人；完成投资约85.52亿元。

地址：西城区南礼士路46号院内
邮编：100045
电话：59512686

（肖 晖）

【区人大代表调研万寿兴隆寺项目】 3月14日，区人大常委会主任杜灵欣带领区人大代表一行40余人到万寿兴隆寺项目实地调研，副区长徐利等陪同调研。万寿兴隆寺文物腾退被列为西城区开展的历史文化名城保护与区域文化品质提升工作中的一项重点工作，在和谐宜居指挥部及区房地中心工作人员的陪同讲解下，区人大代表深入了解万寿兴隆寺文物腾退的模式及工作进展，对文物腾退后复建的方案形成了初步印象。

（肖 晖）

【区政协委员调研万寿兴隆寺项目】 3月28日，区政协委员一行40余人到万寿兴隆寺文物腾退项目现场调研，实地考察西城区名城保护工作开展情况。政协委员了解了万寿兴隆寺文物腾退的模式及工作进展，对区政府推进文物腾退保护工作的决心及力度给予充分肯定和赞赏，并希望能将成熟的模式及经验进一步推广。

（肖 晖）

【区政协常委集体视察区域项目】 5月23日，区政协主席章冬梅率常委集体视察“三里河—金融街—中南海周边”地区和谐宜居示范区建设情况，区委常委、副区长姜立光，和谐宜居指挥部常务副总指挥左继元陪同视察。在和谐宜居指挥部的组织协调下，近50名常委、城建环保委员视察了太仆寺街、横二条、西单文化广场、华嘉小区及三里河南区改造项目现场，委员们对和谐宜居示范区建设情况进行了全面了解。

（肖　晖）

【区领导调研三里河南区】 10月11日，区委常委、区委组织部长孙仕柱一行到三里河南区房屋征收现场调研指导工作。十七部委联建办主任田植杰、和谐宜居指挥部常务副总指挥左继元陪同调研。孙仕柱视察了三里河二区筒子楼，详细询问了各标段工作进展及居民意愿，对和谐宜居指挥部工作给予充分肯定，并提出要加强党建引领，发挥党组织的战斗堡垒作用，让每一位党员都成为征收工作中的一面旗帜，把民生工程办成民心工程。

（肖　晖）

【三里河南区召开征收启动会】 10月12日，三里河南区危旧房改建项目征收工作启动会暨临时党委成立大会在西城区政府三层报告厅召开，区委副书记、区长王少峰及区委区政府相关领导出席大会，区委常委、副区长姜立光主持会议，160余人参会。会上宣布三里河南区危旧房改建项目临时党委正式成立，以党建工作为引领，推动征收工作顺利开展。王少峰对下一步工作做出重要指示，要求做到“三个切实”，切实提高政治站位，切实加强党的领导，切实做到依法合规，凝聚民意，打造阳光民生工程。

（肖　晖）

【市住建委领导调研三里河南区】 11月23日，北京市住建委副主任邹劲松一行5人到三里河南区房屋征收现场调研指导工作，现场听取项目进展有关汇报，邹劲松强调要加大正面宣传力度，将政策讲明讲透，同时紧密跟进规划审批进度，积极回应居民诉求，明确责任分工，全面排查消防隐患，确保项目稳步顺利推进。

（肖　晖）

【区领导调研丰盛东区】 12月27日，区委常委、副区长姜立光，副区长翟冀一行实地调研丰盛东区等项目，天恒公司领导就丰盛东区人口疏解项目、丰盛C区项目以及丰盛东A地块相关工作进展情况进行了汇报。调研中姜立光指出，将丰盛C区及东A地块的资金同丰盛东区的总投资进行统筹考虑，做到资金平衡，尽快推进相关工作。

（肖　晖）

【区人大领导调研南北长街】 12月28日，区人大常委会副主任田巨德一行前往南北长街历史文化名城保护腾退工程项目现场实地调研。田巨德对和谐宜居指挥部的工作给予充分肯定，并提出要牢固树立“红墙意识”，将安全稳定放首位，准备工作做扎实，切实推进廉洁“阳光”征收工程。

（肖　晖）

【南北长街片区规划研究工作】 年内，有关市、区领导分别听取了南北长街片区规划研究成果的汇报。12月14日，和谐宜居指挥部向市规划委西城分局报送了南北长街城市设计与概念规划研究方案成果。

（肖　晖）

【项目统筹推进】 年内，和谐宜居指挥部围绕全年工作目标和重点任务，始终把保障首都职能的履行摆在首位，聚焦中央政务服务能力提升，在各个部门的配合和支持下，完成新兴盛项目、大吉B地块、联通生产楼、161中学南校区、未英胡同道路5个项目的拆迁、征收收尾工作；加快推进南北长街等33个项目的征收、疏解、腾退项目的前期手续办理；实现疏解人口616户2361人；完成投资约85.52亿元；组织编制完成《南北长街规划设计方案》《西单文化广场改造方案》。

（肖　晖）

北京大栅栏琉璃厂建设指挥部

【概况】 北京大栅栏琉璃厂建设指挥部（简称大栅栏琉璃厂指挥部）隶属区委、区政府，属区政府常设临时性机构。由区政府直接管理，分管副区长兼任总指挥，设办公室、规划建设处、产业促进处、环境秩序处。主要负责推进大栅栏、琉璃厂、广内、牛街区域内重点文物的腾退、保护性修缮和人口疏解等重点工作，推进基础设施建设；加强环境综合治理，创新城市管理新机制；调整产业结构，提升区域内产业品质和经营业态；创新历史文化名城保护和文化创意产业发展新模式；加强与市区相关单位的沟通、协调、联系以及承办区委、区政府交办的其他事项。年内，大栅栏琉璃厂指挥部按照以点带面、以线拓面、点线面相结合的原则，坚持保护、发展与疏解相结合，以历史风貌保护为根本，以城市功能疏解为核心，以改善民生为重点，以挖掘传统优势产业、培育新型产业为支撑，以重大项目为着力点，以政策机制创新为保障，发挥国有企业主体作用及社会投资力量，加快打造传统与现代融合发展的文化商业旅游中心，努力在历史文化街区保护、更新与发展方面做出示范。

地址：西城区铁树斜街113号

邮编：100050

电话：63168652

（刘　杰）

【大栅栏·北京坊】 1月16日，大栅栏·北京坊完成竣工验收。北京坊项目西起煤市街、东至珠宝市街、北起西河沿街、南至廊房二条，整体呈现

"一主街、三广场，多胡同"空间格局，总体占地面积3.3万平方米，建筑面积14.6万平方米，毗邻故宫博物院、国家大剧院、中国国家博物馆等著名文化场所，同时区域内拥有劝业场、谦祥益、盐业银行旧址、交通银行旧址等各级文物保护建筑。项目由吴良镛院士领衔担任总顾问，7位著名建筑师操刀设计，包括沿街8栋特色单体建筑与街区内众多历史建筑组成的标志性建筑集群，实现历史文化街区的统筹保护与更新。年内，项目完成招商47户，开业商户24家；北京坊二期（C3地块）、前门居项目（H地块）完成供地前期手续办理，进一步深化规划方案。

（刘　杰）

【北京坊迎新春文化坊会】　1月21日至2月11日，北京坊举办迎新春文化坊会，以"中国式新生活"为主题，突出"文化、科技、健康、时尚"元素。活动期间，北京坊区域内设立"设计改变生活""阅读丰富生活""艺术创造生活""历史传承生活""城市美好生活""美食品味生活"6个主题馆。

（刘　杰）

【规划设计工作】　9月25日，《大栅栏历史文化街区风貌保护管控导则》完成研究编制，展厅位置初步确定（延寿街86号），宣传册设计小样已出，完成现场测量，进入展厅布置环节；落实推进编制街区整理计划工作，确定"1+N+X"的设计思路；《宣东地区整体复兴规划研究》取得阶段性成果，《煤市街沿线交通组织专项研究论证》完成论证。

（刘　杰）

【商会二届三次全会】　3月23日，大栅栏琉璃厂商会召开第二届第二次理事会和第二届第三次全体会员大会，区域内70余家企业领导参会。会议对商会秘书长进行改选，审议并通过5家企业的入会申请。

（刘　杰）

【琉璃厂艺术文化馆项目】　年内，完成项目利用方案调整和概念方案深化工作，完成13户居民及1户单位产征收工作，剩余6户居民及3个单位产。

（刘　杰）

【杨梅竹斜街保护修缮试点项目】　项目累计腾退居民771户2025人，面积17121平方米，人口疏解和房屋腾退走在全市老城保护试点项目的前列；继续梳理杨梅竹项目社区共建方面前期成果，对部分院落进行深化设计。

（刘　杰）

【煤东历史文化名城保护示范区项目】　大栅栏煤东历史文化保护示范区项目（珠粮街区改造提升项目扩区）人口疏解和市政景观工程取得阶段性成果，该项目自2015年启动开始，累计腾退签约62户138人，面积1630.16平方米。

（刘　杰）

【2017年企业领导人培训会】　3月24日，大栅栏琉璃厂指挥部举办2017年企业领导人培训会，70余家会员单位的负责人参加培训会。邀请专家就"如何以供给侧结构性改革引领新常态"等问题进行讲解，帮助企业了解地区经济形势及供给侧结构性改革和新常态要求。

（刘　杰）

【大栅栏琉璃厂老字号运动会】　5月20日，举办2017大栅栏琉璃厂老字号运动会，来自地区内24家会员单位近200名员工参加，为大栅栏琉璃厂地区老字号企业之间搭建了运动健身和感情交流的平台，丰富了员工的业余体育文化生活，展示了大栅栏琉璃厂商会职工的风采。

（刘　杰）

【闲置场地临时绿化项目】　年内，菜市口西北角广阳谷城市森林与棉花A3地块南侧、红线胡同沿线绿化带建成开放，完成五道庙小广场、观音寺小广场、安成宾馆等多处绿化美化工程，实现"留白增绿、生态修复"。

（刘　杰）

【架空线入地工程】　年内，完成樱桃斜街、樱桃胡同、铁树斜街架空线入地工程，同步进行现状箱变迁移工作。

（刘　杰）

【公房解危排险项目】　年内，对大栅栏、椿树地区进行公房解危排险，全年年翻建修缮平房556户875间。

（刘　杰）

【大栅栏琉璃厂传统文化体验系列活动】　6至12月，举办大栅栏琉璃厂传统文化体验系列活动，包括老字号非遗项目体验、中国传统书画艺术品展览、中国传统文化知识讲座等活动，北京市民、在校师生和来京游客等6000余人次参与。项目由西城区社会建设专项资金支持。

（刘　杰）

【服务社会建设项目】　年内，宣武医院改扩建一期工程顺利推进，干保楼投入使用；研究所、地下工程按计划完成施工。六必居酱菜博物馆项目主体结构通过验收，进行内部展陈布置。完成大栅栏商业街路面铺装方案设计，启动施工招投标程序。

（刘　杰）

【大栅栏历史文化展览馆保护利用项目】　项目本体一期共14户，全部完成征收；二期共38户，已征收26户（另有3处独立自建）74人，面积615平方米，剩余12户（其中公产1户，私产9户，非住宅2处）。

（刘　杰）

【文化季活动】　9月28日至11月底，举办"2017北京大栅栏琉璃厂精品交易文化季"。通过"北京国际设计周大栅栏展区活动""大栅栏琉璃厂旅游购物节""京味文化体验周""琉璃厂艺术联展""中国国际文物博览会琉璃厂分会场活动""琉璃厂秋季精品拍卖会""高端对话：文化跨界VS老字号沙龙"和"第十五届'椿树杯'北京市社区京剧票友精品展演"八大板块的内容，全面展示地区丰富的文化资源、优越的发展空间，提升企业影响力和地区知名度。

（刘　杰）

【全国国有文物商店文物艺术品交流会】　11月24至26日，举办2017北京·中国文物国际博览会琉璃厂全国国有文物商店文物艺术品交流会。全国30余家具有影响力的国有文物商店以及汲古阁等老字号企业携书画、瓷器、玉器、杂项、翡翠等文物艺术品参加交流展卖。

（刘　杰）

【拆迁区工作】　年内，大栅栏琉璃厂指挥部加强对拆迁区内的安全管理，及时化解矛盾、处置隐患，推动拆迁工作安全有序进行。年内，中融

A2 地块累计完成签约 132 户，签约面积 2907.94 平方米；中融 A5 地块总计完成签约 161 户，签约面积 3043.2 平方米；中融 A7 地块总计完成签约 209 户，签约面积 4540.86 平方米。

（刘　杰）

【重要节点保护修缮项目】 年内，粤东新馆保护利用工程项目（粤东新馆文物征收项目）共完成签约 48 户 125 人、1 个单位产，面积 1083.91 平方米；大栅栏京剧艺术展览馆保护利用项目（谭鑫培故居文物征收项目）推进控规调整等前期工作；杨椒山祠腾退 54 户，剩余 13 户；太原会馆腾退 75 户，剩余 20 户；东莞会馆腾退 40 户，剩余 6 户；龚自珍故居腾退 16 户，剩余 11 户；西单饭店旧址保护修缮项目，完成保护修缮方案设计；谦祥益、谢枋得祠文物保护修缮项目编制保护修缮方案。

（刘　杰）

【文物征收腾退保护修缮项目】 年内，大栅栏历史文化展览馆保护利用项目（观音寺文物征收项目一期）完成剩余 8 户征收工作，实现文物本体清零；钱市胡同传统银钱业博物馆保护利用项目（钱市胡同文物征收项目）启动征收程序，已完成房屋评估等前期工作；梨园公会、云吉班旧址已签订协议 28 户，疏解人口 82 人，在公告期 45 天内完成腾退任务的 72%；8 处文物腾退项目（安徽会馆、晋江会馆、浏阳会馆、梁诗正旧居、梅兰芳祖居、珠宝市街路西商店、大栅栏西街 37–39 号商店、聚顺和栈南货老店旧址）启动腾退；廊房头条 15 号、19 号金店、粮食店第十旅馆完成保护修缮。中国法制名人博物馆（沈家本故居文物腾退项目）完成文物保护修缮及周边环境整治。

（刘　杰）

【法源寺历史文化保护区保护提升项目】 8 月 31 日，法源寺文保区保护提升项目取得市发改委资本金补助批复。项目总投资 50.78 亿，市发改委资本金补助 10.15 亿，建设单位为北京宣房大德置业投资有限责任公司，总占地 16.16 公顷，主要用于对项目内开展腾退、保护修缮以及基础设施改造工作。年内完成保护提升工作方案并报区委、区政府研究审批；启动《法源寺历史文化保护区保护整治与复兴实施规划》研究论证工作。

（刘　杰）

【南新华街整治复兴项目】 年内，启动南新华街整治复兴项目整体规划设计研究论证，形成《南新华街整治复兴项目实施工作方案》和《三年任务清单》，组建工作专班。

（刘　杰）

【师大附中“城中村”遗留边角地腾退】 年内，启动北京师范大学附属中学“城中村”遗留边角地腾退前期工作，完成前期腾退资料移交，研究后期腾退办理途径。

（刘　杰）

【粮食店街 B19 项目】 粮食店街 B19 项目受政策制约无法推进征收工作，年内已撤项，改变使用用途。

（刘　杰）

【“七小”行业专项治理】 年内，大栅栏琉璃厂指挥部协调相关部门开展“七小”行业专项治理工作，进一步规范市场经营秩序，促进地区产业结构调整和经济发展方式转变。全年完成在账 152 家“七小”门店的治理工作，取缔小百货 42 家、小建材 18 家、小餐饮 38 家、小食杂店 17 家、小发廊 17 家、小棋牌室 15 家、小房屋中介 2 家、其他类 3 家。

（白　雪）

【揽客扰序专项整治行动】 大栅栏琉璃厂指挥部协调相关部门继续加强对琉璃厂地区揽客扰序行为的专项整治。年内，共拘留 50 人，警告 123 人。

（刘　杰）

【交通秩序集中整治】 年内，大栅栏琉璃厂指挥部对前门西河沿街、琉璃厂街、煤市街等重点街巷的交通秩序进行多次整治，处理违章停车 1071 起，疏导车辆 2675 辆。实现前门西河沿街西段单行禁停，协调解决前门西河沿街、杨梅竹斜街原住民机动车停放问题，正式启动西沿河交通监控探头，加强街巷共享单车管理，规范了停车秩序，有效治理西河沿乱停车问题。

（刘　杰）

【拆违及胡同整治】 年内，拆违 1160 处，38559.32 平方米，治理开墙打洞 977 处（涉及大栅栏、椿树、牛街、广内 4 个街道）；廊房二条、廊房三条、门框胡同和施家胡同市政及景观提升工程收尾；完成 14 条街巷的胡同整治工作（大栅栏街道：东北园南巷、东北园北巷、百顺胡同、青风夹道、胭脂胡同；椿树街道：西南园胡同、小西南园胡同、铁鸟胡同、兴盛胡同、前孙公园东夹道、万源夹道、后孙公园胡同、安平里胡同、香炉营头条）。

（刘　杰）

北京天桥演艺区建设指挥部

【概况】 北京天桥演艺区建设指挥部（简称天桥演艺区指挥部）隶属区委、区政府，由区政府直接管理。总指挥由区级领导兼任，负责主持指挥部全面工作；常务副指挥协助总指挥负责指挥部日常工作。下设办公室、规划建设处、环境建设处、产业促进处。行政编制 20 人。天桥演艺区指挥部是负责统筹协调推进天桥演艺区规划、建设、管理、发展工作的临时性常设机构。负责天桥演艺区建设的统筹协调、决策落实、指挥调度、产业培育、综合服务等工作。年内，天桥演艺区指挥部落实《北京市城市总体规划（2016 年—2035 年）》《西城区“十三五”时期历史文化名城保护规划》等文件政策，推进天桥演艺区规划研究、项目建设、环境提升、产业发展及自身建设，进一步显化区域功能和特色，营建天桥演艺生态，助力首都“文化中心”建设。

地址：西城区天桥南大街1号北京天桥艺术大厦A座5层503室
邮编：100050
电话：83167001

（白　玉）

【“天桥艺术+”项目竣工交用】 “天桥艺术+”项目位于天桥街道福长街，是依托存量资源空间搭建演艺区公共服务平台和完善配套服务设施的重点项目，包括世纪金工地块、荣贵宾馆地块两部分，分别位于福长街四条4号和47号，建筑面积共约4200平方米，原有业态为住宿业。为落实疏解非首都核心功能要求，优化区域产业结构，完善产业功能配套，天桥演艺区指挥部协调项目公司，与产权方合作，将其改造成为文化演艺办公空间，并在项目内部建设约500平方米的多功能小剧场，为文化演艺机构及艺术家提供发展平台。项目于1月19日正式竣工，吸引了文化、演艺、传媒、艺术培训等15家相关机构入驻，年底入驻率已达80%。

（欧昕雨）

【大师工作室入驻天桥艺术大厦】 为加大演艺行业领军人才引进，进一步推动天桥演艺区内容建设，助力区域文化演艺及相关产业升级与优势资源融合发展，天桥演艺区依托天桥艺术大厦空间资源，经过前期多次沟通交流，于2月引进多年来致力于本土艺术创作与国内音乐剧实践的业内知名艺术家叶小纲和李盾，旨在借助其本身资源优势，提升天桥演艺区知名度及影响力，并为园区剧目及宣传带来丰富优质资源。

（欧昕雨）

【天桥文化传承中心项目】 5月16日，北京市规划国土委组织召开专家论证会，研究讨论项目概念设计方案，与会专家提出修改建议。9月，项目设计方案取得专家论证会与会专家的一致认可。12月21日，市规划国土委、市文物局召开联合办公会，研究项目设计方案，会议决定筹备申遗专家评审会，对方案进行审定。

（王　旋）

【香厂新市区规划方案编制】 年内，天桥演艺区指挥部走访香厂新市区居民商户，发放、收集调查问卷，进行资料征集和统计分析。研讨人口、公共服务设施、居住环境等规划编制所需的详细资料。讨论土地利用、教育设施布局、公共空间、社区设施布局、道路交通等规划的第一阶段成果。研究教育用地整合思路。开展针对平房的补充调研，研究区域资源现状。从文化传承、民生改善两个板块分别就历史街巷修复、文保利用、公共空间规划、社区设施布局、道路交通以及市政基础设施展开研究，并提出初步实施计划。7月31日就中期成果向区主管领导汇报。9月25日就最终成果向区领导汇报。

（张颂扬）

【天桥北部片区街区导则编制与城市设计研究】 年内，天桥演艺区指挥部多次召开研讨会，完善天桥北部片区街区导则内容，确定编制单位，确定内容及深度。完成调研工作，形成整体策略文件并征求意见。整理地区人口和经济数据。7月31日，就整体策略及导则初步成果向主管区领导汇报。督促编制单位完善基础调研工作，并就街区状况评估进行优化，9月30日向区领导就现状综合评估及总体策略进行汇报。

（张颂扬）

【市民广场地下文化展示空间项目】 天桥市民广场地下文化展示空间位于北纬路和天桥南大街交汇的市民广场地下一层空间，使用面积近3000平方米，与天桥艺术中心建筑风格相同且内部交通相连。项目定位是“彰显与传承天桥地域优秀文化”，分为“固定展陈、文化体验、活态展陈”三个主题空间，通过“博物、传习、文创、设计、阅读、互动”多维度展示天桥文化，提升天桥演艺区文化配套升级，创新公益博物馆与市场化文创品牌运营的可持续发展三大核心功能。作为天桥演艺区重点项目之一，由区属国有企业北京天桥盛世投资集团有限责任公司进行项目建设和运营，项目功能定位“民俗博物馆+文创空间”。7月，就项目展陈设计方案召开专家论证会，邀请许立仁、于德祥、李金龙、宋大川、李学军共5名专家对方案进行集中论证后，经首都博物馆专家章文永对方案进行整体脉络梳理，形成最终展陈设计方案。8月，项目建设工程启动，年底基本完成施工。

（欧昕雨）

【举办多项品牌活动】 9月16至28日，首届“WOW世界女性艺术节·北京”在北京天桥艺术中心举办，开展公益演出、公益展览、主题沙龙、工作坊、艺术市集等活动33场次，参加活动的群众超过3万人次。9月22日至10月7日，2017北京国际设计周天桥分会场系列活动在天桥演艺区举办，共开展演出、沙龙、展览等活动76场次，参加活动的群众超过3万人次。10月30日至11月6日，天桥传统文化艺术周暨庆祝北京风雷京剧团80周年、北京杂技团60周年、北京皮影剧团60周年华诞系列活动在天桥演艺区举办，包括原创剧目演出、纪念晚会、公益展览、专题论坛及互动体验等活动11场。11月10日，在天桥剧场举办“第三届中国国际芭蕾演出季”活动，俄罗斯莫斯科大剧院、俄罗斯马林斯基剧院、中央芭蕾舞团等国内外名团参加演出，并设有哑剧演员和芭蕾小天使选拔、芭蕾大师课、芭蕾院团长论坛、演出季摄影大赛、大师面对面、公益惠民演出等活动。

（欧昕雨）

【社区营造中心项目修缮完工】 社区营造中心项目工程占地面积约145平方米，位于储子营胡同31号，建筑面积108.37平方米，工程投资138万元，建设单位为北京天桥衡融投资有限公司，7月10日开工，9月17日竣工。

（张颂扬）

【北部平房区住房与环境改善项目】 10月26日，天桥演艺区北部平房区住房与环境改善项目三期完成备案，10月30日，在项目范围内张贴《致居民朋友的一封信》，10月31日正式启动腾退工作。年内完成腾退160户。完成京津冀协同发展及疏非控人考评工作任务涉及该项目的指标。

（张颂扬）

【天桥市民中心项目】 年内，天桥演艺区指挥部多次与市消防总队营房处、西城消防支队沟通研究项目内干警宿舍搬迁相关工作。10月31日，项目张贴《房屋征收暂停办理事项公告》，进入征收阶段。

（张颂扬）

【泰安里文物腾退与保护修缮项目】 泰安里文物腾退与保护修缮项目位于仁寿路6、8、10、12、14、16号及香厂路6号，建设面积3120平方米，涉及居民44户，项目实施主体为北京宣房投资管理集团有限公司。2013年11月30日启动腾退，截至年底完成腾退41户，剩余3户（泰安里本体内剩余1户，平房剩余2户）。泰安里本体内最后1户年内正式移交法院立案，等待法院相关程序结束后启动强制执行，同步开展修缮施工。

（薛　堃）

【华康里文保腾退项目】 华康里文保腾退项目范围东至华严路11号东墙，南至华严路，西至板章路（部分私房），北至华康里8号北墙。腾退范围：华严路二层小楼1栋、华康里9个自然院落、华严路4个自然院落及板章路12个自然院落。项目范围内应腾退居民117户，总建筑面积1748.65平方米。私房5户，建筑面积159.5平方米。项目主体和实施主体是北京宣房投资管理集团有限公司。12月4日张贴腾退公告、致居民的第一封信，腾退工作正式启动。截至年底已腾退109户，剩余8户（其中3户已移交法院立案等待强制执行，其他5户继续推进中）。

（薛　堃）

【宜兴会馆文物腾退项目】 宜兴会馆文物腾退项目位于校尉营新门牌44号。项目主体是北京宣房投资管理集团有限公司，实施主体是北京天桥衡融投资有限公司。文保主体内应征收居民28户，建筑面积约666平方米，占地面积约1067平方米。12月5日张贴腾退公告、致居民的第一封信，腾退工作正式启动。截至年底已腾退26户，剩余2户（2户材料已提交法院等待判决执行）。

（薛　堃）

【天桥艺术中心品质演出】 全年累计超过150个艺术团体在天桥艺术中心演出651场，演出种类涵盖音乐剧、话剧、舞蹈、儿童剧、戏曲等近20种艺术门类，约34.45万人次观演。重点剧目如音乐剧《魔法坏女巫》《顶头锤》《变身怪医》，歌剧《魔笛》《拉美莫尔的露琪亚》，话剧《二马》《网子》，儿童剧《你是演奏家》《猜猜我有多爱你》，芭蕾舞《天鹅湖》，演艺秀《斯拉法下雪秀》等均取得良好的经济、社会效益。推出“庆祝香港回归20周年”系列演出、“遇见大师系列”等特别策划单元，开展形式多样的惠民文化服务活动，演出225场，设置低价票约4.4万张；举办“周末艺聚”、诗意生活节等各类公益惠民活动166场，近2万人次参与，内容涵盖主题展览、大师课、工作坊等各种形式，收获良好的社会反响。

（欧昕雨）

【合作交流】 1月6日，接待国家音乐产业促进工作委员会会长汪京京一行，洽谈推进音乐产业基地建设相关工作。1月13日，接待北京市演出有限责任公司副总经理林礼斌，洽谈文化演出活动合作事宜。2月10日，接待无限星空音乐集团首席执行官唐月明，洽谈入驻及合作事宜。2月16日，接待华沛集团有限公司董事长李晓华一行，洽谈项目合作开发运营事宜。3月1日，接待《北京》杂志社负责人，洽谈演艺区整体宣传等相关工作。4月20日，接待瑞士蒙特勒市市长代表团一行实地参观天桥演艺区，并就双方在文化领域开展合作进行了交流。4月25日，接待第三届“黄埔情缘 共促发展”京津冀台湾交流周台湾参访团一行19人实地考察天桥艺术中心项目，并邀请传统文化相关专家、艺术家与台湾同胞进行座谈交流。5月22日，接待侨网文化传媒（北京）有限公司一行，洽谈项目合作。5月26日，接待广州市广播电视台党组书记、台长崔颂东一行研讨文化领域相关合作事宜。6月1日，接待北京毛戈平化妆学校，洽谈合作开展活动等事宜。8月17日，接待北京联合影业公司董事长郝亚宁一行，洽谈电影发行及改编话剧等相关合作事项。

（欧昕雨）

【领导考察调研】 3月28日，区政协主席章冬梅率区政协委员一行调研演艺区发展建设情况。8月1日，市委常委、宣传部长杜飞进观看由区委宣传部策划、区属院团北京风雷京剧团风入松剧社出品的京话剧《网子》大剧场版，区委书记卢映川出席活动。8月21日，市委副书记、代市长陈吉宁调研天桥演艺区，察看文化设施建设及运营情况，卢映川陪同调研。10月22日，区领导王少峰、徐利调研天桥印象博物馆，察看博物馆建设方案，实地察看项目建设现场。10月31日，中国文联副主席、中国戏剧家协会主席濮存昕出席天桥传统文化艺术周暨庆祝北京风雷京剧团80周年、北京杂技团60周年、北京皮影剧团60周年华诞系列活动启动仪式。11月10日，中共中央政治局原委员、国务院原副总理吴仪到天桥剧场出席“第三届中国国际芭蕾演出季”开幕式。

（欧昕雨）

中关村科技园区西城园管委会

【概况】 中关村科技园区西城园，原名德胜科技园，于2001年6月经科技部批准、2002年5月正式开园，经过2次扩园，现政策区面积10平方公里，包括德胜、北展和广安三大片区。西城园把握首都城市战略定位，依托和服务首都核心功能，秉承中关村的“创新基因”，探索出一条独具特色的嵌入式、功能协调的都市型科技园发展之路，成为西城区发展科技、文化、金融新经济，促进区域转型升级的重要平台，形成金融科技、设计研发、内容创意、智慧城市四大特色产业。园区是联合国教科文组织授予的北京“设计之都”的核心区、国家级文化和科技融合示范基地、北京市服务贸易示范基地，坐落有全国唯一的国家级综合性出版创意产业园区——中国北京出版创意产业园区，同时拥有北京市文化创意产业基地和示范基地、中关村广安军民融合特色产业基地、北京未来城市设计高精尖创新中心和2家国家级孵化器、5家国家级众创空间。西城园管委会设办公室、组宣处、规划处、产业处、创新处、分析处6个内设机构，管委会主任由区领导兼任，行政编制31名。年内，西城园围绕建设中关村国家自主创新示范区要求，贯彻落实西城区委、区政府决策部署，经济持续保持稳步发展。2017年，西城园规模以上企业650家，实现总收入2877.2亿元，同比增长7.1%，其中技术收入340.3亿元，同比增长36%；实现利润总额288.1亿元，同比增长10.1%；实缴税费139.2亿元，同比增长29.4%。国家高新技术企业504家（2017年新增国高新还未完成审核，暂未列入统计），中关村高新技术企业710家，增幅在15%以上。西城园共申请专利2584件，占中关村示范区（下简称示范区）2017年专利申请量的3.9%。其中，发明专利申请量为1701件，占西城园2017年专利申请量的65.8%。从专利授权上看，西城园共获授权专利1755件，同比增长达到11.0%，占示范区2017年专利授权量的4.0%，其中发明专利授权量为1023件，占西城园2017年专利授权量的58.3%。

地址：西城区阜成门外大街31号天恒置业大厦3层
邮编：100031
电话：82205151

（唐　冉）

【建立服务平台优化营商环境】 年内，西城园管委会牵头完成《西城区在全国科技创新中心建设中推进特色发展研究报告》，进一步明确工作思路和发展目标，梳理确定53项重点任务。加强对西城园管委会管理体制与服务职能的梳理分析，构建“1+2+8”平台体系：以党建工作为统领，建立数据共享、工作协同2个工作平台，逐步形成创业加速、创新促进、政策集成、产业促进、空间优化、金融服务、人才发展、宣传展示等8个服务平台，不断优化园区营商环境。

（唐　冉）

【重点产业项目推进】 9月20日，设计之都大厦实现开业运营，成功举办“东西方建筑文化交流论坛暨全国巡展”、2017年中国设计红星奖颁奖典礼等相关活动。中关村广安军民融合特色产业基地建设顺利推进。宝蓝金融创新中心实现可租用面积全部入驻。北广电子集团通过改造老旧厂房实现疏解提升，引进91金融等高新企业落户。积极参与“动批”疏解空间提升工作，对接服务360企业安全集团等重点项目落地。协调服务网联清算、华融创新等15家注册资本超千万的科技企业落户园区，为园区发展增添了新动能。

（唐　冉）

【出版园申报“全国知名品牌创建示范区”】 年内，中国北京出版创意产业园（简称出版园）作为北京市唯一候选园区申报“全国知名品牌创建示范区”建设，通过专家文审论证会答辩。

（唐　冉）

【园区孵化器转型升级】 年内，普天德胜、康华伟业、金丰和等孵化加速基地相继完成公共服务平台软硬件功能升级和楼体改造，园区创新孵化环境逐步完善。新增4家合作金融机构，组织11家企业参加科博会、京交会等展会，促进了企业的合作交流。双创周期间举办各类活动35场次。

（唐　冉）

【完成政策兑现工作】 年内，完成2015年度政策兑现工作，兑现金额7693.1751万元，涉及174家企业和185名各类高端人才，相关企业实现直接研发投入7.6亿元，取得各类科技成果339项；2016年政策兑现工作经政府专题会和区委常务会审议通过，兑现奖励资金8587.511万元。完成2016年园区现代服务业中小企业创业孵化试点项目绩效考评和资金评审工作，拨付7个试点项目资金748万元。完成2017年试点项目申报工作，支持资金1276万元。

（唐　冉）

【为园区优秀企业提供服务】 年内，培育新三板挂牌企业7家，中关村高成长企业12家，4家企业获得互联网百强企业，推荐8家具有行业领先优势的企业申报中关村领军企业。园区5名领军人才入选新一届两院院士，4名人才通过专业技术职称评价直通车渠道获评教授级高级工程师，组织园区10名优秀人才申报“中关村高聚工程”等人才专项。30名有突出贡献的企业高管和核心技术骨干子女通过政策保障入学。会同市海外学人中心举办“节能环保领域创业沙龙”。成功引进2个归国创业团队落户。出台《西城园管委会联系服务重点企业工作制度》，走访企业38家，收集企业需求104条。

（唐　冉）

【园区企业参与“一带一路”建设】 年内，西城园高新技术企业响应国家开展“一带一路”合作的战略举措，发挥园区智慧城市特色产业优势，积极对接“一带一路”沿线国家的智慧城市规划建设。北京梅泰诺通信技术股份有限公司在俄罗斯、东南亚地区投资信息基础设施，探索布局移动支付新业务；北京恒华伟业科技股份有限公司在非洲及东南亚地区承接智能电网项目建设；北京城建设计发展集团股份有限公司在俄罗斯及中亚地区开展交通系统设计工程；中国电力工程顾问集团华北电力设计院有限公司在中东地区和泰国设立分支机构，承接电力设计咨询项目；中国建设科技集团股份有限公司在中亚、东南亚地区开展历史文化保护规划设计、建筑设计等重点项目合作；北京万桥兴业机械有限公司在中东、东南亚地区承接铁路桥梁建设。

（单 毅）

【西城园承担4项中央引导地方科技发展专项】 年内，北京市8项重大研发项目获得第二批“中央引导地方科技发展专项——地方科技创新项目示范”支持，其中北京城市排水集团有限责任公司、北京智博联科技股份有限公司、北京博锐尚格节能技术股份有限公司、北京市建设工程质量第三检测所有限责任公司、北京城建设计发展集团有限公司等中关村西城园高新技术企业获得4项重点项目支持。

（单 毅）

【西城园企业入选中关村前沿技术企业】 1月20日，中关村科技园区管理委员会公布首批36家“中关村前沿技术企业”名单并正式挂牌，西城园企业诺亦腾公司成功入选。诺亦腾公司是西城园培育的一家在动作捕捉领域具有国际竞争力的创新型企业，体现了园区良好的创新创业环境及对企业自主创新能力建设的高度重视。

（单 毅）

【出版园获得行业表彰】 2月7日，国家新闻出版广电总局召开首次全国新闻出版产业基地（园区）管理工作会，发布《关于对2016年度新闻出版产业基地（园区）工作优秀单位和优秀基地（园区）予以表扬的通报》，对北京市新闻出版广电局等12个优秀单位、中国北京出版创意产业园区等15家优秀基地（园区）进行表扬。北京联合出版公司总经理张金龙代表中国北京出版创意产业园区在会上作代表发言。2016年全年，中国北京出版创意产业园区以联合出版品牌策划出版2664种新出版物，在中国出版协会主办、开卷信息承办的“2016年度国内外图书零售市场报告会”上发布的全国图书零售市场占有率排名中，中国北京出版创意产业园区的北京联合出版公司以2.49%的占有率蝉联第一，比上年增长0.3个百分点。

（宋涛 单毅）

【西城园启动教授级高工直通车评价工作】 3月1至7日，西城园管委会与西城区人力社保局合作开展2017年度科技园教授级高级工程师直通车评价申报工作，对50余家园区企业代表进行了申报培训。

（单 毅）

【西城园2人入选中关村高聚工程】 3月14日，中关村西城园自主创新优秀人才——北京奇虎科技有限公司周鸿祎，入选年度中关村高聚工程领军企业家；北京聚爱财科技有限公司任衡入选年度中关村高聚工程创业领军人才。

（唐 冉）

【园区121家企业获中关村中介服务专项支持】 3月17日，西城园121家企业通过信用体系建设及专业中介服务，促进自身正规、快速发展，取得年度中关村企业购买中介服务专项资金支持。其中包括8家央企和国企，2家混合所有制企业，40家新三板挂牌企业、4家上市企业。

（唐 冉）

【出版园第二届“优秀出版成果”评选】 3月，北京市新闻出版广电局组织举办中国北京出版创意产业园区第二届“优秀出版成果”评选活动。评选出《中国社会经济通史》《大国外交》《爱在拉萨》《琉璃厂杂记》《诗意的原子》《行者玄奘》《宇宙掉了一颗牙》《时间之间》《灯塔》《遗忘在乡下的植物》10种“优秀图书”，徐宁、何寅、梁琴、高志红、郝佳、申蕾蕾6名“优秀编辑”，《天才在左，疯子在右》《当我遇见一个人》《愿所有美好如期而至》《自控力：和压力做朋友》4种“最佳市场表现”图书，《又自在又美丽》《小顾聊神话》等4种“最佳装帧设计”图书。

（郭 海）

【中关村管委会调研西城园】 4月14日，中关村管委会副主任侯云一行到西城园调研，听取了北京诺亦腾科技有限公司情况介绍，体验了最新VR展示成果，参观了普天德胜孵化器C客空间，并与西城园管委会领导班子座谈。座谈中，西城园管委会全面汇报了西城园的发展情况，并就工作设想进行了座谈。与会人员围绕着西城区在推进全国科技创新中心中、在构建高精尖产业中、在双创大潮中、在京津冀协同发展中的定位展开了深入地探讨。

（唐 冉）

【区委书记调研西城园非公企业党建】 6月1日，西城区委书记卢映川带队调研西城园非公企业党建工作，实地走访了91金融、梅泰诺众联享付公司、诺亦腾公司和普天德胜孵化器，听取了企业负责人对企业发展和党建工作开展情况的汇报，听取了西城园工委对西城园非公企业党建的汇报。

（付新宇）

【园区企业开展“一带一路”文化交流服务】 6月8日，随着南苏丹国家教育体系建设项目的完成，中关村西城园中国北京出版创意产业园区的天闻数媒科技（北京）有限公司成为国内首家在教育行业实现海外项目落地的数字文化教育企业。该公司通过在“一带一路”沿线及非洲的南苏丹、喀麦隆、马其顿、柬埔寨、乌兹别克斯坦等国家开展国家顶层教育咨询、教材编印、教师培训、教育信息化建设等国家级教育服务，促进了中国与相关国家的文化沟通和交往。

（单 毅）

【龙源数媒参与数字文化城市建设】 7月13日，出版园新媒体平台代表企业龙源数字传媒集团与传统媒体龙头企业中国新闻出版传媒集团在第七届数字出版博览会“数字文化城市”专题论坛上签署战略合作协议，携手推动全国数字文化城市的建设和运营。龙源数字传媒集团与中国新闻出版传媒集团的战略合作，具有高度的互补性和协同性，是资源配置上的强强联合，能使传统媒体的优质内容借助新媒体的智能化技术实现高效推广。双方将坚持国家政策的导向和先进的运营模式，在内容的审核监控、版权的聚合运营、技术平台的研发、资本平台的对接，媒体品牌的推广等方面开展合作，助推全民阅读和数字文化城市建设。数字文化城市建设已在北京、黑龙江、云南、宁波、杭州、贵阳、天津、澳门等地区展开。

（单　毅）

【市领导调研西城区科技创新工作】 7月15日，市委常委、副市长、中关村管委会党组书记阴和俊，市政府副秘书长刘印春及市科委、市知识产权局、中关村管委会、市新闻出版广电局有关负责人一行调研西城区科技创新工作，重点考察了中关村西城园产业发展情况，并组织召开座谈会，对西城区下一步的科技创新工作提出明确的指导意见。

（唐　冉）

【4家企业获市高新技术成果转化项目立项支持】 7月18日，西城园高新技术企业中金金融认证中心有限公司自主研发的CFCA金融大数据安全综合管理平台产业化项目、联动优势电子商务有限公司自主研发的基于区块链的互联网金融数据安全管理产业化项目、北京元年科技股份有限公司自主研发的面向大中型企业的智能化绩效管理系统产业化项目、天闻数媒科技（北京）有限公司自主研发的基于大数据的Ai School数字化课堂云平台转化项目获得2017年度北京市高新技术成果转化项目立项支持。

（单　毅）

【组织园区优秀人才免费体检】 7月18日，西城园管委会组织园区优秀人才对接园区专业平台资源开展专项体检。此次参加西城园免费体检的25名优秀人才包括2名中央千人计划专家、1名国家万人计划青年拔尖人才、1名北京市海聚工程人才、4名科技北京百名领军人才、3名中关村高端领军人才、4名北京市科技新星人才、7名西城百名英才、3名直通车评价教授级高工。西城园管委会为保障人才体检质量并推介园区优质资源，积极对接中国检验检疫科学研究院，采购其所属在园区内成立的专注健康体检的高新技术企业“中检科（北京）健康管理有限公司”服务，为园区优秀人才提供“中检用药”基因测序技术个人用药分析和人体血清（血浆）蛋白质组健康检测分析专业体检服务。此次体检既服务了园区优秀人才，又推介了园区优质企业，促进了多方资源的沟通对接。

（单　毅）

【6家单位获市科技服务业促进专项支持】 7月31日，北京聚爱财科技有限公司、中世顺科技（北京）股份有限公司、北京奥达清环境检测股份有限公司、北京理正人信息技术有限公司4家中关村西城园高新技术企业获得2017年度北京市科技服务业促进专项新型服务业态类支持；北京洛可可科技有限公司、工业和信息化部电信研究院2家中关村西城园辖区单位获得北京市科技服务业促进专项科技创新创业专业开放平台类支持。

（单　毅）

【4家企业入选2017中国互联网百强】 8月3日，中国互联网协会、工业和信息化部信息中心在京联合发布2017年“中国互联网企业100强”榜单。西城园内奇虎360、联动优势、咪咕文化、人民网4家高新技术企业成功入选，分别排名第10、31、45、54位。西城园企业每年均有3家企业入选，年内新增咪咕文化科技有限公司入选，4家企业年度科研投入强度平均值超过10%，体现了中心城区科技新经济活力。

（单　毅）

【市委领导调研出版园】 8月9日，北京市委常委、宣传部长杜飞进在市委宣传部、市新闻出版广电局、市文资办等相关领导和区委常委、宣传部长陈宁陪同下，到中国北京出版创意产业园调研，并召开文化创意产业现场会，深入了解了园区企业的运营模式、发展方向、宣传渠道、资本运作等实际情况。

（刘　昆）

【西城园召开政策宣讲会】 8月14至15日，西城园管委会召开政策宣讲会，为园区高新技术企业工作人员提供中关村西城园产业政策解读，对西城园上半年的经济指标完成情况、产业促进工作、创新创业环境优化、疏解提升成效、健全内部工作机制、党风廉政工作、非公党建工作推进等七个方面进行了汇报。同时，对下半年三方面工作设想进行了报告。西城园管委会同时就相关工作征求了企业的意见建议，并会同国家外管局、北京市外办、区金融办、区外事侨务办、区国税局、区地税局等部门的专业骨干对企业进行培训，就相关问题进行沟通解答。200余家企业代表参加会议。

（强彬彬）

【32项自主创新产品入选市新技术新产品】 8月15日，西城园内北京恒华伟业科技股份有限公司、中国水权交易所股份有限公司、福玛特（北京）机器人科技股份有限公司、北京智博联科技股份有限公司、北京优易惠技术有限公司、北京矿冶研究总院等18家高新技术企业的32项自主创新产品入选第六批（2017年）北京市新技术新产品（服务），分别推广应用到信息化建设、智能交通、环境保护、水务管理、文化惠民、民生消费及其他领域。

（强彬彬）

【西城园工委首个非公企业党支部成立】 9月13日，北京耐威科技股份有限公司召开党支部成立大会，正式成立隶属于西城园工委的跨地区非公企业党支部，投票选举产生3名党支部委员，公司副总经理刘杰当选为党支部书记。区委常委、组织部长孙仕柱及区委组织部、西城园工委相关负责人参加大会。北京耐威科技股份有限公司党支部是第一个组织关系隶属于西城园工委的非公企业党组织，对进一步扩大园区非公企业“两个覆盖”、探索园区非公企业党建经验、促进工作深入开展发挥重要的作用。

（陈晓伟）

【北京设计之都大厦启动运营】 9月20日，由中关村西城园管委会、北京工业设计促进中心主办的北京设计之都大厦启动运营仪式举行。北京设计之都大厦作为设计产业核心区地标建筑，成为引领推进全市“设计之都”建设的动力引擎。启动运营当天，

《归·来——建东方》全国巡展的首站于设计之都一层开幕。

（刘　昆）

【园区企业获五个一工程奖】 9月27日，西城园内高新技术企业——北京和声创影数字技术有限公司应用自主创新技术服务内容原创，其承担后期制作的《湄公河行动》《西游记之大圣归来》《航拍中国（第一季）》获得第14届中宣部五个一工程奖。

（强彬彬）

【西城园领军人才入选中国工程院院士】 11月27日，中国工程院选举产生67位新当选院士，西城园新材料技术领域领军企业北京有色金属研究总院首席科学家、有研稀土新材料股份有限公司副总经理黄小卫成功当选中国工程院化工、冶金与材料工程学部院士。

（强彬彬）

【园区设计企业获10项红星奖】 12月9日，代表国内工业设计最高奖项的中国设计红星奖2017年颁奖活动在京举行。西城园“设计之都核心区”重点培育的北京智加问道科技有限公司设计的质子治疗系统获红星奖金奖。此外，园区北京洛可可科技有限公司设计的微单V1锂电折叠自行车获得红星奖银奖；北京乐品乐道科技有限公司、北京洛可可科技有限公司、北京智加问道科技有限公司等设计的其他8项产品获得了红星奖。

（单　毅）

【西城园新培育7家中关村金种子企业】 12月29日，北京数介科技有限公司、云号（北京）科技有限公司、北京数起科技有限公司、北京光大隆泰科技有限责任公司、北京优乐复生科技有限责任公司、北京心联网科技有限公司、文玩迷（北京）科技有限公司7家中关村西城园高新技术企业新进成为中关村金种子企业，主要分布在大数据研发应用、文化创意、生物医药三大特色领域。

（单　毅）

北京什刹海阜景街建设指挥部

【概况】 北京什刹海阜景街建设指挥部（简称什刹海阜景街指挥部）隶属区委、区政府，属区政府常设临时性机构。由区政府直接管理，分管副区长兼任总指挥，负责统筹协调推进什刹海和新街口区域规划、建设、管理、发展工作。下设办公室、规划发展处、建设管理处、产业提升处。年内，什刹海阜景街指挥部坚持按照《京津冀协同发展规划纲要》及区“十三五”规划总体整体部署，按照“组团规划、统筹联动、板块发展”总体要求，以“保护风貌、传承文化、涵养生态、提升产业、优化环境、改善民生，打造历史文化名城保护和发展示范区”为工作目标，以旧城保护与改善居民生活条件、提高环境秩序品质为工作重点，打造“两轴四片”的历史文化街区，履行“规划、建设、管理、发展、服务、示范和引领”六大职能，逐步形成“区域整体统筹、分布分类推进、小范围渐进式”和“点、线、面”相结合的旧城保护格局。在完善规划编制、稳步推进重点项目、合理调整产业布局等方面，均取得显著成效。

地址：西城区地安门西大街丙28号B座（4月由护国寺街74号〔人民剧场〕2号楼迁出）

邮编：100009

电话：66181080

（李　兵）

【鼓西大街整理与复兴计划启动】 年内，什刹海阜景街指挥部进一步完善和实施《鼓楼西大街街区整理与复兴计划》。成立区长王少峰任总指挥的鼓西大街整理与复兴计划建设指挥部，鼓西大街整理与复兴计划体验中心建设完成并正式启动运营，通过三维影片、图片展板、微博微信等多种形式展示介绍街区整理与复兴计划方案，让市民了解鼓西大街街区复兴计划及美好愿景实施步骤，设立居民议事厅，用于听取和收集居民的意见建议，引导居民参与街区建设。区委书记卢映川等领导和市区有关单位先后到体验中心调研指导工作。组织鼓楼西大街整治复兴计划的新闻发布会，全面推介街区整治阶段性成果，北京日报、北京电视台、人民网等20余家媒体给予报道。

（周　鑫）

【阜内大街街区整理与复兴计划】 年内，什刹海阜景街指挥部进一步完善和实施《阜内大街街区整理与复兴计划》。对白塔寺片区进行重新梳理，精准定位，通过推进老城保护工作，提升平房文保区环境品质与文化品质，优化产业和功能结构，更好地服务市民生活宜居，更好地保障首都职能履行，全面建成文、商、旅、居、闲高品质休闲宜居区，实现重点街区历史文化复兴。按照“规划引导、设计先行”的总体要求，阜成门内大街街区整治工作全面启动，重点打造兼具传统文化大街风貌和现代功能的“四优四美”街区。利用腾退房屋建成阜成门内大街整治复兴计划展示中心，展示阜成门内大街的交通动线、建筑立面、公共装置、配套设施等方面创新设计和全面优化提升规划内容，面向社会各界人士和本地居民收集意见建议。结合属地新街口街道“开墙打洞”专项治理行动，立面修缮及街景提升制定“一户一策”实施方案，协调多专业管理部门启动的阜成门内大街“综合杆”设计和路板设计，推动了阜成门内大街功能完善和风貌恢复工作。

（李　兵）

【什刹海院落提升推出“隐海”品牌民宿】 年内，什刹海片区依托腾退疏解工作，对腾退院落进行重建修缮，设计装修，提升房屋院落环境品质与文化品质，全面建成文、商、旅、居、闲高品质休闲宜居区，实现重点街区历史文化复兴。推出“隐海”品牌民宿，新型业态民宿业逐步植入于什刹海文保区。柳荫街2号、大石碑10号、乐春坊1号等12个院落经过改造提升，各具特色，风格迥异，形成多功能汇聚的特色民宿，在2017年度的设计周活动中集中亮相，受到普遍好评。

（周　鑫）

【宫门口菜市场管理权临时移交】 根据西城区政府及北京什刹海阜景街建设指挥部关于将宫门口菜市场房屋使用及管理权交予中国佛教协会的指示和部署，7月14日，北京什刹海阜景街建设指挥部、北京华天饮食集团公司与金盈公司于白塔寺会议室签订《宫门口菜市场租赁三方协议书》，同时金盈公司与北京市希福装潢公司（宫门口菜市场房屋管理人）正式签署《房屋租赁合同解除协议》，待此地块完成征收后，办理产权交接工作。

（李　兵）

【白塔寺街区疏解提升】 年内，随着“疏解整治促提升”工作的推进以及阜成门内大街整治复兴计划启动，为与白塔寺历史风貌保护区定位相协调，实现白塔寺区域业态升级、区域品位逐步提升，什刹海阜景街指挥部研究建立了区域产业业态准入机制，重点落实“三客计划”（新居客、新商客、新雅客），通过“承转租”方式疏解不适宜区域发展产业，引入休闲、便民、创意类企业等符合区域发展定位的业态入驻，示范引领街区商户自发进行业态升级，“奖杯奖牌一条街”逐步实现业态转型，增强了社区活力和社区品位。

（李　兵）

【白塔寺院落提升改造项目】 年内，结合阜成门内大街复兴改造项目的实施，完成院落更新改造20余处，探索和推进腾退院落利用工作，通过给已腾退的院落植入文化产业、精品民宿、社区配套服务等功能，使街区重新焕发生命力，达到提升区域文化品质，区域整体复兴，实现现代化与传统风貌交相辉映。白塔寺片区已有兵马司唱片工作室、象外艺术工作室、自在场头民宿酒店等16家文创类和高端民宿类企业入驻。白塔寺社区会客厅具有对内汇聚社区居民和对外辐射社区文化的功能，是北京市第一个为社区居民提供邻里聚会、才艺分享、社区议事等功能的“社区会客厅”，成为白塔寺再生计划的重要品牌项目之一。“联合连片”就地改善试点院落福绥境50号完成主体翻建与室外功能模块安装试运行，并顺利开展试住工作，为就地改善实施工作积累了有益经验。

（李　兵）

【建立产业业态准入机制】 年内，什刹海阜景街指挥部以带动区域产业升级、营造区域文化氛围、提升区域城市品质为理念，推进产业规划编制。建立区域产业业态准入机制，加速什刹海、阜景街白塔寺区域业态升级工作。推进地百及沿街项目产业功能业态植入和定向招商工作。20余家休闲、便民、创意类的企业入驻阜成门内大街。

（李　兵）

【增建社区服务设施】 年内，在电焊机厂改造项目中增150余个地下停车场，建成后对居民开放。利用腾退的院落完善居民服务配套，植入创意文化企业、特色民宿、居民生活性服务业等，使街区重新焕发活力。什刹海区域内的白米斜街、兴华胡同两处腾退院落用于建设便民菜站，居民可以购买新鲜蔬菜以及水培的活体菜品，还可通过手机APP享受菜店联网的多项社区服务。

（康　力）

【北京国际设计周什刹海、白塔寺分会场工作】 年内，什刹海阜景街指统筹协调完成2017北京国际设计周活动什刹海、白塔寺分会场相关工作。什刹海分会场以“院落共生的城市家园”为主题，从所属（区域内）现代生活到城市共享景观文化，从城市新业态的植入到新技术的支持，让市民与游客充分体验什刹海的历史文化魅力，感受老街区的新魅力。白塔寺分会场主推“新邻里关系”再生计划，着重于通过院落、胡同、片区不同层次的展示居民生活与设计结合、与社区共建共享的成果，探索老城改造的新途径。白塔寺分会场被北京市国际设计周组委会评为最具人气分会场。设计周期间，两个分会场组织开展演讲、论坛、展览、体验、互动等各种形式活动，累计参观人数4.5万余人次。

（康　力）

【地安门商场综合改造完成】 地安门商场位于什刹海历史文化保护区内，是传统中轴线与京杭大运河申遗的交汇点。按照恢复北中轴线风貌，调整首都核心区功能的原则，经过市规划国土委组织的专家会评审，坚持“回应旧城尺度、承袭传统风貌”的原则，突出传统建筑元素，对沿街立面进行局部“削层、退台”的改造，降低至地上两层，通过序化屋顶设备摆放和搭建提升建设品质，较好的恢复了历史街区的沿街风貌。注重对建筑“第五立面”屋顶的美学设计，更多采用传统的坡屋顶结构，并按照传统工艺修建沿街牌楼，保存了中轴线历史风貌。12月实现外装整体亮相，并进行前期的企宣品牌策划和招商洽谈。12月17日，在四层多功能会议厅承办了西城区2017年名城委年会。

（周　鑫）

【区域内项目推进】 年内，什刹海阜景街指梳理什刹海、阜景街2个文保区的在施项目，创建“四熟悉”“四对接”“四监督”的工作机制，加强安全管理，保证施工质量。群力胡同防汛库房及地下停车场、北京中轴艺术馆、北京电焊厂地下停车场、联勤加油站迁建、中轴线申遗、大运河文化带保护、京城控股什刹海地区非首都功能疏解、联合大学疏解、西四北大街商道综合整治、阜内停车场项目、西什库片区恢复提升工程、护国双关帝庙修缮项目、兆惠府本体文物腾退等项目稳步推进。德胜门对景仿古建筑建设工程项目已完成内部设施安装和结构装修，并实现结构性封顶，其展陈方案已初步完成。

（李　兵）

【非首都功能疏解工作】 年内，什刹海阜景街指遵照区住建委备案的腾退方案，坚持整院腾退政策，什刹海片区完成疏解签约132户，完成率为112%，疏解人口480人，完成率144%。白塔寺片区完成签约30个门牌，86户家庭完成率为172%，疏解人口217人，完成率为174%。

（李 兵）

北京北展地区建设指挥部

【概况】 北京北展地区建设指挥部（简称北展指挥部）隶属区委、区政府，由区政府直接管理。设立总指挥，由区领导兼任，负责主持指挥部全面工作；设立1名常务副指挥，协助总指挥负责指挥部日常工作。下设办公室、产业发展处、环境秩序处。行政编制20人。北展指挥部是负责统筹推进以动物园服装批发市场（简称“动批”）为重点的展览路地区内，低端业态和小商品批发市场疏解、改造、业态调整升级工作的常设临时性机构。主要工作为统筹区域各种资源，引导批发市场人口有序疏解和产业有效提升。参与研究区域内资源利用、业态调整相关政策，编制中长期发展规划和专项规划；协调重大项目的论证、立项、引进和落地；负责交流合作活动的项目申报和组织、各类经济指标的收集整理、统计分析和研究、联络区域内商户自治组织、联席会、专家顾问等工作；同时负责牵头协调推进区域内环境的综合治理和城市形象品质提升的相关工作。指挥西直门综合治理办公室开展区域环境秩序工作；编制区域内商品批发市场环境治理的年度工作计划和实施方案；协调区委、区政府相关委办局、街道、产权单位、市场主办方等，开展对区域市场秩序、交通秩序、治安秩序等进行治理和提升，确保区域内市场的安全稳定。截至年底，“动批”12个市场全部闭市，实现北京疏解非首都功能标志性工程圆满收官，并推动2个新建楼宇实现进一步业态转型。

地址：西城区展览馆路14号汉庭酒店5层（5月迁入）

邮编：100032

（尚荫南）

【中央媒体到“动批”调研】 2月5日，中央媒体“京津冀协同发展调研行”采访团到“动批”开展调研，深入实地了解“动批”各市场疏解进展情况以及外迁商户落地经营状况。

（尚荫南）

【百日执法综合行动】 4月17日启动为期150天的“整秩序、打违法、保安全”百日行动。成立由区主要领导为组长、18个区委办局领导为成员的整治领导小组，开展包括“消防安全隐患及安全生产专项整治”“违规物流、存包、人力推车专项整治”“交通秩序专项整治”“特种设备安全专项整治”“税务联合稽查专项整治”“知识产权专项整治”“非法出租房屋及违法建设、‘拆墙打洞’专项整治”“无证无照及食品安全专项整治”“社会治安专项整治”等九大专项整治行动。结合百日整治行动，牵头消防、工商、城管、交通、公安、安监、食药、质监等部门分市场内外形成两个执法组，并建立“周一周三天意、周二周四‘动批’”的长效日查机制。全年各执法部门日常执法共检查市场971家次，检查商户20663户，排查隐患645处，责令整改708起，取缔无照780起，处罚2587起，处罚金额56.074万元。对市场外秩序进行规范，整治交通秩序。在文兴街、榆树馆设置机动车非机动车隔离护栏，整治街面秩序，现场处罚违章车辆680起、遮挡号牌2辆，清拖114辆违章车辆，查处“黑摩的”27辆，“黑三轮”9辆；查处大货车72辆，京B摩托车51辆。处罚无照经营417起，罚款84450元。对市场内秩序进行规范，治理安全隐患。消防部门检查单位938家，发现安全隐患800处，责令整改756处，下发整改通知书507份，处罚25起，查封27起，关停3家，罚款45.5万元，拘留3人；安监部门共检查安全出口363次、通道462条、楼梯间228个，查出隐患50处，发出限期责令改正指令书6张，现场监督立即改正15次；质监部门累计检查“动批”各市场电梯349部，要求限期改正46部，停梯消除安全隐患22部，采取大修措施2部；工商部门打击侵犯知识产权，开展联合执法45次，出动执法人员210人次48车次，查处侵权案件20起，罚款5.1万元，没收侵权箱包、鞋、服装600余件。食药部门严格控制许可，加大处罚力度，出动462人次225车次，检查231户次，取缔违法商户38家。社会治安方面，健全矛盾纠纷排查调处机制，强化情报信息和技术支撑，做好执法保障，着力构建维稳防线。

（尚荫南）

【万容市场疏解闭市】 6月15日，万容市场张贴疏解预公告。6月23日，张贴正式疏解公告，疏解工作正式启动并于6月27日顺利疏解闭市。原万容市场位于展览馆路1号科贸楼二期，建筑面积40447平方米，摊位1886个。

（尚荫南）

【万通市场摘牌闭市】 6月25日，万通市场张贴疏解公告，并于26日开始办理商户疏解解约手续。7月1日，万通市场摘牌。8月31日正式闭市。原万通市场位于阜成门立交桥西南角，毗邻金融街，是以经营服装、鞋帽、饰品、文具、礼品为主的小商品市场，也是全市知名的小商品市场。万通市场共六层，地下一层、地上五层，摊位数1700个，从业人员约5000人，建筑面积约3.15万平方米。

（尚荫南）

【市领导调研“动批”疏解进展情况】6月29日，副市长程红前往“动批”区域万容市场进行调研，了解市场闭市后疏解工作推进情况，并慰问在疏解一线的基层工作人员。

（尚荫南）

【天意市场摘牌闭市】　7月5日，天意市场发出致全体商家和员工的一封信，信中告知天意市场方与产权方签署了解约协议，并于7月6日开始办理解除合同手续。7月6至10日，商户与市场方办理解约手续。7月12日，天意市场拆除户外招牌。9月5至10日，办理退交营业执照、税务登记证等相关手续。9月15日，天意市场正式停止营业。原天意小商品批发市场位于阜成门外北街259号，面积4.14万平方米，摊位4650个，从业人数1.4万人，是北京最大规模的小商品批发兼零售市场。

（尚荫南）

【众合市场疏解闭市】　7月26日，众合市场正式张贴疏解公告。7月27日正式启动现场疏解工作，开始办理疏解解约手续。7月30日，众合市场正式闭市。原众合市场位于文兴街1号，建筑面积8838平方米，摊位数629个，从业人员1887人。

（尚荫南）

【赴沧州考察商户落地情况】8月2日，北展指挥部组织专门队伍，前往沧州明珠商贸城考察商户落地经营情况。为更好承接北京外迁商户，沧州市高新技术开发区为“动批”商户提供优惠经营条件，推动市场产业疏解工作。

（尚荫南）

【市领导调研“动批”市场疏解工作】9月2日，北京市委书记蔡奇，市委副书记、代市长陈吉宁到“动批”调研，崔述强、隋振江、李伟一同调研，区领导卢映川、王少峰、孙硕、吴向阳陪同调研。市领导在对疏解进展情况表示充分关切的基础上，提出要做好商户外迁的服务工作并加强已疏解楼宇的产业提升。

（尚荫南）

【全国人大代表北京团调研“动批”】9月6日，全国人大代表北京团到“动批”区域调研，市人大常委会副主任刘伟，区领导王少峰、杜灵欣、孙硕陪同调研。调研着重了解了宝蓝金融创新中心（原天皓成市场）的发展状况。

（尚荫南）

【世纪天乐市场疏解闭市】　9月8日，世纪天乐市场张贴疏解公告，于10月6日顺利平稳闭市。原世纪天乐市场建筑面积8.4万平方米，摊位3231个，从业人员约9700人。世纪天乐内部结构复杂、产权多次易手，是“动批”区域单体面积最大、商户最多的市场。9月14日，北展指挥部召开世纪天乐市场疏解誓师暨临时党支部成立大会，保证了疏解任务的顺利完成。

（尚荫南）

【天和白马市场疏解闭市】　10月28日，天和白马市场张贴疏解公告，于11月1至4日集中办理解约手续。11月13日，天和白马市场正式闭市。原天和白马市场位于文兴街1号，产权方为北京矿冶研究总院，建筑面积4万平方米，摊位数1039个，从业人员约3100人。

（尚荫南）

【东鼎市场疏解闭市】　11月13日，东鼎市场张贴疏解公告，并于11月15日起办理商户解约手续，截至11月18日，商户签约率达100%。11月30日，东鼎市场闭市。至此“动批”12家市场全部顺利闭市。原北京东鼎服装商品批发市场，建筑面积1.8万平方米，摊位数483个，从业人员1450人，以经营服装批发为主，同时兼营鞋类、箱包、小百货等商品。

（尚荫南）

【“动批”市场疏解工作完成】　“动批”市场起源于上世纪80年代动物园公交枢纽周边的路边服装摊位，历经30多年的发展，逐步形成天皓成、东鼎、万容天地、金开利德等12家辐射华北、东北和西北的服装和小商品批发市场群，是全国著名的批发市场，年批发额大约500至800亿元。疏解前，“动批”市场共有独立楼宇8栋，产权方8家，建筑面积约35万平方米，摊位数约1.3万个，从业人员4万余人，地区日人均流量6至7万人次，节假日达10万人次。大量的人流、车流、物流，造成了交通拥堵、环境秩序混乱等严重的“城市病”，周边群众意见很大，不符合首都产业发展要求。为做好市场疏解工作，确保市场疏解工作平稳有序，北展指挥部创造性的在各个市场疏解过程中成立临时党支部，充分发挥党组织在疏解整治促提升工作中的引领作用和党的组织优势、组织功能、组织力量以及党员的先锋模范作用，坚持“党员派到一线去，支部建在项目上”的理念，实现资源共享、优势互补，形成人人争先、勇于担当的态势。加强组织领导，成立市场疏解专班，为疏解工作顺利推进提供了有力保障。截至11月30日，随着东鼎市场的平稳闭市，“动批”12个市场全部闭市，实现北京疏解非首都功能标志性工程圆满收官。

（尚荫南）

【“官批”市场签订疏解框架协议】12月29日，北京官园商品批发市场（简称“官批”）市场方、产权方就疏解工作签订框架协议，就市场疏解过程中的时间节点达成一致意见。

（尚荫南）

北京马连道建设指挥部

【概况】　北京马连道建设指挥部（简称马连道指挥部）隶属区委、区政府，由区政府直接管理。设立1名总指挥，由区级领导兼任，负责主持指挥部全面工作；设立1名常务副总指挥，协助总指挥负责指挥部日常工作。下设办公室、规划建设处和产业促进处，编制20人，实有工作人员11人。马连道指挥部是负责组织、协调、督促、服务以马连道为主的广安门外地区的业态升级和重点项目建设工作的常设临时性机构。负责综合协调涉及本区域、跨领域、跨区域的建设发展工作，组织协调推进区域重点项目。负责会同相关部门：研究制定本区域中长期发展规划、空间规划、土地利用规划等发展战略，并负责组织实施；制定马连道地区产业发展规划，提升茶企业品牌影响力，促进茶文化产业发展，树立马连道茶产业街区品牌形象；研究制定本区域产业发展的各项激励政策、措施，促进重点产业、企业总部及相关产业聚集发展。年内，马连道指挥部坚持聚焦“深入推进科学治理，全面提升发展品质”主线，着力推进地区规划建设，区域内城市建设和环境宜居品质逐步体现，突出规划引领，统筹推进督促地区重点项目及时落地实施；突出整体布局，编制形成《马连道街区城市设计导则》初稿；突出设施改善，《广外地区道路实施计划》落实步伐加快。着力引导街区产业优化提升，马连道产业升级城市功能和经济品质不断完善提高，创“双百活动”，街区整体品牌塑造日见成效，抓空间提升，产业功能进一步优化，促多元融合，服务产业创新提升活力增强。

地址：西城区红莲南路57号中国文化大厦15层
邮编：100055
电话：52609418

（耿爱华）

【区领导考察调研】　3月30日，区长王少峰现场调研手帕口南街项目和北京二商京华茶业公司，在马连道指挥部召开座谈会，副区长、马连道指挥部总指挥李异陪同调研。王少峰指出，指挥部通过组织大量调研分析论证和协调服务工作，编制广外地区“一总三分”规划，有序引领广外地区整体协调发展，统筹协调相关部门攻坚克难，集中解决历史遗留问题，实现重大突破，地区规划建设和产业升级工作取得阶段性成效。要求下一步重点做好四方面工作：一是研究分析地块梳理成果，明确项目实施方向和路径，尽快转化为各部门的任务清单和工作实践；抓紧推进重点地块的征收、腾退和实施工作，拆违先行，做好有序衔接。二是动员产茶区、街区茶商、产权单位、社会组织等各方主体主动参与，形成整体工作思路、达成产业升级共识，引导结构调整提升；着力塑造马连道茶文化整体品牌，疏解批发、物流、仓储等非首都功能，推动京津冀协同发展。三是围绕“一总三分”规划，明晰路径、完善机制，与各部门、街道加快统筹协调，形成工作合力，科学有序推进地区规划建设、产业升级、疏非控人、环境优化和民生改善工作，切实提升广外地区城市发展品质。四是街道要按照区委区政府部署，以“疏解整治促提升”专项行动为抓手，全面推进区域环境整治、拆违工作实施和基础设施改善。7月20日，区政协副主席程军调研马连道指挥部，进一步落实《西城区人大常委会、政协领导联系指挥部等单位工作制度》。程军强调指挥部在今后工作中要做到三个“下功夫”：要在“两贯彻一落实”上下功夫，学深悟透和贯彻执行习近平总书记两次视察北京重要讲话精神和市十二次党代会精神，准确把握好中央对首都功能核心区的政治要求，站在京津冀协同发展的高度，谋划地区发展战略定位，研究推动产业发展提升。要在“大责任”“大事业”“大作为”上下功夫，从全区的重大战略布局，重要工作目标和重点工作项目上谋划和推进工作，强化责任意识，拓展大视野，实现大作为。要在发挥区域优势资源上下功夫，强化协同配合，用好各方资源，借力专家外脑，提升文化品质，推动马连道街区发展建设，服务街区企业和居民。

（耿爱华）

【手帕口南街综合项目】　年内，马连道指挥部加速推进地块拆违、立项、征收、腾退等工作。指挥长多次召开会议，研究对策，调度进展，多方协调建设项目相关主体和有关职能部门、街道形成合作联席机制；同广外街道共同抽调业务骨干组建联合专项工作组，集中力量突破前期与征收动迁工作，全面启动5个地块分别立项工作。项目B地块、F地块获立项批复、用地预审文件，申请规划选址意见书报规划部门，启动F地块拆违工作，封堵地块内开墙打洞。经专家评审会选出2个项目设计方案，向区政府专题会汇报项目进展，根据会议要求和专家建议深化完善项目整体设计方案，细化明确各地块功能、各建筑单体内功能布局。

（王梓昭）

【启动研究天宁寺东里产业升级项目】年内，马连道指挥部整合地块，组团规划，整体考虑天宁寺东里棚户区改造项目实施可行性。围绕首都“四个中心”功能定位，突出文化战略，传承保护历史文化文脉。利用北京唱片厂“北京国家音乐文化产业基地”资源，研究设计项目文化音乐核心主题，带动音乐、展演、时尚、体育产业导入和发展，兼发挥天宁寺历史文化传承和宗教建筑展示功能。推动天恒正道公司完成地块约2200余户居民、15.5公顷土地22万平方米地上建筑等情况踏勘研究。与项目用地内市文保单位天宁寺、北京唱片厂、中央音乐学院对接诉求，协调定位，研究形成初步疏解提升工作思路、项目策划定位和设计方案。

（王梓昭）

【双安红莲市场撤市后启动绿地建设】　年内，马连道指挥部与广外街道牵头，在园林部门配合下，落实“疏解整治促提升”、留白增绿等重大决策部署，将双安红莲市场项目纳入街区整理计划，建立工作组，推动完成市场撤市、拆违和建设方案编制工作，拆违2500平方米，疏解商户87户、居民自建房1户。根据设计方案和区纪委调研提议，会同有关部门加紧推进“廉政文化教育公园”主题的线性整体生态绿地公共空间建设。

（王梓昭）

【推动广外地区道路规划建设】　年内，马连道指挥部推动茶马北街西口道路项目完成项目施工招投标和违法建设拆违工作，新建雨水和污水管线、路灯、信号灯，协调推进广外街道办事处、区民政局重新勘验西城区与丰台区的区界，确定太平里小区院内西南角违法建设不属于西城界内，协调推进区房屋征收中心下户外调。协调广安基础公司建设完成马连道东二号路项目90米雨水管线、40米污水管线，推进剩余马连道东街2号、17号、19号的违法建设拆除工作，协调完成双安红莲市场撤市拆除、北京联通公司基站拆移、北京移动公司退线、施工单位进场施工。协调南马连道路配套雨水泵站项目5月底完工，完成入河口工程和设备调试和验收前各项收尾工作，8月份完成工程验收，协同防汛部门统筹部署防汛应急工作，推动市公联公司制定和上报汛期应急预案，组织落实24小时人员值守，确保应对突发情况。

（王梓昭）

【开设街区特色阅读空间】　4月20日，马连道指挥部与区文化委联手打造的特色阅读空间“紫芳书苑”举行揭牌仪式。以茶文化为载体，融合阅读文化，吸纳古琴、插花、茶服、茶艺、青瓷等多种文化元素，为市民提供有品质的文化体验生活空间。全年举办20多场机关单位、学校和社区公益读书和茶文化活动，在马连道产业转型升级中发挥了重要的文化带动作用。

（赵新芳）

【完成产业升级专项课题】　9月30日，马连道指挥部完成《马连道街区产业发展战略与实施对策》，整理开发街区茶产业调查数据，剖析街区产业状况和街区空间上存在的问题，研究提出产业升级与街区改造的近期、中期、远期目标及战略、路径和具体落地措施，为街区产业升级提供了有力的数据理论支撑。

（赵新芳）

【建立马连道工作站】　12月31日，马连道指挥部研究利用旧有空间建立的马连道工作站开始试运行。整合和引入相关部门旅游服务站点、质量监控、商标监管、诚信经营、品牌建设等资源，发挥马连道工作站品牌展示、文化传播、产业提升、服务咨询等功能，搭建了多元产业融合共生平台，是政府服务企业和居民的窗口、国际交往和文化交流的空间，成为带动街区产业转型提升的重要引擎。

（赵新芳）

【打造“双百”活动】　年内，马连道指挥部开展“双百活动”，积极打造“茶文化百家讲坛”，推动“百茶百县”项目。一是对“马连道茶文化大讲堂”进行整体升级，融入非遗、体验等多种元素，采取“走出去，请进来”的方式传播中国传统文化，促进产业融合发展。6月16日在2017年“两展一节”主会场北京展览馆，举行“‘一带一路，清茶为媒’从马连道出发暨马连道茶文化大讲堂启动仪式”，6月19日在马连道京华茶叶大世界，特邀中国茶叶流通协会副会长王秀兰进行“花开四季沁茶香”首讲，全年举办系列活动7场。二是以“百茶百县”项目推进马连道与重点产茶县多地多边合作，建立产销联动长效机制，从源头上控制茶叶食品安全质量，提升品牌商誉度和影响力。组织推动北京茶业交易中心走访50余个产茶区，优选产茶百县，建立基础台账，编制项目方案。

（赵新芳）

西城区重大项目建设指挥部办公室

【概况】　西城区重大项目建设指挥部办公室（简称区重大办）是主要负责全区重大工程项目统筹协调工作的常设机构。内设综合科、财审科、征收事务科、项目管理科、保障房建设管理科、执法维稳工作科6个职能科室。主要职责是组织编制本区重大项目建设总体计划；负责本区内重大项目建设的组织协调、综合、调度和监督管理工作。协调有关部门和单位推进重大项目的立项、规划、用地、征收等前期工作；协调区政府有关部门按总体计划要求在项目建设各阶段加快办理各项行政审批手续。参与拟订重大项目房屋征收方面的政策措施；组织编制重大项目房屋征收年度计划；做好重大项目房屋征收的管理和协调工作；指导和协调相关部门推进功能街区、市政基础设施、轨道交通等重大项目及其他专项工程的征收工作；协调重大项目建设中产权单位的搬迁工作。负责本区房屋建筑的抗震节能综合改造和老旧小区整治工作。协调区政府主管部门监督重大项目建设，贯彻落实安全生产、工程质量、资金使用、招标与采购、合同履行等方面法律法规，落实“阳光工程”的各项要求；参与重大项目建设工程事故应急工作。组织重大项目年度资金使用计划的编制，协调、落实资金计划的执行；组织协调重大项目的竣工验收、竣工结算和决算工作。负责全区保障性住房建设和定向安置房源的统筹协调工作。承办区委、区政府交办的其他事项。

地址：西城区培育胡同15号2层
邮编：100051
电话：81025983

（王　博）

【重点征收拆迁项目】　全年完成4个拆迁项目：自来水调度中心大厦工程项目拆迁居民39户，已全部签约，完成拆迁工作；地铁8号线三期珠市口站涉及被拆迁人27户，已全部签约，完成拆迁工作；地铁7号线达官营站最后一户完成拆迁；联通大楼项目规划用地范围内拆迁居民43户，完成拆迁工作。菜市口220千伏变电站及生产附属设施项目总计产承户40户，已签约36户。宣武医院项目拆迁总户数1074户，剩余产承户130户，完成88%。香炉营L地块项目，拆迁总户数共8户，还剩1户。西直门内大街道路全长730米，为城市主干路，规划红线宽度70米，剩余居民3户，剩余单位产2家。北纬路市政道路征收工程涉及被征收人80户，单位产17家；截至年底，已签约65户，完成81%，单位产签约14家，完成82%。永安路项目位于珠市口西大街南侧，西起东经路，东至前门大街，位于永安路东段，规划长度458.91米，红线宽35米，涉及征收面积5850.11平方米，涉及产籍户191户，单位产3家，已签约143户居民，完成75%，单位产剩1家。

（王　博）

【老旧小区综合整治项目】　年内，区重大办按照市委市政府关于深入推进老旧小区综合整治工作的部署要求，坚持以人民为中心，以全市总体规划为遵循，按照自下而上、以需定项、理顺机制、强化服务、标本兼治、完善治理的原则，健全完善老旧小区各类配套设施，补齐短板，优化功能，提升环境，切实解决好群众最关心、最直接、最现实的问题。抗震加固工作坚持以提升楼房抗震安全为原则，积极征求居民意见，优化改造方案，严把施工安全质量关。全区计划完成抗震加固改造56栋，约18万平方米，实际完工61栋，约19.2万平方米，惠及居民3477户。根据市委市政府关于深入推进老旧小区综合整治的部署要求，年初，西城区选定灵境小区、安德馨居、白云路7号院3个直管公房小区作为市级新阶段老旧小区综合改造试点，围绕整治内容努力做到应改尽改、配套提升优先满足小区服务功能、小区管理向专业化物业管理转变等3项试点任务，努力探索新阶段老旧小区综合整治实施模式。3个试点项目改造工作于年底全部完成。全区共增设电梯13部，其中灵境小区3部、安德馨居6部、白云路7号院4部，年内全部投入使用。安德馨居增设立体停车设施1个，增加停车位9个；白云路7号院增设立体停车设施1个，增加停车位26个。白云路7号院根据民意调查结果，除增设电梯及立体停车设施外，还完成清理地下空间、垃圾楼用途改造、院内平房及违建整治及室外水电气管线等改造项目。区重大办对于确实存在安全隐患，居民呼声强烈的简易楼，优先安排资金和房源予以启动，同时积极探索借鉴房屋征收的模式和采取民意立项机制推进简易楼改造进展。年内全区计划启动简易楼腾退25栋，截至年底，已启动简易楼腾退28栋，签约795户。

（王　博）

【成片棚户区改造项目】　年内，棚改任务重点加大28项在施项目实施力度，研究推进前期项目15个，累计完成改造6033户，完成任务进度120%。全力推进成片棚户区改造项目，百万庄项目在各相关单位共同努力下，实现B地块竣工；菜园街及枣林南里、光源里项目进入征收收尾阶段；德宝7号地项目征收前的各项手续全部办理完成，开始根据总规要求深化实施方案和补偿方案。持续推动核心区人口疏解和风貌保护，对白塔寺、什刹海、杨梅竹斜街地区，结合区域实际，突出亮点，打造精品，在规划设计、施工工艺、功能提升方面进行探索和创新；稳步推进大剧院西、宣西北、天桥北、珠粮街等新开项目，并逐步扩展覆盖范围，使人口疏解工作持续、平稳推进；突出房屋居住安全，加大平房修缮力度，共完成1478户危旧平房翻建修缮工作。危改修缮类项目进展明显，发挥棚改项目的示范和引领作用，加大危改类项目收尾力度，棉花片危改项目完成23户；宣东A–G项目基本实现项目净地，老旧小区抗震加固共完成3249户，简易楼项目完成716户，居民近万人实现解危。

（王　博）

【老旧小区综合整治工作协调会】　3月13日，副区长姜立光在区政府二层第三会议室主持召开关于新阶段老旧小区综合整治试点工作的协调会；3月22日，姜立光在区政府二层第一会议室主持召开关于新阶段老旧小区综合整治试点工作的协调会；4月28日，姜立光在区政府1336会议室主持召开关于新阶段老旧小区综合整治试点工作的协调会；6月23日，姜立光主持召开关于简易楼腾退工作协调会；9月22日，姜立光在区政府第三会议室主持召开关于抗震改造增发周转金有关问题协调会；11月2日，姜立光主持召开关于老旧小区拆除重建工作方案研究会；12月14日，姜立光在区政府1301会议室主持召开关于老旧小区拆除重建工作方案研究会。

（王　博）

（责任编辑　陈　艳）

综合经济管理

经济和社会发展

【概况】 北京市西城区发展和改革委员会（简称区发展改革委）是区政府主管全区经济发展和改革的工作部门，内设机构13个（办公室、国民经济综合科、固定资产投资科、社会发展科、环境资源科、产业发展科、体制改革科、价格管理科、人口科、协同发展科、人事科、离退休干部管理科、机关党委），物价检查所科室7个，下属事业单位3家（西城区经济信息中心、西城区政府采购中心、价格认证中心），在职117人。年内，区发展改革委在区委、区政府的领导下，以党的十九大精神为指导，强化“四个意识”，践行“红墙意识”，认真贯彻落实中央、市委和区委各项决策部署，坚持稳中求进总基调，发挥综合协调部门的职能作用，履行各项工作职责，促进全区经济向更高质量发展。

地址：西城区西直门内大街275号综合行政服务中心

邮编：100035

电话：82141212

（种宇佳）

【推进经济体制改革工作】 年初，对照市区重点改革任务，梳理制定《2017年经济体制改革工作要点》，细化年度改革事项，明确5个领域的14项重点改革任务。6月，组织召开全区经济体制改革领导小组会。工作中注意处理好整体推进和重点突破的关系，推动改革尽早有收获、尽快见成效。既系统全面推进各领域改革，又根据改革举措的轻重缓急、难易程度、推进条件，统筹改革推进的步骤和次序。听取成员单位情况汇报，突出阶段性工作重点，把握改革关键环节，合理选择时间窗口，协调解决难点问题，确保各项改革任务按期完成。

（祝欣伟）

【建立“西城发改”微信公众号】 12月，为进一步总结宣传“疏解整治促提升”工作成果，增强人民群众对此项工作的认识与理解，提升人民群众的获得感、幸福感、安全感。建立“西城发改”微信公众号，开辟“疏整促”工作专栏，每周推送全区“疏整促”工作进展情况，先后发布“西城区‘疏整提’工作巡礼”“再现古都风韵”“建设宜居环境、提升城市品质”等微信内容，在新媒体平台上开设专题性活动话题，扩大专项工作在全媒体平台上的正面影响，促进群众建言献策，突出齐抓共建的参与意识，营造良好的舆论氛围，保障专项工作顺利开展。

（唐　鑫）

【深入实施京津冀协同发展战略】 年内，区委、区政府调整充实西城区推进京津冀协同发展领导小组，对小组成员及专项工作组成员进行调整。对接《京津冀协同发展规划纲要》及北京市“十三五”规划，把京津冀协同发展与疏解非首都功能工作贯穿于整个国民经济和社会发展中。制定《西城区疏解非首都功能工作方案》，确定“调有办法、控有手段，进有标准、疏有对接”的“全方位”疏解模式。搭建疏解对接平台，利用“动批”市场疏解空间设立推介馆，邀请天津、河北等地多家市场入驻，介绍商居政策，服务商户外迁。率先出台《疏解腾退空间资源再利用指导意见》，疏解后的天皓成市场已转型为宝蓝金融创新中心，成功引进中能建集团等7家科技金融类企业。加强人才交流协作，安排5名干部在保定市、唐山市、张家口市挂职锻炼，6名“京冀互派”挂职干部在西城区重点领域任职；加强产业对接，与天津市西青区、石家庄市等地区签订战略合作协议，区属企业在津冀地区投资项目17个，企业合作项目40个；加强医疗协作，区属10家医院和其他城区17家医疗机构开展对口支援；加强教育协作，与天津市、河北省30余所学校开展跨区域合作办学，推进北京四中、北海幼儿园与雄安新区对接；加强养老服务协作，开展秦皇岛康养项目的调研考察、选址工作。

（郭朋朋）

【全年常住人口调控任务超额完成】 年内，区委、区政府与全区82家单位签订目标责任书，将全年人口调控任务分别下达给街道和委办局，对2017年工作进行全面部署。全年实现常住人口控制在122万人以内，超额完成年初指标。

（唐　鑫）

【组织实施实有人口核查专项行动】 年内，在全区范围内组织开展为期2

个月的实有人口核查专项行动，对全区实有人口的居住类型、家庭情况等具体情况进行全面核查、摸底调研。随后建立西城区实有人口核查信息系统，并同步建立实有人口动态精细化管理机制。开展数据分析工作，制作分社区实有人口密度图，研究实有人口与“疏解整治促提升”、养老政策、入学政策的内在关系，做到对区域内实有人口“数据清、情况明”，为城市精细化管理、人口精准调控等一系列领导决策提供依据。

（唐　鑫）

【协调推进“疏解整治促提升”专项行动】 年内，统筹推进全区“疏解整治促提升”专项行动。承办全区“疏解整治促提升”专项行动部署会、“疏解整治促提升”专项行动工作推进会、“疏解整治促提升”专项工作形势分析会。编制4个方案——《西城区“疏解整治促提升”专项行动实施方案》《西城区2018年“疏解整治促提升”专项行动实施方案》《西城区“疏解整治促提升”专项行动实施方案（2018—2020年）》《西城区市级重点区域整治提升专项任务实施方案（2018—2020年）》及4本台账——《“十三五”期间专项行动任务台账》《西城区2018年“疏解整治促提升”专项行动任务台账》《2018—2020年“疏解整治促提升”专项行动分年度任务台账》《西城区重点区域2018—2020年项目情况台账》。明确2017、2018年各专项行动任务量及工作重点，提出“十三五”期间最后3年全区专项行动及“三金海”（三里河—金融街—中南海周边）和什刹海市级重点区域整治提升的总体思路、目标和要求，使专项行动工作实现细化、量化、具体化、项目化，实现市区一本账。市委书记蔡奇、市长陈吉宁等市领导先后43次对西城区生活性服务业提升、文物腾退、老旧小区改造等“疏解整治促提升”专项工作进行调研。区发展改革委全年承办主管区领导调度会9次，组织调度会17次，编发简报14期，报送工作信息52条。完成全年“疏解整治促提升”任务工作量的156.3%。

（唐　鑫）

【全区经济运行情况】 全年实现地区生产总值3916.9亿元，同比增长6.5%；区级一般公共预算收入422.1亿元，同比增长2.0%；全区完成固定资产投资296.8亿元，同比增长17.4%。城镇居民人均可支配收入76511元，同比增长6.5%；城镇登记失业率为0.88%，同比增长0.04%。

（种宇佳）

【召开经济社会发展形势分析会】 年内，组织召开经济社会发展形势分析会，区委、区政府主要领导出席，各综合部门的主要领导、主管领导参加。会议对经济社会发展的内外部环境进行深入讨论，就区内各主要指标完成情况、发展中的重点、难点问题等进行全面细致分析，确定下一步重点任务及对策措施。为全区经济工作和领导决策提供重要参考和信息支撑，促进经济运行呈现稳中有进的良好态势。

（种宇佳）

【完成国民经济和社会发展计划报告】 年内，完成半年、1–9月份及全年国民经济和社会发展计划执行情况的报告。就重点工作任务进行安排部署，加强对全区经济社会发展情况的把握，为政府开展下一阶段工作提供参考依据。将计划执行情况及下一阶段主要目标安排向区人大常委会进行工作汇报，自觉接受监督。

（种宇佳）

【推进政府投资工作】 年内，印发西城区2017年政府投资计划，通过加大统筹协调力度、加快推进前期手续办理、规范项目管理等措施，确保政府投资计划有序推进，重点领域项目形象进度突出，对完善提升城市面貌、疏解优化城市功能、提高和改善民生保障等起到了促进作用。开展2018年政府投资计划编制工作，2018年政府投资计划经区政府常务会议审议通过。争取市级资金支持，推进老城风貌保护、教育等公共服务类项目建设。

（姜　倩）

【开展重大项目稽察与监管】 年内，共对40个建设项目进行抽查，项目范围涉及基础设施类、社会事业类、能源电力类等领域，涉及总投资657133万元（区财政投资640360万元，市固定资产投资16773万元）。截至稽察日，未开工项目15个、在建项目14个、已完工项目9个、征收腾退项目2个，财政共拨款423361万元，支付资金289183万元。通过稽察发现和纠正了一批项目在建设程序、财务管理、资金使用等方面存在的问题，及时下发了整改通知，建立整改台账，为规范项目管理、促进项目建设，保证政府投资的安全有效发挥了较好的作用。做好“北京市政府投资项目管理与监控信息系统”监管，推动项目监管关口前移，对“城市轨道交通绿色与安全建造技术国家工程实验室项目”“移动金融安全可信公共服务平台项目”“丰台区高立庄三、四、五号路道路及管线工程”等10个项目，就项目招投标、进度、合同签订以及资金使用情况进行实时监管，对发现的问题及时纠正。

（祝欣伟）

【梳理完善权力清单】 年内，对区发展改革委涉及的行政许可、行政确认、行政处罚等事项及要素信息逐一进行梳理和规范，制定权力清单，经确认有行政服务事项15项、行政处罚事项58项。按照北京市取消、下放审批事项的工作要求，将承接和取消事项在审批事项目录、权力清单中实现动态调整，逐一完善流程图和办事指南，及时向社会公开，确保审批事项“接得住、管得好”。

（祝欣伟）

【服务驻区企业】 年内，支持企业高技术产业化项目备案20项，总投资566768.49万元；向国家发改委、市发改委推荐专项征集项目5个，投资18076万元。贯彻落实《西城区区领导联系服务重点企业工作制度》，做好区领导走访重点企业工作，为重点企业提供多层次、差异化服务。组织完成西城区政府分别与国家电力投资集团公司、北京首都开发控股（集团）有限公司、首钢总公司战略合作框架协议签约工作。

（裴　丽）

【促进产业发展】 年内，梳理全区产业政策，根据西城区发展新形势、新要求，对西城区产业政策进行全面的“废改立”，协调各部门加紧制定和修改完善、研究和储备一批产业政策，形成“1+5+N”（“1”是指《西城区服务国家金融管理中心建设推进区域经济高质量发展的实施意见》；“5”是指《关于财政支持疏解非首都功能构筑高精尖经济结构的意见》《关于进一步优化营商环境的实施意见》《西城区关于深入落实北京市服务业扩大开放综合试点工作的实施意见》《西城区关于进一步加快高精尖产业人才发展的工作意见》《西城区低效空间利用指导意见》5个综合性政策；“N”是指各部门出台的支持高精尖经济发展的支撑配套政策）的产业政策体系，在政策创新上实现突破。抓好产业政策评估工作，对《西城区产业政策制定与实施的管理办法》《西城区促进产业发展若干意见实施情况评估》进行评估、评价。科学评价区域首都功能提升及产业结构优化阶段性新进展，总结工作推进中的新亮点，梳理查找提升首都功能相关工作中出现的新问题，完成《西城区首都功能提升及产业结构优化情况评估》工作。开展西城区腾退空间资源调查研究工作并出台《西城区疏解后腾退空间资源利用指导意见》，提高疏解腾退空间管理和使用效率。

（裴　丽）

【节能降耗】　年内，严格落实节能减碳目标责任制，对57家用能单位开展能源审计，4家企业完成清洁生产审核，支持8家用能单位进行节能改造，区域内参加碳排放权交易的重点排放单位全部完成年度履约工作。全年能源消耗总量394.5万吨标准煤，单位地区生产总值能耗下降率5.13%，完成市政府下达的全年目标。

（刘淑蕊）

【价格监督检查】　年内，围绕稳定价格水平这条主线，开展日常检查、节日检查和专项检查。对教育收费、医疗收费、药品价格、涉企收费、物业收费等进行检查。查处各类价格违法案件43件，实现经济制裁总金额145700元。受理价格举报投诉案件1807件，已办结1782件，办结率为98.62%。

（吕　博）

【建立公平竞争审查机制】　年内，印发《北京市西城区关于在市场体系建设中建立公平竞争审查制度的实施意见》，以此推动公平竞争审查制度的落实工作，确保政府及相关部门行政行为符合公平竞争要求和相关法律法规。按照《实施意见》要求，成立西城区公平竞争审查工作联席会议，联席会议成员由23个单位组成，明确了审查程序和流程，并下发通知要求区属各部门要加快建立公平竞争审查内部审查机制。

（吕　博）

【价格认定】　年内，共完成各类涉案物品价格认定案件1334件，认定标的金额3169万元。

（艾毓霞）

投资服务

【概况】　根据《关于区功促局更名及调整区文化创意产业促进职责的通知》，2016年12月，北京市西城区发展服务中心加挂“北京市西城区文化创意产业中心”牌子（简称“区文促中心”），并将区文促中心职能划入西城区发展服务中心。北京市西城区发展服务中心（区文促中心）为区产业发展促进局代管的、承担行政辅助职能的区政府直属相当正处级全额拨款事业单位。下设办公室、文创服务科、交流合作科、项目促进科、信息资源科5个职能科室，事业编制25名，实有人员17名。主要职责：负责宣传西城区招商引资政策，受区政府委托组织参与招商引资活动；协助落实包括文化创意产业在内的重大项目论证、立项申请及引进工作；建立与重点企业的联系渠道，反映企业的意见和要求，研究提出改善西城区投资环境的建议。

地址：西城区培育胡同15号

邮编：100052

电话：83538203

（汪　洋）

【组织重点企业赴河北固安交流】　5月，组织11家区属部门以及11家企业赴河北省固安县进行交流宣介活动。活动中先后参观肽谷生物医药产业园、固安众创空间、幸福港湾、固安城市规划馆等地，了解新型城镇化中各个项目入驻企业、城市商业配套设施建设等情况。区重点企业就固安新城的政策扶持、证照办理以及文化小镇的演艺平台、院线建设、老字号入驻等问题与固安县相关负责人进行一对一的咨询交流。会后，区发展服务中心为西城区有投资意向的企业与固安县相关负责人进行对接。

（汪　洋）

【协办第五届京津冀文化创意产业合作暨项目推介会】　9月，以“协力协同、共荣共赢”为主题的第五届京津冀文化创意产业合作暨项目推介会开幕，北京主会场设在“新华1949”文化创意产业展示中心。现场先后展示推介国际设计周中的天桥演艺区和北京坊，并重点推介北京华方文化发展有限公司、“西什库31号”文化创意产业园、“天宁1号”文化科技创新园区。会同区发展改革委、文化委、外联办等单位参加了整个活动，并携20余家企业先后赴河北沧州市和天津滨海新区进行考察对接。

（汪　洋）

【参与组织第21届京港洽谈会】　11月，以“创新引领、要素互通、开放发展、共创繁荣”为主题的第21届北京·香港经济合作研讨洽谈会在香港召开。西城区代表团共携30个精品项目参会，涉及总投资额约283亿元，展示交流了西城区在积极落实《北京城市总体规划（2016年—2035年）》上具有的良好投资环境和美好发展前景，特别是在金融产业和文化创意产业领域的突出优势。其中重点推出的精品项目包括北京前门居、天桥演艺区、大栅栏北京坊、天宁一号、敬业园等。除了涉及西城区域内金融、房地产、文化创意等多项领域外，还有9个来自河北张北、青海玉树和内蒙古赤峰的西城区对口帮扶区域的重点项目亮相西城平台。

（周兆鹏）

【京津冀协同发展背景下的交流合作创新机制研究】 11月，完成《京津冀协同发展背景下的交流合作创新机制研究》研究报告。研究报告站在新经济视角，采用SWOT分析法对西城区开展交流合作的外部机遇与挑战、内部优势与不足进行了充分分析，提出了打造“文创西城”交流合作品牌和“1+X”交流合作体系的目标，并设计了一套可操作、可落地的全流程交流合作创新机制，支撑西城区交流合作活动的开展。本课题通过京津冀协同发展背景下的交流合作创新机制研究，提出西城区开展交流合作的核心定位、关键目标、创新机制，为新时期西城区落实区域战略，打造核心区高精尖经济新高地提供支撑，促使京津冀三地交流合作更加深入，合作模式更加新颖高效，更有助于促进区域协调发展。

（汪　洋）

【搭建“产业西城”微信公众平台】 为满足新的政企交流需求，打造西城区产业发展促进局、发展服务中心（区文促中心）的电子名片，更直接、快捷地宣传西城，发布相关产业政策、工作方针和项目动态，加强与各委办局的沟通合作，方便企业直接咨询和反映需求。11月，建立“产业西城”微信公众平台，主要开设了企业服务、产业资讯及互动留言等模块，并包含信息资讯、产业资源、政策指引与解读、文创园区介绍等内容。通过该平台可以进一步加强与企业的互动，提升为企业服务的效率和质量，做好西城的投资环境和重点企业项目的宣传，广泛吸引企业入驻，加强西城的投资促进工作。

（金　哲）

【完成西城区存量资源调查报告】 年内，完成《2017年北京市西城区存量资源调查报告》（包含《西城区存量资源利用规划》和《西城区重点闲置资源登记》）。《报告》旨在通过对西城区闲置、疏解腾退、可提升资源进行全面摸底调查，研究分析通过政府引导等方式，对这些资源予以盘活利用，从而加强空间资源的集中优化配置，进一步增强首都核心功能。

（丁艳艳）

【西外区域升级改造项目研究报告】 年内，完成《西外区域升级改造项目研究报告》，该研究从基础调研、产业定位及功能布局、产业项目植入3个层面开展《北展地区升级改造项目产业专题研究》《北展地区升级改造项目产业导入研究》《北展地区升级改造项目产品发展定位》3项课题研究，并整合汇总形成《西外区域升级改造项目研究报告》。旨在明确在疏解非首都功能的发展大局下，如何补足北展地区楼宇、环境等方面的短板，推进产业升级和发展转型，实现产业、空间、文化、环境的高效优化发展，全面提升北展地区服务首都核心功能区的能力，把北展地区打造为首都发展的亮点。

（丁艳艳）

【西城区意向客商资源调查】 年内，从上百个意向企业中筛选出54个与西城区产业定位与资源相匹配的客商，对其企业背景、投资意向、核心需求等情况进行调研。在此基础上对意向客商的行业类型、企业需求及空间供需情况进行分析，并提出“建立长效客商管理机制、企业分级服务、形成多层级产业承接体系、倒逼现有空间资源转型提升、加强资源平台宣传、建立奖励机制”等企业服务建议，形成《西城区意向客商资源调查报告》。

（丁艳艳）

【参与多项投资促进活动】 年内，主动策划、积极参与以环境推介、政策宣传、商机发布、项目洽谈为重点的各类投资促进活动。坚持“以项目引领活动，以活动落实项目”，筹备参与“2017京洽会”“2017京港洽谈会”和“西城区设计周”等活动，协助“2017北京新春文化坊会”活动的筹备、组织和收尾工作，做到早介入、早策划、早筹备。参加市投促局举办的相关投促活动，进一步提升功能街区的品牌影响力和知名度。

（金　哲）

政府投资项目建设

【概况】 北京市西城区政府投资项目建设中心（简称区建设中心）是西城区政府直属正处级全额拨款事业单位。下设办公室（含财务）、代建及中介管理科、项目建设管理一科、项目建设管理二科、项目建设管理三科5个职能科室。主要职责：延续以往工作，继续推进原有在建项目进度；负责区政府投资项目建设的监督检查、协调和管理工作；受区发展改革委委托，负责区域内基本建设领域的专项建设规划政策研究和资源调查、梳理、配置工作；承办区政府和上级业务指导部门交办的其他事项。2017年办理完成西城区公共卫生大厦项目验收手续。

地址：西城区西直门内南小街国英1号502室
邮编：100035
电话：58562975

（李丹梅）

【西城区公共卫生大厦完成验收】 12月，经过一年时间的使用调试，维护保养，西城区公共卫生大厦正式完成验收。大厦总建筑面积22705平方米，总投资额1.41亿元。

（李丹梅）

【节能在线监测服务平台项目】 年内，西城区节能在线监测服务平台建设项目继续实施。截至年底，区内共有20家重点能耗单位和公共机构进行了节能改造，其中包括国家大剧院、积水潭医院等人流量密集场所，项目建设主要是进行水电节能改造及数据监测系统建设。2017年主要任务是为节能在线监测服务平台项目系统机房选址，同时因建设中心改为区住建委代管，项目需要与区发展改革委交接，2017年无政府投资支出。

（李丹梅）

统　计

【概况】 北京市西城区统计局（简称区统计局）是区政府负责管理全区统计工作的职能部门，北京市西城区经济社会调查队（简称西城经济社会调查队）是北京市经济社会调查总队的派出机构，与区统计局合署办公，共同负责本地区的统计工作。下设20科室，在编人员137人。年内，坚持首善标准，强化首都意识，在深化统计管理体制改革，提高数据质量真实性上发挥全国文明单位示范效应，在“疏解整治促提升”专项行动等市区重点工作中发扬西城统计工匠精神，为区域经济持续健康发展和社会科学精细治理提供及时有力决策支持。多元贯彻党风廉政，强化队伍使命担当；多级联动全面监测，攻坚疏解整治任务；多点呈现数据发布，加速统计服务步伐；多层深化体制改革，提高统计数据质量。获“全国文明单位”称号，三届蝉联“首都文明单位标兵”称号，被评为北京市公务员管理工作先进集体，北京市政府统计工作综合考核优秀等。

地址：西城区太平桥大街107号
邮编：100033
电话：66523595

（王旭芳）

【优化统计服务】 年内，多点呈现数据发布，加速统计服务步伐。一是追踪前沿、聚焦热点问题。在“高精尖”“三新”经济、“中小微”企业等热点领域开展数据挖掘分析，积累一手资料，为着力发展高品质服务经济，推动现代服务业共融发展，优化完善“高精尖”经济结构提供科学决策依据。二是数据见证，贴近实际需求。以“一微、一端、一网”（西城统计公众号、移动大数据平台“随行统计”客户端、西城统计信息网）为媒介打造全新宣传力。邀请政府部门和社会公众参加“数字你我共享，见证老城新生”第四届西城区政府统计开放日活动。以走进校园、社区、家庭为蹊径打造数据亲和力，重点推行“统计从娃娃抓起”理念，与教育部门联合开展授牌仪式及统计进校园系列活动。创新统计资料呈现方式，编辑2010—2015年《西城统计年鉴》电子书，让海量的数据更加轻盈便携；《西城区经济社会发展季报》增加缤纷街道分册，并纳入重点单位等内容；提供《新西城 新跨越》《迈入新时代 聚力新西城》《西城区重点区域发展监测手册》《西城统计月刊》等统计资料、宣传材料合计12类18400册。三是出谋划策，主动作为发挥职能。在全区污染源普查、教育督导、人才建设、和谐宜居示范区建设、学习型城区建设、法制宣传教育、地名志编撰等83个领导小组或委员会，作为成员单位配合工作开展。提供统计咨询114次10.5万笔。

（王旭芳）

【人口动态监测与抽样调查】 年内，注重目标引领，服务全区中心工作。在全市率先建成“日报账、周调动、月研判、季汇总”人口统计监测平台，综合利用水电气、生活垃圾、移动大数据等多维数据对各个街道进行监测，利用全市移动通信大数据集成与可视化平台监测人口趋势变动。改版人口动态监测台账，加入“居住和新建”等人口内容，共涉及35个部门、58种报表、203个指标。开展西城区疏解整治促提升民情调查，区委书记卢映川、区长王少峰、常务副区长孙硕分别对调查报告作出批示。该调查范围涉及西城区15个街道、261个社区，样本总量为2610个。调查结果显示了西城居民对专项行动效果的肯定，也有效指导了相关部门针对性开展后续工作。扩充人口抽样调查范围，启动以“全过程督导为重点，日常进度报送制度为辅助”的登记期间应急机制，实现261个社区100%全覆盖。调查全部采用调查员手持PDA入户询问、现场填报的方式，重点关注区内各街道统计的登记户数、登记人数、常住人口、常住外来人口、出生人口、死亡人口六项重点指标的数据上报情况，通过数据对比查找原因，奠定常住人口测算依据。

（王旭芳）

【统计宣传】 年内，加强舆情前瞻预判，调整宣传工作思路，将新的宣传模式和技术融入统计宣传工作之中。一是传播共享数据理念，数说老城新生故事。以“统计·见证”为统计开放日活动主题，通过“数字你我共享 见证老城新生”主题路演，展现了西城区政府统计部门变化发展、西城区城市风貌变迁、重点区域发展和“疏解整治促提升”专项行动成果。二是尝试利用数据可视化技术，提升西城统计微信可读性。全年共发布微信104次211篇，阅读量累计约4万次，被国家统计局统计微讯转载2次、北京统计转载12次。与多个街道微信公众号进行互动合作，对诚信统计单位、优秀基层统计人和街道工作进行宣传，形成微平台大宣传的格局。三是传播西城统计声音，信息交叉多元共享。全年编辑动态信息598篇、街所信息299篇，向市局报送动态信息147篇，其中市局网站采登117篇、国家局网站采登12篇；完成11期局队要事编辑，其中市局采用34条、《西城信息》采用20条。《中国信息报》采登量16篇、《北京西城报》采登量30余篇、北京西城微转载量20余篇(阅读量平均每篇超过200人)、《一图读懂西城统计“十三五”规划》在被今日头条转载后，阅读量突破4000人次。

（王旭芳）

【依法统计】 年内，加强统计法规建设，扩大执法督导范围。印发2017年西城区统计法治工作要点，开展“法律十进七五行”主题活动46次，到小学校、社区、企业、商务楼宇等场所进行统计宣传。聚焦新颁布的《统计法实施条例》，组织依法行政学习培训21次。启用重大合同法律顾问复审制度，规范合同审核129件，开展调查项目审批宣传。完善“诚信统计”品牌建设，开展“诚信授牌+知识竞赛”活动，全区共有18家单位被授予诚信统计单位。制定统计信用管理办法，建立采集、记录、查询和共享统计调查单位信用平台，严格统计上严重失信企业的认定及公示。统计督导检查做到全行业覆盖，全年督导检查单位243家、区县互查30家、立案处理12家、常规执法检查185家、立案138家。将“执法+”模式普及运用到各类调查、年定报数据采集和多项改革，发放新增单位统计登记《限期报送通知书》2223份，有效解决“五证合一”之“一号、一窗、一网”首批试点改革“一窗式”受理后单位信息难以快速入库问题。

（王旭芳）

【重点领域监测】 年内，围绕西城区功能定位，在城市精细化治理、公共服务提升、营商环境改善、社会治理创新、产业转型升级等领域开展广范围、深层次、多维度的统计监测调查。包括服务西城全国文明城区争创活动，组织“西城区2017年文明城区创建测评试访调查”；体察民意迎接党的十九大召开，开展“全国党风廉政建设和国有企业党风廉政建设民意调查”；结合“疏解整治促提升”专项行动，开展实施效果民意调查、群众安全感调查、“和谐宜居居民满意度”调查、城市环境秩序群众满意度调查等；与区产业发展局对接文化创意产业发展需求，摸清10个文创园区454家单位情况；密切关注中关村在创新引领、供给侧改革、新经济培育等方面的情况，强化企业研发和中关村创新情况动态监测，及时开展“地均产出率”“劳均产出率”监测预警；开展“总消费”统计监测，分析研究促消费政策是如何推进消费结构升级的；在重点监测区域开展大栅栏琉璃厂地区老字号商铺基本情况、什刹海环湖酒吧经营情况、马连道茶叶综合情况等24次自主调查。配合“动批”、万通、“官批”、天意等市场疏解，对38家商品交易市场进行月度统计监测；根据“开墙打洞”和背街小巷政策实施，调整近20个价格监测网点；完成住户调查五年一次记账户大样本轮换，优化西城区居民收支状况监测。

（王旭芳）

【统计改革】 年内，多层深化体制改革，提高统计数据质量。一是强化培训、规范基层建设。印发年度街道统计所规范化工作情况通报，全面评价统计所工作规范化情况；建立局队领导与统计所所长季度例会长效机制；制定《社区统计室工作规范》，促进日常工作规范化、制度化；强化社区统计人员专业知识、计算机操作能力和对统计法律法规条例的了解，开展培训11场，参加培训1278人次；确保社区统计室办公硬件条件，完成261个社区计算机专机专用巡检。二是扩大部门数据共享内容，提高部门数据储备能力。修订涵盖53部门的部门统计制度，审批、申请审批调查项目10项，完善数据指标体系，定期归集人口、经济、环境、资源、社会等多领域数据，为全区大数据平台的搭建做好数据储备。三是梳理数据生产流程、保证数据采集质量。贯彻落实《关于深化统计管理体制改革提高统计数据真实性的意见》，制定《统计数据质量全过程管理办法》等，优化调整数据生产全流程。年报由抽选重点专业开展评估改为“全面参与”和“分散开展”相结合方式，保密单位收审由专业分别牵头联审调整为统一联审。四是注重合作、拓宽交流视野。与宁波市海曙区统计局、河南省邓州市统计局、内蒙古自治区通辽市统计局、杭州市萧山区统计局建立友好合作机制。与中信银行总行营业部签订《友好合作备忘录》，在统计业务、人才交流等方面搭建合作平台。

（王旭芳）

工商行政管理

【概况】 北京市工商行政管理局西城分局（简称工商西城分局）主要职责是：市场经营主体的准入登记；市场经营主体的竞争监管；消费者权益的保护。设有综合类科室、业务职能科室共19个；下设派出机构(工商所)11个；直属稽查队1个；直属事业部门3个（工商行政管理学会、信息档案中心、后勤服务中心）；管理事业法人、社团法人单位2个（西城区消费者协会、西城区私营个体经济协会）。共有在职公务员、员工428名。年内，认真贯彻执行十九大精神，以“勇于担当，全力促进辖区发展品质再提升；真抓实干，持续探索事中事后监管新方式”为指导思想，全面落实各项工作，重点在助力首都核心区发展、不断深化商事制度改革方面下大气力，打好疏解整治攻坚战，确保十九大精神落到实处。

地址：西城区南草厂街冠英园西区5号
邮编：100035
电话：88087657

（马福春）

【开展“网络诚信　消费无忧”3·15主题宣传活动】　3月14日，协同区消费者协会组织企事业单位30余家，在牛街东里少数民族社区中心广场开展“网络诚信 消费无忧”3·15主题宣传、便民服务和法律咨询活动。活动中，社区医院组织为居民义务体检，鹤年堂专家免费义诊、健康咨询，美发店的服务员义务理发，菜百商场提供首饰清洗和编绳服务，工商西城分局向社区居民宣讲《消法》知识，对典型案例进行剖析，并现场解答社区百姓消费疑问。现场发放宣传材料800余份。

（马福春）

【组织辖区私营企业开展社会公益活动】　3月、10月，协同区私营个体经济协会开展“学雷锋”和“不忘服务初心，助力光彩双创”活动，组织217名党员骨干力量参加，以珠宝鉴定、按摩、理发等形式提供服务559人次。5月“全国助残日”期间，参加区民政局联合举办的“让爱在这里延伸”爱心救助行动。同区私营个体经济协会一起向西城区救助站捐赠价值万元的爱心衣物。

（马福春）

【开展跨部门联合“双随机”抽查】　分别于4月、8月、11月开展3次跨部门联合“双随机”抽查，对于优化辖区市场持续取得明显成效。4月，共计抽查60户主体，检查中发现问题主体48户，涉及违法违规行为为108个，发现问题率80%。8月，针对辖区旅游活动经营主体风险问题突出的现象，在相关行业市场主体中随机抽取20户进行检查。检查中发现问题主体14户，发现问题率70%，涉及违法违规行为为22个。其中7户主体同时被2个执法部门发现问题。11月初，通过对西城区企业监管信息共享平台中市场主体监管信息的归集分析，结合市区政府重点关注的问题，抽取100户主体开展跨部门“双随机”联合检查，参与部门涉及工商西城分局、区食药局、区国税局、区地税局、区房管局、区烟草专卖局、区金融办7个部门，发现违法违规问题54个，由7个部门分头处理，11月底完成抽查后续处置工作。

（马福春）

【开展重点商品专项整治行动】　4至5月，组织开展针对侵权酒类商品的专项整治行动。与茅台、五粮液、洋河、红星、牛栏山及部分洋酒等10余家驻京相关机构取得联系，先后开展3次大规模的酒类商品专项整治行动，对地处西单、大栅栏、广安门等游客集中的重点地区的各食品店、烟酒销售门店、餐馆等场所进行全面整顿。共检查各类经营主体308户，查处涉嫌销售假冒侵权商品的商户41家，共查扣侵权酒类商品1235瓶。9至10月，开展针对侵犯“全聚德”注册商标专用权违法行为的整治行动。在公安、城管、食药等执法部门的配合下对大栅栏、西单、什刹海、北京北站和北京西站交通枢纽地区经营北京特产的市场主体进行3次专项整治，共查处销售假冒“全聚德”袋装烤鸭产品的商户10家，查扣假冒“全聚德”袋装烤鸭223只、专用酱料以及包装袋若干。

（马福春）

【利用就业平台举办残疾人招聘会】　5月、11月，利用区私营个体经济协会劳动就业平台举办残疾人专场招聘会，330名残疾人求职者参与了44家工业、企业80余个岗位的竞聘。参与招聘的岗位包括平面设计、电话客服、陶艺指导、车场管理、电子商务及装配工等。

（马福春）

【实行新开内资企业注册登记全程电子化】　6月1日起，采取多种措施推广新开内资企业注册登记全程电子化，在注册大厅、分中心大厅和各工商所三级平台张贴宣传彩页，通过园区管委会在孵化器企业中进行宣传和推广，支持和鼓励代理机构使用全程电子化报送企业登记材料。全年受理新开内资有限公司1405户，其中已受理全程电子化企业登记161件，占新开内资有限公司的11.46%。

（马福春）

【开展针对傍名牌商品的专项整治行动】　7月，在商标权利人的配合下，对正处于甩货期的万容、万通、天意市场和西单商业街进行检查。查处7家违法经营假冒“Chanel”“Burberry”“MCM”等箱包的商户，查扣假冒箱包362个。按照总局和市局的部署，开展对经营假冒“一得阁”墨汁产品的行为进行专项整治，对于举报涉及的东西琉璃厂、南新华街地区，万通、天意小商品市场进行全面检查，查处3家违法经营假冒“一得阁”墨汁产品商户，查扣假冒墨汁131瓶。

（马福春）

【市场疏解工作】　年内，以“动批”市场撤市为龙头的非首都功能疏解工作取得决定性成果，万容天地服装商城、众合动物园服装批发市场、万通新世界商品批发市场、天意新商城市场有限公司、北京世纪天乐国际服装市场、东鼎服装商品批发市场已正式闭市。“动批”14家有形市场全部关停闭市，实现疏解与产业提升面积35万平方米，实现消减摊位约1.2万个，工商西城分局同步跟进执照处置工作，共吊销、注销个体工商户11489户。

（马福春）

【推进“多证合一”登记制度】　年内，共计为55679户企业发放新版“五证合一、一照一码”营业执照，占全区企业总数的89.7%。将信息采集、记载公示、管理备查类数量整合到营业执照上，实行“多证合一、一照一码”，降低企业办事成本，已实现外贸领域十五证合一。

（马福春）

【把牢准入关口畅通退市机制】　年内，继续严格执行市区两级《新增产业的禁止和限制目录》，停止辖区内所有市场和市场内个体工商户的设立登记，实现商户零增长。暂停准予“动批”地区市场主体的改扩建等变更登记申请，把牢准入关口。开展执照注吊销工作，撤市和销照同步进行。推动《个体工商户简易注销登记管理办法》的施行，在撤市启动同时，指导市场主办单位先行收取个体户执照，协助个体户进入委托注销程序，集中办理个体户注销手续，提前介入疏解市场产业发展的规划设计，对转型为便民超市后的日常经营管理提出具体要求，促进升级后的主体从执照形式与经营方式上符合街区功能定位。对周边环境影响大、经营水平较差的市场，推动其关门闭市；大力引导有条件的农贸市场转型升级。截至年底，北京天陶广安莱市场有限公司、北京市展览路京海社区菜市场有限公司2家农贸市场升级改造为超市。

（马福春）

【市场内违法违规案件查处】 年内，共查办市场内违法违规案件864个，罚没款137850元。其中商标类案件29个，罚没款129600元；违规使用塑料袋案件13个，罚没款5650元；执照吊销案件747个。

（马福春）

【广告监管】 年内，辖区内共有广告媒体477家，其中广播1家、报纸43家、杂志433家，媒体单位数289户。户外广告媒体18家，LED电子显示屏7家，传统广告牌10家，地铁广告1家（设有广告牌15900块）。全年共监测辖区广告485900条次，监测到违法广告发布220条次，违法广告发布率0.04%。违法广告绝对数量出现显著下降。立案查处41起，结案27起，罚没款107.4万元。

（马福春）

【商标案件查处】 年内，共办结各类商标案件101件，罚没款80.16万元。其中商标侵权案件98件，案值30.85万元，罚没款55.16万元，没收各类侵权商品共计5317件。

（马福春）

【合同管理】 年内，办理动产抵押登记17件、变更3件、注销3件，主债权金额201863万元。办理拍卖会前会后备案共382场次，拍卖金额232261万元。现场监督检查拍卖活动26次。在辖区内正式使用《乌龙茶叶购销合同》示范文本，推荐使用《黄金饰品购销合同》示范文本。办理合同案件35件，其中房地产经纪类型案件4件、合同格式条款类型案件18件、合同欺诈类案件12件、拍卖类案件1件，结案19件。

（马福春）

【加强对房地产中介行业的监督检查】 年内，针对房地产“3·17”新政的出台，于4月和11月两次联合区房管局、区国税局、区地税局启动区双随机定向检查机制。在辖区内30户房地产经纪行业中收集61份合同，发现问题6个，查处北京金宣置地房地产经纪有限公司第八分公司等违法企业，罚款3800元。将检查情况及违法企业名单及时向社会进行通报。

（马福春）

【开展对游艺及健身行业的整治行动】 年内，针对健身、游艺行业投诉侵害消费者权益问题较多的情况，对130户健身企业、16个游艺商圈实行检查，收集合同格式条款62份，约谈企业58次，制发行政提示（含行政建议书）8份。62份合同中，存在问题的有10份，涉及健身行业8份，小型游乐场2份。立案10件。在维护消费者权益的同时提出整改建议书8份。

（马福春）

【严格“两项维权制度”开展放心消费活动】 年内，制定《北京市工商行政管理局西城分局关于深入开展放心消费创建活动实施方案》，明确开展放心消费创建活动的工作目标和重点、具体措施和实施步骤等具体内容，确保“两项维权制度”工作深入落实。将辖区内投诉相对集中的55家重点企业全部纳入“两项维权制度”覆盖范围，以集中培训、行政约谈、实地走访等形式督促企业自觉落实主体责任，健全消费争议快速和解制度，开通消费争议快速和解网上平台，涉及重点企业消费投诉的行政调解量同比下降33.49%。规范大型电商平台，开展示范建设工作。引导工行融e购、建行善融商城、中国联通等11家开展电商业务的大型企业做出诚信经营示范承诺，加强自律管理，促进消费争议源头化解。开展政企合作，建立与工行融e购平台和建行善融电子商城的消费维权信息共享机制，定期为两大电商平台提供针对性强的消费维权数据信息和工作指导，有效解决两大平台职业索赔类投诉举报集中的问题，截至年底，针对两大银行电商平台的投诉举报同比下降68.03%。与区工商联、大栅栏商会、西单商会沟通协作，针对私营个体、老字号企业、西单商业街等商业主体开展培训指导，规范经营行为，建立工作制度，落实主体责任，督促商家自行和解消费纠纷。

（马福春）

【多元调解消费纠纷】 年内，开发西城工商分局微信公众号消费维权通道，搭建经营者与消费者自行和解消费纠纷的微信平台，畅通消费者投诉渠道，提高消费纠纷自行和解工作效率。结合辖区消费投诉集中领域建立消费维权专家库，明确消费投诉专家援助工作流程，利用专家援助机制处理洗染、婚纱摄影及儿童玩具领域消费投诉11件。与西城区婚庆产业协会和北京福奈特洗衣服务有限公司西城分公司合作制定婚纱摄影及洗染行业工作规范，对行业经营者开展法规技能培训，进一步发挥辖区内服务领域行业协会及行业带头人积极作用。针对“开墙打洞”整治引发的预付费消费投诉、教育培训类消费投诉和养老服务类消费投诉等热点问题启动外部消费者权益保护工作协调机制，与区政府热线办公室、区法院、区司法局、区商务委、区教委、区民政局等部门建立定期联络机制，共同加强对辖区预收款经营行为的监管。妥善化解“宜食一味”食品专柜撤柜引发的预付费群访群诉风险，为新街口、什刹海、德胜和月坛等地区近300名消费者挽回经济损失50余万元。

（马福春）

【加强事中事后监管提高消费维权效能】 年内，将消保维权纳入跨部门联合“双随机”抽查工作，结合消费投诉举报热点难点和突出的消费风险问题，确定预付费、旅行社和房地产经纪行业被抽查主体30户，对主体资格、广告宣传是否存在违法情形、预收款使用情况以及涉及消费者权益的经营行为是否合法等内容进行了3

次检查。通过12315投诉发现案件线索，查办适用《消法》及总局73号令的消保类案件113件，给予行政指导329次，同比增长40.42%。在信息披露内容上，通过12315数据分析按月筛查有侵害消费者合法权益违法行为、被投诉举报数量较多或存在重大消费维权风险隐患的主体，建立工商监管部门和经营主体之间的“双向分级约谈”机制，按投诉举报量3%的比例确定被约谈主体数量进行约谈，并对被约谈主体存在的问题及约谈情况进行信息披露。在《西城报》上开设消费信息披露专栏，利用传统媒体服务老年消费人群。利用“西城区企业监管信息共享平台”实时汇集各部门风险数据，准确评估定位风险，及时发布198条披露信息预警风险。利用辖区各街道全响应平台、分局微信公众号、分局网站、社区宣传栏等多种渠道和方式全面开展消费维权信息披露工作，扩大消费信息披露受众范围，并针对不同渠道的受众特点对披露信息进行分类公示，提高披露信息的社会价值。截至年底，已披露消费风险信息198次，涉及13个行业的120余家经营者，信用惩戒作用初见成效。

（马福春）

【配合治理“开墙打洞”】 年内，“开墙打洞”专项整治由区环境办牵头，工商西城分局同步跟进“开墙打洞”后续执照处理工作。截至年底，已针对“开墙打洞”治理后的1540户经营主体开展清理工作，关停经营主体1362户，关停率88.44%，办理营业执照吊注销513户，经营场所变更42户。

（马福春）

【加大对重要商品的抽检力度】 年内，为落实市工商局“线上线下、一体化监管”的工作思路，结合区域特点重点对家电、儿童玩具、儿童服装、学生用品、纸制品、成品油、建筑涂料、胶粘剂等15类商品监测抽检，抽取样品403组，对跨境和辖区电商平台8类商品294组样品进行监测抽检。对风险监测样品按不合格级别开展跟踪抽检和行政指导，对经营主体制发责令改正通知书147份。累计立案87件，结案71件，罚没款入库530万元。

（马福春）

【开展创建无传销社区活动】 年内，修订西城区《无传销社区创建标准》，继续推行“三个覆盖”：宣传活动覆盖所有居民小区，教育引导覆盖所有传销人员，信息通报覆盖所有居委会。在西城区原有的前功用社区、社会路社区等8个无传销试点社区基础上，将德外西大街社区、万明园社区、黄瓜园社区、西里四区社区、三井社区5个新社区纳入无传销试点社区。

（马福春）

【协力开展旅游市场专项整治】 年内，针对德胜门周边、前门地区长期盘踞的黑车团伙欺骗外地旅游乘客问题，会同区综治办、旅游委、公安、交通等部门开展专项整治。重点对黑车、黑旅行社、黑导游乱象问题开展查处行动，处罚违规运营的旅游大巴车3辆，劝离违规停靠车辆15辆，收缴非法旅游招揽广告牌6块，检查周边旅行社和门店5户，约谈违规经营旅行社1户，取缔非法经营旅行社1户，驱离非法揽客人员21名。“十一”黄金周期间，对前门、大栅栏商业区及周边区域开展拉网式执法检查，围绕经营者登记事项、虚假旅游服务广告、虚假宣传行为、销售不合格产品和假冒伪劣商品行为、销售侵犯注册商标专用权的商品、利用合同格式条款侵害消费者合法权益等行为逐户逐项开展检查。暂扣涉嫌侵犯注册商标专用权的“北京烤鸭”、各类工艺品、鞋帽等商品79件，规范店堂广告及印刷类宣传品76处，收集旅游合同文本13份。随机抽检翡翠手镯、翡翠挂件等旅游商品样本5组30件，查处利用“有奖销售”欺骗消费者的玉器店1户，暂扣抽奖盒、红绳、吊坠、手镯等商品共计137件，北京金航程旅行社有限公司煤市街门市部等2户主体存在异地经营违法行为，被现场责令改正。

（马福春）

【运用大数据、“互联网+”新技术创新执法理念】 年内，在西城区大数据中心建设框架内，与北京奇虎科技有限公司（简称“360公司”）就推进西城区企业监管信息平台建设签署技术支持合作协议，探索以“PPP模式”为依托，促进网络平台更进一步服务执法工作。借助360公司网站开发的技术和经验，从实用角度出发，以“简洁、实用、高效”为主旨，厘清平台功能内在逻辑关系，整合已有栏目，突出重点，删重祛繁，将原有一级栏目9个，二级栏目41个优化提升为一级栏目5个，二级栏目18个，同时辅以页面视觉优化，切实增强平台实用性及用户体验感。平台已对涉及3个委办局（工商、国税、地税）的576户红色预警主体实施登记限制，并对1694户“开墙打洞”后持续经营主体实施15个部门行政许可限制登记措施。结合重点工作，全年发起跨部门联合双随机抽查3次，涉及180户主体。信息体系共计推送各类案件线索375条，收集汇总各类研判评估报告140份，推送日常监管建议书45份，锁定风险地址53个。

（马福春）

【加大网络案件的查处力度】 年内，加大对未公示主体身份网站的核查力度。通过“北京网络交易监管系统”及时发布未标明主体身份网站的信息，安排专业人员依托网监工作平台对网站页面信息进行查验、记录。截至年底，完成信息核查420条。办结涉网案件82件，同比增加4倍。重点关注刷单炒信、虚假评价等违法违规行为的举报，加大对互联网领域各类不正当竞争行为、网络传销行为的查处力度。对北京博海宇通商贸有限公司和北京中青惠友科技发展有限公司的违法行为进行查处，罚没款400万元。

（马福春）

【案件基本信息】 年内，办结行政处罚案件4378件，人均办案28.3件；使用职权数108个，履职率10.1%；罚没款实际入库1066.6万元。新增复议案件50件，审结48件，被复议机关纠错6件；新增诉讼案件20件，9件裁定驳回诉讼请求，2件原告撤诉。

（马福春）

【消费投诉情况】 年内，共接待消费者投诉2799人次，投诉751件，成功调解751件，成功率100%，为消费者挽回经济损失954868.3元。

（马福春）

国有资产监督管理

【概况】 北京市西城区人民政府国有资产监督管理委员会（简称区国资委）是区政府直属特设机构，受区政府委托履行出资人代表职责，不承担其他社会公共管理职能。内设10个科室：办公室、综合科、产权管理科、统计评价科、预算考核科、董事会工作办公室、监事会工作办公室、企业领导人员管理科、党建工作科、改革协同办公室。有干部职工44人。正处级领导2人，副处级领导3人。截至年底，区属国有企业资产总额4077.57亿元，同比增长7.3%；负债总额2883.74亿元，同比增长7.9%；所有者权益1193.83亿元，同比增长5.8%，归属于母公司所有者权益820.44亿元，同比增长6.1%；实现营业收入620.67亿元，同比下降3.8%；实现利润总额89.36亿元，同比增长12.7%；1–12月份已交税费总额75.01亿元，同比增长5.8%。

地址：西城区华远北街1号
邮编：100032
电话：66117164

（刘思岐）

【加快推进再创业新发展】 年内，金融街集团房地产板块向开发销售和资产管理双轮驱动转型，自持物业经营收入成为利润的重要支撑；在第32届北京市企业管理现代化创新成果评选中有13项成果获奖，其中一等奖4个、二等奖9个；广安集团精心打造北京坊项目，在推进历史文化名城保护的同时，打造独具特色的“中国式生活体验区”；天桥集团精准定位，通过一系列高品质剧目的引入，打造剧场的差异化经营路线，推出多部精品文化剧目，成为北京演出市场上的新亮点；华天集团进军资本市场，在企业管理、食品安全、品牌推广等方面牵手互联网，成为创新转型传统产业；国资公司进入汽车租赁业务领域。

（刘思岐）

【服务构建“高精尖”产业结构】 年内，区属企业一方面通过研发、投资等形式构建企业高精尖产业板块，一方面多渠道服务驻区高精尖企业，打造西城区高精尖产业结构。金融街资本运营中心围绕金融、科技、教育、城市更新、生态农业五大业务板块，进一步服务西城区高精尖产业；华远集团发展高新技术板块，投资控股深圳云联讯公司，着力于数据中心服务、工业物联网、智慧城市等领域，集团构建智能制造、增强工业及高科技的布局；金融街集团依托金融街商会，吸收会员225家，世界500强企业30余家，在医疗、教育等方面提供优质服务；华方公司创新孵化器企业服务模式，完善各类公共服务孵化平台，为入驻企业提供服务和辅导，继创建国家级孵化器康华伟业孵化器后，金丰和孵化器通过国家级众创空间评审，支撑西城区构建高精尖产业结构。

（刘思岐）

【开展对外合作】 年内，区属企业落实京津冀一体化和“一带一路”发展战略，扩大、加强与央市区三级企业合作广度与深度。华远集团与天津滨海新区生态城管委会、匈牙利政府及李斯特音乐学院合作，打造天津李斯特音乐学院文化产业园项目，构建国际文化产业交流平台，践行区属企业“一带一路”渠道；华天集团庆丰包子铺哈萨克斯坦阿拉木图店筹备顺利；金融街集团与石家庄市政府签订战略合作协议，合作建设金融创新开发区，与中建资本、首钢基金筹备设立财产保险公司，基础公司与首钢房地产公司就保障房项目正式签订合作协议，金融街控股公司分别在武汉、深圳、重庆、苏州等地签署合作意向或框架协议；天恒集团以“多领域、多层次”为目标，地产开发领域与社会优质企业合作，重点布局北京，业务领域涉及京内10个行政区，操盘项目达18个；首个外区宅基地刘各长棚改项目在怀柔顺利开展，与首钢合作推进中心城区立体停车项目，固安产业园、茶产业园项目作为河北省重点项目持续推进。截至年底，西城区属企业在天津、河北两地投资项目12个，总投资额超过218亿；与央市区三级企业合作项目34个，总投资额1552亿元。

（刘思岐）

【推进政府重点项目建设】 年内，区政府出资并由区属国有企业具体负责实施的重点建设任务共44项，项目预计总投资1279亿元，通过拨款、注资、借贷的方式累计已到位资金952亿元，累计已支出资金765亿元，土地一级开发项目居民和单位累计拆迁比例分别达到80%和125%，累计开复工面积126万平方米，预售签约面积达67万平方米。161中学项目提前1个月实现全面清户交地；白塔寺区域以精品院落带动区域整体更新和招商工作，进行产业升级；莱园街及枣林南里项目签约比例达98.2%，推进棚改及保障房建设项目。

（刘思岐）

【支持企业疏解非首都功能】 年内，国资委系统在疏解非首都功能中以“促进减量腾退，鼓励存量更新，加快腾笼换鸟，优化提升核心功能”为原则，按照区委区政府要求，天恒、华远、金融街资本运营中心承担并完成天意、世纪天乐、万容、万通4家市场的平稳闭市，累计面积18万平方米，摊位10050个，从业人员18200人，涉及资金49亿元。区国资委系统内部清理腾退空间累计3.62万平方米，一方面提供给区商务委、区民政局及街道等部门，用于便民服务、社区养老民生事业；另一方面通过内部调剂，替换低端业态，实现房屋资源的合理利用和产业布局的提升。

（刘思岐）

【重点服务保障区域民生】 年内，企业将履行社会责任与经济效益有机结合，将创新转型与提升区域社会事业服务品质相结合，为区域百姓提供优质服务和产品。宣房集团连续32

年实现直管公房安全度汛，高效高质完成供暖、电梯更新改造、供水改造等保障基本民生工程任务，逐步开展抗震加固、环境改造以及无煤化工程，确保辖区居民群众生命财产和城市运行安全；华天集团直属40家门店全部完成适老装修改造，探索全市餐厅适老化改造标准，研发老年餐菜谱，受到媒体关注；国资公司精细服务离退休干部，通过参观、走访慰问、生日拜寿等多种形式提高服务水平，为老职工解决难题；金工公司制定信访维稳工作要点，做好矛盾排查，实行领导包案、部门配合、落实责任人制度，有效应对各类问题。2017年度对外捐赠及党员献爱心共计527万元。

（刘思岐）

【区国有资本三级授权体系初步建立】 年内，开展区属国有企业的调整重组工作：一是调整企业管理关系，金融街资本运营中心和天桥盛世集团由国资委直接监管，金正公司纳入金融街资本运营中心管理。二是在金融街资本运营中心和金融街集团之间开展资产重组工作，金融街资本运营中心以股权和现金向金融街集团增资，中心持股比例达75%，成为集团的名义控股股东。通过股权划转和资本金注入，金融街资本运营中心已参、控股华远集团、广安集团、天桥盛世公司和房地中心，全资持有华方公司、华天集团股权。经过上述一系列调整重组工作，西城区《关于深化区属国有企业改革发展的指导意见》和区国资委“十三五”规划中明确的构建三级授权经营体系的目标已基本实现，资本运营公司和资本投资公司的分类定位基本明晰，逐步实现区属企业间资本协同、资源互补效应。

（刘思岐）

【混合所有制改革和员工持股取得新突破】 年内，在推进区属企业实施公司制改革，建立现代企业制度的基础上，推进华天集团所属庆丰包子铺混合所有制改革及员工持股试点。已经完成庆丰包子铺员工持股试点方案、新三板挂牌方案的审批和资产审计评估，年底前实现增资引入战略投资者在北交所挂牌。庆丰公司成为北京市区属企业在新一轮国企改革中第一家试行员工持股的企业。

（刘思岐）

【国有资本布局结构调整持续优化】 年内，鼓励企业在立足西城服务西城的基础上开展对外合作，调整国有资本空间布局，截至年底，与央市区三级企业合作项目30余个，总投资额1552亿元，落实京津冀协同发展战略，在津冀两地投资项目12个，主要为产业园区建设和零售连锁等业态。开展对外合作培养高素质人才队伍、提升企业管理水平、促进区属国有资本布局结构调整、提升企业综合竞争力和影响力。与落实首都核心功能紧密结合，通过直接股权投资、基金、系统内协同等方式，着力构建区属国有资本高精尖产业结构，加快在金融、教育、医疗、高科技、文化娱乐、消费升级和节能环保等新兴高端都市服务业领域布局的步伐。

（刘思岐）

【推进企业法人治理建设】 年内，持续推进国有企业董监事会建设，完善外部董监事遴选及考核工作。区国资委沟通协调增加2名专职监事编制。指导企业将党的领导融入公司治理各环节，将党建工作总体要求纳入企业章程，通过章程把企业党组织内嵌到公司治理结构之中，明确和落实党组织在公司法人治理结构中的法定地位。截至年底，区属一级企业及重要子企业已完成章程修订及相关流程设计工作，保证国有企业党组织的领导核心和政治核心作用。

（刘思岐）

【统筹兼顾做好薪酬制度改革】 年内，调研国有企业薪酬管理及业绩考核工作，制定《企业负责人薪酬管理暂行办法》和《企业负责人经营业绩考核暂行办法》并试行。《办法》结合区国有企业实际情况，一是将党建工作量化并纳入考核体系，单独设立考核权重；二是调整考核指标，变企业自身对比为与市场对标，引导企业与市场接轨，找准市场定位；三是增加特殊奖励，重点奖励企业创新创业，引导企业经营者将短期业绩与长期目标有机结合。

（刘思岐）

【规范国有资本经营预算管理】 年内，区国有资本收益实际完成3.9亿元，完成西城区人民代表大会批准的预算收入的126.32%。拨付2017年度国有资本经营预算支出项目11个，涉及金额25049.82万元。资本性支出用于产业发展、科技创新、老字号保护、民生工程、节能环保、疏解非首都功能等项目。首次将“国有资本收益上缴公共财政机制”纳入预算编制报送区人大审批；首次开展部分收益预缴工作并顺利完成；首次开展预算执行自查工作，增强事后监督。

（刘思岐）

【加强监督防范企业风险】 年内，利用监事会监督成果，分析企业生产经营状况，为科学决策、风险防范提供依据。依据监事会工作报告提示企业风险，提出改进建议；开展2家企业任期经营成果审计工作，全面掌握企业财务及经营情况；开展统一委托会计师事务所对企业年度财务报告审计工作，对企业财务数据和负债情况进行分析，坚持降杠杆，提高风险管控能力，确保国有资产安全运行。

（刘思岐）

【巩固信访维稳及安全生产工作】 年内，共受理各类信访案件793件，其中：接待来访群众122批次、343人次；处理网上信访系统交办的信访件137件次、362人次；处理12341政府热线、非紧急救助电话534单。截至年底，区国资委安全生产督察检查队共对202家企业进行督察检查，落实安全生产责任制，落实应急机制，确保国资委系统所属企业各项安全生产指标均符合标准。

（刘思岐）

【推进企业人才队伍建设】 年内，制定下发《关于在深化区属国有企业改革中坚持党的领导加强党的建设的实施意见》《关于健全完善区属国有企业党管人才工作领导体制和运行机制的指导意见》等文件；开展“一报告两评议”工作，听取19家企业党政主要领导述职述廉及干部选拔任用报告，并对班子和93名领导人员进行民主测评，严格落实民主生活会制度；加大基层单位专项整治情况重点抽样检查，开展干部管理监督专项整治工作；加强企业人才指导工作，推进企业职业经理人改革试点工作；成立干部教育培训领导小组，国资委系统共192人次参加培训。

（刘思岐）

安全生产监督管理

【概况】 北京市西城区安全生产监督管理局（简称区安全监管局）主要承担全区安全生产综合监督管理责任，指导、协调、监督区政府有关部门和街道办事处的安全生产工作，负责危险化学品、烟花爆竹、职业卫生等安全监督管理工作，负责一般生产安全事故调查处理工作，组织全区安全生产教育和特种作业考核、培训等工作。区安全监管局内设7个科室，分别是办公室、综合协调科、法制宣传科、危化监察科、职业卫生科、监督管理科、事故应急科，有事业单位4个，分别是执法监察综合队、执法监察一队、执法监察二队、执法监察三队。年内，在区委区政府和市安监局的领导关心和指导下，坚决贯彻落实各项决策部署，坚持以习近平总书记系列重要讲话精神为指导，深入学习贯彻党的十九大精神和习近平新时代中国特色社会主义思想，立足本职、牢记使命、强化责任、勇于担当，把安全生产工作与促进非首都功能疏解、加强城市精细化治理相结合，各项工作取得了显著成效和长足进展。获北京市安全生产工作2016年度先进单位；事故应急科获国家安监总局颁发的安全生产监管监察先进单位；获2017年全国“安全生产月”和“安全生产万里行”活动先进单位；获2017年全市安全生产政务信息工作先进单位；获北京市安全生产工作2017年度基础管理创新单位；获2017年度危险化学品经营（加油站）行业“双无”创建先进单位；西城区专职安全员队伍建设获2017年度乡镇街道（园区）安全生产检查队规范化建设优秀示范区。

地址：西城区南菜园街51号

邮编：100054

电话：83975375

（刘亚男）

【组建信息化办公室】 为充分发挥信息化对安全生产监管工作的支撑作用，经过多方调研与交流学习，抽调骨干人员，4月15日，西城区安全监管局信息化办公室正式挂牌成立。

（张 迪）

【“动批”“天意”批发市场专项整治行动】 4月，西城区安全监管局每周2天联合工商、消防、食药、质监、公安等相关部门开展对天意批发市场、动物园批发市场及周边地区进行的为期150天的“百日联合整治”工作，整治期间对世纪天乐、东鼎、众合和天意4家批发市场共计检查16家次，开具责令限期整改指令书6份，作出行政处罚2起，罚款金额1.6万。行动后续阶段对世纪天乐、东鼎、众合3家批发市场开展专项整治工作，其中发放、张贴《动批市场疏解整治告知书》1000余份，检查楼梯间49处，安全出口71处，疏散通道139条。

（康 宁）

【举办首届处级领导干部安全生产专题培训班】 5月22日，在区委党校与区委组织部联合举办为期一周的全区处级领导干部安全生产脱产专题培训班。邀请国家安全监管总局、中国社会科学院、中国科学院、清华大学、市安全监管局等单位的7名专家教授进行授课，区安委会44个成员单位分管安全生产的副处级领导和区安全监管局科以上63名领导干部参加培训，副区长、区安委会办公室主任朱国栋作开班动员，主要内容是围绕城市运行安全管理与风险应对、三管三必须（行业、业务、生产经营）、狠抓安全生产促进区域安全稳定、新安全法贯彻执行中的疑难问题、政府工作人员如何正确履行安全监管责任以及领导干部在处理安监工作棘手问题中的压力管理、话语沟通及处理问题技巧等，从理论与实践结合上，进行面对面的授课辅导和互动交流，通过培训进一步加强领导干部思想政治建设和队伍建设，提高地方党政领导干部安全生产意识。

（刘亚男）

【安全生产咨询日】 6月16日，西城区安全监管局牵头在庄胜崇光百货中心广场开展“安全生产月咨询日”活动，活动以“全面落实企业安全生产主体责任”为主题，工作人员设置安全展板，发放宣传单，用公共微信宣传安全知识，解答安全生产问题，受理投诉举报，当日共有300余人参与现场咨询，5000余名群众接受宣传，设置展板80个，发放各类宣传资料25000余份，全区的LED显示屏全天滚动播放安全生产公益广告和标语1000余条次。

（张效芳）

【事故应急处置综合应急演练】 6月20日，会同区应急办、金融街街道在中建二局第三建筑工程有限公司华嘉胡同项目部举办在施工地基坑坍塌生产安全事故应急处置综合演练，区人大代表、区政府相关部门、区委宣传部、区卫计委、区住建委、西城公安分局、西城交通支队、15个街道的单位主管领导和部门负责人、西城区在施工地的项目负责人共计200余人观摩演练，《北京晚报》、千龙网、《西城报》等多家媒体对演练活动进行采访报道。演练按照既定方案有序进行，各参演部门紧密配合、协调运行，疏散紧张有序，救援及时到位，提高了从业人员风险防范意识、生产经营单位应急处置能力和政府有关部门协调配合的能力，达到了预期效果。

（颜 伟）

【“餐饮场所安全隐患”专项整治行动】 年内，为全面贯彻落实王少峰区长在“7·25”事故情况通报电视电话会议指示精神，由区安办统筹协调，深化四项措施开展“餐饮场所安全隐患”专项整治行动。一是迅速部署于7月26日制定下发《西城区开展“餐饮场所安全隐患”专项整治行动方案》，要求对全区各类餐饮场所全面开展拉网式排查；二是明确整治内容及各单位工作职责，将餐饮场所燃气安全使用情况作为检查重点，从严从全从快开展为期一周的专项整治工作；三是层层部署，以专职安全员为检查主导力量，对餐饮场所进行全覆盖摸底排查，全面消除安全隐患；四是加强督查，与区监察委联合成立4个督查组，由区领导带队进行安全生产检查督查，并将检查结果予以通报，确保专项整治工作取得实效。

（王　瑞）

【有限空间作业大比武】 8月、9月，组织西城区“北京市2017年有限空间作业大比武活动”参赛队伍开展赛前理论知识培训和实操技能培训，经过层层选拔考试，西城区选送的3支参赛队通过初赛、复赛，最终北京北电华明物业管理有限公司代表队在决赛中取得全市第二名。

（王之波）

【安全生产事故情况】 年内，西城区共发生生产安全事故、火灾、道路交通和铁路交通事故共89起，死亡25人。其中：生产安全事故4起3人；生产经营性火灾事故8起0人，非生产经营性火灾事故56起1人；生产经营性道路交通死亡事故4起4人，非生产经营性道路交通事故17起17人；未发生铁路交通事故。

（封吹雪）

【“十三五”时期安全生产规划】 年内，区安委会制定《北京市西城区“十三五”时期安全生产规划主要任务分工方案》，规划推进“维护首都核心功能区安全稳定”等七大任务，对西城区“十三五”期间安全生产工作做出总体部署，并明确相关工作保障措施，为“十三五”规划顺利推进打牢基础。

（封吹雪）

【安全生产重点项目督查】 年内，区安委会率先建立区委、区政府督查安全生产重点工作机制，制定并下发综合督查方案，细化责任分工，以区安委会名义成立4个督查小组，小组长分别由区政府副区长担任，首次引入区监察委、区政府督查室和专家参与督查工作，明确督查流程和要求，对照工作方案逐一梳理制定督查要点手册，完成对34个行业主管部门、15个街道、26家企业的督查工作，共发现问题和隐患423项。

（封吹雪）

【为民办实事工程】 年内，由区安委会统筹协调，各街道办事处组织实施，超额完成为困难居民家庭安装燃气安全辅助设备工作，有效预防了燃气火灾事故的发生。全年完成6913户，市政府任务指标完成率123%。全区共更换不合格燃气灶具4222台；更换长寿命燃气软管4270根，安装燃气管道安全控制阀1473件，安装独立式感烟火灾探测报警器6865台。

（张　峥）

【安全生产责任保险】 年内，全区投保安全生产责任保险企业3648家，占全市总数的19%，保费1054万元，占全市保费的31%，投保家数和保费全市第一。

（颜　伟）

【企业达标】 年内，完成对全区2016年度三级达标企业25家、小微达标企业227家的专项抽查复核工作。完成2017年度企业安全生产标准化达标工作，经核查，共有三级达标企业209家、小微岗位达标企业2076家，超额完成年初市里下达的工作目标。

（宋志娟）

【烟花爆竹零售】 年内，西城区无符合条件的烟花爆竹零售网点提交申请，未设置烟花爆竹零售网点，实现全区禁售烟花爆竹。

（潘海燕）

【大型活动保障】 年内，结合核心区安全生产工作特点，强化对重点行业领域执法力度，全年监督检查生产经营单位1813家，完成“春节”“两会”、国庆、党的十九大、“一带一路”国际合作高峰论坛等重要时间节点和重要会议的安全生产保障任务。

（刘亚男）

【油气输送管道安全隐患整治】 根据国务院及市安委会《关于深入开展油气输送管道隐患整治攻坚战的通知》精神，2015年开始，西城区开展油气输送管道隐患整治工作，截至2017年底，西城区完成燃气占压隐患治理81处，按照时限100%完成油气输送管道隐患整治工作。

（潘海燕）

【安全生产大培训】 年内，西城区安全监管局严格按照政府招投标程序，委托第三方培训机构对辖区生产经营单位负责人、安全管理人员进行安全生产法律法规、安全管理、应急处置等方面培训。共举办34个培训班次，培训4799人，其中初次培训1975人、继续教育培训2824人，完成全年培训工作目标，所培训企业均未发生生产安全事故。

（张效芳）

【安全生产宣传创新】 年内，制定《安全生产公益广告宣传三年规划》，累计制作完成《加油站安全》《安全生产大培训》等17部安全生产公益广告片，在大型商业区和街道、社区户外电子显示屏全天播放安全生产公益广告进行宣传，全年累计播放200小时。利用“三个载体”丰富宣教手段，依托市电视台《缤纷西城》专栏，以敏锐的新闻视角，全方位报道安全生产工作新进展；在《西城报》上及时播报全区安全生产工作最新动态；利用首都之窗和千龙网站、西城安监微信公众号等新媒介，发布推送安全生产工作的重点要讯，进一步增强安全生产宣传教育的渗透力，全年共推送149期，推送172条，总关注数60666人次，总阅读数77459次，总转发数3413次。中国安全生产报新媒体中心发布的2017年第46期全国市、县、乡安监机构微信100家影响力排行榜中，西城安监微信公众号全国排名第44名。

（张效芳）

【政务公开试点工作】 年内，制定下发《西城区安全监管局落实全国政务公开试点工作方案》等，梳理政务公开标准化职责清单，行政许可、行政处罚、事故调查和执法检查等内容按照四公开要求及时进行公开，政务公开率达100%。制定《安全生产向公众报告实施意见》《会议开放管理办法》等制度规范，探索建立标准化公开模式，举办首次安全生产会议开放和安全生产开放日活动。全年执法检查对外公开538件，行政处罚对外公开93起，行政许可对外公开43件，事故快报对外公开1起。

（张　迪）

【机动车维修企业职业危害专项治理】 年内，持续督促汽修单位落实“机动车维修企业调漆室和清洗喷枪工作场所职业危害专项治理”工作。8月，6家单位安装了相关设备设施并通过市安全监管局进行的排毒柜排风能力测定的验收工作。9月，委托北京安华鼎仕检测技术服务中心对6家单位安装设备后的工作现场毒物（苯、甲苯、二甲苯）和噪声等数据进行检测，6家单位全部合格。

（邵丹丹）

【专职安全员队伍规范年】 年内，为整体推进部门安全生产督查检查队规范化建设水平，按照一年打基础、两年抓建设、三年突出规范的工作思路，开展“专职安全员队伍规范年”活动。在全市组织的规范化建设初评、终评考核中，西城区15个街道全部达标，评审考核结果位居全市首位，全市率先完成街乡专职安全员队伍规范化建设示范区创建工作。全区421名专职安全员共检查生产经营单位103904家次，在疏解整治促提升等重点工作中发挥了突出作用。

（刘林婧）

【专职安全员绩效考核信息化管理平台】 年内，为进一步加强区职能部门专职安全员的绩效考核管理工作，制定《西城区职能部门安全生产专职安全员绩效考核管理办法》，在全市率先建立职能部门专职安全员绩效考核信息化管理平台，已正式上线运行。5月5日，组织20个部门专职安全员主管科室负责人和督查检查队队长、内勤等60余人参加西城区职能部门专职安全员绩效考核管理系统平台培训会。

（刘林婧）

【举报投诉】 年内，共接到举报投诉105件，已办结105件，同比2016年度举报投诉案件下降30%。其中接市局12350举报投诉平台92件，在三大专项治理期间与其他委办局、乡镇街道协同办结11件，区政府热线平台7件，举报人电话举报3件，区长信箱3件。投诉反映问题集中在有限空间、人员密集场所、高处悬吊、特种作业、建筑施工和电力等。对于在三大专项治理期间，举报投诉案件集中反映问题集中在消防疏散通道、老旧小区内的违建、市场内的仓库以及地下冷库等问题，接到举报后，第一时间分发转办到各委办局及街道进行协同办理，按照市局要求24小时案件办结。

（李家麟）

【生产安全事故查处】 年内，共调查10起事故，刑事拘留1人，罚款62.3万元，事故办结率100%，首次开展事故发生企业安全评估工作，全年评估3家单位。

（颜　伟）

质量技术监督

【概况】 北京市西城区质量技术监督局（简称区质监局）内设办公室、标准化科、法制科、产品质量监督科、计量监督科、特种设备监督监察科6个行政科室，西城区计量检测所、西城区特种设备检测所及西城区组织机构代码管理中心3个事业单位，西城区质量技术监督稽查队1个执法机构。主要职责：负责贯彻、实施有关质量技术监督方面的法律、法规、规章和政策；负责区域内质量管理工作，落实产品质量诚信体系建设工作；负责制定本行政区域内标准化工作，组织实施标准；负责组织机构代码的管理工作和商品条码的监督工作；负责监督管理本行政区域内计量工作，依法管理计量器具及量值传递和溯源；承担本行政区域内特种设备安全监察责任，按规定权限组织开展特种设备事故的调查处理工作；受理本行政区域内质量监督方面的举报和投诉，调解纠纷；承办质量技术监督行政许可的相关工作。年内，认真学习宣传贯彻党的十九大精神，以习近平新时代中国特色社会主义思想为指导，立足首都功能核心区实际，深入贯彻新发展理念，始终坚持“抓质量、保安全、促发展、强质检”的方针，增强把关监管力度，各项工作取得良好成效。获质检总局“十九大特种设备服务保障工作突出贡献集体”。

地址：西城区展览馆路8号
邮编：100044
电话：52618080

（郭丽丽）

【行政案件办理】 年内，办理行政处罚案件580件，累计罚没款36.9万元，未发生申请人民法院强制执行和行政诉讼案件，2起行政复议以申请人撤销复议申请结案。执法检查户次1723起，受理各类举报290起，均已答复。

（郭丽丽）

【法制工作】 年内，进一步深化简政放权、放管结合、优化服务改革工作。出台《关于进一步落实2017年行政执法工作实施方案和完善“双随机”工作的意见》，提升“双随机”工作实效性。严格落实行政案件法制审核工作，开展案件初审工作，初审立案案件60起，组织案件审理委员会进行审理，办理涉及听证案件6起。

（郭丽丽）

【产品质量监管】 年内，贯彻落实《北京市西城区贯彻落实质量发展纲要（2011—2020年）的实施意见》，印发2017年行动计划，首次纳入标准化战略，将37个委办局和15个街道的质量工作纳入其中。充分发挥质量标杆示范作用，助推区域结构性改革。开展“质检利剑”系列战役、“双打”专项行动，持续加大对重点领域、重点产品的执法打假力度，强化产品质量监督。

（郭丽丽）

【标准化管理】 年内，推进企业产品和服务标准自我声明公开和监督工作，全年受理企业标准备案自我声明

90家共208个标准。充分发挥“标准化+”效应，创建先进标准创制集中区。落实市标准制修订资金补助政策，评审通过8家企业共18个标准的制修订资金补助申请，累计获得补助资金174万元。落实区政府对中关村西城园区企业标准制修订资金补助政策，12家企业共61个标准通过初审，累计获得补助金额490万元。

（郭丽丽）

【计量监督管理与检验】 年内，以民生计量为主线，开展市、区“双随机”检查以及加油站、检验检测机构、社会化环境监测机构资质认定、定量包装商品、快递服务行业等多项计量专项监督检查，确保计量监管全覆盖。结合“世界计量日”“质量月”等节点开展多种形式的宣传普法工作。对全区17家加油站、48家重点医疗机构开展培训及经验交流。开展加油站油气回收在线监控改造防爆验收工作，全年共完成辖区内14家加油站的计量检查验收工作。全年共检测强检计量器具59941台件。

（郭丽丽）

【特种设备安全监察与检验】 年内，完成全国“两会”、党的十八届七中全会、党的十九大、“一带一路”国际合作高峰论坛、全国政协常委会、第20届中国北京国际科技产业博览会等重要会议和重大活动的特种设备服务保障任务共计63家次。对辖区内39部存在严重安全隐患的老旧居民住宅电梯更新。开展电梯安全隐患风险评估工作，持续推动电梯安全隐患治理，重拳整治特种设备超期未检。有序推进承压锅炉低氮燃烧改造工作。全年检验特种设备11969台，行政事业性收费760万元。

（郭丽丽）

【代码管理及行政许可】 年内，继续贯彻落实“五证合一、一照一码”登记制度改革工作，完成组织机构代码向统一代码的转换工作；落实行政审批和行政许可文件要求，及时调整业务内容，完善行政许可受理工作。完成组织机构代码注销58份，为组织机构打印注销证明101份；行政许可各类事项受理1458件。

（郭丽丽）

财政管理

【概况】 北京市西城区财政局（简称区财政局）是负责全区财政收支、财税政策和财政监督的区政府职能部门。全局设有23个行政科室（年内，撤销监察科），4个参照公务员管理事业单位，2个全额拨款事业单位。编制（含参公、事业编制及工勤编制）共200名，实际在职干部职工182人。年内，落实区委区政府各项决策部署，牢牢把握核心区功能定位，坚定信心，攻坚克难，财政收支平稳运行，财政改革稳步推进，完成全部绩效考核任务，为全区经济社会发展提供了有力保障。2017年，多重减收因素叠加显现，年初一般公共预算收入增幅同比负增长21.44%，收入缺口达到70亿元。经过一年的不懈努力，一般公共预算收入完成4221153万元，同比增加83092万元，增长2.01%，完成年初预算目标。全年一般公共预算支出完成4307720万元，同比增长1.1%，完成预算调整任务4107454万元的96.39%。首次全部完成一季度、上半年、三季度以及十一月份四个重要时点市政府绩效考核指标。

地址：西城区丰盛胡同39号
邮编：100032
电话：66218006

（郭　萌）

【持续加强税源建设】 年内，多重减收因素叠加显现，年初一般公共预算收入增幅同比负增长21.44%，收入缺口达到70亿元。应对复杂严峻的收入形势，区财政局统一思想、坚定信心、多措并举、成效显著。建立组收工作机制，成立西城区财政组收工作领导小组，出台《西城区财政组收工作方案》，组收效率明显提升。深化政企联络沟通机制，陪同区领导走访重点税源企业150余家，会同街道走访企业30余家，促成华能集团金融科技板块落户中关村西城园、国开证券迁回西城等重点项目。区财政局齐抓共管，每日看数据、每周听汇报、每月做总结。加强数据分析研判，开展形势分析、产业分析和结构分析，明确税源建设的着力点。强化重点税源监控，完善重点税源企业台账，监测前100、200、300名税源企业动态情况，确保主体税源稳定。深入挖掘非税收入潜力，实时掌握收入动态，及时捕捉收入增长点。全年实现非税收入107741万元，其中入库私房补偿资金、催缴直管公房拆迁补偿款、入库洁如幼儿园拆迁补偿款等一次性收入占比达到62.58%。截至年底，一般公共预算收入完成4221153万元，同比增加83092万元，增长2.01%，完成年初预算目标。

（郭　萌）

【强化预算执行】 年内，采取多种措施，促进资金及时快速均衡下达执行，确保年度支出任务完成。为加快财政支出进度，采用强化预算单位主体责任、加强重点项目过程管控、建立考核与督导机制等多种措施。一是创新财政保障模式，支持疏解非首都功能。二是合理运用财政政策，构建高精尖经济结构。三是加强资金投入力度，保障重点领域资金需求。四是严格落实中央及市级的各项要求，加快存量资金消化力度。

（郭　萌）

【调整支出结构】 年内，创新财政保障模式，支持疏解非首都功能。西城区疏解整治促提升财政资金支出79.2亿元，政府投资引导基金支出28.9亿元，疏解“动批”商品批发市场，推进文兴东街道路项目征收、中心城区老旧小区综合整治、珠粮街区棚改项目、街道背街小巷整治等工作。改变原有“财政兜底”的资金保障模式，通过财政贴息、市区多方筹资、政府投资引导基金以及股权投资等多种方式，灵活解决疏解难题。探索资金保障标准，对背街小巷和老旧小区的物业管理服务使用经费实行专项管理，资金使用效率明显提高。优化财政投资评审工作流程，结算评审周期缩短一个月，完成“一带一路”高峰论坛城市环境保障工作。牵头推进行政事业单位对外出租房屋清理工作，明确主体责任和任务清单，多次召开专题调度会，协助单位落实清退任务。截至年底，实施行政事业单位出租房清退81处。合理运用财政政策，构建高精尖经济结构。截至年底，投入约70000万元落实金融、科技和文化创意产业扶持奖励政策，支持亚洲基础设施投资银行、全国中小企业股份转让系统股份有限公司等国际组织和重点机构发展。加强顶层设计，制定《西城区关于财政支持疏解非首都功能构建高精尖经济结构的意见》，引导区域资源切实投向高精尖产业、重点企业和高端人才。加强资金投入力度，保障重点领域资金需求。持续保障和改善民生，投入1301776万元用于教育、科学、文化、医疗和社会保障等事业发展，支持教育基本建设和房屋修缮、体育场装修改造、全区信息化建设等项目。持续改善生态环境质量，投入15769万元聚焦大气污染治理，贯彻落实清洁空气行动计划，保障锅炉低氮改造工程、煤改清洁能源工程顺利进行。推进机动车排放及油气回收检测与监管工作，支持餐馆油烟在线监测系统建设。持续提升城市治理水平，投入190797万元推动陶然亭路、白纸坊东街、北新华街南段道路、前门西河沿和北纬路等道路改造项目顺利实施。

（郭　萌）

【优化部门预算编制】 年内，加强预算编制管理，提前谋划，完成2018年预算编制工作，将预算编制与以往预算执行情况相结合、与重点工作目标相结合、与各类审计、巡视和监督检查问题相结合，预算编制水平进一步提高。加大财政绩效评价力度，全年完成绩效评价项目61个，涉及资金429619万元，占当年部门预算项目支出（不含基本建设类项目）资金规模30%，优秀良好率达到90％以上。扎实开展投资评审工作，完成评审项目295个，送审额508740万元，审减30864万元，资金节约率6.07%。加大监督检查工作力度，对14家一级预算单位及所属的26家二级单位开展会计信息质量检查，涉及资金351429万元，较上年增长2.40%；对23家预算单位和21家采购代理机构开展政府采购信息公开专项检查；对日常检查中发现的违法线索进行立案，严格履行行政处罚工作程序，对10家单位做出行政处罚。加大预决算信息公开力度，建立预决算信息公开平台，部门预算公开单位84家。贯彻落实《北京市预算审查监督条例》要求，配合区人大财经委专题审议2018年区发展改革委、区国资委、区教委和区城市管理委部门预算及重大投资项目预算编制情况，进一步提高预算编制科学化、规范化、精细化水平。

（郭　萌）

【加大财政执法监督】 年内，先后开展会计信息质量、政府采购信息公开、预决算信息公开、街道财政财务管理、大气污染防治资金等多项检查。全年执法检查204件，行政处罚10件，分别完成本领域任务的162%和111%，依法行政成效显著。

（郭　萌）

【创新财政资金配置模式】 年内，拓展路径，探索推广PPP模式，梳理政策制度，构建储备库，确定试点项目，实现零突破。发挥杠杆作用，灵活运用政府投资引导基金等市场化方式支持全区中心工作。突出重点方向，编制政府购买服务目录，着重在公共服务领域扩大政府购买服务范围。

（郭　萌）

【创新财政资金服务模式】 年内，探索建立公共管理综合保险方案，建立“服务＋保险”保障机制，突破传统服务模式，探索建立公共管理综合保险方案，推动保险从“应对事件”向“应对风险”转变。通过保险机构特色化服务，动态监控区域内重点地区和薄弱环节，利用市场化手段和专业化管理辅助社会治理，促进区域发展转型和管理转型。

（郭　萌）

【创新财政资金保障模式】 年内，服务发展，合理配置资金，投入136亿元用于推进疏解整治促提升专项行动。灵活采用市场主体、财政贴息、政府投资引导基金、市区资金共担等方式破解“动批”疏解难题，直接补贴投入占三分之一。在“动批”市场疏解过程中，改变原有“财政兜底”的资金保障模式，根据不同疏解主体特点，制定差异化政策。利用财政贴息产业升级改造项目实现万通市场疏解，结合道路征收项目解决天和白马与众合市场疏解问题。发挥财政资金引导社会资本参与区域建设的重要作用，利用政府投资引导基金支持万容市场疏解及产业提升项目和世纪天乐疏解改造提升项目。

（郭　萌）

【基础工作高效运行】 年内，落实政府决策部署，完成2项市折子工程和3项区折子工程；按期完成人大建议和政协提案24项；督查督办事项106项。充分发挥参谋助手作用，168条信息被《西城信息》采纳，5篇专刊被区政府信息采纳，2篇得到区领导重要批示。全年办理各类公文5814件，日均处理27件。办理各类授权支付业务18.7万笔，资金审批1436件，日均支出1.92亿元。完成绩效评价项目61个，涉及资金43.6亿元，占部门预算项目支出资金的30%以上。完成投资评审项目334个，评审金额56.8亿元，同比增长30%；审减金额3.5亿元，资金节约率6.2%。

（郭　萌）

税 务

国家税务

【概况】 北京市西城区国家税务局（简称区国税局）主要负责西城区域内按规定由国家税务局征收的中央税收、中央与地方共享税和部分地方税收的征收管理工作。年内，共计有干部职工616人。全局设有办公室、政策法规科、货物和劳务税科、所得税科、收入核算科、纳税服务科（纳服中心）、征收管理科、财务管理科、人事科、教育科、监察室、大企业和国际税务管理科、进出口税收管理科共13个内设科室；设有离退休干部科、机关党委办公室2个其他机构；设有信息中心、机关服务中心、票证中心3个事业单位；设有直属机构稽查局1个；设有19个派出机构税务所；设有2个办税服务厅。截至年底，全局共管辖各类开业（含正常、非正常、清算状态）纳税户82864户，其中单位纳税人66540户、个体工商户15861户、临时登记户463户。2017年共组织各项税收收入3704.29亿元，区级税收完成277.2亿元。

地址：西城区二龙路已33号

邮编：100032

电话：66027732

（黄诗航）

【组织收入】 年内，成立组收工作领导小组及办公室，定期召开税收分析专题研讨会和收入汇商会，分析和评判客观经济形势，同时结合区域税源现状，剖析新的财税政策对组收工作影响，力促组织工作开展。与区发改委、财政局、地税局等部门共同开展动态分析，形成相关税源动态监测机制。累计组织各项税收收入3704.29亿元，同比减少374.97亿元，降低9.19%；中央级税收入库3113.65亿元，同比减少483.71亿元，降低13.45%；地方级税收（含“营改增”）完成590.64亿元，同比增加108.74亿元，增长22.57%，区级收入完成277.2亿元（含调库4.76亿元），同比增加54.09亿元，增长24.25%。先后撰写《2016年西城区税收情况报告》《2017年1–3季度西城区五部门经济税收联合分析》《区国税局关于2017年上半年税收收入完成情况的报告》等综合分析报告，以及《国税新口径区级税收重点税源分析报告》《营改增后新财税分配体制改革对西城区区级收入影响》等专题分析报告。完成2512户企业的税收调查。办理退库3793户，涉及退税金额1922821万元。

（黄诗航）

【税收管理】 年内，进一步加强税源管理，深化征管体制改革，按专业化、精细化要求，在对纳税人进行分级分类基础上，依行业、组收、风险防控类别，陆续完成7个专业管理所机构设立工作，适应了新时期区域经济税源的新变化新情况。对6400余户纳税人进行税源调整。梳理网上办税事项31项，引导纳税人“多跑网路少跑马路”。深化商事制度改革，累计为45272户企业办理完成“五证合一”业务。依靠系统数据查询，多渠道进行核实调查，累计完成30个批次21570户次数据质量清理工作。开展51项国地税合作。全年累计推送二级风险任务99批次，涉及风险纳税人4167户，问题率98.75%，查补税款22.44亿元、滞纳金1.43亿元。加强对非首都核心功能产业的管理疏导，实现个体工商户减量5000户。配合区委区政府开展市场疏解、腾退，促成“动批”“天意”“万通”等市场的闭市。

（黄诗航）

【纳税服务】 年内，通过办税服务厅电子显示屏、公告栏、微信公众号等宣传平台强化对营改增等政策的宣传工作，累计张贴各类公告45张，发放宣传资料5万余册，微信平台推送各类信息1100余条。结合66212366咨询平台每日问题汇总，在微信平台解答纳税人咨询较多的热点问题，变单向服务为双向互动。及时处理投诉事项，共受理12366投诉转办单142件，其中投诉类68件、意见建议类59件、表扬类1件、其他类14件，已全部处理完毕，做到了件件有落实。利用综合短信平台，即时发送涉税信息，累计向纳税人发送所得税汇算清缴、税收调查等通知、提示23524户次。每周通过官网对行政许可和行政处罚进行“双公示”。完成90户税务师事务所行业报表统计工作。与区地税局共同承办新办企业培训，除邀请企业到场参加外，还通过微信平台进行在线直播，使企业足不出户接收国地税最新培训信息。组建国地税联合宣讲团队，对适用“六项减税政策”的创业投资企业、科技型中小企业进行精准辅导；整合社会资源，对辖区内中介机构进行指导培训，引导社会力量参与“六项减税政策”宣传。

（黄诗航）

【税收法制】 年内，开展重大案件集体审理，共接到稽查局大要案2户，审结2户。先后完成4次执法督察和配合北京市国税局督察工作，发现问题51个。开展内控机制建设，在全局各部门设置内控岗位，组建内控岗位人员队伍，正式运行期间，完成北京市国税局推送的3次任务，提交风险点51个、防控措施22条、内控建议13条。落实“放管服”改革全面自查，及时通过公告栏、局外网、LED大屏、微信公众号等载体发布相关税收政策。做好法治政府建设，争创法治税务示范基地，推进依法行政和法治税务建设。

（黄诗航）

【货物和劳务税管理】 年内，通过全面梳理推行营改增工作中存在的主要问题和薄弱环节，坚持边分析、边改进，将“分析好”“改进好”同部署、同推进，并在此基础上，打好“总结好”战役，对营改增整体运行情况进行总结、评估、改进和提高，进一步推动营改增改革试点工作取得圆满战果。473户税负分析重点企业共计减税36.85亿元。通过分类实施纳税人宣传培训、开展基层调查研究等方式组织开展营改增政策大辅导工作，帮助纳税人掌握政策规定更精准、享受税收优惠更彻底、抵扣进项税额更充分、办理涉税事项更清楚，引导纳税人更好地提升对税制的适应程度，确保行业税负只减不增，确保营改增试点持续平稳运行。

（黄诗航）

【所得税管理】 截至年底，符合小型微利企业所得税优惠政策条件的企业共计28361户，其中盈利企业6535户，减免税额5285.94万元，户均减免企业所得税税额0.81万元，政策覆盖面实现100%。全年共完成企业所得税收入3192亿元。其中中央级收入2896亿元、地方级收入296亿元、区级收入148亿元。每月向北京市国税局报送262户企业大额变动分析报告，报送收入预测统计分析表49次；对41户次非营利组织免税资格认定申请材料进行初审。

（黄诗航）

【大企业和国际税务管理】 年内，完成非居民税收收入122亿元，为纳税人开具对外支付备案表2937份，受理非居民纳税人享受税收协定待遇备案89户次。应境内企业要求开具《中国税收居民身份证明》562份，涉及德国、西班牙等40多个国家。向美国、日本等18个国家提供自动情报共计371份。开展千户集团数据采集，完成869户千户集团企业财务报表报送工作。

（黄诗航）

【进出口税收管理】 年内，共有出口退税登记企业339户，其中生产型出口企业81户、小规模出口企业258户。全年完成生产企业退税102批次，涉及退税款2900万元；审核免抵额950万元。做好出口税收函调业务，共接收并处理下游单位核实函131份，涉及发票930张，涉及税额约1.5亿元，涉及退税额5300万元。向上游企业发函102份，涉及税额约1.2亿元，涉及退税额约4000万元。

（黄诗航）

【税务稽查】 年内，全面推进“项目化管理、团队化作业”的工作模式，立案检查377户，承接受托协查569户，稽查查补税款60.5亿元。对33户企业开展资产损失专项检查，调整应纳税所得额1206740.62万元，弥补亏损1177894.90万元，入库税款及滞纳金4098.28万元。开展打虚打骗专项整治，对交通运输、金融保险、房地产等13个行业发票使用情况开展检查，共查处326户企业，查处非法发票3259份涉及金额218773.52万元、入库税款2621.87万元、入库滞纳金822.93万元、入库罚款406.53万元。开发数据处理系统，为稽查发函提速增效，共发出协查函件2388件，涉及发票份数3.6万份。成立“黑名单”工作领导小组，不断推进多部门联动联治，形成惩戒税收违法行为合力，成功阻止1户欠税企业法人离境。与区公安经侦部门建立“税警联合快速反映机制”，共同开展打击虚开发票的违法犯罪活动，全年税警联合办案29起，出动税警人员97人次，公安机关拘捕发票犯罪嫌疑人43人。

（黄诗航）

【信息管税】 年内，建立“人脸识别”系统，依托大数据平台，充分利用公安部门、三大手机运营商等第三方大数据，综合运用新技术，增强数据可靠性，通过人脸识别技术和大数据支持，将办税人员身份信息、通讯方式同公安机关、手机运营商数据进行比对，确保办税人员身份合法、真实，联系方式有效、畅通，有效防范和打击借用他人身份信息骗领发票、虚开发票和恶意篡改申报数据等违法行为，累计发现盗用、冒用他人身份信息26户次，移送公安机关20户次。在金税三期系统基础上，组织研发西城国税业务支持平台，已完成“稽查局收发函数据模块”“外地进京企业备案模块”“三代手续费退费模块”“办税厅企业历史发票数据查询模块”四大模块的研发及上线运行工作。

（黄诗航）

地方税务

【概况】 北京市西城区地方税务局（简称区地税局）共设21个职能科室，1个监察科，1个稽查局（内设9个科，综合科加挂税务违法案件举报中心牌子）、21个税务所，1个机关后勤服务中心。共有干部职工679人，全局共有税源户正常户89900万户，全口径含非正常及注销等共193529万户。年内，坚持依法治税，深化税收改革，全年共组织各项税费收入502.5亿元，剔除营业税同比增收52.3亿元，增长11.6%。深入学习贯彻十九大精神，牢牢把握全面从严治党新要求，深化党风廉政建设责任制，分解落实党风廉政建设监督责任重点工作任务，把风险防控从事后向事中、事前延伸。加强绩效管理，全市地税系统内各区局绩效考核中排名第二，连续两年位列系统优秀等次。强化内控管理机制，编制内控绩效指标，构建“制度、执行、监督、绩效、反馈”五位一体的内控工作模式。

地址：西城区新街口北大街珠八宝胡同23号

邮编：100035

电话：62252388

（徐　驰）

【税收收入情况】 年内，累计完成各项税费收入502.5亿元，同口径增收52.3亿元，同口径增长11.6%；其中，完成中央级收入198.1亿元，同比增收21.7亿元，增长12.3%；一般公共预算收入295.8亿元，同比增收29.2亿元，增长11%；区级收入131.2亿元，同比增收16.1亿元，增长14%。

（徐　驰）

2017年西城区地税收入情况表

表1　　　　单位：亿元、%

项目	本期	增减额（同口径）	增减%（同口径）
各项税费收入	502.45	52.27	11.61
一般公共财政预算收入	295.82	29.22	10.96

续表

项目	本期	增减额（同口径）	增减 %（同口径）
一、税收收入	454.78	52.65	13.09
其中：中央级	198.12	21.66	12.28
1. 改征增值税	2.72	−0.12	−4.24
2. 企业所得税	68.81	2.91	4.42
3. 个人所得税	252.83	28.09	12.50
4. 资源税	0.00	0.00	43.00
5. 城市维护建设税	35.30	−0.49	−1.37
6. 房产税	40.78	8.44	26.10
7. 印花税	21.77	5.70	35.49
8. 城镇土地使用税	1.83	−0.64	−26.06
9. 土地增值税	12.08	3.01	33.14
10. 车船税	1.56	1.55	11362.77
11. 耕地占用税	0.00	0.00	--
12. 契税	10.56	−1.69	−13.83
13. 营业税	6.53	--（剔除同期）	--
二、非税收入	47.68	−0.38	−0.78
1. 教育费附加收入	15.10	−0.16	−1.05
2. 地方教育附加	10.06	−0.09	−0.93
3. 外商投资企业土地使用费	0.04	−0.02	−28.81
4. 文化事业建设费收入	0.00	−0.01	−99.71
5. 税务部门罚没收入	0.09	0.07	576.75
6. 残疾人就业保障金	13.89	−1.55	−10.06
7. 工会经费	8.51	1.38	19.42

【费金收入】 年内，组织教育费附加、地方教育附加、文化事业建设费、外商投资企业土地使用费、残疾人就业保障金、工会经费等费金收入共计47.68亿元，同比减收0.38亿元，减幅0.78%。

（徐　驰）

2017年西城区地税费金收入情况表

表2　单位：万元、%

项目	本期	增减	同比（%）
合计	476751	−3807.6	−0.78
教育费附加	150961	−1638	−1.05
地方教育费附加	100611	−967	−0.93
文化事业建设费	0	−76	−99.71
外商投资企业土地使用费	395	−160	−28.81
残疾人就业保障金	138856	−15529	−10.06
工会经费	85074	13834	19.42

【税收收入特点与分析】 年内，按行业划分，房地产业完成68.13亿元，同口径增长26.28%。金融业、租赁和商务服务业、居民服务修理和其他服务业合计完成274.01亿元，占总体税收比重超过五成。按税种划分，个人所得税完成252.83亿元，同口径增长12.50%，占比50.32%；企业所得税完成68.81亿元，同口径增长4.42%，占比13.69%；房产税完成40.78亿元，同口径增长26.10%，占比8.12%；财产和行为税共计完成123.89亿元，同口径增长14.18%，占比24.66%。全年共减免各项税费69.75亿元。

（徐　驰）

【税收法治】 年内，推行局领导出庭应诉，为行政诉讼工作提供组织保障，在庄胜公司2起行政诉讼案件二审中胜诉，在群体举报行政诉讼案件一审、二审中胜诉。制发《北京市西城区地方税务局“十三五”时期全面推进依法治税工作实施方案》和部门重点工作任务分解表，确保“十三五”时期依法行政工作稳步推进。外派中青年领导干部到律师事务所学习实践，加强税收专项案件和行政机关行政诉讼工作的调查研究。规范执法程序和文书制作，强化依法行政和执法责任意识。

（徐　驰）

【税收政策落实】 年内，持续加强税收优惠政策落实，不断提升税收治理水平，注重政策宣传和辅导，加强政府部门间合作，结合区域经济及税种税源特点，逐步探索符合“营改增”后地税征管规律的税收征管新模式。不断提高小微企业税收优惠力度，全年辖区内享受小微优惠政策的小微企业5234户，减免税额2536.99万元。

（徐　驰）

【税种管理】 年内，夯实基础工作，企业所得税汇缴申报率、数据审核通过率、个人所得税电子明细申报数据准确率均达到100%。完善股权转让个人所得税管理规程，充分发挥与工商部门联合受理、信息及时传递的优势，推进服务大厅与税源所的协作。加强股权转让的层级管理，办理个人股权转让4820份，入库税款3.9亿元。通过推进房产税源管理平台建设等多项举措，全年房产税共入库40.78亿元，同比增长26.1%。借助第三方服务等多种手段提高土地增值税清算效率，全年完成10个项目清算，入库税款5.6亿元，同比增长115%。

（徐　驰）

【纳税服务】 年内，纳税服务“走出去，引进来”成效初显，自助办税机入驻中国银行，工商银行自助缴费一体机落户办税服务厅，企业信用信息税银共享。全年走访中央单位及驻区部队等重点税源企业85户次，召开座谈会10次，收集问题及建议25条，实施精准服务。国地税联合打造实体线上同步的“互联网+”培训模式，实体学堂培训纳税人800余户次，在线观看超过2000人次。搭建“北京西城税务”微信公众平台，实现“关注一个号，办理两家事”。共同编写《小微企业的种类及对应的税收优惠政策》，设立减税优惠办理快速通道。

（徐　驰）

【税收征管】 年内，在注销业务中持续规范注销文书的填写，并对注销时限进行严格把关，加强国地税在注销税务登记工作上的合作。完成总局、市局推送的风险应对59户，查补税款、滞纳金及罚款共计6625.7万元。主动发起区级风险应对任务402户，查补税款、滞纳金共计697万元。加强欠税管理，核对金税三期系统欠税数据近万条，全年共计清理欠税及滞纳金1856.73万元。各业务科室开展科室约谈69户，补缴税款及滞纳金2.5亿元。

（徐　驰）

【大企业税收服务与管理】 年内，组织完成北京农村商业银行股份有限公司抵债资产事项税收风险、总局千户集团2017年第二批税收风险分析应对工作。针对36个集团企业、334户千户集团及下属企业季度企业财务数据开展采集培训、定期催报等工作。协助直属二局布置汇总泰康人寿等9家限售股减持工作。发现工作中风险应对问题，联合主管税务所开展约谈，共补缴税费及滞纳金1556万元，并形成大企业案例分析。开展千户集团税收风险分析、限售股转让核查工作，共计入库税款7194万元。

（徐　驰）

【国际税收管理】 年内，国际税收入库税款13484.22万元。首次完成VIE架构拆除过程中创始股东巨额个人所得税征收，入库9437万元；系统首例完成外派员工境外所得年度汇算清缴，缴纳个人所得税56万元，抵免境外税收13万元；首次对外发出财产税国际专项情报；首次完成对赌协议税款入库后的跟踪管理，入库3184万元；首次接受电视台专题采访介绍服务“一带一路”工作经验；首次对构成常设机构非居民企业个人所得税进行核查，追缴入库364.14万元；在《中国税务报》《北京地税》等媒体发表大量专业文章、案例、调研。

（徐　驰）

【税务稽查】 年内，围绕备案类减免税管理、行政处罚、非正常户管理、个人所得税核定征收等4个方面，对4个税务所和稽查局开展执法督察。提高风险管理质效，将近两年稽查案件疑点反馈情况中提炼、精简、合并、汇总后的政策疑点指引进行解说并下发，为开展风险疑点推送工作提供政策疑点指引。重新修改《北京市西城区地方税务局重大税务案件审理办法》，对符合重审会标准的案件分级上报审理。配合总局、市局开展“3·21”虚开发票案和“3·24”制售假发票案专项检查，有9户企业补缴税款100余万元。高度重视积案清理工作，全年先后清理6户积案，入库税款400余万元。国地税稽查工作协作小组对“动批”、天意、牛街牛羊市场等23个市场开展税收检查，发现9户企业涉税违法金额3.06亿元，国地税联合入库税款7100万元，助力非首都功能疏解。

（徐　驰）

【电子税务管理】 年内，充分发挥“互联网+税务”优势，依托金税三期系统和北京互联网地税局，推动纳税服务向便利化、智能化发展。落实数据后台处理工作，通过平台上报数据后台处理单330份，便于数据后台处理问题得到及时解决。助力全市首台自助办税服务终端进驻中国银行，开创银行业提供税收相关服务的先河。

（徐　驰）

【机构调整与人事管理】 年内，设立党建工作科，加挂机关党办牌子，基层科与机关党办分设。设立离退休干部科，人事科（保卫科）不再承担离退休人员的管理与服务工作。整合残保金征收科与工会经费管理科职责，设立非税收入管理科。调整第五税务所为非企业纳税人专业管理所，第六税务所为个体工商户及市场管理所，第七税务所为风险防控管理所，第八税务所为承发包业务专业管理所。引入第三方开展领导力测评，根据测评结果制定领导干部个性化培养方案，优化部门人员配置。规范用人程序，公平、公正选拔干部，为不同年龄阶段的优秀人才创造良好条件。全年共晋升中层干部20名，非领导干部71人，50岁以上科员人数从2016年的78人降至50人。推进交流轮岗，科级及以下干部轮岗交流112人，占全局干部总人数的16%，其中科级领导干部30人、一般干部82人。

（徐　驰）

【执法督察与内部审计】 年内，从非税业务类经济活动入手，强化内控管理，编制内控绩效指标，着力构建“制度、执行、监督、绩效、反馈”五位一体的内控工作模式，全局22个科室编制包含25个考点的百分考评指标10个。梳理风险项目44类风险点373个，确定不同等次风险事项检查标准，构建内部防控体系。

（徐　驰）

【信息调研】 年内，建立跨部门、跨各区的信息合作机制，全年被上级部门采用信息110篇，市委市政府普刊采用22篇，其中《北京市反映全面推开营改增一周年政策效应和问题建议》获得李克强总理批示，《京沪金融业税收发展比较分析》在《北京信息调研与参阅》181期专期刊登。开展深入调查研究，与中国社会科学院财经战略研究院、中国财政科学研究院等多家单位联合开展多项调研课题，21篇文章在《中国报税报》等报刊杂志上发表，编辑出版《西城区地方税务局2014—2016调研文集》，7篇调研获区主要领导肯定性批示，为区域经济发展和上级决策提供了参考。

（徐　驰）

审 计

【概况】 北京市西城区审计局（简称区审计局）是负责本区审计工作的政府工作部门。受本级政府和上级审计机关的双重领导，对本级人民政府和上一级审计机关负责并报告工作。年内，区审计局人员编制69人，在编65人；事业编制4人，在编3人；工勤7人。设有综合办公室、财政金融审计科、固定资产投资审计科、经济责任审计科、科教文体审计科、行政事业审计科、内部审计指导科、社保经贸审计科等16个科室。在区委、区政府的领导下，在市审计局的指导下，区审计局认真履行审计职责，紧紧围绕全区中心工作，加强对重点领域、重点部门、重点资金的审计监督，稳步推进审计监督全覆盖，在促进依法行政、维护财经秩序、推进廉政建设等方面，充分发挥国家审计的基石和重要保障作用，完成审计各项工作任务。完成审计项目46个，查处违规和管理不规范资金23.1亿元，核减工程款0.64亿元，应上缴财政金额0.31亿元，已上缴财政金额0.31亿元，提出审计建议150条，被采纳建议150条。

地址：西城区复兴门外真武庙四条六里

邮编：100045

电话：68014042

（宋 楠）

【国家重大政策措施贯彻落实跟踪审计】 年内，推进中央、市重大政策贯彻落实，结合全区重点工作，开展重大政策措施跟踪审计。服务保障疏解非首都功能，对“疏解整治促提升”专项行动开展情况进行审计，及时反映经验成效，推动相关政策落实到位，促进中央和市委市政府、区委区政府决策部署和政策措施有效执行。助推京津冀协同发展，按照《关于对2016年西城区京津冀协同发展任务开展专项督查的工作方案》及《2016年西城区京津冀协同发展任务分解交办表》，对承担任务的部门逐项核实交办任务完成情况。通过审查项目进度、实施环节、资金配套及使用情况，发现工作中遇到的难点和资金保障问题，分析原因，提出对策建议，为区域经济持续健康发展保驾护航。按照领导干部自然资源资产离任审计有关规定，结合区委区政府印发的《西城区全面推行河长制工作方案》，对年内审计计划涉及的4个街道项目，首次增加审查河湖管理保护情况的内容，以水环境治理、水生态治理和日常河湖岸线管理等工作开展情况为切入口，审查贯彻执行工作方案所采取的具体措施及执行情况，助力河长制工作在全区推行落实。

（宋 楠）

【预算执行审计】 年内，开展2016年度区财政局区本级预算执行和19个区级部门预算执行审计项目，项目数量比上年提高25%。在摸清全区一级预算单位的基础上，按照项目类型、资金分配权限、资金收支规模对审计对象进行分类管理，制定中长期审计计划，对重点审计对象一年一审，非重点单位按三年或五年周期进行轮审，逐步实现财政审计全覆盖。统筹利用审计力量，强化“三统一”，通过对重点内容、发现问题、定性处理三方面的统一管理，实现审计工作整体效能最大化。进一步深化联网审计，采用“集中分析，分散核实”的工作方式，对区财政局和19个部门的财务数据进行综合审计分析，进一步深化部门预算执行审计工作，提高审计效率、拓宽审计覆盖面。

（宋 楠）

【经济责任审计】 年内，共对14名处级领导干部开展经济责任审计。高度重视联席会议成员单位之间的协作，不断加强成员单位在工作中的密切配合，找准经济责任审计和各成员单位工作需求的衔接点，做到审前共商、审中协作、审后运用。统筹安排经济责任审计工作，围绕领导干部履行经济责任的“权利运行”和“责任落实”，制定经济责任审计工作方案，统一问题定性、处理处罚口径及报告格式，实现统筹开展，整体推进。召开经济责任审计工作统一部署会，帮助被审计对象对即将开展的审计工作有所了解和认识；对查出能立即整改的问题，督促和协助被审计单位整改。进一步完善经济责任审计制度建设，制定《北京市西城区处级领导干部离任经济事项交接办法（试行）》，以区委办公室、区政府办公室名义正式颁布实施，为进一步推进经济责任审计全覆盖提供制度保证。

（宋 楠）

【固定资产投资审计】 年内，主动跟进区委区政府中心工作，重点对校舍改造、老旧小区整治、平房修缮、微循环道路等政府投资项目开展审计。工作中从项目立项的科学性、工程设计的深入性、施工合同的严谨性、工程洽商的必要性以及工程项目的效益性等环节入手，关注项目审批、招投标、合同审核、现场管理、造价控制、资金财务等，注重发现项目管理上的薄弱环节，加大工程管理及内控制度的审计力度，提高公共投资和公共资源管理的经济性、效率性和效果性，促进全区公共投资建设领域持续健康发展。

（宋 楠）

【内部审计】 年内，注重内部审计成果利用和业务指导，促进全区内部审计工作再上新台阶。及时对资金量大、下属单位较多的教委系统、卫生系统、国资系统、环卫系统报送的经济责任审计成果及下年计划进行分析，转化和借鉴内部审计结果，推动经济责任审计全覆盖落到实处。与部分单位就内部经济责任审计工作进行座谈，帮助其对下属单位开展经济责任审计工作。提升内审人员业务能力，抽调专职内审人员参加区审计局项目，通过“以审代训”的方式，带动内审人员提高审计实操能力。创造学习交流机会，参加市、区内审培训课程，通过组织内审业务交流等多种形式开展培训工作，进一步提升内审人员业务素质，推动内审工作的制度化、规范化。开展优秀内审案例评比活动，宣传优秀案例的工作经验，组织常务理事单位现场进行专题培训交流和观摩学习，拓宽内审人员工作思路。区教委审计科被中国内部审计协会评为“2014至2016年全国内部审计先进集体”。

（宋　楠）

【专项资金审计】 年内，加大对住房保障、文化教育、医疗卫生等涉及民生的专项资金审计力度，促进资金使用安全规范，高效使用，确保惠民政策落实到位。根据审计署和市审计局统一部署，从分析保障性安居工程总体情况入手，检查资金筹集、管理和使用情况，保障性住房分配及管理情况，通过客观、全面地揭示问题，促进保障性安居工程部署要求全面落实。开展区属5家三级医院财务管理、生活性服务业发展建设资金管理、区属12所示范中学运行资金管理、道路清扫保洁资金管理等专项审计调查，重点监督检查落实各项民生政策措施的具体部署、执行进度、实际效果等情况，揭示结构性、制度性、体制性问题，切实提出促进项目资金高效使用意见建议，为区委区政府提供可靠、可用的审计决策参考。

（宋　楠）

【审计质量控制】 年内，加强审计过程控制，以环节控制为中心，继续提高审计全过程质量控制水平，全面加强各个环节的质量控制。定期听取审计组进度汇报，及时了解和把握项目总体情况。深化审计项目审理，对照审计准则规范，确保程序合法有效；结合审计署对区审计局审计项目质量检查中发现的问题，积极整改，完善审计过程中各环节工作，制定审计计划、审计实施、审计报告、审计终结等各环节流程图，提高审计操作行为的规范化水平。对照优秀审计项目评分标准，对审计过程中形成的证据、底稿、报告等文书，进行严格把关。实行审计业务委员会成员会前打分制度，满八十分以上的审计报告方可提交审计业务委员会集体审议，确保审计项目定性准确、处理适当、程序合法。

（宋　楠）

【落实审计整改】 年内，首次公开审计查出问题整改情况工作报告，协助被审计单位制定和完善内部控制制度36项，进一步规范管理、堵塞漏洞。落实边审计边整改的要求，对审计中发现的问题以及正在发生的违法违规行为，及时提醒和制止；对查出问题的整改情况进行定期回访检查，促进整改落实到位；把以前年度审计查处问题整改情况列为审计关注事项，杜绝问题反弹。分门别类推进整改。对审计决定事项，认真督促整改责任单位全面执行到位；对审计报告中反映的整改问题，区分原因，督促整改。加强对整改分析研究，利用整改中掌握的大量事实，分析影响改革、阻碍发展的根本性和深层次原因，提出对策建议。

（宋　楠）

烟草专卖

【概况】 北京市西城区烟草专卖局（公司）实行双重领导、垂直管理体制，在北京市烟草专卖局（公司）和区政府的双重领导下，主管辖区内的卷烟营销和烟草专卖管理工作。下设6科2室，即办公室（安保科）、专卖监督管理科（专卖稽查支队）、营销网建科、财务科、人事科、党建科（监察科）、法制科、内部专卖管理监督派驻办公室。年内，共销售卷烟36270箱；实现利税合计21352.27万元。截至年底，共有在职职工115人。

地址：西城区太平街甲6号富力摩根A座

邮编：100050

电话：83160060

（王燕红）

【开展“蓝盾二号”专项行动】 1月6日至2月6日，开展“蓝盾二号”专项行动，集中打击制假贩假、走私贩私和卷烟非法流通行为，规范春节期间辖区卷烟市场。行动期间，共出动执法检查人员449人次，检查车辆124台次，共检查零售户2634户次，其中重点零售户249户次。共立一般程序案件25起，其中五万元以上重大案件1起。查获违法卷烟25.56万支，总案值28.12万元。其中：假烟4.82万支，标值7.76万元；走私烟15.66万支，价值10.65万元；非渠道卷烟6.08万支，价值9.72万元。

（王燕红）

【建立3部门联合执法模式】 5月22日，西城烟草联合工商西城分局、食药监局召开座谈会，会议研究制定《共同打击涉烟违法经营活动联合执法协作机制及定期联席会议制度》，建立3部门联合执法模式，搭建信息互通平台。

（王燕红）

【成立学校周边100米卷烟零售户治理工作组】 8月17日，为贯彻落实《北京市控制吸烟条例》，按照国家烟草专卖局、北京市烟草专卖局部署，在西城区政府领导下，西城区烟草专卖局、公安西城分局、工商西城分局、西城区教委4部门成立西城区学校周边100米卷烟零售户治理工作组，由主管副区长担任组长。工作组多次召开专题会，听取汇报，开展专项检查，核实排查学校周边卷烟零售户情况。多部门开展联合执法，重点检查学校周边零售户证照使用情况，以及店内“不向未成年人售烟”警示标语设置情况，整治学校周边卷烟非法经营行为。全年辖区学校周边卷烟零售户减少59户，截至年底，学校周边卷烟零售户63户。

（王燕红）

【卷烟销售】 年内，坚持“稳销量、提结构、保利税、控状态”的工作主线，卷烟销售总体呈现降幅缩窄、结构提升、库存下降、价格回升的状态。全年累计销售卷烟36270箱，同比下降6.99%，收窄降幅8.05个百分点；实现销售收入101419.95万元，同比下降3.39%，收窄降幅15.07个百分点；税利合计21352.27万元，同比下降9.49%，收窄降幅4.98个百分点；单箱销售额实现3.27万元，同比增长3.81%。

（王燕红）

【卷烟市场净化管理】 年内，先后组织开展“两节”集中整治、“蓝盾二号”专项行动、“天价烟”专项检查、“尖锋”行动、“秋风”行动等多项执法检查活动，针对新的经营特点，创新工作方法，加大违法卷烟查获量，提高日常监管的针对性和实效性，改善辖区市场净化水平。全年共立案109起，其中一般程序案件106起、简易案件3起，五万元以上重大案件10起。查获各类违法卷烟共计382.58万支，同比增长15.48%，涉案总金额239.02万元。其中：假冒卷烟52.58万支，同比增长0.27%；走私卷烟137.9万支，同比增长34.68%；非法真品卷烟192.1万支，同比增长8.86%。

（王燕红）

【破获8起涉烟网络案件】 年内，共完成1起主办、7起协办涉烟网络案件，其中以西城烟草主办，成功破获的“6·29”非法销售真烟网络案件，共查获违法卷烟182.54万支，总案值102.95万元，抓捕涉案人员5人，刑拘3人，捣毁屯烟窝点15个，查扣涉案车辆1台。协助兄弟单位办理“3·15”“3·16”“4·06”“5·03”“7·14”“7·15”“8·21”共7起涉烟网络案件。

（王燕红）

【卷烟零售行政许可管理】 截至年底，辖区共有卷烟零售许可证1971户，其中正常经营1877户、停业14户、新办待供货80户。共发放烟草许可证654个，其中办理新办许可事项170个、延续许可事项441个、变更许可事项43个。办理其他类管理事项367个，其中办理停业13个、恢复营业2个、歇业124个、注销228个。签订守法经营承诺书166份，向零售户发放宣传材料166份。全年共制作行政许可卷宗1021个，接待咨询各种事项的群众2400余人次。

（王燕红）

【开展法制宣传教育培训】 年内，按季度开展领导干部学法用法活动，加强对新法新规的宣传贯彻。利用法制教育基地开展法制宣传，4月针对辖区新办证卷烟零售户开展法制宣传教育培训，6月针对卷烟违法零售户开展法制宣传教育培训。6月29日，《烟草专卖法》颁布26周年之际，在全区开展普法宣传活动，向社会公众宣传“12313”投诉监管举报电话，讲解真假卷烟鉴别和防调包常识。12月4日，开展法制宣传日系列活动，执法人员就零售户所关心的烟草专卖法律、烟草零售许可证申办和真假烟鉴别等问题开展上门宣传，发放普法宣传资料，利用普法漫画讲解烟草专卖相关法律知识。

（王燕红）

（责任编辑　杨桂敏）

工业　商贸

工　业

概　述

年内，西城区规模以上工业产、销总值总体保持小幅波动态势，继续发挥首都功能核心区总部集约型工业的优势，水、电、气、热等基础设施民生领域发展态势良好。区规模以上工业企业累计完成工业总产值1140.6亿元，同比增长4.6%。完成工业销售产值1140.4亿元，同比增长4.5%；产销率100%，产销衔接良好。

工业运行基本特点：一是能源供应业稳居首位。能源供应业是西城区工业经济支撑行业，在生产、销售等方面都表现出较强的优势。年内，规模以上工业企业完成工业总产值1140.6亿元，其中9家能源供应业企业完成产值1054.5亿元，与上年相比增长6%，占全区的92.5%，生产情况良好。在工业总产值排名前十的企业中能源供应业企业为6家，完成产值1052.2亿元，成为拉动区域工业增长的主要因素。二是营业收入增加，工业效益下降。年内，全区规模以上工业实现主营业务收入1163.7亿元，与上年同期相比增长2.7%；实现利润总额62.2亿元，与上年相比下降18.9%，利润总额在营业利润下降的带动下降幅明显。三是内销稳步增长，出口小幅下降。年内，全区实现内销1136.8亿元，比上年增长4.5%；实现出口交货值3.6亿元，与上年相比下降6.9%。

（乔文婷）

北京世纪金工投资有限公司

【概况】 北京世纪金工投资有限公司（简称世纪金工）注册资金3000万元，在职员工484人。主营项目：投资、投资管理、投资咨询、出租写字间等。公司下设多家子公司。工业、物业、资本运营是公司支柱产业。其中北京市科通电子继电器总厂有限公司是高新技术企业和国家定点军民用固体继电器专业厂家，承接国家重点项目，为“神舟”系列、“长征”系列航天器和“嫦娥”登月工程等配套；北京第三纺织机械有限公司是国内汽车整车配套件重点企业，具有ISO/TS16949等国际认证资质；北京市塑料十三厂有限公司拥有国家特种劳动防护用品生产许可证资质和安全标志证书；世纪金工宏洋大厦是西城区文化创意产业孵化基地和西城区电子商务创业孵化基地；居仁堂京瓷（北京）文化有限公司是由商务部获批的文化艺术类老字号，生产的市级非物质文化遗产项目京彩瓷（仿古瓷）产品屡获国家工艺品大奖；世纪金工跨领域投资的全资子公司悠米幼儿园围绕“悠扬、悠乐、悠美”的办园宗旨，坚持保教并重的原则，以研促教，在实现收益的同时承担起社会责任。离退休和岗下职工管理中心为公司6747名离退休人员提供统一服务与管理。科通公司获得“西城区和谐劳动关系单位”称号；北京居仁堂京瓷创意传承车间获“北京市工人先锋号”称号；居仁堂京瓷作品《古彩祥瑞图盘》摘夺在上海举办的“世界手工艺博览会”作品金奖。白莉大师晋升为北京市一级工艺美术大师。“京彩珐琅瓷”项目入选第五批区级非物质文化遗产。西城区悠米幼儿园园长傅洁被评为“西城区教育系统优秀教育工作者”。
地址：西城区莲花胡同11号
邮编：100052
电话：63524785

（梁乃康）

【外省市投资项目正式投产】 1月5日，世纪金工的外省市投资项目：三纺机气弹簧制造（上饶）有限公司在江西省上饶地区正式投产，标志着世纪金工新的投资模式开始。

（梁乃康）

【获工美大师称号】 1月19日，京彩瓷第五代传承人徐立宾获得“北京市三级工艺美术大师”称号。

（梁乃康）

【新一届董、监事会产生】 3月28日，世纪金工五届一次股东大会选举新一届董事会董事7名、监事会监事2名。五届一次董事会、监事会选举出董事长赵钢和监事会主席李希刚。五届二次董事会上聘任赵钢为公司总经理。

（梁乃康）

【科通助力“长七”发射成功】 4月20日19时41分28秒中国长征七号

遥二运载火箭（简称“长七”）发射成功，其固体继电器配套产品为科通公司研制生产。

（梁乃康）

【悠米幼儿园获星级学校称号】 5月23日，西城区悠米幼儿园获得“诚信自律办学一星级学校”称号。悠米幼儿园是西城区获此荣誉的唯一一所民办幼儿园。6月30日，第一批大班的孩子毕业。

（梁乃康）

【科通公司获多项发明专利】 6月，科通公司获得4项中国发明专利：基于定量确定最长候检时间的氦质谱细检漏方法，多次压氦和预充氦压氦的氦质谱细检漏方法，积累氦质谱粗漏细检组合检测元器件密封性的方法，以内部气体分析检测元器件密封性的方法。为解决宇航级和长贮存寿命高可靠电子元器件的密封性检测提供了一套基本可行的方案。

（梁乃康）

【白莉大师蝉联金奖】 7月8至16日在“全国手工艺产业博览会暨非物质文化遗产传统技艺展”上，北京市一级工艺美术大师白莉凭借作品《古彩祥瑞图盘》获“金项奖”，实现蝉联两届该奖项。

（梁乃康）

【慰问百岁老人】 10月17日，世纪金工离退休管理中心看望公司百岁老人高学英。重阳节前夕，退管中心分别走访慰问140余名90高龄老人，送去企业的关怀与温暖。

（梁乃康）

【启动工业企业搬迁项目】 年内，世纪金工配合北辛安棚户区改造工程和石景山工业园区整体搬迁，支柱企业科通公司最终选定入住北京市经济技术开发区（亦庄）。与出租方签订房屋租赁合同及相关物业服务和安全责任协议，保障科通公司稳定发展。

（梁乃康）

【搭建物业统一经营管理平台】 年内，世纪金工物业经营按照首都功能定位和自我物业资源现状，依据公司“二五”规划和年度经营计划，确立公司物业经营管理平台为世纪金工宏洋物业管理有限公司，7月1日正式对内对外开展工作。深度整合物业资源，打造物业经营品牌。在疏解非首都功能及整治开墙打洞、拆除违建中，关停腾退商户22户，封堵面积5588平方米，疏解人员275人，拆除违建1935平方米，保持经营工作持续发展。

（梁乃康）

【推进上饶投资项目】 年内，世纪金工针对生产制造业外迁的形势，与江西省上饶市信州区产业园签订协议投资购地30亩，建立外阜工业生产基地，注册成立全资子公司“上饶市京工科技发展有限公司”。

（梁乃康）

【规划发展幼教事业】 年内，世纪金工按照公司“二五”规划“积极开拓幼教服务业市场，在全力办好悠米幼儿园和非常道公司基础上，利用公司其他场所继续投资幼儿教育事业，开办新的连锁幼儿园”的目标要求及年度开展新领域新项目多元投资规划思路，提出幼教发展意见，利用自有房产优势资源，分期分批建立3处连锁幼儿园。年内，鸭子桥路41号幼儿园项目已开工建设，预计下年建成并开园运营，将成为公司幼儿园中的高端旗舰园。

（梁乃康）

国有资产经营公司

【概况】 北京市西城区国有资产经营公司（简称国资公司）主要承担区属改制企业31名离休干部及620名退休人员的管理职能；承担政府托管的金融机构股权投资的管理职能，负责国资公司存量资产的管理开发；承接政府新划拨转制资产的管理开发和人员安置任务。公司现设两办一部一中心：行政办、党办、计划财务部、离退休管理中心，职工16人。

地址：西城区展览馆路12号楼2门101室

邮编：100037

电话：83229155

（韩平平）

【走访慰问送关怀】 1月，国资公司党委开展“慰问一人 温暖一家”“慰问一户 带动一片”两节期间走访慰问活动，重点包括离休老干部、处退老领导、异地安置老干部、劳动模范、百岁老人、老干部遗孀、困难党员、退休职工、长期卧病党员等，送去慰问金和慰问品。为3名行动不便的老干部购买轮椅送到家中。“七一”前夕，离退休管理中心慰问6名困难老干部，送去“九阳高速破壁调理机”。10月为老干部购水果2次，快递送到家。

（韩平平）

【组织老干部活动】 1月4日，组织老干部到海淀剧院观看开心麻花悬疑喜剧《二维码杀手》。1月20日，离退休党支部换届选举。3月28日，组织老干部到国资委系统顺义非遗基地，参观宫毯现场织造和雕漆现场雕刻。4月18日，组织老干部与公司党支部一起，参观香山植物园，瞻仰“一二·九”运动纪念亭。9月21日，组织老干部参观平北抗战纪念馆和平北第一村党支部，缅怀先烈，坚定信念，不忘初心，牢记使命。5月12日，组织老干部参加区老干部局举办的棋牌赛和趣味运动会。5月17日，以“先睹雄安新区初建，见证千年大计之始”为主题，组织老干部参观雄安新区，参观容城县政府、安新县政府和雄县政府。6月20日上午，离休中心党支部请西城区宣讲团王一牛讲党课《共产党员的特殊性和普通性》。组织离退休老干部参观古北口水镇。7月28日，组织老干部观看电影《建军大业》，纪念中国人民解放军成立90周年，缅怀历史、致敬先烈。9月29日，组织老干部参加区老干部局举办的棋牌赛和趣味运动会。4月28日组织离退休老干部12人参加健康体检。

（韩平平）

【开展“红墙意识”大讨论】 5月，国资公司请区宣讲团为公司职工和离退休干部宣讲“红墙意识”，离退休中心在《温馨之家》刊物上开辟“红墙意识”大讨论专栏，登载老同志的体会文章。在大讨论中，一名离休干部用口述的方式以《一生工作近红墙 一颗忠心永向党》为题谈了对“红墙意识”的理解和认识，3位老同志分别以《谈谈“红墙意识”》《让“红墙意识”在新时期发展延续》《树立“红墙意识”做好各项工作》为题撰写学习体会。

（韩平平）

【十九大精神宣讲进到家】 11月，国资公司党总支开展“宣讲入户，送书上门”活动。党总支书记送书上门，为老党员送去《党的十九大报告学习辅导百问》和《十九大党章修正案学习问答》等学习资料，入户宣讲党的十九大精神，听取老领导、老同志的意见建议。

（韩平平）

【关注独居离退休干部安全】 12月，国资公司离退休中心对独居老干部家庭进行防火安全检查，宣传安全消防知识。为每位离休干部家庭配备了消防应急包，有消防灭火器、高温灭火毯、消防手套和逃生安全绳，为老干部家庭消防安全提供保障。

（韩平平）

北京华方投资有限公司

【概况】 北京华方投资有限公司（简称华方公司）是国有独资公司，注册资本3.84亿元，主要从事国有资本投资及管理业务，华方公司拥有北京金象复星医药股份有限公司、北京华方文化发展有限公司、北京华方养老投资有限公司等19家所属企业的全部或部分国有产（股）权，对其履行“投资、监督、调控、服务”等出资人职能。投资涵盖商业地产（房屋租赁、企业孵化器、酒店、特色餐饮）、健康服务（老年服务、康养、品牌医药、中医医馆）、非遗文创、资本运作等四大业务板块。截至年底，华方公司总资产20.97亿元，归属母公司净资产10.61亿元。年内，华方公司紧抓“践行规划、夯实主业、提升管理”的年度工作主题，实现营业收入11.73亿元，同比（11.51亿元）增长1.86%；利润总额6293万元，较区国资委下达计划（4500万元）增长39.84%；净资产收益率3.15%，较计划（2.8%）增加0.35个百分点、增长12.50%；成本费用利润率5.3%，较计划（3.5%）增加1.80个百分点、增长51.42%。

地址：西城区木樨地北里甲4号

邮编：100038

电话：68052896

（孙美岭）

【商业地产】 年内，推进非首都功能疏解工作。华方公司腾退房屋47处，疏解人口677人次，完成区国资委下达腾退房屋任务的153%，疏解人口任务的103%。配合西城区政府开展整治“开墙打洞”工作。有50多处出租房屋涉及“开墙打洞”整治范围，其中彻底腾退6处，业态提升35处。在征得区国资委的认可下，给予上述租户210余万元的租金减免。续签到期合同144个。

（孙美岭）

【企业孵化器】 国家级孵化器——康华伟业孵化器，截至年底，入驻企业累计申请知识产权680件，拥有有效知识产权1042件，其中发明专利66件，软件著作权611件；8家入驻企业被评为北京市专利试点单位；已签订战略合作协议的机构增加16家，基地入驻企业累计达150家，带动就业2600多人，入驻企业实现收入近15亿元，税收1亿多元。国家级众创空间——金丰和孵化器，年内以“大众创业、万众创新”双创精神为指导，精心打造金丰和“创客空间+创客体验中心+创客路演中心”三位一体的创客生态服务体系。组织各类创新创业活动131场，协助36家高新技术企业获得政策支持资金321.16万元。金丰和孵化器通过西城区孵化基地考核，获得341.38万元的政府支持资金；与北京市中小企业公共服务平台、西城区知识产权局等10余家科技服务机构签署战略合作协议；在北京市知识产权工作站评比中获得知识产权优秀工作站称号；获得北京市科委认定的“北京市金丰和众创空间”运营资质，四季度通过国家级众创空间评审团的实地考察。

（孙美岭）

【酒店餐饮】 年内，华方公司酒店业涉及3家快捷酒店、1家商务酒店、1家特色餐饮和物业服务4个子业态。建徽酒店完成政府采购的招标工作，进入市区政府采购名录，加大与会议培训机构、外埠地方政府业务和协议单位的合作，不断提高客房和会议室的出租率；先后推出共享单车、共享汽车、共享充电器；利用科技手段，降低人工成本。帕米尔食府将就餐环境和餐厅设备进行全面升级改造，向顾客直接展示后厨加工环境及加工过程，增加便民外卖窗口，吸引大量客源。装修升级后，10月初重张，日流水超过改造前水平，社会效益和经济效益显著提升。

（孙美岭）

【养老服务】 年内，西长安街华方养老照料中心、什刹海华方养老照料中心和月坛华方养老照料中心（以下简称三家照料中心）共有床位153张，现占床位126张，平均入住占床率82.4%；北京华方米易颐养中心有床位205张，其中康养床位191张，年内平均月入住率23.27%。三家照料中心被认定为西城区失能照护服务商，除提供机构养老服务外，还依托机构资源开展失能上门服务，发挥机构养老的辐射作用，年内实现失能服务收入11.06万元。华方养老公司输出7个服务岗位，为西长安街街道和陶然亭街道87位老人定期入户及电话巡视。期间，发现孤寡老人在家中病亡1起，及时报告社区领导妥善处置；老人突发疾病求助送医7起；生活帮扶55人次。华方养老业务板块获“工人先锋号”等省市、区、街道多个奖项。

（孙美岭）

【养老项目】 年内，华方养老公司与西城区6个街道开展养老项目合作。其中，处于施工阶段的金融街街道砖塔胡同养老服务驿站约600平方米，属A型驿站；陶然亭街道四平园养老驿站约300平方米，属B型驿站。两家驿站辐射人员广泛，适合开展日间照料、助餐、助洁、助浴、文化娱乐、健康指导等多项为老服务。新承接的陶然亭敬老院建筑面积500余平方米，年内签订委托经营协议，期限为10年，已步入施工阶段。编制《北京华方养老投资有限公司中长期发展规划》，出台涵盖15个规范《华方养老标准规范体系》，涉及机构养老、社区养老、居家养老三大业务领域，包括技术、管理、工作三个方面。

（孙美岭）

【品牌医药】 年内，华方公司遵循医改新政策调整主营业务发展模式，推进区属医疗机构药房整体配送的试点工作，参与新药品供应模式。开发设计白塔寺药店手机APP应用程序，加大互联网中药饮片销售力度，将销售与服务融为一体。

（孙美岭）

【母婴护理】 经华方公司研究决定，永安馨（北京）母婴护理有限公司于12月31日退出市场，并顺利实现原使用物业的整体对外出租。

（孙美岭）

【“非遗”文创平台】 年内，月坛雅集传艺荟举办二十四节气系列文化、中国—东盟日、景德镇高温颜色大师个人作品展、“一带一路上的非遗艺术之都”周年展等主题活动，接待14043人，培训7789人。月坛雅集传艺荟应邀出席《创意中国》节目首播，收视率位居省级同时段第二。

（孙美岭）

【“非遗”产品及推广】 年内，华方公司自办5场展会，分别参加北京、台湾新竹市、台北市、河北省、廊坊市、加拿大渥太华等大型活动周，展示非遗绝技。深圳文博会上，地毯公司《带子上朝》获金奖，雕漆公司《春寿图》挂屏获铜奖。北京文博会上，金属公司的蒙镶錾雕作品《荣合》获得铜奖，地毯公司创作的《合美》获得优秀奖，华方文化展位被组委会授予优秀展示奖。“第六届国际非遗节”展会上，地毯公司获新生代工匠之星，织毯工雷洁获新生代手艺之星。上海国际酒店用品博览会上，北京华方地毯艺术有限公司获最佳酒店及商业空间地毯设计金殿奖。法国斯特拉斯堡列宾竞赛中，雕漆公司《望山》铜胎剔红插屏获金奖，“祥云”皮胎雕漆女包获银奖。华方文创顺义基地的雕漆公司设计制作《望山》铜胎剔红插屏、《春寿图》和《水仙图》挂屏、梅花瓣锦纹杯托、扇子等195件艺术品；地毯公司设计制作盘金毯作品19幅，小型宣传册形式的盘金毯200幅。

（孙美岭）

【金融投资】 4月，华方公司增设投资部。开展新三版生物制剂领域标的公司股权投资的尽职调查，房山区康养特色小镇项目、大红门区域机构养老项目、光伏发电及文化艺术小镇等超过20宗项目的前期调研、论证工作。截至年底，华方公司证券类业务累计变现3730.53万元。其中，北京银行变现3527.69万元。剔出北京银行因素，开放式证券投资基金、国债回购、新股申购、证券出借四类投资获利202.83万元，收益率达71.3%。

（孙美岭）

【工业企业】 年内，工业企业传统生产制造主业有序退出。按照大厂回族自治县当地的产业规划布局要求，北京市皮鞋厂落实退出机制，做好现有进出口经营业务的收尾工作，疏解和安置制鞋生产人员及机器设备等资产的盘点清理。为配合昌平区首都功能定位的业态升级，北京轻工印刷厂实现全部有序退出，对企业职工妥善安置分流，企业设备物资进行优化处置。“北京轻工印刷厂”变更为“北京轻工印刷文化服务中心”。

（孙美岭）

【管理及培训】 年内，华方公司实施《华方公司公务用车制度改革工作方案》，制订《北京华方投资有限公司差旅费和公务招待费管理办法》，完成年度中层及职员绩效考核，部署下年部门预算。举办企业战略与思维、公文写作及档案管理、消防安全知识、办公软件常用技能等5场专题培训，300人次参加。参加国资委区属国有企业经营管理人才及党务人才研修班。招聘4名本科及以上学历新职员。

（孙美岭）

【党建工作】 年内，华方公司以“一增强两提升三规范”党建工作体系为抓手，完成《企业章程》《三重一大制度》和《党委会议事规则》修订，设立书记沟通会。召开党委会8次，审议三重一大事项62项目。领导班子理论中心组学习12期。成立党群和人力资源部、监察审计部。各直属党组织配备9名专职纪检委员，基层党支部配备22名兼职纪检委员。严格贯彻中央八项规定，落实党建工作责任清单和书记主体责任清单，调整所属20家企业的65个职务。重大节日期间慰问困难党员、离退休老干部和困难职工135人次4.21万元。党员、群众献爱心捐款2.68万元。

（孙美岭）

商业服务业

【概况】 西城区商务委员会（简称区商务委）是负责西城区内外贸易和对外及对港澳台经济合作的区政府工作部门。年内，实现社会消费品零售总额1013.9亿元，首破千亿，同比增长4.7%。完成18个市场的疏解提升任务，新建和提升改造百姓生活服务中心7个，新建和规范提升各类生活性服务业网点70个，规范化、品牌化、连锁化网点比例提高到69%。年内，被区安委会评为“西城区2017年度安全生产综合考核先进单位”，区商务委连续7年获得此项荣誉。

地址：西城区广安门北滨河路9号

邮编：100055

电话：83509379

（马　岩）

【中华老字号“互联网+”博览会】 1月21日至2月11日“中华老字号‘互联网+’博览会暨中华老字号时尚创意大赛成果展”在北京坊9号楼2层举办。活动由西城区商务委员会、中华老字号工作委员会联合举办，西城区文化委和北京华方文化有限公司协办，北京泰禾嘉润文化传播有限公司承办的集中华老字号文化、中华老字号时尚创意大赛成果展、非遗文化展览、二维码网上订购及现场体验为一体的综合性活动。展场面积约1100平方米，参加活动品牌企业100余家，各类展品400余件。西城区著名老字号12家企业有80家产品参加。菜百的“幸福的约定”，张一元的“龙毫礼盒”，内联升的“米尼系列童鞋”，瑞蚨祥的“鳳禧虹鸾旗袍”“富贵牡丹旗袍”，德胜工美的APKE会议景泰蓝国礼3件套“四海升平”“和美”“繁花”，京彩瓷的“老挝国礼纪念盘”“3粉彩百鹿尊”“8粉彩龙凤套壶”等受到欢迎。

（邵自军 赵杰平）

【2017北京西单时尚节】 7月19日至9月18日，西城区商业联合会、西单商会联合主办“2017北京西单时尚节”。以“时尚、文化、品质、生活”为核心，围绕“品味经典，感受时尚”的主题，组办“潮酷时尚”“时尚研讨会”“时尚美食”3大版块10余项主题活动，召开新闻发布会、开幕式、闭幕式等3场主会场专题活动。时尚节推广范围涵盖全区19家大型综合商场、重点老字号企业及120余家餐饮企业，通过分会场专题促销、与金融机构合作、参加人气美食大赛等活动，收到良好的社会效益和经济效益。全区商品销售额达到256.1亿元，同比上升6.9%，其中西单地区重点商场增幅7.89%；餐饮企业刷卡营业额2000万元，同比增长13%；参加时尚美食评选的40家餐饮商户营业额1.1亿元，同比增长22.76%；42家重点餐饮企业实现营业额3.2亿元，同比增长3 %。活动期间除西单地区公共大屏幕、道旗、围挡宣传外，利用平面媒体、网络媒体、电视媒体追踪报道宣传，微博微信发图文46篇，阅读量9.2万人次；新华社、千龙网各大平台发布各类信息200余频次，阅读量600万人次，传播覆盖总人数超过千万人次。西单GO微信平台开发制作“时尚地图”和“美食地图”两款界面，以电子地图的形式发布商家的促销信息；全程跟踪报道各专场、主题活动，及时对时尚节活动宣传造势，取得良好效果。

（邵自军 杜 颖）

【2017北京西城电子商务节】 11月20日至12月20日，西城区商业联合会主办“e时代i西城—2017年北京西城电子商务促进会暨系列活动”，在“e时代i西城”主旨基础上提出本届“新时代·广融合·降密度·立高端”的主题，引导传统企业融合线上线下经营模式，实现跨界合作，有效降低区域商业密度，提升商业经营品质，实现合作共赢。启动仪式上主办方为第二批“西城区电子商务诚信经营承诺企业”授牌，推动西城区电子商务经营企业诚信承诺活动深入开展；区域5家优质跨境电商企业、老字号企业、第三方支付企业、社区生活性电商平台，签署战略合作协议，推动企业间的跨界融合。活动期间还举办了商业发展电商专题讲座，主办方邀请行业前沿专家、学者做客讲坛，为企业讲授在零售业快速发展、智能化不断提升的新时代，如何以大数据、人工智能等信息技术为依托，加快线上服务、线下体验深度融合，引导企业提升商业品质，创新服务消费模式，把握格局、开拓思路。

（邵自军 杜 颖）

【8家行业协会商会与区商务委脱钩】 年内，按照区行业协会商会与行政机关脱钩联合工作组办公室工作部署，区商务委组织区商联会、区饮食行业协会、西单商会等8家行业协会商会开展脱钩工作。委托中泽永诚会计师事务所对8家行业协会商会就人、财、物、资产及办公用房等方面进行资产清查，严格落实“五规范、五分离”。截至年底，区商联会等7家行业协会商会与区商务委脱钩，变更为无主；区家居产业协会完成注销。

（邵自军 柴卫红）

【成品油变更初审及年检初审】 年内，完成辖区成品油经营批准证书变更初审工作。完成辖区17家加油站年检初审。

（邵自军 赵杰平）

【拍卖企业变更、新设立初审及年度核查初审】 年内，完成辖区北京钰融拍卖有限公司等7家拍卖企业变更拍卖经营批准证书、新设立北京金网易购科技发展有限公司等4家拍卖行初审工作。完成辖区37家拍卖企业年度核查初审。

（邵自军 赵杰平）

【年度社会粮油供需平衡调查】 年内，完成“2017年度社会粮油供需平衡调查”。此次统计包括100家规模以上餐饮企业和110户居民。数据显示，年内全区居民口粮消费折合原粮为157990吨，同比增长11.62%，相当于西城区城镇居民人均月消费口粮10.79公斤。居民粮食消费依然以大米、面粉为主，折合原粮消费小麦和稻谷分别为73322吨和69784吨，分别占粮食消费总量的46.41%和44.17%。同比居民的面粉销量占比有所增加，大米的占比有所下降。其他杂粮的消费总共占比接近10%（同比数值少约5%），其中大豆及杂粮的消费量分别为5734吨和9150吨，分别占粮食消费总量的3.63%和5.8%。同等情况下餐饮企业食用油消费量比居民家庭高出23%。

（邵自军 赵杰平）

【典当行业】 年内，西城区典当企业58家，其中典当行39家，分支机构19家。典当行业资产总额16.91亿元，同比增长6.7%。39家典当企业本部截至年底典当余额12.4亿元，同比增长15.65%；典当总额41.26亿元，同比增长7.2%，其中房地产典当23.9亿元，同比增长9.9%；动产典当13.23亿元，同比增长2.5%；财产权利典当4.12亿元，同比增长7.8%。业务结构保持稳定。

（邵自军 史 倩）

【生活性服务业品质提升】 年内，推进《西城区生活性服务业三年行动计划》实施，逐步探索形成生活性服务业发展的“西城模式”，即“三五八”体系。“三”即：构建社区三级商业网络（五分钟可达的社区专业店、十分钟可达的百姓生活服务中心、十五分钟可达的综合型社区购物中心）。“五”即：品质提升“五化”标准（便利化、规范化、品牌化、连锁化、集约化）。“八”即：推进八项基本生活性服务业业态升级（菜篮子、早餐、便利店、美发美容、洗衣洗染、家政服务、末端配送、修理）。开展生活性服务业网点引进、淘汰、规范、提升综合行动，规范化、品牌化、连锁化服务品质大幅提升。激发市场主体作用，着力引进国内外品牌连锁生活性服务业企业，推动社区连锁经营；发挥协会作用，在各街道广泛开展“生活性服务业进社区”“菜篮子联合会爱心菜送温暖”等品牌活动。截至年底，生活性服务业网点规范化、品牌化、连锁化比例由2014年的22%提升至69%，连锁化比例达40.1%，越来越多的优质服务网点深入社区服务居民。

（戚秀艳）

【便民网点建设】 年内，新增金瀛、西黄城根、金牛利民等百姓生活服务中心7个，近3年累计建成百姓生活服务中心30个，实现按照居住区每平方公里至少形成一个百姓生活服务中心的目标；261个社区实现商业便民服务八项基本功能全覆盖。年内，新建和规范提升蔬菜零售、早餐、便利店等各类便民商业网点70个，超额完成年度任务目标。

（戚秀艳）

【民意立项工作】　按照区“民生工作民意立项”工作机制，在建设百姓生活服务中心、便民菜店等重点生活性服务业项目过程中，通过居民议事会等形式，征集居民需求，听取群众意见，如德胜街道新北社区菜店，由街道回租房屋，引进多个品牌连锁企业，居民议事投票选出最中意的服务商，建设社区便民菜店，实现家门口的菜站居民自己说了算。通过居民“点菜”建设生活性服务业网点，更好地解决便民网点“建什么”“在哪建”“谁来建”等问题，引进合民意、接地气的服务业态和企业。

（戚秀艳）

【市场疏解提升】　年内，开展疏解整治促提升专项行动，完成18个市场的疏解提升任务，疏解建筑面积15.53万平方米，涉及摊位数9755个，涉及从业人员27716人。动物园地区12个市场的疏解任务100%完成。其中，区商务委完成负责的13个商市场疏解建筑面积15357平方米，商户1346户，涉及从业人员2162人。

（戚秀艳）

【双打工作】　年内，区双打工作领导小组召开打击侵犯知识产权和制售假冒伪劣商品工作会，加大日常检查力度，各重要节日和会议期间进行重点检查，开展一系列专项检查活动，联合执法成员单位，查办侵权假冒案件立案216件，其中行政执法部门立案188件；公安机关立案16件，抓获嫌疑人14人；检察机关批捕6件，起诉案件7件。办结216件。

（张晓燕）

【重点期间安全保障】　年内，区商务委在全国“两会”“一带一路”高峰论坛、党的十九大等重要政治活动春节、“五一”“平安夜”等节假日期间，开展商务行业安全生产、反恐防暴等工作动员部署及执法检查，督促企业进行隐患排查整改，期间未发生安保事故。

（马　前）

【领导带队检查企业】　9月28日，市委书记蔡奇、市长陈吉宁带队检查区重点商业企业顺天府超市西什库店。陪同检查的有市商务委主任闫立刚、区委书记卢映川、区长王少峰和市食药局、市消防局、市安监局等单位等领导。12月29日，区长王少峰带队，检查区重点商业企业春节前市场商品供应和安全保障情况。

（马　前）

【综合执法检查】　年内，检查单位1094家，出动执法972次，执法人数2103人次。其中零售单位229家，发现一般性隐患89处；餐饮单位594家，发现一般性隐患370处。均已整改。其他检查121家。各类行政处罚案件103件。

（马　前）

【商务行业第三届安全生产运动会】　4月21日，区商务委举行“2017年商务行业第三届安全生产运动会”，行业内40家企业85名选手参赛。项目内容有男子消防水带连接、女子灭火器负重跑。西单购物中心、华方公司、同仁堂药店分别获得一、二、三等奖。

（马　前）

【安全生产月活动】　年内，区商务委在6月份安全生产月中开展各项活动10余项。参与全区安全生产宣传咨询日活动；组织重点企业和联组单位负责人近100人安全生产知识业务培训；开展多科目应急演练观摩。行业企业内部进行安全警示教育、全员岗位安全培训、安全生产隐患自查及各种宣教活动。

（马　前）

【第十届安全生产知识竞赛】　年内，区商务委组织“西城区商务行业第十届安全生产知识竞赛”，经过初赛、复赛、决赛，西单商场获一等奖，金源公司、西单购物中心获二等奖，菜百公司、金融街购物中心、湘君府获三等奖。

（马　前）

【安全生产标准化达标评审】　年内，区商务委开展行业企业安全生产标准化建设。对100余家企业进行专业培训。商务行业有18家企业完成三级初评达标，46家企业完成三级复评达标。配合市、区安监局对上年标准化三级达标企业进行抽样核查。

（马　前）

【企业安责险推广】　年内，区商务委开展企业安全生产责任保险投保推广工作。对365家企业负责人进行安责险专业培训宣传，重点对餐饮企业进行督促推广，规模以上30%企业已投保安责险。

（马　前）

【应急演练观摩】　年内，区商务委在全聚德和平门店、翔达餐饮公司集团等单位举行应急处置演练，相关部门领导现场指导，200余家企业安全生产负责人现场观摩。应急演练观摩科目有电器起火并扑救、人员疏散并救助、现场灭火器材实操。

（马　前）

【安全生产培训】　年内，区商务委分别组织规模以上350余家企业安全生产负责人标准化、后厨安全、安责险、联组长业务等培训，聘请燃气、电气、特种设备、安责险、标准化等方面专家授课。

（马　前）

【商务部门专职安全员队伍建设】　年内，区安监局按照行业部门安全生产专职安全员队伍建设规范年管理方案，对区商务委安全生产专职安全员队伍进行综合考核，获总分955分，名列区行业部门安全生产专职安全员队伍第三名。

（马　前）

北京市金正资产投资经营公司

【概况】　北京市金正资产投资经营公司（简称金正公司）是国有独资企业，作为国有资本出资人的市场化代表，以法人股东的身份进行国有资本产权运作，并对中小企业及个体工商户提供融资担保、小额贷款、投资管理等金融服务。金正公司设3部2室，下设3家子公司，员工56人。公司注册资金9.3亿元，投资企业16家。经西城区国资委认定，北京菜市口百货股份有限公司、北京张一元茶叶有限责任公司、北京翔达投资管理有限公司、北京世纪金工投资有限公司、北京金源投资管理有限公司、北京宣兴房地产开发股份有限公司为金正公司重要子企业。年内，金正公司及重要子企业合并资产总额78.24亿元，净资产44.09亿元。

地址：西城区西砖胡同2号院7号楼

邮编：100053

电话：83516692

（田 媛）

【追加投资】 3月28日，金正公司对北京金正融兴资产管理有限公司追加投资3149万元。

（田 媛）

【撤回投资】 12月11日，金正公司对蒲城创时能源有限公司撤回投资1000万元。

（田 媛）

【疏非控人】 年内，在疏解非首都功能工作中，金正公司及重要子企业共完成疏解人口221人，清理点位32处，完成全年指标的100.45%。

（田 媛）

【提供融资担保】 年内，北京金正光彩融资担保有限公司提供融资担保共计20134万元，包括为市内46户中小、小微企业及13个个人经营性融资项目提供担保19971万元，与区人力社保局合作为12户下岗人员、创业大学生及复转军人提供全额贴息贷款担保163万元。

（田 媛）

【提供小额贷款】 年内，北京金正融通小额贷款有限公司为区内中小企业、个体工商户及自然人发放小额贷款51笔13268万元。

（田 媛）

【投资】 年内，北京金正融兴资产管理有限公司投资34个项目，涉及14家企业，投资额4.05亿元，涵盖绿色农业、健康医疗、餐饮等多个行业。

（田 媛）

北京金座投资管理有限公司

【概况】 北京金座投资管理有限公司（简称金座公司）所属企业有志同达劳务服务有限公司、大栅栏自行车有限责任公司、北京奥霓裳制衣有限公司、北京金桥贸易有限公司4家子公司和劳务服务分公司；公司控股、参股企业8家，包括内联升鞋业有限公司、瑞蚨祥绸布店有限公司、瑞蚨祥（北京）投资管理有限公司、鹤年堂医药有限公司、德寿堂医药有限公司、国药健坤（北京）医药有限责任公司、金鑫然医药有限公司、鹤鸣堂医药有限公司。职工总数3845人，其中在职职工1794人，离、退休2051人。年内，金座公司通过制定实施调整资产经营结构，拓展资本投资渠道，加强精细化管理，严控化解经营风险，促进经济平稳运营，公司经济综合创效指标再次创出历史新高。公司及参控股企业经营收入120481万元，同比增加9.45%，实现利润7602万元，同比增加13.21%，上缴税金5498万元，同比增加22.70%。

地址：西城区南横西街27号

邮编：100052

电话：63522526

（王继红）

【四届二次股东大会】 1月18日，金座公司召开第四届第二次股东大会，参会股东以举手表决的方式，通过《公司2016年经济工作报告》《公司2016年监事会工作报告》《公司2016年财务决算及利润分配方案报告》《公司“三五”发展规划》《公司关于扩增注册资本的实施方案》。

（王继红）

【走访慰问活动】 元旦、春节期间，金座公司工会慰问困难职工发放补助慰问金2.82万元，公司各级工会组织走访慰问职工100余人次，发放慰问金12万余元。

（王继红）

【瑞蚨祥独幕话剧参演老字号联谊会】 1月20日，由北京老字号企业协会组织的“2017年北京老字号企业春节联谊会”在大栅栏三庆元剧场举行。由瑞蚨祥员工自编、自导、自演的独幕话剧《瑞蚨祥与五星红旗》在联谊会上演出，话剧利用艺术表演的形式，生动展现了瑞蚨祥人热情向上、踏实肯干的优良作风，弘扬老字号精神。因其表演生动、立意深刻，获得参会领导和老字号企业的一致赞赏。

（王继红）

【中华老字号时尚创意大赛成果展】 1月21日，由西城区商委、中华老字号协会组织的中华老字号“互联网+”博览会暨中华老字号时尚创意大赛成果展在北京开幕，展会上集中展示了本次创意大赛的获奖作品。瑞蚨祥创意的作品“中华吉服—凤禧虹鸾”参展，得到市区领导及各界人士的高度评价。

（王继红）

【内联升获多项荣誉称号】 2月15日，北京内联升鞋业有限公司在2017年北京市商务工作会议上，获得“北京市优质服务商店”称号，副市长程红颁发奖牌。内联升获得2016年度北京十大商业品牌，其“愤怒的小鸟系列板鞋”获2017年市旅游委第十四届“北京礼物”旅游商品大赛银奖。

（王继红）

【瑞蚨祥城乡华懋分店开业】 9月29日，瑞蚨祥在北京城乡华懋商店二层开设的品牌分店开业。

（王继红）

【消防安全培训】 11月9日，“国际消防日”金座公司组织员工消防安全培训，重申“公司本部义务消防组织”的职责与分工，明确各岗位的工作流程，现场指导员工如何正确使用消防器材并进行实操演练 。

（王继红）

【扩大投资规模】 年内，金座公司完成金正小贷公司500万元的股权收购，向莱百新组建的玉缘信息咨询中心投资260万元。金座公司本部进行增资扩股，注册资本由2212万元增加到3096.8万元，资本实力与股东权益同步增大。

（王继红）

【内联升加大品牌建设】 年内，内联升加强店内活动策划和柜台橱窗陈列展示，节假日期间策划促销活动、品牌宣讲、媒体拍摄数10次。参加塞尔维亚北京日、澳门国际贸易展、寺库库客大会、九州·海上牧云记特展等活动，拍摄品牌形象宣传片。通过与寺库及名模左岸潇的合作，实现产品和品牌形象的高端化、时尚化。通过合作，先后取得《九州·海上牧云记》《如懿传》等知名IP授权，文创系列产品进一步丰富。利用内联升自有门店、品牌自媒体、版权方网络资源，形成线上线下联动的立体推广模式，进军文创领域。以文创和季节为主题设计店铺橱窗和柜台陈列，让店铺形象更加生动时尚。年内，内联升参加国际展会2次，国内展会3次，接待电视、广播、报纸杂志、网络媒体等采访40余次，接待各级领导、企事业单位、社会各界、学校团体参观60余次。

（王继红）

【物业经营质量稳定提升】 年内，金座公司物业部门不断创新工作思路，适应政策和市场新变化，确立与首都功能定位相适应的经营策略，把握公司资产经营实际，梳理整合物业房产资源，挖掘经营增效潜力，加快转型升级，优化客户资质与资源，完善公司资产手续制度，提高依法维权效力。物业经营创收5091万元。

（王继红）

北京市金工投资管理公司

【概况】 北京市金工投资管理公司（简称金工公司）是1999年原宣武区为接收市属划转企业而成立的一家全民所有制性质的管理公司。主要职能是：依据国家及市、区各项政策、规定，加强划转企业的管理，防止国有、集体资产流失；依法保障职工合法权益，化解企业内部各种矛盾，保障安全维稳局面；承担28名离休老干部和4365名退休职工的管理职能；管好、用好现有物业资源，提高资源的使用值和效益值；负责非公改制企业的党群组织管理。设4个管理部门，分别是：综合办公室、劳动人事退管服务中心、物业经营部、财务部。主要经营项目：资本经营及房屋出租。年内，在册职工62人，其中在岗职工37人、退休返聘3人、岗下职工22人。

地址：西城区白广路二条甲8号

邮编：100053

电话：63582366

（任　媛）

【召开年度工作会暨职工大会】 3月10日，金工公司召开年度工作会暨职工大会。党委副书记、总经理孙昌作工作报告。总结上年主要经济指标完成情况、存在的主要问题，提出年度总体工作思路和任务，明确必保的3个主要经济指标和7个方面的重点工作。

（任　媛）

【信息数据平台二期录入】 年内，金工公司在信息数据平台一期补充完善的基础上，完成综合办公、物业经营、劳动人事退管中心三大版块的框架设计，数据信息完成二期录入工作。

（任　媛）

【优化岗位流程】 年内，金工公司开展优化岗位流程工作，重点抓好三项措施：由岗位人员根据岗位职责编制所分管的工作流程；部门进行交流、评议，提出修改建议；公司主要领导带队检查验收。工作流程修订完成后，对现有工作质量水平的提升及实现退休职工工作交接，都将起到重要作用。

（任　媛）

【走访慰问离退休职工】 金工公司负责离退休人员的日常管理工作包括：特困职工帮扶、特殊人群管理、配合区人力社保局有关工作、供暖管理工作、职工药费补助、退休职工健康休养、档案管理等。年内，走访慰问22名离休干部，送去慰问金和生日卡；完成直管20位离休干部统筹专项经费的年度申报和10位离休干部的统筹资金申报、上报、划拨，医药报销，传达上级文件等工作；组织5名离休老干部体检；安排局职干部带家属到小汤山疗养院体检；照顾干部遗孀住院治疗直至去世，妥善办理其丧葬事宜。

（任　媛）

【老旧小区改造】 年内，完成各种房屋设施修缮改造和环境整治项目22项。验收枣林前街113号楼、南柳巷56号供暖管线更新项目；结合安全生产大检查发现的安全问题，对所属物业站（点）及办公区实施配电整改12项，消除用电安全隐患；完成朝阳门北大街12号楼电梯大修，保证居民安全出行；改造南柳巷54号危旧平房，排除房屋安全隐患；完成马公庄小区的房屋设施修缮改造和环境整治项目9项；结合大气污染治理要求，改造南柳巷56号供暖锅炉低氮排放等。

（任　媛）

【自管小区物业管理社会化】 年内，金工公司以提高服务质量水平和降本增效为目标，对独立产权宿舍区委托专业物业管理公司进行管理，实现朝阳门北街12号楼宿舍区的物业管理社会化。管理内容包括区域物业日常管理服务及突发事件的紧急处置（公共设施的紧急抢修、火灾消防等）和区域内治安管理。平均每年可减少管理费用支出15万余元，实现降本增效和提高物业管理水平双重目标，为今后因政策调整、由物业公司直接收取住户的物业费创造条件。

（任　媛）

【防汛与供暖】 夏季汛期前，金工公司对所辖区域进行重点房屋普查7550平方米，全覆盖无死角。汛期，安排干部带班和在岗值班，做好雨后防汛检查。为确保冬季供暖，制定《冬季供暖保障措施方案及安排》，对运行单位的供暖设备进行督促检查和实地检查，发现问题及时抢修，确保不发生任何问题。

（任　媛）

【党建工作】 年内，金工公司党委深入推进“两学一做”学习教育常态化、制度化，结合区国资委系统基层党建工作重点任务清单要求，把从严治党、抓好基层党建作为重要内容。3月16日，举办基层党支部书记党建工作培训，所属11个党支部的书记、党务干部20多人参加。“七一”前夕，组织“寻革命先烈足迹，坚定理想信念，做合格党员”主题党日活动，在陶然亭高君宇、石评梅烈士雕像前重温入党誓词，参观“红色梦”图片展。10月13日，举办“喜迎党的十九大，不忘初心，永远跟党走”主题5年党建工作回顾展，展览分“学习篇、党建篇、民生篇、管理篇”4个部分。11月16日，组织机关全体党员、入党积极分子和非公企业党支部书记、党务干部一行近30人赴西柏坡革命圣地进行革命传统教育，参观西柏坡纪念馆。公司党委在节假日、党的十九大等重点时期，加强安全保障工作。号召党组织和在职党员参与社区建设活动，组织职工清理街巷楼院杂草、垃圾杂物等，消除安全消防隐患，获得牛街街道“第十四届民族团结进步先进集体”称号。完成机关工会换届选举工作。

（任　媛）

北京金源投资管理有限公司

【概况】 北京金源投资管理有限公司（简称金源公司）是国有法人参股的有限责任公司。内设物产事业部、超市事业部、茶叶事业部、物业部、财会审计部、人力资源部、办公室，下辖北京金源千业超市有限公司、北京牛街清真超市有限公司、北京正兴德茶叶有限公司、北京永安茶叶有限公司，拥有直营门店16个，建筑面积近3万平方米，主要从事商业超市及茶叶、服务业经营；控股企业1家——北京金诚信恒再生资源利用有限公司，回收站点62个，主要从事再生资源利用与回收；参股企业1家——北京国金酒店管理有限公司，主要从事酒店经营。年内，金源公司以迎接、服务、学习宣传党的十九大精神为主线，在西城区国资委和金正公司的指导下，全面落实公司董事会提出的“强党建、促发展、调结构、明规范、增效益”工作思路，以企业发展、品牌特色、服务水平和精细管理四个提升为目标，较好地完成了全年经济指标和各项工作任务。牛街清真超市有限获北京市消费者协会“诚信服务承诺单位”。

地址：西城区广安门南街60号
邮编：100054
电话：63546018

（张寿清）

【召开董事会会员代表会股东会】 1月16日，金源公司先后召开五届四次董事会、五届三次监事会、内部职工持股会五届二次会员代表会和股东会，审议通过《2016年董事会工作总结和2017年工作思路的报告》《2017年财务预决算、利润分配方案的报告》《公司监事会2016年工作总结和2017年工作思路的报告》，在全体董事和会员代表表决签字的基础上，召开年度第一次股东会。

（张寿清）

【召开三届五次职代会】 3月9日，金源公司召开三届五次职代会。大会审议通过《2016年经济工作总结和2017年工作思路的报告》《员工手册》修订方案，审议通过并签订《2017年工资集体协商协议书》。59名职工代表参加会议。

（张寿清）

【市领导检查指导】 3月21日，北京市粮食局督导考核工作组到金源公司对粮食安全区责任制工作落实情况进行检查。区政府副区长徐利、区商务委主任袁利和区相关职能部门领导陪同检查。4月1日，市食药局局长丛骆骆到牛街清真超市视察，对进一步提升食品安全工作，提出要求。

（张寿清）

【正兴德第十五届春茶节】 4月20日，百年老店正兴德举办第十五届春茶节。本届春茶节以诚信、健康、绿色、和谐为主题，推出正宗名优新绿茶和乌龙茶、特色花茶、红茶、白茶展卖，特价销售及买茶送茶、买茶送礼等多种酬宾活动。北京春茶节活动中茉莉大方、绿飘雪、白牡丹、金骏眉被中国茶叶流通协会、北京市商业联合会、北京市茶叶协会、北京市茶叶质量监督检查站4家评为质量合格、质价相符产品，获荣誉证书。

（张寿清）

【牛街清真超市、正兴德贺开斋】 开斋节期间，牛街清真超市开展促销活动。6月2至15日开展“超值换购”活动，6月20至25日120余种半价及惊爆商品促销，销售额同比增长54万元。正兴德茶庄开展买茶送礼、买茶赠茶、茶具9折销售等活动，店内设立免费品尝台。开斋节前夕，金源公司向民族敬老院送去价值5000元的面粉、食用油、茶叶等慰问品；开斋节当日，向回民小学、中学的贫困生资助6000元助学金和每人一箱牛奶，捐赠牛街礼拜寺乜贴5000元及牛奶、乜贴枣等节日礼品。

（张寿清）

【召开三届六次职工代表大会】 7月25日，金源公司召开第三届六次职工代表大会，审议通过公司《2017年门店员工薪酬调整方案》《2017年总部员工工资调整方案》，听取公司总经理平国栋作的《2017年上半年工资总结暨下半年工作要点报告》。

（张寿清）

【劳动服务竞赛】 9月1日至10月31日，金源公司以“迎两节 促销售 强服务 增效益”为主题，开展为期61天的劳动服务竞赛活动。

（张寿清）

【员工素质培训】 9月11、13日，金源公司按照《员工手册》分两批对全体员工进行培训。正兴德茶叶公司42名员工参加北京市第七届商业服务业服务技能大赛，8名员工获得技师资格，15名员工获得高级评茶员资格，正式员工持证上岗率达到94%。

（张寿清）

【金源超市陶然亭店重张开业】 10月15日，金源超市陶然亭店重张开业，改造后的陶然亭店在原有商品基础上，卖场增加蔬菜、糕点等经营品类，深受消费者欢迎。

（张寿清）

【正兴德茶文化进社区庆重阳】 10月，正兴德茶叶公司参加由北京市企联会组织的知名企业进社区公益活动，2名茶艺师分别就花茶、红茶进行茶艺表演和解说，与社区居民庆“重阳”。

（张寿清）

【关心职工生活】 年内，金源公司为455名在册职工缴纳住院医疗互助保险，累计办理住院保险理赔33人次，金额3.9万元；慰问困难职工105人次，发放慰问金、慰问品金额13万元；慰问职工退休、结婚、生育、亲属去世15人，发放慰问金7900元；为2名低保家庭子女办理金秋助学金6000元；311名职工进行健康体检。

（张寿清）

【党的建设】 年内，金源公司重视党建工作，落实推进“两学一做”教育。召开民主测评大会，党政主要领导述职述廉及报告干部选拔任用“一报告两评议”情况。党委组织党员学习贯彻党的十九大精神主题党日知识答卷活动。召开第二次股东会，审议通过《北京金源投资管理有限公司章程》修正稿，把企业党建工作写入公司章程，明确党组织在企业中的地位，推动企业改革发展。“七一”前，党委组织在职党员和部分入党积极分子70人参观周邓纪念馆，开展“牢记入党誓词，争做合格党员”主题庆“七一”党日活动。公司党委统一部署和指导，各支部完成换届选举工作。

（张寿清）

北京翔达投资管理有限公司

【概况】 北京翔达投资管理有限公司（简称翔达公司）是国有法人参股的有限责任公司。注册资本5000万元，经营范围涉及餐饮业、饭店业、洗浴业、美容美发业、摄影业、旅游文化业、物业管理业等多种经营业态，经营网点60处，建筑面积约8.8万平方米。翔达公司设立股东会、董事会、执行层、监事会规范的法人治理结构和党、团、工会组织机构，内设财会管理中心、集采配送中心、运营管理中心、文化产业中心、党群工作部、人力资源部、办公室（四大中心、两部一室）。旗下拥有翔达晋阳饭庄、翔达晋阳白广路饭庄、翔达晋阳马西路饭庄、翔达吐鲁番餐厅、美味斋饭庄、致美斋饭庄、清华池浴池、首都照相馆、翔达白鹭美容美发店、翔达会馆（清华池会所）、翔达恒兆饮食服务分公司11个分公司制企业和北京翔达国际商务酒店有限公司、北京中兴世纪物业管理有限公司、北京晋雅信达文化发展有限公司、北京翔达国际旅行社有限公司、北京翔达安康商贸有限公司5家全资子公司及北京翔达南来顺饭庄有限公司1家控股子公司。年内，翔达公司领导与全体职工紧紧围绕“全力以赴抓经营、提质增效促发展”，以“战略统领，效益优先”的行动纲领，群策群力推动企业经营发展，实现经营向好的发展态势，取得营业收入、利润双双增长。截至年底，账面资产总额约5.2亿元。

地址：西城区广安门内大街167号翔达写字楼三、四层

邮编：100053

电话：63521731

（王 娜）

【清华池浴池重装开业】 经过3个月装修，清华池浴池重新开业，以全新的面貌接待宾客。装修后的清华池洗浴服务项目齐全，融入更多老北京传统文化，更加贴近百姓的需求，恢复老北京浴池躺箱，把能量养生房搬进浴区，达到洗浴养生一举多得。服务上整合资源，梳理服务流程，进行全员培训，方便顾客。

（王 娜）

【职工失业动态监控】 年内，翔达公司加强企业就业形势分析，人力资源部对企业职工就业增减变化情况进行全面统计和系统分析，每月上报分析结果提供给区人力社保局。各基层单位上报人员增减情况至公司人力资源部，帮助企业查看人员流动动向，分析人才市场波动情况。参与失业动态监控数据填报，了解企业生产经营状况，及时有效掌握就业、失业人员变动及缴费金额变化等情况，社会保险参保率百分之百。

（王 娜）

【搭建网络支付平台】 3月1日，翔达公司企划部为搭建公司全系统网络支付平台，对接成熟第三方支付平台，联合公司财务部对3家线上第三方支付公司进行资质审核。最终与“哆啦宝”（北京）科技有限公司成为常年合作伙伴。企划部为经营单位安装微信、支付宝双系统扫码支付平台，配备二维码桌牌、扫码枪、电脑及手机系统后台终端等软硬件设备，培训店内操作人员。

（王 娜）

【创建食品安全示范区】 6月，集采配送中心深入基层单位，根据《食品安全法》《北京市西城区创建食品安全示范区示范标准》，每日对企业库房、后厨进行检查，历时23天，协助企业完善厨房、库房的食品安全管理制度，对食品添加剂使用、记录，检疫票据索取，记录等重要环节逐一进行规范，完成西城区创建食品安全示范区任务。

（王 娜）

【老字号美味斋重回菜市口】 6月26日，已有近百年历史的美味斋饭庄，正式回到菜市口原址重张。此次开业的美味斋在主打“小而美”的基础上，保留很多经典招牌菜，如老油条牛肉、八宝辣酱、五香大排等，餐厅还特意重现“一毛一分钱”肉末豆腐特价菜。菜品上，创新推出五彩生煎、菩提五莓、沙拉系列等。

（王 娜）

【清真美食文化节】 6月26日，由翔达公司承办的第十届北京清真美食文化节在牛街开幕。本届美食节的主题是“宣传民族政策，促进民族团结，提升行业品质”，组织翔达公司下属南来顺饭庄等21家清真餐饮品牌特色美食展卖。北京烹饪协会会长云程、世界中餐业联合会清真产业委员会办公室主任米菲及其他有关部门领导出席。

（王 娜）

【京城小吃泰斗收徒】 6月28日，京城小吃泰斗陈连生大师讲堂、开山收徒及书籍签赠仪式三大主题活动在翔达南来顺饭庄举行。仪式上陈连生首次收徒8人，分别来自南来顺饭庄、吐鲁番餐厅。

（王 娜）

【内设机构升级调整】 7月10日，翔达公司总部迁入新址办公。年内，翔达公司围绕公司战略，从实际出发，在原有六部一室的基础上，成立财会管理中心、集采配送中心、运营管理中心、文化产业中心四大中心。

（王 娜）

【共产党员献爱心】 7月18日，翔达公司开展捐款活动，722名党员、群众捐款18275元，全部上缴西城慈善基金会。

（王 娜）

【晋阳饭庄通过钻级复评】 7月18至19日，全国酒家企业等级评定委员会复评检查组进入晋阳饭庄进行五钻级酒家复评。经过现场全程巡视和资料审核，晋阳饭庄通过五钻复评。依托纪晓岚故居的文化资源，晋阳饭庄打造老北京文化体验平台，完成对草堂文化宴和演艺舞台的打造与挖掘、拓展高端餐饮业务，淘汰更新老旧设备等，为企业的持续发展和品质提升奠定基础。

（王 娜）

【百年老店致美斋重装开业】 7月26日，致美斋饭庄于白广路35号正式重装开业，北京烹饪协会会长云程和多家京城主流媒体莅临现场。在菜品方面保留传统经典菜肴“四做鱼”“九转大肠”“干烧冬笋”“葱烧海参”等，还挖掘“三色三鲜馄饨”“烧烩爪尖”，恢复近代著名散文家、学者

梁实秋老人多次提及的“清汤爆肚”。开业3个月创下单日营业额55014元的新纪录，为致美斋有史以来之最。

（王 娜）

【翔达国际旅行社增资升级】 10月11日，北京翔达旅行社取得国际资质营业执照，升级为翔达国际旅行社。为以餐饮为主的翔达公司增加新业态，旅行社深入挖掘老字号文化，拓展文化旅游的经营思路，在2个月内先后承接古北水镇579人大型团建、温都水城3日团建、翔达国际商务酒店圣诞游园会等大型活动。

（王 娜）

【翔达安康商贸成立】 11月7日，翔达公司成立北京翔达安康商贸有限公司，注册资金100万元，主要业务范围涉及粮食、油脂、调料、酒水、水产品、鲜肉、禽蛋、水果、蔬菜等食品的销售、配送，为基层餐饮企业配送优质食品原材料提供便利和保障。翔达集采配送中心到东北、内蒙古、河北、河南、山西、江西、贵州等地，从源头挖掘优质货源。

（王 娜）

【参加兰州首届清真美食大赛】 11月22至26日，应兰州首届清真美食大赛暨清真美食节博览会及安多集团邀请，董事长孙雅娟带队一行9人赴兰州考察、参展、参赛。在兰州首届清真美食大赛上，翔达南来顺饭庄的豌豆黄、福寿大麻花、糖火烧等8种特色小吃参展，当地电视台、5位网络红人分别通过电视报道、手机网络直播的形式对南来顺饭庄及其特色展品进行宣传，网络红人在南来顺展台直播时最高观看人数达240万。南来顺饭庄所带原为3日的展卖量小吃，一日售罄。吐鲁番餐厅糖醋鲤鱼、翔达南来顺饭庄蜜汁麻花在大赛颁奖仪式上双双获“中国清真十大名菜”奖项。

（王 娜）

【推进核心员工培育计划】 12月1日起，翔达公司系统分公司制企业和全资及控股子公司范围内施行《核心员工评定和奖励暂行办法》，本着“标准公开，程序规范，优胜劣汰，动态管理”的工作原则，设立优秀一线员工奖励机制，不断提升基层员工队伍职业素养，有效促进企业持续健康发展。

（王 娜）

【师徒齐获国家级奖励】 年内，清华池首席专家王建生和修脚师马玉龙分别获国务院颁发的政府特殊津贴和“全国五一劳动奖章”。师傅王建生成为第一位享受国务院特殊津贴的修脚技师，徒弟马玉龙成为第一位获得全国五一劳动奖章的农民工修脚师。清华池坚持传统技艺与现代医学技术结合，不断攻克技术难题，研发治疗用品，制定规范流程，培养修脚师和非遗技艺传承人。

（王 娜）

【安全生产工作】 年内，翔达公司组织各单位负责安全生产管理人员参加中控室消防安全操作证全国统一考试，结合企业发展情况和国家消防安全新政策，向全系统印发安全生产责任书及重新制定的安全生产知识答卷。年底，进行安全隐患大排查、大清理、大整治专项活动，督促各餐饮企业进行隐患排查整改，期间未发生安保事故。

（王 娜）

【惠民服务进社区】 年内，清华池参加金融街、月坛、椿树、德胜、大栅栏等街道15场“爱在西城、为民惠民服务进社区”活动，到15个街道的158个社区，为900多名老人发放脚病知识宣传资料、提供现场脚病义诊、脚病知识咨询等服务。区优秀百姓宣讲员李金明参加宣讲活动。清华池完成历时5个月的“爱在西城、为民惠民服务进社区”服务任务。

（王 娜）

【南来顺海内外推广】 年内，翔达南来顺饭庄举办“南来顺·中国京菜北京小吃节”，21家老字号清真餐饮企业现场进行北京特色精品小吃展卖，品种达上百种。南来顺推出的招牌大麻花，走遍青海、福建、海南等地参展，反响极佳。总经理曹东彬带队，赴德国科隆参加第三届“中国节”，把中华美食文化带到欧洲，受到海外顾客的广泛好评。

（王 娜）

【优化员工公寓建设】 年内，翔达公司配合北京市非首都功能疏解工作，把原办公驻地教子胡同28号改造为职工公寓，安置职工300余人。恒兆分公司历时3个月，于年底完成教子胡同公寓的改造工程，在公寓内配备规范的洗漱、洗浴设施，安装公共WIFI、中央空调、录像监控设备和双语应急广播等，使员工在住宿中感受到家的温暖。配合疏解整治促提升专项行动，升级广外公寓和牛街公寓，确保地下空间不住人，共解决外地员工近700人住宿，有效缓解内部职工基本住宿问题，维护餐饮服务业员工稳定。

（王 娜）

北京恒达宏业经贸有限公司

【概况】 北京恒达宏业经贸有限公司（简称恒达宏业公司）设有3个职能部室，下属5个分支机构，在职26人，退休350人。年内，公司各项业务收入647万元，各项业务支出547万元，收支比例1.18∶1，收支平衡略有盈余。

地址：西城区盆儿胡同62号院旁门

邮编：100054

电话：63522045

（王立国）

【管好用好企业资产】 年内，恒达宏业公司根据现有资产情况进行专题分析和研究，探讨如何管好用好企业资产，积极寻求和探索先进的资产管理模式，充分利用现有资产和自身的优势，用创新意识拓展资产的管理，适应市场发展。

（王立国）

【股东会和职代会】 4月3日，恒达宏业公司召开三届八次股和二届九次职代会。总结2017年工作，部署2018年工作思路。讨论通过2017年业务招待费使用情况和集体合同执行情况的报告。

（王立国）

【开展勤俭节约活动】 年内，恒达宏业公司开展“发扬勤俭节约，促企业长远发展”活动。各企业在能耗管控能力上，提升员工的节约意识，降本增效上取得明显成绩。全体员工行动起来，感悟到节约的价值，使节约意识、节约细节深入到各自岗位，达到增收节支，盈利攻坚目的。

（王立国）

北京华天饮食集团公司

【概况】 北京华天饮食集团公司（简称华天集团）是2004年12月按照西城区委、区政府和区国资委的决定，由原北京华天饮食集团公司和原北京万方实业总公司合并重组而组建的，现以经营餐饮为主业态，聚集20余家中华老字号品牌。公司架构是由华天集团母体和两个改制子公司组成。华天集团以庆丰包子铺、同和居饭店、同春园饭店、惠丰酒家、华天延吉餐厅、华天二友居肉饼店等餐饮为主业态，兼营副食零售、宾馆等业态。所属两个重要子公司：聚德华天控股有限公司（简称聚德华天公司）以经营鸿宾楼、烤肉宛、烤肉季、砂锅居、护国寺小吃等中华老字号餐饮品牌为全业态；北京万方有限公司以经营天福号酱肘子、桂香村糕点、元长厚茶叶等食品加工和零售业态为主。华天系统现有在岗职工5000余人，离退休人员近9000人。年内，华天集团及所属两家重要投资子公司（含加盟店）实现营业收入35.4亿元，其中直营店实现营业收入16.7亿元，实现利润3.29亿元。华天集团母体实现营业收入7.44亿元，利润实现1.18亿元；子公司聚德华天公司实现营业收入4.99亿元，实现利润9203万元；子公司北京万方有限公司实现营业收入4.28亿元，实现利润1.19亿元。

地址：西城区二七剧场路乙6-2号
邮编：100045
电话：68059875

（陈　涛）

【企业重组改制】 年内，区政府、区国资委审批通过华天集团全资子公司北京庆丰餐饮管理有限公司（简称庆丰公司）混合所有制改革及股份制改革方案。市国资委、区国资委正式批准庆丰公司开展员工持股试点工作。华天集团与北京产权交易所就庆丰公司增资挂牌事项签署关于庆丰公司增资扩股项目的委托合同，选择综合评议作为谈判方式，确定意向投资人的准入资格条件。12月27日，庆丰公司非公投资人增资项目在北京产权交易所挂牌。

（陈　涛）

【老字号连锁发展状况】 年内，庆丰包子铺连锁门店总数345家、庆丰公司所属顺义区（蓝家营）配送中心、沈阳市配送中心运营顺利。华天凯丰公司承接机关餐厅40家，护国寺小吃连锁店62家，华天“二友居”肉饼店开业4家，华天延吉餐厅连锁店5家，香妃烤鸡快餐连锁店7家，新川面馆11家，峨嵋酒家连锁店21家，西安饭庄5家，烤肉宛饭庄3家，烤肉季饭庄2家，玉华台饭庄2家，砂锅居饭庄3家。

（陈　涛）

【营销与宣传】 年内，华天集团与“人民网”舆情监测平台合作，协同建立舆情监测系统，维护华天老字号品牌声誉。开发网络自媒体平台、论坛、访谈及公关活动等渠道，制作和发布老字号特色菜“小视频”，参加“美团”“糯米”团购、广播电台促销等活动。与“百度外卖”“美团”“饿了么”等外卖服务商合作，发展网上外卖业务，庆丰包子铺连锁门店外卖销售额达1.68亿元。

（陈　涛）

【信息化建设】 年内，华天集团OA办公及移动OA系统顺利上线，4家试点餐饮企业安装餐饮智能管理系统软件，支付手段实现多样化。庆丰包子铺、配送中心的连锁OA平台系统投入使用，庆丰包子铺连锁企业（含外埠加盟店）远程视频督导系统全部上线。庆丰管理学院应用网络“微课”系统正式上线。

（陈　涛）

【华天助老餐项目】 年内，华天集团直属企业40家门店完成养老餐厅装修改造，通过市、区民政局的审核验收，探索全市餐厅适老化改造标准。华天养老餐研究院研发老年餐菜谱，推出一批适合老年人膳食营养需求的菜品，并出版相关书籍。

（陈　涛）

【董监高机构及人力资源建设】 年内，华天集团制定和印发《集团公司委派董事和监事管理办法》，对集团公司投资子公司董事、监事及高管人员的委派、任职进行规范化管理。制定《社会人才招聘管理办法》《薪酬福利管理办法》。以老字号同和居饭店作为老字号传承人培养的创新试点，完善“集体收徒、集体拜师”模式，开设老字号三级技艺传承班。组织参加第七届北京市商业服务业技能竞赛，华天系统选手有6人获奖，华天凯丰公司杨志刚获得中式烹饪项目第一名。

（陈　涛）

【老字号无形资产保护】 年内，“庆丰”系列商标获得国家工商行政管理总局商标局给予的“中国驰名商标”认定。庆丰公司完成对创始字号“万兴居”的多类别商标注册。

（陈　涛）

【重大工程项目】 5月，经区政府决定，华天集团投资子公司聚德华天控股有限公司承担“马凯餐厅回家”项目建设工作；6月，经区政府协调，华天集团参与“马凯餐厅回家”项目。年内，配合区政府，完成宫门口菜市场用地移交中国佛教协会项目、月坛北街消防通道清理项目。完成区国资委年度“疏非控人”任务指标，疏解点位44处660人，拆除违建面积3000余平方米。

（陈　涛）

【党建工作】 年内，华天集团组织开展集团公司“三评一考”工作，分类制定年度考核内容，对12个直属基层党支部进行“三评一考”。集团党委书记与各企业党组织负责人签订党风廉政建设和反腐败工作责任书，组织全体党员开展公开承诺公示活动。以“红墙意识”为引领强化思想教育，推进“两学一做”常态化和制度化，增强党员的政治意识、大局意识、核心意识、看齐意识。加强后备干部培养选拔工作，以中青年骨干为主体，储备后备及青年管理人才40人。开展干部管理监督专项整治工作，引导党员干部强化担当意识。投入资金300余万元，走访慰问离退休人员、劳动模范、工人技师、困难职工、患大病人员及在岗职工。

（陈　涛）

北京金象复星医药股份有限公司

【概况】　北京金象复星医药股份有限公司（简称金象复星公司），成立于2001年1月，注册资金1.2亿元。主要涉足医药健康领域，以药品流通产业为经营主线，拥有医药分销、中药饮片调剂代煎配送、零售连锁药店、中医诊所等业务板块。医药批发配送业务已遍布全市主要医疗机构和区属社区卫生服务中心，与国内数百家药品供应商保持业务关系。公司旗下中华老字号白塔寺药店、北京市十大商业品牌之一的金象大药房连锁药店在业内均具有较高影响力和美誉度。金象复星公司历年来得到行业内外一致好评，年内金象复星公司围绕“稳增长、调结构、优服务、强管理”的工作主题，以贯彻落实党的十九大精神为指引，应对北京市新医改政策调整，细化整体布局，创新互联网营销，延伸并提升对客户的服务品质，开展药师进社区健康课堂巡讲，突显企业社会责任，筹建现代医药物流，坚持职业初心使命，在新时期更好的服务于人民群众不断增长的医药健康需求。年内实现销售收入16.2亿元，利税5100万元。

地址：西城区阜成门内大街295号
邮编：100034
电话：66160159

（崔国荣）

【公司董事会】　3月30日，金象复星公司召开第六届二次董事会，董事会对企业上年度经营管理工作给予肯定，对年内企业应在新医改环境下抓住机遇，探索与医疗机构新合作方式；建设现代化第三方物流配送中心，为未来发展奠定基础；强化企业团队和人才梯队建设，促进企业可持续发展；加强内控体系建设，提升风险管控意识与能力等工作提出要求。

（崔国荣）

【通过药品专项检查】　4月12日，金象复星公司通过区食药监局药械市场监管科、药品监督科对经营药品、医疗器械、第二类精神药品、第二类毒性饮片等质量管理情况的联合专项检查。

（崔国荣）

【公司工作会】　4月13日，金象复星公司召开年度工作会。董事长、总经理徐军对上年度公司经营工作进行总结和分析，根据公司六届二次董事会会议精神，围绕“稳增长、调结构、优服务、强管理”的工作主题，对年内各项经营管理工作进行部署。各企业经理结合各自企业实际情况及经营特点，分别分析总结上年度工作情况和针对年内重点工作进行沟通交流。金象复星公司与各所属企业经营者签订年度经营者责任书，颁发年度所属企业经营者聘书。

（崔国荣）

【获“西普十年先行者”称号】　8月16至21日，以“构筑蓝图——聚焦需求的市场觉醒”为主题的2017全国医药行业西普会在海南博鳌举行。金象复星公司董事长、总经理徐军获得“西普十年先行者”称号，并代表行业先行者在海南医药行业西普会上致词。

（崔国荣）

【白塔寺药店APP正式上线运营】　9月，白塔寺药店手机APP程序正式上线运营。只要下载该软件，完成注册，即可体验到白塔寺药店给顾客带来的便捷服务。白塔寺药店APP是继白塔寺药店微信公众号中药处方上传基础上开发的一款手机应用软件，标志着白塔寺药店实现“互联网+中药饮片”的营销模式，也是北京市首个中药饮片互联网营销移动终端产品。

（崔国荣）

【增资四川广元公司】　11月8日，经股东大会研究同意对四川广元（北京）金象复星医药有限公司增资500万元人民币，用于业务拓展，争取获得更多厂家品种资源，提升终端市场份额，增强企业核心竞争力，使企业做大做强健康快速发展。

（崔国荣）

【技能大赛获奖】　11月，在北京市第七届商业服务业服务技能大赛医药行业赛区决赛中，白塔寺药店和金象大药房的刘颖、梁晓娟、沈阳、关欣分别获得“医药商品购销员”工种的第二名、第四名、第五名和第九名，杨蕊、张燕、曹颖分别获得“中药调剂员”第四名、第九名和第十名。

（崔国荣）

【筹建第三方医药物流中心】　年内，金象复星公司筹建新物流配送中心，位于大兴区黄村镇大庄东天河北路14号，占地面积约40亩，设计库房面积近3万平方米，建成后将符合现代化医药第三方物流建设标准，配备自动化立体仓库、托盘货架和拆零拣选货架，建立集成化仓储系统和集成化仓储管理信息系统。

（崔国荣）

【药品零售再创亮点】　年内，中华老字号白塔寺药店突出中药饮片、参茸营养经营特色，优化药械品类结构，开展关联销售，发挥中医诊所优势，提升药店整体运营能力，白塔寺药店单店连续3年突破亿元大关。金象大药房连锁公司一手抓改善盈利能力和保持销售增长，一手抓业务模式创新，整合发挥规模效应，年内实现无税销售收入4.6亿元，同比增幅13%。

（崔国荣）

【人力资源管理】　年内，金象复星公司加强人力资源内控体系建设，对整体人力资源管理现状进行自查完善，推动劳动政策法规及人力资源制度在企业的贯彻落实。人力资源预算管理工作的准确度和可操作性得到提高，有效控制人工成本。关注人才市场的变化和动态，通过内外部招聘补充企业所需人员。根据公司《关键岗位人才培养指导意见》和《关键岗位人才培养实施步骤》的操作程序，督促、指导企业结合自身情况制订切实可行的培养计划及措施并组织落实。金象复星公司围绕重点工作，从提升管理层领导力、加强技术人员专业技能、提高一线销售人员营销水平等方面，组织实施培养关键岗位人才工作。

（崔国荣）

【党群建设】　年内，金象复星公司深入学习习近平总书记系列重要讲话精神，开展“红墙意识”大讨论活动，履行“绝对忠诚、责任担当、首善标准”。用党的十九大精神举旗引路、谋篇布局，践行“铸忠诚、勇担当、创佳绩”，立足本职做好主营业务。加强党支部建设，做好党员教育管理，制订党建工作任务清单和《党支部工作手册》建立重点任务完成情况月报制度。统筹推进“两学一做”协调发展，明确各层级党建主体责任和领导干部“一岗双责”。完成所属党支部换届选举，完善基层纪检组织设置，丰富基层党日活动内容，营造紧抓党建工作氛围。支持工会组织依法维护职工合法权益，切实履行厂务公开、民主管理、服务职工等职能作用，召开公司二届一次职代会，依法完成换届选举工作。

（崔国荣）

北京金泰集团有限公司西城分公司

【概况】 北京金泰集团有限公司西城分公司（简称西城分公司）隶属于北京金泰集团有限公司，由北京通华商贸有限责任公司、北京金泰之家通华苑饭店有限公司、北京金泰颐寿轩敬老院、北京金泰福寿老年公寓等4家托管单位组成，是一家从事房产物业、四合院宾馆、养老产业经营、酒店经营、超市等多业态、跨行业经营的商业企业。年内，西城分公司适应经济发展新常态和首都功能新定位，围绕“专精发展，提质增效”的工作主线，企业经济效益稳步增长，业态发展稳中有进，资产转型平稳推进。年内，西城分公司资产总计19.03亿元，实现收入总额2.38亿元，利润总额8834万元。

地址：西城区半步桥街48号金泰开阳大厦

邮编：100054

电话：63548097　51232613

（海国玲）

【一届六次职代会】 1月12日，西城分公司召开一届六次职工代表大会暨2017年工作会。年内，西城分公司以“专精发展，提质增效”为工作主线，经营收入稳步增长，经营业态稳健发展，经济运行态势平稳，区域经营发展质量持续提升。会上，西城分公司经理秦有明、工会主席张文亚分别从经营管理和工会工作2个方面进行总结，部署2017年工作，对上年各项先进集体和个人进行表彰，公司领导与托管单位代表分别签订《2017年经营目标责任书》《2017年安全管理责任书》《2017年党风廉政建设目标责任书》。分公司领导班子成员、职工代表和列席代表共计57人参加会议。

（海国玲）

【区红十字会慰问敬老院】 1月12日，西城区红十字会领导到北京金泰颐寿轩敬老院慰问入住老人，送上粮油、水果。参观老年活动厅、餐厅及医保定点内科诊室、中医诊室、药房等。

（海国玲）

【三八节活动】 3月，按照《北京市女工工作示范单位》工作要求，西城分公司工会在“三八妇女节”前，举办知识答卷、为女职工发送养生食疗图书、“巾帼展风采，情满三八节”主题文艺展演系列活动。140名女职工参与答卷，内容涵盖女工劳动保护条例女工权益相关知识；70名女职工自编自导自演诗歌、散文、短剧、小品等。金泰集团工会领导与分公司领导为全体女职工送上节日祝福。

（海国玲）

【音乐治疗活动】 3月7日，中央音乐学院音乐治疗专修班到金泰颐寿轩敬老院八条分院，为入住老人进行音乐理疗，学生利用乐曲律动和节奏等方式与老人互动交流，用音乐激发老人的自我能动性，使老人在说、唱、听、动等多方面有所锻炼和提高，这是敬老院为拓宽医养结合，提升入住老人身心健康和精神生活质量的新尝试。

（海国玲）

【中泰旅游推介会】 3月31日，北京金泰之家通华苑饭店受市旅游发展委的委托，在北京金泰之家通华苑饭店长园宾馆承办中泰旅游产品推介会。由市旅游委组织，泰国出境旅行社采购商和中青旅、凯撒、众信等几家大型旅游公司参加。会议分两部分进行，第一部分是邀请非物质文化遗产泥塑彩绘脸谱传承人到现场，指导泰国出境旅行社人员学习京剧脸谱的绘画；第二部分是中泰旅游产品推介。金泰之家通华苑饭店销售部经理与对方进行交流，对饭店经营的容园宾馆、长园宾馆和煦园宾馆3家四合院特色酒店进行详细的介绍，6家泰国出境旅行社对金泰之家通花苑饭店的四合院酒店进行咨询，为四合院宾馆今后拓宽国际化市场奠定基础。

（海国玲）

【安全技能大赛】 6月8日，金泰之家通华苑饭店选手参加北京市西城区旅游发展委员会举办的第三届安全技能大赛，葛坤获100米消防器材识别赛第一名、李青山获50米物资疏散第二名，通华苑饭店获最佳组织奖。

（海国玲）

【爱心捐赠】 6月28日，在金泰颐寿轩敬老院善果寺分院，举行爱心捐赠仪式。中科草芝楼向金泰颐寿轩敬老院捐赠价值2000元的米、面、油，价值10万余元的健康体检和1.5万元的艾灸仪；金泰颐寿轩敬老院向捐赠方授予荣誉铜牌，中国老年学会领导参加捐赠仪式。

（海国玲）

【媒体采访敬老院】 8月3日，北京青年报对金泰颐寿轩敬老院八条分院进行专访，以“西城胡同煤厂变身四合院式养老院”为题对金泰集团推进无煤化和贯彻非首都功能战略，主动调整疏解腾退盘活闲置资源，改造升级中高端养老机构，高水平技能服务首都民生情况进行宣传报道，多家媒体和网站相继转发。8月9日，北京日报对金泰颐寿轩进行专访，再次对低端业态转型高端四合院养老机构进行报道，展示敬老院老人晚年幸福生活，诠释金泰颐寿轩“养老改善生活”的养老服务理念。8月12日，北京电视台北京您早节目播出专题采访《北京金泰颐寿轩敬老院》，金泰集团通过老煤厂转型等形式，升级资产，打造中式庭院风格养老机构，将养老产业做精做专，提升企业创效能力，为周边居民提供优质的养老服务机构。8月31日，北京电视台以都市功能提升为主题到金泰颐寿轩八条分院进行采访。工作人员介绍了八条分院高端康复的设备设施，院内设计、智能设备等硬件设施和老人康复照料、日常娱乐等方面的服务。公司领导从金泰养老产业的历史沿革和未来构想介绍了金泰西城分公司围绕首都核心区的发展转变适时转型、创新创业的发展情况。下午，北京晚报记者到金泰颐寿轩八条分院，详细了解老煤厂转型养老院的细节和经营状况。养老院院长介绍了金泰颐寿轩敬老院发展情况。

（海国玲）

【医养合作签约】 8月11日，金泰颐寿轩敬老院在八条分院与北京华军中医医院举行医养合作签约仪式。华军中医医院是一家以中医治疗为主，中西医结合的综合性医院，也是金泰颐寿轩敬老院签订合作的第二家医保定点医院。本次签约的目的，即：满足入住老人安度晚年，使老人足不出院就可以享受中医治疗，实现“老有所养、老有所医”，提升敬老院的医疗水平，打造“医养一体化”的为老服务模式。

（海国玲）

【中医培训】 9月26日，由北京市中医管理局委托北京市实验职业学校举办的“中医养老护理适宜技术培训班”在金泰颐寿轩敬老院开班，旨在提高敬老院护理人员专业技能，共有28人参加培训。

（海国玲）

【演讲比赛】 11月24日，西城分公司谭婧、宋文代表分公司团员青年参加金泰集团团委举办的“放飞青春 梦想 书写人生华章”主题演讲比赛，分别获一等奖和三等奖，共有17名选手参加演讲比赛。

（海国玲）

【职工送温暖】 年内，西城分公司工会制定《送温暖基金管理办法》和实施细则，在管理机制上发挥温暖基金保障作用。帮扶职工36人，支出温暖基金3万元；落实民心工程7项，走访基层门店班组40个，慰问外来务工人员129次，伤病职工22人次。慰问款物18.36万元。9月30日，慰问因突发疾病、生活特别困难的职工家庭和离休老干部。

（海国玲）

【民主管理】 年内，西城分公司重点抓好履行集体合同、执行厂务公开、创建单位和谐关系3项工作的落实，保障企业民主管理有效运行，召开职工代表大会1次，增补职工代表2人；举办职工代表培训2次96人参加，西城分公司及托管单位集体合同履行率100%。

（海国玲）

【修订安全制度】 年内，西城分公司根据法律法规和上级集团公司对企业安全规章制度的要求，结合实际情况，按照科学性、规范性、可行性、操作性相结合的原则，有针对性地分别对现行内部规章制度进行废止、修订、补充、完善和规范，目的是贯彻“安全第一预防为主、综合治理”的方针，完善企业安全规章制度。共修订《综合安全规章制度》13项，《生产安全规章制度》24项，《交通安全规章制度》5项，《治安保卫规章制度》15项。本着简练、实用、易记的原则，依照各行业标准重新修订安全操作规程140个。根据北京市关于加强岁末年初安全生产工作精神，制定《设备设施安全隐患排查标准》和《场所环境安全隐患排查标准》。

（海国玲）

【安全教育培训】 年内，西城分公司采取多种形式举办新员工入职、春节前全员安全教育、闭环管理、安全教育须知、学习《国务院关于推进安全生产领域改革发展意见》、开展风险辨识与危险源管控等6个方面的培训。通过课件分析、知识介绍、案例剖析、图片展示等内容的教育，增强员工“安全”免疫力，使安全意识植根到每位员工心中，为企业发展提供安全保障。

（海国玲）

北京首商集团股份有限公司

【概况】 北京首商集团股份有限公司（简称首商股份）是一家以百货零售、连锁经营为主的大型商业企业集团，拥有燕莎友谊商城、燕莎奥特莱斯、西单商场、贵友大厦、新燕莎商业、友谊商店、法雅体育等一批享有知名度的企业和驰名品牌，涉足都市百货、奥特莱斯、购物中心和专营专卖等多个业态，主营门店遍布北京、天津及成都、兰州、乌鲁木齐等多座大中城市，股票代码600723。年内，首商股份以市场需求为导向，突出“调整转型、创新营销、加速发展、强化考核”四条主线，践行“中国服务”，推动科学发展，业绩水平稳居行业前列，营业收入102.09亿元，利润6.34亿元，实现收入、利润双增长。西单商场是首商股份旗下重要品牌企业，总经营面积12万平方米，汇集6家门店，涵盖百货、超市、名品折扣等多种业态，形成立足北京、辐射全国的发展格局。年内，西单商场实现销售规模20余亿元，第五次获北京十大商业品牌。

地址：西城区北三环中路23号
邮编：100029
电话：82270200

（吴 江）

【西单商场各类促销活动】 年内，西单商场所属门店组织元旦统一促销活动，实现销售3842万元，同比增长9.5%，取得新年销售开门红。春节期间，西单商场所属门店围绕“2017喜迎新春”主题举办统一营销活动，实现销售3685万元。2月10至14日，西单商场西单店举办“浪漫缘宵节”大型促销，实现销售1322万元，14日销售343万元，会员销售53.7万元，同比上升24.9%。3月4至8日，西单商场所属门店开展女人节主题营销活动，实现销售4485万元，8日销售1741万元，同比增长1.5%。4月29日至5月1日，西单商场所属门店开展统一营销活动，围绕母亲节、小长假出游、结婚季商品采买等热点题材，突出商品经营和特色服务优势，全渠道营销增强线下引流，以丰富活动提升消费体验，假期3天实现销售3172万元。6月8至18日，西单商场所属门店开展年中庆统一营销活动，线上策划优惠直贴活动，线下以畅销商品、品牌及服务体验项目抢夺顾客占有率，实现销售5561万元。6月8至28日，万方店开展“19周年店庆 感恩奋进 砥砺前行”主题活动，实现销售584万元，同比增长21.3%，日均客流3880人次，同比上升16.3%。国庆、中秋期间，西单商场所属门店通过创新商品交互互动，拓展营销合作资源，加速线上线下互融，提升集客经营能力，10月1至8日实现销售6071万元。11月9至12日，西单商场所属门店首次借势“双11”，举办

"双 11 提前抢"优惠狂欢活动，实现销售 3362.8 万元，同档期同比增长 10%；交易笔数突破 6 万次，同比增长 5.7%。"双 11"当天 6 家门店实现销售 1308.9 万元，同比增长 45%。12 月 7 至 17 日，西单商场所属门店开展 87 周年店庆统一营销活动，推广新入品牌、商圈优势商品、增值服务项目拉动销售，实现销售 10467 万元。西单商场西单店于 12 月 28、29 日 16：00 至 21：30 举办"2017 岁末员工 /VIP 内购会"活动，实现销售 614 万元，客流近 2 万人次。

（薄俊卿）

【西单商场获各级先进称号】 3 月 1 日，西单店全国劳动模范王迎当选北京市服务工会第一届委员会委员。4 月 20 日，西单店全国劳动模范王迎在第十六届什刹海文化旅游节开幕式上被授予西城区文商旅"德技双馨"形象大使称号。西单店获"北京市 2017 年诚信服务承诺单位"称号。

（薄俊卿）

【西单店京东钱包正式上线】 1 月 24 日，京东钱包正式在西单商场西单店上线运行，这是西单店继微信、支付宝后上线的第三种快捷支付方式。让顾客有了更安全、更便捷、更优惠的消费体验。

（薄俊卿）

【西单店官网亮相】 2 月 16 日，在成功迁移域名、服务器之后，西单商场西单店官网（www.xdsc.cn）以新面貌亮相。新版官网与官方微博、微商城、微信互联直通，提供信息发布、品牌活动更新、会员服务、供货商账款查询等多项实用功能。

（薄俊卿）

【西单店"小罐茶"正式开业】 3 月 24 日，西单商场西单店"小罐茶"专柜正式开业。西单店突破固有经营理念，紧跟时尚潮流，引进"小罐茶"替换保健品，满足市场需求。

（薄俊卿）

【万方店增设美食工坊】 6 月中旬，西单商场万方店对超市一层的主食厨房进行改扩建，增设美食工坊，现场制售水饺、锅贴、炸鸡、烤鸡等食品，满足消费者需求，受到好评。

（薄俊卿）

王府井集团北京长安商场有限责任公司

【概况】 王府井集团北京长安商场有限责任公司（简称长安商场）隶属于王府井集团股份有限公司，经营面积 2 万余平方米，集百货、超市、餐饮、功能项目于一体，拥有 21.5 万会员顾客。年内，长安商场根据市场变化及顾客需求进行品类品牌调整，引进扩大功能项目，为顾客生活带来更大的便利和全新的购物体验，商场"精致社区生活中心"的定位也得到进一步推进，挖潜增效、修旧利废，从工作细节入手，深化精细化管理，取得利润指标较计划和同期双超的良好业绩，获西城区交通安全先进单位、诚信服务承诺单位、"春风送暖"社会捐助联合募捐活动组织奖，连续 3 年获得北京市优质服务商店称号。

地址：西城区复兴门外大街15号

邮编：100045

电话：68010411

（李东莹）

【成为首批市阳光餐饮示范单位】 年内，长安商场组织餐饮商户参加北京市阳光餐饮示范单位评选活动，经过公示食品安全信息、展示食品加工操作过程、接受社会公众评价等程序，长安商场获得北京市阳光餐饮示范单位。11 月 21 日，长安商场作为街区代表参加北京市餐饮行业协会举办的"北京市阳光餐饮示范街区"颁牌仪式。

（李东莹）

【营销活动增强顾客体验】 年内，长安商场围绕家庭和生活需求，逐步调整营销策略，举办社区亲子运动会、绿色骑行、抓娃娃大赛、机器人现场互动等，打造主题营销节日，加强新媒体运营水平，挖掘异业活动资源，提高与销售部、功能商户的互动频率，通过丰富多样的营销活动，为顾客改善购物体验，增添购物乐趣。

（李东莹）

【"3·15"消费者权益保护宣讲】 3 月 15 日，长安商场与北京市工商行政管理局西城分局月坛工商所配合，在商场内举办"3·15"消费者权益保护宣讲活动，引导消费者树立消费维权意识，维护自己的权利。

（李东莹）

【建立消费者投诉小额先行赔付基金】 年内，长安商场建立消费者投诉小额先行赔付基金，对处理现场投诉的管理人员进行逐级授权，各级管理人员可根据现场情况和顾客诉求在权限范围内提出赔付解决方案，第一时间快速安抚顾客不满情绪，满足顾客需求，提高客诉处理效率。

（李东莹）

【区商务委调研商场经营情况】 3 月 9 日，西城区商务委主任袁利一行 3 人到长安商场调研，了解商场近期经营情况、未来发展规划及经营中存在的难题。商场总经理张林介绍商场经营现状及下一步经营调整思路。袁利根据实体店经营现状，鼓励商场转变经营思路，以信息化手段定位服务对象，表示区商务委将为企业的经营发展提供专业和政策上的指导和支持。

（李东莹）

【开展社区服务】 年内，长安商场注重社区服务建设，组织爱心讲堂、便民服务、座谈会等进社区活动 25 次，服务半径 4 公里，涵盖 15 个社区。"童子军在行动"作为社会实践公益品牌已经坚持 6 年，为中小学生提供社会实践机会，年内举办 10 期社会实践活动，300 余名学生参与。

（李东莹）

【公益事业】 年内，长安商场在经营工作中坚持公益事业，组织全员捐助活动，党员、积极分子和群众 756 人捐款 7371 元。开展"春风送暖"社会捐助活动，1103 名党员、群众、信息员捐款 7821.5 元。参加月坛地区"城乡手拉手——爱心助成长"捐赠助学活动，为昌平区燕京小天鹅公益学校捐赠大米和食用油。

（李东莹）

【引进功能项目】 年内，长安商场引进小吊梨汤、多乐之日、食字街区、美怡时尚美发、华为体验店等功能项目。启动 B1 顾客生活服务中心，增加茶水、糖果、电视、图书、玩具、礼品袋等服务项目，建立 VIP 室，丰富的功能项目，贴近不同顾客的生活方式，方便周边居民购物。

（李东莹）

【实现安全零事故】 年内，长安商场根据自身特殊的地理位置、行业特点和国家重大活动的工作要求，强化安全管理力度，增加现场防范措施及人员防护装备，进行全员安全教育培训，分层级签订年度安全责任书。组织44次防火、防爆、防暴恐等突发事件疏散演练。定期安全大检查，及时消除安全隐患。春节、国庆节、党的十九大、全国“两会”等重点节假日及重要时期妥善安排经营，组织员工配合属地政府把守过街天桥，参加值班巡逻144人次。

（李东莹）

【党建活动】 年内，长安商场参与属地党建活动，以地区党建联合会为载体，将“共驻共建、互助互赢”贯穿落实在企业日常党建工作中，组织20人的党员志愿服务队，服务社区居民，维护地区稳定，奉献公益爱心。组织党员参加地区党的十九大报告学习、党员志愿服务、爱心捐助、党员教育、为老服务志愿者技能培训等活动。通过系列活动，丰富党员教育形式，提高党员的党性观念，增强凝聚力和战斗力。

（李东莹）

北京汉光百货有限责任公司

【概况】 北京汉光百货有限责任公司（简称汉光百货）于1999年开业，坐落于繁华的西单商圈，营业面积4万余平方米，汇集近500家国内外知名品牌，满足一站式购齐所需。汉光百货在运营中精耕细作，保持稳健增长，化妆品连续多年居全国第一，运动、女装、男装等业态均取得较好的业绩，成为行业中标杆企业。年内，汉光百货获北京市商业联合会、北京市旅游行业协会、北京市私营个体经济协会认定“2017优质服务商店”，北京市工商行政管理局西城分局、北京市西城区消费者协会、北京市西城区精神文明建设委员会颁发的“维权制度示范单位”等荣誉。4月，组织员工参加西城区商务系统职工运动会，8月，组织员工参加西城区侨联、西城区红十字会共同举办的群众性现场救护培训，9月接待西城区人大代表走访参观。

地址：西城区西单北大街176号

邮编：100032

电话：66018899

（相隆艳）

【卖场升级】 6至9月，汉光百货完成地下一层闭馆改装，新亮相的运动区、休闲区、户外区分布更加合理，引进Asics Tiger北京首店、高端户外品牌始祖鸟Arc'teryx、英伦潮牌BOY LONDON，以及彪马、颂拓、Happy Socks等知名品牌，丰富客人的需求选择。同时，提高耐克、三叶草等主力店铺的级别，在装修和货品上更有优势。

（相隆艳）

【品牌提升】 年内，汉光百货通过引进JILL STUART、雪肌精谧雅、FOREO、ReFa美容仪集合店等，使化妆品品牌数量跃增到82家，继续蝉联全国最大的美妆卖场。百货区更新引进品牌50余个，如：麦檬北京首店、Razzle北京首店、STELLA LUNA、STEVE MADDEN、melissa、H.GENTEEL、FionaChen、Petit Bateau童装、Stride Rite童鞋等，品牌优势进一步扩大。

（相隆艳）

【服务升级】 年内，汉光百货通过对消费者的调研和日常观察提升服务水平。在大厦内增加多处座位区和自助充电设备，方便顾客；在多个楼层增加免费热水设备，受到顾客好评；继续改造卫生间，扩大专门的母婴室（配备了各类消毒加热设备），为母婴提供安心舒适的私密空间；为境外顾客提供退税服务；引进专业羊舍储物设备为客人提供存包服务；停车场启用“拍照识别”“提前结算”新系统，节省开车顾客的时间。

（相隆艳）

【创新经营】 1月，汉光百货成为第一家与腾讯小程序合作的百货公司，推出集成支付功能的新版电子会员卡，顾客在汉光消费扫会员卡和微信支付合并成一步，耗时缩短1/4，实现“汉光X微信支付”联名卡的体验。5月，全面开启电子发票业务，顾客不用到指定地方开具纸质发票，只要扫描小票上的二维码即可开具电子发票。7月，全店实现专柜自收款系统，顾客免去收银台排队环节。9月，“汉光百货品牌”推出微信小程序，为顾客查询品牌提供便利。年内，汉光百货遵循网上商品品质、优惠与实体店一致，结合线上特点推出多种版块，为客人提供更便捷的购买渠道，实现线上购物销售同比翻倍。

（相隆艳）

【爱心公益】 年内，“汉光公益基金”联合“北京青少年发展基金会”“社区青年汇”推出“童‘画’世界”活动，免费开展绘画公益课堂。六一期间，在汉光店内举办“童‘画’世界”小型画展。经过整理后筛选出12幅制作成“2018年定制台历”赠与顾客及小作者。12月份，温暖“衣”冬捐赠活动捐助衣服143件，送至金融街街道社区青年汇。

（相隆艳）

北京菜市口百货股份有限公司

【概况】 北京菜市口百货股份有限公司（简称菜百公司）是北京最大的以经营黄金珠宝首饰为特色的专营公司，营业面积8800平方米，在岗员工1436人（含合同制职工、劳务派遣、信息员、合作方等用工形式）。设有经营管理部、连锁经营部、行政事务部、财务管理部、人力资源部、安保物业部、业务拓展部、品牌推广部、质量管理部、信息技术部、运营管理部、交易管理部、物流中心13个部门。连锁直营分店24家，加盟店1家。出资注册一家电商公司。菜百公司是中国珠宝玉石首饰行业协会副会长级单位，参与制定、修订黄金珠宝相关的国家、行业标准。是中国金币特许零售商，拥有上海黄金交易所会员资格。菜百公司实现首饰鉴定、清洗、修理、以旧换新的“一站式”

服务。作为“中国珠宝首饰文化推广先锋企业”，菜百公司积极与国际铂金协会、国际彩色宝石协会等众多权威机构合作，致力于自主创新、文化营销，多年来坚持培养设计师团队，开发具有市场号召力的自主产品。同时，设立“首饰高端订制工作室”，为顾客提供周到的个性化订制服务，成为传播首饰文化、引导时尚消费的重要基地。年内，菜百公司实现销售136亿元。黄金珠宝销售连续28年在北京保持第一，全国单独门店销售第一。

地址：西城区广安门内大街306号

邮编：100053

电话：83520468

（龚　磊）

【签署诚信责任承诺书】　3月15日，“3·15国际消费者权益保护日主题宣传活动”在北京国际会议中心举办。菜百公司签署并诵读了诚信责任承诺书。

（龚　磊）

【婚博会参展】　3月26日，菜百公司在国家会议中心参加中国春季婚博会，实现全品类销售965.3万元1850件。6月4日，菜百公司在国家会议中心参加中国夏季婚博会，实现黄金珠宝全品类销售713.9万元1361件。9月3日，菜百公司在国家会议中心参加中国秋季婚博会，实现黄金珠宝全品类销售609.6万元1218件。12月3日，菜百公司在国家会议中心参加中国冬季婚博会，实现黄金珠宝全品类销售554万元987件。

（龚　磊）

【英国大学师生参观访问】　4月1日，北京财贸职业学院对外交流中心老师及合作院校——英国北安普顿大学师生36人到菜百公司参观访问。

（龚　磊）

【永恒印迹新品独家推出】　4月15日，钻石永恒印记卓越系列新品上柜，该系列为菜百独家推出。共引进12款产品，戒指、项坠两个品类，均为异形钻，可见八心八箭。

（龚　磊）

【参加2017国际创意经济（北京）论坛】　5月29日，“2017国际创意经济（北京）论坛”在国家会议中心召开。菜百公司代表中国本土优秀老字号企业参加论坛会，以“创新成就辉煌”为题做专题演讲。

（龚　磊）

【与交行签订合作协议】　7月12日，在交通银行大厦，菜百公司与交通银行北京市分行签订交通银行实物贵金属业务合作协议。

（龚　磊）

【参加“北京西单时尚节”开幕式】　7月19日，菜百公司受邀参加“北京西单时尚节”开幕仪式。作为开幕仪式中唯一的独立版块的企业，菜百首饰展示了黄金、铂金、钻石、珠宝、翡翠、18K金等精品首饰。

（龚　磊）

【狗年“贺岁银条”菜百首发】　9月20日，由中国金币总公司发行、上海金币投资有限公司总经销的2018戊戌（狗）年贺岁银条在菜百公司全国首发。总发行量为11500公斤，有1000克、500克、200克、100克和50克5种规格，发行量依次为1300条、2200条、6000条、40000条和78000条，成色均为99.9%。

（龚　磊）

【助学捐赠】　10月31日，菜百公司通过公益慈善与健康生活相结合的捐助模式，向北京青少年发展基金会捐赠10万元。

（龚　磊）

【“故宫十二生肖·戊戌官金/库银元宝”首发】　11月11日，首款故宫官方授权的“故宫十二生肖·戊戌官金/库银元宝”菜百公司全国首发。每年限量发行9999套。

（龚　磊）

【参加钱币博览会、国际珠宝展】　11月12日，菜百公司在国家会议中心参加北京国际钱币博览会。11月13日，菜百公司在北京国际展览中心参加中国国际珠宝展。

（龚　磊）

【狗年“贺岁金条”菜百首发】　11月16日，由中国金币总公司发行的2018年戊戌（狗）年贺岁金条在菜百公司全国首发，北京独发。最大发行总重量为3000公。有1000克、500克、200克、100克、50克和30克6个规格，最大发行量分别为140条、400条、1500条、11900条、18000条和9000条。成色均为99.99%。

（龚　磊）

【开展捐衣活动】　12月26日，菜百公司开展2017年度温暖衣冬爱心捐助活动。向共青团北京市委员会捐赠850余件过冬御寒衣物。

（龚　磊）

【志愿服务队“五进”活动】　年内，菜百公司“爱在菜百”志愿服务队“五进（社区、企业、学校、机关、农村）”活动共计完成320家。覆盖北京15个区，外埠4个区，提供服务14472次。

（龚　磊）

【获得奖项】　年内，菜百公司获北京日报报业集团、北京市商业联合会颁发的2016年度十大商业品牌金奖，共青团中央颁发的全国五四红旗团支部，世界贸易网点联盟北京中心颁发的北京市安全生产标准化二级企业（商业零售），中国品牌影响力评价成果发布活动组委会颁发的2017中国影响力（行业）十大公众满意品牌、2017中国品牌文化影响力十大标杆企业、2017中国品牌影响力100强，中国金币总公司颁发的2017年度中国金币年度大奖、销售之星、年度十佳宣传人物，中国珠宝首饰行业协会颁发的第二届天工精致国际珠宝首饰作品大奖赛宝石镶嵌组银奖（翎），北京市人民政府颁发的第二届北京市人民政府质量管理奖提名奖，北京市志愿服务指导中心、共青团北京市委员会企业工作部颁发的2017年北京市十佳企业志愿服务项目。

（龚　磊）

北京国华商场有限责任公司

【概况】　北京国华商场有限责任公司（简称国华商场）以秉承引领铂金时尚，铸造京城铂金第一家为己任，是北京市著名珠宝首饰专营店之一，营业面积5000平方米。主要经营黄金、铂金、K金、钻石镶嵌、翡翠、玉石、珍珠、珊瑚、银饰和纪念收藏等几十个品类。设有经理办公室、人力资源部、业务企划部、财务部、安保行政部、现场服务办公室、后台管理中心及质量控制中心8个部门。年内，实现销售收入3.9亿元。连续保持“北京市著名商标”“北京市优质服务商店”“中国珠宝玉石行业放心示范店”“AAA级企业信用等级”第五届“北京市惠民文化消费季突出贡献单位”等荣誉。获广安门内街道“先进基层党组织”、西城区“良好工会”“西城区精神文明单位”等称号。国华商场党支部书记获“西城区妇联巾帼建功标兵”。12个部门、16名员工评为区级、场级各类先进集体和个人。

地址：西城区宣武门西大街18号楼
邮编：100053
电话：63022531

（张 伟）

【经济工作研讨会】 2月21至22日，国华商场召开2017年经济工作研讨会。制定整改措施及完成指标方案。会上下达2017年度各项经济指标。

（张 伟）

【股东会和职代会】 2月27日，国华商场召开六届十二次股东代表大会、七届十二次职工代表大会，通过公司《2016年工作总结报告》《2017年工作计划报告》《2017年度公司完成各项经济指标及利润分配的审计报告》《2017年厂务公开报告》。

（张 伟）

【三层玉石货场重装开业】 年内，国华商场对三层珠宝玉石货场进行重新装修，规划调整翡翠白玉分区，开辟玉石加工区——“国玉坊”，首创玉石DIY服务。增加玉石展示区，整体结构布局使购物环境更加舒适。

（张 伟）

【引入便民服务业态】 年内，国华商场针对企业社会服务性质，调整商场货位，腾出更多空间，引入便民服务业态，增加更多的生活服务项目，如引入洗衣店等，服务周边社区，方便附近居民生活。

（张 伟）

【新增“国华首饰”第35类商标】 年内，国华商场脱离商标代理机构，自行研究、学习商标知识，续展“国华”“国华商场”第35类商标并变更实际地址，新增“国华首饰”第35类商标。

（张 伟）

【工行合作业务拓展】 年内，国华商场优质合作伙伴工商银行，召开工行员工专属内购会和工行大客户内购会。4月份起增加工行积分兑换国华首饰业务，经过前期沟通了解，初期选定黄金按件销售转运珠饰品，后期增加18K金千元以下饰品及超市货品，针对客户的反馈意见及时调整代售商品价位。

（张 伟）

【微信宣传增添新形式】 年内，国华商场在微信宣传上，增加故事性、教学性内容的微信。升级微信菜单功能，以旧换新的查询功能增加了图文，便于顾客理解。在节气时以图文的形式送上国华首饰的祝福。

（张 伟）

【重修素金换新及退换货规则】 国华商场为打消顾客购买18K金的售后换新疑虑，6月份调整18K金换新规则，使其更加合理化。12月修订铂金换新规则，增加外场铂金换新范围。重新修订素金首饰退换货须知，退换货制度升级，给顾客更大的退换空间，提升服务质量，消费规则更贴心。

（张 伟）

【商场网络安全升级】 年内，国华商场引进银联和建行WIFI无线POS机，重新规划商场无线网络，增加无线POS专用的SSID（网络标识），把每台POS机的网卡mas地址绑定到指定的白名单中。只有白名单中的主机才可以连接WIFI网络，增加了网络的安全性，保证网络质量。

（张 伟）

【冬季婚博会】 12月，国华商场参加中国冬季婚博会。参展的品类有：黄金饰品、铂金饰品、钻石镶嵌饰品。婚博会现场有购物返券、赠礼活动，并且享有场内购物的所有维修保养服务。

（张 伟）

【举办交流会】 3月7日，“三八妇女节”前夕，国华商场总经理、区人大代表王祎，邀请西城区女性代表到国华商场交流座谈。国华首饰高级珠宝顾问为各位代表讲解珠宝基础知识、如何进行玉石鉴赏及鉴定。在重装开业的国玉坊进行玉石文化体验。

（张 伟）

【新品研发】 年内，国华商场首推“古法金”金条，自主研发推出“狗年贺岁纪念币”。

（张 伟）

【加强党建服务民生】 年内，国华商场党支部定期组织党员活动，召开党员生活会，参与社区共建共享，服务群众，维护社会稳定。总经理、西城区人大代表王祎，多次组织商场党员、员工义务服务。整治“开墙打洞”期间，慰问一线施工人员；节假日慰问社区贫困家庭、孤寡老人；组织门前门后共享单车整治；召开群众见面会，倾听民声，帮助群众解决困难。被评为“西城区先进基层党组织”、西城区党建工作示范点。

（张 伟）

北京张一元茶叶有限责任公司

【概况】 北京张一元茶叶有限责任公司（简称张一元）是京城著名老字号企业，拥有300余家品牌连锁店，30余家名优茶生产基地，2家特色茶馆。下设2家全资子公司。电商平台销售网络覆盖全国34个省市自治区，是集产供销、科工贸、旅游文化为一体的现代化企业。年内，销售额及利润额均保持稳步递增，蝉联全国茶叶内销榜首，被中国茶叶流通协会评为2017年度中国茶业十大领军企业、2017年度中国茶叶行业综合实力百强企业、2017年全国茉莉花茶制作大赛一等奖。获2016年度北京十大商业品牌金奖、牛街街道第十四届民族团结进步先进集体。张一元电商公司被北京市总工会评为北京市工人先锋号。大栅栏店被区旅游行业协会、区文化产业协会、区饮食行业协会评为2016年度北京市西城区旅游服务优质供应商。

地址：西城区西砖胡同2号院7号楼
邮编：100052
电话：83512713

（刘姒千）

【检测中心通过CNAS认可】 1月17日，中国合格评定国家认可委员会（CNAS）批准“北京张一元金桥茶叶有限公司检测中心”检测实验室认可申请。认可范围包括茉莉花茶、龙井茶、白茶等26个茶叶产品标准和茶叶感官指标、茶多酚等营养物质检测项目，灭多威、噻嗪酮等农药残留检测项目及铅、稀土等重金属元素检测项目。

（刘姒千）

【大栅栏店销售再创纪录】 1月20日（农历小年），张一元大栅栏店再创全国茶叶店单店单日茶叶销售量和销售额2项新纪录，当日销售散茶12吨，其中6款金奖花茶热销3.2吨，龙毫单品超过2000罐。截至8月25日，张一元大栅栏店销售额突破1亿元，连续6年实现销售过亿元，较上年提前24天。

（刘姒千）

【参与活动】 年内，张一元应邀参加各类活动。元宵节期间，参加第六届北京特色周亮相台湾新北市。4月21日，参加北京春茶节。金奖惠明、峨眉毛峰等6种春茶评为2017北京春茶节推荐的质量合格、质价相符产品。5月28日，参加北京国际服务贸易交易会，与20余家京城老字号组团以“北京老字号技艺传承”为主题，展示北京老字号发展历史及传承创新状况。6月16日，参加北京国际茶业展，现场进行茶叶品茗、茶艺表演等活动。8月26日，参加中国（横县）茉莉花茶文化节，作为销区企业代表，呼吁产销两地茶企共促中国茉莉花茶产业持续健康发展。

（刘姒千）

【首批西湖龙井茶上市】 3月25日，首批320斤精品明前西湖龙井茶空运抵达张一元，每斤售价8800元，采用二维码防伪查询，产品外包装上均贴有杭州市西湖龙井茶管理协会印制的证明标志和质监部门印制的地理标志，经过国家标准检测实验室检测，严把质量关，确保“尊重时令、产地正宗、品质可靠”。

（刘姒千）

【节庆促销】 3月31日，“品明前茶鲜·就到张一元”主题清明民俗风情节在张一元大栅栏店开幕，现场进行精品明前茶展示，启动“春·茶”主题摄影比赛。4月15日，“品百种新春茶·就到张一元”主题春茶节在张一元大栅栏店开幕，百余款名优新绿茶集中展示广受好评。8月18日，“花茶领群香·中国张一元”主题张一元第六届中国茉莉花茶节在大栅栏店开幕，推出“张一元龙毫”八两礼品新装，现场发布张一元龙毫产品上市一周年销售数据，共售出256219罐，实现销售额5124.38万元，同时揭晓“春·茶”主题摄影比赛获奖名单。活动期间，新花茶产品展示、免费品茗、买赠优惠活动等受到消费者欢迎。同日，张一元广西横县茉莉花茶窨制技艺体验馆正式开馆，举办“花与茶凝结的千年诗篇”主题展示。9月9日，“佳节喝好茶·就选张一元”主题中秋国庆民俗风情节在张一元大栅栏店开幕。12月23日，“喝金奖花茶·就到张一元”主题新年促销在张一元大栅栏店开幕。

（刘姒千）

【公益活动】 5月11日，张一元与区第一图书馆联合举办“话传统文化，承中华文明”老字号茶文化体验活动，40多名盲人及志愿者相聚张一元博元舫茶楼迎接全国助残日，现场进行品茶、京剧、评剧、诗朗诵和小合唱表演。7月1日，张一元开展共产党员献爱心活动，捐款人民币3420元。8月9日，天猫宣布联合菜鸟在北京设立快递员补给站，首批21个站点均设在张一元连锁店内，快递员、环卫工等城市户外工作者可到店歇脚、避暑、补充免费茶水。春节、中秋两节前夕，张一元为牛街敬老院的老人送去节日的祝福和礼物。

（刘姒千）

【启动国家级非遗工作室】 5月18日，张一元茉莉花茶制作技艺国家级非物质文化遗产项目传承人工作室启动仪式在博元舫茶楼举行。

（刘姒千）

【张一元龙毫产品获特别金奖】 6月16日，张一元龙毫产品蝉联北京国际茶业展茶叶产品评选推介活动特别金奖。8月26日，在2017中国（横县）茉莉花茶文化节全国茉莉花茶产品质量评选中，张一元龙毫产品获特别金奖。

（刘姒千）

【员工参加评茶员大赛】 8月，张一元组织110名职工参与市商务委等4部委联合举办的北京市第七届商业服务技能大赛茶艺师项目，3名选手进入前十强获优秀技术能手称号，5名选手进入前三十强获技术能手称号，公司获优秀组织奖。

（刘姒千）

【电子商务】 11月3日，北京张一元电子商务有限公司开业典礼暨电商平台助力老字号企业快速发展微论坛成功举办。新公司坐落于西城区万明路原天桥茶馆旧址，占地600余平方米，以先端技术和优质服务为依托，引入OTO电商模式，实现线上服务与线下体验的资源对接，成为展现企业形象和品牌文化的新窗口。11月11日，双十一活动电商成交额518万元，同比递增58.4%，平均一分钟实现销售额3600元，茉莉毛尖交易指数蝉联天猫再加工茶类第一名。

（刘姒千）

北京新月联合汽车有限公司

【概况】 北京新月联合汽车有限公司（简称新月公司）是国资参股的股份制企业，隶属西城区国资委管理，注册资金13130万元。拥有43个公司或分公司，其中有26个小车分公司（含1个商务车分公司）、1个旅游公司（含2个旅游分公司、3个班车分公司）、1个修理分公司和5个控股公司（北京广聚源出租汽车有限公司、北京光远出租汽车有限公司、北京镜湖快捷酒店有限公司、北京房安新月出租汽车有限责任公司、上海华海出租汽车有限公司）、6个参股公司（北京新月驾驶培训股份有限公司、北银金融租赁有限公司和海口公交新月、贵阳新月、河北沧运新月、北京新月中道救援）。仅北京新月交通版块就有各种车辆12030部、员工13789人，经营范围涉及出租客运、旅游班车、租赁商务、救援物流、驾驶培训、汽车修理等领域。年内，新月公司实现营业收入8.55亿元，实现净利润3437万元，净资产收益率5.2%，资产规模

50亿元；上缴利税5052万元。新月公司获“2016年共保工作优秀组织奖”等。是北京市出租汽车与旅游客运行业的骨干企业，西城区重点企业和利税单位。

地址：朝阳区王四营乡马房寺368号
邮编：100023
电话：67366666（总机）

（吴治英）

【北京政协会议交通服务】　1月12至17日，新月公司执行北京市政协第十二届五次会议交通运输保障工作。历时6天，共派出大小车辆41部、管理人员和驾驶员44名，发车136车次。

（吴治英）

【获“北京的士之星”称号】　1月12日，新月公司王凯波、王志军等24名出租车驾驶员，被北京市交通委员会和北京市人力资源和社会保障局联合授予“2014—2015年度北京的士之星”称号，均获颁“北京的士之星”专用顶灯、荣誉证书和现金奖励。另经北京市交通委员会审核，新月公司85名出租车驾驶员符合本届“北京的士之星”评选条件，被保留“北京的士之星”资格，并换发专用顶灯。新月公司共有109名出租车驾驶员享此荣誉。

（吴治英）

【全国政协会议交通服务】　2月27日至3月15日，新月公司执行全国政协第十二届五次会议住铁道大厦和财政部、最高人民法院参会委员及大会住中协宾馆工作人员的交通服务保障，共派出管理人员和驾驶员155名，投入车辆150部。历时17天中出车252车次、接送750人次、安全行驶9463公里，完成交通运输保障任务。

（吴治英）

【“一带一路”高峰论坛交通服务】　5月2至18日，新月公司派出462部保障车辆、565名保障人员，承担“一带一路”国际合作高峰论坛交通服务保障。从前期会议筹备到论坛会议举行的17天时间内，出车5219车次、接送63064人次、运送行李3361件，安全行驶149711公里，履行“高峰论坛”交通运输保障“安全、正点、热情、周到”的服务承诺。

（吴治英）

【北京国际长走大会交通服务】　5月20日，新月公司控股的房安新月公司派出80余辆宇通大客车和中巴车，承担2018春季北京国际长走大会暨第廿三届房山旅游文化节专线车交通服务保障。期间在房山长阳奥特莱斯、良乡大学城等服务站点，为400多名长走爱好者和体力不支、身体不适等人员提供摆渡服务。

（吴治英）

【“厦门金砖会晤”交通服务】　9月3至5日金砖国家领导人第九次会晤和新兴市场国家与发展中国家对话会在厦门召开。期间，新月公司派出45部保障车、49名工作人员组成服务保障团队远赴厦门，跨区担负金砖国家领导人会晤、新兴市场国家与发展中国家领导人对话会期间领导人的活动转场和领导人配偶在厦门活动期间及参会国代表团使馆工作人员的交通服务，并为巴西团、南非团、印度团和会议新闻组提供用车保障。新月公司从7月21日所有保障车辆统一从天津塘沽港装船运往厦门，到9月9日全部返回的50天时间内，以其高度的政治责任感、历史使命感和严明的纪律、严格的管理、安全优质的服务，实现“严之又严、细之又细、实之又实”的总要求和“零缝隙”对接、“零差错”保障的总目标，为新月公司的交通服务保障再添“金砖印记”。

（吴治英）

对外及对港澳台经济贸易

【概况】　西城区商务委员会（简称区商务委）是区政府主管全区内外贸易和对外经济合作的工作部门。年内，新批外商投资企业40家，吸收合同外资额120.26亿美元，实际利用外资116.07亿美元；实现进出口总额720亿美元，占全市进出口总额22.2%，继续位居北京市第二。

地址：西城区广安门北滨河路9号
邮编：100055
电话：83509379

（马　岩）

【外商投资】　年内，新批外商投资企业40家，同比增长60%；合同外资额120.26亿美元，同比增长7323.77%；实际利用外资116.07亿美元，同比增长2203.91%。

（章建平　郝家莹）

【进出口总额全市排名第二】　年内，进出口总额720亿美元，同比增长9.2%，占全市进出口总额22.2%，其中出口额103.4亿美元，同比增长43.9%，占全市出口额17.7%；进口额616.5亿美元，同比增长4.9%，占全市进口总额23.2%。各项指标均位列北京市第二。

（徐聪　郭文志）

【受理对外贸易经营者备案登记】　年内，审查完成经营者备案344家，同比增长21.9%，其中新设98家，同比下降26.3%，变更246家，同比增长65.1%

（徐聪　郭文志）

【商务服务业主题示范升级改造项目】年内，北京英蓝置业有限公司升级改造项目，通过了北京市商务委员会验收，获得英蓝国际金融中心商务楼宇升级改造项目资金支持200万元人民币。

（徐聪　张贯中）

【服务外包和软件出口业务】　年内，办理服务外包合同登记1330件，其中新增合同114件，执行合同1073件，变更合同143件。服务外包接包合同签约金额 4422.75 万美元，同比增长 306.68%，服务外包接包合同执行金额 5713.72 万美元，同比增长 10.6%。

（徐聪　赫庆欣）

【参加国际服务贸易交易会】 5月28日至6月1日，2017 北京国际服务贸易交易会（简称 2017 服交会）在北京举办。西城区组织参加 2017 服交会北京馆日活动、电子商务大会展览展示版块活动和北京老字号展览展示相关活动，并承办了电子商务大会展览展示版块之“互联网 + 生活性服务业”专题，展区面积 108 平方米。

（章建平　郝家莹）

【举办“2017 两展一节”】 6月16至19日，中国茶叶流通协会与北京市西城区人民政府、贵州省遵义市人民政府共同主办“2017 北京国际茶业展、2017 北京马连道国际茶文化展、2017 遵义茶文化节”（简称“两展一节”）。期间，于北京展览馆和北京马连道举办 56 个场次的活动。

（章建平　郝家莹）

【2017 北京国际茶业展】 6月16至19日，“2017 北京国际茶业展”于北京展览馆内举办。位于2号展区的马连道展区，占地面积 533 平方米。北京茶叶博物馆作为展区重要宣传展示内容，展示了“古丝绸之路”中国茶发展史。

（章建平　郝家莹）

【第 22 届澳门 MIF 展】 10月19至21日，西城区政府团随北京市代表团出席第 22 届澳门国际贸易投资展览会（MIF）开幕式，参加“2017 北京澳门合作伙伴行动”启动仪式、签约仪式及系列活动；并负责承办特设展区“北京‘老字号’及‘非遗’项目展销、展示”专题工作。

（章建平　郝家莹）

（责任编辑　孙凤霞）

金 融

金融服务

【概况】 北京市西城区金融服务办公室（简称区金融办）是负责西城区金融业及金融街地区发展与服务的区政府工作部门，内设5个科室（综合科、发展规划科、产业促进科、市场服务科、金融稳定科）和1个事业单位（西城区金融发展促进中心），有干部职工27人。年内，区金融办落实区委、区政府各项工作部署，加强金融业形势分析和研判，优化金融发展环境，提升金融服务水平，推进各项工作，促进全区金融业快速健康发展。年内，区金融业实现增加值1780.1亿元，同比增长4.5%，占全区GDP的比重为45.5%，占北京市金融业增加值的比重达到38.4%。金融业实现营业收入7155亿元，同比增长2.5%；实现利润总额1621.8亿元，同比下降43.7%。实现三级税收3200.9亿元，同比下降18.0%，占区三级税收的76.2%；实现区级税收181.7亿元，同比下降9.6%，占全区区级税收的45.0%。

地址：西城区金城坊街1号金融街公寓C座601
邮编：100033
电话：66025712

（胡文光）

【开展规划研究】 年内，区金融办逐季完成全区金融业发展形势分析报告，跟踪分析全区金融业和各子行业发展形势和面临机遇与挑战，完成《促进现代金融业发展意见》及相关配套文件。

（胡文光）

【调研企业需求】 年内，区金融办按照动态管理机制要求，开展机构走访，提升服务水平。制定区领导走访核心机构及重点机构安排64家。通过实地走访调研，了解企业发展情况，获取企业新设机构信息，捕获行业及机构发展动态，促成优质机构落户，鼓励机构参与区域建设，推动区域经济社会发展。

（胡文光）

【引进金融组织和机构】 年内，区金融办关注金融业态创新发展趋势，加大对总部机构、外资法人和新兴机构的引进。新引入亚洲金融合作协会、网联清算有限公司、中哈产能合作基金有限责任公司、凯雷（北京）资产管理有限公司、北京诚通资本运营有限公司、国新发展（北京）投资有限公司、人保再保险股份有限公司、中美绿色东方投资管理有限公司等金融组织和机构83家，新增注册资本约404.5亿元人民币。

（胡文光）

【金融服务区域发展】 年内，整理制作完成2017年度西城区重大基础设施项目和重点产业项目融资需求库，促成项目融资对接。跟踪战略合作单位融资需求对接合作情况，完成《关于2016年金融支持区域经济社会发展情况的报告》。召开2017年重点融资项目需求发布会，重点针对棚户区改造、保障房建设项目、危旧房改造项目、重点功能区建设项目、名城保护项目、科技文创项目、对口帮扶项目等涉及民生改善和区域发展的重要领域，组织35家各类金融机构，与北京银行、工银租赁、华融创新、太平投资控股、金融街资本运营中心等区属国有重点企业开展项目投融资对接。组织融资租赁公司与上市、挂牌企业投融资专场对接会，利用创新融资手段支持区域企业发展。

（胡文光）

【促进企业上市】 年内，区金融办深化与上交所、深交所战略合作，发挥促进企业上市联席会议作用，扶持3家企业在A股上市。抢抓“新三板”扩容契机，推动区内有条件的中小企业加快股份制改造，到“新三板”以及各类交易场所挂牌。新增挂牌公司15家，摘牌企业6家，挂牌企业总数85家，总市值超过1197.54亿元，成功打造出新三板市场的“西城板块”。开展上市培育辅导，重点培育拟上市企业25家，拟挂牌企业30余家。举办首届西城区企业上市工作交流活动，鼓励和促进区内企业上市。

（胡文光）

【提升人才服务】 年内，区金融办为金融机构提供人才引进、工作居住证办理服务等事项。组织金融街品牌招聘会，中国光大银行、花旗银行北京分行、中国人民健康保险股份有限公司、宏源期货有限公司、中国金币总公司、中国证券登记结算有限责任公司、中国人寿保险股份有限公司、北京农商银行、信达证券股份有限公司九一金融信息服务（北京）有限公司等多家驻区金融机构参加金融街专场招聘活动，提供超千个岗位，吸引近万名高校学子参与。

（胡文光）

【加强小额贷款公司监管】 年内，区金融办组织律师事务所、会计师事务所等中介机构对区域内小贷公司开展现场检查，对存在重点问题的机构出具限期整改意见书，规范企业经营，防控金融风险。截至年底，西城区有小贷公司8家，注册资本金共计9.38万亿元。年内累计发放贷款664笔13.27万亿元，期末贷款余额12.2万亿元。

（胡文光）

【加强融资性担保公司监管】 年内，区金融办与律师事务所、会计师事务所等专业中介机构合作，对区域内融资担保公司开展现场检查，对存在重点问题的机构出具限期整改意见书，规范企业经营，防控金融风险。截至年底，西城区有融资性担保公司及分公司11家，注册资本114.79亿元，职工人数510人，实现担保业务收入14.2亿元，在保余额2011.12亿元。

（胡文光）

【加强交易场所监管】 年内，区金融办持续更新区内交易所建立基础信息台账，形成定期信息报送机制，实施动态跟踪管理。配合市金融局开展现场检查，提出整改意见并对其经营发展情况给予辅导。截至年底，区内有各类交易场所12家，注册资本21.3亿元，从业人员757人，净资产40.24亿元，累计实现交易金额4.82万亿元，营业收入519亿元，净利润4.61亿元。

（胡文光）

【开展防范非法集资宣传教育活动】 年内，区金融办牵头建立健全打击和处置非法集资工作机制，切实防范各类金融风险。启动打击非法集资宣传社区行活动，在15个街道通过街道报纸、公共服务信息屏、微信公众号、悬挂横幅、张贴海报、板报评比等形式开展打击非法集资宣传活动；开展“4·15”国家安全教育日和司法安全宣传日专题宣传活动，走进部队，在“七一”建军节期间宣传打非知识；借助金融街论坛、金博会、北京坊文化节等活动平台，开展非法集资防范知识宣传活动。

（胡文光）

【金融风险排查处置】 年内，受理群众来访及北京市12345非紧急救助服务中心转来的涉及非法集资案件20余件；实地走访排查企业30余次，记录信息和照片60余份，高风险企业专题调研6次。对区内8583家名称或经营范围中含有投资、理财、咨询、资产管理等字样的公司开展入户调查，普查完成率100%。

（胡文光）

【提升金融品牌文化】 年内，举办2017年金融街论坛，以“全球金融变革下的金融改革与风险防控”为主题，发挥中国金融改革发展风向标作用，为金融服务国家战略、推动金融改革、防范金融风险等金融前沿性议题提出创新性思考。以“科技金融、国际金融、新兴金融，以及金融支持科技创新、金融支持一带一路建设”为展览展示主题参与2017年京交会金融服务板块展示。

（胡文光）

【对外及对港澳台交流合作】 年内，深化与伦敦金融城、德国法兰克福等国际金融中心的合作，建立和完善高层定期会晤机制。与伦敦金融城联合主办“北京金融街与伦敦金融城金融合作与发展对话”活动，为驻区机构搭建国际交流平台，促进驻区机构国际化发展。赴香港参加京港洽谈会。

（胡文光）

银　行

国家开发银行北京市分行

【概况】 国家开发银行北京市分行（简称国开行北京分行）资产总额5000.45亿元，同比增长5.85 %，表内贷款余额4355亿元，同比增长12.4%，其中人民币贷款余额2746亿元，增长16.3%，外币贷款余额246亿美元，增长12.8%；当年本息回收率100.5%，累计本息回收率99.76%，不良贷款0.13%，与上年持平；实现中间业务收入5.04亿元，同比下降21.3%；拨备前利润61.3亿元，同比下降0.06%；ROA 1.79%，同比上升0.22个百分点。国开行北京分行内设21个处室，正式在职人员218人。

地址：西城区复兴门内大街158号远洋大厦

邮编：100031

电话：63223100

（常　江）

【促进外部合作】 年内，国开行北京分行开展“春燕行动”破解业务发展困难，加大“走出去请进来”力度，走访调研客户300余次，评审承诺额逾3500亿元。促成总行与北京市新一届领导班子举行高层联席会，双方就副中心建设、非首都功能疏解、“四个中心”建设等事宜进行探讨，达成共识，取得较好成效。强化研究、规划先行，做好课题研究和项目储备，完成规划课题3项、要闻专刊9期，签署开发性金融合作协议9项，协议金额2500亿元。

（常　江）

【支持首都实体经济发展】 年内，国开行北京分行服务非首都功能疏解，助力北京城市副中心建设，支持绿心、管廊、基础设施等重大项目，评审承诺593亿元，发放贷款119亿元。其中，绿心项目在信用结构、边界条件、融资模式等方面完成多项创新。服务京津冀协同发展，“贷”动综合基础设施建设，完成高速公路、铁路、机场、轨道交通等领域评审承诺1173亿元，发放103亿元。加大模式创新研究，为首都棚户区改造提供保障，支持丰台万泉寺、朝阳孙河乡、石景山衙门口、房山长阳镇等26个项目，评审承诺962亿元，发放贷款316亿元。服务科创中心建设，支持产业转型升级、“高精尖”产业发展，向北京市报送支持科创中心建设报告，做好工作对接；牵头组建昌平、海淀发展基金，向京东方、中芯国际、首钢、北汽等产业项目发放贷款281亿元，向远程视界、正和恒基等4个投贷联动项目发放贷款1.7亿元。服务普惠金融，支持健康养老产业和东西部扶贫，向首农、新合作、乐普医疗、悦康药业、中大爱晚等项目发放贷款11亿元，完成首笔扶贫业务评审承诺。服务绿色金融，支持环境治理及水利工程建设，完成排水集团、碧水源、首都机场DFI等项目评审承诺255亿元，发放17.4亿元。

（常　江）

【国际合作业务】 年内，国开行北京分行服务重大项目，向巴西石油公司发放贷款30亿美元、中信西澳铁矿项目发放5亿美元；深化重点客户合作，支持中资企业“走出去”，向振华石油贷款1亿美元，向深圳航空、光大租赁发放贷款9300万美元；做好国别工作，提升主阵地作用，持续推进“一带一路”建设。

（常　江）

【经营管理和综合金融服务】 年内，国开行北京分行提升经营管理支撑能力，加强资金统筹调度，保障重大项目用款需求。开展中间业务发行理财产品52期，总额254亿元，推荐资产105亿元，发行债券73亿元，完成理财投资产业基金和金融债发行等业务创新。加强财会、营运管理，持续推进降本增效、深挖内部盈利潜力，做好财务决算和税收管理，实现结算收入5600万元。平稳完成村镇银行股权转让和管理权交割。

（常　江）

【加强风险管控】 年内，国开行北京分行严格落实监管要求，控制监审合规风险，开展“市场乱象”“三三四”“信用风险专项”自查整改，获北京银行业新闻宣传工作先进单位、调研分析先进单位称号。加强合规管理，成立加强风险管控工作领导小组，完善体制机制，做好内控、反洗钱、征信等基础工作。优化信用评级管理，提高授信审查审议质量和效率。强化法律支持与服务，推动重点、难点业务创新发展。健全信贷管理机制，提升资产质量分类的精细化水平，加大本息回收监管力度。加大不良化解力度，回收、核销、批转不良贷款12亿元。

（常　江）

【党建工作】 年内，国开行北京分行学习贯彻党的十九大精神，以从严治党为主线，加强党委自身建设，中心组学习18次，领导班子成员带头讲党课。通过主题党日、精神大讲堂、党支部“三会一课”和展板、报刊、知识竞赛等形式，把员工的思想和行动统一到党的十九大精神上来。开展会风会纪专项整治、日常教育警示提醒和员工行为排查，落实党风廉政建设责任制，签订从严治党责任书，加强监督执纪问责，掌握干部员工廉政情况。深化巡视成果运用，掌握巡视要求，典型问题纳入重点监控，开展监督检查。修订干部廉政档案管理办法。提高中层干部党性修养，举办处级干部学习党的十九大精神专题轮训班。工会坚持“组织互联、工作互动、活动互融”，推进民主管理，维护职工权益。组织“三步走”竞赛和棚改摄影展、建功立业竞赛、乒乓球赛、金运会等活动，丰富员工的业余生活。团委关注青年员工的工作、思想、学习情况，召开团支部大会及组织生活会，推动青年大讲堂、志愿活动，传递正能量。

（常　江）

中国工商银行股份有限公司北京市分行

【概况】 中国工商银行股份有限公司北京市分行（简称工行北京分行）下设37家二级分行（含分行营业部），555家营业网点，620家自助银行，员工18792人。截至年底，本外币资产总额3.72万亿元，同比增长3.41%。实现本外币账面拨备前利润525.76亿元、净利润389.56亿元，同比多实现67.44亿元和51.63亿元，增幅14.71%和15.28%，成为国内首家拨备前利润突破500亿元大关的商业银行一级分支机构。本外币全部存款余额3.62万亿元，较年初增加1246亿元。本外币各项贷款余额7598亿元，较年初增加784亿元。实现中间业务收入121.65亿元，同比多实现1880万元，增幅0.15%。辖区内设分行营业部、长安支行、新街口支行、南礼士路支行、金融街支行、地安门支行、宣武支行、广安门支行8家支行。

地址：西城区复兴门南大街2号

邮编：100031

电话：66410055

（刘　博）

【融资业务】 年内，工行北京分行人民币各项贷款余额7151亿元，增加718亿元。其中，公司贷款余额5232亿元，增加544亿元；个人贷款余额1821亿元，增加189亿元。外币贷款余额68.68亿美元，增加13.84亿美元。支持重点战略落地、普惠金融服务和消费扩大升级，累计发放疏解及城市更新贷1062亿元，净增315亿元；小微企业贷款（监管口径）余额1079亿元，净增123亿元；科技文化企业融资余额1506亿元，净增329亿元。

（刘　博）

【存款业务】 年内，工行北京分行人民币全部存款余额3.51万亿元，较年初增加1678亿元。其中，对公存款（含同业）增加1523亿元，储蓄存款增加155亿元。外币全部存款余额177亿美元。

（刘　博）

【经营转型】 年内，工行北京分行个人金融资产余额净增410亿元；信用卡净增133万张，收单额、分期付款额同比分别增长6.8%和48.4%；融e借累放52亿元；私人银行管理资产规模净增115亿元；融e购交易额同比增长81%。法人、个人理财日均余额同比分别增长13%和16%；推荐理财投资项目余额同比增长56%。承销非金融企业债1877亿元。完成投行类投资480亿元。国际结算量2615亿美元；跨境人民币结算量4924亿元；结售汇业务量1278亿美元，其中个人结售汇业务量68.5亿美元。

（刘　博）

【渠道服务】　年内，工行北京分行持续抓好渠道转型升级与客户服务改进，实现有条件网点智能化100%全覆盖，完成轻型化网点建设80家，群落化试点取得较好成效。客户服务体验指数不断提升，客户满意度和服务规范度继续保持优秀水平。广安门支行营业室以同业第一的成绩获评中国银行业协会百佳示范网点，工行北京分行获评中国银行业文明规范服务星级营业网点19家、北京市银行业特色服务百佳单位称号网点3家、总行“五星级营业网点”11家，均排名北京同业或系统内首位。客户诉求处理效率持续提升，有效保护消费者权益，得到监管机构和总行最高评级，连续3年获得北京银监局“金融知识进万家”活动标兵单位荣誉称号。

（刘　博）

【风险管理】　年内，工行北京分行不良贷款余额17.96亿元，不良贷款率0.24%，在系统内和北京同业处低水平。可控风险暴露水平万分之1.38，操作风险损失率万分之1.72，均保持在较低水平。深入开展“三违反”“三套利”“四不当”“市场乱象”综合整治及“十大重点领域和关键环节”风险治理工作，统筹抓好业务外包、外部欺诈、信息安全、声誉、法律、印章、保密等各类风险防控工作，持续巩固稳健运营的良好态势。

（刘　博）

【分行营业部业务】　年内，工行北京分行营业部下设1个营业室、1个网点支行，在岗员工208人。截至年底，实现拨备前利润28.3亿元；本外币各项存款时点余额2233亿元，同比增长47.68%；本外币各项贷款余额325亿元，同比增长14%；实现中间业务收入6.25亿元，同比增长6.02%。

（刘　林）

【长安支行业务】　年内，长安支行下设1个营业室、10个网点支行、1个分理处，在岗员工436人。截至年底，实现拨备前利润29.58亿元；本外币各项存款时点余额1049亿元；本外币各项贷款余额1139.05亿元；实现中间业务收入5.48亿元，同比增长5.12%。

（韩博文）

【新街口支行业务】　年内，新街口支行下设1个营业室、13个网点支行、1个储蓄所，在岗员工582人。截至年底，实现拨备前利润47.95亿元；本外币各项存款时点余额2589亿元，同比增长38.29%；本外币各项贷款余额387亿元；实现中间业务收入4.07亿元。

（张遥　尹路）

【南礼士路支行业务】　年内，南礼士路支行下设1个营业室、12个网点支行，在岗员工567人。截至年底，实现拨备前利润26.08亿元；本外币各项存款时点余额1829亿元，同比增长9.29%；本外币各项贷款余额343亿元，同比增长11.45%；实现中间业务收入4.45亿元。

（马进　王仕琴）

【金融街支行业务】　年内，金融街支行下设1个营业室、5个网点支行、8个附属机构，在岗员工206人。截至年底，实现拨备前利润7.12亿元；本外币各项存款时点余额437.51亿元；本外币各项贷款余额261.46亿元，同比增长24.28%；实现中间业务收入2.42亿元，同比增长8.84%。

（刘丕航）

【地安门支行业务】　年内，地安门支行下设1个营业室、7个网点支行，在岗员工307人。截至年底，实现拨备前利润12.19亿元；本外币各项存款时点余额1094.27亿元，同比增长2.29%；本外币各项贷款余额227.48亿元，同比增长10.53%；实现中间业务收入4.65亿元，同比增长9.27%。

（何　军）

【宣武支行业务】　年内，宣武支行下设9个网点支行、1个储蓄所，在岗员工318人。截至年底，实现拨备前利润41.39亿元；本外币各项存款时点余额3880.19亿元，同比增长9.23%；本外币各项贷款余额176.25亿元，同比增长11.53%；实现中间业务收入1.53亿元。

（成　杰）

【广安门支行业务】　年内，广安门支行下设1个营业室、10个网点支行，在岗员工414人。截至年底，实现拨备前利润11.98亿元；本外币各项存款时点余额547.90亿元，同比增长10.02%；本外币各项贷款余额304.77亿元，同比增长20.08%；实现中间业务收入2.67亿元。

（金　鑫）

中国农业银行股份有限公司北京西城支行

【概况】　中国农业银行股份有限公司北京西城支行（简称农行西城支行）主要办理人民币存款、贷款和结算业务；办理票据贴现业务；代理发行金融债券；代理发行、代理兑付、销售政府债券；买卖政府债券、代理收付款项及代理保险业务；办理外汇存款、外汇贷款、外汇汇款、外币兑换、结汇、售汇、国际结算；通过上级行办理代客外汇买卖；代理国外信用卡付款及总行在经中国银行业监督管理委员会批准的业务范围内授权的其他业务。截至年底，农行北京西城支行有基层网点16个，其中14个二级支行、1个分理处、1个营业部，支行机关下设8个部室。在岗员工354人。年内，农行西城支行以有效发展为中心，以客户建设为主线，坚持提质增效谋发展，创新驱动促转型，实现支行主体业务发展良好、价值创造增幅明显、信贷质量不断提升、争先进位成绩显著、基础管理逐步夯实的局面。

地址：西城区车公庄北街新华里16号院1号楼

邮编：100044

电话：88319695

（王　娟）

【支行业务】　年内，农行西城支行坚持创新信贷供给，有效服务实体经济，全力做好重点客户重点项目对接、服务好大客户新经济融资需求、力促小微金融服务工作、拓展同业客户融资业务、稳步提升个贷业务市场份额；坚持抓好存款业务，有力提升市场份额，持续营销、不断开拓，确保对公存款稳定增长，改良方式，调整策略，力促储蓄存款稳步提升，加强合作，创新拓展，推进同业存款不断增长；抓好新兴业务，有力拓展市场资源，拓展托管业务、投融业务、国际业务；持续抓好基础业务，加快推进转型，扎实做好对公业务、拓展零售业务、突出抓好电子银行业务、推进网点智能化转型；严抓监管强化风险防控，加强信用风险管理、日常业务交叉检查、持续推进“三线两点一网格”管理模式、做好监督审计和巡视工作，加强支行案防建设、加大消费者权益保护意识和监管力度等；强化机制建设，不断提升稳健发展能力，强化绩效考核引领、工资费用激励、人才资源保障、机关作风建设等。年内，法人贷款中A+以上优质客户贷款占比达到99.9%。

（王 娟）

【网点转型】 年内，农行西城支行加快网点调整优化。构建智能设备、线上渠道、低柜柜台“三位一体”的新型服务模式，完善网点服务管理机制，全方位多维度推进网点服务品质提升。优化网点劳动组合，实现人力资源优化配置。在网点发展转型上坚持“释放人力，机具先行”的理念，适时推进“压高转岗”工作，几家试点网点已初现成效。明确转岗人员培养管理相关政策，开展适应性转岗培训，实现劳动组合优化和高质量输出。

（王 娟）

【支行荣誉】 年内，农行西城支行综合绩效排名农行北京分行第一，获分行2017年度先进单位。被分行评为2017年对公业务首季综合营销活动“资产贡献优秀行”“负债贡献优秀行”“综合营销优胜行” “扩户提质优秀行”；获分行2017年“春天行动”零售业务综合营销活动“行司联动优秀支行”“互联网金融营销优秀支行”。支行营业部被分行评为2017年度先进集体。

（王 娟）

【支行活动】 3月，农行西城支行组织员工奥林匹克森林公园健步走主题活动，旨在倡导员工走向户外、走向健康。4月，召开“两学一做”教育动员培训会。落实教育经常化，做到抓在日常、严在经常，夯实从严治党、从严治行基础。5月，开展“党旗飘飘映照我心激昂，立足基层谱写青春赞歌”主题演讲比赛。6月，组织两期参观西城区人民检察院警示教育活动。7月，举办“不忘初心跟党走，携手共筑中国梦”党日活动。强化“三会一课”的教育功能。8月，走进展览路社区，开展“金融知识进万家”宣传活动，向社区居民逐户发放宣传资料，介绍银行卡盗刷、电信诈骗以及非法集资的形式、特点及危害，揭示非法集资的欺骗性、风险性及社会危害性，揭示各种诈骗手段。10月，开展“尽我绵薄之力，点燃希望之火”希望工程捐赠活动，为贫困地区学生捐赠衣物、棉被、文具、图书等物品100多公斤。

（王 娟）

【支行党建】 年内，农行西城支行重视党建工作。贯彻党的十九大精神，落实“从严治党、从严治行”要求。发挥党委领导核心作用，全面统筹部署党建工作，加强党建与经营融合；发挥基层支部堡垒作用，提升党建促经营能力；发挥党员干部先锋模范作用，在全行树立先进典型，以身边的人、身边的事宣扬先进党员事迹，以标杆效应激发全行党员发挥先锋模范作用。制定《关于西城支行深入学习宣传贯彻党的十九大精神的通知》，组织基层党支部及全体党员学习十九大报告。开展“砥砺奋进的五年”主题学习活动，党委班子成员深入部门、网点及党建联系点进行宣讲。举办6期中层干部思想教育集中培训，组织12次全体党员“两学一做”集中学习。

（王 娟）

中国银行股份有限公司北京市分行

【概况】 中国银行股份有限公司北京市分行在区境内有西城支行、宣武支行。西城支行下设10部（含支行营业部、公司业务部、公司金融产品部、个人金融部、个人贷款部、银行卡部、监察部、计划财会部、风险内控管理部、综合管理部），17个经营性支行（西城区外8个）。在职员工528人。宣武支行下设9个部门，15家经营性支行（含支行营业部），在职正式员工415人。

西城支行

地址：西城区阜成门外大街5号

邮编：100037

电话：68002129

宣武支行

地址：西城区南新华街1号

邮编：100052

电话：63916155

（杨杰茜 张齐笑）

【西城支行业务】 年内，西城支行围绕总分行发展战略，把党建工作与经营管理共同谋划、部署和推进。围绕西城区政府重点项目，对接区委、区政府的委办局及辖内街道办事处，参与银企推介活动，实现信息共享。紧抓核心区非首都功能疏解契机，成立棚改项目营销小组，开展特色服务，推进银政合作。“3·15”国际消费者权益日活动中，通过发放宣传手册、厅堂LED滚动播放及外部宣教开展“权利·责任·风险”主题活动。宣传《国务院办公厅关于加强金融消费者权益保护工作的指导意见》，帮助金融消费者提高金融消费风险责任意识。推进销售服务型网点向客户关系型网点转型，逐步强化专业队伍营销力量。公司金融板块考核中，西城支行行政事业日均存款新增、债券承销、中小企业和中型授信等多项指标名列北京市分行前茅。践行国家“全民创新”战略要求，打造供应链金融新平台，服务平台实现未来应收账款项下的业务突破，为客户提供成本低廉、流程简易的融资渠道，加速支行在授信、发债等业务方面的发展。个人业务推进“中高端客户战略”。通过网点中高端客户大数据分析，结合代销产品日趋多元化特点，开展多元化资产配置营销，支行中高端业务有了显著进步。依托智能柜台投产，优化网点人力资源配置，推进网点转型，优化客户体验，提升网点效能。内控方面，西城支行形成以内部控制委员会为管理决策和资源统筹平台，以合规教育为基础、人员管理为核心、监督检查为抓手、考核问责为保障的日常内控管理运行机制，抓好重点领域风险防控，有效防范、遏制案件及重大操作风险事件发生。截至年底，实现净利润14.82亿元，同比增长72%。

（杨杰茜）

【宣武支行业务】 年内，宣武支行本外币汇总折人民币各项存款余额305.91亿元，其中人民币各项存款余额258.27亿元；本外币汇总折人民币各项贷款余额319.26亿元，其中人民币贷款余额265.31亿元。实现拨备前利润4.15亿元。宣武支行响应西城区政府的各项发展战略，发挥金融支持作用；紧跟国家京津冀一体化战略，不断寻找新的市场机遇；开展资产负债业务，金融机构紧盯市场机会，中间业务增速明显。紧抓互联网机遇，不断加深与重点客户的合作，突出业务特色，整体经营稳速发展；大力发展普惠金融，以创新模式为小微企业提供多样金融服务，为周边居民品质生活提供专业、高效、低成本的金融服务。严格落实风险管控，坚持内控合规档案特色化管理，不断提升支行风险管理水平。认真学习宣传贯彻落实党的十九大精神，推动党建工作融入基层、融入业务、融入人心，在区域内通过联合学习教育、联合党日活动、联合共享平台，践行社会主义核心价值观，传播公益大爱，为民族复兴的中国梦做贡献。开展精神文明建设，支行营业部获"全国文明单位"称号。服务方面，强化服务意识，提升服务质量，支行营业部获中国银行业文明规范服务百佳示范单位。

（张齐笑）

中国建设银行股份有限公司北京市分行

【概况】 中国建设银行股份有限公司北京市分行在区境内有宣武支行、西单支行、西四支行。宣武支行有中长期劳动合同人员324人，平均年龄38岁，其中本科及以上学历225人，党员109人；下设9个部室（含营业部），9个营业中心，4个个人金融中心。西单支行有中长期劳动合同人员151人，平均年龄38岁，其中本科及以上学历96人，党员48人；无劳务人员。下设6个部室（含营业部），5个营业中心（西长安街支行、西直门支行、华远街支行、德胜支行、新街口西里支行）。西四支行有中长期劳动合同人员237人，平均年龄38.5岁，其中本科及以上学历人员167人，党员101人；下设7个经营机构。

宣武支行
地址：西城区广安门内大街314号
邮编：100053
电话：63209518

西单支行
地址：西城区西单北大街34号
邮编：100032
电话：66035636

西四支行
地址：西城区阜成门外大街甲26号
邮编：100037
电话：51999930

（徐娅　卢萌　丁博）

【宣武支行业务】 年内，宣武支行实现本外币账面利润15.86亿元。截至年底，本外币全口径存款时点余额1065.72亿元；本外币各项贷款时点余额475.91亿元（对公贷款+个人贷款）；五级分类不良贷款余额0.24亿元，不良率0.05%。支行定位（特色）聚力"三个确保、五个突破"（即：确保提升价值创造、风控水平、市场地位，在公司、机构、同业、个人、商户五大领域实现重大突破），以"专业+综合"为发展方向，锚定"四个重点"（客户、产品、风险、效益），精准发力，持续"红色引领"，深入推进转型创新，实现提质增效、创建一流支行的目标。业务发展情况：宣武支行等级行排名A类行第4位，KPI排名第3位。中间业务净收入实现4.61亿元；个人存款本外币日均余额较年初新增3.68亿元。11月21日，全口径存款时点余额达到1042.11亿元，首次突破千亿大关。同业业务取得重大突破：天弘基金管理有限公司累计存入同业非结算存款10笔320亿元，日均新增113亿元，为支行存款工作做出贡献；为中建路桥集团有限公司办理并表基金业务5亿元，标志着支行首笔产业基金业务成功落地；营销中国大唐集团公司、中国电力建设集团先后开立企业年金托管账户，中标客户数量占分行的50%；为中国普天信息产业股份有限公司办理首笔债权同业投资业务，金额6亿元。其他业务多点开花：为国家电力投资集团公司办理建行系统内首笔"债券通"业务10亿元；正式上线国网北京市电力公司智能表卡充值项目，助力分行在服务民生领域对水、电、气、热和通讯等公共事业便民缴费的全面覆盖；承接西城区棚户区改造项目，累计代发拆迁款10亿元，实现个人存款时点新增5.04亿元，营销保险、理财等产品，资金留存率达到65%以上；个人加权有效客户净新增完成年计划的123%；手机银行活跃客户完成年计划的106.9%；龙支付个人客户净新增完成年计划的117.44%。"党建+"促发展，联学共建创佳绩，与总、分行授信审批部共同开展庆"七一"、党的十九大精神学习等三级党组织联学共建活动。廉政文化落地生根，内控合规严防死守，确保年内无案件及重大责任事故。年内，获总行文明单位、思政工作先进单位称号，"创新在建行"研究论文获分行二等奖；完成EAP心理辅导总行标杆支行创建项目；在《北京建行报》、分行企业信息门户网站累计登稿114篇，发行行刊《宣武欣苑》，让"诚信、合规、拼搏、创新"得到全方位展现。

（徐　娅）

【西单支行业务】 年内，西单支行实现本外币账面利润2.34亿元。本外币全口径存款时点余额194.20亿元；本外币各项贷款时点余额53.58亿元；五级分类不良贷款余额0.11亿元，不良率0.21%。西单支行围绕"提高站位、稳中求进、进中求好、好中求快、转型创新"的总基调，以自身确立的"三个提升、两个确保"为目标，以党建工作为统领和主线，坚持合规经营、转型发展、提升能力，稳固主要指标发展的良好态势，打出不畏困难、奋勇作为的劲头和气势。成立支行学习宣传贯彻党的十九大精神领导小组，制定《西单支行党总支、纪检监察条线学习宣传贯彻党的十九大精神细化方案》。推进"两学一做"学习教育常态化制度化，确保"学"有目标、"做"有标准，营造风清气正、知行合一的良好氛围。年内，西单支行抓住联通集团混改契机，营销开立唯一保证金账户、混改资金募集账户，抢占31%的资金市场份额，位列工、农、中、建、交五行之首；成功推动分行与中国人寿资产管理有限公司签署合作备忘录，为实现全方位合作奠定基础；成功为4家重点客户搭建现金管理系统；通过母子公司联动，先后为2家机构客户设立专项资管计划；抓住冬奥会潜在机遇，成功中标“水立方”冰场造价咨询项目，实现支行在传统项目中的突破；响应分行“普惠金融”活动，支持实体经济，四季度投放小微企业快贷1913.5万元；分行“超越2017”活动排名第7位、“禹道智胜”活动排名第4位、“一把手”工程推进工作总排名第4位。坚持党建统领，提升业务发展统筹推进能力、组织管理能力、合规控险能力及人才队伍建设能力。落实“风险管理进党委”要求，有效控制、化解信贷风险，保持信贷质量良好；组织员工观看《不可逾越的底线》《不可触碰的红线》警示教育片，推动“三线”教育入脑入心入行；落实“平安建行”创建工作，确保全国“两会”“一带一路”高峰论坛、党的十九大等期间的安全平稳运营。年内，西单支行获总行2017年信用卡业务专项营销活动“消费促进百家网点”，分行“同业先锋 等你来战”知识竞赛亚军团队，“万户千家”商户营销竞赛活动最具特色商圈奖，“炫出自我 走向国际”专项活动优胜单位、优秀组织奖。在分行手工业务技能竞赛中，支行孟瑾获手工点钞、传票计算第一名，周德冰获新星奖。落实员工人文关怀幸福计划，党、团、工合力汇聚正能量，开展参加“树清风走进西城检察院”、迎“七一”走进文史馆、讲严实走进焦庄户、道德讲堂、龙舟赛、运动会等活动，营造和谐、积极、向上的文化氛围。

（卢 萌）

【西四支行业务】 年内，西四支行实现本外币账面利润8.76亿元。截至年底，本外币全口径存款时点余额587.86亿元；本外币各项贷款时点余额141.84亿元；五级分类不良贷款余额0.15亿元，不良率0.11%。支行助力住房租赁金融蓝海，落实党的十九大提出的“房子是用来住的、不是用来炒的”定位，按照总分行“蓝海战略”部署，签约并首批上线金融街公寓项目，同时加强与政府机构合作，与西城区房屋管理局签订房屋租赁业务合作协议。持续服务国家集成电路产业基金、丝路基金、中拉基金、中非基金、京津冀基础设施投资基金等特大型产业投资基金，承接国家集成电路产业投资基金53亿元财政部认股金。发展普惠金融，服务实体经济、服务民生领域，支持北京市非首都核心功能疏解政策的实施，服务西城区棚户区改造的龙头企业和城镇化建设项目，服务中小微企业。健全教育管控，持续深化落实“风险管理职责进党委”的要求，着力构建“责任到位、管理到位、监督到位、人员到位、考核到位”的风险管理架构。建立内控合规工作横纵向相结合的联系机制，围绕“合规建行 知行合一”主题，开展贯穿全年、覆盖全员的员工行为管理专项活动。强化监督执纪问责职责，保持反对“四风”的高压态势，以开展“三查”为切入点，落实“四严”为主线，抓住关键环节和主要问题，开展全面排查。年内，未出现重大违规违纪事件。夯实基础管理，提升精细化管理能力，完善“五个突出”的综合评价考核体系，增强重点人才队伍建设，加强专业人才储备，从岗位实践锻炼和专业能力培养两个方面对分行“123人才库”中的后备人才进行多维度培养。坚持以人为本的工作理念，落实员工关爱计划，提升员工归属感和幸福感，倡导“心灵建设”理念。获得总行第五届中国建设银行文明单位、中国建设银行思想政治工作先进单位称号。

（丁 博）

交通银行股份有限公司北京市分行

【概况】 交通银行股份有限公司北京市分行（简称交行北京市分行）机构网点总量150家（含12家临时停业网点），其中分行营业部1家、一级支行40家、二级支行80家、普惠支行29家；分行正式员工4457人，平均年龄35岁。截至年底，本外币资产总规模8928.34亿元，较上年增加682.59亿元，增长比率为8.28%；本外币各项存款余额6128.83亿元，较上年增加153亿元，增长比率为2.56%；本外币各项贷款余额3135.22亿元，较上年增加65.7亿元，增长比率为2.14%；利润85.2亿元，较上年增加12.39亿元，增长比率为17.03%。

地址：西城区金融大街22号

邮编：100033

电话：88668866

（何华伟）

【公司金融业务】 年内，交行北京市分行主动压降和置换高成本负债，拓展低成本负债，推进负债结构优化。对客户分级分类管理，分别开展质效提升工程，客户类指标大幅超越历史同期。从对公理财销售、保函等重点业务入手，扩宽对公非利息收入来源，优化收益结构。借助现金管理“双百工程”，以现金管理促进集团内成员单位新开户、扩大资金归集来源和结算量。推进产业链金融服务团队的试运行，加快推广产业链金融重点产品，带动存款和融资规模显著增长。发挥“汇总担保”“跨境贸易支付”“税融通”等创新产品和系统的竞争优势，实现税费通业务快速发展。加大对重点领域和行业的代发营销，代发源头客户净增数、新签约发薪单位代发量、累计代发金额均取得长足发展。

（何华伟）

【个人金融业务】 年内，交行北京市分行聚焦财管收入提升，及时调整产品结构，加大期交保险和权益类基金销售力度。加强条线联动，探索线上线下获客新模式，促进资金行内留存，推动储蓄规模增长。组建集中式外呼团队拓展存量客户，建立个人客户智能营销平台，利用大数据开展“系统自动触发式营销”和“客户经理精准营销”。以总分行每季度劳动竞赛为契机，匹配专项费用及活动资源，细化产品销售及售后服务，做好综合财富管理，推动私人银行业务快速发展。创新MGM渠道发卡，贷记卡新增活户较上年同期增幅超50%。在继续推广e贷通2.0基础上，积极开展产品创新，研发薪金贷、个人车位贷款、仓储贷款、互联网平台小额贷款等产品，开拓消费贷款新途径。

（何华伟）

【国际业务】　年内，交行北京市分行国际业务营销重点由传统贸易类企业客户延伸至全部优质对公客户及机构类客户，国际业务户数较上年增长10%。紧抓战略型重点业务营销，在境外中长期项目融资、全口径跨境融资、本外币跨境资金池业务等方面取得重大突破，拓宽国际业务非利息收入来源。通过按季预测业务规模、运用市场化手段刺激并释放结汇意愿、合理控制资本项目购付汇业务节奏、加强个人分拆购付汇业务审核与风险防范等措施，实现国际业务顺利开展，有效压降逆差规模目标。

（何华伟）

【基础管理】　年内，交行北京市分行推进管理部门机制改革，调整预财部、渠道部、行政部主要工作职责，集约架构设置。实施小微准事业部改革，成立小微直营团队，审查内嵌与风险管控双管齐下，保障业务良性发展。压降营运人员，撤销风险监督中心，将原有职责分别整合至营运部、业务中心、个金部，优化板块设置。完善全员全产品计价和绩效考核体系，强化经营战略传导，将党建考核结果作为调节系数与绩效考核得分直接挂钩。开展“新五大领域”深化治理、“长剑2017”案防特别行动，首次尝试建立员工廉洁从业客户监督长效机制。围绕党性修养、经营管理、风险管控、服务提升等模块，分层分类设计和实施教育培训。

（何华伟）

【风险管理】　年内，交行北京市分行按季全面评估、解析各类风险状况，体现“横到边、纵到底”的风险管理要求，提升全面风险管理委员会决策效力和运作实效。加强内部纠错机制建设，优化风险管理考核办法，促进风险管理水平提升。通过双向加扣分制度引导各单位强化资产质量控制，加强贷后及存续期管理，有效传导风险管理压力。按月滚动预测和摸排未来3个月有逾期风险客户，对临期预警业务按风险程度分类管理，做实精准预警。通过名单制管理、风险过滤、实地查访、专项排查等方式，提高风险管控的针对性和有效性。借助现金清收、贷款重组、核销等多手段，加大不良资产处置力度。

（何华伟）

【阜外支行金融业务】　阜外支行下设1个营业室和5个支行（含1个普惠支行），在职员工134人。截至年底，人民币存款余额181.35亿元，同比增加18.74亿元，其中储蓄存款53.05亿元，对公存款128.30亿元；人民币贷款余额90.92亿元。实现各类中间业务收入12049.94万元，实现本外币利润37152万元。

（李树楠）

【西单支行金融业务】　西单支行下设1个营业室和1个支行，在职员工85人。截至年底，人民币存款时点余额257.26亿元，同比增加75.51亿元，其中储蓄存款28.27亿元，对公存款228.99亿元；人民币贷款余额344.42亿元。实现国际结算量55亿美元，实现各类中间业务收入11048万元，实现本外币利润50787万元。

（赵　欣）

【宣武支行金融业务】　宣武支行下设1个营业室和4个支行（含1个普惠支行），在职员工104人。截至年底，人民币存款余额84亿元，同比增加5亿元，其中储蓄存款43亿元，对公存款32亿元；同业存款余额9亿元；人民币贷款余额3亿元。实现各类中间业务收入4366万元，实现本外币利润8361万元。

（陈肖肖）

【北三环中路支行金融业务】　北三环中路支行下设1个营业室和4个支行（含1个普惠支行），在职员工102人。截至年底，人民币存款余额156.15亿元，同比增加30.87亿元，其中储蓄存款42.18亿元，对公存款113.97亿元；人民币贷款余额89.86亿元。实现国际结算量63.61亿元，实现各类中间业务收入14940万元，实现本外币经营利润32463万元。

（邢晓思）

中信银行股份有限公司总行营业部

【概况】　中信银行股份有限公司总行营业部（简称中信银行总行营业部）有机构网点87家，员工3052人。年内，本外币资产总额6452.85亿元，比上年减少1378.94亿元，增长率-17.6%。本外币存款余额（含金融机构存款）5852.31亿元，比上年减少571.05亿元，增长率-8.9%。本外币贷款余额（含贴现）2891.06亿元，比上年增加216.23亿元，增长率8.1%。不良贷款余额5.46亿元，不良率0.23%。实现净利润88.82亿元。

地址：西城区金融大街甲27号投资广场

邮箱：100033

电话：95558

（张　腾）

【公司银行业务】　年内，中信银行总行营业部在同业竞争激烈的形势下，把握存款来源，加强重大项目管理，扩大战略客户、机构客户等传统领域优势，提升交易银行、投资银行等重点产品贡献，开发新行业、新客户，完善客户经理、产品经理队伍建设，推动对公负债业务增长。截至年底，本外币公司一般性存款日均余额4119.98亿元，居股份制银行第二位。资产业务完善小微企业金融服务体系，信贷支持棚户区改造项目落地，重点开拓“三大（文化、健康和环保业）、三高（高科技、高端制造业、高品质的服消费与服务业）、三新（新材料、新能源、新商业模式）”客户。截至年底，人民币公司一般性贷款余额1100.65亿元，居股份制银行前列。

（张　腾）

【投资银行业务】　年内，中信银行总行营业部发挥银行专业、渠道、信息等优势，扩大股权投融资、实业投资、并购贷款、产业基金等方面的客户服务范围。债券承销规模1194.2亿元，居股份制商业银行第一位。融资类理财新增融资规模160.86亿元，融资类理财日均总规模646.98亿元；牵头跨境银团签约规模折合人民币余额216.9亿元，放款规模折合人民币198.9亿元。

（张　腾）

【交易银行业务】　年内，中信银行总行营业部从以产品为中心转向以客户为中心，从营销产品转向提供解决方案，为客户提供“融资+结算”“现金+票据”“线上+线下”综合金融服务。通过创新私募基金结算、现金池票据池双池产品，推进交易银行重点项目。截至年底，交易银行客户数累计达34845户，实现轻资本中收9222.6万元。

（张 腾）

【汽车金融业务】 年内，中信银行总行营业部构建“专注+专业”的汽车金融业务营销与操作平台，提高业务效率和风险管理水平，拓展与客户合作的深度及广度，通过中信母子行业务联动，分层解决客户的实际需求。调整客户准入政策，优化汽车金融业务客户结构，强化日常贷后过程风险管理，确保资产质量。截至年底，汽车金融业务有效经销商户168户，日均存款125.46亿元。

（张 腾）

【房地产金融业务】 年内，中信银行总行营业部坚持符合调控政策导向，顺应市场发展趋势，在重点支持住宅项目的基础上拓展经营性物业贷款，开展住房租赁融资业务创新；通过严格客户准入、强化贷后管理等举措控制业务风险，确保资产安全；严格落实监管政策，促进融资业务回归本源。

（张 腾）

【零售银行业务】 年内，中信银行总行营业部以“三年战略规划”为蓝本，围绕中信银行总行零售“四三三”指导思想，深化总营零售转型，一手抓体系建设，一手抓指标推动。截至年底存款业务：个人存款时点余额621.15亿元，年增21.06亿元，在北京市股份制银行中排名第一；个人存款年日均余额616.89亿元，年增17.27亿元；活期储蓄日均余额306.37亿元，年增50.78亿元，活期占比达到49.66%；外币储蓄余额10.79亿美元，年增4.98亿美元，在北京所有银行中排名第一。管理资产余额突破2000亿元大关。AUM余额2214.88亿元，年增360.84亿元；AUM日均余额2068.73亿元，年增358.23亿元，同比增长20.94%。零售资产：不断完善个贷产品体系，有序推进个人按揭贷款业务，尝试各类信用贷款业务，满足北京市场个人贷款客户按揭、消费用途的合理融资需求。零售资产余额1084.83亿元。客户经营：零售达标客户数21.63万户，年增3.6万户；AUM 5–50万元零售客户数20.78万户，年增1.9万户；AUM50–600万元零售客户数8.2万户，年增1.32万户；AUM 600万元以上零售客户数4733户，年增1161户。代理销售：成立私人银行中心，代理销售结构进一步优化。理财销量4162.93亿元，同比增长10.03%；代销信托销量62.62亿元，同比增长210.21%。手机银行：移动银行活跃客户数89.21万户，其中，手机银行67.57万户，微信银行21.64万户，移动银行新增客户数75.16万户，年交易1001.37万笔，移动银行月均活跃客户数35.4万户，手机银行达标活跃客户数43.14万户。电子商务：电子商务中间业务收入1.34亿元，同比增长2.65倍，带动结算商户储蓄提升1.88亿元。跨境支付：跨境电子支付业务交易175.37亿元，同比增长700.05%，北京市场占有率保持第一。

（张 腾）

【官方微信】 年内，中信银行总行营业部微信公众号关注新增26.48万户，总关注量60.71万户，绑卡新增30.73万户，总数57.88万户，推送图文41次208条，平均每篇阅读量9759次，同比增加22%。

（张 腾）

【服务品质】 中信银行总行营业部连续3年银监局消费者权益保护评级为一级。年内，获北京银行业“金融知识进万家”宣传服务月活动先进单位。奥运村支行、京城大厦支行、知春路支行获中国银行业协会全国“五星级”网点，方庄支行、首体南路支行获北京银行业协会特色网点称号，万达广场支行案例《货币是如何出现的》获银监局联合秉正中心“金融知识进万家”授课案例大赛少年儿童组一等奖；在“秉正杯——感动消费者的那些人那些事”评选中，零售银行部获得“集体社会责任奖”。

（张 腾）

【金融市场业务】 年内，中信银行总行营业部顺应“防风险”“去杠杆”监管形势，落实监管要求，深化“轻型银行”业务转型。压降同业资负规模，截至年底，同业资产余额996.95亿元，同比减少55.53%，同业负债余额1241.59亿元，同比减少41.34%；加强服务实体经济能力，开拓票据一级市场，票据直贴累计发生额514.27亿元，位居北京市场第一名；重点推动轻资本业务，通过同业+平台的营销推广，提升轻资本业务线上化覆盖率，理财销售规模同比增长103.21%。

（张 腾）

【国际业务】 年内，中信银行总行营业部严守合规经营底线，践行“专业、快捷、灵活”的服务理念，依托产品模式创新、境外渠道拓展等手段，巩固传统业务，推动符合市场需求和国家“一带一路”政策导向的出口信贷业务，业务结构进一步优化，产品线得到充实。截至年底，累计实现轻资本收入4.79亿元人民币、金融市场交易量2811.5亿元人民币。

（张 腾）

【托管业务】 截至年底，托管中收13.58亿元，增幅47.61%；托管规模2.37万亿元，增幅60.14%。紧抓客户营销，信托、证券、公募基金、私募基金、保险、互联网金融六大行业重点客户初步实现全覆盖。提出“托管+”经营理念，围绕基础托管业务建立的客户关系，提升对托管客户的服务能力。完成全部单一年金计划到期续签工作，中标一轻集团年金托管资格，继续保持在北京企业年金市场托管规模第一的地位。对托管营运全流程进行梳理，重点客户系统直连，实现划款指令电子化；对各业务节点进行风险排查，确保托管业务快速、高效和安全营运。

（张 腾）

【风险控制】 年内，中信银行总行营业部不良贷款余额5.46亿元，不良贷款率0.23%。其中公司贷款不良余额0.63亿元，公司不良贷款率0.05%。会计运营，配合人民银行完成同城电子清分平台升级改造（二期）；陆续上线统一支付平台、押品权证实物管理系统、票交所系统、新一代授信管理系统等系统；完成网点运营人员转型，全力提升运营人员业务能力；根据人民银行运营工作管理要求，及时转发、下发各类运营制度文件及业务规范文件；提高现金运营水平，推动挂账清理；通过严格的工作检查，提高运营人员业务规范行为和支行柜面操作风险防控能力。合规经营，深刻理解中央把防范和化解金融风险作为实现小康社会的三大攻坚战之首务的深远意义和坚定决心，准确把握并积极应对当前“严监管、重监管、重处罚”的监管新形势，把防范案件作为总行营业部合规管理工作的核心目标，把整治市场乱象作为贯穿全年的合规工作抓手。围绕总营新3年战略规划，加强合规文化宣导，夯实一把手责任意识，全力推进建设“平安中信”；优化内控机制体系，夯实内控管理根基；强化授权管理，提升合规风险源头把控；强化自查、整改、问责，全面推进合规经营；建立立体化案防体系，有效遏制案件发生；贯彻落实监管新规，提升反洗钱风险管理水平。

（张　腾）

【营业结算部业务】 年内，中信银行总行营业部营业结算部在职员工47人。截至年底，一般性存款余额48.76亿元，其中公司存款余额33.81亿元，个人存款余额14.95亿元。各项贷款25.68亿元，其中公司一般性贷款0.3亿元，个人贷款25.38亿元。

（张　腾）

【西单支行业务】 年内，中信银行总行营业部西单支行在职员工32人。截至年底，一般性存款余额69亿元，其中公司存款余额60.7亿元，个人存款余额8.3亿元。各项贷款29.03亿元，其中公司一般性贷款5.85亿元，个人贷款23.18亿元。

（张　腾）

【广安门支行业务】 年内，中信银行总行营业部广安门支行在职员工24人。截至年底，一般性存款余额46.07亿元，其中公司存款余额39.89亿元，个人存款余额6.18亿元。各项贷款12.04亿元，其中公司一般性贷款1亿元，个人贷款11.04亿元。

（张　腾）

【德外支行业务】 年内，中信银行总行营业部德外支行在职员工23人。截至年底，一般性存款余额15.25亿元，其中公司存款余额12.35亿元，个人存款余额2.9亿元。各项贷款10.03亿元，其中公司一般性贷款0.37亿元，个人贷款9.66亿元。

（张　腾）

【中信城支行业务】 年内，中信银行总行营业部中信城支行在职员工31人。截至年底，一般性存款余额68.71亿元，其中公司存款余额59.23亿元，个人存款余额9.48亿元。各项贷款29.11亿元，其中公司一般性贷款22.51亿元，个人贷款6.6亿元。

（张　腾）

【天桥支行业务】 年内，中信银行总行营业部天桥支行在职员工24人。截至年底，一般性存款余额13.95亿元，其中公司存款余额11.03亿元，个人存款余额2.92亿元。各项贷款26.61亿元，其中公司一般性贷款10亿元，个人贷款16.61亿元。

（张　腾）

中国光大银行股份有限公司北京分行

【概况】 中国光大银行股份有限公司北京分行（简称光大银行北京分行）有营业网点68家，员工2700余人。截至年底，资产总额4572亿元；一般存款余额3208亿元，较上年增加243亿元，增幅8%。其中：对公存款余额2635亿元，增加233亿元，增幅10%；对私存款余额573亿元，增加10亿元，增幅2%。大资产业务规模2574亿元，增加91亿元，增幅4%。其中，一般贷款余额1027亿元，增加50亿元，增幅5%。营业收入92.01亿元，增加2.04亿元，增幅2.30%；中间业务净收入36.04亿元，增加1.52亿元，增幅4%；营业利润66.01亿元；风险调整后利润49.17亿元。不良贷款率0.59 %，低于全系统和银行业平均水平。

地址：西城区宣武门内大街1号

邮编：100031

电话：66567699

（潘远发）

【公司银行业务】 年内，光大银行北京分行坚持存款立行方针，把“综合金融”作为重要发展方向，发挥“大客户、大平台、大项目”优势，多措并举做强传统业务，对公综合营销能力增强。通过结算、清算、托管、代发等基础性、源头性业务，稳定重点存款客户，保持对公存款稳定增长。与多家大型客户签署战略合作协议。发挥三项中央财政代理资格齐全的优势，拓宽与中央预算单位的合作范围。深化与北京市两级财政业务联系，与多家市属骨干企业建立业务合作关系。发展大资产业务，推动投行、同业、贸金和资管等业务与传统信贷相整合，围绕重点行业、重点客户以及发改委推荐、国家政策支持等项目，增加大资产投放，大资产规模2574亿元，增幅4%，系统内排名第一。

（潘远发）

【零售银行业务】 年内，光大银行北京分行零售业务以“四化”转型方向为指导，围绕“盈利、规模、客户”三大核心目标，以增收创效为主战场，抓重点、补短板、强弱项，确保零售业务平稳持续发展。以利润为核心，以价值创造为抓手，调整业务结构，拓展收入来源，稳定营收增长。截至年底，客户总量达到679万户，规模和增量均在系统内排名第一，大零售业务收入利润占比持续提升。

（潘远发）

【网点转型】 年内，光大银行北京分行顺应互联网金融发展趋势，打造“互联网+”业务模式，抢占业务发展制高点。在总行支持下，抓住市场机会发展科技金融。加快推进“互联网+信用卡”模式，与多家知名互联网企业联合发卡，提升发卡规模和质量。发挥代发“平台”优势，服务代发客户37万人，年内累计代发286亿元。在4家网点试点布放智能设备，提升科技金融服务水平。精简窗口61个，调整近百名柜员充实营销服务一线。辖区社区支行中已有47家实现盈利，占比92%。

（潘远发）

【集团内部业务联动】 年内，光大银行北京分行借助集团“全牌照”金融平台，与系统内证券、保险、金控、信托和租赁等企业开展业务联动。在客户互荐、渠道共享、交叉销售、成果互换等方面，形成市场拓展和客户服务的合力。与光大证券有限公司合作开发三方存管客户 2.2 万个，代销证券集合资产管理计划 60 支 16 亿元。代理实收光大永明保险公司保费 1.87 亿元，开展银保资管通 142 亿元，推出乐容健康管理养老金等产品。与香港分行、首尔分行联动营销国际业务客户。联合上海、天津、石家庄等 25 家分行，拓展央企京外业务。

（潘远发）

【风险防控与合规管理】 年内，光大银行北京分行强化全面风险管理，落实强监管要求，深入开展专项治理。建立健全合规管理长效机制，提高合规经营水平。组织完成对 32 家支行常规全面稽核和 10 个专题稽核，对经营单位开展代销业务专项检查、“飞行检查”和“录音录像”检查。加强合规文化建设与合规培训，组织合规宣传教育，在总行合规知识竞赛中获得第一名。实现全年无案件、无事故、无重大业务差错的目标。坚持“三重一大”集体决策和大额支出集体审批，规范财务开支和招标采购管理，防范财务风险。

（潘远发）

【服务与保护消费者合法权益】 年内，光大银行北京分行高度重视消费者权益保护工作，完善制度建设，加强金融知识宣传教育，组织开展消费者权益保护培训。先后举办新入行员工培训班、零售客户经理能力提升培训班、柜员提升培训班、支行员工消费者权益保护及投诉知识培训，实现分行一线员工全覆盖。根据总行要求，组织分行员工参与在线消费者权益保护知识学习和考试。开展金融知识进万家暨金融知识普及月、金融知识万里行、“3·15”金融知识宣传、守住钱袋子等宣教活动，通过“进社区”“进校园”等方式，让金融知识贴近百姓、走进千家、普惠万户、深入人心。开展各类宣教活动 960 余场次，参与干部员工 9000 余人次，受众客户 600 余万人次。被北京银监局评为消费者权益保护工作一级行；被人民银行营业管理部评为消费者权益保护工作 A 级行。

（潘远发）

【人才队伍建设】 年内，光大银行北京分行坚持党管干部原则，完善干部管理办法。落实银监会对重要岗位人员实行轮岗的监管要求，组织 17 名任期 6 年以上的支行行长轮岗交流。扩大优秀人才储备库，储备各方面优秀人才 230 余人。根据总行职位体系改革部署，在调查研究的基础上，科学制定方案，完成员工新职位初始化入位工作，完善员工职级和薪酬体系。组织业务培训 47 类 388 期，参训员工 3.8 万人次，人均培训超 100 小时。分行获全国金融五一劳动奖状，金融街丰盛支行获全国金融先锋号，中关村支行获全国金融五一巾帼标兵岗。

（潘远发）

【党风廉政建设】 年内，光大银行北京分行深入学习贯彻党的十九大精神，以习近平新时代中国特色社会主义思想为指引，不断增强“四个意识”，坚定“四个自信”。加强基层党建工作，扎实推进“两学一做”学习教育常态化、制度化，围绕业务抓党建，抓好党建促发展，推进全面从严治党、从严治行工作落地生根、深入人心。以党支部为单位，落实“三会一课”等基层组织生活，加强对党员干部的教育督促，实现基层党支部和党员学习教育全覆盖。组织支部和党员学习研讨、集体学习 2742 次，专题党课 388 场。遵照作风建设永远在路上的精神，贯彻落实中央八项规定精神，反对“四风”，践行监督执纪“四种形态”。组织召开分行党建和纪检监察会议，对作风问题抓早抓小抓经常，及时处置问题苗头。

（潘远发）

华夏银行股份有限公司北京分行

【概况】 华夏银行股份有限公司北京分行（简称华夏银行北京分行）资产总额 2706.05 亿元，负债总额 2669.33 亿元。年内，累计实现拨备前利润 43.75 亿元，同比增加 8.55 亿元；实现中间业务净收入 11.81 亿元，同比增加 1.52 亿元。一般性存款余额 2050.95 亿元，较年初增加 70.38 亿元，增幅 3.55%；一般性存款日均 2012.78 亿元，同比增加 119.74 亿元；贷款余额 1401.56 亿元，较年初增加 135.7 亿元。截至年底，华夏银行北京分行下辖综合性支行 61 家、社区支行 11 家，自助银行 72 家，布放自助设备 641 台；正式员工 2148 人。

地址：西城区金融大街11号

邮编：100033

电话：58598600

（李原野）

【服务首都经济】 年内，华夏银行北京分行确定以“一行一司”为基础、以“定行联区”为目标、以“一部三城”为方向、以行内招标为手段的创新服务模式，确定服务各市属国有企业及各区县的主办支行，增强经营单位与政府、企业的黏性。支持首都民生建设，为北京市新机场项目、通州新城的基础设施建设项目、大兴区集体建设用地入市项目等提供信贷支持，棚改项目涉及石景山、房山、西城、丰台等各区。强化对首都经济产业升级、京津冀协同发展项目的支持，为亦庄移动硅谷创新中心项目、通州区数据技术研发中心建设项目等提供专项授信。加强平台搭建和重点客户对接，实现与北京 16 个区政府、金融办、发改委、重大项目办等政府职能机构全面对接，与 8 个区搭建总、分、支联动营销平台。

（李原野）

【科技金融和文创产业业务】 年内，华夏银行北京分行依托中关村管理部，主动服务科技企业。推动“知识产权贷”“高新易贷”“创业易贷”等创新产品，构建投保贷一体化金融服务机制。截至年底，中关村管理部对公用信户中，高新技术企业占比 60%，上市公司和新三板挂牌企业占比近 30%。打造华夏银行投贷联动业务特色，设立总规模为 15 亿元的华夏银行中关村投贷联动母基金，总行出资 20 亿元支持中关村管理部参与设立总规模超过 300 亿元的北京市科技创新基金项目。全力支持北京市互联网金融专项整治工作，网络借贷资金存管业务成效明显，完成5家平台正式上线，实现存管规模近1000亿元，带动存款规模大幅增长。设立北京文创产业管理部，创新推出四大产品线，致力于为文创类企业提供差异化服务。与文科租赁、文科担保、北文中心、中国文化投资基金管理公司等文创产业专家机构签署战略协议，搭建专项投资于文创类相关产业的大基金。

（李原野）

【个人金融业务】　截至年底，个人存款日均491.38亿元，同比增加32.53亿元，增幅7.09%；个人基础客户23.63万户，比年初增加1.93万户；信用卡VIP客户39.44万户，比年初增加7.82万户；ETC卡累计签约60.8万张，比年初增加6.57万张；移动银行客户95.04万户，比年初增加25.7万户。

（李原野）

【优化机构布局】　年内，华夏银行北京分行机构布局继续向远郊区县延伸，门头沟支行、运河支行正式开业，完成石景山支行、菜户营支行、怀柔南大街社区支行等多家网点装修改造工作。截至年底，分行共下辖综合性支行61家、社区支行11家，自助银行72家，布放自助设备641台，网点遍布北京主城区及通州、顺义、房山、怀柔等远郊区。全面提升通州地区网点布局的战略定位，加强在通州的网点建设，设立2家综合性支行、1家社区支行，2家自助银行，40多台各类自助机具。

（李原野）

【强化全面风险管理】　年内，华夏银行北京分行重点做好信用风险管理，制定并严格执行《北京分行2017年信贷与投融资政策》，开展非零售客户信用评级补评和更新工作，加强内部评级数据管理、授信业务尽职调查和信用风险专项排查。做好操作风险关键指标监测，有效防范对重要业务连续性风险，加强外包业务管理和重点业务市场风险控制。实施全天候舆情监测，完善声誉风险和突发事件管理机制，有效防范声誉风险。加强“三防一保”工作，防范信息技术风险，不断完善技防、物防基础设施建设。年内实现安全稳定运行“零案件”，确保党的十九大等重大活动期间安全稳定运行“零事故”。

（李原野）

【强化合规案防教育】　年初，华夏银行北京分行召开全员“合规案防警示教育大会”，强化全行、全员的合规、案防、守法意识。组建分行反洗钱专职团队，对可疑交易报告进行集中分析处理。通过总行反洗钱平台报送可疑交易报告103例，报人民银行营管部重点可疑2例，报北京市内保局重点可疑案例2例。加强对经营单位的突击检查和员工异常行为排查，发现隐患苗头，及时制止，防止发展成为重大风险事件。强化合规文化的宣传教育，开展“学习监管新规”宣传教育活动，组织全员普法学习。

（李原野）

广发银行股份有限公司北京分行

【概况】　广发银行股份有限公司北京分行（简称广发北京分行）营业网点59家，其中53家支行网点和6家社区支行网点。在岗人数1823人，其中正式在编1769人。截至年底，广发北京分行总资产2553.95亿元，同比增长285.29亿元，增幅12.58%；本外币存款余额2065.09亿元，同比增加90.91亿元，增幅4.60%；其中人民币存款余额1943.85亿元，实现报表营业收入64.76亿元，净利润48.96亿元。

地址：东城区东长安街甲2号
邮编：100005
电话：65169365

（陈悦哲）

【公司业务】　年内，广发北京分行公司业务坚持推动“主战场”战略，加大对“三重一核”领域的营销，将主要客群定位为央企、市属国企、优质民营上市公司，净增有效客户6000户。抢抓机遇，加大信贷投放力度，投放公司优质授信资产近200亿元，对公贷款增速超过30%，居北京市股份制银行首位。公司贷款的综合收益进一步加强，存款回行率截至年底达到22.7%，较年初增长9个百分点。授信合作的加强，促进了对公存款规模的稳步增长与结构的持续优化，人民币对公基础存款日均新增96.5亿元，常规存款年日均占比达到64%，较年初提高10个百分点。新开户质量明显提高，对公新开户超过3500户，带动日均存款60多亿元，其中央企（国企）本部及一级子公司新开户超过10户。截至年底，本部在京80家央企中，已有70家与广发北京分行开展不同程度的合作，与60家市属国有企业中超过半数的企业建立良好合作关系，为未来的发展奠定基础。

（陈悦哲）

【交易银行业务】　年内，广发北京分行稳步推进跨境金融、供应链金融、现金管理及客户综合金融服务等业务，带动常规类存款增长超过13亿元，新增对公客户数超过600户；离在岸外币日均存款规模较年初增长42%，FTP利差收益突破1亿元，较年初增长90%以上；实现外币流贷利差收入近3000万元，较年初增长6倍；年内落地3个风参直贷项目，带来跨境联动收益及远期汇兑收益2400万元；新增一批重量级国际结算客户。

（陈悦哲）

【推广个人金融方案】　年内，广发北京分行个金业务条线将理财、个贷、信用卡、保险业务进行整合，5月份推出针对公司企业员工的《个人金融综合营销方案》，企业员工能够享受到广发银行提供的多类金融及非金融服务，取得成果，新增基础客群3万户，带动AUM6亿元、日均常规储蓄2.5亿元。

（陈悦哲）

【银保协同工作】　年内，广发北京分行代销国寿期交保险8656.73万元，计划完成率168.6%；代销国寿团险232万元，计划完成率129.1%；代销财险160万元，计划完成率159.6%；发行“广发—人寿财险捷算通联名卡”920张，计划完成率170.4%；通过“广发—人寿财险捷算通联名卡”线上代销国寿安保基金5834.7万元，计划完成率116.7%。所有银保协同考核指标计划完成率均超过100%。推动投资项目落地，总金额超过300亿元，带动常规存款日均超过30亿元，推动和国寿集团6家一级子公司的现金管理全面合作，包括与寿险公司、财险公司的银企直连对接，完成国寿投公司、国寿养老险公司、国寿资产管理公司的现金管理系统上线工作；金融市场条线落地托管产品26支，托管产品规模2151亿元。

（陈悦哲）

【20周年行庆活动】　年内，广发北京分行成立20周年。为凝聚团队合力，提升企业形象，广发北京分行开展多项纪念活动。在奥林匹克森林公园全员健步走，开展“北京分行时光机”老照片回顾活动，制作20周年业务宣传册，在《北京青年报》《金融时报》登载广告，设计制作“钱途似锦”主题行庆宣传台历，介绍“一带一路”成员国家的货币等。

（陈悦哲）

招商银行股份有限公司北京分行

【概况】　招商银行股份有限公司北京分行（简称招商银行北京分行）有营业机构109家，其中新开业营业网点2家。员工总数4781人。年内，总资产6566.04亿元，同比增加902.11亿元，增幅15.93%；全折自营存款余额5548.58亿元，同比增加669.87亿元，增幅13.73%；全折自营贷款余额2209.18亿元，同比增加162.78亿元，增幅7.95%；实现利润140.10亿元，同比增加27.99亿元，增幅24.97%。资产质量持续保持优质，不良贷款率0.21%。

地址：西城区复兴门内大街156号

邮编：100031

电话：66427107

（赵　佳）

【公司金融业务】　年内，招商银行北京分行将批发体制改革向纵深推进，面向市场调整组织架构，面向客户优化经验模式，面向流程完善配套机制。对公负债业务快速增长，人民币对公存款年日均增长869亿元，同比增幅33.8%；客户基础不断夯实，对公客户数突破23万户；资产投放保持平稳增长，表内对公信贷余额1037.33亿元，较年初增长135.03亿元。交易银行业务聚焦支付结算、贸易融资供应链与跨境金融三大业务板块，产品业务不断创新，推动向轻型银行转型；同业业务持续创新突破，落地多个国内，行业内“首单首创”业务，拓宽招行同业金融产品品类；小企业金融业务实现专营化改革，进一步聚焦客户经营，以金融科技为手段，投贷联动的方式，陪伴客户成长的全生命周期；机构业务深入开展机构类战略客户经营，紧跟国家重大战略、重点项目，打造机构智慧产品。

（赵　佳）

【零售金融业务】　年内，招商银行北京分行持续发力零售金融，各项指标实现快速发展。截至年底，管理客户总资产余额突破万亿，增量1032亿元。财富管理业务收入35亿元。零售客户数量持续快速增长突破百万。零售客群通过获客渠道多样化与客群分层经营等工作，客户拓展与经营能力增长；财富管理业务以保障险、私募基金等复杂产品为抓手，业务结构持续优化，资产配置能力不断增强；私人银行业务落地“不动产信托”与“家族办公室”，综合金融能力迈上新台阶；采取“温馨北京”等多项措施强化服务水平，客户服务体验持续提升。发展消费金融，支持小微企业发展，零售贷款余额达到1044.71亿元，较年初增长159.55亿元。

（赵　佳）

【投行资管业务】　年内，招商银行北京分行在合规前提下，推进业务创新，推动投行资管业务持续发展。债券承销业务市场影响力进一步增强，主承销规模达到668亿元，落地市场单只发行规模最大的金融债券，全国首单绿色资产支持票据（ABN）。在资管业务上，聚焦固定收益、权益投资、结构化产品三个领域，不断加强业务创新，落地全国首单住房租赁类REITs业务。资产托管业务快速增长，资产托管余额1.8万亿元，较年初增长3876亿元。

（赵　佳）

【风险管理】　年内，招商银行北京分行继续坚持稳健经营的理念，推进风险管理由治标向治本转化，加强风险预警和排查，防范各类风险，风险管理扎实有效，资产质量继续保持稳定优良。截至年底，不良贷款余额4.64亿元，不良率0.21%，继续控制在较低水平。

（赵　佳）

中国民生银行股份有限公司北京分行

【概述】　中国民生银行股份有限公司北京分行（简称民生银行北京分行）本外币总资产余额6328.62亿元。各项存款余额5235.65亿元，其中人民币存款余额4776.92亿元。各项贷款余额2285.6亿元。年内，营业收入150.19亿元，营业支出46.27亿元，实现税前利润103.92亿元。截至年底，民生银行北京分行下设支行88家，正式员工3350人。

地址：西城区复兴门内大街2号

邮编：100031

电话：58560088

（龚耀星）

【公司金融业务】　年内，民生银行北京分行落实党的十九大精神，贯彻全国金融工作会议和中央经济工作会议要求，从公司战略上转向以民营企业为重心，以客户为中心，聚焦重点客群开发。在传统领域，聚焦国家、北京区域战略，支持京津冀协同发展，按照北京“十三五”规划核心蓝图，配合市、区各级政府及相关职能部门，重点支持城镇化建设（棚户区改造、保障房建设）、轨道交通、高速公路等基础设施项目建设；支持“一带一路”战略中的海外并购及国际信贷等项目，按照“一户一策”进行综合一体化开发。在新经济领域，聚焦上市公司、产业链上下游客群及中小企业客群，支持区域大型集团企业和优质上市公司的技术改造、产业升级、行业并购等项目；介入互联网金融业务，支持优质央企、国企及龙头民营企业的线上供应链金融项目；通过系统对接、资金托管、供应链融资等特色创新服务，为企业提供链式综合金融服务；支持服务中小企业，提供资金结算、现金管理、投融资等多种金融服务。

（龚耀星）

【个人金融业务】 截至年底，民生银行北京分行储蓄余额674.2亿元；个人贷款余额759.3亿元，同比增加42亿元，增长5.9%；金融资产余额2048.2亿元，同比增加218.5亿元，增长11.9%。零售客户稳步增长，有效客户37.5万户，同比增加1.8万户；贵宾客户27.6万户，同比增加1.6万户。网络金融业务持续健康发展，手机银行客户总量达220.47万户，同比增加38.23万户，增长20.98%；直销银行客户总量达31.38万户，同比增加14.84万户，增长89.72%；电子银行交易替代率达99.5%，同比提升0.15%。

（龚耀星）

【中间业务】 截至年底，民生银行北京分行同业存款余额2992.99亿元，发行债券45支，承销规模293.97亿元。资产托管业务存量规模1.77万亿元，新增规模2900亿元，同比增长19.2%。

（龚耀星）

【风险管理】 年内，民生银行北京分行回归信贷本源，持续提升全面风险管理水平。在信贷投向上坚持服务实体经济，抓住区域性机遇，早规划、早布局、早落地，大力服务绿色金融和科技金融领域；在结构调整上加强资产组合管理，坚持有保有压，行业和客户结构得到持续优化和提升；在资产质量管控上采取有效措施防范重点领域风险，加大检查考核力度，强化风险问责机制，资产质量持续保持稳定。重视依法治行工作，从推进法治文化培育、推进业务规范运行、推进法治绩效监督等方面着手，夯实法治合规基础，不断完善内控合规体系建设，坚定依法治行理念，走出一条可持续发展的法治合规建设新路。

（龚耀星）

北京银行股份有限公司

【概况】 北京银行股份有限公司（简称北京银行）分支机构561家，其中北京地区分支机构257家。截至年底，表内外总资产3.09万亿元；实现净利润188.82亿元；成本收入比26.85%，人均创利近130万元，经营绩效继续保持上市银行领先水平；不良贷款率1.24%，较年初下降0.03个百分点，拨备覆盖率265.57%，拨贷比3.3%，风险抵御能力在经济转型期持续增强。

地址：西城区金融大街丙17号北京银行大厦

邮编：100033

电话：66426500

（王昕芳）

【品牌建设】 年内，北京银行品牌价值365亿元，位居中国银行业第7位。一级资本排名全球千家大银行第73位，13年上升近500位，连续4年跻身全球百强银行之列。作为唯一金融企业，从北京市近400家企事业单位中脱颖而出，获第二届“北京市人民政府质量管理奖”。成为首家在北京城市副中心设立分行的银行，高质量服务京津冀协同发展。

（王昕芳）

【公司业务】 年内，北京银行惠民金融服务水平稳步提升，累计中标地方国库现金管理635.5亿元，累计承销地方债335.6亿元，支持地方政府重点项目建设；交易银行客户5.9万户，增长13.6%，交易银行结算存款日均4266亿元，占公司客户结算日均的70%；社保服务范围扩大，实现医疗保险全国异地支付，累计归集医疗保险资金3.1亿元；开立市、区两级城乡居民基本医疗保险基金账户，启动200万新农合人口社保卡发放工作；国内银行业首家推出教育行业综合服务方案“教育e通”，满足教育机构现金管理、代发代缴、资金计价、资金监管等需求；捐资赞助北京市教委“紫禁杯”优秀班主任奖励基金450万元；债券承销规模1066.3亿元、发行只数143只；成为市场上承销发行“债券通”的首批银行，发行首只“债券通”产品；成为北京地区首家获批绿色金融债的银行，成功发行2期累计300亿元绿色金融债；实现并购贷款投放42.47亿元，银团业务牵头规模347亿元，实现放款246.94亿元；与昌平区签署500亿元授信协议，支持未来科技城、北京科技商务区等重点项目； 支持通州文化旅游区及环球主题公园配套基础设施建设项目50亿元；服务非首都功能疏解，向“动批”疏解项目贷款9.2亿元；与房山区政府签署全面战略合作协议，授信300亿元支持区内棚户区改造等重点工程。

（王昕芳）

【小微业务】 年内，北京银行本外币小微贷款余额3856.9亿元，客户数23792户，持续完成银监会“三个不低于”要求；文化、科技金融贷款余额568亿元、1180亿元，分别较年初增长31%、33%；成立文创金融事业总部，挂牌成立大望路、雍和2家文创专营支行，在业内率先发布IP产业链文化金融服务方案“文化IP通”；与北京电视台签署全面战略合作协议，与市新闻出版广电局签署500亿元授信协议。累计为北京地区3000多家文创企业提供超过900亿元贷款支持，北京地区文化金融市场份额连续9年位居第一；首创以农村承包土地的经营权为抵押的“农权贷”特色产品，与大兴区政府签署合作协议。

（王昕芳）

【零售业务】 年内，北京银行深化“一体两翼”战略，强化客户分层，做大核心客群规模，零售客户达1872万户，增幅12.5%，其中VIP客户增幅17.5%；存贷款市场份额保持双提升，北京地区储蓄规模增量排名同业第一；零售资金量与理财销售量双双突破6000亿元，资金量增长超过1000亿元，理财销售量同比增长40%；零售贷款突破3000亿元，零售贷款不良率0.48%，较年初实现不良双降；电子银行客户突破650万户，手机银行用户增幅达44%，线上渠道重点产品替代率超过93%；与京东金融签署战略合作协议、联手打造“金融＋电商”跨界合作典范；“富民直通车”服务体系全面升级；业内首创全线上ETC服务；蝉联《亚洲银行家》“中国最佳城市商业零售银行”大奖。

（王昕芳）

【金融市场业务】 年内，北京银行围绕“两高两轻”战略，主动压降同业资产负债规模，着力提升资产收益水平和同业高收益资产占比，高收益资产同比增幅15.3%；大力发展轻资本业务，托管、理财、国内外贸易融资等低资本耗用业务，规模结构持续优化；截至年底，有效代理行1023家，覆盖全球101个国家和地区；获最佳特色贸易金融银行、2016年银行间债券市场优秀综合做市机构、最具影响力交易商、优秀货币市场交易商、优秀债券市场交易商等奖项；蝉联中国银行业协会评选的最佳贸易金融银行；连续8年获得年度美元清算直通卓越奖；储蓄国债承销在城商行中排名第一，获财政部与央行联合颁发的储蓄国债承销优秀奖。

（王昕芳）

【风险管理】 年内，北京银行贯彻各项监管政策，将提升资产质量和防控金融风险作为主题，建成高科技、现代化的风控指挥中心；构建风险偏好指标体系，完善监测预警机制，建立跨条线风险联动机制，严格全口径业务授信审批管理和全资产授信后风险管理，提升风险主动防控能力。

（王昕芳）

【信息化建设】 年内，北京银行坚持创新引领，持续释放四代核心系统建设成效，在网点转型、互联网业务拓展、支付能力升级等方面完成多项落地成果。推进非结构化数据服务平台，核心系统分布式事务处理数据库等面向互联网应用特征的平台搭建工作；科技研发助力业务向新领域延伸，实施接入网联支付清算平台，全国首家ETC线上业务，委托贷款业务系统，对公单位结算卡，银联二维码平台，投产集团票据池业等项目；建成顺义科技研发中心，占地187亩、建筑面积37.5万平方米，满足未来50年科技发展需求；与小米、腾讯、京东等企业在多个领域开展深度合作，积极打造金融科技“朋友圈”。

（王昕芳）

证 券

中国证券监督管理委员会北京监管局

【概况】 中国证券监督管理委员会北京监管局（简称北京证监局）年内，北京辖区有24家公司通过境内首次公开发行股票（IPO）募集资金127.02亿元，43家上市公司通过增发、配股等方式再融资1294.07亿元，股权融资1421.09亿元，占全国的9.36%；6家公司发行可转换债362.4亿元；22家公司发行公司债融资373.3亿元；证券市场共计融资2156.79亿元，占全国的11.98%。北京辖区306家上市公司总市值137764.24亿元，占全国的24.28%；上市公司总股本24004.53亿股，占全国的39.35%。18家证券公司资产总额8738.05亿元，净资产总额2465.19亿元，净资本总额2193.33亿元，累计净利润143.41亿元。473家营业部证券交易金额45.21万亿元，其中股票交易额13.39万亿元，基金交易额1.07万亿元。37家公募基金管理公司管理基金1100只，37家公募基金管理人管理基金1100只，基金资产净值合计26459.44亿元，基金份额规模合计25314.03亿份。北京辖区共发行基金259只，募集规模合计2499.61亿元。母公司公募业务规模2.65万亿元，占全行业的22.78%，母公司专户业务规模2.36万亿元，占全行业的46.36%，子公司专户业务规模1.62万亿元，占全行业的23.04%。19家期货公司资产总额736亿元，年期货代理交易额41.5万亿元，约占全国11.06%，代理成交量7.21亿手，约占全国11.75%。19家证券投资咨询机构总资产24.32亿元，净资产11.65亿元，营业收入21.49亿元，合计盈利0.9亿元。

地址：西城区金融大街26号金阳大厦6层、7层
邮编：100033
电话：88088060

（张 靖）

【拟上市公司监管】 年内，北京证监局认真落实《拟上市公司辅导工作监管指引》各项要求，规范企业辅导备案和验收工作，从源头把关上市公司质量。受理拟上市公司辅导备案103家，完成辅导监管和验收46家。

（张 靖）

【上市公司监管】 年内，北京证监局强化上市公司现场检查，修订双随机检查制度，加大对风险公司和存在重大事项公司的抽取比例，完成45家次上市公司现场检查。对上市公司逐一建立风险监管档案，动态跟踪公司风险指标，及时更新公司风险分类进行分类监管。全面强化年报审核，深度排查公司主要问题与风险，基本实现高风险公司全覆盖，对疑点坚持一问到底，严肃追责。深化供给侧结构改革，稳步推进多层次资本市场建设，服务实体经济健康发展，支持上市公司利用资本市场转型发展，助力首都地区优质企业上市。

（张 靖）

【证券机构监管】 年内，北京证监局落实中国证监会简政放权要求，在网站公示行政审批转事后备案事项的监管要求，指导证券机构严格履行备案义务，接受辖区机构备案2188件，接收代销及资管产品备案992件。依法办理行政许可，核准行政审批事项82件，办理许可证766件。强化投行类业务监管，制定投行类业务监管信息协作方案。开展债券风险全面摸排分析工作，建立债券风险监测机制，对杠杆率较高及存在异常情况的公司，逐家约见谈话，持续监控督导。摸排股票质押回购业务风险底数，对辖区公司开展股票质押业务的首次交易金额、集中度、质押率、履约保障比例等进行摸底。排查处理资管业务风险隐患，对辖区2500余支产品，规模2万余亿元资管业务的资金来源、

投向、管理方式、杠杆水平等开展调研分析，督促辖区公司平稳整改大集合跨周期资管产品，逐一摸排存续高杠杆资管产品，对涉嫌违规产品开展现场检查。年内，现场检查20余次，现场核查30余次，采取监管措施6次。

（张 靖）

【期货市场监管】 年内，北京证监局开展期货公司商品期权业务准备情况现场检查、期货公司信息安全专项检查、投资者适当性准备情况检查、期货公司客户保证金和净资本专项检查，检查期货公司及分支机构64家次。开展非现场监管工作，做好备案审核和许可证审核发放工作，关注期货公司风险监管指标达标情况，持续深入做好保证金安全存管工作，有序开展期货公司年报审核工作。指导北京期货商会举办期现结合系列培训，搭建期货机构与现货企业、机构投资者的交流沟通平台，促进合作，提升服务实体经济能力。

（张 靖）

【基金行业监管】 年内，北京证监局依托公开披露信息、各类监管备案材料等非现场信息，形成基金公司年报、内控评价报告年报、外资代表处年报、监察稽核报告季报、子公司风控指标季报、监管季报、货币市场基金监控季报、销售机构基本情况月报、资管产品月报等9类分析报告，将其作为非现场监管的有效手段，监控掌握辖区机构变动情况，提前预判并化解风险隐患。督促市场主体落实新规，提升合规经营水平，督促基金专户子公司做好子公司下设机构清理、解决同业竞争、落实风控指标管理等项要求，加快建立运行有效的风控合规垂直管理体系，跟踪《证券期货投资者适当性管理办法》的落实工作，要求辖区机构及时对照《公开募集开放式证券投资基金流动性风险管理规定》自查，在规定时点及时做好制度调整、合同修订、信息披露等工作。组织开展辖区31家基金公司、22家基金子公司、34家独立基金销售机构完成风险合规自查评估。召开年度辖区基金公司督察长联席会，通报上年度辖区基金行业的整体情况和监管执法情况。

（张 靖）

【证券期货咨询机构监管】 年内，北京证监局对辖区5家证券投资咨询机构开展现场检查，对3家机构、4家分支机构下发监管措施。开展证券投资咨询机构自查自纠工作，督促机构加强内部控制和人员管理、保证业务合规开展。召开证券投资咨询机构监管工作会议，摆清形势，分析问题，警示市场，取得良好效果。

（张 靖）

【会计审计及评估业务监管】 年内，北京证监局完成1家事务所的全面检查、1家拟上市公司的财务核查、1家资产评估公司的资质审查、2家事务所的验收检查、8个项目的专项检查及11个线索的核查，出具警示函4份。召开辖区证券资格审计及评估机构的监管会，传达监管要求。定期向辖区机构发布《北京辖区会计及评估监管工作通讯》，及时传达监管要求，促进行业定期交流。联合北注协、北评协开展辖区证券资格审计及评估机构行业培训，累计培训280余人。继续深化与北京市财政局、财政部专员办、北注协、北评协等单位在监管信息共享等方面的协作，及时通报局审计及评估机构检查工作安排。

（张 靖）

【落实资本市场法律监管责任】 年内，北京证监局继续强化诚信系统建设和应用，录入信息220条，接收外部诚信查询103单，出具诚信查询报告210份，更新诚信信息60条，查询征信报告19份。继续开展法律审查工作，审核法律意见书135份。按照“事实清晰、程序严谨、适用准确、处罚公平”的案件审理思路，严格执法，严肃查处违规行为，审结行政处罚案件8件，在审案件7件，另有1件移交处罚委审理，下发处罚决定书10份，处罚当事人31人。牵头接待司法机关来访19件次，处理和回应司法机关来访要求。探索完善“执业监管、协作监管、自律监管、服务监管”模式，证券法律业务监管工作逐渐实现由点到面、由表及里的转变，同时注重与行业的交流和互动，对5家律所8个IPO法律服务项目进行专项检查。审阅底稿532卷，发现利益冲突管理制度与法规不符等问题112个，对4家律所和3名律师采取7项行政监管措施、1家律所出具监管提示函。

（张 靖）

【加强监管执法 保护投资者合法权益】 年内，北京证监局落实稽查执法指导意见，坚持严格执法、公正执法、文明执法三项基本原则，严厉打击证券期货违法犯罪，初查案件23件，同比增长35.3%；立案案件19件，同比增长18.8%；办结调查案件24件，完成公安移送2件。审结处罚市场首例私募基金产品未备案案件，审理审结案件同比增长127%，下发处罚决定书9份，同比增长50%。罚没款金额2488万元。配合金融局做好清理整顿各类交易场所工作，及时回应各级执法机关、司法机关提出的明确认定请求，妥善处理投资者相关投诉。配合做好问题严重、非法集资嫌疑较大的私募基金管理机构的现场检查工作，将非法集资线索移交市金融局、市公安局。做好信访举报及投资者保护工作，收到投诉者诉求事项2449件，其中：信访事项28件，举报事项1304件，12386热线事项1117件；接听举报、信访电话4855个，日均近20个。加强与中证中小投资者服务中心有限公司纠纷调解合作，在合作处理107起投诉举报过程中，成功和解35起，和解金额达242.2万元。拓宽投资者宣传教育渠道和形式，争取教育部门支持，推动北京市将投资者教育纳入国民教育体系工作。加强投资者教育基地建设，规范省级投教基地审核流程，引导2家证券公司申报国家级投教基地，认定6家证券公司、2家基金公司省级投教基地，制定运行管理办法，加强日常监管。

（张 靖）

保 险

中国人民财产保险股份有限公司北京市分公司

【概况】 中国人民财产保险股份有限公司北京市分公司在区境内有西城支公司、宣武支公司。西城支公司设有综合部、德胜门出单分中心及9个营销团队，员工99人。宣武支公司设总经理室、综合部、出单中心、车险直销部、非车险直销部、个代业务部、电销业务部、银保业务部、3个车商业务部和4个中介业务部，有员工105名。

西城支公司
地址：西城区德胜门外大街73号
邮编：100088
电话：62370120
宣武支公司
地址：西城区菜市口大街平原里20号
邮编：100054
电话：83526226

（孟庆芝 章佳玉）

【西城支公司业务】 年内，西城支公司坚持党建引领、坚持改革创新、坚持业务转型发展，以“讲规矩、严作风，抓培训、提素质，强业务、重效益”为抓手，实现北京市分公司超一流支公司的目标。西城支公司经营稳定，保持较好的盈利水平。年内，实现保费收入73656万元，同比增长7532万元，增幅为11.39%；支付赔款3.7亿元，同比增长3176万元，增长9.35%，全险种赔付率59.77%；上缴税金2765万元。机动车辆保险承保152279辆，车险保额1109.66亿元。企业财产保险承保3255笔，承担风险金额1217.37亿元。承保货运险风险金额65.01亿元。承保责任险风险金额105.52亿元。承保工程险风险金额13.75亿元。承保意健险风险金额477.66亿元，承保信用保证险风险金额8.72亿元。

（孟庆芝）

【宣武支公司业务】 宣武支公司主要经营各类财产保险、货物运输、建筑工程等保险及多种责任保险、短期人身意外保险等。年内，宣武支公司始终秉持“有效益发展”的经营理念，统筹规划、提前布局，建设多角度、叠加险种、使用性质多维度的分析工具，以加倍的资源和人力投入到直接客户和新兴业务上。年内，实现保费收入45898.88万元，利润2667.91万元，同比增长10.85%。其中，机动车保险保费收入42499万元；企业财产险保费收入1630万元；责任险保费收入790万元；特险保费收入382万元；货物运输保险保费收入248万元；意外险保费收入136万元；家庭财产保险保费收入124万元；海外工程险保费收入90万元。年内，公司设立社区门店，完善地面电销团队建设，并由两个直销部拓展社区营销工作，已与多家较大型社区达成合作意向。签约个代营销员717人。在党的十九大期间，宣武支公司多次组织志愿者团队为路旁站岗执勤的“西城大妈”送热水送温暖。

（章佳玉）

中国平安人寿保险股份有限公司北京分公司

【概况】 中国平安人寿保险股份有限公司北京分公司（简称平安人寿北京分公司）设有17个职能部门，34个营销服务部，在职员工1039人，返聘2人，保险代理人35640人，同比增长31.9%。年内，实现规模保费收入203.48亿元，同比增长23.60%。其中，个险总保费193.37亿元，同比增长25.68%；银保总保费9.98亿元，同比下降6.10%；团险总保费0.13亿元。截至年底，客户数量超过534万户，年内累计为北京市民提供人身保障14380亿元；有效保单4672406件，办理个人理赔71136件，赔款、死伤医疗给付8.6亿元，年金及满期给付35.5亿元。平安人寿北京分公司继续把“简单便捷、友善安心”的理念贯穿到理赔服务的每一个细节，理赔服务时效1.42天，客户真切地体会到保险的价值。

地址：西城区金融街23号平安大厦
邮编：100033
电话：95511 59730008

（王 菁）

【重大承保与理赔】 年内，个人理赔案件71136件，总赔付金额8.6亿元，较上年均有提升。平安人寿北京分公司顺应移动互联网时代大趋势，结合应用大数据、智能理赔等一系列新技术，推出从提交申请到结案通知最多只需30分钟的“闪赔”服务，实现“足不出户，掌上闪付”。理赔服务时效（统计期内所有已决赔案受理至通知额天数总和与统计期内所有已决赔案件数的比例）提升至1.42天，让客户更快拿到理赔款。客户L先生因交通事故不幸致残，获赔意外伤残保险金约511万元，成为年度金额最高的理赔案件。客户C女士投保人身险年度累计承保保额2亿元，成为平安人寿北京分公司年内最高保额承保新契约。

（王 菁）

【客户服务】 年内，平安人寿北京分公司客服节坚持“家庭健康新生活”理念，以“读家生活，平安相伴”为主题推行阅读服务，覆盖规模及互动频次稳步提升，触点NPS值达88%，服务口碑凸显，价值贡献提升。引导活动贯穿“阅读与分享”的主题互动，倡导“知行合一”的理念。线上覆盖人数78万人，人均互动频次在50次以上；线下举办幕天捐书志愿者进社区、少儿演讲大赛、百城读书会等系列活动，培养阅读习惯，提升公益意识，捐赠图书近10万余册。健康管理服务全面升级，从日常预防、诊中治疗、康复调理3个方面提供健康服务，覆盖客户82.8万人。注重高端客户服务体验，打造“4个1”工程，即“客服节+VIP积分+高价值服务+健康管理”等服务触点，让每一个客户在接触时体验4块内容。改进调整VIP服务网上平台，让客户足不出户通过APP积分换礼的形式体验公司的关爱。举办“春天有约，读书行路”和“开门见玺·喜阅一生”等VIP客户沙龙活动，加强与客户的沟通，倡导健康的生活方式。

（王 菁）

【个人营销业务】 年内，平安人寿北京分公司培养代理人队伍“先服务后销售”的客户服务理念。利用展E宝、平安金管家APP及微信三大线上工具将E化融入客户经营中为客户提供金融、健康、生活一站式服务，逐步实现传统销售模式向客户经营模式转型。依托平安金管家APP科技平台，开展“相聚金管家 红包任性抢”“司庆双月双回馈 假日平安健康行”“平安司庆嘉年华 金管家寻宝之旅”“幕天公益 大爱无疆”“暑期劲爆大回馈 平安保宝乐无忧”“金秋回馈 旺财报玺”等客户服务活动。线上活动从客户服务出发，结合健步行、财富讲座等线下活动形式，为客户提供增值服务体验，以家庭健康、财务安全、贴心服务等，引导客户关注健康、理财等家庭保障，践行爱与责任的寿险理念。

（王 菁）

【银行代理业务】 年内，平安人寿北京分公司银行代理业务秉持“品质优先”的经营理念，银保年度期交规模达成43997万元，达成率138%，同比增长118%，期交增速超市场89.7%，北京银保同业市场份额占比19.7%，排名第三位。与民生银行、中国银行共同推动精准专项营销，促使期交保费、件数、件均、网均及中收贡献等逐渐增长。加强对员工个人客户经营意识的引导和灌输，开展线上、线下客户回访活动，为客户提供量身定制、全面高效的保险保障服务。年内，平安人寿北京分公司银保23人达成MDRT会员标准，其中3位达成COT会员，倡导品质为先，13月保费继续率96.5%，25月保费继续率99.7%，犹豫期内电话回访成功率99.8%，保障业务健康、合规、持续发展。

（王 菁）

【风险控制】 年内，平安人寿北京分公司在法律合规、风险控制方面，坚持以风险为导向，密切关注监管动向，结合年度监管重点，开展系列自查工作，降低经营风险。开展多种形式宣导活动和培训，向保险代理人、员工、客户普及防范非法集资、反洗钱、风险控制、法律风险等知识。开展合规评审、制度建设、内控自评、操作风险、反洗钱、打击违规代销非平安金融产品、配合总公司推进偿二代、暴风维权等工作，加强对保险代理人和各部门工作的合规管控，加大对内外勤人员违规代销、销售误导、在信息平台发布虚假消息等行为的治理力度，实现风险管控前置。

（王 菁）

【社会公益】 年内，平安人寿北京分公司践行“执善心、筑大业”的慈善理念，开展各项公益活动。联合北京人民广播电台将平安年度支教主题“爱不孤读”与“幕天捐书”活动结合，发起“爱不孤读”暨幕天捐书百部睡前故事朗读者征集活动。线上发挥平安人寿金管家APP与懒人听书APP优势，在北京人民广播电台故事广播节目频道连续播讲40期，歌唱家蔡国庆，影视剧演员保剑锋、舒畅，配音演员季冠霖及北京电台多位主持人和社会各界爱心人士热情参与。线下发起北京地区平安支教行动，通过H5、微信等新媒体传播途径，面向全社会招募支教志愿者，200余人报名，通过严格的海选、面试，最终选定18人有平安员工、客户也有社会爱心人士，于9月4至22日分3批开展为期3周的支教活动。参与支教活动的各界爱心人士，将节目光盘和书籍送到山区希望小学孩子手中。与北京高校专家保持学习交流，高校学生积极参与平安励志计划。11月，举办“平安励志杯”第五届首都高校保险·金融广告设计大赛，清华大学、北京大学、中国人民大学等10余所北京高校参与，收到优秀设计作品152份，促进高校学生及社会公众对保险行业、保险产品的认识。

（王 菁）

【企业文化建设】 年内，平安人寿北京分公司关注员工的工作、生活、健康，开展多种形式的文体活动，丰富员工业余生活。节假日慰问员工及退休人员，为生病困难员工申请慰问金，雾霾严重期间为员工分发防霾口罩，多批次组织900余名员工参加健康远足活动。公司足球俱乐部、趣味棋手俱乐部、北分合唱团、新生活运动等活跃员工生活。工会连续多年举办“平安一家亲”活动。党组织开展党建、青春联谊、乒乓球选拔赛活动，搭建员工情感交流平台，践行“快乐工作、健康生活”理念。举办10场线上马拉松活动。组织员工参加优秀职工小家、优秀工会工作者评选。在营业区建设职工心灵驿站。

（王 菁）

中国太平洋财产保险股份有限公司北京分公司

【概况】 中国太平洋财产保险股份有限公司北京分公司（简称太平洋产险北京分公司）下设支公司11家、营业部2家、营销服务部7家，正式员工1380人。年内，太平洋产险北京分公司总保费收入58.64亿元，累计赔款支出为31.99亿元，综合赔付率60.47%。

地址：西城区复兴门内大街158号远洋大厦F6层
邮编：100031
电话：66428888

（孟宪斌）

【财产险业务】 年内，太平洋产险北京分公司为应对日趋激烈的市场竞争环境和日益严峻的监管形势，加快车险发展，深化车商合作，加快电销网销发展，提速产寿交叉销售；提升客户对保险业的良好体验，提高客户黏合度和忠诚度。注重采用移动理赔等手段缩短理赔时间，提高理赔时效；严格控制车险业务的综合成本率，有效降低经营成本。年车险保费收入44.86亿元。针对北京市场特点和非车险发展现状，加大非车险创新力度，重点加强产品创新，着力推出更多符合客户个性化需求的产品；参与国家“一带一路”建设，为企业走出去提供全面的风险保障；推动健康险、责任险等业务发展，服务民生领域，承担社会责任；促进车险、非车险业务联动，加快转型及创新发展，强化融合发展能力。年内，非车险保费收入13.77亿元。

（孟宪斌）

【客户服务】 年内，太平洋产险北京分公司全面开展“心”年行动，前往右安门医院探视慰问因伤情严重无法回家过元旦的伤者，送出暖心关怀。“3·15”保险服务月期间，公示服务监督电话，在查勘定损环节发放“服务监督卡”，便于客户及时获得答疑解惑；为“优享汇”会员送上积分兑换礼品；开展“高管倾听客户声音”系列活动，公司高管现场聆听保险消费者声音，解答相关问题。7月8日，开展“7·8”保险公众宣传日活动，向市民普及保险知识。10月，举办首届客户节，国庆、中秋假日期间，设立车险理赔现场服务网点323个，完成理赔服务案件1323件；与4S店共同举办“大手小手，共明天”亲子绘车活动，为车主及其子女提供亲情互动的机会；通过官微邀请客户走进剧院，观看话剧《生命密码》。

（孟宪斌）

【社会公益】 5月24日，太平洋产险北京分公司在北京顺义区太阳村开展“汇聚爱心·传递真情”主题公益捐赠活动，为太阳村小学的师生捐赠爱心物品，向每个孩子赠送爱心保险一份。10月20日，开展重阳敬老活动，邀请各基层工会会员及客户10余人组成敬老团，探望慰问北京月坛街道华方养老照料中心的老人，送去围巾和羽绒被等防寒物品，提供力所能及的照顾和服务，用实际行动为老年人献上一份爱心，送上一份关怀。

（孟宪斌）

中国太平洋人寿保险股份有限公司北京分公司

【概况】 中国太平洋人寿保险股份有限公司北京分公司（简称太平洋寿险北京分公司）下辖11个支公司，2个营销服务部，在职员工537名，其中内勤员工428名，外勤员工109名；个人营销员13010名。年内，实现保费收入52.91亿元，同比增长19.63%。其中，个人营销业务实现保费收入18.35亿元，同比增长27.05%，渠道经营业务实现保费收入6.16亿元，同比下降28.31%，健康养老业务实现保费收入1.38亿元，同比上升75.03%。年内，处理各种赔付、给付37.1万件，共计金额16.35亿元。个险业务13个月累计保费继续率95.77%，25个月累计保费继续率93.68%。渠道经营业务13个月累计保费继续率90.17%，25个月累计保费继续率83.64%。

地址：西城区复兴门内大街158号远洋大厦F6层东区
邮编：100031
电话：66416141

（安吉斯）

【个人业务】 年内，太平洋寿险总公司确立“立志成为寿险业健康稳定发展的引领者”新阶段转型目标，北京分公司在推进战略转型的基础上，贯彻集团和总公司的指导方针，不断提升核心竞争力，通过专业化经营、精细化管理、差异化竞争，对标同业主要公司，在发展中争先进位。巩固升级大个险经营体系及战略协同格局，聚焦价值，创新供给，提升服务，致力满足客户多元化保险需求。

（安吉斯）

【渠道经营业务】 年内，太平洋寿险北京分公司渠道经营业务坚持贯彻“围绕规模与效益并举、科创与合规齐抓的策略”的总体要求，紧抓政策机遇，聚焦利润定位，优化考核政策和业务结构，持续加强渠道及队伍建设，破除渠道转型瓶颈。全年实现保费收入6.16亿元，同比下降28.31%。

（安吉斯）

【健康养老业务】 年内，太平洋寿险北京分公司贯彻落实总公司健康养老事业中心发展战略规划要求，聚焦健康养老和企业员福利业务，抓好客户积累，关注政保政策，寻求政保业务突破。深度挖掘首都资源，参与城市“养老社区”和“居家养老”事业，找准服务切入点，拓展发展空间，为服务首都贡献力量，树立良好的企业形象。

（安吉斯）

【客户服务创新】 年内，太平洋寿险北京分公司开展电子化回访合规试点，使电子化回访不受时间、地点限制，客户仅需在智能手机上通过身份绑定、选择保单、问题回答、签字确认、结果提交、信息留存6个操作步骤即可完成电子化回访。9月28日，太平洋寿险“个人长险电子保单产品发布会”在京召开，正式发布生成个人长险电子保单第一单，将传统长险投保平均等待15天转化为6分钟。在长险电子保单中首次引入IBM公司“watson数据应用功能”，探索“区块链技术”在保单数据加密的应用，保单数据和校验逻辑核对的准确性均达到100%，提升保单电子数据的安全性。

（安吉斯）

【重大理赔与承保】 年内，客户齐女士投保保费金额1000万元的利赢年年C款保险计划，成为年度太平洋寿险北京分公司最大的承保契约。客户郝先生因交通事故意外身故，其保险受益人获得赔付金500万元，成为太平洋寿险北京分公司年内最大赔付。

（安吉斯）

（责任编辑　孙凤霞）

城市建设

规划管理

【概况】 北京市规划委员会西城分局（简称市规划委西城分局）是北京市规划与国土委员会的派出机构，负责组织本行政区域内的规划实施、规划审批和规划监督工作。内设办公室（政工办）、综合业务科、规划科、建设用地管理科、建设工程管理科、市政交通工程管理科、纪检监察科、法制科等8个科室，直属1个行政执法机构——西城区规划监察执法队，有北京市西城区历史文化名城保护促进中心、北京市西城区规划管理信息中心、北京市宣武建筑设计所等3个下属事业单位。年内，市规划委西城分局深入学习贯彻党的十九大精神，把习近平总书记两次视察北京重要讲话精神作为指导城市规划工作的根本遵循，全面落实《北京城市总体规划（2016年—2035年）》（简称《总规》），强化“四个意识”，筑牢“红墙意识”，加强城市设计，推进名城保护向纵深发展，做好棚户区改造、基础设施建设、违法建设查处等规划审批监督服务，创新开展智慧西城地理信息化建设，较好完成了各项目标任务。

地址：西城区西直门南小街国英园5号楼

邮编：100035

电话：66116076

（王鹤璇）

【落实《总规》工作】 年内，围绕市政府落实《总规》工作方案，开展《总规》宣传解读工作，开展专题研究，制定工作方案和任务清单；配合区政府组织召开动员部署大会；拟定《总规》实施意见，并通过区委全会审议；组织多层面落实《总规》意见征集座谈会。

（王鹤璇）

【编制街区整理城市设计导则】 年内，结合西城实践，编制完成《西城区街区整理城市设计导则》。导则充分学习借鉴国内外设计导则的先进经验，总结全区近几年成功实践案例，集成对接相关部门政策，反复征求专家、学者意见，认真听取人大代表、政协委员、社会群众和驻区单位的建议和意见，汇集全区智慧。同时，指导全区开展近20项城市设计，初步形成了全区、街道、片区、街道巷胡同4个层面的城市设计体系。

（王鹤璇）

【征集街区胡同公共空间设计方案】 7月，举办“我的西城宜居创想——北京市西城区街区、胡同公共空间创意设计方案征集”活动。活动面向全国，旨在加强城市设计与街区风貌管理，调动全社会对于城市空间建设的积极性与关注度，建设美丽西城，打造宜居城区。全国285个团队共计543人报名参赛，历时3个月，获得17万网络投票，人民网、《北京日报》等媒体报道活动。开展24小时胡同街巷观察活动，形成39份街区观察调研报告，创新城市设计公众参与途径。

（王鹤璇）

【成立城市品质提升艺术审查委员会】 年内，依托区名城委，以清华大学教授边兰春牵头，邀请城市设计、建筑设计、文物保护、名城保护、环境艺术、城市交通、文化、民俗等不同领域的15名专家，组成城市品质提升艺术审查委员会专家组，开展事前咨询建议、事中跟进服务、事后评估，为全面提升城市发展品质提供专业化服务，旨在充分发挥专家在城市设计管理中的作用，提高决策科学性。年内，委员会开展多项城市设计和重要建筑的审查工作。

（王鹤璇）

【西城区历史文化名城保护2016年会】 1月8日，区名城委2016年会在大栅栏三庆园举行。年会主要内容为成立文化传播专业委员会，邀请日本东京大学都市工学系教授小泉秀树、法国著名汉学家吕敏和《人民日报》（海外版）高级编辑齐欣等中外专家及区各实施单位进行国内外名城保护案例交流，名城保护专家发言，总结、交流西城区历史文化名城保护工作经验，促进全市推进名城保护工作向前发展。

（韦　琳）

【西城区历史文化名城保护2017年会】 12月17日，区名城委主办的2017年会在地安门百货内举行。年会主题为街区整理与老城复兴，邀请英国伦敦国王学院教授克里斯·哈姆尼特、黎巴嫩GAIA遗产主管乔治斯教授和厦门鼓浪屿管委会主任王唯山等中外专家及区各实施单位进行国内外名城保护案例交流。年会旨在加大对历史文化名城保护宣传和普及力度，营造全社会关心、参与、监督、共享的良好氛围，充分调动专家学者、社会团体、广大市民的积极性，鼓励更多社会组织投身名城保护，推动名城保护向纵深发展。

（王鹤璇）

【落实区人大加强名城保护决议】 4月，为推进全区历史文化名城保护，区人大召开全会，形成《关于加强历史文化名城保护提升城市发展品质的决议》。规划分局发挥区名城委统筹协调作用，草拟向区人大汇报的报告，并组织区人大代表、政协委员对区名城保护工作进行实地调研；决议出台后，协调组织全面落实；11月，再次组织人大代表进行实地考察调研，并代表区政府向区人大常委会作落实决议的工作汇报。

（王鹤璇）

【创建“四名汇智计划”】 年内，坚持名城保护与文化传承并重，文脉延续与文化建设并重，募集社会资金，协调各种资源，支持社会组织开展围绕历史文化名城保护主题的各类活动。截至年底，西城区历史文化名城保护“四名汇智计划”已支持涵盖讲座论坛、启蒙课程、城市探访等6种类型40个项目，累计举办活动百余场，吸引数千人次参与。

（王鹤璇）

【建立名城保护实施评估机制】 年内，委托清华大学建筑学院开展历史文化名城保护评估，对2016年名城保护实施情况进行全面客观的分析评价及实施效果评判。

（王鹤璇）

【地名工作】 年内，按照全国地名普查工作要求，梳理区域内地名基本情况和基础数据，完成西城区第二次全国地名普查验收工作。按照市规划国土委统一部署，集中开展全区无名路和不规范道路名称清理工作，截至年底，将310条有名无牌道路、65条不规范名称道路、145条形成正式命名方案的无名路数据移交区城管委。

（王鹤璇）

【规划研究工作】 年内，围绕老城保护，落实区域功能定位，完成历史文化保护区智能监测与管理系统研究与示范、西城历史文化街区独立式微循环水处理设施实施技术与应用、大栅栏地区传统建筑房屋翻改建指南、景山周边地区四合院民居参考图例研究等调研课题。

（王鹤璇）

【规划事项受理核发】 年内，规划西城分局共核发各类规划许可及其他事项408件，其中建筑类266件：意见书10件，建设用地规划许可证6件，建设项目规划条件32件，一会三函1件，建设工程规划许可证104件，规划验线46件，规划验收67件；市政类114件：意见书15件，建设用地规划许可证1件，规划条件38件，建设工程规划许可证60件；有效期延续11件；地名及建筑物命名3件；其他事项14件。办理建议和提案23件，受理立案信访事项586件，办理信息公开230件；办理12341政府热线253件。

（王鹤璇）

【违法建设查处】 年内，全力配合“疏解整治促提升”专项行动，围绕环保督查、安全生产大检查以及“开墙打洞”“背街小巷”综合治理等专项行动，坚持疏解与整治相结合，加大监督力度，地毯式排查，24小时快速反应，坚决遏制新生违法建设，保持新生违建“零增长”；全年共配合城管部门协查违法建设688件，协查违法建设面积约5.5万平方米。就科贸楼二期项目（万容市场）展开多次调研，多方协调，为“动批”市场全面疏解发挥积极作用。

（王鹤璇）

【棚户区改造】 年内，加快推进棚户区改造，办理了百万庄北里居民住宅改善项目、菜园街枣林南里、光源里等棚改项目的规划复函和规划条件等。

（王鹤璇）

【私房审批规划服务】 年内，继续做好私房翻建规划服务，特别对汛期翻建项目建立绿色通道，加快办理，确保居民安全度汛。加大对老城内房屋翻建项目的风貌监管，从房屋色彩、体量、位置管理细化到建筑材质、主体结构管理，有针对性地宣传老城保护。

（王鹤璇）

【老旧小区综合整治】 年内，探索存量有机更新的创新和尝试，办理完成20栋老旧小区抗震加固备案以及老旧小区西便门东里社区服务及活动中心工程建设项目规划条件。

（王鹤璇）

【市政重点项目】 年内，全力推进“一会三函”试点，保障微循环道路、架空线入地、综合管廊等重点工程进展；完成旧城内第一处综合管廊——受壁街综合管廊的设计方案；推进轨道交通建设和一体化进展，加强12号线、16号线和19号线等地铁临时占地的规划协调。

（王鹤璇）

【规划监督检查】 年内，继续关注公益项目，强化过程监督，有序推进百万庄棚改，全程跟进北京师范大学附属中学扩建、宣武艺园地下停车场及防灾避险指挥中心附件项目以及西城区综合养老服务中心等项目，实现规划监督验收实时指导，确保项目建设过程不出现违法建设。

（王鹤璇）

【信息化建设】 年内，创新利用大数据探索街区体检新技术，对历史文物白塔寺周围区域进行小尺度精细化智能监测，通过实时感知物联网数据结合环境体征监测模型，提供全新的城市体检手段，被《人民日报》采访刊登。推进智慧西城时空信息云平台试点应用，在数字西城地理空间框架建设的基础上以城市规划数据和全区各委办局空间业务数据为切入点，通过多源数据的汇总与共享，搭建基于时空信息云平台的多个委办局应用系统，启动了街道、楼宇、环境整治、园林和公众应用建设。

（王鹤璇）

【建议提案办理】 年内，承办市、区两级人大代表建议和政协委员提案23件，涉历史文化名城保护、老旧小区综合整治、棚户区改造、市政道路、医疗卫生教育体育等公共设施建设以及功能疏解、违法建设查处等多项内容，全部提前办结。

（王鹤璇）

建设管理

【概况】 北京市西城区住房和城市建设委员会（简称区住房城市建设委）是西城区政府的职能部门，代表区政府行使城市建设的工作职能，负责全区城市建设工作，内设机构10个，编制43名。年内，全区房屋施工面积172.1万平方米，与上年同期相比增长15.5%。其中，房地产施工面积117.7万平方米，比上年增长45.4%。完成竣工面积36.2万平方米，比上年增长19.6%，其中，房地产竣工面积29.4万平方米，比上年增长89.4%。棚户区和老旧小区改造共6033户，老楼抗震加固42栋，平房翻建修缮3700间。重点推进46条市政道路建设，马连道南街、西绦胡同等28条道路实现开工，未英胡同、华远街、新文化街东段等10条道路已完工，全面完成年度开竣工任务。推进轨道交通建设，地铁19号线5个站点全面开工，地铁12号线马甸桥站和北马区间（北太平庄站至马甸桥站的中间线）进场施工。推进无障碍设施改造，完成市政道路、公共建筑、公共交通设施、卫生机构、福利及特殊服务建筑共153项无障碍设施改造。继续按照“保竣工、促开工”的工作思路，加快推进保障性住房项目建设，丰台高立庄一期、二期工程基本建成，三期开始装修和小区配套施工；百万庄北里回迁安置房项目B地块基本建成，A、C、D地块和北昆项目实现开工，全面完成年度开竣工任务。

地址：西城区长椿街甲24号
邮编：100053
电话：63027019

（朱　洲）

【调研与督察工作】 3月21日，区政协副主席姜兆春带队视察区境内市政道路建设工作情况。4月20日，区人大常委会副主任李会增带队视察区境内市政道路建设工作情况。4月26日，区委书记卢映川、区长王少峰和部分人大代表调研华嘉小区项目。5月4日，区委副书记马新明带队检查三里河E区施工现场建筑垃圾运输管理工作。5月16日，区委书记卢映川、区长王少峰专题听取待改造平房区改善提升工作。7月31日，副区长朱国栋带队检查施工现场安全生产情况。9月4日，区长王少峰、副区长姜立光调研道路建设工作，实地查看北纬路、马连道东二号路、丰盛胡同等道路建设情况。同日，副区长朱国栋带队检查公交四新路场站改造项目、实验幼儿园分园整体改造工程安全生产工作。10月18日，国务院督导组带队对凯晨大厦安全生产情况进行督察“回头看”。10月25日，区长王少峰听取西直门内大街道路建设方案汇报。同日，王少峰听取区境内危改遗留项目处理意见的汇报。11月6日，市住建委领导检查建筑工地空气重污染橙色预警应对工作。

（朱　洲）

【保障性住房建设】 2月28日，全市住房保障工作新闻发布会在西城区昌平回龙观项目召开，新华社、《人民日报》、中央电视台等10家中央媒体及《北京日报》、北京电视台等17家市属媒体参加发布会，对昌平回龙观项目规划建设管理情况、社区整体情况、服务配套设施、教育医疗优质资源引进等方面进行集中采访报道。

（朱　洲）

【完成保障性住房建设任务】 年内，百万庄北里居民住房改善项目（A、C、D地块）1050套房源，北方昆剧院项目150套房源实现开工，丰台高立庄项目一期、二期1700套房源基本建成。全面完成年度开工1200套、完工1700套的任务指标。

（朱　洲）

【业主开放日活动】 9月7至8日，百万庄北里居民住房改善项目举办业主开放日活动，目的是让居民提前了解回迁房建设情况，并了解居民对回迁房工程质量的满意度，同时解答居民关心的房屋建设方面的问题。共有40余户居民代表参加活动并参观施工现场。

（朱　洲）

【“一带一路”国际高峰论坛服务保障】 年内，组织开展“一带一路”国际高峰论坛服务保障工作。对区域内工地进行排查摸底，掌握会议驻地周边重点工地及全区土方、地铁、市政等工地基本情况，对全区158个在施工地建立服务保障工作台账，明确重点地区项目5个、土方和市政项目11个、地铁项目12个；4月19日、4月24日和5月9日先后召开由施工项目负责人参加的服务保障工作会议，下发、转发《关于印发“一带一路”国际高峰论坛‘两个严防’消防安全专项行动工作方案的通知》《关于进一步加强建筑工地安全监管工作措施的通知》等文件1080份，编发工作短信48635条，及时传达上级指示精神，并从加强施工安全、扬尘治理、消防安全、封闭管理、劳务用工、应急值守、食品卫生等方面提出具体要求。开展安全隐患大排查，组织全区项目开展“五个一”行动（开展一次危大工程专项检查、开展一次消防安全普查、开展一次施工人员核对审查、开展一次危化品清理、开展一次制高点防攀爬措施落实情况检查）和安全隐患自查自纠，累计收到自查整改报告158份。通过组织开展专项检查、联合夜查，不断加大处罚力度，强化了扬尘管控措施。会议保障期间，共出动436人次，检查工地207个次，圆满完成服务保障工作。

（朱　洲）

【中国盲文图书馆周边无障碍设施系统化改造】 4月15日，中国盲文图书馆周边无障碍设施系统化改造工程完成人行步道、盲道、缘石坡道、障碍物清理、过街音响提示装置、护栏等无障碍设施建设和改造工作，提升了图书馆周边无障碍设施环境，为康复国际2017年度北京执委会的召开提供了保障。

（朱　洲）

【未英胡同竣工】　未英胡同建设项目为城市支路建设项目，北起西绒线胡同，南至新壁街，规划红线为25米，全长365米。项目于5月27日完成拆迁工作，5月31日开始道路铺装建设，7月31日完成道路建设工作。

（朱　洲）

【北京科学中心装修改造项目竣工】　12月13日，北京科学中心装修改造项目竣工。该项目位于北三环中路1号，此次对地上6层进行装修改造，涉及面积26415平方米，工程总投资11799.9793万元。项目于2015年9月5日开工，由北京科学中心筹建办公室建设，中国航空规划建设发展有限公司设计，北京城乡建设集团有限责任公司施工，北京中联环建设工程管理有限公司监理。

（朱　洲）

【月坛中心项目2号楼装修改造工程竣工】　5月27日，金融街月坛中心项目2号楼装修改造工程竣工。该项目位于金融街月坛南街1号院，改造范围包括地上20层、地下5层，改造面积33497.7平方米，主要进行结构加固改造、装饰装修和机电安装工程等施工。工程于2016年3月24日开工，总投资26081.4428万元。工程由中国银行间市场交易商协会、中债信用增进投资股份有限公司建设，北京建筑设计研究院有限公司设计，中国建筑第二工程局有限公司施工，北京中外建工程管理有限公司监理。

（朱　洲）

【煤市街以东商业金融用地项目竣工】　1月15日，大栅栏煤市街以东C1C2地块商业金融用地项目竣工。该工程地处前门大栅栏地区，位于煤市街以东，珠宝市街以西，西河沿以南，廊坊头条以北。工程包括地下4层61609平方米，地上3—4层38348平方米，总建筑面积99957平方米，框架剪力墙结构，建筑高度18米，抗震设防烈度为8度。工程造价57167.4988万元，于2012年6月6日开工。工程由北京大栅栏永兴置业有限公司建设，泛华建设集团有限公司监理，北京市建筑设计研究院有限公司设计，中国建筑第二工程局有限公司施工，北京北咨工程管理有限公司监理。

（朱　洲）

【北师大附中西校区改扩建项目竣工】　11月2日，北京师范大学附属中学西校区改扩建项目竣工。该工程位于南新华街15号，框架剪力墙结构，地下3层14152平方米，地上4层12006平方米，总建筑面积26158平方米，建筑高度18米。工程总造价16119.18万元，于2014年4月18日开工。工程由区教委建设，北京建筑设计研究院有限公司设计，北京城乡建设集团有限公司施工，北京中景恒基工程管理有限公司监理。

（朱　洲）

【育民小学（分校）竣工】　9月13日，育民小学（分校）工程竣工。该工程位于真武庙5号，框架剪力墙结构，地下2层7324平方米，地上4层7159平方米，总建筑面积14483平方米，建筑高度16.15米。抗震设防烈度为8度。工程总造价13298.915万元，于2013年2月1日开工。工程由区教委建设，北京多方建筑勘察设计有限公司勘察，北京房地中天建筑设计研究院有限责任公司设计，南通启益建设集团有限公司施工，北京泛华建设集团有限公司监理。

（朱　洲）

【西直门铁路危改小区6号住宅楼竣工】　8月18日，西直门铁路危改小区6号住宅楼工程竣工。该工程位于北京北站东侧，总建筑面积13057.28平方米，框架剪力墙结构，地下1层，地上8层，建筑高度23米，抗震设防烈度为8度，工程总投资2113.52万元。于2010年8月1日开工。工程由北京京铁房地产开发公司建设，北京中铁工建筑工程设计院勘察，北京炎黄联合国际工程设计有限公司设计，中铁电气化局集团第一工程有限公司施工，北京奥成工程建设监理有限公司监理。

（朱　洲）

【右安门大街28号院危改小区竣工】　7月6日，右安门大街28号院危改小区工程竣工。该工程包括南栋住宅楼（1、2、4、5、6号），北栋住宅楼和地下室，总建筑面积130090.17平方米，框架剪力墙结构，抗震设防烈度为8度，地下3层，建筑面积37975.5平方米；地上15—18层，建筑面积92114.67平方米，建筑高度58米。工程总投资41879.87万元，于2013年4月10日开工。工程由北京富饶房地产开发有限公司建设，北京中地大工程勘察设计研究院勘察，中房集团建筑涉及有限公司设计，江苏南通二建集团有限公司施工，青岛惠中建设监理有限公司监理。

（朱　洲）

【三帆中学教学楼翻改建工程竣工】　5月27日，三帆中学教学楼翻改建工程竣工。该工程位于新风街5号7号，总建筑面积7196平方米，地上4层3723平方米，地下2层3473平方米，建筑高度15米，抗震设防烈度为8度，框架剪力墙结构。工程总造价4806.3543万元，于2011年10月12日开工。工程由区教委建设，北京市多方建筑勘察设计有限公司勘察，北京中筑天和建筑设计有限公司设计，北京房修一建筑工程有限公司施工，北京建业兴建设监理有限公司监理。

（朱　洲）

【复外一小教学楼翻扩建工程竣工】　6月9日，复兴门外第一小学教学楼翻扩建工程竣工。该工程位于地藏庵23号，总建筑面积1562平方米，地上2层1080平方米，地下1层482平方米，建筑高度11.7米，抗震设防烈度为8度，框架结构，工程总造价781.726万元，于2012年4月30日开工。工程由区教委建设，北京市多方建筑勘察设计有限公司勘察、设计，江苏启安建设集团有限公司施工，北京建业兴建设监理有限公司监理。

（朱　洲）

【国家防火防灾教育基地建设项目竣工】　6月2日，国家防火防灾教育基地建设项目竣工。该工程位于广安门南街70号，地下2层，为车库及设备用房，地上（最高处）10层，为指挥中心、办公用房、消防博物馆、官兵宿舍及招待用房，建设规模57919平方米，建筑高度44.9米，抗震设防烈度为8度，工程总造价26285万元，于2006年1月8日开工。工程由中国人民武装警察消防部队后勤部建设，北京建筑设计研究院设计，北京市勘察设计研究院勘察，中国新兴建设开发总公司施工，北京京盛工程建设监理有限公司监理。

（朱　洲）

【公共卫生大厦工程竣工】　4月14日，公共卫生大厦工程竣工。该工程位于右安门内大街（回民医院北侧），总建筑面积22353平方米，地下3层建筑面积8717平方米，地上11层建筑面积13636平方米，建筑总高度42.5米，框架剪力墙结构，抗震设防烈度为8度。工程造价8097.29万元，于2011年3月1日开工。工程由区卫生局建设，北京市勘察设计研究院有限公司勘察，中国中建设计集团有限公司设计，北京韩建集团有限公司施工，北京华清科工程管理有限公司监理。

（朱　洲）

建筑行业管理

【概况】　年内，区住房城市建设委窗口受理施工许可证72项，核发夜间施工许可226次，完成工程竣工验收备案77项；受理建筑起重机械安全备案58项；共办理资质增项、升级以及资质证书变更、注销、补证事项119件，配合综合行政服务大厅及区建筑业协会完成二级建造师初始注册、增项注册、变更注册、注销注册、延续注册、重新注册、遗失补办等共1467人次；受理“三类人员”续期1169人次。受理房地产开发项目手册备案及建设方案备案4项。完成招标220项，合同金额35.67亿元。全年3个监督机构共出动7370人次，检查工地3853家次，发出责令整改通知书224份，对294家责任单位和42名个人做出经济处罚，总处罚金额527.06万元，对57家责任单位、389名责任人做出行政处理。

（朱　洲）

【烟花爆竹安全管理】　1月19日，联合区烟花办、区消防支队、区治安支队等部门开展烟花爆竹安全宣传进工地活动，强调施工现场烟花爆竹安全管理要求和春节期间项目领导带班值班制度，现场发放烟花爆竹禁放警示牌和宣传海报200余份。春节期间，发放《关于不燃放或减少燃放烟花爆竹的倡议书》《致全区居民的一封信》、烟花爆竹禁放海报等宣传材料2400份。在建筑工地悬挂禁放宣传条幅296条，与148个烟花爆竹禁放点工地签订《2017年烟花爆竹安全管理工作责任书》，发送提示短信14399条。节日前后，共出动457人次，检查工地292个次，确保施工现场做好烟花爆竹安全管理工作。

（朱　洲）

【十九大服务保障】　9月22日、9月28日和10月11日，先后3次召开保障十九大专题工作会，对工程项目参建三方，尤其是会场、驻地周边200米范围内24个工地进行有针对性地重点动员和部署。借鉴以往保障重大活动工作经验，在总体保障工作方案基础上，制定《西城区建设工程落实党的十九大消防安全保卫“两个严防”专项行动工作方案》和《安全监督站强化十九大施工现场管理工作方案》，就保障范围内和保障范围外各项目管理重点，各单位管理责任进行了细化和分解。通过与施工单位负责人签订《2017年西城区建筑工地服务保障十九大工作责任承诺书》的形式，对施工现场开展安全生产大检查、消除安全隐患，实现“7个百分之百”、门前“三包”，落实食品安全责任制度、液化石油气管理、实施施工现场封闭管理、重点部位专人看护等工作进行了再明确、再强调。全面落实停工指令，从10月11日起，全区在施工地停止明火作业，会场、驻地周边200米范围内的工地停止一切施工作业行为。实施重点检查和值守，组织不同片区施工项目进行互查、互检，通过查资料、查现场、交流经验，查找问题和不足，全力消除施工现场各类安全隐患。从10月16日到十九大会议保障结束，安排26名协管员驻守重点工地进行点对点现场值守。期间，累计出动224人次，检查工地164个次，开展夜查15次，下发文件960份，发送提醒短信28250条，圆满完成施工现场十九大服务保障工作。

（朱　洲）

【全国“两会”服务保障】　3月6日，组织召开全区建筑工地建设、施工、监理项目三方负责人参加的2017年西城区施工现场管理工作暨全国“两会”服务保障动员会，朱国栋副区长、市住建委凌振军处长出席会议并提出要求。制发《关于做好2017年全国“两会”服务保障工作方案》。对区域内工地进行了摸底排查，明确了9个会场和驻地周边200米范围内20个工地基本情况并建立了台账。2月20日至28日，对20个工地进行检查并对督促施工单位开展安全隐患自查。2月28日至3月16日，对会场及驻地周边的20个项目进行驻点排查盯守，确保全部落实停工作业、领导带班值班、现场封闭化管理等要求。组织其他工地开展隐患自查。保障期间，共出动353人次、检查工地161项次，印发文件1980份、编发短信4120条、发放《倡议书》、禁放海报等宣传材料2400份、悬挂条幅289条，签订了《烟花爆竹安全管理工作责任书》148个份，完成“两会”服务保障工作。

（朱　洲）

【施工围挡整治提升】　年内，启动全区建筑工地规范施工围挡公益广告设置专项工作。成立施工围挡整治提升专项工作小组，明确专人负责施工现场围挡公益广告设置过程中的协调、督导、落实工作。制定《西城区建筑工地规范施工现场围挡公益广告设置专项工作方案》，细化工作目标、内容、步骤和要求。建立工作台账，掌握各项目（包括长期停工项目）设置围挡的面积、材质及目前公益广告设置情况。3月30日，召开规范施工围挡公益广告和“三图四版”专项工作会进行要求和部署，对符合设置条件的78家在账工地的公益广告和“三图四版”的设置进度和规格情况进行逐一检查，对不符合设置要求的51家工地进行约谈并提出整改要求，确保围挡公益广告整洁、干净，全面提升施工现场周边环境品质。全年累计设置围挡广告14000平方米。

（朱　洲）

【安全教育培训】 年内，继续开展体验式安全培训，督促全区所有项目在5月31日前，完成首轮从业人员体验式安全培训，涉及158个项目、3150名施工从业人员。组织建筑工地安全生产宣传教育专题培训和班组长安全教育培训，128个项目的324名一线班组长和项目经理参加培训，提升了创新安全教育模式和强化自身管理的能力。推进“安全生产月”活动，组织各项目从加强安全教育宣传、开展安全隐患排查等方面强化安全管理手段，营造安全生产和谐氛围。活动期间，各项目悬挂安全、警示横幅320余条，张贴宣传海报3000余张，发放宣传材料5000余份。

（朱　洲）

【施工现场防汛应急管理】 年内，积极开展施工现场防汛工作。召开3次动员部署会，制定下发160份工作方案，建立工作台账，签订160份防汛责任书，向2支专业抢险救援队伍下达防汛指令，聘请北京城建科技促进会专家对22个防汛重点项目的基坑进行专项检查（检查结果全部安全稳定），举办深基坑防坍塌应急演练，开展临建房屋专项检查，领导带队督导防汛工作。在“6·22”强降雨和“7·20”暴雨黄色预警应对过程中，发出预警、工作通知类短信88790条，出动432人次进行24小时备勤、巡查和夜查，圆满完成应对任务。

（朱　洲）

【施工现场环境品质提升】 年内，借助国务院安委会督导安全生产大检查、全国文明城区创建活动等时机，会同区城市管理委、区园林绿化局等对架空线入地、园林绿化、综合整治等各类施工工地进行环境整治，全力破解施工工地围挡不美观、安全防护网易破损等难题；推广中建八局民航营业大厦改造项目使用外架钢板网防护的做法，提升全区城市文明施工和精细化管理水平。

（朱　洲）

【扬尘治理攻坚行动】 年内，制定2个攻坚行动方案，从政府指导层面和住房建设委内部执行层面，细化工作职责、措施和要求。召开3次专题工作会议。不断调整工作重心，持续宣传贯彻扬尘污染治理理念。全面推进视频监控系统安装工作，共安装项目127个、摄像设备198套，基本实现全覆盖。与安全监督同步，将施工现场扬尘治理专项检查列入日常检查内容，实现达标率高于全市标准的目标。为强化应急预案的应对与落实，重新制发240套施工现场空气重污染四级预警牌，强化应急指令的落实。

（朱　洲）

【安全隐患大排查大清理大整治行动】 年内，制发《2017年建筑工地安全隐患大排查大清理大整治工作方案》，明确工作目标、内容和要求，重点督促各项目全面开展自查自改工作。定期召开会议，通报执法处罚情况，强化工作内容与重点；先后2次邀请西城消防支队对全区项目施工单位负责人进行消防安全培训，强化各项目消防安全管理责任意识。发挥执法网格组作用，对15个街道的在监项目进行拉网式检查，紧盯重点环节、重点部位和重大隐患。开展“四不两直”检查，督导各项目全面排查安全隐患，有效预防各类生产安全事故。期间，出动781人次，检查工地688个次，下发文件2600余份，发送工作信息87876条。

（朱　洲）

【老旧小区综合整治专项检查】 9月底，开展老旧小区综合整治专项执法检查。检查主要按照“有方案、有培训、有总结、有处罚”的原则进行，重点检查工程质量保证体系运行，施工单位加强结构加固工程质量管理，监理单位严格履行监理规程中相应的责任和义务，施工单位与监理单位严格按照相关文件、导则和技术规范的内容进行施工和监理的有关情况。共检查15个项目，涉及建筑面积约32万平方米。检查情况总体良好，针对个别项目存在技术人员不到岗履责、未按设计图纸进行施工等行为提出了整改要求，对存在质量违法行为的2家施工单位及1家监理单位进行立案调查，对2家监理单位下发责令整改通知书。

（朱　洲）

【施工现场有限空间专项检查】 8月21至23日，组织市住建委专家库中负责有限空间领域的专家共同开展在施工地有限空间安全专项检查。检查共涉及6个含有限空间作业的在施工程，重点检查有限空间施工方案、有限空间作业审批、有毒气体检测记录、安全交底记录、临时用电、工人安全教育及有限空间作业情况，发现一般安全隐患问题14个，对存在安全隐患较多的2家施工单位分别进行行政处理和行政处罚。

（朱　洲）

【工程质量安全提升行动专项检查】 6月12日起，持续2周开展工程质量安全提升行动专项检查。检查对象为全区结构在施和较大规模在施抗震加固工程项目。目的是全面推进住建部“工程质量安全提升行动”在全区开展，并以此为契机，全面提升辖区内工程建设质量水平。重点检查责任主体的质量管理制度是否完善，责任是否落实，体系是否健全，问题和隐患排查是否彻底。共检查辖区内全部11个主体结构在施工程项目，涉及建筑面积51.06万平方米，对存在违法违规行为的2个项目进行了查处。

（朱　洲）

【绿色施工专项检查】 9月3日，对16号线19标、中国建筑科学研究院物理所科研楼抗震加固工程等8个工地进行抽查，重点检查了施工现场安全隐患排查整改、落实5个100%、工地出口两侧各100米路面“三包”、施工围挡公益广告和“三图四板”设置维护等情况。针对发现的问题，对有关负责人进行约谈并督促施工单位及时整改。

（朱 洲）

【监理履职履责专项执法检查】 年内，对辖区内工程项目的监理单位履职情况进行专项执法检查。主要检查内容包括：项目总监理工程师及现场监理人员配备、资格、履责情况；现场监理资料的真实性、时效性、有效性、完整性；施工组织设计及施工方案的审批情况；原材料、建筑构配件、设备的进场验收情况；检验批、分项、分部单位工程施工验收报验情况。此次共检查21个工程项目，涉及建筑面积61.5万平方米，约谈存在问题的监理单位3家，对1家监理单位进行立案处理。

（朱 洲）

【招标投标管理】 年内，建设工程招标投标项目入场登记244项，其中公开招标202项，邀请招标0项，直接发包35项，一次性备案7项。其中委托招标210项，自行招标34项。入场项目按资金性质分为政府投资193项、国有资金26项、自筹资金23项、外商投资2项。完成合同备案189项，合同金额29.67亿元。

（朱 洲）

房地产开发与建筑业

北京金融街投资（集团）有限公司

【概况】 北京金融街投资（集团）有限公司（简称金融街集团）是西城区国资委所属的综合性投资集团公司。年内，金融街集团各所属公司合计实现营业收入323.55亿元，实现净利润37.91亿元；金融街集团总资产达2134.51亿元，剔除资产重组因素后，增长235亿元；净资产584.78亿元，剔除资产重组因素后，增长79亿元。截至12月，金融街集团系统共有职工11212人，其中大学本科及以上学历人员占公司总人数的35.9%。年内，集团获“2016–2017年度全国企业文化优秀成果”“2017中国房地产上市公司商业开发运营优秀企业”“2017年中国十佳城市商务酒店”“中国物业服务百强企业”“2017企业社会责任典范奖”等99个重要奖项。其中国家级奖项3个、省市级奖项17个、行业级奖项70个。集团组织所属公司，参加第32届北京市企业管理现代化创新成果评选，并创下历史最好成绩，共13项成果获奖，其中一等奖4项、二等奖9项。全年，金融街集团及所属公司未出现重大主体责任安全事故、重大经营风险事件和重大信访事件。

地址：西城区金融大街33号通泰大厦B座11层

邮编：100033

电话：88088080

（郭岩松）

【完成重大资产重组和管理关系调整】 年内，金融街集团落实区委区政府进一步深化国资国企改革发展的精神，顺利完成区国资委主导的区属企业重大资产重组和管理关系调整。这也是历史上区委区政府、区国资委推动金融街集团在区属国有资本架构上的第三次重大重组整合。重组调整后，北京金融街资本运营中心、天桥盛世投资集团有限责任公司由区国资委直接监管，不再委托金融街集团管理。北京金融街资本运营中心成为金融街集团股东之一，北京华融基础设施投资有限责任公司、北京华利佳合实业有限公司、北京华融综合投资公司成为金融街集团的子公司（企业）。北京冠佳置业投资有限公司成为北京华融综合投资公司的全资子公司。重组调整后，金融街集团注册资本由21.8亿元增至81.26亿元。

（郭岩松）

【政府重点工程建设】 年内，金融街集团全面、圆满完成政府重点任务：提前超额完成“疏解整治促提升”任务目标。全年完成出租房屋清理点位12个、清退人员264人，达成“以疏解促提升”年度任务的120%，其中华利佳合公司疏解点位11个、疏解228人，全面超额完成任务。历经多轮谈判协调，万容服装市场成功达成协议、完成1886家摊位疏解，并于6月底关闭。9月底，位于广安一期东南角、占地总面积3.4万平方米的广阳谷城市森林公园建成开放，并已列入“宣西—法源寺文化精华区”范围，取得很好的社会效益。广安一期项目累计签约6户，金融街控股大吉项目拆迁取得重大进展；全年国家大剧院西侧项目完成签约68户、白塔寺项目完成签约86户，达成年度计划。白塔寺区域更新改造、产业升级取得新进展。年内完成13个院落更新施工、15个院落签约、15个院落开业；开创“以区块为单位的渐进式更新”模式，通过精品院落改造试点带动区域院落更新。首钢一线材厂项目正式签约，成为西城区政府与首钢集团战略合作框架协议中率先落地项目。该项目是市属企业自有用地合作开发的成功尝试，预计将为社会提供约4600套定向安置用房。

（郭岩松）

【组建城区保障性住房运营管理公司】 年内，经区政府批准，启动以金晖公司为主体、组建西城区保障性住房运营管理公司，负责全区保障性住房的投融资、建设筹集、运营管理等工作。该公司的组建，是西城区贯彻落实中央和北京市加强保障房建设的有力措施，也是集团政府工程板块发展的重大助力。

（郭岩松）

【房地产板块】 年内，金融街集团与石家庄市人民政府签署战略合作协议，借助金融街开发运营的成功经验，合作建设金融创新开发区，进一步推进房地产业务在京津冀的战略布局。金融街集团所属上市公司综合运用招拍挂、收购并购、联合开发、政府合作等方式，获取项目储备。新进入武汉、成都、苏州、佛山、廊坊、遵化汤泉等6个城市/区域，成立了城市公司，初步完成新一轮战略布局。

（郭岩松）

【金融板块】 年内，金融街集团所属长城人寿保险股份有限公司推进价值转型，在业务结构、体制机制和投资发展等方面呈现良好势头。全年实现总保费66亿元，年度计划达成率116%。价值指标增幅创历史纪录，新业务价值、内含价值同比增幅分别达到48%和137%。长城人寿50亿元增资获中国保监会批复，注册资本增至55.32亿元，这是长城人寿历史上最大规模增资，集团金融板块规模进一步扩大。恒泰证券坚持价值投资理念，把握市场机会，获得持续稳定回报；营业收入和净利润同比增速远超市场对标水平，且证券经纪和自营业务的行业排名均较上年大幅提升。北京金融街保险经纪公司完成工商注册；长城财险设立申请文件正式报送中国保监会；金融街基金管理有限公司完成名称预核准，确定董事会、监事会和督察长人选。金融街集团金融板块业务进一步丰富。

（郭岩松）

【物业管理板块】 年内，金融街集团所属物业公司市场化拓展取得优异成绩。公司本部及各分子公司新承接项目17个，签约面积196.7万平方米。截至年底，公司签约项目合计115个，签约管理面积1524万平方米。签约项目中，全委托项目（包含大物业服务及专属服务）112个，签约管理面积1441万平方米；顾问项目3个，签约管理面积83万平方米。年内，金融街集团启动北京金融街物业管理有限责任公司的上市工作，将登陆资本市场列入物业公司五年发展战略规划。经多方研究论证，决定将港交所H股上市作为工作方向。同时，物业公司结合自身业务经营实际，以及未来发展战略的目标和需要，组织多家券商及律所就上市关键性问题进行前期沟通和接洽，从制度完善、可行性研究报告撰写、股权梳理、同业竞争处置等方面推进落实相关工作。

（郭岩松）

【教育板块】 年内，由金融街教育公司举办的北京市正泽学校正式开学，正泽学校是教育公司按照“政府支持、企业运作、教育家办学”模式全力打造的全区第一所九年一贯制民办学校，由知名教育家李烈女士担任校长。学校的成立受到社会各界广泛关注和热烈反响，为金融街教育发展奠定良好基础，也为西城区教育供给侧改革、丰富优质教育选择发挥了重要作用。年内，正泽学校被授予首例“西城区教育系统小学校长、教师实训基地”称号。金融街教育公司与北京市供销合作总社下属世欣东方公司签署合作协议，利用原北京市供销学校大兴校址，聘请知名教育家掌舵，打造从幼儿园到高中全体系的国有民办高端学校——北京市润泽学校；与金融街控股惠州公司完成签约，在惠州巽寮湾合作举办教育项目，服务区域经济社会发展。

（郭岩松）

【迎接国务院安全检查】 9月19日，国务院安委会综合督查组第28小组由国家安监总局副局长徐绍川带队，在市安全监管局副局长唐明明、副区长朱国栋以及区国资委、区住建委、区安监局、金融街街道等相关部门领导陪同下，对集团所属基础公司华嘉综合小区项目、金融街控股资产公司丽兹卡尔顿酒店项目进行全国安全生产大检查第三阶段的督查检查工作。集团及控股、基础公司领导陪同检查。此次检查为全国最高规格的安全督查，国务院安委会专家通过巡视现场、查阅安全管理过程资料、现场询问安全生产大检查宣传、自查、互查落实情况等方式，对华嘉、丽兹酒店项目进行全面监督检查。经过专家评议，对于华嘉项目建筑施工、丽兹酒店的运营管理给予较高评价；对项目安全管理工作、“全国安全生产大检查”各阶段的工作落实给予充分肯定，并对项目提出持续保持、努力提高的工作要求。为迎接此次检查，集团专门召开安全生产部署动员会，传达市区政府相关工作精神；各项目对照国务院巡视组《安全生产综合督查要点说明（企业层面）》的32项指标逐条核实，积极迎检，圆满完成迎检工作。

（郭岩松）

北京市华远集团

【概况】 华远集团创立于1983年11月，历经三十余年的发展，秉承“来源于社会，服务于社会”的宗旨，坚持“总体最优”原则和“坚韧、团结、探索、奋斗”精神，已发展为旗下企业20余家，员工总数1600余人，业务涵盖房地产、金融、商业服务、高新技术等领域的综合性企业集团。年内，华远集团坚持观大势、谋全局、干实事，分析宏观政治经济形势，聚焦实体经济，在做强做优主业上下功夫，积极防控风险，促进提质增效，产业布局优化取得初步成效，企业发展内生动力持续增强，集团总体实力再上新台阶。2017年，集团核心企业北京市华远集团有限公司增资后注册资本为136175.4979万元人民币。截至年底，集团资产总额443.5亿元，较上年末增长了28.8%；净资产120.44亿元，较上年末增长了26.89%；全年实现营业收入99.81亿元，同比增长59.19%；利润总额16.15亿元，同比增长68.75%；净利润11.48亿元，同比增长75.86%，较好地完成了区国资委下达的经营考核指标。年内，华远地产实现开复工面积172.6万平方米，同比下降0.8%。其中新开工51.4万平方米，同比增长399%；竣工82.1万平方米，同比增长48.7%。完成销售签约额77.2亿元，同比减少28.4%；完成销售签约面积66.7万平方米，同比减少5.8%。

地址：西城区南礼士路36号华远大厦

邮编：100037

电话：68037022

（李南南）

【华远地产开展资产证券化工作】 1月25日，华远地产联合恒泰证券股份有限公司，以控股子公司华远盈都所持有的盈都大厦D座约3万平方米持有型出租物业为标的资产开展资产证券化工作，发行总规模为7.36亿元的类REITs。这是北京市国资委下属企业在国内发行的第一单私募类REITs产品，也是纯房地产企业在国内发行的第一单私募类REITs产品，同时也是中证机构间报价系统内发行的第一单私募类REITs产品。

（王芳媛）

【年度经营工作会议】 2月17日，华远集团2017年度经营工作会议在华远大厦召开。西城区国资委调研员、国资委派驻公司监事会主席徐立维，集团外部董事、监事，公司领导班子成员、部门负责人及各下属企业高管出席会议。集团董事长、党委副书记、总经理杜凤超作《经营工作报告》并作会议总结；集团党委书记、副董事长于锦义主持会议并作《党建工作报告》。华远地产公司、华远电气公司、华远小贷公司的总经理作年度述职报告。会上还组织各企业负责人进行经营管理交流研讨；并安排集团领导班子成员、各部门负责人、各企业负责人签订《党风廉政建设责任书》。

（李南南）

【收购金泽通宝典当行股权】 为进一步扩大典当业务经营规模，整合形成集团在典当领域的优势资源，华远集团于2月完成了对北京金泽通宝典当行有限公司100%股权的收购工作。

（王虹景）

【修改章程、营业执照工商变更工作】 3月14日，北京市华远集团有限公司获区国资委批复同意修改公司章程：将党建工作有关要求纳入章程；并将2016年度下拨至基本账户的国有资本经营预算金8500万元转增注册资本，修改章程中注册资本相关条款，增资后注册资本为136175.4979万元人民币，于6月26日完成工商变更手续。

（王芳媛 梅立争）

【西山阅家园项目政策房集中入住】 4月14日，华远地产北京西山阅家园项目政策房开始办理业主集中入住，自住房及经济适用房共274户，共计发送入住通知书247份，截至4月底已办理入住226户，入住办理率92%。还建共441套房源，截至6月底已办理入住425户，入住办理率96%。

（刘立欣）

【集团董事会监事会考察调研】 4月10至15日，华远集团董事长杜凤超、副董事长于锦义等公司领导一行赴西安市调研考察集团控股子公司华远地产的西安区域开发业务，详细了解西安城市公司的发展历程、运营现状和海蓝城、枫悦等重点项目情况，与西安城市公司核心高管团队交流讨论。考察期间召开集团公司董事会、党委会和项目研讨会。华远地产副总经理兼西安城市公司总经理李然、西安城市公司副总经理柏力等陪同考察。

（徐 骥）

【华远大数推进虚拟现实技术推广】 北京华远大数电子商务有限公司继续推进虚拟现实技术推广，并于5月在一带一路峰会获得了主会场外“丝路金桥”雕塑的VR独家拍摄权，拍摄作品受到业内专业人士好评。

（王芳媛）

【参展国际科技产业博览会】 6月8至10日，由科技部、国家知识产权局、中国贸促会和北京市政府共同主办、北京市贸促会承办的第二十届中国北京国际科技产业博览会在中国国际展览中心(老馆)举行。本届科博会以“科技引领·融合创新”为主题，共设置13个专题展区，展示各行业自主研发的重大突破技术和战略性新兴产业领域的最新科技成果。华远集团作为“创新西城”智慧城市展厅的代表企业参展，共设立了华远集团、智慧地产、智慧工控、智慧金融、智慧商业五大板块，主要通过实物操作、视频播放、展板讲解、互动参与等形式，全面直观地展示了华远集团在智慧城市和科技创新领域的先进成果。

（卢美娜）

【华远、大悦城战略合作主题发布会】 6月12日，华远地产与大悦城地产在北京W酒店联合举办“善筑尚品 悦享未来”战略合作主题发布会。中粮集团副总裁、大悦城地产董事长周政，华远集团有限公司副总经理兼华远地产董事长孙秋艳，大悦城地产执行董事曹荣根，华远地产总经理孙怀杰，大悦城地产总经理周鹏等领导出席签约仪式，全国逾百家主流媒体及近百位地产与商界精英共同见证。

（张 北）

【华远长沙君悦酒店开业】 8月18日，由华远集团所属华远地产持有、凯悦酒店集团管理的长沙君悦酒店开业。区委常委、副区长孙硕，区国资委主任佟丽萍，华远集团董事长兼总经理杜凤超，党委书记兼副董事长于锦义，华远地产董事长孙秋艳，凯悦酒店集团亚太区总裁于德励（David Udell），凯悦酒店集团地产及发展副总裁张知浩，以及湖南省、长沙市、天心区政府的相关领导，行业贵宾、媒体代表共450人出席开业典礼。

（白 雪）

【红塔红土基金增资获证监会核准】 9月11日，红塔红土基金管理有限公司获得证监会《关于核准变更股权的批复》，同意红塔证券股份有限公司和北京市华远集团有限公司认购红塔红土基金的新增注册资本，合计2.96亿元。

（王芳媛）

【响应国家号召精准扶贫】 为响应国家精准扶贫号召，丰富乡村人民群众精神文化生活，9月25日，华远集团副总经理杨云燕前往兰州，在北京西城慈善协会和兰州慈善总会相关负责人协助下，代表华远集团向急缺资金修建乡村大舞台的榆中县韦营乡武家窑村捐款24万元。当地政府和村民立碑刻志，纪念此次捐助。

（李南南）

【华远小贷完成小贷行业首笔银团贷款】 9月26日，北京华远小额贷款有限公司联合北京市另外三家小额贷款公司，采用股权质押形式，向新三板创新层企业发放贷款3000万元。其中华远小贷公司发放贷款1000万元，质押限售股620万股，流通股1190万股，合计1810万股。质押股份已在中国证券登记结算有限公司办理质押登记，此笔银团贷款的发放系小贷行业首笔银团贷款，丰富了华远小贷的业务产品线。

（程 博）

【华远悠优港正式启幕】 9月28日，北京华远商业管理有限公司打造的“华远悠优港”在长沙正式启幕，精准锁定追求生活品质的城市新中产，用“轻商业、花时间、慢生活”的商业模式，打造长沙华远商圈的精致小资生活空间和社交平台。

（王芳媛）

【推进世纪天乐市场疏解与产业提升项目】 年内，为深入贯彻落实习近平总书记两次视察北京重要讲话精神，落实首都城市战略定位，加快疏解非首都功能，推动经济转型和产业升级发展，华远集团统筹推进世纪天乐市场疏解与产业提升项目，10月6日实现世纪天乐市场平稳闭市。

（孙 娴）

【华远电气通过国家高新技术企业认定】 根据国家《高新技术企业认定管理办法》和《高新技术企业认定管理工作指引》的相关规定，10月30日，华远电气股份有限公司通过国家高新技术企业认定。

（李 惠）

【投资控股深圳云联讯数据科技有限公司】 年内，华远集团抓住智能制造及工业物联网领域的重大发展机遇，投资控股深圳云联讯数据科技有限公司，后者于11月24日变更名称为深圳华远云联数据科技有限公司。公司作为国家级高新技术企业、深圳市中小企业发展促进会会员单位，致力于为制造型企业提供工业物联网整体解决方案，拥有自主知识产权的海鸥工业物联网云平台已经成功应用于数据中心、物流仓储、PLC（可编程逻辑控制器）工控、变频器等诸多领域。

（张 婧）

【华远电气增资评估项目获核准批复】 11月8日，华远集团取得《北京市西城区国资委关于对华远电气股份有限公司增资评估项目予以核准的批复》。此次增资由原股东北京市华远集团有限公司和深圳市华恒益投资有限公司按原股权比例共同出资5000万元，该笔资金将用于提升产能，优化生产环境，搭建生产基础平台及信息化系统，并进行有效的市场开拓。

（李 晔）

【华远地产拓展区域布局】 年内，华远地产紧跟国家战略，优化发展布局，在京津冀、中部、西部、珠三角等多个区域的城市开发具有市场标杆意义的精品项目，形成覆盖全国四大区域的战略布局。4月6日，签署《关于承德华夏城项目之投资合作框架协议》，该项目正在申报省重点文化产业项目；11月1日，取得天津市塘沽湾项目开发权，进一步贯彻落实京津冀协同发展战略。7月7日，以收购股权的方式，获取重庆江津区九鼎项目；11月9日，通过拍卖出让的方式获取重庆市“巴南区李家沱组团“G25-1/03、G26-1/03、G2-1/04”号宗地”的用地使用权，正式进军西南部区域。9月22日，以增资持有股权方式获得佛山高明WG0018地块权益，进一步拓展珠三角区域。

（王芳媛）

【领导调研】 8月11日，区委常委、常务副区长孙硕，区国资委主任佟丽萍到华远集团调研。集团董事长、总经理杜凤超，党委书记、副董事长于锦义，党委副书记胡德刚等参加会议。会后，孙硕和佟丽萍参观调研华远集团旗下的高新技术企业——北京华远大数电子商务有限公司并对华远大数的业务发展给予了肯定。11月16日，西城区产业发展促进局（简称区产业发展局）局长兼区发展服务中心主任岑运东、区发展服务中心副主任吴玉东一行到华远集团调研，调研主题为西直门外地区升级改造规划。11月17日，区国资委副主任易勇、区国资委董事会工作办公室主任于伟川到华远集团调研。易勇对华远集团2009年第一届董事会正式成立以来的董事会建设情况给予充分肯定。

（李南南 孙娴 徐骥）

【国资房产挂牌交易贷款业务战略合作】 12月25日，北京华远小额贷款有限公司与北京产权交易所、北京银行就开展国资房产挂牌交易贷款业务达成战略合作，签订业务合作协议，成为北交所截至年底唯一签约的正规合作方及银行系统内唯一获批此类业务的金融机构。

（王芳媛）

【安全检查】 12月28日，华远集团纪委书记鲁青霞带队，与监察审计部和办公室组成联合检查组，对华远西单购物中心、山釜餐厅、华控公司等人流密集场所，各企业地下室、餐厅等存在安全隐患的场所进行督导检查，确保检查无盲区、无死角、全覆盖。查阅各单位上报的《华远集团子公司安全生产检查表》《安全隐患排查清理整治行动安全隐患台账》和《安全隐患排查清理整治行动统计表》，形成全集团上下联动的安全防控工作局面。

（杨 琳）

北京天恒置业集团有限公司

【概况】 北京天恒置业集团有限公司（以下简称“天恒集团”）是西城区国资委所属的国有独资公司。天恒集团积极践行国企社会责任担当，以改善居民住房条件、提升基础设施和环境品质为己任，承担大量民生改善以及重点历史文化区域传承与发展的关键性建设项目。经过几十年探索与发展，天恒集团已形成了土地一级开发、房地产一级开发、商业经营、物业管理以及房地产金融五大板块全面发展的格局。截至年底，集团总资产规模达732亿元，全年实现营业收入44.6亿元，利润总额4.66亿元，上交税金10.7亿元。年内，地产类业务（含城区及地产事业部）实现全年新开工面积73.2万平方米，复工面积132.6万平方米，竣工面积63.2万平方米；房屋销售面积37.9万平方米，房屋销售签约额109.2亿元，房屋销售回款额85.8亿元；新项目土地储备投资96.1亿元；建设投资67亿元；当年财务融资118.2亿元，归还贷款42.7亿元；征收拆迁居民470户，征收拆迁单位522个，人口疏解完成206户。运营类业务（含商业经营和物业经营）实现营业收入6.05亿元，利润总额2492万元，净利润966万元。集团直接管理的物业面积达131万平方米。年内，建立22个微信公众号，以天恒集团品牌发声1500余次，构建品牌市场传播体系的新格局。成立维稳信访综合办公室，处置信访案件85件，成立安全生产办公室，有效利用第三方安全评估机构专业管理，实现集团全年无重大生产安全事故。

地址：西城区阜成门外大街31号天恒置业大厦
邮编：100037
电话：52609100

（王　丹）

【天意市场疏解】 天恒集团克服诸多困难，历时9个月时间，积极配合区政府完成北京天意小商品批发市场疏解工作，实现按期闭市。随后加紧房屋接收、利用和21亿补偿款的账面处理工作。落实政府部门和区国资委“疏非控人”任务，疏解整治房产27处，疏解面积6715平方米，疏解人口404人。

（王　丹）

【地产业务进入北京区域第一阵营】 年内，天恒集团继续深化与中粮、旭辉的战略合作，与中海、保利组成四方稳定联合体，与万科、龙湖等业内领先企业开展股权合作，全面深耕北京大本营，全年销售签约突破百亿元。全年共竞得9宗地块，累计土地储备投资96亿元，在继续巩固房山、大兴等区县项目的同时，积极拓展布局通州、朝阳、顺义、海淀等区县项目，实现操盘项目18个、并表项目7个、财务投资项目3个。中国指数研究院发布的2017主要城市房地产市场地位领先企业榜单中，天恒集团首次获北京市房地产市场地位领先企业第九名，是上榜名单中唯一一家区级国企，在全国房企销售百亿排行榜上位列第135位。

（王　丹）

【怀柔刘各长村项目】 1月20日，北京山天置业有限公司取得北京市发改委核发的《关于怀柔区刘各长村棚户区改造土地开发项目核准的批复》〔京发改（核）（2017）20号〕。12月6日，刘各长村棚户区改造土地开发安置房项目在奖励期内实现村民签约率100%，正式开工。怀柔区副区长王弢、怀柔区政协副主席王玉山、怀柔区住建委主任王洪利、怀柔镇党委书记田墨华出席开工仪式，集团党委书记、董事长刘海涛，集团总经理助理、地产运营事业部总经理周兴，中建八局华北分局等企业负责人，刘各长村与东四村部分村民代表参加开工仪式。项目建设地点位于怀柔新城01街区，安置房住宅及地上配套建筑面积约为105280平方米，由15栋住宅楼组成，共1130套房源。

（王　丹）

【什刹海街区疏解提升】 年内，天恒集团所属天恒正宇公司作为什刹海街区疏解项目实施主体，实现疏解居民206户、疏解人口631人，修缮院落22处。区域新增5处疏解工作站，实现什刹海区域25个社区全覆盖。“新地百”及地安门外300米商业街全部亮相，承接西城区历史文化名城保护委员会2017年年会，受到区主要领导和专家的赞誉。《鼓楼西大街整理和复兴计划方案》被市委书记蔡奇称赞为“难得的好设计”，鼓楼西大街整理与复兴计划体验中心共接待参观2300余人次，受到各界好评。9月23日至10月7日，天恒集团、天恒正宇公司策划并联合什刹海阜景街指挥部、什刹海街道及什刹海旅游开发公司共同主办2017北京国际设计周什刹海分会场系列主题活动，17个院落展馆共接待参观2.8万余人次，取得良好的社会评价。

（王　丹）

【建立集团探索型业务平台】 自12月20日起，天恒集团所属正宇公司、西都公司各自作为独立经营的法人实体运营，拥有各自团队。正宇公司负责什刹海项目的整体投资及运作。西都公司下设两个子公司：一公司以西都公司原有业务为主，业务范围包括桃园项目、官园项目等；二公司作为集团探索型业务的运营实体，主要承载对集团业务提升有重要战略意义的“地产＋产业”项目。

（王　丹）

【集团商业项目平稳运行】 1月18日，华兴新业公司所属西西友谊酒店列入北京市和中央政采名录。5月12日，华兴新业公司收购北京成文厚账簿卡片有限公司全部自然人持有的9.4%股权，成为成文厚账簿100%持股法人。6月14日，华兴新业公司收购北京华兴清华商贸有限责任公司全部自然人持股21.27%，成为华兴清华100%持股法人。年内，海南新燕泰大酒店大幅减亏。正达公司取得《食品经营许可证》，注册完成“恒咖啡”品牌，并将天恒大厦一层打造成集团品牌形象展示窗口。北平居再度营业，盈利能力显著提升。

（王　丹）

北京华康欣和建筑工程有限责任公司

【概况】 北京华康欣和建筑工程有限责任公司（简称华欣公司），为房屋建筑工程施工总承包二级资质、建筑装修装饰二级资质、输变电专业承包三级资质、市政公用工程施工总承包三级资质企业。企业注册资金3000万元；资产总额1.3亿元；从业人员近200名，拥有同企业资质要求相适应的工程技术、经济管理人员。年内，公司完成营业收入9866万元，实现利润5.7万元，上缴国家税金814万元，工程合格率100%，合同履约率100%，实现安全生产文明施工。接受认证部门对质量、环境、职业健康安全管理体系年审并顺利通过。有序推进江苏扬州、河北兴隆项目。
地址：西城区西直门内后半壁街11号
邮编：100035
电话：66160591

（李珊珊）

【股东会暨工作会】 6月22至25日，召开2017年股东会暨工作会。分别审议通过2016年董事会工作报告、监事会工作报告、财务工作报告、行政工作总结、党委工作总结；华欣公司与各基层单位签订生产经营承包合同及安全生产、综合治理责任书。

（李珊珊）

【“三标”认证】 8月14至16日，公司进行为期三天的“三标”认证年审，并顺利通过。

（李珊珊）

【重点工程项目】 年内，华欣公司新签订的重点工程包括：2017年重点区域环境整治项目施工（第一包）、机关办公用房维修改造经费西城区城管执法局天宁寺分队装修工程、德胜街道裕中西里养老驿站装修工程、北京市西城区人民政府大栅栏2017年拆违工程、北京市西城区裕中小学食堂改造、宣武供电服务中心装饰装修分系统综合维修工程以及机关办公用房维修改造经费西城区电子政务内网核心机房建设改造。

（李珊珊）

北京广安控股集团有限公司

【概况】 北京广安控股集团有限公司（简称北京广安集团）隶属于西城区国有资产监督管理委员会，是以文保区保护修缮、对接安置房建设、市政基础设施建设为主营业务的西城区属国有企业。公司注册资金为54.7亿元，截至年底资产总额516亿元。参控股企业40家，在职员工900余人。北京广安集团下设4大事业部，即以实施棚改项目、文保区改造修缮项目为主的政府项目事业部，以市场化开发、建设的房地产项目为主的房地产开发事业部，以实施物业及停车场管理、销售服务及产业培育等项目为主的社区运营事业部，以文化商业综合体项目、文保区商业项目的策划、招商及管理为主的文化商业事业部。全年主要工作有：杨梅竹斜街保护修缮、CH地块土地一级开发、张仪村等保障房建设、大栅栏地区北京坊项目等；在建（筹备）菜园街及枣林南里、高立庄、南苑、旧宫保障房等多个棚改（保障房）项目。承担安徽会馆、观音寺等10个文保区代建、文物腾退工作及多条市政道路建设。

地址：西城区宣武门外大街10号庄胜广场中央办公楼北翼13层

邮编：100052

电话：63108908

（王晓曼）

【北京坊亮相】 1月16日，位于大栅栏历史文化保护区东北角的北京坊建筑集群正式落成，同日举行北京坊建筑集群设计颁牌仪式。住房城乡建设部、市名城办、市文物局、市住建委以及区四套班子主要领导参加授牌仪式。

（李 璐）

【市委领导考察H地块】 5月10日，市委副书记、市长蔡奇，副市长隋振江、市规划国土委主任魏成林在区委书记卢映川、区长王少峰及大栅栏指挥部、广安控股公司、中国建筑设计院有限公司领导的陪同下到前门H地块项目现场视察调研。蔡奇听取了王少峰对整个大栅栏片区的保护、改造总体情况的介绍，以及建筑师任祖华对前门H地块项目设计方案情况的汇报，对H地块规划方案给予高度评价认可，并提出建筑要保留历史肌理，符合地区历史文化特色，提出H地块设计要结合雨污水系统、城市管廊系统、交通枢纽集合功能与文物保护结合起来，老城区要注重不同历史时期的建筑保护，丰富街区建筑风格。

（李 璐）

【安徽会馆等文物腾退项目进展】 3至5月，对安徽会馆等6个文物腾退项目进行入户调研；5至8月，梳理统计调研结果，编制资金测算、用房计划等方案；12月初完成项目房屋入户评估工作；12月15日，完成文物腾退公告张贴工作，标志着文物腾退工作正式启动。截至年底，6个文物腾退项目累计腾退居民158户，腾退比例达83%。其中聚顺和南货老店旧址项目腾退率100%、大栅栏西街37/39号商店项目腾退率95%、安徽会馆项目腾退率90%（其中安徽会馆中路实现住户清零）。

（程鹭红）

【市委书记考察调研杨梅竹】 9月9日，市委书记蔡奇在副市长王宁、区委书记卢映川、区长王少峰、广安控股公司董事长申献国陪同下调研考察杨梅竹项目，参观调研杨梅竹斜街模范书局，座谈讨论如何促进文化创意产业发展。蔡奇指出，文化创意产业的发展十分重要，尤其是与老街区的保护发展的融合。要积极鼓励作为文化创意产业代表的书店的发展，注重从书店到相关文化产业链条的延伸，建立公共文化服务体系。蔡奇对杨梅竹斜街给予肯定，称之为很有文化味道的一条街。

（相迪静）

【市委书记考察调研大栅栏】 9月24日，在2017年北京国际设计周大栅栏设计社区、首届北京坊生活方式设计节前一天，市委书记蔡奇，市委副书记、市长陈吉宁带领市、区主要领导对大栅栏西河沿、北京坊项目进行调研检查。此次调研是蔡奇第八次调研大栅栏、第四次调研北京坊项目。至此，蔡奇书记分别对广安控股旗下“北京坊——老城复兴新样板”“杨梅竹——惊艳北京、最有文化味道的一条街”“H地块——最好的城市设计”“西河沿——高度认可的开放街区精细化管理项目”几大项目做出高度评价认可，这也是对广安控股多年来在城市更新尤其是老城复兴领域的深耕实践的认可。

（相迪静）

【沈家本故居文物修缮利用工程】 沈家本故居位于宣武门外金井胡同1号，为北京市区级文物保护单位。沈家本故居文物修缮利用工程，性质为古建修缮抢险加固工程，定位为“中国法治名人博物馆”。4月，受区文物主管部门委托，北京燕广置业有限责任公司作为代建主体进行建设，并于11月交付使用。通过文物修缮，恢复沈家本故居原有风貌，实现了文物建筑的合理利用。

（丁 可）

北京陶然建筑有限公司

【概况】 北京陶然建筑有限公司（简称陶建公司）是具有年施工面积50万平方米以上、竣工面积20万平方米以上、施工产值3亿元以上施工总承包能力的土木工程建筑企业，建筑资质为房屋建筑施工总承包二级。在项目施工过程中，陶建公司建立了产品实现策划管理规定、产品防护管理办法等相关产品质量管理制度，对特定的产品或合同及顾客的要求，制定专门的质量监督措施、资源管理规定和生产制造程序，确保顾客满意。连续多年被评为“首都文明单位”。

地址：西城区天宁寺前街2号C座

邮编：100055

电话：63263613

（王 芳）

【老干部管理工作】 年内，由公司代管的离退休老干部共9人。根据老干部工作政策和文件要求，及时落实好代管老干部享受的各种待遇及各类活动安排，做好去世老干部的各项申报工作及家属走访慰问。

（王　芳）

【房屋管理】 年内，响应市、区政府要求，对樱桃源小区地下室进行专项整治，消除安全隐患，规范地下空间使用环境。拆除盆儿胡同多年存在的占用消防通道、公共空间的违章建筑。

（王　芳）

【安装生活设施】 年内，樱桃源小区物业自购材料并安排维修人员施工，新安装邮政信报箱和地下车库坡道阳光棚，改善了樱桃源小区的居住条件。

（王　芳）

【物业收费】 截至年底，樱桃源小区物业费收费率达95%，供暖费收费率达98%。

（王　芳）

【调整停车收费价格】 年内，根据市、区发改委相关规定并征得车主意见后，樱桃源小区调整地上停车位收费价格，由150元每月调整为300元每月。

（王　芳）

北京市鑫宣市政工程有限公司

【概况】 北京市鑫宣市政工程有限公司（简称鑫宣市政公司）是国家建设行政部门认定的市政公用工程施工总承包贰级企业，可承担城市道路、桥梁、隧道工程；给、排水及泵站工程；燃气和热力工程；各类城市生活垃圾处理工程并具有爆破、拆除叁级专业承包资质。企业注册资金2000万元，资产总计1.36亿元。年内，工程合格率100%，合同履约率100%，实现安全生产文明施工。公司连续16年获北京市住房和城乡建设委员会颁发的市政公用工程总承包贰级建筑业企业资质证书；连年获得质量管理体系认证（GB/T19001-2008/ISO9001：2008、《工程建设施工企业质量管理规范》GB/T 50430-2007）、环境管理体系认证（ISO14001：2004 GB/T24001-2004）和职业健康安全管理体系认证（GB/T 28001-2011 OHSAS 18001：2007）；多次获北京建筑行业AAA诚信企业称号和信誉等级为AAA的等级证书。

地址：西城区培育胡同甲7号

邮编：100052

电话：63546948

（张　颖）

【南线里小区路面及管线改造工程】 年内，完成南线里老旧小区柏油路面及管线改造工程，新建沥青路面2006.08平方米，安砌路缘石676米，新建污水管线204.6米，砌筑污水检查井25座，新建雨水管线395.6米，新建雨水检查井27座，新建雨水口39座。

（张　颖）

【2016年防恐挡车桩工程】 2016年11月至年内9月，对全区中小学学校、幼儿园门前加装反恐挡车设施、并对各街道办事处提出新增点位进行安装，为进一步完善步道功能，有效遏制机动车便道停放等安全问题，以安装挡车设施的方式，完善市政基础设施建设，给市民出行提供良好交通环境。安装全自动带灯升降路障528根、半自动路障36根、活动路障272根、固定路障97根、芝麻白石材挡车桩1396根、步道护栏614米。

（张　颖）

【荣丰2008小区（东片）环境整治工程】 年内，完成荣丰2008小区（东片）环境整治工程，铺装DN200毫米双壁波纹管（DN即公称直径）125.5米、DN300毫米双壁波纹管98.2米、DN400毫米双壁波纹管91.1米、DN500毫米双壁波纹管65.1米，摊铺沥青混凝土5299平方米，铺装人行步道砖2896.7平方米。

（张　颖）

【邮币卡市场南侧路和24号院内主路改造工程】 年内，完成德胜街道邮币卡市场南侧路和黄寺大街24号院院内主路改造工程，新建沥青路面1510.01平方米，新建步道438.18平方米，安砌路缘石467.73米，新建雨水口15座。

（张　颖）

【双旗杆东里小区道路工程】 年内，完成双旗杆东里小区道路工程，新建沥青路面671.81平方米，新建步道316.84平方米，安砌路缘石217.04米，新建雨水口10座。

（张　颖）

【广外305号院停车场工程】 年内，完成广外305号院停车场工程，新建C20水泥混凝土垫层2786.56平方米，完成混凝土大方砖铺装2786.56平方米。

（张　颖）

【王府井西街北段道路铺装工程】 年内，完成王府井西街北段道路铺装工程，完成石材铺装2000平方米，完成沥青混凝土摊铺4100平方米。

（张　颖）

北京昊都建筑工程有限责任公司

【概况】 北京昊都建筑工程有限责任公司（简称昊都公司）为区属国有企业，主要经营工业与民用建筑项目、地基与基础工程的施工、设备租赁、建筑材料的技术开发、锅炉安装及热力、防水管线工程的施工等，公司营业执照至2020年9月28日。

地址：西城区白纸坊西街22号楼1602号

邮编：100054

电话：67504923

（杨惠娟）

【例行工作】 6月，完成供暖费发票、自采暖核对证明及煤火费相关材料复印件收取工作，共计257份。8月，完成2016年项目绩效评价意见，走访问询享受供暖费的退休人员，询问其对供暖发放的满意度，并上报调查问询登记表257份。同月，完成2017年度国有资本预算资金上报工作，供暖、自采暖及煤火费共计246人，金额389159.37元。10月，完成金正公司2017年与2018年供暖费预算上报对比；同月，为财政出具公司发放供暖费标准及依据。11月，向金正公司上报公司财务运营情况分析。

（杨惠娟）

【财务工作及投资工程】 年内，完成企业所得税年度汇算清缴鉴证审计工作。完成2016年度退休人员的供暖、自采暖及煤火费发放工作，共257人，金额397317.11元。公司投资广东中山工程诉讼案件尚未结案，诉讼保全后的房产及银行账户按季度继续进行续封工作。

（杨惠娟）

【退办工作】 年内，追缴10人（死亡）养老金92060.29元。为18名退休人员变更医疗机构，确保退休人员及时就医。根据京人社养发〔2017〕146号文件精神，完成年内7名去世退休人员补支计算、申报、审核及发放工作，金额5552元。为1名异地安置退休职工进行医疗机构审核登记，为6名异地安置退休人员办理住院医药费的报销。为20名去世退休人员办理相关手续。截至年底，公司退休人员443人。

（杨惠娟）

【提升服务水准】 年内，接待外调、公证及为企业调出人员查档、出具各种证明、公示材料85份；认真对待退休职工本人反映其养老金计算有误问题，经问询办理当事人、政策咨询及请劳动部门重新核定等，最终得到退休职工的满意。配合区相关部门，了解退休重点人员情况，先后5次与其社区居委会、所在街道派出所及家属联系，了解现状，及时报告上级部门，确保社会安定。

（杨惠娟）

北京房开置业股份有限公司

【概况】 北京房开置业股份有限公司（简称房开置业公司）注册资金5000万元，通过ISO9001国际质量管理体系认证。主要经营房地产开发、商品房销售、城市危旧房改造和开发建设等项目。年内，房开置业公司按照区委、区国资委党委统一部署，推进“两学一做”学习教育常态化制度化，发挥党支部教育管理党员的主体作用。学习贯彻习近平总书记系列重要讲话精神，党员的模范带头作用激发了公司全体员工干事创业的热情。

地址：西城区广安门内大街210号西华经典2层

邮编：100053

电话：63577515

（闫　欣）

【平原里3号楼定向安置房施工建设】 年内，房开置业公司平原里3号楼定向安置房项目部组织协调设计、监理、施工等单位开展平原里3号楼定向安置房施工建设，完成基坑支护工程、土方工程、基础底板工程，为平原里3号楼定向安置房项目按时竣工交付使用奠定了基础。

（闫　欣）

【防汛工作】 汛期，房开置业公司针对平原里3号楼定向安置房项目深基坑土方施工，组织平原里3号楼定向安置房项目部及施工、监理单位专门成立防汛工作领导小组，划拨专项资金，指派专人24小时值守，处理应急突发情况。做到加强日常检查，及时发现问题，采取措施将隐患消灭在萌芽状态，确保无人员、财产损失发生。

（闫　欣）

【牛街危改二期居民产权证发放】 年内，房开置业公司组织专人整理、审核、解答、落实牛街危改二期居民产权证发放工作。对行动不便的业主提供上门发放产权证服务，解决居民实际困难。截至年底，累计发放774套房屋产权证。

（闫　欣）

北京宣兴房地产开发股份有限公司

【概况】 北京宣兴房地产开发股份有限公司（简称宣兴公司），是通过ISO9002国际质量标准认证的综合性房地产开发企业，注册资本5420万元，房地产行业等级为二级，其股份由国有、社会法人及自然人多元股东集合构成。年内，宣兴公司遵循党的十九大提出的企业改革的要求，完善了以混合所有制为标志的股权改革机制，企业实行现代科学管理，信奉以人为本，卓越进取的企业精神和互惠、诚信、共赢的核心理念。

地址：西城区枣林前街35号

邮编：100053

电话：63585100

（高　莉）

【宣兴商厦拆迁工作】 年内，宣兴公司实施一级开发的项目宣兴商厦位于西城区广安门外大街湾子路口西南角，占地13300平方米，建设内容为商业金融。后续拆迁工作仍在全面进行中。

（高　莉）

（责任编辑　齐　田）

交通 邮电 公用事业

交 通

交通行政执法

【概况】 北京市交通执法总队（简称市交通执法总队）是北京市交通委所属副局级行政执法机构，主要负责全市公共交通、公路和水路的交通综合行政执法工作。年内，市交通执法总队以维护首都交通运输环境秩序为己任，以党的十九大、“一带一路”等重大政治活动保障为重点，统筹抓好行业监管与秩序维护，共查处案件4.7万件，为首都交通运输环境秩序保障做出贡献。

地址：西城区北礼士路22号
邮编：100044
电话：68367578

（付天龙）

【元旦保障工作】 元旦小长假，市交通执法总队全力维护交通运输环境秩序，为广大群众营造和谐有序的出行环境，共出动执法力量1400余人次，检查运输车2400余辆次，查获运营车辆违章41起，查扣各类“黑车”8辆，查处“黑汽修”1起、乞讨卖艺等轨道方面的违法违章15起。

（付天龙）

【重要会议保障】 全国“两会”期间，市交通执法总队加强代表（委员）驻地、重点公交枢纽场站等和全市19条轨道交通线路站内、车内、保护区的交通运输环境秩序保障，出动执法人员1.2万余人次，检查运输车6万余辆次，查获业内违章1471起，查扣各类“黑车”1630辆，巡视检查车站3722座次，查获轨道违法违章101起。“一带一路”国际合作高峰论坛会期间，市交通执法总队启动邻省、郊区、城区交通检查机制，开展5个波次专项整治行动。查处各类违法违章9500余起。轨道方面，巡视检查车站9000余座次，值守监管车站3500余座次，开展行政检查1500余次，消除隐患150余件，查处轨道违法行为900余件。党的十九大召开期间，总队出动执法人员5500余人次，检查运输车辆超过2万余辆次，查获交通运输行业业内违章200余起，查扣各类“黑车”60余辆。

（付天龙）

【“五一”交通运输环境秩序保障】 “五一”小长假期间，市交通执法总队围绕运输市场秩序维护、“一带一路”高峰论坛保障、行业维稳、应急处突等重点做好保障工作，出动执法力量1500余人次、执法车160余辆次、检查运输车2000余辆次、查获业内违章72起、查扣各类“黑车”40辆，对200余起轻微违章进行了批评教育。

（付天龙）

【端午小长假交通运输环境秩序保障】 端午小长假期间，市交通执法总队多措并举维护交通运输环境秩序。出动执法力量1300余人次，查获业内违章70余起，查扣各类“黑车”10余辆。

（付天龙）

【标志标识专项排查】 6月，轨道交通执法大队对345座轨道交通车站标志标识错误和车站卫生间隐患开展专项排查，发现73项轻微隐患，运营单位已全部报修；21座车站的卫生间存在轻微隐患，运营单位已报修12项、消除2项，大队督促企业尽快完成其余维修并开展复查。

（付天龙）

【安全生产月宣传咨询日】 6月16日，市交通执法总队在机场、火车站、省际客运站、重点轨道交通车站等10余处人流密集地点开展主题宣传咨询活动。悬挂安全宣传横幅16条、摆放安全知识展板20余块、发放各类安全宣传品8000余份、接待群众咨询6000余人次，向广大市民介绍交通运输安全常识，解答人民群众日常生活中交通运输安全问题。

（付天龙）

【暑期省际客运行业集中整治】 7月5日，市交通执法总队联合公交保卫总队在京承、京沪、京藏、京开及京港澳等高速沿线，开展暑期省际客运行业集中整治行动，严厉打击长途客车站外上下客和“黑长途”等违法违章行为。出动执法人员30余名，检查客运车70余辆，查获违法违章10余起。

（付天龙）

【市交通委领导调研检查】 7月31日，市交通委党组书记、主任周正宇到市交通执法总队信息中心和直属大队调研，察看信息中心、直属大队办公区和总队监控指挥中心，观看出租汽车稽查系统功能演示，听取直属大队和信息中心关于党建和业务工作汇报。10月17日晚高峰，市交通委副主任孟桥到复兴门地铁站检查地铁站周边交通运输环境秩序及客流情况。

（付天龙）

【夜查出租汽车】 8月8日晚，市交通执法总队会同属地综治、公安、交管、城管等部门对“三站两场”、省际长途客运站、公交枢纽、繁华商业街区等37个重点地区存在的出租汽车驾驶员运营服务不规范和拒载、议价、绕路、多收费等严重违章以及各类非法营运问题开展集中夜查。查获各类违法违章209起，查扣各类“黑车”70辆、“克隆出租车”1辆，拘留非法营运人员1名。

（付天龙）

【国庆、中秋节前客运市场集中整治】 9月28日，市交通执法总队联合市公交保卫总队重点打击旅游客运参与非法“一日游”、旅游“黑车”、长途客车站外上下客和“黑长途”等违法违章行为。出动执法人员120余名，查获各类违法违章33起。法治进行时、新京报、交通广播、腾讯视频等媒体进行跟踪报道。

（付天龙）

【维护“人物同检”期间轨道交通运营安全】 10月17日起，市地铁全路网采取临时“人物同检”安检措施。市交通执法总队每日安排600名以上的执法力量，在全市102个轨道交通车站早晚高峰时段进行固定值守。组织地面执法大队160余名执法队员，加强重点轨道交通车站周边交通运输环境秩序监管。

（付天龙）

【旅游客运线上执法取得新突破】 10月23日，市交通执法总队直属大队与市旅游委依托市旅游公共信息和咨询平台电子行程单（预约）系统、道路运输行业现场稽查系统的相关数据，对1起未保障车辆卫星定位装置正常使用的客运经营者罚款2000元并责令限期改正，第一次实现了旅游客运车辆线上执法。

（付天龙）

境内交通执法

【概况】 北京市交通执法总队第二执法大队（简称市交通执法二大队）是北京市交通执法总队下设的执法大队，北京市交通执法总队隶属于北京市交通委员会。主要负责西城辖区内交通运输行业执法工作，具体管理的行业有出租汽车、网约车、省际长途客运、旅游客运汽车、道路货物运输（含危险货物运输）、汽车维修、汽车租赁及水域运输（游船）等行业。截至年底，出动执法人员6600余人次、执法车辆2200余车次；检查各类车辆2.1万余车次、运输业360余家、水域游船业38家次；查处各类违法违章行为3985起，其中巡游出租车3124起、旅游车22起、省际客运车辆72起、货运车辆97起、危化车辆7起、机动车维修2起、非法经营出租车429起、非法经营旅游车辆40起、非法经营省际车辆26起、非法经营货运车辆160起、非法经营危险品车辆5辆、非法经营汽修1起；收缴罚没款1141.73万元。市交通执法二大队将“民意指导执法”作为工作的出发点，在执法实践中弘扬“公正、廉洁、尽职、为民”的交通执法精神。

地址：西城区南礼士路44号

邮编：100037

电话：68013973

（王平海　王艺博）

【建立省市联勤联动机制】 年内，市交通执法二大队为解决京藏、高速马甸至德胜门一线，无客运资质的中型面包车非法从事省际客运业务，扰乱省际客运秩序现象，防范遏制重特大事故，联系张家口市运管部门和张家口客运公司进行沟通和协商，前期摸排并多次召开协调会，商定齐抓共管、省际联动的联合执法工作机制。

（王平海　王艺博）

【汽车租赁行业执法】 年内，市交通执法二大队梳理执法工作中的短板和不足，将汽车租赁和汽车维修两个行业列为重点攻关内容。与相关部门联合执法，增加重点时段的执法检查频次，对汽修业户实施有效监管。发挥法制小组作用，找准执法检查的切入点，为外勤执法工作提供支持。汽车租赁行业监管执法，实现“零”的突破。1月19日，对辖区一家汽车租赁公司经营中违规行为进行查处，开出汽车租赁行业第一张罚单。

（王平海　王艺博）

【开创综合执法工作新思路】 年内，针对德胜门地区社会闲散人员冒充公交职工，在公交车站散布虚假信息，诱骗外地乘客乘坐非法运营的“黑车”，从中获取不正当利益的情况，市交通执法二大队多次分析调研，提出“区域模块化执法”综合治理的新方法。成立针对整治特点的联合执法小分队，从打击街头揽活“黄牛”等违法犯罪人员入手取得实效，摘掉市级乱点挂账的牌子，维护德胜门公交枢纽交通运输秩序。

（王平海　王艺博）

【“两客一危”行业监管】 年内，市交通执法二大队按照上级要求分重点时段开展检查，落实“两客一危”执法检查工作，行业检查全覆盖，履职尽责、不留空白。4月18日，查扣一辆运营载客的旅游黑车，途中车辆出现火情，现场执法人员果断处置，避免一起车毁人亡的恶性事故，受到交通委和总队的通报表扬。

（王平海　王艺博）

【整治景区周边秩序】 年内，市交通执法二大队对辖区运输安全情况进行研判，针对主要景点周边个体出租车砍价、筛活、拒载、不服从管理等行为进行系列整治。分别开展恭王府、故宫北门、大剧院、德胜门等地治理。5至10月旅游高峰期专项整顿出租汽车运营秩序，取得良好效果。在恭王府景区一地，查扣出租车交予他人驾驶行为23起，净化了景区周边出租车的运营秩序，恭王府博物馆赠送了锦旗，给交通委送去表扬信。

（王平海　王艺博）

【京张联动执法】 年内，市交通执法二大队与河北省张家口市开展跨省联合执法行动，对京藏路上河北至北京的运营秩序“齐抓共管”，形成跨省联动协作工作机制。实现联勤联动、交流学习、案件移交。

（王平海　王艺博）

【非现场执法模式应用】 年内，市交通执法二大队继续巩固与八达岭高速支队非现场联合执法合作，在不断探寻深度合作途径和渠道的基础上，继续利用高速路交警支队的摄像头摄取的省际客车在站外违法停靠上下客的资料，与省际客车GPS运营轨迹技术数据进行比对，对证据链条完整的涉事企业实施非现场处罚13起。

（王平海　王艺博）

【网约车监管】　年内，市交通执法二大队组织执法人员学习、领会网约车新政及实施细则的各项政策，密切关注行业运行状态，妥善处理矛盾和问题，做好执法工作，维护行业稳定。

（王平海　王艺博）

交通运输行业管理

【概况】　北京市交通运输管理局西城管理处（简称西城管理处）是受北京市交通委运输管理局委派，负责西城区境内公共交通、公路和水路运输管理的专门机构。年内，按时限办结行政许可（服务）事项2878件次，换发出租车营运证、旅游包车证、省际包车证28572件，接待现场咨询及来电咨询2000余件次。共出动执法人员1286人次，检查辖区运输单位609户次，检查车辆（船舶）17882台次，采取行政措施44件（含移送5件），采取行政处罚1件。年监管检查指标、行政措施指标完成率分别为123.53%、128.13%，行政执法问卷调查满意率100%。完成元旦、春节、元宵、清明、五一、端午、中秋、国庆等节假日，全国“两会”“一带一路”高峰论坛、党的十九大等重大政治活动及重污染、雨雪、汛期等极端天气运输保障和巡查任务，主动应对妥善处置极端天气过程40余次，组织巡查9次，出动检查人员1084人次。

地址：西城区东廊下胡同玉廊东园5号楼1单元

邮编：100034

电话：59701075

（刘晓鹏）

【公共交通行业】　西城辖区所属地面公交企业1户，涉及运营线路103条，配备运力3253部。公交枢纽3个、公交场站21个。年内，西城管理处在重点时期和重大节日期间对辖区公共汽电车企业的安全管理、应急管理、隐患排查、卫星定位使用等规章制度的制定和执行情况、安全服务规范的落实情况和驾驶员、安全员配备情况等进行检查，完成检查任务80户次。组织辖区内社区“最后一公里”微循环现状调研及试点线路开通，对辖区未开通公交线路的居住区进行筛查，调研区域内道路通行、交通接驳条件、居民出行量等状况，梳理出5条具备微循环公交通行条件线路进一步调研论证，调查图片表格240余张、绘图60余份形成调研报告，提出新开微循环线路建议方案，为下步区域公交微循环开通提供参考。

（刘晓鹏）

【出租汽车行业】　西城辖区有出租企业35户（含个体出租汽车管理站），指标车数15124辆，其中：汽油车14711辆、双燃料车113辆、纯电动车300辆。出租驾驶员18593人。年内，按照全市出租车更换使用两年以上的三元催化器要求，对辖区涉及需要更换的2098部车辆（其中：北京现代1421部、绅宝83部、大众系列594部），全部进行更换。根据局关于年度出租小客车营运证件换发工作的统一部署，对辖区35户出租汽车企业和个体经营业户入户检查，检验车辆13370部，合格率99%，检验驾驶员18432名，合格率100%，复检企业11家，复检车辆120部，复检合格率100%。完成全部运营车辆及驾驶员年度入户审验。完成出租车燃油补贴足额发放。年内，出租行业执法检查目标任务170户次，行政处罚11件次。截至年底，实际完成检查任务161户次，实施行政处罚8件。

（刘晓鹏）

【省际客运行业】　西城辖区内有省际客运经营企业2户，车辆141辆，班线69条。年内，完成对辖区省际客运企业质量信誉考核初评工作，根据市局复核结果，西城辖区新国线北京省际客运有限公司AA级，北京巴拓霸斯汽车运输有限公司AAA级。完成第二批省际接驳运输车辆标识核发，对参加接驳运输试点并符合相关要求的3条线路5辆车的信息逐一核实，核发《长途客运接驳运输车辆标识》，有效期1年。完成800公里以上班线安全评估工作，督促客运企业聘请第三方安全评价机构对800公里以上班线在驾驶员配备及管理、车辆状况、道路通行条件、气候条件、运营管理、动态监控、风险监控等8个方面逐条安全评估并形成书面报告，新国线北京省际客运公司完成4条安全评价。根据归集整理2013至2017年度该企业历年质量信誉考核情况、安全管理及运营服务等记录，对新国线集团北京省际客运公司30条到期省际客运班线延续经营期限申请提出初审意见，重新核定省际客运班线经营期限。监督企业严格落实安全告知、运营车辆落客安检制度，运营车辆出站例检制度。规范市场秩序，对站外揽客、超员、超速违法违规问题突出的运营企业，进行约谈，明确提出整改要求及后续从严惩处措施。配合交通执法等部门，对站外揽客、超员载客等进行整治，处理违规经营行为，下发责令整改通知书3份，约谈涉事企业4次。

（刘晓鹏）

【旅游客运行业】　西城辖区内有旅游客运经营企业12户（其中，经营省际包车客运5户、市内包车客运7户），车辆1573辆。年内，完成年度辖区汽车租赁企业质量信誉考核初评，根据市局复核结果，汽车租赁企业1家优秀，5家良好，34家合格。旅游包车证换发1555件。加强省际包车客运标志牌管理。6月12日，接交通执法总队抄告，对辖区大地国际旅行社京A牌照大客车从事旅游客运业务一事进行查处，行业监管人员强化事中事后监管，查找企业在动态监管、运营管理上的问题隐患。截至7月15日，大地国际旅行社80余部租赁车辆全部转出，相关违法情节严重的驾驶员被解除劳务合同，使无《道路运输证》车辆参加客运经营问题得到遏制。强化属地监管原则。对辖区旅游客运企业经营地、注册地不在辖区监管范围，信息共享、数据对接存在问题的企业进行清理。经市运输局旅游处批准，天鹅国旅、中国国旅及大地国旅等3家企业确定2018年迁出本辖区。“一带一路”国际合作高峰论坛召开期间，北汽和新月公司旅游客运企业分别承担机场抵离迎送、雁栖湖会区保障和国家会议中心交通摆渡保障任务，出动320余部大中型车辆，完成交通运输服务保障任务。

（刘晓鹏）

【汽车租赁行业】 西城辖区有汽车租赁备案企业136户（其中：77户无车，18户失联或未办注销手续，41户正常经营），车辆4820辆，经营门店49家。年内，完成旅游行业2016度质量信誉考核初评，根据市局复核结果，西城辖区旅游企业4家AAA级；3家A级；4家企业参加打分不评级；1家企业无运营车辆，纳入管理，不考核不评级。贯彻行业规范及法规，重点围绕租赁行业设定的权利义务、服务规范和相关业务办理流程、时限要求、法律责任等，加强对行业管理人员、汽车租赁经营者的宣传培训。核查租赁车辆技术管理及承租人身份信息，结合日常监管检查，监督企业做好车辆日常安全技术管理，落实定期或定程维护制度，根据车辆使用强度及时排查处置安全隐患，确保车辆技术状态良好。督促企业严格履行承租人身份和资信核实程序，确保社会公共安全，杜绝以租车和包车名义从事各类非法活动。推广使用北京市汽车租赁企业服务与管理信息系统，完善西城辖区汽车租赁企业通联工作，确保运营数据互联互通，监管及时有效。根据市局《关于清理汽车租赁备案数据库车辆的通知》要求，对辖区15家企业的292部大型车辆进行清退。

（刘晓鹏）

【普通货物运输管理】 西城辖区有货运企业263户，车辆1618辆。年内，西城管理处根据运输局《2017年北京市“道路运输平安年”活动实施方案》《关于印发本市交通运输行业安全生产隐患排查治理攻坚行动实施方案的通知》《北京市交通运输行业安全生产大检查专项行动实施方案》等精神，先后召开15次辖区重点货运企业会议部署检查落实，重点督促企业建立完善车辆技术管理制度和“一日三检”制度，督促企业完善5项安全管理制度、安全生产应急预案、3个安全生产记录和车辆技术管理档案等，对辖区5辆车以上单位进行全覆盖的监管检查，完成检查108户次，其中化危企业20户次，开具限期整改10件次，移送处罚4件次，注销73户许可证超期企业。完成辖区道路货物运输企业“绿色货运”宣传和3家企业的申报初审。淘汰国Ⅰ、国Ⅱ排放标准9部。督促企业落实“三不进、两不出”要求，配合相关部门开展渣土运输专项督导检查。对恶劣空气条件下渣土运输车辆的停驶做好宣传，储备应急运力。继续加强对挂靠企业的监管，清理管理中存在重大安全隐患的企业审查货运企业、车辆、从业人员资质，对于承诺期内未完成增车、车辆年审过期、许可证件过期、注册地与实际不符、日常监管中无法联系等情况，按照相关规定和程序，及时予以撤销、注销行政许可，清除行政许可数据库中的冗余、无效数据，保证辖区基础数据的准确。完成辖区货运行业经营许可证届满未延续的注销工作，注销73家道路货物运输经营业户道路运输经营许可证件。

（刘晓鹏）

【危险货物运输管理】 西城辖区有危化货运企业4户，车辆26辆。根据《道路危险货物运输管理规定》《道路危险货物运输安全技术要求》和《北京市集中开展易制爆危险化学品道路货运专项整治行动工作方案》部署，督促企业完善落实各项安全生产管理制度，建立风险源辨识与风险控制机制，定期开展安全隐患排查，完善应急预案。督促企业开展危运从业人员岗前和在岗培训及定期考核工作。督促企业按时完成安全评估，各道路危险货物企业按照交通部5号令要求，保持卫星定位装置及监控平台可靠、稳定、准确运行。规范企业GPS监控制度和GPS监控人员岗位职责、GPS监控记录填写，定期抽查化危车辆在线率、上线率、违章处理情况等。督促道路危险货物运输企业落实车辆动态监控主体责任，提高其动态监控系统应用水平。在化危企业内推行危险货运电子运单管理，与电子运单管理系统联网对接，组织危险货运车辆的安全技术性能抽检，4辆道路危险货物运输车辆参加抽检，经综合检测技术性能全部检测合格。

（刘晓鹏）

【机动车维修管理】 西城辖区有机动车维修企业44户。一类企业6户、二类企业21户、三类企业17户。年内，西城管理处组织一、二类及三类大专项企业开展年度质量信誉考核，37家企业申请参加，其中AAA级企业11家（一类企业8户、二类企业2户、三类企业1户），AA级企业16家（一类企业1户、二类企业13户、三类企业2户），A级企业10家（二类企业8户、三类企业2），无不合格企业。对54户许可证期满未延续、跨区域经营、变更场所的企业进行注销清理。推进《北京市机动车维修管理服务系统》在一、二类企业的广泛有效应用，要求各企业上传数据准确性、完整性，一、二类企业均能按要求使用该系统上传维修数据和打印出厂合格竣工证。落实市财政局、市交通委《关于加强本市道路运输营运车辆综合性能检测补贴资金管理的通知》，严格机动车综合性能检测补贴资金申报和审核把关，完成年度综检补贴资金发放工作。

（刘晓鹏）

【规范水域游船】 西城辖区有游船企业3户，游船893条（艘）。年内，西城管理处严格落实水上安全责任制，与辖区游船单位签订《西城管理处水域游船行业安全生产责任书》，督促游船维修养护、开展船员和从业人员安全教育培训，做好船员、救生员培训和持证上岗工作，持证上岗率100%。做好北海、什刹海夜航安全监管，检验合格后才能夜航经营。做好什刹海水域水上大型活动申报，加强水上救生应急演练和水上安全宣传。开展“清风海事、四海风清”廉政教育活动。加强突发事件信息报送，防止发生信息倒流事件。水域游船行业检查游船单位83户次，出动执法人员178人次。检查自航船舶980艘次，非自航船舶2350艘次。采取行政措施3户次。

（刘晓鹏）

【驾校培训监管工作】 西城辖区有驾校4户，西城管理处承接辖区驾校培训行业管理职责，落实驾培行业监管责任和企业安全生产主体责任，完善驾培机构服务公约、价格备案、服务监督电话等公示制度，提高驾培机构管理水平。推进驾培企业规范化经营，要求驾培企业注册工商营业执照，完善企业管理机制。建立健全信访投诉机制，化解矛盾，调解纠纷，处理投诉案件2起。

（刘晓鹏）

【安全生产管理】 年内，西城管理处贯彻党政同责一岗双责和管行业必须管安全的要求，抓好行业安全生产工作。开展安全隐患大排查大清理大整治、隐患排查治理攻坚行动、道路运输平安年、平安交通整治、安全月、安全生产大检查等专项整治活动，联合公安、安监等部门，加强“两客一危”企业督查检查。组织安全执法检查1440人次640户次，责令整改29户次，一般隐患163件次，移送处罚4户次，吊销73户次，各行业未收到生产经营性道路交通事故报告、火情、火警、火灾事故报告及涉赌、涉毒、涉恐、涉稳情况报告，全行业实现了“大事不发生，小事也不发生”局面。利用信息化手段提升监管执法效能，对辖区交通运输行业各类生产经营单位推行分级分类安全监管，推动预防控制体系和隐患排查治理体系建设。

（刘晓鹏）

北京市地铁运营有限公司

【概况】 北京市地铁运营有限公司（简称地铁公司）成立于1970年4月15日，是北京市市属大型国有独资公司，国内最早成立的城市轨道交通运营企业，开通运营了新中国第一条地铁。截至年底，地铁公司运营16条线路，总运营里程471.2公里，车站282座，年客运量30.82亿人次，年内安全行车4.62亿车公里，两次延误5分钟以上事故间平均车公里达到771.28万车公里，创造新的记录。乘客满意率为95.8%，满意度为81.1分。地铁公司作为城市公共服务类企业，恪守“保障城市运行安全，提升城市承载能力，成为国内领先、世界一流的城市轨道交通运营商”的定位，始终坚持服务首都城市战略定位和首都经济社会发展的公益性原则，坚持“安全是基础、服务是根本、效益是目标、管理是手段、改革是动力”的工作方针，围绕“国内领先、世界一流”的“六型地铁”战略目标，努力提高运营管理能力和水平，履行政治责任、社会责任和经济责任。赢得“政府信赖、乘客满意、社会好评、同行称赞”，为落实首都城市战略定位、推动京津冀协同发展、建设国际一流的和谐宜居之都做出贡献。

地址：西城区西直门外大街2号地铁大厦
邮编：100044
电话：62293714

（张华兵）

【首台带动力地铁隧道冲洗车上线作业】 1月4日，地铁公司研制的首台带动力地铁隧道冲洗车上线作业。车辆采用高压雾化降尘和低压冲洗相结合的技术，实现对地铁隧道的全断面清洁，填补国内行业一项空白。车辆搭载高压冲洗、低压冲洗、雾化冲洗三大系统及30吨储水罐，能够完成壁面冲洗、道床冲洗、排水沟冲洗、手持式冲洗和隧道空气喷雾净化等功能，对洞内尘土、铁屑、扣件油泥等起到有效清洁作用。

（张华兵）

【地铁春运安全服务保障】 1月13日至2月21日春运期间，地铁公司所辖线路安全运送乘客2.73亿人次，同比增加4.84%。日均运送乘客681.32万人次，开行图定列车259014列，加开临客109列，列车运行图兑现率99.96%，正点率99.94%。客运最高峰2月17日运送乘客997.26万人次。

（张华兵）

【春节期间地铁运营服务保障】 1月27日至2月2日春节期间，地铁公司所辖线路安全运送乘客2041.02万人次，日均291.57万人次，最高客运日2月2日（初六）运送乘客381.52万人次；开行列车37517列，加开临客19列；运行图兑现率及正点率均为99.99%。

（张华兵）

【全国两会地铁运营服务保障】 3月3至15日，地铁公司所辖线路安全运送乘客1.14亿人次，日均运送乘客879.17万人次。开行图定列车85987列，加开临客53列，列车运行图兑现率99.98%，正点率99.97%。客运最高日3月3日运送乘客1018.49万人次。

（张华兵）

【地铁冬运安全服务保障】 3月15日冬运结束，地铁公司历时4个月运送乘客9.7亿人次，同比上升4.48%，日均运送乘客801.9万人次，开行图定列车796694列，列车运行图兑现率99.96%，正点率99.93%。客运最高日2月24日运送乘客1029.39万人次。加开临客1381列，缓解客流压力。

（张华兵）

【清明节地铁运营服务保障】 4月2至4日清明节期间，地铁公司所辖线路运送乘客1986.6万人次，同比下降1.74%，日均客运量662.2万人次；开行图定列车16583列，加开临客16列，列车运行图兑现率和正点率均达到99.99%。

（张华兵）

【第四届企业文化周】 4月10至16日，地铁公司启动第四届“企业文化周”。通过“六型地铁”大讲堂、“六型地铁”文化传播推广、公开招募北京地铁展览厅讲解员、公司所属单位开展母子文化宣贯、工团组织发挥自身优势等开展企业文化宣贯活动，营造上下互动、点面结合、形式多样、注重实效的企业文化氛围。使企业文化内化于心、外化于形、固化于制、显化于物，增强员工责任感、使命感和归属感，推进“六型地铁文化”落地生根。

（张华兵）

【五一假日地铁运营服务保障】 4月29日至5月1日，地铁公司所辖线路运送乘客1959.24万人次，同比下降0.9%；日均客运量653.08万人次；开行图定列车17697列，根据客流需求组织加开临客6列，列车运行图兑现率100%，正点率99.97%。4月28日全线客运量1043.19万人次，开行图定列车7316列，列车运行图兑现率99.99%，正点率99.95%。应对节前客流高峰，加开临客51列。

（张华兵）

【市领导检查地铁安保情况】 5月

10日，副市长张建东带队对“一带一路”高峰论坛期间地铁运营安全服务保障措施落实情况进行检查，地铁运营公司制定《进一步强化安检工作的通知》，落实领导包线包站，责任到位。10月11日，市委常委、市委政法委书记张延昆到地铁运营公司检查党的十九大前安保措施落实情况。通过路网监控显示屏查看全路网运营状态和车站客流动态，听取地铁运营公司和京港地铁公司负责人运营服务和安全维稳工作汇报。

（张华兵）

【首届法治地铁文化节】 5月10日，地铁公司在1号线王府井站法治宣传教育基地首次启动“法治地铁文化节”。以“全面建设法治地铁——人人都是践行者”为主题，开展乘客宣传互动、法治地铁大讲堂、法治文化作品征集、法治地铁建设论坛、重点法规测试等系列活动。市法宣办、市交通委、市国资委、市公交总队、轨道交通执法大队相关负责人和公司领导及律师、高校志愿者、地铁平安志愿者代表、员工代表、媒体记者等百余人参加启动仪式。

（张华兵）

【“一带一路”高峰论坛地铁运营服务保障】 5月14至15日，“一带一路”国际合作高峰论坛召开期间，地铁公司所辖线路安全运送乘客1573.24万人次；开行列车14037列，加开临客793列；运行图兑现率99.95%；列车运行正点率99.89%。公司各级领导1400余人次落实“包线包站”；重点部位投入值守人员1.76万人次；组织平安志愿者、文明疏导员8000余人次为乘客提供服务。

（张华兵）

【地铁乘务管理员上岗】 6月1日，地铁公司落实“4·14”市长专题会精神，在1号线和2号线配置1155名乘务管理员，开展列车车厢内安全巡视。上岗试运行期间取得初步成效，两条线路散发小广告、乞讨卖艺等行为基本杜绝。

（张华兵）

【安全生产月系列活动】 6月1至30日，地铁公司在全国第16个安全生产月期间开展安全隐患排查治理、企业安全文化建设等系列活动。组织354名科级及安全管理人员脱产培训3天，邀请专家重点解读《中共中央国务院关于推进安全生产领域改革发展的意见》，剖析典型事故案例；举办“落实主体责任共建平安地铁”主题情景剧大赛、决赛及“金手柄”颁奖典礼，巡演12场次，受众员工6000余人；印发安全宣传海报6500张，乘客安全宣传手册2万册及签字笔1.2万支，营造安全宣传氛围。

（张华兵）

【地铁换乘站客运标志系统优化】 6月1日至8月31日，地铁公司以“顾客需求为导向”，对所辖线路53个换乘站客运标志进行系统优化，提升识别度。按照清晰、连贯、人文、美观和看得见、看得清、看得懂的基本原则，借鉴其他城市轨道交通导向标识的成功经验，综合考虑乘客心理、站型特征和客流特点等因素，完成整体改造提升和系统优化工作，确保客运标志在换乘服务功能上的连贯性、科学性及美观性，方便乘客出行。

（张华兵）

【完成地铁暑运任务】 7月1日至8月31日暑运期间，地铁公司所辖线路安全运送乘客5.53亿人次，同比增长2.15%，日均客运量882.45万人次，客运量最高日7月7日达到1056.53万人次；累计开行列车41.5万列，加开临客464列，列车运行图兑现率99.94%，列车运行正点率99.86%。

（张华兵）

【城市轨道交通系统安全保障课题立项】 7月15日，科技部下发以北京地铁有限公司为课题承担单位的“十三五”国家重点研发计划《城市轨道系统安全保障技术》课题任务书，研发周期4年（2016年7月至2020年6月）。课题参加单位有广州地铁集团有限公司、北京锦鸿希电有限公司、北京交通大学等20家单位。

（张华兵）

【安全节能月】 8月1至31日，地铁公司启动以“坚持节能低碳，共享首都蓝天”为主题的第6个安全节能月，在12座车站开展节能现场咨询日活动。针对创建节水型企业，邀请市节水办主管领导对各单位进行“水平衡测试”专题培训。关注节能科技前沿动态，组织各单位安质部主管副部长和能源管理岗参加由中国能源研究会、节能减排中心主办的“节能中国（2017）节电产业高峰论坛”。

（张华兵）

【地铁实现手机刷卡乘车】 8月14日，地铁公司会同市政交通一卡通公司共同推出“手机一卡通”项目，NFC手机一卡通（安卓版本）在北京市地铁全面开通，乘坐地铁出行可使用手机刷卡进出站。手机刷卡乘车系统支持160款具有NFC功能的手机机型，此措施提升了市民便捷乘车体验，实现自助服务。

（张华兵）

【地铁线路拥挤度实现实时查询】 8月16日，地铁公司官网及微信公众号具备线路拥挤度查询功能，地铁线网图上以黑、红、黄、绿4种颜色实时显示拥挤度，黑色表示车厢严重拥挤、红色表示车厢拥挤、黄色表示车厢内比较拥挤、绿色表示车厢比较舒适。同时，用“栅栏”标志显示限流车站。系统每5分钟刷新一次数据，同步更新线路拥挤度颜色，方便乘客合理规划出行线路。

（张华兵）

【大客流地铁站实行线上购票线下取票】 9月1日，地铁公司研发的首款完全自主知识产权网络取票机在地铁五棵松、西单、天安门东等20个大客流车站上线投入使用，实现乘客可在网络上购票、线下取票的“互联网+”功能。

（张华兵）

【地铁1、2号线站台加装安全门】 9月10日，地铁公司完成1、2号线站台加装安全门施工任务，实现北京地铁全部线路站台与轨道空间的安全门防护。1、2号线站台加装安全门工程金额5.6亿元。工程为既有线改造工程，整个施工过程在不影响正常运营的前提下进行，有效施工时间短，改造涉及到安全门、结构、供配电、信号等相关专业，工程节点和交叉较多，难度大。工程完工后，事故数量和运营中断情况都明显减少，乘客服务水平进一步提升。

（张华兵）

【国庆中秋节地铁运输服务保障】 10月1至8日，地铁公司所辖线路运送乘客4486.45万人次，客流最高日10月1日达631.89万人次，日均560.81万人次同比增加0.98%；开行列车46931列，其中加开临客89列；列车运行图兑现率100%，正点率99.96%。未发生5分钟以上延误事件。

（张华兵）

【地铁进站口实施人与物同检】 10月17日，地铁公司在既有45座“人与物同检”车站的基础上，对其余228座未到位车站采取临时安保升级措施，实现公司所辖线路所有站台进出口同步实施“人与物同检”。

（张华兵）

【十九大期间地铁运营安全服务保障】 10月18至24日，党的十九大召开期间，地铁公司所辖线路安全运送乘客6015.5万人次；开行列车47464列，加开临客2819列；运行图兑现率及列车运行正点率均100%；未发生5分钟以上延误事件。实现“大事不出、小事也不出”的既定目标。

（张华兵）

【法治宣传月】 年内，地铁公司启动第10个法治宣传月活动。面向广大乘客和社会各界发起共建共享法治地铁倡议，在全线9个安检法治基地设置宪法阅读亭、法治地铁梦——我心中的法治地铁留言、查找违禁品等互动环节；在出入口张贴宪法宣传海报，利用车载电视和车站广播宣传法律法规。“12·4”宪法宣传日，设重点宣传车站20个、宣传点38个、各类展板74块、易拉宝（宣传架）27个、版报44块、挂横幅58条；发放书籍、手册近1.5万册、彩页2.65万张。创新宣传内容和形式，组建法治地铁群、法治专办员群等各类普法微信群，利用企业微博、微信开展“学习贯彻党的十九大精神，共同建设法治地铁”在线答题和员工法律需求调研；引入“普法讲师团”对接基层站区、中心及项目部，形成普法宣传长效机制；组织法治征文、讲座、座谈，建设法律驿站，编制普法教材，提高员工及平安地铁志愿者的法治服务能力。

（张华兵）

【北京地铁获奖情况】 1月23日，北京地铁官方微博在人民日报、新浪网、微博三方联合主办的“新标准 新模式 新起点——2017政务V影响力峰会”上，获“十佳政务服务案例”奖，上榜全国十大交通系统微博。12月2日，在第四届中国青年志愿服务项目大赛暨2017年志愿服务交流会上，地铁运营公司获全国青年志愿服务示范项目提名奖，平安地铁志愿者有26万人。

（张华兵）

邮　电

中国邮政集团公司北京市西城区分公司

【概况】 中国邮政集团公司北京市西城区分公司（简称邮政西城区分公司）是北京市分公司下属城区分公司。所辖道界服务面积50.7平方公里，与西城区行政区划面积一致。服务人口127.1万人。承担着为党中央、国务院、全国人大、全国政协等党政机关、企事业单位及金融街众多企业总部、社区百姓提供邮政通信服务的重要职责（辖区内有党中央、国务院、人大、政协等党政机关50余家，中央单位1456个、央企总部42个、社区261个、大专院校12个）。机关内设综合办公室、人力资源部、财务部、监督检查与安全保障部、市场部、党委党建工作部、监察室、工会8个职能部室；下设商函局、发投局、集邮公司、代理业务局、电商分销局5个专业局和包裹业务中心；另设置大客户中心、信息技术中心2个挂靠机构；下辖12个邮政支局、42个邮政所（不包括暂停营业网点13个）54个邮政网点、27家支行（不包括暂停营业支行9个）、15个投递部、3个商投中心，有投递普邮道段310条、商投道段64条。有员工1882人，其中投递员工610人，营业员工405人，金融员工146人。主要经办国际和国内函件、包裹、小包、特快专递、汇款、报刊订阅和零售、集邮业务和集邮品制作、商业信函制作、邮政贺卡、定制邮资封片、邮送广告、邮政物流、代理保险、代办电信以及金融类代办业务，邮政短信（彩信）、代收代缴业务、代售机票及火车票业务、自邮一族业务、分销商品销售等。年内，按照中国邮政集团公司、市分公司“一体两翼”经营发展战略和整体工作部署，邮政西城区分公司以“效益提高、企业发展、职工受益”为发展目标，以“效益作标杆，服务作榜样，安全作保障”为工作标准，围绕“稳增长、转方式、调结构、增效益”的工作思路，依托中国邮政四通八达、遍布城乡的营业和投递服务网络，秉承“服务人民、造福职工”的企业宗旨和“用户是亲人”的服务理念，竭诚为各界用户提供迅速、准确、安全、方便的邮政服务。以利润为导向，抢市场，促转型，谋发展，以新的工作状态适应转型新局面，在变革和创新中谋划新发展，实现经营工作企稳向好、管理服务更见成效、工作作风更加务实、员工精神更加振奋的良好局面，有效推动企业整体业务良性发展和对外形象的持续提升。年实现业务收入5.62亿元，增幅9%，列北京市各城区分公司第一位。

地址：西城区南礼士路头条5号

邮编：100045

电话：68023282

（杨晓凤）

【境内支局】 邮政西城区分公司境内12个邮政支局：地安门邮政支局（9

支）、中南海邮政支局（17支）、西长安街邮政支局（31支）、西单邮政支局（32支）、西四邮政支局（34支）、百万庄邮政支局（37支）、西外大街邮政支局（44支）、三里河邮政支局（45支）、阜成门邮政支局（47支）、永安路邮政支局（50支）、牛街邮政支局（53支）、马连道邮政支局（55支）。

（杨晓凤）

【“两会”邮政服务】 全国“两会”期间，邮政西城区分公司6个驻会服务支局149人为8个驻会服务网点和2个会议网点15个人大代表团的1387名代表和工作人员提供邮政服务。组建一支政治过硬、业务熟练、综合素质高、服务意识强的“两会”驻地服务和投递团队，按照《北京邮政特殊服务规范》要求，以“政治第一、服务一流、一丝不苟、滴水不漏、准确无误、万无一失”的工作目标做好邮政服务，确保“两会”通信畅通。制订“两会”邮政服务保障工作方案、营销方案和应急预案。投递报刊1410捆，收到表扬信、代表感言43件，为代表制作个性化邮票4985版，实现营业收入1959万元。

（杨晓凤）

【《丁酉年》生肖特种邮票首发】 1月5日，邮政西城区分公司在北京动物园科普馆报告厅举行《丁酉年》特种邮票首发式。原邮电部副部长罗淑珍与北京市集邮协会会长章干泉为《丁酉年》特种邮票揭幕，北京市邮政分公司总经理王小东与北京动物园园长李晓光为生肖邮戳揭幕，北京生肖集邮研究会会长廖鸿云和北京市邮票公司经理梁洪涛为《辛丁聚首，金鸡送福》纪念封揭幕。邮政西城区分公司局长徐丛和北京动物园园长李晓光在首发式上致辞。为满足广大集邮爱好者需求，邮政西城区分公司所辖服务区域内邮票销售网点由9个增加到13个，雉鸡苑、宝鸡巷2个鸡年临时邮局和北京祈福邮局同步发售生肖鸡集邮票品，开展《辛丁聚首，金鸡送福》封中封、《元旦》首轮生肖邮资纪念交替封片珍藏折、韩美林《百吉图》等特色邮品热卖及主题活动。

（杨晓凤）

【市领导视察慰问】 1月23日，北京市副市长张建民到中南海邮局位于西站的投递部（信班），慰问过年坚守邮政岗位的干部职工，对“五一奖章”获得者付永伟表示鼓励，现场听取支局送达中南海内邮件的流程情况介绍，对“政治第一，服务一流，万无一失，不辱使命”的服务理念给予肯定，要求保障中南海邮件的安全，再接再厉再创新的业绩。2月24日，国家邮政局副局长赵晓光到中南海邮政支局营业厅、府右街支行、中南海局投递部和所属西站投递信班，视察服务中央机关邮件现场安检作业情况，对全国“两会”邮政作业区域实地检查，听取市分公司总经理王小东“两会”邮政服务保障工作汇报，赵晓光指示一定要全力以赴做好全国“两会”邮政服务和安全保障工作，确保服务安全万无一失。

（杨晓凤）

【红楼庙会集邮品热卖】 1月28日，邮政西城区分公司在北京大观园红楼庙会开展邮政服务。启用“天下第一福”邮资机宣传戳，开展迎新春集邮品热卖活动，受到游客和集邮爱好者欢迎。活动现场，西城区委书记卢映川、区长王少峰一行向邮政员工拜年。

（杨晓凤）

【《中国恐龙》特种邮票首发】 5月19日，邮政西城区分公司联合中国地质博物馆举行《中国恐龙》特种邮票首发仪式。国土资源部地质环境司李继江与北京市邮政分公司副经理范小荣为邮票揭幕。著名古鸟类学家、中国科学院古脊椎动物与古人类研究所研究员侯连海参加首发仪式。同日，北京西四邮政支局特别推出地质博物馆风景日戳和《中国恐龙》邮资机宣传戳。西外大街邮政支局同时推出“中国古动物”邮资机宣传戳和系恐龙主题邮品及文创产品，在支局营业大厅和北京动物园、中国古动物馆开展恐龙邮品热卖活动，邀请邮资机戳及纪念封设计师现场为集邮爱好者签字留念。

（杨晓凤）

【《香港回归祖国二十周年》纪念邮票首发】 7月1日，《香港回归祖国二十周年》纪念邮票在全国政协文史馆首发。活动由中国邮政集团公司北京市分公司和香港特别行政区驻京办事处主办，北京市邮政西城区分公司承办，中国画报出版社、中国电影博物馆、中华全国集邮联合会、中共西城区委什刹海街道工作委员会协办。北京市邮政分公司副总经理范小荣与香港特别行政区驻北京办事处主任黄敏为《香港回归祖国二十周年》纪念邮票揭幕，北京市邮票公司经理梁洪涛与人民画报社社长于九涛为香港回归祖国二十周年系列集邮文化产品揭幕，中华全国集邮联合会会长刘佳维与中国电影博物馆党委书记陈志强为“双展丝路 文化繁荣”活动纪念封揭幕。

（杨晓凤）

【名犬乐园临时邮局开业】 12月1日，以“名犬乐园”命名的戊戌狗年临时邮局在北京西外大街邮政支局挂牌营业。同时启用“名犬乐园（临）”邮政日戳和“连登太师”邮资机宣传戳。

（杨晓凤）

【党的十九大邮政服务】 10月18至24日，党的十九大期间，邮政西城公司6个支局承担了全国人大会议中心、国谊宾馆、国二招等7个宾馆300多名代表的邮政服务任务。参加服务的邮政员工坚持服务一流原则，精心安排，责任到位，严格执行《北京邮政特殊服务规范》，实现“政治第一、服务一流、万无一失”的工作目标，完成通信服务保障任务，获得会议组织者、驻会代表团和代表的好价。

（杨晓凤）

【“邮政惠民生活驿站”建设】 年内，邮政西城区分公司加快“自营网点＋邮乐购店”的渠道复用建设，协助政府增加便民网点、解决百姓菜篮子问题，按照“规范化、连锁化、便利化、品牌化、特色化”的原则，依托邮政网点，建设多形式、多品类、连锁型的“邮政惠民生活驿站”。截至年底，已建成牛街、永安路、复南大街3个邮政惠民生活驿站及马连道、复外大街2个邮政惠民烟酒超市投入运营。

（杨晓凤）

【参展第三届中国国际集藏博览会】 9月8至11日，邮政西城区分公司百万庄邮政支局、大清邮政信柜主题邮局代表北京邮政参展在南京国际展览中心举行的2017中国国际集藏博览会。展会上，线上主题活动抢购、现场特色产品热卖相结合形式，得到大会组委会和参观邮迷的好评。

（杨晓凤）

【点赞十九大】　为庆祝党的十九召开，中国邮政联合新华网主办，邮政西城区分公司承办的“点赞十九大 中国强起来”活动受到广泛关注。截至10月底，超5亿人次参与创造互动报道产品人次纪录，30亿页面浏览量创造单一活动浏览量纪录，2亿人次扫码创造扫码关注党代会纪录，1.2亿点赞量创造党代会点赞量纪录。活动首次利用中南海品牌和人民大会堂资源，与新华网合作，第一次申请人民大会堂邮资机宣传戳，在特色产品上使用。线上线下互动，实时下单，定时寄出。线上通过新媒体实时播报、引导用户关注和参与、分享，线下中南海邮局利用“人民大会堂”独特的地理位置和邮政日戳资源，通过明信片印制、数据打印、封装过资、纪念戳加盖和邮寄全过程处理，实施项目落地。信函以约投挂号形式寄出，为开发约投挂号业务开辟一条新途径。

（杨晓凤）

【网运投递改革】　年内，邮政西城区分公司整合优化投递资源，全力支撑网运投递分网建设，打造行业先进。完成网运投递改革试点工作，在全市范围内率先组建阜成门包裹投递中心，实现快递包裹的区域专网投递。制定投递网分网建设实施方案、普邮投递网资源整合指导意见、商务投递网格配置标准等实施方案，有序推进实施。快递包裹作业形成“3+6”快递包裹作业组织递送模式，即红莲、阜成门、虎坊路3个包裹中心及中南海、西单、西四、金融街、新街口、地安门6个包裹投递部，实现普邮、包裹邮件分网运作及商普联动的运行模式。

（杨晓凤）

【优化投递业务流程】　年内，邮政西城区分公司对标行业先进，多项创新举措尝试业务流程优化与突破，有效提升投递能力、工作效率和产品质量、用户体验度。围绕包裹投递工作特点，强化作业现场及处理流程的再造与优化，实施区域定位与色标管理，对业务处理流程、制度标准、指标要求全面梳理，看板上墙展示；实施三频包裹前置到格；外部作业中围绕地域特点，实施接力投递，有效提升运行效能及承载能力，解决中心服务半径长问题。充分利用社会资源，着力发展自提代投点和智能包裹柜，提升投递效能。

（杨晓凤）

中国联合网络通信有限公司北京市分公司

【概况】　中国联合网络通信有限公司北京市分公司（简称北京联通）隶属于中国联合网络通信有限公司，致力于北京市信息化基础设施建设，在全市范围内为公众客户、商企客户和政府机构等客户提供包括固定电话、移动电话、数据传输、互联网、宽带接入等基础电信业务、国际业务、创新业务和增值电信业务及与上述业务相关的行业应用、系统集成、技术开发、技术服务、信息咨询、工程设计施工等相关服务。北京联通下设6个市区分公司，其中二区、三区、八区分公司为西城区提供服务。分别是二区分公司西直门营销服务中心；三区分公司西单营销服务中心、厂甸营销服务中心、樱桃园营销服务中心、广外营销服务中心；八区分公司展览路营销服务中心。北京联通在西城区境内的其他单位有：北京联通电子商务运营中心（西单北大街129号）；北京联通维护中心（复兴门内大街97号长话大楼）；北京联通产品支撑中心（西长安街11号电报大楼）；北京联通网运中心（二七剧场路17号）；北京联通大客户中心（复兴门南大街6号）。

地址：西城区骡马市大街9号

邮编：100052

电话：66036215

（李俊楠）

【重要通信保障任务】　年内，北京联通三区分公司完成全国人大十二届五次会议和全国政协十二届五次会议、“一带一路”国际合作高峰论坛、中国共产党第十九次全国代表大会等508项重保工作，涉及重保专线30611条，共投入保障人员5938人次，车辆1696辆次，确保通信网络畅通和信息安全。

（李俊楠）

【区领导调研】　1月19日，西城区副区长司马红、张利星一行到北京联通参观北京通信电信博物馆，双方就西城区政府信息化建设及大数据项目发展思路进行交流，并商定重点通过加强大数据、物联网建设等诸多领域的合作，共同推动西城区信息化工作发展。

（李俊楠）

【“六大举措”落实提速降费】　5月17日，为贯彻落实党和国家提速降费要求和部署，为广大客户提供更为优质的信息通信服务和更为贴心的消费体验，北京联通推出提速降费、服务企业民生的六大举措：全面取消手机漫游费，降低流量资费；简化宽带套餐，实现产品升级，大幅降低客户综合通信消费；助力中小企业发展，互联网接入产品提速降费；推出智能应用，打造智慧家庭；推进服务升级，切实改善客户服务感知；推进千兆城市建设和物联网基础网络建设，进一步加强移动和固网宽带网络能力。

（李俊楠）

【IPTV开通“微支付”】　9月1日，北京联通IPTV“单片点播电影”的微信支付功能如期上线，其他产品也将陆续加入到进行微信支付的模式中，方便IPTV用户更简洁地选用各种增值业务。

（李俊楠）

【“乒乓在沃”赛事启动】　10月29日，由北京联通三区分公司承办的中国联通第五届“乒乓在沃”西城赛区晋级赛在二商体育馆拉开序幕，180名运动员参加比赛。

（李俊楠）

【服务承诺“慢必赔”】　11月，北京联通对宽带服务提出承诺“网速慢必赔”“装机慢必赔”：网速不达标，一次性赔付100元；未按预约时间上门安装，一次性赔付50元。成为北京首家承诺赔付的运营商。

（李俊楠）

【界内营业厅】　北京联通在西城区有13个营业厅：西单营业厅，地址：西单北大街129号；长话大楼营业厅，地址：复兴门内大街97号；长椿街营业厅，地址：槐柏树街13号；广外营业厅，地址：广安门外大街383号；樱桃园营业厅，地址：新安北里一巷11号；西单北大街营业厅，地址：西单北大街甲133号；马连道路营业厅，地址：马连道路甲10号楼西102号；陶然亭营业厅，地址：南纬路35号院住宅小区D、E办公楼1层；金融街营业厅，地址：金融大街21号；护国寺营业厅，地址：新街口南大街139号北向南第2、第3门内；车公庄营业厅，地址：西直门南大街06乙号楼；展览路营业厅，地址：展览馆路7号；西直门营业厅，地址：西直门外大街1号院1号楼首层。

（李俊楠）

公用事业

燃气供应与管理

【概况】　北京市燃气集团有限责任公司（简称北京燃气集团）是国有独资公司，业务范围覆盖从燃气输配、销售、科研、设计、施工到燃气设备制造的完整业务领域。注册资金58.84亿元。年内，燃气集团天然气购入量154.96亿立方米，销售量146.41亿立方米；实现营业收入345.6亿元，利润总额35.98亿元。截至年底，北京燃气集团京内外运行的管线2.07万公里，调压站（箱）21650个，供应区域覆盖北京各城区和所有郊区县。

地址：西城区西直门南小街22号

邮编：100035

电话：66205589

（陈梦爽）

【境内燃气供应与管理】　北京市燃气集团有限责任公司第一分公司（简称第一分公司），经营范围包括燃气供应与销售，销售燃气设备用具、燃气专用设备和施工材料，检测、检修、安装燃气设备，燃气及热力技术的开发、转让、咨询、服务。担负市场开发管理，新用户发展管理，用户服务管理，燃气销售管理，区域内管网的运行、维护、带气作业及急抢修作业（中压A级以下压力级别）、基建和技改工程以及外线拆改迁工程管理等职能。管辖范围为北京市二环以内地区。市燃气第一分公司西城一所（简称西城一所）设8个职能岗位，下设西直门客户服务站、营业收费站、急修班3个班站以及西直门社区服务中心，职工55人。管辖区域为二环以内原西城区范围。市燃气第一分公司西城二所（简称西城二所），设8个职能岗位，下设温家街客户服务站、营业收费站2个班站，职工49人。管辖区域为二环以内原宣武区范围。年内，西城一所、西城二所承担二环以内西城区共160796户民用户和1922个公共服务用户（简称公服用户）的燃气设备维报修、巡检、计量仪表管理、新用户发展任务和二环以内燃气用户的收费业务及二环以内西城区的突发抢修任务。市燃气第一分公司工程所（简称工程所）设6个职能岗位，下设管线、调压、闸门、综合运行、泄漏检测、带气作业、急修7个职能8个班组，职工123人。年内，工程所承担二环以内西城区394.85公里燃气管线及设备设施的运行维护、泄漏检测、急抢修及带气作业任务。

第一分公司

地址：东城区忠实里西区6号楼

邮编：100022

电话：64021605

西城一所

地址：西城区黄城根北街5号

邮编：100034

电话：66111777

西城二所

地址：西城区太平街6号富力摩根中心D座1022

邮编：100031

急修热线：63569777

工程所

地址：东城区永定门中街5号

邮编：100050

电话：67351246

（田　欣）

【非居民天然气销售价格调整】　年内，北京市发展改革委根据国家发展改革委《关于降低非居民天然气基准门站价格的通知》（发改价格规〔2017〕1582号），下发《关于调整本市非居民天然气销售价格的通知》（京发改〔2017〕1374号）自9月1日起管道天然气非居民销售价格下调0.1元/立方米。发电用气最高销售价格为2.41元/立方米；压缩天然气加气母站（供非居民用气）最高销售价格为2.36元/立方米；城六区供暖、制冷用气最高销售价格为2.5元/立方米；城六区工商业用气为3.06元/立方米。市发改委下发《关于2017—2018供暖季本市非居民天然气销售价格浮动问题的通知》（京发改〔2017〕1796号），非居民天然气销售价格上浮0.16元/立方米。发电用气价格标准为2.57元/立方米；压缩天然气加气母站（供非居民用气）为2.52元/立方米；城六区供暖、制冷用气为2.66元/立方米；城六区工商业用气为3.22元/立方米。

（田　欣）

【老旧小区抗震加固改造工程】　年内，第一分公司继续配合市区政府开展居民楼改造专项工作，改善辖区居民生活条件，完成西城区内28栋1624户民用改造工程，另有1栋59户在设计阶段，3栋285户在施阶段，4栋205户在核实。

（田　欣）

【棚户区改造工程】 年内，第一分公司棚户区改造工程涉及西城区内53栋楼2417户居民，主要为西城区菜园街及枣林南里、光源里地区。完成菜园街及枣林地区7栋440户的切线工作。

（田　欣）

【用户服务】 年内，北京燃气APP正式上线。居民用户可通过APP办理壁挂炉补贴领取、自助查表缴费、购气、验证燃气上门服务人员身份、服务网点查询、巡检预约、报修及终端产品购买等业务。

（田　欣）

【管网信息】 年内，二环以内的西城区管线总长度为394.85公里，有56座调压站、141座调压箱、529座闸井。完成登莱胡同、教育街、白广路二条4号楼、南纬路南巷9号院1号楼、太仆街33号院5号楼、爱民街2号院6项户内锈蚀管改造及永安路闸井改造及复兴门桥至官园桥3560米西二环管网改造工程，消除燃气管网及设备设施的安全隐患。

（田　欣）

【用户巡检】 年内，西城一所完成原西城区内29784户民用户安全巡检工作，更换胶管2683根，发现问题11889个，发放巡检告知单11889张，现场维修266个，完成公服巡检1806块表，用户维报修505次。西城二所完成原宣武区51867户民用户安全巡检工作，更换胶管312根，发现问题6575个，发放巡检告知单6449张，完成公服巡检1507块表，用户维报修3305次。

（田　欣）

【客户服务站】 西城一所客户服务站（民用站）负责二环以内原西城区55500户管道燃气用户的安全巡检、查表收费及维修等工作。地址：西城区西直门南小街16号院，电话：66176311。西城二所前三门客户服务站负责二环以内原宣武区105923户管道燃气用户的安全巡检工作。地址：西城区温家街2号院，电话：66026581。

（田　欣）

【社区服务中心】 西城一所西直门社区服务中心（提供预约报装、预约巡检及维修、预约户内拆改迁移、受理用户投诉、整体厨房设计、燃气卡相关业务、终端燃气产品及零配件销售及售后服务、燃气保险销售等业务）。地址：西城区西直门南小街国英园1号楼地上一层北侧6–9，电话：58562370。因北京市燃气集团业务调整，11月30日起白纸坊社区服务中心结束营业。

（田　欣）

热力供应与管理

【概况】 北京市热力集团有限责任公司西城分公司（简称热力西城分公司）设有七部一室：党群工作部、办公室、财务部、人力资源部、供热生产部、安全保卫部、技术设备部、经营部，下辖4个基层供热服务中心，14个服务站，有职工742人。担负着西城区集中供热的热力站及二次线、楼内系统的运行管理；用户服务、节能降耗及热费收缴；对接街道办事处供热相关政府机构提供供热服务。截至年底，管理热力站730座、供热面积3495万平方米；完成专项资金改造项目277项、两项资金项目1项；开展中小修项目26220项；组织供热服务进社区活动906场，为用户提供供热政策宣传、入户维修、入户巡检、散热器推广及热费收缴等便民服务。

地址：西城区玉桃园二区16号楼
邮编：100035
电话：59250900

（张　磊）

【供热服务】 热力西城分公司服务对象有中南海、人民大会堂、国家大剧院、金融街等重点用户，也有月坛地区、前三门地区、槐柏树地区、牛街地区等老旧小区的普通居民。本着“安全稳定供热，优质高效服务”的企业宗旨为各级党政机关和普通百姓提供服务。设立4个基层供热服务中心：车公庄供热服务中心、月坛供热服务中心、金融街供热服务中心、槐柏树供热服务中心。各中心职责：负责中心管辖热力站及二次线、楼内系统的运行管理，用户服务、节能降耗及热费收缴，对接街道办事处供热相关政府机构提供供热服务。车公庄中心办公地址：西城区西直门南大街21号楼北侧热力站，电话68332531；月坛中心办公地址：西城区展览路北露园甲3号，电话68320997；金融街中心办公地址：西城区西便门西里2号楼旁热力，电话83116560；槐柏树中心办公地址：西城区广安门内街道槐柏树街北里8–1号，电话83118219。

（张　磊）

【供热服务站】 热力西城分公司下辖14个热力服务站，分别是：车公庄中心的大百科服务站，地址：西城区阜成门北大街15号楼北侧，电话68317976；桃园服务站，地址：西城区玉桃园一区12号楼，电话82211136；万明寺服务站，地址：西城区月坛北街南营房一区，电话68027717；车公庄服务站，地址：西城区西黄城根北街甲2号北京四中，电话66161849；月坛中心的三里河服务站，地址：西城区三里河三区甲52号楼，电话18911013739；811服务站，地址：西城区木樨地北里丙4号楼旁热力站二层，电话18911013770；青年公寓服务站，地址：西城区三里河东路甲14号院旁热力站二层，电话18911013518；金融街中心的秘书局服务站，地址：西城区灵境胡同12号院，电话66066771；广内服务站，地址：三庙街顺河一巷甲23号对面，电话83122021；西长安街服务站，地址：西城区皇城根45号院，电话66048540；槐柏树中心白纸坊服务站，地址：白广路东里5号院内热力站，电话63568330；西城区广安门内大街338号港中旅酒店院内，电话83553381；牛街服务站，地址：牛街东里1区1号楼旁，电话83523511；广外服务站，地址：真武庙三里2号楼1层，电话68020810；椿树服务站，地址：南新华街25号楼后（一得阁墨汁后身），电话63166672；宣武门外东里1号楼西侧，电话83172823。

（张　磊）

电力供应与管理

【概况】 国网北京市电力公司（简称国网北京电力）是国家电网公司的

子公司，负责北京地区 1.64 万平方公里范围内的电网规划建设、运行管理、电力销售和供电服务工作。下辖二级单位 29 个，包括供电公司 16 个、业务支撑和实施机构 10 个、其他单位 3 个。年内，完成售电量 968.01 亿千瓦时，同比增长 5.41%。

地址：西城区前门大街41号

邮编：100031

电话：63121114

（吴国健）

【电网概况】 截至年底，北京电网内共有电厂 29 座，机组 274 台（含 124 台风机 +73 台光伏逆变器），总装机容量 10453.08 兆瓦。并入 110 千伏及以上的升压变 64 台，变电容量 13739.5 兆伏安，其中并入 220 千伏的升压变 37 台，变电容量 12570 兆伏安，并入 110 千伏的升压变 27 台，变电容量 1169.5 兆伏安。北京地区运行的 110 千伏及以上变电站 498 座，变压器 1252 台，变电容量 117078.3 兆伏安。500 千伏变电站 10 座，变压器 28 台，变电容量 29703 兆伏安。220 千伏变电站 87 座，变压器 233 台，变电容量 40795 兆伏安。其中，公司所属变电站 80 座，变压器 210 台，变电容量 39680 兆伏安；用户变电站 7 座，变压器 23 台，变电容量 1115 兆伏安。110 千伏变电站 401 座，变压器 991 台，变电容量 46580.3 兆伏安。其中，公司所属变电站 352 座，变压器 880 台，变电容量 42487 兆伏安；用户变电站 49 座，变压器 111 台，变电容量 4093.3 兆伏安。北京电网共有 110 千伏及以上架空线路 603 条 7067.35 公里，110 千伏及以上电缆线路 986 条 2076.75 公里。500 千伏架空线路 8 条 312.71 公里；500 千伏电缆线路 2 条 13.37 公里（其中昌海、门海线为架混线路）。220 千伏架空线路 213 条 2896.02 公里；220 千伏电缆线路 143 条 620.29 公里。110 千伏架空线路 382 条 3858.63 公里；110 千米电缆线路 794 条 1443.09 公里。

（吴国健）

【电网建设与发展】 年内，国网北京电力修编“十三五”电网规划获得政府批复，总投资 1000 亿元纳入输配电价核定范畴。先后与 16 个区政府签订战略合作协议，实现区县战略合作全覆盖。借助政府将公共服务类建设项目纳入投资审批改革试点的契机，将 136 项工程纳入政府督办任务和“一会三函”审批流程，56 项工程纳入绿色通道审批流程。《基于卓越管理理念的同期线损精益化管理创新与实践》入选国家电网公司“五位一体”典型案例库并获得国网系统管理创新一等奖；《政企合作拓展电网规划前期工作的管理实践》获第三十二届北京市企业管理现代化创新成果二等奖；《国际、国内一流城市电网发展对比和北京电网发展定位研究》等 2 篇分析成果获中电联 2017 年度全国电力行业统计与分析优秀论文。开工 110 千伏及以上输变电工程 60 项，新建变电容量 701.5 万千伏安、线路 809.28 公里；投产 110 千伏及以上输变电工程 31 项，新建变电容量 326.15 万千伏安、线路 340.31 公里；完成电力线路迁改工程 10 项，长度 42.11 公里。首都核心区 58 条道路、50.61 公里架空线入地工程按期完成。创优输变电工程 26 项，优质工程率 100%。公司获国网公司 2017 年度基建管理先进单位，基建同业对标连续 4 年获得专业标杆，并取得第 3 的历史最好成绩；北京经济技术研究院依托三营门 220 千伏变电站工程获得国网“三维设计”专项竞赛优胜奖。

（吴国健）

【营销工作】 年内，超额完成市政府下达“煤改电”配套电网建设任务，总建设规模 40.77 万户，基本实现南七区平原地区“无煤化”。截至采暖季前，北京电采暖用户达到 110 万户。完成 84 项公交充电站外电源工程、17 个居民小区充电设施电源改造，新建公共充电桩 2930 个，建成国内首个城市 10 分钟充电圈。综合能源服务业务收入 5003 万元，同比增长 138%。售电量完成 968.01 亿千瓦时，同比增长 5.41%。新增用电客户 16.5 万户，新增接电容量 1333.33 万千伏安，同比增长 3.9%，拉动电量增长 3.89 个百分点。完成城市公共事业附加费取消、居民峰谷时段延长等 5 次电价政策调整。开展电价执行情况稽查，整改电价执行差错 83 户次。联合市发改委、公安局开展反窃电行动，累计追补电量 809.18 万千瓦时，补收电费及违约金 3374.91 万元。换装智能表 23.23 万只，采集覆盖率 99.6%。更换 1.66 万台非互通集中器及采集模块，分装 1.2 万台集中器，采集成功率由年初 99.1% 提升至 99.5%，购电费平均下发时间由 7.3 分钟降低至 5.8 分钟。推广“互联网 +”线上办电业务，实现业扩线上报装率 96.06%。签订内外部“契约”服务书 554 项，容量 378.48 万千伏安。推进“三供一业”分离移交，实现 308 个小区 23.36 万户供电接收协议签订率和方案制定率均达到 100%。建立窗口服务现场、一线服务现场、第三方明察暗访“三位一体”监控机制，健全完善两级供电服务投诉分析例会机制。公司投诉压降率达到 42.06%。

（吴国健）

【宣传报道】 年内，组织新闻发布 68 次，传播重点议题 63 项，中央及市属媒体刊发报道 2842 篇次，其中《人民日报》刊发 72 篇，包括头版及长篇通讯 15 篇。新华社“国内动态清样”4 篇。中央电视台《新闻联播》等栏目播出时长 238 分钟。中央权威媒体重要版面刊发报道同比增长 54%，中央电视台新闻播出时长同比增长 396%。

（吴国健）

【安全生产】 年内，成立国内首家两级配网管控运维中心，建成国内首套“一体双核”配电自动化主站系统；接入 6575 条配电自动化线路，提前实现北京城市区域覆盖率 100%。以防范外力和用户内部故障为重点，安装 1187 台视频监控装置和 10585 台用户分界断路器，全面应用生产移动作业终端。综合运用人防、物防和技防措施，输电、变电、配电设备故障同比下降 41.2%、36.4% 和 69.2%，实现连续 2 年大幅下降。完成保电任务 178 项，累计保电 328 天。编制故障处置预案 1469 份，实施方式调整措施 47 项，开展联合反事故演练 14 次，确保电网平稳应对 2254 万千伏历史最大负荷和 1960 万千伏冬季最大负荷考验。成立后勤安全巡检组，围绕工程项目、消防安全、交通出行、办公场所、设备设施、食品卫生等重点领域开展全口径安全检查。开展后勤专业“百日安全”消防隐患排查专项行动，发现问题隐患808项，全部完成整改，整改率100%。

（吴国健）

【城区供电】 城区供电公司是国网北京市电力公司的直属大型重点供电企业，有职工481人，担负东城、西城两个行政地区93平方公里范围内的电网规划建设、运行管理、电力销售和91万客户的供电服务工作。负责10千伏及以下架空线路、电缆线路、电缆架空混合线路和开闭站、配电室的调度、运行、检修及事故处理；负责辖区内的业扩报装、用电检查、营业电费抄核收及日常营业工作；肩负着为政治核心区、国家党政军机关、重大政治活动和城市运行安全供电的任务。年内，城区供电公司完成全国“两会”“一带一路”国际合作高峰论坛、党的十九大等各级政治保电任务87项257天，完成重要机构供电保障任务2096项365天，实现政治供电保障“全天候、全时段”万无一失。完成首都核心区架空线入地政治任务，持续奋战263天，完成58项、50.6公里道路电力架空线入地，工程总量超过近18年核心区架空线入地工程总和。深化“三集五大”体系建设，推动管理架构变革、业务再集约，建成天安门政治供电服务中心等6个城市供电服务中心，实现“营配合一”全域覆盖。服务首都清洁能源计划，确保28万“煤改电”用户可靠用电。加快新能源汽车配套充换电设施建设，完成29处199台公共充电桩、1173户私人充电桩建设，建成安定门、永定门、木樨园等5个公交场站充电集群，可满足560辆电动公交车充电需求。在前门草厂地区建成全市范围内首个集分散电采暖、集中电锅炉、全电厨房于一体的“电能替代综合示范区”。加强党的建设，组织学习宣传贯彻党的十九大精神，制定党建工作3年计划，扎实推进“两学一做”学习教育常态化、制度化。健全党的基层组织，形成1个党总支、16个党支部。以“双百”创建为载体，组建6支党员突击队、4支党员保障队，党建工作深度融入企业发展。年内，城区供电公司获全国文明单位、首都文明单位标兵、国网北京市电力公司先进单位等称号。崇文供电服务中心党支部获中央企业示范党支部称号、营销部大客户经理三班获全国三八红旗集体称号、营销部营业一班获全国青年文明号称号、陈牧云创新工作室获全国劳模和工匠人才创新工作室称号等。城区供电公司年内实现售电量102.06亿千瓦时，城市供电可靠性99.9911%。

地址：西城区西直门南小街174号
邮编：100034
电话：63128718

（李　根）

【境内供电及用电量】 年内，西城区售电量61.21亿千瓦时，其中工业电量1.55亿千瓦时，商业电量9.07亿千瓦时，交通用电量3.19亿千瓦时，建筑业用电量0.9亿千瓦时，信息传输、计算机服务电量1.97亿千瓦时，金融业用电量17.68亿千瓦时，公共事业及管理组织用电量12.70亿千瓦时，居民电量14.15亿千瓦时。

（李　根）

自来水供应与管理

【概况】 北京市自来水集团有限责任公司（简称市自来水集团）是北京市政府所属国有独资公司。主营业务负责北京市区和部分郊区、县自来水生产和供应，兼营再生水、部分郊区污水处理、供水工程设计、施工、安装、管网抢修、管件器材、水表制造、供水材料贸易等业务。截至年底，集团日供水能力450万立方米/日（市区370万立方米/日，郊区80万立方米/日），自来水销售量9.6亿立方米，实现营业收入39.84亿元。完成再生水销售量1097万立方米，污水处理量2819万立方米。水质综合合格率100%，管网压力合格率99.95%，管网修漏及时率100%，实现安全生产无事故。

地址：西城区宣武门西大街甲121号
邮编：100031
电话：66410088

（龚　悠）

【供水情况】 年内，市自来水集团参与城市副中心建设。成立领导小组和驻地办公室，制定副中心行政办公区供水保障方案，全力推进城市副中心供水干线实施。按期完成302项迎高峰计划项目，细化高峰供水保障方案，密切关注无水、水微情况，制定专项供水保障方案及应急预案。加强多水源联合调度，每日会商供水趋势，市区平稳度过334.7万立方米/日的供水高峰。年内，安全取用南水7.2亿立方米。完成党的十九大、“一带一路”国际合作高峰论坛等35次重要保障任务，天坛医院迁建等市属重点项目供水保障任务。

（龚　悠）

【水质管理】 年内，市自来水集团全面梳理原水、工艺、管网水质管控经验，完善集团水质管理与控制标准体系。总结水质变化规律和接纳南水运行经验，编制2012—2017年水质数据分析报告。应对原水藻类变化，制定《水厂运行技术导则》《综合工艺水质运行方案》，持续开展多水源切换应急预案研讨和演练。

（龚　悠）

【管网安全】 年内，市自来水集团扎实推进管网建设，以重要道路、单位及敏感区域为重点，持续开展中心城区管网消隐改造，新建改造管网300公里。完成机场供水干线工程随路段建设，东五环（五元桥—七棵树）DN1000管线完成3.8公里。开展老旧小区内部供水管网改造，完成258个小区现场调查，优先改造东、西城及城市副中心75个小区。落实集团漏损控制3年行动计划，检出管网破损隐患2488处，同比增加12.3%，实现节水3200万立方米；发生管网破损事故559处，同比下降26.9%。

（龚　悠）

【安全生产】 年内，市自来水集团提升安全管理精细化水平，全面开展基层单位隐患排查治理体系建设，编制隐患排查岗位清单，形成“排查、上报、治理、验收”的闭环管理机制。建立安全风险辨识评估标准，评估风险等级，制定评估方案、管控措施及应急预案，加大管控力度。开展安全生产大检查和安全隐患大排查、大清理、大整治专项行动，消除安全隐患1500余项。完善防汛管控体系及工作职责，形成防汛安全保障手册。加大职工安全培训力度，以施工安全、电气检修和有限空间作业为重点，培训1900余人次。组织安全生产、管网抢修、交通、消防等应急演练2000余次，有效提高应急处置能力。提升信息化安全水平，完成水厂工控、网络和信息系统安全测评。推进“工控自组网”项目建设，实现集团生产网络与业务办公网络的物理隔离，提升工控网络安全。

（龚　悠）

【对外服务】　年内，市自来水集团深化金牌服务创建，自来水博物馆和水表维修所纳入创建范围，编制实施方案及相关培训教材。现场考核验收22家金牌服务创建集体，选树14家金牌营业厅和管网维修所、105名金牌员工。开发营销管理服务系统水费预存功能及营业柜台多媒体评价系统，编制水费电子发票实施方案。用户呼叫服务系统升级，完成各功能模块开发及全方位测试。强化营销质量管理，编制营销指标分析预测体系项目实施方案，开展营销指标分析模型和数据分析平台开发工作。专项清理异常出账用户，核查营销查表质量2万户。完成周期换表40万支，加强新型表具的研究和应用，安装智能远传水表2.4万支。推进城郊服务对标，完成700余支高精度水表安装工作。

（龚　悠）

【区内自来水营销情况】　截至年底，西城区计量水表数量230516支，区内售水量6060.22万立方米，其中居民家庭售水量4087.06万立方米，公共服务售水量4874.36万立方米，生产运营售水量434.8万立方米。区内设收费营业所1处，位于真武庙路四条8号院2号楼三层。

（龚　悠）

【境内管网维修】　北京市自来水集团禹通市政工程有限公司长椿街维修所，位于西城区槐柏树后街25号。主要负责西城区境内的自来水管网抢修、维修及大小口径管线安装工作。年内，抢修供水管线发生的明漏121处，较上年同期增加16处；暗漏293处，暗漏自检213处，占暗漏总数的72.7%，较上年同期增加40处。完成零活修理3081户，更换故障水表271只、闸门42个、消火栓49个，解决居民无水、水微问题3176处；大小在施安装工程274户，安装长度合计10032米。完成集团交办的任务：开消火栓井盖5930处，帕玛劳数据采集38674次，帕玛劳布设及回收1514处。

（吴雨霏）

（责任编辑　孙凤霞）

城市管理

城市环境管理和综合整治

【概况】 根据《北京市西城区城市环境建设委员会工作规则（试行）》和区政府办《关于印发北京市西城区城市管理委员会（北京市西城区城市环境建设管理委员会办公室北京市西城区交通委员会北京市西城区水务局）主要职责内设机构和人员编制规定的通知》的相关规定，北京市西城区城市环境建设委员会于9月更名为北京市西城区城市环境建设管理委员会。北京市西城区城市环境建设管理委员会是区政府统筹城市环境建设发展、环境建设重大项目、督查全区环境建设工作任务实施、协调解决环境建设重大问题的职能部门。主任由区委副书记、区长王少峰担任，成员部门由区委区政府相关委、办、局，15个街道办事处，中央直属机关事务管理局，国务院机关事务管理局，中央军委联合参谋部，北京市交通委员会运输管理局，北京市通信管理局等85个部门组成。委员会下设办公室（简称区环境建设管理办）。区环境建设管理办下设综合协调、总体策划、项目管理、环境秩序（拆违办合署办公）、宣传动员5个科室。区环境建设管理办主要负责组织编制西城区环境建设中长期发展规划及专项规划；组织拟订西城区城市环境建设标准；监督检查西城区城市环境建设管理委员会有关议定事项的落实情况，协调解决工作中遇到的问题，承担全区环境建设和管理工作。年内，立足首都功能核心区定位，完善城市管理体制机制建设，加强城市环境管理体制机制建设，破解城市环境管理难题，打造环境亮点工程，实施重点项目科学管理，以首善标准扎实开展街区整理工作，综合提升核心区城市品质，有效遏制突出环境问题，改善区域环境面貌，通过广泛宣传动员，调动有关部门和辖区单位、居民共同参与城市环境建设管理工作。推进“疏解整治促提升”专项行动、背街小巷整治，统筹实施好“十三五”时期生态西城规划、历史文化名城保护和城市环境规划的建设和管理各个环节，加强老城整体保护和生态修复，推进“拆违、灭脏、清障、治污、治乱、缓堵、规范市场、治理‘开墙打洞’”专项整治，打造更加和谐宜居的城市环境。

地址：西城区新街口外大街甲14号

邮编：100088

电话：62035376

（王　曦）

【区精神文明和生态文明建设大会】 3月3日，区环境建设委员会在区政府召开2017年精神文明和生态文明建设工作大会，总结2016年精神文明、城市环境建设、环境保护、绿化美化工作，部署2017年相关工作任务。区四套班子主要领导、中央直属机关事务管理局、国务院机关事务管理局、北京市城市管理委员会及区属相关委、办、局等成员单位的领导共200人出席会议。区委书记卢映川在会上强调，全区要坚持统筹部署，协调推进精神文明和生态文明建设，使两项工作相互促进、齐头并进，共同为区域城市发展品质提升发力添彩。会上，陈宁作《西城区2017年精神文明建设工作报告》，姜立光作《西城区2017年城市环境、环保、绿化工作报告》。

（王　曦）

【首都环境建设考核】 年内，首都环境建设管理办共组织开展12次专项检查、2次联合检查。考评内容共10项。综合年度考评结果，2017年度西城区被评为首都环境建设示范区，市容环境突出贡献单位、设施环境突出贡献单位。区长王少峰对取得的成绩给予高度评价。

（王　曦）

【环境建设项目】 年内，西城区共实施环境建设项目7个。包括西长安街北部区域环境综合提升、月坛南北街及其延长线环境提升等工程项目，其中建筑立面修缮及粉饰306876平方米，铁艺栏杆及护栏更新33990平方米，沥青道路及透水砖铺装26700平方米，围墙整修粉刷57980平方米，广告牌匾整修7450平方米，自行车棚改造850平方米。

（王　曦）

【胡同环境整治】 年内，完成85条胡同改造施工、竣工、验收，共涉及德胜、什刹海、西长安街、新街口、金融街、展览路、月坛、大栅栏、天桥、椿树、陶然亭、广内、广外13个街道。重点打造了沈家本故居周边环境整治项目。

（王 曦）

【重点区域环境项目整治】 年内，保障“一带一路”峰会顺利召开，对全区45条重点大街108个节点进行综合环境整治。施工期间，市委副书记、市长蔡奇多次视察施工现场，在时间紧、点位多、施工难度大的情况下，各部门通力合作，圆满完成上级交办的工作任务。

（王 曦）

【环境秩序整治】 年内，开展“拆违、灭脏、清障、治污、治乱、缓堵、规范市场、治理‘开墙打洞’”八大战役，以解决群众身边环境问题为突破口，营造良好环境秩序。共完成拆违30余万平方米，涉及人口19917人；完成369条街巷、5677户整治任务，“开墙打洞”违法建设治理涉及15772人；脏乱点台账837处，涵盖15个街道；治理僵尸车98辆、治理废弃非机动车3.1万余辆、治理地桩地锁4574个；完成221处占道经营和占道设施整治台账；对47处售卖电动自行车门店进行治理和规范提升。

（王 曦）

【评选城市环境建设先进】 年内，根据首都环境建设管理办《关于推荐2017年度首都城市环境建设样板单位和突出贡献个人的通知》要求，区环境建设管理办在全区开展自下而上的评选活动，经过街道和部门推荐，区环境建设管理办审核，首都环境管理办批准，年内共评选出“首都城市环境建设样板单位”23个、“首都环境建设突出贡献个人”64人。

（王 曦）

【背街小巷整治提升动员部署大会】 4月5日，西城区召开背街小巷整治提升动员部署大会，全面部署全区背街小巷整治提升工作。市城市管理委员会委员谢国民，首都文明办副主任卜秀均，区四套班子领导卢映川、王少峰、杜灵欣、章冬梅、马新明等出席会议，区委常委、副区长姜立光主持会议。王少峰在会上部署了全区背街小巷整治提升工作。西城区制定《西城区街巷胡同整治提升三年行动计划》，努力实现十有十无一创建目标。三年行动计划从2017年开始，结合“疏解整治促提升”、老旧小区综合整治以及文明街巷创建等工作，在巩固已有成果基础上，重点围绕“亮、治、管、疏、补、保、提”七大举措，完成全区1331条背街小巷整治提升任务。会上，区政府向首批街（巷）长颁发任命书，向区、街综合行政执法（指挥）中心授牌，并与15个街道签订背街小巷整治提升责任书；区市政市容委与物业公司代表（区房地中心、宣房集团）签订物业管理协议书；区环境办与区志愿者联合会签订背街小巷整治提升共建合作协议书。

（王 曦）

【市长调研背街小巷】 5月13日，市委副书记、市长蔡奇来区视察背街小巷整治工作。先后到西斜街、佟麟阁路进行“回头看”。副市长隋振江、区委书记卢映川、区长王少峰陪同视察。

（王 曦）

【环境志愿服务活动】 6月14日，组织各街道背街小巷整治提升志愿服务工作负责人，在西单文化广场观摩“红墙长安，美丽家园”活动，现场交流背街小巷整治提升志愿服务的工作经验。

（王 曦）

【交流背街小巷提升工作】 年内，东城区、海淀区、怀柔区、房山区、门头沟区、延庆区城市管理委（环境办）来区交流背街小巷整治提升工作。南京市城管执法局、南京市鼓楼区城管执法局、成都市城管委、安徽巢湖城管委、乌鲁木齐市城管委等单位来区交流背街小巷治理经验，现场观摩成果，开展座谈。

（王 曦）

【十九大期间环境保障】 9月28日，首都环境建设管理办副主任吴亚梅带队来区检查十九大会议驻地、途经路线等重点区域环境保障工作，区环境管理办副主任朱桂林及部分街道干部陪同检查。检查组一行在检查中提出果皮箱清洗、护栏清洗、商户门窗广告撤除、步道铺装、绿化补植等需尽快整改问题，区环境建设管理办会同新街口、展览路、月坛等街道办事处，针对问题迅速与相关权属单位沟通协调，展开整改，切实做好环境保障。

（王 曦）

【完成提案建议】 年内，按照提案建议办理的工作要求，通过实地踏勘、与相关单位协调以及与市、区人大代表和政协委员沟通，有效解决了建议提案中涉及的私搭乱建、开墙打洞、重点大街建筑外立面整治工程质量管理、重点地区整体环境提升以及进一步改善群众生活质量等问题，受到代表、委员和群众好评。全年共承担9件区级人大建议和政协提案的办理工作，其中人大建议4件，主办2件，会办2件，政协提案5件，主办1件，会办4件。办理结果反馈后，同意和满意率达100%。

（王 曦）

市政管理

【概况】 9月，根据北京市西城区人民政府办公室《关于印发〈北京市西城区城市管理委员会（北京市西城区城市环境建设管理委员会办公室北京市西城区交通委员会北京市西城区水务局）主要职责内设机构和人员编制规定的通知〉》（西政办字〔2017〕24号）组建北京市西城区城市管理委员会（简称区城市管理委），挂北京市西城区城市环境建设管理委员会办公室（简称区环境建设管理办）、北京市西城区交通委员会（简称区交通委）、北京市西城区水务局（简称区水务局）的牌子。区城市管理委（区环境建设管理办、区交通委、区水务局）作为西城区城市管理主管部门，是负责全区城市环境建设、城市管理的综合协调，市政基础设施、市政公用事业、市容环境卫生、能源日常运行、交通管理、水行政管理工作的区政府工作部门。管理职责包括：在原区市政市容委的职责基础上，划入原区发展改革委负责的电力、煤炭行业监督管理职责，原区商务委负责的再生资源回收行业的监督管理职责；增加了对全区城市管理工作的业务指导、组织协调、指挥调度、专项整治、检查评价的职责，全区地下综合管廊规划、建设和运营的综合协调管理职责以及地下综合管廊运营的监督管理职责，全区水务管理、推进海绵城市建设职责。区城市管理委有18个内设机构：办公室（安全生产办公室）、法制科（行政审批科）、计划财务科、环境建设规划科、环境建设协调科（区城市管理考核办公室）、交通综合科、静态交通管理科（区交通战备办公室）、市政管理科、街景管理科、环境卫生管理科、固体废弃物管理科、市容环境整治科、供暖管理科、能源协调科、水务管理科（河长制工作科）、宣传科、人事科和党群工作办公室。年内，区城市管理委围绕市政基础设施建设、市容市貌管理、城市运行服务保障和机关自身建设，注重顶层设计，加强统筹协调，严格规范程序，实施建管并举，推动落实各项工作，城市环境建设与管理工作取得新进步。

地址：西城区莲花池东路16号
邮编：100055
电话：63259211

（李　萱）

【市政基础设施建设】 年内，按计划完成了33条道路大中修、5处交通疏堵工程、40公里自行车道综合治理；更换安装中心护栏、活动护栏705米，机非护栏1474米，步道护栏2364米，清洗或挪移护拦6747米；完成步道专项整治1440处，整治步道面积20573平方米、路缘石1969米；完成35条市政排水管线改造；对重点区域的市政道路检查井病害情况进行普查，治理病害检查井4100个；完成安德路75号老楼通天然气工程；第一批次369条道路通信架空线入地及梳理任务完成前期手续，对120条道路先期实施通信管道建设。拆除废弃电线杆206根、破损闲置引导牌8块；规范治理占用公共空间的商亭27处、宣传栏30处。

（李　萱）

【完善市容管理制度】 年内，继续开展城市管理体制机制改革研究与方案编制工作，研究并探讨形成了区级层面“大城管”、街道层面“大部制”和城管执法队伍下沉街道的改革方案，于9月9日正式挂牌成立西城区城市管理委员会，20个城管执法分队随之转隶至街道。制定《西城区背街小巷停车自治管理指导意见》《关于进一步全面落实背街小巷和老旧小区物业管理服务的实施方案(试行)》《西城区渣土车专项整治工作方案》，下发《北京市西城区关于进一步加强垃圾分类处理工作实施意见》，编制《西城区海绵城市建设规划》（征求意见稿），为探索城市环境分级分类管理体系奠定了基础。

（李　萱）

【治理市容环境】 年内，持续加大城市公共空间规范管理力度，推进城市公共服务设施“二维码”管理，完成22条大街的公共服务设施二维码安装和管理工作；推进燃气管道安全隐患整治，上账的80处燃气管道隐患已整治完成78处；依托街道办事处宣传贯彻建筑垃圾管理政策，开展运输企业定期评估，共检查辖区内施工工地90次，累计出动执法人员1600余人次，检查施工工地380余处。开展集中清理建筑物天际线专项行动，截至11月21日共拆除各类违规广告牌匾946块，占拟拆除数量的54.8%。

（李　萱）

【垃圾分类管理】 年内，选取新街口街道和德胜街道开展垃圾分类全覆盖和垃圾分类、再生资源回收“两网融合”试点工作；推进全区党政机关开展生活垃圾强制分类工作；继续以30个垃圾分类精品小区为抓手，培养居民的垃圾分类意识。以创建餐饮示范区为抓手，落实餐厨垃圾和废弃油脂规范管理工作，完成全区2720家在册规模以上餐饮单位的台账建立工作，全部实现餐厨垃圾规范收运，收运率100%，规范收运的餐饮服务单位全部签署收运合同。

（李　萱）

【背街小巷物业化管理】 年内，在全区推行背街小巷物业化管理和停车自治管理，制定了《关于进一步全面落实背街小巷和老旧小区物业管理服务的实施方案(试行)》。在三个月的试点工作中，共进行大件清运668车，劝离流商23374次，劝阻占道经营11897次，铲除清理小广告17818处，发现处理安全隐患264起，整理码放非机动车辆95210次，疏导街巷交通拥堵15680次。协助、配合相关执法部门拆除地桩地锁11638个，清理僵尸、废旧车辆1829辆，拦截上访人员1100次，协助处理交通事故92起，拆除违章搭建305处。在西四北头条至北八条重新施划停车区域和停车泊位397个，街道通过购买社会服务的方式引入专业安保队伍，负责引导车辆停放。

（李　萱）

【静态交通管理】 年内，推进实施路侧停车动态监测和电子收费管理系统建设项目，对前门西大街等8条道路804个停车位实施电子收费试点工作。加强全区背街小巷停车管理，通过实施老旧小区综合改造，鼓励企事业单位筹资“平改立”，开发利用公共绿地、人防设施、学校操场等，实施市政基础设施和停车一体化建设等有效措施，加大公共财政投资力度，突破土地资源稀缺、政策不完善等束缚，推进区域内停车设施建设。新增停车泊位1642个。推动错时停车以缓解交通拥堵。依据《西城区缓解交通拥堵错时停车实施方案》，区财政对开展错时停车工作成绩优秀的北京北广电子集团等单位，一次性给予5—20万元不等的奖励资金。《北京晚报》《北京日报》就西城区推进错时停车工作情况给予正面报道。

（李　萱）

【交通秩序管理】 年内，按照“区级统筹、属地管理、企业主责”的原则加强非机动车管理工作。在辖区内安排管理人员或聘请第三方、志愿者、保安加强对重点区域内的巡查、抽查及协助管理工作。多次召集共享单车会议，先后制定整治方案，约谈共享单车企业，在公交车站、地铁口、商场、医院等人员密集地区实施划线，规定停放区域，加强管理，尽最大可能地解决共享单车乱停放的问题。全区共施划1213处非机动车停放区域，明确在重点地区不准停放共享自行车。建立非机动车管理宣传小区204个，发动民间志愿者、街道协管员、安保人员1600余人参与共享自行车的管理工作。辖区内轨道交通共35个站点、136个站口，所有站口均实现专职或兼职运维人员管理。

（李　萱）

【电气热保障】 年内，梳理老旧小区有路无灯台账，为具备安装条件的80条路安装路灯，对50条不具备安装条件和安装有太阳能路灯的道路进行维护。对全区景观照明设施进行常规检查，保证设备安全运行。加强对燃气供应企业的行业监管，宣传燃气安全常识，提高民众的安全用气意识，通过组织培训，提高使用单位管理层的安全意识和执法人员执法水平。部署供热循环系统的夏季检修工作，对42个小区6600户居民住宅实施老旧供热管网改造，提升供暖质量。对63个小区460.73万平方米住宅实施供热计量改造。

（李　萱）

【渣土车专项整治工作】 年内，为规范建筑垃圾运输管理，打好大气污染防治攻坚战，区城市管理委牵头制定《西城区渣土车专项整治工作方案》，“以抓源头，重监管”的工作方针为依据，定期对在辖区内注册并办理建筑垃圾运输行政许可的企业进行评估，督促其落实市建筑垃圾运输相关政策规定。按照《西城区建筑垃圾属地管理检查考核评价办法》，对建筑垃圾属地管理进行考评。

（李　萱）

【排除各类险情】 年内，共完成应急抢险任务675次，其中，处置道路塌陷607次，处理六铺炕DN300自来水管线爆裂等5次、月坛南桥辅路燃气管线损坏等7次、大会堂西南侧热力管线损坏等4次、西皇城根北街电力设施故障等4次，疏通无主管线堵塞48次，出动施工机械及小型施工器具613台班，出动施工工人3618人次。为确保夏季安全度汛，及时修订应急预案、组建专业队伍、准备抢险物质。汛期共经历51次降雨过程，先后排除8029个险情，确保了全区汛期安全。

（李　萱）

【餐厨垃圾和废弃油脂规范管理】 年内，西城区在册规模以上餐饮单位2720家，均已完成了台账建立工作，为实现规范收运全覆盖奠定了基础。对收运企业，严格执行“四统一”制度，即“统一收运车辆、统一收集容器、统一作业服装、统一持证上岗”。截至9月30日，2720家餐饮服务单位全部实现餐厨垃圾规范收运，全部签署收运合同。每天65台餐厨垃圾收运车定时定点清运餐厨垃圾，平均每天收运270吨，并全部运往南宫餐厨垃圾处理厂进行无害化资源化处理。

（李　萱）

【十九大环境保障】 会议期间，区城市管理委成立西城区党的十九大城市运行和服务保障指挥部，协调各成员单位，共出动108529人次，车辆8021台次。其中，环卫人员24256人次，车辆7127台次；路政人员1080人次，车辆14车次；城管执法监察局人员3303人次，保安1200人次，车辆440车次；公安交管人员3510人次，车辆440台次；物价管理人员180人次；各街道人员75000余人次，对代表驻地、会场、行驶路线完成拉网式检查和重点保障。保障城市安全运行，营造良好舆论氛围、提升环境品质。完成国家大剧院周边道路改造工程，完成国家大剧院周边临时景观照明保障工作。

（李　萱）

【区城市管理委挂牌成立】 9月9日，西城区在区政府三层报告厅召开城管体制改革及城管执法组织重心下移大会，区长王少峰主持会议并讲话。北京市城市管理委副主任柴文忠，北京市水务局副局长张世清，市城管执法局副局长周霆钧以及区四套班子领导出席大会。会上，宣布西城区城市管理委员会正式挂牌成立，西城区城管执法监察局下辖的20个分队全部转隶至街道，并举行西城区城市管理委揭牌仪式。此次改革在保留原区市政市容管理委员会职能范围的同时，将区发改委的煤、电、油、气管理职责划入，从而实现由一个行政管理机关统筹安排能源运行工作，负责煤、电、油、气等能源的运行监测、协调和供应保障，增强了能源运行管理的集中性。同时，还新增了区商务委的再生资源回收行业的有关监督管理职责，区管道路两侧绿化带环境卫生的管理职责，区地下综合管廊规划、建设和运营的综合协调监管职责，以及区水务管理职责。

（李　萱）

信息化城市管理

【概况】 西城区城市管理监督指挥中心（简称区城管监督指挥中心）是区政府负责城市管理监督评价与指挥协调工作的正处级行政机构。内设办公室、监督员管理科、指挥调度与信息管理科、综合协调科、督查科、评价分析科等15个职能科室，行政编制85人。年内，区城管监督指挥中心深入贯彻落实党的十九大和市、区两级党代会精神，坚持“推进科学治理、提升发展品质”工作方向，围绕首都核心功能区域定位，主动融入区域城市管理体制改革，进一步强化网格城市管理平台和“全响应”区级平台的监督指挥和统筹协调作用，推进区域非首都功能疏解、“城市病”问题治理，精细化城市管理和社会服务管理水平进一步提升。

地址：西城区二龙路27号
邮编：100032
电话：88064954

（冯春发）

【城市管理案件办理情况】 年内，区城管监督指挥中心围绕市级专项考核，做好网格化城市管理工作。全年，城市运行管理平台共计接收各类案件557301件，立案552664件，结案551167件，结案率99.73%。其中进入疑难案件库311件，办结284件，办结率91.32%。实现与电力、路灯、自来水等公司的系统平台“微循环”对接。对紧急案件加强现场对接和协调联动，街道先行设置安全防护设施，配合专业维修人员开展抢修，加快办理进程，平均办理时长由1个工作日缩短为6个小时。加强监督员业务竞赛和考核，提高源头发现能力。针对案件类别过于单一、发现上报不全面和失真的现状，修订《监督员管理规定》和《监督队百分制考核办法》，做到“两升、两降、两分开”（百分制业务考核中重要、紧急案件考核分值上升；百分制业务考核中非重要、非紧急案件考核分值下降；对街道的考核和对监督队及监督员的考核分开，监督员上报与问题处置分开）实现上报案件从“重数量”到“重质量”的转变。强化“两会一案例”制度（城管联席会、案件协调会、典型案例分析），推进疑难、难点问题协调督办，开展环境脏乱点问题的督促检查。制定《新生违法建设和“开墙打洞”案件的联动处置办法》。联合区政府督查室，定期对街巷胡同的“十有十无”问题开展检查，下发《督查通知单》，督促解决问题。研究建立案件督办机制、问题倒查机制和问题兜底解决机制，提高疑难案件处置率。

（冯春发）

【环境问题督查检查】 年内，区城管监督指挥中心围绕非首都功能疏解和“大城市病”问题加大监督力度。推动背街小巷环境整治提升，建立“处级领导包片、科室包街道”工作制度，通过“走街道、进小巷、查薄弱、督整改”，解决主支干道、背街小巷环境脏乱差问题。领导带队，逐街逐项检查，及时下发各街道处置，并与区督查室联合督查，推动问题解决。年内发现并处置问题2343处。将“两会”、十九大等重点时期环境保障监督作为切入点，针对严重影响市容环境问题，围绕重点地区进行实地检查。针对占道经营、非法早餐摊点问题、涉煤问题、电动车商铺违章占道等进行专项检查，督促解决问题。会同城管执法监察局建立新生违法建设和“开墙打洞”问题联动处置机制，加大巡查、及时上报、协作配合、迅速行动，对上述问题做到早发现、早制止、早拆除。与西城交通支队开展停车秩序联合检查，就机动车占压盲道等问题，确定不同区域管理重点，开展专项检查和专项整治，确保重点时期重点区域交通秩序良好。

（冯春发）

【“全响应”区街两级平台建设与管理】 年内，区城管监督指挥中心全响应区、街两级平台共处置各类问题402774件，办结398261件，办结率98.88%。区城管监督指挥中心多措并举推动全响应区、街两级平台运行和管理工作。搭建全响应监督评价体系，督促落实各项工作。与区社工委一起，结合街道“大部制”改革工作，将全响应指挥调度系统评价、城市管理工作履职情况评价、政府热线考评、网格化工作专业评价及行政服务工作专业评价全部纳入评价体系当中。创新多元参与渠道，逐步完善社会公众参与治理监督。开通微信公众号，并将“西城随手拍”APP上报问题线索的功能与公众号进行有机融合。研究制定《社会公众上报城市管理问题奖励实施办法》，激励公众参与。健全完善全响应统筹协调机制，落实并完善全响应数据通、信息报告制度，汇总区、街两级平台案件数据，通报全响应工作开展情况。

（冯春发）

【环保督查工作】 年内，区城管监督指挥中心围绕城市管理精细化和大气污染防治，开展环境保护督察工作。推进网格化环境监管，将新增污染源、违法使用燃煤、沿街道路扬尘、水体类环境监管等十余项业务纳入网格化城市管理，建立快速处置和问题反馈机制。成立西城区环保督察办公室，抽调4名工作人员专职负责环保督察工作。十九大期间，强化环保督察工作力度，组织干部对代表驻地周边、三金海地区等重点区域进行巡查督察。市环保督察组进驻后，领导带队做好案件复核工作，截至年底，对301个市转督办案件全部进行了复核。为做好大气污染防治工作和秋冬季攻坚战，制定重污染天气应急预案，落实责任分工，聚焦重点区域、重点领域、重要时段，加大大气污染防治工作检查力度，主动回应社会关切的环境污染问题。

（冯春发）

【精细化城市管理和社会服务】 年内，区城管监督指挥中心通过物联网等新技术运用，为精细化城市管理和社会服务提供技术保障。为切实解决城市管理工作中存在的痼疾顽症，对城市管理平台和响应平台进行功能调整，增加“应报尽报”选框，建立“应报尽报”专题库，设置“应报尽报”监控列表，监控所有当天立案的应报尽报案件，提高案件上报效率。推进西城区全响应大屏可视化系统建设，建成防汛指挥可视化系统，并于年内汛期投入使用，为区领导和各部门快速准确指挥调度提供保障。推进西城区全响应大数据搜索平台及试点应用建设项目，依托区城市管理数据库，构建数据搜索平台，对城市管理系统平台运行十年来沉淀的400万案件数据进行深度挖掘，对解决难度大、处理周期长的疑难案件进行梳理分析，为各部门开展工作提供可靠的数据支撑。

（冯春发）

国土资源管理

【概况】 北京市国土资源局西城分局（简称市国土局西城分局）是北京市国土资源局（简称市国土局）设在西城区负责本行政区域内土地与矿产资源行政管理的派出机构，下设办公室、综合科、地籍科、国土资源利用科、重点工程科、财务科、政工科、执法监察科、纪检监察科9个职能科室和北京市西城区不动产登记事务中心、北京市西城区土地利用事务中心、北京市土地整理储备中心西城区分中心、北京市土地整理储备中心金融街分中心4个事业单位。在职人员131人。年内，落实土地督察整改工作，经市规划国土委实地核查，基本整改到位率100%，考核成绩位列全市第一；推动市级重点工程进展，区综合养老服务中心完成供地启动建设，新开工21条道路完成用地预审；推进储备项目，为建设广阳谷城市森林提供地块和前期工作基础，完成手帕口南街64号、南菜园72号项目收储，推进西便门内大街东西两侧项目入库；作为全市不动产登记网上预约系统唯一试点单位，在全市首先开通不动产登记政府热线，完成历史档案数据整合；配合“动批”疏解工作开展多项调研，服务全区城市建设和管理。

地址：西城区北滨河路9号

邮编：100055

电话：68020198

（赵小艳　季美）

【土地储备开发计划编制】 年内，编制西城区2018年度土地储备开发计划。共申报建设项目11个（均为结转项目），约37.09万平方米。计划完成开发规模0.43万平方米，计划收购储备规模0.22万平方米，计划总投资3.69亿元。

（胡　圆）

【土地储备开发情况】 年内，全区土地储备开发项目共计11个（全部为在施项目），占地面积37.09万平方米，累计实现投资约5.77亿元，按计划完成预计投资；完成收储项目1个，占地面积2.56万平方米。

（胡　圆）

【土地储备开发项目监管】 年内，加强对全区11个在施土地一级开发项目的月监管，定期梳理项目信息、进展情况及存在的困难。完成手帕口南街64号项目清算入库，并按照市规划国土委要求开展土壤环境调查评估工作；办理广安联储一期项目各项手续延期，同时加紧完成剩余拆迁工作，整体已完成总拆迁任务的91%，其中，对已完成拆迁的部分用地进行临时绿化，打造成以城市森林为特色的示范型绿地。

（胡　圆）

【建设项目用地预审】 年内，共有35个项目通过建设项目用地预审，总用地面积约43.53万平方米。其中公共管理与公共服务用地8个，约7.31万平方米；交通运输用地21个，约17.47万平方米；住宅用地3个，约7.74万平方米；储备用地1个，约10.06万平方米；公园绿地用地2个，约0.95万平方米。

（宋　锦）

【国有建设用地使用权划拨】 年内，共办理国有建设用地使用权划拨3件，用地面积约3.558万平方米，为公共管理与公共服务用地（科教用地）。

（宋　锦）

【土地供应计划编制】 年内，按照《北京城市总体规划（2016年—2035年）》对首都城市战略定位和城市减量发展的要求及西城区作为首都核心功能区的定位，编制西城区2018年度土地供应计划，共安排项目3个，为公共管理与公共服务用地，用地总面积约1.67万平方米。

（宋　锦）

【土地供应情况】 年内，西城区共计完成2宗划拨土地供应，用地面积约3.45万平方米，为公共管理与公共服务用地（科教用地）。

（宋　锦）

【完成土地督查整改】 年内，对西城区列入2016年《国家土地督察例行督察意见书》的擅自改变土地用途、闲置地两方面15个问题（总面积约108593平方米）进行整改。经市规划国土委实地核查，全区已基本完成2017年督察整改工作，整改到位率100%。市政府办公厅在2017年度市政府绩效管理专项考评中评价西城区：基础工作扎实、整改难度大，整改达标率高。

（杨　倩）

【涉嫌闲置用地前期调查】 年内，严格按照闲置土地处置相关政策及程序，启动并完成了9宗（总面积约13.96万平方米）涉嫌闲置项目的前期调查工作，并将调查资料上报市规划国土委。

（杨　倩）

【不动产登记相关工作】 全年受理不动产登记业务50476件，发放不动产登记证书、证明共40641本，不动产登簿45380件，归集档案45990件；办理不动产登记档案查询业务28320件，受理司法限制业务1319件，房源核验10710件；办理非紧急救助570件，办理不动产登记行政诉讼、复议、信访共543件，信息公开57件；权籍调查109件，权属审查309件；12341政府热线从开通至12月底，不动产登记事项接听量1630件；配合疏解整治促提升工作查档207人次、2525卷。

（孟 峰）

【不动产登记存量数据整合】 年内，完成西城区不动产登记存量数据整合项目工作，共采集楼、平房信息28904幢，补录串案土地业务数据20345条，预处理房屋业务数据1221238条，完成147816幢楼、平房串案工作。

（孟 峰）

【开通不动产网上预约系统】 年内，作为全市网上预约系统唯一试点单位，积极开展试点工作，为向全市推广提供了宝贵经验。根据大厅业务实际情况，组织研发不动产登记现场预约系统，并进行升级改造，提升工作效率。

（孟 峰）

【房屋落宗工作】 年内，西城区需落宗的有19973幢房屋，关联审核19024幢，完成落宗审核18800幢，落宗完成比例96.07%。其中，楼房6364幢，关联审核6134幢，完成落宗审核6084幢，落宗完成比例96.97%；平房13609幢，关联审核12890幢，完成落宗审核12716幢，落宗完成比例95.66%。

（郑 杰）

【不动产权籍调查】 根据国土资源部关于做好不动产权籍调查工作的通知（国土资发〔2015〕41号）及北京市不动产权籍调查工作方案（试行），全年，西城区共办理不动产权籍调查业务122件，其中权属审查86件、权籍调查36件。

（郑 杰）

【政府信息公开】 年内，主动公开政府信息950条。共办理政府信息依申请公开129件，其中接收市区转办31件，办结率100%，申请内容主要包括不动产登记历史及权属信息以及土地审批文件类信息。

（郝占立）

【土地执法宣传活动】 年内，开展“4·15”全民国家安全教育日、“4·22”地球日、“6·25”土地日、“12·4”法制日等执法宣传，宣传国土法规政策，发放宣传资料及宣传品近万份。《北京西城报》《国土资源报》参加活动并报道。

（郝占立）

【调查研究】 年内，完成《西城区擅自改变土地用途治理调研报告》《疏解腾退后土地差别化利用问题的思考》《对2016年西城区不动产登记155件行政复议、诉讼案件的分析》《西城区在施土地储备项目解决路径研究》等4篇调研，为区域功能疏解和人口调控建言献策，破解制约区域发展的瓶颈问题，其中，对擅自改变土地用途的治理工作建议已在实际工作中得到转化应用。《疏解腾退后土地差别化利用问题的思考》被《西城调研与决策》2017年第10期刊登。

（季 美）

房屋行政管理

【概况】 北京市西城区房屋管理局（简称区房管局）是负责全区房屋行政管理、房屋征收（拆迁）、住房保障和住房制度改革工作的政府职能部门，挂北京市西城区房屋征收办公室、北京市西城区住房保障和改革办公室牌子。内设科室20个、纳入规范管理事业单位11个、全额拨款事业单位1个、自收自支事业单位2个；人员编制241名，其中行政编制80名、事业编制161名。年内，区房管局强化物业行业监管、房地产市场监管，推动住有所居迈向住有宜居。围绕全区中心工作及“疏解整治促提升”专项行动依法履职，始终坚持以“首善标准”全力推进各项重点工作，全面完成房屋管理各项工作任务。

地址：西城区西安门大街115号
邮编：100034
电话：66175570

（陆旭雅）

【保障性住房配租配售】 年内，组织开展住房保障新政培训会，就《北京市共有产权住房管理暂行办法》进行专题解读与培训。为激励高层次人才立足西城发展，切实解决区内各类人才的居住问题，西城区已确定3个项目作为人才公共租赁住房使用。协助区国资委按照市住保办要求组建西城区保障性住房运营管理公司，承担区政府作为公共租赁住房建设、收购和运营管理主体的职能。全年新增住房保障市级备案家庭5742户，终止1014户家庭的申请备案资格，新增配租、配售家庭5250户。组织2次选房工作，867户轮候家庭解决了住房困难，其中限价商品房587户、公共租赁住房280户；组织1次经济适用住房摇号工作，274户轮候家庭取得摇号顺序；通过区住保联席会议，解决了40户困难家庭的住房保障问题。发放租金补贴7350万元，其中廉租租金补贴838万元、公共租赁租金补贴2107万元、市场租房租金补贴4405万元。

（陆旭雅）

【保障性住房后期管理】 年内，做好重大活动、节假日期间出租型保障性住房安全隐患排查工作，发现问题及时整改。对长期恶意欠租的承租家庭发放律师函78份，加大租金催缴力度。廉租实物住房应收租金257.8万元，实收租金248.9万元，按收缴金额计算，租金收缴率为96.5%。

（陆旭雅）

【房屋征收（拆迁）】 年内，坚持依法、文明、有情实施房屋征收（拆迁），及时有效处理居民反映的各类问题，确保被拆迁居民的正常生活及各项权益不受影响，全力将矛盾化解在基层。完善政策措施，拟定《西城区范围内国有土地上房屋征收货币补偿、补助、奖励办法》（试行），并在全区范围内推广施行。推进重点征收（拆迁）项目，完成百万庄项目所有剩余居民的补偿决定发放工作；基本完成光源里、菜园街项目征收补偿决定发放工作，研究推进剩余个案；全部完成大栅栏历史文化展览馆（观音寺）文物本体征收工作；全面完成161中学南区改扩建拆迁项目，继续推进地铁7号线达官营项目、地铁7号线珠市口项目收尾工作；戊戌纪念馆、北纬路、受壁街等文物征收和市政道路项目均取得明显进展。推动新开项目，新启动4个房屋征收项目，另有35个项目已进入征收程序。按照“疏解整治促提升”工作要求，整治征收（拆迁）工地违规出租经营房屋183处，涉及人口396人。

（陆旭雅）

【普通地下室安全使用监管】 年内，组织召开西城区普通地下室综合整治工作会议，印发年度整治工作方案，以散租住人普通地下室为重点，将普通地下室安全使用监管与人口疏解工作相结合，综合运用行政、经济、法律等多种措施，加大清退整治工作力度。发放《普通地下室安全使用管理须知》5000份、《致普通地下室所有权人、经营管理人及房屋租住人的一封信》2000份，发放张贴限期清退违法使用普通地下室告知书6800份。严格落实《西城区新增产业的禁止和限制目录》，把好普通地下室使用登记备案关，办理普通地下室备案22处，89504.08平方米。受理非居住性质房屋租赁登记备案93件，办公用途房屋租赁备案69件，商业营业用途房屋租赁备案11件。全年全区普通地下室清理整治工作已完成，共清退普通地下室163处，清退普通地下室7114间、101997平方米，完成指标任务的109.39%，疏解人口12098人，完成指标任务的142.29%。

（陆旭雅）

【直管公房违规转租转借清理工作】 年内，继续开展直管公房违规转租转借清理整治工作。召开直管公房违规转租转借清理整治工作会，采取例会督导、实地调研、宣讲政策、动态监管、限时督办等举措，指导公房管理单位、街道办事处和派出所密切协作，落实整治任务。全年全区直管公房违规转租转借清理整治工作任务为3500户，影响人口1万人。截至年底，已清理整治5750户，完成全年任务量的164.29%，涉及影响人口16437人，已完成全年影响人口任务的164.37%。率先在全市开展直管公房工商企租恢复居住功能用途的变更工作，公房管理单位不再对个人原居住房屋改为工商企租用房的租赁合同进行续约并停止租金收缴。截至年底，全区公房管理单位已停止对959户原民租收取租金，对94户原民租改工商企租用房恢复居住功能。

（陆旭雅）

【房屋防汛工作】 年内，落实房屋安全监管责任，全面做好房屋安全检查、防汛、装饰装修管理、住宅专项维修资金审批等工作，房屋住用安全得到有效保障。成立房屋安全检查领导小组，组织指导公房管理单位、街道办事处、自管房单位、物业服务企业开展房屋安全大检查。汛前共检查房屋4294.02万平方米，对检查中发现的5812平方米危险房屋登记造册，列为汛期重点观察房并逐户通知督促产权人及时解危。汛期，组建房屋防汛专项分指挥部，完善工作方案，主要领导靠前指挥，分管领导一线组织，落实应急值守制度，对危旧房屋、低洼院落重点开展雨前检查、雨中巡查、雨后复查，切实做到人员、设备、措施到位，防汛责任落实。汛期共向自管房单位、物业服务企业、普通地下室产权人及管理人、征收（拆迁）项目实施主体和开发建设单位发放各类防汛通知、海报7000余份。

（陆旭雅）

【物业管理】 年内，探索老旧小区物业管理新思路，拟定《关于老旧小区综合整治后实施专业物业管理服务的指导意见（试行）》，对此类小区的物业管理服务提供政策支持，完成20家物业服务企业综合楼宇安全生产标准化三级达标评审和期满复评工作，配合市住建委完成安全生产标准化二级申报企业材料初审工作。20家物业服务企业“一企一标准、一岗一清单”编制工作；督促103家企业投保安全生产责任保险。强化对物业项目的动态监管，完成物业服务项目合同备案16个，合同变更备案157个，合同注销审核13个。细化商品房住宅专项维修资金审核流程，编制《商品房住宅专项维修资金申请使用指南》，完成111个项目住宅专项维修资金审核工作。

（陆旭雅）

【房地产市场管理】 年内，做好房地产调控系列新政、尤其是3·26商改住新政的宣传解释和落实，严控区域内新建商品房销售价格，规范开发企业销售行为，做好在售项目日常巡检与投诉处理。加强对新建商品房市场监管，落实房地产调控新政，规范开发企业销售行为，完成联机预售签约备案271起，现房签约601件；完成合同备案注销92起，虚所有权变更218起，司法查询15起、现房销售确认3起；处理商品房投诉28起；资金监管20个项目，81.91亿元。本着“管理和引导并行、监管和服务并重”的方针，采取多部门联合检查、约谈、处罚以及曝光等手段，有效处理投诉事件，及时化解矛盾纠纷，促进辖区房地产市场健康平稳发展。

（陆旭雅）

【房地产经纪行业管理】 年内，推进房地产经纪行业自律。召开房地产经纪机构监管专项会议，主动布置监管要求。分别于3月和9月联合公安、工商、国土等部门召开全区房地产中介机构大会，部署房地产中介行业专项整治工作方案。除全区性大型会议外，还定期针对部分中介召开房地产经纪机构专项会议，针对社会热点现象，提出具体监管要求。分别对炒作学区房、变相参与群租房、直管公房转租转借行为等召开多次专题会议，要求经纪机构切实规范房地产经纪行为。就反恐、房屋安全、直管公房、高价学区房、门道房等问题向中介机构下发一系列通知，强调规范行业经营行为，提升行业服务水平。加强加大执法检查监督力度。对经纪机构参与群租房行为实行动态清零。联合工商部门，严控全区连锁房地产中介机构的新设数量，在全区范围内不再新增连锁中介机构分店，预防价格垄断风险。全年对辖区内680家经纪机构完成全覆盖现场检查，共检查门店1293次，抽查合同100余份，发出整改通知书45件；处理房地产经纪机构投诉301件。继续在西城区房屋租赁服务管理平台上公示全区存在安全隐患的房屋清册，要求各中介不得为清单上的房屋开展房地产经纪服务。

（陆旭雅）

【房改工作】　年内，房改售房单位共152家，累计售出住宅1620套，建筑面积为102170.24平方米。其中中央单位62家，售出住宅407套，31172.6平方米；市属单位25家，售出住宅174套，11318平方米；区属单位65家，售出住宅1039套，59679.64平方米。房改调房单位共71家，累计调整住宅360套，建筑面积24799.45平方米，全部为中央单位调房。为14家区属单位完成房改售房批复。

（陆旭雅）

【落实私房工作】　年内，经租产补留自留房货币补贴发放方面，完成户籍核查20户99人，向法院、公证处出具证明24份，组织评估单位完成评估14份，报送相关请示14份、函7份，为22户落实补留自留房货币补贴1785.09万元。落实56号文件，出具档案查询结果31份。标准租私房腾退方面，完成5户标私腾退安置，8户标私腾退方案报市落办审批，9户有腾退意向户初步审核。“文革产”方面，完成1户产权发还工作。“宗教产”方面，配合北京市落实私房政策办公室完成象牙胡同2号等3处相关信息调查。办理各类信访转办件253件，电话登记单188件，均在时限内办结。办结信息公开申请165件，办结行政诉讼3件、行政复议4件。

（陆旭雅）

【房产测绘审核工作】　年内，推进房产测绘审核工作。完成私产平房测绘8处共计150间，建筑面积2600平方米。私产平房测绘工作是发证工作的前提，也是发证工作的数据基础。完成房产实测绘成果审核5件，办理新增住宅平房房产测绘成果审核15件。完成菜园街及枣林南里棚户区改造项目指挥部委托的拆迁测绘3处共计147间，建筑面积2379.27平方米；共进行商品房住宅测绘75户，建筑面积4691.36平方米；车位测绘39个，建筑面积1143.14平方米。在单位公产及土地测绘方面，共完成单位公产测绘19处，建筑面积合计14万平方米。年内，受相关单位委托的权籍调查测绘2处建筑面积5万平方米；测绘出租面积6处，建筑面积9000平方米；测绘供暖面积220万平方米；中国人民银行单位分房测绘建筑面积2387.44平方米。

（陆旭雅）

【依法行政】　年内，对行政权力事项进行反复梳理、校对、审核、编制流程图，进一步完善、明确并公开111项行政权力事项清单。强化业务知识培训，举办《房屋征收领域依法行政》讲座，组织执法人员集中学习《北京市住房城乡建设系统行政处罚案卷文件汇编》和《行政执法法规汇编》，参与市住建系统执法人员培训。组织开展行政处罚案卷自评，参与市区案卷评查，抽评案卷成绩优异，有效提升了行政执法效果。落实行政机关负责人出庭应诉制度，全年行政机关负责人出庭应诉10人次。办理行政复议案件56件、诉讼案件204件。主动公开政府信息372条，受理政府信息公开申请620件。接受公民、法人及其他组织政府信息公开方面的咨询4960人次。组织开展执法检查1800次，约谈违规企业和个人162次，下发责令改正通知书36份，做出行政处罚115件，罚款金额15.36万元。

（陆旭雅）

【矛盾纠纷排查调处】　年内，完善信访制度，落实首问负责制，优化办理程序，提高政府热线电话办理“三率两度”（三率：按期办结率、反馈率、解决率；两度：满意度、契合度），建立健全畅通、有序、务实、高效的信访工作新秩序。以打造阳光信访、责任信访和法治信访为引领，以开展“责任落实年”活动为抓手，扎实开展信访维稳工作，坚持用法治思维引导信访群众依法维护合理诉求，认真做好人民群众来信来访工作，加强政府热线交办案件办理，深入开展重点矛盾纠纷排查调处，集中攻坚信访积案和领导包案，有效化解一大批群众关注、反映强烈的信访案件。全年共接待群众来访2004批4370人次，其中群体访127批2280人次，收到群众来信1315件，非紧急救助中心信息管理系统电话交办单10789件，共进行矛盾排查10次，排查出重点矛盾纠纷237件次（其中群体访74件），重点人175人次。

（陆旭雅）

西城区房屋土地经营管理中心

【概况】　北京市西城区房屋土地经营管理中心（简称区房地中心）于12月25日由区政府自收自支的事业单位转制为企业，名称为北京德源兴业投资管理有限公司（简称德源公司），属于北京市西城区人民政府国有资产监督管理委员会为出资人设立的国有独资有限责任公司。转制后的德源公司承接了区房地中心的全部业务、人员和资产，总公司和下属单位设置暂未变更。公司经营范围主要包括：投资管理、项目投资、房地产开发、资产管理、企业管理、物业管理、房地产价格评估、出租办公用房、出租商业用房、房屋征收、供暖服务、清洁服务、承办展览展示等。年内，以经济发展为中心，以推进精细化管理为主线，紧紧围绕首都城市战略定位和区域功能定位，围绕疏解整治促提升、大城市病治理和街区整理等工作，在推进事业单位转企改制工作的同时，推动各项服务民生、保障民生的重点工程任务。项目包括平房翻建、平房大修、院落雨污水管线改造、平房院户厕改造、街巷综合整治、老旧小区环境整治和楼房综合维修工程等。完成护国双关帝庙文物周边全部腾退工作，推动万寿兴隆寺文物腾退工作，完成三清观文物腾退工作，推进简易楼腾退和征收工作。

地址：西城区平安里西大街10号
邮编：100035
电话：66168099

（崔　蕊）

【事业单位转企改制】 为落实政府深化事业单位改革指示精神，顺应深化改革形势发展需要，为实现房屋经营管理服务事业的转型发展，建立起产权明晰、权责明确、管理科学、发展持续的现代化企业组织，为进一步激发单位的发展活力，提高管理运营效能，增强市场竞争力，2017年，北京市西城区房屋土地经营管理中心由自收自支事业单位转制为企业。按照国家及北京市出台的关于经营类事业单位转企改制的相关政策及指导意见，结合房地中心实际，成立改革工作领导小组，开展全面系统研究，加强宏观谋划和顶层设计，倒排时间表，细化任务书，聘请会计师事务所，对中心各单位进行清产核资；聘请第三方咨询公司进行多轮深入对接；聘请律师事务所从法律层面全程把关；先后举办5场调研座谈会，听取各方面职工群众的意见建议；向区领导及相关委办局汇报工作进展和难点问题，提出对策建议。于12月25日完成新企业北京德源兴业投资管理有限公司的注册。

（崔　蕊）

【直管公房经营管理】 区房地中心共管理直管公房125.79万平方米，房改售房面积62.17万平方米，物业管理房屋161.32万平方米。年内，完成457件直管公有住宅承租人变更手续审批；完成正规成套楼房的房改售房44户；审核自有房产合同195份。协助区房管局为243户居民完成保障性住房选房；完成康宜家园保障性住房项目的接管，并为该项目330户公租房配租家庭办理了入住手续。

（崔　蕊）

【直管公房安全度汛】 年内，落实各项防汛工作责任制，对重点房屋进行时时监控，做好各项汛前准备工作。汛期共接到报修电话324个，出动抢险人员626人次，出动抢排险车辆12台次，外出巡查人员1327人次，巡查平房2995间次，巡查楼房495间次，解决漏雨334间，排除11个院落的积水和1间民房进水，维护居民生命财产安全，确保安全度汛。

（崔　蕊）

【供暖工作】 年内，落实大气污染控制措施，加强节能设备改造和设备维修维护，在供暖季前完成55台锅炉的低氮改造。2016至2017年度供暖费收缴率为84%，室温合格率99.8%，维修及时率100%。

（崔　蕊）

【简易楼腾退】 年内，启动18栋简易楼的解危排险腾退工作，共有承租户367户，建筑面积约1.25万平方米。项目于12月1日张贴公示，奖励期结束共签约334户，剩余33户，完成腾退总体进度的91%。茅屋胡同4–6号、棉花胡同93号、地安门西大街197号西楼、西廊下胡同甲2号北楼等4栋简易楼全部清空。

（崔　蕊）

【征收工作】 年内，推进国家大剧院南侧变电站征收项目剩余户征收工作；加大力度推进受壁街市政道路征收、中南海万善殿古建恢复配套工程征收工程，奖励期内完成比例分别达91%和85%；相继开展广济寺周边环境整治工程征收项目、文兴东街市政道路征收、44中东侧路市政建设征收、南长街文化驿站征收项目、北新华街市政道路、金融街E1地块征收、地铁19号线平安里站、积水潭站征收项目的前期工作。

（崔　蕊）

【文物腾退工作】 年内，推进南北长街历史文化名城保护腾退工作。完成护国双关帝庙文物周边全部腾退工作。推动万寿兴隆寺文物腾退工作，全年签约11户，现场滞留8户，已全部起诉至法院。奖励期内完成三清观文物腾退工作，在全区同期启动的同类项目中率先实现奖励期内清零，得到区领导及相关主管单位高度评价。

（崔　蕊）

【平房综合整治工程】 年内，共完成平房翻建、大修1742间、2.57万平方米，惠及居民1023户；完成53条街巷综合整治任务；完成141个院落的下水管线更新改造以及院内地面硬化任务，受益居民1075户；完成460个院落的户厕改造。

（崔　蕊）

【楼房综合改造工程】 年内，完成对16个、25.91万平方米老旧小区进行的环境综合整治，受益居民4620户；完成对25栋、16.42万平方米楼房实施的综合维修，受益居民2410户。完成对管辖的鲁谷和永泰东里2个小区、6栋楼、7.48万平方米的小区环境整治。完成17台老旧电梯的更新改造。对33栋楼房实施抗震加固代建工程，年内完成25栋。

（崔　蕊）

【新阶段老旧小区综合整治】 年内，完成西黄城根南街一区5号、7号、9号楼共计3部电梯的加装工程；完成白云路七号院2号楼共计4部电梯的加装工程，实施小区管线综合改造、垃圾楼及地下室改造、架空线入地工程，加装立体停车库，增加停车位26个；完成安德馨居124号楼、128号楼、132号楼、136号楼共计6部电梯的加装工程，及小区立体车库加装工程，增加停车位9个。

（崔　蕊）

【街区整理工作】 年内，全区启动鼓楼西大街、阜成门内大街生态重构和老城复兴工作试点，区房地中心结合“开墙打洞”封堵治理开展立面提升施工，实现古都原貌再现，让重点历史街区焕发新光彩。

（崔　蕊）

【老旧小区整治改造和管理试点调研】 年内，完成了老旧小区整治改造和管理试点调研工作，选定西长安街街道灵境小区、德胜街道安德馨居小区及月坛街道白云路七号院小区作为试点，按照区政府老旧小区改造建设十项提升工程细化工作方案。

（崔　蕊）

【清理直管公房转租转借】 年内，围绕疏解整治促提升专项工作，与区房管局及各街道办事处密切配合，加大对直管公房转租转借的清理力度，实现动态清零的工作目标，全年清理整治直管公房转租转借2173户，涉及人口6107人；规范经营性用房租赁管理，共完成“商改住”77户；配合政府相关部门和街道办事处完成“拆墙打洞”清理整治工作，对已清理房屋进行集中封堵，确保整治工作有序推进。

（崔 蕊）

【背街小巷物业管理】 年内，落实区市政市容委提出的要求及意见，结合房管所专业优势，配合街道、社区，以“共管共治”为原则，为辖区居民提供规范化、专业化、亲情化的街巷物业服务，提升居民生活居住品质。截至年底，在西长安街、金融街、新街口、什刹海、德胜、展览路、月坛7个街道范围内实施物业服务的街巷共计661条，投入街巷服务工作的管理人员155名，进驻秩序维护员1994名。

（崔 蕊）

【房屋测绘和安全鉴定工作】 年内，共完成各类发证1445件，拆迁测绘2处，其他各类测绘1375处。为区城市管理监督指挥中心和区应急办完成数据采集处理470345个部件，专题图册221套。全年共出具房屋安全鉴定报告1297份，鉴定面积超过15万平方米。

（崔 蕊）

【安全生产工作】 年内，与各基层单位签订《安全生产责任书》，将安全生产工作纳入领导干部实绩考核范围。全年，组织各种安全检查50余次，开展安全培训44场，共培训施工人员1237人。进入秋冬季以来，为深刻汲取“11·18”重大火灾事故教训，按照市、区安委会统一部署，全力推进安全隐患“大排查、大清理、大整治”专项行动，共出动检查人员7800人次，检查7526处，发现一般性消防安全隐患416处，并全部完成整改。

（崔 蕊）

【落实环保施工工作】 年内，推行“四牌一线全覆盖”（四牌即警示标志牌、施工作业牌、渣土堆放牌、温馨提示牌；一线即施工现场安全警戒线）施工管理模式，打造绿色施工品牌，总结提升该模式施工工地管理经验，切实落实各项环保施工要求，完成环保督查迎检工作。

（崔 蕊）

【信访和信息公开】 年内，加大排查调处力度，着力解决信访难点问题，妥善处理各类矛盾纠纷。全年共处理群众来信180件次，处理区行政服务中心转办电话件4836件，接待群众来访289批次、512人次，召开专题协调会33次，化解重点矛盾纠纷8件次，化解积案1件。加大政府信息公开工作力度，主动公开信息87条，依申请公开99件，行政复议12件、行政诉讼3件，均按照要求进行了妥善处理。

（崔 蕊）

【法务工作】 年内，法务部门组织相关人员进行法律培训，提高依法办事能力。利用顾问律师的优势，解答各单位提出的法律问题60余次；处理涉诉案件28件，审核各类合同221份；有效预防了各类法律风险。

（崔 蕊）

北京宣房投资管理集团有限公司

【概况】 北京宣房投资管理集团有限公司（简称宣房集团）主要承担西城南部直管公房管理、修缮、防汛、供暖、电梯运行等公共服务职能，从事工程修缮、物业服务以及老旧小区综合整治、房屋解危腾退、文保区房屋保护性修缮等政府民生工程，承担政府交办的应急抢险任务。下辖北京宣房房屋经营有限公司、北京宣房楼宇设备公司、北京轩方装饰工程有限责任公司、北京宣房建筑工程有限责任公司、北京宣房大厚投资管理有限责任公司、北京宣房大德置业投资有限公司、北京宣房物业管理有限公司、北京宣房正阳经济贸易有限公司、北京市红义物业管理公司、北京宣房拆迁有限责任公司、北京市宣武区房地产交易所、北京宣房鑫兴商贸有限公司12个全资子公司，在职员工684人。共管理直管公房192.27万平方米、老旧危改小区及其他物业小区近100万平方米，负责房屋供暖面积252万平方米，管理锅炉房28处、锅炉72台、电梯87部、高层楼房二次供水32处。截至年底，公司资产总额38亿元，实现收入总额8.3亿元，其中，营业收入7.9亿元，实现利润总额2937万元，上缴税金4374万元，国有资产保值增值率108%，净资产收益率8.78%，在职职工人均收入增长率10.05%，为实现“十三五”规划目标打下了坚实基础。

地址：西城区右安门内大街15号
邮编：100054
电话：63523001

（王 彬）

【直管公房安全检查】 年内，宣房房屋经营公司对2016—2017年度辖区直管公房房屋继续实施常态化、专业化安全检查工作，完成42842间平房、4355间中式楼、103栋简易楼、288栋正规楼和17栋高层楼房共计191.82万平米直管公房和19042间共25.12万平方米私房的安全检查，对存在安全隐患的房屋采取加固措施，准确掌握辖区房屋状况。

（王 彬）

【既有建筑抗震加固】 年初，根据市、区政府统一部署，宣房集团作为辖区既有建筑抗震加固改造工程的实施主体，继续推进2015年度居民楼抗震加固改造项目，工程总投资10.65亿元，涉及西城南区楼房抗震加固改造总任务109栋、35.8万平方米，居民约6400户。4月陆续复工，截至年底，共开工34栋，12.04万平方米，涉及居民2352户，完工24栋，8.37万平方米，1782户。其他楼房尚在入户调查阶段。

（王 彬）

【完成冬季供暖任务】 3月15日24时，宣房楼宇设备公司2016－2017年供暖季供暖工作结束。供暖季期间，公司累计出动维修人员7456人次，为8667户居民解决室内采暖设备不热问题3887处，更换居民室内外供热管线37处、共1592米；维修水泵2台、板式换热器2台，保障了252万平方米的居民住宅24小时持续送暖和供暖设备安全稳定运行。

（王 彬）

【泰安里文物修缮】 3月，宣房集团作为泰安里文物修缮的代建单位，启动泰安里文物项目施工，工程总投资2800万元。截至年底，开工4幢，建筑面积约2080平方米。其中，一期2幢主体结构工程完工；二期完成2幢天井封闭工程。

（王 彬）

【直管平房修缮改造】 4月起，根据辖区直管公房安全普查状况和区政府为民办实事折子工程任务编制计划，宣房房屋经营公司启动辖区居民直管危旧平房修缮改造工程。12月30日前，完成大栅栏地区、椿树地区、陶然亭地区等平房翻建1124间、共15951.11平方米，涉及居民721户；完成大栅栏地区等平房综合修缮5804间、共76965.22平方米，涉及居民4549户，完成平房院落雨污水户线改造100处，共2694.16米。上述工程共计投资9181.12万元。

（王 彬）

【老旧小区修缮整治】 5月，启动2017年老旧小区修缮整治工程，对计划内的禄长街头条、双槐里小区、里仁街6号院、红莲中里、建学胡同23号、马连道中里一区、马连道中里二区、新安中里等13个小区楼房本体进行修缮整治，11月竣工。工程结算金额6325.58万元。

（王 彬）

【直管楼房修缮改造】 5月，宣房房屋经营公司启动直管楼房的修缮改造工程。其中包括：半步桥街13号院3–6号楼，湾子街2–5号，红居斜街5、6号等外电老旧电线改造工程；万明路18号院1、2楼，手帕口北街11号院1–4门，槐柏树北里4、7号，灵佑胡同2号院1楼等楼房上下水更新工程；虎坊路1、2、3、4、6、11、19、23、28号楼；东南园11、12、13、14号楼；红莲北里1、3、5号；长椿里东里20、22、24号楼等楼房防水及楼房综合修缮工程。9月初，宣房楼宇设备公司启动直管楼房的修缮改造，包括防水、外墙修缮、门窗更新等。其中包括：红莲中里2、16、24、26、28、30号楼，马连道中里一区2号楼、马连道中里二区1号楼，三义里8号楼，三义西里2号、8号楼，三义东里8号楼，万明路18号院1、2号楼，永安路北6楼，盆儿胡同62号院1号楼，潘家园21号楼，槐柏树街3号楼，枣林前街31号楼，玉林东里二区14号楼、15号、17号楼，玉林里17号楼，万明路泵房，枣林前街31号楼泵房，盆儿胡同62号院泵房，白广路收费部，宣兴换热站、一号站、二号站、南区换热站，三义里换热站加三义里水泵房，马连道供热厂平房，马连道供热厂控制室，红土店锅炉房，平原里燃气房，里仁街燃气房，安全局燃气房，禄长街燃气房，四平园乐民招待所，青年湖锅炉房，二建热力站，供暖四队，核桃园锅炉房，四平园锅炉房，外贸锅炉房，青年湖材料库房，红莲中里换热一站、值班宿舍，核桃园锅炉房，南宿舍（长椿里）锅炉房、燃气房，北车库锅炉房，小红庙锅炉房，禄长街锅炉房，广安门内大街478号锅炉房，永安路锅炉房，四平园、青年湖附属用房等。全部工程于11月竣工，工程投资3157.48万元。

（王 彬）

【更新住宅电梯】 5月15日，受区政府委托，宣房集团正式启动西城区2017年更新严重安全隐患住宅电梯工程，其中涉及新安中里、南线阁街、枣林前街、广华轩、西便门等地区共22部旧电梯的更新改造和机房装修，截至年底，工程全部竣工，年内投资700.47万元。

（王 彬）

【背街小巷物业管理】 5月，启动背街小巷物业管理工作，截至10月，实现管辖范围内7个街道474条街巷物业管理全覆盖，投入秩序维护员1117名，管理范围内环境秩序明显改善，收到锦旗25面、表扬信20封。在居民群众满意度调查中，椿树、大栅栏、陶然亭、广外地区三、四季度连续稳居全区前四名。

（王 彬）

【胡同综合整治】 6月，启动2017年西城区（南）胡同整治工程，涉及大栅栏、椿树、天桥、陶然亭、白纸坊及广内地区的34条胡同，主要整治内容为建筑外立面修复整洁，色调与周边建筑协调，两侧建筑外墙、屋檐和瓦活、瓦件，以及院墙和门楼等项目进行合理修整，采取修缮与仿古相结合，保留胡同原有文化，恢复胡同原有风貌。胡同总长度约为9900米，预算总投资为7783.22万元，工程于11月底竣工。

（王 彬）

【锅炉低氮燃烧改造续建工程】 上年8月，按照“两年完成、分步推进”的原则，宣房楼宇设备公司分别采用锅炉整体更新、更换燃烧机和热源油改气电方式实施燃气锅炉低氮燃烧“提标改造”。截至年底，已完成车站西街、小红庙、外贸、青年湖、南宿舍、北车库、里仁街、永安路、虎坊路、四平园、双槐里、春风、平原里、高家寨等共计25处锅炉房、66台4蒸吨以上锅炉提标改造任务。年内完成投资10623.93万元。使氮氧化物排放量由原来的150毫克/立方米降低至30毫克/立方米以下，比《北京市锅炉大气污染物排放标准》降低了75%，取得了供热行业标志性的创新成果。

（王 彬）

【锅炉低氮燃烧改造工程】 7月，宣房楼宇设备公司启动2017年燃气锅炉低氮燃烧技术改造工程，计划投资2500万元。截至10月底，完成马连道供热厂的设备拆除、恢复装修，4台燃烧机与冷凝器、天然气室内管线、锅炉房内配电控制系统、在线监测系统、锅炉设备监控系统、消防报警系统等内容的更新改造工程，年内完成投资2000万元。

（王 彬）

【文保院落腾退工作】 8月2日，在全市率先启动梨园公会和云吉班旧址文物腾退工作，摸索出一条文物腾退的有效实施路径，为全市文物腾退政策、标准的制定提供了依据。梨园公会、云吉班、晋江会馆、华康里、云南新馆、浏阳会馆文物腾退共涉及居民255户，公告期内实现腾退率86.67%，其中晋江会馆、华康里实现文物本体清零。年内完成投资34718.769万元。

（王 彬）

【新增峰谷电表工程】 10月，启动实施陶然亭地区587户新增峰谷电表任务，截至11月，完成配套户线改造、电箱安装、居民室内线路改造等工程。

（王 彬）

【物业服务工作】 10月，红义物业管理公司筹集77100元为马连道中里、红居南街小区的20栋楼房配备灭火器514个、灭火器箱251个，为辖区百姓营造安全居住环境。

（王　彬）

【简易楼排险解危腾退工作】 12月16日，启动2017年简易楼腾退工作，对广义里2–10号楼、琉璃厂东街102号院共计10栋简易楼进行腾退，总投资28亿元，共涉及承租户480户、房屋752间、建筑面积15900平方米。

（王　彬）

【法源寺文保区保护提升项目】 年内，宣房大德公司以百姓宜居和弘扬宣南文化为基本功能制定的《法源寺文保区保护提升工作方案》得到大栅栏琉璃厂指挥部肯定。7月，区发改委予以立项批复并向市发改委申请资本金补助。9月，市发改委予以批复，法源寺文化区保护提升项目取得市政府固定资产投资安排资本金补助10.15亿元。

（王　彬）

【辖区房屋安全度汛】 年内，为保障汛期辖区房屋住用安全，宣房集团召开防汛动员大会，制定下发防汛工作意见和抢险工作预案，成立防汛抢险指挥部，签订防汛责任书。汛期，共有4982人次参加值守；修补漏雨房屋443间、苫盖317间；检查公房2.07万间、26.9万平方米，检查私房1.08万间、14.04万平方米，私房抢修加固441间。9月15日，全市正式下汛，完成辖区直管公房防汛任务，连续31年实现“少塌房、不死人、安全度汛”的工作目标。

（王　彬）

【疏解整治促提升工程】 年内，紧抓疏解主线，全年清理直管公房违规转租转借治理3592户，涉及10336人，实现台账动态清零。在市区两级第三方抽检中通过考核验收。配合辖区街道办事处开展“开墙打洞”整治工作，以南新华街和核桃园为重点，配合封堵140户，疏解435人。开展地下小旅店清理整治工作，3处目标提前半年实现关停；完成地下空间清理整治15处，1.37万平方米，疏解1318人。

（王　彬）

【直管电梯、高压水泵安全运行】 年内，宣房楼宇设备公司、宣房大厚投资管理有限责任公司加大对所管理电梯、高层楼房二次供水设备的维修管理和养护力度，按照质监局有关规定定期对电梯检验，为12部电梯进行制动器调整，为17部电梯更换曳引机油，为55部电梯清洗钢丝绳，确保87部电梯设备年检及32处高层供水水质检验全部合格。

（王　彬）

【直管公房租金收缴】 年内，宣房房屋经营公司加强房屋租赁基础管理，全年租金收入2648.08万元，租金收缴率达99.85%，34个管片租金收缴率实现100%。

（王　彬）

【供暖费收缴】 年内，宣房楼宇设备公司将奖励与制约机制相结合，利用现代化、网络化方式确保“颗粒归仓”，年度指标内收缴采暖费6158万元，收缴率达78%。其中，通过微信及支付宝收取158万元，节省手续费约4000元。

（王　彬）

【落实社会服务承诺】 年内，抓好向辖区居民公开承诺的房屋维修、水电急修、防汛、锅炉供暖、电梯安全运行5项服务内容的落实。以市级优秀共产党员高海洪为代表，宣房房屋经营公司一至四分部和红义物业管理公司水电急修队、宣房楼宇设备公司供暖电梯急修队24小时坚守岗位，全年完成抢修任务13920起，抢修抢险及时率100%，共收到表扬信34封、锦旗66面。

（王　彬）

【启动精准扶贫工作】 年内，落实区国资委对口帮扶总体安排，与河北省张家口市张北县落花营村形成结对关系，主动承担国企社会责任，实施精准扶贫，深化携手奔小康行动。

（王　彬）

【信访和维稳工作】 年内，坚持实行“首办、包案、督查、追查、预警”的维稳、信访制度，及时化解矛盾和问题，共接待办理区信访办来信、来访217件、非紧急电话派单3659件、市长信箱来信38件、领导接听“12345”便民电话专项交办单9件，处置市区人大代表建议、区政协提案6件、城市信息化管理派单4件、政风行风热线派单10件，接待处理居民来访88批107人、集体访14批132人、居民来电1900余个，为各项任务的完成提供了保障。

（王　彬）

西城区房屋征收事务中心

【概况】 北京市西城区房屋征收事务中心（简称区房屋征收中心），是受西城区政府房屋征收办公室的委托，承担房屋征收与补偿的具体实施工作的区政府直属正处级全额拨款事业单位。主要职责是贯彻执行国家和北京市有关房屋征收与补偿工作的法律、法规和政策，并就相关政策调查研究，提出对策建议；协助区房屋征收办编制房屋征收补偿安置方案及征求意见工作，协助区房屋征收办做好房屋征收与补偿相关的各项公布、公示工作；对房屋征收范围内的房屋权属、区位、用途、建筑面积等情况进行调查登记等具体实施工作；组织协调和综合管理房屋征收与补偿过程中房屋测绘、评估、房屋拆除、法律服务等专业性工作；负责征收资金的使用和管理工作；负责安置房源和周转房源的筹集、使用和管理等；委托相关单位对征收项目组织实施征收；负责被征收房屋拆除工程的监督和房屋征收现场管理；负责征收档案的归集、整理、移交等工作以及承办区政府交办的其他事项。内设办公室、财务审计科、法制信访科、房源管理科、征收补偿一科、征收补偿二科6个机构。有事业编制39名，其中主任1名、副主任2名、科级领导职数6正8副。

地址：西城区培育胡同15号

邮编：100052

电话：81025911

（李　菁）

【马连道东三号路房屋征收项目】 年内，继续负责马连道东三号路微循环道路改造工程房屋征收具体实施工作，该项目为马连道东三号路（现况红莲路）的其中一段，位于广安门外街道，道路起点为北马连道路，终点为南马连道。截至年底已进入结案审计工作阶段。

（李 菁）

【红居北街东段房屋征收项目】 年内，继续负责红居北街东段（北马连道）微循环道路改造工程房屋征收项目具体实施工作，该项目位于广安门外街道，道路起点为南新里三巷，终点为手帕口南街。项目涉及居民22户、单位产2户。目前共21户居民和1户单位产完成签约，居民签约率达95.45%，总签约率达91.67%。同时，继续配合区政府征收办对剩余户发放区政府征收补偿决定。

（李 菁）

【六十六中附属设施建设工程房屋征收项目】 年内，负责北京第六十六中学附属设施建设工程房屋征收项目，该项目位于枣林前街与南线阁街交叉口东北侧，东至水利部规划路西线（学校东墙），南至北纬路规划路（枣林前街）北红线，西至六十六中学，北至六十六中学。项目公示预评估价格居民17户，截至年底共16户居民完成签约，签约率达94.12%。同时，继续配合区政府征收办对剩余户发放区政府征收补偿决定。

（李 菁）

【官园危改小区集中绿地建设工程房屋征收项目】 年内，负责官园危改小区集中绿地建设工程房屋征收项目，该项目位于新街口街道，东起西廊下胡同，西至规划大玉胡同，南至规划大玉胡同，北至西廊下胡同。项目涉及居民2户。签约期结束，无签约居民。签约期后，配合区政府征收办对剩余户发放区政府征收补偿决定。

（李 菁）

【德胜里西路及教场口西路道路微循环工程房屋征收项目】 年内，负责德胜街道德胜里西路及教场口西路道路微循环工程房屋征收项目，德胜里西路起于德胜里西路（东西段），止于教场口西路；教场口西路起于规划安康西路，止于1号路（西邻新街口外大街，东邻德胜门外大街，南邻冰窖口胡同，北邻新康路）。2月10日张贴征收决定，正式启动签约期工作，与居民进行协商签约，签约期60天。项目涉及居民10户、单位产5户。签约期结束，与10户居民完成签约，占居民签约率的100%，占总户数的66.67%。年内，启动已签约居民破拆房屋的拆除、复建前期手续办理工作。

（李 菁）

【马连道东二号路道路改造工程房屋征收项目】 年内，负责马连道东二号路（茶马东路）道路改造工程房屋征收项目，该项目位于广安门外街道，南起茶马街（马连道东四号路），北至茶马北街。年内已完成评估公司的选定、入户评估及征补方案的拟定工作。

（李 菁）

【茶马北街西口道路改造工程房屋征收项目】 年内，负责茶马北街西口道路改造工程房屋征收项目，该项目位于广安门外街道，西起北京西站南路（区界），东至茶源路。年内已完成评估公司的选定、入户评估及征补方案的拟定工作。12月29日张贴征补方案征求意见稿，征求意见期30天。

（李 菁）

【老墙根中段道路改造工程房屋征收项目】 年内，负责老墙根中段道路改造工程房屋征收项目，该项目位于广安门内街道，西起下斜街，东至广安胡同。年内已完成评估公司的选定、入户评估及征补方案的拟定工作。

（李 菁）

【广安门车站西一号路道路工程房屋征收项目】 年内，负责广安门车站西一号路道路工程房屋征收项目，该项目位于广安门外街道，西起莲花河东侧路，东至广安门车站西街。占地面积约11200平方米。项目的立项主体是北京广安基础设施建设投资公司，由西城区政府实施房屋征收；区政府房屋征收办公室负责组织实施本项目的房屋征收与补偿工作；由区房屋征收中心委托北京市华远力诚房屋拆迁有限责任公司负责房屋征收的具体实施工作。此次征收涉及门牌：手帕口南街80号（部分）、82号（部分）、甲80号（部分），红居南街1号南侧平房（部分）、1号院3号楼南侧平房（部分）、红居南街2号（部分），红居南街11号楼北侧平房（部分），小红庙清洁站，小红庙4号楼南侧平房（部分）、6号楼北侧平房（部分）、7号楼北侧平房（部分）和8号楼北侧平房（部分）。8月18日张贴《暂停办理事项公告》及《公开选择房地产评估机构的报名通知》。

（李 菁）

【广安门车站西二号路道路工程房屋征收项目】 年内，负责广安门车站西二号路道路工程房屋征收项目，该项目位于广安门外街道，北起广安门车站西一号路，南至广安门车站西三号路。占地面积约2550平方米。项目的立项主体是北京广安基础设施建设投资公司，由西城区政府实施房屋征收；区政府房屋征收办公室负责组织实施本项目的房屋征收与补偿工作；由区房屋征收中心委托北京市华远力诚房屋拆迁有限责任公司负责房屋征收的具体实施工作。此次征收涉及门牌：红居南街2号（部分）、4号（部分），小红庙6号楼北侧平房、15号楼北侧平房、16号楼北侧平房、17号楼北侧平房和17号楼东侧平房（部分）。8月18日张贴《暂停办理事项公告》及《公开选择房地产评估机构的报名通知》。

（李 菁）

【天宁寺东侧绿地及代征道路房屋征收项目】 年内，负责天宁寺东侧绿地及代征道路房屋征收项目，该项目位于广安门外街道，北至二热幼儿园南墙，南至驻青园综合市场南侧道路红线，东至天宁寺东里，西至天宁寺。占地面积约6360平方米。项目的立项主体是西城区园林市政管理中心，由西城区政府实施房屋征收；区政府房屋征收办公室负责组织实施本项目的房屋征收与补偿工作；由区房屋征收中心委托北京千禧兴业房屋拆迁有限公司负责房屋征收的具体实施工作。此次征收涉及门牌：天宁寺东里3号、9号、9号院以北、11号，天宁寺东里6号楼对公厕。8月18日张贴《暂停办理事项公告》及《公开选择房地产评估机构的报名通知》。

（李 菁）

【19号线一期工程牛街站房屋征收项目】 年内，负责北京市轨道交通19号线一期工程牛街站房屋征收项目，

该项目位于广安门内街道，北起思源胡同，南至两广大街，东至北段为回民中学西墙，南段为回民中学西侧自然门家常菜西，西至下斜街。占地面积13385.74平方米。项目的立项主体是北京市基础设施投资有限公司，由西城区政府实施房屋征收；区政府房屋征收办公室负责组织实施本项目的房屋征收与补偿工作；由区房屋征收中心委托北京拓荒牛拆迁有限责任公司、北京顺城拆迁服务有限公司负责房屋征收的具体实施工作。此次征收涉及门牌：思源胡同15号，思源胡同26号（部分平房），思源胡同28号院1号楼北侧及东侧部分平房，长椿街26、28、30、36、38、40、42、44、46、48、50、52、56、62、64、70号，长椿街32号旁公厕，长椿街50号北公厕，广安门内大街251、255、257号，广内大街259号院外公厕，广安门内大街临时61、63号。11月29日张贴《暂停办理事项公告》及《公开选择房地产评估机构的报名通知》。

（李　菁）

【戊戌维新纪念馆保护利用工程房屋征收项目】 年内，继续负责戊戌维新纪念馆保护利用工程房屋征收项目，该项目位于南横西街与菜市口大街交叉口的西北角，占地面积2670平方米。截至年底，累计签约49户，剩余8户，完成签约面积954.48平方米，签约率为85.97%。继续推进征收项目后续工作，区征收办开展对剩余居民的洽谈工作并启动后期法律程序。

（李　菁）

【大栅栏历史文化展览馆项目工程房屋征收】 年内，继续负责大栅栏历史文化展览馆保护利用工程房屋征收项目一期、二期，该项目位于大栅栏西街最西端，总用地规模2660平方米。项目一期被征收居民14户，截至年底累计签约14户，签约率100%。项目二期共38户居民，截至年底累计签约27户，剩余11户，签约率71%。继续推进征收项目后续工作，区征收办开展对剩余居民的洽谈工作并启动后期法律程序。

（李　菁）

【琉璃厂艺术文化馆建设工程房屋征收】 年内，继续负责北京市琉璃厂艺术文化馆建设工程房屋征收项目，该项目位于和平门外，琉璃厂西大街与南新华街交汇处。截至年底累计签约13户，签约率68.4%。继续推进征收项目后续工作，区征收办开展对剩余居民的洽谈工作并启动后期法律程序。

（李　菁）

【北纬路中学改扩建二期工程房屋征收项目】 年内，负责北纬路中学改扩建二期工程房屋征收项目，该项目位于北纬路46号，总用地面积为13532.675平方米。项目四至：东至禄长街西红线；南至禄长街头条、禄长街二条；西至学校控规用地西红线、北至北纬路（市政代征地）。3月20日张贴评估机构相关事宜的通知，3月23至24日协商选定评估公司。5月11至12日张贴公开选定房地产评估机构协商结果及投票相关事宜的通知。6月19日张贴公开选定房地产价格评估机构结果的公告（北京浩诚业房地产评估公司），12月22日张贴《征收补偿方案征求意见稿》，征求意见期30天。

（李　菁）

【陶然亭路工程房屋征收项目】 年内，负责陶然亭路房屋征收项目，该项目位于陶然亭路，用地总规模约4.4万平方米。项目四至：西起菜市口大街（规划路名为内环西侧路），东至太平街（规划红线宽40米，全长约1100米）。8月11日摇号选定评估公司（盛华翔伦评估公司），12月22日张贴《征收补偿方案征求意见稿》，征求意见期30天。

（李　菁）

【白纸坊东街道路工程房屋征收项目】 年内，负责白纸坊东街道路工程房屋征收项目，该项目位于白纸坊东街，总用地规模约3.6万平方米。项目四至：西起右安门内大街，东至菜市口大街，规划道路红线宽40米，长度约900米。8月11日摇号选定评估公司（东华天业评估公司），12月22日张贴《征收补偿方案征求意见稿》，征求意见期30天。

（李　菁）

【钱市胡同传统银钱业博物馆保护利用工程房屋征收项目】 年内，负责钱市胡同传统银钱业博物馆保护利用工程房屋征收项目，该项目位于大栅栏历史文化保护区珠宝市街西侧一带，总用地规模约2713平方米。立项主体是区文物保护研究所；征收主体是西城区人民政府；实施主体是区政府房屋征收办公室；征收实施单位是区房屋征收中心。区房屋征收中心通过购买服务的方式委托北京永鑫拆迁公司负责房屋征收的具体实施工作。项目四至：北侧以珠宝街35号及旁门、钱市胡同1号、3号、5号、7号、珠宝市街35号、廊房二条28号建筑外墙及廊房三条2号院北墙为边界；南侧东段至钱市胡同以南22米外现有建筑外墙，南侧西段以钱市胡同7号院、廊房三条胡同2号院南侧为边界；西侧以廊房三条2号院为边界；东侧至珠宝市街。据初步统计征收面积约3647.02平方米，本项目需征收居民及单位75户（已腾退1户），其中单位产3户（最终以入户调查为准）。7月14日张贴《暂停办理事项公告》，同时张贴公开选择房地产评估机构的报名通知，8月2日张贴评估机构相关事宜的通知，8月7日协商选定评估公司。8月28日投票选定评估公司。12月22日张贴《征收补偿方案征求意见稿》，征求意见期30天。

（李　菁）

【天桥市民中心工程房屋征收项目】 年内，负责天桥市民中心工程房屋征收项目，该项目位于天桥演绎区一带，总用地规模约0.7万平方米。立项主体是区西城区机关事务服务中心；征收主体是西城区人民政府；实施主体是区政府房屋征收办公室；征收实施单位是区房屋征收中心。区房屋征收中心通过购买服务的方式委托北京宣开拆迁公司负责房屋征收的具体实施工作。项目四至：东起东经路，西至禄长街，南至北京汽车工业公司北外墙，北至禄长街二条。此次征收范围共涉及禄长街12号、东经路13号、东经路13号旁公厕（以规划范围为准），总户数约52户及公厕一处，征收房屋建筑面积约2600平方米。10月30日张贴《暂停办理事项公告》，10月30日张贴公开选择房地产评估机构的报名通知。

（李　菁）

【规划阜丰路市政道路工程房屋征收项目】 年内，负责规划阜丰路市政道路工程房屋征收项目，该项目位于规划阜丰路一带，总用地规模0.72万平方米。立项主体是北京天恒房地产股份公司；征收主体是西城区人民政府；实施主体是区政府房屋征收办公室；征收实施单位是区房屋征收中心。区房屋征收中心通过购买服务的方式委托北京华远力诚拆迁公司负责房屋征收的具体实施工作。项目四至：南起丰盛胡同，北至羊肉胡同，西起规划阜丰街西红线，东至规划阜丰街东红线以西15米。征收范围：丰盛胡同37号（部分），兵马司胡同16号（部分），南玉带胡同11号（部分），三道栅栏2号（部分）、11号（部分），三道栅栏北巷2号（部分）、4号（部分）、6号（部分），敬胜胡同22号（部分）、甲22号（部分），砖塔胡同59号（部分）、76号、78号（部分），羊肉胡同56号、58号、60号、62号（部分），南玉带西巷中部（公厕），敬胜胡同西口（公厕）（以规划范围为准）。此次征收涉及居民总户居民76户，单位产2处（公厕）（以调查结果公示为准），征收房屋建筑面积约2056.4平方米。4月7日张贴《暂停办理事项公告》，4月10日张贴公开选择房地产评估机构的报名通知，8月18日摇号选定评估公司（百城首信房地长评估公司）。

（李 菁）

【丰盛胡同市政道路工程房屋征收项目】 年内，负责丰盛胡同市政道路工程房屋征收项目，该项目位于丰盛胡同一带，总用地规模约7455.8平方米。立项主体是区市政基础设施建设办公室；征收主体是西城区人民政府；实施主体是区政府房屋征收办公室；征收实施单位是区房屋征收中心。区房屋征收中心通过购买服务的方式委托北京威督拆迁公司负责房屋征收的具体实施工作。项目四至：西起阜丰路，东至西单北大街，属于市政次干路，南至丰盛胡同南红线北12米。征收范围：丰盛胡同2号、4号（部分）、6号（部分）、8号（部分）、甲8号（部分）、10号（部分）、甲10号、12号（部分）、14号（部分）、16号（部分）、18号，粉子胡同9号（部分）、13号（部分）、5号及后门（部分）、甲7号（部分），西单北大街甲1号（以规划范围为准）。总户数约100户，居民95户，单位产5户（以调查结果公示为准），征收房屋建筑面积约3300平方米。4月7日张贴《暂停办理事项公告》，4月10日张贴公开选择房地产评估机构的报名通知。7月24日摇号选定评估公司（北京宝业恒房地产评估公司）。

（李 菁）

园林绿化管理

西城区园林绿化局

【概况】 北京市西城区园林绿化局（简称区园林绿化局），挂北京市西城区绿化委员会办公室（简称区绿化办）牌子，是负责本区园林绿化工作的区政府工作部门。主要职责是制定本区园林绿化发展中长期规划和年度计划并组织实施；组织、指导和监督本区城市绿化美化养护管理工作；组织、协调重大活动的绿化美化及环境布置工作；管理和保护本区绿地和林木资源；负责本区公园、风景名胜区的行业管理；承担西城区绿化委员会的具体工作等。内设科室6个，分别为办公室、计划财务科、规划建设科、园林管理科、绿化科、法制科，在职人员34人。年内，新增城市绿地13.5万平方米（其中绿色公共休闲空间27处、微绿地62处、城市森林4处），改造绿地6.24万平方米，新植大树8600余株，新增屋顶绿化1.04万平方米、垂直绿化1500延长米。全民义务植树运动创新发展，园艺文化服务覆盖全区；强化行业和社会管理，加大行政执法力度，园林绿化精细化管理水平进一步提升。在全市“国际论坛”园林绿化环境保障工作检查、城镇绿地质量等级综合评定、城镇园林绿化动态管理考评中，西城区均排名第一。截至年底，全区绿地面积1060.83万平方米公顷，绿地率20.99%，绿化覆盖率30.73%。公园绿地500米服务半径覆盖率达95.03%，提前三年实现“十三五”规划确定的目标。现存古树名木3253株，其中一级古树391株、二级古树（含名木）2862株。屋顶绿化总面积24.35万平方米、垂直绿化4.09万延长米。累计创建花园式单位463个、花园式社区22个、花园式街道11个。

地址：西城区南礼士路乙9号院2号楼

邮编：100045

电话：68025953

（范慧英）

【“美丽西城”评选活动】 结合“百万鲜花进家庭、进社区、进街巷”活动，联合区委宣传部、区文明办、区社会办、区教委、区环境建设办及各街道办事处，开展“美丽西城”评选活动。经过报名、筛选、评比、公示等阶段，最终评选出美丽单位7个、美丽校园10个、美丽小区6个、美丽院落76个和美丽阳台624个。截至年底，全区累计创建美丽单位54个、美丽校园60个、美丽小区55个、美丽院落476个和美丽阳台4124个。

（范慧英）

【园艺文化进社区】 年内，采取政府主导、街道组织、市民参与的模式，拓宽宣传渠道、创新宣传载体、加大宣传力度，利用园艺文化推广中心21家驿站平台，开展园艺培训、园艺体验、旧书换绿植等园艺文化推广活动

500余场，为辖区居民发放绿植花卉、种子、花盆、营养土等百万余份。同时，结合背街小巷整治等重点工作开展鲜花进社区、“脚步丈量胡同，感受北京乡愁”征文等活动，把园艺文化送进社区、机关、学校、部队、医院。

（范慧英）

【全民义务植树活动】 在4月1日首都第33个全民义务植树日当天，西城区在莲花池东路“逸骏园”绿地举办以“服务首都核心功能·建设和谐宜居之都”为主题的义务植树日活动。区四套班子领导、区绿化委员会部分委员与武警官兵、社区干部、学生代表、居民代表100余人参加活动，种植银杏、油松、海棠等120余株。活动同时，在菜市口西北角绿地设立分场地，区机关干部、社区居民100人种植树木200株。在延庆区永宁镇小庄科村南和怀柔区桥梓镇前茶坞村设置植树点，接待社会单位和市民个人植树。区园林绿化局、各街道办事处和各公园、绿化队分别开展各类绿化活动，并设立宣传咨询站，向群众普及《北京市绿化条例》、购买碳汇和病虫害防治等方面的知识，提高群众的生态文明意识。17家园艺文化推广中心驿站开展“旧书换绿植，绿意暖人心”活动。各街道办事处以社区为单位，发动居民清理绿地卫生。植树日当天，全区有2.32万余人参加植树活动，共植树5200株，清扫绿地39.85万平方米，养护树木8.99万株，设宣传咨询站101个，悬挂横幅标语190幅，出动宣传车9辆，发放宣传材料5.42万份。4月1至30日，举办“义务植树月活动”，区相关单位及部门结合自身特点开展爱绿护绿宣传、种植养护知识培训和生态环保等系列活动；通过“绿色西城”微信平台开展“西城美景”评选活动，经公众参与投票，最终选出金中都公园、玫瑰园、宣武艺园静雅园等十佳景点。年内，继续推进认建认养工作，全区共认养绿地16.2万平方米、树木9710株，筹集资金24.975万元。

（范慧英）

【背街小巷绿化整治】 年内，履行改善群众生活环境和服务水平的职责，全面加强街巷胡同绿化规划建设和精细化管理水平，深入开展背街小巷绿化整治提升工作。全年完成16条重点街巷绿化整治；115条街巷摆放花箱见缝插绿，共摆放花箱2429个，砌花池300延长米，栽植各类乔灌木1.05万株、月季4700余株、花卉10.8万盆，增加绿化面积3142平方米。同时，在全区988条背街小巷开展绿植鲜花进街巷、园艺体验等活动，重点为233条暂不具备绿化条件的背街小巷赠送芳香盆花及花卉蔬菜种子20万盆（袋）。

（范慧英）

【绿色公共休闲空间建设】 年内，通过拆迁增绿、拆违增绿、疏解增绿等方式，增加市民绿色休闲空间供给，构建核心区整体生态体系。注重加强街区规划，挖掘历史文化资源，精心打造城市公园和“室外博物馆”，提升城市品质，延续城市文脉。充分利用拆违后的空地、边角地、畸零地块，建成京韵园、逸骏园、龙头井和东椿树胡同等绿色公共休闲空间27处、微绿地62处，新增绿地7.8万平方米。

（范慧英）

【城市森林建设】 年内，以“找准定位，用好土地”为原则，结合疏解整治促提升、街区整理等工作，在核心区率先启动“城市森林”建设，利用闲置地打造出广阳谷、新街口等4处城市森林5.7万平方米。其中，广阳谷城市森林位于菜市口西北角，东起宣武门外大街，南至广内大街，紧邻菜市口地铁站，总面积3.44万平方米，是北京核心区内建设最早、面积最大的城市森林。因其所在地段是历史上秦朝“广阳郡”故城的位置，再结合场地内连绵起伏的绿谷森林的景观特点，故命名为“广阳谷”。新街口城市森林位于新街口北大街西侧、西直门内大街北侧，总面积1.05万平方米，配有篮球和羽毛球场地。在方案设计过程中，采取民生工作民意立项机制，广泛征集社区居民意见。在建设中，运用森林生态学的基本原理与方法，吸取林业造林、景观生态等相关学科的成熟经验，引入海绵城市理念，设计集雨绿地，为小型动物提供水源，为喜湿植物提供生长环境，并实施“黑土计划”，引入蚯蚓等土壤动物，实现土壤改良。城市森林的生态效益包括：扩展绿色生态空间，丰富绿化形式，增加城市绿量，为市民提供亲近森林、感受自然野趣的场所；推动“城市双修”——增强城市“绿肺”功能，修复生态，以及高效利用闲散用地，治理街区环境，促进城市修补；保护生物多样性，通过丰富物种，营造动物、植物、微生物和谐共生的森林生态系统；提高城市观赏性，运用混交林、异龄林、复层林三种方式，并多选用乡土树种及彩叶树种，打造近自然森林景观。

（范慧英）

【“城乡手拉手·共建新农村”活动】 年内，以“拉手全覆盖、尽责百分百”为目标，推动全区257个社区和相关单位与怀柔区、延庆区700余个村镇深度合作共建。区绿化办出资80万元建成延庆夏都公园驿站和两座大型主题花坛，出资50万元支持怀柔区新农村建设。陶然亭街道办事处与怀柔区怀北镇、延庆区八达岭镇种植“手拉手”共建林，并提供帮扶资金16万元。

（范慧英）

【花卉布置】 年内，按照“三区、两线、多节点”的布局，坚持地栽花卉为主、立体花坛为辅的原则，在金融街、中南海周边、三里河周边、长安街沿线（西单文化广场）、国家大剧院周边、二环路沿线和区属公园等重要区域，摆放《草原风光》《共圆梦想》《中国梦》《绿色呼唤》等主题花坛，并进行地栽、花钵、花堆、灯杆花卉装饰，共栽摆花卉394万株。形成点、线、面相结合的整体花卉布局，打造出西城区核心花卉景观，为党的十九大、“一带一路”高峰论坛和国庆节营造出隆重、热烈、喜庆的城市氛围。全年累计建设主题花坛10组，立体生态景墙1座，地栽花卉5.8万平方米，摆放花卉567万株。

（范慧英　杨喆）

【立体绿化】 年内，按照政府引导、分类推进、专业支持、社会参与、共建共享的原则，争取社会各方面支持，以校园建筑、公共建筑为重点，推进立体绿化建设，美化城市“第五立面”。共完成中央文献研究室、北灯养老中心和珠市口大街129号等14处屋顶绿化1.04万平方米、滨河社区等垂直绿化1500延长米。

（范慧英）

【首都绿化美化花园式创建】 年内，加大创建力度，通过走访调查、动员部署、技术指导和督促检查等方式，发动社区、单位积极参与。全年，共创建中组部机关事务管理局办公区、中古友谊小学首都绿化美化花园式单位2个，展览路街道滨河社区首都绿化美化花园式社区1个。

（范慧英）

【园林绿化管理】 年内，严把林木绿地资源行政许可关，加强批后监管与征占用绿地的规划审查，受理园林绿化行政许可618件，退件91件，保留树木118株。坚持“依法治绿”，联合城管、街道办事处进行综合执法，严厉打击官园花鸟鱼虫非法市场等重点地区违法活动，全年共开展各类执法检查78件，受理涉绿违法事项37件，其中行政处罚立案2件、移交城管8件。综合国标、地标和北京市的相关法律、法规，制定核心区园林绿化建设管理标准，完善精细化管理工作机制和标准措施，加强专业绿化指导，做好社会绿化引导。落实全市园林绿地“灭死角、除盲区”活动，治理杨柳飞絮7070株。通过组织综合检查评比、举办“金剪子”技能大赛等措施，培养践行“工匠精神”，下足“绣花功夫”。严格抓好行业安全监管和应急防控等工作。区属公园完成春节、清明、“五一”、“十一”等节假日的服务接待和安全保障等工作，提高游客满意度。在全市“国际论坛”园林绿化环境保障工作检查、城镇绿地质量等级综合评定、城镇园林绿化动态管理考评中，西城区均排名第一。

（范慧英）

西城区园林市政管理中心

【概况】 北京市西城区园林市政管理中心（简称区园林市政管理中心）为西城区人民政府直属相当正处级全额拨款事业单位。主要职责是：承担全区园林绿化养护和市政道路、设施维护工作；受区有关部门委托承担区属园林市政工作项目立项、工程质量监管、掘路费收取等工作；组织实施园林市政道路应急抢险、重要节假日和重大活动花卉布置等事务性、服务性工作；负责部分区属公园的管理工作；承办区政府和上级业务指导部门交办的其他事项。编制79人，内设14个科室。中心下辖西城区市政工程管理处、西城区苗木园艺队、西城区月坛公园管理处、西城区人定湖公园管理处、西城区万寿公园管理处、西城区宣武艺园管理处、西城区滨河公园管理处、西城区德外绿化队、西城区月坛绿化队、西城区和平门绿化队、西城区广外绿化队、北京奇石馆12个正科级事业单位，附属有北京三海投资管理中心、北京什刹海旅游开发有限公司、北京市绿美园林工程服务中心、北京鑫雅市政建设工程处、北京紫光绿化工程有限责任公司5家企业和东坝苗圃、顺义苗圃2处苗木基地。

地址：西城区右安门内西街18-1号
邮编：100054
电话：52684005

（杨 喆）

【绿化建设】 年内，新增城市绿地13.5万平方米，其中包括建设完成京韵园、逸骏园、龙头井和东椿树胡同等绿色公共休闲空间27处，新增微绿地62处，广阳谷、新街口等城市森林4处5.7万平方米；中央文献研究室、北灯养老中心、珠市口大街129号等屋顶绿化14处，新增屋顶绿化1.04万平方米，其中花园式屋顶4处，简式屋顶10处，总面积9862平方米，新增垂直绿化1500延长米；全区公园绿地500米服务半径覆盖率达95.03%，提前三年实现“十三五”规划确定的目标。

（杨 喆）

【绿化养护】 年内，通过了北京市绩效考评和部门绩效考评工作，园林绿化养护严格落实核心示范区养护管理新标准，实现了从常规园林养护向精细化园艺养护的转变，取得了一季度全市养护检查、银杏树养护专项检查第一名。开展病虫害防控和杨柳飞絮治理工作，治理杨柳飞絮7070株，保障了区域生态安全和景观效果。完成常规养护，新植大树8600余株，部署各管护单位对专业负责养护的647株古树生长现状进行现场调查，共复壮古树21株；对盐害死亡苗木进行补植更换，补植苗木210914株、草坪43120平方米、乔木585株；实施“黑土计划”，全年累计生产腐殖土5600吨。

（杨 喆）

【建设广阳谷城市森林】 年内，完成广阳谷城市森林建设，该项目地处西二环内，东临宣武门外大街，南临广内大街，东南角为菜市口地铁站。占地总面积34400平方米，森林面积25722平方米。模仿北京的自然森林群落结构，以乡土树种为特色，主打物种多样性，栽植的树种包括油松、红皮云杉、白杆、丛生蒙古栎、丛生元宝枫、小叶椴等79种共3798株乔灌木，32种共20330平方米草本地被。其中，乡土树种占80%以上，场地内还有从前三门大街因占地移植而来的29株大银杏，通过增加部分新优彩叶树种，丰富了植物群落色彩。本地块每年增加二氧化碳吸收量约34吨，释放氧气约25吨，在“减尘、滞尘、吸尘、降尘、阻尘”5方面对PM2.5等颗粒物具有明显的调控作用。园内还增设了喷雾系统，喷雾系统喷出的水滴雾化后以气溶胶形式带负电而成为空气负离子，提高了森林降温、增湿、除尘、除臭的功效。

（杨 喆）

【微公园建设工程】 年内，完成京韵园、龙头井、大红罗厂等微公园项目共计15个地块，总面积约1.3万平方米，总投资4800万元。微公园是一种新型的绿化生态系统，设计理念是打造以城市微公园为特色的示范型绿地，它分布于人口高度密集、人工景观高度集中的地带。运用小面积的林木栽植，营造出城市中难得的“微小公园”，充分利用林下空间，以绿色空间为主体，突出微公园的构建，满足市民自然休闲、运动健身等功能。

（杨 喆）

【国家大剧院周边及重要节点绿化改造】 年内，为保障“一带一路”高峰论坛顺利召开，配合区市政市容委，实施国家大剧院周边市政道路设施改造提升和重要节点及道路沿线绿化工程。项目主要工作范围包括二环主要桥区（西直门桥、阜成门桥、天宁寺桥、白纸坊桥），二环沿线（西城段），三环沿线（西城段），金融街、前三门大街、国家大剧院周边景观提升，地铁北海北站周边景观提升等，工程总投资7900万元。道路改造工程内容包含更换金色护栏3625.52米，更换道路石材1250平方米，修整石材地面500平方米，更换步道砖100平方米，更换路缘石160米，更换树池20套、修整70套，加盖树池篦子19套，修复机动车道沥青路面539平方米，安装挡车桩17个。

（杨　喆）

【宣武艺园地下停车场工程】 年内，完成位于槐柏树街12号的宣武艺园院内地下停车场项目。项目总投资6878.77万元，建设内容主要包括宣武艺园地下停车场及地上公园景观提升改造工程，项目任务涉及人防拆除、渣土外运、基坑支护、基础浇筑、结构浇筑等工作，已实现主体结构封顶。

（杨　喆）

【德胜门对景仿古建筑工程】 年内，完成德胜门对景仿古建筑工程建设，项目总面积12608平方米，建设内容涵盖老北京传统文化展览馆10070平方米，社区文化活动服务中心1235平方米，并配有功能配套、设备用房、车库、公共卫生间等综合设施。

（杨　喆）

【清河生态产业示范基地项目】 年内，与北京市监狱管理局清河分局签订《西城区清河生态产业示范基地建设合作协议》，基地建设按照“创新、协调、绿色、开放、共享”的发展理念，运用“政府引导、企业主导、科技为先、互利共赢”的运行模式，建成了农耕文化体验、科研科普交流、健康养生、校外教育、休闲观光等多功能融合的智慧生态园，使西城区清河生态产业示范基地成为京津冀协同发展的一张金名片。

（杨　喆）

【老旧小区改造】 年内，完成部分老旧小区改造工程，包括马甸南村小区、月坛北街3号院、三义东里、红土店南里等4个小区，总改造面积16701平方米，总投资1000万元。主要改造内容包括改善小区绿化铺装、方便停车、提升生活品质及加大活动空间。

（杨　喆）

【区属道路日常养护】 年内，共出动道路巡查人员4500余人次，维修沥青路面46996平方米，维修步道38794平方米，维修、检查井757座，发现制止私掘768起，制止道路私掘私占率达100%，确保区属道路完好率95%以上。上报市级巡查互动案件9件，全年共接收电话登记单1132件，其中市政处理311件，确保管养道路及市政基础设施功能完好，保障了居民出行安全。

（杨　喆）

【市政道路大中修工程】 年内，共完成北线阁、教育街、罗家胡同、四胜胡同、东中胡同等33条道路大中修，总长12373.5米，铺设沥青面积91400平方米，人行步道面积54592平方米。

（杨　喆）

【微循环道路建设】 年内，配合区住建委，共完成五路通街、五路通北街、什坊街、什坊西街、鲍家街、前秀才胡同等6条西城区微循环道路施工招标，实现了年内开工目标。道路按规划宽度实现，并随路建设市政管线、绿化工程。

（杨　喆）

【市政排水管线改造工程】 年内，共完成龙泉胡同、禄长街头条、香炉营头条、新兴里、天仙胡同、南堂子胡同等34条道路水管线改造，管线长度达7126.4米。

（杨　喆）

【雨水利用工程维护】 年内，对近年建设的雨水利用设施进行维护，全年出动巡查1510人次，维护透水砖22180平方米、雨水井480座、渗水井161座；维修管线910米，更换无主井盖92套、雨水篦子18套，维修井周边96座，维修雨水口周边8座；新建雨污水管线1610.5米、雨水口21座、检查井78座；疏通雨污水管线2050米，清掏各类检查井185座。

（杨　喆）

【公园管理】 年内，区属21个公园共接待游人3161.32万人次，同比增长16%。各公园积极开展《北京市公园条例》学习宣传、树木认建认养和义务植树活动。月坛公园开展“清风朗月——学雷锋活动”；万寿公园开展“孝行万寿、智慧身心——2017年母亲节主题活动”“最美夕阳红”“健康宝贝幸福家庭”大型义诊等多项活动；人定湖公园开展“疾病预防、健康宣讲”“科学补碘——重在生命最初1000天”“科技创新、科技惠民”等多项宣传活动。全年累计举办150余次各类宣传活动。

（杨　喆）

【百万鲜花进社区及都市菜园项目】 年内，百万鲜花进社区及都市菜园项目共开展363场公益活动，271410人次参与。活动共赠送鲜花266630枝、绿植600965盆；其中，花篮、花盆、花瓶共27709个，花泥2266块，有机肥、营养土共24592袋，工具2690套，种子75950袋，铺面石3775袋，装饰物3107份。

（杨　喆）

【应急抢险】 年内，共组成11支、共400余人的防汛应急抢险队伍。在极端天气中共出动人员2000余人次、车辆400台次；排查出危险树木116株，处理倒伏、断枝树木378株，处理道路沉陷381处。

（杨　喆）

【什刹海景区管理工作】 年内，完成什刹海街区12.2万平方米绿地的养护及水面保洁、环湖汉白玉栏杆擦拭、游览导示牌维护、垃圾消纳费收取、夜景照明设施维护等工作。党的十九大期间，清理垃圾、河脏163吨；配合举办什刹海旅游文化节启动仪式、第九届龙舟赛等活动。通过打造什刹海绿道，保障了景区环境建设任务，提升了什刹海的整体景观效果。

（杨　喆）

【安全生产管理】 年内，区园林市政管理中心和所属各单位共召开安全工作会213次；出动检查3770人次，进行安全检查673次，检查单位1008家次，检查部位2292处，下达整改文书221份；组织安全生产宣传教育活动471次、安全生产培训511次，参加人数1.5万人次；发放各类宣传材料5.5万份；检查整改各类一般性安全隐患335处。拆除了月坛花店、东坝苗圃工作间、胜利三巷供暖站房屋等33处聚酯泡沫彩钢板房屋，共4000余平方米。

（杨 喆）

【交通环境整治】 年内，结合道路大中修对40公里自行车道进行综合治理，共完成南菜园西街、百万庄北街、大木仓南巷、民丰胡同北巷及三里河三小东侧路5处交通拥堵的治理。根据区城市管理委下发任务单，安装更换中心护栏、活动护栏共计705米，非机护栏1474米，步道护栏2364米，共计3838米；清洗或挪移护拦6747米。更换安装柔性挡车桩、铁挡车桩740根，石材挡车桩239根，手动挡车桩18根，自动挡车桩11根，共计1008根；施划标线共计2676米，设置防撞桶56个、金色护栏12.2米。

（杨 喆）

【路侧停车检测系统建设】 年内，配合区城市管理委交通科，完成路侧停车及停车检测系统建设，安装视频桩542个，监控球机等配套设施39套，地磁停车设备174个。

（杨 喆）

【公租自行车后期运营维护】 年内，共投入使用办卡服务网点6个，建设公共自行车租还网点4期共210个站点，全区总运营车辆数量7000套。正式上线的北京市公共自行车手机客户端APP，用户已达16.2万人。完成设备维修、车辆调度、站点保洁等各项运营工作。

（杨 喆）

【夜景照明】 年内，对全区160座居民楼、14座桥梁、39处公园绿地、3条景观道路和北京北站广场等景观照明进行后期养护。改造西直门外大街等3处人行过街天桥和广安门南街、南礼士路公园等8处照明设施工程，并完成金融街地下交通管廊的管理维护。

（杨 喆）

【网格化管理与服务保障】 年内，共处理12345热线3854件、城市管理网格案件1894件、市容环境督办件11件。承办区人大代表建议、区政协委员提案14件，其他信访类案件8件，完成率均达100%。

（杨 喆）

【“防灾减灾日”宣传】 5月12日，在区园林市政管理中心所属的5家公园内，举办主题为“珍爱生命、远离洪水、人人参与、安全度汛”的防汛应急宣传活动。以展板的形式，向游人介绍在行车和屋内居住时遇到暴雨、冰雹等极端天气，需采取的有效措施及自救方法。

（杨 喆）

环境卫生管理

【概况】 北京市西城区环境卫生服务中心（简称区环卫中心）为处级事业单位，承担西城区内环境卫生方面的服务性、事务性、技术性工作，并负责下属环卫作业队伍的管理工作。区环卫中心直属企业单位11个、事业单位8个，承担全区主要大街的清扫与保洁、垃圾清运及密闭式清洁站管理、公厕保洁与管理、化粪池的挖掏与粪便清运、部分街道办事处街巷清扫保洁及各种环卫应急保障任务。年内，区环卫中心以业务建设为中心，完成各项任务，为建设“活力、魅力、和谐”新西城和环境卫生首善之区做出积极贡献。完成极端天气应急保障任务，完成全国“两会”“一带一路”峰会、党的十九大等重大政治活动期间的环卫保障任务，以及重要节日期间的环境整治和保障工作。

地址：西城区北营房中街7号
邮编：100037
电话：88378410-2042

（尹 健）

【道路清扫保洁】 全年空气重污染期间共启动9次预警机制，在对全区268条道路加强清扫保洁洗地作业的同时，对环保局确认的79条重点道路，再增加12台洗地车、13台水车、8台机扫车进行保洁、冲刷和洗地作业。坚持常态化管理与应急处理机制相结合，完成845万平方米道路清扫保洁及护栏擦拭工作，完成秋季落叶收集清运及资源化处理10955立方米。加大对40条主要道路的步道冲刷每周不少于2次，重点地区道路尘土残存量控制在10克/平方米以内，实现以克论净。

（尹 健）

【密闭式清洁站管理】 年内，推进密闭式清洁站改造工作，对15座清洁站进行整体改造，更换6套清洁站吊装设备。加强全区74座密闭式清洁站管理与服务，生活垃圾清运率100%，无害化处理率100%。全年共清运垃圾607671.95吨。

（尹 健）

【公厕管理和粪便清运工作】 年内，继续加大对公厕的改造提升力度，对15座二类公厕进行整体改造，对50座二类公厕安装立体循环异味处理系统，完成三类公厕整体改造试点。以二类公厕为主安装电采暖设备，确保冬季公厕室内始终保持恒温状态，提升如厕舒适度。更换10座移动公厕。完成全区1128座公厕（其中二类359座、三类724座、户厕45座）的管理与保洁工作，实现粪便的密闭化抽运和资源化处理。全年共清运粪便300896.64吨。

（尹 健）

【规范垃圾清运】 在完成全年餐厨垃圾清运任务的同时，规范化清运工作向小型餐饮业延伸，餐厨垃圾规范化清运单位2819家，厨余垃圾规范化清运单位450家。收运餐厨垃圾65915.16吨，厨余垃圾12977.29吨。完成12个街道办事处1134条背街小巷389.83万平方米、225个社区139.25万平方米的保洁工作，提高生活垃圾收集和街巷胡同保洁的机械化程度，创新“垃圾不落地”作业新模式，参与餐厨垃圾的清运。完成准物业管理的环卫保洁工作试点，街巷胡同的干净指数和群众满意度显著提高。

（尹 健）

【检查考评】 年内，加强对各项作业的检查力度，全年共检查道路4634条次、地下通道293座次、过街天桥373座次、密封式清洁站817座次、二类公厕3331座次、达标公厕7422座次、唐杰公厕598座次、街巷2565条次。根据检查情况，向各作业单位下发整改督办单38份、问题情况反映232份，问题处理率100%。中心作业质量在全市环境卫生专业作业检查考评中实现零扣分，保持全市领先水平。

（尹 健）

【渣土管理】 年内，对全区在施工地核发渣土消纳证503张、车辆准运证4105张。空气重污染预警期间，停止办理车辆准运证，告知辖区内在施工程停止一切土石方施工作业，并加大检查力度，与区相关部门开展8次联合检查，发现施工作业以高限处罚，杜绝违法违规行为。全年共开展联合检查90次，出动人员290余人次。西城区在全市渣土管理工作综合考评工作中名列第一。

（尹 健）

【规范化建设】 年内，建立健全中心各项规章制度，规范日常工作流程。加强对重大问题的研究，坚持每周召开一次主任办公会，研究解决基层相关工作。制定《严重违反用人单位规章制度实施细则》，严肃工作纪律和劳动纪律，强化干部职工规矩意识。有序开展机关聘用合同和岗位协议的续签、续订工作。按照开展城市公共服务岗位安置本市农村劳动力就业、促进农民增收试点工作安排，接收延庆农村转移就业劳动力150人。完善视频会议系统建设，通过传输线路及多媒体设备，将声音、影像及文件资料互传，实现即时互动，缩减时间及成本，提高管理成效。以科技为依托，创新实现了环卫管理的网格化、信息化和精细化，建立问题快速发现机制，加强作业实时监管，严格对作业效果的量化考核，提升环卫管理的效能。利用环卫中心管理及指挥调度平台，对环卫六大工种进行区分，实现“道路作业、过街天桥地下通道、公厕保洁、生活垃圾收运、餐厨垃圾收运、粪便清运”等各领域模块化管理，各作业工艺的机械化和人工环节全面覆盖。通过建立“互联网＋环卫作业”和“互联网＋环卫监督”的精细化管理理念，对项目名称、产权信息、设置点位、设施状态、设施照片等信息“亮身份、上户口”，实现人、车、物一体管理，利用GIS地理信息系统在地图上对道路公共服务设施位置、状态进行展示。通过道路公共服务设施案件处置流程和处置时限，实现设施案件督办机制，监督设施案件及时处置。

（尹 健）

【安全管理工作】 年内，严格落实“党政同责、一岗双责”制度，健全齐抓共管的安全生产责任体系。层层签订安全生产责任书，逐级细化安全目标管理责任，全年共签订各种安全责任书6346份，签订率100%。制发《2017版安全生产操作规程》526册，推进安全生产责任与作业质量标准的衔接融合。落实遏制重特大事故工作措施和制度，先后制定《有限空间安全操作规程》等6项安全管理规定，推动安全关口前移，提高事故防控能力。针对安全生产形势变化和实际需要，加大安全生产基础建设，加大新技术、新装备、新工艺推广力度，用科技手段筑牢安全防火墙。整合各单位数据，实现数据共享。中心24个停车场均安装视频监控系统和周界报警系统，个别停车场安装夜间巡更系统，每半小时对设置点进行巡查并录入系统，确保重点部位安全。安装消防喷淋系统，为消防安全提供强有力的技术支撑。引入公共责任保险、安全生产责任保险风险预警机制，最大限度降低突发外力因素给单位带来的风险损失，提升环卫职工的安全维护意识和应急处置水平。完善安全生产监管机制，继续推进安全生产依法治理。开展“安全生产月”活动，强化安全宣传教育和培训实效，提高环卫职工的安全防范能力。加大对环卫重点部位、车辆安全的检查力度，推进重点领域安全专项整治，发挥明察暗访、突击检查、随机抽查等方式的作用，对中心开展“全面安全体检”。针对11·18大兴火灾，开展“大排查、大清理、大整治”专项活动，加强和完善隐患排查治理，严格落实安全风险预控措施。完善安全隐患排查体系，将安全管理隐患排查及问责、追责制度化、规范化和常态化，实现“隐患来源可查、去向可追、规律可循、责任可究”的闭环管理。全年未发生重大安全事故。

（尹 健）

【维稳工作】 年内，严格按照职责分工，落实反恐维稳责任。组织反恐维稳专题培训，引导各党支部通过“三会一课”、内部宣传栏、悬挂标语等方式，增强中心广大干部职工自觉反恐防暴意识。加大重点时期内部管控，在两节、“两会”、十九大等重要时间节点，制发中心反恐防暴维护稳定工作方案，开展涉恐隐患排查整治专项行动。开展中心从业人员反恐怖宣传教育培训工作，切实增强应对突发情况的处置能力和复杂局面的管控水平，维护好单位内部和谐稳定。

（尹 健）

【环卫文化建设】 年内，学习宣传党的十九大、习近平总书记系列重要讲话和市区主要领导讲话精神，组织参观展览、举办百姓宣讲等系列宣传教育活动。组建十九大宣讲团开展宣讲；制作十九大宣传展板，编制口袋书700册、百问百答题库。围绕培育践行社会主义核心价值观，开展“砥砺奋进的五年——你说我说大家说”百姓宣讲活动，选拔体现西城环卫特色和行业特点的14名一线环卫职工组成百姓宣讲团，巡回宣讲14场，组织8名宣讲员参加全区汇讲。组建“不忘初心，牢记使命——我说十九大”百姓宣讲团队伍，巡回宣讲11场。开展“我们的节日”主题活动和首都文明单位评选工作。环丽中心被评为首都文明单位标兵，环卫一队、环卫二队、渣土所、环卫中心被评为首都文明单位。环丽中心职工吴跃、郑伟被评为“感动西城人物”和“北京榜样”。开展道德讲堂活动，让干部职工在参与中接受教育、规范言行、提升素质。加强与媒体的沟通联系，中心的各项工作进展及完成情况先后被《人民日报》《北京日报》、北京电视台等媒体宣传报道30余次。中心团委采取多种形式组织团员青年深入学习贯彻党的十九大精神，引导青年为环卫建设贡献力量。10月26日环卫工人节当天，对组织开展的志愿者体验环卫活动进行专题宣传报道，北京电视台“缤纷西城”栏目、《新京报》手机版等媒体报道活动。围绕当前环卫重点工作挖掘信息，加大党的建设、精神文明建设、业务建设等内容的宣传报道力度，有针对性地反映出中心的新发展、新作为和新形象，编辑《西城环卫信息》49期、《学习宣传贯彻落实十九大专刊》等期刊17期，制作走访慰问困难职工、党的十九大精神等宣传展板7期。利用宣传展板、内部刊物、微信群等多种形式，加强舆论引导，及时宣传党和国家方针政策、法律法规及中心各项工作，营造健康向上的环卫文化氛围。召开中心职代会，对代表们提出的28条意见建议进行专题研究、专题反馈。召开“五一”表彰大会，表彰在劳动竞赛和经济技术创新活动中涌现出的先进集体和个人，营造学先进、当标杆的氛围，印发《2017年西环榜样》230册，集中宣传、弘扬劳模精神和西环精神。

（尹　健）

【服务保障职工】　年内，组织开展中心第六届职工职业技能大赛，组织30余次专题培训，提升职工整体素质。为基层工会拨付活动经费243.47万元，推动基层工会活动。发挥“职工书屋”和班组书柜的作用，组织召开读书交流分享会，开展“环卫职工歌咏大赛”，中心677名干部职工参加排演。开展“冬送温暖、夏送清凉、一年四季送关怀”活动，投入近350万元慰问工会会员、务工人员及困难职工，并为5000余名职工发放慰问品。落实职工医疗互助保障，为1800余名职工续投在职职工保险，为140余人次办理保险赔付及申请慰问金44万余元。继续做好职工早餐服务工作，采取增加门店、培训负责人等措施提升服务，确保职工吃上、吃好早餐。

（尹　健）

环境保护

【概况】　西城区环境保护局（简称西城区环保局）是负责西城区环境保护工作的政府工作部门。设7个内设机构，即办公室、综合法制科（研究室）、环境影响评价科、总量减排科、污染源管理科、环境安全管理科（西城区环境污染突发事件应急办公室）、辐射监管科；其他机构包括离退休干部科和机关党委；行政执法机构1个，即环境保护监察支队；规范管理事业单位1个，即机动车排放管理站；全额拨款事业单位3个，即环境保护监测站、环保宣传教育科技中心、煤改电管理中心。在职人员150人。年内，西城区环保局以各级环保督察为契机，聚焦环境质量改善，以清洁空气计划等重点任务推进为抓手，加大督导力度，狠抓各项任务落实，区域环境保护工作稳步推进，稳中有升，完成了市政府下达的空气质量改善的目标指标，区域环境质量有所提高。

地址：西城区鸭子桥路29号

邮编：100055

电话：66206461

（刘峥　李阳）

【全区环境质量】　年内，细颗粒物（PM2.5）累计平均浓度为60.1微克/立方米，比上年下降23%，比2013年开始监测以来累计下降34.5%；可吸入颗粒物（PM10）年累计平均浓度为88微克/立方米，与上年同期相比累计降幅为10.2%。全区降尘累计月均值为4.5吨/月·平方千米，同比降幅为22.4%，优于年度目标值5吨/月·平方千米。北护城河鼓楼外大街为Ⅱ类水质，北海为Ⅲ类水质，永引下段广北滨河路（桥）为Ⅳ类水质，均优于或达到目标水质（Ⅳ类）。工业废水达标排放率100%，生活污水集中处理率100%，重点污染源废水排放达标率100%；区域噪声平均等效声级为53.9分贝（A），达标率94.4%，道路交通噪声监测路段73条，年平均值67.5分贝（A），声环境质量整体平稳。

（谢文平　张雅旎）

【规范行政许可】　年内，执行《西城区新增产业的禁止和限制目录》，控制和减少审批数量，全年共对67个不符合备案条件的项目进行了告知。继续执行《建设项目环境影响登记表备案管理办法》（环保部令第41号），全年备案项目1233件。执行9月新修订的《建设项目分类管理名录》、10月新修订的《建设项目环境保护管理条例》、11月发布的《建设项目竣工环境保护验收暂行办法》等新法规规章。完成建设项目环境影响审批19件；办理登记表不受理4件，报告表不受理9件；完成建设项目环保设施竣工验收58件；接待办事人员来访3000余人次。

（沈　钰）

【环境教育宣传活动】　年内，围绕“6·5”世界环境日、“9·22”世界无车日等环保节日开展宣教活动，举办中小学生环保演讲比赛，“环保课堂”进社区、进企业、进学校等活动。发放各类宣传折页共计1万余份、宣传品2万余份；布设关于PM2.5、土壤污染防治、清洁空气行动计划、“十三五”环保规划、环保应急等展板165块、条幅65条、易拉宝75个。

（陈志龙）

【制定专项方案】 年内，发布清洁空气行动计划2017年任务分解、2017-2018年秋冬季大气污染综合治理攻坚行动细化实施方案、大气污染防治街道网格化管理工作方案、土壤污染防治工作方案及2017年重点任务分解，制定《大气执法部门任务分工》《街道大气污染防治管理工作要求》《重污染应急预案（2017年修订）》《重大活动空气质量保障方案》《餐饮油烟污染整改落实工作方案》等一系列措施、方案、要求。

（张雅旎）

【巩固无煤化成果】 年内，按照市政府办《关于东、西城区"煤改电"后续工作意见的请示》《北京市西城区2013—2017年清洁空气行动计划重点任务分解2017年工作措施》的相关要求，以及第26次区政府专题会通过的《西城区2017年煤改电蓄能式电采暖设备更新工作方案》，西城区对什刹海大小金丝套地区、景山地区、西长安街的南北长街、府右街地区满十年的蓄能式电采暖设备采取老旧设备更新，解决设备老化问题；组织印刷宣传材料8000份，在宫门口地区组建"煤改电"现场办公室，并安排电采暖设备厂家入驻。2016—2017采暖季共对全区约4.4万户"煤改电"居民进行低谷电补助，涉及金额3400余万元；结合实际工作情况，区环保局向区政府提出关于调整"简易煤改电"下限的请示，依据区政府办批示，全区"简易煤改电"电费补贴保留补贴上限，取消补贴下限；依据各街道反馈情况，研究制定《西城区新增峰谷电表工作方案》，经区政府第27次专题会审议通过，全年新增峰谷电表的居民户数为998户。区环保局联合区城管执法监察局、西城工商分局、各街道办事处，多次对小煤炉问题进行联合执法检查，重点加强对住宿、洗浴、餐饮业违法使用燃煤情况进行专项执法检查，全年共检查各类污染源2000余家，处罚1起燃用高污染燃料的违法行为，罚款2万元。2016—2017采暖季，全区共接到"煤改电"信访1356件，其中，反映电采暖设备维修问题1180件，占比87%；低谷电补助问题68件，占比5%；户线维护问题54件，占比4%；外线及其他问题54件，占比4%。

（马文凯　王玉南）

【锅炉低氮改造及工业污染治理】 按照北京市清洁空气行动计划任务分解要求，全区全年应完成1100蒸吨以上燃气（油）锅炉低氮技术改造，区政府在此基础上提出完善燃气（油）锅炉台账，力争对辖区内的燃气（油）锅炉（约1900蒸吨）全部完成低氮技术改造的任务目标。年内，驻区中央、部队、市属单位及区属单位等拆除锅炉或燃烧器以及完成改造的共计525家、1594台、2353.132蒸吨锅炉，达到市里下达1100蒸吨任务指标的213.92%（占区里下达1900蒸吨任务指标的123.85%）。区环保局加大对工业企业的规范整治力度，对重污染企业停限产名单提出建议；对2家工业企业进行环保技术改造，完成全区工业企业挥发性有机物减排25吨。

（王津　张兴　李阳）

【机动车排放监管】 年内，按照市环保局《2017年移动污染源监管工作方案》要求，以重型柴油车排放监管为重点，结合全区实际，开展在用车排放监管、非道路移动机械排放监管、加油站油气回收系统监管及老旧机动车淘汰工作。全年共检查机动车405618辆，查处585辆，结案472辆，采取"公安处罚、环保取证"的执法模式查处排放超标车辆538辆；检查非道路移动机械133台，查处41台，检查加油站1036家次，查处3家次。

（张铭峰）

【河长制及水污染防治】 年内，印发全面推行河长制工作方案，设立区级河长14名，街道设立河长办，社区设立河段长，建立形成了"7+N"的制度模式，逐级河长采用"用脚步丈量河道"的方法，发现问题现场督办，扎实推动河长制落实，保障辖区河湖水环境安全。全面落实最严格水资源管理制度，持续推进节水型区创建等9项年度重点任务全部完成，提前完成水污染防治目标责任书涉及的污染源追根溯源和加油站防渗漏改造2项重点工作。

（张雅旎）

【大气污染执法行动】 9月，开展"大气污染综合治理秋冬季攻坚行动"，成立由区委办、区政府办、区环保局、区城管监督指挥中心组成的检查组，每晚针对烧烤、施工扬尘、餐饮油烟、重柴油车管控等开展联合检查，共计开展夜查116次。8月起，为加强大气污染执法，强化无缝隙、全天候执法，严厉打击利用夜间或休息日生产违法排污、超标排放、偷排偷放等环境违法行为，区环保局制定全时执法工作方案，组织执法人员夜间、休息日进行检查，通过全时执法，共检查各类污染源单位400余家，处罚6起。

（王玉南）

【网格化管理工作】 年内，西城区逐渐完善网格化管理工作。印发《北京市西城区进一步加强大气污染防治街道网格化管理工作方案》，按照环境保护"党政同责"和"一岗双责"的要求，进一步落实各街道大气污染防治责任，强化区域环境精细化管理。每半月开展一次预警网格的排查检查，每天开展对污染报警点位及周边的排查检查，实现精准打击环境污染问题。组织网格监督员开展两次培训、一次专业技能实操竞赛。

（王玉南）

【行政执法与刑事司法衔接】 年内，西城区环保局组织全局执法人员认真学习《中华人民共和国刑法》《最高人民法院、最高人民检察院关于办理环境污染刑事案件适用法律若干问题的解释》、国务院《行政执法机关移送涉嫌犯罪案件的规定》，准确把握对环境犯罪定罪量刑的标准，领会各项法律法规及相关文件精神内涵。加强各部门联动机制，对于重大、疑难、复杂或者是否涉嫌犯罪把握不准的案件，区环保局及时主动与公安机关、检察院联系，共同商讨案件定性、侦查事宜，建立环保司法联动执法、联合办案机制。

（张雅旎）

【空气重污染应急工作】 年内，编印《北京市西城区空气重污染应急预案（2017年修订）》。全年共启动各级空气重污染预警9次，其中蓝色预警3次、黄色预警4次、橙色预警2次。启动预警次数较往年有所下降，同时提高了预警要求和标准，黄色及以上级别预警启动后，召开全区工作部署会，并按要求及时上报信息。

（王玉南）

【扬尘污染管控】　年内，继续加强对工地扬尘的管理，全面检查辖区工地，执行施工围挡、覆盖到位，工地清扫、洒水及时的控制扬尘标准。继续开展施工工地排污申报登记，征收扬尘排污费。全年共征收255笔，共计3359792.55元。

（王玉南　郭蕾）

【中央环保督察反馈意见整改落实情况】4月，中央第一环境保护督察组向北京市反馈督察意见，区环保局牵头，联合各相关部门共同拟定《中央环境保护督察反馈意见西城区整改工作方案》及《中央环保督察组反馈意见西城区整改措施及任务分解》，经第10次政府专题会议、第19次区委常委会审议通过，5月4日以区委区政府名义印发并报送至市整改落实领导小组办公室。6月，市委办公厅、市政府办公厅联合印发实施《北京市贯彻落实中央第一环境保护督察组督察反馈意见整改方案》，并附《中央环境保护督察反馈意见具体问题整改措施清单》，经过合并处理，形成48条具体问题，涉及西城区共17项，西城区适时调整了《中央环境保护督察反馈意见西城区具体问题整改措施清单》，并将清单及项目责任制表、项目落实预案表、月进展情况表等一并发放至全区各部门各街道。12月，中央第一环保督察组对北京市督察情况的反馈意见中西城区明确的任务数量17项，实际完成16项，达到序时进度1项。

（李　阳）

【配合市级环保督察相关工作】　10月，由区环保局起草《西城区配合市级环境保护督察工作方案（审议稿）》。10月27日，区委常委、副区长姜立光主持召开西城区迎接市级环境保护督察工作协调会，审议方案及分组分工细则。10月30日，区委办、区政府办正式印发《西城区配合市级环境保护督察工作方案》。10月30日至12月7日，西城区配合北京市第一环境保护督察组，做好市级环保督察各项工作。北京市第一环境保护督察组向西城区转办群众环境信访案件302件，已全部办结，其中属实264件，不属实38件。办结案件中，责令整改315家，立案处罚25家，罚款金额25.73万元。调阅资料总计7批10次1084份文件。区委书记卢映川，区委副书记、区长王少峰等6位区领导，及环保、卫生、城管、街道等部门一把手和有关工作负责人40余人次参加督察谈话。

（李　阳）

【辐射环境安全监管】　年内，区环保局组织开展西城区放射源安全检查专项行动，对辖区内医疗、科研、教学、建筑施工等领域可能涉源的单位进行排查，未发现失控放射源；联合西城公安分局对宣武医院、广安门医院、阜外医院、复兴医院等几家涉源单位开展联合检查；开展对核技术利用单位的业务培训，通过信息公开公示等方式进一步加大对申报单位的服务和指导，提高许可、备案工作效率。全年办理辐射安全许可证新增、变更、延续、注销等共计79件；办理各类放射性同位素进口、出口、转让、送贮备案共计149件。

（张景欣）

【危险废物监管】　年内，制定危险废物监管工作方案，每月突出重点，针对1吨以上危险废物处置单位、医疗废物、涉重金属排放企业、珠宝加工行业、违规建设项目等联合公安部门相继开展执法检查。全年共组织联合检查7次，查封珠宝非法加工单位6家。

（王玉南）

【政务信息公开】　年内共撰写环保政务信息265条，向北京市环保局政务信息平台、西城区政务信息平台、相关区属部门报送千余次。4月，修订《西城区环保局政务信息管理办法》，制定《西城区环保局政务微博运营方案》，开通“北京西城环保”政务微博，全年共发送微博253条。10月，开通“西城环保”微信公众号，共推送消息128条。区政府网站公开信息225条，环保局官网各栏目更新信息598条次。

（李　阳）

【信访处理】　年内，处理各类信访4075件。办理人大建议和政协提案7件，其中人大建议6件，政协提案1件；单办件1件，会办6件。全部按时办结，满意率100%。

（王玉南）

城市管理监察

【概况】　北京市西城区城市管理综合行政执法监察局（简称区城管执法监察局），为北京市西城区人民政府领导下、接受北京市城市管理综合行政执法局业务指导的城市管理综合行政执法机构。区城管执法监察局的主要职责是在辖区内负责贯彻实施国家有关城市管理方面的法律、法规、规章、政策及北京市的有关规定，治理和维护城市管理秩序，研究提出完善全区城市管理综合行政执法体制的意见、建议和措施。负责市政府决定由城管执法监察机关承担的全区市容环境卫生、公用事业、市政、施工现场、园林绿化管理等方面的专业性行政执法监察工作。负责全区城市管理综合行政执法监察工作的业务指导、统筹协调和考核监督；负责城管执法人员的专业培训及执法资格管理工作。负责跨街道城管行政执法的组织调度工作及市、区交办的重大案件的查处工作。在职责范围内加强为驻区中央单位、市属单位、驻区部队和区域内企事业单位的服务；承办区政府和上级业务主管部门交办的其他事项。年内，区城管执法监察局以在城管系统内“做首都标杆、当全国模范”为目标，结合“疏解整治促提升”和新总规落地，弘扬“首都城管精神”和“西城城管精神”，加强队伍建设，推进城管体制机制改革。以全区“拆违撤市、大气污染防治、安全隐患大排查大清理大整治”三大专项行动为抓手，立足非首都功能疏解，提升首善之区城市管理和环境品质，解决城市痼疾顽症。做好重要节假日、重要活动的执法保障工作，完成十九大、“两会”“一带一路”高峰论坛等重大政治活动期间的环境秩序保障任务，有效遏制环境秩序各类违法行为，推进城市环境常态化、精细化管控，各项工作取得阶段性成效。努力实现西城区“环境要优美、人口要控制、服务要优质、发展要持续”的目标及“安全、安静、舒适、典雅、古朴”的美好愿景。年内，共实施行政处罚20644起，罚款1133.5万元，罚款额同比上升20%；城管执法履职率为50%，同比上升20%，创1997年城管执法队伍组建以来最高。立足城管岗位，有力有序推进“动批”疏解，截至12月，“动批”12家批发市场已全部闭市。坚持管理重心下移、力量下沉，顺利有序完成城管体制改革，将执法力量下沉到街道办事处。创新工作机制，牵头组织成立区街两级综合行政执法（指挥）中心，针对重点难点问题坚持综合施策，全区开展各类综合执法行动1700余次。在“强基础、转作风、树形象”专项行动中，开展劳动竞赛，推标杆、树榜样，持续改进工作作风，提高执法队伍的政治素质和业务水平。年底，被住建部表彰为“强转树”活动先进单位。

地址：西城区官园胡同8号
邮编：100034
电话：66527042

（付　扬）

【完成重大活动、节日环境保障】　年内，重点围绕十九大、“两会”“一带一路”高峰论坛等重大活动和春节等节日，启动重大活动服务保障机制，围绕会场、驻地、途经路线、重点景区、交通枢纽、繁华商业区等区域，及早部署、提前排查、挂账整治，加强人流密集场所的管控和疏导，确保环境秩序整洁干净优美。排查梳理环境秩序重点地区，实行挂销帐管理，做到巡查防控全覆盖、执法力量实名制、第一时间处理反馈，达到“八无标准”（无乱摆乱放、无乱停车、无乱掘道路、无施工扬尘和道路遗撒、无露天烧烤、无露天焚烧、无非法小广告、无违规户外广告和牌匾标识），实现全天候、无缝隙监管，对各类环境秩序问题“零容忍”。

（付　扬）

【助力非首都功能疏解】　年内，立足北京新总规的总体部署和北京市疏解非首都功能的总体目标，以区“疏非控人”重点工作为抓手，做好产业疏解区域周边环境秩序整治，配合开展核心区撤市疏解工作。共拆除违法建设6272处30.29万平方米，完成市级年度拆违任务的252%，其中拆除新生违法建设318处8110平方米。立足城管岗位，推进“动批”万荣、天河白马、东鼎等5家批发市场疏解，截至12月，12家批发市场已全部闭市。

（付　扬）

【创新执法机制】　年内，全面完成城管执法体制改革，将20个城管执法队下沉到属地街道管理。依托区街两级综合行政执法（指挥）中心长效机制，各街道办事处按照“属地吹哨、部门报到”的工作模式，以城管执法队为主体，整合属地科站队所执法力量，搭建实体化综合执法平台，针对地区痼疾顽症，系统研究、综合施策，更好地提升地区环境品质。

（付　扬）

【实现露天烧烤“零容忍”目标】　年内，结合各执法队辖区特点，定时、定地、定人，全方位巡查，结合群众举报，不间断无缝隙对辖区露天烧烤和消夏大排档进行查处；完善机关科室联系执法队的督导制度，实现上下联动；组织辖区餐饮企业、商户负责人召开会议，宣传告知相关法规及要求，制发《致全区餐饮单位及市民的一封信》；针对夜市大排档的违法形态复杂等问题，与相关委办局建立案件移交制度，形成完整执法链条。通过多部门齐抓共管，形成执法合力，确保及时有效解决问题。全年共查处露天烧烤150起，罚款18.3万元，有效打击了露天烧烤等违法行为，落实对露天烧烤“零容忍”的目标。

（付　扬）

【强化施工工地管控】　年内，采取人盯与技控（远程探头监控）相结合的方式，对夜间施工、渣土运输等违规行为，一律实施立案高限处罚；会同区环保、市政市容、交管、住建等部门定期联合检查，强化日常施工扬尘、道路遗撒、违规运输渣土的源头治理，并依法追究建设、施工、运输单位的责任。全年共处罚施工现场违法行为330起，罚款281.2万元，处罚违规渣土车473辆，罚款120.1万元，确保区内在施工地合法合规绿色施工，渣土运输车辆符合要求上路运输。

（付　扬）

【背街小巷环境治理】　年内，重点对全区119条背街小巷进行治理，开展“十有十无”整治活动，加大对店外经营、堆物堆料等影响环境秩序问题的查处和督查考核力度。全年共处罚店外经营157起，罚款15万元；处罚乱堆物料670起，罚款47万元。

（付　扬）

【占道经营专项治理行动】　年内，协调交通、工商、市政等部门，在全区范围内开展商户占道经营专项执法行动。充分运用视频监控探头、执法车辆视频监控探头、执法PDA手机终端等设备，随时掌握全区重点地区及街面环境秩序情况，消除执法盲点，提高执法效率，确保达到长效管控的目标。

（付　扬）

【非法营运和停车管理专项执法】　年内，与公安、交通、市政市容委等部门协同配合，加大对非法营运和停车管理的专项执法力度，加强机动车停车场管理。全年共立案查处停车场管理问题342起，罚款23.6万元；处罚“黑车”“黑三轮”非法运营127起，罚款44万余元。

（付　扬）

【燃气安全监管】　年内，落实好企业特别是公共服务单位燃气安全管理的主体责任，按照“全覆盖、零容忍、严执法、重实效”的要求，对燃气用户及相关单位使用、储存燃气的情况开展一单式全项目综合检查，重点消除餐饮服务单位的燃气安全隐患，切实保障人民群众生命财产安全。全年共检查燃气使用单位4812家，发现隐患问题237处，全部责令整改，发放宣传材料8200余份，2400余人次接受安全生产法律法规宣传。

（付　扬）

【推进区街两级综合执法】　年内，坚持管理重心下移、力量下沉，深入实施城市管理体制改革，牵头组织成立区街两级综合行政执法（指挥）中心，针对重点难点问题坚持综合施策、“抱团执法”，集中力量办大事、形成合力解难题。截至年底，通过区领导带队、部门发起、街道牵头等多种形式，全区开展各类综合执法行动1700余次。

（付　扬）

【非法小广告专项执法行动】　年内，坚持落实好“清理乱点、掏挖窝点、停机警示、行政处罚、合力打击、增建设施、宣传引导”七项机制，加大对非法小广告治理查处力度，尤其是强化对违规散发房地产小广告行为的监管。全年共对3100余个非法小广告电话号码做停机处理，做出行政处罚1445起，罚款86.1万元，没收非法小广告5万余张。

（付　扬）

【违规户外广告牌匾专项治理】　年内，针对违规户外广告、违规牌匾标识、山寨指路牌、临窗广告、违规车身广告5类违法形态，开展专项执法整治。全年共处罚违规设置户外广告牌匾477起，罚款20.5万元，拆除违规广告319块、违规牌匾219块、山寨指路牌43块，清除临窗广告1200余处、车身广告29处，整治效果良好。

（付　扬）

【强化违法建设管控】　年内，按照新生违建“零增长”、既有违建“减存量”的工作目标，切实做到“露头就打”和“动态清零”，与区环境办沟通，协调各街道办事处，推进落实年度拆违任务，明确时限，确保年度拆违计划按期完成。建立横向联动机制，加大对违法建设的督办，对违法建设处理反馈情况进行实地抽查、实时监控，加大对属地执法队的督查指导，进一步提高执法效率。

（付　扬）

【推进违建历史积案化解】　年内，为尽快解决历史遗留的较为复杂、群众反复投诉和存在较大隐患的违法建设问题，对2011年以来的213件违建历史积案逐一分析、摸排调研、确定重点、召开协调会、采取现场办公，并与执法队一起制定强拆方案，明确拆除时限，逐步完成对历史遗留违建的拆除工作，从根本上解决了一批缠访难题。全年共拆除历史积案违建16处，面积712.9平方米，同比增长2%。

（付　扬）

【治理“开墙打洞”】　年内，依托“七小”整治工作，全区范围开展“开墙打洞”专项治理行动，不断挤压低端行业的经营空间。共治理“开墙打洞”5674户，完成全年进度的189%。展览路、月坛、大栅栏、白纸坊、新街口、金融街、德胜、广安门等街道地区在“开墙打洞”治理方面取得阶段性成效。

（付　扬）

【城管宣传教育工作】　年内，向区政府报送新闻宣传报道340余条；通过本地主流媒体宣传报道城管工作638条；共受到社会各界表扬2572次，收到锦旗、表扬信22次。西长安街第二执法队等5支执法队获评“首都精神文明先进单位”；1人获评“北京市先进工作者”，1人被授予“首都精神文明奖”，1人获“北京市综合治理先进个人”荣誉称号。挖掘和宣传各类先进典型和善行义举，宣传社会主义核心价值观，激发城管监察队伍崇德向善的力量。

（付　扬）

【信访工作】　年内，有效开展信访工作，严格执行信访条例，加大对信访人思想疏导和矛盾排查力度，确保城管职责范围内无重大上访户、无信访群体性事件和敏感时期的非正常群众访。接待来访人数942人次，同比下降24.1%；办理市长信箱、市城管执法局、区信访办、局长信箱等各个渠道的信访件1142件，没有一起被退回，信访件均得到妥善处理。

（付　扬）

【“四公开、一监督”工作】　年内，依托区执法协调平台，区城管执法监察局作为全区“四公开一监督”工作的牵头部门，发挥积极作用，通过联合督导检查、召开联席会议等方式，督促各成员单位发挥作用，提升核心区环境品质。全年，接收办理市级下发的政府监管通知单321件，系统监管通知单232件，反馈率100%。下发区级监管通知单5625件，同比增长24.1%。

（付　扬）

交通枢纽管理

【概况】　北京西直门综合交通枢纽地区管理委员会（简称西直门管委会），是北京市市政府派出机构，委托西城区政府代管。主要负责组织协调西直门综合交通枢纽地区社会治安、市场秩序、交通秩序、公共卫生、市政公用设施、市容和环境卫生、精神文明建设等工作，协助有关部门和单位做好地区春运、暑运及节假日高峰期的运输工作，依据城市规划完善地区服务设施，负责地区应急管理工作，负责监督检查有关部门在地区的日常管理工作以及承办市政府交办的其他工作。设行政办公室、社会治安综合治理办公室、综合管理一处、综合管理二处（均为副处级）4个职能处室，行政编制22人。年内，学习宣传贯彻党的十九大精神，力求学懂、吃透、做实；以勇于担当精神推进非首都功能疏解，完成“一带一路”国际合作高峰论坛、金砖国家领导人第九次会晤、建军90周年、香港回归20周年、十八届六中全会及十九大等重大活动的服务保障任务。围绕一个中心（以习近平新时代中国特色社会主义思想为中心），开展两大专项行动（黑摩的专项整治行动、综合整治百日行动），打造一个品牌（打造一流的综合交通枢纽地区），加强规范化、精细化、常态化管理，为地区的综合发展打下良好基础，完成市委市政府、区委区政府部署的各项工作任务。

地址：西城区北礼士路12号南楼

邮编：100044

电话：88391723

（王立群）

【综合治理工作】　年内，西直门管委会围绕国家重大活动、重要节日、维稳敏感时期、突发应急事件等，将涉恐隐患排查工作和综合整治百日行动贯穿全年。落实地区联席会议制度和专项打击整治与捆绑作战相结合的工作机制，组织安全形势研判、安全隐患排查和应急处突演练，提升重要敏感时期的安全管理和处置成效；完善基础设施建设，增强地区安全管理水平；健全工作机制，提高行政管理效率，强化协调作用；建立完善基础工作台帐。全面加强铁路护路联防工作，针对铁路护路的特点，完善宣传工作机制，从培养市民群众的文明意识、安全意识、护路意识、环保意识等方面入手，营造自觉维护铁路安全、保持社会秩序和环境的良好氛围；开展和谐创建活动，形成铁路护路人人有责、和谐社会人人共享的局面。调动和发挥地区单位社会治安综治工作联络员、信息员的积极性，定期进行培训，增强政治敏锐性。加强地区隐患排查的群防群治工作，健全完善情报信息奖励机制，确保地区及时发现和处置各类隐患问题。开展“清源”专项行动，净化文化市场。推进涉恐隐患排查工作，加强对地区单位摸排工作进行督导，切实做好人地物事的管理；对北站广场及周边的34个果皮箱、垃圾桶，实行定人包干等措施，防止爆炸物品藏匿；与区有关部门联手行动，对地下通道等区域内滞留人员进行盘查驱离；严查报刊亭、存车处经营者私自存包问题，与经营者签订告知书；加强重点人和矛盾纠纷的排查管控，确保对各类重点工作对象及时发现、有效掌控，构筑维护安全稳定、反恐防暴的新格局。年初，与地区13个成员单位签订《社会治安综合治理责任书》。4月26日至5月15日，配合公安、城管、交通、保安协管、民政、残联以及所属街道办事处开展联合大检查。期间，出动执法人员160余人次，出动执法车辆22辆次，对辖区不定时检查22次，发放宣传品上百件，查扣非法营运的黑摩的6辆、电动三轮车8辆，教育劝导非法从业人员20名，对其中不服从管理的2名抗法人员由公安送到属地派出所处理，没收非法小广告1200张，整顿规范报刊亭5座。全年共处理核实可疑人员132770人次，治安拘留涉黑三轮经营者19人，清理地下通道留宿人员20余人次，拘留黑导游10人次，各类行政罚款22150元。

（王立群）

【安全生产工作】　年内，西直门管委会结合地区实际，协调区相关部门，加大重要时期、重点时段对人员密集场所的安全监管力度，开展多频次的安全生产大检查，及时发现、消除安全隐患。以“全面落实企业安全生产主体责任”为主题，开展安全生产月系列宣传活动。发挥专职安全员的监管力度，坚持每日巡查、平日抽查、节假日组织执法单位联合重点检查，做到“全覆盖、零容忍、严执法、重实效”，确保地区安全生产工作持续安全稳定。4月，组织地区安全生产应急救援培训，强化应急队员灾害救援实战水平，确保各生产经营单位遇有安全生产紧急突发事故、事件时能够迅速、有序、高效实施疏散和救援，提高突发安全生产事故的认知和应急指挥能力。7至10月，开展安全大检查大整治活动。履行好安全生产第一责任人责任，完善制度和规范标准，建立横向到边、纵向到底、细化到每个岗位的日常隐患排查整改制度，全面提升安全生产管理水平。活动期间共检查147家次生产经营单位，其中餐饮业50家次，零售业47家次，其余是服务业、教育类经营单位、物业管理公司等，存在安全生产隐患数量255项，主要以消防器材隐患居多，其他涉及用电设备不达标、库房货品码放不规范、安全通道不畅通等。11月20日至年底，在集中40天安全隐患大排查大清理大整治专项行动中，从加大日常巡查力度入手，采取拉网式检查，对地下空间、消防通道、消防器材、电器设备、货品仓库、楼宇建筑等重点目标进行检查巡查。截至年底，共出动检查人员108人次，检查单位130家次，查出安全生产隐患207项，主要涉及餐饮、超市、地下空间以及“三合一”场所等，全部整改完毕。

（王立群）

【城市环境管理】　年内，以地区联勤联动机制为依托，以黑摩的专项整治为突破口，做到盯点管控常态化。签订《“门前三包”责任书》22份，与12家单位签订元旦、春节烟花爆竹《责任状》，登记造册，明确负责人与责任区域，发放禁（限）放宣传材料200余份，悬挂条幅3条，张贴宣传画50张，严格落实铁路两侧50米内无易燃物品，累计清理易燃物品10余吨，完成禁限放任务。在黑摩的专项整治工作中开展调查摸底，对梳理出的23个长期揽客人员进行分类建档，向摩的车主发放宣传信40封，悬挂宣传横幅15条，制作宣传展板8块，宣传大屏每天滚动播放黑摩的专项整治信息。整治期间共暂扣黑摩的、黑电动三轮车109辆，配合公安力量抓捕不法分子10人、罚没黑三轮20余辆。为迎接党的十九大召开，开展了包括安全稳定、城市管理、交通秩序、安全生产、市场经营秩序等5项专项治理的百日整治行动，以强化精治共治法治，引导社会参与，激发广大居民和社会单位的公共责任意识，完善多元共治良性互动的城市治理模式。开展为期一个月的以重点整治街头烧烤，无照经营，黑摩的、黑三轮非法揽客，快递车、送餐车乱停乱放等违法行为的环境保护专项督查整治行动，罚没黑摩的1辆，罚没街头烧烤炉具1起，处罚无照经营3起，处罚快递车乱停乱放13起、送餐车乱停乱放22起，规范300起快递车、送餐车乱停乱放现象。投入近2万元资金，更换自行车设施，加装不锈钢护栏，划线规范管理自行车、共享单车、快递车、送餐车停放区域，清理遗弃自行车368辆，非机动车乱停乱放现象得到有效治理，投放空间、停放秩序得到改观。协调完成占道经营整治工作、“开墙打洞”集中整治行动和集中清理建筑物屋顶广告牌匾专项行动，完成文明城区迎检工作。截至年底，共拆除违规广告牌匾8处14块。全年开展联合整治行动56次，出动人员1200余人次，查处无照经营人力三轮车29起，罚款数额3200元；查处擅自散发宣传品25起，罚款数额8700元；拆除违法建设1271平方米，封堵掏墙打洞11处。

（王立群）

【重大活动及节假日保障】 年内，完成“一带一路”高峰论坛、十九大等重大活动综合保障工作及两节、全国“两会”、五一、十一等节假日的安全环境保障工作。结合地区实际进行全面部署，制订工作方案和应急预案，采取24小时领导带班制度，对辖区重点时段、重点保障点位现场巡查督导，及时发现、解决突发情况，确保思想认识到位、组织领导到位、执法力量部署到位、应急处突措施到位、宣传力度到位。

（王立群）

【推进管理规范化科学化】 年内，西直门管委会强化西直门综合交通枢纽地区应急指挥中心的大数据分析技术的应用，启动密度预警、异常行为报警、历史视频全景回溯和球机协同追视等多项功能，及时发现监控地区内的异常情况，以最快和最佳的方式发出警报和提供相关信息，更有效地协助有关方面处理突发情况，最大限度地降低误报和漏报，推动各项管理工作进一步规范化、科学化、精准化。运用探头、阻车桩等科技手段加强对黑车、黑摩的非法揽客行为的打击力度。

（王立群）

【打造服务品牌】 年内，西直门管委会以城市文明加油站、共产党员先锋岗为载体，发放宣传画册、书刊，为行人义务提供咨询指路服务，引导市民文明出行、安全出行；购置药箱药品、打气筒、轮椅等应急用品，方便服务行人，提供紧急之需；设置更新公交线路图，增设指路标识，便利群众出行。利用宣传栏、宣传窗、LED滚动屏、应急广播系统等宣传媒介，以图文、动漫、广播等方式，全天候开展宣传引领，提升市民法律意识，使民众主动参与地区建设管理。

（王立群）

【系列宣传活动】 年内，围绕市区各项工作重点，结合地区人员密集场所的特点，营造良好宣传服务氛围，扩大受众范围。为落实西城区铁路护路联防工作部署会暨高峰论坛铁路安保动员会的会议精神，5月8日，会同北京北站派出所对辖区的铁路沿线进行安全检查，入户宣传安全、防火等有关事项，检查防火设施，叮嘱住户注意铁路周边不要堆放杂物，保障铁路设施安全，遇有安全隐患及可疑人员要及时报告，以保证“一带一路”峰会平安顺利召开。5月17日，与区红十字会、区商务委、区应急办、区科协、区安监局等十余家单位的志愿者共同举办纪念世界红十字日70周年博爱文明月暨第三届公益牵手大型综合宣传活动，活动以“学习宣传贯彻新《中华人民共和国红十字会法》促进中国特色红十字事业持续健康发展”为主题，践行弘扬“人道、博爱、奉献”的红十字精神。由专业培训老师现场讲解包扎、止血、固定等应急救护知识，向参会人员发放《救护初级培训教材》《家庭急救手册》《日常防灾避险问答》等宣传手册。6月16日，以“全面落实企业安全生产主体责任”为主题，开展安全生产宣传咨询日活动，发放宣传品800余份，接待并解答市民咨询20人次，提升市民对安全生产的关注度和重视度。11月17日，在滨河社区举办养路护路和安全防火宣传日活动。发放宣传材料1000余份，发动群众，确保铁路、人民生命安全，确保国庆、十九大期间营造良好氛围。

（王立群）

【演练活动】 4月17至21日，开展火灾应急救援及模拟实景演练培训。结合消防安全形势和安全生产技术要求，重点对消防安全知识、消防设备及灭火器实际操作训练、安全生产危险源识别、个人防护知识、应急指挥部、医疗点及群众安置区域搭建、废墟救援移动及搜索技术等近20项内容进行系统讲解和演练，使每名参训人员从理论知识学习到实际操作水平有了较大幅度的提升。11月16至18日，与北京北站派出所联合，由民警、安检员、驻站特警、车站客运员等20余人组成，携枪弹、警犬，在北京北站地下小广场及售票厅内开展涉爆现场处置反恐演练。按照“一点有事、三点处置、一点支援”的联勤联动模式，迅速有效地对涉爆现场进行先期反应和应急处置，提升了应急处突能力，为十九大安保维稳工作打下良好基础。

（王立群）

【教育培训工作】 6月27至28日，举办城市管理工作培训会。邀请市交管局安全监督处处长李建超讲授交通安全常识；学习习总书记系列讲话，统一思想，激发工作内在动力；北京北站负责人通报北站客运业务暂停后的工作进展情况；总结黑摩的专项整治工作的成效。9月18至20日，开展安全生产业务培训。观看安全生产隐患排查治理教育片，邀请3名专家就应急管理疏散救援、有限空间安全管理及特种设备安全管理做讲座，充实专业知识，加强安全防范意识。11月22至23日，举办地区安全稳定信息员培训，邀请北站派出所所长为参培人员讲授铁路公安基础工作及地区反恐形势；参培人员观看反恐防恐专题教育片。

（王立群）

【北京北站候车厅变身运动馆】 年内，为助力全民健身活动，对3000余平方米的北京北站候车大厅进行再利用，打造成为乒羽健身中心，6月底正式对外开放。健身中心设置有8块羽毛球场地和4块乒乓球场地，均铺设专业地胶和木地板，另设有休息区域和更衣室。

（王立群）

【领导视察调研】 2月17日，副区长、西直门管委会主任朱国栋到西直门管委会指挥中心，了解地区指挥监控系统设备设施运行情况；听取管委会工作简要汇报和年内工作思路。9月15日，朱国栋对西直门枢纽地区进行安全生产联合检查督导。听取管委会常务副主任王连杰开展安全生产大检查期间的工作汇报，并带队对物业公司、消防中控室、华联超市、疏散通道及电梯等重点部位、重点设备进行实地现场检查。10月16日，区长王少峰、副书记王飞、副区长李异带领区委、区政府相关部门，对西直门交通枢纽地区十九大安全服务保障工作进行检查。区领导在西直门管委会指挥中心，通过多角度、全方位大数据显示大屏，察看北京北站广场及周边地区安全稳定情况，听取管委会十九大服务保障工作情况简报。10月17日，朱国栋到西直门枢纽地区检查十九大安全服务保障工作。12月7日，区政协主席章冬梅到西直门综合交通枢纽地区，针对北京北站复通后所面临的形势、2022年冬奥会各项保障工作的准备情况及地区发展进行调研。12月8日，朱国栋到西直门管委会，对开展安全隐患大排查大清理大整治专项行动以来的工作情况进行督查。

（王立群）

节水　防汛

节水工作

【概况】 北京市西城区人民政府节约用水办公室（简称区节水办）是主管本区节水工作的具有政府行政职能的事业单位。有工作人员30人。依照法规对驻区用水单位进行计划管理，开展创建市级、区级节水型单位和创建节水型居民社区工作，推广应用节水新技术和改换装节水型器具，完成老旧小区供水管网改造，建设海绵城市示范项目和雨洪利用改造项目，组织大型节水宣传咨询和多种形式的节水教育活动，对社会单位用水情况依法进行监督、检查。依据有关法规对施工性临时用水指标、园林绿化环卫等临时用水指标、建设项目节水设施验收、水影响评价和建设项目节水设施方案审查进行行政许可审批，并对本行政区域内的用水违法行为依照法规进行处罚。在本行政区域内开展河长制工作。年底，代表北京市水务局参加全国河长制中期评估，出色完成各项考核任务。

地址：西城区南菜园街51号

邮编：100054

电话：83975296

（尤　佳）

【全区用水总量】 年内，区节水办按照“以水定城、以水定地、以水定人、以水定产”的原则，严格区域用水总量控制和行业用水效率控制，强化计划用水和定额管理。北京市水务局下达给西城区2017年度新水用量目标值为11803万立方米，西城区新水用量实际值为9285万立方米。相比目标值实际用水量下降21.3%。

（尤　佳）

【计划用水管理】 年内，根据北京市水务局《关于下达2017年度计划用水指标的通知》精神，实行依法征收双月超指标用水单位累进加价费用，编制2017年计划用水指标。全年西城区非居民计划用水指标总量为3783万立方米。3月底，完成全区4648户用水单位的计划指标下达及调整输机工作，全年计划用水指标未超出市水务局下达的计划总量。

（尤　佳）

【计划用水指标覆盖率】 年内，制定提高计划用水覆盖率的工作方案，截至10月底，完成节水信息系统内的漏管水表清查工作，并纳入管理，其中归市管的水表已上报市节水中心。经过四年市、区、街三级的漏管水表清查工作，截至年底，全区计划用水覆盖率达到98.1%。

（尤　佳）

【再生水用量】 年内，市水务局下达西城区再生水用量目标值为310万立方米，根据北京市节约用水管理中心综合信息平台统计数据，全区再生水用量实际值为1616万立方米。相比目标值实际用水量提高421.3%。

（尤　佳）

【用水效率完成情况】 年内，市水务局下达西城区万元地区生产总值用水量下降率目标值为3%，实际下降率8.4%。根据北京市节约用水管理中心综合信息平台统计数据，2017年西城区新水用量为9285万立方米，2016年西城区新水用量为9514万立方米。2017年新水用量发展速度为97.59%。根据西城区统计局提供的统计数据，2017年西城区GDP发展速度为106.5%。经计算，2017年西城区万元地区生产总值用水量下降率为8.4%，相比目标值提高了5.4%。

（尤　佳）

【超定额用水累进加价收缴工作】 年内，为落实《北京市节约用水管理办法》中“严格实行依法征收双月超指标用水单位累进加价费用”的精神，西城区对区域内用水单位严格执行单月预警、双月加价。全年共收取加价六次，即2016年11至12月、2017年1至2月、3至4月、5至6月、7至8月、9至10月，共计实收970户次，共146.7万元，征收的加价全部通过北京银行华安支行的加价专户上缴区财政国库科，超计划预警发放率达100%。

（尤　佳）

【节水创建工作】 年内，西城区贯

彻落实《北京市人民政府关于全面推进节水型社会建设的意见》，年内完成创建节水型单位共70个，其中市级节水型单位40个、区级节水型单位30个，创建完成率为100%。完成水平衡（合理用水分析）测试的验收工作。

（尤 佳）

【全面推进节水型区创建工作】 年内，根据《北京市节水型区创建考核工作指南》，对各项考核指标的支撑材料进行梳理归档，与市节水办、节水中心、水科院相关专家领导实时沟通，不断完善，完成自评报告及11项考核指标的基础资料整理，及相对应的视频资料的剪辑。11月15日，西城区率先通过北京市节水型社会建设协调小组的现场考核验收。

（尤 佳）

【节水行政许可】 年内，区节水办行政许可窗口坚持依法行政，共受理行政许可355件，其中园林绿化环卫性等临时用水行政许可346件、建设项目节水设施验收行政许可6件、施工性临时用水行政许可3件，全部办结，群众满意率100%。

（尤 佳）

【一户一水表改造】 一户一水表改造是落实“居民阶梯水价”基础，全区平房院居民用水一户一水表改造工程累计改造户数超过10万户。年内，由区政府全额投资改造1200户。

（尤 佳）

【安装远程传输水表】 年内，加强特殊用水行业和用水大户监管。按照“总量控制、以量计征”原则强化以用水户为单位的用水计划管理。督促洗浴场所等高耗水单位及年用水量5万立方米以上的用水户完成数据远程传输设备的安装，严格控制用水总量，科学准确计量收费。全年共投资136.8万元，共换装98支远传水表、加装103套远传设备，为全区节水管理工作提供决策支撑。

（尤 佳）

【节水器具推广工作】 年内，投入资金88.6万元，在老旧居民小区完成5000套（件）节水便器水箱或配件的换装任务，此项工作是区政府折子工程与为民办实事项目。投入资金44.25万元，在部分酒店、机关单位完成1.5万个高效节水型限流器的换装。投入资金94.5万元，在老旧居民小区、机关单位完成5000套高效节水型花洒的换装任务。

（尤 佳）

【中水、雨水利用工程】 年内，为响应海绵城市建设和节水型城市建设总方针，西城区共投入资金1900万元，加强节水设施建设，开展裕中东里、后桃园胡同、白广路东里等共计28项雨水利用工程，铺设透水砖2.9万平方米，超额完成年度任务，实现雨水就地消纳。

（尤 佳）

【“海绵城市”示范项目】 年内，编制完成《西城区海绵城市建设规划（征求意见稿）》，指导辖区落实海绵城市建设，保障2020年完成20%区域的70%雨水就地消纳。在教育研修学院开展了海绵城市示范工程建设。该项目已经全部完工，总投资超过400万元，铺装透水砖3856平方米，建设下凹式绿地750平方米，建设100立方米蓄水池一座，改造雨水管线320米。通过铺装砂基透水砖，建设雨水收集及存储系统、自动灌溉系统及绿化和喷泉景观系统等工程，将停车场建设为区域海绵体，建设景观喷泉池，改善人行道路雨后积水问题，大面积减少了流域面源污染，同时提升了周边景观，可有效达到蓄水、净水、排水的目的，为建成海绵城市起到示范和推广作用。

（尤 佳）

【再生水管网建设】 年内，加大再生水管网建设，提高再生水使用效率。根据区政府督查室督查件第4号《关于落实北京市清洁空气行动计划有关的督查通知单》要求，加快配套管网和加水站点建设，满足环卫车加水需求。全年辖区内共新增8处加水点项目。完成新街口北大街、北新华街南段等18条道路的雨污合流改造，管线改造长度达6.867公里，超额完成6.8公里改造目标。

（尤 佳）

【全面落实河长制】 6月26日，区委、区政府印发《西城区全面推行河长制工作方案》。10月底，全区通过市委深改组第三督导组关于河长制落实情况的检查。为贯彻落实《北京市进一步全面推进河长制工作方案》的要求，西城区重新修订河长制工作方案，调整河长名单，并细化分年度目标，12月8日，区委、区政府正式印发《西城区进一步全面推进河长制工作方案》。年底，在全国河长制中期评估中完成考核任务。西城区建立了区、街道两级河长体系。针对全区6条主要河流、12个湖泊设立区级河长，共15名（含总河长、副总河长），区级河长由区委常委、副区级以上领导担任。15个街道设街道河长，由街道书记和主任担任，共计30名。河长名单在《北京西城报》、区城管委及各街道门户网站公示，名单动态更新。根据市河长办印发的《北京市河长信息公示牌设置标准》的相关要求，按照统一标准，设计并设立河长信息公示牌24块，完成全部公示牌设置要求，公示牌包含标题、河湖概况、管护目标、各级河长信息、河长职责、河湖示意图和公共监督二维码、监督电话等信息。加强河长制制度建设，10月27日印发市河长办要求的西城区河长制会议制度、巡查制度、督导检查制度、信息报送制度、信息共享制度、西城区关于对各街道全面建设河长制的验收办法以及2017年北京市西城区考核各街道落实河长制工作方案共七项制度。同日印发西城区落实河长制的九项配套制度，包括西城区河长制办公室党风廉政责任制度、辖区指标通报制度、河长跨区域协调水务工作制度、舆情跟踪分析制度、安全生产工作制度、重大水利工程项目研讨及管理制度、应急制度、文件归档制度以及包片负责制度。全区15个街道均建立了相应的街道级河长制工作制度。区河长办下发《关于转发西城区落实北京市“一河一策”工作征求意见的通知》，提出了制定“一河一策”原则、方案、宏观对策，根据西城区情、水情，结合第一次水务普查成果，落实财政专项支持，由第三方提供技术支撑，各成员单位积极配合，计划2018年6月底前完成“一河一策”编制工作。

（尤 佳）

【水务工作培训会】 11月13至14日，西城区水务局召开“2017年度西城区水务工作培训会”和“节水执法的相关工作培训”，特邀北京市城市排水监测总站王军讲授《水质监测助力河长制全面推行》，北京市节约用水管理中心李芃霖讲授《节水执法的相关工作培训》，市水科院专业总工居江讲授《街道和社区河长如何落实河长制工作》，市排水集团贾磊讲授《盖板河（暗沟）等有限空间安全培训》。全区15个街道办事处、区河长制相关成员单位、九个系统（区属企业）主管节水的领导和节水管理员以及区城市管理委员会法制科、宣传科、纪检监察组相关人员参加培训。

（尤　佳）

【节水宣传】 年内，为落实节水宣传“六进”中“进校园”的重点工作，提升小学生节水爱水意识，中国水利学会、北京水利学会、区节水办、中国水利水电出版社等单位在西城区实验小学联合开展以“关爱河湖，节水护水”为主题的宣传讲座。坚持节水宣传进社区，更新各街道共14处宣传栏。3月22日，中国水利协会、市水务局、区市政市容管理委员会等10家单位在金中都公园联合举办主题为“落实绿色发展理念，全面推行河长制”的世界水日宣传活动，活动重点关注河长制、黑臭水体治理、新三年治污行动、节水型社会建设、最严格水资源管理、海绵城市等热点问题，倡导以保障水安全推进“民生水务、科技水务、生态水务”建设。5月19日，在报国寺公园内开展以“全面建设节水城市，修复城市水生态”为主题的城市节水宣传周活动，向居民发放节水宣传海报、折页等共500余份，介绍节水防汛的相关法律法规和政策措施。

（尤　佳）

【节水执法检查】 年内，区节水办采用现场检查、问卷调查的方式，对计划用水管户开展节水执法检查工作。开展问卷调查，对特殊行业用水（洗车行业）进行全覆盖执法检查，对用水大户开展现场执法检查。全年共接到用水问题举报49次，均按照要求及时处理。全年节水执法处罚案卷15个，共处罚金3.53万元。

（尤　佳）

防汛工作

【概况】 北京市西城区人民政府防汛指挥部办公室（简称区防汛办）设在西城区城市管理委员会。根据《中华人民共和国防洪法》和《北京市实施〈中华人民共和国防洪法〉》赋予的职权，主要负责对西城区域内预防、抢险、避险、救灾等安全迎汛工作。年内，北京地区出现“6·22”“7·6”“7·20”等6次全市大范围强降雨过程，西城区出现“6·22”暴雨天气，全区快速进入应急状态，多部门连续作战，防汛抢险工作指挥有力，措施到位，防汛系统经受了考验，完成安全迎汛任务。

地址：西城区南菜园街51号601室

邮编：100054

电话：88395553

（陈亚斌）

【雨情汛情】 全区雨情汛情主要特点：一是降雨量大。6月1日至9月15日，全区共降雨53次，累计平均降雨量515毫米，比去年同期519毫米减少4毫米。二是降雨分布不均。降雨量最大的椿树地区达560.7毫米，降雨量最小的大栅栏地区为458毫米。

（陈亚斌）

【防汛排查】 上年11月至年内2月底，防汛主要职责单位开展安全普查工作。经区房管部门排查，直管公房中有严重破损房屋44.334万平方米，比上年同期上升0.9%；单位自管、物业管理房屋中有严重破损房6.102万平方米，与上年同期持平；私房中有严重破损房屋22.684万平方米，比上年同期下降2%，危险房屋0.844万平方米，比上年同期上升0.43%。区园林市政部门对辖区养护地块的树木进行检查，对1640余条区属市政道路及相应设施进行全面普查。市排水集团完成对区内400余公里雨水管线、1.8万余座雨水口的疏通、清掏及泵站、抢险设备维护。各街道开展普查和防汛工作自查。

（陈亚斌）

【落实领导责任制】 年内，西城区防汛指挥部由区长王少峰任总指挥，主管副区长姜立光任执行副指挥，其他副区长任副指挥，延续由7个防汛专项分指挥部、15个街道防汛指挥部和33个委办局行政一把手为成员构成的防汛领导指挥体系。5月11日，王少峰主持召开第12次区政府专题会，听取年度汛前准备工作情况。5月23日，召开西城区防汛指挥部2017年防汛工作动员会，王少峰发布西城区防汛指挥部1号令。汛前，与15个街道、8个重点职责单位签订防汛责任书。

（陈亚斌）

【修订防汛预案】 年内，制发《2017年防汛工作方案》，全面提高“1+7+15”防汛指挥体系的指挥效能。明确防汛工作重点、机制、措施和目标。督导各职责单位重点完善危旧平房、低洼积水院等区域的险情处置预案，建立“横向到边、纵向到底”的迎汛预案体系。

（陈亚斌）

【落实防汛物资和抢排险队伍】 年内，西城区组建16支4180人的专业应急抢险队伍，15个街道也组建2700余人的抢险队伍。同时，在全区落实防汛物资，包括铲吊车29辆、运输车117辆、水泵310台、发电机150台、编织袋5.7万余条、救生衣1118件、抢险舟18艘等。

（陈亚斌）

【防汛宣传】 5月9日，区防汛办在北京展览馆路南广场开展以“减轻社区灾害风险，提升基层减灾能力”为主题的宣传活动。现场发放《北京市民安全防汛应急手册》和印制宣传常识的宣传品，提供咨询解答等，让市民了解减灾常识，掌握自救的必要技能。6月1日，区防汛办向15个街道和5个职责单位发放宣传海报7100张、宣传册7800册，宣传品9400余件，随后一周组织全区开展上汛宣传周活动。还通过北京电视台、光明网、千龙网、《北京晚报》等主流媒体，实时报道抢险救灾和防汛工作动态。

（陈亚斌）

【培训演练】 7月20日，区防汛办在

北京古代建筑博物馆组织以"关爱生命 远离洪水 人人参与 安全度汛"为主题的2017年度防汛宣传暨综合演练。11月10日，区防汛办在金帝雅宾馆组织防汛业务培训，各街道分指挥部、相关成员单位人员共110人参加。年内，全区共开展演习30余次，参加人员达1300余人次，涉及指挥调度、险情处置、人员避险转移等方面，检验各单位在指挥、通讯、人员、物资等方面的实操性，提高参演单位和个人的抢险救灾能力。

（陈亚斌）

【区领导检查督导】 6月22日，区长王少峰、副区长朱国栋分组分片对莲花河闸口处、光源里棚改区、北火扇胡同、耀武胡同等全区重点部位进行巡检。6、7月，区政府相关部门2次联合抽查各单位值班情况。"6·24"暴雨前后，区领导先后参加10余次雨情会商会；"6·24"暴雨中，卢映川、王少峰等全程坐镇应急指挥中心指挥调度，组织处置各种汛情、险情。

（陈亚斌）

【应对"6·24"暴雨】 "6·24"暴雨是2018年汛期内西城区最强的一次强降雨，降雨时间长达75小时。据西城区雨量监测平台统计，全区平均降雨量124.2毫米，最大雨量站西长安街站133.7毫米，最小雨量站白纸坊站113.2毫米。在区防汛指挥部领导的坐镇指挥下，区防汛办、应急办、园林市政管理中心、房地中心、市排水集团等多部门集中联合一体、高效运转。区、街道、社区三级和各成员单位人员全员上岗。区领导高效指挥决策，卢映川、王少峰、姜立光及其他带班区领导连日坐镇值守，组织处置各种汛情、险情。各街道、各成员单位视频会议系统开通，主要领导在岗在位，随时召开会议，将市、区防汛工作要求及时部署传达落实。及时预警预报。6月21日16时40分转发市气象台发布的暴雨黄色预警，启动Ⅲ级应急响应，为应对降雨赢得了主动。实施提前布控。启动应急响应，各街道、各职责单位对辖区内重点部位展开雨前检查、雨中巡查、雨后复查，重点部位提前布控，切实做到人员、设备、措施到位。暴雨期间，全区共发生各类险情645个，其中，房屋漏雨556间，院内积水6处、树木险情26处、疏通排水5处、道路局部下沉或塌陷47处、电线打火2处、地下室进水3处。面对复杂多量的险情，区防汛指挥部调度指挥有关单位快速反应，组织抢险队伍在最短时间内完成处置。

（陈亚斌）

【应急值守和信息报送】 汛期，区防汛指挥部及各街道分指挥部、各防汛单位加强防汛值班，领导在岗值班，确保防汛通讯畅通。区防汛办共发布天气预警33次，上报汛情快报17期，各类工作信息、报表100余篇。全区15个街道和承担防汛抢险任务的职责部门，共57792人次在岗值班备勤，其中处级领导812名，值班人员9319名，备勤人员47661名，出动抢险、巡查人员2.1万余人次，及时有效处置安全隐患、汛情险情，保证安全度汛。

（陈亚斌）

【险情处置】 汛期，全区共发生983个险情。房屋漏雨873间、疏通排水14处、院内滞水10处、道路险情31处、树木倒伏42处、树木折枝6处、电线打火2处、地下室进水3处、路面短时滞水2处，险情均已在汛期处理完毕。

（陈亚斌）

消防工作

【概况】 北京市西城区公安消防支队（简称西城消防支队），又称"中国人民武装警察部队北京市西城区消防支队"，为旅级单位，下辖9个消防中队（含警勤中队），有消防官兵403人、文职64人、专职322人。年内，完成春节、"两会""一带一路"高峰论坛及党的十九大等重大活动和节假日的消防保卫任务，实现重大安保时期社会面"零火灾"，部队管理"零事故"，灭火救援"零失误"。全年共接警1763起，出动车辆3043辆，出动警力19390人，抢救被困人员86人，疏散被困人员346人，抢救财产价值143万余元，参战人员零伤亡。在消防执法过程中检查社会单位19458家，发现并解决各类火灾隐患16044处，下发法律文书12112份，查封429家，"三停"108家，罚款587万余元，拘留60人。受理信访、区政府热线共计212件，均做到从快从严查处。年内，建设完成西长安街、白纸坊、月坛、大栅栏、展览路、新街口、天桥、德胜、什刹海、金融街10座小型消防站。支队长李兴华、政委刘宪文获公安部先进个人称号；支队获公安部先进支队称号；防火监督处立集体二等功、2个中队获公安部先进中队称号、3个集体立集体三等功；7人立个人二等功，59人立个人三等功，消防工作和部队建设取得跨跃式发展。

地址：西城区南纬路南巷5号院1号楼
邮编：100050
电话：83197411

（唐赵凯）

【元旦消防执勤保卫任务】 元旦期间，西城消防支队执勤108小时，出动456人次，累计巡控距离4618公里，完成元旦期间执勤保卫任务。节日期间，支队所属8个基层中队担负着中南海、西单商圈、大栅栏以及马连道社区、车站西街社区、荣丰2008小区等区域高峰时段的巡控任务。

（韩 鋆）

【区领导慰问厂甸庙会执勤官兵】 2月2日，区委书记卢映川，区委副书记、区长王少峰，区委常委、区委政法委书记、区委统战部部长王旭，副区长朱国栋、徐利到厂甸庙会执勤现场，慰问一线消防官兵。

（李　强）

【全警出动开展夜查行动】 2月28日至3月2日，全区范围内组织开展消防安全夜查行动，以全国“两会”涉及场所周边社会单位、社区，辖区内商市场、宾馆饭店、交通枢纽、餐饮场所、影剧院、公共娱乐场所等人员密集场所为重点开展排查整治。夜查行动期间，支队累计出动81个检查组，检查单位295家，发现火灾隐患415处，当场整改401处，查封7家，“三停”7家，处罚25万元。

（李　强）

【全国“两会”消防安保任务】 3月，保障十二届全国人大五次会议和全国政协十二届五次会议召开，西城消防支队担负7个住地及重点保卫区域范围内消防安保工作，15天内共计发现、消除动态火灾隐患130余处，自“疏解整治促提升”专项行动启动以来，支队组织对会场、住地周边500米范围内的单位进行摸排、检查，共检查单位438家，发现火灾隐患348处，行政处罚37万元，责令停产停业3家，停止施工1家，拘留6人。

（李　强）

【联合凯德广场西直门店开展联合消防演习】 4月21日，西城消防支队联合展览路派出所、综治办及凯德Mall西直门店共200余人开展综合消防演习。演练场所设定为门店3层服装店，起火原因设定为电表箱发生故障起火、引燃周边易燃物发生火灾。微型消防站队员第一时间到场组织现场人员疏散，并利用紧急广播系统进行引导，拨打火警电话“119”报警。5分钟后西直门消防中队出动两部消防车到达现场处置火情。

（迟　鑫）

【与国办警卫处座谈交流消防工作】 4月24日，西城消防支队支队长李兴华到国务院办公厅，与警卫处处长曹绿勇座谈交流中南海内部消防工作，办公厅消防工作主管领导、属地消防大队负责人参加座谈。李兴华汇报了西城区“一带一路”国际合作高峰论坛消防安保工作的开展情况、社会面火灾防控工作情况，以及消防安全“大排查大整治大宣传大培训”专项行动成效。经座谈商定，西城消防支队抽调官兵，指导办公厅微型消防站建设和电气火灾监控系统的安装工作。

（夏春杰）

【营造“一带一路”高峰论坛宣传氛围】 从5月起，西城消防支队发动行业部门、街道社区和社会单位，印制10万余份针对性强、通俗易懂、图文并茂、形式多样的海报、硬质（软质）横幅、手册、手卡、徽章等防火宣传资料（品），并已全部发放到涉会场所周边的单位、家庭和个人手中。

（李　强）

【“开斋节”消防安全保卫】 6月26日，西城区“开斋节”大型庆祝活动在牛街礼拜寺、三里河清真礼拜永寿寺等7所清真寺举行。支队部署出动近40名警力到各现场进行执勤，部署1组携带细水雾的地勤2人，1辆消防车、2辆消防摩托车在现场周边待命，其余人员均在现场及周边防火巡视。经过近6小时的执勤，全体执勤官兵圆满完成此次消防安全保卫任务。

（宋思雨）

【联合北京电视台制作预防汽车火灾节目】 7月11日，西城消防支队针对夏季汽车火灾高发特点，及时开展消防宣传，联合北京电视台生活频道现场直播了一期夏季预防汽车火灾的节目，引导广大市民做好汽车火灾预防工作，并就一旦发生汽车火灾的情况下，正确扑救初起火灾、逃生自救等方面进行宣传提示。节目直播中，支队官兵以7月10日上午10点10分行驶至菜市口大街与骡马市大街十字路口的一起黑色轿车起火冒烟事故为例，提示观众朋友做到夏季汽车防火要点。

（崔　超）

【区领导慰问消防支队官兵】 7月28日，西城区人大常委会主任杜灵欣、区人大常委会副主任杜黎彬、副区长朱国栋、区政协秘书长王申恒等四套班子领导，到消防支队慰问，送来建军节祝福，并同在家的党委班子成员进行座谈。

（李　强）

【关停众合批发市场】 7月30日晚，西城消防支队联合区属相关部门依法对存在重大火灾隐患的北京众合动物园服装批发市场有限公司进行关停，重拳打击消防违法行为。期间，中央电视台、中央人民广播电台、中国新闻网、北京电视台、北京人民广播电台、腾讯新闻客户端、网易直播平台等30余家中央、市级传统媒体、新媒体全程随警跟踪报道。根据区政府决定，西城消防支队于7月17日向北京众合动物园服装批发市场有限公司送达《关于责令北京众合动物园服装批发市场有限公司停止使用的公告》，责令商户及市场内相关人员在规定时间内从危险区域撤出。7月30日晚19时，西城消防支队再次进入市场，对市场实施现场关停。

（张　桐）

【校园安全宣传月活动】 9月6日，西城消防支队给西城区棉花幼儿园、156中学的校园安全负责人和师生们开展消防知识培训和疏散演练活动，为刚开学的师生们送去“消防安全大礼包”；组织校园安全管理者和师生代表开展灭火实地演练，实际操作灭火器。为师生们制定了逃生演练、火盆灭火实操、车辆器材展示、趣味知识问答等4大项、8小项的科目内容。

（余建树）

【支队比武竞赛活动】 9月16日上午，西城消防支队召开“喜迎十九大，齐力保平安”官兵家属座谈会暨“优秀士兵展风采”比武竞赛活动，支队在家党委成员、29名优秀士兵代表携家属参加会议。16日下午，举办“优秀士兵展风采”比武竞赛活动，司令部对比赛活动进行广泛动员，并成立竞赛活动领导小组，就比赛规则、评分标准、奖励设施等方面制定详细实施方案。17日上午，29名优秀士兵家属游览天安门广场，登上天安门城楼参观。

（李　强）

【区领导带队检查国庆节前消防安全】 9月30日，区委书记卢映川，区委副书记、区长王少峰等9名区领导带领西城消防支队、区城管委、区安监局、区园林绿化局、区城管执法监察局、区食药监局、区交通支队等相关部门，分成两组同步到地铁4号线动物园站、北京动物园、哈尔滨特色商场、长安商场等地检查消防安全工作，西城消防支队支队长李兴华、政委刘宪文陪同检查。

（李　明）

【专职消防员驾驶员岗位培训】 10月6日，西城消防支队组织召开2017年度西城区公安消防支队政府合同制专职消防员驾驶员岗位培训暨小型消防车发放仪式，支队支队长李兴华、政委刘宪文及相关科室负责人、小型消防站驾驶员代表参加发放仪式。

（李　强）

【"119"消防宣传月活动】 11月9日，北京市在西城区白纸坊小型消防站举行"全民消防我代言"大型公益行动暨北京市第27届"119"消防宣传月活动启动仪式。公安部副部长、副市长、市公安局局长王小洪出席活动。公安部消防局局长于建华，市政府副秘书长王晓明，区委副书记王飞，市局党委委员、消防总队总队长亓延军，以及公安部消防局，市局办公室、消防局、西城分局相关领导参加启动仪式。消防宣传公益使者代表、消防志愿者代表以及首都市民群众代表200余人参与现场活动。

（李　强）

【白广路6号院2号楼冒烟火灾战评会】 11月23日下午，西城支队召开白广路6号院2号楼火灾战评会。支队长李兴华、副支队长杨战军、副政委牛玉学、参谋长王永波及全体中队官兵参加会议。11月23日0时36分，白广路6号院2号楼一层冒烟；支队共出动全勤指挥部及下属5个中队共计22部消防车到场处置；经核实，现场共有2个起火点，分别为一层楼道内自行车和四层楼道内杂物起火，火势于1时15分被扑灭，一层楼道过火面积为3平方米，四层过火面积为2平方米；现场共疏散人员45人，没有人员受伤。

（范智新）

【圣诞节消防保卫任务】 圣诞之夜，公安部副部长、副市长、市公安局局长王小洪，公安部消防局局长于建华，市公安局党委委员、消防局局长亓延军，市消防局政委夏夕岚，区委副书记、区长王少峰，区委常委、区委宣传部部长陈宁，副区长、西城公安分局局长刘国周等领导深入活动节庆单位场所，检查单位值班值守、巡查看护、大人流疏散情况，并慰问驻点执勤官兵。24日下午14时至25日0时10分、25日9时30分至10时30分、19时30分至20时30分在宣武门天主教堂、缸瓦市、西直门基督教堂等3处圣诞宗教场所实名制派驻执勤车辆3部、警力24人现场设立流动巡逻执勤点和现场执勤点。由区政府牵头，支队及区综治、安监、民族事务、商务、文化、旅游等30个行业部门、200余名监管力量，治安、内保、人口等14个公安警种及28个公安派出所，500余名网格群防群治力量混合编成50个检查组，集中对全区节庆场所、重点商圈、繁华街区、夜间营业场所开展消防安全突击夜查行动，累计检查节庆活动场所50个，娱乐场所100个、商市场40个、宾馆饭店60个、七小单位400个、其他夜间营业场所32个，发现隐患612处，整改隐患598处，处罚单位2家，罚款5万元。

（李　强）

（责任编辑　齐　田）

科技　教育

科技与信息化

【概况】　北京市西城区科技和信息化委员会（简称区科信委）挂北京市西城区知识产权局（简称区知识产权局）牌子。区科信委（区知识产权局）是负责西城区科技发展、信息化管理和知识产权工作的区政府工作部门。内设办公室、法制科、社会发展科、知识产权科、技术创新促进科、信息化管理科和信息化促进科7个机构。核定机关行政编制23名，实际在编人员31人。其中主任（局长）1名，副主任（副局长）3名，科级领导职数7正。下属西城区信息化建设中心、生产力促进中心和中小企业服务中心3个事业单位。年内，区科信委以全面落实国家创新驱动发展战略纲要为主线，以科技创新和大数据建设为核心，更加注重科技创新对供给侧结构性改革的重要支撑，智慧城市总体建设水平持续提升，促进协调、绿色、开放发展，推动科技成果惠及民生，共享发展成果。

地址：西城区广安门南街68号

邮编：100054

电话：83976212

（王立民）

【知识产权维权援助工作】　1月10日，在北京12330分中心、工作站2017年工作会上，西城区分中心与丰台区分中心获得优秀分中心称号，普天德胜工作站和金丰和孵化器工作站以综合得分第一名和第二名的成绩与其他区的7家工作站被评为优秀工作站。2009年西城区成立第一家工作站——普天德胜工作站，2013年区知识产权局与市12330共同设立西城区分中心，随后分别在康华伟业孵化器和金丰和孵化器成立工作站。至此，在知识产权维权援助领域西城区形成1+3工作模式。通过分中心与工作站为区域内中小企业提供知识产权维权援助、纠纷调解及专题研讨等知识产权公益服务，在维权援助方面，联合市12330，对北京“一得阁”墨业有限公司、北京玫瑰坊时装定制有限公司、北京诺亦腾科技有限公司的知识产权侵权、知识产权海外布局等为题提供专项服务。

（王立民）

【西城区大数据工作协调会】　1月20日，为有效推进大数据工作，保障大数据应用取得成效，组织18家大数据工作重点部门主管领导讨论研究西城区2017年大数据中心建设和应用工作。一是数据标准规范先行，理清数据来源，建立数据采集队伍；二是各部门领导首先要建立数据共享开放理念，部门内部结合业务工作做好数据分析；三是结合区核心工作开展大数据分析应用，并选择典型应用进行展示推广。

（王立民）

【安全生产节后复工检查工作部署会】　2月6日，为切实做好节后安全生产监督管理工作，强化企业主体责任，区科信委召开软件信息服务业安全生产节后复工检查工作部署会。会上对节后复工检查工作进行了部署：一是要指导各企业严格落实安全生产主体责任，强化企业责任主体，提高从业人员的安全意识和防范意识；二是在日常检查的同时不断更新台账，确保信息的准确性，并分类整理，突出重点；三是加大宣传力度，围绕行业的安全特点，组织各企业开展有关安全方面的讲座、活动。

（王立民）

【北京教育装备展示会专利执法检查】　3月8日，第28届北京教育装备展示会暨北京教育装备论坛在北京国家会议中心举行。为维护展会秩序，加强展会知识产权保护，受北京市知识产权局委托，西城区知识产权局驻会开展专利执法检查。驻会期间对展板、产品说明书、宣传海报涉及专利的相关内容进行检查，并接受参展商知识产权问题咨询。检查中发现部分参展商有专利标识不规范情形，执法人员依据相关法律，启动展会快速处理程序予以整改。随着知识产权理念的广泛宣传，社会公众知识产权保护意识不断加强，此次展会的主办方北京教育装备行业协会就如何加强展会知识产权管理与西城区知识产权局进行交流，希望通过规范参展商知识产权行为进一步提升展会质量。

（王立民）

【政府门户网站获全国第六名】　3月28日，中国软件评测中心主办、北京大学电子政务研究院、人民网协办的第15届中国政府网站绩效评估结果发布会在京召开。会上对第15届政府网站评估指标和评估结果进行了通报，“北京西城”政务门户网站在全国454个区县政府网站中名列第六位，在北京市16个区中名列第二。本次评估范围包括84个部委、31个省（直辖市、自治区）、32个省会及计划单列市、301个地级市、434个全国政务公开和政务服务试点区县。评委从“政务公开、政务服务、互动交流、网站功能与影响力、日常保障、优秀创新案例”指标进行统计分析打分。北京大学教授、工业和信息化部原副部长杨学山，交通运输部科技司副司长洪晓枫，国家行政学院电子政务研究中心主任王益民等领导和专家出席会议并讲话。来自国务院部门、省（自治区、直辖市）、地市、区县代表以及50余家新闻媒体共400余人参加会议。

（王立民）

【科技企业融资担保政策培训会】 3月31日，为落实中关村科技金融政策，使企业了解相关的担保及融资流程，促进企业发展，区科信委举办了西城区科技企业融资担保政策培训会。来自西城区科技企业的60多位管理人员参加培训。会议邀请北京中关村企业信用促进会、招商银行、北京中关村科技融资担保有限公司、北京知识产权运营管理有限公司相关负责人就中关村示范区科技金融政策、创新融资、债权融资贴息政策、知识产权金融业务等相关政策进行解读，各专家对企业提出的问题进行了现场解答，参会人员对本次培训反应良好。

（王立民）

【联合空气重污染应急情况检查】 4月6日，根据北京市西城区空气重污染应急预案要求，区科信委、区环保局联合对北京印钞有限公司、北京邮票厂2家工业企业开展空气重污染橙色预警应急情况检查。2家企业在接到橙色预警通知后，均按要求采取了减少印刷生产等强制性减排措施，减少了污染物排放。

（王立民）

【知识产权联合执法检查】 4月10日，西城区知识产权局与工商西城分局商标科、专业执法科对什刹海、恭王府、西单、西四、前门等地区经营北京特产的门店进行检查。检查中发现4家经营单位存在销售侵犯注册商标专用权商品的行为，未发现专利侵权商品。检查人员对涉嫌商标侵权的产品进行暂扣处理，并对案件进一步进行调查处理。

（王立民）

【“老字号”企业知识产权培训会】 4月28日，西城区举办“老字号”企业知识产权保护培训会，由区知识产权局、区商务委、工商西城分局、区法院联合举办，来自全区“老字号”企业的负责人60余人参加培训。针对“老字号”企业的商标权、专利权、字号与商号等权利，工商西城分局商标科、区法院知识产权庭从行政管理和司法审判的角度讲解了“老字号”品牌战略的构建以及“老字号”面临的权利冲突和权利保护。高文律师事务所则用大量的案例讲述了“老字号”企业面对商标和字号侵权时的应对措施。参会人员针对热点问题与授课专家进行了互动与交流。此次培训是西城区第17个知识产权宣传日的重要活动内容，也是西城区落实《关于促进老字号改革创新发展的指导意见》文件精神的具体举措。

（王立民）

【西城区“科技周”启动】 5月19日，由区科信委、中关村西城园管委会共同主办的“2017年西城区科技周”启动仪式在中关村西城科技园创新创意成果展示中心举行，主题是“科技强国 创新圆梦——创新让生活更美好”，引导公众建立科学、文明、健康的生活方式，营造全社会关注科技发展、支持科技工作、参与科技创新的良好氛围。副区长司马红、市科技传播中心副主任高畅出席活动。仪式由区科信委主任杨秋主持，中关村西城园管委会副主任岳立致欢迎词。司马红在活动上致辞，并强调西城区发展动力是科技创新，未来，西城区将继续加大科技创新经费投入，引导更多的科研院所、科技企业加入创新的行列。继续深入推进群众性科学普及工作，改善社区科普基础条件，推动全社会形成人人关注创新、支持创新、参与创新的良好风尚。科技周活动期间，西城区各委办局、各街道举办科普活动100余项，有集讲座、体验、展示于一体的大型综合活动；有博物馆参观，有社区义诊，有社区“科普宣传一条街”，有废品创意设计DIY，端午节文化体验、园艺插花体验；有健康生育、心理健康、康复指导、中医药养生、急救自救等健康知识讲座送进社区；有公共安全、食药安全、燃气安全等知识直达居民。

（王立民）

【科博会上体验“智慧西城”】 6月8日，第20届中国北京国际科技产业博览会在中国国际展览中心举办。西城展区位于4号馆，以“创新西城引领未来”为主题，让人们体验“创新”和“智慧”给西城带来的新变化。在“创新科技”展区，展示华新意创工业设计公司的国内高空民用无人航拍飞机等创新科技产品。在“智慧城市”展区，展示华远集团“智慧物业”模式等城市科技内容。在“智惠生活”展区，展示永鉴高科（北京）文化发展有限公司应用成熟的植物DNA合成等技术实现定制防伪技术等创新技术产品。

（王立民）

【知识产权助力非遗创新发展】 6月10日，在西城区举办的2017北京非物质文化遗产时尚创意设计大赛启动仪式上，高文律师事务所律师商家泉为非遗传承人和北京服装学院的学生讲授了“非物质文化遗产知识产权保护策略”。商家泉通过红星宣纸、合川桃片、安顺地戏等诉讼案例，讲解了适用于非物质文化遗产的知识产权类型、特点以及保护策略。此次培训旨在帮助非遗传承人和项目保护单位树立知识产权理念，通过建立知识产权制度提升企业核心竞争力，使非物质文化遗产在现代产权制度助力下，不断创新发展。

（王立民）

【区非物质文化遗产12330工作站成立】 6月28日，西城区非物质文化遗产12330工作站成立仪式在西城区非物质文化遗产保护中心举行。市知识产权局副巡视员周立权、西城区副区长徐利出席活动，区文化委、区知识产权局相关工作负责人及80余名非物质文化遗产保护单位代表参加成立仪式。成立仪式上，北京12330、西城区知识产权局与西城区非物质文化遗产保护中心签署了西城区非物质文化遗产12330工作站共建协议，周立权和徐利为工作站揭牌，北京内联升鞋业有限公司做了加强老字号知识产权保护的主题发言。周立权在讲话中充分肯定了西城区知识产权工作取得的成绩，指出西城区应以非物质文化遗产12330工作站成立为契机，进一步完善知识产权保护公共服务机制，整合资源，创新模式，利用知识产权制度助力科技和文化产业融合发展。仪式后，相关领导调研了泥塑彩绘脸谱及核雕非遗工作室，来自北京市高文律师事务所的志愿专家为30余名非遗传承人介绍了非物质文化遗产知识产权保护典型案例。此次西城区成立非物质文化遗产12330工作站，是区域内首家传统文化领域知识产权保护服务工作站，此前西城区已成立包括普天德胜、康华伟业、金丰和3家科技企业孵化器工作站。非物质文化遗产12330工作站的建立，是西城区落实文化兴区战略，发挥知识产权在创新驱动中的支撑和保障作用，推动知识产权和传统文化融合发展的有力抓手。工作站的建立成为西城区非遗传承人和非遗项目保护单位对接市优质资源的纽带和桥梁，对促进非物质文化遗产传承和创新发展起到积极作用。

（王立民）

【中国国际软件博览会服务保障】　6月29日，第21届中国国际软件博览会在北京展览馆开幕。本届博览会以“软件定义世界，智能引领未来”为主题，对产业发展成果、趋势和目标进行展示。国务院副总理马凯到会发表演讲，工信部部长苗圩、北京市代市长陈吉宁出席开幕式，西城区区委书记卢映川、区长王少峰、区委办主任吴向阳等也到会参观。会议由工业和信息化部、北京市人民政府共同主办，北京市经济和信息化委员会、国家工业信息安全发展研究中心、海淀区人民政府、西城区人民政府、中国软件行业协会联合承办。西城区全力做好属地服务保障，区科信委、区应急办、区城市管理委、区安全监管局、区城管执法监察局、西城公安分局、西城交通支队、西城消防支队、区环卫中心及展览路街道办事处等多家单位都投入到服务保障工作中，会前组织召开市区多部门工作协调会，在布展期间多次到现场检查会场消防安全及布展安全生产等问题，西城区作为承办单位之一，在保卫、交通、安全生产、协调停车场、环境卫生保障方面做了大量工作，确保第21届中国国际软件博览会召开。

（王立民）

【科普讲座进校园活动】　7月11日，区科信委在展览路第一小学开展了以“安全教育”为主题的科普宣讲活动。来自北京排水博物馆的专家给同学们做了汛期避险安全小常识讲座和珍惜水资源保护水环境——污水处理知识环保讲座，并用小实验让在场的每位同学了解了初步的污水处理过程，学习了相关知识。

（王立民）

【知识产权联席会议工作会】　7月12日，西城区召开2017年知识产权联席会议工作会，北京市知识产权局副巡视员周立权、西城区副区长司马红出席会议，13家联席会议成员单位的主管领导参加会议。西城区知识产权代表联系会议办公室汇报了2016年工作以及2017年工作重点，工商西城分局、区商务委分别从商标品牌建设和老字号企业知识产权保护角度做了经验介绍。周立权在讲话中肯定了西城区知识产权工作取得的成绩，对下一步工作提出几点希望：一是要利用好西城区现有资源，更好的服务区域知识产权工作；二是要在知识产权保护和运用上有新举措；三是要增强国家知识产权试点城区建设的显示度。司马红在讲话中要求知识产权联席会议成员单位要提高认知、落实职责、共同助推知识产权工作。下一步知识产权工作要在六个方面加强落实：一是面对不同群体加强知识产权文化理念传播；二是利用综合执法、行刑衔接等手段推进知识产权保护；三是形成合力、集中力量培育知识产权产业群；四是运用知识产股质押贷款、股权投入等方式促进知识产权转化；五是用知识产权服务北京市四个中心建设；六是加强部门协同共同建设国家知识产权试点城区，推进西城区知识产权整体水平。

（王立民）

【区卫生系统财政科技专项培训会】　8月4日，区科信委与区卫计委合作举办针对区医疗卫生系统的区财政科技专项项目申报专场培训会，区卫计委、区医学会、区疾控中心、区医管中心、区社管中心、各区属医院及各社区卫生服务中心等区属医疗卫生机构的科教负责人参加培训。此次培训主要对区财政科技专项项目中可持续发展类和科技创新类项目的申报、绩效管理、结题验收、经费使用等内容进行了讲解，对各单位申报和执行科技项目有较强的针对性和指导意义。

（王立民）

【区民政局业务数据分析系统通过验收】　8月4日，西城区民政局业务数据分析系统通过专家验收。2016年，区科信委批复区民政局关于“西城区民政局业务数据分析系统”的项目申报。该项目依托多年来西城区民政局信息化的建设成果，对民政工作业务科室的信息进行数据分析，完善了这些系统数据接口、整合现有的数据及应用资源，形成一套整体性的、可持续应用的“西城区民政局业务数据分析平台”，为深化西城区民政业务发展提供信息支撑。

（王立民）

【财政科技专项项目申报培训会】　8月21日，为加快落实“十三五”时期西城区经济社会发展规划，更好地完成西城区重点工作任务，提高科技对西城区各项工作的支撑作用，根据《北京市西城区财政科技专项项目管理办法》，公开征集2018年度西城区财政科技专项项目，为使企业在申报过程中更清楚地了解相关政策和申报流程，区科信委、区知识产权局、区生产力促进中心、区中小企业服务中心举办了西城区财政科技专项项目申报培训会，区内130多位相关科技企业的管理人员参加。培训会上，区科信委各相关科室人员讲解了可持续发展类项目申报、科技创新类项目申报、知识产权专项资助项目申报的流程及注意事项，并邀请中规（北京）认证有限公司审核技术部部长为企业做了知识产权贯标培训。培训会为解决企业的个性化问题，特别安排了大量的提问和交流时间，各相关科室负责人和主讲人一起为企业进行了答疑。

（王立民）

【西城区财政科技专项培训会】 8月21日，区科信委举办区财政科技专项项目申报专场培训会，全区各技术领域的百余家科技企业参加了培训。此次培训主要对区财政科技专项项目中可持续发展类和科技创新类项目的申报、绩效管理、结题验收、经费使用等内容以及知识产权贯标进行了讲解。参加培训的企业普遍反映本次培训针对性、实用性很强，对各单位申报和执行科技项目有很强的指导意义。

（王立民）

【财政科技专项可持续发展项目申报培训会】 8月25日，区科信委举办西城区财政科技专项可持续发展类项目的申报培训会。社会发展科介绍了区财政科技专项改革背景、指导思想和主要内容，解读了区财政科技专项项目管理办法及可持续发展类项目实施细则的重要章节，并就区财政科技专项可持续发展项目申报相关注意事项、经费预算等进行了培训。区内委办局、卫生系统及部分企业相关人员50余人参加了培训。

（王立民）

【区财政科技专项联席会议第二次会议】 9月12日，区科信委主任杨秋主持召开西城区财政科技专项联席会议第二次会议。会议通报了2018年度区财政科技专项项目征集情况，研究确定2018年西城区财政科技专项评审专家组构成等工作。会议要求各成员单位认真履行职能职责，加强沟通联系，做好专家评审等后续工作。

（王立民）

【与北京移动开展合作】 9月20日，区科信委与北京移动分公司围绕西城人口大数据项目实施、公益性WIFI建设等议题进行交流会谈。北京移动分公司介绍了利用移动通信资源进行大数据产品开发和WLAN相关技术成果等情况，区科信委介绍了西城区大数据工作推进情况和人口大数据监测需求。通过交流，双方希望各自发挥技术和资源优势，加强区域大数据建设方面的合作，积极参与市区两级公益性WIFI和区域政务物联网建设，推动实现在区域内大数据合作项目上的开放共享，此次交流会谈，双方了解了彼此相互协作需求，规范了工作协作机制，为下一步合作项目的实施打下了良好的基础。

（王立民）

【统计数据移动应用项目通过验收】 9月，区统计局统计数据移动应用项目最终验收。西城区统计数据移动应用项目于2016年9月26日开工，耗资92.6万元，历时一年，期间完成初验、试运行、第三方软件评测。该项目实现对西城区重点统计数据的综合查询，并最终实现手机APP端的数据展现及查询，实现对重点统计数据的实时展现。项目打造了一套统计重点数据的归集存储、综合查询及无线推送系统，为全区各级领导和各职能部门提供区域经济的快速数据查询服务。

（王立民）

【财政科技专项项目现场答辩会】 10月26至27日，区科信委组织44个财政科技专项（技术创新类）项目进行了现场答辩。本次参加答辩的项目，均是通过网络评审，在各专业组中专家评价较好的项目。参加现场答辩的专家表示，这批项目具有较高的技术水平，个别项目甚至可以达到国际先进水平，相关技术研究具有很强的实用价值，未来这些项目成果的应用将对西城区经济和社会发展起到很大的推动作用。

（王立民）

【智慧西城时空信息云平台培训会】 10月26日，市规划委西城分局会同区科信委，组织召开面向街道办事处的智慧西城时空信息云平台培训会。介绍了时空信息云平台可提供的数据资源、功能应用及操作使用三方面内容。参会单位就平台使用、信息对接，以及对数据、功能、服务和应用等方面的需求进行咨询和探讨。

（王立民）

【市环保督察组到西城巡视检查】 11月5日，市环保督察组对西城区境内的经济日报印刷厂进行巡视检查，经济日报印刷厂在接到橙色预警指令后，按照经济日报印刷厂空气重污染应急预案采取了相应的措施，挂牌明示停开环球45印刷机生产线，有效减少了污染物排放。

（王立民）

【空气重污染应急情况检查】 11月6日，根据西城区空气重污染应急预案，区科信委及区环保局对北京印钞有限公司、北京邮票厂、经济日报印刷厂3家印刷业企业开展空气重污染橙色预警应急情况检查。3家企业在接到橙色预警指令后，均按“一厂一策”的预案采取了关停设备、减少印刷生产，有效减少了污染物排放，保障了环境质量，并挂牌明示停产相应比例的印刷设备。在检查过程中区科信委主任对3家工业企业的VOC污染防治技术改造、安全生产情况进行了指导。

（王立民）

【2017年西城区科普干部培训班】 11月8至9日，区科信委举办2017年西城区科普干部培训班。培训班邀请中科院物理所所长助理魏红祥博士、科学传播局徐雁龙处长和关梅林教授分别做了《高端资源科普化探索》《关于构建科普工作体系》和《提高沟通技巧，创建幸福生活》的报告。培训会上，区科信委就做好全年工作总结和下年工作计划进行了部署，并提出近期科普工作重点要围绕着做好大气污染防治宣传，倡导绿色生活、绿色出行。区科普联席会成员单位干部和部分社区科普专干近80人参加培训。

（王立民）

【实地调研鼓西智慧城市建设】 12月8日，为做好复兴鼓楼西大街方案中智慧城市建设方案，区科信委到鼓楼西大街进行实地调研，参观鼓楼西大街及鼓西大街复兴计划体验展览馆，了解大街概况、周边情况及存在的问题和鼓楼西大街的整理与复兴计划的组织机构、建设内容和项目计划。

（王立民）

教 育

概 述

中共北京西城区教育工作委员会、北京市西城区教育委员会（简称区教委）设职能科室32个，在职人员154人（公务员147人，工人7人）。西城区教委辖属教育单位213个（幼儿园73所、小学58所、中学43所（12年一贯制学校小学部2所）、中等职业学校4所、特殊教育学校2所，工读学校1所，校外教育单位12个，其他法人单位20个（含成人学校3所））。年内，招生40172人（幼儿园8297人、小学15050人、初中10181人、普通高中6596人、特殊教育学校33人、工读学校15人、中等职业学校未招生）；毕业30145人（幼儿园4828人、小学10620人、初中7322人、普通高中6464人、特殊教育学校42人、工读学校17人、中等职业学校852人）；在校生143728人（幼儿园19398人、小学77537人、初中24971人、普通高中20035人、特殊教育学校376人、工读学校66人、中等职业学校1345人）。教职工总数18078人（幼儿园3496人、小学5675人、中学7913人、中等职业学校781人、特殊教育213人），其中高级职称2746人（中2148、小272、职240、特19、幼67）、中级职称5619人（中1915、小2784、职274、特105、幼541）。北京市特级教师73人、北京市骨干教师229人、北京市学科教学带头人42人。全年教育总投入75.5亿元。中小学固定资产总值54.96亿元。新建小学1所、中学1所。设立学区11个。

年内，西城区教委全面落实西城区教育“十三五”时期教育事业发展规划，以“推动管理转型，提升教育品质”为主线，以立德树人为根本，以改革创新为动力，以提高质量为核心，以促进公平为导向，深化教育综合改革，强化学校管理，狠抓教学质量，各项工作取得新成绩。

教育综合改革不断深化。持续探索纵向贯通培养和义务教育优质均衡发展的新模式，新成立十五中教育集团、三十五中教育集团，19个教育集团，成员校涉及91所中小学、幼儿园。分类别组建小学精品学校联盟（9所）和示范高中联合体（15所）。推进2所中学、4所小学的合并重组工作。进一步加强小学直升校、中学附小工作以及集团办学、学区制和贯通培养工作，不断提高分校和承办校办学水平。制定《西城区关于推进学区制建设的实施方案（征求意见稿）》，在全区11个学区范围内推进学区制建设，采取学区理事会统筹指导、学区办公室协调管理、以学区内各类教育机构为主体、学区内各类社会教育资源共同参与的组织架构（简称为1+1+N+X）。成立学区办公室，对学区办公室首批29名工作人员开展培训，提升履职能力。组织学校深入研究推进适应中高考的教学管理改革工作。研究制定《西城区小学教育教学质量监控评价方案》，明确小学阶段育人目标。推进职成教育改革转型发展，研究制定《职业教育教职工交流安排及职业教育转型发展实施方案》。稳步推进职业教育服务京津冀协同发展工作，完善北京外事服务职业教育集团工作机制，服务2022年冬奥会，携手张家口及津冀相关地区的职业教育机构共同打造职业教育品牌。出台《西城区教育委员会关于进一步规范校外教育管理工作的有关规定》《外聘教师管理方案》，清理和整顿校外机构不规范办学行为，落实未成年人校外活动场所的各项政策和保障措施。

教育教学质量稳步提升。加强德育建设，编印《北京市西城区德育文件汇编（2013—2016年）》，以“使命与担当”为主题，组织2017年“开学一课”教育活动。巩固公民意识教育、国情教育、优秀传统文化教育、专题教育、生涯教育等成果，鼓励学校根据自身特色，开展经典诵读、时事述评、模拟联合国、非物质文化遗产进校园等丰富多彩的教育实践活动。规范教学管理，下发《关于进一步规范学校作息时间的通知》《关于严禁教师参与有偿补课的通知》。规范课程管理，落实教育部编新版教材培训工作，开展中小学课程、教材备案审查和“问题地图”排查工作，组织课程建设研讨会，开展中小学优质原创课程资源征集和课程建设优秀成果区级评选及市级推荐工作。开展教育教学干部小专题行动研究，组织2017年西城区小学教学管理案例评比活动，开展对校歌、校训、校史展馆等检查工作，强化规范，精细管理。开展常规教育教学视导，加强课堂教学诊断，召开第17届“金秋杯”活动总结暨小学教育教学质量分析会，组织第13届“西城杯”课堂教学评优活动，参加北京第12届“京城杯”小学课堂交流活动。注重实践能力培养，推进全区初二年级学生农业实践活动，规范学农实践管理制度，引导学校探索将学农实践与校本课程融合。印发《关于小学加强贯通培养的指导意见》。以数学课堂教学为切入点，召开小初衔接课堂教学研讨会，合力研究小学与初中的贯通培养。加强幼小衔接，组织幼儿园园长和教学干部了解中小学培养目标，树立儿童培养的大课程观。加强艺体美课程建设，引领学生综合发展，组织开展阳光体育系列活动、七彩梦想演出季活动、西城区科技节等多项活动和比赛。加大校园足球、冰雪运动、武术特色校推进力度，开展课间武术操检查验收，截至年底，全区有14所国家级足球特色学校和2所市级足球特色学校，500余名小学师生进行了上冰体验课，600余名师生登上国家大剧院等舞台，全区138支艺术团队5618人次学生参与艺术节展演。科技艺术教育在重大赛事中持续取得好成绩。整合校内外资源，研究制定《西城区“高参小”工作实施文件》（征求意见稿），全面实施“城宫计划”，建立“城宫计划”名师团队资源库，实现全区义务教育阶段学校全覆盖。树立家长资源观，创新做好新时期家校、家园共育工作，使家长委员会成为学校管理的正式组织，推出小学阶段和中学阶段《西城区社区家长学校系列读本》，开展内容丰富、形式多样的家长学校活动。

人才队伍建设不断推进。修订教育系统人员调配管理办法，多种方式促进各类人员引进、流动。加强教师梯队建设，健全2017年的职称评审备案工作，完善骨干教师评选、考核方案，完成北京市特级教师评选推荐、正高级教师推荐工作，启动北京市学科教学带头人、骨干教师和区级各系列带头人、骨干教师的评选推荐工作，完善“名师工作室”“导师团”管理工作，召开“导师团”聘任大会。新建17个“名师工作室”，21位教师经北京市特级教师评选委员会评审通过。进一步落实“多劳多得、优劳优酬”的原则，市级绩效激励机制的资金主要用于支持义务教育课余活动工作，奖励教育改革有突出贡献的单位和办学特色学校。建立区级班主任工作智慧库，加强班主任队伍建设。2017年835人参加新入职人员培训，培训总体满意率达到99.4%。颁布《西城区“十三五”教师培训实施意见》和《西城区中小学教师“十三五”继续教育校本研修指导意见》，启动“十三五”教师培训工作，分层分类实施教师培训工程。与北京师范大学教育学部合作，为北师大研究生、本科生配备实践导师，同时输送骨干教师去师大听课，推进教育理论与教育实践的深层融合。

教育公共服务水平不断优化。学前教育增量提质。推进长安幼儿园和平门分园等幼儿园建设，实现全区15个街道均有教委办园，探索多元学前教育方式，形成全日制、半日制、小时制等多种办学服务方式的分布，提高儿童受教育率。鼓励指导街道、机关企事业单位挖潜扩班或举办幼儿园。新审批4所民办园，对民办幼儿园新增办学点进行指导。扶持普惠型民办幼儿园发展。2017年新增学位2430个，比上年度净增在园儿童1915人。实施幼儿园质量提升工程，规范园所办园行为，全年考核幼儿园44所，验收幼儿园7所，综合督导幼儿园1所。3所幼儿园晋级二级二类幼儿园，4所幼儿园成功申报北京市示范幼儿园。着力推进学习型学校、学习型社区建设，终身教育体制逐步健全。初步建立起区域资源中心和自闭症基地的管理与运作机制，尝试为区域内低年级特需学生提供筛查、评估和训练全程式支持服务。全面提升融合教育质量。制发《西城区教育委员会关于加强民办学校管理的意见》，为36所民办学校教学点颁发统一标识，严格审批标准，压缩西城民办教育规模，提升民办教育办学品质。制定实施《关于区内外优质教育资源共享、品牌共建工作的管理办法》，做好对张家口市张北县、保定市阜平县的对口帮扶工作，建立“手拉手”学校帮扶机制，多批次接待干部教师到西城区进行挂职锻炼和跟岗学习。对已与通州开展合作的3所中小学加大支持力度，加快推进城市副中心行政办公区4所学校对接工作，通州区13所“手拉手”学校发展，雄安新区2所学校对接工作。

教育现代化水平不断提升。研究制定《关于西城区教育系统所属单位与国（境）外学校建立友好交流关系的规定》《关于西城区教育系统外籍教师聘用与管理的规定》《关于西城区教育系统外事接待的有关规定》《关于西城区教育系统外事财务的有关规定》等文件，服务“一带一路”国际合作高峰论坛，配合国家外交工作，4所小学273名少年儿童迎接11个国家元首及政要，完成高端迎宾工作。截至年底，西城区100所中小学与国外197所学校建立了友好校关系。教育科研能力逐步增强。以“优化课程资源，推进学术探究”为主题，组织2017年教育科研月29场展示活动，涉及教师专业成长、学科教学方法、学生核心素养等27个议题。持续推进“高校支持小学发展”“西城区中小学生思想道德状况测评及教育对策研究”“专题教育三级课程整合”等项目的实施与研究，助力学校发展。编制《基本建设管理办法》《基建工程项目安全生产管理办法》，加强对西城区教育系统建设工作的安全管理。推进15个新建、改扩建、整体改造项目，推进中小学扩班89个。大力支持学生食堂、报告厅、风雨操场等完善功能类的项目建设。

教育服务保障体系高效运转。教育经费使用效益不断提高，财经纪律更加严格规范。全年对19所学校开展经济责任审计，审计金额239646.10万元。对4所职业学校开展财务审计，对2所保健所开展财务收支审计。对2016年审计的22所学校问题追踪审计整改。校园安全工作全面加强。完成国务院安全生产专项检查组、消防专项督查组、保密专项督查组、反恐专项督查组、市教委专项安全检查组、十九大维稳专项督查组、危险化学药品专项督查组、扫黄打非专项督查组等13个专项督查组的17批次的督查任务。不断强化和提升学校、幼儿园食品安全管理工作，推动学校“阳光餐饮”工程，规范学校传染病疫情报告和日常监测指导制度。对全系统大型集体外出活动进行报备，指导学校做好技防人防工作，做好校园应急管理，开展系列安全教育宣传周活动、防灾减灾宣传教育活动、紧急疏解演练活动。完成安全生产无事故行业创建评审工作，区教委成为西城区首批无安全生产事故行业。

地址：西城区广安门内大街165号
邮编：100053
电话：66201155

（杨海蓉）

中小学教育

【概况】 年内，西城区有小学58所（教育部门办校57所、民办校1所）。中学43所，按主办部门分：教育部门办校39所（含北师大办3所）、民办校3所，其他部门办1所。按类别分：初级中学3所（教育部门办），九年一贯制学校1所（民办），完全中学35所，高级中学2所，十二年一贯制学校2所（教育部门办校1所、民办校1所）；特殊教育学校2所；工读学校1所。招生31875人（小学15050人、初中10181人、普通高中6596人、特殊教育学校33人、工读学校15人）；毕业24465人（小学10620人、初中7322人、普通高中6464人、特殊教育学校42人、工读学校17人）；在校生122985人（小学77537人、初中24971人、普通高中20035人、特殊教育学校376人、工读学校66人）。教职工总数13801人（小学5675人、中学7913人、特殊教育213人）。新建小学1所、中学1所。设立学区11个。

（杨海蓉）

【普通高中会考】 1月4至6日，西城区春季普通高中会考参加考生8315人次，报考科目总计28306科次，全区共设13个考点，考试场次1000个。春季高中毕业会考全区各科考试成绩统计：语文实考人数3969人，及格率95.74%；数学实考人数4001人，及格率94.60%；英语实考人数3964人，及格率94.55%；政治实考人数198人，及格率34.34%；物理实考人数3672人，及格率95.26%；化学实考人数3698人，及格率97.51%；生物实考人数74人，及格率50.00%；历史实考人数4031人，及格率95.24%；地理实考人数3980人，及格率94.65%。6月24至26日，西城区夏季普通高中会考参加考生4385人次，报考科目总计8963科次，全区共设11个考点，考场313个。另有区考信息技术考试3352人。同年夏季高中毕业会考全区各科考试成绩统计：语文实考人数164人，及格率79.27%；数学实考人数198，及格率67.68%；英语实考人数199人，及格率41.71%；政治实考人数3786人，及格率98.34%；物理实考人数209人，及格率76.56%；化学实考人数106人，及格率69.81%；生物实考人数3594人，及格率95.60%；历史实考人数142人，及格率50.70%；地理实考人数166人，及格率46.99%。年内，西城区向6398名学生颁发高中毕业会考合格证。

（吴献平）

【房山区与西城区教育合作签约仪式】 1月17日，房山区与西城区教育合作签约仪式在房山区政府举行。西城区常务副区长孙硕、副区长司马红及区教委主要领导，房山区常务副区长吴会杰、副区长廖春迎及房山区教委主要领导出席会议，房山区、西城区教育合作有关学校的校长参加会议。会议由房山区教工委书记杜成喜主持，北京四中房山校区执行校长黄春，育才学校岳各庄分校校长崔森，西城区黄城根小学校长麦峰、北京第一实验小学副校长郭雪莉就教育友好交流合作的情况分别发言。房山区教委主任顾成强介绍了房山区教育发展的基本情况，就两区进一步教育友好合作的协议进行了解读。西城区教委主任丁大伟表示，西城区在北京市新城建设和教育协同发展中要勇于担当，特别是要大力支持非首都功能疏解和定向安置房配套学校的发展。廖春迎就切实做好两区教育合作提出了要求。司马红充分肯定了北京四中房山分校和北京小学房山分校的工作，并就教育的进一步合作提出意见。孙硕肯定了近年来两区教育合作的成绩，要求要成体系、有序，精准推动教育合作的方法和模式，力争教育合作更上新台阶。吴会杰介绍了房山区经济转型发展的新情况，并表示房山区将全力做好基础建设和配套服务等工作，为优质教育资源的引进做好服务。

（杨海蓉）

【市领导到区调研学校工作】 2月27日，副市长王宁到西城区调研学校工作，市、区相关单位及调研学校的领导陪同调研。王宁分别到北京小学走读部、四十四中、三十五中初中部，走进教室检查各项教育设施设备，听取3所学校就开学初相关情况的汇报。在三十五中初中部座谈会中，北京小学走读部、四十四中、三十五中的3位校长分别就学校的开学工作作发言。副区长司马红、区委书记卢映川和市教委主任刘宇辉先后讲话，并提出了有关要求。王宁对西城区有条不紊的做好各项开学初工作，给予了充分肯定，指出：教育系统在办好人民满意的教育的同时，要承担社会责任；教育工作要立足育人，在立德树人上下功夫，倡导基础教育提高学生的基础素养、扩大学生视野、开阔心胸。

（杨海蓉）

【推进中高考改革】 2月，制定并下发迎接中高考改革的整体工作方案和会考方案，围绕相关高考改革热点工作进行动员和专题培训研讨。6月，组织各校校长赴上海华东师范大学进行专题研修，围绕“走班制”的实施、学生选课指导、排课、导师制、学生生涯规划的指导等进行专题学习与考察。组织试点学校深入研究推进适应中高考的教学管理改革工作，指导四中、三帆中学、师大附中等9所学校开展方案制定工作，举行初中工作会，通报试点校工作方案，探索推动改革新机制。召开初三工作现场会，推进学校排课系统和选课系统的开发与落实，加强各校英语听说考场建设，组织完成英语机考模拟测试和阅卷，为推动中高考改革完善物质保障。

（王贞荼）

【召开高中、初中教育教学工作会】 3月2日、3日，分别召开2017年西城区高中教育教学工作会和初中教育教学工作会。各中学书记、校长及相关主管领导、各学科教研员300余人参加会议。区教委主任丁大伟、区政府教育督导室主任赵蓬欣出席会议并讲话。会议在系统总结和分析本届初高三毕业年级工作的基础上，就完善初高中整体的教育教学工作提出建议与部署。赵蓬欣要求高中工作学校要适应新的招生形势，有针对性地进行教学安排；严格课程、教材的改革与管理，把好意识形态关；进一步加强课堂教学管理，指导教师用好教材，落实好教学进度。丁大伟指出，初中教育是政府职责更是各校的使命担当，要为学生的终身教育奠基；初中教育要顺应改革，勇于改变，建立科学的评价观；随着招生改革的全面实现和中考改革的推进，要引领学校、家长和社会确立正确的质量观。

（王贞荼）

【“城宫计划”实现义务教育全覆盖】 3月23日，西城区教委为初中“城宫计划”学校颁牌。继2016年59所小学实现全部挂牌任务之后，全区“城宫计划”实现了义务教育阶段的全覆盖。作为义务教育重点领域综合改革的一部分，区教委于2014年开始实施“城市学校少年宫”计划（即“城宫计划”），学校通过调动有特长的教师、引进有资质的社会教育机构、挖掘“非遗”传承人的资源、“高参小”项目的高校资源以及学生家长等，整合社会资源，因地制宜、内外联动，建立促进学生全面发展的校内“少年宫”运营机制。截至年底，“城宫计划”已形成4000余个课外小组和社团，包括四大类20多个学科百余门课程，超过95%的学生获益。建立了包括社会名人、专家团队、校外教育机构教师在内的“城宫计划”名师团队资源库，形成了涵盖50余个项目的课程资源包。各中小学全面开设了艺术、科技、体育、中华传统文化等兴趣小组和社团活动。

（许　红）

【继续整区推进农业实践活动】 3月26日至6月17日，分9批组织3000余名初二师生前往北京市农业职业学院开展为期一周的农业实践活动；9月17日至11月24日，分8个批次组织19所学校继续进行。2017年是学农实践活动整区推进的第二年。在年初的学农工作总结经验交流的基础上，各学校进行行前动员、校院对接、家校沟通，并通过学长介绍、印发学农手册等方式，全面系统介绍学农课程，进一步规范了学农实践管理制度，并鼓励学校开展学农实践与校本课程融合的探索，力争使教育效果最大化、最优化。

（詹小雪）

【市青少年科技创新大赛获奖】 3月26日，第37届北京青少年科技创新大赛在中国科学院大学落下帷幕。西城区代表队获一等奖总数全市第一。本次大赛西城区有64名学生参加了50个项目的终评。参赛选手们完成了封闭答辩与评审环节，并面对全市进行了公开展示与交流。本届大赛西城区共获中学生优秀科技项目一等奖32项、二等奖28项、三等奖16项，获北科大等专项奖15项；第四中学施则威、北京师范大学附属实验中学王维曦、第八中学黄语琦、第三十五中学赵松睿、北京师范大学第二附属中学陈以霖5位学生获第15届北京青少年科技创新市长奖。西城区青少年科技馆马兰、展览路少年宫关怡、第三十五中学杜春燕、第四中学卓小利4名教师获本届大赛十佳科技辅导员称号。年内，全市共有22.15万名青少年参加大赛活动，西城区在严格评审的基础上共上报优秀项目75项（含小学项目）参赛项目。

（杨海蓉）

【西城区小学第17届“金秋杯”活动】 3月28日，西城区小学第17届“金秋杯”活动总结暨小学教育教学质量分析会在西城区教育研修学院举行。区教委主任丁大伟、区人民政府教育督导室主任赵蓬欣、区教委副主任张燕军、北京教育学院宣武分院书记李玉春、西城教育研修学院院长马景林出席会议。全区各小学书记校长、教学主管干部、骨干教师代表及两院全体小学研修员约260余人参会。与会领导为参加现场教学展示的教师颁发了证书和奖杯，为“金秋杯”活动提供场地支持的学校颁发了奖牌。此届“金秋杯”活动以“关注学生需求 拓展学习空间 促进全面发展”为主题，14个学科192名教师参加了校级教学开放日活动，36名教师参加了区级教学开放周活动。张燕军做小学教育教学质量分析报告。丁大伟以“小学的教育教学质量体现在教师的发展和孩子的成长上”为题，和与会的干部、教师、研修员们分享了他对小学教育、小学办学质量、小学校园环境建设、小学课堂教学等方面的思考和理解。

（杨海蓉）

【评选小学优秀班主任】 3月，面向全区小学启动西城区小学第九届优秀班主任评选活动，评优中坚持师德修养与专业能力并重的基本原则，聚焦班会方案设计与过程实施、教育叙事研究等班主任发展核心素养，力求通过总结工作经验，树立先进典型，促进班主任育人能力和专业水平的整体提升。活动历时一学期，先后经历校内研讨、区级评审两个阶段，共有159名班主任参与区级评审，最终产生一等奖73名，二等奖86名。

（张翠宇）

【“学规范 正行为”新童谣编印】 3月，面向全区小学开展“学规范 正行为 做合格小学生”新童谣创编诵读活动，经学校遴选，共征集295篇童谣，最终将59篇优秀童谣选编成册，下发给全区小学。

（张翠宇）

【毕业年级市区评优推荐】 3月，在区级评选的基础上，西城区共有308名初三学生、166名高三学生获市级三好学生称号，74名高三学生获市级优秀学生干部称号。第八中学学生黄语琦、北京师范大学附属实验中学学生熊天鸿获北京市优秀学生称号。共推荐获批初中市级先进班级体8个，高中市级先进班级体7个。完成2016—2017学年度区级三好生、优秀学生干部的申报审批、档案留存和证书发放工作。

（詹小雪）

【召开小初衔接课堂教学研讨会】 4月14日，在北京小学召开主题为“加强贯通培养，回归课堂精彩”的小初衔接课堂教学研讨会。会议以数学课堂教学为切入点，分为现场教学和专题研讨两部分，聚焦小初衔接，聚集中小学干部教师，共同探讨、合力研究如何立足学生的成长和终身发展，遵循身心发展规律，实现小学与初中贯通培养。

（贺　颖）

【2个新教育集团成立】 4月26日，北京十五中教育集团、北京三十五中教育集团成立。至此，西城区教育集团总数为19个。北京十五中教育集团成员校为第十五中学、第三十一中学、西城区半步桥小学、西城区白纸坊小学和十五中附属幼儿园；北京三十五中教育集团成员校为第三十五中学、北京市教育学院附属中学、北京市西城区志成小学。截至年底，西城区共有19个教育集团，成员校涉及91所中小学、幼儿园。为实现集团办学全覆盖，西城区分类别组建小学精品学校联盟（9所）和示范高中联合体（15所），探索深化教育改革、促进资源最优化配置的有效途径。

（杨海蓉）

【“四个一”活动】 根据市教委统一部署，推进“四个一”（即至少参加一次天安门广场升旗仪式，分别走进一次国家博物馆、首都博物馆和抗日战争纪念馆）活动。4月、5月、7月分三批组织近8000名初一年级学生观摩天安门广场升旗仪式。6月，组织近7000名初二年级学生参观国家博物馆。9月，组织近8000名初二年级学生参观首都博物馆。12月，组织近10000名初一年级学生参观中国人民抗日战争纪念馆。每次大型活动前均面向德育干部开展培训，要求学校制定好安全预案，做好课程设计，并在活动结束后，进行总结教育，巩固活动效果。全年上报参评市教委组织的“四个一”活动征集评比课程方案23篇，获一等奖4篇、二等奖2篇、三等奖6篇；推荐上报主题活动案例18篇，获一等奖4篇、二等奖2篇、三等奖5篇。

（詹小雪）

【承办市第20届学生艺术节器乐展演】 4月，与北京学生活动管理中心共同承办北京市第20届学生艺术节器乐展演，宣武少年宫、第三十五中学协办。展演活动共7天，连续7天的展演近万余名师生参与，同一时段展演流动人数最多近800人。

（兰　静）

【承办首都学生演出季合唱器乐专场演出】 4月，北京市教委主办的2017年首都学生演出季已经落下帷幕，西城区教委承办2个合唱演出，地点在三十五中；1个器乐专场演出，地点在中山音乐堂。本次演出西城区秉承了向非金帆团校倾斜，金帆团辐射带动的原则。西城区师范学校附属小学、阜成门外第一小学、宣武师范学校附属第一小学、实验一小、八中和三里河第三小学参加演出。

（兰　静）

【市区级优秀班主任评选】 5月，在学校推荐的基础上，区教委联合教研部门，综合考评班主任工作事迹、带班方略和主题班会设计等方面材料，评选出第六十六中学姜玉涛老师等区级优秀班主任105名，从中推荐第一六一中学祝恒亮老师等19名班主任参评北京市“紫禁杯”优秀班主任并获批准。第十五中学王峥、三帆中学殷寒君2名班主任的带班方略和主题班会设计获京津冀班主任共同体征文一等奖。

（詹小雪）

【承办市学生艺术节（西城区）展演】 6月3日，在北京第二实验小学承办北京市第20届中小学生艺术节（西城区）校园集体舞、民族韵律操展演。西城区共有18支团队的700多名中小学生参加，专业院校的教授现场对演出节目进行指导。经过评选，西城区在本届艺术节校园集体舞项目中获5个最佳表演奖、5个优秀表演奖；在民族韵律操项目中8所学校获优秀奖。

（兰　静）

【市领导巡视北京市第十三中学考点】 6月7日，市委常委、市委教工委书记林克庆，副市长王宁与市教委主任刘宇辉、市教育考试院院长钱军到北京市第十三中学考点巡视。区委书记卢映川，区长王少峰，区委常委、区委办主任吴向阳，副区长司马红一同参加巡视。市区领导先后到监控室、保密室、考务室进行实地检查，对学校组考工作给予了充分肯定，要求全力做好考试的服务保障工作。

（贺　娜）

【与通州区进行教育合作交流】 6月14日，副区长司马红、区教育督导室主任赵蓬欣一行赴通州区就支持城市副中心教育发展与通州区副区长雷晓宁、教委主任申键、督导室主任李少杰交流座谈。座谈中，听取了通州区教委关于行政办公区教育配套设想、通州育才学校分校与西城区合作交流体会，双方就下一步的教育交流合作工作进行了沟通。经过双方的交流座谈，对西城区支持城市副中心教育发展达成了共识：对已开展合作的3所中小学加大支持力度，并纳入到北京市支持副中心教育发展名单中；对于行政办公区的教育配套，尽快成立工作组，着手考虑学校（幼儿园）的管理模式、规划设计等；继续扩大西城区与通州区的“手拉手”学校范围，实现“一校一案”，提高合作的针对性。

（杨海蓉）

【“非遗”进校园推进会】 6月21日，与区文化委在月坛体育馆共同主办西城区“非遗”进校园推进会暨“非遗”项目推介活动。副区长徐利、区教委副主任张燕军、区文化委副主任徐晓辉出席活动，西城区中小学校、校外教育单位的主管领导和媒体记者100余人参会。厂桥小学、第一五九中学和“非遗”项目3家代表单位分别介绍了“非遗”活动经验；向学校赠送有关“非遗”的书籍。展示了白纸坊太狮、抖空竹、单弦、口技与沙画等“非遗”项目；22名“非遗”传承人及9家传统文化类社会组织到场进行北京鬃人、彩塑京剧脸谱、京派剪纸、绳结、裕氏草编、毛猴等项目互动和推介。

（许　红）

【完成中考中招工作】 6月24至26日，区中招办组织参加北京市高级中等学校招生统一升学考试，报考总计6994人，具有升学资格的考生6659人，借考考生335人。中考共设考点16个，考场243个。西城区48所初中学校考生被录取人数为6557人（占全区有升学资格考生的比率为98.5%，下同）。录取考生按招生批次统计：提前招生批次898人（比率为13.5%）；名额分配批次1409人（比率为21.2%）；统一招生批次4250人（比率为63.8%）。录取考生按招生学校统计：本区示范高中录取4052人（比率为60.8%），外区示范高中录取117人（比率为1.8%），示范高中录取共计4169人（比率为62.6%）；本区一般高中录取1676人（比率为25.2%），外区一般高中录取122人（比率为1.8%），一般高中录取共计1798人（比率为27.0%）；中专、技校、职业高中和五年高职录取共计451人（比率为6.8%）；贯通培养项目录取139人（比率为2.1%）。西城区中考落榜生人数为102人（比率为1.5%），其中有志愿的落榜生为33人（比率为0.5%）。

（吴献平）

【“吴灵芬教授合唱名师工作室”合唱指挥研修班】 7月4日至10日，为发挥名师引导带动作用，区教委在三十五中音乐厅举办了“吴灵芬教授合唱名师工作室”合唱指挥研修班。全区60名小学和校外教育单位音乐学科教师参加培训。此次培训包括个人教学技能训练、团队训练、作品学习与成果展示四个部分，内容有音乐课堂技能训练、课堂游戏设计、合唱团指挥法、排练笔记写法等。

（杨海蓉）

【“高校支持西城区小学发展”第三期项目签约】 7月7日，区教委举行“高校支持西城区小学发展”第三期项目签约仪式。区教委副主任张燕军，北京师范大学教育学部部长朱旭东、北京教育学院副院长杨志成、北京师范大学中国教育创新研究院副院长郑琰、教育部首都师范大学基础教育课程研究中心教授杨朝晖带领的专家团队及16所项目学校校长参加签约仪式。张燕军代表区教委与高校专家、项目学校校长逐一签订《“高校支持西城区小学发展”项目合作协议书》，明确了协作三方的权利和义务。“高校支持西城区小学发展”项目每一期实施三年，一期项目2010年9月启动，二期项目2014年6月启动，2017年启动第三期项目。根据学校发展需求，三期项目学校增加至16所，包括教育集团校、精品联盟学校、附小直升校等不同办学模式；合作主题进行了拓展，既包括“管理文化改进”的深化推进，又包含教育评价项目新定位、课程整体建构、教师队伍建设、课堂文化改进等领域的持续研究。

（杨海蓉）

【完成秋季招生工作】 普通高考：8月，考试中心高招办完成秋季招生考试工作。西城区高考报名人数总数为7404人，普通高考报名人数为6966人，其中文科2628人（含3科81人），理科4338人（含3科59人）；297人参加28所高职自主招生并被提前录取。全区共有6658名考生参加普通高考，其中参加全科考试6639人，实考考生6406人，上本科线人数5260，上线率82.11%；参加高会统招19人，实考考生8人。中学应届实考人数5304人，上本科线人数4842人，本科上线率91.29%，专科上线率100%。其中：文科应届实考人数1470人，上本科线人数1205人，上线率81.97%；理科应届实考人数3834人，上本科线人数3637人，上线率94.86%。截至9月底，普通高考共计录取6478人（含高职自主招生），录取率为96.37%。高职单考单招：8月，考试中心高招办完成高职班单独招生工作。高职单考单招报名人数为438人，其中384人参加28所高职自主招生并被提前录取；有54名考生参加师资班、高职班单独招生考试，实考人数24人，录取人数21人。截至9月底，高职班单独招生共计录取405人，录取率为99.26%。

（王 清）

【义务教育阶段招生】 探索单校划片和多校划片相结合的入学方式，进一步完善西城区义务教育阶段入学办法，确保义务教育阶段入学工作平稳、有序推进。小学入学继续实行学区制，采取寄宿学校招生、片区内登记入学、派位入学、民办学校招生4种入学方式。入学新生共计15116人（本市户籍适龄儿童13656人，非本市户籍适龄儿童1460人），其中居民户籍12792人、集体户籍864人、按市民对待352人。2017年派位入学中新增多校划片派位，涉及西师附小展览路校区、黄城根小学、育才学校3所小学，共有972人参与网上报名，录取新生208人，进一步扩大了优质教育资源覆盖范围。初中入学办法采取多种招生方式与计算机派位相结合，按照招生计划要求，采取九年一贯制直升入学、特长生招生、对口直升派位入学、全区派位入学、特色校招生、学区登记入学、学区派位入学、民办学校招生8种入学方式。录取新生共计10180人（本市户籍8299人，非本市户籍1881人），其中参加学区派位入学7035人，约占西城区升学人数的69.11%。2017年取消有条件派位入学方式，新增全区派位入学，学生可跨学区填报0至5个志愿，让更多的学生享受全区的优质教育资源，共有8152人参加全区派位入学方式，录取学生865人。转入西城区学生共计793人，其中春季转入282人，秋季转入511人。

（袁 伟）

【开学一课】 9月7日，主题为“使命与担当”的2017年西城区“开学一课”正式开讲。国家推进“一带一路”建设工作领导小组办公室综合组组长、国家发展改革委员会西部开发司司长赵艾走进第七中学，为西城区高中200多名师生代表讲授主题为“使命与担当——一带一路与中国梦”的开学一课，以此形式纪念习近平总书记提出共建“一带一路”倡议4周年。区政府教育督导室主任赵蓬欣为赵艾颁发西城区“开学一课”授课专家聘书。赵艾结合历史、地理、外交、国际政治等方面的精彩故事，向师生们讲授了推进“一带一路”建设的重大意义、缘起、理念、内涵和4年来的进展与成效，传递了“中国梦”、弘扬了正能量，得到在场老师和学生们的热烈回应。不同行业的专家和学者陆续走进北京三中、北京四中、北京七中、北京十四中、北京十五中、北京一五九中学、北京一六一中学、北师大附中、北师大附属实验中学等学校，从不同角度为学生们阐述“使命与担当”的内涵。

（杨海蓉）

【组织第13届“西城杯”小学课堂教学评优活动】 第13届“西城杯”小学课堂教学评优活动以“关注学生需求 拓展学习空间 促进全面发展”为主题，按照校级、校际、区级三个阶段推进。9月至10月，学校完成校级阶段评优，61所学校共推荐出474位教师参加校际阶段评优。11月8日，在北京第二实验小学召开第13届“西城杯”小学课堂教学评优活动校际阶段启动暨培训会。校际阶段评优活动以教育集团校、附小直升校和精品联盟校三种办学模式为组织单位，开展19个场次的说课交流，最终评选出校际阶段说课一等奖243人、二等奖226人，5人因特殊原因未参加“校际阶段”评优活动。2018年将组织第13届“西城杯”区级阶段课堂评优活动。

（贺 颖）

【参加第一届北京中学生时事辩论赛】 9月至11月，北京市教育委员会指导、北京青年报社主办了第一届北京中学生时事辩论赛，比赛历时135天，共56场。西城区获优秀组织奖；第八中学学生邓心怡获最佳辩手称号；第八中学跻身“四强”辩论队，北京师范大学附属实验中学被评为优秀辩论队，第四中学获精神文明奖；第十四中学获学校优秀组织奖；第八中学教师黄亚庆、北京师范大学附属实验中学教师何志攀被评为优秀指导教师；

第四中学学生陈美慧，第八中学学生张斯柘，第十四中学学生张可欣、付纪尧，以及北京师范大学附属实验中学李坤舆等获优秀辩手称号。

（詹小雪）

【西城区学生科技节】 9月，2017年西城区学生科技节启动，各中小学纷纷结合自身特色面向全体学生开展了丰富多彩的科技教育活动，10万余名学生参与其中。区教委依托西城区青少年科技馆、宣武青少年科技馆开展了一系列科技竞赛，如青少年科技创新大赛、电子技术竞赛、智能控制竞赛、金鹏论坛活动、机器人大赛等近10项，数千名学生参与。区教委还先后承办北京市少年科学院小院士评选、中小学生电子与信息创意实践活动、中小学生环境教育系列活动等多项科技竞赛及活动，有效提升了学生的科学素养，促进了科技教育在区域内的普及。

（王冉冉）

【成立小学精品学校联盟】 10月10日，区教委在三里河第三小学举办小学精品学校联盟成立仪式。精品学校联盟，是学校为了寻求更优质的发展而进行的个体聚合，是学校互动的一种内涵式发展模式。该模式通过资源共享、文化互助、品牌共建等形式互动，激发学校办学活力，丰润学校品质内涵，实现区域内教育的开放与融合。厂桥小学、北京师范大学京师附小、奋斗小学、展览路第一小学、中古友谊小学、三里河第三小学、康乐里小学、回民小学等9所学校为小学精品学校。

（贺　颖）

【区教委审计科获全国内部审计先进集体】 11月3日，中国内部审计协会在北京召开学习党的十九大精神暨全国内部审计先进集体和先进工作者表彰大会，区教委审计科获“2014至2016年全国内部审计先进集体”。

（杨海蓉）

【召开班主任工作研讨会】 11月21日，在北京市第一实验小学召开“仁爱温暖生命 智慧引领幸福”中小学德育工作之班主任工作研讨会。研讨会上，为各级各类优秀班主任代表颁奖，中、小学校长代表分别做经验分享。专家与优秀班主任代表进行以“仁爱 智慧 幸福”为主题的现场互动访谈。

（张翠宇）

【第13届宋庆龄奖学金推荐评选工作】 11月，按照教育部和市教委的工作安排，西城区开展第13届宋庆龄奖学金候选人推荐评选工作，最终推荐第三十五中学马雨欣、第一六一中学刘泽嘉、北京师范大学附属中学卢霖源3名学生为候选人。其中第一六一中学学生刘泽嘉作为北京市候选人，参评全国典型。

（詹小雪）

【召开高三年级学科建设系列研讨会】 11至12月，联合教研部门分别在实验中学、师大二附中、四中和八中组织召开数学、文综、理综和语文4场高三年级学科建设研讨活动，全区各中学教学干部与高三学科教师代表共500余人参加。系列研讨会历时4周，主要通过学科研究课观摩、学校学科教研组建设介绍、教研员点评以及学校干部交流等内容和环节，发挥优质学校的引领示范作用，引导各校干部不断加强学习研究，关注学科建设，跟进课程改革、课堂教学改革，促进教育质量高端优质均衡发展。

（王贞茶）

【召开“规范 优化 发展”小学课程建设培训会】 12月20日，西城区小学2017年课程建设培训会在北京小学召开。会议全面总结2017年教学管理案例评选工作，领导专家为获奖教师代表和获得优秀组织奖的学校颁发证书。并就本学年度课程备案情况，从三方面与学校达成共识。博士张祥兰以获奖案例为素材与教学干部们进行参与式培训。

（贺　颖）

【区小学校长、教师实训基地揭牌】 12月29日，西城区教育系统小学校长、教师实训基地在正泽学校举行揭牌仪式。实训基地将探索研究—实践—培训相结合、教育教学与学校管理相结合的方式开展校长、教师培训，使实训基地真正发挥作用。

（张翠宇）

【16名学生在“明天小小科学家”评选中获奖】 12月，由中国科协、中国科学院、中国工程院、国家自然科学基金委员会和周凯旋基金会在北京大学共同主办的第17届“明天小小科学家”奖励活动比赛结果揭晓。西城区获一等奖4名、二等奖8名、三等奖4名。第四中学学生耿逸芃、北京师范大学第二附属中学学生赵子淇获“明天小小科学家”称号。

（王冉冉）

【教科研支持中小学发展】 年内，北京教育学院宣武分院与第四十三中学、西城区教育研修学院与第三十九中学，分别结合成“帮扶联合体”。两院领导高度重视帮扶工作，成立工作领导小组，制定帮扶工作方案，明确工作主要要求和工作路线图，在指导课堂教学、学科教研、班主任工作、校本培训、骨干教师和青年教师的培养、学生学业水平评价等方面，对两所学校开展有针对性的帮扶工作，取得良好效果。

（王贞茶）

【中小学布局结构调整】 年内，西城区四根柏小学和西城区中华路小学合并，组建西城区志成小学，属于北京市第三十五中学教育集团；北京雷锋小学和西城区新街口东街小学合并，组建新北京雷锋小学，属于北京师范大学第二附属中学教育集团。新成立正泽学校，为民办学校。

（方光志）

学前教育

【概况】 年内，西城区共有幼儿园73所，其中教育部门办园26所、集体办园10所、民办园19所、其他部门办园13所、地方企业办园2所、部队办园3所。离园幼儿4828人，入园幼儿8297人，在园幼儿19398人。教职工3496人，其中专任教师2073人。全区市级社区早期教育示范基地幼儿园32所，市级示范幼儿园共23所，一级一类幼儿园43所。年内，西城区学前教育，认真贯彻国家、北京市中长期教育改革和发展规划纲要，实施市区第二期学前教育三年行动计划，做好制定第三期学前教育三年行动计划的调研工作。针对教育改革的新形势，关注学前教育普惠民生问题，推进“管理转型、品质提升”，落实好相关政策，努力办人民满意的学前教育。通过多措并举实施增学位工程，加大公办园建设力度、鼓励社会力量举办幼儿园，提高了学前受教育率；通过分层分类实施教师培养培训工程，加强干部、教师、教研员、信息员队伍建设，提高了从业人员综合素质；通过深入实施幼儿园质量提升工程，开展学习共同体帮扶、精准跟踪视导、分级分类验收考核，不断提高幼儿园办园水平；通过完善专项经费使用、多方协同管理制度，保障学前教育事业健康发展。

（王丽萍）

【学前教育工作部署】 3月9日，召开学前教育工作计划部署会。区教委副主任张燕军，区教育研修学院学前部、教育学院分院二部学前教研室领导及全区70所幼儿园正、副园长，共150余人参加。会议针对教育改革的新形势，强调要关注学前教育普惠民生问题，推进“管理转型、品质提升”，落实好相关政策，努力办人民满意的学前教育。主要任务是多措并举实施增学位工程，提高学前受教育率；分层分类实施教师培养培训工程，提高从业人员综合素质；深入实施幼儿园质量提升工程，精准开展办园帮扶活动；完善机制，保障学前教育事业健康发展。区教育研修学院学前部、教育学院宣武分院学前教研室分别部署工作计划。

（王丽萍）

【开展“手拉手”活动】 3月10日，西城区教委与房山区教委在房山区韩村河镇中心幼儿园举行“手拉手”结对活动。房山区韩村河镇领导及区教委学前科科长，西城区教委学前科、教育学院宣武分院学前教研室相关人员及两区拉手幼儿园园长，共计20多人参加。相互结对的房山区韩村河镇中心幼儿园与西城区信和幼儿园、岳各庄幼儿园与虎坊路幼儿园的园长，相互介绍了各幼儿园的办园理念、办园特色、队伍培养、课程建设、园所文化等情况。

（王丽萍）

【对幼儿园考核验收】 5月10日至5月17日，组织专家对56所幼儿园进行考核验收。考核组分别对三教寺、棉幼、北海、六幼、洁民等6所市级示范幼儿园进行考核。10月23日至12月15日，分别对红山、物资机关、海思、广电等不同办园体制、不同级类的50所幼儿园进行考核验收。考核严格按照市级示范园验收标准和市分级分类考核验收细则，结合“西城杯”幼儿教师实践评优活动，围绕幼儿园管理、队伍建设、办园条件、保教、科研、早教 、卫生保健等7个方面进行。考核组采取“听取幼儿园自查自评报告、查看幼儿园的环境建设、观摩教学活动、与干部教师座谈、查阅档案资料”等形式，全面检查分析幼儿园的整体建设情况，帮助各幼儿园总结成绩和经验，查找问题和不足，提出改进意见，指出努力方向。通过考核，对于进一步推动幼儿园依法办园，促进规范计划管理、加强教学研究、改进队伍培训、整合管理资源，提升办园质量和管理水平，起到重要作用。

（王丽萍）

【幼儿园招生工作部署会】 5月22日，召开2017年西城区幼儿园招生工作部署会。区教委副主任张燕军，区纪委驻区委教工委、区教委纪检组副组长康彦及全区70所幼儿园正、副园长，共150余人参加。张燕军全面分析了全区2017年招生工作形势，提出四点要求：一是要有全局意识，齐心协力，保证稳定；二是要有政策意识，坚持招生工作原则，严格按政策办事，耐心细致做好宣传解释；三是要有纪律意识，落实党风廉政责任制；四是要有风险防范意识，维护安全稳定。同时强调，鼓励有条件的幼儿园采用小时制、半日制服务形式，扩大收托容量；探索学区学前教育中心办学模式。学前科科长乔梅从指导思想、工作原则、入园办法、工作要求及有关说明等五个方面解读《2017年西城区幼儿园招生工作意见》。康彦代表纪检组强调了工作纪律。

（王丽萍）

【区领导“六一”慰问幼儿园】 在“六一”儿童节来临之际，区委书记卢映川，区委副书记、区长王少峰，区人大主任杜灵欣，区政协主席章冬梅，区委常委、区政府常务副区长孙硕，区委常委、区委宣传部部长陈宁，区人大副主任沙秀华，区政府副区长司马红，区政协副主席姜兆春等领导走访慰问部分幼儿园，代表区四套班子向小朋友们致以节日的祝贺，并给孩子们送上玩具作为节日礼物，同时向辛勤耕耘在教育战线的广大教职员工表示亲切慰问。领导们走进北海幼儿园、棉花胡同幼儿园、曙光幼儿园、长安幼儿园、和平门幼儿园、名苑幼儿园、中国儿童活动中心实验幼儿园、西四北幼儿园、洁如幼儿园、宣武回民幼儿园、广安幼儿园、高井幼儿园、西柳树井幼儿园、北营幼儿园、亲育代幼儿园、国家发展改革委幼儿园，听取办园情况和师资队伍建设情况汇报，参观幼儿园环境，观看孩子们的才艺展示。孩子们邀请领导参加他们的游戏活动，并赠送自己亲手制作的小礼物，领导与老师和孩子们进行亲切的互动交流，师生们倍感关怀和温暖。

（王丽萍）

【3所幼儿园晋升级类】 6月15日、30日、7月4日，市教委委托西城区学前教育考核验收小组，分别对西城区西柳树井、南菜园、北京市农业局幼儿园进行上级上类考核验收。经验收，3所幼儿园均达到其所申报的级类标准。西城区西柳树井幼儿园由三级二类晋升为二级二类，西城区南菜园幼儿园由三级三类晋升为二级三类，北京市农业局幼儿园由无级无类，晋升为二级二类。

（王丽萍）

【“西城杯”幼儿教师实践评优活动】 9月29日，组织召开第四届“西城杯”幼儿教师实践评优活动颁奖暨第五届名师工作室拜师大会。区教委副主任张燕军，北京教育学院副院长祁建新，教育研修学院学前部、北京教育学院分院二部学前教研室相关负责人，全区74所幼儿园正、副园长，决赛选手，获奖教师和名师工作室主持人、优秀徒弟代表，共150余人参加。会议传达了区教委《关于加强学前教育兼职教研员队伍建设的通知》，宣读了第四届名师工作室优秀师徒、第五届名师工作室名单。参会领导给获奖选手颁发了获奖证书。名师工作室主持人沈心燕代表名师、回民幼儿园教师汪旭峰代表获奖教师作了发言。张燕军代表教工委、教委领导对获奖老师表示祝贺，要求：学前科、考研室密切配合，发挥好引领指导管理职能；幼儿园作为培养教育教师的基地，要把教师队伍建设作为工作重点、“园长工程”突出出来，营造教师成长成才的良好氛围；希望广大教师自觉加压、自主成长、自我提升，努力做习总书记要求的“四有”好老师。评选从5月份开始，历时2个月，采取各幼儿园组织初赛、示范园牵头分片组织小组复赛、区统一组织决赛的方式进行。在全区全员教师积极参与的基础上，选拔139名教师参加片级评优，76名教师参加区级评优，最终共评出特等奖8名、一等奖21名、二等奖26名、三等奖21人、优秀奖63人。

（王丽萍）

【接受市教委市级示范园验收】 10月25日、26日、27日、11月24日，市教委验收组一行20人由学前处副处长郭春彦带队，分别到虎坊路、信和、西四北、国家机关事务管理局花园村幼儿园广源分园进行市级示范园验收。区教委副主任张燕军，学前科、研修学院学前部、教育学院宣武分院学前教研室、西城区疾病控制中心儿童保健科参加验收活动。此次验收，围绕幼儿园办园条件、队伍建设、保教、教科研、早教、卫生保健和管理等7个方面进行。验收组的专家观看了环境建设和教育教学实践活动，查阅文件资料，听取了4所幼儿园园长的工作汇报，与幼儿园领导、教师进行了座谈研讨。专家们对4所幼儿园工作给予了充分肯定，并对幼儿园的建设和发展提出了要求和建议。最终，4所幼儿园全部通过验收。

（王丽萍）

【新增4所民办幼儿园、1所学校（附设幼儿班）】 年内，区教委陆续审批西城区红黄蓝、松树阳光、乐百灵、诺博4所民办幼儿园，1所北京师范大学亚太实验学校（附设幼儿园班）。4所幼儿园和1所附设幼儿班可开设教学班共计26个，招收幼儿738名。

（王丽萍）

职业教育、成人教育、社区教育与民办教育

【概况】 年内，西城区有4所职业高中学校和1个专门教育职高部，共16个专业。2017年暂停招生，4所职业高中毕业生852人，在校生1345人。教职工781人，其中专任教师579人。专任教师中高级专业技术职务245人，其中特级教师1人、市级学科带头1人、市级骨干教师2人、区级学科带头31人、区骨干教师106人。学校占地面积39798平方米、建筑面积59571平方米。图书馆藏书386722册，固定资产总值28905.2万元，全年教育经费投入28793万元，其中国家拨款28442万元、自筹经费351万元。西城区有成人教育学校3所。西城区社区家长学校全年面向教育系统、街道社区共举办300余场家庭教育讲座培训，受教育市民达到165万人次。西城区市民终身学习成果授权认证点达到142家。截至年底，西城区已通过2016年年审的民办非学历培训机构224所，其中19所民办幼儿园、205所民办非学历培训机构。教职工4177人，年招生人数约55万余人次，结业人数约26万余人次，年纳税6832余万元。

（李同焕　王珍　王竞艳）

【区领导到红旗大学调研】 2月10日，副区长司马红、张利星到红旗大学调研，区政府教育督导室主任赵蓬欣，区教委副主任吴珍陪同调研。司马红指出，红旗大学有着充分的历史积淀和良好的品牌效应，作为西城区社区教育的重要载体，在西城区终身教育和学习型城区建设方面做出了一定成绩。司马红强调红旗大学今后的发展要适应新时期的要求，要在非首都功能疏解的背景下找到适合发展的方向，更要结合区域发展要求及全区教育发展要求找准定位。红旗大学既要重视发展社区教育，继续把指导评估、理论研究、宣传推介等工作做精做强，也要结合区域老龄化需求，力争在老年教育方面有所突破。

（罗克东）

【职业学校考察交流】 3月10日，北京外事服务职业教育集团与荷兰蒙特里安教育集团，赴张家口市考察职业教育情况，并就未来职业教育国际交流、服务冬奥会等领域进行探讨交流。3月30日，北京外事服务职业教育集团在北京国际饭店举办2017年京津冀中等职业学校酒店服务专业技术技能交流赛。12月21日，北京市实验职业学校全体校务会成员，接待来访的河北省阜平县职业教育中心学校常务副校长韩文达等一行5人。

（李同焕）

【职业学校学生评优工作】 3月，区教委组织所属四所职业学校（北京市实美职业学校、北京市外事学校、北京市财会学校、北京市实验职业学校）参加2016—2017学年度北京市三好学生、优秀学生干部和先进班集体的评选，18名学生被评为北京市三好学生、9名学生被评为优秀学生干部、2个班集体被评为优秀班集体。

（李同焕）

【建设学习型城市工作示范区工作会议】 4月18日，召开2017年西城区建设学习型城市工作示范区暨市民教育工作会议。区委副书记马新明、区人大常委会副主任沙秀华、区政府副区长司马红、区政协副主席程军等领导出席会议。区各委办局主管领导、街道办事处、社区教育学校、中小学校以及社区教育相关单位的主要负责人100余人参加会议。会上，司马红做西城区2016年学习型城区建设工作报告，肯定了西城区学习型城区建设在科学统筹规划建设路径、建设完善公共学习服务体系、分系统推进学习型组织建设、积极探索社会治理体制创新等方面的做法。她强调2017年要着力在调动多元主体积极性共建全方位、立体化学习网络，以示范项目为抓手持续推进社区教育与学习型城区建设，做好学习型城区建设与区重点工作任务的融合对接等方面继续努力。沙秀华宣读《关于表彰2016年西城区学习型城区建设工作、文明市民教育工作先进集体和先进个人的决定》；与会领导为先进集体和先进个人代表颁发了荣誉证书。西城区学习型机关建设牵头单位区直机关工委副

书记石殿辉和社区教育先进单位西长安街街道办事处副主任郄顺旗作工作经验交流。马新明围绕如何深化学习型城区建设提出建议：一是提高站位，主动担当；二是着力创新，务求实效；三是树立典型，示范引领。

（杨海蓉）

【第十届市民讲外语风采大赛】 5月10日，西城经科大与区委宣传部等单位联合举办西城区第十届市民讲外语风采大赛活动。参赛者来自区27家单位28个团队的43个节目近600名外语爱好者，英语、俄语、法语等6个语种参赛，以“当好东道主，文明北京人”为主题，采用演唱、舞蹈、童话剧、模特秀、诗朗诵等比赛形式，展现市民学外语、讲外语，爱生活和爱北京的良好精神风貌。西城经科大外语系教师和中国青年政治学院国际教育交流学院的外国留学生3人担任评委，坚持普及性、实用性、群众性和趣味性相结合的评比原则，评选出一、二、三等奖共计23个。

（何 伶）

【签订学分课程建设项目培训协议】 5月17日，西城经科大与区委老干部局签订学分课程建设项目培训协议。协议将区委老干部局负责的老干部（老年）大学开设课程纳入该校市民终身学习成果认证制度体系中，整合课程资源，建立适合离退休人员学习需求的社区大课堂特色课、老干部职业技能体验课和示范校精品课的学分课程，依据该校市民学分课程认证管理工作流程，对学员的学习情况进行学分课程积分兑换奖励。授课方式采用网上注册学习、教师面授、专题讲座等。西城经科大教师、外聘教师共计71人参与授课。2017年度，完成48家老干部（老年）大学65门社区大课堂特色课程建设，开设15门老干部职业技能体验课程和7门精品课程，参加学习11025人次，共计3057课时。此项目投资34.47万元。

（何 伶）

【首次面向企业定制专业招生】 5月20日，西城经科大首次面向企业定制专业招生。针对北京和合谷餐饮管理有限公司和聚德华天控股有限公司的人才需求和特点，开设2018级工商企业管理专业校企合作定制招生学历班。专科学历层次，学习形式业余，修业年限2.5年，开设应用文写作、管理学、人力资源管理等20门公共课、专业基础课和专业课，共计2140学时。学校为定制专业开设2个免费成人高考辅导班，西城经科大2名教师参加授课，参加辅导班共计84人，其中64人参加成人高考，录取考生58人。

（何 伶）

【英语口语大赛】 6月3日，红旗大学参加2017年北京高校学历继续教育大学生英语口语竞赛，1人进入决赛。在9月23日决赛中，2016级会计专业的学生罗昭文获非英语专业专科组优秀奖，教师闵健获优秀指导教师奖，红旗大学获团体总分第八名。

（罗克东）

【举办首届大专生4G创新创业教学实践课程班】 6月4日至7月9日，红旗大学举办首届大学生4G创新创业实践教学课程班。《创新创业课程》突出了四大教学特色，即课程执行国家标准、线上线下混合教学、运用网络平台互动实践和网络延伸服务支撑。以独创五色创新思维为导向，系统训练学生创新能力，全面提升学生创业素质，通过创新平台同步实现人才培养与人才评价功能。以“4G”（即第四代教育模式）教育理念开展教学活动，教师成为教练、学生成为选手、课堂成为工坊、考场变为市场，学生真正成为教学的主体，充分挖掘学生的个体潜力、发挥学生的个体特长。本届大学生4G创新创业教学实践课程班的举办，在独立设置成人高校的学历教育领域中尚属首次。

（罗克东）

【纵横码比赛】 6月29日，红旗大学主办的“2017年西城区纵横汉字输入技术大比拼”活动在西城区青少年科技馆举行。大比拼活动通过层层选拔和赛前集训，共有42名来自月坛、德胜、什刹海、金融街、展览路等社区教育学校的选手参加。经过一番角逐，大比拼活动评选出一等奖12名、二等奖30名。

（罗克东）

【首届校企合作专科学员毕业】 7月10日，西城经科大首届校企合作专科学员毕业。2014年6月23日，学校与北京和合谷餐饮管理有限公司签订人才培训合作协议，参加培训53人。学员培训结业后，有27人参加成人高考，其中21人被学校专科学历专业录取。2017年度，首届2015级工商企业管理专业11名学员毕业。学校为他们举办毕业典礼，公司对每一位毕业生进行奖励。

（何 伶）

【校园装修工程】 9月22日，西城经科大完成西直门内南草厂街63号校园教学楼改造装修工程项目。项目起止时间为2015年4月至2017年9月，总建筑面积为8934.8平方米，项目投资4625.86万元。此次装修增设室外消防疏散钢梯、室外电梯、小型教室和教职工活动室，把各教学系办公室改造成开放式的办公格局。

（何 伶）

【职业学校教师参与学区制管理】 9月26日，为进一步深化西城区教育改革，统筹学区教育资源，推进教育均衡化，西城区职业学校组织29名教师参加了历时3个月的学区制管理能力系列培训。学习培训结束后，分赴11个学区参与学区制管理工作。

（李同焕）

【民办学校教师节表彰】 9月，区教委开展民办学校先进个人和优秀集体的评选表彰工作。通过各校自评、学校自荐等形式申报材料，历经专家小组初评、集中述职、现场考评等，共评选出19个优秀集体和29名先进个人，对评选出来的先进个人和集体进行网上公示。

（王竞艳）

【西城区第15届市民学习周开幕】 11月8日，西城区“注重家庭家教家风 推动终身学习发展”第15届市民学习周开幕式在西城区文化中心举行。区委、区政府、区政协及北京市教委领导出席开幕式，15个街道办事处、委办局、西城区社区学院、社区教育相关单位以及学校代表等100余人参加活动。区教育工委副书记程宏梅主持开幕式。副区长司马红充分肯定了西城区在学习型城区建设道路上的不解努力，不断创新，尤其是探索建立社区家长学校为社会教育资源与千万家庭搭建共育平台所取得的成绩。她要求，以更加务实的精神推进全区家庭教育指导服务体系与终身学习服务体系不断融通、拓展，把社区家长学校建成学校、社区、社会合力开展家庭教育的资源交互平台；建成家庭教育理念和相关信息的宣传推广平台；建成家庭教育实践与科研成果转化的平台。区政协常务副主席程军宣读《关于表彰学习型城区建设先进集体和个人的决定》，领导为获奖单位和个人代表颁发证书和奖牌。在开幕式上，德胜社区家长学校校长荣飞雪带领学校团队、中国关工委家长教育学院师训部主任陈艳、育翔小学德育主任以及学生家长代表分别从专家、学校、家长的角度讲述了西城区以社区家长学校为载体，以专家资源库力量为依托，以家长为教育主体开展规范化、系统化、创新化家教工作的实践历程。开幕式期间，举办西城区社区家长学校成果展和西城区市民书画作品展。

（杨海蓉）

【开展民办教育机构和民办幼儿园安全检查】 11月27日，区教委组织召开西城区民办学校安全检查部署会。强调要以查找问题为导向，以排除安全隐患为目的，同时明确以学校组织领导与机构建设、责任落实与制度建设、消防安全、食品安全、师德建设、教师资质等方面为检查重点。截至年底，区教委联合街道对辖区内的未经教委审批无证幼儿园从办学资质、办学场地、教师队伍、幼儿数量及户籍、安全卫生等方面进行摸查。共联合执法检查无证园77所。民教科及民办教育协管员从办学资质、办学场地、人员资质、学员组成、餐饮卫生、校园安全等方面共实地检查无证幼儿园、民办幼儿园、民办非学历培训机构400余校次。

（王竞艳）

【增设3个新专业】 11月27日，西城经科大增设行政管理、英语、计算机应用技术3个专业。面向社会招生，高职专科层次，学习形式业余，修业年限2.5年。行政管理属公共管理类专业，计划招生50人，首次招生12人。其他2个专业首次招生人数为零。

（何　伶）

【首批北京市民终身学习示范基地】 11月，首都博物馆、北京天文馆、北京市外事学校、北京老舍茶馆有限公司、金融街社区教育学校经区教委推荐申报，被北京市教委认定为首批“北京市民终身学习示范基地”。

（王　珍）

【成人高等学校招生】 年内，西城区成人高考网上报名总计3910人，实际缴费3373人，现场参加资格确认的考生总数为3177人。其中高中起点专科为909人，高中起点本科为348人，专科起点本科为1920人。报名科次为9879科次，比上年减少1742科次；共设置成人考试考点校7所，考场117个。

（王　清）

【高等教育自学考试】 年内，高等教育自学考试笔试课程全年报考总人数为14533人次，比上年11349人次增加3184人次。报考45288科次，比上年29590科次增加15698科次。新生注册3804人，比上年2104人增加1700人。共组织考试1455场次。查处违纪考生38人。

（常　忱）

【高等教育自学考试非学历证书考试】 年内，高等教育自学考试非学历证书考试报考总人数10735人次，比上年10291人次增加444人次。报考27052科次，比上年25619科次增加1433科次。新生注册532人，比上年1021人减少489人。共组织考试907场次。查处违纪考生8人。

（常　忱）

【办理自考考生毕业初审】 年内，区教育考试中心自考办根据“自考考生毕业需要经过网上申请、区自考办初审，市自考办复审，最后由主考院校与市自考办共同签发毕业证书”的程序，为1233名毕业生办理毕业初审，其中专科493人、本科740人，与上年1258人相比毕业生减少25人。

（常　忱）

【参加职业技能比赛获奖】 年内，西城区承办北京市中等职业教育形象设计、酒店等专业的技能比赛。在比赛中，共获市级各类比赛一等奖7个、二等奖11个、三等奖9个。代表北京市参加全国技能比赛，获二等奖1个、三等奖1个。

（李同焕）

【开设首届社区居民专科课程班】 年内，西城经科大开设首届社区居民专科课程班。开设绘画基础和计算机应用技术2个专业，大学专科课程班层次，学习形式脱产（2年），招生面向社区居民。计划招生20—30人。开设素描、水彩画、计算机操作基础、动画制作等21门课程，共计848学时。西城经科大教师授课。学员修完全部规定课程，成绩合格，颁发学校专科课程班结业证书。首届2个专科班招生30人，学员平均年龄62岁。

（何　伶）

【开展教师教研活动】 年内，西城经科大加大教师教研活动的力度，组织开展教研活动15次。一是邀请专家为教师进行《如何成为一名优秀企业培训师》《以学习者为中心的教学设计与体验》的讲座；二是组织教师对北京和合谷餐饮管理有限公司和聚德华天控股有限公司校企合作的培训项目进行多次集体备课、到企业调研等活动；三是举办2次教师混合式教学经验交流会；四是组织教师对国家开放大学学习网迁移教学工作进行培训和研讨活动。

（何　伶）

【完成第八轮岗位聘任】 年内，西城经科大完成校内第八轮岗位聘任工作。学校成立聘任工作领导小组，制定《第八轮岗位聘任实施方案》《教职工工资实施办法》和《中层干部岗位职责和任职条件》等聘任文件。组织12场全体教职工参加的座谈会、讨论会，召开教师代表大会，广泛征求教职工的意见。聘任设立4个行政管理部门、7个业务部门和3个教学系。岗位聘任分层次和双向选择进行，一是学校对教师进行聘任；二是按照自荐、民主测评和组织考察等聘任程序，学校聘任28人为各部门负责人；三是各部门负责人聘任本部门职员岗位，聘期为3年。学校121人参加聘任。通过岗位聘任工作，学校整合部门和工作职能，进一步拓展办学功能和提升教学服务的能力。

（何　伶）

【道德讲堂】　年内，区文明办在红旗大学设立“道德讲堂”总堂，总堂的主题与内容以社区教育视角进行策划。9月26日，首场活动以“学习好榜样，传承好家风”为主题，邀请北京市第十五中学原校长吴秉寅主讲。12月19日，西城区2017年道德讲堂总堂实践活动共在红旗大学举办10场，惠及地区群众近千人。

（罗克东）

【教育教学】　年内，红旗大学利用网络平台进行线上教学，拟定《网络教学安排指导意见》。完成2017年北京市教育教学成果奖申报工作。10月起与国家开放大学数字化学习资源中心合作，开发完成了《实用旅游英语》10个微课件的设计与制作工作，将此系列微课加入国家数字化学习联盟平台，对社会开放。

（罗克东）

【开设培训班】　年内，红旗大学首次开设西城区教育系统音响师培训班。与志成小学和宣师一附小合作执行区教委推行的“城宫计划”，为学生11440人次授课568班次，授课内容涉及美术、科技、传统文化等。

（罗克东）

【社区教育】　年内，广外社区教育学校举办2016优秀摄影作品展、2017年文艺汇演、端午民俗剪纸展，组织师生走进国家图书馆开启“中国古代经典文学之旅”活动。承接广外街道社工培训，共计培训1280人次。家长学校通过“新父母　心成长”大讲堂开展讲座8场，培训2659人次。举办两届广外地区“梦想杯”青少年校园足球交流活动，覆盖小学4所，参与260余人；广外社区教育学校全年开展各类兴趣班及培训班8581人次。继续推进市民终身学习服务基地建设，以“回头看”的形式对17个“西城区学习型社区建设工作示范社区”首次集中回访调研；举办学习基地开放日活动，评选首批市民学习服务基地。办好“三刊两网”（即社区教育报、社区教育研究、社区学院文粹、和西城社区教育网、北京西城社区教育网微信公众号）。老干部大学全年开办49个班，学员813人。

（罗克东）

【成人教育高校举要】　北京市西城经济科学大学（简称西城经科大）暨西城区社区学院占地面积3.26万平方米，产权校舍建筑面积3.87万平方米。年内，教育经费投入5073.52万元，其中国家拨款4859.60万元、自筹经费213.92万元。固定资产总值1399.95万元，其中教学、科研仪器设备总值571.37万元。图书馆建筑面积1500平方米，藏有纸质图书10.70万册。拥有教学计算机446台。多媒体教室52个。学校信息化经费投入75.38万元，信息化设备资产643.58万元，网络信息点总接口2个，网络信息点445个，校园网出口总带宽100Mbps，电子邮件系统用户135个，上网课程37门，数字资源量418GB，管理信息系统数据总量16GB。设3个校区，2个工作站，4个教学系，开设9个专业，覆盖6个学科。教职工126人，其中专任教师60人，包括副教授21人。毕业生608人，招生594人，在校生1130人。中央民族大学远程与继续教育西城经科大教学站毕业生7人，在校生15人。中国传媒大学远程与继续教育西城经科大教学站毕业生282人（本科249人、专科33人），招生278人（本科233人、专科45人），在校生838人（本科762人、专科76人）。全年培训约15000人次。年内，学校本着面向社区、服务居民的办学宗旨，制定和完善学校多项规章制度，召开教职工代表大会会议，完成校内第八轮岗位聘任工作。学校被中国成人教育协会和学会评为优秀成人继续教育院校（培训机构）、获第三届北京高校学历继续教育大学生英语口语竞赛非英语专业本科组团体优秀奖。加强日常教学管理，坚持常态化质量监控，以典型课程为试点，推进线上线下混合式教学工作，加大校外联办教学点的管理力度，保障教学规范有序。推进学历继续教育与非学历继续教育融合发展，做好企业定制专业的招生工作，加强制定专业的课程建设，开设社区居民专科课程班。全年开设39个班次的市民课程或讲座，总课时1175课时，培训8584人次。以品牌活动为引领，组织市民讲外语风采大赛、市民艺术节合唱比赛、北京外语游园会、市民学习周开幕式、市民书画精品展等五大项专题活动，2000余人参与。筹办市民教育工作会议，做好社区教育信息宣传，发挥社区教育的龙头作用。学校与西城区老干部局签订学分课程建设项目培训协议，将老干部（老年）大学开设课程纳入学校市民终身学习成果认证制度体系中。学校基于市民终身学习成果认证制度微信公众号建立了新闻发布、课程推介服务等运营与服务功能。召开街道层面的认证管理员工作协调会，对学分课程任课教师进行培训。全年市民终身学习成果认证点140个，认证课时112142学时，对个人账户学分达到标准的4520名持卡学员进行积分兑换奖励。围绕西城区经济发展和社会需求，加大多方位多层次培训工作力度。全年开展培训项目24个，培训约15000人次；承接社会化各项考试15次，共计5980人。组织教师到企业调研实践、教学交流座谈、教师集体备课等十余次教研活动。召开西城区学习型城区研究中心立项课题的结题会，出版《网络改变生活》《走进低碳生活》社区教育课程，完成133门微课程的制作。学校在第三届NERC杯全国社区教育优秀微课程评选中和2017年北京市社区教育与农村成人教育微课程参赛中有62门微课程获奖。

北京宣武红旗业余大学（简称红大）是西城区独立设置的成人高校，占地面积7415万平方米，产权校舍建筑面积10480万平方米。全年教育经费投入3245万元，其中国家拨款2981万元、自筹经费264万元。固定资产总值1484.90万元，其中教学、科研仪器设备总值560.75万元。图书馆建筑面积300平方米，藏有纸质图书8万册、电子图书4800册。拥有计算机592台，多媒体教室座位590个。学校信息化经费投入11万元，主要用于计算机教室网络线路维修改造。信息化设备资产639.28万元，网络信息点400个，校园网出口总带宽20Mbps，上网课程26门，数字资源量82GB，管理信息系统数据总量30GB。设有右安门1

个校区，设有5个教学系，开设15个专业，覆盖12个学科。教职工81人，其中专任教师47人，包括教授3人、副教授15人。聘请校外教师27人，其中教授3人、副教授13人。年内，专科学历在校生556人、招生279人、毕业252人；北京理工大学继续教育学院红大教学站在校生181人、招生36人、毕业57人；北京交通大学继续教育学院在校生959人、招生167人、毕业288人；北京师范大学继续教育学院在校68人、毕业78人。全年培训学生4548人次，为区属各委办局单位组织各类考试11次，考生共计9330人次。

（何伶　罗克东）

教育督导

【概况】 北京市西城区人民政府教育督导室（简称区政府教育督导室）是区政府加强教育行政监督，行使教育督导职能的专门机构；代表区人民政府开展区内教育督导工作；职能是依法对区内教育工作进行监督、检查、评估、监测、指导。共有专职督学17人（其中公务员编制12人），兼职督学30人。年内，区政府教育督导室按照国家教育督导委员会办公室和北京市政府教育督导室的要求，落实责任督学挂牌督导制度，在全区所有中小学校、幼儿园开展经常性督导，并通过国家中小学校责任督学挂牌督导创新区实地核查。配合区委教工委和区教委，完成相关监测工作。共对8所中小学校和幼儿园、2所社区教育学校和4所民办非学历教育机构进行综合管理督导评价，对3个街道办事处进行履行素质教育目标责任的综合督导，对16个政府组成部门进行督政责任区经常性督导，对10个政府组成部门进行专项随访督导。

地址：西城区广安门内大街171号

邮编：100053

电话：63035547

（王锦红）

【市春季开学情况督导检查】 2月27日，市教委检查组到西城区进行2017年春季开学情况督导检查。区政府教育督导室主任赵蓬欣汇报西城区春季开学工作督导检查的情况。市教委检查组实地考察回民学校、实验幼儿园、师大附中，重点查看食堂、学生宿舍、教学设施等。市教委检查组肯定了西城区在开学准备、假期安排等各项工作中的做法，提出区教委要针对梳理出的学校问题，高度重视，分类处理，逐项落实解决。

（王锦红）

【市安全工作及全国义务教育质量监测准备工作专项督查】 5月11日，市专项督查组到西城区就“一带一路”国际合作高峰论坛期间安全稳定工作、国家义务教育质量监测准备工作进行专项督查。督查组分别到宣师一附小、第十五中学对2项工作进行实地检查，听取学校工作汇报及西城区教育系统的相关汇报。专项督查组对西城区贯彻落实“红墙意识”，两项工作细致入微的准备给予肯定，提出在工作中要各司其职，继续“拧紧安全的螺丝扣”。要通过国家义务教育质量监测，为全市教育质量的提升做贡献。

（王锦红）

【国家义务教育质量监测】 5月25日，西城区20所样本学校完成2017年国家义务教育质量监测任务。此次国家义务教育质量监测对象为四年级和八年级学生，监测内容为义务教育阶段学生科学学习质量、德育状况，以及课程开设、条件保障、教师配备、学科教学和学校管理等相关影响因素。

（王锦红）

【市教育系统校园安全和秋季开学工作检查】 8月30日，市教委检查组对西城区2017年教育系统校园安全和秋季开学工作情况进行检查。检查组走进北京师范大学附属中学、北京第一实验小学、和平门幼儿园，实地巡查校园环境、学生宿舍楼等。与学校领导进行座谈，听取学校工作汇报，并针对校园安全和秋季开学工作提出要求：做好开学前的各项准备；对师生舆情要有整体把握；对全校师生进行思想政治教育、安全教育，做好防范工作；通过安全检查确保各项工作安全落地。

（王锦红）

【西城区教育督导研修中心成立】 10月13日，西城区教育督导研修中心在北京教育学院宣武分院正式挂牌成立，副区长司马红、区教育督导室主任赵蓬欣为督导研修中心揭牌。教育督导研修中心的成立是为贯彻落实《关于深化教育体制机制改革的意见》，深入推进管办评分离，有效促进教育治理体系和治理能力现代化。教育督导研修中心的主要职能是：研究学习督导前沿理论、国际经验，探索理论与实践的结合；组织实施专兼职督学的资格认定、遴选聘任、培训考核，建立督学专业发展动态信息库，开发培训教材，建设培训课程库和案例库；梳理总结督导经验成果，并积极推广先进经验和成功做法；为政府决策发挥参谋助手作用，及时发现督导过程中产生的问题，建立与教育行政部门的反馈机制，促进教育改革与发展；组织实施或指导承担督导科研课题，研究开发督导评估工具；建立教育督导人才库、第三方评价机构库以及督导数据库等，为教育督导提供资源支撑。

（王锦红）

【“全国中小学校责任督学挂牌督导创新区”实地核查】 10月31日，国务院教育督导委员会办公室副主任、教育部教育督导局副局长向明灿带领国家实地核查组专家，对西城区“中小学校责任督学挂牌督导创新区”创建进行实地核查。核查专家组观看西城区责任督学挂牌督导工作宣传片，听取副区长司马红代表区政府所作的题为《坚持求真务实 积极探索实践 努力构建可持续发展的挂牌督导新模式》挂牌督导工作汇报，并就西城区责任督学挂牌督导相关工作情况进行问询了解，查看责任督学挂牌督导工作信息系统。核查专家组走进育才学校、北京市第三十一中学和康乐里小学，边巡视校园边听取责任督学介绍学校的基本情况、学校办学思路和特色，查看学校校门前悬挂的责任督学公示牌、学校责任督学工作室和责任区督学工作站，详细了解责任督学办公设备配备情况、督学工作档案管理情况、责任督学工作手册及责任督学挂牌督导工作信息系统使用情况等。

在第三十一中学，核查组专家还走进课堂，与责任督学一起听课，并对责任督学评课进行点评。核查组对西城区责任督学挂牌督导工作给予充分的肯定。经过国务院督导办专家组材料审核、满意度测评及实地核查，西城区获国家级中小学校责任督学挂牌督导创新区称号。

（王锦红）

【市教育执法情况督导检查】 11月13日，市督导检查组对西城区政府教育执法情况进行督导检查，同时对西城区深化基础教育综合改革情况及同级督政工作进行督导。督导检查组听取西城区关于教育法律法规执法情况的工作汇报，就相关问题进行问询了解并查阅档案资料。围绕教育资源设施配备供给情况、义务教育及学前教育学位供给和办学体制机制建设情况以及资源供给及多种办学模式，召开区教委、区政府教育督导室、相关委办局、街道办事处、学校和居民代表座谈会。检查组成员还分别前往第十五中学、育翔小学、三教寺幼儿园和红黄蓝幼儿园进行实地考察，听取校长（园长）汇报、巡视校园、查看专业教室。检查组对西城区教育执法情况给予肯定。

（王锦红）

【市幼儿园办园行为督导评估检查】 11月14日，市幼儿园办园行为第三督导检查组对西城区警娃艺术幼儿园、华电（北京）热电有限公司幼儿园、西城区宝威幼儿园、西城区月坛街道办事处月坛第一幼儿园进行实地检查。督导检查组听取4所幼儿园园长从办园条件、安全卫生、保育教育、教职工队伍、内部管理五个方面所做的工作汇报，就相关问题进行问询了解并查阅档案资料。实地查看园所环境建设、软硬件设施、教学楼、食堂、消防器材设备等。

（王锦红）

【幼儿园责任督学挂牌督导】 12月6日，西城区为在册的75所幼儿园（包括民办幼儿园）配备责任督学，实现幼儿园责任督学全覆盖。区政府教育督导室统一制作责任督学公示牌，标明责任督学的姓名、照片、联系方式和督导事项。公示牌在园门显著位置予以公布。责任督学挂牌后，将对幼儿园依法办园情况、安全管理情况、卫生保健情况、保育教育情况、师德建设情况、内部管理情况、园务公开情况进行经常性督导。

（王锦红）

【西城区人民政府教育督导委员会成立】 12月28日，西城区人民政府教育督导委员会（以下简称区政府教育督导委员会）成立大会召开。会上，区政府教育督导室主任赵蓬欣宣读《北京市西城区人民政府办公室关于设立北京市西城区人民政府教育督导委员会的通知》。区政府教育督导委员会为区政府议事协调机构，成立后在区政府领导下独立行使教育督导职能，代表政府对政府相关组成部门履行教育职责和各级各类教育进行监督、检查、监测、评估、指导。其主要职责是：研究制定西城区教育督导的重大政策；审议区教育督导发展规划和重大事项；统筹指导区教育督导工作；聘任区督学；发布区教育督导报告。区政府教育督导委员会主任由区政府主管教育工作副区长担任；副主任由区政府办公室主任、区教委主任和区政府教育督导室主任担任；成员由区政府办公室、区发展改革委、区教委、区科信委、区财政局、区人力社保局、区编办、区住房城市建设委、区卫生计生委、区审计局、区体育局、区统计局、区政府法制办、西城公安分局、工商西城分局等部门的主管领导组成。区政府教育督导委员会下设办公室，办公室设在区政府教育督导室，承担区政府教育督导委员会的日常工作。办公室主任由区政府教育督导室主任兼任。

（王锦红）

【“校长助理”参与督导】 年内，聘请“西城区校长助理项目”中50名“校长助理”作为特约督学参加教育督导，旨在落实西城教育督导改革各项任务，扎实推进各项重点工作，有效履行督政、督学、评估监测职责，提高西城教育督导工作的理论水平，增强教育督导的科学性、有效性和针对性。

（王锦红）

【全面实施素质教育综合督导】 年内，依据《北京市区县政府、教委、学校（教育机构）全面实施素质教育评价方案》以及西城区督导评价指标体系与细则，会同区委教工委、教委有关科室以及相关直属单位对宣武外国语实验学校、第十三中学分校、月坛中学、四根柏小学、炭儿胡同小学、顺城街第一小学、第四幼儿园、名苑幼儿园8所中小学校、幼儿园进行综合督导。督导后汇总分析收集的信息，肯定各单位近三年工作中取得的主要成绩，同时指出工作中存在的主要问题并针对问题提出具体建议，形成督导评价意见。分别召开督导反馈会，向被督导单位进行督导回复。

（王锦红）

【非学历民办教育培训机构督导】 年内，依据《西城区非学历民办教育培训机构综合管理督导评价方案（试行）》，围绕办学方向、办学条件、学校管理、办学绩效和办学特色五个方面分别对高思培训学校、贝乐培训学校、新思维文化艺术培训学校、西城经济科学大学培训中心进行督导。督导后分别汇总分析收集的信息，形成评价意见，并向被督导单位进行督导回复。

（王锦红）

【社区教育学校综合督导】 年内，依据《西城区社区教育学校工作评价指标体系》，从组织管理、教育教学、发展绩效、特色创新等方面对展览路社区教育学校和月坛社区教育学校进行综合督导。督导后分别汇总分析收集的信息，形成评价意见，并向被督导单位进行督导回复。

（王锦红）

【街道办事处综合督导】 年内，依据《西城区进一步推进全面实施素质教育评价工作方案》对椿树街道办事处、展览路街道办事处和月坛街道办事处进行综合督导。在督导的过程中注重挖掘街道开展素质教育工作的特色和取得的成绩，同时提出工作建议。

（王锦红）

【督政责任区经常性督导】 年内，根据督政责任区制度，开展对区住房和城市建设委、市规划委西城分局、区文化委、区科协、工商西城分局、区财政局、区审计局、区地税局、区司法局、团区委、区妇联、区总工会、区城管执法监察局、区城市管理委、区环保局、区残联等16个委办局的教育督政经常性督导，督促相关委办局素质教育目标责任落实。

（王锦红）

【随访督导相关委办局】 年内，为有效加强工作沟通，推动区域素质教育工作的深入开展，区政府教育督导室围绕社会关注的教育热点、难点以及教育改革问题，对西城交通支队、区政府法制办、区人力社保局、区民政局、区卫生计生委、区法院、西城公安分局、区发展改革委、区检察院、区食品药品监管局等10个委办局进行专项随访督导。

（王锦红）

（责任编辑　杨桂敏）

文化　旅游　体育　卫生

文　化

文化管理

【概况】 北京市西城区文化委员会（简称区文化委）是负责文化、文物、新闻出版和广播电影电视事业管理工作的区政府工作部门。负责制定区文化事业发展规划，并组织实施；指导公共文化设施和基层文化设施建设；制定并实施非物质文化遗产保护规划；制定文化市场发展规划，承担文化市场、新闻出版、广播电视事业监督管理责任；负责文物保护有关事项的管理，对文物保护单位实施监督管理。设办公室、政策法规科（研究室）、公共文化科、非物质文化遗产科、文化产业科、文化市场管理科、文物科、财务审计科、党群工作办公室、人事科，机关行政编制 43 名。区文化委所属区文化执法队是负责区文化、文物、新闻出版和广播电影电视事业行政执法工作，设综合科、文化市场治理办公室、法制监督科、财务科、执法一分队、执法二分队、执法三分队、执法四分队、执法五分队，行政执法专项编制 37 名。

地址：西城区后广平胡同26号
邮编：100035
电话：66561230

（房　微）

【传统节日文化活动】 1 月 20 至 25 日，在天桥剧场举办“北京第三届（2017）天桥小年文化庙会暨老舍京味文化节”。活动期间，安排北京市曲剧团老舍作品改编经典剧目展演、北京民俗展示、北京民俗讲座、天桥艺术、非遗展示、节庆用品展卖及其他丰富多彩的主题活动。活动历时 6 天，6000 余人次参与。4 月 4 日，2017 年“清明 · 陶然诗会”在陶然亭公园举办。活动邀请多名表演艺术家、朗诵家参与。12 个群众朗诵团体，近百名朗诵爱好者参与，表达人民群众缅怀先烈，继承遗志，实现中国梦的壮志豪情，抒发了对革命先烈的敬仰之情。5 月 28 日至 30 日，“传承文化 吉满陶然”西城区端午节系列文化活动在陶然亭公园举办。活动通过开展非物质文化遗产展示、端午节令传统食品展售等形式配合公园独特的景观资源，让游客充分感受中华民族传统文化的魅力。在非遗活动体验区，非遗传承人们现场展示制作香囊、风筝、脸谱、绳结、宫廷团扇等传统非遗手工艺品。在民俗小吃售卖区，由老字号商铺桂香村现场制售的五毒饼、鲜花饼及特色粽子受到了游客的欢迎。10 月 2 至 4 日，中秋节期间，在大观园和月坛公园举办“情寄中秋 · 福满西城”——2017 年西城区中秋节群众游园赏月活动。此次活动旨在“弘扬民族优秀传统文化，丰富人民群众节日内涵”，由诗歌朗诵会、非遗演出、京剧专场演出三部分组成。此次活动汇集文艺表演、非遗展示、猜灯谜、拜“兔儿爷”、游园互动、网上直播等文化活动。为期 3 天的活动，共吸引近万当地群众和中外游客参与。

（房　微）

【春节庙会活动】 1 月 28 日至 2 月 1 日（正月初一至初五），举办北京厂甸庙会和北京大观园第二十二届红楼庙会，庙会重点突出文化特色、创新特色、公益特色。五天分别接待游客 47.98 万人次和 9.1 万人次。

（房　微）

【非遗项目参加对外文化交流活动】 美国当地时间 2 月 1 日，由中国驻美国大使馆和美国子午线国际中心共同举办的“欢乐春节——中国文化之夜”活动在中国驻美使馆举行。中国驻美国大使崔天凯、美国联邦众议员卡洛琳 · 马洛尼、美国国务院亚太事务助卿丹尼尔 · 拉塞尔、国家艺术基金会主席朱简、子午线国际中心总裁斯图亚特 · 霍利迪大使等华盛顿各界嘉宾近 500 人出席活动。来自北京市西城区的口技、内画鼻烟壶、北京鬃人、彩塑京剧脸谱、彩塑等非遗项目传承人参与了此次活动，进行了传统手工艺展示和互动。2 月 9 日至 16 日西城区组织非遗展示人员、演出人员赴缅甸、越南参加东盟文化之旅文化交流活动。“北京东盟文化之旅”是由北京市友协与西城区政府从 2014 年发起并共同主办、面向东盟国家开展的大型系列文化交流项目。

（房　微）

【举办“第三届中国原创话剧邀请展”】 3 月 2 日至 6 月 25 日在国家话剧院和

天桥艺术中心举办第三届中国原创话剧邀请展，由中国国家话剧院、西城区人民政府联合主办，国家话剧院剧场运营中心、天桥艺术中心和区文化委承办。在为期116天的活动期间，共有来自全国20余个省、自治区、直辖市的国有院团、民营院团、社区戏剧团为首都观众带来了21部大剧场剧目、10部小剧场剧目，共计135场演出，观众人数累计10万余人次。

（房　微）

【区领导参加志愿服务】　3月5日，区领导王少峰、陈宁、姜立光、李会增、李异、郁治、徐利、张利星等作为西城区第一图书馆志愿者，为前来阅读的读者服务。区领导分成三组，分别参加“分享阅读交换快乐——每周日的图书交换项目”“了解我的图书馆——图书整理项目”“了解我的图书馆——电子报刊借阅服务项目”。西城区第一图书馆的志愿服务工作开展15年，规模从几名志愿者，发展成为有多个团队，近400名志愿者，四大志愿服务项目。

（房　微）

【大栅栏民俗获“十佳优读空间”】　经过读者投票和专家评议，西城区第二图书馆推送的大栅栏民俗图书分馆获得2016年“阅读北京·十佳优读空间——百姓身边的基层图书室”称号。“阅读北京”由北京市委宣传部和文化局主办，首都图书馆、北京市各区文化委员会、首都图书馆联盟承办。3月22日，在“阅读北京. 品味书香——2017年度首都市民阅读系列文化活动”启动仪式上，大栅栏民俗图书分馆受到表彰。

（房　微）

【市级领导调研西城区非遗项目】　3月23日，市人大调研组到西城区非物质文化遗产保护中心，调研抖空竹、天桥中幡、北京评书、京作核雕、内画鼻烟壶、彩塑京剧脸谱等多项非遗代表项目，随后召开了座谈会。会上，市文化局、西城区非遗项目保护单位和代表性传承人分别汇报非遗保护工作情况，并就非遗立法工作提出建议。市人大常委会副主任杨艺文、闫傲霜，秘书长张清，西城区人大主任杜灵欣，区委常委、宣传部长陈宁、副区长徐利等一同参加调研。5月31日，市委常委、市委宣传部部长杜飞进，在市文化局局长陈东，区领导卢映川、王少峰、马新明、陈宁、吴向阳、徐利、郭海龙、靳真、孙劲松等和相关部门负责人的陪同下，到西城区非物质文化遗产保护中心和非遗传习基地，就非遗保护和传承项目进行调研。参观天桥中幡、评书（国如轩）、京派内画鼻烟壶、雕漆、核雕、彩绘脸谱、面塑、金漆镶嵌、穆派戏法等非遗项目。

（房　微）

【西城区文化云】　4至9月，为加快推进公共文化服务与科技融合发展，解决西城区在公共文化服务方面所面临的一系列现实的问题，探索公共文化服务新模式，提升现代文化传播服务能力，建立全区共享、互联互通的公共数字文化服务网络平台，申报打造西城区公共数字文化服务项目（西城区文化云），该云平台于9月正式上线运行。截至年底，云平台注册会员31285人，西城公众号用户量19596人，其中北京占96.6%，隶属西城用户占85%，票务预订率100%，活动达到率90.2%，公众号平均阅读7天达1203次，单篇最高2665次，好评率100%。

（房　微）

【第16届丁香诗会召开】　4月10日，以“弘扬社会主义核心价值观，迎接党的十九大胜利召开”为主题的第16届法源寺丁香诗会暨第13届丁香笔会在北京法源寺召开。北京卫视《北京新闻》主播李杨薇和西城区第二图书馆馆长李金龙担任主持，相关领导、朗诵艺术家及各界群众等300余人参与。

（房　微）

【“西城区什刹海专题数据库”正式上线】　4月23日，“西城区什刹海专题数据库”正式上线。“西城区什刹海特色专题数据库”内容全部来源于西城区第一图书馆前期整理的《北京什刹海文化专题文献资料汇编》131册、《北京什刹海文化专题文献资料档案》15册。“什刹海特色专题数据库”可全文检索，以原版原貌展示为发布基础，具体可进行标题、著者、出处、出版年、全文以及其他途径检索，同时还支持按照文献章节及重点推荐进行相应的查阅。全库3个部分，分文献资源、档案资源及照片资源，文献资源10163篇，合计全文识别达6000万字左右、档案资源317篇、照片资源1016个。

（房　微）

【“阅读春天”系列活动启动仪式】　4月23日，“阅读春天”系列活动启动仪式在历代帝王庙举行。活动仪式上，西城区文化委员会发布《北京市西城区“十三五”时期全民阅读推广规划》，向通过考核的阅读空间颁发西城区特色阅读空间标牌，并向积极支持帮助西城区全民阅读的社会各界热心人士颁发“西城阅读朋友”，首位女航天员刘洋出席活动并分享阅读体会。

（房　微）

【非遗文化系列活动】　4月27日，“2017年西城区非遗演出季”昆曲专场演出在梅兰芳大剧院演出。此次演出的剧目是由北方昆曲剧院带来的新排剧目《汤显祖与临川四梦》。5月2日，2017年西城区非遗演出季系列活动——“雅乐·尚韵”非遗音乐会演出活动在天桥剧场推出。演出汇集了十番乐、古琴、古代诗词歌曲、三弦、京胡等非遗传统音乐演出形式，以“雅乐·尚韵”为主题，分为《乐之吟》《乐之思》《乐之弦》3个篇章。5月3日，2017年西城区非遗演出季系列活动——“弘武·继艺”武术专场演出活动在天桥剧场推出。“弘武·继艺”武术专场汇集八卦掌、通背拳、孙式太极拳、六合拳、梅花桩拳等各类拳法代表性传承人以及众多武术爱好者。此次专场演出共分为记忆、技艺、寄意、继艺4个章节。6月15至17日在天桥剧场推出西城区曲艺专场演出活动。演出展现了曲艺文化的多样性，来自京津冀乃至全国的优秀曲艺传承人以精彩表演完美的演出展现传统曲艺文化的传承精神。本次演出还汇集了快板、西河大鼓、铁片大鼓、双簧、梅花大鼓、河南坠子等西城区新公布的第五批区级非物质文化遗产代表性项目。作为西城惠民文化活动的组成，3000余名西城区群众通过免费领票的形式观看演出。

（房 微）

【群众文化系列活动】 6月1日至7月14日，区文化委举办“喜迎十九大颂歌献给党”2017第十四届北京景山合唱节活动。本届合唱节共有2支团队获景山合唱节金奖、4支团队获银奖、6支团队获铜奖、17支团队获优秀奖。6月15日、16日，区文化委、中华曲艺学会联合举办首都市民系列文化活动之“艺术天桥鼓韵荟萃”——2017西城区天桥鼓曲专场演出，近2000名观众观看参与演出活动。此次活动旨在弘扬传承曲艺艺术，让更多人认识到传统艺术瑰宝的魅力。7至8月，举办2017“欢乐飞飏”北京社区舞蹈大赛。大赛共有来自各区舞协、文化馆、街道、社区舞蹈团和舞蹈工作室的80多个单位、110多个作品报名参赛，经过初赛筛选、复赛，最终有20支舞蹈作品入围决赛。20支参赛队伍分为舞台舞组和广场舞组进行角逐，最终共产生金奖4个、银奖6个和铜奖10个。

（房 微）

【举办第五批西城区级非物质文化遗产项目授牌仪式】 6月10日“文化和自然遗产日”，区文化委在月坛雅集传艺荟举行第五批西城区级非物质文化遗产项目授牌仪式，为46个区级非遗项目颁发标牌。第五批区级非遗项目是在西城区发掘的一批特色鲜明、价值较高、亟待保护的普查项目基础上，由区各相关单位申报并通过专家评审、网上公示，最终经区政府研究，同意列入第五批区级非物质文化遗产代表性项目名录（共计42项）和区级非物质文化遗产代表性项目名录扩展项目名录（共计4项）。截至年底，西城区级非物质文化遗产项目已达208项，市级非遗项目67项，国家级非遗项目36项。

（房 微）

【“2017北京非物质文化遗产时尚创意设计大赛”启动仪式举办】 6月10日，2017年北京非物质文化遗产时尚创意设计大赛的启动仪式于西城区月坛雅集传艺荟举办，本次大赛的口号为“100天让非遗融入百姓生活”。大赛活动从6月10日持续到11月10日，包括启动仪式、体验行动、赛事评选、成果展示四大板块。2017年大赛在市文化局的指导下，正式提升为市级文化活动，面向全市举办，范围更加广泛、项目更加多样。大赛旨在为大众搭建一个近距离接触和认知非遗的平台，挖掘非遗文化与时尚艺术结合的无限可能。同时，通过多种途径，弘扬传统工艺，激发文化创造力，为非遗注入时尚、活力、魅力元素，让非遗与时俱进，活力传承。

（房 微）

【西城区非遗进校园项目推进会召开】 6月21日，区文化委联合区教委、区体育局于在月坛体育馆开展2017年西城区非遗进校园推进会暨非遗项目推介活动。活动现场以学生实物作品、展板等形式对非遗进校园近几年的成果进行集中展示，邀请非遗项目代表性传承人到场进行展示交流，供学校进行现场遴选。全区各中小学校负责人参加此次活动。

（房 微）

【第三届中国童书博览会】 7月7日至16日，第三届中国童书博览会在北京展览馆开幕。本届童博会为期10天，秉承“让中国孩子读最好的童书”的创办理念，搭建儿童阅读、家庭分享一体化的儿童阅读推广服务平台。本届童博会共邀请60余家儿童出版社参加，吸引近20万人参与。

（房 微）

【庆祝建军90周年大会】 7月27日，在解放军歌剧院举办庆祝中国人民解放军建军90周年大会。此次活动由区双拥共建领导小组办公室、区文化委员会具体承办。军委装备发展部政治工作局主任汪鸿雁，公安部消防局副政委詹寿旺等驻区部队领导，西城区四套班子领导卢映川、王少峰、章冬梅等出席大会。

（房 微）

【市领导走访中国书店雁翅楼店】 9月23日，市委书记蔡奇光临了中国书店雁翅楼特色阅读空间。

（房 微）

【庆祝“宣南书馆”成立十周年系列活动】 9月24日，“北京评书. 四世同堂”传承成果汇报演出在天桥艺术中心开演，这也是“北京评书. 宣南书馆”成立十周年暨首届“宣南书荟”系列活动的重要演出场次之一。由中共北京市西城区委宣传部、北京市西城区文化委员会、北京市西城区文学艺术界联合会、中国曲艺家协会评书艺术委员会、北京电视台文艺中心主办，北京市西城区非物质文化遗产保护中心、国如轩书馆（宣南书馆）承办，中华书局、北京市西城区第一文化馆、北京市西城区第二文化馆协办的“北京评书·宣南书馆”成立十周年暨首届“宣南书荟”系列活动主要包括专场演出、回顾展、专家座谈会、出版论文集四个板块。系列活动从9月18日一直持续到当月底，主要包括：“宣南书馆”成立十周年庆典演出及两场公演活动、《历程》——北京评书宣南书馆成立十周年回顾展、“北京评书·宣南书馆”传承成果研讨会和发表《北京评书宣南书馆成立十周年纪念文集》。多样的演出表演、展览、专家座谈会和初版论文集，全方位、立体化的对书馆十年辉煌历程进行详细展示。

（房 微）

【“伟大的民族复兴”档案文献展】 10月10至18日，由中共北京市西城区委、国家档案局、中央档案馆联合主办，北京市西城区文化委员会具体承办的“伟大的民族复兴——中国共产党领导全国各族人民为实现中国梦而奋斗的光辉历程档案文献展”。展览通过600余件档案文献图片，全方位展示了中国共产党领导中国人民为实现民族独立、国家富强而艰苦探索、不懈奋斗的壮阔历程与辉煌成就。

（房 微）

【举办第四届当代小剧场戏曲艺术节】 10月26日，在繁星戏剧村举行第四届当代小剧场戏曲艺术节发布会，由北京市戏剧家协会、区文化会、天艺同歌文化公司共同主办，繁星戏剧村承办。10月26日至年底，在繁星戏剧村将有两岸三地11个剧种19个剧目，涵盖京剧、昆曲、越剧、粤剧、藏剧、评剧、柳子、赣剧等戏曲形式共70余场展演。

（房 微）

【第三届中国国际芭蕾演出季】 11月10日，经中华人民共和国文化部批准，由中央芭蕾舞团主办，北京中芭演出有限公司、天桥剧场承办，西城区委区政府、区文化委、国家艺术基金支持的第三届中国国际芭蕾演出季正式开幕，自11月10日起，在为期两个多月时间内，共带来14剧、30场演出。

（房 微）

【非遗演出季之“全堂八角鼓”专场演出举办】 12月10至12日，由西城区文化委员会主办的非遗演出季之“全堂八角鼓”专场演出，在天桥剧场拉开帷幕。三场演出分别以“老艺术家专场”“师徒专场”“南北交流专场”的主题形式展开，将“全堂八角鼓”这一传统曲艺形式全方位的带给广大观众。年届90的老曲艺家赵玉明、国家级非遗项目代表性传承人张蕴华、连珠快书项目代表性传承人章学楷、评书表演艺术家田连元等众多曲艺名家悉数登场献艺。

（房 微）

【逐梦启航——2018西城区新年音乐会】 12月31日，由区文化委、西城区人民政府台湾事务办公室、北京天桥盛世投资集团有限责任公司共同主办，西城区第一文化馆、北京天桥艺术中心管理有限公司承办的“逐梦启航”——2018西城区新年音乐会，在天桥艺术中心上演，来自西城区各行各业的社区百姓、台胞、台属及音乐爱好者近千人观看演出。

（房 微）

【共享阳光残障人读书会】 年内，区少儿馆为特殊少儿服务主要包括共享阳光残障人读书会活动和亲子空间俱乐部的外来务工子女读书活动。全年共举办活动9次，435人次参与。为了更好地开展残障人的阅读疗愈工作，帮助其克服在社交及语言上的障碍，区少儿馆与西城区我们的家园残疾人服务中心签订合作协议，为残障人提供健康向上的社会环境，通过各种阅读活动疗愈其心灵，并在区少儿馆打造残障人就业培训基地，培训其就业技能，实现其人生价值，并帮助1名大龄自闭症患者实现就业。

（房 微）

【2017西城区“百姓戏剧展演”系列活动】 年内，由区文化委主办，西城区第二文化馆和万方文化机构承办，中国国家话剧院支持的2017西城区“百姓戏剧展演”系列活动举办。“百姓戏剧展演”继续以“政府搭台、企业参与、百姓受益”为宗旨，以原创话剧、音乐剧、戏曲、情景剧等为载体，开展19项活动，展示23部剧目，呈现44场演出。

（房 微）

【原创北京曲剧《B超神探》】 年内，作为向党的十九大献礼之作，由区文化委出品，西城区第一文化馆创作，在北京曲剧团支持下推出一部新剧——北京曲剧《B超神探》上演4场。该剧取材于十九大代表、北京市儿童医院超声科名誉主任贾立群的事迹。本剧以北京特有的地方剧种北京曲剧为表现形式，突出北京人、北京事、北京戏。

（房 微）

【文化市场行政执法数据】 年内，全队共出动执法人员3480人次，检查市场1501家次，查扣图书1090册、音像制品564张，立案124件，罚款211992元。

（房 微）

【文化市场行政许可数据】 年内，区文化委受理文化市场行政许可及备案类事项共计1472件。其中依法受理并许可国内营业性演出审批1218台12170场次；出版物零售企业新设立83家，变更61家；文艺表演团体新设立3家，变更6家；电影放映单位设立2家，变更1家；演出场所经营单位设立4家；艺术品经营单位备案81家；有线电视、共用天线设计、安装单位变更1家；网吧变更2家；歌厅变更10家。其中国内营业性演出审批较2016年度西城区的审批数量977台、9834场次，在台数和场次上分别递增了24.7%和23.8%。2017年度西城区国内营业性演出的审批的台数、场次分别占到全市各区县审批总量的38.7%和42.6%，均居第一位。西城区有文化市场经营单位1204家。其中演出场所经营单位39家，占全市130家备案演出场所的30%，居各区县第一位，共有舞台48个，观众坐席30721个；出版物零售企业531家；文艺表演团体60家；电影放映单位13家；艺术品经营活动的单位217家；有线电视站、共用天线设计、安装单位23家；网吧106家；歌厅88家；电子游艺厅23家；印刷企业104家。

（房 微）

【大型主题展览】 年内，西城区第二图书馆共举办大型主题展览16次，参观者达20万人次。展览主题主要有“新春民俗文化展”、“阅读之城”请读书目展、“英烈足迹遍宣南”展、“世界读书日”专题展、“我们的节日——端午节”民俗展、“铭记光辉历史 开创强军伟业”建军90周年主题展、“西城之最”展、“携手共创 文明西城”展、“热烈庆祝建国68周年”主题展、十九大报告解读展、冬奥体育文化展等。

（房 微）

文物管理

【概况】 西城辖区历史文化底蕴深厚，资源丰富，种类繁多，特色鲜明，是皇城文化、市井民俗文化、宗教文化、缙绅文化等高度融合的区域。共有三级文物保护单位181处，其中全国重点文物保护单位42处、北京市文物保护单位61处、西城区文物保护单位78处。尚未核定为文物保护单位的不可移动文物（文物普查登记项目）182处。在北京市已公布的40片历史文化保护区中，西城区域内有18片。

（房 微）

【沈家本故居保护利用专题会】 1月3日，区长王少峰组织会议专题调度沈家本故居保护利用工作。会议议定由区文化委作为立项主体、燕广公司作为代建公司抓紧实施文物修缮工程；沈家本故居修缮后交由最高法院作为法制名人博物馆使用；区发改、区文化委、区法院代表区政府与最高法院进一步洽谈有关合作事项，起草合作协议等。

（房 微）

【“中国大运河之仓敖文化”巡展】 3

至5月，郭守敬纪念馆组织“中国大运河之仓敖文化”巡展活动，先后进入北京教育学院附中（高、初中部）、北京市十三中学、铁二中等学校，共有师生3500人观看，发放宣传品1500份；同期进入后海、西什库等3个社区，共5000名居民观看展览，发放宣传品300份。

（房　微）

【领导调研西城文保工作】 3月31日，国家文物局党组成员、副局长宋新潮到西城区调研文物保护工作，听取西城区“大栅栏更新计划”概况、安徽会馆保护利用工作的汇报，调研文物腾退资金保障、中央单位及部队不合理使用文物等问题，提出旧城改造应为有机式、插花式、渐进式改造，不拒绝现代，但要注意相互呼应，形成差异性协调，西城区应编制区域修建详细规划，加强研究腾退后文物的合理使用问题。

（房　微）

【清明节文化展演活动】 4月4日，由北京历代帝王庙管理处与中国人民大学孔子研究院联合主办的“礼敬先祖 追思先贤——2017（丁酉）年历代帝王庙清明文化展演”活动在庙内举行。展演活动由明代皇家传统仪仗和拜谒典礼两部分组成，仪程包括排班、起鼓、迎神等10余个环节。整体仪式庄严肃穆、气氛热烈。来自全国各地的200余位传统文化爱好者和北京大学、中国社科院等高校及研究机构的学者及学生参加活动。此活动对中华传统祭祀礼仪和礼乐文化进行普及与传承，丰富广大群众的精神文化生活。

（房　微）

【“慎终追远，缅怀先贤”活动】 4月5至7日，北京李大钊故居举办“清明时节 缅怀名人 走进故居”主题系列活动。此次活动组织周边学校的学生到故居建队授巾，并与金融街社会办及百花深处艺术团合作推出清明节诗会。参与人数共计3018人次。

（房　微）

【文物腾退工作专题会】 4月19日，区长王少峰主持召开第9次区政府专题会议，研究通过《西城区2017年国有不可移动文物腾退补偿方案》及文物腾退资金、房源需求。7月5日，王少峰主持召开专题会议，听取区文化委关于文物腾退工作的汇报。会上提出：建立每周文物腾退调度工作机制，每周调度一次；加强系统谋划，统筹推进文物的活化利用；区文化委及相关部门要擅于营造氛围，为群众支持文物保护创造条件，为整体名城保护、老城更新复兴创造条件；文物腾退工作要形成节点展示。8月7日，副区长徐利主持召开文物腾退工作调度会，听取梨园公会、云吉班旧址等文物腾退启动工作情况及在施文物腾退项目工作进展汇报，会议决定同意区文化委关于2018年文物腾退项目的计划安排；同意宣房集团向大投公司、天桥衡融公司收取2017年文物腾退项目承租关系解除相关劳务费及腾退房屋租金；区财政不再安排专项资金作为安置房源预付款，实施单位支付的房源预付款，可从申请配套安置房源的被腾退人补偿款中抵扣。10月25日，徐利主持召开文物腾退工作调度会，会议决定由区房管局牵头研究提高征收、腾退补偿方案中弃房奖励政策；项目实施单位组织实施的文物腾退项目，相关费用支出按照区财政局相关政策执行；区住建委尽快落实文物腾退安置房源，并做好前期准备工作；会议研究文物腾退民事诉讼裁决用房相关工作；会议责成区文化委结合杨椒山祠文物腾退工作研究对保护文物做出突出贡献的居民的奖励办法。12月12日，徐利主持召开文物腾退工作调度会，听取全区文物腾退工作进展及各项目推进情况，调度2017年文物腾退项目推进及在施项目收尾工作。12月27日，徐利主持召开文物腾退工作调度会。本次调度会对三清观文物腾退项目现场观摩，并进行经验交流，听取了全区文物腾退工作进展及各项目推进情况。

（房　微）

【“与您同行”专题活动】 5月13日，开展“与您同行”的系列主题活动，迎接第41届国际博物馆日。在历代帝王庙举办“让文物活起来”的讲座，近百位观众到场参加。讲座分析国际博物馆日主题的内涵，探讨如何能让文物“活”起来。国际博物馆日当天，为前来参观的游客免费发放历史文化书籍，开展有奖问答以及为游客进行专业讲解，通过传播国际博物馆日的知识，拉近博物馆与观众的距离，提升博物馆的公共服务能力和文化传播力。

（房　微）

【签订《沈家本故居文物使用合作协议》】 5月27日，区委区政府与最高法院就文物修缮利用和法治文化建设等工作进行座谈。最高法院党组书记、院长周强，北京市副市长王宁出席座谈会并讲话。会上，区政府与中国法官协会签订《北京市西城区人民政府与中国法官协会合作框架协议》，区文化委与最高法院司法行政装备管理局签订《沈家本故居文物使用合作协议》。

（房　微）

【采集石碑一通】 6月30日，在鼓楼西大街37号院采集石碑一通。采集地点接近清秀巷（清虚观所在地），此石碑应是清虚观遗迹。

（房　微）

【西城区非物质文化遗产展】 7月19日，为保护和传播非物质文化遗产，提升市民暑期文化生活品质，北京宣南文化博物馆联合西城区非物质文化遗产保护中心共同推出的“京艺·京韵·京绝——西城区非物质文化遗产（传统工艺美术）展”。展览遴选西城区非物质文化遗产项目的传统工艺美术类27项，包括北京内画鼻烟壶、北京仿古瓷、北京砖雕、彩塑京剧脸谱、京派剪纸、裕氏草编、毛猴、面塑、彩蛋绘制等数10件文物（实物）及图片，介绍传承人以及非物质文化遗产项目的艺术价值和重要地位。展览同期推出“暑期非遗项目互动体验课程”，包括彩蛋、剪纸、面塑等内容，由传承人教课，给青少年带来直接体验。展览共接待观众上万人次。

（房　微）

【百家姓展巡展活动】 8月3日，“三皇五帝与百家姓”文化展在百家姓文化邮局进行巡展活动。开幕式上，北京历代帝王庙博物馆工作人员向到场嘉宾讲述中华姓氏的文化特点和姓氏文化的重要性。“三皇五帝与百家姓”

文化展以伏羲等8位古代帝王为主线，涵盖各姓氏的始祖、门匾堂号、族姓郡望、厅室楹联以及历史名人等内容。活动围绕“三皇五帝与百家姓”的话题展开互动交流。通过巡展，盘活博物馆资源，把展览送到百姓身边，让古书籍里的文字真正活起来。

（房　微）

【沈家本故居竣工验收移交工作】 8月31日，北京市文物保护工程质量监督站、区文化委、北京燕广置业有限责任公司，依法在沈家本故居文物修缮利用工程项目招标结束后中标的设计单位、施工单位、监理单位组织召开沈家本故居文物修缮利用工程竣工验收会，对沈家本故居文物修缮利用工程进行检查验收。会议决定，各参建单位针对沈家本故居修缮利用工程一致认为符合现行验收标准，均同意验收。11月1日，西城区文物管理处向最高人民法院司法行政装备管理局移交沈家本故居，供最高法建立“沈家本故居——中国法治名人博物馆”。

（房　微）

【“两汉及三国——入祀人物”展览】 9月27日，推出“两汉及三国——历代帝王庙入祀人物系列”专题展。展览以西汉、东汉、蜀汉三个时期历代帝王庙入祀的帝王为主线，介绍各个时期政治、经济、文化特点，同时增加轶事传说和历史典故等内容。此次展览丰富了庙内展陈内容，使观众可以对历代帝王庙中入祀的帝王有了更深地了解，弘扬了中华民族传统文化。

（房　微）

【文物腾退工作培训会】 9月29日，区文化委在北京宽沟会议中心举行为期两天的西城区文物工作培训。会上相关委办局等部门进行政策解读和工作指导，文物腾退实施单位进行了文物腾退经验介绍。各单位就一线工作面临的具体问题及操作方式进行了座谈研讨。相关委办局主管领导、文物腾退实施单位主管领导及一线工作人员100余人参与培训。

（房　微）

【举办“书画诗礼”主题活动】 10月28日，北京历代帝王庙与金融街少年宫共同主办的“书画诗礼 霜降雅集”主题实践活动在历代帝王庙举办。金融街少年宫国学、绘画及书法小组学员与书画名家、嘉宾师长参加此次活动。同学们吟诵古诗，学习霜降节气与重阳节的知识，学习做插花。书画小组学员与书画名家共同创作与霜降、重阳相关的书画作品。

（房　微）

【文物保护行政许可】 年内，立足依法行政，有序推进文物修缮工程实施，完成沈家本故居、镶红旗满洲都统衙门、承恩寺、西单饭店、崇圣寺、慈因寺、廊房二条83号等文物保护工程设计方案的审批工作。探索新思路，依法积极开展文物认定工作，委托北京市古建研究所实施武定侯街23号等8项文物认定和文物建筑评估工作。

（房　微）

【建议、提案办理及信访答复工作开展情况】 年内，共办理建议、提案18件。其中全国政协提案1件、市政协提案5件、区人大建议1件、区政协提案11件。代表、委员满意率持续5年实现100%，答复办理涉及福州新馆、官房胡同15号、鼓西大街77号等领导批示、群众来信、来访30余件。

（房　微）

【划定区级文物保护单位的保护范围和建设控制地带】 年内，结合全区重点项目和文物腾退工作的开展，多次召开会议，研究、调整78处区级文物保护单位的保护范围建控地带划定工作。计划分3批征求市有关部门意见后，报区政府批准公布。截至年底，完成2017年腾退计划中涉及14处文物的划定工作。

（房　微）

【宣南文化博物馆展陈提升项目前期工作启动】 年内，博物馆做好展陈改造提升工作。按照区委、区政府的部署和文化委领导的具体要求，3月21日正式启动博物馆展陈提升项目前期工作，召开专家研讨会，议定改陈思路和展览定位。4月委托北京大学教授岳升阳专家团队撰写展览大纲，8月完成展陈大纲第一版第二稿。11月委托北京古都学会（北京市社会科学院历史研究所）刘仲华专家团队撰写展览大纲第二版，12月底完成初稿。

（房　微）

北京市大碗茶文化发展有限公司

【概况】 北京市大碗茶文化发展有限公司下设党办、公司办公室、财务部、审计部、人力资源部、行政部，下辖北京老舍茶馆有限公司、北京大碗茶茶叶有限公司、北京震云阁工艺品有限公司3家股份制企业，职工人数128人，经营项目包括茶座、演出、餐饮、茶产品、工艺品销售等。全年实现销售收入4165.30万元，利润50.2万元，上缴税金198.20万元。2月，董事长尹智君被中华全国妇女联合会授予全国“三八”红旗手称号。

地址：西城区前门西大街正阳市场3号楼

邮编：100051

电话：63021741

（王捷　张欢）

【服务全国“两会”代表】 3月1至16日，老舍茶馆“老二分”大碗茶走进全国“两会”代表驻地“中国职工之家”，服务“两会”代表。

（王捷　张欢）

【政要到访】 3月28日，“格鲁吉亚梦想——民主格鲁吉亚”党政治委员会委员、副议长乔治·沃尔斯基率代表团一行做客老舍茶馆。5月13日，老挝国家主席本扬一行到老舍茶馆感受中国文化。6月11日，泰王国首席大法官、大理院院长维拉蓬·汤苏万携夫人做客老舍茶馆领略中国文化。7月23日，土库曼斯坦国民议会副议长马梅多娃做客老舍茶馆欣赏京味儿演出。

（王捷　张欢）

【成为西城区侨界文化交流基地】 6月1日，中共西城区委统战部副部长兼区侨联党组书记、主席安亚荣与尹智君在老舍茶馆共同签署战略合作协议，在老舍茶馆设立西城区侨界文化交流基地。

（王捷　张欢）

【举行新剧目新闻发布会】 7月7日，由北京谛听文化传媒有限公司和老舍茶馆共同打造，音乐制作人捞仔担任音乐总监、北京电影学院教授许同均担纲艺术顾问的全国首部沉浸式亲子互动全息舞台剧《亲亲咖啡豆之茶馆的故事》新闻发布会在老舍茶馆艺苑举行。董事长尹智君、音乐制作人捞仔、谛听传媒总经理李帆、该剧编剧兼导演黄鹤、主创演员以及区文委、旅游委、教委、文创中心，东城区少年宫领导等嘉宾90余人出席活动。BTV、腾讯娱乐、网易等10余家新闻媒体宣传报道。

（王捷 张欢）

【开设济南分店】 7月28日，2017京鲁两地非遗展演暨老舍茶馆济南店开业庆典在济南高新区汉峪金融商务中心老舍茶馆济南店举行。山东省政协原副主席栗甲，山东省政协常委、文史委主任、原省委副秘书长杜文彬，山东省国有资产投资控股有限公司副总裁李欣胜，山东省济南市商务局副局长梁旭斌，北京市西城区企业和企业家联合会会长曹增森、北京著名京味儿作家刘一达、山东省济南市高新控股集团有限公司董事长李昊，北京市大碗茶文化发展有限公司和北京老舍茶馆有限公司董事长、总经理尹智君出席开业庆典。来自京鲁两地曲艺、书画、戏曲、出版、商业界的艺术家、学者和企业家，“非遗”技艺传承人，山东电视台、济南电台、齐鲁晚报等20家新闻媒体的百余位嘉宾参加活动。来自京鲁两地“非遗”技艺传承人、济南市相关政府职能部门、企业界和山东电视台、济南电台、齐鲁晚报等20家新闻媒体的百余位嘉宾参加活动。

（王捷 张欢）

【蒙古国女议员代表团到访交流】 8月14日，蒙古国家大呼拉尔（议会）议员、蒙古社会民主妇女联盟主席朝格卓勒玛率蒙古女议员代表团一行7人在全国妇联及北京市、西城区妇联领导陪同下来到老舍茶馆参观座谈。尹智君做主题发言《以茶馆为平台传播中华传统文化》。贵宾们欣赏中国传统演艺，北京盖碗茶茶艺、西城区非遗技艺“巧耍花坛”及川剧变脸。

（王捷 张欢）

【参加文博会】 9月11至13日，第十二届中国北京国际文化创意产业博览会在中国国际展览中心（老馆）举行。老舍茶馆与国内外众多知名品牌企业一同参展。文博会首日，北京市委书记蔡奇、市长陈吉宁一行品饮了“老二分”大碗茶。

（王捷 张欢）

【全体员工大会】 9月19日，大碗茶公司召开全体员工大会。会议由大碗茶公司党办主任顾德茂主持。会上，顾德茂宣读中共北京市西城区党的建设工作指导小组办公室通知，介绍西城区委常委、组织部长孙仕柱与大碗茶公司党支部“结对子”情况，公布大碗茶公司党支部工作计划和党建领导小组名单。会议公布了大碗茶公司党员下沉基层责任分区名单和开展“撸起袖子加油干,创先争优我当先”活动方案。安排组织的“四个大赛”：盖碗茶茶艺大赛、京味儿餐饮摆台大赛、职工子女茶艺大赛和企业文化讲解大赛；并对公司开展的“闪闪红心门不停宾 热情贴心”优质服务月活动情况进行总结。公司领导班子成员为在优质服务月中胜出的8位总冠军颁奖。

（王捷 张欢）

【董事长参加活动】 9月16日、17日，由《餐饮世界》杂志社、天士力控股集团联合主办，北京烹饪协会、天津市烹饪协会、河北省饭店烹饪餐饮行业协会协办的京津冀旅游美食大健康论坛在河北省秦皇岛市昌黎县金士国际酒庄举行。北京老舍茶馆有限公司董事长尹智君应邀参加并做主题发言《植根京味儿文化打造老舍茶馆特色文化旅游餐饮》。9月25至29日，由中国食品土畜进出口商会、国际茶叶委员会、中国国际茶文化研究会、中国茶叶学会、中华茶人联谊会、华侨茶业发展研究基金会共同主办的2017（第七届）国际茶业大会在湖北省恩施土家族苗族自治州举行。董事长尹智君应邀参加并在“国际茶叶CEO论坛”活动中做主题发言《从茶馆文化价值看中国茶产业的发展》。

（王捷 张欢）

【企业获奖】 9月18日，由北京市茶业协会、中华合作时报·茶周刊和千龙网·中国首都网共同主办，福建省长龙茶业有限公司承办的“长龙杯”茉莉花茶征文大赛表彰大会在京华茶叶大世界举行。尹智君参赛作品《我与大碗茶的茉莉花茶情缘》获大赛最高奖——特别奖。北京大碗茶茶叶有限公司的“茉莉针王”获创新茉莉花茶奖；老舍茶馆茶艺师刘婵、于婷分别获“北京市第七届商业服务业技能大赛评茶员项目”和“北京市第七届商业服务业技能大赛茶艺师项目”技术能手称号。

（王捷 张欢）

【服务十九大】 10月18至24日，中国共产党第十九次全国代表大会会议召开期间，大碗茶公司党支部秉承“担当、开拓、奉献、传承”的大碗茶精神，组织党员、入党积极分子和青年骨干员工与大栅栏街道前门西河沿社区党委成员一起，每天推着茶车为沿街执行十九大安保任务的治安守望岗工作人员、人民警察、武警消防官兵、城管队员、保安员、环卫工人等2600余人送上“老二分”大碗茶，以实际行动服务十九大。

（王捷 张欢）

【董事长当选商会法人】 11月30日，北京大栅栏琉璃厂商会第二届第三次理事会在大栅栏·北京坊·家传文化体验中心举行。会上研究、变更、改选了商会法定代表人及常务副会长。经全体参会人员举手表决，北京市大碗茶文化发展有限公司党支部书记、董事长，北京老舍茶馆有限公司董事长尹智君当选大栅栏琉璃厂商会法定代表人及常务副会长。北京市西城区大栅栏琉璃厂商会会长杨有成、监事长曹忆南，大栅栏琉璃厂建设指挥部产业处处长刘玉勤、副处级调研员宫德平出席会议。大栅栏琉璃厂商会名誉副会长宋伟主持会议。同仁堂、中国书店、内联升、戴月轩、汲古阁、瑞蚨祥、清秘阁、六必居、居仁堂京瓷、晋阳饭庄、谦祥益、粤财控股等20余家理事单位负责人参加会议。

（王捷 张欢）

【开展党建学习】　12月1日，西城区委常委、组织部部长孙仕柱到大碗茶公司老舍茶馆开展调研，与大栅栏街区老字号企业党建负责人座谈，学习宣讲“十九大”报告精神。西城区委组织部组织科长刘开平、办公室主任胡彬，大栅栏街道工委副书记、主任苏浩，大栅栏街道工委副书记吴建华以及同仁堂、内联升、张一元、瑞蚨祥、步瀛斋、戴月轩、泰丰楼等近20家大栅栏地区老字号企业党建工作负责人出席。尹智君率公司领导班子成员、党员、入党积极分子及中层管理人员参加学习并汇报工作。

（王捷　张欢）

旅　游

旅游管理

【概况】　北京市西城区旅游发展委员会（简称区旅游委）是负责全区旅游发展统筹协调、产业促进和行业管理工作的区政府工作部门。在职人员51人，其中公务员28人、事业单位人员23人。区旅游工作以深入贯彻落实十九大精神，牢牢把握首都功能核心区定位，落实北京市总体规划要求，围绕“四个中心”建设，突出转型升级，提高服务水平，着力打造高精尖旅游经济结构，全面建设开放型全域品质旅游景区。年内，住宿业经营总体稳中有进，限上住宿单位营业收入全年保持良好上升势头，较年初增加3个百分点，149家住宿单位实现营业收入56.8亿元，同比增长6.1%。旅游景区整体经营情况基本与上年持平，24家旅游景区实现营业收入8.8亿元，同比微幅下降0.1%。旅行社共接待旅游者77万人次。其中国内旅游者49.7万人次，同比下降16.3%；入境旅游者8.6万人次，同比下降13.8%；出境旅游者18.6万人次，同比下降12.2%。

地址：西城区南菜园街51号8层

邮编：100054

电话：83975164

（王　楠）

【传统节庆活动】　春节期间，北京动物园举办“紫燕衔春 金鸡报晓”鸡年生肖文化游园会。景山公园以福文化为主线，开展“春·纳福”主题活动。北京大观园以红楼文化为主题，举办第22届红楼庙会。厂甸庙会以“追寻老北京记忆”为主题，陶然亭公园引入有300年历史的老北京冰蹴球等冬奥主题文化项目。北京坊推出“北京新春文化坊会”，设立6个主题馆，带领市民和游客品味“中国式新生活”。清明节期间，组织宋庆龄故居第八届海棠文化节、景山公园春季花卉展暨牡丹展、法源寺丁香诗会、宋庆龄故居海棠文化节等主题活动。端午节期间，策划组织首都博物馆近20年考古成果展，北京大观园“学生娃端午讲解大观园”活动。中秋、国庆期间，推出天文馆科技探月、古观象台中秋赏月、恭王府中秋赏月、北海五龙亭望塔颂月、什刹海摇橹船赏月和陶然亭名亭观月等6处中秋赏月地点；什刹海、天桥演艺中心、大栅栏、白塔寺四片区作为“北京国际设计周”分会场，开展多种形式的主题活动。

（王　楠）

【第16届什刹海文化旅游节】　4月20日（谷雨），第16届什刹海文化旅游节在什刹海游船码头开幕，本届旅游节继续以“览古都风貌·品京韵文化”为主题，以“创新、融合、务实、惠民、安全”为宗旨，以“小规模、高品质、分区域、大跨度”为原则，策划安排“1+4”的活动内容，即一场开幕式和“创意旅游、文化旅游、体验旅游、惠民旅游”四个板块11项活动，内容丰富、形式多样。活动延续至7月。

（王　楠）

【京津冀旅游协同发展】　6月，借助《旅游》杂志，推出西城旅游区域合作专栏，设计推广北京至河北省张北县的1至3日游线路，帮助天津市、河北省张北县多渠道旅游资源推广；协助秦皇岛野生动物园与北京动物园对接，为两园在技术交流、营销宣传等多方面开展合作奠定基础。12月，组织区内旅游企业参加唐山市曹妃甸旅游区招商旅游推介会。

（王　楠）

【旅游行业协会】　6月，根据市、区关于行业协会商会与行政机关脱钩工作的安排，推进并完成政企脱钩工作。及时协助协会解决脱钩工作中出现的困难及问题；对协会资产状况进行摸底清查，厘清财产归属，聘请会计师事务所进行资产清查并出具资产清查报告；协助协会探索脱钩后购买公共服务路径。

（王　楠）

【旅游公共服务建设】　7月，完成恭王府、北京海洋馆、北京天文馆等5家A级景区内的7座旅游厕所和北京动物园6座第三卫生间的改造提升。10月，完成北京动物园等3家A级景区内150余块旅游标识的升级改造，对全区91块旅游景区标志牌建立管理档案，报送新增标志牌60块。

（王　楠）

【智慧旅游】　11月，完成“西城英文版旅游APP”系统二期项目建设，从提供内容、界面友好度等方面进行针对性改进，使之更加符合国外游客查询使用习惯。开展西城旅游咨询自助信息服务系统二期工程（建设终端数量10台），并对一期硬件配置和软件服务功能进行优化提升和完善，新增英文系统建设。

（王 楠）

【文商旅新三年行动计划】 年内，在全面总结《西城区旅游与文化、商业融合发展三年行动计划（2014—2016年）》经验成果的基础上，编制《西城区旅游与文化、商业及相关产业融合发展三年行动计划（2017—2019年）》。突出“旅游+”的宽度和深度，在对接区文化、商业优质资源的基础上，延伸到教育、卫生、体育、金融、文创、名城保护等领域。深化上一届文商旅重点项目，强化以推动重点项目带动产业集聚，扩大规模；强化创新驱动，拓展文化旅游内涵；引导新兴业态，优化产品供给，推进消费升级，实现产业转型提质。

（王 楠）

【优质演艺资源进酒店】 年内，依据西城区旅游与文化、商业融合发展三年行动计划，为了丰富晚间旅游消费市场，区旅游委与天桥演艺联盟联手，整合西城区丰厚的文娱演艺资源，收集区域20至30家核心演艺机构信息，以《西城演艺之旅》月讯形式，每月定期在30家以上高星级酒店及特色酒店客房投放，着力宣传推介西城演艺文化旅游，全年共投放4.8万本，并在官网、微信微博公众号同步刊发。根据手册发放情况来看，该手册精美的制作及丰富的资讯基本能够满足住店客人的观演需求，也为酒店与文化演出单位提供了合作桥梁，威斯汀酒店提出房价与门票打包销售的建议并与天桥演艺联盟达成合作共识。特色住宿业酒店反馈较好，客人询问演出内容较多，有观演意向。

（王 楠）

【文商旅融合促进】 年内，促进入境游旅行社对区域演艺资源的了解，推动旅游企业与文艺演出单位的跨界合作。围绕《全域旅游理论与实践》和《酒店产业创新与发展趋势》，组织旅游景区、星级酒店、老字号企业、演艺场所、特色住宿业、功能街区公司等80家企事业单位，200余人开展培训。组织国旅总社等区内外20余家入境游重点旅行社，赴天桥演艺联盟旗下的会员单位老舍茶馆、开心麻花剧场、湖广会馆、正乙祠、繁星戏剧村等地考察及并谈。

（王 楠）

【旅游服务进社区】 年内，以“旅游让生活更美好”为主题，以文明旅游为主线，开展旅游法规常识进社区、旅游资源进社区、文明旅游宣传进社区和旅游咨询进社区等活动。共组织畅游西城、文明旅游宣传互动、大讲堂、旅游图书进军营、旅游咨询等活动59场次，服务居民1万余人次，发放资料7万余份。

（王 楠）

【推出会议服务手册】 年内，编辑印发《北京市西城区会议服务手册》，专业性与实用性并重，内容涵盖场地风格、使用面积、配套设施、容纳人数、周边服务场所等具体信息，能够最大满足会议组织者的需求。该手册将多渠道免费送达各会议需求者手中，为区会议会展市场提供全面信息支持。发放至200余家驻区中央单位、部队和金融机构。

（王 楠）

【展会营销】 年内，充分利用展会平台，持续宣传和推广区域古都风貌、京韵文化的旅游目的地形象。组织企业参加亚太旅游交易会、丝绸之路国际旅游博览会、北京国际旅游博览会、北京国际商务及会奖旅游展览会、北京商品博览会等10场专业展会，发挥展会专业性和集聚性。

（王 楠）

【多元化旅游产品】 年内，围绕打造符合核心区定位的高质量旅游经济结构目标，设计推出7条旅游文化廊道，即中轴线之旅、什刹海文化廊道、滨河绿道、文房四宝、城南旧事、大栅栏老字号、阜景历史文化，集中展现了西城特色历史文化资源，并且适合游客步行及骑行游览。协助旅游景点积极参与红色旅游景区的评定，全区9家红色景区纳入北京市100家红色旅游序列：陶然亭公园、宣南文化博物馆、宋庆龄故居、首都博物馆、梅兰芳纪念馆、鲁迅博物馆、李大钊故居、徐悲鸿纪念馆、郭沫若纪念馆。其中，李大钊纪念馆、陶然亭公园、北京徐悲鸿纪念馆、梅兰芳故居、宋庆龄故居被纳入京津冀十条红色旅游经典线路中。

（王 楠）

【媒体宣传】 年内，“双微一网”围绕西城旅游文化生活，重点在旅游热点、用户体验、景点科普、剧场演出、历史典故等五方面生产有热度，分享有体验、有干货、有情感、有品质的内容，组织旅游、文艺、美食、购物、娱乐等方面的知名社会活动者、自主媒体人，撰写西城旅游文稿，并进行分享传播。截至10月12日，畅游西城双微发布数量317篇，微信粉丝数量15899人，新增899人，阅读总量达到112055次；微博粉丝数量192784人，新增884人，阅读总量达203154次。官方网站发布旅游动态新闻8篇，更新旅游信息内容4篇。

（王 楠）

【旅游咨询接待】 全年西城旅游咨询共接待游客44万人次，发放旅游资料13万份，接待数量前3位分别是首都博物馆、老舍茶馆、北京动物园咨询站。

（王 楠）

【旅游行业监管】 年内，完成全国“两会”“一带一路”高峰论坛和十九大等重点时期及“元旦”“春节”“清明”“五一”“端午”“中秋”“国庆”等节假日的旅游服务保障任务。共检查旅游企业935家次，发现和消除安全隐患2081个。64家企业通过安全生产三级达标评审复核，100家企业完成“一企一标准、一岗一清单”编制工作。169家企业投保安责险。举办第三届西城区旅游行业安全技能大赛，组织17家企业开展应急演练。开展8次安全培训，下发安全教育宣传材料万余份。完成A级景区、星级饭店复核和绿色饭店申报工作，办理旅行社分支机构备案45件，完成什刹海4A级景区整改工作，发布43家服务优质供应商。全年受理旅游投诉300余件，办结率、反馈率均为100%。

（王 楠）

【旅游环境治理】 年内，开展重点部位专项整治。牵头开展德胜门、国家大剧院周边旅游乱象专项整治工作。国庆及十九大期间设立煤市街、德胜门固定执法站和1个流动执法站。累计查处“黑车”50辆，“黑导”19

人，治理违规经营旅行社门市部9家，“一日游”投诉率下降70%。

（王　楠）

【文明旅游】　年内，积极推进文明旅游工作。6月，北京市旅游志愿者联合会西城分会入选国家旅游局“四个一批”志愿服务先锋组织，成为旅游系统全国示范单位。北海公园、北京动物园、景山公园、恭王府、什刹海风景区、历代帝王庙博物馆、宣武艺园、月坛公园等8家景区被评为“首都文明旅游景区”。

（王　楠）

【A级景区情况】　截至年底，全区共有A级景区21家，其中5A级景区1家：恭王府；4A级景区8家：什刹海风景区、北海公园、北京动物园、北京海洋馆、景山公园、首都博物馆、陶然亭公园、北京天文馆；3A级景区11家：中国地质博物馆、月坛公园、北京古钱币博物馆、北京大观园、湖广会馆大戏楼、老舍茶馆、北京市宣南文化博物馆、宣武艺园、大栅栏商业街区、宋庆龄故居、金中都公园；2A级景区1家：历代帝王庙。

（王　楠）

什刹海风景区管理处

【概况】　北京市西城区什刹海风景区管理处（简称管理处）为什刹海街道办事处下属副处级全额拨款事业单位，人员编制89人，实有85人。下设14个科室，1个党总支，3个党支部。年内，什刹海风景区在全市4A级景区质量等级复核中顺利通过。成立什刹海景区行政综合执法中心。什刹海风景区管理处成立景区治理开墙打洞办公室，并成立景区疏解整治促提升临时党支部。完成建立什刹海景区微信公众号“畅游什刹海”工作。完善景区交通规划。完成什刹海地区人力客运三轮车胡同游第四期特许经营项目工作。开展保护特色街风貌工作，修缮破损严重建筑。完成《畅游什刹海》印制及发放工作。完成吉祥物主形象设计、场景设计及吉祥物VI设计工作及吉祥物商标注册与知识产权注册工作。成立街道河长制办公室。积极推进景区无线网络建设和覆盖，搭载MY BEIJING免费WIFI服务平台。什刹海商户管理系统建设工作正式启动。完成关于什刹海风景区的人大代表、政协委员提案、议案办理及来电、来访、接待等工作。

地址：西城区德内大街羊房胡同甲23号

邮编：100009

电话：83223501

（邱　爽）

【A级景区复核工作】　2月9日，北京市旅游委官网正式发布《2017年北京市A级旅游景区质量等级复核结果公告》，什刹海风景区在全市4A级景区质量等级复核中通过。为做好景区整改工作，完成《什刹海风景区综合整治促提升工作方案》，明确整改内容、时限、责任分工，经西城区政府专题会研究通过。配合区政府督查室对景区综合整治促提升工作开展专项督查。建立整改任务台账，定期收集汇总整改工作进展。加强统筹协调，部门联动。与区旅游委、区科信委、区园林市政管理中心对接，建立顺畅的信息反馈渠道，切实形成整改合力。各部门按职责分工先后完成旅游咨询中心、游船码头、景区厕所、环湖垃圾桶的提升改造。

（邱　爽）

【成立景区行政综合执法中心】　年内，按照“政府主导、属地管理、部门联动、齐抓共管”原则，成立由主管副区长徐利任总指挥，街道主要领导牵头，公安、环保、城管、工商、食药等23支执法力量为成员单位，辖区科站队所参加的什刹海景区行政综合执法中心，负责指挥调度、统筹协调各执法力量。制定《景区及周边环境秩序整治方案》，梳理景区及周边地区存在的29类突出问题，分级分类、建账造册。依据各执法部门的职责权限，逐一明确主责单位、参与单位，包片分段、责任到人。与成员单位、科站队所签订责任书，明确主管领导和具体负责人，层层压实责任、传导压力。

（邱　爽）

【疏解整治促提升工作】　3月，什刹海风景区管理处成立景区治理开墙打洞办公室，同时成立景区疏解整治促提升临时党支部。按照市、区两级疏解整治促提升的精神及什刹海街道办事处的要求，什刹海风景区管理处统一部署，对景区的违章建筑进行拆除，对其他违规现象进行治理。景区疏解整治促提升工作得到市委主要领导的肯定，多次亲临现场，指导工作，并提出要求。在地区公安、工商、城管、食药、房管等科站队所的大力配合下共拆除违建6237.14平方米，累计拆除牌匾869块、遮阳棚90处、台阶5处。通过景区违建拆除及其他乱巷的治理，拆除景区具有房屋安全隐患的违章建筑，降低了建筑密度，减少了消防隐患，赢得了景区群众好评。

（邱　爽）

【什刹海景区微信公众号建设】　年内，按4A景区复核要求，为进一步提高游客服务水平，管理处与北青社区传媒公司合作，开展什刹海景区微信公众号建设工作。在注册“畅游什刹海”微信公众号后，从3月开始向游客推送旅游服务、区域文化、安全交通等信息。聘请专业公司设计二维码标识牌贴在景区标识导览系统上，进行宣传推广，方便游客扫码使用。“畅游什刹海”微信号推送的信息获得多个微信公众号的转发。截至10月12日，共发113条微信，粉丝关注数量为2815人。

（邱　爽）

【景区游客满意度调查】　年内，管理处围绕游客基本信息、景区公共设施和公共服务、景区经营业态和消费环境等多个角度开展景区满意度调查，完成样本量5475份。调查发现，游客对什刹海景区的总体满意度较高，九成受访游客对景区景观和景区旅游秩序表示满意。游客对景区的公共交通情况、路标、景观介绍牌有极大的认可，游客对垃圾箱、公共休息设施、人流密集程度、经营业态等方面的满意度有待提升。在经营业态中，游客认为酒吧、三轮车胡同游最具特色，但同时也认为这些业态最需要改进提升。游客在景区的游览时间以一天以内为主，主要进行餐饮和购物消费，金额在100至500元之间。

（邱　爽）

【完善景区交通规划】 年内，继续推进地外大街非机动车管理工作，更新地外大街非机动车停车导览牌27块，设置“禁止停放”“引导停放”“允许停放”标识牌，引导自主停放。依据《什刹海景区交通设施建设完善方案》，配合区城管委做好景区机动车引导标识的设置工作，安装视觉减速标识2处、交通禁止牌5个、机动车单行标识4处，交通指示牌8个，规范机动车行驶，提高景区道路系统的运行效率。规范非机动车停放，在银锭桥、荷花市场及前海西街等地共施划非机动车停车区13处4000延米，并安排专人管理，确保摆放整齐。四是发挥景区14个出入口46个气压式档车桩功能，高峰时段控制车辆进入，着手研究档车桩“应急破坏机制”，保障档车桩出现升降故障时能及时处理，保障消防、救护等特种车辆通行。

（邱 爽）

【编撰《畅游什刹海》工作】 年内，管理处对什刹海景区重要景点、名人故居、寺庙道观、王公府邸、民俗民风、百年店铺、老桥古韵、四合院、老胡同等主要历史文化旅游资源进行盘点梳理、实地考察和科学论证，组织专家编撰《畅游什刹海》。全书分9章，涵盖景区著名景点80余处，文字约11万字，图片100余张。邀请什刹海研究会有关历史、水利、民俗、老字号等方面17位相关专家对《畅游什刹海》内容进行审核把关，确保内容尊重历史、科学规范、准确详实、语言通俗易懂。

（邱 爽）

【景区历史文化保护工作】 年内，什刹海历史文化厚重，多角度切入研究，对更好的留住“乡愁”、留住城市记忆有着不可替代的意义。管理处文物资源入手、从专项研究深入，强化保护区文化梳理工作。开展什刹海文保区文化资源建档工作：在现场踏察和走访的基础上，通过查阅大量什刹海相关书籍，搜集整理保护区文物资源的相关材料，完成保护140处文化资源文字、图片资料补充工作，制作完成电子档案及纸制档案2套（纸制版1套4册），填补了景区管理处文物档案缺失这一项空白，为景区文物资源保护、利用与管理提供历史依据。启动什刹海历史文化保护区文物集萃编制工作，在完成区域文化资源梳理的基础上，启动《什刹海历史文化保护区文物集萃》项目，对什刹海历史文化保护区内国家级、市级、区级等三级文保单位资料编辑出版专册，以图文并茂的方式进一步宣传区域深厚的历史文化。合作编撰《京城名刹护国寺》研究文集，管理处与什刹海研究会合作，上半年完成《京城名刹护国寺》研究文集编撰工作。充分利用有关专家学者多年来研究成果，以护国寺的历史沿革为经，以保护、修复、利用、建设为纬，全面系统地挖掘梳理护国寺所体现的优秀传统文化内涵，发现认识其独特的历史文化价值，提出区域规划管理、旧址保护、古建筑修复、科学利用、历史风貌恢复和文化传承等方面的意见和建议，添补国内关于北京护国寺研究的空白。研究文集分上、下两编，共25个篇目，含随文图片，字数总计约30万字。根据篇目不同内容要求，特邀柯焕章、王东、董宝光、陈平等建筑史、宗教、文化艺术等方面的22位专家学者执笔撰写。

（邱 爽）

【设计什刹海吉祥物工作】 年内，管理处以讲好什刹海的故事、明确什刹海的印象为初衷，以镇水兽趴蝮为原型，与正邦公司合作进行什刹海吉祥物的设计工作，完成吉祥物主形象设计、场景设计及吉祥物VI设计工作及吉祥物商标注册与知识产权注册工作。

（邱 爽）

【商户管理系统建设工作】 什刹海风景区商户管理系统是基于商户经营行为对其进行计分的一个考核系统，通过互联网访问商户排名情况引导商户自律及合法经营行为，是“互联网+”管理手段的落地。1月起，管理处在烟袋斜街开展“什刹海风景区商户管理系统”试点工作。陆续完成建立商户台账、召开商户大会、发放商户二维码等工作。并在区信息中心云平台将管理系统上线运行。试点商户信息录入系统，完成到6月份的试运行计划。7至9月，完成系统服务器数据迁移工作，11月底对管理系统进行专家评审与验收工作后，系统进入正式运营。

（邱 爽）

【人力客运三轮车胡同游特许经营管理工作】 什刹海地区人力客运三轮车胡同游第四期特许经营招标工作自上年6月份启动筹备，历经公告发布、招标文件发售、投标报名、询标答疑、专家抽取等阶段，至年内4月23日第四期特许经营招标、评标工作结束，共确定5家中标人，该中标结果于4月24日在“中国政府采购网”和北京市财政局官网2家网站同时发布公告。5月8日招标人向中标公司发放中标通知书，并于5月9日签订《北京市西城区什刹海地区人力客运三轮车胡同游第四期特许经营协议》，至此什刹海地区人力客运三轮车胡同游第四期特许经营项目完成。

（邱 爽）

【推行河长制工作】 8月，根据《西城区全面推行河长制工作方案》的相关要求，成立街道河长制办公室，编制并下发《什刹海街道办事处关于全面推行河长制工作方案》《什刹海街道实施河段长制度工作方案》，建立街道河长制工作机制，安装河长制公示牌9块，建立河长制工作群，与8个社区签订责任书，按照责任区划，层层分解工作职责和任务，督促检查工作落实情况。

（邱 爽）

【景区免费无线网络覆盖工作】 年内，管理处经多方调研、论证，积极推进景区无线网络建设和覆盖，搭载MY BEIJING免费WIFI服务平台。网络覆盖前、后海环湖、荷花市场、前海西街等主要区域。完善景区客流预警系统，在前海南沿和前海西街出入口设立2块电子显示屏，播放景区宣传及游览提示。实现景区游客承载量、滞留量、重点区域拥挤程度及风险提示等信息对外发布。

（邱 爽）

【景区工程及修缮工作】 年内，对广福观房屋外墙面、屋面及油饰、彩画、地面等进行全面修缮；完成景区视频信息提升工程，在上年更换119个监控探头、新增客流统计探头17

套的基础上，全年更换监控探头190个，客流统计探头60个，新增监控探头12个，实现景区高清监控摄像头全覆盖；启动大运河景观提升设计方案编制工作，在召开专家论证会的基础上，督促清华大学项目组修改、调整设计方案；推进景区游客服务中心建设工程，完善景区服务功能、服务设施。

（邱　爽）

【景区环境秩序整治工作】 年内，结合“一带一路高峰论坛”“十九大”会议保障等工作要求，坚持服务与治理并重，建立明察暗访机制，加大巡查、督查、整治力度。治理店外经营1360余起、无证无照经营2280余起、规范门前“三包”620余起。清理卖艺卖唱117人次，救助流浪乞讨173人次，查扣小广告5万余张，小商品7万余件。围绕“静下来、慢下来”目标，大力整治噪音扰民问题，按照《城市区域噪声标准》中“经营单位环境噪声最高限值：6：00至22：00为55分贝、22：00至次日6：00，45分贝，发放《致景区商户的一封信》。对不达标酒吧，协调公安、城管、工商、环保等部门现场执法，警告噪音扰民700余次，查扣酒吧音响109台，先后关停5家酒吧。

（邱　爽）

【背街小巷环境整治工作】 年内，按照背街小巷环境整治提升专项行动工作方案，发挥街巷长、社区志愿者作用，清理景区周边53条胡同僵尸机动车34辆、非机动车639辆，拆除地锁250个，增加机动车引导标识14块，处理环湖违章停车195起，查处黑出租车7辆。针对个别特许经营三轮车欺客、宰客等问题，组织员工培训2批380人次。采用错时整治、加大巡查密度等方式，严厉整治非法运营的黑电动三轮车，联合交通、公安、城管等部门，查扣和清理黑电动三轮车343辆，取缔景区内无照自行车租赁摊位4个，旅游观光电瓶车20辆。

（邱　爽）

北京大观园

【概况】 北京大观园管理委员会·北京红楼文化艺术博物馆为全民所有制自收自支事业单位。北京大观园（简称大观园）占地11公顷，园内殿宇、庭院、自然景区30余处，是具有古典园林外观、红楼文化内涵、旅游经济属性、博物馆功能齐全的休闲活动场所。大观园内设1个党总支，3个党支部；8个科室：行政办公室、文展导游科、园务园艺科、物业管理科、市场科、党群工作办公室、人事财务科、保卫科。负责红楼文化展览和红楼文化的研究，创建红楼文化教育基地；园林绿化、种植养护、花卉栽培；园林建设和建筑修缮的管理；展览及展品征集。完善博物馆功能，打造红楼品牌。年内在职职工74人，在岗职工70人。全年接待游客115万人次。

地址：西城区右安门内西街18号

电话：63544993

邮编：100054

（陈雪梅）

【元旦活动】 1月1至3日，大观园在嘉荫堂举办意象之谜——黑俊颖现代陶艺作品展。元旦期间接待游人4880人次。

（陈雪梅）

【第22届红楼庙会】 1月17日，大观园举办第22届红楼庙会“元妃省亲”古装表演演员招聘新闻发布会。首都师范大学100多名学生参加演员招聘会。1月28日至2月1日，举办第22届红楼庙会。以“金鸡报福，喜气迎春”为主题，以“元妃省亲”为品牌，打造年味儿与文化味儿十足的文化盛宴。庙会共邀请200名演员，分别在大舞台、小舞台、南门广场、湖面上空、湖心岛5个地点轮番上演各种节目180场次。元妃省亲大型古装表演作为红楼庙会的经典文化演出，推出红楼情景剧《锦绣大观》。刘姥姥现场观众为演唱快板。小黛玉的《霸王别姬》片段，巧姐的变脸，贾母反串了一段京剧，将全场氛围推向最高潮。《宝黛成亲》《贾母贺寿》等红楼情景剧一一再现。小舞台的《金鸡报春》《新龟兔赛跑》《猫和老鼠》等儿童木偶剧和北京梦幻七彩艺术团带来的杂技演全天轮换登场，吸引了众多小朋友。大观园湖面上的刘姥姥醉酒——新乡高空特技表演，河南盘鼓和舞狮，黑祥子活雕塑表演。庙会摊位主要包括风味小吃、游艺项目、图书音像及民间手工艺品，突出文化特色，提供15个摊位给手工艺者，蘅芜苑内设置猜灯谜区，秋爽斋外的科普展示区对游客普及《红楼梦》中的养生常识。嘉荫堂、省亲别墅展室分别举办“书画家专题艺术展”“红楼梦纤维玉石展”“红楼人物绘画捐赠展”。庙会吸引了一批志愿者加入，元妃省亲大型古装表演的演员大多数来自首都师范大学的在校学生。庙会期间共接待游客9.1万人次。

（陈雪梅）

【清明节活动】 4月2至4日，大观园在藕香榭安排园内专业老师讲解大观园植物花卉小知识，组织中小学生参与“红楼植物知识趣味竞赛”活动，由“初露锋芒、同心协力、心有灵犀”等环节组成。获胜选手被大观园管委会评选为大观园“红楼植物小专家”称号。3天接待游人1.65万人次。

（陈雪梅）

【第12届北京春茶节】 4月21日，2017北京春茶节开幕式在大观园举行。本届春茶节以“茶为国饮、品味茶香”为主题，聚合了京城张一元、吴裕泰、京华茶业、老舍茶馆、正兴德、憩园仙山、更香、启元、久福满堂香、灵之秀、东西草堂、北京弘建等著名茶企和外埠进京的四川川茶集团、福建春伦茶业、安吉龙王山、安化县天宝仑、北京市茶业协会徽茶分会等众多品牌。来自全国供销总社、北京市商务委、市卫计委、市社团办、西城区政府有关领导，中国茶叶流通协会、中华茶人联谊会、北京市商联会等社团组织负责人，以及茶界专家学者亲临开幕式。北京市茶业协会会长白文祥为活动致开幕词，启动“体验京味茶文化，共品茉莉花茶香”——茉莉花茶主题征文比赛活动和“茶艺及茶席竞赛”活动。春茶节活动呈现四大特点：继承传统，锐意创新，开放办节；内埠主办，外埠延续，大众参与；组织规范，操作专业；服务茶商，延续时长。

（陈雪梅）

【五一活动】 4月29日至5月1日，大观园在藕香榭举办迎春诗会，众多学生和红迷爱好者参与，有传统的古诗词朗诵，中、小学生挑战中英双语红楼梦诗词。在嘉荫堂举办的“何镜涵红楼梦人物暨古装仕女画展”展示了何镜涵创作的古装仕女佳作近40件。大殿舞台每日上午有综艺、皮影戏、京剧折子戏演出。3天接待游人1.64万人次。

（陈雪梅）

【端午节活动】 5月28日至30日，大观园在藕香榭举办趣味包粽子，吸引众多游客参与，3天接待游人9710人次。

（陈雪梅）

【推行河长制】 9月15日，为深入贯彻落实中央和市委市政府关于全面推行河长制的工作部署和要求，高质量落实区总河长卢映川、王少峰推进西城区河长制工作的指示精神，进一步提升西城区河湖生态环境，区级河长司马红带队，区城管委、白纸坊街道办事处领导到大观园湖进行督导检查。大观园管委会领导介绍大观园湖监管情况，区领导对大观园湖水治理情况表示肯定。

（陈雪梅）

【北京社会科学普及周】 9月17至21日，由中共北京市委宣传部、中共北京市委社会工委、北京市科学技术委员会、北京市科学技术协会、北京市社会科学界联合会、西城区委区政府联合主办的“2017北京社会科学普及周”主场活动将在北京西城区大观园举办。主题为“弘扬中华优秀传统文化 推进全国文化中心建设”。主办方为市民奉上丰富有趣、不同特色的文化大餐，包括“大运河文化带专题知识竞赛、大运河文化带专家谈、北京老城文化传承与发展论坛，百姓宣讲等活动，图说北京文脉、砥砺奋进的五年、冬奥知识等精品展览，还有社科知识咨询、社科猜谜、扫码赠书等互动活动。北京各区、社科类社会组织、社科普及基地也将同期开展社科普及活动，集中展示本地人文特色和发展成就。

（陈雪梅）

【十一活动】 10月1至7日，大观园内凹晶溪馆举办“苏绣红楼情”绣品展。展示《红楼梦》中花草虫鸟人物图案近百种。嘉荫堂举办由剪纸艺术家、宝凤艺术博物馆馆长李宝凤创作的剪纸展览，多为写实多层、写实彩绘的立体剪纸。北京师范大学新生在藕香榭开展红楼诗会培训。大观园百姓周末大舞台为游客带来民乐、综艺、朗诵演出。朗诵艺术家殷之光表演中秋诗朗诵。假期共接待游人34850人次。

（陈雪梅）

【三A景区复核】 10月8日，根据国家旅游局最新修订的《旅游景区质量等级划分与评定》标准及细则，大观园相关科室明确责任，落实分工，确保复核工作顺利进行。景区复核工作在复核小组组长王鹏训的带领下，对大观园景区进行认真细致检查。检查反馈的情况：优点有环境干净、重视古建维修、免费展览活动丰富；不足之处为细节有隐患、角落有堆积物、硬件有待进一步完善、生活用品外露、加强研发红楼相关旅游品。

（陈雪梅）

【百姓周末大舞台】 4至10月，在区文化委的协调下，大观园继续推动“北京百姓周末大舞台”惠民文化工程。由北京市西城区百花深处艺术团、北京金榜艺术团、北京天弘益华文化有限公司、北京乐艺馨成文化发展有限公司、北京一九九八国际青年剧团、北京歌剧舞剧院、北京评促评剧团、北方昆曲剧院、北京市河北梆子剧团、北京节日乐文化艺术团、北京皮影剧团、北京风雷京剧团、北京盛世长隆杂技团、北京丑小鸭卡通艺术团、北京世纪爱乐乐团、北京大都新源影视文化有限公司16个演出团体，演出集歌舞、杂技、戏曲、皮影、卡通等节目53场。

（陈雪梅）

【青少年红楼文化传播】 年内，大观园支持市教委布置的学生社会大课堂活动，为学生团队提供实践学习和游览环境。先后接待北京师大附中“红楼梦叹词”朗诵会、三教寺幼儿园游园、悠米幼儿园趣味运动会等活动。与北京市学习科学会合作举办“北京市中小学职业学校古典诗词竞学汇”活动，来自全市150多所学校的3000多名中小学和职业学校的学生通过古典诗词“竞学汇”的形式，传承文化经典、讲好中国故事、弘扬世园理念，完善博物馆青少年教育功能。共接待师生团队20.6万余人次。

（陈雪梅）

【硬件设施完善更新】 年内，对园内老旧房屋进行重点修复，将凹晶溪馆、凸碧山庄、缀锦楼、省亲牌坊、滴翠亭、沁芳亭等景点重新进行油漆彩绘和加固。对景点展厅重新粉刷，展陈调整，破损蜡像修复。对园西门、管委会北门、大殿3处厕所进行重点升级改造。

（陈雪梅）

体　育

【概况】 北京市西城区体育局（简称区体育局）是西城区政府的职能部门，指导和管理全区的体育工作。下设办公室、群众体育科、体育市场管理科、青少年训练科、科技教育科、国有资产管理科、党群工作办公室。公务员编制33人。下属事业单位有西城区少年儿童业余体校、北京广安体育馆、北京广安游泳网球馆、西城区社会体育管理中心、西城区体育训练中心、西城区体育科学研究所、北京月坛体育馆、北京月坛综合训练馆、西城区棋院。

地址：西城区月坛南街1号院7号楼

邮编：100045
电话：68026768

（吴文秀）

【重点工作完成情况】 年内，完成折子工程1件。认真落实“一岗双责”和党风廉政建设主体责任，深化廉政风险防控，严格执行廉洁自律准则和纪律处分条例。完成区委区政府重点事项2件。积极引导全民健身，开展民族传统体育活动和健身休闲运动，努力创建“全国武术之乡”。举办全民健身冰雪季，继续开展全民健身体育节、一区两品、一街一品、五人制足球、武术之乡等群众体育品牌活动。完成区实事1件。落实西城区群众冰雪活动计划，普及冰雪运动，组织开展冰雪季活动，组织4000人次冰雪公益课，促进冰雪运动进社区、进学校、进公园。加快完成冰雪社会体育指导员以及青少年后备人才、专业人才工作计划。完成政协提案11件。其中主办5件、单办2件、会办4件。政协提案主要涉及“健康西城”建设、冬奥会科普宣传、冰雪运动发展，局党组组织相关部门就各项提案进行多次研究讨论，按时完成办理答复。

（吴文秀）

【群众体育】 年内，贯彻落实《北京市全民健身条例》。加强对条例的学习理解，从体育局干部职工做起，组织各单位集体学习条例原文，熟悉条例条款。利用年度群体工作会、年中全民健身工作培训会邀请专家进行解读。3月1至6日，集中宣传《北京市全民健身条例》，期间体育局举行的比赛活动均悬挂宣传横幅并向活动人员发放条例读本。局属各场馆均以悬挂横幅标语形式进行条例宣传。指导基层街道社区贯彻执行条例，结合条例要求加强街道属地责任落实。5月和7月，先后接受市区人大常委检查组对落实《北京市全民健身条例》专项执法检查。创建全国武术之乡。启动西城区创建“全国武术之乡”2017年系列活动，建设西城．武术之乡的宣传平台，宣传西城区全国武术之乡建设成果。建设西城区武文化交流中心，确立西城区互联网＋武文化建设理念。全力推进武术“六进”工作。武术运动呈现多层次、全方位的发展，共有武术各拳种武馆、辅导站点近400个，习武群体超过20万人。举办首届西城区中小学武术比赛，承办北京市武术太极拳锦标赛、2017海峡两岸武术交流大会线上线下赛事活动。参与市台办两岸武术交流活动，接待市对外友好协会组织的30个国家地区海外武术参访团，赛事交流活动参与1万多人次，形成多层级的赛事交流体系。挖掘西城武术文化，利用现代互联网手段，打造西城区武道论中华武文化交流纪线上教学与线下竞赛相结合的知名品牌；扶持全民太极APP，参与海峡两岸武术交流会线上赛事活动，开拓武术发展新途径。国家体育总局武术运动管理中心对西城区“全国武术之乡”工作进行专家评审，肯定成绩，指出了不足，明确了方向。激发群众体育活力。一是扶持健身组织的发展，开展健身团队双注册，全民健身组织日渐增多。按规定进一步规范区级体育协会（专委会）人员兼职，推动体育社会组织发展。二是努力改善体育场地设施条件，新增足球场2片、篮球场1片，全区共更新健身器材760件。各街道利用疏解非首都功能契机将闲置场地改造建设的体育设施也越来越多，不断满足群众日益增长的体育需求。三是广泛开展各类人群健身活动，举办内容丰富、特色鲜明、易于普及的体育健身活动，开展武术、太极拳、健身气功等传统运动项目，形成常态化的活动机制。以“一节两品”为龙头，突出地域特色和文化传承，开展形式多样的体育健身活动，如：老字号运动会、微型马拉松、龙舟、风筝、太极拳、棋类、空竹等活动，突出地域特色和文化传承。四是打造全民健身品牌赛事，积极推广国家锻炼标准。突出西城特点，推广五人制足球，举办业余五人制足球世界杯中国区总决赛，筹备开展西城区五人制足球联赛。继续巩固和扩大“和谐杯”乒乓球比赛的品牌号召力。结合传统节日、纪念日等节点开展全民健身活动。举办“携手投身新时代、健步迈向新征程”徒步大会。举办各级各类全民健身活动400多场次，直接参与人数超过100万人次。五是大力宣传科学健身理念。积极培训发挥社会体育指导员作用，全年共培育社会体育指导员611人，由社会体育指导员义务传授健身知识，形成以健身站（点）为基础，以机关、学校、社区和企业为重点，以社会体育指导员为骨干的全民健身指导工作网络。完成3000人的国民体质测试任务和6000人国家锻炼标准测试。开展科学健身大讲堂、宣传科学健身知识，指导居民掌握健康生活知识和技能。完成10次健身科普讲座，举办全民健身大讲堂6场次。六是重点做好在职职工、老年人、残疾人、青少年等人群的健身服务和保障。总工会、妇联、残联、老龄委、团区委、民宗办、610办等各系统各单位都结合实际，因地制宜地开展覆盖不同人群的全民健身活动，有效地促进全民健身的深入发展。推动冰雪运动。全面推进西城区冬季全民健身活动的开展，积极拓宽渠道，实现京津冀携手，共同促进冰雪运动的推广，引导市民积极参加冬季健身，提升大众对冰雪运动、冰雪文化的认识。成功举办西城区全民健身冰雪季、什刹海冰雪体育文化节和陶然亭市民冰雪嘉年华活动。开展冰雪文化体验项目，开展冰嬉表演及公益课，邀请专业团队表演皇家冰嬉场面并组织青少年学习共12场次；组织8000人在什刹海冰场和陶然亭雪场参与滑冰滑雪体验活动并初步掌握冰雪运动基本技能；组织1.29万人次观看2017年北京世界女子冰壶锦标赛。开展冬奥文化宣传，向市民发放“什刹海三冰”明信片；印制冰蹴球宣传手册，组织残疾人冰蹴球队，冰嬉球表演训练。

（吴文秀）

【竞体工作】 年内，西城区输送队员和在训队员参加全国及北京市各级比赛，取得优异成绩，全运会上据不完全统计，队员共取得9块金牌、3块银牌、9块铜牌及多个前8名好成绩。在北京市青少年锦标赛中，训练中心获得第一56个、第二55个、第三60个；少儿体校获第一名22个，手球、田径、足球、棒球、垒球、击剑等项目参加全国青少年系列比赛，其中获全国传统校跳远冠军，女子手球获全国小学生比赛冠军，垒球队获全国少年锦标赛第二名，男足获沈阳和平杯第一名，全国协会杯第二名。加强运动员管理。少儿体校注册运动员1200名，新增加花样滑冰项目和滑雪项目，冰雪项目注册运动员20名。训练中心注册运动员1550名，冬季项目有冰球、滑雪和滑冰3个大项。共计注册运动员199人。全区有168名运动员达到标准，其中达到健将的有4个、一级的有71人、二级的有86人、三级的有7人。完成年冬夏训工作，各支队伍在训练中精神状态好、训练主动性强、训练方法手段有所创新，实现集训对体能和技术进行积累的目标，取得预期效果。开展青少年比赛。完成区中小学生篮球、冰球等项比赛活动。配合区教委完成区中小学田径运动会、足球等组织工作。举办“2017年西城区阳光体育中小学生羽毛球比赛”，组织“2017年北京市西城区中小学生射箭锦标赛”，承办北京市羽毛球锦标赛。完成“基地”评估工作。通过“全国高水平后备人才基地（2017—2020）”和“全国篮球高水平后备人才基地（2017—2020）”评估，并取得相应称号。做好反兴奋剂工作。做到对兴奋剂问题零容忍，健全和完善相关制度，加强反兴奋剂知识培训，加强运动队运动员、教练员和管理人员的反兴奋剂工作教育，层层签订责任书，加大问责力度，确保不发生任何赛风赛纪和兴奋剂事件。

（吴文秀）

【体育市场工作】 加大体育执法检查力度。体育执法人员共检查体育经营单位197家次，查出整改各种安全隐患36处，出动执法检查力量394人次，下达现场检查笔录136份，做出1件3万元罚款的行政处罚。体育专职安全员共检查体育经营单位1182家次，排查整改各种安全隐患381处，出动安全检查力量2268人次，下达安全检查文书1182份。在全区体育系统和体育经营单位开展安全生产工作大检查工作。在重点时间开展安全生产检查，全力以赴做好党的十九大期间安全保障工作，认真落实安全保障工作实施方案，十九大召开期间对检查发现的问题，一律现场监督整改，做到小隐患立即改、大隐患当天改，完成十九大安全保障任务。打造安全生产宣传培训的常态工程。以标准化建设为抓手，开展安全生产标准化达标工作，全区45家体育经营单位加入安全生产责任险。“安全生产月”期间组织开展水上救生应急演练，全区40家游泳活动场所的负责人和救生员167人参加、观摩应急演练，并下发应急演练培训工作计划、应急处置程序、应急预案编制范本和应急管理专项检查方案。加快推进体育产业发展。扶持“三夫户外”申报成功市体育产业示范单位，并协助申报国家级体育产业示范单位。顺利完成西城区休育产业协会资产清查和脱钩工作。

（吴文秀）

医药卫生

医疗卫生

【概况】 北京市西城区卫生和计划生育委员会（简称区卫生计生委），是负责全区卫生计生工作的区政府职能部门。年内，辖区内医疗卫生机构总数664家，其中医疗机构数636家，其他卫生机构28家，社会办医161家。医疗机构中营利267家、非营利机构369家。各级各类医疗机构中卫技人员总数（含中央、市属医院，不包括部队医院）36216人，其中执业（助理）医师总数（包括西医、中医、中西医结合）12795人，注册护士数15992人，实有床位总数15868张。平均每千常住人口拥有卫技人员数29.69人，执业（助理）医师数10.49人，注册护士数13.11人，实有床位数13张。全年户籍人口（以公安部门数据为准）144.5万人，户籍出生人口17225人，死亡人口42923人，自然增长率为-17.7‰。全区常住人口（以统计局数据为准）122万人，出生人数12165人，出生率为9.81‰；死亡人数9362人，死亡率为7.55‰。死因顺位前十位的排列为恶性肿瘤、心脏病、脑血管病、呼吸系统疾病、损伤和中毒、内分泌营养和代谢及免疫疾病、消化系统疾病、神经系统疾病、泌尿生殖系统疾病和传染病。居民期望寿命为84.28岁，男性期望寿命81.98岁，女性期望寿命86.59岁。全年全区卫生系统总收入624300.34万元，其中财政拨款金额212995.14万元及业务收入408732.11万元，总支出621469.64万元。截至12月31日，卫生事业专用基金58488.25万元，本年使用事业基金弥补亏损1596.97万元。计划生育财政总投入2356.63万元。全区户籍育龄妇女数量348205人，其中已婚育龄妇女数量为201943人。年内户籍出生13806人，出生人口性别比109.4，计划生育率为99.93%。全区流动人口育龄妇女数量为157485人，其中已婚妇女81285人，流动人口出生219人，计划生育率为98.63%。年内办理北京市生育服务单数量24736个，其中一孩生育登记14757个、二孩生育登记9979个。再生育行政确认194个。

地址：西城区枣林前街2号院1号楼

邮编：100054

电话：82061987

（马 蕊）

【卫生改革】 年内，完善紧密型医联体建设顶层设计，继续深入推进“三纵两横一平台”建设。制订医院、社区一体化建设工作方案，各区属医院建立全科医学科，负责与社区的业务对接。统一诊疗和操作规范，加强人员双向流动，区属医院专家下社区16238人次，社区到上级区属医院参加查房、培训12437人次。制定公共卫生一体化方案，强化疾控中心龙头单位作用，开展规范化业务培训、加强督导及考核、搭建公共卫生交流共享平台。推动专科专病医联体建设，二龙路医院与15个社区卫生服务中心组建肛肠专科医联体，11家区属医院与北京口腔医院建立口腔专科医联体，回民医院与宣武医院建立脑卒中专病防治医联体。完善“双向转诊”机制，建立15家社区卫生服务中心与区内医联体、对口支援医院的慢性病双向转诊通道，上级医院在24小时内为社区转诊患者完成预约挂号、预约检查，并开通专用窗口，对社区转诊患者提供“三优先”服务。西城区社区卫生服务机构上转病人7881人次，区属医院下转病人6187人次。不断完善区属医院财政保障政策，建立支持区属医院参与紧密型医联体建设人均3万元补助机制、大型医疗设备购置财政全额负担机制及每平方米60元的业务用房修缮补助机制。1月3日，国务院副总理刘延东、市委书记蔡奇到月坛社区卫生服务中心考察紧密型医联体建设情况。1月9日，按照蔡奇指示，北京市推进分级诊疗制度建设现场会在西城区召开。各级领导对区推进紧密型医联体的做法和成效给予高度肯定。医药分开综合改革。根据全市统一安排，4月8日，全面实施医药分开综合改革，稳步推进医药分开、药品阳光采购、规范医疗服务价格等重要改革任务。区委区政府成立综合值守处置办公室；各部门大力配合，区发改委、区人力社保局、区食药局、区卫计委等累计派出1233人次对参改机构开展巡查；全区卫计系统广泛动员，成立区卫计委专项领导小组，监测医疗机构运行状况，加强药品供应保障，建立紧缺药登记和采购制度、缺药备案服务制度、医联体内四种慢病用药对接机制、药品供应预警机制等，保障药品供应。各参改机构积极优化服务环境、简化服务流程，推行各种便民服务措施。社区卫生服务机构全面推行“先诊疗，后付费”模式，落实四类慢病长处方等优抚政策，医疗服务持续改善。全区共有364家医疗机构参加此次改革，其中区属医疗机构108家，非区属医疗机构256家。改革各项政策平稳推进，各医疗机构运营良好，患者就医习惯开始转变，分级诊疗秩序初步显现，改革符合预期。

（马　蕊）

【社区卫生服务】　年内，社区在岗卫技人员1767人，其中全科医生在岗人数391人、社区护士501人、防保医生330人。组建264支专科—全科家庭医生团队，为患者提供连续性慢病管理；建立高血压、糖尿病、冠心病、脑卒中、骨关节病、COPD六大重点领域慢性病专家团队，作为全科医生的技术支撑。建设154个以优秀全科医生命名的家庭医生工作室。开展互联网+家庭医生服务，实现家庭医生与签约居民线上互动，居民健康自我管理。制定并下发《关于提升西城区家庭医生签约服务质量有关工作的通知》（西卫〔2017〕50号），优化整合现有签约服务包，确定基本签约服务包和失能老人服务包、功能社区服务包、老年服务包、高血压患者服务包、糖尿病患者服务包等个性化服务包，为居民提供有针对性的生命全周期健康管理。建立失能老人入户服务有偿购买机制，费用用于家庭医生补贴。针对不同重点人群采取不同的服务模式和有针对性的服务内容，西城区重点人群签约率91.58%。全年社区门急诊总量365.13万人次，同比增长22.31%；出诊服务总人次数36483人次。推广家庭医生式服务新模式的中心达100%。区属医院专家下社区1640人。居民个人电子健康档案数为99.60万份，居民个人健康档案电子化率为81.64%，完成国家基本公共卫生服务项目75%的指标要求。

（马　蕊）

【标准化建设】　年内，西城区规划设置社区卫生服务中心15个，社区卫生服务站82个，截至年底建成12个中心，天桥中心、金融街中心无实体，广外中心确定建设地址，并已取得项目立项批复；社区站已建成79个，截至年底正常运行78个社区站，右内西街站年内进行装修改造，德宝、景山、魏染无建设地址。继续推进社区卫生服务机构标准化建设工作，完成广外白菜湾社区卫生服务站、广内西便门东里社区卫生服务站、新街口西三条社区卫生服务站新址租赁，启动装修改造。

（马　蕊）

【社区卫生改革】　年内，体制机制建设不断完善，有效落实“两个允许”政策，联合印发《关于进一步完善西城区社区卫生服务机构运行机制的意见》，明确在按全市统一政策调整社区卫生绩效工资水平的基础上，试点建立家庭医生签约服务年度考核一次性奖励制度，按照财务制度规定在核定的社区卫生服务机构收支结余中提取一定比例的奖励基金，用于机构职工绩效考核奖励。提高社区合同制职工工资标准及返聘退休专家补贴标准，每年给予社区卫生服务机构设备配置2000万元投入。完善以当量系数为基础的社区绩效考核体系，逐步实现从绩效考核向绩效管理转变。完成《西城区社区卫生服务工作绩效考核管理办法》修订，考核频次增加到5次，季度督导考核和年终绩效考核相结合。20%绩效工资增量政策于7月落实到位。开展社区卫生服务提升工程，月坛、德胜、展览路、新街口中心被评为全国百强社区卫生服务中心。西城区连续七年获得北京市社区卫生绩效考核第一名。提升家庭医生签约服务内涵。组建了264支专科—全科家庭医生团队，建立高血压、糖尿病、冠心病、脑卒中、骨关节病、COPD六大重点领域知名专家领衔的慢性病专家团队，新建设54个以优秀全科医生命名的家庭医生工作室，西城区全人群签约率达42.53%，重点人群签约率91.58%。优化整合现有签约服务包，重新确定基本签约服务包、失能老人服务包、功能社区服务包等签约服务包。开展功能社区家庭医生签约服务，会同区总工会研究制定区级功能社区单位家庭医生签约服务财政保障机制，先期启动6个国家级、8个市级功能社区单位及西城区街道系统和公安系统的签约服务工作。

（马 蕊）

【社区对口支援】 年内，如期完成社管中心与8家对口支援专科医院及15家社区卫生服务中心与17家二、三级对口支援医院对口支援协议书续签，每月按时上报对口支援公示和协调、汇总各社区服务中心预约转诊工作量、专科医院健康教育讲座等系列工作。

（马 蕊）

【为老服务】 年内，西城区老年人健康管理9.77万人，健康管理率为50.10%；老年人诊疗人次数为149.77万人次，对符合老年优待政策免医事服务费人次数100.04万人次，为老年人出诊1.53万人次，为老年人建家庭病床129人，为老年人免费查床545人次；签约离休干部98人，健康评估1086人次，咨询4256人次，发放健教材料5229份，上门巡诊1.07万次，为全区低保、无保障老人体检1392人。

（马 蕊）

【慢性病管理】 年内，下发《2017年西城区居民健康档案和慢性病健康管理工作指导意见》《2017年老年人健康管理工作指导意见》和《西城区社区卫生服务机构高血压、糖尿病、冠心病、脑卒中双向转诊标准及流程》等文件，工作重点放在提高档案的真实性及居民的获得感，要求各社区卫生服务中心按照进度表开展工作，确保各项指标达到国家要求。修订健康档案、高血压、糖尿病、老年人健康管理年度绩效考核指标和季度督导考核指标，并进一步强化指导。为强化社区卫生慢病病人自我管理意识和能力，探索由家庭医生团队、医联体专科医生、家保员和患者本人共同参与的慢性病自我健康管理新途径与慢性病防治新模式。参照市级印发的《北京市健康家庭培养工作手册》，开展“健康家庭”模式家保员培养，全区计划培养健康家庭258个。继续扩大家庭保健员的培养覆盖面，使更多社区居民受益。年计划培养1000名家庭保健员，实际培养合格1000人。西城区高血压健康管理率为46.83%，糖尿病健康管理率为51.40%；高血压规范管理率为61.28%，糖尿病规范管理率为65.75%；血压控制率为50.78%，血糖控制率为50.44%。

（马 蕊）

【中医药服务】 年内，完成西城区15家社区中心的监测数据审核上报工作。开展国家基本公共卫生中医药服务项目。包含65岁以上老人和0—36个月儿童中医健康管理两项主要工作，按季度对15家中心进行国家基本公共卫生服务中医药健康管理服务工作督导，全区进行中医药健康管理的65岁以上老年人共80359人，覆盖率达41.2%，进行中医药健康管理的0–36个月儿童共15109人，覆盖率达54.2%；完成北京市中医管理局委托开展北京市中医基本公共卫生服务效果评估项目，各项研究任务基本完成。开展社区中医药“冬病夏治”工作。15家社区卫生服务中心共设立83个贴敷点开展三伏贴工作，共计贴敷6.44万人次。11月举办社区中医适宜技术培训班，从临床着眼，以法（技术与技能）带病（症），规范推广中医适宜技术，加强基层中医药特色优势、提升了服务能力、提高了服务水平。

（马 蕊）

【对口支援工作】 年内，区属各医院支援北京郊区医疗机构17家；复兴医院、丰盛中医骨伤专科医院、护国寺中医医院、宣武中医医院、北京市回民医院支援内蒙古地区医院7家；复兴医院、健宫医院分别和武警六支队、七支队开展医疗对口支援工作。全年共派遣卫生技术骨干共计6名支援青海玉树州人民医院。6月底，组织西城区三级医院医疗专家团队前往玉树囊谦县等地开展对口支援义诊工作，时间为一周。8月，北京市西城区与秦皇岛市卫生计生委达成战略合作协议，加强两地医院之间合作，开展社区卫生服务机构对接帮扶等工作。由秦皇岛市第一医院、市中医医院、市军工医院、市工人医院、市九龙山医院等与北京复兴医院、北京二龙路医院、展览路医院等知名医院开展院际合作，通过技术合作、学科建设、联盟合作等方式，提升秦皇岛市医疗技术水平。与河北省保定市阜平县、张家口市张北县启动对口帮扶工作，西城区展览路医院妇产科和丰盛医院脊柱关节科卫生技术骨干共2名，前往张北县中医院、张北县县医院开展帮扶工作。

（马 蕊）

【传染病管理】 全年法定传染病发病7577例，发病率583.10/10万。其中甲类传染病发病1例，为霍乱，发病率0.08/10万，无死亡病例报告；乙类传染病发病1887例，发病率为145.22/10万，报告死亡病例10例。报告前三位病种为痢疾、猩红热和肺结核；丙类传染病发病5689例，发病率为437.81/10万，无死亡病例报告。人畜共患疾病中，狂犬病、人禽流感无病例报告，手足口病报告755例，发病率为58.10/10万，无死亡病例。

（马 蕊）

【性病艾滋病防治】 年内，5种性病发病人数为648人，累计管理艾滋病病人1083人，累计报告新发艾滋病386例，累计报告新发性病1272例。

（马 蕊）

【结核病防治】 年内，西城区结核病患病人数380人。新登记肺结核病人333人，其中本市231人、外埠102人，全年医疗机构病人报告率100%；死亡人数14人。

（马 蕊）

【精神疾病防治】 年内，全区精神障碍患者人数6279人，报告患病率3.896‰。其中6类重性精神疾病总数4923人，社区管理患者3950人，住院患者922人。社区坚持治疗患者3151人。免费服药患者人数1953人。在新街口建立心理健康服务单元示范点，15个社区卫生服务中心基本都配备心理咨询专业人员。完善社区精神康复工作体系，为全区1953名精神残疾人提供社区个案管理、日间照料等康复服务。落实严重精神障碍患者监护人申领看护管理补贴和免费服药等惠民政策，全年监护人看护管理补贴申领3833人。

（马 蕊）

【学校卫生】 年内，根据“北京市中小学健康信息管理系统”中的数据，2016—2017年度西城区共有学校102所，学生119193人，实际体检人数

113498人，学生常见病中，视力不良检出77457人，营养不良检出8005人，肥胖检出15341人，贫血检出1005人，恒牙龋齿检出26437人。

（马　蕊）

【慢性非传染性疾病防治与管理】　年内，在慢病综合防控示范区的基础上，继续深入开展全民健康生活方式行动，健康示范单位创建10家、健康示范食堂5家、健康示范餐厅1家、健康示范社区6家；培训健康指导员240人；在全民健康生活方式日、高血压日、世界卒中日、联合国糖尿病日开展主题宣传活动，制作宣传折页60000册，并开展主题宣传活动；在辖区15个街道60岁以上老年人中推广老年防跌倒毛巾操，375名老年人参加活动；完成北京市成人慢性病及危险因素监测720人；双生子随访工作共完成212对，随访率为71%，双生子调查新登记工作中，完成107对双生子新登记；持续加强社区脑卒中筛查、随访、干预及高血压患者自我管理小组（15个）及糖尿病同伴支持（15个）活动；完成5368人的5个癌种高危人群的评估和2036例临床筛查；对北京市脑卒中高危人群随访管理系统里的9181人进行摸底工作，确定3307人继续进行随访管理；脑卒中高危人群筛查3500人；肿瘤随访5369人；在5个社区开展35至75岁心血管病高危人群早期筛查与干预，筛查8813人，发现高危人群2352人；在职业人群中开展高危人群干预工作，成立健康自我管理小组，共计9个180人；组织6家单位33支队伍408名职工参加"万步有约"职业人群健步走激励大奖赛。

（马　蕊）

【计划免疫】　年内，北京市免疫规划疫苗17种。全年免疫规划内疫苗共接种237265人次，一类疫苗接种率均为100%。学龄前本市儿童、外来儿童建卡建证11282人，建卡建证率为100%。继续加强狂犬病免疫预防门诊工作。继续加强流动儿童计划免疫工作，落实查漏补种工作，补卡率、补证率均为100%。针对麻疹、水痘等疫情开展应急接种，涉及麻风、麻风腮、麻疹和水痘等4种疫苗，共接种1074人次。对辖区集中用工单位，包括建筑工地、大中小批发市场、大型餐饮、宾馆、医疗机构等302个单位外来务工人员接种流脑A+C疫苗2518人份，接种麻疹疫苗3052人份。继续开展流感疫苗免费接种工作，本市户籍60周岁以上老年人共接种24689人，接种率51.91%；在校中小学生共接种37435人，接种率63.18%。年内疑似预防接种异常反应上报92例，通过专家组诊断60例，其中4例偶合症，53例异常反应，其余均为一般反应。

（马　蕊）

【职业卫生监测与评价】　年内，全区接触有毒有害物质作业单位数189家，接触职业危害因素职工人数2102人。其中应体检人数1971人，实际接受体检人数719人。全年职业病报告监测情况：收到尘肺病例报告11例（矽肺2例、煤工尘肺4例、石棉肺5例；其中新发病8例，晋级3例，无死亡病例）；未收到职业中毒病例报告；农药中毒2例，均按时完成报告登记、调查处理及资料存档等工作，尘肺新病例回访率达100%。对辖区职业病报告单位开展职业病报告工作督导和信息档案核查4次。在全区开展主题为"健康中国，职业健康先行"的职业病防治法宣传周活动，共制作宣传横幅及宣传板数41块；张贴海报数400张；发放宣传手册、折页、职业病防治宣传扑克等宣传资料14656份；开展知识讲座、宣传培训等活动80场，共接待咨询5640人次；共有316人次参与此次宣传周活动。全区共有放射诊疗单位145家，放射卫生技术服务机构5家，监督覆盖率100%。共实施行政处罚9起，金额14.2万元。年内开展职业卫生和放射卫生监督专项检查，对辖区145户放射诊疗医疗机构进行监督检查。

（马　蕊）

【健康教育与健康促进】　年内，利用"西城健康教育"官方微博和疾控中心微信公众号发布健康知识，发布微博2047条；编辑出版《卫生与长寿报》1期2万份；《健康漫谈》5期5万册，自制宣传折页、报刊、海报、书籍、宣传板以及实物等共30种12余万份；举办社区健康大课堂2584场，直接受众138622人；11月开展居民健康素养主题宣传月活动，启动仪式上主管区长参加并讲话。宣传月期间共举办7场不同种类活动，覆盖医院、社区、学校等场所；完成750份产妇健康素养监测问卷；对20家工作场所进行平衡膳食知识讲座，直接覆盖人群近2000人，指导20家单位建立"限盐控油体验角"；元旦前后，利用微博微信等线上活动，继续带动各级医疗机构广泛宣传"过节送礼不送烟"的理念；在辖区幼儿园开展"无烟家园共建共享"主题图文征集活动，征集作品近120幅；与中小学保健所联合在辖区小学3至6年级学生中开展"争做健康少年"征文活动，共征集300余篇文章，推荐16篇优秀作品参加市级评选。最终西城区有12篇获奖：一等奖4篇、二等奖5篇、三等奖3篇。创建健康示范单位。完成区卫计委、区国税局、区财政局、牛街街道办事处、广内街道办事处、德胜街道办事处、新街口街道办事处、月坛街道办事处、区动物卫生监督所和中国平安保险北京分公司等10家单位通过"健康示范单位"创建区级验收，10家单位成为北京市健康示范单位。建设健康城区。共创建北京市健康示范单位10个、健康家庭838户、健康食堂28个、健康餐厅18个、健康促进医院15家，健康促进校达标率为100%。广泛宣传健康促进区理念，提高公众对健康相关知识的关注度和参与度，创建工作营造浓厚的社会氛围，制作2部健康宣传动画分别为《烟草的危害》以及《科学防治病媒生物》，通过微信公众号、微博账号和户外宣传屏等渠道进行投放。加强健康文化导向，深入开展健康科普大课堂活动、"健康中国行"主题宣传活动、"万步有约"健走系列活动、"全民健康生活方式日"宣传活动等各类健康文化活动，全面提高居民健康文化素养。

（马　蕊）

【妇女保健】　年内，剖宫产率38.17%；孕产妇死亡率0/10万；婚前医学检查人数为1881人，婚检率为5.49%，疾病检出人数338人，检出率为 17.97%。

（马 蕊）

【儿童保健】 新生儿死亡率 1.20‰，婴儿死亡率 1.68‰，5 岁以下儿童死亡率 2.11‰，出生缺陷发生率 15.95‰，出生缺陷主要病种有先心病、多指（趾）、外耳畸形、肾积水、隐睾和血管瘤等。0 至 6 岁儿童在册 51678 人，健康管理率 98.98%，系统管理率 97.00%。体检情况：新生儿访视 15249 人次，0 至 6 岁儿童体检 101263 人次，血红蛋白测查 53587 人次，DDST 筛查 14786 人次，听力筛查 54948 人次，视力检查 17464 人次，口腔检查 65147 人次。

（马 蕊）

【计划生育技术管理】 全年计划生育手术例数 14366 例，手术并发症人数 1 例，发生率 0.7/ 万。

（马 蕊）

【卫生监督工作】 年内，辖区内公共场所经营单位共有 2164 户。已对 2805 户公共场所经营单位的经营项目实施了量化分级管理，其中：A 级单位 447 户、B 级单位 1602 户、C 级单位 31 户、不予评级 5 户；监督检查 10288 户次，监督覆盖率为 99.95%，合格率为 94.72%；卫生行政处罚 420 起，罚款 25.5 万元。

（马 蕊）

【卫生监督专项检查】 年内，对辖区医疗机构监督检查 3432 户次，覆盖率 99.83%，合格率 98.78%。共实施行政处罚 23 起，金额 53290 元。共对 80 家医疗机构，实施积分处理 106 户次，累计积分 297 分。共开展专项工作 15 项，包括医疗机构依法执业专项检查、建立医疗卫生重点监督监测工作台账、中医医疗安全管理专项、院前急救专项、医疗相关专业“双随机”执法、医疗卫生监督抽检、“医疗机构推广应用新技术”和打击“两非”工作专项监督检查、打击非法医疗美容专项行动、“小诊所”专项执法监督检查、打击无证行医专项行动等。开展传染病监管，年内共监督检查 3013 户次，覆盖率 99.83%，合格率 97.48%。共实施行政处罚 80 起，金额 19 万元。共开展专项工作 11 项，包括春节期间消毒产品监管、肠道门诊开诊情况专项、医疗废物处置专项、实验室生物安全专项、传染病防治监督抽检、血液透析专项检查、传染病防治分类监督综合评价专项工作。

（马 蕊）

【投诉举报】 年内，畅通投诉举报途径，着力解决群众关注的热点难点问题。受理举报投诉 41 起，均及时处理并回复。

（马 蕊）

【大型活动保障】 年内，完成节假日及大型活动保障共 9 次。针对元旦、春节、元宵节、清明节、五一、端午节、古尔邦节等节日保障，制定工作方案及应急预案，加大对景区景点周边、繁华商业街区内各类单位的巡回检查力度，确保辖区内公共卫生安全。保障任务顺利完成，针对全国“两会”、“一带一路”、清真传统节日“开斋节”、“古尔邦节”等，加强节前监督检查，严格应急职守，保障辖区无区域性重大动物疫病发生。

（马 蕊）

【医疗工作】 全年门诊 30923086 人次，急诊 1561067 人次，出院 617582 人次，病床使用率 93.67 %，平均住院日（不含精神专科医院）8.01 天，死亡率（住院病死率）0.70 %，全年住院手术人次 287714 人。

（马 蕊）

【医疗质量管理】 年内，建成 11 个医疗质量控制专业委员会，包括护理、病案、急诊、血液净化、院感、药事、医学检验、医学影像（放射）、医疗管理、医学影像（B 超）、口腔 11 个专业。各专业质控中心共组织开展活动 21 次，聘请质控专家开展现场专项督导 3 次，市属三级医院专家委员参与活动 41 人次，区属医院专家委员参与活动 44 人次，区属 11 家公立医院以及健宫医院各岗位专业技术人员参加活动约 1910 人次。质控活动形式多样，包括专题培训、经验交流、目标管理、骨干培养、学术沙龙、技能培训、实地参观、现场督导等，内容充实，涉及质控中心各专业领域，提升了区属医院相关专业领域的管理能力和技术水平。

（马 蕊）

【护理工作】 年内，委属医院注册护士 2116 人，社区卫生服务中心注册护士 622 人。医护比为 1：1.25。持续推进优质护理服务，辖区二、三级医院全部开展优质护理服务，按照《北京市优质护理示范工程评价标准》，二级以上医院 100% 病房开展优质护理服务。

（马 蕊）

【血液管理】 全年西城区无偿献血 155522 单位，其中街头无偿献血 96604 单位、单位团体无偿献血 4945 单位、互助献血 53973，完成全市血液保障任务。借助重要节假日开展无偿献血宣传活动。开展辖区医疗机构用血安全督导检查，及对相关医院输血科（血库）设置进行评审工作。

（马 蕊）

【信息化建设】 完成全民健康信息化顶层设计，编制《西城区全民健康信息化现状调查报告》《西城区全民健康信息化顶层设计（2018—2025 年）》和《西城区全民健康信息化建设三年行动计划（2018—2020 年）》等文件。全年卫生计生系统信息化建设总投入 2288 万元，其中区属医院投入 826.2 万元、社区卫生服务机构投入 80.06 万元、公共卫生机构投入 1381.74 万元。区卫生计生委在建信息化项目 5 个，其中区域卫生数据中心投入使用、应急管理信息系统完成项目验收、社区卫生信息化升级改造和数字医技项目系统在新街口社区卫生服务中心部署上线运行、区属公立医院绩效评价系统稳步推进。制定《西城区医疗机构预约诊疗服务管理办法（试行）》，西城区分级诊疗信息平台于 12 月初上线试运行。基于政务外网的卫生计生专网，完成 122 家医疗卫生机构专网光缆接入，其中调试联通 101 家。完成系统 9 家直属事业单位软件正版化工作。4 月 8 日，完成医药分开综合改革 166 家参改机构的信息系统切换工作。组织开展《中华人民共和国网络安全法》学习贯彻工作。与北京市卫生计生委信息中心联合组织开展信息化系列专项培训。10 月，被北京市卫生和计划生育委员会确定为全民健康信息互联互通和信息便民服务试点单位。

（马 蕊）

【人才队伍建设】　年内，做好西城区继续教育项目管理工作，申报国家级项目2项，市级项目11项，区级继续教育1093项，专业分别从临床医学、公共卫生、传染病、护理管理、护理安全等方面进行申报。深入推动西城区区级“师带徒”中医药传承工作，从驻区中医医院遴选出21名指导老师，推荐出27名继承人作为首批学术经验继承人，人均跟师50余次。年度推进西城区骨干人才培养7人。通过院级、区级和市级评选，评选出首都国医名师3名，分别是王焕禄、邓贵成和秦学贤，整体带动区中医传承和发展。西城区以人才队伍建设促社区卫生服务水平的提升，建立常态化岗位练兵机制，委托北京市社区卫生协会开展了社区全科医生和社区护士培训及技能考核。各社区卫生服务中心借助三级医院优质资源，开展多种形式的理论和技能培训；通过区及机构两级岗位练兵，进一步提升基层卫生人员综合素质。强化区级实训室建设，月坛中心实训室配备教学设备14种，德胜中心实训室配备教学设备22种。并配套社区卫生人员岗位培训专项经费，开展了社区急诊急救、慢病管理、康复技术、中医适宜技术等专项培训班，进一步提升了社区卫生服务机构的临床诊疗能力。与北京大学医学部开展社区全科医生师资骨干培训合作项目，培养具备不同专业方向岗位胜任力的全科医生骨干及社区全科师资带教力量，第一期34名学员全部结业，并启动第二期。

（马　蕊）

【计生服务】　继续认真贯彻落实《中共北京市市委北京市人民政府〈关于实施全面两孩政策改革完善计划生育服务管理的意见〉》，建立西城区卫生和计划生育委员会计划生育兼职委员制度，坚持目标管理考核责任制，逐级签订计划生育目标管理责任书。认真落实“一票否决”工作制度。推进流动人口基本公共卫生计生服务均等化，围绕“关注流动人口健康 人人参与共建共享”主题，开展丰富多彩、寓教于乐的活动，共慰问扶助2530人，发放慰问品、慰问金价值7.6万元。承办北京市2017年流动人口健康教育大课堂启动仪式，取得良好效果。年内，北京市计划生育药具管理站调入西城区免费避孕药具共计15个品种，其中口服避孕药3品种，避孕套7个品种，外用避孕药具3个品种，宫内节育器2个品种。免费避孕药具发放到全区15个街道的258个社区以及辖区内的单位，实现年度药具需求计划执行比100%。

（马　蕊）

【生殖健康】　年内，共有1214对夫妇在西城妇幼保健院接受免费孕前优生健康检查，专项经费投入达104.28万元。为新婚夫妇发放“健康生育服务包”5600个。

（马　蕊）

【计生关怀】　全年审批发放独生子女伤残、死亡一次性经济帮扶209人209万元；发放独生子女父母年老时一次性奖励595万元；办理独生子女父母光荣证774人，发放独生子女父母奖励费75.235万元。行政确认计划生育死亡特别扶助1787人，计划生育伤残特别扶助2682人，发放计划生育特别扶助家庭特别扶助金共计2359.56万元。元旦、春节期间，市级计生特殊困难家庭走访慰问，为14户计划生育特殊困难家庭发放慰问金2.1万元。街道在元旦、春节走访慰问计生特殊家庭2000余户，发放慰问金120余万元。区计生协与中国人寿保险股份有限公司北京分公司联合开展意外伤害保险，年内为923户失独家庭共1382人缴纳安康保险费，每户30元，共计27690元。组织600余人特扶家庭参加采风活动。

（马　蕊）

【养老照护试点工作】　年内，区卫生计生委牵头，区社区文明推进协会以及财通科技股份有限公司联合组织“金花九月庆重阳敬老孝亲”公益活动，由“玖拾”“捌拾”“柒拾”3个项目组成。参加活动的老人147人，根据老人年龄、身体状态分组，分别采取上门慰问、组织参观和文艺活动等形式送关怀。

（马　蕊）

【关爱女孩】　利用暑假，邀请公安大学预防犯罪知名教授王大伟做“关爱女孩自我保护安全教育讲座”，全区200余名初中女学生参加。

（马　蕊）

食品药品监督管理

【概况】　北京市西城区食品药品监督管理局（简称西城区食品药品监管局），是市食品药品监管局在西城区负责本行政区域食品（含食品添加剂）、药品（含中药、民族药）、医疗器械、保健食品、化妆品（统称为食品药品）监督管理工作的派出机构，加挂西城区食品药品安全委员会办公室牌子。设12个职能科（室）：办公室（财务科）、综合协调科、法规科、食品生产监管科、食品流通监管科、餐饮服务监管科、食品市场监管科、药械市场监管科、药品监管科、医疗器械监管科、保化科、机关党委（人事监察科）。区局下设西城区食品药品稽查大队、西城区食品药品监控中心、西城区食品药品监督管理局政务服务中心和15个街道食品药品监管所。西城区食品药品监管局承担位于天津境内，占地17万亩的北京市监狱管理局清河分局18家监狱食堂以及食品流通、医院药品的审批、日常监管及应急处置任务。

地址：西城区太平桥大街107号

邮编：100033

电话：66210987

（罗　剑）

【获“北京市食品安全示范区”称号】　年内，在落实“党政同责”、落实“四有两责”、强化食品安全源头治理、强化监督执法检查、控制违法犯罪行为、落实企业主体责任、打造社会共治格局等方面下功夫，以95.69分的成绩首批通过北京市食品药品安全委员会考核验收，获“北京市食品安全示范区”称号。

（罗　剑）

【开展各类专项整治】　年内，先后开展婴幼儿配方乳粉、进口食品、校园周边、畜禽鲜蛋水产品、调味品、蔬菜、“五毛食品”、报刊亭、餐饮具清洗消毒、打击非法医疗美容、食品、保健食品欺诈和虚假宣传等40余项整治。3月，全市委托第三方对

16个区县整治状况开展评价性监测，西城区畜产品合格率98.41%，水产品合格率92.31%，在全市名列前茅。

（罗　剑）

【全面推进“阳光餐饮”工程建设】 年内，区政府将此项工作列入为民办实事工程，与教委、民政等部门联合发文部署。全区4049家餐饮服务单位中1786家实现“阳光餐饮”，完成率达44.1%。其中学生、托幼机构和养老机构食堂、中央厨房、集体用餐配送单位完成率100%；网络订餐店铺完成率30%以上。全区建成10条集食品安全、特色风味、优质服务为一体的“阳光餐饮”工程示范街区，评选出233家餐饮安全示范店(食堂)。全区示范街建设和阳光餐饮分别在全国“双安双创”成果展的综合厅和北京厅展示。

（罗　剑）

【开展“放心肉菜示范超市”创建工作】 年内，在全市率先开展创建试点工作。从全区46家报名商超中选取5家，区食药、区商务委、区消协、区食安协会等单位协同联动、综合施策，5家超市通过连锁总部支持、开发远程教育培训考核系统、食品安全APP、引老字号、引名牌进店等措施，落实主体责任、加强信息公示，取得初步成效。截至年底，创建超市均完善食品安全风险防控、事故处置等制度，食品安全快速检测室正常运转，“订单农业”“农超对接”等采购模式稳步推进，“放心肉菜”实现全程追溯。沃尔玛宣武门店、家乐福马连道店、西直门华联店通过审评，获得北京市“放心肉菜示范超市”称号。

（罗　剑）

【全面提升应急处置能力】 年内，处置食品安全突发事件11起，涉及医院5家、病人79人，肇事单位11家，与朝阳、东城区、丰台区、海淀区食药局对接案件4起，与公安、卫计委、教委等多部门联动。截至年底，全区无定性食品安全事件。

（罗　剑）

【无证餐饮单位综合整治工作】 年内，结合“疏解整治促提升”和背街小巷专项行动，对无照无证餐饮单位进行治理，新增反弹的107户无照无证餐饮单位全部动态清零。

（罗　剑）

【食品药品监督抽检情况】 全年共开展食品安全检测7869件，合格率98.06%，开展药品安全监督抽检894批次，合格率99.66%。以问题为导向，加大蔬菜、畜禽产品、水产品监督抽检力度，紧抓问题产品，进行复核、处置。

（罗　剑）

【违法案件查处】 年内，共实施行政处罚511件，罚没款1171.25万元。开展行政执法和刑事司法相衔接联席会6次，共移送涉刑案件2件，公安部门均立案并拘留犯罪嫌疑人。全年受理投诉举报6558件，同比增加28.84%，投诉办结率达到100%、群众回访反馈率达到100%，做到“有诉必应、有应必查、有查必复”。

（罗　剑）

【食品药品社会共治】 年内，组织开展“食品安全宣传周”“全国安全用药月”“科技活动周”“食品药品安全知识进社区”等一系列主题宣传教育活动，面向公众宣传食品药品安全工作取得的成效。强化科普宣传教育，将食品安全宣传“一站一栏”覆盖15个街道。加强与新闻媒体的合作，在人民网、北京电视台、《北京日报》等国家和市级媒体发布新闻报道70余篇，与《北青社区报》合作，开设专刊，每刊8版，报纸投递入户，共计发放报纸28万份；在中国食品药品网开辟“药安食美 北京西城”专题，在西单地区户外大屏幕上滚动播放宣传视频；在城市主干道、食品药品生产经营单位、学校、社区等公共场所，充分利用道旗、LED屏、户外大屏等媒介，张贴海报、摆放桌牌、发放宣传材料、宣传品。共张贴海报14.1万张、悬挂道旗2132面、安装交通护栏和天桥横幅93个、发放《致居民的一封信》28万份。落实举报奖励制度，鼓励并支持公众投诉举报食品药品违法行为，共计发放投诉举报奖励41件，发放奖励金额4.5万元。发动“西城大妈”和“街巷长”等多元力量，保障食品安全“最后一公里”，共同守住身边的好日子。采取校政合作方式，从北京一轻职业技术学院进行选拔，为每个食药所配备2名学生志愿者，开展快速检测，进行社区宣传，指导监测点工作。

（罗　剑）

【大型活动食品药品保障工作】 年内，建立大型活动保障“3+2”工作模式，完成包括全国两会、“一带一路”高峰论坛、北京市第二十次党代会、党的十九大等大型活动保障共14次，组织开展风险评估采样514件次，快检4704件，出动保障人员19653人次，保障就餐190219人次。

（罗　剑）

【推行食药智慧监管模式】 年内，将食药安全嵌入“智慧西城”全响应平台系统，借助城管指挥中心“五元一格”优势，针对系统发出的预警信息，协调工商、城管、公安等执法力量，进行联合巡查、联合打击、联动处理。全年累计上报信息105条。充分利用“西城食药监管”“西城食药行政许可”两个微信公众平台，发布最新消息和有关知识、提供政策咨询和问题回答，开通公众号在线客服功能，实时解答企业和群众疑问，最大程度方便群众。截至年底，两个平台关注人数分别达到5000余人次和7000余人次，累计咨询量达2万余人次。

（罗　剑）

【加强食品药品风险监测能力】 年内，西城区食品药品安全监控中心共完成抽检检品940件，包括监督抽检643件、监测抽检297件。全年完成一般药品不良反应报告评价1599件，完成可疑医疗器械不良事件报告评价948件，化妆品不良事件报告评价5件。

（罗　剑）

【基层食药所建设】 年内，进一步改善基础设施和执法办公环境，15个食药所总面积达5289平方米，平均面积达352.6平方米，同比增长6.8%，其中德胜街道、牛街街道、广内街道、展览路街道等7个食药所建筑面积均达到400平方米以上。已有14个市级示范所，15个达标所，示范率93.3%，达标率100%。强化基层检测能力建设，每个食药所快检室配置空气净化设备和专业操作台，并配备食品检测专业人员；牛街街道所建成200平方米北京市首家街道级牛羊肉物种检测专业实验室，广内所建成100平方米的综合快检室，多次开展科普开放日活动。

（罗 剑）

爱国卫生工作

【概况】 西城区爱国卫生运动委员会（简称区爱卫会）是区政府议事协调机构。为贯彻落实《国务院关于进一步加强新时期爱国卫生工作的意见》《北京市人民政府关于进一步加强新时期爱国卫生工作的实施意见》，区爱卫会结合西城区爱国卫生工作重点，重新调整新一届爱国卫生运动委员会成员，委员会由48个部门组成，委员会下设办公室，负责全区爱国卫生日常工作的开展。年内，明确工作目标，以创建健康促进区和健康城区相关工作为重点；深化健康教育与健康促进活动，努力提高辖区居民的健康素养，切实保障辖区百姓的身体健康。强化爱国卫生和健康促进工作领导体系建设。完善区爱国卫生运动委员会、区健康促进工作委员会、区控烟领导小组的领导组织体系，完善区、街道、社区的三级工作网络，逐步完善"将健康融入所有政策"的工作机制。围绕健康中国行活动以及公民健康素养66条，开展全区性健康素养提升行动。深化爱国卫生工作，做好纪念爱国卫生运动65周年宣传活动，组织开展系列活动。切实作好健康促进示范单位、健康家庭等健康细胞工程创建活动，继续推进"无烟西城"建设，巩固控烟成果，深入开展控烟宣传及执法检查。开展全区春、冬季统一灭鼠，夏季统一灭蚊蝇活动，进一步降低全市病媒生物危害，启动"病媒生物防治示范社区"建设工作。

地址：西城区枣林前街2号

邮编：100054

电话：83365451

（薛 云）

【2017年爱国卫生运动委员会工作会】 3月16日，2017年爱国卫生运动委员会工作会召开。区爱卫会主任、副区长郁治、区爱卫会各委员部门的主管领导60余人参加会议。会上，重新调整区爱卫会成员单位，对上年区爱国卫生和健康促进工作进行全面总结，对年内爱国卫生和健康促进工作做出具体部署。区爱卫会副主任、卫计委副主任郭燕葵总结2016年爱国卫生和健康促进工作，重点部署2017年爱国卫生和健康促进工作，即加快推进健康城区和健康促进区共同建设；完善爱国卫生和健康促进的领导组织体系，促进两项工作融合式向前发展；开展全民健康教育和健康促进活动；继续推进"无烟西城"建设。同时对全国健康城区和健康促进区创建工作进行专门部署。区爱卫会常务副主任、区卫计委主任安学军通报全国爱卫办对西城区国家卫生区复审结果。副区长郁治提出工作要求：准确把握健康中国建设作为国家战略的重大意义，将健康融入所有政策，建立大卫生、大健康的理念。提高对建设健康城区的认识。各部门要将健康城区建设纳入本单位的重点工作，明确各单位工作职责，有领导负责，专人专管，有计划地开展实施。抓好落实工作。各部门要各司其职、各负其责、相互支持、密切配合，充分发挥各自的资源优势，使各项工作落到实处。全区各部门要各以健康城区创建为契机，加快健康西城的建设步伐，提升广大民众的健康生活品质。

（薛 云）

【病媒生物防制】 年内，不断完善"政府主导、单位负责、专业机构支持、全社会参与"的病媒生物预防控制工作机制。结合城乡环境卫生整洁行动、病媒生物密度监测等工作，积极组织开展春冬两季统一灭鼠和夏季统一灭蚊蝇等季节性爱国卫生运动和统一灭蟑等经常性病媒生物防制活动，对餐饮、宾馆、各类地下管线、农贸市场、公共绿地等重点区域，采取综合性防治措施，大力清除蚊蝇鼠蟑孳生地和栖息场所。继续加大对各街道、各社区病媒生物防制药具的拨付力度，下发灭鼠胶饵、广谱杀虫剂等各类药物，保证有鼠区域灭鼠投药覆盖率和到位率达到100%，有效地降低了四害密度。为打造"病媒生物综合防治示范社区"奠定了坚实的工作基础。组织统一的集贸市场病媒生物防制，全区21个集贸市场密度大为改观，病媒生物密度得到有效控制，病媒生物密度达到国家规定的控制标准。

（薛 云）

【爱国卫生月】 4月，西城区组织开展以"为了人民的健康——65年的历史与展望"为主题的第29个爱国卫生月活动。以优化美化城市、营造舒适宜居环境为目的，结合建设健康城区，开展宣传、环境治理、病媒生物防控、禁烟控烟等多项活动。4月14日，集中开展的环境卫生专项整治活动。4月27日，以"清新洁净迎五一"为主题的城市清洁日活动。共有中央、市属、驻区部队364个单位、261个社区居委会、12627人次参加活动。清除、覆盖残标小广告8964条、清洗广告牌匾182块、整治美化大街156条、清运废弃物垃圾92吨、清理卫生死角412处、清理绿地8万余平方米，治理居民小区楼门院236个、解决脏乱重点问题75个；全区各街道出黑板报96块，发放各种宣传品1万余份。通过群众的主动参与，全区环境得到进一步改善，城市面貌焕然一新。

（薛 云）

【2017年健康素养推广行动】 10月31日，"2017年西城区健康素养推广行动"启动仪式在中国消防博物馆举办。以"掌握急救，守护生命"为主题的启动仪式由爱卫会、区疾控中心、区红十字会、区科学技术协会、中国消防博物馆等单位共同举办。中国健康教育中心主任马爱宁、北京市卫计委健康促进处处长汤伟民、北京市疾病预防控制中心健康教育所所长刘秀荣、西城区副区长郁治等出席启动仪式。区爱卫会成员单位及社区200余人参加启动仪式。11月，在全区范围内开展健康素养推广行动系列宣传活动。11月16日，区爱卫会在西城区文化中心举办2017年西城区健康素养文艺展演暨西城区2017年健康北京宣传周启动仪式。汇演由各街道选送，以舞蹈、快板、小品、舞台剧、大合唱等多种形式，突出群众的参与性与"普及健康生活，提高全民健康素养"这一主题内容。西城区各街道、各委办局代表及居民400余人参加活动。健康推广宣传月期间，西城

区在医院、学校、社区和企业等不同人群中以“健康素养66条”为核心，持续开展以健康素养为主题的宣传活动，对引导居民养成健康的生活方式，提高居民的健康素养水平起到积极的作用。

（薛　云）

【贯彻落实《北京市控制吸烟条例》】 年内，推进《北京市控制吸烟条例》，落实《健康北京2030年规划纲要》，各街道、各主要部门始终按照政府与社会共同治理、自律与管理相互结合的工作原则，强化部门联动协作，广泛宣传控烟工作，依法加强控烟场所禁止吸烟的监督管理，倡导健康生活方式，增强居民对吸烟有害健康的认识，不断改善公共卫生环境质量，营造无烟西城。全区10人被授予2016年度首都控烟管理先进个人，10人被授予2016年度首都控烟监督执法标兵，3人被授予2016年度首都控烟优秀志愿者。积极开展控烟进社区活动，共评选出12个控烟先进社区、120个无烟家庭，新培养1000余名社区控烟志愿者。加大控烟法规的执行力度。加强部门联动，积极开展联合执法和专项整治活动。由区爱卫办牵头多次开展针对商业区的专项督导检查，并基本完成中小学校周边100米卷烟零售户的清零行动。截至12月底，区卫生和计划生育监督所共出动卫生监督员13880人次，对辖区内单位进行控烟执法检查6940户次，不合格单位265户。对存在违反《条例》的单位下达责令改正通知书236户次，处罚单位31户，处罚个人违法吸烟行为860次，共计罚款166150元整。以“世界无烟日”为契机，在各地区、各单位开展形式多样的控烟宣传活动，营造控烟宣传氛围。5月31日，区爱卫会联合西城区疾控中心、西城区医学会、月坛社区卫生服务中心与西城区青少年科技馆等单位共同开展第30个“世界无烟日”主题宣传活动，月坛社区居民代表共100人参加本次活动。区爱卫会、疾控中心、医学会等单位相继介绍西城区开展控烟活动的意义和取得的成绩。随后控烟志愿者代表上台发出倡议，希望广大市民自觉加入到控烟行动中来。活动现场，区医学会派出的多名慢病专家开展戒烟、慢病、健康等专业的免费咨询义诊活动，现场为市民提供戒烟、免费测量血压等服务，发放健康知识宣传资料、讲解戒烟知识。区爱卫会为全面真实了解区内公共场所控烟状况，引入“PPP”（政府购买服务）新模式融入到控烟工作中，聘请第三方专业调查公司，利用科技新手段，对全区控烟状况进行大摸底。调查范围全面覆盖全区15个街道的医疗机构、写字楼、商超、餐饮、KTV、网吧等六类以往投诉比较集中的行业场所。调查结果以及相应的对策建议在全区工作协调会上进行公布，让各单位了解本行业控烟情况现状，为下一步控烟工作的开展做到有的放矢。

（薛　云）

【创建健康示范单位】 4月，区爱卫办在全区范围全面开展健康示范单位创建工作，以优化职工工作环境为目标，制定实施方案，广泛动员各街道办事处及区属单位积极参与创建活动。7月13日，区爱卫办组织报名参与创建健康示范单位的相关负责人到中直机关管理局参观交流学习。区爱卫办向各创建单位介绍健康示范单位创建工作的开展情况，并解析各关键指标。中直机关管理局工会主席向大家传授创建健康示范单位的经验做法。为保证创建工作顺体通过市级验收，区爱卫办联合区疾病预防控制中心，依据《北京市健康示范单位考核评估》标准，对申报的10家单位开展健康示范单位创建督导检查验收工作，区卫计委、区国税局、区财政局、牛街街道办事处、广内街道办事处、德胜街道办事处、新街口街道办事处、月坛街道办事处、区动物卫生监督所和中国平安保险北京分公司等10家单位通过区级验收。11月14、15日，北京市爱卫办专家组分三组到西城区验收北京市健康示范单位，对上述10家单位落实职工健康教育、健康宣传、健康体检、文体活动，限盐少油、控烟戒烟、病媒防制、绿色节能、合理膳食、保护职工权益等各方面的相关文件和资料进行查阅，并现场查看职工健身场所、食堂、外环境等硬件设施。专家组一致认为西城区的申报单位高度重视、区级各部门积极协调配合，能够开展丰富多彩的学习和交流活动，对西城区“健康示范单位”创建工作予以肯定。上述10家单位全部成功成为北京市健康示范单位。

（薛　云）

【城市清洁日】 年内，充分发挥爱国卫生工作优势，以爱国卫生月和城市清洁日为抓手，广泛发动群众，每月一个主题，重点搞好单位、社区、小区、楼门院、家庭的环境卫生清理，同时开展多种形式的宣传活动，强化市民维护市容环境卫生意识，使爱国卫生工作深入人心；活动主题明确，以巩固国家卫生区和文明城区为工作重点，结合除四害、健康教育、控烟等工作，开展形式多样的城市清洁日活动，使城市清洁日活动做到月月有计划、有主题、有活动、有信息，有总结。全区共组织开展12个城市清洁日活动，利用春节、“两会”、“五一”等重大活动及节日，紧密结合巩固国家卫生区成果，加快推进西城区健康城区建设开展，开展主题为“清洁城市环境，喜迎新春佳节”“美化环境，喜迎两会”“拥有健康环境，加强疾病预防”“创建文明城区，你我共同参与”“清洁美化环境，喜迎十九大”等城市清洁活动。各街道对居民区、单位内部等周边地区的环境卫生进行整治，清除卫生死角；深入开展爱国卫生运动，求实效、实施全面环境整治，有效提升全区环境质量，为广大群众创造了良好的工作生活环境。1至12月，共组织12次城市清洁日活动，全区参加城市清洁日活动总人数达11万余人次、5246个社会单位（含部队）参加活动，清除残标小广告12.1万余条、清洗广告牌匾2865块、整洁美化主要大街986条次、清理卫生死角3264处、清理垃圾废弃物、宠物粪便652吨、清整草坪绿地165万平方米、整治脏乱重点问题1038个。

（薛　云）

【冬季控烟专项整治工作】 冬季供暖期期间，区爱卫会积极组织在全区开展冬季控烟专项整治工作。制定冬季控烟工作方案，明确各相关部门职责，向全区下发《西城区关于进一步加强冬季控烟工作的通知》及《西城区冬季控烟专项检查实施方案》；召集各地区爱卫会及区教委、区商务委、区文化委、区旅游委、区城管执法局、区体育局、工商分局、烟草专卖局等部门进行专门部署，要求各相关部门、各地区爱卫会按照文件精神，加强控烟工作的领导，强化控烟措施；加大宣传力度，营造良好控烟氛围。成立由区控烟领导小组各成员单位组成的四个检查小组，从12月上旬起，深入到政府机关、学校周边、宾馆饭店等重点场所开展检查。针对检查中暴露的问题，执法人员对问题单位当即下达责改通知。此次大力度的联合检查，本着不怕红脸、不护短，重点对区政府机关、事业单位等开展检查，进一步强化政府各部门的控烟意识，引起各单位的高度重视，保证控烟不反弹，巩固前一阶段的控烟成果。12月4至27日，区卫生监督所重点对写字楼、餐馆、网吧、宾馆、机关事业单位、学校及周边等重点场所开展专项执法行动。共出动卫生监督员382人次62车次，监督检查各类单位191户，其中餐饮服务类单位80户、网吧28户、写字楼63户、机关事业单位18户、学校2户。

（薛　云）

【建设健康城区】 年内，以健康社区、健康示范单位和健康家庭为重点，把创建工作和单位日常工作及市民的日常生活紧密结合起来，以点带面，带动整个健康促进工作的全面开展。开展健康促进医院、健康促进学校、健康示范单位、健康食堂等评选工作。全年共创建北京市健康示范单位10个、健康家庭838户、健康食堂28个、健康餐厅18个、无烟示范单位10家、健康促进医院15家，健康促进校达标率为100%。为广泛宣传健康促进区理念，提高公众对健康相关知识的关注度和参与度，为创建工作营造浓厚的社会氛围，充分发挥楼宇和户外媒体宣传屏以及网络、微博、微信等新媒体的传播作用，西城区启动健康宣传动画的制作项目，该项目旨在利用动画小视频的创新形式向公众传递健康生活习惯的重要性，远离烟草、科学防治病媒生物等健康知识。制作2部健康宣传动画分别为《烟草的危害》以及《科学防治病媒生物》，通过微信公众号、微博账号和户外宣传屏等渠道进行投放。加强健康文化导向，深入开展健康科普大课堂活动、“健康中国行”主题宣传活动、“万步有约”健走系列活动、“全民健康生活方式日”宣传活动等各类健康文化活动，全面提高居民健康文化素养。4月27日，西城区在景山公园举办第二届“万步有约”职业人群健步走激励大奖赛启动仪式。市爱卫办、西城区总工会、区体育局、区爱卫办等相关单位领导及工作人员、机关企事业单位职工代表、辖区居民代表共300余人参加启动仪式。启动仪式上，北京市卫计委领导对西城区积极参与健走激励大赛给予肯定。

（薛　云）

【津冀政府参事调研西城健康城市建设】 8月1至2日，天津市人民政府参事室党组书记刘志永率津冀政府“健康城市建设”课题调研组一行16人到西城区调研健康城市建设工作。区卫计委副主任郭燕葵陪同调研组调研。1日，调研组到区新街口街道社区卫生服务中心进行实地调研。中心介绍社区健康教育、分级诊疗等工作开展情况。随后调研组调研西城区银铃老年公寓，考察新街口地区垃圾分类处理场所及背街小巷清理整治成果，对西城区环境治理工作给予肯定。2日，召开座谈会，京津冀三地参事、爱卫办人员交流探讨健康城市规划，就三地在健康城市建设过程中加强合作，促进健康城市的协同发展达成共识。此次津冀政府的调研进一步推动京津冀三地共建健康城市示范区的机制，津冀两地深入了解和考察西城区健康城市建设工作，为京津冀一体化的健康城市示范区战略合作开拓了新的思路。

（薛　云）

（责任编辑　郝慧芳）

社会生活

民政工作 居民生活状况

民政工作

【概况】 西城区民政局（简称区民政局）是西城区开展民生工作的部门，主要承担着社会保障、社会事务管理、基层政权建设、服务国防建设4个方面的职能。区民政局内设办公室、人事科、社区办、社团办、优抚科、安置办等15个行政科室，困难群众救助服务指导中心、捐赠中心、福利生产办公室等30个事业单位，在职人员442人。年内，区民政局深化落实“十三五”规划，深入贯彻党的十八大、十八届三中、四中、五中、六中全会、十九大精神和习近平新时代中国特色社会主义思想，夯实基础、抓住重点，迎难而上，开拓创新，勤于履职，完成各项工作任务。

地址：西城区安德路甲69号

邮编：100011

电话：83418000

（张 卯）

【最低生活保障】 年内，完成2017年度低保标准调整工作，低保标准由原来的800元调整到900元。至年底，全区享受低保待遇家庭户数10786户17650人，累计发放低保金1.95亿元。全区享受低收入待遇家庭242户952人。发放低保家庭电价补贴97万元。“两节”共走访慰问低保、低收入家庭每月入户核对和网络公示工作，全年撤销享受低保待遇家庭984户1819人。

（张 卯）

【社会救助】 年内，落实《北京市民政局关于开展社会救助专项整治活动的通知》和《关于对各区社救资金发放、管理情况开展现场审计工作的通知》等文件，对全区所有街道办事处开展社会救助工作专项整治，对街道存在的问题限期整改。配合全市医事改革，完成社会救助对象医疗救助调标工作。引入“第三方”开展街道社会救助工作绩效评价。修订完善《西城区社会救助工作绩效评价方案》和《西城区社会救助工作绩效评价标准细则》。对基层各街道实行排名，形成绩效评价报告，上报至区政府作为对各街道年终考核的依据。全年实施燃煤救助、清洁能源救助1841户，3219人，补助金额197.02万元；实施集中供暖救助2782户，补助金额393.17万元。实施临时救助836户，1474人，补助金额224.95万元；实施社会救助对象基本医疗救助11571人次，审批经费1805.3万元。补充医疗审批11400人次，审批经费434.7万元。新审批特困供养人员22人，发放特困供养经费359.94万元。

（张 卯）

【社会救助体制机制建设】 年内，率先建立区、街困难群众基本生活保障工作协调机制，通过社会救助联席会议共同解决困难群众的急难事件，形成齐抓共管“救急难”工作模式。建立统一受理社会救助申请窗口，健全响应办理机制，构建救助信息共享平台。建立主动发现和报告机制，畅通信息报告渠道，拓宽困难群众主动发现途径。实施“一助、一减、一扩、一提，一补”的“五个一”医疗救助工程，提升社会救助对象的医疗救助水平，制定《关于调整社会救助对象医疗救助相关标准的通知》（西民发〔2017〕5号）。

（张 卯）

【精准救助试点】 年内，委托北京明时社会治理研究中心开展专题调研，形成《北京市西城区民政局精准救助工作方法研究调研报告》。形成“两低群体”、“人户分离”群体、劳改释放人员以及重特大疾病群体精准救助方法。委托第三方实现新申请低保、低收入家庭入户核查全覆盖。承接两项试点工作：第一项是西城区被北京市民政局选定为成立“区困难群众救助服务指导中心”试点区；第二项是北京市民政局“三社联动”精准救助试点，对全区低保、低收入、潜在困难群体进行入户调查，建立“一户一策一档”，截至年底社工机构实际已经入户4434户，制定帮扶方案2510户，资源链接327户。

（张 卯）

【福利服务保障精准化】 年内，落实国务院《关于全面建立困难残疾人生活补贴和重度残疾人护理补贴制度的意见》《北京市人民政府关于全面建立困难残疾人生活补贴和重度残疾人护理补贴制度的实施意见》和配套文件，完成残疾人两项补贴集中审批工作。实施残疾人两项补贴2.01万份，补助金额6053.49万元。实施困境服务对象入住社会福利机构救助187人，补助金额278.57万元。实施审批困境儿童60人次，发放补助经费58.86万元。依托西城区残疾人康复中心，建设智障人员和其他需要托管的复合型重度残障人员康复床位30张。通过场地租赁、运营社会化的方式建设精神卫生服务床位100张。

（张　卯）

【流浪乞讨人员救助】　年内，做好重大政治活动期间的环境秩序保障工作，完成街面巡视和街面管理工作任务。开展“寒冬送温暖”“夏季送清凉”专项行动，确保应救尽救和全年流浪乞讨人员零伤亡。年内，共接收救助对象1248人，提供医疗救助28人次，提供食品812人次，住宿320人次，通信联系395人次，购买返乡车票319人次。出动巡视车辆约1952台次，出动巡视人员约13516人次，完成城市管理全响应派发案件约2361件，案件完成率100%，救助实施率100%。

（张　卯）

【帮扶留守儿童和困境未成年人】　年内，出台《西城区民政局等七家单位关于印发留守儿童和困境儿童合力监护、相伴成长关爱保护专项行动实施方案的通知》（西民发〔2017〕9号），以8个单位共同构建困境未成年人庇护、就医、就学、涉案等全方位的保障体系。实行服务转型，织牢城乡困境未成年人（留守儿童）基本保障网。以个案管理方式为突破口，通过专业手法为900多例留守儿童重点个案实行兜底救助，精准救助。通过购买社会服务，加强背街小巷治理，将个案由社工组织服务转介为精准、多方位救助。

（张　卯）

【引导慈善组织参与社会救助】　年内，宣传《慈善信托备案》相关法律、法规，刻制西城区慈善信托备案专用章，规范慈善信托备案工作流程。面向全区征集“慈善北京 爱的瞬间”公益慈善图片，配合市慈善处完成慈善图片巡展。举办“身边的感动”慈善公益主题摄影大赛，共收稿334件。利用首都慈善网平台宣扬慈善工作和公益慈善活动，年内上传信息13篇，报送救助案例78个。在金融街购物广场举办普法慈善宣传活动，向群众发放3000册慈善法知识宣传手册和印有“慈善北京爱在西城”标识的宣传品。西城区慈善协会开展“绿色通道——紧急救助项目”“爱心帮扶困难党员项目”“春雨行动——大病救助项目”“低保老人医疗救助”“慈善在行动——定向帮扶项目”“慈善义工助老项目”“金色阳光——高中生资助项目”“爱心成就未来——慈善助学项目”等多项救助帮扶工作，开展“共产党员献爱心”、定向捐款、专项基金和日常捐赠等募捐活动，慈善协会共募集善款610.93万元，发放救助金979.94万元，救助困难群众4889人，服务1万余人次。

（张　卯）

【防灾减灾】　年内，开展综合减灾示范社区和街道创建，完成什刹海街道柳荫街社区示范标准化试点建设项目验收工作。完成对“十一五”时期创建的综合减灾示范社区评估，加强全国综合减灾示范社区动态管理，健全长效发展机制。组织灾害信息员培训，完成全区15个街道共625名灾害信息员数据库填报更新工作。破解社会力量参与减灾救灾、救灾物资储备体系建设问题，防灾减灾救灾能力全面提升。开展“5·12”“10·13”主题宣传活动。修订完善《西城区防汛综合保障专项分指挥部工作方案》《西城区民政局防汛应急救助预案》，规范应急救助行为，圆满完成各项防汛工作任务。

（张　卯）

【养老机构规范化】　年内，通过购买服务，列支经费46万元，编制西城区标准化建设模板，向全区养老机构推广。全年3次组织人员对养老机构进行夜查，依靠安全生产监督检查组，按照每季度一次的频率加大机构检查。联合消防、卫生等部门进行联合检查、开展燃气专项检查，提升养老机构安全管理工作。制定全区辐射服务实施方案，对养老照料中心辐射服务申报情况开展实地调研、评审工作，共有8家养老机构，47个申报辐射服务项目，申请发放补贴209.23万元。全区33家养老机构安装监控探头，新增监控探头600余个，调试完成其中16家养老机构图像联网。共组织2次共计60人参加养老机构护理员培训工作，持证上岗率100%。扶持全区29家符合资助条件的非营利社会福利机构，服务量8995人次，补贴资金424.37万元。完成28家养老机构明厨亮灶改造工作，投入资金48.726万元。

（张　卯）

【老年人能力评估和失能老年人居家照护服务】　年内，推进老年人能力评估日常化，每月评估一次。制定《西城区失能老年人居家照护服务单位管理暂行办法》，建立服务诚信体系。累计为失能老年人发放服务补贴4.74万人次，累计发放补贴金额1894.76万元；累计服务6618位老人，累计为失能老年人提供居家照护服务9.85万次，累计消费服务补贴1237.26万元。社区医生为1178位失能老人提供签约上门巡诊服务，失能服务热线96003总计解决咨询及投诉等问题4000余次。

（张　卯）

【老年人关怀工作】　年内，引导区域优质餐饮企业积极参与养老助餐服务，统一悬挂西城区老年餐桌标识；打造专属老年人就餐区，环境、灯光、地面全面适老化设计；设计、提供老年营养餐，初步形成全区养老助餐送餐全覆盖。出台《关于进一步加强老年精神关怀服务工作的指导意见》（西民发〔2017〕17号）和《北京市西城区老年精神关怀服务工作指导手册》，建立区、街、居三级精神关怀服务体系。夯实全区老年维权三级网络组织机构。重点加大四级（楼门院长）宣传培训力度，畅通老年人维权渠道。全年开展普法培训、讲座56场，6100名维权联络员及老年人参加。接待法律咨询240人次，接待来访老年人91人次，来电咨询257人次，调处率100%。督促各街道完成养老巡视服务的签约工作，依托区零距离居家养老服务系统，加强对入户巡视的监督和管理。全区确定被巡视老人1311人，巡视记录2万余次。对本区329户城市特困、低保、低收入老年人家庭进行适老化改造。截至年底共计入户实施评估319户，完成改造130户，改造后完成验收70户。

（张　卯）

【老年优待保障】　年内，为60至64周岁老年人审核发放老年优待证5983个；为65周岁及以上老年人审核发放北京通—养老助残卡2.01万张；1至12月份共审核发放90周岁及以上老年人津贴8536人，1020.69万元；实施95周岁及以上老年人补助医疗702人次、拨付补助医疗金额198.18万元；给予80周岁及以上老年人发放居家养老服务补贴73.3万人次、拨付金额7448.52万元。元旦、春节走访慰问西城区户籍90周岁及以上老年人、百岁及以上老年人、高龄特困老年人7989人，使用资金177.2万元。

（张　卯）

【养老基础设施建设】　年内建成3家养老照料中心，推进4家照料中心开工建设，共拨付建设补贴资金670.4万元。稳步推进广外红莲北里10号楼综合养老服务指导中心项目、裕中西里28号楼项目、昌平区回龙观项目。推动西长安街街道和陶然亭街道养老机构项目相关准备工作。推进全区25家社区养老服务驿站建设。

（张　卯）

【为老服务】　年内，开展孝星推荐命名表彰，全区共命名市级“孝星”200名，区级“孝星”600名。完成118位“百岁老人”上门祝寿。开展2017年度无保障、低保和优惠老年人共1852人的健康体检工作。举办2017年西城区“敬老月”全民健身暨西城区第17届优秀健身项目表演赛、第25届西城区老年人门球比赛、“喜迎十九大、携手为老幸福夕阳”文艺汇演、春游和赏秋、棋牌系列赛以及老年生活系列讲座等老年文体活动。

（张　卯）

【社区治理和服务创新实验区建设】　年内，以委托第三方专业社会力量的方式，以“加强社区基层党组织建设工作、深化参与型社区分层协商工作、多居一站模式培训评估及宣传工作和街区整理促提升工作”为主要探索实践的方向，在“社区基层党建、协商模式落地、多居一站论证、社区服务社会化、全科社工培训、街区整理促提升”等众多工作方面策划13个项目。以社区分层协商的理念在广外街道红居街和红居南街两社区开展“社区参与型分层协商管理模式落地项目”工作。促成区、街、社会机构和社区“四方”合作和工作联动，在新街口街道打造“多元主体协同治理下的街区整理促提升项目”。

（张　卯）

【实验区中期评估】　年内，西城区实验区建设在民政部中期评估检查中得到好评，区主要领导代表北京市在民政部组织召开的全国基层社会治理大会上作典型发言。西城区的实验区工作以“三社联动”为主题，将“三社联动”理念“本地化”，形成“党建聚核、社区整合、组织联合、人才汇合”的四合（核）工作理念以及“自下而上的民主协商”和“自上而下的服务响应”双向服务体系。共形成指导文件50余份，围绕6大项实验任务32小项实验主题，共形成典型案例34个。推动各街道社区减负、居民公约修订的落实工作。

（张　卯）

【社区参与型协商】　年内，以区委区政府名义印发《西城区参与型社区分层协商实施意见》，完善固化西城区社区分层协商模式，共建立楼院议事平台6084个、网格议事平台1015个、社区议事平台261个和街道议事平台15个，召开议事会12134次，解决居民实际问题7000余件，形成1855件典型案例。积极搭建“互联网＋移动终端、微信＋微博”信息协商平台，克服协商的时间和空间限制，促进居民多渠道参与社区协商事项。邀请专家团队对街道干部和社区工作者培训6场，培训人数600余人，提升社区党组织和居委会组织开展社区协商、主持把控社区协商议事会议的能力，中国社区报先后2次头条头版对此进行报道。

（张　卯）

【社会工作人才队伍建设】　年内，以全区“多居一站”试点街道为基础，通过购买社会组织服务项目，着力打造“西城全科社工”培养计划，最终达到社区工作者“一岗多能”“一窗式”或“一口式”受理目标。组织召开以“社工让社区更美好”为主题的西城区社会工作成果分享会，对10名“十佳社工”和8名“优秀社工”进行表彰，发布《西城区社会工作优秀案例汇编》和《西城区首届“十佳社工”风采录》，全面展现西城区社会工作者扎根社区的工作风貌。组织社会工作者职业水平考试报名及继续教育工作，全区1014人报名参加职业水平考试。完成2017年西城区社会工作者登记（再登记）工作，共登记684人，新增持证社工师377人。开展社工招录工作共招录333人，其中驻区部队退役军人1人、随军家属11人。组织社区工作者教育培训工作，按照“需求导向、统筹安排、多元创新、分类指导”原则，将培训分3个层次进行，分别是社区指导员、社区居委会主任、2017年新入职的社区工作者，共623人参加培训。

（张　卯）

【社区服务社会化改革】　完成“爱在西城，情暖社区，服务有西城”2017年两节服务活动，全区各级社区服务中心筹集两节服务资金共计97万余元，共发动116家社区服务商、111个社区社会组织、4000余名社区志愿者参与两节服务，超过3万人受益。开展“爱在西城”惠民服务进社区系列活动，区社区中心联合区旅游委、区商务委、区文化委等相关部门举办现场活动13场，服务企业累计参与将近200次。为770位辖区60至79岁有需求的老人提供油烟机、空调清洗等家政标准化服务体验，为956位行动不便的老人提供修脚服务。委托北京城市系统工程研究中心开展西城区民政局直属公办养老机构规范化管理体系与制度研究，完成调研报告和监督管理细则。指导各街道通过对蔬菜市场功能调整、腾退空间升级改造、租用相关场地等方式，分别搭建便民菜站、百姓生活服务中心、百姓综合维修中心、百姓文化活动中心等社区服务设施。整合区级签约服务商85家（其中三项为老服务商47家），持续开展对接12341政府热线、社区志愿服务、三项为老服务、加强《北京市社区管理信息系统》管理、提升服务商专业化服务水平和中华遗嘱库预约六项工作。年内，12341政府热线接转社区服务热线并提供服务2669人次，回访服务及服务商反馈共1133人次；享受三项为老服务的老人共计10206人次，结算金额为26.23万元；西城区实名认证志愿者人数已达29万余人，志愿团队4400余个，对全区约300名社区志愿服务工作专干开展“首都社区志愿服务网系统”培训和对近60名社区志愿服务组织进行专项培训，并联合西城团区委举办“2017年西城区志愿服务评优暨志愿者回馈活动”，对志愿者及志愿服务组织进行命名表彰；在组织全区290名软件管理员开展专项工作培训的基础上，对261个社区进行为期3个月的巡检。西城区社区居委会软件数据同步质量合格率平均已达到99%；组织96名街道工作专干、街道社区服务商代表和区级社区服务商开展以消防安全和社区服务社会化、标准化为主题的西城区服务企业培训交流会；自2014年累计向352位符合条件的老人发放遗嘱库《预约卡》，收回并录入系统的《预约卡》189张。累计发布媒体报道11次，其中新闻报道10篇、缤纷西城视频报道1篇，向市社区服务中心和区民政局分别报送各类信息10篇。“爱在西城”惠民服务进社区系列活动和广内公共图书馆社会化项目新闻稿件被市社区服务中心采用，并分别在北京社区报社区服务专栏刊登。

（张　卯）

【社会组织建设和管理】　年内，西城区有注册登记的社会组织614家（社会团体144家、民办非企业单位470家）。全年完成行政许可事项116件，对66家社会组织实施规范化建设评估，对431家社会组织实施年度检查，为591家社会组织换发统一社会信用代码证书。备案社区社会组织达到2572支。建立起由区民政局牵头、相关部门参与的社会组织联动工作机制，建立联席会议制度，实现动态协调与应急处置的有效衔接和相互支持。年内，行政检查44次，行政约谈19家社会组织，立案处理17家社会组织。对注册登记的民办养老机构和民办幼儿园实施重点监管，与民办幼儿园和民办养老机构签订了安全责任书。

（张　卯）

【社会组织党的建设】　年内，成立“中共北京市西城区行业协会商会综合委员会”。综合党委从社会组织的实际情况出发，指导3家社会组织成立3个（流动）党员党支部，指导96家社会组织成立14个联合党支部。

（张　卯）

【社区社会组织】　年内，开展社区社会组织助推工程和社区社会组织规范化建设评估工作，累计投入资金273.1万元，培育成熟社区社会组织164个。通过助推和评估，建立社区社会组织自西城管理和发展机制，将街道、社区从被动登记变成主动培育。年内，实现每个社区都培育出一支示范性强的公益性社区社会组织，完成对社区社会组织负责人和社工的培训。

（张　卯）

【优抚工作】　年内，西城区有重点优抚对象2166人。深入贯彻落实《军人优待抚恤条例》和《革命烈士褒扬条例》，推进优抚工作规范化、法制化、长效化进程。为243名义务兵发放立功受奖奖励金12.55万元；为231名义务兵发放两年优待金及学杂费2302.08万元；为235名义务兵增补优待金61.5万元；为方便群众由街道代发伤残军人病理鞋费用6000余元，为伤残军人配置各种伤残用品费约13500元；发放因公牺牲和病故人员死亡一次性抚恤金125人次，支出经费4261.71万元。为全区2034名优抚对象发放“两节”慰问金223.74万元（其中市拨资金16.272万元）；为1244名伤残军人购买发放茶叶18.66万元；清明节为西城区5处零散烈士设施献花及维护修缮烈士墓1处（北京师范大学成人教育处院内）支出4.2万元；落实西城区108户优抚对象集中供暖经费18.6万元；为2500余名优抚对象和区属见义勇为人员办理“一卡通”。

（张　卯）

【安置工作】　全年接收退役、病残士官、士兵281人，发放自主就业补助金2421.19万元。“春节”前夕，为西城区311名退役士兵发放春节慰问金12.44万元。通过召开安置动员培训大会做好宣传动员，实现退役士兵对培训政策知晓率100%，有意愿参加教育培训的报名率100%。召开“西城区退役士兵安置和权益保障工作实施方案领导小组联席大会”，出台《西城区退役士兵安置和权益保障实施方案》，制定《西城区退役士兵专项救助管理办法》。完成1978年至2014年期间接收的安置退伍义务兵、士官总共21975人，复员干部280名退役军人信息补录工作。对原宣武区、原西城区历年工作材料进行清理、鉴别和整理，整理出材料共计21类、215件、31629页，装订为72盒。

（张　卯）

【双拥工作】　年内，召开全区军政座谈会，强化争创双拥模范区“十连冠”的建设目标，提出服务改革强军、服务军地建设发展的基本举措，明确完善制度机制、深化融合发展、加强品牌建设、推动典型宣传的重点任务。投入3000万元支持驻区部队建设。传统节日前夕，区四套班子领导分别慰问驻区有关部队，赠送慰问金785万元。全区接收随军家属119人，发放就业一次性安置补助、奖励费共计327.5万元。开展以迎接“十九大”、纪念建军90周年为主题的国防教育活动、文化双拥活动以及基层共建活动。

（张　卯）

【军休管理服务工作】　建立“即退即审”“即交即接”的工作机制。年内，审理军休干部档案99份，完成接收16人，审理无军籍职工档案26份，完成接收14人。组织军休干部阅读文件、听取形势政策报告。完成军休干部和无军籍职工500人次的疗养。完成3367名军休干部及遗属的生活补贴调整发放，共计调整2162万元。为37名去世军休干部办理丧葬费核算，出具一次性抚恤金领取相关证明材料，完成91人特别抚恤金的上报，发放丧葬费394万元。对接军休所所在的街道、社区，军休七所、二所引进“帮为”助老服务中心。军休十所打造军休干部“红色之旅”宣讲团品牌，深入学校、社区进行红色文化宣讲，军休五所组织多名军事外交专家，为部队官兵讲述当年的战场故事。举办西城区军休党委庆建军90周年文艺演出，400多名军休干部参加。参加“守望民生，温暖西城”——红墙下砥砺奋进的民生守望者主题宣讲活动，承办“喜迎十九大，携手为老幸福夕阳”系列活动等。重点对属市办产权委托西城区管理的附属房屋及各类设施设备加大检查维护力度，为二所、三所、七所军休高层住宅楼新配备灭火器共102组、204支，同时根据安监标准对地下空间、设备监控室等重点区域、重点设备存在的隐患进行整改。

（张　卯）

【福利彩票销售】 年内，在销售站数量持续减少的情况下寻找突破点，制定配套促销方案，截至10月10日，全区228家福彩销售站共销售福利彩票2.82亿元。打造区级示范店29家，其中2家升级为市级旗舰店。开展巡视1500人次。

（张　卯）

【福利企业管理】 年内，西城区有福利企业12家，共有职工385名，其中残疾职工187名，安置残疾人就业比例达到49%；完成销售收入10838.80万元，利税总额1741.59万元。区属福利企业的证书全部收回并进行归档，对福利企业的历史档案材料进行重新归类入库。协调推动和配合相关部门继续做好福利企业及残疾人职工的服务，指导帮助福利企业做好维护残疾人职工合法权益工作。

（张　卯）

【婚姻登记管理】 全年办理结婚登记17925件，离婚登记8132件，补领婚姻证件4413件，出具婚姻记录证明80件。提供婚姻档案查询服务4700多人次，为7300多对新人举行免费的颁证服务，为1800多对办理离婚的夫妻提供婚姻家庭辅导；对公查询婚姻登记信息1万余条，为特殊群体提供上门服务35次，共接待各类办事群众10万余人次，并于2017年12月被北京市民政局评为“5A级婚姻登记机关”。开展“夫妻婚姻情感沙龙”和“婚姻大讲堂”活动，针对不同人群提供专业服务。参加北京市结婚宣誓主持人大赛，获得团体二等奖，选派的2名颁证员均获“金牌颁证员”。

（张　卯）

【殡葬管理】 年内，开展以“节地生态安葬、平安文明祭扫”为主题的宣传月活动，宣传绿色生态殡葬理念，引导群众文明祭扫，低碳祭扫。开展“社区公祭”活动，加大对树葬、海葬、花葬、草坪葬等绿色生态安葬方式的宣传力度。完成清明节期间殡葬专项执法整治工作，对8家医院太平间和殡葬销售网点进行联合执法检查，对检查中发现的个别医院太平间开展殡仪服务期限已经到期、11家殡葬服务销售网点销售封建迷信用品等违法行为进行行政处罚，执法人员现场销毁封建迷信用品。完成无丧葬补助居民丧葬补贴审批工作，受理审批538人次，发放丧葬补贴269万元。

（张　卯）

【行政区划工作】 完成对15个街道共41.8公里的28条界线的修测和复核，形成完整的勘界成果。组织街道边界联合检查总结会，推广街道边界联合检查成果。

（张　卯）

【见义勇为工作】 西城区共有见义勇为人员100人。年内受理并确认1起见义勇为，接收外区转入见义勇为人员1名，为5名见义勇为人员申请医疗补助。对区属89名见义勇为人员开展慰问工作，共计发放慰问金33.78万元。为见义勇为人员办理乘车卡、乘机优待证、博物馆证、公园年票等优待事宜。挂牌成立“西城区见义勇为活动中心”，组织开展见义勇为宣传活动。

（张　卯）

【地退人员的服务保障】 按照退休人员福利费、管理费使用有关规定，两节慰问以购买服务的形式委托专业服务组织配货、送货、入户到门，1080名地方退休人员受到普遍慰问。对地方退休人员以实物的形式在暑期进行一次普遍慰问，向897人次发放防暑降温茶。

（张　卯）

【依法行政能力建设】 完成行政诉讼15件。完成市、区两级公共服务事项梳理工作，共梳理公共服务事项104项。执法科室进行行政检查96次，做出行政处罚立案18件。全局开展学法、用法各类答题活动4次，依法行政培训讲座1次。

（张　卯）

【调查研究】 年内，形成调研课题42个，形成调研日志178篇，上报市民政局44篇。在《西城调研与决策》刊登优秀调研1篇，3篇调研报告被评为2016年度西城区优秀调研课题。

（张　卯）

【信访工作】 年内，受理政府热线件408件，其中12345市长热线321件、12341区长热线70件、区长信箱17件，回复率为100%。处理信访事项42件次，共接待来访人员40次。

（张　卯）

【信息化建设】 为梳理科室业务数据，分析重点工作指标，整合民政业务涉及的5个自建系统和9个市局垂直系统，建立西城区民政局数据分析平台。为拓展区民政局对外宣传服务的途径，用时下流行的通信工具创新服务模式，建立局微信平台“西城民政”。平台包含微官网、微调查、微服务、微信息四大块内容，已正式投入使用。

（张　卯）

居民生活状况

【居民收入及职工收入】 年内，全区居民人均可支配收入76511元，比上年增长6.5%。全区居民人均工资性收入45806元，比上年增加1191元，增长2.7%。

（张　琦）

【居民支出】 年内，全区居民人均消费支出46668元，比上年增长3%，其中：食品烟酒支出9288元，比上年下降0.8%；衣着支出2714元，比上年增长3.2%；生活用品及服务支出2595元，比上年增长3.3%；医疗保健支出2878元，比上年增长11.4%；

交通通讯支出5564元，比上年增长2.8%；教育文化娱乐支出5477元，比上年下降2.4%；居住支出16883元，比上年增长5.1%；其他用品和服务支出1269元，比上年增长10.4%。

（张　琦）

【居住条件】　年内，人均住房建筑面积为22.1平方米，比上年增长0.3平方米。自有住房占房屋产权的比重为70.8%，比上年增长2.3个百分点。

（孙海花）

消费保护

【概况】　北京市西城区消费者协会（简称区消协）是隶属北京市工商行政管理局西城分局的社会组织。内设4个科室，有在职人员27名，下辖11个分会，年内，区消协依照工商分局党组的工作部署和市消协的工作安排，围绕“网络诚信 消费无忧”年主题，着重加强《中华人民共和国消费者权益法》（简称《新消法》）的宣传，扩展消费维权机制的建设，为消费者与经营者搭建和谐消费平台，提高经营者自律经营，引导其树立诚信经营为荣，损害消费者权益为耻的诚信理念，净化区内消费环境，营造科学、节能、环保的消费气氛。为更好地服务区域经济发展，为政府提供百姓消费真实情况。为使消费者免遭上当受骗，在重要时点协会做到事前向消费者发布消费提示、警示2篇。全年深入社区20余次，了解社区对消协工作的意见和需求。

地址：西城区羊肉胡同120号

邮编：100034

投诉电话：66168698

办公电话：66168702

（周振刚）

【受理投诉情况】　全年共接待消费者咨询2938件、投诉822件，调解成功820件，为消费者挽回经济损失100万余元，接待消费者来电、来信、来访3200余人次。

（周振刚）

【3·15宣传咨询活动】　年内，围绕“网络诚信　消费无忧”年主题，开展3·15系列宣传进社区、进企业活动15次，举办消费课堂22次，惠及400余人次，发放宣传材料3万余份，惠及2000余人次。3月4日，区消协在西便门东里社区，开展主题为“网络诚信　消费无忧　服务辖区百姓”活动，邀请消费志愿者和消费监督员参加；3月5日，广安门分会与工商所在天虹商场开展“网络诚信　消费无忧”主题活动；3月8日，月坛分会与工商所在三里河一区开展主题为“网络诚信　消费无忧　3·15消保维权宣讲”活动；3月8日，西长安街分会与工商所在府右街南里社区，开展主题为“网络诚信　消费无忧　树立消费者优先理念”的宣传活动；3月11日，区消协与工商分局、牛街工商所、牛街分会联合牛街商会、牛街清真食品商、区私个协等部门，开展主题为“树立牛街清真品牌，营造无忧消费环境”倡议活动；3月11日，大栅栏分会与工商所会同区旅游委、街道工委、分局消保科、合同科以及公安、城管、食药、消防、安监、司法等部门，在大栅栏西街社区，开展主题为“网络诚信　消费无忧　携手净化旅游市场环境　让消费者放心消费”活动；同日，月坛分会与工商所在长安商场，开展主题为“网络诚信　消费无忧　营造安全放心消费”活动；3月14日，西长安街分会与工商所在太仆寺社区，开展主题为“网络诚信　消费无忧　弘扬诚信、公平、法治文化”等内容宣传活动；同日，牛街分会和工商所与牛街东里社区邀请30余名行业专家，开展主题为“网络诚信　消费无忧　树立科学消费理念”的活动；3月15日，牛街分会、牛街工商所与中兴物业、国网金源控股、国网信通通讯、中电联、英大人寿等23家国有企业，开展主题为“网络诚信　消费无忧”宣传活动；同日，金融街分会与工商所邀请中国检验检疫科学研究院综合检测中心市场部领导，在金融街京畿道社区开展商品鉴定讲座；新街口分会与工商所在新华百货商场，开展主题为“纪念3·15服务消费者”活动；新街口分会与工商所在万特珠宝商城主题为“网络诚信　消费无忧　鉴宝识真”活动；展览路分会与工商所，在服装批发商场，搭建宣传台，向过往的群众发放宣传材料；展览路分会与工商所，邀请中国地质大学珠宝鉴定中心的专业人士，在官园珠宝城，开展的主题为“网络诚信　消费无忧”3·15珠宝免费检测活动；3月18日，区消协在建功北里社区，开展主题为“网络诚信　消费无忧　共创和谐消费环境”活动，活动邀请了消费志愿者和消费监督员参加。

（周振刚）

【开展“六进”活动】　年内，展览路分会与辖区工商所，在服装商场向商家宣传《新消法》《侵害消费者权益行为处罚办法》；西长安街分会与工商所，在西单商场向经营者宣传《新消法》；西长安街分会与工商所在西单，与多家商户建立绿色消费通道单位和现行赔付机制单位；广安门分会与工商所，对辖区美容、美发、足疗按摩“预付卡”进行规范；5月18日，区消协在长安商场门前开展宣传活动。

（周振刚）

【志愿者、监督员队伍建设】　区消协全年深入社区20余次，培训消费志愿者、消费监督员，指导其按照《新消法》要求处理投诉和处理投诉技巧。依照中消协发展消费志愿者的规定，区消协向中消协新推荐消费志愿者

10名。

（周振刚）

【零点公司对区消协考评】 8月22日，市消协邀请零点公司对区消协开展的消费教育讲座活动进行考评。

（周振刚）

【落实旅游消费体验式调查】 落实《消法》监督职能，依照市消协旅游调查工作安排，区消协派消费志愿者周月英、王敬洁以自由行旅游方式，对桃源仙谷景区和清凉谷景区进行体验式消费检查，并反馈了发现的问题。

（周振刚）

【发布消费提示、警示】 清明节前，发布题为“清明祭扫，需防不良小商贩的忽悠”的消费提示。年内，根据消费者投诉处理情况，发布题为“谨防特价价签的忽悠”的消费提示。

（周振刚）

【推荐“诚信服务承诺单位”】 根据市消协的工作部署，区消协向市消协推荐了9家“诚信消费承诺单位”。

（周振刚）

（责任编辑　贾国平）

街 道

概 述

西城区划分为德胜街道、什刹海街道、西长安街街道、大栅栏街道、天桥街道、新街口街道、金融街街道、椿树街道、陶然亭街道、展览路街道、月坛街道、广安门内街道、牛街街道、白纸坊街道、广安门外街道共15个街道，261个社区。

各街道设工委和办事处，对辖区内社区建设、城市管理、社区服务、社区卫生、社会治安综合治理、精神文明建设、经济发展等工作具有管理、监督、检查、协调、服务的职能，对地区性、社会性、群众性的工作负全面责任。街道工委作为区委的派出机构，根据区委的授权，对辖区政治、经济、行政工作和社会组织实行政治领导，按照2011年街道三定方案，街道工委必设科室7个，分别为工委办公室、组织部（社会工作党委办公室）、宣传部（精神文明建设委员会办公室）、人民武装部（民防科）、社会治安综合治理委员会办公室、维稳办、信访办公室。街道办事处作为区政府的派出机构，代表区政府对街道辖区依法行使行政管理职权。街道办事处必设科室11个，分别为办事处办公室、人事科、财政科、人口和计划生育办公室、社会建设工作办公室、劳动和社会保障科、民政科、城市管理科、安全生产办公室、住房保障科、公共服务科。此外，各街道还设有监察科、工会、共青团、妇联等不占机构数科室。除必设科室外，各街道结合地域情况及工作特色设自设科室，如民族宗教科，全响应工作办公室等。15个街道均建有社会保障所及社区服务中心2个科级事业单位。

建立覆盖全区的民生工作民意立项制度体系。年内，根据近年来西城区的实践探索，起草《关于全面推行民生工作民意立项工作的意见》。将政府部门及街道开展的与居民群众密切相关的工作，包括工程建设项目、惠民政策或措施、公共资源配置等，根据群众参与程度等指标，分为民意征求型、民需申报型、民情推动型三类，并明确相应的立项程序。通过构建以《关于全面推行民生工作民意立项工作的意见》为核心，以部门和各街道组成的“1+15+N”的制度体系，更好地提升群众参与的主动性、积极性、有效性，践行为民服务宗旨，不断提高群众的满意度和获得感。经过2次修订整理出较为成熟的案例20个及年内19个试点项目，纳入民生工作民意立项案例库，按照区领导“成熟一个宣传一个”的工作要求，与区新闻中心对接，民意立项项目先后通过新闻联播、北京日报、新华网、西城报、北京西城微信公众号等多种媒介进行宣传报道。

全响应网格化社会服务管理工作进一步加强。年内，在整合城市管理网格、综合治理网格的基础上，推进行政服务、社会服务、城市管理、社会管理、应急处置五位一体、三级联动。推进城管综合执法网与区级全响应社会服务管理平台的融合发展。探索建立西城区全响应网格化社会服务管理工作街道系统评价体系，进一步加强全响应网格化社会服务管理，充分发挥街道统筹辖区发展作用，提升精细化管理水平，形成社会治理整体合力；实现多部门评价资源整合，完善区级全响应评价体系，树立评价权威性，推动全响应各项工作落实和改进，初步建立全响应网格化评价体系。在全市率先完成与市网格化E通车运行数据对接，西长安街、天桥街道进行“厅网站”试点，西长安街街道建成数字红墙社会服务管理平台3.0版，运用大数据建设推进辖区社会治理取得明显成效；天桥街道在社区服务站开发为民办实事终端，方便居民百姓，不出家门就能办理公共服务事项。

各街道环境治理工作成效显著。年内，按照区政府工作要求，各街道与区环境办配合，着眼提升城市环境品质，打造良好城市环境，扎实开展“四大工程”。开展优秀街巷公约、胡同公约、居民公约的收集整理，组织优秀街巷长培训，参与组织街道调研学习，将背街小巷工作纳入街道系统绩效考评。

街道民生服务工作进一步加强。年内，大力推进区域性社区服务体系建设，扎实开展社区规范化示范点建设。改善提升社区服务用房条件，推动社区用房“办公最小化，服务空间最大化”。在“一刻钟社区服务圈”全覆盖的基础上，结合疏非控人、拆迁、拆违等重点工作，以民需为导向，按照“缺什么、补什么”的原则，完善一刻钟社区服务圈内容，与区商务委共同推进百姓生活服务业中心建设。加大对社区公共服务资源、公益服务设施的统筹建设和整合使用力度，利用腾退空间补充地区公益设施、生活服务业设施不足。各街道按照年初制定的方案，根据各自的实际情况稳步推进社区服务体系建设工作，鼓励社会单位面向社区开放各类公共服务场所，创建首批30个“社区之家”示范点。以“七化”标准为指导，加强自管会规范化建设，创建6个社区规范化建设示范点、3个老旧小区自我服务管理试点、新建6个智慧社区，推进9个社区的升星建设和1个社区的示范点建设。

深化西城区百岁老人口述史项目。年内，采访10位95岁以上老人，为其撰写传记、拍摄照片及视频，进一步创新为老服务模式，提升老人精神关爱层次，见证和传承历史，增强互动，扩大社会影响力。将居规民约的形成作为推动加强街巷协商文化培育，提升民主协商水平，增强居民自治意识，推广以街巷自治为目的的契约文化。激发社会单位活力，培养以公共责任为前提的公益文化。

（赵书凯）

德胜街道

【概况】 德胜街道位于北京市西城区的东北部，与朝阳、海淀、东城3个区接壤。辖区面积4.14平方公里，有23个社区，户籍人口133085人，流动人口16224人；年内地区出生人口1887人，死亡人口2666人；中央单位219个、市属单位192个，高等院校2所，中学6所，小学6所，幼儿园5所；卫生医疗机构7个；公园4个。辖区内有回族、满族等36个少数民族7000余人，是北京市13个重点民族街道之一。辖区内有5758家企事业单位，包括中国工程院、孔子学院总部、中国交通建设股份有限公司、国家核电技术公司等多家中央单位及法源清真寺、民族团结幼儿园、民族团结小学等民族特色单位。年内，街道公共服务大厅被团中央评为全国青年文明号，德胜保洁队获全国工人先锋号称号。街道获得北京市充分就业示范街道，获选2017年北京市安全生产月优秀组织奖，2017年度北京市健康示范单位，2015—2017年度首都文明单位标兵。街道工委内设机构：工委办公室、组织部（社会工作党委办公室）、宣传部（精神文明建设委员会办公室）、人民武装部（民防科）、社会治安综合治理委员会办公室（流动人口和出租房屋管理委员会办公室）、维护稳定工作领导小组办公室（防范和处理邪教问题办公室）、信访办公室。办事处内设机构：办事处办公室、人事科、财政科、人口和计划生育办公室、社会建设办公室、劳动和社会保障科、民政科、城市管理科（绿化办公室）、安全生产办公室（区安全生产执法监察队德胜分队）、住房保障科、公共服务科、德胜街道城管执法队。其他内设机构：统筹发展办公室、全响应工作办公室、民族宗教科、残联、总工会、团工委、妇联。街道有在职人员230人，预算内资金安排30451.30万元。

地址：西城区教场口街9号院丙9号

邮编：100120

电话：82060677

（杨 林）

【城市管理】 年内，地区抗震加固楼房开工改造13栋，其中8栋交付居民使用，启动德胜里西街断头路打通工程，综合改造黄寺大街24和25号院、六铺炕一区1号楼院、安德东里5号楼院等4个老旧小区，粉刷裕中西里小区、德胜里一区11栋楼房楼道，改造新南社区、新北社区、德外大街西社区弃管绿地4块6000平方米。治理“开墙打洞”30条街巷，规范6条街巷，封堵403处，封堵面积1885平方米，拆除违法建设477处30134.8平方米，清理僵尸车12辆，拆除地锁300余个，整治规范废品收购点7个，规范占道经营60处，规范散煤1处，没收煤炉4个、煤球300余块，拆除报刊亭2处，规范报刊亭3处，关停地下空间13处6858.03平方米。整治弘慈巷、福丽特街等4条街的交通秩序，完成邮币卡市场南侧路和24号院院内主路改造，推进裕民路精品街巷建设、民族团结幼儿园西门沿街商户及黄寺大街24号院大门牌匾整治。经过对65条背街小巷整治提升，完成“十有十无”达标道路12条。任命65名街巷长，成立65个居民自治共建理事会、65个志愿服务团队，招募760名背街小巷志愿者，累计服务21万小时。提出“十事”志愿服务内容，清理废旧非机动车6000余辆，开展地区环境大清扫，清理垃圾1000余车，指导社区建立养宠自律会。检查施工工地50次，夜查施工工地8次，向施工单位下发渣土车专项整治告知单。开展老旧机动车淘汰普查，统计1700余辆老旧机动车。落实“河长制”工作方案，联合人定湖公园管理处，提升湖水水质，有效节约水资源。以新风街1号院为试点，在前期建成垃圾分类中心的基础上，投资建设“德胜街道中直一号院绿色生活馆”，提出总体工作目标，实现“三全一增一减”。与中国城市建设研究院签署战略协议，制定《德胜街道街区整理计划》，重点对教场口街9号院周边片区、安德路团结文化街巷和北护城河历史文化街进行设计。在黄寺大街24号院进行停车共享试点，搭建信息化共享停车平台，将共享车位信息接入平台实施错时共享停车，解决停车难题，已进入试行阶段。

（杨　林）

【社区建设】 年内，落实“多居一站”工作模式，裕中地区行政服务站正式进站办理业务，开展“1+1 助推”“社工培训”项目，引进专业社会组织人员力量进驻社区，监督指导 3 个小区成立业委会。街道全响应指挥平台接收办理非紧急救助案件（12345、12341 等民生热线）2777 件，收集社区上报民情日志 119824 条，接收处理区城管指挥中心派发案件 57498 件，办结率 100%。规范修订社工考勤管理制度，实行社区服务站站长轮岗交流，起草制订《德胜街道民生工作民意立项机制实施办法（草案）》，指导社区居委会开展居民议事厅工作，推动社区实现社区服务站建设平台化、社区工作事项明晰化、社区运行机制联动化、社区志愿服务常态化、社区队伍建设专业化、社区设施使用最优化、社区经费管理科学化。各社区开展科普教育活动 50 余场，组织地区居民参观科普场馆 30 余次，为社区购置科普图书约 5000 册；开展非遗文化进社区活动 450 课时，涉及居民 11250 人次；组织社区举办各种节日文艺演出 200 余场；举办地区书法、绘画、摄影、手工制作及合唱、舞蹈、诗词大会、可乐球、门球、足球、乒乓球、太极拳等各项大型比赛。按照处级领导走访企业机制，将德胜科技园区规模型企业划分，由处级领导带队，与企业负责人座谈，了解企业需求，帮助解决实际问题。街道统筹区域资源，协调科、队、站、所，联合园区管委会，在园区政策、工商注册、税务讲座、子女生育等方面提供咨询和培训服务。

（杨　林）

【社会保障】 年内，登记失业人员就业人数 1045 人，城镇登记失业人员就业率 0.94%，开发就业岗位 3800 个，新增 562 人灵活就业，单位招聘就业 34 人，带动就业 224 人，管理失业档案 2346 份。领取失业金 270 人 145 万元，春节慰问 210 人 8.4 万元，水库移民 32 人发放 17920 元。居民基本医疗保险总参保人数 9410 人。报销药费 1413 人次，变更医院 1311 人，正式挂失补换申领累计 2809 张次。福利养老金总参保人 668 人，城乡居民养老总参保人 73 人，管理退休档案 6220 份，丧葬补助 67 人。社保卡信息同步办理受理 510 人，各类退休审批 235 人，发放医保存折 87 人，异地退休人员协助生存认证 385 人，退休人员自采暖 251 人 21.47 万元。组织退休人员活动 6 次，参与 660 人。共有低保家庭 795 户 1337 人，低收入家庭 7 户 12 人，发放低保金 1477 万余元；为低保人及低收入人员办理医疗救助 733 人次 125 万元。办理退养人员医疗救助 88 人次 45 万余元，无丧葬补助居民丧葬补贴 47 人 23.5 万元。为 237 户低保家庭办理集中供暖补贴 35.9 万余元。公共服务坚持“一窗式受理”和“首问负责制”，接待来人来电咨询和处理各类事项 11.2 万人次，平均日均每个窗口接待来人来电咨询和办理约 30 人次，其中业务咨询接待 5.3 万人次，事项受理 5.9 万件。新申请保障性住房 310 户，新申请市场租补贴 93 户，新申请公租补贴 71 户；限价房入住 77 户，公租房入住 140 户。德胜慈善分会实施“携手慈善送温暖”、往届大学生教育救助、春雨大病、高龄低保低收入老人生活救助、低保低收入高中生教育救助、申请绿色通道等慈善项目救助 113 人次救助资金 32.76 万元。统筹做好保障和改善民生工作，推动劳动、民政、计生、残联、慈善、养老、就业、医疗、教育、住保等方面工作服务精细化。加强劳动用工日常巡视检查，重点针对建筑施工企业、餐饮服务企业、物业管理企业的执法检查，检查单位 180 户 4903 人，其中农民工 2210 人。开展“劳动用工规范一条街”及书面审查工作。完善计生人口库，确保人口数据信息变动及时、准确，其中户籍人口信息库 14.69 万人，修改完善数据 5.26 万条。流动人口 3.26 万人，办理流动人口业务 319 人次。“两孩”以内生育登记 1670 人。以购买社会服务为主要手段，整合优势资源推进辖区特色家庭建设，新建 2 处婴幼儿早教中心，全部引进“东方爱婴”系列课程，完成 632 课时，接待家庭近 4400 人次。开展失独家庭“心灵家园”关爱活动，经过打造活动阵地、购买家政服务等项目，确保和谐家庭项目顺利实施，在“9·25”公开信发表 37 周年之际，开展生育关怀“暖心行动”。慰问特扶死亡、伤残 246 人 1.23 万元。建设 2 处养老照料中心，建成 4 个社区养老驿站。完成辖区内 754 位 80 岁老人养老助残补贴的申请推送工作，6223 位老人享受每月养老助残补贴，发放 90 岁及以上老年人高龄津贴 67.74 万元，95 周岁及以上老年人医疗二次补助 11.23 万元。由服务商为 35 位困难老年人提供“三项为老服务”。为老服务评选出区级孝星 54 人、市级 17 人。委托具有专业资质的社会组织，开展百户高龄老人家庭居家安全隐患排查及整改服务。购买地区优秀服务商的服务，为 530 名中重度失能老人购买包括家政服务、生活照料、专业护理等 3 类 15 项菜单式居家养老服务项目。办理和发放 60 岁老年优待证 453 人，发放社区系统录入的 65 岁以上老年人养老助残卡 8 批 1.62 万人。为 26 个为老服务活动场所、养老驿站及养老照料中心购买场地保险，规避意外风险。推进“菜篮子工程”建设，设立“车载蔬菜直销车”4 辆、建立“固定便民菜店”5 家，服务覆盖 23 个社区。

（杨　林）

【社会治安综合治理】 年内，新增治安探头 103 个，完成 21 座楼 57 个门 1337 户的楼宇对讲升级改造工作，安装 C 级锁芯 870 户。举办地区第四届消防运动会，开展“6·26”国际禁毒日宣传、扫黄打非、预防煤气中毒行动、“七五”普法教育及烟花爆竹管理等专项工作。联合东城区和平里街道、朝阳区安贞街道、海淀区北太平庄街道和花园路街道召开“‘邻居’联手携作，共筑平安边界”——“四区五街”联席会议，签订《共筑平安边界协议书》，依托联动机制，根治旧鼓楼大街新民菜市场等交界地区周边乱象。针对积水潭前周边和新风街一线，联合德外派出所、西外交通大队开展黑车、黑摩的、黑导游、非法“一日游”整治工作和环境秩序整治工作，整治黑摩的、黑车揽客、非法运营现象问题77件，执法部门依法处置24人，平均打击率44%。妥善调处各类矛盾纠纷190件，成功率98%。各社区和街道公益法律服务室提供法律服务660余次，服务和接待1.82万人，开展法律援助宣传主题活动28场次。开展安全生产专项整治，共检查辖区单位5321家并开具检查文书，查找隐患2479处，消除地区安全隐患829处。安责险累计保单签336笔。整治规范餐饮服务业态，“阳光餐饮”建设完成率62.4%。举办民族团结教育嘉年华活动，通过民族歌舞巡游、民族艺术体育展示、传统小吃品鉴、非遗项目展示等多种形式，传承优秀民族文化，分享民族团结工作经验成果。定期慰问地区少数民族孤寡老人和困难群众，保障地区少数民族群众生活需要。组织8场“民族团结一家亲 绿植圆梦德邻情，互助互爱 共建和谐”绿植活动，邀请地区民族工作先进单位开展射箭比赛活动。

（杨 林）

【精神文明建设】 年内，引导党员干部模范践行社会主义核心价值观。设计制作并组织在社区张贴“图说我们的价值观”宣传展板100余块，悬挂宣传横幅60余条，发放150份社会主义核心价值观主题春联福包，利用社区电子屏播放核心价值观24个字宣传口号。组织开展“北京榜样”和“全国道德模范候选人”推荐、学习宣传和公众投票活动及“2017北京榜样”主题活动，表彰地区50名“2016北京榜样”人物，向区文明办推荐36名“2017北京榜样”候选人。道德讲堂围绕社会公德、职业道德、家庭美德和个人品德等“四德”主题，开展“道德讲堂”进单位、进社区、进学校活动，搭建思想道德建设新平台。地区13个首都文明单位和社区共开展活动50余场，2000余人次参加，用身边人说身边事，弘扬正能量。开展“文明出行、绿色出行、文明旅游”20场次，参加650余人，发放宣传资料1.5万份；“文明养宠物”宣传教育活动，宠物义诊、知识讲座、宠物嘉年华30余场，800余人次参加。8名街道干部组成的街道级宣讲团及120余名社区宣讲员组成的社区级宣讲团，以“砥砺奋进的五年”为主题，深入社区、机关单位、医院、学校宣讲100余场，受众达5000余人次。摄制《老王的志愿路》微视频作品。在西城区百姓宣讲汇讲活动中，“筑梦德胜”百姓宣讲团受到广泛好评，3位优秀宣讲员入选西城区区级宣讲团，2位入选市级宣讲团。《今日德胜》报出版43期，《北京西城报》刊登街道稿件70余篇，中央电视台焦点访谈、北京电视台《北京新闻》《都市晚高峰》《早间新闻》等栏目、《北京日报》《北京晚报》《北京青年报》等播报、刊登稿件60余篇。

（杨 林）

【双拥共建】 年内，开展以“科技双拥、文化双拥、特色双拥”为主线的双拥共建活动，利用德胜科技园区优势，以科技双拥为切入点，举办德胜街道普天德胜科技双拥实践基地揭牌暨项目发布仪式，打造地区首个德胜科技双拥实践基地、“军民共建鱼水情、德邻共治享和谐”——德胜双拥系列品牌，举办厨艺大比拼1场，为驻区部队培训军地两用人才，6名战士获厨师职业资格培训考证；健康美食大讲堂5场，邀请中日友好医院营养科专家到地区各部队为官兵讲解疾病防治知识和健康生活方式。慰问驻区部队退伍老兵271人，为每位退伍战士购置拉杆箱70460元。八一建军节为地区10支部队送去慰问金。

（杨 林）

【党的建设】 年内，地区有党员6500余名，其中65岁以上3349名，本科及以上学历1991名。街道工委有基层党组织169个，开展以树立和践行“红墙意识”为主题的大讨论活动，党员带头参与背街小巷整治系列活动，4000余名党员参加以“清理废旧非机动车”和“地区环境大清扫”为主题的整治。1020家非公企业有联合党支部48个，党组织覆盖率达到85%。以党建促进中心辐射带动19个楼宇工作站，打造非公党员“15分钟活动圈”，确保党员活动有场地、党建宣传有阵地。开展党员教育培训、支部活动、专题党日等各类非公党建活动50余次，非公党员参加1000余人次，逐渐成为地区非公党建的“红色驿站”。利用午休、周末等时间，组织开展红色讲堂、兴趣俱乐部、志愿服务等党群活动，开展在线党建，增强党组织活动的开放性、灵活性和有效性。召开德胜地区党建协调会，继续推广德胜地区党员志愿服务系统，畅通社区志愿服务项目与地区单位党组织、在职党员的有效对接。调动区域化党建大单位，培育党员志愿者品牌队伍。

（杨 林）

什刹海街道

【概况】 什刹海街道位于西城区东北部，东起旧鼓楼大街，地安门内、外大街，与东城区相邻；西至新街口南、北大街，西四北大街，与新街口街道相连；南起景山前街、文津街、西安门大街，与西长安街街道相接，北至德胜门东、西大街，与德胜街道接壤。辖区面积5.8平方公里，有大街20条、胡同街巷205条。有中央单位131家、市属单位75家、区属单位112家，6所中学、7所小学、8个幼儿园、1个社区教育学校，公园2处。有社区居委会25个，户籍人口46194户121089人，常住人口29988户72209人，流动人口15314人。年内，街道机关行政、事业编337人（不含处级，机关176人，事业单位161人），

67 人被评为优秀公务员（其中三等功 28 人），称职 256 人，试用期未满不定等次 9 人，因长期病假不参加考核 5 人。新调入公务员 65 人（含 62 名城管队员），新录用公务员 5 人、事业人员 4 人，转出 9 人，退休 2 人。年财政拨款收入（不含什刹海风景区管理处）31669.49 万元，财政支出（不含什刹海风景区管理处）31400.42 万元。街道获 2013—2016 年度全国群众体育先进单位、首都绿化美化先进单位、北京市 2017 年度开展餐饮服务业专项执法检查工作先进单位、北京市就业创业工作先进集体，柳荫街社区获第七届书香中国北京阅读季阅读示范社区。1 人被评为市级先进个人。

地址：西城区地安门西大街141号
邮编：100035
电话：83223600

（陈　杨）

【城市管理】　年内，什刹海街道完成平安里电子市场撤市任务，涉及 91 个商户 300 人，涉及面积 1300 平方米。治理提升 21 条街巷 67 条胡同，实现 205 条背街小巷街巷长、三级理事会全覆盖。年初上报拆违台账 8500 平方米，已销账 13847 平方米，完成率 163%。整治“开墙打洞”1166 处，涉及人口 4253 人。拆除违法建设 453 处 21361.29 平方米，5 处占压燃气管线违法建设拆除完毕。清理背街小巷地锁 756 个、废弃自行车 2300 辆、僵尸车 16 辆，已拆除广告牌匾 1339 块。完成街道环境建设折子工程，对科教电影制片厂宿舍院（光泽胡同甲 1 号）进行老旧小区改造，涉及居民 72 户 230 人。年内，清运生活垃圾 55720 吨，清理大件废弃物和无主渣土 12180 吨。保障上级领导、国内外友好团体考察访问 126 次，其中重大外事活动 17 次、市级领导检查 18 次、区级领导检查 36 次、街道领导检查 55 次。完成 21 个小区垃圾分类达标创建工作。开展春、冬季灭鼠活动，参与人数 6000 余名，投鼠药 1750 处 5150 公斤。开展爱国卫生月末清洁日大扫除活动，参与人数 3.2 万人次，清除小广告 3500 余条，清理垃圾卫生死角 520 处、垃圾堆积物 290 吨。年内，实施“五绿工程”对“拆、封、堵”形成的空白区“留白增绿”，打造龙头井微公园 2188 平方米，新增大红罗厂街绿地 850 平方米，建设东官房南口小微绿地 340 平方米。申请伐除危险树木 165 棵，获批 80 棵，修枝打药 1070 次。开展“百万鲜花进社区”活动，为居民发放绿植 5000 盆，向 25 个社区发放花箱 800 个。制定《什刹海街道春季大气污染防治工作方案》《什刹海街道加强大气污染网格化管理工作方案》《什刹海街道防霾降尘空气质量保障工作方案》《什刹海街道秋冬季大气污染综合治理攻坚行动工作方案》《什刹海街道重大活动空气质量保障工作方案》，重新修订《空气重污染应急预案》。供暖季回收小煤炉 11 个，回收 45 户居民燃煤 21302 块。完成 1239 辆老旧机动车的入户摸查统计工作。改造旱厕 14 处，完成羊房胡同甲 40 号低洼院改造，为西黄城根北街 39 号，南官房 61 号低洼院安装防水墙。核发街管 274 户、区管 72 户单位用水指标。街道作为创新基层节水管理模式的典型单位，写进首个节水型区创建申报材料。回复非紧急救助 2752 个电话督办登记单、首环办督办单 83 件、北京市联合检查组 45 件、区联合检查组督办件 16 件，办理区下发创建文明城区 134 件，做到件件有落实，件件有回音。

（陈　杨）

【社区建设】　年内，招录 27 名社区工作者，完成首批 50 人的社工人才库筹建，8 名社工轮岗交流，实施“社工实务能力提升”社区建设项目，培训 340 余名社工。实施“社工能力提升——主任站长工作坊”项目，完成两期社区主任、站长培训，对 50 名后备人才库人员进行追踪考察。修订《社区绩效考核指标体系》。实施“专业社工助力参与式协商实践”项目，在 5 个社区试点建立分层协商模式。实施“社会组织培育发展第三方助推”项目，实现 10 个重点社区对接，基本搭建起参与协商的框架和流程。委托专业机构，为 25 个社区推选出的文化团队进行 300 余场次培训排演。举办年度春季运动会、环海健步行等特色主题体育赛事，为 12 个社区更新健身器材 89 件，铺设安全运动地胶 237.8 平方米，完成国家体育锻炼标准测试 499 人、国民体质测试 139 人。实施“心语热线”老年精神关怀服务项目，办理老年证 575 个，发放北京通养老助残卡 3237 张，依托老年协会开展各类老年文化活动 16 场。

（陈　杨）

【社会保障】　年内，大厅实际接待居民 11 万余人次，接受电话咨询 28121 个，实际办理各类事项 63502 件，受理现场咨询近 5 万余人，发放各类证照 3795 件。副市长卢彦来大厅调研。新增城镇登记失业人员 1271 人，登记失业率 0.82%。实现再就业 1157 人，城乡困难人员就业 927 人，走访跟踪服务用人单位 631 次 210 户。召开大型招聘会 9 场，招聘单位建档 20 户，招聘单位回访 67 次，空岗信息采集 3774 个。“一老一小”、无业、灵活自谋等各类参保人员 13485 人，新增 1090 人，减员 1164 人，发放各类医保卡、医保存折 2076 张。街道社保所管理社会化退休人员 10884 人，其中新增退休人员 506 人，发放清洁能源自采暖补贴 54.54 万元；享受福利养老人员 1432 人，新增 3 人，减员 133 人。低保保障对象 1216 户 1881 人，发放低保金 165.52 万元；低收入 45 户 118 人，发放低保及低收入家庭医疗救助 230.05 万元。与北京中青社会工作发展中心协作，打造“海益汇”公益救助项目，入户走访 96 户困难家庭，登记资源单位和爱心人士 72 个，初步结成帮扶对子 50 对，作为创新项目上报民政部。“防灾减灾大讲堂”开展 50 场专题讲座，受益人群 6000 余人。开展慈善助老医疗救助，为 150 名 60 岁以上老人发放助老医疗救助金 6.05 万元。开展春雨大病救助，救助 35 户低保、低收入大病家庭 14.97 万元，资助困难家庭 29 名高中生 2.9 万元、26 名困难大学生救助 9.1 万元。“春风送暖”社会捐助活动募集捐款 276232.6 元。

（陈　杨）

【社会治安综合治理】　年内，成立综治中心，实体化执法模式在全市推广。与地区 128 家中央、市属企事业单位及 25 个社区签订《2017 年什刹海街道社会治安综合理责任书》。全力做好党的十九大服务保障，发动机关、社区、科站队所干部3500人次在地铁站口、驻地周边执勤值守。抓好全国“两会”“一带一路”高峰论坛等重要敏感期安全稳定。完善社会治安防控体系，动员5万人次参与社会面防控，“西城洋大妈”被国内外200多家媒体报道。围绕故宫北门、积水潭桥2个重点地区及鼓楼三角地、人大会议中心周边，开展14项52次综合、专项治理，增配反恐处突小分队50人。发动482家企业投保安责险，完成402家小微企业达标任务。开展安全生产月系列活动，在50家餐饮单位试行图视化安全管理，获市安监局认可。推进食品安全示范区创建，落实“阳光餐饮”工程。开展三大行动专项整治，排查企业、单位万余家次，消除安全隐患1.1万处，清理鼓楼西大街113号、西四东大街10号等一批重点隐患。25个社区居委会分别与上泽、东易、天元、中咨、雄志5家律所对接，聘请社区法律顾问。公益律师为居民群众、辖区单位提供法律咨询500人次，发放宣传材料5000余份。组织社区开展7次矛盾纠纷摸排工作，各调委会调处各类矛盾纠纷230起。接待市、区信访部门转来信访件113件，群众来访152批158人次。

（陈　杨）

【精神文明建设】　年内，打造街道级“什刹海社会主义核心价值观百姓宣讲团”及25个社区级宣讲团，158名宣讲员宣讲56场，观众2500余人。《拾说什刹海》第二季人文纪录片开播。筹建什刹海文化展示中心。继续推进“我的童年”主题项目，利用寒暑假开展51场社区活动，1189人次参与。依托什刹海民俗协会，开展“民俗人文什刹海·恭王府过小年”“元宵·灯谜什刹海·恭王府里闹花灯”“同品寒食·踏青寻春”“月圆中秋夜·情系什刹海”“裹粽佩香迎端午·龙舟竞渡美西城”系列老北京传统年节文化主题活动。联合西城区体育局举办“北京——张家口桥东区第三届什刹海冰雪体育文化节”系列活动，54支冰龙舟队伍、72支冰蹴球队伍参与。研发第三代冰龙舟，“冰蹴球”“冰龙舟”的实用新型专利在国家知识产权局申报成功。完成“冰蹴球制作技艺”“郭氏毛猴制作技艺”“那式旗袍制作技艺”“郭培宫绣制作技艺”“宫廷裱画制作技艺”“玲珑枕制作技艺”“唐人厚吹糖人制作技艺”等7项区级非物质文化遗产的申报工作。街道工作在国家级媒体报道3篇、市级报道92篇、区级48篇。“什刹海”微信公众号发布信息597篇，其中原创351篇，粉丝数量增长2000余个，粉丝总量达3422个，最大阅读量达到1.4万余人。网络文明志愿者队伍发表文章1115篇，腾讯微博、新浪微博等转发、评论2844次，文明网及其他论坛留言424次。开展“共建全国文明城区·共享西城美好生活”主题宣传活动，争创全国文明城区。上报北京榜样30人，区文明办美德少年2人、文明小使者75人。

（陈　杨）

【双拥共建】　年内，柳荫街社区党委书记范丽丽获得全国2016年度双拥人物。陆军政治工作部、西部战区、新疆军区政治工作部、西藏军区政治工作部、北京卫戍区政治工作部代表团一行到柳荫街参观见学。举办徐向前元帅为柳荫街军民共建题词35周年纪念活动暨清明节祭奠袁满囤烈士活动。组织14个军民共建点签订2017年军民共建协议书。完成街道第二十二届双拥“五好”表彰，开展庆祝建军90周年系列活动、“同心杯”国防知识竞赛、重阳军民“手拉手”系列活动。组织两用人才培训，培训电工50名、厨师10名、理发员20名、文体骨干50名。

（陈　杨）

【党的建设】　年内，发展党员16名，组织60名入党积极分子赴西柏坡学习，成立1个非公企业党支部和2个社会组织党支部，接收张家口市桥东区红旗楼街道6名干部在街道挂职，选派1名街道干部和5名社区书记、副书记赴张家口市挂职锻炼。培训120余名基层党组织书记。审定优秀服务群众项目140个。走访慰问老党员、困难党员、流动党员800余名。组织以“党旗凝聚力量，爱心播撒京城”为主题的“共产党员献爱心”捐献活动，1685名党员、81名群众捐款102708元。

（陈　杨）

西长安街街道

【概况】　西长安街街道位于西城区东部，东以天安门广场西侧路、中山公园、故宫西墙为界与东城区毗邻，南以前门西大街、宣武门东大街中心线为界与大栅栏、椿树2个街道交界，西以西四南大街、西单北大街、宣武门内大街西侧便道为界与金融街街道相接，北以西安门大街、文津街南路边缘、故宫北筒子河中心线为界与什刹海街道为邻。辖区总面积4.24平方公里，有街巷胡同92条，其中一、二类大街10条。中央单位10家、市属单位26家、驻京办4个、区属单位25家。社区居委会13个，户籍人口75959人，实有人口30896人，流动人口10287人，出租房屋3474户。年内，出生831人，其中二孩291人，三孩12人。年财政收入32804.21万元，支出32804.21万元。街道行政编制124人、城管执法编制64人、事业编制133人，公开招聘公务员1人（社招1人），安置军转干部3人。年内，街道被评为2017年度北京市综合减灾示范街道、全国社会治安综合治理先进集体；街道司法所被评为北京市司法行政系统党的十九大维稳安保工作先进集体；街道劳动和社会保障科被评为北京市2017年度开展“餐饮服务业专项执法检查”工作先进单位。

地址：西城区西绒线胡同甲7号
邮编：100031
电话：66035449

（黄唯一）

【城市管理】 年内，西长安街街道全力推进“疏解整治促提升”10大专项行动。疏解整治方面：违法建设拆除，提前7个月完成年度拆违总任务1.5万平方米，拆除363处18611平方米，完成率124.07%；黄南45号院专项整治拆除56处2341平方米。“开墙打洞”整治：封堵273处，影响686人，完成率112.34%，关停122户，关停率约50%；地下空间治理：其中普通地下空间清理16处1157间13862平方米、影响2010人；人防地下空间清理4处11066平方米350人，地下空间整治完成率100%。地下小旅馆清理整治工作：涉及4处，清理2处1950平方米，疏解185人，完成全年任务。群租房整治：治理62处14795平方米，涉及2207人次，完成率151%。直管公房转租转借整治：台账140处，已清理143处3024平方米，涉及382人，完成率102%。有证有照不规范“七小”整治：整治163户5413平方米，涉及507人，完成率100%。无证无照小餐饮及不规范小餐饮整治：治理无证无照小餐饮4处149平方米，涉及16人；规范餐饮单位26家。占道经营整治方面：拆除1处，完成率100%。综合整治：废品收购点专项整治完成2处，涉及9人；快递点专项整治3处438平方米，涉及26人；占道报刊亭专项整治7处63平方米、涉及16人；洗车点专项整治3处45平方米，涉及20人。集体户清理，减少76户1165人。中心城区重点区域提升疏解腾退工程项目：疏解人口1048人。其中，社区服务中心项目（灵境33、35号）15户4587平方米81人；大剧院西侧腾退项目64户293人；万寿兴隆寺腾退项目119户369人；中央警卫局五期项目118户305人。促提升项目：新建百姓生活服务中心2处，占地约1307平方米，引入“互联网+”思维，提供线上+线下11项便民服务；新增便民菜店1处，约30平方米。利用和平门地下空间整治成果，建设“红墙系列五大氧吧”，解决居民停车、活动、阅览、仓储等生活文化需求。改造10处老旧平房基础设施，改造19处私房院低洼地和污水管线，在灵境小区5、7、9号楼加装电梯。将横二条胡同违建拆除后约1600平方米的拆迁置换地进行设计提升，改造为口袋花园和商圈共享单车集中停放处；摆放花钵290组，补植绿化1000平方米。实现西交民巷社区9条胡同煤棚清零，针对前细瓦厂、后细瓦厂、井楼等6条胡同进行统一规划设计。在灵境胡同地铁口北侧施划停车位140个；在织女桥东河沿、东斜街、光明胡同3处试点推行停车自治管理，施划停车位91个。

（黄唯一）

【社区建设】 年内，以提高社区为民服务水平、满足群众迫切需求为出发点和落脚点，在健全运行机制、完善服务设施、整合社区资源、加大经费投入等方面不断提升社区服务的质量和水平。重点推进灵境小区外挂电梯、南北长街便民菜站、西黄城根南街百姓生活服务中心、西交民巷人大西侧路停车自治管理、和平门地下空间变身红墙氧吧5个项目。对六部口社区、西黄城根南街社区、光明社区等8个社区的公共服务大厅进行规范化建设，统一配置。修订社区工作管理制度，完善社区工作者工作纪律、考勤纪律、绩效考核和管理办法等内容。年内，在13个社区设立“协商议事厅”，成立社区“参与式协商”领导小组，建立健全基层党组织领导、居民委员会负责、各类协商主体共同参与的工作机制，制定各社区协商议事会议通用规则，在义达里、未英、太仆寺街社区3个试点社区落实“4C”分层协商管理模式。针对不同事项，社区召开由不同利益相关方参加的议事协商会。年内，在全市率先实现地区92条街巷胡同街巷长全覆盖、平房区“准物业”管理全覆盖，依托街道大数据中心，开展精准化、个性化服务，为居民“送证上门”“四证三券”490余件。红墙义工社招募200多名地区志愿者，为老人开展免费理发、心理疏导、家政保洁等服务项目3000余人次，参与义工900人次。继续依托“E动红墙”APP，加强与社区、居民之间的互动交流，注册用户达2000余名。11个社区开通微信公众号，推送信息1100余条，覆盖居民6000余人。依托品牌继续开展第十一届“红墙杯”合唱节、“社区杯”乒乓球赛等特色传统项目活动及冰蹴球亲子体验赛、文化活动中心魅力女性培训班、喜迎党的十九大衍纸展、摄影作品展、读书分享会等系列活动。

（黄唯一）

【社会保障】 年内，实施临时救助28人次5万余元。教育救助8人次3.6万元。11名三无特困人员，在上庄敬老院、回龙观医院实施集中供养，出资约50万元。为524户低保、低收入家庭发放爱心卡26.2万元，149名地退、军休人员发放粮油。向地区50名优抚对象和贫困群众赠送2.5万元慰问金。开展“春风送暖”联合募捐活动，接收捐款25.7万元。组织“冬衣送暖”活动，募集棉衣被1万余件。对辖区流浪乞讨人员进行15次巡视，救助8名，劝退40名。受理保障房申请126户，市备案通过121户；受理公租房补贴申请49户，市备案通过49户；受理市场租补贴申请50户，市备案通过65户。保障性住房市备案累计通过820户。完成公共租赁住房补贴复核108户，市场租房补贴复核77户，公租房选房272户，限价房选房98户，经济适用房摇号19户。办理31名残疾人失业登记，举办残疾人专场招聘会2次，开发岗位76个（超指标57个），按比例就业16名，超额完成指标11人；开展法律讲座2次；安置残疾人就业38人，超指标26人。申请办理助残卡51人，康复补助2人，医药补助12人，1.35万元；走访慰问困难残疾人家庭478人次，慰问金20.8万元；25名残疾人申请办理康复辅助器具补贴，其中低保残疾人8人；17名就业年龄段内残疾人办理社会保险补贴。一孩子生育登记596例，二孩生育登记320例，三孩及以上子女登记11例；办理独生子女证39例，独生子女父母奖励登记800人，独生子女父母年老一次性奖励登记393人。受理知青相关事务76件，办理知青户籍回京2人，配偶随迁户籍回京1人，对辖区生活困难老知青发放慰问金234人次8.12万元。为506户757名低保人员发放低保金802.54万元，525户低保收入家庭发放春节慰问费31.33万元，低保低收入人员1828人次报销药费224.76万元，为21人次患重大疾病的低保低收入人员垫付住院压金13万余元；落实因病致贫政策，救助2人1.7万元；辖区93户低保家庭办理集中供暖补贴14.1万元；发放低保低收入人员免费集中参保告知书530份，700人办理免费续保，新参保22人办理医疗保险参保手续。

（黄唯一）

【社会治安综合治理】 年内，完成春节、"五一""十一"等节假日及全国"两会""一带一路"国际合作高峰论坛、党的十九大等重大活动及敏感时期的社会面防控工作。建立街道综治中心，接入地区800余个探头信号。联合派出所开展预防煤气中毒宣传活动，发放各类宣传材料800余份、悬挂宣传横幅板报20条（块）、宣传教育群众1000余人；组织各种力量300余人次入户宣传及安全检查。开展"扫黄打非"大型宣传活动4次，向辖区居民及过往路人发放宣传手册2000余册、纪念品800余件。开展"抵制毒品，你我同行；平安西城，你我共建"禁毒宣传活动。投资40余万元为9个社区办公场所安装视频监控探头及防盗系统。投资45万余元完成2500多个烟感报警器的安装工作；投资12万余元在大会堂西侧路便道上安装两个监控探头、两个自动升降桩。大剧院周边秩序整治行动中，关停3家违规经营旅行社门市部、取缔5处非法"一日游"发车点、劝离招揽人员550余人次，调查非法黑导游68人次、查处封堵1家违章建筑旅行社门市部、收缴旅游虚假宣传品4480余张（本）、清理并处罚非法占用机动车道车辆1164辆（其中开具违规车辆停放告知处罚单347辆、劝离小型机动车569辆、劝离大型机动车248辆）。清理关停公司产权小六部口旅馆（650余平方米）、个人产权申和双诚旅馆（1300余平方米）2家地下旅馆，疏解185人。整治违法群租房62户，完成比例151.2%；疏解人员2207人，完成比例897.2%；整治日租房7户，疏解人员22人。和平门小区地下空间散租住人现象清零，破拆出租房屋13862平方米、1157间地下室、疏解人口2010人。

（黄唯一）

【精神文明建设】 年内，中心组集中学习26次，其中参观4次、交流研讨2次、实践学习2次，形成交流稿件27篇。制作社会主义核心价值观内容横幅展板围挡200余块、"两学一做"展板100余幅、喜迎党的十九大内容展板及横幅100余幅、学习宣传贯彻党的十九大精神展板及横幅100余幅、"红墙意识"展板100余幅、学雷锋志愿服务海报60余张、文明城区迎创展架30个。设立136名优秀党员风采榜；推荐26名北京榜样；组织社区居民参加道德讲堂主题活动8场次。文明创建工作期间发放一封信2万余份、宣传手环1000个、宣传品扇子1万余把、雨伞560余把、围裙2000余个，设计制作文明迎检宣传贴纸、桌牌1000余套，发放文明餐桌相关宣传品1.2万余份，海报500余张。13支社区宣讲团在区域内宣讲40场。春节、学雷锋日等开展敬老爱老、"争当学雷锋小标兵"活动。"网上祭英烈""学习雷锋、做美德少年"网上签名寄语、军民共包连心饺、红红火火过大年、元宵节灯谜会、中秋诗会、重阳敬老、七夕青年会等活动。应用"红墙氧吧"、社区小微博物馆、西单文化博物馆等活动阵地，开展启明故事汇、我们的节日、"红墙杯"文化体育季、百姓宣讲、菁英论坛、国学进校园、家风家训、学雷锋志愿活动日、城市清洁日志愿服务等活动。针对未成年人开展"小小街巷长""阅·享"读书会、文明小使者等活动。《长安街时讯》报纸出版21期，20余万份，居民投稿370余人次；"红墙长安"微信公众号推送310余篇，关注量8011人，阅读量超过500人的108条，最高阅读量15794人次，累计阅读量超过17万人次。《人民日报》等国家主流媒体刊登稿件32篇，《北京日报》等市属主流媒体刊登78篇，《北京西城报》等区属媒体刊登70篇，《千龙网》等网络媒体刊登上千篇次新闻报道。

（黄唯一）

【双拥共建】 年内，为部队输送新兵8名。两节慰问为10支部队送去慰问资金11.5万元。"八一"建军节开展"凉爽送军营活动"，送慰问资金4.3万元。开展慰问中央警卫团新兵22周年活动，投入16万元慰问新兵2000多名。为辖区66名伤残军人发放抚恤金111.4余万元，13名优抚定补对象领取定补金，发放15名义务兵优待金71.4万元。重点优抚对象报销医药费约10万元。将持续开展10年的"五好"表彰活动升华和再延伸，首次在驻区部队开展"红墙卫士"评选表彰活动，评选出20名驻守西长安街的"红墙卫士"，邀请战士的父母到北京参加表彰大会，红墙卫士们陪同父母游览北京。

（黄唯一）

大栅栏街道

【概况】　大栅栏街道位于西城区东南部，东起前门大街西侧，西至南新华街，南起珠市口西大街，北至前门西大街。辖区面积1.26平方公里，街巷114条。有中央单位2个，市属单位8个，区属单位15个，中、小学3所，幼儿园2所。社区居委会9个，户籍人口20801户54610人，流动人口10396人。年街道本级及事业单位预算资金支出总计22066万元，同比增支4146万元，增幅23%，完成年度预算支出的96%。街道机关、事业单位人员158人（公务员编制118人、事业编制40人），安置军转干部1人。年内，获全国乡镇（街道）劳动争议调解综合示范单位、首都社会治安综合治理先进集体、北京市同邪教斗争先进集体、石头社区助老服务队获“全国巾帼文明岗”称号等12项荣誉。

地址：西城区棕树斜街26号

邮编：100051

电话：63032563

（苏　乔）

【城市管理】　年内，大栅栏街道以背街小巷整治为切入点，持续改善街巷环境面貌，选派61名机关干部担任街巷长（由街道机关干部担任，主要负责街巷整体的改造治理，定期巡视街巷，对街巷存在的问题进行决策、协调并监督整改），发动60余名社区干部，建立113个志愿服务分队，构建形成“街巷长+理事长+秘书长+委员”的联动网络。对2573个院落14463处房屋和人口居住情况进行全面摸排，完善“一院一图一户一表”，建立“十有十无”问题整改台账。开发大栅栏街巷事APP，地区113条背街小巷全部实现“十有”目标，打造精品胡同6条。推进“花香胡同”建设，创建花园式院落10个、花园式街巷1条、芳香胡同6条。升级改造“京韵园”微公园，对观音寺、五道街等边角地进行绿地改造，新增绿化面积3557平方米。规范185家餐饮企业餐厨垃圾收运，大栅栏商业街试行垃圾不落地，大安社区全面推行垃圾分类管理，完成炭儿胡同25号、棕树斜街26号燃气锅炉低氮技术改造和燃油锅炉清洁能源改造。9月24日，市委书记蔡奇，市委副书记、代市长陈吉宁率领16区及相关部门负责人到前门西河沿社区调研检查精细化管理工作。

（苏　乔）

【社区建设】　年内，开展社工演讲比赛、社工职业技能大赛等素质提升项目，打造一支素质过硬的社区工作者队伍。对外开放街道社会组织服务发展中心，举办“社区公益微创投大赛”“社区营造”培训等活动，挖掘具有自我造血能力的社会组织26个；继续推进“五好院落”创建，形成“街道—社区—院落居民—专业设计团队—施工单位”的闭环工作机制，着力构建院落整治与基层民主、政府服务和居民自治相结合的院落管理新格局。9个社区全部推行“社区议事厅”，搭建网格议事会、院落议事会与社区议事厅共同组成社区参与协商平台。联合中国SOS儿童村协会、炭儿胡同小学共同举办“童心庆六一 爱在大栅栏”欢庆儿童节活动，三井社区成为北京市首家“中国SOS儿童村爱心合作示范点”。

（苏　乔）

【社会保障】　年内，推进公共服务标准化建设，设立双岗接待，增设临时窗口。发挥“澜创园”创业孵化基地作用，举办就业服务“e社区”，老字号专场招聘会等特色服务活动，开展1800名灵活就业人员调查工作。街道累计救助6392人次，发放救助金472万元，慰问走访5731人次，发放慰问金260余万元，慰问困难党员19.7万元。落实住房、医疗、社保等各项保障政策，发放低保金1291万元，残疾人“两项补贴”483.6万元，房租补贴328万元，帮助578户家庭实现安居梦，帮扶480人实现再就业，帮助农民工调解劳动纠纷41起、追回工资29万元。

（苏　乔）

【社会服务】　年内，坚持民生工程民意立项机制，完成355处破损门道修缮、301处老旧院落地面修缮；增加爱心互助浴池洗浴频次，提供免费洗浴服务1万余人次；实现街道文体活动中心延时服务，接待居民5000余人次。充分利用文体中心、民俗图书馆、爱心互助浴池、人口家庭活动中心、残疾人康复室等公共服务设施，开展“品悦文化学堂”、读书分享会、0—3岁婴幼儿早期教育、特扶家庭陪伴、残疾人康复等活动，服务各类群体2万余人次。调整优化地区生活服务业态，正式运营养老助残服务中心，以“互联网+”模式推进“1512”区域养老服务体系建设，实现对5大硬件设施的调度管理，提供12项养老服务项目，对地区33名AB类老人提供个性化亲情服务1766人次，举办首届“敬老节”，打造特色养老服务模式。

（苏　乔）

【社会治安综合治理】　年内，做好重大活动服务保障工作，启动社会面防控预案131次，累计志愿服务时长26万余小时。完成61个监控摄像头点位安装，实现辖区重要交通路口、重点路段、重点单位及案件多发部位的全覆盖。投入1100万元完善火灾立体化防控体系，“胡同里的小型消防站”已形成战斗力，全市首家试点干式消防栓。年检灭火器1047具、安装发放各类消防器材4.7万件，同时实现前门西大街居民楼联网式烟感器全覆盖。稳步推进安全生产责任险投保工作，完成地区100家小微企业安全生产标准化达标创建。做好重点时期、重点单位的安全监管，累计出动人员2832人次，检查单位5663家次，发现隐患5136处，隐患整改率100%。争创国家级减灾防灾示范社区，以应急宣教动画片、《应急宣传绘本》为载体，加大安全生产宣教力度。9

月6日，市委政法委副书记王小洪到大栅栏地区调研安全保障工作。10月12日，市委常委、政法委书记张延昆到大栅栏街道，调研基层行政综合执法工作。加强国防后备力量建设，完成190名基干民兵和30名民兵应急分队的整组任务，兵役登记90人，征集新兵5名。

（苏　乔）

【精神文明建设】　年内，结合文明城区创建迎检工作，组织开展全国文明城区创建主题推动日活动、以“创建文明商业街区，争做文明商户”为主题的创建文明商业街区主题活动及“文明餐桌·光盘行动”“争做文明商户，共建首善之区”等宣传活动，多种形式提升大栅栏地区广大居民对全国文明城区创建工作的知晓率、支持率和参与率。组织开展“共享单车·文明同行”“文明晾晒”“礼让斑马线 文明我点赞”等文明劝导活动，倡导居民维护地区环境。开展道德模范、身边好人、北京榜样等优秀人物和典型事迹的推荐评选活动，设立街道级举荐宣传榜。建立社区妇联执委、街道妇联执委微信群，开展三八妇女节“五个一”庆祝活动，打造“智慧女性”品牌活动，扶持培育延寿街社区“妇女之家——智慧创业坊”。

（苏　乔）

【党的建设】　年内，大栅栏街道深入学习宣传贯彻党的十九大精神，开设党的十九大微信网上学习课堂15期，处级领导、各基层党委负责人带头宣讲十九大精神50余次。完善地区74个党支部书记、委员、党员基本台账，试点推行“B+T+X”一规一册一表一网支部规范化建设试点工作。征集发布年度区域化党建项目12个，拨付资金40万元。指导各社区开展特色基层党建和服务群众项目33个，受益群众达1万人。加强“一岗双责”，层层签订党风廉政建设责任书，坚持党风廉政“三级警示”教育，对存在问题的个人发放警示卡，进行约谈及批评教育，并责令其限时整改。举办“大栅栏崇廉尚洁宣传教育书画展”，组织机关、社区干部参观李大钊故居及区内外廉政警示教育基地，警醒干部廉洁从政，强化纪律约束。依托党风政风监督员、第三方监督机构对街道、社区开展明查暗访和电话采访，强化外部监督。

（苏　乔）

【疏解整治促提升】　年内，大栅栏街道全面开展拆违撤市、地下空间清理、群租房治理、直管公房转租转借清理等专项行动，共影响人口7900人次。销减在帐不规范“七小经营单位”291户，清理转租转借公房1239户；完成“开墙打洞”治理128户，完成全年任务的128%。拆除违建222处，涉及面积20736平方米，完成全年任务的518.4%。启动大栅栏历史文化街区整理计划，划定西河沿传统居住区、斜街文商旅综合区、梨园文化区、煤市街东保护示范区4个街区。全面推行物业化管理，实现交通疏导、安全巡控、秩序维护等24小时不间断管控。探索推行商户标准化二维码管理，以前门西河沿街为重点，从根本上解决商户经营乱象。推进西单饭店旧址保护修缮利用项目、启动珠市口和粮食店街区整体改造，完成樱桃斜街、铁树斜街、樱桃胡同等3条胡同架空线入地及佘家胡同弱电改造工程。

（苏　乔）

【政务能力建设】　年内，注重发挥“三重一大”事项集体决策作用，召开工委会、主任办公会65次，研究讨论议题613项，集体研究决策关于街道区域发展、城市管理、社会建设、民生改善等重大工作和资金使用等事项，确保依法科学民主决策。探索实行领导班子及科室负责人AB角、制作处级领导岗位职责手册、科室工作手册，交流调整干部22名，选拔任用机关3名科级领导职务和1名事业单位科级非领导职务，推进机关自身建设和运行管理的科学化、规范化、精细化。通过建设网络“书香大栅栏”阅读空间、开展干部素质提升脱产培训、每月一次的“智慧之光大讲堂”等形式，全方位、多角度、分层次、分类别加强干部培养锻炼，努力打造政治过硬、本领高强的领导班子和干部队伍。全面推进政务公开工作，主动公开信息492条。落实人大代表建议和政协委员提案，办复区级提案13件。

（苏　乔）

【历史文化发展】　年内，利用文化遗产和“小微博物馆展示群”等资源优势，举办“名人家训”“紫藤诗会”、非遗进社区等活动。开设地区文明之旅线路，举办百花深处寻名伶、探寻琉璃厂、大栅栏印象、金融印迹4种主题的文化之旅活动，开展2017年魅力大栅栏摄影抓拍赛。举办“北京国际设计周”“魅力大栅栏”摄影展、“杨梅竹生活月”等活动，有效提升地区文化的传播力和影响力。开展“大栅栏社区文化体育节”，打造“胡同微马”特色品牌项目。完善街区景区建设，保障“北京坊”精彩亮相，制作胡同简介名牌、征集胡同文化宣传标语。出版《筑梦前行——我身边的工匠精神》一书，继续完善“大栅栏故事”系列文化书籍，推进《会馆寻踪》书籍的编写，启动《非遗记忆》书籍的策划，打造大栅栏文化品牌，讲好“大栅栏”故事。

（苏　乔）

天桥街道

【概况】 天桥街道位于西城区东南部，东起前门大街、天桥南大街、永内大街与东城区天坛为邻；西至虎坊桥、北纬路、太平街与陶然亭街道接壤；南起永定门护城河为界与永外大街相望；北至珠市口大街与大栅栏街道交界。辖区面积2.07平方公里，驻区单位1334个，社区8个，户籍人口54259人，流动人口8975人。年内，出生519人，死亡1900人（其中注销往年死亡未销户口1617人）。财政收入17471.2万元，财政支出17030.1万元。街道设26个职能科室（含事业编制及内设科室），机关行政、事业人员编制135人（其中公务员编制91人、事业编制43人、工勤编制1人），公务员88人、行政工人1人、事业编制37人。街道另含行政执法专项编制28人，包括行政执法公务员28人。转任进入机关、事业单位2人，公开招考进入机关、事业单位7人。机关退休1人、事业退休1人。年内，街道在城市管理、社区建设、民生保障、综合治理、党的建设等方面取得新进展。

地址：西城区北纬路9号
邮编：100050
电话：83133818

（周　燕）

【城市管理】 年内，天桥街道拆除违法建设865处，建设面积34062.6平方米。治理开墙打洞违法行为199处。结合绿化提升、惠民实事等工作进行“增绿、补绿”、安装便民设施等，保证拆后效果，提升地区居民生活水平。完成40余个平房院落地面及下水管线铺装整修工程。开展街区整理，结合“十有十无”标准，对地区街巷环境进行恢复墙面、铺装地面、绿化美化、规范牌匾、填充文化元素等整体优化提升，完成校尉营胡同、阡儿胡同、寿长街二条等7条街巷拆堵整治工程。实施南纬路2号院、福长街五条、禄长街头条、福昌里等街巷环境优化提升工程，已有15条街巷进入施工阶段。严格执行《天桥街道环境保护工作方案》，量化工作目标，明确时间节点，完善《天桥街道环保工作台账》，成立地区环保督查联合执法小组，将地区餐饮、工地、燃煤、车辆等重点对象纳入长效环保督查台账。制定《天桥街道2017年防汛工作方案》，成立天桥地区防汛工作指挥部，健全防汛指挥机构，落实100人的防汛抢险救灾队伍，制定防汛值班表。处置安全隐患，落实防汛物资的储备，组织地区防汛演习，做到组织领导、抢险队伍、物资储备三落实。强化“河长制”（即：由中国各级党政主要负责人担任“河长”，负责组织领导相应河湖的管理和保护工作）工作，建立两级组织体系和多部门分工负责、共同管理模式。河长巡查通惠河左岸（南护城河部分）28次，召开3次现场会。设立河段巡查员10名，每日对辖区河段巡查，共巡查120余次，查处无照经营行为4起，劝离河道洗澡、洗衣各1人及垂钓9人，多部门协调处理河道排污行为1次。针对共享单车乱停堵塞河岸现象，河长制办公室约谈共享单车负责人，引导共享单车有序码放，保障河岸两侧步行道通畅。北纬路道路征收项目影响人口52户208人。永安路道路征收项目影响人口143户572人。永内西街北里、大保吉巷34号、荣光胡同16号、泰安里楼房及平房腾退项目，影响人口257户。配合天桥演艺园区指挥部北部平房区项目，已腾退33处，影响人口68户。全面打响地区环境“七大战役”，组织机关干部、居委会和居民群众卫生大扫除，清理堆物渣土300余车1800余吨，清除卫生死角90余处、蚊蝇孳生地60余处，清理地桩地锁183处、废旧自行车1434辆。推进垃圾分类工作，对可回收垃圾、不可回收垃圾实施源头分类，有效改造垃圾收集桶、果屑箱等垃圾收集设施。加强“门前三包”管理，动员单位、组织社区志愿者正向引导，规范门前秩序。做好节约用水宣传工作，组织宣传活动3次，发放宣传材料110余份。完成辖区绿化登记和摸底调查工作。

（周　燕）

【社区建设】 年内，完成130支社区社会组织备案和5支注册类社会组织年检工作，6个政府购买社会组织服务项目的第三方结题评估工作，引导18个社区公益项目专业化参与社区治理。组成公益自治组织“乐融街坊会”，开展议事工作坊、公益创投项目。动员辖区单位参与社区建设，联合成立斜街商户自管会。持续推进社区“参与式协商”和民生工作民意立项，制定《天桥街道民生工作民意立项实施办法》。成立91个街巷自治共建理事会，悬挂91块街巷管理、街巷服务和十有十无一创建公示牌，成立8个志愿服务团队，制定8份居民公约。完善“协商议事厅”，将涉及居民利益的公共决策和公共服务事项中存在的问题纳入协商议事范围，建立协商共识落实和反馈机制，确定禄长街、虎坊路社区为社区议事观摩试点社区。完成143名社区工作者的人事、劳资、档案、业务培训、考核等管理工作，接转19名社区工作者招聘、聘任、人事档案工作。

（周　燕）

【社会保障】 年内，坚持“托底线、救急难、可持续”的救助原则，对辖区低保、低收入家庭的困难程度、困难类别进行细致划分，重点关注低保重残家庭和患重大疾病人员的低保家庭，开展“全程陪护式”服务，帮助16名低保人员垫付住院押金23次17.84万元。推进地区特困人员供养、医疗救助、因病致贫家庭救助、临时救助、教育救助、慈善救助等各类社会救助政策的落实。发放各类救助金58.36万元。在两节、五一、十一期间开展送温暖活动。完成留守儿童普查，对困境儿童发放生活费。发放残疾人困难生活补贴、重度残疾人护理补贴262.64万元。老年人优待政策落实到位，办理各种老年卡2079张，发放各类补贴288.05万元。登记失业人员就业率68.88%，城镇登记失业率0.94%。就业年龄段失业人员档案1248份。发放退休人员清洁能源自采暖补贴415人25.86万元。受理低谷电补贴3067户208.58万元。截至年底，有低保768户1442人，发放低保金社会救助金1573万元。为100户困难独生子女家庭送温暖，发放现金3万元。慰问34户困难单亲母亲1.02万元。发放独生子女父母一次性奖励费419人41.9万元，独生子女父母奖励费877人6万元，独生子女意外伤残一次性经济帮助款7人7万元。开展医疗服务需求问卷调查并进行数据分析，走访400余名高龄、空巢和孤寡老人，为100多名中重度失能老人提供生活照料服务1713人次，为65岁以上的空巢、独居、失能和特困老年人家庭更换窗纱555扇，对35家居家养老服务单位进行354次安全检查和环境督查。依托“爱心吧”平台，开展老年书画、医疗讲座、手工制作等各种为老服务活动，服务老人约15240余人次。“百家圆梦”项目服务活动，对失能、残疾、重大疾病等空巢老人家庭提供室内清洁、理发、修脚等12项服务1118次。走访慰问残疾困难家庭444人次，发放慰问金13.8万元。筛选精准康复服务对象330名，建立精准康复服务系统。

（周　燕）

【社会治安综合治理】 年内，通过开展11项行动，影响常住人口9452人，超额完成年度1200人的任务目标。促进地区治安类警情同比下降34.3%，重点地区秩序类违法行为同比下降20.4%。深入推进平安社区创建活动，组织374名居民代表召开大会8场，完成8个社区、11个职能部门的基础性指标评价工作。通过开展民意调查汇总居民问题建议69条，确定各社区递进式指标24项。完成全国“两会”“一带一路”高峰论坛、党的十九大等重大活动安保工作，组织1348名实名制注册平安志愿者社会面巡逻值守及珠市口地铁站、虎坊桥地铁站外围防控工作。通过安全隐患大排查大清理大整治专项行动，解决市级上账隐患点位109处，自查隐患问题925处。加强监控等技防建设，为先农坛社区新增24个监控点位、虎坊路社区新增38个监控点位，检测社区及重点部位灭火器3040具，新增灭火器450具，提升社区居民的安全感和满意度。督促企业落实主体责任，完成221家企业安全生产责任险投保工作，推进市安全惠民办实事工程，为506户低保、低收入家庭淘汰不合格燃气灶具和安装燃气安全辅助设备。

（周　燕）

【精神文明建设】 年内，开展纪念天桥街道学雷锋志愿服务34周年暨志愿服务主题公园揭牌仪式活动，街道志愿服务“八三一”空间格局正式形成（以八个社区志愿者之家为载体，“守护天使”等三个志愿服务岗亭为窗口，一个志愿服务主题公园为基地的“八家、三岗、一园”志愿服务格局）。建成天桥街道全媒体中心，开通“京韵天桥”官方微信，推送70期，粉丝2300余人，1至6月份出版《天桥报》12期；《天桥报》改版和更名后，出版《天桥时讯》12期。完成西城区全国文明城区创建与迎检工作，部署《天桥街道2017年全国文明城区创建与迎检工作实施方案》，组织“德聚天桥·邻里守望”道德讲堂、文明楼门（院）评比、北京榜样推荐、礼让斑马线、文明小使者评比等主题活动，提升地区精神文明建设水平。中心组学习23次，百姓宣讲8次，宣讲工作获得区委宣传部颁发的优秀组织奖，“我们的奋斗”百姓宣讲团获得特色宣讲团称号。

（周　燕）

【文化建设】 年内，以“四个一流”为目标，重点打造5支天桥街道文化团队，安排社区青教主任参加文化骨干培训班，提高社区文化团队专业水平。开展“我们的节日”主题系列文化活动及非物质文化遗产保护活动，挖掘传承天桥传统民俗文化。天桥民俗文化节系列活动，邀请专家共同研讨天桥民俗文化保护3年规划。坚持扶植天桥曲艺茶社、天桥评剧团每周日活动，对濒危的非物质文化遗产注重保护和宣传，将“非物质文化遗产项目”零距离送进社区，组织相声、小吃、清华池修脚、宫廷正骨等非遗专场活动讲座。为禄长街社区、天桥小区社区更新8个健身器材，留学路社区更新12个室外乒乓球台，组织8名社区体育专干参加社会体育指导员岗位培训。举办地区第三届“和谐杯”乒乓球友谊赛及“和谐杯”羽毛球邀请赛。举办文体活动540场次，讲座134场次。

（周　燕）

【双拥共建】 年内，加强与部队的联系，推进街道双拥工作日常化。街道理论中心组成员走访武警七支队、西城消防支队等共建部队，提供价值近30万元的慰问金及训练、生活所需慰问品。完成烈属、参战、参核人员办证工作，发放各类生活补贴。与九三学社西城工委共同走进东经路消防中队，开展送知识、讲文化等形式多样的志愿服务，邀请永安诗社、民俗文化协会等文艺团体为战士们表演天桥民间艺术，扩大双拥工作的参与面和覆盖面。

（周　燕）

【综合减灾】 年内，完善灾害救助预案体系和灾害应急响应机制，加强社区救灾志愿者队伍建设，实施风险评估、隐患排查治理、应急演练和防灾减灾宣传教育。推动永安路北京市防灾减灾示范社区建设，组织社区间交流学习，促进街道防灾减灾能力均衡发展。以“5·12”全国防灾减灾日、“10·13”国际减灾日宣传教育活动为契机，在永安路社区、天桥小区社区集中设站宣传，联合消防中队、合力减灾服务中心开展减灾培训和模拟逃生演练，提高社区综合防灾减灾能力。

（周　燕）

【党的建设】 年内，落实党建工作主体责任制，制定并签订基层党组织书记党建主体责任书77份。47名干部得到提拔、交流使用。建立社区书记、主任和党组织负责人后备人才库。引导动员地区党员回社区报到，入格认岗定责，参与协商议事、服务民生、化解矛盾、维护稳定等工作，担任“五大员”角色，提出合理化建议300余条，参加志愿服务4000余人次。制定年度街道基层党建工作重点33项任务细化清单，印制《2017年度天桥街道基层党建工作记录手册》，夯实党建基础工作。推进“党建+”工作模式，社区层面实行“红旗街巷治理工作模式”“三定五步工作法”“党支部文明劝导队”“党建+孝贤+统战”“党建+六力”等工作模式，凝聚基层党组织和党员群众力量，让党员在基层一线发挥作用。以“党建桥·桥汇四方”为区域化党建创新项目，通过红色政治生日会、瑜珈午间工作坊、微天桥彩色跑等活动，实现以活动促融合、以融合促提升。制定《政协委员联系社区、街巷长制度》，支持政协委员参与街道重点工作，了解和反映社情民意。常态化推进“守护天使”志愿服务项目，累计服务时长2300余小时。打造特色青年汇活动项目，组织“人文天桥”传统工艺制作系列活动12场。推进与北京理工大学街校共建项目及红色1+1党建活动。年内，街道总工会在辖区企业建会46家，职工总数6305名，工会会员人数4316名。工会会员信息采集率100%，准确率100%，单位档案合格率100%。兵役登记100%，辖区民兵总数226人，完成民兵整组工作，在前门建国饭店、友谊医院、宣武中医院、新北纬饭店、东方饭店、潇湘大厦等单位设有消防灭火、医疗救护、通信保障、防化、后勤勤务保障5个专业项目。

（周　燕）

新街口街道

【概况】　新街口街道位于西城区北部，东起新街口南、北大街，西四北大街与什刹海街道为邻；西至西直门南、北大街，阜成门北大街与展览路街道相接；南起阜成门内大街与金融街街道接壤；北至德胜门西大街与海淀区隔街相望。辖区面积3.7万平方公里，社区居委会21个，综合服务站1个。户籍人口40351户107418人，常住人口36771户92274人。年内，出生932人，死亡3543人。有社会单位3265家，其中中央单位124家、市属单位106家、区属单位179家，中、小学12所，幼儿园9所，社区教育学校1所。机关设31个科室，2个科级事业单位，机关、事业单位工作人员共250人，其中公务员154人、事业职工92人、行政工人4人。通过公开招录、政策性安置、转任进入机关、事业单位的工作人员34人；公务员、事业职工、行政工人退休6人；调出公务员、事业职工6人，辞职公务员、事业职工2人；去世公务员、工人2人；轮岗2人。年财政收入36147.96万元（含上级财政拨款），支出35173.43万元，完成税收139489.15万元。年内，街道在党的建设、社会面防控、城市管理、社区建设、民生保障等方面取得新进展。获北京市健康示范单位、北京市民政工作先进集体、全国综合防灾减灾示范社区等称号。

地址：西城区西直门内大街128号

邮编：100035

电话：66002800

（张　朔）

【城市管理】　年内，新街口街道扎实推进垃圾分类管理全覆盖工作。截至年底，99个楼房小区和西四北一至八条胡同全部实行垃圾分类，覆盖居民31553户，新增分类垃圾桶240组，有垃圾分类指导员635名。全面落实“河长制”，实时监测面源污染情况，组织开展河湖垃圾和非法排污专项整治检查6次，河长制工作被北京电视台宣传报道2次，《新街口之声》宣传2次。实现准物业管理全覆盖，引入天诺、盛世威扬、新街口房管所3家准物业管理单位实施准物业管理。准物业管理队伍约1800余人，参与地桩地锁拆除、废旧自行车清理、无主渣土大件清等。完成18条街巷施150个点位非机动车停车区域及西四北地区、北顺城街487个机动车停车位的施划工作，清理废弃非机动车600余辆。环保工作常抓不懈，回收燃煤1.9万余块，完成燃煤户清零工作；及时处置环保督查案件19.5件（与展览路街道共办1件），建立环保台账9个。组织夜查260余次，协助区环保局检查处罚辖区油烟直排商户3家罚款1.5万元，对前公用地区珠宝商户、万丰万特珠宝商城进行执法检查，查封9家商户的加工设备，责令7家商户限期整改搬离，立案处罚商户7家。应对空气重污染34天。完成重大活动期间的环境保障任务50余次，清理清运渣土大件约1.42万余处，约580余车；组织开展爱国卫生清洁日活动12次、大扫除3次；新增绿化面积1.37万余平方米，新增花箱330余个；完成地区病虫害打药防治、绿地清扫、树木养护，植树200株，修剪552株，摸排死树、危树68棵。配合完成受壁街46户居民、白塔寺周边腾退及富国里菜市场撤市，启动广济寺、简易楼、地铁19号线平安里站腾退工作。为中纪委修枝复壮古树3棵；为中办老干部局宿舍安装信报箱144个；协调国家环保部周边道路通行，增设交通设施8处。拆除违法建设392处21978.66平方米，治理擅自开墙打洞783处。在背街小巷环境整治提升工作中，按照“十有十无一创建”的标准，治理合格达标的胡同5条，纳入长期管控维护状态；基本达标的胡同22条，列入巩固加强阶段。新街口食药所出动执法人员4000余人次，巡查食品药品经营单位2500户次，监督覆盖率100%；受理审批食品类行政许可事项224件；完成食品快速检测434件，合格率99.8%，监督抽检617批次，合格率98.9%；接收处理举报案件302件，查处违法案件50件，罚没款70.7万元；整治疏解落后业态19处，涉及面积6423平方米，疏解人口621人。与地区1700余家生产经营单位、21个社区居委会签订安全生产责任书；集中开展烟花爆竹禁限放、地下空间整治、安责险投保宣传贯彻、小微企业标准化创建、淘汰不合格燃气灶具、重大活动期间的安全生产保障、国际安全社区复评验收及安全隐患大排查大清理大整治等专项工作，其中安责险投保、专职安全员队伍规范化建设等多项工作完成情况居全区前列，在西城区年度街道安全生产综合考核年终评定中分数第一，成为西城区首批“双无”创建的街道之一。开展安全生产宣传教育活动，正式开通“新街口安监”微信公众号，安全生产月中组织安全生产宣传主题文艺汇演，由新街口安监员自主创作的安全员之歌《万家安》，被市安监局选中参加“北京市北京榜样·安监之星”颁奖典礼，获2017年北京市安全生产月最佳实践活动奖。

（张　翊）

【社区建设】 年内，为官园社区购置一处新址办公用房，改善富国里社区、北草厂社区、西里三区社区办公服务用房环境，维修13个社区办公用房，汛期急修部分社区房屋。完善社区民主自治，开展议事协商及民意立项工作。在社区百姓生活服务中心业态选择、公益金支持事项等民生工作中探索民意立项机制。举办设计市集主题活动，征集街巷胡同设计方案50余个。设立白塔寺街区会客厅，助力群众议事协商。在西里二区推动居民参与式协商，成立东新开甲31号院小区业委会，探索酬金制物业管理模式。建立社会组织服务管理体系，制定社会组织管理办法，建立事前项目评审、事中项目监督及事后结题机制；召开社会组织管理小组会7次，评审待采购项目31个。继续购买社会组织服务，在西四北三条44号举办“老街坊”、西四北三条13号举办“小木屋”、青塔胡同41号举办“书香社区”等社会组织服务基地，提供为老、青少年、社区营造等多项公益服务。加强社区工作者队伍建设，招录2批次27名社区工作者，选拔社区服务站站长5名、副站长10名；举办252名社区工作者全员培训，组织30名社区工作人员开展异地教学。对132个社区备案社会组织进行复核。完成科普体验厅建设。组织314人参加红十字自救互救培训，红十字会救助7人，发放区款物8万元，完成年度无偿献血登记，组织171人次献血。举办新春笔会、第六届清明诗会、第二届足球赛、第六届太极拳剑邀请赛、第五届象棋团体赛“白塔新辉”系列活动。

（张　翊）

【社会保障】 年内，新街口就业服务微博累计发布信息276条；新街口街道就业平台微信公众号关注494人次，信息推送168条；新街口就业服务QQ群求职者339名，用工单位240家，发布信息602条；北京新街口社保所博客博文16篇。辖区新增登记失业人员1242人，实现就业人员1161人，就业率122.2%，创业项目洽谈10余次，空岗信息采集3782个，职业指导1339人；新增参保一老一小和无业1623人，为1725人报销药费828万余元，办理申领、补换社保卡手续2909人次，社会化管理退休人员10460人。严格落实“一房二补贴”（即：公共租赁住房、公租房补贴和市场租房补贴）保障方式，接待群众来电来访9700余人次，办理申请、变更、复核1490户；签订市场租房补贴合同187户；开展16次选房，涉及713户，实际解决住房困难家庭280户。新增、补办、转入等残疾人证（卡）805份，为25名申请辅具的残疾人进行审核和解答问题；为1户残疾人家庭改造卫生间；办理智力残疾人入住康复机构1人；组织39名精神残疾人家属及亲友康复培训，17名智力残疾人音乐治疗；为25名残疾人办理灵活就业保险政策，其中退休人员11人，累计516人；为14名花钱买服务人员结算43938元，服务时间2760小时；办理新增享受生活补助残疾人13人，共计542人；办理新增护理补贴18人，共计1256人；安排12名残疾人参加第八届残疾人职业技能竞赛，20余名残疾人参加区残联运动会并取得全区第二名的成绩；为30名重度残疾人发放运动器材；春节、助残日、国庆期间走访850户贫困残疾人家庭发放慰问款48.05万元，其中特事特办款3.05万元。336人领取燃油补贴款8.74万元。为9名贫困残疾人学生或子女发放助学款4.6万余元。年内，福寿轩敬老院新增老年人22人，西里社区养老服务驿站老年人日托服务累计1044人次，参与活动及课程的老年人815人次。为“三无”及特殊老人送餐服务7780人次，助餐服务118572人次，助浴服务696人次，送奶服务5921人次。开展养老助残卡服务，享受80岁以上养老助残卡服务补贴的老年人4285人，充值推送50046人次，发放金额513.73万元。三项为老服务3515人次。665名老年人办理老年证或优待卡，发放高龄津贴8416人次88.47万元，老年人医疗补助款12.22万元，组织152位无保障老人体检，发放北京市养老（助残）卡4154张。开展街道特色送奶送餐工作，为各类老人送餐1.6万余人次，送奶6000余人次，结算金额10余万元。为辖区内老人提供免费供餐7274人次，助浴服务1481人次，“一元理发”服务3976人次。街道表彰孝星98名（其中区级孝星31名，市级孝星15名）。西里社区养老服务驿站对21个社区老年人进行巡视服务，已签约巡视服务134户，其中47户为电话巡视，87户为上门巡视，已完成巡视服务1620人次。“两节”走访慰问各类困难人员4869人次225.18万元，临时救助82人次17.25万元，发放爱心卡1014户60.84万元，新生助学5人3.1万元，发放冬季取暖补贴230户2677万元，街道自主资金救助31人24.04万元。拓宽救助帮扶渠道，吸引慈善力量开展慈善专项救助行动，广济寺捐资24.75万元帮扶困难群体105人，慈善助学、助老、助医等救助帮扶298人60.62万元。组织社会捐助活动，募集善款24.9万余元、衣被4431件。安置1名流浪乞讨人员。审批、发放地区1907名残疾人两项补贴695.58万元，发放困境儿童生活费2人1.7万元，为6名残疾人申请入住社会福利机构。

（张　翊）

【社会治安综合治理】 年内，新街口街道社会治安综合治理围绕重点时期安保工作，开展建设一个中心平台、落实五项平安措施、推进六个专项工作，提高综合治理科学化水平。落实社会治安综合治理领导责任制，与驻地中央、市属单位、科队站所及21个社区签订年度社会治安综合治理领导责任书。开展综治中心建设，完成街道综治中心试点和西四北六条、西里一区社区综治中心试点建设。夯实反恐维稳工作基础，落实人、物、技防工作措施，完成121个单元门楼宇对讲系统、6组充电桩、6600个烟感报警器的安装，配备推拉窗锁等产品，改善地区治安环境。动员群防群治力量，完成全国“两会”“一带一路”峰会、党的十九大等重点时段及敏感期的安保维稳工作，启动社会面一级防控24天，发动群防群治力量83024人次，启动社会面二级防控74天，发动群防群治力量212680人次。党的十九大期间快速反应，协助完成西四北大街55号院塌陷应急保障工作，妥善处置驻地附近可疑人员、路线附近可疑物品、天然气泄漏等突发事件。落实隐患排查工作措施，排查矛盾纠纷74件，化解72件，化解率97.3%。增配50名保安，执行重点勤务7次，出动2600人次，对中纪委周边14个点位实现24小时全面监控；解决金果胡同快递乱停车、门店占道经营等问题，引导上下学高峰期间后广平胡同交通秩序，改善中纪委周边环境。推进地区消防工作，开展消防隐患大排查，检查单位1764次，发现火灾隐患1352处，督促整改1341处，下发行政处罚决定书23份；为地区小餐饮配备灭火毯，地区弱势群体、高层建筑和筒子楼、大屋脊配备灭火器200组，党的十九大期间为代表驻地及沿线配备背负式、水基型、投掷式灭火器。开展西四北头条至八条交通微循环试点工作，划出停车位167个，缓解停车难和交通拥堵问题。做好地铁口人物同检安保工作，党的十九大期间地区6个地铁站、16个地铁出入口每天投入力量188名，无排队、人员滞留情况。做好实有人口核查工作，共核查51192户103248人。新街口司法所围绕地区中心工作，组织12名公益律师和人民调解员组建新街口街道疏解整治促提升法律服务队，举办专题普法活动12场，发放各类宣传材料12782份，提供法律意见98次，解答咨询150余人次。地区各级各类人民调解组织共受理调解民间纠纷419件，涉案当事人1096人，涉案标底总额137万余元。落实社区服刑人员日常管理责任，做好刑满释放人员安置帮教工作，管理各类社区服刑人员9人，刑满释放人员144人。开发新街口街道人民调解移动应用客户端，按照使用人群不同，人民调解APP设置工作版、公众版和管理版3个信息化平台，分别满足人民调解员、调解案件当事人及业务主管部门工作人员不同需要。落实地区“七五”普法规划，稳步推进“七五”普法工作，牵头编印《新街口街道基层工作法律汇编》；组织拍摄《宪法誓言》和《街巷邻里》两部普法微视频；开展讲座、咨询等普法活动35场次，发放图书、折页等学习宣传材料2.5万余份。

（张　朔）

【精神文明建设】　年内，完成迎党的十九大环境布置工作，拆除无关的硬质横幅72条，软制横幅75条，新安装、更新硬质横幅标语81条，制作围挡7处200余米，张贴宣传画700余张，利用22处LED显示屏发布宣传标语，悬挂国旗1800余面。根据中央文明办、首都文明办关于做好全国文明城区创建与迎检工作要求，成立指挥部，制定迎检工作安排，有序开展文明城区迎检工作，按时完成53项测评任务160份资料的报送工作，迎检期间开展宣传活动23场，组织文明引导志愿者、社区志愿者、街巷长等在地区12个主要路口引导文明出行。出刊24期《新街口之声》常规刊、4期常规特刊、5期《背街小巷整治进行时》专刊、4期《党的十九大》专刊和3期残联专刊，《北京新街口》街道公众号发布文章263篇。持续关注疏解整治促提升与背街小巷整治系列报道，打造“新街口老故事”精品连载；组织网络文明志愿者在文明网及主流博客微博发（转、评）帖9434条，在中国文明网及其他论坛留言2406条，报送舆情信息61篇，其中采用19篇；拍摄、制作工作总结片2部，制作社会主义核心价值观展板500块；向主流媒体和西城报刊登反映街道特色亮点工作新闻稿178篇，其中中央、市级媒体报道108篇，区级媒体报道50篇，北京电视台新闻栏目报道20篇。举荐北京榜样30名，在地区张榜宣传；组织21场“提升城市品质 共建和谐生活”百姓宣讲报告会；面向机关干部、企业职工、社区居民等人群，开展“道德讲堂”活动4场，“西城大讲堂”系列活动3次。举办街道第六届新街口“文明之星”和“文明市民”评选活动；21个社区开展形式多样、丰富多彩的青少年实践活动及讲英雄历史、体验国学之美、礼让斑马线、街巷小画师、制定公约、行动坊等主题活动，让青少年亲身参与到背街小巷整治中。经材料审核、实地考察，申报评选首都文明单位3家及标兵1家、首都文明社区8家，推荐全国文明单位1家。

（张　朔）

【双拥共建】　年内，着眼军民融合，打造双拥共建品牌。举办双拥一条街启动仪式暨八一文艺汇演，标志赵登禹路双拥共建街建设正式启动。开展拥军优属活动，“两节”“八一”期间，慰问8支共建部队，送去价值20余万元的节日慰问品；慰问贫困战士、立功受奖战士35名2万元。组织老兵游京郊及立功受奖官兵家属京城二日游活动。开展国防知识答卷，组织官兵参加街道清明诗会、优秀家风宣传、小记者团开营等活动，丰富部队官兵文化生活。落实各项优抚政策，继续引入社会组织开展“新动力·共融情”项目，为辖区优抚对象开展“一对一”联络服务；做好优抚对象数据采集及核查；为141名优抚对象发放抚恤金、慰问金162.1万元，报销医药费57.2万元，救助12名大病及困难优抚对象。总政“帮困助残送温暖”捐资2.5万元慰问50户困难家庭；共建部队参与开展防灾减灾知识宣传和演练活动。

（张　朔）

【党的建设】　年内，贯彻学习党的十九大精神，开展专题讲座20余场，参训党务工作者500余人次，参训党员2000人次。建立基层党建讲习所，举办党员轮训班，指导各基层党组织开展“四个一”专项学习活动546场，参与党员8191人次。开展党支部规范化建设和党员积分管理试点工作，完成25个“两新”党组织和机关党支部按期换届选举。制订《新街口街道推进“两学一做”学习教育常态化制度化任务清单》，明确40项具体任务。制订《新街口街道流动党员管理办法》，与46名失联党员取得联系，将77名流动党员纳入组织管理，做好辖区党员党组织双报到工作。探索构建“1+3+5+7”区域化党建工作链，推进街道区域化党建共同体建设。组建“出发吧·新力量”党员环境志愿者服务队68支，开展志愿服务百余场。选派67名党建指导员定期对“两新”党组织进行指导，非公有制企业和社会组织组建率分别达到90%和100%。加强对国英一号、新街高和、育德党群服务中心和计华、成铭大厦楼宇工作站等阵地建设，举办活动项目49个，参与活动2072人次。举办“对党忠诚 爱岗敬业”建党96周年纪念活动，表彰一批基层先进党组织和优秀个人。共产党员“献爱心”活动收到2036名党员捐款108901元。坚持正确选人用人导向，从严选配干部。建立科级领导干部履职工作档案，实行科级干部AB角制度。推行“互联+党建”，建设“新街口云党建”微信平台和街道区域化党建网手机端，发表更新246条信息。严格党员发展、教育、管理，确定19名党员发展对象，预备党员转正10人，接转组织关系492人，慰问困难党员158人、特困群众6人、离任社区且生活困难骨干3人、建国前老党员4人。划拨基层党组织年活动经费94万元，收缴党费498422.51元。参与市、区领导调研基层党建工作6次，建立485家非公有制企业台账，完善非公有制企业基础信息24250条，整理街道“三级联创”工作材料14类23项，录入4864名党员77824项信息。

（张　朔）

金融街街道

【概况】　金融街街道位于西城区中部，东起西四南大街、西单北大街，西至西二环路，南起宣武门西大街，北至阜成门内大街。辖区面积3.78平方公里，有街巷124条，其中一类大街9条、二类大街11条。社区居委会19个，户籍人口11.2万人，常住人口7.6万人，流动人口11043人，从业人员20余万人。有法人单位3864个，商务楼宇152座。高等院校1所，中学4所，小学5所，幼儿园2所，卫生医疗机构1个。街道机关设29个职能科室、3个事业单位、3个垂直单位（司法所、统计所、城管执法队），机关行政、事业人员271人（公务员编制160人、事业编制104人、工勤编制7人〈含2名提前离岗〉）。公开招录公务员1人、招聘事业单位工作人员2人，接收军转干部4人，安置随军家属2人。向部队输送新兵9人。

地址：西城区太平桥大街107号
邮编：100032
电话：66219688

（刘　燕）

【城市管理】　年内，金融街街道以“大城管”模式为常态，城市病治理成效显著。以中央环保督导组和市环保督导组下沉街道督查为契机，持续开展清障、治污、灭脏、大气污染防治等专项行动；建立并落实“河长制”，定期开展巡查；累计完成辖区228家节水单位水指标派发及增指工作，完成17家节水型单位创建工作；组织联合执法300余次，清理堆物堆料、大件垃圾3664.21吨；整修、粉饰外立面9000平方米；清理渣土750余立方米、小广告日均150余张、私装地锁1576处、废弃自行车3000余辆；规范公共服务设施每周约80余处；规范牌匾每周约400余处；清理非法标语广告传单4.7万余张、树挂5300多处；规范废品收购点19处，取缔露天烧烤摊点8处；增加绿化面积4009平方米；施划机动车位206个、非机动车区域456处31673延米。投入190万元对7个平房院落进行低洼院改造。率先开展再生资源回收规范试点工作，与北京市再生资源回收服务中心合作，采取流动式、循环回收的模式，规范“六统一”“七禁止”“八不收”，彻底解决废品回收点脏乱差问题。试点工作受到区领导、区城管委领导及多家媒体关注

（刘　燕）

【社区建设】　年内，金融街街道以党的十九大精神为统领，深入开展党的群众路线教育实践活动，以居民自治为方向，以服务群众为基础，以改革创新为动力，加强基层政权和社工队伍建设，深入推进社区工作精细化和规范化。以“三社联动”为载体，推进社区治理与服务创新实验区工作；以社区“微创投”为手段，培育社区社会组织；以规范化社区为标准，完善社区办公用房；以“参与型协商”为手段，探索多元化社会治理新路径，建立健全《社区议事协商会议制度》；开展社区工作者专题培训。以记忆金融街、书香金融街、艺术金融街、大师进社区为主题，组织开展各类健康有益、丰富多彩的群众性文化活动。举办第七届“康乐体育节”开幕式暨金融街街道第十届“社区运动会”“和谐杯”乒乓球赛、定向越野体育竞赛，鼓励社区居民参与国民体质测试活动和金融街周末健身广场系列活动。抓好科普干部和科普志愿者的业务培训，开展丰富多彩的科普活动。加强社区卫生领域建设，做好红会、精神卫生领域防控工作。加大老龄工作宣

传，推进街道老龄服务工作。

（刘　燕）

【社会保障】 年内，金融街街道牢固树立发展为民理念，始终坚持需求导向，回应群众诉求，不断增进民生福祉。接待单位、居民办事人员 4.8 万人次，咨询电话 7.5 万人次。利用信息化手段搭建“金色桥梁”，为地区招聘与求职的公共就业服务提供平台，开展各类就业援助招聘洽谈会，就业创业服务全面到位。城镇登记失业人员就业人数 782 人，困难人员就业人数 590 人，开展就业政策宣传活动 10 次，招聘会 12 次，挖掘招聘岗位 3572 个，带动就业 282 人，带动创业 76 人。街道户籍有劳动能力和就业愿望人员就业率 98.2%。为老服务体系更加健全。整合社区各项资源，坚持保基本、广覆盖、可持续原则，整合社区资源，建设金融街老年公寓、丰汇园养老驿站、受水河养老驿站，装修砖塔社区老年驿站，推行政府为主导、市场化运作、企业化管理的运营模式，将机构养老和居家养老相结合，为辖区老人提供日间照料、健康指导等生活周边服务；推进养老照料中心党支部与金隅集团党支部结对共建活动，提升为老服务社会化水平。民生救助体系日臻完善。构建“大民政”服务体系，对 697 户低保家庭进行动态管理，新增低保家庭 31 户，减少低保家庭 96 户，现有低保家庭 601 户；落实抚恤优待政策，慰问各类人群 1588 人、救助困难群众 235 人、捐赠各类优抚对象 114 人次；关爱各类慈善救助人群 351 人；慰问走访 706 户残疾人家庭，为 1629 名残疾人提供各类福利补贴补助；组织 390 户保障性住房轮候家庭选房；办理生育服务单孩网上登记 1366 人，二孩登记 877 人。一老一小、无业居民医疗保险新参保 1420 人，累计享受城镇居民医疗保险 6000 余人。抓好惠民政策的落实，完成低谷电补贴 2624 户 207.55 万元。依托家庭发展服务中心，开展各类讲座、培训、户外活动等 968 场，服务 18202 人次。

（刘　燕）

【社会治安综合治理】 年内，做好全国“两会”“一带一路”高峰论坛、党的十九大等重点敏感时期维稳和安保工作。参与值守力量 3 万余人次。治理违法群租房 41 处，涉及人口 420 余人。完善“5+2+2”管理模式，规范街区安保二级防控网络管理；投资 9.8 万元，对 4 栋楼 10 个楼门 136 户居民进行楼宇对讲的升级改造。投资 40 万元为 3 个社区 44 个平房院安装户宇对讲。投资 30 万元为 20 个居民楼安装智能门禁等物技防设备。完成 2000 户特殊老年家庭的报警器安装工作，提升社区老年人居住环境的安全指数。以佟麟阁路为辐射，部分道路取消两侧停车，利用疏解腾退空间，打造出一座可容纳 55 个车位的佟麟阁路立体停车楼，同时规划建设停车场 2 处，立体停车楼 1 座，形成区域静态交通停放体系；对停车泊位、标志标线设施进行统一规划，整合现有车位资源进行统一管理，打造地区交通微循环体系；以二龙路社区为标杆，以制度促管理，推广社区停车自治模式，以点带面，带动受水河、文昌等社区，逐步形成社区停车自治体系。以“安全生产”为红线，公共安全管理水平不断提升。严格落实“一岗双责、党政同责”责任体系，重点开展安全隐患大排查大清理大整治专项行动，出动检查人员 1.2 万余人次，检查辖区生产经营单位 6063 家次，开展联合执法 60 余次，隐患整改率达 98%，社会安全生产形势稳定良好。安全生产大检查工作期间，迎接国务院、市、区安委会前后 4 次安全生产督察，较好地完成督查工作。启动街道综治中心规范化建设，在网格化基础上，结合大数据建设平台，构建“全覆盖”技防网络。全响应指挥分中心平台受理案件 7876 件，报送民情日志 2545 篇；办结 12341、12345 政府热线案件 1180 件。

（刘　燕）

【疏解整治促提升专项行动】 年内，开展疏解整治促提升专项行动，提升生态文明与环境建设，加快实施街区整理计划，开展“开墙打洞”违法建设整治、“七小”整治、地下空间治理等重点工作。“开墙打洞”整治完成 438 处，超额 15% 完成任务，涉及面积 4140 平方米。拆除违法建设整治完成 343 处，涉及总面积 15293.98 平方米，超额 61% 完成整治任务。“七小业态”治理 136 处全部完成任务，其中注销 97 户、吊销 35 户、提升 4 户，涉及总面积 3929 平方米；后期以“开墙打洞”住宅经营后续处置工作为主，其中注销 107 户、吊销 14 户、迁走 9 户、立案 69 户。群租房整治完成 41 处，涉及总面积 3237 平方米，超额 273% 完成整治任务。直管公房全部完成 433 户整治任务，涉及总面积 7225.06 平方米。地下空间整治始终保持动态清零，发现一处坚决查处一处。其中，3 月整治宏汇园小区 17 号人防工程住人问题，涉及面积 500 平方米；清理地下小旅店 6 处 169 间 3665 平方米。5 月 13 日，市长蔡奇一行视察金融街街道西斜街和佟麟阁路，对前期的整治成果给予肯定。

（刘　燕）

【背街小巷整治提升】 年内，金融街街道背街小巷整治通过市级验收 6 条，达到“九无”（除架空线外）30 条。街道围绕以服务保障民生、维护社会和谐稳定为中心，打造“便民生活一刻钟”商圈，利用疏解腾退空间，在辖区内打造国安社区、国安生活超市及闹市口中街百姓生活服务中心、东智义百姓生活服务点，增设 11 个便民菜点，不同程度满足周边居民买菜需求。引入好邻居、华天等企业力量，共同形成街道便民服务格局。将宏英园 13 号楼的地下二层群租房腾退空间打造成文体活动站。增添花箱 500 余个，花卉苗木 1.13 万余株，增加绿化面积 1400 余平方米，因地制宜制作文化墙，全面提升胡同文化。实施启动准物业化管理，辐射范围 10 个社区、60 余条街巷，配备 200 余名专业人员，分设两岗，各尽其责，24 小时全天候、无遗留巡查确保发现问题及时上报解决。大力提升核心区品质，施划 2.3 万余延米的非机动车停放区域，可容纳 8 万多辆非机动车停放，委派秩序员进行管理；约谈摩拜、OFO 负责人，要求企业加强单车管理，落实社会责任；开展楼宇大厦“门前三包”，营造整洁优美的街区环境。

（刘　燕）

【精神文明建设】 年内，组织三级党代表走基层、领导干部“九进”等集中宣讲活动15场，组建由街道处级领导、党代表、专家学者等组成的“金融街街道学习贯彻党的十九大精神宣讲团”，邀请全国人大代表、市委讲师团等走进金融街街道宣讲党的十九大精神。组织“不忘初心跟党走、圆梦京华谱新篇”百姓宣讲线上线下活动，充分利用街道党建讲习所，深入基层开展多种形式的党的十九大精神宣讲活动。围绕全面从严治党、持之以恒纠正“四风”等进行专题策划和迎接“党的十九大、砥砺奋进的五年”、创建全国文明城区、疏解整治促提升、背街小巷整治提升等主题进行广泛宣传。建立“一报一微信”（《金融街周报》、“北京金融街”微信公众号）宣传格局，每日、每周跟进宣传报道。在市区级媒体上对重大行动进行报道，累计报道50余次，共刊登150余篇外宣报道，包括北京电视台、北京日报、北京晚报、人民网、新华网等，其中今日头条的“金融街街道封堵开墙打洞行动让百姓生活恢复宁静”获得22万人次浏览量。“Life金融街”APP街区版块9月4日正式上线，发布街道政务及街区新闻资讯420条，传播有效覆盖8万金融街主街区办公人群。开展多种形式主题精神文明创建活动。在金融街核心区举办金融街音乐会、休闲文化广场演出；在金融街购物中心广场举办“不忘初心、继续前行”纪念中国共产党成立96周年专场文艺演出活动；《翰墨歌盛世，书画传心声》书画展，编印《翰墨歌盛世，书画传心声书画作品集》300册。

（刘　燕）

【统筹发展】 年内，加强顶层设计，成立“社会学家＋技术团队＋政府机构”的建设团队，构建“一机一库一平台”，打造“1+2+6+3+X”应用模式，完成应用平台、综治子系统和“一窗式”服务系统建设工作，基础数据库、GIS系统建设初步完成。完成街区楼宇大厦数据台账更新、核心区内楼宇静动态信息与数据库内容的采集工作，制定二级防控网络工作手册。全面启动金融街街区巡更系统，划分4个巡视区域，设置巡更点位88个，实现街区巡导工作“四定”目标，实现实时上报、及时解决问题。金融街街区巡导队再次获共青团市委“青年文明号”称号。发挥政府与企业的桥梁纽带作用，利用楼宇协会会员单位优势，举办各具特色服务广场活动5场，举办有机蔬菜大集公共服务广场活动，足球联盟举办192场比赛；组织金融街地区第九届龙舟赛，金融街太极拳晨练及展演活动，金融街金歌合唱团取得好的成绩；“缘聚金融街”单身青年大型联谊活动，百余家单位近千人参与。优化免费公交巴士运营，金融街核心区内从业人员出行更加便捷。

（刘　燕）

【党的建设】 年内，贯彻党的十九大和十八届六中全会精神，学习习近平新时代中国特色社会主义思想，贯彻新时代党的建设总要求，开展“两学一做”学习教育常态化制度化，务实推动城市基层党建重点任务落实，全面实施党支部规范化建设、党员分类管理和党员积分管理，组织基层党支部评星定级和“三评一考”，持续固化“支部建在项目”工作机制，健全完善党支部主题党日和在职党员“双报到”工作机制，不断夯实基层党建工作基础。坚持正确的选人用人导向，严格落实市区街干部选拔任用工作规定，从严从实选拔好干部。持续开展干部管理监督“七项整治”成果，深化规范领导干部经商办企业、因私出国、在社团或企业兼职等情况专项治理，严格落实科级领导干部AB角和履职业绩档案工作制度，推进干部监督管理、培养教育、选拔任用深度融合。党员发展计划27人，其中20名发展对象已通过预审程序，7名审批对象发展工作正在按照步骤进行，26名预备党员转正。推荐街道副调研员2名；科级实职干部试用期转正15人；城管执法队体制调整干部转任18人。完善楼宇底数一楼一册、企业一企一册、社区底数一区一册，实现“非公企业和社会组织”党建覆盖率91%和100%。在楼宇及企业设立职工图书室阅览室15个，为具备条件的12家楼宇工作站配备电教设备，在楼宇企业设立党建图书角40个。

（刘　燕）

椿树街道

【概况】 椿树街道东起南新华街中心线与大栅栏街道交界，西至宣武门外大街中心线与广安门内街道相邻，南起骡马市大街中心线与陶然亭街道接壤，北至宣武门东大街中心线与西长安街街道隔路相望，南北长约1250米，东西宽约900米，区域面积1.09平方公里，辖61条街巷，4条主干道。7个社区居委会。地区常住人口约3.55万，户籍人口36635人，流动人口6119人，有蒙、满、壮、哈萨克等11个少数民族，是全区辖区面积最小、人口密度较大的街道之一。椿树街道地处高端产业发展带和传统文化保护带交汇处，区域经济以批发零售、金融保险、房地产和现代服务产业为主。驻地有单位723个。梨园文化历史悠久，尚小云、荀慧生、余叔岩等京剧名家的故居也曾坐落于此，有安徽会馆、京报馆等6处国家级、市级文物保护单位。组织机构方面，街道工委、办事处有29个科室，下辖社会保障事务所、社区服务中心2个事业单位，在职149人，其中公务员104人（含处级16人，科级86人，试用期2人）。中共党员及预备党员115人，农工党员1人，大专以上学历142人。地区有党支部47个（其中机关党支部9个、社区党支部21个、非公企业党支部17个），党员1453名。年街道接受财政拨款收入14484万元，同比增长17.43%。支出12334万元，同比增长16.74%。

地址：西城区椿树园小区11号楼甲1号

邮编：100052

电话：63103648

（黄惠云）

【城市管理】 年内，椿树街道开展疏解非首都功能专项行动，完成整治项目1091个，涉及面积26489.72平方米，涉及人员5372人次。持续开展以南新华街为重点的拆违行动，封堵“开墙打洞”224处，涉及辖区13条胡同，完成全年目标的194.8%。完成对骡马市大街、梁家园胡同南段及东椿树胡同的绿化景观提升改造工作，新增绿化面积5872平方米。对椿树园西门、前孙公园胡同、后孙公园胡同等10条胡同25处小微绿地改造。规范占道经营、无照经营169起，拆除违规广告牌匾170余块，规范拆迁围挡11处，拆除非法地桩地锁107个。拆除宣武门、和平门地铁口车棚。开展辖区61条街巷的背街小巷整治提升工作，通过市级验收达到“十有十无”的街巷1条，即梁家园胡同南段；除去架空线，达到“十有九无”的街巷5条，即慎业里、前孙东夹道、前孙西夹道、后孙公园夹道、大沙土园。准物业化管理为居民进行照明、管道、门窗等入户维修422次，解决问题121处。清理堆物堆料1500余车，大件废弃物2400余件，废旧非机动车1400余辆。

（黄惠云）

【社区建设】 年内，椿树街道完成四川营、宣东社区门口残疾人服务设施改造，对4个社区服务站工作台进行标准化改造。加强社区队伍建设，招录社区工作者26名，落实社区工作者规范工资待遇，召开3次社工座谈会，组织参加社区工作者骨干培训班等各类培训，组织社区工作者参加助理社工师、社工师考试，提高社工专业化、职业化水平。严格管理社区公益金使用，突出公益性和普惠性，为社区居民提供最需要、最迫切的公益服务。指导7个社区成立背街小巷自治共建理事会，解决居民需求，发挥自治作用。召开年度社区代表会，提出意见建议42件，任务分解涉及近20多个部门和社区。完善以“五民”体系为内容的“椿议民情坊”体系建设，组织林白水阅读空间运营商选择、西草厂百姓生活服务中心建设等关系居民难点和热点问题的协商表决。鼓励引导辖区社会单位参与社会服务管理，推荐7家驻区单位参与西城区资源共享先进单位评选。推进街道社会组织孵化培育管理中心建设，设计、布置展品陈设，共有16个政府购买服务项目进行项目书审核、经费预算审核、竞争性洽谈等环节的管理，资金总规模396.24万元。开展专业社工助推社区社会组织发展（1+1）行动，引入4家专业社会组织，孵化20支社会组织，转型8支社区社会组织。对98支社区社会组织备案复核，推动三社联动机制建设。举办椿树街道椿龄养老服务公益项目大赛暨西城区第二届社区社会组织公益项目大赛。

（黄惠云）

【社会保障】 年内，椿树街道城镇登记失业人员实现就业491人，超额完成全年就业指标的129.2%，帮扶困难人员359人实现就业，困难人员就业完成指标的131%，失业率控制在1.05%以内（指标为2%以内），“零就业家庭”保持动态为零。四川营社区被北京市社会保障和就业领导小组评为市级充分就业示范社区。新增居民医疗保险参保455人次，医保报销金额120余万元，新申领社保卡55人，补换卡905人。为110名失业人员办理退休手续。充分发挥社会救助“兜底线、保民生”作用。公益性组织托底安置4名就业困难人员，劳务派遣新增6人，为13名协管员办理退休、离职相关手续。已配租和备案家庭628户，其中已配租139户，已备案489户，保障性住房已经备案家庭179户。受理市场租房补贴68户。街道享受低保家庭353户570人，年新增低收入家庭12户28人；办理临时救助121户207人，发放救助金额23.14万元。累计办理医疗救助494人次，发放医疗救助金89.04万元。“春雨”大病救助5人9.62万元。办理新生教育救助7人3.15万元。慈善助学救助大学生7人，发放救助金额2.6万元；高中生12人，发放救助金额1.2万元。发放“爱心卡”救助379户18.95万元。“春风送暖”收到捐款72933元，用于困难群众救助工作。联合募捐救助5人救助金1.2万元。12个科室、7个社区慰问对象1483户次，发放慰问金93.65万元。

（黄惠云）

【社会治安综合治理】 年内，开展科技创安工作，在已有275个探头的基础上，在重点区域增设安装25个数字监控探头。改造东椿树胡同及周边地区交通道路，实现东椿树胡同北起前青厂街、南至西草厂街，教佳胡同北起西草厂街、南至四合上院小区的社区交通微循环。建设社区微型消防工作站，全市首推微型消防岗亭，实现24小时消防巡逻防控。推进信访“手拉手”工作，深入社区排查39次，接待群众来访113次，排查化解矛盾600余件，成功率99%。举办第三届“椿树杯”安全生产知识竞赛等活动，与校场口消防中队、万豪酒店举办近300人的大型联合应急演练。联合执法110余次，检查单位1600余次。为辖区49家餐饮单位安装可燃气体远程报警系统、报警探头52个。开展年度兵役登记工作，走访慰问现役士兵和军烈属。开展防空防灾宣传活动。

（黄惠云）

【精神文明建设】 年内，椿树街道在全国文明城区创建与迎检的长效化建设期间，对地区环境秩序、食品卫生、行业规范等联合检查6次。举办“美好街巷·文明接力”“美好街巷·文明好主人”“美好街巷·文明有我”“美好街巷·文明出行”等系列精神文明宣传活动。制定《椿树街道街巷文明劝导志愿服务活动方案》，设立7个街巷文明劝导志愿服务站（队）、42个街巷文明劝导志愿服务岗、100名志愿者。组织“椿风”宣讲团120人次，宣讲“椿树好人”。“2017北京榜样”评选推荐候选人（集体）30名，红线京剧社入选“2017北京榜样”。

10月第三周周榜样，红线京剧社、梁家园社区居民黄斌入选“西城好人”。椿树街道获得“首都文明社区”称号，琉璃厂西街社区、宣东大街社区、梁家园社区获得“首都文明社区”称号，荣宝斋、宏宝堂获得“首都文明企业”称号。街道新闻刊登在市级报纸70多篇、区级媒体采登110余篇，出版《椿树风采》45期，“嗨椿树”微信公众号推送109期、信息300余条。

（黄惠云）

【党建工作】 年内，椿树街道将习近平重要讲话作为理论中心组“两学一做”学习教育的重要内容。加强队伍建设，举办科级干部培训班，提升干部的党性修养和能力素质。制定基层党建工作任务书和时间表，明确党建主体责任清单；细化完善“两学一做”学习教育常态化制度化任务清单；选取12个社区党支部、4个非公党支部参与党支部规范化试点建设工作。召开党建联席会议，拓展区域化党建功能。建立流动党员排查、推进非公有制企业和社会组织“两个覆盖”工作台账。打造四川营社区党委“爱心汇”志愿服务队组织培育项目。组织签订9类“个性化”责任书（责任清单）1123份，承诺书90份，达到“全面覆盖、统一规范、因岗定责、逐级签订”的要求。继续深化“两专”工作，开展“读廉洁书籍、看廉政宣教片、听廉政报告、讲廉政党课、观廉政基地”等“五个一”廉政宣传教育月活动，推进廉洁文化建设“五个一”工程，完成街道廉洁文化街建设。

（黄惠云）

【特色工作】 年内，椿树街道举办“梦回椿树”第十五届“椿树杯”北京市社区京剧票友大赛颁奖展演，来自全市各区的近百名票友及300余位戏迷参加，此次展演活动将历届“椿树杯”京剧赛中的优秀作品集中展示，10余个经典剧目统一编排，贯穿成一部完整的舞台剧，制作主题曲《梦回椿树》，评选出“十大票友”和“十大票房”2个奖项，作为对往届比赛的回顾与总结。举办第三届“椿树杯”5人制足球赛，来自区属机关单位、各街道办事处、椿树街道辖区企业及学校、媒体等24支代表队360名运动员参与，实现“小比赛、大融合”，共进行52场比赛，募得善款3.01万元，用于改善部分特困家庭生活。组织开展“冬奥知识进社区”活动、摄影知识讲座、传统文化进校园、非遗技艺走进椿树等文化活动。组织居民及团队参与国民体质测试、全民体育锻炼达标测试、北京市民体质促进项目挑战赛、西城区龙舟比赛等活动。开展市民终身学习认证，新增办理学习卡50余张，申报课程10余门。培育养老助餐特色品牌，打造“椿龄工程”。送餐1.56万次，入户600次、膳食讲座24次、服务720人次。为高龄、失能、独居、空巢、残疾、失独老人等重点人群提供助浴服务730人次。利用“椿龄关爱点”开展邻里互助。发挥养老照料中心辐射作用，涉及零距离系统巡视项目，巡视高龄空巢、高龄独居100人左右，巡访5100人次。“志愿助老爱在椿树”项目累计服务1667人次。

（黄惠云）

陶然亭街道

【概况】 陶然亭街道位于西城区东南部，东起太平街、虎坊路一线，西至菜市口大街中心线，南至护城河中心线，北至骡马市大街中心线。辖区面积2.14平方公里，有社区8个，街巷48条，驻地中央级单位18个、市属单位34个。街道户籍人口5.7万人，常住人口3.2万人，流动人口0.83万人。年内，出生人口570人。街道工委、办事处共有30个职能科室，社保所、社区服务中心2个事业单位。在编在岗人员160人（公务员编制120人，事业编制40人）。年财政收入19067.46万元，支出18777.98万元。获“全国为侨公共服务体系示范单位”“北京市就业创业工作先进集体”。

地址：西城区黑窑厂街22号

邮编：100052

电话：52683783

（石　静）

【城市管理】 年内，陶然亭街道整治占道经营138户次，处罚无照经营320起，整顿违规废品收购站16处，拆除违规广告牌匾326块，拆除地桩地锁212个，清理僵尸车3辆。启动背街小巷整治提升专项行动，任命街巷长46名，组建街巷自治共建理事会59个，成立志愿服务队伍59支，建立街巷临时党支部，初步形成街巷治理格局。打造里仁东街、龙爪槐胡同2条示范街巷，26条街巷启动设计改造，6条街巷完成提升建设达到“十有十无”标准。聘用街巷管家103名，进行街巷准物业管理。落实《北京市城市总体规划》，开展《陶然亭传统街区改造与提升规划专项研究》，形成区域整体规划设计方案。调整能源结构，新增峰谷电表422户。落实“河长制”，确立街道社区两级落实、职能部门统筹协作的河长制工作体系，成立地区河长制办公室，成员单位18个，开展河道巡查400余次，处理污染事故1起。健全垃圾分类处理体系，里仁东街3号楼、5号楼成为无物业管理垃圾分类达标示范小区，地区垃圾分类达标小区12个。49家餐饮单位签订餐厨垃圾规范化收运协议，试点龙泉社区1至4号院垃圾不落地专项行动。

（石　静）

【社区建设】 年内，加强社区工作者队伍建设，新招录社工17名，提拔社区干部9名，开展多种形式的社工培训。推进地区社会单位资源开放共享，引导社会单位在停车场地、为老就餐、便民服务、文体教育等方面与居民实现资源共享，建立“享陶·汇陶”资源共享品牌，开展活动4次，14家单位入选西城区资源共享先进单位。建成陶然亭街道社会组织培育服务中心，占地200平方米，搭建资源整合、业务拓展、交流学习、业务展示平台。构建“1+N+枢纽”工作体系，为每个社区培育一个精品社会组织、N个规范化运行组织、3至5名枢纽型人才，激发社会组织内发展动力。截至年底，街道备案社区社会组织105家，其中文体科教类26家、服务福利类30家、共建发展类16家、治安民调类17家、环境物业类11家、医疗计生类5家。加强社区治理创新，推广“参与型”社区分层协商模式，建成“里仁之家”、儒福里42号院居民议事平台，完成歌舞剧院家属院和福州馆社区高家寨4—10号楼“自我服务、自我管理”试点。推动居民代表常务会常态化，每月至少一次活动。健全民生工作民意立项机制，召开居民常务会104次，对买菜购物、看病就医等民生问题广泛征集意见。

（石　静）

【社会服务】　年内，落实为民办实事11件。推动十五中附属陶然亭幼儿园开工建设，500平方米社区卫生服务站投入使用，新增机动车停车位150余个，建成陶然亭公园北门非机动车停车场。提升改造太平天和市场，整合个体工商户，合理布局摊位。引入蔬菜、水果、副食等优质零售商户81家，完善便民生活服务圈。完善养老设施布局，建成福州馆养老服务驿站并委托专业机构运营，启动黑窑厂社区养老服务驿站、红土店敬老院升级改造及北灯养老照料中心建设。发挥“居家养老服务圈”作用，与60家服务单位合作，为近1800名老人提供巡视、就餐、家政服务。开展“耆乐居”楼宇自助养老项目、“杜鹃花”隔代教育老人关爱项目，覆盖5400余人次。开展老年人协会规范化建设，组织为老活动60场，覆盖1.1万人次。开展北京市残疾人公共服务管理试点，创办郑大权风筝制作工作室微创投项目，扶持残疾人创业就业。健全计划生育服务体系，办理一孩生育登记258个、二孩生育登记203个、《流动人口生育登记单》97份，办理一次性千元奖励310人、一次性经济帮助16人，走访慰问特服人员540人次。壮大“乐陶然”志愿者队伍，制定《陶然亭街道社区志愿者管理办法》等5项制度，全面规范志愿者招募、培训、服务、激励等环节。辖区现有注册志愿者8552人，服务时间336195小时。落实退休社会化管理服务，办理退休118人次，新增档案208份，组织各类互动33场，覆盖2633人次。全市首批试点社会化服务专员上岗，10名社会化退休服务管理专员上岗。公共服务大厅业务总量100069件，其中窗口业务受理32130件，接待咨询37364件，解答电话咨询30047件，网上办事28件。

（石　静）

【社会保障】　年内，推进地区社会保障体系建设，落实就业援助、创业扶持、社会保险、最低生活保障等政策性制度。成立社会保障和就业工作领导小组，实现就业749人，城镇登记失业率0.96%，辖区无“零就业家庭”。走访企业27家，挖掘空岗信息3300余个，组织招聘会4场，218人接受技能和创业培训。宣传全民参保，新增城镇居民医疗保险703人，报销403人次104万元。截至年底，有低保家庭585户960人，年内新增低保家庭9户25人，撤销低保家庭25户57人，发放低保金972万元。医疗救助2513人次，二次报销225万元。为低保家庭发放特困儿童补贴97人11.64万元、集中供暖补贴239户36.5万元，发放居民丧葬补贴43人21.5万元。制定《陶然亭街道医疗救助周转金使用管理办法》《陶然亭街道突发事件经费使用管理办法》，发放各类困难人群补贴、救助金2239.17万元，受益群众61202人次。救助特困供养人员12名，支出资金29.9万元。发放临时救助金89人次30.96万元，自主捐赠资金救助4人1.17万元，发放慈善救助金8人17.14万元，教育救助7.6万元。慰问困难知青125人次3.75万元，足额发放残疾人生活补贴184.86万元、护理补贴168.6万元。开展“春风送暖”捐助活动，募集善款16.7万元。受理保障性住房申请343户、市场租房补贴284户，解决356户中低收入家庭的住房困难问题。

（石　静）

【社会治安综合治理】　年内，加大重点地区设施建设和日常管控。投入57万元推进科技创安工程，安装摄像头135个，接入公安高清图像42路，新增粉房琉璃街和红土店社区视频监控系统2套、黑窑厂社区视频监控设备2台，安装新兴里社区平房院落防盗门27处，增设黑窑厂西里小区楼宇对讲系统30处，受益居民近千户。推进街道综治中心、米市社区综治中心规范化建设，完成龙泉社区综治中心建设并实现运营。南华里及粉房社区实现零发案，可防性案件同比下降21%。开展联合执法223次，出动各类防控力量8万余人次，确保重点地区治安面貌和环境秩序持续提升。完成党的十九大、“一带一路”峰会等重大活动的服务保障任务。开展平安社区创建工作，依托居民代表大会形成创建指标35条，确定29条递进性内容。启动无安全生产事故街道创建，完成221家企业安责险续保，换装不合格灶具471户，安装独立烟感报警器855个，添置灭火器1400具，维修消防管道22处，出动检查人数6695人次，发现并整改隐患5335处。开展安全隐患大排查大清理大整治专项行动，组织地毯式夜查92次，实现辖区重点部位、餐饮企业全覆盖，发现小区隐患174处，消除“三合一”重大消防隐患23处。投入30余万元建设综合减灾物资库，开展国防动员，修订街道人民防空方案。推进街道大数据中心建设，开发GIS地图应用，汇集人口、房屋、企业等20类信息66549条，初步建立“全系统”数据库。加强重大决策社会稳定风险评估，建立专家咨询论证机制，回应来信来访及非紧急救助1168件，信息公开554条，召开矛盾排查会12次，处级领导信访接待115次，有效预防和化解社会风险矛盾15起，调解各类纠纷149件，消除农民工讨薪隐患2起。

街道人民调解委员会获市级优秀调委会称号。

（石 静）

【精神文明建设】 年内，开展“不忘初心跟党走、红墙意识在我心”百姓宣讲活动12场。挖掘陶然文化内涵，梳理地区“名业、名人、名景”的文化史料，制作《南城陶然》宣传片。举办“近代陶然亭与马克思主义在中国的传播”座谈会，拍摄《红色梦陶然亭》短片，开展高君宇烈士墓英烈祭奠活动，弘扬“红色文化”。合理布局公共文化设施，社区文化活动中心投入使用，启动“名人堂”和“书香驿站”建设。开展“家庭、家教、家风”建设，评选“最美家庭”。举办“六德耀陶然，同行伴成长”“六德”教育15周年展示会，创编“六德”歌曲，成立“信悦团”志愿家庭服务队。提升地区文化品牌软实力，举办“陶然”地书15年邀请赛，制作画册、纪录片。加大非物质文化遗产保护力度，开展“清华池”“大和恒”老字号市民体验活动。借助驻街中央、市属文化单位的资源优势，扶持群众文体队伍，开展各类文化活动338场次，覆盖4000余人次。太极拳队在全国白云杯太极拳剑邀请赛中获三等奖、花棍队在北京市民健身项目挑战赛中获团体一等奖。

（石 静）

【双拥共建】 年内，开展“双拥在基层”活动，春节及建军节期间走访慰问部队、困难战士，投入双拥工作经费12.5万元。开展社区文艺演出进军营活动，密切军民关系。宣传表彰先进典型，表彰街道双拥工作典型1名，推荐西城区“好军嫂”1名。4名青年应征入伍。

（石 静）

【疏解整治促提升】 年内，成立疏解整治促提升专项行动领导小组，制定疏解整治促提升专项行动方案，核减流动人口2517人。完成胶东海鲜、太平街17号院、西城区第二文化馆等224处违法建设拆除，涉及面积15110平方米。封堵陶然亭路沿线等“开墙打洞”117处，关停不规范“七小”门店176户，治理地下空间24处13536平方米，清退群租房36处、转租转借公房224户，收回行政事业单位出租房2处。开展实有人口核查，登记楼宇及平房院落523处、房屋18209间、实有人口32490人，初步建立起人房关联的大数据平台系统。通过疏解整治，恢复消防通道3处，增加南横东街北侧沿路、里仁东街、龙爪槐胡同沿线等公共绿化用地773平方米，更新花箱220个，新建黑窑厂东街12号楼前等小微绿地3处，绿化改造14条街巷，落实陶然湖景南侧花园修缮“生态工程”，建设城市微景观4处，建设自行车棚、公共座椅等基础设施16处，地区环境建设日趋精致。

（石 静）

【党建工作】 年内，深入学习贯彻党的十九大精神，开展主题宣讲6场，组织领导干部开展“九进”宣讲15场。制定“两学一做”常态化、制度化和党建工作重点任务清单63项，推进任务落实。建成街道党员教育管理服务中心，挂牌成立街道基层党建讲习所。举办“党员干部进高校”培训班，集中轮训基层党支部书记、党务工作者、机关干部152人。发挥街道“大工委”作用，加强区域化党建，引导辖区单位主动认领“红色电影放映基地”“贴心使者为老志愿服务”等10个服务项目。推进社会领域党建，非公企业党组织覆盖率92%，社会组织覆盖率100%。在16个党支部开展支部规范化建设试点，利用“党员E先锋”等平台服务支部建设。开展“我为基层党建建言献策‘金点子’征集”“陶然党员先锋行，提升品质促发展——五比五看”、在职党员“双提升”亮身份、践承诺、比服务等活动，发挥党员先进性。选拔任用科级领导职务干部7名、科级非领导职务干部4名，轮岗交流干部14名。组织签订《党风廉政建设责任书》61份，签订《党风廉政建设承诺书》203份，开展“为官不为”“为官乱为”专项治理。规范基层党组织纪律检查委员设置，实现纪检委员社区党组织全覆盖。受理纪检监察信访举报2件，政风行风热线6件。

（石 静）

展览路街道

【概况】 展览路街道位于西城区西北部，东起西直门南大街、阜成门南、北大街与新街口和金融街街道相接；西至三里河路、动物园西墙与海淀区甘家口街道相邻；南起月坛北街与月坛街道相连；北至南长河、西直门北大街与海淀区北下关街道相望。辖区面积5.87平方公里，有一、二类大街22条，街巷、胡同34条。户籍人口146678人，常住人口101939人，流动人口21287人。年内，出生1797人，死亡4407人。驻区中央单位478个、市属单位197个、区属单位348个、其他隶属单位6061个。辖区内有大学2所、中学4所、小学7所、幼儿园6所、职业学校1所、培智学校1所、社区教育学校1所、图书馆1所。街道设37个职能科室（含事业编制，城管专项编及内设科室），有工作人员328人，其中公务员219人，纳入规范人员101人，工勤人员8人。年财政支出3.5亿元。

地址：西城区车公庄大街13号
邮编：100044
电话：68314941

（姜 彤）

【城市管理】 年内，重点拆除榆树馆西里1号楼、阜外大街中实工地、南礼士路甲1号院等区域违建493处约20234平方米。完成西直门北大街、阜外大街、三里河路等地区主干道“开墙打洞”整治，累计整治商户约537户。加强整治后腾退空间利用，绿化补植约2.32万平方米，修复道路约6400平方米。开展背街小巷整治，组织联合执法，拆除街巷违建5300平方米、治理“开墙打洞”186户、规范“七小”门店140余户、新画车位线198处。治理各类占道废弃物约3200件。配备街巷秩序维护员169名，在所有街巷开展日常巡逻和常态服务。调动人大代表、政协委员、社区志愿团队、居民理事会、共建单位服务的积极性，地区38名人大代表和33名政协委员分别与社区和街巷长对接，到街巷实地考察并献言献策。清理阜外大街22号楼电动车售卖点等7处占道设施。服务保障党的十九大，遏制空气重污染，完成煤改电2085户，查收燃煤4867块。施工工地污染防控检查约110次。开展污染源治理，联合食药所对地区408家餐饮企业进行现场规范检查，组织针对露天烧烤、餐厨油烟、游商摊贩等污染源整治125次，扣押煤炉等生产工具48个。深化垃圾分类，创建垃圾分类小区36个，垃圾分类指导员增加至179名，开展宣传活动28次。加强河湖污染应急处置能力，构建城市复合生态体系，打击向水体倾倒垃圾等河湖沿线违规违法行为。拆除沿河违建90平方米，清理废旧设施2吨，规范野游、垂钓20次，整治烧烤摊点1处。张贴河湖管理公示牌8张，公开24小时举报电话。11月30日，东鼎服装商品批发市场正式闭市，历时3年动物园12家市场全部完成撤市疏解。

（姜　彤）

【社区建设】 年内，制定《展览路街道参与式协商指导手册》。在22个社区征集400余条居民公约。指导社区112条街巷全部组建社区自治共建理事会，制定自治共建理事会协商议事机制、协调处置工作流程、《街巷自治共建理事会章程》《街巷理事会工作日志》《整治督办单》《整治提案》等规范性文件。制定《展览路街道民生工作民意立项指导手册》，指导参与百万庄中里环岛停车、体育生活化项目提升、文兴街百姓菜站、阜外大街3号楼还白增绿等民意立项项目7个。开展德治社区建设活动14场，评选出各类榜样人物121人。持续推进“滨河社区购买服务”“多居一站”社会治理创新试点项目。助推团结社区国粹京剧队、新华东社区为老助残服务队等9个社区社会组织。在南营房和洪茂沟社区的部分小区开展“保洁服务进驻社区”试点工作。为北京市第三建筑工程有限公司、五栋大楼、国家工商招待所3家单位申请奖励经费28万元。制定展览路街道社区工作者绩效考核办法、展览路街道社区服务站领导岗位培养方案等规范性文件，开展“严明社区工作纪律，提升社工能力素质”社区大检查。举办第七届社工能力提升班，开展“社工团队意识拓展”活动，开展社区带头人心理减压活动29场。完成27名社区工作者的社会公开招录工作。投入资金525万余元，解决榆树馆、露园等社区的办公服务及活动用房困难问题，共改善社区服务用房面积3510平方米。重新修订《展览路街道“一刻钟”服务圈手册》，梳理出地区居家养老、餐饮、住宿、公共便民服务、社会组织、医疗、教育等8大类1200余个服务资源。完成西城区教育督导室关于展览路街道2014—2016年全面实施素质教育工作督导，审核101名非京籍适龄儿童信息。建立6个书香驿站，举办各类文体活动525场，代表西城区街道参加市、区级比赛项目24项，获得市级比赛奖项5项，区级5项。

（姜　彤）

【社会保障】 年内，走访跟踪服务用人单位208个，开发失业人员空岗信息3302个，推荐就业困难人员就业1265人次，创业培训、技能培训133人，实现创业51人，带动就业255人。对有就业意愿的困难求职人员33人提供精细化职业指导、跟踪等服务，80%以上的人员实现就业。对辖区内1200余名在劳动年龄段的持证残疾人进行就业状况调查，开展残疾人职业技能、生活技能培训1596人次。接收失业人员档案1299份，办理新增领取失业金手续273人次，为失业人员办理灵活就业、自主创业社会保险补贴932人次，办理停止灵活就业手续966人次。对失业人员和超龄失业人员4689份档案进行电子扫描。为11名失业人员办理冬季清洁能源自采暖补贴5589元，26人办理申领水库移民培训补贴手续。发放“一老一小”、无业居民社保卡1650张，药费报销1702人1274万元，报销单据6707张。办理退休人员370余人次，接待退休人员办理各种手续2200余人次，办理退休人员自采暖补贴240户，管理退休人员档案8700余份，办理异地退休人员生存认定300余人次。

（姜　彤）

【社会治安综合治理】 年内，启动相应等级社会面防控方案，发动地区治安志愿者、民兵、“红袖标”、专业保安等群防群治力量，做好全国“两会”“一带一路”高峰合作论坛及党的十九大等重点时段、敏感时期、重要节日地区社会面保障工作。完成区反恐办部署勤务任务19次。投入使用133万元技防资金，安装视频监控点位43处，楼宇对讲系统35组，大门门禁系统1套、防爬刺铺设4096米、更换C级锁芯155户。开展防电信诈骗、治安防范知识培训44次。完成街道、社区两级扫黄打非工作站、禁毒办公室建设，13个社区综治中心挂牌。地区可防性案件同比下降58.82%，零犯案社区9个，刑事案件、治安案件发案率均下降近50%。群众安全感满意度81.24%，同比增长6.65%。查处市场周边各类违章停车、大货车、黑车834辆，整治占道经营、黑存包、非机动车占道、无照经营等行为236起。治理普通地下空间23处7231平方米，腾退人防空间23处13038平方米，清理群租房93户、地下旅馆7家。重点排查百万庄北里棚户区改造、动物园市场产业升级等影响社会稳定的突出问题，通过北京市网上信访信息系统办理信访事项96件（批），接待来电、来信、来访群众、解答群众咨询300余人次。

（姜　彤）

【精神文明建设】 年内，宣传党的十九大精神，组织党代表、领导干部九进宣讲活动，编辑印刷随身学口袋书，通过微信平台开展线上知识问答。结合街道背街小巷整治和文明出行宣传，举行“1.5米，文明有你”大型主题宣传和“城市心动力，发现身边之美”背街小巷参观骑行活动。创新道德讲堂模式，围绕德治建设、背街小巷整治、志愿服务等工作，先后策划开展街道青年干部德治课堂、“同心共享 拒绝孤岛”“德治少年 爱在仲夏”等主题道德讲堂。弘扬德治理念，持续开展榜样人物推荐评选工作，2人获中国好人榜和北京榜样周榜提名，2人被西城区文明办推荐参选全国道德模范，2人获得西城区公德之星称号，3人入选《西城好人》丛书。

（姜 彤）

【双拥共建】 年内，开展双拥共建系列活动，使用经费48万余元。在全国“两会”“一带一路”峰会、党的十九大期间，慰问辖区内执勤战士。4月，组织驻区武警300余名新兵战士到长城进行爱国主义教育活动。“八一”前夕，举办文艺汇报演出暨最美战士表彰大会、第四届“立功在军营 父母享荣光”活动，表彰“最美战士”12人、“最美家长”24人。为复员老兵购买行李箱190个；救助贫困战士1人2万元；帮扶家庭困难官兵60人3万元。为211名伤残军人、在乡复员军人、义务兵家属和困难三属发放伤残抚恤金和生活补贴、优待金和护理补贴496.8万元

（姜 彤）

【服务民生】 年内，整合辖区养老服务资源，建立综合养老服务平台。建成黄瓜园社区养老服务驿站和新华南社区养老服务点，总建筑面积240平方米，具有日间照料、精神慰藉、文化娱乐、手工课程、法律咨询、助医助餐、为老巡视等养老服务。完成德宝、露园2个社区养老服务驿站装修项目。实施购买养老服务项目，结成帮扶对象9对，帮扶服务200余次。传统节日慰问老人213户，投入资金约2.5万元。养老助残卡补贴新增101人。为老人提供“三项为老”服务（洗澡、理发、换煤气）312人次。采取“1+3+N”的模式，解决三无、特困、空巢、独居孤寡等老人的就（用）餐问题。建成榆树馆百姓生活服务中心及国安社区百姓生活服务店、朝阳庵社区便民菜店、黄瓜园社区便民菜店3个蔬菜便民店。组织应急救护培训10场，356人取得北京市红十字会颁发的红十字技能证。对特扶人员建立双岗联系人制度。委托北京理工大学研发失独老人心理社会动态监测系统，组建“希望之旅小组”“心灵山水书画班”，尝试艺术哀伤疗法，提供心理咨询服务。新希望家园活动150余次，参与人数约2000人次。承接北京市残联、西城区残联温馨家园改革试点项目，完成温馨家园改革工作。开展北京市残疾人基本服务和需求状况动态更新调查，对3200余名持证残疾人进行数据动态更新。为残疾人免费理发550人次，贫困残疾人免费体检200人。会同专业医生为320名精神残疾人开展个性化家属培训服务。走访慰问困难残疾人2596人次，发放79万余元慰问金及慰问品。运用“美术干预法”开展康复训练并成为康复训练新常态。协助中国残疾人联合会、中央电视台在全国预防残疾日入户采访，访问视频在中央电视台新闻联播节目中播放。建立残疾人职业康复社会实践活动基地，协调华联商厦、百万庄图书大厦、国安社区设立“绿太阳志愿共享岛”捐助与义卖点。实施精准帮扶救助，通过临时救助、自主救助、教育救助、紧急医疗垫付、特困供养、困境儿童生活补贴等形式救助困难群体370多人次，发放各类救助金127.6万元，报销医疗费用59.3万元；为困难群体发放爱心卡、冬季采暖补贴，高龄老人慈善医疗补贴、金色阳光资助等1690人次82.6万元；为困难残疾人发放生活补贴、护理补贴、精神障碍患者监护补贴2.1万人次674.2万元；“春风送暖”募捐收到捐款17.3万元；“冬衣送暖”募集冬衣2万余件。6月3日，市委书记蔡奇带队到榆树馆百姓生活服务中心就提升生活性服务业品质进行专项调研。12月3日，市委书记蔡奇到百万庄中里环岛检查社区便民和养老服务等民生实事项目，市委副书记、代市长陈吉宁一同检查。

（姜 彤）

【党的建设】 年内，发挥党建引领作用，在疏解整治促提升和背街小巷整治等重点工作中，建立22个临时党支部，发挥党员带头作用，112名街巷长和171名网格长全部由党员、干部担任，将环境整治、城市管理、社会治理、民生改善等工作集中到背街小巷中打包完成。把“红墙意识”作为践行“四个意识”的实践和推进“两学一做”学习教育常态化制度化的重要内容，组织集体学习、个人自学、观看宣传片、主题征文、书记讲党课、线上讨论、红色体验、街巷志愿服务等系列活动，收到征文182篇、党课讲稿28篇。启动“城市心动力”街巷志愿服务活动，号召70家驻地单位认领79条街巷志愿服务。落实在职党员到社区报到，开展“双提升”社区统一行动日活动，开展志愿活动30余场，涉及地区单位70家、党员1091人次。制定街道党员轮训计划，启动街道基层党建讲习所建设，举办党务工作者培训2次、发展对象培训1次。开展党支部规范化建设工作，选取50个试点党支部进行培训指导，规范支部运行、规范党员行为、规范组织生活。建立领导包企业、支部联系点制度，加强对非公企业党支部的指导力度。开展“红色体验”“牢记党员身份，践行红墙意识”、非公党建座谈会等活动，组织传达学习540余次，党课教育220余次，累计参加2900多人次。认真查处违纪案件，受理政风行风热线投诉27件，信访件37件，电话接访8件，来人接访8件，函询5件；协助区纪委核实情况1件，立案2件，2人给予党政纪处分。注重廉政宣教，组织34名科长、22名社区党委书记赴首都博物馆参观“清风正气贯古今——西城区廉洁文化展”，开展“守纪律勇担当，做‘红墙意识’的践行者”主题党风廉政宣传教育系列活动。

（姜 彤）

月坛街道

【概况】 月坛街道位于西城区西部，东起复兴门南、北大街及阜成门南大街西侧，与金融街街道相接；西至三里河路中心线东侧，与海淀区羊坊店街道相邻；南到莲花池东路，与广安门外街道相望；北至月坛北街中心线，与展览路街道比邻。辖区面积4.13平方公里，一、二类主要大街11条，胡同43条。驻区中央单位363个、市属单位107个、区属单位76个，大学1所、中学6所、小学6所、医院2所、大型商场10家、体育场馆2个、文化古迹4处、公园4处。有社区居委会27个，实有人口45157户90186人。户籍人口40481户119605人，常住居民34793户102584人。年内，围绕“四型月坛”（打造人文型月坛、发展数字型月坛、构筑学习型月坛、创建服务型月坛）发展规划及疏解整治促提升总体要求，疏解人口7405人，落实9项为民办实事工程，打造“和谐宜居示范区”。街道被评为北京市人民调解先进集体、2017年西城区关心下一代工作示范基地。

地址：西城区三里河一区5-7

邮编：100045

电话：51813702

（于鲲鹏）

【城市管理】 年内，按照“统筹协调、属地主责、突出重点、健全机制、深化管理”思路，打响“灭脏、清障、治污、拆违、治乱、撤市、缓堵”七个战役。开展背街小巷整治提升、违法建设专项治理、绿化美化等环境建设和节约用水等城市管理多项工作。制作安装街巷管理公示牌135块，发放街巷环境专项整治告知书1000余份；对地区106条背街小巷，派驻126名秩序维护员，设立21个固定岗，依照街巷物业四项基本职责，结合地区实际情况将工作内容细化为12小项的具体服务。拆除违法建设台账内249处13893平方米，拆除账外违法建设184处9869平方米，整修街道外立面1895平方米，改造街巷绿地近1100平方米。清理乱堆乱放及无主渣土垃圾700余车次，清运拆违渣土及废弃物品350车次。拆除街巷内私装地锁近200个，清理“僵尸车”5台。整治道路街巷内“开墙打洞”455处。维护共享单车停放秩序，在二七剧场路、月坛南街等街巷施划非机动车停车标线45处，清理残破及无主自行车500余辆。背街小巷“十有”达标85条，“十无”达标16条，“十有十无”达标15条。修订《月坛街道空气重污染应急分预案》，做好平房区“煤改电”住户低谷电补贴核对登记，基本实现露天焚烧违法行为“动态清零”。邀请中华环保基金会等社会公益组织在铁三社区、南沙沟、一区、汽南社区等多个垃圾分类小区开展20场主题宣传、专题讲座，提高市民知晓率。组织居民、环保志愿者到鲁家山垃圾处理厂参观。

（于鲲鹏）

【社区建设】 年内，修订《月坛街道社区治理能力评价实施办法》，完善《社区治理能力评价指标体系》，提升社区自治能力。全面推进“参与型”分层协商项自治模式，在27个社区建立社区议事厅，组织社区议事厅主持人能力培训与提升，完成《居民公约》修订；南沙沟社区议事厅召开8次协商会议，对项目反复论证研讨，制作《社区回忆》影像小片；制定《月坛街道民生工作民意立项工作实施办法》和《月坛街道民生工作民意立项工作流程图》，总结梳理街道民生工作民意立项工作案例8篇；加大社区公益金使用指导力度，开展公益活动1012场，参与居民79960余人次。提高落实社工待遇，在政策允许范围内，重新实行社工继续教育培训学费报销，组织333名社工参加年度体检并适当调高体检标准。实现社工全员培训，完成市、区级培训学习任务120余人次，社工持证比例达到38%。开展精神病人综合救助，救助190余人次，发放慰问金3万余元；完成376人精神障碍患者监护人补贴申领工作。大课堂季度报表录入66次课、信息800余条，软件上传12次；监督27个社区做好社区管理数据更新汇总和社区同步情况统计、社区议事协商录入工作；组织27个社区参加软件培训，做好社区管理信息员交接和单独辅导。完成北京市社区服务系统网络报修维护和知识库维护更新工作，配合西城区综合服务中心做好社区软件、小呼叫库存统计工作。租赁歌华有限公司三层约350平方米房屋与华芳养老照料中心一层约300平方米进行置换，建成月坛西街养老服务驿站。

（于鲲鹏）

【社会保障】 年内，管理社保化退休人员6558人，接收416人，办理死亡及转出61人；整理档案351份；管理社会化退休人员档案6697份；退休人员自采暖补贴96人8万余元；变更医疗机构3051人次，社保卡医疗关系变更308人，发放医保存折94个，办理医保相关业务527人次；为退休人员出具相关证明932人次；协助外埠认证505人，其中网上认证96人；军转干部申请补贴5人。居民医疗保险参保11882人；社保新参增加业务1022人，减少业务715人，个人信息变更业务1540人次，社保卡信息同步28人，退费13人；办理居民医保人员二次报销药费32人；发放社保卡2014张。失业存档人员通过审批、办理退休44名，正常退休36名，特殊工种提前退休申请5名；失业军转干部提前退休2名，病退1名，公益性组织11名；灵活就业、自谋职业审批、办理退休204名，其中：正常退休199名、特殊工种提前退休3名、因病退休2名。城乡养老保险新增参保6人、减少5人，信息变更及延期37人，缴费85人19万余元，领取待遇6人、清算3人；办理老年保障增员4人、减员97人，丧葬费发放44人、退费29人，收回多支出待遇3万余元。新增低保家庭16户，撤销33户，发放低保金6339户次965万余元；两节慰问718户1153人44万余元；低保人员电价补贴2124人次4.6万余元；收集民政一卡通材料1300余人次。发放丧葬补贴29人4.5万元。低保调标1125人次，补发调标金额24万余元。新增残疾人社会保险补贴27人，新建档案3人，办理减员34人（其中实现灵活就业12人、退休12人、死亡3人、不符合补贴政策1人、转出6人），延期缴费4人，一次性趸交养老医疗保险5人。通过"一二三四，四步联动"就业措施，新增登记失业1007人，实现就业864人，完成年度就业指标101.65%；3户零就业家庭实现动态清零；空岗信息采集3314条，用人需求档案跟踪164家，回访492次，回访率100%；招聘单位跟踪26家，回访78次，回访率100%；职业技能培训170人，创业培训9人；小额担保贷款一笔，就业困难人员100%实现摸查，有就业意愿的困难人员80%实现就业；27个社区中有25个社区达到充分就业社区标准。受理348户住房申请，保障房223户，三房轮候13户，市场租赁补贴40户；变更58户，终止50户，约谈31户；选房16次，479户参加。开展临时救助、专项救助，帮扶特困296户493人次86.28万余元；向地区低保、低收入家庭发放"爱心卡"739个36.95万元；面向社区举办或参与市区募捐、助医、助学、助困等类救助培训6次，参与300人次；贯彻落实党的民族宗教政策，做好清真寺各节日服务和保障工作，走访慰问清真寺送乜贴款累积3万元。

（于鲲鹏）

【社会治安综合治理】 年内，坚持"党政同责、一岗双责、齐抓共管"责任制，27个社区及辖区物业、商市场、餐饮业、宾馆饭店等单位的750家企业主要领导签定安全生产责任书。开展城市安全风险评估，与地区102家生产经营单位对接；建立地区安全生产责任保险制度，262家生产经营单位续保金额88万余元，投保覆盖率25.8%。排查发现城镇燃气管道占压隐患29处，处理27处；淘汰不合格燃气灶具，安装燃气安全辅助设备和独立式感烟火灾探测报警器169户，其中辖区内139户，人户分离17户；安装天然气灶具119台，液化石油气灶具1台，胶管104个，自闭阀69个，烟感报警器147个，完成率112%。54家小微企业安全生产标准化达标；检查生产经营单位5640家次，其中建筑施工258家次、零售2712家次、餐饮886家次、宾馆354家次、文化娱乐413家次、危化品2家次、其他871家次、体育25家次、物业119家次，发现隐患10633项，开具责令改正通知书2701张。党的十九大期间，对地区198家企业进行安全生产检查，发现隐患412项，整改隐患412项。在社区、企事业单位、学校开展春节烟花爆竹禁放宣传，发放宣传材料3万余份、悬挂横幅37条，制作宣传画500余张。把地区企业按业态分成22个联组，建立餐饮5组，宾馆7组，地下空间1组，小旅馆4组，美容美发1组，物业3组，零售1组进行自查互查，定时召开联组会议。开展安全隐患大排查、大清理、大整治专项行动，对辖区内159家彩钢板建筑、地下旅馆、招待所及23家处"三合一""多合一"场所进行排查；集中整治真武庙三里、二七剧场路甲7号院大屋脊筒子楼及平房区2个区挂账消防隐患区域及22处三合一和人员密集场所，消除隐患100%。启动全国"两会""一带一路"峰会期间及敏感期、党的十九大等重点时期维稳情报信息会商研判工作机制、重点人排查机制、人民内部矛盾纠纷化解机制、突发事件处置机制、志愿者巡逻值守机制、24小时值班机制、情报信息沟通机制，发动社区各类群防群治队伍，逐人落实防控岗位、防控时间、防控责任和要求。投入300万元安装视频监控探头150个，覆盖10个社区；投入21万元在南礼士路社区安装楼宇门脸识别门禁系统40个；为9000户60岁以上老人家庭安装烟感报警器。搭建地区三级消防网格平台，在白云观北门建立地区小型消防站并投入使用。26个社区综治中心、"两站三室"全部挂牌。接收社区服刑人员257人、解除矫正242人、刑满释放人员10名、解除社区矫正11名、撤除帮教22名，网上核查48名。

（于鲲鹏）

【精神文明建设】 年内，评选区级孝星39人，市级孝星19人。理论中心组学习30次。招募216名宣讲员，开展百姓宣讲150余场次，受益万余人次；道德讲堂100余场，接待媒体百余次，外宣报道323篇次，网络媒体报道2100余次（包含转载）；出版《人文月坛》报50期，上报舆情信息315篇、网络文明传播博文2000余篇、微博6000余篇、网络论坛留言1万余篇。拍摄街道工作纪实片、《穿过幸福时差系列丛书》宣传片、《百姓宣讲》视频片等。整理文明城区材料12大项46个测评内容并上传平台，制作背街小巷宣传硬质横幅50条、公益广告牌300块、文化墙7处千余平方米；开展城乡手拉手共建活动1次，组织地区居民关爱自然活动55场，配合科室、职能站所拍摄视频150次，维修宣传栏126处，征订党报党刊755份，配合西城区制作发放宣传画、宣传展板、公益广告牌10万余份，组织社会主义核心价值观各类宣传活动20余次。设立社区文明劝导志愿服务站26个、街巷文明劝导志愿服务岗138个、志愿者353人。在27个社区分别以网上祭奠、系黄丝带、"寒食节"活动和组织外来务工人员集体公祭等形式开展社区公祭，发放《殡葬新政宣传册》500余份，《殡葬惠民政策》300余份。

（于鲲鹏）

【人口调控】 年内，结合儿童医院周边群租房治理，打击医托、号贩子90人次，拘留30人次。完成西便门外大街等9条街巷，459处"开墙打洞"违法建设整治任务，涉及1843人；违法建设拆除账上违建241处，涉及2381人；出租房屋治理103处6197平方米，涉及671人；地下空间治理14处，涉及716人；地下小旅馆清退整治9处4410平方米，涉及348人；直管公房转租转借清理31处726平方米，涉及78人；有证有照不规范"七小"治理200户5274平方米，涉及613人；无证无照及占道经营治理38处1556平方米，涉及197人。完成群租房整治103户，清退非京籍人员671人，拆除隔断216个。

（于鲲鹏）

【社会服务】 年内，街道图书馆办理图书借阅9878册，退还10240册，新办图书证52个，接待来馆借阅图书2400人次，电话咨询平均每月约120人次，物流提交960册，物流接受427册，接收西城区图书馆配送新书1068册，公共电子阅览室设置率100%；组织居民参加西城区第一图书馆讲座、参观体验、阅读体验行活动和相关比赛。向社会组织购买服务，聘请法律专家不定期深入社区，为居民解决矛盾纠纷。调解案件253件，其中：调解中心调解纠纷134件，社区调委会调解纠纷119件；达成书面调解协议108份（经法院确认56件），口头协议145份，涉及金额52.54万元，调解咨询540件。打造“法之月坛”服务品牌，协调北京市7家律师事务所18名律师分别与各社区签订聘用合同，在27个社区设立法律顾问，实现法律顾问全覆盖。每月到社区开展法律讲座，结合居民生活开展主题法律宣传活动，为社区、调解中心、月坛大厦等29个法律图书角购买法制类图书1012本。依托商务楼宇工作站，开展文体、培训、健身、讲座、法律服务等活动14项近百次。756家企业签订工资集体协商协议书，其中单独签约114份，覆盖职工1.26万人，5家百人以上企业全部签订工资集体协商协议书。

（于鲲鹏）

【为老服务】 年内，办理60岁老年证本市628人，外埠16人；65岁老年卡2212人；80岁北京通—养老助残卡699人；发放90至99岁高龄津贴，新增271人，自然减员185人；百岁老人新增7人，自然减员9人；发放10992人次115.64万元。发放95岁以上老年人医疗补助38人次9.49万元。建成并运营华方养老照料中心床位60张，入住率85%；建成并运营无围墙敬老院（养老服务驿站）月坛西街站、三里河三区站，现有6个养老服务站点服务33403人次，日间照料8050人、66270人次，居家送餐427人、9182人次，平安问候2341人、7076人次，居家洗澡920人次，理发4404人次，棋牌阅读10809人次，修脚足疗1956人次，平安问候19936人次，呼叫服务中心接听4108通、呼出14367通，订单量902单，发送通知类短信2700余条。为地区379户空巢且困难家庭老人送家政券1516张每户4小时；为辖区19位百岁老人祝寿送上寿桃和空气净化器；三项为老服务发放上门理发券422张，代换煤气罐券18张。广电总局新302餐厅为22个社区送餐27485份，接待就餐老人48016人次。完善社区老年协会工作制度、会员准入制度，吸纳新老年协会会员200余人。举办社区老年文艺骨干（提高班）培训，181人参与各类课程；剪纸艺术、家庭园艺推广培训8个班18节课学员200余名，培训结束学员进行考核，颁发结业证书，120名学员升入中级班。在8个社区开展“月坛地区中华传统陶瓷文化科普大讲堂”180人参加，受益600余人次；开展快乐养老拓展项目，服务111次1802人次；举办“夕阳茶座”系列项目，建立21个助老服务站，举办活动541次受益9276人次；建立2个夕阳写作室，8次服务90人次；公益演出进社区在6个社区（铁四、广一、广二、汽北、复北、三区三）举办6场演出，受益老人306人次；元旦、春节发放老年人专场电影票1350张；组织10人参加“心系老人，情暖西城”西城区第五届老年人扑克牌团体赛；拷贝公益数字电影20部，已放映12场，观影人数约200人次；进行15次防跌倒训练受益368人次，17次认知训练受益442人次；开展公益便民理发服务19次，服务418人；建成碧海生鲜百姓生活服务中心站点，为地区老年人送米面粮油上门服务；组织便民服务进社区、“爱民月”开放日等活动7场，整理发放27个社区“爱在西城”体验券270份（五选一、修脚服务）；举办社区志愿者心理学培训4次80人次参加。印制地区养老宣传手册2万余册；在3个社区开展养老政策宣传活动，张贴宣传海报100余张，发放养老政策宣传手册4800余份；进行老年人能力评估538人；组织60岁及无保障和低保老年人180人参加免费健康体检，39名60至64岁老年人参加优惠体检；“老年法律分中心”标识牌在月坛街道调解中心上墙；为60个场地投保公众责任险和财产保险，包括342人的团体人身意外险。洽谈服务商8家，新增签约服务商5家，共签约服务商44家，安装便民生活服务业标识牌40个；九州达隆菜市场提升改造工作，召开2次协调会、1次提升说明会暨第一次民意征询会，已启动装修改造。

（于鲲鹏）

【文化建设】 年内，组织青少年活动200余场，评选热心公益好少年、尊老孝亲好少年、诚信自律好少年、互助友爱好少年和节能环保好少年5个方面具有代表性的“社区好少年”；在北京白云观举行第六届“白云杯”太极全国邀请赛；地区11所中小学及3所幼儿园举行第六届中小学幼儿园文艺汇演，1200余名师生参加；举办夏日文化广场9场6000余人次参与；举办第十一届“和谐杯”乒乓球比赛400余人参赛。月坛街道博物馆建设完成选址及现场布置。“非遗进社区”组织居民走进老字号活动2场。

（于鲲鹏）

【党的建设】 年内，以项目为引领，强化党组织服务群众功能，指导社区党组织实施20万元服务群众项目，26个社区党组织上报服务群众项目33个，其中20个社区21个项目立项；建成6个党群服务中心，强化党建阵地服务功能，将服务资源下沉到社区，拓展党员服务空间；新建楼宇联合党支部2个，社会组织和非公企业党支部各2个，2个非公企业党支部、1个社会组织党支部和3个楼宇功能型党支部在推进中；抓好非公企业和社会组织党建工作，7个党组织参加民政捐款25325元，12个党组织参加街道“在职党员统一行动日”活动。26个社区党组织和9个商务楼宇工作站对区域内非公企业和社会组织情况进行全面摸排，走访企业696家，建立“三本台帐”，基本实现“五清”。非公企业党组织覆盖率90%，社会组织党组织覆盖率实现100%，党的工作覆盖率实现100%。结合背街小巷环境整治提升行动，在26个社区成立街巷治理临时党支部。对党员内部信息管理系统进行5次大规模维护，155个党组织和5954名党员的基本信息均维护完整。建立3个区域化党群服务中心。宣传贯彻党的十九大精神和“砥砺奋进的五年”等主题，宣讲150余场次，受益万余人次。完成街道总工会换届选举，新增工会组织144家，办理京卡服务卡1385张，累计办卡13064张。为基层党组织和党员干部配发《永远在路上》《纪律提醒：120种典型违纪违规行为精解》《监督执纪问责核心法规》。

（于鲲鹏）

广安门内街道

【概况】 广安门内街道（简称广内街道）是西城区15个行政区域之一，地处北京中心区西南，位于西城区中部偏西，东至宣武门外大街与椿树街道毗邻，西隔广安门北护城河与广外街道相连，南枕广安门内大街，北依金融街，东西最长处2130米，南北最宽处1200米，面积2.43平方公里，有大街11条，胡同68条。辖区内有中、小学校6所，职业学校1所，培智中心学校1所，青少年科技馆1所，幼儿园6所（含私立1所），卫生医疗机构3家，公园5处，文保单位9处（国家级重点文物保护单位1处，市级文物保护单位2处，区级文物保护单位1处，普查登记项目5处），辖区法人单位总数2034个。社区居委会18个，户籍人口3.24万户9.32万人，常住人口3.09万户8.67万人，流动人口0.91万人，出租房屋4275处。街道设31个职能科室（含司法所、统计所、内设科室环境办、城管执法队），2个科级事业单位，在职机关行政、事业人员183人（公务员134人，社保所26人，社区服务中心17人，工勤人员6人）。年财政收入15156.07万元，支出14130.49万元，慈善捐款12.5万元。广内街道深入贯彻落实习近平总书记两次视察北京重要讲话精神，紧紧围绕区委区政府工作部署，按照“抢抓机遇、主动作为、提升品质、转型发展”的工作思路，全力推进疏功能、治环境、惠民生、提品质、增宜居，圆满完成年度各项工作任务。年内，一大批群众关心的热点难点问题得到解决。街道文化、体育、民政、环境建设等多项工作受到市、区表彰。

地址：西城区感化胡同3号院12号楼

邮编：100053

电话：83172767

（白静华）

【城市管理】 年内，完成6条精品胡同建设，沈家本故居周边及宣西北片区整体环境提升。4月，启动背街小巷整治工作，成立街道分指挥部，设立5个专项工作组和14个片区组，由领导班子成员担任片区组长，抽调88名干部担任街（巷）长，24条背街小巷基本实现“十有十无”，6条街巷胡同通过市城管委达标验收，达智桥胡同成为全区背街小巷治理标杆。引入背街小巷专业物业管理公司，形成“地区全覆盖，重点联全局”的地区秩序管理新模式。治理“开墙打洞”529户。4月30日，完成老墙根菜市场闭市。拆除违法建设497处11104.92平方米，保持新生违建“零增长”。清理废弃机动车11辆、非机动车2000余辆，清除地桩地锁530处，治理店外经营548处，拆除违规牌匾160块，完成立面整修3500平方米。组织联合执法清除辖区内14处长年违法占道经营摊位和9处无照经营废品回收点，通过综合治理彻底解决核桃园东街、长椿街西里、槐柏树街西段、报国寺东夹道、定居胡同、宝马歌舞厅等环境乱象和治安问题。是全区第一家形成街道层面街区整理计划方案并率先启动实施的街道，完成思源胡同三角地、善果胡同西口及广义街甲6号院城市微更新项目。配合区园林中心完成地区广阳谷森林公园建设工程，年新增绿化面积近5万平方米。全面落实河长制，街道党政主要领导担任河长。完成槐南小区综合改造，启动广义里9栋简易楼腾退，26栋老楼实施抗震加固和节能改造，惠及居民2000户。引导西便门内79号院实现居民停车自治管理。完成西便门西里14号楼管线改造和更换电梯。制定《广内街道加强大气污染防治网格化管理工作方案》《广内街道全面推行河长制工作方案》《广内街道2017年防汛应急抢险工作预案》。

（白静华）

【社区建设】 年内，为上斜街、长西、报国寺社区提供办公和服务用房，面积2100余平方米。完成长椿街、长西等6个社区居委会规范化装修改造建设工作。投入47万元，为长西、上斜街等11个社区购买体育用品千余件。招录19名社区工作者，更新社区人才储备库。制订《广内街道关于推进社区协商工作的实施办法》和《广内街道关于全面深化民生工作民意立项实施办法》。围绕老旧小区、胡同停车等基层治理难题，坚持民意立项，促进辖区单位、企业、商户、居民等多方参与、协商共治，形成《广内街道社会治理案例集》。指导社区成立街巷理事会和志愿服务队，动员辖区单位、居民参与背街小巷整治工作。依托市民学校为居民开展摄影、智能手机操作、声乐等课程，组织健康大讲堂、体质能力测试等活动。开展科普宣传，举办科普讲座、活动150余场，受众人数近6000人。开展空竹进校园、进机关、进社区活动。举办第八届中国“广内杯”空竹邀请赛和文化交流活动，通过直线视频连接，与台湾空竹友人进行现场技艺交流，创新京台空竹交流新方法。组织地区第二届文体擂台赛，开展飞扬杯合唱比赛、康乐杯乒乓球比赛、党的十九大剪纸展等10场文体活动，参与人数2000人次。依托社区公益金和1+1助推项目，开展服务项目，培育志愿服务队伍，有各类社会组织115家，志愿服务队141支，注册志愿者11652人。

（白静华）

【社会保障】 年内，登记有就业愿望的失业人员1366人，实现就业987人，城镇登记失业人员就业率72.25%，其中就业困难人员912人，实现就业769人，就业率83.99%；组织技能和创业培训334人；带动创业255人，发放小额贷款63万元，空岗信息采集4289人次，职业指导1123人次。发放低保、各类药费、养老金、残疾补贴等资金3326万余元。启动老墙根市场升级改造，利用疏解腾退空间，新建便民菜店6家。深化“幸福广内”为老服务项目，提供送餐、理发、生日祝福、法律维权、健康养生等服务。对困难群体实施临时救助、医疗救助、慈善救助等1818人次，救助金额1425万余元。“两节”期间走访慰问近1400人，慰问金额155.8万元。慰问一户多残、老残一体、单亲家庭、重度残疾人家庭0至16岁残疾儿童783户，慰问金37.5万元。为1358名残疾人发放生活补助、护理补贴467万余元。新办理残疾证160人。为8名残疾人及残疾人子女发放扶残助学款4.05万元。做好住房保障工作，受理保障房、市场租补贴新申请440户次，对经适房、限价房、公租房、廉租房用户进行意向登记、摇号、复核等942户次，发放公租房补贴120万元。

（白静华）

【社会治安综合治理】 年内，完善街道、社区两级综治体系建设，建成街道综治维稳中心。开展打击宣武医院和广安门中医院“号贩子”专项行动6次，抓获“号贩子”34人次。专项整治长椿街、菜市口地铁站周边黑摩的行动6次，发动治安巡逻力量120人次。持续提高安防技控建设标准，投入183万元专项资金，为长西社区安装视频监控探头49个，校场、上斜街社区安装平房院防盗门104樘，大街东3个院落4栋居民楼、宣西社区7栋居民楼14个单元安装楼宇对讲系统。完成全国“两会”“一带一路”峰会、党的十九大等重大活动安全保卫和服务保障任务。发动群防群治力量13万人次参与到地区社会面防控工作，统一地区平安志愿者服装、胸牌，科学管理上岗上勤点位及时间。落实处级领导接待日制度，接访25批次。受理信访案件253件，全部按期办结。签订安全生产责任书943份。加强重点行业重点领域监督检查，成立各类安全生产检查组42个，出动检查人员3325人次，检查生产经营单位4253家次，查处各类安全隐患4621项，下达限期整改通知书608份。推进市级安全社区建设工作，完成163家生产经营单位投保安全生产责任险。做好防火工作，为18个社区更换、维修和检测灭火器2800具。出资50万元启动地区小型消防站建设工作，举办地区首届消防运动会，30支队伍近300人参赛。

（白静华）

【精神文明建设】 年内，开展各层面的百姓宣讲活动，组织来自新华社资深记者、东兴楼总经理等地区单位参加的街道宣讲团和18支社区层面宣讲团，开展宣讲60余场。拍摄《校场社区环境卫生清洁志愿服务队的故事》微视频。开展公民思想道德建设，举办以“我家小巷我扮靓 共筑文明新风尚”专场道德讲堂75场，受众约5000人次。开展道德模范评选活动，推荐北京榜样43名、文明小使者近百名、美德少年5名。开展“第二届灯谜文化节”线上活动，创作灯迷300条，制作24节气宣传展板，按照节令制作微信，推送社区居民，宣传中国传统文化。组织地区志愿者、青少年开展“送福进万家”活动，街道干部参加“西城区精神文明创建联盟”端午龙舟大赛。发布“共享单车文明公约八条”，建立“单车联盟”志愿服务组织，参与人数200余人；制定长椿街及周边商户“邻街公约”，成立长椿街商户自律协会，提升自治水平，营造文明氛围。制定《“掌上广内”微信公众号推送内容征集管理办法》，每周定时推送文章，累计推送各类文章259篇。制作红墙意识系列微视频、治理背街小巷和开墙打洞现场微视频，直观形象反映街道各项工作，引导舆论导向，强化居民互动。加强广内街道文明办等官方微博平台建设，及时准确传播信息，发布各类信息、回复居民提问950条。广内街道获得北京市2015至2017年度精神文明创建先进单位标兵称号。

（白静华）

【双拥共建】 年内，广内街道为95户优抚对象发放慰问金10.45万元，4名义务兵家属发放慰问金0.2万元。调整优抚对象定期抚恤金补发12万元。“八一”期间，走访慰问总装采购局、西城消防中队。联合驻区部队慰问地区50户困难家庭，送去慰问金2.5万元。首次开展困难战士救助活动及为安心服役的好战士评选表彰活动，在4个驻区部队中救助家庭生活困难战士8人，发放慰问金0.8万元。邀请10名好战士家属“逛京城、逛广内”。组织退伍军人、军转干部及家属参观交流、扑克比赛、文艺汇演等活动。

（白静华）

【党建工作】 年内，组织各类学习26次，工委班子专题研究党建工作4次，制定《广内街道关于推进“两学一做”学习教育常态化制度化的实施方案》《广内街道合格党员、合格党支部行为规范》和党建工作重点任务清单53条。立行立改31项区委政治巡查反馈意见。确立探索“党建+”工作模式，以“党建+核心和大局、党建+问题和困难、党建+民需和民意”全面统筹辖区各项事务。组织2277名在职党员回社区报到，建立78个街巷临时党支部，12家市媒体深入报道和宣传推广“小支部大治理”工作经验。建立谈心谈话制度，完善领导干部及科级AB角制度。推进社区纪检专员试点工作。开展社会责任体系课题研究，开办科级干部论坛、开展干部轮训，发挥社区名书记工作室引导、示范作用。利用党组织服务群众项目，打造一批党字头服务品牌。报国寺百姓论坛，在西城区“红墙意识”的宣传中被央视新闻联播报道，被党的十九大新闻中心选定为外媒基层党建的采访点，先后接待30余个境外媒体的采访报道。

（白静华）

牛街街道

【概况】　牛街街道位于西城区南部，东起莱市口大街，西至广安门南街，南起南横西街、枣林前街，北至广安门内大街。辖区面积1.41平方公里，社区居委会10个，居住着23个民族。户籍人口18545户53324人，流动人口7427人，少数民族人口13167人。年内出生594人，死亡1695人。驻地中央单位129个，市属单位49个，区属单位125个。辖区内有中学1所、小学2所、国家级宗教院所2所、特殊教育学校1所、幼儿园2所，敬老院2所。年内，牛街城管执法队由区城管执法监察局统一管理调整为以街道办事处为主的双重管理，业务上接受区城管执法监察局的指导和监督。街道设29个职能科室，2个科级事业单位，机关行政、事业单位在编人员150人。年街道财政支出17007.05万元。司法所获2015至2017年北京市司法行政先进集体，牛友联盟社区青年汇被共青团中央命名为全国示范性"青年之家"。

地址：西城区牛街8号

邮编：100053

电话：63533407

（李　楠）

【城市管理】　年内，牛街街道开展街区整理前期调研、街区划分，推进背街小巷治理，建立30条背街小巷和8条主要大街基础台账，在12条街巷引入准物业管理。继续加强辖区老旧小区基础设施建设，整治改造南线里小区、牛街东里二区1号楼、春风6号楼、教子胡同周边环境及牛街西里一区、西里二区老旧小区照明系统。南线里小区文化广场及楼宇空地铺装地砖近4000平方米，小区道路重新铺设柏油路面约2200平方米，花池墙改造350平方米；新建健身广场栏杆，新建广场休闲连廊1处，文化背景墙1处，改造自行车棚1处，改建污水系统修砌雨水管井约22座，改造小区活动广场及园路敷设照明电缆、安装路灯，新增绿化面积约780平方米。春风6号楼周边环境整治工程完成活动广场及地面铺装、新建廊架及建自行车棚、安装便民座椅等项内容，绿化提升面积320平方米。教子胡同"开墙打洞"、违法建设拆除专项整治后，对周边环境进行整体提升，外立面粉刷面积约1000平方米，新加木构景观廊、浮雕、花池、座椅，改造宣传栏，拆除原有老旧破损景观灯，改造电缆管线，铺设恢复人行步道照明管线，安装景观灯具约40盏，新增花池种植，摆放花箱22组。治理"开墙打洞"，封堵枣林前街、白广路大街、菜市口南大街等路段商户84家。开展"清障灭脏"行动，清理"僵尸车"9辆、堆物堆料400余车、违规广告牌251块，规范建筑物131座。落实人口调控各项措施，规范房屋出租、整治地下空间、拆除违法建设等，推动地区流动人口疏解842处，涉及55490平方米4662人，其中拆除3118平方米违法建设；整治无证无照经营73处、人防工程23处，清退普通地下室15处，治理群租房80处，清理直管公房非法转租转借197处。

（李　楠）

【社区建设】　年内，牛街街道以钢院社区、西里二社区、东里社区为试点，不断完善社区协商制度、保障机制和监督机制，建立街道、社区、网格、胡同四级分层协商模式。组织社工及社区居民代表开展社区议事厅专题培训，提升社工在议事协商中的工作能力，培养居民的参与意识；开展社区协商优秀案例评选活动，推广各社区协商议事的工作经验，宣传典型案例服务模式。搭建背街小巷自治协商平台，组建61个自治共建理事会，收集整理街巷公约25条。召开社区居民代表大会，117名居民代表参加评议。组织社区工作者公开招考，招录16人。社区社会组织备案复核工作中，街道社区社会组织备案94支，会员4156人。指导社区从"歌""舞""艺""戏""影""阅"等6方面开展文化活动，累计举办活动50场次，参与人群逾万人次。推动非遗文化保护，促成非遗文化项目与法源寺社区便民服务社合作，通过体验课程、非遗演出等形式，普及推广非遗文化。开展旅游服务进社区活动，组织7场"旅游大讲堂"。建成"晴耕雨读"民族特色书屋，开展公益性图书文化活动85场，参与居民3300余人次。推动《体育生活化社区立项建设方案》的落实，建立东里社区、西里一区社区2个微型健身室，设计枫桦社区科学健身指导，各社区开展全民健身日、运动会等活动20余场次。结合西城区"武术之乡"创建工作，传承发展以白猿通背拳为代表的民族武术，开展"非遗武术进社区"等全民健身活动。

（李　楠）

【社会保障】　年内，牛街街道落实各项帮扶政策，发放各类社会救助资金支出约752万余元，社会福利资金支出约326万元，走访慰问各族困难群众，发放慰问金26万余元。年内，地区就业率63.76%（指标60%），失业率0.97%（指标2%以内）。为90岁以上老人发放高龄老人津贴37万余元，办理95岁以上医疗补助33人次，发放金额7万余元，发放养老助残券290万余元。受理各类保障性住房申请210户，公租房租金补贴29户，各类保障性住房入住家庭175户。发放失能护理补贴107万元，为失能老人提供居家上门服务6000余次。为74人发放严重精神障碍患者看护管理补贴7.5万余元。与地区84位孤寡、空巢或独居老人签订巡视协议，提供服务近700次，牛街西里二区社区养老服务驿站内老年大学活动参与近6000人次。年内，复核通过一孩生育登记364件，审核通过二孩生育登记170件，受理再生育行政确认4件，办理《独生子女父母光荣证》20件，发放独生子女父母年老时一次性奖励316人；办理流动人口二孩以内生育登记78件，再生育登记1件。街道早教中心接待8750人次，新建档婴幼儿260人，测评709人次，亲子活动6697人次，特色主题活动453人次，自主活动537人次，家长培训9场224人次。

（李　楠）

【社会治安综合治理】 年内，牛街街道加强社会治安联防联控，重点做好党的十九大、“一带一路”国际合作高峰论坛、民族宗教节日等重要敏感时段的维稳安保工作，启动一级防控21天、二级防控60天，发动群防群治力量6万余人次参与巡逻执勤。实施科技创安，建成街道和社区两级综治中心，白广路社区增加19个监控探头，为钢院社区9栋楼31个单元安装楼宇对讲系统。排查矛盾近400次，化解矛盾360余起；信访接待来访群众111件次，办理网上信访事件38件次。接收民情日志3399条，处置事件2313件；办理“12345”非紧急救助热线案件1487件，办结率100%。开展法律服务活动近250场，解答法律咨询1316人次，举办法制讲座75次。检查生产经营单位4800余家次，排查整改隐患3600余项。推广安全生产责任险，地区投保企业274家。开展安全隐患大排查、大清理、大整治专项行动，为法源寺、枫桦、白广路等社区平房院落配置消防器材700具；对违规占用消防通道，居民楼内应急通道堆物堆料等安全隐患进行集中清理整治。淘汰不合格燃气灶具、燃气安全辅助设备，为298户困难居民家庭入户更换灶具，安装独立式烟感报警器4000个。

（李　楠）

【精神文明建设】 年内，街道以元旦、春节、清明、端午等传统节日为宣传载体，开展“我们的节日”传统文化教育，弘扬社会主义核心价值观、爱国主义教育、民族文化传承和志愿服务精神。倡导文明祭扫，开展“祭先烈、敬先贤、忆先人”活动及移风易俗宣传教育。开展“北京榜样”举荐工作，发挥先进人物的示范引领作用，弘扬宣传正能量，推荐“北京榜样”候选人30人。组建牛街街道民族情百姓宣讲团，走进机关、社区进行“砥砺奋进的五年”主题宣讲，征集宣讲稿70篇，挖掘重点线索人物6个，拍摄宣讲短视频1部，76名社区级宣讲员开展宣讲23场，受众群众1810人。开展邻里结文化传承之身边+系列活动，举办“身边·孝德与传递”朗读会，“身边·印象与变迁”文化沙龙、“身边·担当与责任”人物推树活动。开展爱国与国旗情怀教育、诚信与生活食品安全体验、文明与出行交通引导、传统与非遗文化传承等实践类活动，组织童心诵读价值观、书画价值观、社区生活地图绘制、生活安全手偶剧编排等。通过“文明印记”青少年社会实践记录本盖章集印的方式，552名地区青少年参与到社区寒暑假活动中。

（李　楠）

【统战工作】 年内，街道举办“牛街街道第十四届民族团结进步表彰会”，表彰先进集体、先进楼门院及和谐家庭及先进个人402个。开展“比拼——牛街知识挑战赛”等系列线上主题活动，参与群众400余人。组建牛街街道“民族情”百姓宣讲团，走机关、进社区，开展宣讲23场，巡讲3次，受众1800余人。重要节日期间，街道组织走访慰问少数民族、宗教人士、归侨侨眷、港澳台眷属、牛街商会负责人及少数民族困难群众近700余户人次。开展首届“牛街清真名店”评选工作，评选出聚宝源等8家名店；开展第四期牛街历史文化口述史采访工作，采访9位老人，整理影像音频资料近17小时。牛街历史文化展陈室文化接待社会各界参观团体18次，参观个人1300余人。

（李　楠）

【党建工作】 年内，牛街街道成立西城区首家基层党建讲习所，吸纳市委党校、区委党校、共建单位等各类优秀党建人才35人组建街道级师资队伍，实施“2017—2019三年工作规划”，开展学习党的十九大精神座谈会、“三级党代表”宣讲报告会等专题学习12场，微党课12次，配备自编教材300余册，参训人员800余人次。继续开展“爱心储蓄银行”项目建设，以微信公众号“牛街党员e家”为载体，各类线上活动15次，推送文章573条。培育春风社区正能量工作站、钢院社区绿化靓美、西一社区民族文化传播室等党建项目。成立30个背街小巷整治和3个重大工程项目临时党支部，组建自治共建理事会61个，354名党员参与治理，建立30条背街胡同和8条大街详细台账，开展街巷胡同环境整治提升工作。走访重点非公企业331家，建立“一户一册”党建台账，实现党的组织全覆盖；新成立非公党支部1家，指导3个非公企业党支部换届选举。

（李　楠）

白纸坊街道

【概况】 白纸坊街道位于西城区南部，东起菜市口南大街与陶然亭街道为邻，西至西护城河与广外街道和丰台区交界，南起南护城河与丰台区相望，北至南横西街、枣林前街与牛街街道接壤。辖区面积3.11平方公里，有主要大街12条、胡同76条，社区居委会18个。户籍人口34943户100240人，流动人口13126人，年出生1195人、死亡3737人。驻区单位2773个，其中中央单位56个，市属单位101个，区属单位164个。有成人教育学校3所，中学（含职高）6所，小学4所，幼儿园6所，医院5所。

街道设31个职能科室，2个科级事业单位，在职机关行政、事业单位人员180人（公务员131人，工勤4人，事业45人）。街道工委下设20个直属党组织，其中社会工作党委1个、机关党委1个、社区党委18个。直属党组织共设党支部191个，党员6431人。年预算收入19735.63万元，支出19583.9万元。年内，白纸坊街道获得北京市安全生产监督管理局“青年文明号”、中共北京市委2016—2017年度社区青年会优秀奖、街道“不忘初心”百姓宣讲团获西城区优秀百姓宣讲团和优秀组织奖、2017年西城区文明市民学校艺术节—舞蹈比赛活动中获一等奖、北京市体育促进项目挑战赛获北京市第一名、北京市第十一届和谐杯乒乓球总决赛获城区组第一名。

地址：西城区樱桃二条8号

邮编：100054

电话：83512187

（金如意　姜耀琨）

【城市管理】　年内，以背街小巷整治提升、治理擅自“开墙打洞”、拆除违法建设、持续整治“七小”业态等工作为切入点，大力推进辖区“疏解整治促提升”工作，年度重点任务目标全部提前超额完成。全年疏非控人影响人口年度任务3500人，实际完成7818人，完成率223%；22条背街小巷整体环境全面提升；整治擅自开墙打洞年度任务202处，实际完成362处，完成率179%，辖区范围内封堵治理基本完成；拆除违建年度任务1.3万平方米，实际完成767处2.78万平方米，完成率214%；拆除违规户外广告牌匾120处208块，辖区内全部拆除；留白增绿面积约2000平方米。年内，全面启动右内西街甲10号院老旧小区集中整治，开展“党员先锋行动”，以街道7个党支部为基础成立工作组，支部书记包楼、委员包门、党员包户，全体党员干部深入一线，动员群众自拆或助拆违法建设，小区脏乱差环境得到明显改善。坚持“治、建、管”多措并举，任命并公示“街巷长”，完善街巷理事会制度。以万和世家、南运巷、信建里等5个小区为试点，组织24个居住小区开展垃圾分类达标建设。年内，以问题为导向，城市管理更加科学化、规范化、精细化。全面落实“河长制”，在全区首创“河段长制”，并取得良好效果；推进大气污染防治工作，完善大气污染防治工作实施方案和应急预案，落实巡查督查、网格监管等工作制度，健全工业企业、在施工地等污染源台账。继续协助做好光源里、菜园街及枣林南里棚户区改造项目工作。

（金如意　姜耀琨）

【社区建设】　年内，以创建全国社区治理和服务创新实验区为契机，深化全响应网格化社会治理体系，夯实社区队伍，全面提升社区治理水平。街道建立社区人才后备库，选拔优秀社区主任助理20名、服务站站长助理40名，开展社区工作者各类培训29次，坚定社区干部的理想信念，提升综合能力水平；坚持培育发展，强化政策扶持，发挥社会组织在社区治理上的重要作用。通过社会组织孵化基地，精心打造一批特色明显、作用突出的社会组织，地区共有社会组织107个12780人，覆盖18个社区，开展扶困助老助残、便民维修、服务咨询等工作，为社区居民提供全方位服务。以社区议事厅为主要沟通平台，形成由楼房院落、社区、街道分级协商议事机制，保障社情民意更好的得到表达。通过协商议事机制，成功打造“清芷园老年餐吧”“平原里爱心扶手”及“右北大街健康档案”等10多项民意工程。

（金如意　姜耀琨）

【社会保障】　年内，发放困难群众基本生活补助金、低保金及粮油帮困补贴、优抚对象医疗补助金、残疾人生活补助金等20余项救助类资金2390余万元。审核、办理、发放新增老年证668人；发放老年卡1112人。建成右北大街等3个社区养老服务驿站和1个百姓生活服务中心，进一步提升宁心园养老照料中心的服务品质。为辖区6000户孤寡老人家庭安装独立式感烟报警器。新申请办理残疾人证236人、转入残疾人30人，现有在册残疾人3497人。开展精神残障人士日间康复照料、曼陀罗绘画、手工制作等活动45次，受益900余人次。为1640名失业人口发放失业保险金约292万元，成立首个求职者就业基地，利用网络让求职者更快找到合适的就业岗位。登记受理公租房和三房轮候家庭申请297户，办理租金补贴66户，各类家庭情况终止、变更合计123件，接受“市场租补贴”申请家庭97户，完成签约家庭87户。组织公共服务大厅及社区工作站工作人员培训，制作并下发街道行政服务大厅工作流程手册3万册，满足居民自助服务需求。高标准做好窗口事务办理工作，接待办事居民来电、来访及业务办理55475件，其中居民来电业务咨询21548件，窗口业务咨询19233件，窗口办理业务14694件。办理一孩生育登记499人，二孩生育登记343人，再生育子女登记8人。以“家庭彩带、和谐风采”为主题，举办坊间第七届家庭人口文化节，开展0—3岁婴幼儿早教测评、“我和阳光有个约会”特扶家庭心理疏导及体验、历届家庭人口文化节成果展等活动，以家庭文化促社区和谐，以家庭幸福促社会文明。在18个社区推广“窗帘约定·坊间守望”系列活动，从空巢老人、残疾人迫切需求入手，广泛动员社会力量，提升地区志愿服务品质。

（金如意　姜耀琨）

【社会治安综合治理】　年内，完成全国“两会”“一带一路”高峰论坛、党的十九大等重大活动期间维稳安保工作。强化地区消防安全工作，率先建成占地面积1300平方米的临时小型消防站，聘用17名职业消防员，配备专业消防器材及小型消防车辆。11月9日，第二十七届“119”消防宣传月主会场设在街道小型消防站。公安部、市政府、市公安局、市消防总队、区消防支队等领导参加宣传活动，为临时小型消防站揭牌。检查辖区单位3600余次，发现并督促整改火灾隐患2600余处，临时查封17处，三停6家，罚款60余万元。依托街道全响应办公室、公共服务大厅，建立街道综治中心。利用街道与社区视频会议系统，建立辖区18个社区综治中心。突出整治集中住人地下空间、群租房，清理整治违法群租房67处、普通地下空间20处。开展实有人口核查专项工作，录入实有人口34775户63432人。为困难家庭更换不合格燃气辅助设施513户，工作中先试先行，形成整套推进工作样板，获得市考核组充分肯定，在全区推广。落实安责险工作，组织召开网吧、餐饮、宾馆酒店等多行业洽谈会议，签约企业255家。完成87家小微企业达标抽查工作，完成年度工作目标。及时化解右内大街28号院回迁等群体性矛盾。

（金如意　姜耀琨）

【精神文明建设】 年内，发挥地区精神文明建设宣传栏、社区橱窗、社区报等宣传阵地作用，营造地区良好的舆论氛围。发挥新媒体、传统媒体相结合的传播优势，启用“坊间微动力”微信公众平台，推送文章85期187篇，累计阅读量68373人次。编印《白纸坊》24期，累计发放18.7万份。以全国文明城区创建为抓手，推进社会主义核心价值观在辖区内落细落实。通过在《白纸坊报》设置专栏、“坊间微动力”微信公众号坚持每周推送等方式，展示地区典型人物的优秀事例、多角度宣传全国文明城区创建内容。围绕传统节日，以“我们的节日”主题系列活动为载体，开展“网上祭英烈”“向国旗敬礼”等主题教育活动，加强未成年人思想道德建设。结合市区百姓宣讲工作，开展培育和践行社会主义核心价值观宣传教育活动。以“砥砺奋进的五年”为主题，建立街道、社区、特色三级宣讲体系，组建辖区9家单位成立街道级百姓宣讲团，在地区开展宣讲活动。6月，参加西城区百姓宣讲活动，地区4名宣讲员被选入西城区百姓宣讲团成员，参加市、区百姓宣讲巡讲活动。加强先进人物培树宣传，做好北京榜样举荐工作。菜园街社区居民霍淑凤、樱桃园交通大队曲瑾获“感动西城”2016年度人物奖，新安中里社区居民王春兰和菜园街社区霍淑凤分别获北京榜样周榜和年榜候选人。

（金如意　姜耀琨）

【双拥共建】 年内，坚持街道工委会议军会制度，实施“一把手”工程，健全完善街道双拥工作领导机构，把双拥工作纳入地区经济发展和社区建设总体规划。定期召开双拥工作研讨会，建立双拥共建工作网络，搭建社区、辖区重点企事业单位与辖区部队共建大平台，鼓励社区开展特色共建项目。在“两节”“八一”期间街道领导班子走访慰问共建部队，慰问七支共建部队送去慰问金23.5万元；组织军民体验制作兔爷、月饼及“非遗进军营”等双拥共建活动，密切地区与部队之间的联系，营造双拥共建氛围。

（金如意　姜耀琨）

【坊间文体】 年内，以打造“坊间文化品牌为关键，挖掘地区文化传承，持续提升区域文化软实力和影响力，弘扬社会主义核心价值观，注重宣传教育、示范引领、实践养成。收集整理地区人物故事出版《坊间人物》，加强对外宣传，讲好坊间故事。加强网络文明志愿者建设，利用《白纸坊报》、坊间微动力微信公众平台，营造良好的舆论氛围。街道以图书馆为依托，委托专业服务队伍重新打造“坊间书阁”阅读空间，形成以图书阅读为主的文化阵地，为辖区居民提供多层次的阅读体验。举办绳结艺术、评书演出、古琴讲座等非遗体验活动，弘扬非物质文化；开展包含合唱、京剧、评戏、秧歌、交谊舞、民族舞、腰鼓、时装、管乐、民乐等项目的文艺活动；组织放映公益电影、高雅艺术进社区大型文化活动，丰富地区居民文化生活。开展形式多样、富有特色的体育活动项目，打造“坊间杯”品牌，组织“坊间杯”足球、篮球、乒乓球邀请赛等文体活动，通过街道文化品牌创建，引领群众体育文化事业发展，丰富活跃群众体育文化生活。街道依托市民中心青年汇平台，开展“美好人生，始于读书”青年读书月、“巧手慧心，感谢有您”喜迎三八妇女节送芳香、五四青年节、非遗体验、八一建军节慰问消防官兵等多种形式的系列活动。

（金如意　姜耀琨）

广安门外街道

【概况】 广安门外街道（简称广外街道）位于西城区西南部，东以西护城河为界；西沿马连道北路、湾子街至太平里，与丰台区为邻；南起广安门南滨河路向西沿鸭子桥、广安门火车站专用线莲花河故道与太平里相接，亦与丰台区相连；北以北京西客站、莲花池东路为界，与海淀区毗连。有2条过境河流，莲花河由西向南斜穿地区中央，境内流长2570米；西护城河从地区东侧流过，境内流长2640米。辖区面积5.49平方公里，30个社区居委会，20个业主委员会。根据第六次人口普查数据，常住人口179536人。年内，新生儿登记1300人，注销户口3739人。辖区法人单位7069个，中央单位97个，其他6972个。学校13所，幼儿园8所，公办养老服务机构2所，医院1所，社区卫生服务站5个。街道设33个职能科室，3个事业单位，机关行政、事业人员238人。年内，街道财政拨款收入30176.65万元，财政支出29685.24万元。

地址：西城区广安门车站西街17号11号楼
邮编：100055
电话：63318216

（雷　玥）

【城市管理】 年内，广外街道统筹推进疏解整治促提升专项行动，建立“4+4”工作机制，狠抓专项整治、业态管控、转型利用三个关键环节。

以拆除违法建设、联片治理西二环辅路沿线“开墙打洞”为突破，深入推进各类痼疾顽症“城市病”治理。以清理地下空间为重点，采取“摸清底数、约谈引导、分类治理、长效管控”四步工作法，持续整治散租住人问题。年内，疏解整治促提升专项行动涉及14634人，完成既定目标任务5100人的287%。开展辖区背街小巷整治提升工作，将城市精细管理延伸到“毛细血管”。通过治理，辖区违法建设和“开墙打洞”清零街巷达到69条，实现“十有十无”目标的街巷5条，“十有”街巷44条，“十无”街巷5条，精品街巷10条，以莲花池东路、广外大街、红莲南路和西二环辅路、马连道路、手帕口北街为主要标志的“三横三纵”格局初步形成。创新“网格+”模式，组建“社区+城管执法+网格队+物业保安”的监督员队伍，强化门前三包管理，全力推进灭脏、清障、治污、治乱、缓堵5项专项整治工作，营造畅通整洁有序的市容环境。按照日常管理“三查、十无”、重污染应急管理“六查、六落实”、督促治理“六掌握、六报告”的要求，强化属地责任，层层传导压力，确保辖区生态环境持续改善。推行“五位一体”巡管模式，开展餐饮油烟污染问题专项整治。及时开展增绿补绿、喷雾降尘工作，降低道路扬尘，有效改善辖区空气质量和生态环境。加大工地检查力度，每周开展2次夜间巡查和执法，避免造成施工扬尘污染。加大无煤化治理力度，针对秋冬季、采暖期可能存在的“三烧”进行排查，确保无煤化不反弹。落实河长制，坚持巡河制度，“七位一体”巡管模式，确保水清岸绿。针对中央环保督查组反馈的相关问题，加大联合执法力度，确保重点环保问题不反弹。

（雷 玥）

【社区建设】 年内，广外街道坚持民生工程民意立项机制，认真梳理三类民生工程（“政府能做+群众想做”的民需申报型、“政府要做+群众受益”的民意征求型、“群众要做+政府该做”的民情驱动型）需求，完善民意立项流程，加强监管，落实责任，切实提高公益金、基层党组织服务群众经费等财政资金使用效益。完善“社区多元治理星级评估指标体系”，树立共建共治、共享共护的社区参与新理念。深入开展社区参与型分层协商工作，采取“先行试点、树立典型、全面推广、深化实施”四步法，引入社会组织，不断完善社区协商章程、议事规则，推进社区协商的制度化、规范化、程序化建设。打造社区议事厅，研究楼门文化建设，形成“关上门是邻居，打开门是家人”的“家立方”楼门文化氛围。加大社区力量投入，公开招考60名社会工作者。投入520余万元用于社区用房、基础设施装修改造，投入340余万元建设红居街等4处社区养老驿站。加强社区公共文化服务体系建设，培育发展291个备案社区社会组织。推进街道社会服务管理信息平台建设，开发区域人、地、物、事、组织大数据信息动态管理库，完善2.5维动态地图。推进街道信息化建设工作，强化社区网络技术支撑，完成综治和社区监控联网，实现与全响应网格化指挥中心对接，街道全响应指挥体系得到进一步完善。加大应急指挥保障工作和热线案件办理督办力度，建立短信回访机制，完善街道热线工作反馈机制，提升解决率和群众满意率。转办市非紧急救助系统案件4104件，答复便民电话、微信咨询问题1885人次，办结率和反馈率均为100%。探索背街小巷治理智能化应用，绘制“背街小巷”治理工作专项地图，设置背街小巷“十有十无”问题随手拍功能，随手拍共接收办理各类上报工作219件。

（雷 玥）

【社会保障】 年内，广外街道落实城乡医疗救助、临时救助、因病致贫家庭医疗救助、特困供养等政策，精准救助，分类实施，重点突破，确保困难群体基本生活得到保障。年内，发放社救资金1611万余元，保障覆盖12485户18166人次；发放严重精神障碍患者监护人补贴206人次，保障资金21万余元；发放困难残疾人生活补贴、重度残疾人护理补贴共计523万余元；慈善资金保障376人户次74万余元；享受低保待遇家庭741户1213人，发放低保金1197余万元，临时救助8万余元。开展走访慰问活动，为共建部队、4816户辖区居民发放各类慰问资金265万余元。开展“众筹1+1春芽助学”“共建助学 百人圆梦”活动，帮助困境儿童家庭。坚持社会运作与市场运作“双尝试”、信息管理与制度管理“双推行”，引导社会力量参与承接养老服务项目，通过办理核发老年人优待证、发放老年人补贴、开展精神关怀服务等方式，有效推动辖区老龄事业发展。受理各类保障性住房来电来访15200余人次，受理各项住房保障业务5000余户次，326户家庭入住保障性住房，168户家庭领取住房补贴，居住条件明显改善。建立“王君就业创业工作室”，实施“五诊工作法”，举办“圆梦之旅”系列活动，打造“青年创业梦工厂”，推进广外地区“人力资源二次开发”，举办专场招聘活动，搭建全方位就业创业服务平台。完成充分就业街道指标，服务对象满意度达95%以上，充分就业社区28个，占全部社区的90%，实现创业75人、带动就业263人。加快生活性服务网点布局，建立“来颗桃”生鲜超市、马连道南街便民菜店和莲花河社区便民超市，方便周边居民生活。坚持“小窗口大民生”计生服务模式，实行首接责任制，做到“即办类即时办结，承办类即来即审”，提高办事群众满意率。成立北京市社区儿童中心，形成“政府性主导、社会化运作、公益性服务、网络化管理”的儿童早期发展指导服务模式。

（雷 玥）

【社会治安综合治理】 年内，广外街道落实“党政同责、一岗双责、齐抓共管、失职追责”的安全生产责任制，健全安全监管和安全生产隐患排查治理体系，深入开展安全生产大检查，按照“安全第一、预防为主、综合治理”的方针，检查建筑工地、人员密集场所等各类生产经营单位7633家次，发现隐患16422处，已完成整改15937处。为510户低收入家庭更换不合格燃气灶具，安装感烟火探测器及燃气安全辅助设备。开展食品安全示范区创建工作，实施“明厨亮灶”工程，保障舌尖上的安全，食品药品监督管理水平不断提升。坚持“四不”

方针，完善立体化社会治安防控体系，加强反恐防暴工作，完成“一带一路”高峰论坛、党的十九大等重大活动安全保卫和服务保障工作。全力做好社会面防控工作，加大群防群治力度，组织治安志愿者35万余人次，投入慰问资金100万余元。坚持人防为主、物防技防为辅，做好压发案工作，广外派出所片年内入室盗案件35起，发案率同比下降39.66%。天宁寺派出所片年内入室盗案件24起，发案率同比下降27.27%。深入推进“平安社区”建设，坚持综治委季度例会制度，推行“三约一清”经验做法，持续开展打击非法运营、文化市场“扫黄打非”、禁毒、反邪教等工作，完成铁路护路、地铁站人物同检、群租房治理、地下小旅馆清理等任务。构建多层次、全方位矛盾排查机制，完善重大决策信访风险评估机制，坚持处级领导接访、包案制度，做好信访事项、民事矛盾、物业与业委会纠纷等排查化解工作，接待处理群众信访事项762件995人次，司法调处民事纠纷808件，物业指导行政行为300余人次。

（雷　玥）

【精神文明建设】 年内，广外街道开展“红莲杯”社区文化体育节暨广外街道第二届“红莲杯”京津冀广场舞邀请赛、“红莲杯”绳王争霸赛、“和谐杯”乒乓球比赛、社区模特大赛、非遗进社区北京杂技团专场文艺演出、迎冬奥冰蹴球比赛、“品民俗、过大年”“天宁风韵”“书香广外”等系列活动。设立“老年大学”项目，开设摄影、京剧、书法等各类培训课程，组织“名歌之声”合唱团等群众性文化团体，开展文艺骨干培训、文艺展演等活动。设立“广外街道图书馆服务提升”项目，利用“书香广外”APP、掌上图书馆，提升市民整体素质和文明素养。开展双拥共建活动，军民情谊更加浓厚。

（雷　玥）

【功能街区建设】 年内，广外街道落实广外地区“一总三分”规划，细化“和谐宜居、绿色休闲、文化活力”的整体定位。定期联系地区重点纳税企业，实施地区商户经营动态监测，建立台账、理清存量，严控低端业态增量，掌握地区经济发展空间存量，做好服务地区重点税源企业工作。梳理地区经济发展资源信息，定期分析研究经济可持续发展措施，做好广外地区生活性服务业网点建设。开展“两展一节”活动，加强“一个平台、两个茶文化体验中心”建设，优化政务服务，促进马连道特色街区转型升级。

（雷　玥）

【党的建设】 年内，广外街道树立“大党建”理念，完善“党建＋政治引领”“党建＋社会治理”“党建＋服务保障”的工作机制。坚持项目化运作，建立“活力党建”项目专项经费，实施“活力党建服务群众”党建项目。使用基层党组织服务群众经费821万元，用于完成小区环境整治等65个服务群众项目。加强马连道党群活动服务中心建设，开展各类活动409次，14826人次参与。开通“广外智慧党建”网上党建平台。加强领导班子民主集中制建设，完善工委会、主任办公会议事规则，召开工委（扩大）会27次，主任办公会17次，坚持周碰头会、双周工委会、月专题会制度，研究地区重大事项。结合大部制改革，探索形成AB角互补的领导工作体系。坚持处级、科级干部联系社区和班子成员与非公企业党建联系点制度，加大重点时期、重点任务时的工作力量。晋升副处级领导职务1人、晋升副科级领导职务1人，完成广外第一执法队、第二执法队共计47人的整建制转入工作。开展基层党建工作述职评议考核，组织基层党支部书记集中培训，增强基层党组织统筹协调能力和服务群众水平。实施党风廉政建设分级警示谈话提醒制度，落实“一岗双责”要求，签订《党风廉政建设责任书》及《责任清单》，形成一级抓一级、层层抓落实的责任网络。深化“为官不为”“为官乱为”和严肃查处群众身边不正之风和腐败问题专项治理。加强党风廉政宣传，提高党员干部廉洁从政的责任感和拒腐防变的免疫力。严格规范公务用车、公务接待制度。开展对群租房整治、背街小巷整治提升、文明城区创建等重点工作的督查督办50余次。受理政风行风投诉信件56件，办结率100%。

（雷　玥）

（责任编辑　孙凤霞）

人 物

领导干部

中国共产党北京市西城区第十二届委员会

书 记 卢映川
副书记 王少峰 马新民
常 委 孙仕柱 王 旭 王 鹏
孙 硕 陈 宁（女） 姜立光
吴向阳

北京市西城区第十六届人民代表大会常务委员会

主 任 杜灵欣
副主任 杜黎彬（回族） 沙秀华（女，回族）
李会增 田巨德 张宗禹
王建华 张礼斌
委 员（按姓名笔画为序）
王玉甫 王志忠 皮 强
朱建岳 朱 博 刘立新
刘海涛 安亚荣（女） 许云杰
孙晓临（女） 孙 静（女） 牟善刚
杨维民 张小来 张晓阳
陈子云（女） 陈玉芳（女） 陈金富
陈雅欣（女） 陈 燕（女） 周卫青（女）
郑 实 赵建敏 赵谊江
胡召海 钟祖荣 贾中华
翁乃彤（女） 郭启兴 曹立宏
曹学义 曹淑琴（女） 蒋远菲
韩星桥 演 觉
穆 静（女，回族） 魏建明

北京市西城区人民政府

区 长 王少峰
副区长 孙 硕 姜立光 张 明
司马红（女） 朱国栋 李 异
郁 治（女） 徐 利

中国人民政治协商会议北京市西城区第十四届委员会

主 席 章冬梅（女）
副主席 程 军 姜兆春 李建国
荣 洋 刘学增 张培彤
秘书长 王申恒
常 委（按姓名笔画为序）
马寅生 马 震 王广发
王明明（女） 王晓敏（女） 王景兰（女）
甘力鹰（女） 付建新 白 洁（女）
向公伟 庄文静（女） 刘井坤
刘世春 刘 冰（女） 刘克杰
刘昊扬 刘学俊 刘春春（女）
刘爱中（女） 关振鹏 安少雄
纪 丽（女） 杜凤英（女） 李文义
李占文 李庆保 李征帆
李海潮 李 硕
李 新（女，民盟） 杨 秋（女）
吴 江（女） 吴丽光（女） 吴 洁（女）
何悦明 何焕平 何绪明
宋甲乐 宋 坪（女） 张新华
陈光宪 林 耀 孟至岭
赵友新 赵芙蓉（女） 赵 玲（女）
赵娇阳（女） 赵蓬欣 柳 林
施 宏 贾旭辉 晏 畅
高 忻 郭君瑛（女） 陶水龙
常卫国 章树德 程文光
曾小丹（女） 曾昭日 谢苗荣
靳 真（女） 褚海燕（女） 樊茂云（女）
戴卫红（女） 魏建新（女）

中共北京市西城区第十二届纪律检查委员会

书　记　虞宝才
副书记　田　迪（女）　段辉建　闫　彬
常　委　侯　逾　郝　明　李雪静
路朝晖　张　艳
高洁琳（挂职）　郭　峰（挂职）

北京市西城区监察委员会

主　任　虞宝才
副主任　田　迪　段辉建　闫　彬
委　员　郝　明　郑　军（专职）　焦长锐
张　艳

中共西城区委员会工作机构主要负责人

办公室主任　吴向阳
常务副主任　郭海龙
组织部部长　孙仕柱
常务副部长　王建华（2月免）
皮　强（2月任）
宣传部部长　陈　宁（女）
常务副部长　靳　真（女）
政法委员会书记　王　旭
精神文明建设委员会办公室
主任　王希福
统战部部长　王　旭
常务副部长　刘　琪
台湾工作办公室（区台湾事务办公室）
主任　赵　玲
研究室主任　庞成立
老干部局局长　王晓谦（女）
保密委员会办公室主任（区国家保密局局长）
吕燕裙（女）
区直机关工委书记　吴向阳
常务副书记　宁　梅（女，9月免）
梁　云（女，9月任）
社会工作委员会书记　马红萍（女，回族）
党校校长　马新明（彝族，9月免）
王　飞（9月任）
常务副校长　王　毅（9月免）
宁　梅（女，9月任）
党史工作办公室（地方志编纂委员会办公室）
主任　朱静伟
社会治安综合治理委员会办公室
主任　王　静（9月免）
张宝生（9月任）
维护稳定工作领导小组办公室
主任　张晓月
流动人口和出租房屋管理委员会办公室
主任　王　静（9月免）
张宝生（9月任）
处理法轮功问题领导小组办公室（区政府防范和处理邪教问题办公室）
主任　李　鲁
机构编制委员会办公室
主任　郁　治（女，2月免）
王效农（2月任）
常务副主任　关山红（女，满族）
新闻中心主任　马　晨（回族）
区委巡视组二组组长　岳永梅（女，11月免）

西城区第十六届人大常委会工作机构主要负责人

办公室主任　曹立宏
研究室主任　许云杰
代表联络室主任　孙　静（女）
预算审查办公室主任　陈　燕（女）
财政经济办公室主任　郭启兴
法制办公室主任　张小来
教科文卫体办公室主任　韩星桥
城建环保办公室主任　杨维民

西城区人民政府工作机构主要负责人

办公室
党组书记、主任　徐　利（2月免）
缪剑虹（2月任）
发展和改革委员会
党组书记　王志忠（5月任）
主任　许晓红（女，5月免）
王志忠（5月任）
科信委
党组书记　刘化杰
主任　杨　秋（女）
监察局局长　田　迪（女）
财政局
党组书记、局长　张宗禹（2月免）
聂杰英（女，2月任）
人力资源和社会保障局
党组书记　彭随心
局长　郁　治（女，2月免）
王效农（2月任）

住房和城市建设委员会
　　党组书记　曾加顺（7月免）
　　　　刘成东（7月任）
　　主任　王乐斌（5月免）
　　　　刘成东（5月任）
市政市容管理委员会
　　党组书记　宋甲乐（9月免，城管体制改革）
　　主任　刘成东（5月免）
　　　　宋甲乐（5月任，9月免，城管体制改革）
城市管理委员会
　　党组书记、主任　宋甲乐（9月任）
民政局
　　党组书记、局长　张中喜
审计局
　　党组书记、局长　佟丽萍（女，7月免）
　　　　涂云国（女，7月任）
金融服务办公室
　　党组书记、主任　聂杰英（女，5月免）
　　　　卢五星（7月任）
环境保护局
　　党组书记、局长　章　卫（9月免）
　　　　李　程（女，9月任）
统计局
　　党组书记　台　峰
　　局长　刘爱中（女）
外事侨务办公室
　　党组书记、主任　杜　慧（女，3月任）
信访办公室
　　党组书记　邢印良
　　主任　张宝生（9月免）
　　　　邢印良（9月任）
民族宗教事务办公室
　　党组书记　周兴运
　　主任　韩俊田
法制办公室
　　党组书记、主任　李　程（女，9月免）
民防局（地震局）
　　党组书记　李向东
　　局长　赵友新
安全生产监督管理局
　　党组书记　李连防（9月免）
　　　　李　华（9月任）
　　局长　李　华
商务委员会
　　党组书记　袁　利（女，7月任）
　　主任　袁　利（女）
国有资产管理委员会
　　党委书记　皮　强
　　主任　程瑞琦

城管监督执法局
　　党委书记　柴丽敏（11月免）
　　局长　海　峰（回族，5月免）
行政投诉中心主任　段辉建
社会建设办公室主任　马红萍（女，回族，9月免）
　　　　李　薇（女，9月任）
档案局
　　党组书记、局长　李茂福
园林绿化局
　　党组书记　王学海
　　局长　高俊宏
园林市政管理中心
　　党委书记　肖福来
　　主任　高俊宏
环境卫生服务中心
　　党委书记　姚尚贵
　　主任　周兴新
机关事务服务中心
　　党组书记　张字山
　　主任　胡永顺
房屋土地经营管理中心
　　党委书记　于燕萍
　　主任　郭　月
城市管理监督指挥中心
　　党组书记、主任　陈国红
功能街区产业发展促进局
　　党组书记、局长　岑运东（1月免，机构改革）
产业发展局
　　党组书记、局长　岑运东（1月任）
对外联络服务办公室
　　党组书记、主任　赵　丽（女）
西直门综合交通枢纽地区管理委员会
　　党组书记　刘春伟（9月免）
　　　　王连杰（9月任）
　　常务副主任　王连杰
综合行政服务中心
　　党组书记、主任　李　薇（女，9月免）
政务服务办（原综合行政服务中心）
　　党组书记、主任　柴丽敏（女，11月任）
西城园
　　工委书记　岳　立（3月任）
　　主任　司马红（女）
　　常务副主任　缪剑虹（2月免）
　　　　岳　立（3月任）
政府投资项目建设中心
　　主任　许晓红（女，1月免，机构调整）
　　　　王乐斌（1月任，5月免）
　　　　刘成东（5月任）
发展服务中心
　　主任　岑运东

房屋管理局
　　党组书记　　谭玉梅（女，9月任）
　　局长　　谭玉梅（女）
房屋征收中心
　　党组书记　　万长宏（6月任）
　　主任　　万长宏
规划西城分局
　　党组书记、局长　　倪　锋
国土资源局西城分局
　　党组书记　　靳　薇
　　局长　　李　伟
工商西城分局
　　党组书记、局长　　赵　斌
质量技术监督局
　　党组书记、局长　　张占芳
食品药品监督管理局
　　党组书记、局长　　闫学会
烟草专卖局
　　党组书记、局长　　孟庆伟
地税局
　　党组书记　　张亚平
　　局长　　施　宏
国税局
　　党组书记、局长　　王忠新

政协西城区委员会工作机构主要负责人

秘书长　　王申恒
办公室主任　　贾旭辉
研究室主任　　刘春春（女）
专委会工作一室主任　　李征帆
专委会工作二室主任　　白　洁（女）
专委会工作三室主任　　晏　畅
专委会工作四室主任　　李占文
专委会工作五室主任　　何绪明
专委会工作六室主任　　常卫国

西城区政法、军事系统主要负责人

西城公安分局
　　党委书记、局长　　张　明（6月免）
　　　　刘国周（6月任）
　　政委　　张　毅
人民检察院党组书记、检察长
　　　　董常青（女，5月免）
　　　　李卫国（5月任）
人民法院党组书记　　蔡慧永
　　院长　　蔡慧永
司法局党组书记　　袁世良（9月免）
　　　　向　前（土家族，9月任）
　　局长　　李　铁（3月免）
　　　　向　前（土家族，3月任）
人民武装部部长　　蔺　伟
　　政委　　祁永清（10月任）
西城消防支队支队长　　吴清松（2月免）
　　　　李兴华（2月任）
　　政委　　刘宪文
西城交通支队支队长　　刘保君
　　政委　　姜金辉
武警六支队支队长　　梁黔生
　　政委　　樊良柱
武警七支队支队长　　岳敬军
　　政委　　孙怀轩

西城区各民主党派、工商联负责人

中国国民党革命委员会北京市西城区委员会
　　主任委员　　王　红（女）
中国民主同盟北京市西城区委员会
　　主任委员　　钟祖荣
中国民主建国会北京市西城区委员会
　　主任委员　　李建国
中国民主促进会北京市西城区委员会
　　主任委员　　张礼斌
中国农工民主党北京市西城区委员会
　　主任委员　　张培彤
中国致公党北京市西城区委员会
　　主任委员　　刘学增
九三学社北京市西城区委员会
　　主任委员　　郑　实
台湾民主自治同盟北京市西城区委员会
　　主任委员　　陈子云（女）
区工商联
　　主席、区商会会长　　司马红（女）
　　党组书记、副主席、区商会副会长
　　　　郭君瑛（驻会，女）

西城区群众团体主要负责人

总工会
　　党组书记　　李会增（5月免）
　　　　王　奇（5月任）
　　主席　　李会增
团区委
　　党组书记、书记　　李健希
妇女联合会
　　党组书记、主席　　李高霞（女）
归国华侨联合会主席　　安亚荣（女）

科学技术协会
　　党组书记、常务副主席
　　　　　　　　戴卫红（女）
文学艺术界联合会
　　党组书记　　汪帮宏
　　常务副主席　张云裳（女）
社会科学界联合会
　　党组书记、常务副主席
　　　　　　　　张新华
残疾人联合会
　　党组书记　　刘少华
　　理事长　　　孙晓临（女）
红十字会
　　党组书记、常务副会长
　　　　　　　　王志东

西城区街道工委、办事处主要负责人

德胜街道工委书记　孙广俊
　　办事处主任　岳　立（3月免）
　　　　　　　　王中峰（7月任）
什刹海街道工委书记　王效农（2月免）
　　　　　　　　海　峰（回族，5月任）
　　办事处主任　毕军东
西长安街街道工委书记　田巨德（5月免）
　　　　　　　　陈振海（5月任）
　　办事处主任　桑硼飞
大栅栏街道工委书记　王志忠（5月免）
　　　　　　　　李　婕（女，7月任）
　　办事处主任　苏　昊
天桥街道工委书记　陈　新
　　办事处主任　高　翔
新街口街道工委书记　陈振海（5月免）
　　　　　　　　何焕平（7月任）
　　办事处主任　刘　倩（女，回族）
金融街街道工委书记　徐　斌（5月免）
　　　　　　　　许晓红（女，5月任）
　　办事处主任　宫　浩
椿树街道工委书记　高兴春
　　办事处主任　张　辉（11月免）
陶然亭街道工委书记　张　丁
　　办事处主任　谢　静（女）
展览路街道工委书记　魏建明
　　办事处主任　吴立军
月坛街道工委书记　王　奇（5月免）
　　　　　　　　王乐斌（5月任）
　　办事处主任　孟红伟（女）
广安门内街道工委书记　彭秀颖
　　办事处主任　史　锋
牛街街道工委书记　王其志
　　办事处主任　李丽京（女，回族）
白纸坊街道工委书记　马光明
　　办事处主任　周　沫
广安门外街道工委书记　田　静（女，哈尼族，7月免）
　　　　　　　　王　毅（9月任）
　　办事处主任　刘振华（3月免）
　　　　　　　　王书广（5月任）

功能区建设指挥部主要负责人

北京金融街建设指挥部
　　总指挥　　　姜立光（3月免，机构更名）
　　党组书记　　左继元（3月免，机构更名）
　　常务副总指挥　左继元（3月免，机构更名）
区和谐宜居示范区建设指挥部（原北京金融街建设指挥部）
　　总指挥　　　姜立光（3月任）
　　党组书记　　左继元（3月任，6月免）
　　常务副总指挥　左继元（3月任）
天桥演艺区建设指挥部
　　总指挥　　　徐　利
　　党组书记　　陈　新（5月免）
　　常务副总指挥　安朝晖（女，5月免）
　　　　　　　　王　丹（女，9月任）
大栅栏琉璃厂建设指挥部
　　总指挥　　　朱国栋
　　党组书记　　王志忠（5月免）
　　常务副总指挥　张玉魁
什刹海阜景街建设指挥部
　　总指挥　　　徐　利
　　党组书记　　王效农（2月免）
　　常务副总指挥　孔　勇（7月任）
区重大项目建设指挥部
　　办公室主任　姜立光
　　党组书记　　王乐斌（5月免）
　　　　　　　　刘戌东（5月任）
　　常务副主任　王乐斌（5月免）
　　　　　　　　刘戌东（5月任）
区城市环境建设委员会
　　主任　　　　姜立光（9月任）
　　党组书记　　宋甲乐
　　常务副主任　刘戌东（5月免）
　　　　　　　　宋甲乐（5月任）
马连道建设指挥部
　　总指挥　　　李　异
　　党组书记　　王其志
　　常务副总指挥　张　东
北展地区建设指挥部
　　总指挥　　　孙　硕
　　党组书记　　魏建明
　　常务副总指挥　何立民

区建设指挥部联合党组
　　书记　　孙仕柱（6月任）

西城区文教卫体系统主要负责人

教育工作委员会书记　丁大伟（7月任）
教育委员会主任　丁大伟
教育督导室主任　赵蓬欣
区委卫生计生工委书记　何焕平（7月免）
　　曾加顺（7月任）
区卫生计生委主任　安学军（满族）
文化委员会党组书记
　　主任　孙劲松
旅游委
　　党组书记　张　东（9月免）
　　刘　冀（9月任）
　　主任　刘　冀
体育局党组书记、局长　包　川
经科大暨社区学院
　　党委书记　张建国（5月任）
　　院长　张建国
教育研修学院
　　党委书记　刘继忠（9月任）
　　院长　马景林（7月免）
　　刘继忠（9月任）
北京市第四中学
　　党委书记　沈桂芬（女，7月免）
　　王　红（女，9月任）
　　校长　刘长铭（7月免）
　　马景林（7月任）
北京市第八中学
　　党委书记、校长　王俊成
北京市第一六一中学
　　党委书记　吴伟东（女，9月免）
　　曹雪莲（9月任）
　　校长　吴伟东（女）
首医大复兴医院
　　党委书记、院长　李东霞（女）

西城区国资委系统企业主要负责人

北京金融街投资（集团）有限公司
　　党委书记、董事长　牛明奇
　　总经理　刘世春
华远集团有限公司
　　党委书记　于锦义
　　董事长、总经理　杜凤超
北京天恒置业集团
　　党委书记、董事长　刘海涛
北京华方投资有限公司
　　董事长　徐　军（2016年11月免）
　　王战荣（2016年11月任）
　　总经理　张志强
北京世纪金工投资有限公司
　　党委书记、董事长、总经理
　　赵　钢
北京市金正资产投资经营公司
　　党支部书记、总经理　张　涛
金源投资管理有限公司
　　党委书记　郑全星
　　董事长　时文生
　　总经理　平国栋（9月免）
　　郑全星（9月任）
金座投资管理有限公司
　　党委书记　张山树
　　董事长　薛国强
　　总经理　袁瑞音
北京市金工投资管理公司
　　党委书记、董事长　朱志伟
　　总经理　孙　昌
翔达投资管理有限公司
　　党委书记、董事长　孙雅娟（女）
　　总经理　朱　斌（2016年9月去世）
　　孙雅娟（女，2月任）
恒达宏业经贸有限公司
　　党总支书记　常灵英（女）
　　董事长、总经理　李华昌
北京华天饮食集团公司
　　党委书记　张　涛
　　总经理　贾飞跃
北京金象复星医药股份有限公司
　　党委书记　韩沙非
　　董事长、总经理　徐　军
菜市口百货股份有限公司
　　党总支书记、董事长　赵志良
　　总经理　王春利（女）
北京国华商场有限责任公司
　　董事长　邹淑珍（女）
　　总经理　王　祎（女）
　　党支部书记　张　伟（女）
张一元茶叶有限责任公司
　　党支部书记、董事长　杨有成
　　总经理　霍文斌（女）
北京新月联合汽车有限公司
　　党委书记　唐保和（10月免）
　　董事长　刘长青
　　总经理　刘长江
北京宣房投资管理公司
　　党委书记、董事长　任　伟
　　总经理　刘志刚

北京广安控股有限公司
　　党委书记、董事长　申献国
　　总经理　张晓阳
北京陶然建筑有限公司
　　党总支书记、董事长　林玉琇
北京鑫宣市政工程有限公司
　　党支部书记　张　颖
　　董事长　张雁林
　　总经理　刘　毅
北京昊都建筑工程有限责任公司
　　总经理　马荣华
北京房开置业股份有限公司
　　党支部书记　乔　茜（女）
　　董事长　梅国良
　　总经理　周　虹（女）
宣兴房地产开发股份有限公司
　　党总支书记、董事长、总经理
　　陈海鸥

部分驻区单位主要负责人

北京金泰集团有限公司西城分公司
　　党委书记　董志华（3月免）
　　秦有明（3月任）
　　总经理　秦有明
北京首商集团股份有限公司
　　董事长　傅跃红（女）
　　总经理　张跃进
北京王府井百货集团长安商场有限责任公司
　　总经理　张　林
北京汉光百货有限责任公司
　　董事长　王小雨（女）
国家开发银行股份有限公司北京市分行
　　行长　徐　明
中国工商银行股份有限公司分行
　　行长　施　刚
中国工商银行股份有限公司分行营业部
　　总经理　汪旭升
中国工商银行股份有限公司北京长安支行
　　行长　卫　峥
中国工商银行股份有限公司北京新街口支行
　　行长　李　彤
中国工商银行股份有限公司北京南礼士路支行
　　行长　江　波
中国工商银行股份有限公司北京金融街支行
　　行长　于　青
中国工商银行股份有限公司北京地安门支行
　　行长　张建东
中国工商银行股份有限公司北京宣武支行
　　行长　张　渠
中国工商银行股份有限公司北京广安门支行
　　行长　贯鹏华
农业银行股份有限公司北京西城支行
　　行长　柴　援（女）
中国银行股份有限公司北京西城支行
　　行长　冯　京（女，6月任）
中国银行股份有限公司北京宣武支行
　　行长　张　丽（女，11月免）
中国建设银行股份有限公司北京西四支行
　　行长　林　麟
中国建设银行股份有限公司北京西单支行
　　行长　管　琳（女）
中国建设银行股份有限公司北京宣武支行
　　行长　王　荣（女，10月免）
　　霍中广（10月任）
交通银行股份有限公司北京市分行
　　行长　郭　莽
中信银行股份有限公司总行营业部
　　总经理　朱加麟
中国光大银行股份有限公司北京分行
　　行长　武　健
华夏银行股份有限公司北京分行
　　行长　杨　伟
招商银行股份有限公司北京分行
　　行长　汪建中
中国民生银行股份有限公司北京分行
　　行长　马　琳
北京银行股份有限公司
　　董事长　闫冰竹（2016年11月免）
　　张东宁（2016年11月任）
中国证券监督管理委员会北京监管局
　　局长　王建平
中国人民财产保险有限公司北京西城支公司
　　总经理　张　泽（女，5月免）
　　乔明琦（5月任）
中国人民财产保险有限公司北京宣武支公司
　　党组书记、总经理　焦继学
中国平安人寿保险股份有限公司北京分公司
　　总经理　徐敏彬
中国太平洋财产保险股份有限公司北京分公司
　　总经理　苏少军（3月免）
　　武　博（3月任）
中国太平洋人寿保险股份有限公司北京分公司
　　总经理　于　赟
北京华康欣和建筑工程有限责任公司
　　董事长　杨玉良
　　总经理　吴志刚
　　党委书记　吕玉民
北京市交通执法总队
　　党委书记　李晓勇（4月免）

总队长　黄建军
北京市交通执法总队第二执法大队
大队长　王平海
北京市运输管理局西城管理处
处长　张永安
北京市地铁运营有限公司
党委书记、董事长　谢正光
总经理　张树人
北京市西城区邮电局
党委书记、局长　徐　丛
中国联合网络通信有限公司北京市分公司
党委书记、总经理　霍海峰
北京市燃气集团有限责任公司
党委书记　周　思（9月免）
李雅兰（女，8月任）
董事长　李雅兰（女）
总经理　支晓晔
北京市燃气集团有限责任公司第一分公司
党委书记、总经理　华　伟
国网北京市电力公司
党委书记　杨新法（5月免）
李同智（5月任）
董事长　李同智（5月任）
总经理　李同智（5月免）
万志军（5月任）
北京市电力公司城区供电公司
总经理　孙兴泉
北京市自来水集团有限责任公司
党委书记、董事长　刘锁祥
总经理　高踪阳
北京市自来水集团禹通市政工程有限公司
党委书记、董事长　郑少博
总经理　张春海

省部级先进集体及先进个人

先进集体

全国文明单位

北京市西城区人民检察院
北京市西城地税局
北京市西城区地方税务局第四税务所
北京市西城区统计局
中国银行北京市宣武支行营业部
招商银行北京分行
北京市自来水集团有限责任公司
北京市西城区广安门内街道报国寺社区

2017年全国工人先锋号

首都医科大学附属复兴医院月坛社区卫生服务中心
北京市西城区德胜街道办事处保洁队
交通银行北京市分行西单支行

全国巾帼文明岗

北京市西城区大栅栏街道石头社区

全国青年文明号

北京市西城区国税局第一税务所
北京市西城区德胜街道办事处

全国五四红旗团支部

北京菜市口百货股份有限公司

全国为侨服务体系示范单位

北京市西城区陶然亭街道工委统战部

全国社会治安综合治理“长安杯”

北京市西城区

全国社会治安综合治理先进集体

北京市西城区西长安街街道办事处

全国人力资源社会保障系统2014—2016年度优质服务窗口单位

北京市西城区广安门外街道社保所

全国平安建设先进县（市、区、旗）

北京市西城区

公安部集体二等功

北京市西城区公安消防支队防火处

全国检察宣传先进单位

北京市西城区人民检察院

全国检察文化建设示范院

北京市西城区人民检察院

全国检察机关文明接待示范窗口

北京市西城区人民检察院（检察管理监督部）

全国优秀法院

北京市西城区人民法院

全国法院信息化工作先进集体

北京市西城区人民法院

全国乡镇（街道）劳动争议调解综合示范单位

北京市西城区大栅栏街道

全国科协系统先进集体标兵

北京市西城区科学技术协会

全国综合防灾减灾示范社区

北京市西城区大栅栏街道前门西河沿社区
北京市西城区新街口街道宫门口社区

国家级充分就业社区

北京市西城区广安门外街道社保所

第十三届北京市思想政治工作优秀单位

北京市西城区国税局第一税务所

“北京市参政议政服务发展同心奖”先进基层组织

台湾民主自治同盟北京市西城区委员会

北京市地方志工作先进集体

北京市西城区地方志编纂委员会办公室

北京市公务员管理工作先进集体

北京市西城区统计局人事科

2017 年首都劳动奖状

北京市西城区人民法院

北京博众物业管理有限公司

2017 年北京市工人先锋号

北京市西城区国家税务局第一税务所

北京市西城区重大项目建设指挥部办公室

北京世纪金工投资有限公司

居仁堂京瓷（北京）文化有限公司创意传承车间

北京张一元茶叶有限责任公司电商部

北京信沃达海洋科技有限公司动物部

北京市模范职工之家

北京市华远集团工会

北京市三八红旗集体

九三学社北京市西城区委

2016 年度北京市五四红旗团委

北京市自来水集团有限责任公司团委

第一届北京“人道奖”先进集体

北京市西城区金融街街道办事处

2016 年度北京市劳动保障监察工作先进单位

北京市西城区劳动监察大队

2013—2016 年度首都社会治安综合治理先进集体

北京市西城区综治办

北京市西城区司法局

北京市西城区西长安街街道办事处

北京市西城区大栅栏街道综治委

2015—2017 年度北京市司法行政系统先进集体

北京市西城区司法局法制宣传科

北京市西城区司法局律师执业监管科

北京市西城区展览路街道司法所

北京市西城区牛街街道司法所

北京市人民调解工作先进集体

北京市西城区新街口街道人民调解委员会

北京市西城区陶然亭街道人民调解委员会

北京市西城区月坛街道人民调解委员会

北京市征兵工作先进单位

北京市西城区人民武装部

2014—2016 年度北京市统计系统先进集体

北京市西城区广安门外街道统计所

北京市水务建设管理先进集体

北京市自来水集团有限责任公司水质监测中心

首都全民义务植树先进单位

北京市西城区广外绿化队滨河公园管理处

北京市园林绿化系统先进单位

北京市西城区德外绿化队万寿公园管理处

北京市科协系统先进集体

北京市西城区科学技术协会

北京市继续教育管理工作先进集体

北京市自来水集团禹通市政工程有限公司

2015—2016 年度北京市“扫黄打非”暨文化市场管理工作先进集体

北京市西城区“扫黄打非”工作领导小组办公室

北京市西城区文化委员会行政执法队

2015—2017 年度北京市文物安全工作先进集体

北京李大钊故居管理处

北京市民政工作先进集体

北京市西城区新街口街道民政科

先进个人

2017 年全国五一劳动奖章

马玉龙　陈洪祥　张紫薇

全国“三八”红旗手

尹智君

全国巾帼建功标兵

苏　娜

全国社会治安综合治理先进集体领导嘉奖

王　涛

公安部个人二等功

牛玉学　王　墨　周冬林　杨　欣

全国税务系统百位优秀县税务局长

王忠新

中国好税官

赵红程

全国住房城乡建设系统劳动模范

何　佳

北京市第十三届优秀思想政治工作者

万　鑫

2015—2016 年度首都精神文明建设奖

孙艳萍　赵红程

北京市有突出贡献的高技能人才

闫长江

北京市地方志工作先进个人

华大友　郝慧芳　杨桂敏　冯　媛

“北京市参政议政服务发展同心奖”先进个人

邱　琦

北京市 2016 年度优秀劳动保障监察员

王　楠　周　吉　韩建军

2013—2016 年度北京市档案系统先进个人

刘　薇　郑小莉

2017 年首都劳动奖章

王　宁　刘吉桐　麦　峰　苏健强　李　雷
杨小华　步红芳　陈卫华　孟宪歧　赵　耀
高建林　程效辉　谢　嫚　翁春燕　何　佳

北京市优秀工会工作者

王怀宇　刘淑梅

北京市三八红旗奖章

王　戈　李丽娟

北京市青年岗位能手

何　佳　张　爽　邹　鑫　梁淑云

第23届北京优秀青年工程师

王　璐　李玉仙

第一届北京“人道奖”先进个人

王　昉

2013—2016年度首都社会治安综合治理先进工作者

王　静　翟晓磊

2015—2017年度北京市司法行政系统先进个人

闫　睿　夏　威　蔡卫华

北京市未成年人保护工作先进个人

施　亮

北京市人民调解工作先进个人

刘　彬　谢　明

北京市安全生产先进个人

敫卫星

北京市水务建设管理先进个人

张　苓　陈宝瑞　廉　雪　耿　炎

首都绿化美化积极分子

范慧英　周　嵘

2017年度首都绿化美化先进个人

王　琦　吕燕顺　李淑敏　宋志勇　郑　鹏

北京市园林绿化系统先进个人

宋连发　郭　宇　盛宝信

2017年“北京市人民教师奖”

汪　艳

2017年“北京市优秀教师”

韦　娅　刘　葵　童其琳　聂　勇　魏晓莉
彭　硕　王　新　崔　巍　潘　蔚　王　越
况　莉　尹　嵘　张晶强　修伟荣　李爱华
王　华　金光泽　戴文凯　薛　铮　王冬梅
高丽杰　王琛琛　段艳红　吴文念　隗　芃
周艳青　张　敏　许　红　王　红　邵海鹏
苏咏霞　丁小棋　王欣欣　蒋小燕　汪京莉
魏　芳　周　煊　齐振燕　张　妍　衣飞燕
王　磊

2017年“北京市优秀教育工作者”

齐小兵　李亚明　吴伟东　张　洁　曲云丹

2017年北京市职教工作“优秀教育工作者”

张玮华

2015—2016年度北京市“扫黄打非”暨文化市场管理工作先进个人

马　威　李晋军

2015—2017年度“北京市文物执法工作先进个人”

孙金声

2015—2017年度“北京市文物安全先进个人”

卞景晟

2017年北京市民政工作先进个人

曹　然

统计资料

说明：

1. 统计资料中“#”表示其中项。
2. “*”表示数据小于等于 2。
3. “—”表示数据不详或没有数据。
4. “…”表示因数据不足最小计算单位而省略。

行政区划与土地面积

表 1

地　区	社区居委会（个）	辖区面积（平方公里）
全区	261	50.70
德胜街道	24	4.14
什刹海街道	25	5.80
西长安街街道	13	4.24
大栅栏街道	9	1.27
天桥街道	8	2.07
新街口街道	21	3.70
金融街街道	19	3.78
椿树街道	7	1.09
陶然亭街道	10	2.14
展览路街道	22	5.87
月坛街道	27	4.13
广安门内街道	18	2.43
牛街街道	10	1.44
白纸坊街道	18	3.11
广安门外街道	30	5.49

（资料来源：西城区民政局）

社会经济主要指标

表 2

项　　目	计量单位	2017 年	2016 年
人　口			
常住人口	万人	122.0	125.9
户籍人口	万人	144.5	146.0
地区生产总值	亿元	3920.7	3602.4
第二产业	亿元	331.3	305.2
第三产业	亿元	3589.4	3297.1
人均地区生产总值	美元 / 人	46854.0	42420.0
商　业			
社会消费品零售总额	亿元	1013.9	968.8
投　资			
全社会固定资产投资	亿元	296.8	252.7
# 房地产投资	亿元	132.9	58.9
财　政			
公共财政预算收入	亿元	422.1	413.8
区级税收	亿元	395.4	376.7
公共财政预算支出	亿元	430.8	426.1
劳　资			
城镇单位在岗职工年平均人数	人	829438	816743
城镇单位从业人员工资总额	万元	178539573	160738799
城镇单位在岗职工工资总额	万元	16340545	14714814
城镇单位在岗职工年平均工资	元	197007	182500
西城园			
总收入	亿元	2877.2	2686.9
工　业			
工业总产值（现价）	亿元	1145.7	1096.0
建筑业			
建筑业总产值	亿元	736.1	646.6
人民生活			
居民人均可支配收入	元	76511	71863
居民人均消费性支出	元	46668	45329
恩格尔系数	%	19.9	20.7
居民消费价格指数（以上年同期价格为 100 的指数）	%	101.9	101.4
居民人均住房总建筑面积	平方米	22.1	21.8
中央、市、区三级税收	亿元	4196.1	4702.1
国税税收收入	亿元	3704.3	4079.3

表2续1

项　　目	计量单位	2017年	2016年
地税税收收入	亿元	131.2	556.3
基本单位情况			
法人单位数	个	46235	45562
产业活动单位数	个	12707	10475
企业基本情况			
资产总计	亿元	1090687.3	1013346 .1
收入合计	亿元	21845.1	21046.6
利润总额	亿元	7523.3	7464.6
对外经济贸易			
“三资”企业实际利用外资额	亿美元	116.1	5.0
城市建设及环境保护			
城市绿化覆盖率	%	30.73	30.46
人均公园绿地面积	平方米/人	4.1	3.9
可吸入颗粒物（PM10）	微克/立方米	88	98
细颗粒物（PM2.5）年均浓度值	微克/立方米	60	78
降尘量	吨/平方公里·月	4.5	5.8
垃圾分类收集率	%	100	100
就业与社会保障			
城镇登记失业率	%	0.88	0.84
城镇登记失业人员就业率	%	64.73	64.80
养老保险基金征缴率	%	99.72	99.82
基本医疗保险基金征缴率	%	99.81	99.82
失业保险基金征缴率	%	99.80	99.80
工伤保险基金征缴率	%	99.70	99.74
民　政			
抚恤、补助优抚对象人数	人	1472	1470
全区老龄人口数	人	391088	386167
最低生活保障人数	人	17655	18428
各种收养性单位个数	个	43	42
基础教育			
学校个数	个	177	176
# 小学	个	58	60
初级中学	个	3	3
高级中学	个	2	2
在校生数	人	142383	135840
# 小学	人	73753	70127

表 2 续 2

项　　目	计量单位	2017 年	2016 年
初级中学	个	4377	3919
高级中学	人	1382	1209
毕业生数	人	29293	28513
# 小学	人	9962	8552
初级中学	个	1211	1155
高级中学	人	356	555
科　技			
输出技术合同成交项数	个	7105	4901
输出技术合同成交总金额	亿元	299.0	249.1
吸纳技术合同成交项数	个	5179	7641
吸纳技术合同成交总金额	亿元	129.7	358.4
文　化			
区属公共图书馆	个	27	37
总藏量	万册	286.4	244.8
# 图书	万册	227.0	193.9
文化馆	个	2	2
文物保护单位	处	181	181
# 全国重点文物保护单位	处	42	42
北京市文物保护单位	处	61	61
卫　生			
卫生机构	个	664	660
卫生技术人员	人	36216	34797
# 执业医师	人	12795	12303
注册护士	人	15992	15296
医疗床位	张	15868	15608
平均每千常住人口医院床位数	张	13.01	12.36
平均每千常住人口拥有职业（助理）医师	人	10.49	9.77
平均每千常住人口拥有注册护士	人	13.11	12.15
体　育			
运动员	人	3972	2103
教练员	人	78	76
裁判员	人	458	434
社会体育指导员	人	8484	7801
体育场地数（区域）	块	1065	1062
文明建设情况			
文明机关个数	个	184	285
文明社区个数	个	93	90

西城区生产总值

表 3

项目	2016 年		2017 年	
	绝对值（亿元）	比重（%）	绝对值（亿元）	比重（%）
总计	3602.4	100.0	3920.7	100.0
第二产业	305.2	8.5	331.3	8.4
第三产业	3297.1	91.5	3589.4	91.6
工业	235.0	6.5	250.4	6.4
建筑业	70.2	1.9	80.9	2.1
批发和零售业	260.7	7.2	275.5	7.0
交通运输、仓储和邮政业	80.1	2.2	91.2	2.3
住宿和餐饮业	44.2	1.2	45.5	1.2
信息传输、计算机服务和软件业	142.3	4.0	150.8	3.8
金融业	1680.2	46.6	1807.9	46.1
房地产业	136.4	3.8	148.8	3.8
租赁和商务服务业	267.6	7.4	277.9	7.1
科学研究和技术服务业	199.4	5.5	241.5	6.2
水利、环境和公共设施管理业	16.5	0.5	19.7	0.5
居民服务和其他服务业	14.3	0.4	15.2	0.4
教育	75.9	2.1	90.8	2.3
卫生和社会工作	113.8	3.2	131.4	3.4
文化、体育和娱乐业	93.0	2.6	99.6	2.5
公共管理、社会保障和社会组织	172.7	4.8	193.6	4.9
人均地区生产总值	42420	–	46854	–

全部法人、产业活动单位

表 4

单位：个

项　　目	法人单位	产业活动单位
合　计	46235	12707
按国民经济产业分		
第二产业	1118	555
第三产业	45109	12146
按国民经济行业分		
工业	397	188
建筑业	728	373
批发和零售业	13629	2920
交通运输、仓储和邮政业	517	250
住宿和餐饮业	1881	1195
信息传输、软件和信息技术服务业	2073	389
金融业	656	3781
房地产业	1745	534
租赁和商务服务业	12430	1189
科学研究、技术服务业	4861	468
水利、环境和公共设施管理业	168	22
居民服务、修理和其他服务业	1329	270
教育	1074	55
卫生和社会工作	328	55
文化、体育和娱乐业	2317	87
其他	2094	925

企业基本情况

表 5

项　　目	单位数（个）	收入总计（万元）
合　计	46235	218451305.8
按隶属关系分	46235	218451305.8
中央	2582	127848629.0
省（自治区、直辖市）	1632	31714331.2
市（地、州、盟）	2050	8688522.6
县级及以下	445	1339.0
其他	39525	50198484.0
按注册类型分	46235	218451305.8
内资	45460	204889557.5
国有	3516	44437971.8
集体	904	709379.5
股份合作	1599	86372.3
联营	40	17282.7
有限责任公司	7796	80903394.5
股份有限公司	268	68239886.8
私营	29889	7253975.5
其它	1448	3241294.4
港澳台商投资	357	7940183.2
与港澳台商合资经营	105	593553.6
与港澳台商合作经营	16	46555.5
港澳台商独资	233	7295548.1
港澳台商投资股份有限公司	*	4526.0
其他港澳台投资	*	—
外商投资	418	5621565.1
中外合资经营	134	2266510.4

表5续1

项　　目	单位数（个）	收入总计（万元）
中外合作经营	15	25417.8
外资企业	258	3189180.8
外商投资股份有限公司	9	140456.1
其他外商投资	*	—
按国民经济行业分	46235	218451305.8
农、林、牧、渔业	8	0.0
采矿业	0	0.0
制造业	373	1137559.6
电力、燃气及水的生产和供应业	24	10657027.7
建筑业	728	8117590.0
批发和零售业	13629	50327922.3
交通运输、仓储和邮政业	517	6082131.0
住宿和餐饮业	1881	948741.4
信息传输、计算机服务和软件业	2073	6603632.9
金融业	656	82363534.8
房地产业	1745	5194529.0
租赁和商务服务业	12430	10933879.4
科学研究和技术服务业	4861	13642013.2
水利、环境和公共设施管理业	168	818689.7
居民服务、修理和其他服务业	1329	164093.4
教育	1074	1682565.3
卫生和社会工作	328	3917482.8
文化、体育和娱乐业	2317	2499268.9
公共管理、社会保障和社会组织	2094	13360644.4
国际组织	0	0.0
国际组织	0	0.0

企业主要财务指标

表 6　　单位：万元

项　　目	资产总计	负债总计	利润总额
合　计	10906872700.1	9266263855.4	75233092.0
按隶属关系分	10906872700.1	9266263855.4	75233092.0
中央	9688092585.0	8337892665.2	52188680.6
省（自治区、直辖市）	596379344.9	511093815.9	6105903.2
市（地、州、盟）	102059615.8	73425225.4	1515189.5
县级及以下	918.7	731.6	0.0
其他	520340235.7	343851417.3	15423318.7
按注册类型分	10906872700.1	9266263855.4	75233092.0
内资	10720938613.8	9192421862.5	61389710.4
国有	3033261023.7	2762053702.0	15130618.8
集体	2565356.6	1931035.1	20418.5
股份合作	56636.6	44171.3	1240.1
联营	5466.0	5979.4	–233.6
有限责任公司	897854660.0	441177623.3	23746440.0
股份有限公司	6775030207.7	5981886395.0	21965462.7
私营	8598800.7	4911675.9	521721.8
其它	3566462.5	411280.5	4042.1
港澳台商投资	51779200.7	24911543.5	1900802.1
与港澳台商合资经营	6462378.2	5196395.1	318683.7
与港澳台商合作经营	515387.1	283254.6	4503.1
港澳台商独资	44747309.3	19381525.4	1574857.6
港澳台商投资股份有限公司	54126.1	50368.4	2757.7
其他港澳台商投资			
外商投资	134154885.6	48930449.4	11942579.5
中外合资经营	16140390.8	11831881.2	713244.4
中外合作经营	332522.4	342253.5	310.8
外资企业	98745342.8	26924934.7	10673687.2
外商投资股份有限公司	18936629.6	9831380.0	555337.1
其他外商投资			
按国民经济行业分	10906872700.1	9266263855.4	75233092.0
农、林、牧、渔业			
采矿业			
制造业	2675872.9	868030.0	13265.1
电力、燃气及水的生产和供应业	27041756.7	13977232.8	618648.0
建筑业	15327587.4	12080182.2	256556.4

表6续1

项　　目	资产总计	负债总计	利润总额
批发和零售业	61117914.5	39669930.0	1475141.0
交通运输、仓储和邮政业	21734050.0	17777541.3	117573.9
住宿和餐饮业	1919402.4	1504717.2	52730.4
信息传输、计算机服务和软件业	223052492.4	58813461.1	22094521.4
金融业	10010611310.6	8910958976.8	28569456.2
房地产业	82190749.0	51763399.3	2514838.1
租赁和商务服务业	363288917.7	119889682.5	18240641.6
科学研究和技术服务业	66726570.8	33789884.4	1006617.5
水利、环境和公共设施管理业	1048545.7	318942.5	3499.9
居民服务、修理和其他服务业	160533.2	71334.8	1214.3
教育	2849026.2	222493.3	6408.3
卫生和社会工作	3925657.7	1371767.2	26969.7
文化、体育和娱乐业	6409200.0	1656923.6	235010.2
公共管理、社会保障和社会组织	16793112.9	1529356.4	0.0
国际组织			

劳动就业基本情况

表7

项　　目	计量单位	2017年	2016年
西城区人力资源服务机构数	家	80	88
城镇登记失业率	%	0.88	0.84
期末实有城镇登记失业人数	人	6969	6600
# 女性	人	2548	2326
城镇登记失业人员就业人数	人	13921	13921
# 女性	人	4989	4742
城镇登记失业人员就业率	%	64.73	64.80
# 女性	%	64.57	64.39
城镇登记失业人员参加培训人数	人	3925	4149
就业困难人员就业人数	人	10574	11008
就业困难人员就业率	%	67.83	68.16
职业技能培训人员总量	人	49591	36288
辖区公共职介机构求职登记人数	人	662	859
辖区公共职介机构职业介绍成功人数	人次	380	320
社区岗位安置就业困难人数	人	11110	10908
用人单位招用就业困难人数	人	550	631
最低退休金	元	1714	1714

社会保障基本情况

表 8

项　　目	计量单位	2017 年	2016 年
基本养老保险			
参加单位数	个	34585	32801
参加人数	人	1938252	1927566
基金收入	万元	2655817	2456978
基金支出	万元	2097936	1980361
基金征缴率	%	99.72	99.82
基本医疗保险			
参加单位数	个	30075	31664
参加人数	人	2142125	2130186
基金收入	万元	1586453	1440968
基金支出	万元	615059	1323009
基金征缴率	%	99.81	99.82
工伤保险			
参加单位数	个	35736	33843
参加人数	人	1350688	1304617
基金收入	万元	35421	31876
基金支出	万元	18606	17978
基金征缴率	%	99.7	99.74
失业保险			
参加单位数	个	34779	32879
参加人数	人	1419837	1398967
基金收入	万元	102447	103622
基金支出	万元	57750	68387
基金征缴率	%	99.8	99.8
生育保险			
参加单位数	个	34309	32378
参加人数	人	1170489	1159964
基金收入	万元	82914	78793
基金支出	万元	112130	75624
基金征缴率	%	99.77	99.82
居民基本医疗养老保险参保人数	万人	23.26	21.43
居民基本医疗保险报销金额	万元	43107	31960

资料来源：北京市西城区人力资源和社会保障局。

常住人口

表 9

项　　目	计量单位	2017 年	2016 年
合　计	万人	122.0	125.9
常住人口分性别			
男性人口	万人	59.0	62.2
女性人口	万人	63.0	63.7
常住人口分年龄			
0–14 岁人口	万人	14.0	14.4
15–64 岁人口	万人	88.7	92.0
65 岁及以上人口	万人	19.3	19.5
#60 岁及以上人口	万人	28.7	29.1
出生人数	人	12165	11135
出生率	‰	9.81	8.71
死亡人数	人	9362	8775
死亡率	‰	7.55	6.86

城镇单位从业人员平均人数

表 10

项　　目	年平均人数	在岗职工	劳务派遣人员	其他从业人员
合　计	1005515	829438	72895	103182
农、林、牧、渔业	74	72	2	0
采矿业	0	0	0	0
制造业	11964	9859	1154	951
电力、燃气及水的生产和供应业	51201	46984	4068	149
建筑业	29174	24809	2361	2004
批发和零售业	72937	66593	2322	4022
交通运输、仓储和邮政业	42472	39153	1230	2089
住宿和餐饮业	32895	27759	1630	3506
信息传输、软件和信息技术服务业	46138	42376	2134	1628
金融业	246865	180912	12410	53543
房地产业	61669	47637	7554	6478
租赁和商务服务业	113293	98585	8534	6174
科学研究和技术服务业	82012	67968	5690	8354
水利、环境和公共设施管理业	11092	9535	1170	387
居民服务、修理和其他服务业	7824	7364	141	319
教育	35720	31067	903	3750
卫生和社会工作	44471	33588	7541	3342
文化、体育和娱乐业	34965	30223	2264	2478
公共管理、社会保障和社会组织	80749	64954	11787	4008

全社会固定资产投资额

表 11　　单位：万元

项　　目	2017 年	2016 年
合　计	2968141	2527173
按隶属关系分		
中央	90773	242579
省（自治区、直辖市）	317703	398441
市（地、州、盟）	1629199	1603518
县级及以下	—	—
其他	930466	282635
按建设种类分		
固定资产投资（不包括房地产开发投资）	1638853	1937692
# 基础设施投资	1084016	756224
房地产开发	1329288	589481
按产业分		
第二产业	148488	109865
第三产业	2819155	2417308
按工程用途分	—	—
农林牧渔业	—	—
工业建筑业用	—	109865
商业营业用	93636	84117
住宅	448273	358053
办公楼	435268	21371
其他	1990964	1953767
按构成分		
建筑安装工程	623338	524218
设备工器具购置	69904	184802
其他费用	2274899	1818153

房地产开发投资基本情况

表 12　　单位：万元、平方米、套

项　　目	2017 年	2016 年
投资完成情况		
计划总投资	7771425	7764210
累计完成投资	7162017	6038981
本年完成投资	1329288	589481
本年完成投资按构成分		
建筑工程	129841	80401
安装工程	89	3543
设备购置	0	8563
其他费用	1199358	496974
本年完成投资按用途分		
住宅	448273	358053
办公楼	435268	21371
商业营业用	93636	84117
其他	352111	125940
土地开发情况		
待开发的土地面积	395138	385178
本年购置土地面积	38167	0
商品房销售、出租、待售情况		
商品房期房销售面积	27757	81869
住宅	24760	6741
办公楼	2997	49920
商业营业用	0	2354
其他	0	22854
商品房现房销售面积	9227	42353
住宅	6021	23119
办公楼	0	12623
商业营业用	0	3262
其他	3206	3349
商品房出租面积	120919	78730
住宅	0	0
办公楼	31364	28275
商业营业用	64104	35509
其他	25451	14946
待售面积	376537	347701
住宅	186196	213544
办公楼	12958	14214
商业营业用	113698	87898
其他	63685	32045
竣工房屋住宅套数	0	1110

工业企业基本情况及主要财务指标

表 13

项　　目	单位数（个）	收入合计（万元）	资产总计（万元）	负债总计（万元）	利润总额（万元）
合　计	45	11794587.3	29717629.6	14845262.8	631913.1
按隶属关系分					
中央	12	7175118.2	12125104.6	7675044.9	122021.2
省（自治区、直辖市）	10	943129.8	10467842.1	5042797.6	142856.5
市（地、州、盟）	*	17775.7	53535.8	51267.4	312.5
县级及以下	—	—	—	—	—
其他	21	3658563.6	7071147.1	2076152.9	366722.9
按登记注册类型分					
内资	41	8516533.3	24302877.5	13235199.5	296273.8
国有	6	6509616.1	11234786.9	7338930.3	125299.3
集体	*	32016.2	55761	5509.2	–1122.2
股份合作	—	—			
联营	—	—			
有限责任公司	26	1767923.0	11719834.6	5685984.1	160033.7
股份有限公司	3	188541.5	1251629	183121.6	9047.1
私营	4	18436.5	40866	21654.3	3015.9
其他	—	—	—	—	—
港澳台商投资	*	3263945.2	5376675.8	1589130.2	335503.7
外商投资	*	14108.8	38076.3	20933.1	135.6
按国民经济行业分					
煤炭开采和洗选业	—	—	—	—	—
石油和天然气开采业	—	—	—	—	—
黑色金属矿采选业	—	—	—	—	—
有色金属矿采选业	—	—	—	—	—
非金属矿采选业	—	—	—	—	—
开采辅助活动	—	—	—	—	—
其他采矿业	—	—	—	—	—
农副食品加工业	*	42741.1	38599.3	30872.2	–144.5
食品制造业	—	—	—	—	—
酒、饮料和精制茶制造业	—	—	—	—	—

表 13 续 1

项　　目	单位数（个）	收入合计（万元）	资产总计（万元）	负债总计（万元）	利润总额（万元）
烟草制品业	—	—	—	—	—
纺织业	—	—	—	—	—
纺织服装、服饰业	*	2108.5	3481.8	1446.4	-84.8
皮革、毛皮、羽毛（绒）及其制品和制鞋业	—	—	—	—	—
木材加工和木、竹、藤、棕、草制品业	—	—	—	—	—
家具制造业	—	—	—	—	—
造纸及纸制品业	—	—	—	—	—
印刷业和记录媒介的复制业	9	419718.8	591935.3	122409.4	21384.5
文教、工美、体育和娱乐用品制造业	*	122250.0	213941.6	201506.2	-39459.3
石油加工、炼焦和核燃料加工业	—	—	—	—	—
化学原料及化学制品制造业	—	—	—	—	—
医药制造业	—	—	—	—	—
化学纤维制造业	—	—	—	—	—
橡胶和塑料制品业	*	43259.5	63362.1	13442.8	4795.7
非金属矿物制品业	*	129953.3	196454.9	139841.8	7900.1
黑色金属冶炼及压延加工业	—	—	—	—	—
有色金属冶炼及压延加工业	*	135705.4	141670.4	13941.9	1037.1
金属制品业	*	45408.7	1102299.9	167014.0	7790.8
通用设备制造业	3	30224.2	74740.2	51928.8	670.5
专用设备制造业	3	28959.7	77668.9	44283.3	-1962.4
汽车制造业	*	2171.8	5634.6	3359.7	-5.5
铁路、船舶、航空航天和其他运输设备制造业	—	—	—	—	—
电气机械及器材制造业	3	24196.0	53996.9	23652.6	1354.5
计算机、通信和其他电子设备制造业	4	96777.2	88693.4	38265.8	9473.8
仪器仪表制造业	3	14085.4	23393.6	16065.1	514.6
其他制造业	—	—	—	—	—
废弃资源综合利用业	—	—	—	—	—
金属制品、机械和设备修理业	—	—	—	—	—
电力、热力的生产和供应业	6	6572128.4	11383968.4	7454829.9	143538.3
燃气生产和供应业	*	3254957.0	5361512.2	1577903.1	337114.0
水的生产和供应业	3	829942.3	10296276.1	4944499.8	137995.7

建筑业企业主要生产指标

表 14

项　目	建筑业总产值（万元）	建筑工程产值（万元）	劳动生产率（元/人）	竣工产值（万元）	房屋建筑竣工面积（平方米）	年末自有机械设备		
						净值（万元）	总台数（台）	总功率（千瓦）
合　计	7361002.9	6634084.7	489295.0	3443713.5	6675192	37724.9	7371	257934
按隶属关系分								
中央	1804961.9	1285438.7	465148.4	597224.7	1583352	8203.2	3346	157241
省（自治区、直辖市）	3354249.7	3349090.5	526669.0	1902450.0	4997715	12395.9	1135	50867
市（地、州、盟）	38920.6	37920.2	471193.7	35865.0	0	9.4	79	509
县级及以下	—	—	—	—	—	—	—	—
其他	2162870.7	1961635.3	458984.1	908173.8	94125	17116.4	2811	49317
按登记注册类型分								
内资	7329049.8	6604005.0	489991.6	3412779.0	6675192	37713.9	7279	257902
国有	32030.0	31029.6	372441.9	32561.0	0	1580.4	811	68791
集体	3192.8	3180.6	181409.1	959.1	0	3.0	15	62
股份合作	15044.5	14874.5	86711.8	6423.6	0	1.8	69	544
有限责任公司	6396041.3	5710768.5	549058.8	3065169.9	6627664	24447.6	4852	152456
股份有限公司	410380.1	410380.1	393650.0	65690.7	0	5931.8	206	16717
私营	472361.1	433771.7	237510.6	241974.7	47528	5749.3	1326	19332
港澳台商投资	30079.7	30079.7	394746.7	30409.7	0	11.0	92	32
外商投资	1873.4	0.0	180134.6	524.8	0	0.0	0	0
按国民经济行业分								
房屋建筑业	3746085.0	3713715.6	558925.3	2127465.6	6652084	9903.0	3139	107982
土木工程建筑业	1676816.0	1630425.3	573643.1	406546.8	0	20811.6	2015	123948
建筑安装业	1269528.9	629850.4	353452.0	546020.2	8615	6013.5	1010	20474
建筑装饰和其他建筑业	668573.0	660093.4	365960.4	363680.9	14493	996.8	1207	5530

服务业财务状况

表 15　　单位：个、人、亿元

项　　目	单位数	从业人员平均人数	资产总计	收入合计	利润总额
合　计	2328	504291	72596.2	6207.6	4275.7
按国民经济行业分					
交通运输、仓储和邮政业	43	41355	2173.4	608.2	11.8
铁路运输业	*	1278	16.9	12.3	1.0
道路运输业	18	36542	132.3	117.2	4.1
水上运输业	*	32	3.3	1.5	0.3
航空运输业	*	1286	25.0	21.1	—
装卸搬运和运输代理业	17	798	19.8	21.1	2.8
仓储业	*	113	1589.4	425.5	3.8
邮政业	*	1306	386.8	9.5	-0.2
信息传输、软件和信息技术服务业	140	45471	22305.2	660.4	2209.5
电信、广播电视和卫星传输服务	25	27067	21931.7	453.7	2180.5
互联网和相关服务	18	4578	89.8	50.5	15.2
软件和信息技术服务业	97	13826	283.8	156.2	13.8
房地产业（不包括房地产开发经营）	246	59213	1997.4	237.1	102.4
租赁和商务服务业	684	88539	36328.9	1093.4	1824.1
租赁业	9	1249	656.9	69.3	21.2
商务服务业	675	87290	35672.0	1024.1	1802.8
科学研究和技术服务业	373	80504	6672.7	1364.2	100.7
研究与试验发展	68	11274	264.1	200.7	1.6
专业技术服务业	235	60852	5535.2	1043.9	86.6
科技推广和应用服务业	70	8378	873.4	119.6	12.5
水利、环境和公共设施管理业	49	8324	104.9	81.9	0.3
水利管理业	4	190	22.5	7.0	—
生态保护和环境治理业	6	1127	35.1	6.4	0.1
公共设施管理业	39	7007	47.3	68.4	0.2
居民服务、修理和其他服务业	36	9752	16.1	16.4	0.1
居民服务业	10	1021	3.7	2.7	0.2
家庭服务	*	145	0.1	0.1	—
托儿所服务	—	—	—	—	—
洗染服务	—	—	—	—	—
理发及美容服务	5	379	2	1	—
洗浴服务	*	280	0.2	0.4	0.1

表 15 续 1

项　目	单位数	从业人员平均人数	资产总计	收入合计	利润总额
保健服务	*	112	0.1	0.2	—
婚姻服务	—	—	—	—	—
殡葬服务	—	—	—	—	—
其他居民服务	*	105	1	1	—
机动车、电子产品和日用产品修理业	10	1312	7.3	8.0	—
汽车、摩托车修理与维护	5	1167	5.6	5.7	—
计算机和办公设备维修	3	89	1.6	1.8	—
家用电器修理	*	8	0.1	0.3	—
其他日用产品修理业	*	48	0	0	—
其他服务业	16	7419	5.0	5.7	–0.1
清洁服务	14	7020	1.9	5.1	–0.1
其他未列明的服务	*	399	3.0	0.6	—
教育	155	28286	284.9	168.3	0.6
学前教育	9	742	1.8	2.5	—
初等教育	47	6544	20.5	22.4	—
中等教育	45	9687	50.3	37.9	—
高等教育	12	6473	157.9	46.5	—
特殊教育	3	269	1.1	0.9	—
技能培训、教育辅助及其他教育	39	4571	53.2	58.2	1.0
卫生和社会工作	71	42323	392.6	391.7	2.7
卫生	66	42171	390.5	388.8	2.7
社会工作	5	152	2.1	3.0	—
文化、体育和娱乐业	238	30230	640.9	249.9	23.5
新闻出版业	143	18325	428.7	172.3	22.6
广播、电视、电影和影视录音制造业	21	3409	68.5	27.6	–0.6
文化艺术业	55	7204	113.0	40.4	1.3
体育	13	964	6.8	4.4	–0.1
娱乐业	6	328	23.9	5.3	0.4
公共管理、社会保障和社会组织	293	70294	1679.3	1336.1	—
中国共产党机关	18	6087	95.1	76.0	—
国家机构	173	58018	1267.9	916.0	—
人民政协和民主党派	7	708	30.0	7.4	—
社会保障	*	118	5.9	8.1	—
群众团体、社会团体和其他成员组织	93	5363	280.4	328.7	—
基层群众自治组织	—	—	—	—	—

批发和零售业企业基本情况

表 16 单位：个、万元、人

项　　目	单位个数	资产总计	营业收入	利润总额	从业人员平均人数
合　计	525	58177864	48368966	1077789	71218
批发业	383	53917210	42687002	923285	26853
零售业	142	4260654	5681964	154505	44365
按登记注册类型分					
内资	503	54591945	45872674	1192373	63045
国有	33	8288666	7352238	274023	3839
集体	8	96647	61023	–4138	337
股份合作	*	4167	9207	98	48
联营	*	5065	14871	9	12
有限责任公司	233	38246576	28644219	740581	24470
股份有限公司	17	5452944	6237085	92553	21270
私营	209	2497879	3554032	89247	13069
其他	0	0	0	0	0
外资	22	3585920	2496292	–114584	8173
港澳台商投资	9	529477	541653	3714	4406
外商投资	13	3056443	1954639	–118298	3767

金融业企业基本情况

表 17　　　　单位：个、万元、人

项　目	单位数	从业人员平均人数	收入合计	资产总计	负债总计	利润总额
合　计	433	229006	82363535	10010611311	8910958977	28569456
按隶属关系分						
中央	116	108575	49843307	9124306961	8127500840	21878176
省（自治区、直辖市）	54	88553	14834679	492762653	466382225	4503901
市（地、州、盟）	30	4961	1572434	63810022	51997658	640037
县级及以下	—	—	—	—	—	—
其他	233	26917	16113115	329731676	265078254	1547342
按注册类型分						
内资	388	223702	80020170	9984017857	8890941801	27742701
国有	19	7360	-133368	2708504411	2675361627	-292729
集体	—	—	—	—	—	—
股份合作	—	—	—	—	—	—
联营	—	—	—	—	—	—
有限责任公司	223	22387	26507055	593814635	304314094	7998693
股份有限公司	77	191737	53417319	6678781200	5910757391	19878785
私营	68	2109	229159	2002079	504967	156055
其他	*	109	6	915532	3722	1897
港澳台商投资	17	1877	652568	6965524	5397672	186834
外商投资	28	3427	1690797	19627930	14619504	639921
按国民经济行业分						
货币金融服务	103	130362	46924643	9278684562	8526805154	20422511
资本市场服务	157	16884	7433182	322933904	68203772	4244813
保险业	108	75114	22683752	213710529	165968543	2859051
其他金融业	65	6646	5321958	195282315	149981508	1043081

房地产开发企业基本情况

表 18 计量单位：个、万元

项 目	单位数	资产总计	收入总计
合 计	183	62120169	2814789
按注册类型			
内资			
国有	2	1380445	44696
集体	—	—	—
股份合作	—	—	—
联营	—	—	—
有限责任公司	77	32921129	1444231
股份有限公司	9	22342498	726642
私营	2	168945	12403
其他	—	—	—
港澳台商投资	4	2144535	6707
外商投资	4	3162617	580110
按隶属关系分			
中央	4	1925785	34586
省（自治区、直辖市）	10	17255617	954595
市（地、州、盟）	26	23878230	618946
县级及以下	—	—	—
其他	58	19060537	1206662
按资质等级分			
一级	12	29387790	992905
二级	13	7139093	153037
三级	7	2862661	86714
四级	55	14504772	1079872
暂定	5	2062068	206123
其他	6	6163785	296138
按营业状态分			
营业	98	62120169	2814789
停业（歇业）	—	—	—
筹建	—	—	—
其他	—	—	—

社会消费品零售额

表 19　　单位：万元、%

项　　目	2017 年	2016 年	2017 年比 2016 年 ±（%）
合　计	10138547	9687782	4.7
一、按限额标准分			
限额以上	7708170	7472724	3.2
限额以下	2430377	2215058	9.7
二、按行业分			
批发业	693801	672077	3.2
零售业	8431122	8065038	4.5
住宿业	183052	175863	4.1
餐饮业	830572	774804	7.2

区地方财政收入

表 20　　单位：万元

项　　目	2017 年	2016 年
合　计	4545758	4178979
公共财政预算收入	4221153	4138061
税收收入	3954287	3766561
增值税	1326256	825161
营业税	16328	700011
企业所得税	1581425	1360080
城市维护建设税	300143	304296
房产税	407814	323393
印花税	217684	160677
城镇土地使用税	9132	12352
土地增值税	60413	45377
车船税	35081	35206
资源税	11	8
非税收收入	266866	371500
专项收入	158813	169330
行政事业性收费收入	14575	21399
罚没收入	3205	2727
国有资源（资产）有偿使用收入	56847	105887
政府住房基金收入	257	117
其他收入	33169	72040
政府性基金预算收入	276912	2597
国有资本经营预算收入	39541	30902

资料来源：北京市西城区财政局。

区地方财政支出

表21　　单位：万元

项　　目	2017年	2016年
合　计	4828244	4460040
公共财政预算支出	4307720	4260851
一般公共服务支出	250047	220407
国防支出	5492	5136
公共安全支出	217828	151798
教育支出	590134	556252
科学技术支出	32579	27859
文化体育与传媒支出	135827	119064
社会保障和就业支出	621852	578422
医疗卫生与计划生育支出	316554	278420
节能环保支出	44516	54595
城乡社区事务支出	1775298	1389242
农林水事务支出	2871	3009
交通运输支出	90	0
资源勘探电力信息等支出	10215	7956
商业服务业等支出	1680	2436
金融支出	46118	47590
国土海洋气象等支出	61	0
住房保障支出	253622	259867
粮油物资储备支出	2644	2644
其他支出	292	556154
政府性基金预算支出	481618	167611
国有资本经营预算支出	30789	24458

资料来源：北京市西城区财政局。

区国税税收收入

表 22　　单位：万元

项　　目	总　计	增值税	营业税	企业所得税	其　他
合　计	37042926	6032044	1964	30889169	119749
农、林、牧、渔业	547	59	—	488	—
采矿业	-1239720	1137	—	-1240857	—
制造业	350007	181651	—	168356	—
电力、燃气及水的生产和供应业	1178745	562166	—	616579	—
建筑业	610220	452156	—	158064	—
交通运输、仓储和邮政业	80613	53611	—	27002	—
批发和零售业	1020850	496030	—	492822	31998
金融业	30248984	3140050	1964	27019322	87648
信息传输、软件和信息技术服务业	705348	122834	—	582514	—
租赁和商务服务业	3133851	500458	—	2633306	87
房地产业	310658	158734	—	151924	—
其他行业	642823	363158	—	279649	16

资料来源：北京市西城区国家税务局。

区地税税费收入

表 23　　单位：万元

项　　目	各项税费收入合计	营业税	企业所得税	其　他
合　计	5024531	65322	688115	4271093
农、林、牧、渔业	8147	0	4691	3455
采矿业	20281	3341	0	16940
制造业	75319	1053	9216	65050
电力、燃气及水的生产和供应业	229698	30	32833	196835
建筑业	172174	18269	25720	128185
批发和零售业	290500	1060	50144	239296
交通运输、仓储和邮政业	21511	1	2116	19394
住宿和餐饮业	36059	14	6403	29642
信息传输、计算机服务和软件业	147615	4250	2711	140654
金融业	1759987	26621	80882	1652484
房地产业	681225	2336	215658	463231
租赁和商务服务业	527030	1579	111128	414323
其他行业	390148	2756	15418	371975

资料来源：北京市西城区地方税务局。

城市园林绿化

表 24

项　　目	计量单位	2017 年	2016 年
年末园林绿地面积	公顷	1060.83	1047.62
人均绿地面积	平方米 / 人	8.7	8.3
绿地率	%	20.99	20.73
年末公园绿地面积	万平方米	500.53	491.07
人均公园绿地面积	平方米 / 人	4.1	3.9
城市绿化覆盖面积	公顷	30.73	30.46
绿化覆盖率	%	30.73	30.46
道路绿地面积	公顷	110.74	109.23
实有树木	万株	214.37	212.27
# 本年新植	万株	2.1	2.8
实有草坪	万平方米	329.83	325.19
# 本年新植	万平方米	4.64	1.73
公园个数	个	25	25
# 市级以上公园	个	5	5

资料来源：北京市西城区园林局。

城市环境卫生

表 25

项　目	计量单位	2017 年	2016 年
机扫车	台	142	135
垃圾车	台	273	246
真空吸粪车	台	20	20
果皮箱	个	3149	3416
公共、公用厕所	座	1128	1139
#改建公共厕所	座	21	32
#新建公共厕所	座	1	0
#维修公共厕所	座次	192	85
密闭式清洁站	座	76	76
清扫街道数量	条	246	246
城市道路清扫保洁面积	万平方米 / 日	814.33	799.69
#机扫面积	万平方米 / 日	540.86	524.31
#洒水面积	万平方米 / 日	645.95	584.13
生活垃圾产生量	万吨	60.8	59.7
生活垃圾清运量	万吨	60.8	59.7
生活垃圾无害化处理量	万吨	60.8	59.7
生活垃圾无害化处理率	%	100%	100%
粪便清运量	万吨	30.1	29.4
粪便无害化处理量	万吨	30.1	29.4
粪便无害化处理率	%	100%	100%
垃圾分类收集率	%	—	—

资料来源：北京市西城区环卫中心。

城市环境保护

表 26

项　目	计量单位	2017 年	2016 年
水环境			
废水排放总量	万吨	—	—
# 工业废水排放达标量	万吨	136.1	128.9
生活污水排放量	万吨	—	—
工业废水排放达标率	%	100	100
环境污染治理			
环境污染事故次数	次	0	0
环境污染与破坏事故直接经济损失	万元	0	0
环境污染与破坏事故赔罚款总额	万元	0	0
“三同时”完成验收项目环保投资	万元	994.0	3622.5
“三同时”合格执行率	%	100	100
排污费收入总额	万元	954.5	713.0
城市环境			
建成环境噪声达标区面积	平方公里	41.6	41.6
建成环境噪声达标区覆盖率	%	85.1	85.1
可吸入颗粒物（PM10)	微克 / 立方米	88	98
细颗粒物（PM2.5）年均浓度值	微克 / 立方米	60	78
二氧化硫（SO2）年均浓度值	毫克 / 立方米	9	12
二氧化氮（NO2）年均浓度值	毫克 / 立方米	49	53
降尘量	吨 / 平均公里	5.8	5.8
区域噪声平均值	分贝	53.9	54.0
交通干线噪声平均值	分贝	67.5	67.6

资料来源：北京市西城区环保局。

基础教育班数、学生数情况

表 27　　单位：个、人

项　目	班　数	毕业生数	招生数	在校学生数	#本市生源
合　计	4284	29293	40172	142383	123622
幼儿园	693	4828	8297	19398	17857
义务教育	2909	17942	25231	102508	85975
小学教育	2143	10620	15050	77537	65248
小学	2028	9962	14223	73753	62451
九年一贯制学校（小学部）	6		142	170	129
十二年一贯制学校（小学部）	109	658	685	3614	2668
初中	766	7322	10181	24971	20727
初级中学	116	1211	1784	4377	4029
九年一贯制学校（初中部）	—	—	—	—	—
十二年一贯制学校（初中部）	48	401	687	1522	1047
完全中学	597	5669	7701	19004	15631
其他学校附设初中班	5	41	9	68	20
高中	639	6464	6596	20035	19541
完全中学	572	5790	5779	17905	17506
高级中学	42	356	515	1382	1317
十二年一贯制学校（高中部）	23	271	264	710	681
其他学校附设初中班	2	47	38	38	37
特殊教育	40	42	33	376	249
工读学校	3	17	15	66	—

资料来源：北京市西城区教育委员会。

居民物质文化生活基本情况

表 28

项　目	计量单位	2017 年	2016 年
一、收入与消费支出			
居民人均可支配收入	元	76511	71863
居民人均消费性支出	元	46668	45329
二、人均现住房总建筑面积	平方米	22.1	21.8
三、耐用消费品			
每百户拥有家用电脑	台	117	113
每百户拥有彩色电视机	台	133	131
每百户拥有电冰箱	台	100	100
每百户拥有空调器	台	175	169
四、交通、通讯			
每百户拥有家用汽车	辆	47	44
每百户拥有移动电话	部	250	247
五、公用			
管道供水入户	%	100.0	100.0
人均公园绿地面积	平方米	4.1	3.9
六、教育文化娱乐、医疗保健			
居民人均教育文化娱乐	元	5477	5609
居民人均医疗保健	元	2878	2585

附　录

中共北京市西城区委主要文件目录

中共北京市西城区委文件

京西发〔2017〕1号　中共北京市西城区委关于做好西城区出席中国共产党北京市第十二次代表大会代表选举工作的通知

京西发〔2017〕2号　中共北京市西城区委关于印发《区委常委会2017年工作要点》的通知

京西发〔2017〕3号　中共北京市西城区委关于同意举行北京市西城区第十六届人民代表大会第二次会议的批复

京西发〔2017〕4号　中共北京市西城区委关于印发《西城区处级党政领导干部选拔任用工作流程》、《西城区处级党政领导干部选拔任用工作流程补充规定》的通知

京西发〔2017〕5号　中共北京市西城区委北京市西城区人民政府印发《关于加强和改进新形势下西城区民族宗教工作的意见》的通知

京西发〔2017〕6号　中共北京市西城区委北京市西城区人民政府关于进一步加强和完善信访工作机制的意见

京西发〔2017〕7号　中共北京市西城区委北京市西城区人民政府印发《关于深化西城区国有企业负责人薪酬制度改革的意见》的通知

京西发〔2017〕8号　中共北京市西城区委北京市西城区人民政府关于印发《西城区全面推行河长制工作方案》的通知（已废止）

京西发〔2017〕9号　中共北京市西城区委关于深入推进全面从严治党的实施意见

京西发〔2017〕10号　中共北京市西城区委印发《关于落实全面从严治党主体责任的实施意见（试行）》的通知

京西发〔2017〕11号　中共北京市西城区委印发《关于加强和改进保密工作的实施意见》的通知

京西发〔2017〕12号　中共北京市西城区委印发《中国共产党北京市西城区委员会工作规则》的通知

京西发〔2017〕13号　中共北京市西城区委印发《关于市委巡视“回头看”反馈意见整改情况的通报》的通知

京西发〔2017〕14号　中共北京市西城区委北京市西城区人民政府印发《西城区关于推进大数据建设的实施意见》的通知

京西发〔2017〕15号　中共北京市西城区委北京市西城区人民政府关于印发《西城区关于深入构建和谐劳动关系的实施意见》的通知

京西发〔2017〕16号　中共北京市西城区委印发《西城区学习宣传贯彻党的十九大精神工作安排》的通知

京西发〔2017〕17号　中共北京市西城区委印发《中国共产党北京市西城区委员会全体会议议事决策规则》的通知

京西发〔2017〕18号　中共北京市西城区委印发《中国共产党北京市西城区第十二届委员会常务委员会工作规则》的通知

京西发〔2017〕19号　中共北京市西城区委印发《中国共产党北京市西城区委员会常务委员会会议议事决策规则》的通知

京西发〔2017〕20号　关于人大第十六届委员会第三次会议的的批复

京西发〔2017〕21号　中共北京市西城区委关于印发《西城区认真学习宣传贯彻党的十九大精神的实施方案》的通知

京西发〔2017〕22号　中共北京市西城区委关于设立北京市西城区落实北京市推进全国文化中心建设领导小组的通知

京西发〔2017〕23号　中共北京市西城区委印发《中共北京市西城区委关于维护党中央集中统一领导的规定》的通知

京西发〔2017〕24号　中共北京市西城区委北京市西城区人民政府关于印发《西城区进一步全面推进河长制工作方案》的通知

京西发〔2017〕25号　中共北京市西城区委北京市西城区人民政府关于印发《西城区全面提升安全稳定维护能力和水平三年行动计划（2017—2019年）》的通知

京西发〔2017〕26号　中共北京市西城区委关于同意召开政协北京市西城区第十四届委员会第二次会议的批复

京西发〔2017〕27号　中共北京市西城区委关于同意召开北京市西城区第十六届人民代表大会第四次会议的批复

中共北京市西城区委办公室文件

京西办发〔2017〕1号　中共北京市西城区委员会办公室北京市西城区人民政府办公室关于印发《西城区"疏解整治促提升"专项行动实施方案》的通知

京西办发〔2017〕2号　中共北京市西城区委员会办公室关于印发《中共北京市西城区委党的建设工作领导小组2017年工作要点》的通知

京西办发〔2017〕3号　中共北京市西城区委员会办公室北京市西城区人民政府办公室关于北京金融街建设指挥部更名及工作职责、内设机构调整的通知

京西办发〔2017〕4号　中共北京市西城区委办公室印发《中共北京市西城区委关于2016年民主生活会领导班子整改方案》的通知

京西办发〔2017〕5号　中共北京市西城区委办公室关于印发《西城区政协2017年协商工作计划》的通知

京西办发〔2017〕6号　中共北京市西城区委办公室北京市西城区人民政府办公室关于印发《北京市西城区关于全面推进政务公开工作的实施意见》的通知

京西办发〔2017〕7号　中共北京市西城区委办公室北京市西城区人民政府办公室关于印发《区委区政府2017年重点工作任务目标分解》的通知

京西办发〔2017〕8号　中共北京市西城区委办公室西城区人民政府办公室关于印发《西城区区领导联系服务重点企业工作制度》的通知

京西办发〔2017〕9号　中共北京市西城区委办公室印发《中共北京市西城区委关于落实中央第十一巡视组对北京市开展巡视"回头看"反馈意见的整改方案》的通知

京西办发〔2017〕10号　中共北京市西城区委办公室北京市西城区人民政府办公室关于印发《西城区三里河南区危旧房改建项目征收组织实施工作方案》的通知

京西办发〔2017〕11号　中共北京市西城区委办公室北京市西城区人民政府办公室关于印发《北京市西城区行业协会商会与行政机关脱钩工作方案》的通知

京西办发〔2017〕12号　中共北京市西城区委办公室北京市西城区人民政府办公室关于印发《西城区关于推进社区协商工作的实施意见（试行）》的通知

京西办发〔2017〕13号　中共北京市西城区委办公室印发《西城区关于推进"两学一做"学习教育常态化制度化的实施方案》的通知

京西办发〔2017〕14号　中共北京市西城区委办公室北京市西城区人民政府办公室印发《关于全面推行民生工作民意立项工作的意见》的通知

京西办发〔2017〕15号　中共北京市西城区委办公室关于印发《2017年西城区政党协商计划》的通知

京西办发〔2017〕16号　中共北京市西城区委办公室印发《市委第一巡视组关于西城区巡视"回头看"的反馈意见》的通知

京西办发〔2017〕17号　中共北京市西城区委办公室印发《关于在深化区属国有企业改革中坚持党的领导加强党的建设的实施意见》的通知

京西办发〔2017〕18号　中共北京市西城区委办公室印发《西城区关于严格党的组织生活的意见》的通知

京西办发〔2017〕19号　中共北京市西城区委办公室北京市西城区人民政府办公室关于印发《西城区区领导联系街道、社区工作制度》、《西城区人大常委会、政协领导联系指挥部等单位工作制度》及《区委常委党建工作基层联系点制度》的通知

京西办发〔2017〕20号　中共北京市西城区委办公室北京市西城区人民政府办公室印发《关于加强政府热线工作的指导意见》的通知

京西办发〔2017〕21号　中共北京市西城区委办公室北京市西城区人民政府办公室关于印发《北京市西城区电子政务内网和党委系统信息化工作"十三五"规划》的通知

京西办发〔2017〕22号　中共北京市西城区委办公室印发《中共北京市西城区委关于落实市委第一巡视组对西城区开展巡视"回头看"反馈意见的整改方案》的通知

京西办发〔2017〕23号　中共北京市西城区委办公室北京市西城区人民政府办公室印发《西城区关于坚持党政同责进一步加强食品安全工作的意见》的通知

京西办发〔2017〕24号　中共北京市西城区委办公室关于印发《区委常委AB角工作制度》的通知

京西办发〔2017〕25号　中共北京市西城区委办公室北京市西城区人民政府办公室关于开展"四个中心"功能建设和北京城市总体规划落地重大课题研究的通知

京西办发〔2017〕26号　中共北京市西城区委办公室北京市西城区人民政府办公室关于进一步完善传达、报告、通报机制的意见

京西办发〔2017〕27号　中共北京市西城区委办公室北京市西城区人民政府办公室印发《西城区关于深入开展携手奔小康行动　加强对口帮扶贫困地区脱贫工作的意见》（2017—2020年）的通知

京西办发〔2017〕28号　中共北京市西城区委办公室北京市西城区人民政府办公室关于支持人民法院解决执行难工作的实施意见

京西办发〔2017〕29号　中共北京市西城区委办公室北京市西城区人民政府办公室关于印发《西城区关于落实领导"四包"机制　进一步加强地区安全稳定工作全面提升安全稳定工作能力和水平的意见》的通知

京西办发〔2017〕30号　中共北京市西城区委办公室关于印发《西城区总工会改革方案》的通知

京西办发〔2017〕31号　中共北京市西城区委办公室关于印发《中国共产党北京市西城区委员会书记专题会议议事规则》的通知

京西办发〔2017〕32号　中共北京市西城区委办公室北京市西城区人民政府办公室印发《西城区街区整理实施方案》的通知

京西办发〔2017〕33号　中共北京市西城区委办公室北京市西城区人民政府办公室印发《西城区配合市级环境保护督察工作方案》的通知

京西办发〔2017〕34号　中共北京市西城区委办公室北京市西城区人民政府办公室关于印发《"北京西城"网站管理暂行办法》的通知

京西办发〔2017〕35号　中共北京市西城区委办公室北京市西城区人民政府办公室关于印发《西城区配合市委、市政府安全生产督察的工作方案》的通知

京西办发〔2017〕36号　中共北京市西城区委办公室北京市西城区人民政府办公室关于印发《中共北京市西城区委贯彻落实中央八项规定精神和市委落实办法的实施办法》的通知

京西办发〔2017〕37号　中共北京市西城区委办公室印发《关于进一步加强区直机关党的建设工作的意见》的通知

京西办发〔2017〕38号　中共北京市西城区委办公室关于印发《西城区委关于进一步加强党委联系服务专家工作的实施办法》的通知

京西办发〔2017〕39号　中共北京市西城区委办公室北京市西城区人民政府办公室关于印发《西城区关于进一步加强指挥部建设的指导意见》的通知

京西办发〔2017〕40号　中共北京市西城区委办公室关于印发《西城区党员干部联系群众制度实施意见》的通知

京西办发〔2017〕41号　中共北京市西城区委办公室北京市西城区人民政府办公室关于调整议事协调机构的通知

京西办发〔2017〕42号　中共北京市西城区委办公室关于印发《西城区妇联改革实施方案》的通知

京西办发〔2017〕43号　中共北京市西城区委办公室关于印发《共青团西城区委员会改革实施方案》的通知

北京市西城区人民政府主要文件目录

西城区人民政府文件

西政发〔2017〕1号　北京市西城区人民政府关于印发西城区"十三五"时期消防事业发展建设规划的通知

西政发〔2017〕2号　北京市西城区人民政府关于2016年政府绩效管理年终考评情况的通报

西政发〔2017〕3号　北京市西城区人民政府关于印发西城区全民健身实施计划（2016—2020年）的通知

西政发〔2017〕4号　北京市西城区人民政府关于印发西城区冰雪运动发展规划（2016—2022年）的通知

西政发〔2017〕5号　北京市西城区人民政府关于印发北京市西城区落实粮食安全区长责任制实施意见的通知

西政发〔2017〕6号　北京市西城区人民政府关于印发北京市西城区人民政府法律顾问团工作规则的通知

西政发〔2017〕7号　北京市西城区人民政府关于印发北京市西城区土壤污染防治工作方案的通知

西政发〔2017〕8号　北京市西城区人民政府印发北京市西城区关于进一步加强垃圾分类处理工作的实施意见（试行）的通知

西政发〔2017〕9号　北京市西城区人民政府关于印发健康西城品质提升行动计划（2017—2020年）的通知

西政发〔2017〕10号　北京市西城区人民政府关于印发北京市西城区医药分开综合改革实施方案的通知

西政发〔2017〕11号　北京市西城区人民政府关于公布第五批区级非物质文化遗产代表性项目名录的通知

西政发〔2017〕12号　北京市西城区人民政府关于印发北京市西城区财政科技专项项目管理办法的通知

西政发〔2017〕13号　北京市西城区人民政府关于做好新形势下就业创业工作的实施意见

西政发〔2017〕14号　北京市西城区人民政府关于调整西城区城管执法管理体制的通知

西政发〔2017〕15号　北京市西城区人民政府关于撤销北京市西城区监察局、北京市西城区预防腐败局的通知

西政发〔2017〕16号　北京市西城区人民政府关于印发北京市西城区空气重污染应急预案（2017年修订）的通知

西政发〔2017〕17号　北京市西城区人民政府关于公布西城区政府文件及部门规范性文件清理结果的通知

西政发〔2017〕18号　北京市西城区人民政府关于印发北京市西城区行政规范性文件管理办法的通知

西政发〔2017〕19号　北京市西城区人民政府关于印发《北京市西城区突发事件总体应急预案（2017年修订）》的通知

西政发〔2017〕20号　北京市西城区人民政府关于推进安全预防控制体系建设的实施意见

西政发〔2017〕21号　北京市西城区人民政府关于印发北京市西城区街区公共空间管理办法（试行）的通知

西政发〔2017〕22号　北京市西城区人民政府关于在市场体系建设中建立公平竞争审查制度的实施意见

西城区人民政府办公室文件

西政办发〔2017〕1号　北京市西城区人民政府办公室关于印发北京市西城区政府投资项目代建制管理办法（试行）的通知
西政办发〔2017〕2号　北京市西城区人民政府办公室关于印发《北京市西城区2013—2017年清洁空气行动计划重点任务分解2017年工作措施》的通知
西政办发〔2017〕3号　北京市西城区人民政府办公室关于建立西城区困难群众基本生活保障工作协调机制的通知
西政办发〔2017〕4号　北京市西城区人民政府办公室关于做好2017年区政府重要会议议题计划实施工作的通知
西政办发〔2017〕5号　北京市西城区人民政府办公室转发区文化委关于西城区博物馆（展览馆）建设三年行动计划（2017—2019）的通知
西政办发〔2017〕6号　北京市西城区人民政府办公室印发关于贯彻落实西城区政务公开实施意见细则的通知
西政办发〔2017〕7号　北京市西城区人民政府办公室关于印发北京市西城区2017年为群众拟办重要实事的通知
西政办发〔2017〕8号　北京市西城区人民政府办公室关于印发西城区对利用“开墙打洞”房屋从事经营活动相关处理指导意见的通知
西政办发〔2017〕9号　北京市西城区人民政府办公室关于成立北京市西城区行业协会商会与行政机关脱钩联合工作组的通知
西政办发〔2017〕10号　北京市西城区人民政府办公室关于印发西城区建立区综合行政执法指挥中心和街道综合行政执法中心工作机制实施意见（试行）的通知
西政办发〔2017〕11号　北京市西城区人民政府办公室关于印发西城区土壤污染防治工作方案2017年重点任务分解的通知
西政办发〔2017〕12号　北京市西城区人民政府办公室关于印发西城区疏解腾退空间资源再利用指导意见的通知
西政办发〔2017〕13号　北京市西城区人民政府办公室印发北京市西城区关于进一步加强政务服务体系建设实施意见的通知
西政办发〔2017〕14号　北京市西城区人民政府办公室关于印发北京市西城区2017年政务公开工作要点的通知
西政办发〔2017〕15号　北京市西城区人民政府办公室印发北京市西城区关于开展全国健康促进区试点暨全国健康城区试点工作方案的通知
西政办发〔2017〕16号　北京市西城区人民政府办公室关于印发北京市西城区退役士兵安置和权益保障工作实施方案的通知
西政办发〔2017〕17号　北京市西城区人民政府办公室关于印发北京市西城区落实“阳光餐饮”工程实施方案的通知
西政办发〔2017〕18号　北京市西城区人民政府办公室关于印发北京市西城区人民政府向公众报告工作实施意见的通
西政办发〔2017〕19号　北京市西城区人民政府办公室关于印发北京市西城区人民政府“四同机制”工作实施办法的通知
西政办发〔2017〕20号　北京市西城区人民政府办公室关于印发北京市西城区旅游与文化、商业及相关产业融合发展三年行动计划（2017—2019）的通知
西政办发〔2017〕21号　北京市西城区人民政府办公室关于印发北京市西城区人民政府区长副区长工作分工的通知
西政办发〔2017〕22号　北京市西城区人民政府办公室关于印发北京市西城区2017—2018年秋冬季大气污染综合治理攻坚行动细化实施方案的通知
西政办发〔2017〕23号　北京市西城区人民政府办公室关于印发北京市西城区危险化学品安全综合治理三年行动计划（2017年9月—2020年5月）的通知
西政办发〔2017〕24号　北京市西城区人民政府办公室关于印发北京市西城区安全生产工作考核办法的通知
西政办发〔2017〕25号　北京市西城区人民政府办公室印发《北京市西城区关于财政支持疏解非首都功能构建高精尖经济结构的意见》的通知
西政办发〔2017〕26号　北京市西城区人民政府办公室关于印发北京市西城区促进全民阅读建设“书香西城”若干意见的通知

驻区单位

驻区部分中央单位

中国共产党中央委员会	西长安街地区
全国人大常委会	西交民巷23号

国务院	府右街
政协全国委员会	太平桥大街 23 号
中共中央国家机关工作委员会	西安门大街 22 号
中共中央纪律检查委员会	平安里西大街 41 号
中共中央办公厅一局	府右街 10 号
中共中央办公厅警卫局	南长街 81 号
中共中央办公厅机要交通局	西黄城根北街 11 号
中共中央办公厅老干部局	大觉胡同 50 号
中共中央直属机关事务管理局	西黄城根北街 9 号北门
中共中央统战部	府右街 135 号
中共中央组织部	西长安街 80 号
中共中央宣传部	西长安街 5 号
中共中央政策研究室	府右街 8 号
中华全国总工会	复兴门外大街 10 号
中国残疾人联合会	西直门南小街 186 号
国家信访局	月坛南街 8 号
国务院办公厅	府右街 2 号
国务院机关事务管理局	西安门大街 22 号
国务院法制办公室	文津街 9 号
国务院侨务办公室	阜成门外大街 35 号
国务院港澳事务办公室	月坛南街 77 号
中共中央台湾工作办公室	广安门南街 6–1 号
国家发展和改革委员会	月坛南街 38 号
国家民族事务委员会	太平桥大街 252 号
中华人民共和国财政部	三里河南三巷 3 号
中华人民共和国国土资源部	阜成门内大街 64 号
中华人民共和国卫生部	西直门外南路 1 号
中华人民共和国教育部	西单大木仓胡同 37 号
中华人民共和国工业和信息化部	西长安街 13 号
中华人民共和国监察部	广安门南街甲 2 号
中华人民共和国审计署	展览路北露园 1 号
国务院国有资产监督管理委员会	宣武门西大街 26 号
中国科学院	三里河路 52 号
中国工程院	冰窖口胡同 2 号
中国人民银行	成方街 32 号
国家邮政局	北礼士路甲 8 号
国家新闻出版广电总局	复兴门外大街 2 号
国家统计局	月坛南街 57 号
国家工商行政管理总局	三里河东路 8 号
国家海洋局	复兴门外大街 1 号
国家宗教事务局	后海北沿 44 号
中华人民共和国环境保护部	西直门南小街 115 号
中华人民共和国水利部	白广路二条 2 号
国家档案局	丰盛胡同 21 号
国家食品药品监督管理总局	宣武门西大街 26 号院 2 号楼
中国印钞造币总公司	西直门外大街甲 143 号
中国兵器工业总公司	三里河路 44 号
中国石油天然气集团公司	六铺炕街 6 号
中国材料工业科工集团公司	西直门内北顺城街 11 号
中国核工业集团公司	三里河南三巷 1 号

国家电网公司	西长安街86号
中国保险监督管理委员会	金融大街15号
中国证券监督管理委员会	金融大街19号富凯大厦
国家粮食局	木樨地北里甲11号国宏大厦C座
国家信息中心	三里河路58号
新华通讯社	宣武门西大街57号
中国地质科学院	百万庄大街26号
中国海监总队	复兴门外大街1号
国家烟草专卖局中国烟草总公司	月坛南街55号
中国儿童中心	平安里西大街43号
中央人民广播电台	复兴门外大街2号
中国道教协会	西便门外白云观内
中国佛教协会	阜成门内大街25号
中国天主教爱国会	柳荫街14号
中国伊斯兰教协会	南横西街103号
中国国际贸易促进委员会	复兴门外大街1号
国务院南水北调工程建设委员会办公室政策及技术研究中心	南线阁街58号
民政部国家减灾中心	白广路7号
中共中央文献研究室	前毛家湾1号
大唐同舟科技有限公司	菜市口大街1号16层1601
国家京剧院	平安里西大街22号
北京鲁迅博物馆	阜成门内大街宫门口二条19号
北京中信房地产有限公司	菜市口大街甲6号院

驻区部分市级单位

北京市教育委员会	前门西大街109号
北京市科学技术委员会	西直门南大街16号
北京市司法局	西直门内南小街后广平胡同39号
北京市人力资源和社会保障局	永定门西街5号
北京市市政市容管理委员会	西单北大街80号
北京市交通委员会路政局	广安门内大街317号
北京市交通委交通执法总队	北礼士路22号
北京市农业局	裕民中路6号
北京市国家税务局	车公庄大街10号
北京市地方税务局	车公庄大街8号
北京市园林绿化局	北三环中路3号双全大厦415号
北京市知识产权局	德胜门东大街8号2层
北京市民防局	槐柏树街北里8号
北京市文学艺术界联合会	前门西大街95号
北京急救中心	前门西大街103号
北京市电力公司	前门西大街41号
北京市自来水集团有限责任公司	宣武门西大街甲121号
北京市燃气集团有限责任公司	西直门南小街22号
北京市地铁运营有限公司	西直门外大街2号
北京市果品有限公司	德胜门外大街5号
北京市人民政府台湾事务办公室	德胜门东大街8号东联大厦三层
北京北站	北滨河路1号
北京市青年宫	西直门南小街68号

中国邮政集团公司北京市西城区分公司	南礼士路头条5号
北京同仁堂连锁药店有限责任公司	冠英园西区甲4号2层
北京同仁堂药材有限责任公司	冠英园西区甲4号5层
中国国民党革命委员会北京市委员会	后英房胡同9号
中国民主同盟北京市委员会	后英房胡同9号447
中国民主建国会北京市委员会	后英房胡同9号7层721室
中国民主促进会北京市委员会	后英房胡同9号7层
中国农工民主党北京市委员会	后英房胡同9号
中国致公党北京市委员会	后英房胡同9号6层
九三学社北京市委员会	后英房胡同9号10层1005房间
台湾民主自治同盟北京市委员会	后英房胡同9号827室
北京市归国华侨联合会	后英房胡同9号6层0655
北京市台湾同胞联谊会	后英房胡同9号
北京市党派团体办公楼服务管理中心	后英房胡同9号2层205房间
北京市黄埔军校同学会	后英房胡同9号307
北京市残疾人活动中心	广安门内大街318号

境内金融机构

银行网点

中国工商银行股份有限公司北京市分行营业网点

分行营业部营业室	复兴门南大街2号天银大厦B座
长椿街支行	宣武门西大街丙121号
长安支行营业室	宣武门内大街乙6号
复外支行	复兴门外大街A2号
复内支行	复兴门内大街55号
西单支行	西单北大街129号
灵境支行	灵境胡同42号
中海凯旋支行	复兴门内大街55号
和平门内支行	北新华街29号
新文化街支行	佟麟阁路75号
甘石桥支行	西单北大街6号
新街口支行营业室	西直门内大街143号
西四支行	西四北大街288号
安华桥西支行	北三环中路乙6号伦洋大厦一层
积水潭支行	新街口外大街甲18号
德胜科技园支行	德胜门外大街13号院合生财富广场一层
赵登禹路支行	平安里西大街31号航天金融大厦一层
德外支行	教场口街9号院乙9-8
西直门内支行	葱店胡同2号院1号楼1层
地安门西大街支行	地安门西大街丙28号
爱民里储蓄所	爱民里小区3号楼北侧

棉花胡同储蓄所	棉花胡同 52 号
柳荫街支行	德胜门内大街 176–1 号
南礼士路支行营业室	阜成门外大街 8 号
阜外大街支行	展览馆路 48 号
西直门支行	车公庄大街乙 1 号
融城支行	百万庄大街 9 号院 1 号楼
西便门支行	西便门外大街 4 号
百万庄东口支行	百万庄大街 16 号
车公庄支行	车公庄大街 9 号院 2 号楼
三里河支行	月坛南街 34 号
真武庙支行	真武庙 4 条 8 号
月坛支行	南礼士路 9 号
金融街支行营业室	太平桥大街丰汇园 11 号楼一层
复兴门支行	金融大街甲 29 号一层
白塔寺支行	太平桥大街 8 号院 2 号楼 1 至 2 层 12
阜成门支行	金融大街 4 号一层
金树街支行	金融大街 8 号楼
英蓝中心支行	金融大街 7 号英蓝国际金融中心二层
地安门支行营业室	德胜门外大街 77 号（德胜园区）
官园支行	阜成门北大街 6–2 号
六铺炕支行	德胜门东滨河路 1 号
鼓楼支行	地安门外大街 31 号
鼓楼外大街支行	六铺炕一区 1 号
安德路支行	安德路 108 号
菜市口支行	广安门内大街 116 号
白广路支行	白广路 7 号中民大厦一层
琉璃厂支行	骡马市大街 8 号楼一层
陶然亭支行	陶然亭路 55 号
宣武门支行	宣武门外大街甲 1 号 1 层 109
右内大街支行	里仁街西口 25 号楼底商
福地广场支行	菜市口大街 1 号一层 101
清芷园支行	育新街 47 号（清芷园会所一层）
菜百支行	广安门内大街 306 号菜百新世纪商场二层
新华社储蓄所	宣武门西大街 57 号
广安门支行营业室	广安门外南滨河路 3 号
樱桃园支行	右安门内大街 15 号
天宁寺支行	西便门内大街 69 号
范家胡同支行	西便门内大街 69 号
马连道支行	广安门外马连道 6 号院 4、5 号楼
朗琴园支行	手帕口南街 1 号院 1–1
青年湖支行	鸭子桥路 24 号中铁商务大厦
中环广场支行	枣林前街 70 号
广外支行	广安门大街 305 号八区 15、16、17 号楼 1 层 105
白纸坊支行	白纸坊西街 17 号 10 号楼
中国农业银行股份有限公司北京市分行	
西城支行营业部	车公庄北街新华里 16 号院 1 号楼
展览路支行	展览馆路 5 号
复兴门支行	复兴门外大街 16 号 39 楼 101 号
月坛大厦支行	月坛北大街 2 号
金融大街支行	金融大街 12 号

平安里支行	平安里西大街 2 号
新街口支行	西直门内大街 118 号（冠华大厦）
新外支行	新街口外大街 8-4 号
北三环支行	北三环中路 23 号
礼士路支行	复兴门外大街 A2 号中化大厦 G 层东北侧
西单支行	西单北大街 109 号北侧
宣武支行营业部	宣武门外大街甲 1 号 b 座
骡马市支行	广安门内大街 6 号
陶然路支行	陶然亭路 63 号
南线阁支行	枣林北里 41 号院 2 号楼首层
广安门外支行	广安门外大街甲 6 号
马连道支行	马连道路 15 号院 6 号楼
里仁街支行	右安门内大街甲 26 号
朱雀门支行	太平街 8 号院 21 号楼底商
白纸坊支行	鸭子桥路 1 号院 5 号楼
中国银行股份有限公司北京市分行	
西城支行营业部	阜成门外大街 5 号
三里河支行	月坛南街丙 71 号
百万庄支行	百万庄大街 22 号
北太平庄支行	新街口外大街 12 号
德外支行	德外大街 11 号一层
黄寺支行	黄寺大街甲 24 号
西直门支行	西直门南小街国英园 1 号一层
车公庄支行	车公庄大街 9 号院 2 号楼楼一、二层
官园桥支行	平安里西大街 28 号
丰盛支行	太平桥大街 18 号丰融国际大厦第一层 5、7 单元
宣武支行营业部	南新华街 1 号
宣武门支行	宣武门西大街乙 97 号
陶然亭支行	白纸坊东街 3 号
广安门支行	南线阁街 10 号 1 层 1-1
庄胜广场支行	宣武门外大街 20 号一层
复兴门支行	真武庙路头条 1-2
天缘公寓支行	广安门南街 36 号
大成大厦支行	宣武门西大街 127 号
莲花河支行	广安门外大街 178 号
西站北支行	莲花池东路 106 号
中国建设银行股份有限公司北京市分行	
西四支行营业部	阜成门外大街甲 26 号
展览路支行	北礼士路 8 号
月坛南街支行	月坛南街 18 号楼 -4
车公庄支行	车公庄大街 9—5 号
建展储蓄所	车公庄大街 9—5 号
真武庙支行	真武庙二条 4 号院真武家园 1 号楼底商
百万庄支行	百万庄大街 22 号院 2 号楼一层东侧
西单支行营业部	西单北大街 34 号
西长安街支行	西长安街 15 号一层
西直门支行	官园小区国英园 7 号楼一层
华远街支行	华远街 13 号置地星座 A 座首层
德胜支行	德胜门东大街 13 号合生财富广场一层
新街口西里储蓄所	新街口西里小区 3 区 2 号楼一层

宣武支行营业部	广安门内大街 314 号
右安门支行	右安门外大街 1 号
白纸坊支行	广安门南街 24 号
广安门支行	南滨河路 7 号
里仁街支行	里仁街 3—1 号一层 01 号
四平园支行	南横街四平园小区综合楼 1 号楼
菜市口南街支行	平原里 20 号楼 1–3 号
牛街支行	牛街 11 号 108 室
开阳里支行	开阳路 3 号院 1 号楼 1 至 2 层 101
陶然亭支行	陶然亭路 2 号 9 号楼 101 号、202 号
天宁寺支行	滨河路 2 号
宣武门支行	宣武门外大街 26 号 0101 室
南菜园支行	建功西里 2 号楼一层
交通银行股份有限公司北京市分行	
分行营业部	金融街 33 号
金融街支行	金融街 22 号和 20 号
阜外支行	车公庄大街 9 号院 1 号楼
西直门支行	高粱桥斜街 59 号院 2 号楼 09 号
百万庄支行	百万庄大街 11 号
三里河支行	三里河一区五号院 8 号楼首层
官园支行	车公庄路新华里 16–3 号京侨国际公馆 1–3 层 102、202、302 号
时代之光支行	西直门北大街 45 号 2 号楼一层 101、二层部分房间
西单支行	西长安街甲 17 号
北蜂窝路支行	北蜂窝路乙 15 号
宣武支行	广安门内大街 319 号一二层
马连道支行	广安门外大街 248 号（机械大厦）
右安门支行	白纸坊东街 10 号
西便门支行	宣武门西大街甲 129 号
北三环中路支行	北三环中路 29 号院 2 号楼 1 层
马甸支行	德胜门外大街 5 号
北太平庄支行	花园东路 32 号仰源大厦一层
德胜门支行	德外关厢地区中交大厦一二层东侧 11–14 轴房
黄寺大街支行	黄寺大街 23 号院 1 号楼 1 层 1010
中信银行股份有限公司总行营业部	
营业结算部	金融大街甲 27 号投资广场 A 座
西单支行	复兴门内大街 45 号院主楼东配楼
广安门支行	广安门外南滨河路 1 号高新大厦 1 层
德外支行	德胜门外大街甲 10 号中轻大厦一 1
天桥支行	天桥南大街 1 号天桥艺术大厦 B 座 1 层
中信城支行	菜市口大街甲 2 号院 6 号楼
中国光大银行股份有限公司总行营业部	
北京分行营业部	宣武门内大街 1 号
宣武支行	广安门外大街 1 号深圳大厦一层
德胜门支行	黄寺大街 23 号北广大厦一层
天宁寺支行	莲花池东路 1 号
西城支行	车公庄大街甲 4 号 –1
礼士路支行	南礼士路 66 号建威大厦
三里河支行	月坛南街 71 号
西直门支行	德宝新园 22 号德宝饭店一层
长安支行	复兴门外大街 6 号光大大厦

金融街丰盛支行	太平桥25号
金融街支行	金融大街28号院盈泰中心2号楼1层
文创园小微支行	车公庄大街4号院3号楼1层109—07室
西客站支行	莲花池东路甲5号院白云时代大厦一层
华夏银行股份有限公司北京分行	
分行营业部	金融大街11号
和平门支行	前门西大街14号
长安支行	三里河东路5号
平安支行	平安里西大街16号
阜外支行	阜成门外大街甲34号
德外支行	德胜门外大街3号
车公庄支行	车公庄大街12号核建大厦首层
广外支行	广安门外大街甲397号
北三环支行	北三环中路6号
陶然支行	太平街8号院朱雀门30号
广发银行股份有限公司北京分行	
月坛支行	月坛北街2号
西客站支行	广莲路1号
莲花支行	广莲路1号（网点业务办理归并西客站支行）
金融街支行	金融大街16号
黄寺支行	德外大街12号
宣武门支行	宣武门外大街甲1号
西单支行	复兴门内大街45号1号楼西南侧配楼
动物园地铁支行	西直门外大街地铁4号线动物园站地下一层元沃天地商场A503号
西直门支行	西直门外大街18号楼金贸大厦一层
招商银行股份有限公司北京分行	
分行营业部	复兴门内大街156号A座
甘家口支行	百万庄大街甲39号
金融街支行	金融大街35号
德胜门支行	德胜门外大街81号
阜外大街支行	阜成门外大街22号外经贸大厦一层
金融街中心支行	金融大街16号
陶然亭支行	南纬路39号
米市社区支行	菜市口大街6号院6号楼1层
蝶翠华庭社区支行	广安门外大街305号二区
金融大街支行	金融大街乙9号楼5层503-01单元
宣武门支行	宣武门外大街30号
月坛支行	月坛南街1号院3号楼一层
中国民生银行股份有限公司	
阜成门支行	阜成门外大街2号万通新世界广场B座
首体支行	西直门外大街甲143号凯旋大厦
金融街支行	金融街33号通泰大厦B座
北太平庄支行	新街口外大街2号金辉科技楼
广安门支行	广安门内大街338号港中旅大厦
西单支行	西单北大街107号北京电信综合楼
德胜门支行	德外大街新风街2号天成科技大厦
西二环支行	平安里西大街26号新时代大厦
西长安街支行	复兴门内大街2号民生银行大厦
长椿街支行	宣武门西大街97号2号楼

北京银行股份有限公司

总行营业部	金融大街甲 17 号、乙 17 号
北京分行	复兴门内大街 156 号 D 座、B 座
车公庄支行	车公庄大街乙 8 号
德外支行	德胜门外大街 8 号（德胜园区）
西四支行	西单北大街 30 号
阜成支行	阜成门外大街 2 号
复兴支行	月坛南街 14 号
展览路支行	西直门外南路 8 号
三里河支行	月坛南街 85 号
月坛支行	阜成门外大街 27 号一层
华安支行	地安门西大街 171 号
西直门支行	冠英园西区 31 号楼
燕京支行	复兴门外大街甲 19 号
金融街支行	金融大街丁 26 号
官园支行	平安里西大街 22 号一层、二层
慧园支行	教场口街 9 号院 7 号楼及巳 9 号楼一层
西单支行	复兴门内大街 156 号（招商国际金融中心 B 座）
长安街支行	真武庙一号中国职工之家 C 座首层
西内大街支行	西直门内大街 275 号
北三环支行	北三环中路 6 号 1 幢一层、二层（德胜园区）
马连道支行	马连道南街 1 号院 2 号楼
百万庄社区支行	百万庄大街 21 号院 1 号楼配套底商 1 号及 2 号商铺
白塔寺支行	太平桥大街 8 号院 10 号楼 1 至 2 层 25、26
右安门支行	右安门内大街 65 号
前门支行	前门西大街正阳市场 1 号楼
琉璃厂支行	南新华街 48 号
广安支行	广安门外白菜湾 5 号楼一层
报国寺支行	广安门内大街甲 306–3 号
天宁支行	核桃园西街 36 号
滨河路支行	枣林前街 119 号
白云支行	广安门外小马厂西里 2 号
陶然支行	永定门内西街 5 号
宣武门支行	广安门内大街 6 号
广源支行	广安门外大街 305 号院 7 号楼一层
陶然亭路支行	陶然亭路 45 号网信鸿玺宾馆一层
永定门支行	天桥南大街 1 号 1 座 1 层 01 单元
南纬路支行	南纬路 35 号 1 层
车公庄大街社区支行	车公庄大街 9 号院 2 号楼 1 层 01 商业门厅

境内邮政网点

中南海邮政支局	府右街乙 27 号
大会堂邮政所	人民大会堂内
地安门邮政支局	地安门外大街 81 号
定阜街邮政所	定阜街 6 号
什刹海邮政所	烟袋斜街 53 号
大市口邮政所	安德路 79 号
北广邮政所	黄寺大街 23 号
西长安街邮政支局	北新华街 29 号昌盛大厦
新华社邮政所	宣武门西大街 57 号
工信部邮政所	西长安街 13 号
金隅大厦邮政所	宣武门西大街甲 129 号 202 室
远洋大厦邮政所	复内大街 158 号地下 1 层
明珠大厦邮政所	西单横二条 59 号明珠大厦内 5 层
金融大厦邮政所	复兴门内大街 156 号 D 座 1 层
西单邮政支局	西单北大街 109 号
太平桥邮政所	丰汇园小区 17 号楼 1 层
平安大厦邮政所	金融大街 23 号地下 1 层
国企大厦邮政所	金融大街 35 号国企地下 2 层
通泰大厦邮政所	金融大街 33 号通泰大厦 1 层
富凯大厦邮政所	金融街 19 号地下 1 层
英蓝国际邮政所	太平桥大街 25 号
邮政集团邮政所	金融街甲 3 号金鼎大厦 B1 层
西四邮政所支局	西四南大街 16 号
白塔寺邮政所	赵登禹路 379 号
百万庄邮政支局	百万庄大街 18 号
马尾沟邮政所	北礼士路 62 号
南礼士路邮政所	南礼士路 38 号
西外大街邮政支局	西直门外大街德宝新园甲 22 号
动物园邮政所	西外大街 137 号动物园正门西侧
三里河邮政支局	月坛南街 65 号
建威大厦邮政所	南礼士路 66 号建威大厦内 2 层
复外大街邮政所	复兴门外南礼士路头条 5 号
复兴门南大街邮政所	复兴门南大街 3 号楼
木樨地邮政所	复兴门外大街甲 25
国宏大厦邮政所	木樨地北里甲 11 号国宏大厦 C 座 1 层
阜成门邮政支局	阜成门北大街 19 号
职工之家邮政所	真武庙 1 号职工之家饭店 A 座 1 层
新街口邮政所	西直门内大街 32 号
平安里邮政所	地安门西大街乙 28 号
车公庄邮政所	西直门南大街甲 18 号
永安路邮政支局	永安路 173 号
天桥邮政所	永安路 121 号

福长街邮政所	福长街 52 号
和平门邮政所	前门西大街 12 号楼
琉璃厂东街邮政所	琉璃厂东街 3 号
菜市口大街邮政所	菜市口大街 6 号院 6–1
牛街邮政支局	牛街 4 号
宣外大街邮政所	宣武门外大街临 99 号
西便门西里邮政所	西便门西里小区 14 号楼北侧
里仁街邮政所	里仁街 14 号
马连道邮政支局	广安门外大街 411 号
红居街邮政所	红居街 10 号院 3 号楼
小马厂营业所	小马厂路 1 号院 1–8 号楼
鸭子桥营业所	鸭子桥南里 1 号楼

学 校

高等院校

北京市行政学院	车公庄大街 6 号
中央音乐学院	鲍家街 43 号
中央广播电视大学	复兴门内大街 160 号
中国人民公安大学	木樨地南里 1 号
中国道教学院	白云观内
外交学院	展览馆路 24 号
北京建筑大学	展览馆路 1 号
北京军地专修学院	新风街 7 号
公安部高级警官学院	木樨地南里甲 1 号
北京教育学院	德胜门外黄寺大街什坊街 2 号
北京联合大学继续教育学院	丰盛胡同 13 号
北京宣武红旗业余大学	右安门内大街 79 号
北京广播电视大学宣武分校	菜园街 13 号
北京市西城经济科学大学	西直门内南草厂街 22 号

职业高中

北京市外事学校	西直门内南小街永祥胡同 3 号
北京市实美职业学校	百万庄大街 19 号
北京市财会学校	西便门内大街 69 号
北京市实验职业学校	菜园街 13 号

中 学

北京市第三中学	富国街 3 号
北京市第四中学	西黄城根北街甲 2 号

北京市第七中学	安德路 69 号
北京市第八中学	学院小街 2 号
北京市第十三中学	柳荫街 27 号
北京市第十四中学	莲花河南街 2 号
北京市第十五中学	育新街 2 号
北京市第三十一中学	西绒线胡同 33 号
北京市第三十五中学	赵登禹路 8 号
北京市第三十九中学	西黄城根北街 6 号
北京市第四十一中学	西四北二条 58 号
北京市第四十三中学	后孙公园胡同 37 号
北京市第四十四中学	三里河南横街 1 号
北京市第五十六中学	文兴街 3 号
北京市第六十六中学	枣林前街 111 号
北京市第一五六中学	太平仓胡同 16 号
北京市第一五九中学	王府仓胡同 23 号
北京市第一六一中学	大宴乐胡同 11 号
北京市第二一四中学	月坛北街 18 号
北京市月坛中学	南礼士路二条 1 号
北京市徐悲鸿中学	右安门内西街甲 10 号
北京市鲁迅中学	新文化街 45 号
北京市铁路第二中学	月坛西街 5 号
北京教育学院附属中学	新街口四条 48 号
北京市育才学校	东经路 21 号
北京市回民学校	广安门内大街 225 号
北京市西城外国语学校	西直门外南路 6 号
北京师范大学附属中学分校	太平街西巷 4 号
北京师范大学第二附属中学西城实验学校	安德路 116 号
北京市师范大学实验华夏女子中学	红莲中里 12 号
北京师范大学实验二龙路中学	大木仓胡同 39 号
北京市宣武外国语实验学校	莲花河胡同 4 号
北京市第十三中学分校	西绦胡同 59 号
北京师范大学附属实验中学分校	辟才胡同 80 号
北京市三帆中学	德胜门外新风街 7 号
北京师范大学附属中学	南新华街 18 号
北京师范大学第二附属中学	新街口外大街 12 号
北京师范大学附属实验中学	二龙路 14 号
北京师范大学亚太实验学校	昌平区北七家镇曹碾村西北
北京市正泽学校	小市口胡同 8 号
北京市私立汇才中学	白云观街北里 11 号
北京市和平门中学（师大附中借用）	南新华街 15 号
北京市新光中学	黄城根北街 6 号
北京市什刹海体育运动学校附设初中班（100 中）	地安门西大街 57 号

小　学

北京市西城区育翔小学	马甸南村乙 14 号
北京市西城区师范学校附属小学	六铺炕北小街 3 号
北京市三帆中学附属小学	裕中西里 29 号
北京市西城区五路通小学	什坊街甲 6 号
北京市西城区黄城根小学	西黄城根北街 3 号

北京市西城区厂桥小学	地安门西大街167号
北京市西城区鸦儿胡同小学	鸦儿胡同25号
北京市西城区新街口东街小学	新街口东街5号
北京雷锋小学	西绦胡同甲2号
北京市西城区西什库小学	刘兰塑胡同14号
北京市第十三中学附属小学	西煤厂胡同7号
北京市西城区什刹海小学	地安门内大街恭俭胡同41号
北京市西城区自忠小学	府右街丙27号
北京市第一六一中学附属小学	北长街71号
北京市西城区力学小学	力学胡同47号
北京市西城区顺城街第一小学	前门西大街135号
北京第一实验小学	南新华街17号
北京市西城区炭儿胡同小学	炭儿胡同11号
北京市西城区新世纪实验小学	南纬路2号院
北京市西城区香厂路小学	香厂路31号
北京第一实验小学前门分校	和平门外东街甲5号
北京第二实验小学玉桃园分校	西直门内大街玉桃园三区10号
北京市西城区志成小学	新街口东新开胡同20号
北京师范大学京师附小	西四北四条47号
北京第二实验小学	新文化街111号
北京市西城区奋斗小学	闹市口大街月台胡同15号
北京市西城区西单小学	中京畿道1号
北京市西城区宏庙小学	西单北大街宏庙胡同13号
北京市西城区华嘉小学	西廊下胡同34号
北京第二实验小学浸水河分校	浸水河胡同45号旁门
北京市宣武师范学校附属第一小学	右安门内大街26号
北京市西城区白纸坊小学	白广路乙27号
北京市第八中学附属小学	福州馆前街3号
北京市西城区陶然亭小学	龙泉胡同5号
北京市第十五中学附属小学	白纸坊东街27号
北京市西城区实验小学	南菜园35号
北京市西城区阜成门外第一小学	阜成门外大街甲10号
北京市西城区展览路第一小学	百万庄中里7号
北京市西城区进步小学	西外大街榆树馆胡同1号
北京市西城外国语学校附属小学	北礼士路133号
北京建筑大学附属小学	文兴街4号
北京第二实验小学白云路分校	白云路2号
北京市西城区育民小学	真武庙头条8号
北京市西城区中古友谊小学	三里河一区39号
北京市西城区三里河第三小学	三里河三区36号
北京市西城区复兴门外第一小学	复兴门外大街地藏庵23号
北京小学	槐柏树街9号
北京市西城区康乐里小学	储库营康乐里2号
北京小学走读部	北线阁街2号
北京市宣武回民小学	牛街西里一区5号
北京市西城区登莱小学	登莱胡同29号
北京第二实验小学广外分校	广安门外红居南街2号
北京小学天宁寺分校	天宁寺前街35号
北京小学红山分校	广安门外大街305号院二区12号楼
北京市西城区青年湖小学	鸭子桥北里13号

北京市西城区椿树馆小学	广安门外南街 43 号
北京市西城区三义里小学	广外三义里 5 号
北京市西城区红莲小学	红莲中里 14 号
北京市西城区兴华小学	留学路 114 号

幼儿园

北京市西城区长安幼儿园	前门西大街 139 号
北京市北海幼儿园	地安门西大街 22 号
北京市西城区棉花胡同幼儿园	棉花胡同 78 号
北京市第六幼儿园	旧鼓楼大街大石桥胡同 43 号
北京市西城区曙光幼儿园	后广平胡同 1 号院 1 号楼
北京市西城区西四北幼儿园	西四北三条 11 号
北京洁如幼儿园	什坊小街宏英园 17 号楼
北京市西城区洁民幼儿园	裕中西里小区 36 号
北京市西城区民族团结幼儿园	新明胡同乙 1 号
北京市西城区虎坊路幼儿园	虎坊路甲 14 号
北京市西城区实验幼儿园	南新华街 21 号
北京市西城区名苑幼儿园	广安门外红居街 16 号
北京市西城区长椿街幼儿园	西便门东里 11 号
北京市西城区槐柏幼儿园	槐柏树街南里 10 号楼
北京市西城区和平门幼儿园	上斜街 66 号
北京市西城区小百合幼儿园	长椿街甲 1 号
北京市宣武回民幼儿园	南横西街 119 号
北京市西城区三教寺幼儿园	里仁街 12 号
北京市第四幼儿园	广安门外莲花河胡同 3 号
北京市西城区三义里第一幼儿园	广安门外三义东里 9 号
北京市西城区三义里第二幼儿园	三义西里 7–2 号
北京市西城区马连道幼儿园	广安门外红莲中里 10 号
北京市西城区信和幼儿园	马连道路 15 号院 5 号楼
北京市西城区红山幼儿园	广安门外大街 305 号二区 10 楼
北京市西城区广安幼儿园	广安门车站西街 2 号院 15 号楼
北京市西城区华新幼儿园	西四北四条 8 号
北京市西城区什刹海街道大拐棒幼儿园	大拐棒胡同 15 号
北京市西城区新街口街道果子市幼儿园	鼓楼西大街 169 号
北京市西城区新街口街道高井幼儿园	西直门内大街高井胡同 16 号
北京市西城区金融街街道新京畿道实验幼儿园	二龙路京畿道小区 12 号
北京市西城区月坛街道办事处第一幼儿园	三里河北街 23 号
北京市西城区展览路街道北营幼儿园	北营房西里 11 号楼西侧
北京市西城区大栅栏西柳树井幼儿园	珠市口西大街 111 号
北京市西城区大栅栏大安澜营幼儿园	大栅栏大安澜营胡同 13 号
北京市西城区南菜园幼儿园	菜园街五层公寓楼 2 号
北京市西城区樱桃园幼儿园	右内大街 53 号
中共中央组织部机关服务中心幼儿园	西单北大街小酱坊胡同 31 号
中共中央办公厅警卫局北长街幼儿园	北长街 89 号
北京市公安局幼儿园	松树街 7 号
中国儿童中心实验幼儿园	平安里西大街 43 号
中共中央直属机关事务管理局实验幼儿园	新风街 1 号院甲 2 号楼
公安部幼儿园	木樨地北里 2 号
国家发展和改革委员会三里河幼儿园	三里河一区丙 68 号

物资机关幼儿园	月坛北街 25 号院
中国石油天然气集团公司机关服务中心幼儿园	六铺炕三区甲 15 号
北京市农业局幼儿园	裕中西里甲 1 号
北京市人民政府机关事务管理办公室幼儿园	广安门内长椿里 2 号
国家机关事务管理局花园村幼儿园广源分园	广安门外大街 305 号 3 区 8 号楼
机械机关幼儿园	百万庄北街 2 号
北京印钞有限公司幼儿园	白纸坊街 23 号
华电（北京）热电有限公司幼儿园	天宁寺东里 4 号
北京军区空军蓝天宇锋幼儿园	平安里群力胡同 17 号
中国人民解放军北京卫戍区直属机关幼儿园	厂桥定阜街 3 号
中国人民解放军解放军报社幼儿园	阜成门外大街 34 号
北京市西城区幸福泉幼儿园	西直门内大街冠英园西区 8 号
北京市西城区广电银河艺术幼儿园	育德胡同 15 号
北京市西城区幸福时光陶然幼儿园	黑窑厂西里甲 11 号
北京市西城区里仁街幼儿园	宏建北里 13 号
北京中铁信达经贸有限公司幼儿园	广安门外车站东街甲 5 号
北京市西城区警娃艺术幼儿园	太平里甲 6 号
北京市西城区汇佳北欧幼儿园	马连道路 80 号院北欧印象小区内
北京市西城区宝威幼儿园	白云路 4 号
北京市西城区蓝色未来幼儿园	小马厂路 1 号院（西豪逸景 3 号楼 307-309 室）
北京市西城区普林斯顿幼儿园	广安门内大街广安胡同康乐里 12 号
北京市西城区官园幼儿园	西直门南小街甲 188 号
北京市西城区亲育代双语幼儿园	北礼士路 135 号内 35 号楼
北京市西城区悠米幼儿园	菜市口莲花胡同 11 号
北京市西城区海思幼儿园	育新街 47 号清芷园 12 号楼一层
北京市西城区威廉和玛丽幼儿园	陶然亭路 2 号院 9 号楼一层（一瓶小区 9D1 层）
北京市西城区诺博幼儿园	展览路街道北露园 2 号
北京市西城区红黄蓝幼儿园	南菜园街乙一号院 2 号楼 3 号楼
北京市西城区乐百灵幼儿园	红居街远见名苑 C 座 10-8 底商
北京市西城区松树阳光幼儿园	百万庄中里 46 号

特殊教育

北京启喑实验学校	西直门内大街东教场胡同 5 号
北京市西城区培智中心学校	西直门外大街德宝新园 23 号
北京市西城区育华中学	昌平区沙河镇七里渠南村 531 号

卫生机构

辖区三级医院

北京大学第一医院	西什库大街 8 号
北京大学人民医院	西直门南大街 11 号

中国医学科学院阜外心血管病医院	北礼士路 167 号
北京积水潭医院	新街口东街 31 号
首都医科大学附属北京安定医院	德胜门外安康胡同 5 号
首都医科大学附属北京儿童医院	南礼士路 56 号
首都医科大学附属北京友谊医院	永安路 95 号
中国中医科学院广安门医院	北线阁 5 号
首都医科大学宣武医院	长椿街 45 号
中国医学科学院北京协和医院	大木仓胡同 41 号
北京急救中心	前门西大街 103 号
中国人民解放军第 305 医院	文津街甲 13 号
中国人民武装警察部队北京市总队第二医院	月坛北街丁 3 号
中国人民解放军火箭军总医院	新街口外大街 16 号

区属卫生机构

首都医科大学附属复兴医院	复兴门外大街甲 20 号
北京中医药大学附属护国寺医院	棉花胡同 83 号
北京市宣武中医医院	万明路 13 号
北京市第二医院	宣武门内大街油坊胡同 36 号
北京市西城区展览路医院	西直门外大街桃柳园西巷 16 号
北京市丰盛中医骨伤专科医院	阜成门内大街 306 号
北京市西城区平安医院	赵登禹路 169 号
北京市肛肠医院（北京市西城区二龙路医院）	德胜门外大街 16 号（北院区）、下岗胡同 1 号（南院区）
北京市西城区广外医院	广安门外三义里甲 2 号
北京市西城区妇幼保健院	平原里小区 19 号楼
北京市回民医院	右安门内大街 11 号
北京市西城区妇幼保健中心	德胜门外大街 38 号
北京市西城区结核病防治所	油坊胡同 52 号
北京市西城区疾病预防控制中心	德胜门外大街 38 号
北京市西城区卫生局卫生监督所	白云观街北里 6 号
北京市西城区动物卫生监督所	白纸坊西街 17 号院 9 号楼底商
北京市西城区椿树社区卫生服务中心	西琉璃厂 63 号
北京市西城区金融街社区卫生服务中心	阜成门内大街 306 号
北京市西城区广内社区卫生服务中心	校场五条 49 号
北京市西城区德胜社区卫生服务中心	德胜门外大街 34 号
北京市西城区新街口社区卫生服务中心	后半壁街 19 号
北京市西城区大栅栏社区卫生服务中心	煤市街 152 号
北京市西城区展览路社区卫生服务中心	阜成门外北大街 201 号
北京市西城区什刹海社区卫生服务中心	正觉夹道甲 13 号
北京市西城区陶然亭社区卫生服务中心	陶然亭路 12 号
北京市西城区天桥社区卫生服务中心	万明路甲 2 号
北京市西城区牛街社区卫生服务中心	右安门内大街 11 号
北京市西城区广外社区卫生服务中心	广安门外三义里甲 2 号
北京市西城区首都医科大学附属复兴医院月坛社区卫生服务中心	真武庙六里七号楼
北京市西城区西长安街社区卫生服务中心	油坊胡同 52 号
北京市西城区白纸坊社区卫生服务中心	新安中里 4 号
北京市西城区社区卫生服务管理中心	广安门外三义东里 8 号楼

西城区律师事务所及公证处

安迪律师事务所	德胜门外大街 3 号写字楼 703 室
安朗律师事务所	广安门外北滨河路甲 1 号 613、618
安新律师事务所	丰盛胡同 28 号太平洋保险大厦 17 层
安之律师事务所	广安门外大街 248 号机械大厦九层 910 房间
奥肯律师事务所	马连道路 6 号院 6 号楼 7 层 708
邦银律师事务所	二龙路新龙大厦 519 室
邦恒律师事务所	宣武门外大街 20 号公寓 1601/1602
宝鼎律师事务所	太平街 6 号 E–525
保和律师事务所	莲花池东路 106 号汇融大厦 A 座 2504 室
宝华德律师事务所	广安门内大街 319 号广信嘉园 c 座 –13c
宝盛律师事务所	新街口西里三区二号楼 11 号
北人律师事务所	广安门南街 36 号天缘公寓 B604
北智律师事务所	红莲南路 28 号 6–1 幢 B 座 419 室
本杰律师事务所	北展北街 9 号 D 座 A501 室
博昌律师事务所	新街口西里二区 1 号楼 1–4
博恒律师事务所	黄寺大街 23 号北广大厦 1205 室
博金律师事务所	阜外大街 1 号四川大厦东塔楼 1314–1319
博澜律师事务所	西直门外大街 18 号 1 单元 11 层 1231 号
柏舟律师事务所	展览馆路甲 26 号 1 号楼 101 室
才良律师事务所	太平街 6 号富力摩根中心 E 座 318 室
倡信律师事务所	半步桥街 48 号 3 层 333
承山律师事务所	右安门内大街 65 号 11 幢右安门商务大厦 328 室
成银律师事务所	金融大街 9 号楼等 2 幢甲 9 号 10 层 1001–67 室
驰坚律师事务所	新街口西里二区 1–2 号底商
赐诚律师事务所	广安门外小红庙南里 2 号 1302
大地律师事务所	华远北街 2 号通港大厦十层 1016–1021 号
道淳律师事务所	华远北街 2 号通港大厦 1001 室
道生律师事务所	丰盛写字楼 2210
道一律师事务所	茶马北街 1 号院 1 号楼 2 单元 1215 室
德恒律师事务所	金融街 19 号富凯大厦 B 座 12 层
德翔律师事务所	德外大街 36 号德胜凯旋 B 座 314 室
鼎知律师事务所	红莲南路 28 号 6–1 幢红莲大厦 B0412–1
东方律师事务所	复兴门外大街 A2 号 F6 层 610 室
法度律师事务所	金融街广宁伯街 2 号铁通大厦 5 层
法桓律师事务所	黄寺大街 23 号北广大厦 11 层 1109
非凡鑫源律师事务所	手帕口南街朗琴园 11 号楼 1006 室
丰友律师事务所	阜外大街 2 号万通新世界广场 B 座 1603
富华邦律师事务所	西直门南小街国英园 1 号楼 716 室
港融律师事务所	西直门大街新兴东巷甲 15 号金泰鑫侨大厦 305
高略律师事务所	德胜门外大街 36 号德胜凯旋大厦 B 座 206 室
高思律师事务所	太平街 6 号 9 层 E–1002 室
格理律师事务所	金融街 35 号 A 座 511

观澜律师事务所	太平街6号富力摩根中心 D—722
观韬中茂律师事务所	金融大街5号新盛大厦B座18层
冠衡律师事务所	金融大街9号楼等2幢甲9号楼10层1001-35
冠领律师事务所	宣武门外大街6号庄胜广场办公楼第一座西翼1316-1318单元
冠英律师事务所	车公庄大街9号五栋大楼C座11层
光夏律师事务所	西直门外大街18号楼5层1单元622
广睦律师事务所	阜成门南大街1号二层
国浩律师事务所	武定侯街2号泰康国际大厦10层1005
国首律师事务所	平原里21号亚泰中心B1017室
国舜律师事务所	广安门外大街168号朗琴国际大厦B座509
国拓律师事务所	马连道茶贸国际中心4楼
国贤律师事务所	新街口西里二区1-11
国业律师事务所	安德路甲67号4幢2层
国源律师事务所	二七剧场路乙6号楼六层
海创律师事务所	佟麟阁路95号尚座大厦6G
海拓律师事务所	月坛南街59号新华大厦15层1501-09室
海泓达律师事务所	平原里21号亚泰中心A1107室
汉达律师事务所	三里河东路1号楼院2号
汉龙律师事务所	金融大街19号富凯大厦B707号
昊衡律师事务所	德胜门外大街36号楼10层2单元1013室
浩伟律师事务所	南滨河路27号7号楼9层909室
和道律师事务所	宣武门外大街6号庄胜广场东翼1025号
何贵富律师事务所	新街口西里一区一号楼底商八号
桓标律师事务所	马连道路25号楼8层818室
恒源律师事务所	南滨河路27号7号楼15层1516/1517
弘本律师事务所	鸭子桥路41-1号天平写字楼213室
泓理律师事务所	白纸坊西街22号都市晴园816室
华策律师事务所	新街口外大街2号有研大厦B座401号
华鹏律师事务所	车公庄大街9号院五栋大楼B座1单元503室
华堂律师事务所	阜外大街11号国宾酒店写字楼308室
华卫律师事务所	富国街2号富国商务会所1301室
华文通用律师事务所	西直门外大街18号，金贸大厦A座318室
华朝律师事务所	展览馆路甲26号2号楼005室
惠康律师事务所	东京畿道10号办公楼511-513室
慧学律师事务所	西直门外大街135号北展宾馆松竹院
汇源律师事务所	南滨河路31号华亨大厦538房间
魂鹤律师事务所	北三环中路甲29号华尊大厦B-303
纪凯律师事务所	西直门南小街国英1号商务大厦5层520
佳友律师事务所	马连道南街6号院1号楼11层1104
甲子律师事务所	西直门外大街德宝二期5号地办公、商业及酒店11层1单元1223
嘉律衡律师事务所	西直门外大街110号中糖大厦7层706
嘉源律师事务所	复兴门内大街158号远洋大厦F408
建诚律师事务所	广安门内大街319号广信嘉园C座23A-C
江山律师事务所	陶然亭路53号南楼430室
金石律师事务所	半步桥街13号
金台律师事务所	广安门外大街248号机械大厦20层
金颐律师事务所	北三环中路29号华尊大厦二层
京大律师事务所	车公庄大街甲4号A1706

京豪律师事务所	新街口西里 3 区 2 号楼 2–2
京龙律师事务所	车公庄大街 6 号院 2 号楼 504 和 507
京泰律师事务所	白纸坊西街 20 号圣都大厦 309 室
京通律师事务所	裕民路 18 号北环中心 A 座 608 室
京土律师事务所	茶马北街 1 号院 2 号楼 4 层 2 单元 0522 室
京泽律师事务所	广安门外大街 168 号朗琴国际大厦 A 座 805 室
经纬律师事务所	复兴门内大街 158 号远洋大厦 F302AB 室
景运律师事务所	广安门外大街 248 号机械大厦 2113 室
久维律师事务所	德胜门外大街 18 幢 735 室（德胜园区）
九洲律师事务所	铁树斜街 90 号远东饭店 6307 室
聚和律师事务所	鼓楼西大街 41 号院 1 号楼 209、301 室
君泽君律师事务所	金融大街 9 号金融街中心南楼 6 层
开中律师事务所	阜外大街甲 6 号中建对外贸易大楼 325 室
凯基律师事务所	莱市口大街平原里 21 号楼 11 层 B1202
科瀚律师事务所	闹市口大街 1 号长安兴融中心 C 座 908 室
坤杰律师事务所	德胜门西顺城街 46 号锦胜华安写字楼东 103 室
莱博律师事务所	新街口外大街 2 号有研大厦 B406 室
兰普瑞那律师事务所	复兴门内大街 45 号院 3 号楼 436、441 室
理瀚律师事务所	黄寺大街 24 号院 19 号楼 505
李晓斌律师事务所	宣武门外大街 28 号富卓大厦 B 座 706 室
李晓光律师事务所	新兴东巷 15 号 10 号楼 203 房间
联拓律师事务所	宣武门外大街庄胜广场北楼西翼 1009
隆鼎律师事务所	黄寺大街 26 号院德胜置业大厦 1 号楼 01053 号
隆平律师事务所	广安门内大街 6 号枫桦国际 A 座 2–802
隆经律师事务所	西绒线胡同 28 号楼 7 层 711
茂源律师事务所	马连道茶马街 6 号院 4 号楼 1 单元 1304
美泰律师事务所	珠市口西大街 120 号 15 层 1525–1526 室
铭德律师事务所	美江大厦 405、421 室
鸣静律师事务所	新街口西里 1–1、1–2 中间
莫少平律师事务所	广安门内大街 167 号翔达大厦写字楼 8 层 809 室
母树峰律师事务所	宣武门外大街 20 号海格国际大厦 A 座 1305 室
纽伦律师事务所	南滨河路 27 号 1 号楼贵都国际中心 A 座 1903 室
欧亚律师事务所	新街口西里二区 1 号楼 11–1 号
普纬律师事务所	白纸坊西街 3 号 A 座 202
启达律师事务所	德胜门外大街 11 号
千洛航律师事务所	珠市口西大街 120 号太丰惠中大厦 1727–1733 室
乾木文辰律师事务所	核桃园西街 36 号北方长城光电大厦 516 室
乾贞律师事务所	西直门外大街 18 号金贸中心 A 座 833
青石律师事务所	莲花池东路甲 5 号院 1 号楼白云时代大厦 1701.1702
权达律师事务所	西直门外大街 18 号号楼 9 层 1 单元 1021
泉宵律师事务所	珠市口西大街 120 号太丰惠中大厦 506–512
群正律师事务所	黄寺大街 26 号院 4 号楼 306 室
任大农律师事务所	半步桥街 13 号 1 楼 4 门 102 室
仁杰律师事务所	新街口西里小区二区 1 号楼地上 3/2–2/3　K–C
仁人德赛律师事务所	闹市口大街 1 号长安兴融中心 4 号楼 4A、4B
融飞律师事务所	广安门外大街 248 号 1 号楼 2118 室
融鹏律师事务所	阜成门外大街 2 号万通新世界 A 座 1606 室
瑞天律师事务所	莲花池东路甲 5 号院 1 号楼 15 层 2 单元 1507
润文律师事务所	茶马街 6 号院 4 号楼 1 单元 301 室
尚淳律师事务所	平安里西大街 28 号，光大国际中心 1 号楼 15 层（电梯楼

	层 18 层）1808 室
尚格律师事务所	北展北街华远企业号 D 座 2 单元 601
绅特律师事务所	南滨河路 27 号 7 号楼 5 层 503 室（贵都国际中心）
圣大律师事务所	阜成门外大街 2 号 B1701、1702、1703
时代九和律师事务所	宣武门外大街甲 1 号
实法律师事务所	黄寺大街 26 号院 4 号楼 710
世银律师事务所	月坛北街 26 号 1703
首捷律师事务所	红莲南路 28 号 6–1 幢 A 座 419
首阳律师事务所	西直门外 1 号院 2 号楼 8C6
首信律师事务所	马甸南村甲 18 号
四惠律师事务所	前半壁街 66 号 3 号楼 211 室
松晟律师事务所	南菜园街 2 号 2 号楼 408 室
泰德律师事务所	月坛南街 26 号 1 号楼 1021、5051、5053
泰银律师事务所	黄寺大街 21 号楼 503–504 室
腾凯律师事务所	茶马街 6 号院 4 号楼 2 单元 104 号
天标律师事务所	裕民路 18 号 1509
天铎律师事务所	西直门内南小街国英 1 号 3 0 9 室
天瀚律师事务所	广内大街甲 306 号水利综合楼 416、418
天理律师事务所	红莲南路 57 号中国印刷大厦 502 室
天路律师事务所	裕民路 18 号北环中心 910
天宁律师事务所	西直门南小街国英园小区 14 号楼一层
天元律师事务所	丰盛胡同 28 号太平洋保险大厦 10 层
统理律师事务所	西什库大街 31 号院 5 号楼 401
万瑞律师事务所	金融街国际企业大厦 B 座 16 层 1420 号
万森律师事务所	西经路 1 号宝山商务酒店四层
王伦律师事务所	马连道南街 6 号院 1 号楼 6 层 608
威宇律师事务所	宣武门外大街 6 号庄胜广场 3A19、3A20 室
伟石律师事务所	黄寺大街 26 号 4 号楼 1205 室
卫之平律师事务所	阜成门外大街 2 号万通大厦 A1206 室
吴栾赵阎律师事务所	月坛北街 2 号月坛大厦 A506 室
翔越律师事务所	西直门外 18 号金贸大厦 B 座 702
响宇律师事务所	菜市口大街甲 2 号院 2 号楼 119（中信沁园底商 2–8）
鑫程律师事务所	黄寺大街 24 号院明湖大厦 B 座 513、515
欣国律师事务所	太平街 6 号 7 层 E–819
鑫河律师事务所	太平街 6 号 E 座 702 室
鑫诺律师事务所	宣武门外大街 10 号庄胜广场中央办公楼北翼 9 层
新元律师事务所	金融大街 33 号通泰大厦 C 座 603 室
信格律师事务所	莲花池东路甲 5 号白云时代大厦东座 1208
星迪律师事务所	金融街 19 号富凯大厦 B 座 11 层 1110
雄志律师事务所	裕民路 18 号北环中心 A 座 811 室
旭伟律师事务所	莲花池东路 106 号 13 层 2 单元 1602
轩询律师事务所	裕民路 18 号北环中心 A 座 106
薛武律师事务所	茶马北街 1 号院 2 号楼 6 层 2 单元 0725
业威律师事务所	马连道路 11 号一商大厦 0923 室
怡德亨律师事务所	铁树斜街 90 号远东饭店 6306
翼赞律师事务所	车公庄大街甲 4 号物华大厦 801 室
英弘律师事务所	西直门外大街 18 号，金贸大厦 B 座 708
永定律师事务所	月坛南街 32 号银岛商务楼 401、408、489 室
优肯律师事务所	茶马街 6 号院 4 号楼 12 层 2 单元 1201
友融律师事务所	展览馆路甲 26 号 1 号楼 304 室

玉言律师事务所	新街口西里二区 1-1
云灿律师事务所	西直门铁路危改小区 9 号楼 523 室
允阔律师事务所	车公庄大街 9 号 2 号楼 6 层 3 门 602
允元律师事务所	白云观街 7 号 1208 室
章科家律师事务所	西直门外大街金贸中心 A 座 1603
正山律师事务所	珠市口西大街 120 号太丰惠中大厦 1719–1721 室
致诺律师事务所	太平街 8 号院 7 号楼 3 门 101 室
中简律师事务所	广安门外大街 168 号朗琴国际 B 座 1115A
中今律师事务所	阜外大街甲 9 号国宾酒店 B 座 502
中然律师事务所	西直门外大街 18 号楼 15 层 1 单元 1839 室
重典律师事务所	新兴东巷 15 号 10 号楼 204 房间
卓仑律师事务所	德外大街乙 10 号泰富大厦 10 层 1006 室
曜远律师事务所	宣武门外大街 20 号海格国际大厦 B0709
易凯律师事务所	前半壁街六十六号祺祥园写字楼 303 室
逸峰律师事务所	太平街 6 号富力摩根中心 D 座三层 D–320
亦德律师事务所	莱市口南大街陶然居 A 座 1005 号
义方律师事务所	宣外大街 10 号庄胜广场中央办公楼北翼 9 层 905 单元
英岛律师事务所	西直门外大街 143 号凯旋大厦 C 座 2 层
永新智财律师事务所	金融大街 27 号投资广场 A1801 单元
雨仁律师事务所	月坛北街 26 号恒华国际商务中心 A 座 422 室
昭德律师事务所	宣武门外大街 6–713
兆亿律师事务所	黄寺大街 26 号院德胜置业 1 号楼 701 室
兆源律师事务所	宣武门西大街甲 129 号金隅大厦 907–910 室
正理律师事务所	车公庄大街 9 号院五栋大楼 B1 座 1103 室
智多鑫律师事务所	红居街恒昌花园 1 号楼 201 室
中北律师事务所	月坛北街 2 号月坛大厦 1603 室
中高盛律师事务所	广义街 5 号广益大厦 B907
中合律师事务所	南滨河路 27 号 7 号楼 16 层 1609 室
中里通律师事务所	红莲南路 57 号二层 B 区
中满律师事务所	西直门内南小街国英 1 号 6 层 628
中实律师事务所	大木仓北一巷一号西单饭店三层
中同律师事务所	北三环中路甲 29 号华尊大厦 A 座 1701 室
中旭律师事务所	茶马北街 1 号院 1 号楼 3 层 1 单元 0303
中轩律师事务所	南滨河路 23 号立恒名苑 3 号楼 2105 室
中盈律师事务所	西外大街新兴东巷 15 号主楼 7 层
中永律师事务所	北展北街 15 号华远企业中心 17 号楼 A 座 5 层 501 室
中喆律师事务所	广安门外大街 168 号朗琴国际大厦 B 座 517A
中治律师事务所	金融大街 28 号院 2 号楼三层
中咨律师事务所	平安里西大街 26 号新时代大厦 6–8 层
中尊律师事务所	阜成门外大街 2 号万通新世界 A 座 2109 室
重光律师事务所	广宁伯大街 2 号金泽大厦东座 7 层
铸成律师事务所	北展北街华远企业号 A 座 7、8 层
紫光达律师事务所	后广平胡同 38 号国英大厦 10F
福建天凯（北京）律师事务所	月坛北街 2 号 2505B 单元
广东华科（北京）律师事务所	佘家胡同 1 号 3 栋三楼 317–320 室
广东晟典（北京）律师事务所	白云路 1 号大厦第 14 层 1404 号
贵州贵达（北京）律师事务所	西直门外大街 18 号 A 座 025 室
江苏博爱星律师事务所分所	白云路 4 号
江苏益友天元（北京）律师事务所	金融大街 9 号楼等 2 幢甲 9 号楼 10 层 1001–21
山西华炬（北京）律师事务所	金融街号投资广场 B 座 9 层

四川元绪（北京）律师事务所	阜成门外大街1号四川大厦东塔楼2408-2413
浙江阳光时代（北京）律师事务所	宣武门外大街10号庄胜中央写字楼北翼7层701室
国立公证处	德胜门外大街12号
中信公证处	金融街广宁伯街2号金泽大厦5层
精诚公证处	骡马市大街14号

文物保护单位及文化设施

全国重点文物保护单位（42处）

名称	时代	地址
北海及团城	明、清	文津街1号
妙应寺白塔	元	阜成门内大街171号
宋庆龄故居	现代	后海北沿46号
恭王府及花园	清	前海西街17号、柳荫街14号
郭沫若故居	现代	前海西街18号
大高玄殿	明	景山西街21号、23号
历代帝王庙	明、清	阜成门内大街131号
南　堂	明、清	前门西大街141号
景　山	明、清	景山西街44号、景山后街11号
白云观	明、清	西便门外白云观
中南海	明、清	西长安街
德胜门箭楼	明、清	北二环中路
北京鲁迅旧居	民国	阜成门内宫门口二条19号
清农事试验场旧址	清	西直门外大街137号
月　坛	明	南礼士路
醇亲王府	清	后海北沿44号、鼓楼西大街154、156号
广济寺	明	阜成门内大街25号
北平图书馆旧址	民国	文津街7号
北京国会旧址	民国	宣武门西大街57号
京师女子师范学堂旧址	民国	新文化街45号
利玛窦和外国传教士墓地	明、清	车公庄大街6号
西什库教堂	清	西什库大街33号
国立蒙藏学校旧址	清	小石虎胡同33号
关岳庙	民国	鼓楼西大街149号
天宁寺塔	辽	天宁寺前街甲3号
牛街礼拜寺	明、清	牛街18号
先农坛	明	东经路21号
法源寺	清	法源寺前街5号
安徽会馆	清	后孙公园17、19、21、23、25、27号
报国寺	清	报国寺前街1号
国民政府财政部印刷局旧址	清	白纸坊街西街23号
大栅栏商业建筑		

瑞蚨祥	民国	大栅栏街 5 号
谦祥益	民国	珠宝市街 5 号
劝业场	清	廊房头条 17 号
祥义号门面	民国	大栅栏街 1 号
李大钊旧居	民国	文华胡同 24 号
梅兰芳旧居	现代	护国寺街 9 号
明北京城城墙遗迹	明	复兴门南大街
克勤郡王府	清	新文化街 53 号
辅仁大学本部旧址	民国	定阜街 1 号
盛新中学与佑贞女中旧址	民国	教场胡同 2 号、教场胡同 4 号
万松老人塔	元	西四南大街 43 号旁门
基督教中华圣公会教堂	民国	佟麟阁路 85 号、石灯胡同甲 6 号
西交民巷近代银行建筑群	民国	西交民巷 17 号、23 号、50 号
大运河（北京市西城区）	元、明	什刹海、玉河故道：地安门外大街（含万宁桥）

北京市文物保护单位（61 处）

名称	**时代**	**地址**
程砚秋故居	现代	西四北三条 39 号
齐白石故居	民国	跨车胡同 13 号
升平署戏楼	清	西长安街 1 号、大宴乐胡同 11 号
郑王府	清	大木仓胡同 35 号
礼王府	清	西黄城根南街 7 号、9 号，颁赏胡同甲 19 号
庆王府	清	定阜街 3 号、德胜门内大街甲 254 号
福佑寺	清	北长街 20 号
广化寺	元、明	鼓楼西大街鸦儿胡同 31 号
护国寺金刚殿	元	护国寺西巷
都城隍庙（寝殿）	元、明、清	成方街 33 号
吕祖阁	清	明光胡同 6 号、新壁胡同 41 号
火德真君庙	元、明、清	地安门外大街 77 号
昭显庙	清	北长街 71 号
天主教圣母会法文学校	清末	前门西大街 137 号
西四北三条 11 号四合院	民国	西四北三条 11 号
西四北六条 23 号四合院	民国	西四北六条 23 号
前公用胡同 15 号四合院	民国	前公用胡同 15 号
西四北三条 19 号四合院	民国	西四北三条 19 号
西交民巷 87 号北新华街 112 号四合院	民国	西交民巷 87 号
涛贝勒府	清	柳荫街 25、27、乙 27 号
北京水准原点旧址	民国	西安门大街 1 号（一部南门）
富国街 3 号四合院	清	富国街 3 号
平绥铁路西直门车站旧址	清末	西直门外北滨河路 1 号
百万庄路 8 号墓园石刻	清末	阜成门外百万庄路 8 号
贤良祠	清	地安门西大街 103 号
旧式铺面房	清末	地安门外大街 50、52 号
会贤堂	清	前海北沿 18 号
拈花寺	明	大石桥胡同 61 号
地安门西大街 153 号四合院	清	地安门西大街 153 号
阜成门内大街 93 号四合院	民国	阜成门内大街 93 号
雪池冰窖	清	雪池胡同 10 号
恭俭冰窖	清	恭俭五巷 5 号

皇城墙遗址（西城区）	明、清	西长安街
长椿寺	明	长椿街9、11号
三圣庵	清	黑窑厂胡同14号
陶然亭慈悲庵	元	陶然亭公园内
湖广会馆	清	虎坊路3、5号
湖南会馆	清	烂漫胡同101、103号
中山会馆	清	珠朝街5号
正乙祠	清	西河沿220号
杨椒山祠	明	达智桥胡同12号及旁门校场三条2号
康有为故居	清	米市胡同43号
朱彝尊故居	清	海柏胡同16号
《京报》馆	民国	魏染胡同30、32号
盐业银行旧址	民国	前门西河沿7号
交通银行旧址	民国	前门西河沿9号
粮食店第十旅馆	清	粮食店街73号
金中都太液池遗址	金	广安门外南街77号
云绘楼清音阁	清	陶然亭公园内
德寿堂药店	民国	珠市口西大街175号
纪晓岚故居	清	珠市口西大街241号
原京华印书局	民国	南新华街177号
醇亲王府（南府）	清	鲍家街43、甲2号
广福观	明	烟袋斜街37号、大石碑胡同6号
清学部遗存	清	教育街1号宣内17号
清稽查内务府御史衙门	清	陟山门街5号
兆惠府第遗存	清	前井胡同3号
中国地质调查所旧址	民国	兵马司胡同15号
张自忠旧居	民国	府右街丙27号
浏阳会馆（谭嗣同故居）	清	北半截胡同41号，南半截胡同6、8号
绍兴会馆	清	南半截胡同7号

西城区级文物保护单位（78处）

名称	**时代**	**地址**
三官庙	明	西海北沿29号
净业寺	明	德胜门内西顺城街46号
双　寺	明	双寺胡同11号、西绦胡同2号
普济寺（高庙）	明	西海南沿48号
棍贝子府花园	清	新街口东街31号
德胜桥	明	德胜门内大街
摄政王府马号	清	后海北沿43号
大藏龙华寺	明	后海北沿23号
寿明寺	明	鼓楼西大街79号
小石桥胡同24号宅园（盛园）	清	小石桥胡同24号、后马厂胡同17号
银锭桥	明、清	后海北沿东端
鉴　园	清	小凤翔胡同5号
正觉寺	明	正觉胡同甲9号
魁公府	清	宝产胡同甲23、23、25、27、29号，赵登禹路58、60号，四根柏胡同18号
旌勇祠	清	旌勇里3号
保安寺	元	地安门西大街133、135号

天寿庵	明	龙头井街 42 号
玉皇阁	元	育强胡同甲 22 号
翠花街 5 号四合院	民国	翠花街 5 号
元大都下水道	元	西四路口
清真普寿寺	明	锦什坊街 63 号
永佑庙	清	府右街 1 号、3 号
万寿兴隆寺	明	北长街 39 号
洵贝勒府	清	背阴胡同 37 号
仪亲王府	清	府右街 137 号
霱公府	清	西绒线胡同 51 号
永寿寺	明	三里河前巷 1 号
马尾沟教堂	民国	车公庄大街 6 号
陆谟克堂	民国	西直门外大街 141 号
护国双关帝庙	元、明、清	西四北大街 167 号、甲 167 号
阿拉善王府	清	毡子胡同 7 号
法源清真寺	清	德胜门外大街 200 号
镶红旗满洲都统衙门	清	新文化街 137 号
吕祖宫	清	复兴门内北顺城街 15 号
西四街楼	清	西四北大街 255 号、阜成门内大街 1 号
圆广寺大殿	明、清	阜成门外大街 7 号楼 -1 号
清端顺长公主墓碑	清	德胜门外冰窖口胡同 75 号
清乾隆汇通祠诗碑	清	德胜门西大街甲 60 号汇通祠内
天主教圣母圣衣堂	清、民国	西直门内大街 130 号
中央医院旧址	民国	阜成门内大街 133 号
平民中学	民国	西四北二条 58 号
为宝书局	民国	地安门外大街 156 号
粤东新馆	清	南横西街 13 号
沈家本故居	清	金井胡同 1 号
荀慧生故居	清	山西街甲 13 号
崇效寺藏经阁	明	崇效胡同 9 号
宝应寺	明	登莱胡同 29 号
东南园四合院	清	东南园胡同 49 号
北师大旧址	近代	南新华街 13、15、17 号
北师大附小旧址	近代	南新华街 18 号
林白水故居	近代	骡马市大街 9 号
萧长华故居	清	西草厂街 88 号
谭鑫培故居	清	大外廊营 1 号及旁门
王瑶卿故居	清	培英胡同 20 号
钱市胡同传统建筑群	清	珠宝市街 37、39 号，钱市胡同 1–8 号
前门清真礼拜寺（修缮中）	清	扬威胡同 9 号、茶儿胡同 2 号、笤帚胡同甲 1 号
火神庙	清	琉璃厂东街 29 号
五道庙	清	铁树斜街 143—149 号、樱桃斜街 96—104 号
梨园公会	民国	樱桃斜街 65 号
裕兴中银号	民国	施家胡同 11 号
青云阁	民国	大栅栏西街 33 号
护国观音寺	清	樱桃斜街 4、6、8 号
泰丰楼饭庄西楼	清	煤市街 33 号、杨梅竹斜街 4 号
晋江会馆（林海音故居）	清	南柳巷 40、42 号
北京东方饭店初期建筑	民国	万明路 11 号
宜兴会馆	清	校尉营胡同 44 号

新市区泰安里	民国	天桥仁寿路6—16号
圣安寺	金	南横西街119号
莲花寺	明	永庆胡同37号
商务印书馆	民国	琉璃厂西街36号
永兴庵	明	南柳巷45号
余叔岩故居	清	异地迁移待复建
尚小云故居	清	异地迁移待复建
圣祚隆长寺	明、清	西四北三条3号
什刹海寺	明、清	糖房大院27号
福善寺	清	柳荫街26号、28号
双吉寺	清	双吉胡同3号
陈垣故居	民国	兴华胡同13号

博物馆

中国地质博物馆	西四羊肉胡同15号
中国钱币博物馆	西交民巷17号
中国印钞造币博物馆	西直门外大街凯旋大厦
中国古动物馆	西直门外大街142号
民族文化宫博物馆	复兴门内大街49号
恭王府花园	柳荫街甲14号
首都博物馆	复兴门外大街16号
北京天文馆	西直门外大街138号
白塔寺	阜成门内大街171号
北京古代钱币博物馆	北二环中路德胜门箭楼
北京历代帝王庙管理处	阜成门内大街131号
北京李大钊故居	文华胡同24号
宋庆龄故居	后海北沿46号
北京鲁迅博物馆	阜成门内宫门口二条19号
郭沫若纪念馆	前海西街18号
梅兰芳纪念馆	护国寺街9号
徐悲鸿纪念馆	新街口北大街53号
郭守敬纪念馆	德胜门西大街甲60号
北京红楼文化艺术博物馆	南菜园街12号
北京宣南文化博物馆	长椿街9号
北京戏曲博物馆	虎坊路3号
北京空竹博物馆	报国寺小星胡同9号
古陶文明博物馆	右安门内西街18号（大观园北门）
北京古代建筑博物馆	东经路21号
慈悲庵	太平街19号陶然亭公园内
中国消防博物馆	广安门南街70号
中国佛教图书文物馆	法源寺内

文化广场

西单文化广场	西单北大街
金融街街道城隍庙文化广场	城隍庙东侧
新街口街道玉桃园文化广场	新街口前桃园
展览路街道朝阳庵老来乐花园	三里河路22号朝阳庵小区
月坛街道碧溪公园文化广场	白云路

什刹海街道什刹海文化广场	什刹海小广场
什刹海街道雨来散广场	什刹海雨来散文化广场
什刹海街道野鸭岛南岸广场	野鸭岛南岸
大观园奥运城市文化广场	大观园南门
宣武艺园文化广场	宣武艺园东门
天桥市民广场	天桥剧场东侧
牛街东里文化广场	牛街东里一区
白纸坊文体广场	南樱桃园路口
椿树园文化广场	椿树园小区

文化馆

西城区第一文化馆	西直门内大街 147 号
西城区第二文化馆	福长街四条 2 号

图书馆

西城区第一图书馆	后广平胡同 26 号
西城区第二图书馆	教子胡同 8 号
西城区青少年儿童图书馆	西直门内大街 69 号
德胜街道图书馆	新明胡同甲 1 号
什刹海社区教育学校图书馆	刘海胡同 11 号
西长安街街道图书馆	东斜街 51 号
西长安街街道和平门图书馆	小六部口 36 号长安幸福家园
大栅栏街道图书馆	石头胡同 9 号
大栅栏西河沿民俗图书馆	前门西河沿 228 号
天桥街道图书馆	北纬路 9 号
天桥雷锋图书馆	南纬路 38 号院 3–11
新街口街道图书馆	西直门内大街 235 号
新街口街道福绥境图书馆	宫门口三条乙 1 号
金融街街道图书馆	太平桥大街 107 号地下 2 层
金融街街道丰汇园图书馆	丰汇园小区 15 号楼
椿树街道图书馆	椿树园 7 号楼甲 3 号
陶然亭街道图书馆	黑窑厂街 22 号
展览路街道图书馆	展览馆路甲 18 号
展览路社区教育学校图书馆	月坛北街 25 号
月坛街道图书馆	月坛南街甲 49 号
广内街道图书馆	下斜街一号东楼二层
广内街道西便门东里图书馆	西便门东里平房 1 号
牛街街道图书馆	牛街东里 18 号楼 3 层
白纸坊街道图书馆	枣林前街 16 号
广外街道图书馆	中里一区 1 号
广外街道社区服务分中心分馆	小马厂路 1–4 号二层

电影院

北京首都华融影院有限责任公司	西单北大街 131 号 9 层（局部）、10 层、11 层
北京青年宫电影城	西直门南小街 68 号
北京地质礼堂	西四羊肉胡同 30 号
北京国宾菁英电影放映有限公司	月坛南街 24 号

北京金融街影院有限责任公司	金融大街 18 号地下一层
北京市工人俱乐部	虎坊桥七号
北京中晟万方影院管理有限公司	月坛南街30号万方西单商场东侧主楼二层、三层（302-311）
北京中晟新华影院管理有限公司	新街口北大街 1 号 1 号楼 5 层 5A101
北京市广安门电影院	白广路 8 号
北京首都华融影院有限责任公司天桥分公司	天桥南大街 3 号楼
北京耀莱腾龙国际影城管理有限公司马连道电影院分公司	马连道路 25 号楼新年华生活购物广场 5 层 F510 商铺、6 层 F603 商铺
北京科影传媒有限公司（剧空间剧场）	新街口北大街 74 号
北京保利永兴影城有限公司	廊房头条 13 号院 -1 至 -2 层
北京京禾电影放映有限公司	万博苑 7 号楼五层 F5-12

营业性演出场所

北京音乐厅	北新华街 1 号
北京湖广会馆大戏楼	虎坊路 3 号
北京市天桥剧场	北纬路 30 号
民族文化宫大剧院	复兴门内大街 49 号
国家大剧院	西长安街 2 号
中央音乐学院音乐厅	鲍家街 43 号
北京梅兰芳大剧院	平安里西大街 32 号
北京传统文化保护基金会（正乙祠戏楼）	前门西河沿街 220 号
国家京剧院（实验剧场）	平安里西大街 22 号
北京天艺同歌国际文化艺术有限公司	抄手胡同 64 号 26 幢
北京国话剧场	广安门外大街 277 号
北京市西城区文化馆（首层小剧场）	西直门内大街 147 号
北京市西城区文化馆（二层多功能剧场）	西直门内大街 147 号
北京张一元茶叶有限责任公司天桥茶馆	万明路 18 号院 1 号楼南侧
北京地质礼堂	西四羊肉胡同 30 号
北京广德楼娱乐产业有限责任公司	前门大栅栏大街 39 号
北京儿童科技中心（中国儿童中心官园影剧院）	西直门南小街甲 98 号
北京展览馆剧场	西外大街 135 号
解放军歌剧院	德胜门内大街 60 号
北京市工人俱乐部	虎坊路 7 号
北京天桥杂技剧场	北纬路东口（天桥市场 95 号）
德云社剧场	北纬路甲 1 号
北京首都旅游国际酒店集团有限公司前门梨园剧场	永安路 175 号
北京大观园戏楼	南菜园街 12 号（大观园院内）
北京老舍茶馆	前门西大街正阳市场 3 号楼
北京老舍茶馆新京调食坊	前门西大街正阳市场 3 号楼
北京青年宫电影城	西直门南小街 68 号
北京西区剧场管理有限公司	护国寺街 85 号 11 幢 4F
北京鼓楼西文化有限公司（全总文工团排练场）	小八道湾 6 号 3 幢平房
北京京都文化投资管理公司演艺中心	车公庄 4 号 18 栋、20 栋东侧
北京科影传媒有限公司（剧空间剧场）	新街口北大街 74 号
北京天桥艺术中心管理有限公司	天桥南大街 7 号
北京三庆园文化发展有限公司	大栅栏街 18 号 1 号楼
微声万象（北京）文化传播有限公司	天桥南大街 9 号楼地下一层 -103 单元
北京保利永兴影城有限公司	廊坊头条 13 号院 -1 到 -2 层
北京梦回北平文化发展有限公司	新街口北大街 74、76 光泽胡同甲 1 号 68 幢
中国铁路文工团	二七剧场路 15 号

西城区A级景区名录

序号	景区名称	单位地址	等级
1	恭王府管理处	前海西街17号	AAAAA
2	北京海洋馆	西直门外大街137号	AAAA
3	北京动物园	西直门外大街137号	AAAA
4	北海公园	文津街1号	AAAA
5	景山公园	景山西街44号	AAAA
6	什刹海风景区	什刹海地区	AAAA
7	陶然亭公园	太平街19号	AAAA
8	首都博物馆	复兴门外大街16号	AAAA
9	北京天文馆	西直门外大街138号	AAAA
10	北京大观园	南菜园街12号	AAA
11	老舍茶馆	前门西大街三号楼	AAA
12	湖广会馆	虎坊桥3号	AAA
13	大观楼影城	前门大栅栏街36号	AAA
14	中国地质博物馆	西四羊肉胡同15号	AAA
15	月坛公园	月坛北街6号	AAA
16	古代钱币展览馆	德胜门东大街9号	AAA
17	宣南文化博物馆	长椿街9号	AAA
18	北京市宣武艺园	槐柏树街12号	AAA
19	大栅栏商业街区	大栅栏商业街	AAA
20	宋庆龄故居	后海北沿46号	AAA
21	金中都遗址公园	白纸坊桥南护城河西岸	AAA
22	历代帝王庙	阜成门内大街131号	AA

非物质文化遗产代表性项目名录及传承人

非物质文化遗产代表性项目名录

序号	类别	项目名称	项目级别		
			国家级	北京市级	西城区级
1	民间文学（6项）	北京童谣	★	★	★
2		北京回族民间故事			★
3		北京建城传说			★
4		什刹海的传说			★
5		北京灯谜			★
6		京味儿小说语言			★
7	传统音乐（10项）	京都北韵禅乐		★	★
8		白纸坊挎鼓		★	★
9		北京道教音乐			★
10		古代诗词歌曲			★
11		昆曲工尺谱			★
12		北京十番乐			★
13		弦索十三套			★
14		九嶷派古琴艺术			★
15		汉乐筝曲			★
16		三弦演奏			★
17	传统舞蹈（2项）	白纸坊太狮	★	★	★
18		大栅栏五斗斋高跷秧歌		★	★
19	传统戏剧（4项）	昆曲	★	★	★
20		河北梆子	★	★	★
21		北京皮影戏	★	★	★
22		西城皮影（德顺班）			★
23	曲艺（17项）	单弦牌子曲	★	★	★
24		岔曲		★	★
25		北京评书	★	★	★
26		相声	★	★	★
27		京韵大鼓	★	★	★
28		梅花大鼓		★	★
29		北京琴书		★	★

续表

30	曲艺（17 项）	联珠快书		★	★
31		天桥拉洋片			★
32		天桥双簧			★
33		评书（北京）			★
34		铁片大鼓			★
35		快板			★
36		河南坠子			★
37		西河大鼓			★
38		双簧			★
39		梅花大鼓			★
40	传统体育、游艺与杂技（32 项）	抖空竹	★	★	★
41		天桥中幡	★	★	★
42		天桥摔跤	★	★	★
43		口技	★	★	★
44		八卦掌	★	★	★
45		牛街白猿通背拳	★	★	★
46		祁家通背拳			★
47		六合拳		★	★
48		孙式太极拳		★	★
49		北京鬃人		★	★
50		梅花桩拳（小架）		★	★
51		天桥摔跤（2）			★
52		北京赛活驴			★
53		天桥穆派戏法			★
54		牛街掷子			★
55		三皇炮捶拳			★
56		陈式太极拳			★
57		踢花毽			★
58		天桥盘杠			★
59		七巧板			★
60		古彩戏法（杨小亭）			★
61		形意拳			★
62		少林八法拳			★
63		耍花坛			★
64		爬杆			★
65		陈式太极拳			★
66		戳脚翻子拳			★

续表

67	传统体育、游艺与杂技（32项）	大悲拳			★
68		清拳			★
69		善扑营摜跤功夫			★
70		踢冰核儿（冰蹴球）			★
71		天桥杂耍			★
72	传统美术（36项）	北京内画鼻烟壶	★	★	★
73		内画鼻烟壶		★	★
74		北京仿古瓷		★	★
75		北京刻瓷		★	★
76		北京砖雕		★	★
77		彩塑京剧脸谱		★	★
78		古建油漆彩绘		★	★
79		京派剪纸（申沛农）			★
80		北京玉雕（一魔）			★
81		裕氏草编			★
82		铜印钮雕刻			★
83		毛　猴			★
84		金石篆刻			★
85		脸谱绘制			★
86		面　人			★
87		彩蛋绘制			★
88		北京宫廷补绣			★
89		北京彩塑			★
90		面塑			★
91		北派雕钮			★
92		传统灯彩			★
93		绳结艺术			★
94		象牙雕刻			★
95		北京绒鸟（绒花）			★
96		彩砂工艺			★
97		北京葫芦烙画			★
98		核雕			★
99		北京宫廷团扇			★
100		木版年画			★
101		京彩珐琅瓷			★
102		京刻细陶			★
103		指画			★

续表

104	传统美术（36项）	砑花葫芦			★
105		京作核雕			★
106		京绣			★
107		满文书法			★
108	传统技艺（81项）	北京宫毯织造技艺	★	★	★
109		木版水印技艺（荣）	★	★	★
110		古字画装裱修复技艺（荣）	★	★	★
111		古籍修复技艺（中国书店）	★	★	★
112		内联升千层底布鞋制作技艺	★	★	★
113		王致和腐乳酿造技艺	★	★	★
114		六必居酱菜制作技艺	★	★	★
115		张一元茉莉花茶制作技艺	★	★	★
116		鸿宾楼全羊席制作技艺	★	★	★
117		天福号酱肘子制作技艺	★	★	★
118		仿膳（清廷御膳）	★	★	★
119		烤肉季烤羊肉制作技艺	★	★	★
120		烤肉宛烤羊肉制作技艺			★
121		一得阁墨汁制作技艺	★	★	★
122		传统药香制作技艺	★	★	★
123		砂锅居全猪席烹制技艺		★	★
124		护国寺清真小吃制作技艺		★	★
125		柳泉居京菜制作技艺		★	★
126		瑞蚨祥中式服装手工制作技艺		★	★
127		马聚源手工制帽技艺		★	★
128		戴月轩湖笔制作技艺		★	★
129		“正兴德”清真茉莉花茶制作工艺		★	★
130		戏曲盔头制作技艺（李继宗）		★	★
131		北京风味小吃制作技艺		★	★
132		宫廷奶制品制作技艺		★	★
133		小肠陈卤煮火烧制作技艺		★	★
134		“爆肚冯”爆肚制作技艺		★	★
135		京胡制作技艺		★	★
136		洪广源派京胡制作技艺			★
137		北京鸽哨制作技艺		★	★
138		毛猴制作技艺			★
139		金属工艺品锻錾工艺			★
140		绢人制作技艺			★

续表

141	传统技艺（81项）	锦匣制作技艺			★
142		叭叭鼓制作技艺（张氏）			★
143		荣宝斋装帧技艺			★
144		汲古阁拓片制作技艺			★
145		北京花茶拼配工艺			★
146		桂香村南味食品制作技艺			★
147		同和居鲁菜烹制技艺			★
148		峨嵋酒家川菜烹制技艺			★
149		曲园酒楼湘菜制作技艺			★
150		丰泽园鲁菜制作技艺			★
151		翰林谭家菜制作技艺			★
152		羊头马白水羊头制作技艺			★
153		马家老铺酱烧牛羊肉制作技艺			★
154		“户部街马记”酱烧牛羊肉制作技艺			★
155		“年糕钱”年糕制作技艺			★
156		天源酱菜制作技艺			★
157		“豆腐脑白”豆腐脑制作技艺			★
158		门框胡同褡裢火烧制作技艺			★
159		大和恒米面加工技艺			★
160		北京雕漆			★
161		金漆镶嵌			★
162		花丝镶嵌			★
163		传拓技艺			★
164		曹氏风筝			★
165		山核桃工艺品制作技艺			★
166		古琴斫制技艺			★
167		古建筑模型扎小样			★
168		北京金漆镶嵌			★
169		手工书画装裱修复技艺			★
170		蜡果制作技艺			★
171		北海公园标本菊传统养殖技法			★
172		金氏风筝扎制技艺			★
173		北京景泰蓝制作技艺			★
174		羯子李白汤羊蝎子制作技艺			★
175		奶酪魏奶酪制作技艺			★
176		砂板糖制作技艺			★
177		北派舞狮道具制作技艺			★

续表

178	传统技艺（81项）	聚顺和茯苓夹饼传统制作技艺			★
179		泰丰楼鲁菜制作技艺			★
180		厉家菜制作技艺			★
181		茶汤李茶汤制作技艺			★
182		二胡制作技艺			★
183		筋角弓制作技艺			★
184		宫灯制作技艺			★
185		北京糖画			★
186		北京吹糖人			★
187	传统医药（14项）	宫廷正骨	★	★	★
188		鹤年堂中医药养生文化	★	★	★
189		王氏脊椎疗法	★	★	★
190		清华池修治脚病传统技艺	★	★	★
191		崇厚堂沈氏女科疗法		★	★
192		凤阳门正骨千手大法			★
193		正筋疗法			★
194		北京马应龙眼药制药技艺			★
195		王氏脑中风疗法			★
196		经筋骨推拿疗法			★
197		龟息按摩技法			★
198		“癣药刘”皮癣疗法			★
199		“济安堂”王回回膏药			★
200		锭子药手工制作技艺			★
201	民俗（4项）	厂甸庙会	★	★	★
202		鸿宾楼“老堂经”			★
203		老北京叫卖			★
204		法源寺丁香赏花习俗			★

非物质文化遗产代表性项目名录扩展项目名录

序号	类别	项目名称	项目级别		
			国家级	北京市级	西城区级
1	传统美术　（1项）	面塑			★
2	传统技艺（3项）	花丝镶嵌			★
3		北京雕漆			★
4		古琴斫制技艺			★

非物质文化遗产传承人

序号	类别	项目名称	姓名	性别	出生年份	批次			备注
						国	市	区	
1	民间文学	北京建城传说	王作辑	男	1948			三批	
2		北京灯谜	翟鸿起	男	1943			三批	
3	传统舞蹈	白纸坊太狮	王建文	男	1964	三批	一批	一批	
4			杨敬伟	男	1958	四批	三批	二批	
5		大栅栏五斗斋高跷秧歌	张全增	男	1933		二批	一批	去世
6	传统音乐	京都北韵禅乐	朱锡全	男	1926		三批	二批	
7			吴颖超	女	1933			二批	
8			刘爱君	女	1948		四批	三批	
9		古代诗词歌曲	王苏芬	女	1943			三批	
10	传统戏剧	北京皮影戏	路宝刚	男	1964		四批	一批	
11		昆曲	侯少奎	男	1940	二批	国补	一批	
12			杨凤一	女	1964	二批	国补	一批	
13			白士林	男	1938		二批	一批	
14			丛兆桓	男	1931	三批	二批	一批	
15			韩建成	男	1939	三批	二批	一批	
16			王大元	男	1941	四批	三批	二批	
17			马玉森	男	1940		二批	一批	
18			周万江	男	1940		二批	一批	
19			张毓文	女	1946		二批	一批	
20			乔燕和	女	1943		三批	二批	
21			王建平	男	1964			二批	
22			侯宝江	男	1946			二批	
23			刘国庆	男	1943			二批	
24			王德林	男	1943			二批	
25			白晓华	女	1943			二批	
26			张敦义	男	1945			二批	
27			张国泰	男	1943			二批	
28		河北梆子	刘玉玲	女	1947	四批	二批	一批	
29			王凤芝	女	1941		二批	一批	

续表

30	传统戏剧	河北梆子	李二娥	女	1947		三批	二批	
31			彭艳琴	女	1956			二批	
32			殷新泉	男	1949			三批	
33		西城皮影（德顺班）	路连达	男	1938			一批	
34	曲艺	北京评书	连丽如	女	1943	三批	二批	一批	
35			贾建国	男	1942			二批	
36		岔曲	张蕴华	女	1948	四批	二批	一批	
37			希婉英	女	1952			一批	
38		岔曲	马　岐	男	1940			一批	
39			马小祥	男	1969			一批	
40		单弦	赵玉明	女	1929		四批	三批	
41			马增蕙	女	1936		四批	三批	
42		联珠快书	章学楷	男	1936		二批	一批	
43			王玥波	男	1978			二批	
44		北京琴书	王树才	男	1968		三批	一批	
45			刘砚声	男				一批	
46		京韵大鼓	李　想	女	1984			二批	
47			种玉杰	男	1959		四批	三批	
48		相声	张志强	男	1959			二批	
49			康有纯	男	1957			二批	
50		评书（北京）	马　岐	男	1940			三批	
51	传统体育、游艺与杂技	天桥中幡	傅文刚	男	1961	一批	一批	一批	
52			傅文友	男				一批	
53		抖空竹	张国良	男	1955	一批	一批	一批	
54			李连元	男	1946	一批	一批	一批	
55		北京鬃人	白大成	男	1939		一批	一批	
56			白　霖	男	1979			一批	
57		八卦掌	孙志均	男	1933	四批	三批	二批	
58			赵大元	男	1944			二批	
59			王尚智	男	1947			二批	
60			李秀人	女	1953			三批	
61			韩　杰	男	1931			三批	
62			马传旭	男	1934		四批	三批	

63	传统体育、游艺与杂技	八卦掌	高继武	男	1942			三批	
64			刘敬儒	男	1936		四批	三批	
65		口技	牛玉亮	男	1938	四批	三批	二批	
66		六合拳	曹凤岐	男	1948		四批	三批	
67		孙式太极拳	孙婉蓉	女	1928		三批	二批	
68			孙宝亨	男	1933			二批	去世
69			孙 恝	男	1970			三批	
70		牛街白猿通背拳	李占华	男	1942		三批	二批	
71		牛街白猿通背拳	李树成	男	1959			三批	
72			王建华	男	1951			三批	
73			钟宝义	男	1954		四批	三批	
74		祁家通背拳	戴振川	男	1955			二批	
75		五行通背拳	马启华	男	1954			二批	
76		梅花桩拳（小架）	韩建中	男	1942		四批	三批	
77			韩 超	男	1968			三批	
78		三皇炮锤拳	庞连福	男	1955			三批	
79		形意拳	张增记	男	1959.04			三批	
80		少林八法拳	曾皑洁	男	1961			三批	
81		穆派戏法	田学明	男	1964			三批	
82		耍花坛	周仁喜	男	1953			三批	
83		爬杆	于 健	男	1953			三批	
84	传统美术	北京内画鼻烟壶	刘守本	男	1943	三批	一批	一批	
85			杨志刚	男	1963		四批	一批	
86		内画鼻烟壶	姚桂新	女	1954			二批	
87		北京砖雕	张彦	男	1965		四批	二批	
88		彩塑京剧脸谱	佟秀芬	女	1956		四批	二批	
89			林泓魁	男	1983			三批	
90		北京玉雕	苏然	男	1971.3		四批		
91			孟庆东	男	1972.12		四批		
92		北京刻瓷	陈永昌	男				三批	
93		脸谱绘制	郭石刚	男	1980			三批	
94		北京彩塑	张忠强	男	1963			三批	
95		彩蛋绘制	赵 伟	女	1951			三批	
96		毛猴	姜守煜	男	1944			三批	

续表

97	传统美术	象牙雕刻	李万顺	男	1944			三批	
98		北京绒鸟	张燕霞	女	1952			三批	
99		彩砂工艺	黄小群	女	1953			三批	
100		传统灯彩	余光亮	男	1962			三批	
101		传拓技艺	马国庆	男	1956			三批	
102		绳结艺术	李　钉	女	1952			三批	
103		北京葫芦烙画	王兆庚	男	1963			三批	
104		核雕	卢晓荣	男	1960			三批	
105	传统技艺	北京宫毯织造技艺	康玉生	男	1933	三批	一批	一批	
106			王国英	女	1967		三批	一批	
107			褚长海	男	1942			一批	
108			高春荣	女	1962			一批	
109		北京仿古瓷	白莉	女	1955		三批	二批	
110			王立	女	1950			二批	
111		泥塑彩绘脸谱	佟秀芬	女	1956			二批	
112		内联升千层底布鞋制作技艺	何凯英	男	1955	三批	一批	一批	
113		马聚源手工制帽技艺	盛秉伦	男	1927		一批	一批	
114		瑞蚨祥中式服装手工制作技艺	邹秋明	女	1953		二批	一批	
115		装裱修复技艺（古籍修复技艺）	王辛敬	男	1958	三批	一批	一批	
116		荣宝斋装裱修复技艺	李淑珍	女	1968		三批	一批	
117		木板水印技艺	崇德福	男	1953	一批	一批	一批	
118			王丽菊	女	1958	一批	一批	一批	
119			高文英	女	1956	三批	二批	一批	
120			赵慧萍	女	1964		二批	一批	
121			刘宝祥	男	1963			二批	
122			肖刚	男		四批	三批	三批	
123		中国书店古籍修复技艺	汪学军	男	1964	四批	二批	一批	
124			刘秋菊					一批	
125		张一元茉莉花茶窨制技艺	王秀兰	女	1955	三批	二批	一批	
126		传统药香制作技艺	李时亮	男	1980		三批	二批	
127			时雅莉	女				二批	
128		戴月轩湖笔制作技艺	王后显	男	1976		四批	二批	
129			陈培新	男	1967			三批	
130		六必居酱菜制作技艺	杨银喜	男	1954	三批	一批	一批	

续表

131	传统技艺	六必居酱菜制作技艺	薛洪兰	女	1959			二批	
132		鸿宾楼全羊席制作技艺	佟建国	男	1952		一批	一批	
133			朱长安	男	1960		四批	一批	
134			许仁礼	男	1963			一批	
135		天福号酱肘子制作技艺	冯君堂	男	1960		一批	一批	
136			郭景田	男	1959			一批	
137			王金杠	男	1952			一批	
138			耿　仁	男	1956			一批	
139		北京烤肉制作技艺（烤肉季）	白士清	男	1946		一批	一批	
140			甄德禄	男	1958			一批	
141			杨玉泉	男	1959			二批	
142		北京烤肉制作技艺（烤肉宛）	万春生	男	1962		一批	一批	
143			张振民	男	1968			一批	
144			王芸生	男	1956			二批	
145			宛金廷	男	1963			三批	
146		护国寺清真小吃制作技艺	马国华	男	1952			一批	
147			李秀云	女	1964		四批	一批	
148		砂锅居全猪席制作技艺	刘为永	男	1969			一批	
149			杨树松	男	1954		四批	一批	
150			曹东鹏	男	1978			二批	
151		同和居鲁菜烹制技艺	于晓波	男	1955			一批	
152			武根深	男	1963			一批	
153		峨眉酒家川菜制作技艺	毛春和	男	1962			一批	
154		柳泉居京菜制作技艺	屈德森	男	1958			二批	
155		宫廷补绣	杜康民	男	1947			一批	
156			孙石芬	女	1948			一批	
157		北京彩塑	双起翔	男	1931			一批	
158			双彦	男	1958			一批	
159		面塑	张宝琳	男	1954			一批	
160			冯慧芸	女	1954			一批	
161		京派剪纸（申沛农）	靳鹤年	男	1944			二批	
162			杨莹莹	女	1954			二批	
163		北派雕钮	韩宝玉	男	1942			一批	

续表

164	传统技艺	戏曲盔头制作技艺	李继宗	男	1938		四批	二批	
165			李　鑫	男	1980			三批	
166		北京玉雕（一魔）	刘春江	男	1958			二批	
167		裕氏草编	裕　庸	男	1939			二批	去世
168		金属工艺品锻錾工艺	孟德仁	男	1943			二批	
169		“正兴德”清真茉莉花茶制作工艺	王会明	女	1966			三批	
170		爆肚冯爆肚制作技艺	冯秋生	男	1952		四批	三批	
171			冯云亭	男	1964			三批	
172		北京鸽哨制作技艺	张宝桐	男	1949		四批	三批	
173		洪广源派京胡制作技艺	许学慈	男	1935		四批	三批	
174		“豆腐脑白”豆腐脑制作技艺	白　华	女	1956			三批	
175		“年糕钱”年糕制作技艺	钱振波	男	1956			三批	
176		羊头马白水羊头制作技艺	马国义	男	1955			三批	
177		“羯子李”白汤羊蝎子制作技艺	李　明	男	1962			三批	
178		奶酪魏奶酪制作技艺	魏　宁	男	1960			三批	
179		曲园酒楼湘菜制作技艺	张景严	男	1962			三批	
180		天源酱菜制作技艺	张启增	男	1962			三批	
181		北京花茶拼配工艺	吕贤军	男	1964			三批	
182		翰林谭家菜制作技艺	刘为平	男	1952			三批	
183		桂香村南味糕点制作技艺	赵　巍	女	1972			三批	
184		砂板糖制作技艺	赵崇和	男	1944			三批	
185		大和恒米面加工工艺	白少川	男	1941			三批	
186		北京雕漆	张效裕	女	1966			三批	
187		金漆镶嵌	武国芬	女	1953			三批	
188		北京金漆镶嵌	胡　昕	女	1957			三批	
189		北京景泰蓝制作技艺	李佩卿	女	1953			三批	
190		手工书画装裱修复技艺	王铁环	男	1962			三批	
191			李世勇	男	1971			三批	
192		蜡果制作技艺	刘秀华	女	1950			三批	
193		汲古阁拓片制作技艺	吴　刚	男	1969			三批	
194		曹氏风筝	刘　宾	男	1977			三批	
195		金氏风筝扎制技艺	王赤峰	男	1950			三批	
196		北派舞狮道具制作技艺	王建文	男	1965			三批	

续表

197	传统技艺	北海公园标本菊传统养殖技艺	刘　展	男	1958			三批	
198		京胡制作技艺	史优生	男				三批	
199		花丝镶嵌	钮永禄	男				三批	
200	传统医药	宫廷正骨	刘　钢	男	1952	三批	二批	一批	
201			吴定寰	男			一批	一批	去世
202			吴　冰	男	1978			二批	
203		王氏脊椎疗法	王兴治	男	1953	四批	三批	二批	
204		鹤年堂中医药养生文化	雷雨霖	男	1926	四批	二批	一批	
205		鹤年堂中医药养生文化	王国宝	男	1954		三批	二批	
206			雷　松	男	1968			三批	
207		清华池修治脚病传统技艺	任新春	男	1967			三批	
208			王建生	男	1957		三批	二批	
209		凤阳门正骨千手大法	佟乐康	男	1948			二批	
210		崇厚堂沈氏女科疗法	沈绍功	男	1939		四批	三批	去世
211		王氏脑中风疗法	王兴治	男	1953			三批	
212		马应龙眼药制药技艺	马永福	男	1953			三批	
合计：	区级 204 人、市级 80 人、国家级 29 人								

注：吴定寰、张全增、孙宝亨去世；苏然、孟庆东属地管理；马岐为岔曲和评书（北京）两项目传承人。故现有区级传承人为204人

主要宾馆及饭店

序号	饭店名称	星级	饭店地址	电话
1	国宾酒店	五星	阜外大街甲 9 号	58585588
2	金融街威斯汀大酒店	五星	金融大街乙 9 号	66068866
3	金融街丽思卡尔顿酒店	五星	金城坊东街 1 号	66016666
4	金融街洲际酒店	五星	金融街 11 号	58525888
5	翔达国际商务酒店	四星	广安门内大街 169 号	83172288
6	港中旅维景国际大酒店	四星	广安门内大街 338 号	83529999
7	西单美爵酒店	四星	宣武门内大街 6 号	66036688
8	建通酒店	四星	广莲路甲 5 号	63986611
9	国宏宾馆	四星	木樨地北里甲 11 号	63908866
10	中国职工之家	四星	真武庙路一号	68576699
11	前门饭店	四星	永安路 175 号	63016688
12	深圳大厦	四星	广安门外大街 1 号	63271188
13	民族饭店	四星	复兴门内大街 51 号	66014466
14	国谊宾馆	四星	文兴东街 1 号国谊宾馆	68316611
15	广州大厦	四星	西单横二条甲 3 号	58559988
16	金都假日饭店	四星	北礼士路 98 号	68338822
17	国二招宾馆	四星	西直门南大街 6 号	66186688
18	金台饭店	四星	地安门西大街 38 号	66529988
19	德宝饭店	四星	德宝新园 22 号	68318866
20	新大都饭店	四星	车公庄大街 21 号	68319988
21	金色夏日商务酒店	四星	西便门内大街 85 号	63012999

街道社区居委会

德胜街道

石油社区	六铺炕二区 38 号楼南平房
六铺炕水电社区	六铺炕二区 39 号楼一层
六铺炕煤炭社区	安德路南 67 号旁门
安德路南社区	安德路 124 楼东侧地下室
安德路北社区	教场口 6 号院 1 号楼 1 门 003 室
德外大街东第一社区	教场口 9 号院 5 号楼一层
德外大街东第二社区	塔院胡同 12 号院平房
德外大街西社区	冰窖口胡同 73 号 -4
人定湖西里社区	塔院胡同丙 2 号
新外大街南社区	新外大街 28 号院新 4 楼前平房
新外大街北社区	新外大街甲 8 号 29 楼 -4-2
德胜里社区	德胜里一区 9 楼 4 门 2 号
新明家园社区	新明胡同 2 号楼平房
新康社区	新康街 3 号院平房
新风中直社区	新风南里 9 号楼前平房
北广社区	双旗杆东里 2 号楼下平房
马甸社区	马甸南村
双旗杆社区	双旗杆东里 12 号楼一层
裕中西里社区	裕中西里 27 楼甲 1 号
裕中东里社区	裕中西里 15 楼一层中间
黄寺大街西社区	德外大街乙 12 号院 8 号楼 1 层
黄寺大街 24 号社区	人定湖北巷（敬老院北）
阳光丽景社区	黄寺大街 23 号院 3 楼东平房
新风街 1 号社区	新风街 1 号院 10 号楼 107

什刹海街道

西四北社区	中毛家湾 55 号
西安门社区	西四东大街 8 号
西什库社区	刘兰塑胡同 16 号
爱民街社区	爱民二巷 1 号
大红罗社区	小拐棒胡同 18 号
西巷社区	护国寺东巷 22 号
护国寺社区	德内大街 251 号
簸箩仓社区	德内大街 221 号
前铁社区	德内大街 303 号
柳荫街社区	柳荫街甲 7 号
兴华社区	厂桥胡同 8 号
松树街社区	弘善胡同 18 号
前海北沿社区	南官房胡同 59 号

前海东沿社区	后小井胡同 18 号
白米社区	白米斜街 12 号
景山社区	景山西街 15 号
米粮库社区	油漆作胡同 21 号
旧鼓楼社区	旧鼓楼大街 145 号
双寺社区	西绦胡同甲 15 号
鼓西社区	鼓西大街 128 号
后海社区	鸦儿胡同后 6 号
后海西沿社区	东明胡同 16 号
西海社区	水车胡同甲 9 号
苇坑社区	苇坑胡同 53 号
四环社区	新街口东街 22 号

西长安街街道

义达里社区	义达里 42 号
西单北社区	东斜街 53 号二楼
光明社区	府右街西巷 22 号
黄南社区	黄南一区 5 号楼一层
府南社区	太仆寺街 33 号楼 5 号院
钟声社区	南安里 7 号
太仆寺街社区	横二条 2 号 303
南北长街社区	南长街 58 号
北新华街社区	东安福 20 号
西交民巷社区	东新帘子胡同 2 号
和平门社区	西绒线胡同 8 号
六部口社区	小六部口 26 号
未英社区	佳慧雅园 3 号楼

大栅栏街道

前门西河沿社区	西河沿 224 号
大安澜营社区	大安澜营 9 号
大栅栏西街社区	杨梅竹斜街 65 号
铁树斜街社区	樱桃斜街 61 号
煤市街东社区	施家胡同 28 号
延寿街社区	延寿街 21 号
三井社区	煤市街 21 号
百顺社区	百顺胡同 8 号
石头社区	石头胡同 29 号

天桥街道

留学路社区	灵佑胡同 4 号
香厂路社区	仁民路 8 号
永安路社区	阡儿路 71 号
虎坊路社区	虎坊路 12 号楼北侧
天桥小区社区	东经路 6 号院内
禄长街社区	禄长街头条甲 2 号
先农坛社区	南纬路 2 号院内

太平街社区	太平街8号18号楼院内

新街口街道

西四北头条社区	小绒线胡同18号
西四北三条社区	赵登禹路140号
西四北六条社区	西四北六条35号
育德社区	后车胡同9号
前公用社区	后帽胡同1号
宫门口社区	宫门口三条1号（福绥境大楼内）
北顺社区	青塔胡同43号
富国里社区	玉廊园8号楼2-001
安平巷社区	白塔寺东夹道胡同甲8号
官园社区	育强胡同甲8号
冠英园社区	冠英园西区27号楼4-D01、D02
南小街社区	安成胡同35号
半壁街社区	小后仓胡同1号楼北侧平房
中直社区	西直门南大街10号10号楼105
大觉社区	大觉31号
西里三区社区	新街口西里三区2号楼南小楼1层
北草厂社区	玉桃园三区8号楼4-004
玉桃园社区	前桃园1号楼院内
西里四区社区	新街口西里三区2号楼南小楼3层
西里一区社区	新街口西里一区3号楼西侧底商
西里二区社区	新街口西里一区9号楼西侧底商

金融街街道

砖塔社区	砖塔胡同53号
大院社区	大院胡同18号
宏汇园社区	宏汇园8号楼2-3门
教育部社区	大木仓胡同35号
京畿道社区	京畿道小区甲1号
手帕社区	东铁匠胡同甲8号
新文化街社区	新文化街36号
受水河社区	头发胡同45号
新华社社区	佟麟阁路62号
丰盛社区	太平桥大街西城晶华底商8-7
丰融园社区	丰融园小区15号楼底商20号
丰汇园社区	丰汇园11号楼甲1号
二龙路社区	太平桥大街甲230号
文昌社区	闹市口中街33号
东太平街社区	新文化街127号楼后院平房
温家街社区	光彩胡同29号
民康社区	民康胡同30号院2号楼108室
西太平街社区	鲍家街甲2号
中央音乐学院社区	鲍家街43号新7楼1门D101室

椿树街道

梁家园社区	前孙公园 56 号
红线社区	红线胡同 21 号
香炉营社区	香炉营东巷 2 号院 3-5-103
椿树园社区	椿树园小区 4 号楼一层
宣武门外东大街社区	宣武门外东大街 22 号楼 2-109
四川营社区	四川营胡同 8 号
琉璃厂西街社区	前孙东夹道 4 号

陶然亭街道

米市社区	中信城二期沁园 4 号楼底商
南华里社区	南华里 13 号
粉房琉璃街社区	粉房琉璃街 100 号
福州馆社区	福州馆前街 4 号楼前平房
新兴里第一社区	南华里 10 号
新兴里第二社区	双柳树 2 条 8 排楼 6 号
新兴里第三社区	陶然亭路 2 号院 1 单元 1 层东侧
黑窑厂社区	黑窑厂街临字 16 号
龙泉社区	龙泉胡同甲 22 号
红土店社区	红土店南里 6 号楼前平房

展览路街道

德宝社区	德宝新园 1 号楼 7-001/8-001
朝阳庵社区	朝阳庵 3 号楼前平房
文兴街社区	车公庄中里 1 号楼下平房
团结社区	西外团结大院 7 号楼地下室
榆树馆社区	榆树馆西里 4 号楼地下室
新华东社区	北礼士路乙 56 号楼 3 门地下室
新华里社区	新华里 10 号院 1 号楼 1 门 101-102 室
车公庄社区	车公庄北里 36 号楼 101 室
百万庄西社区	百万庄北里 1 号平房
百万庄东社区	百万庄中里 8 号楼 6 门及 7 门地下室
三塔社区	展览馆路 34 号东侧平房
新华南社区	北礼士路 135 号楼院内平房
黄瓜园社区	黄瓜园东 10 门后院平房
露园社区	北露园 4 号楼楼下平房
北营房西里社区	北营房西里 11 号楼地下室及南侧平房
北营房东里社区	北营房东里 11 楼 105 室、109 室
阜外西社区	月坛北街 25 号楼 3 楼前车库
洪茂沟社区	月坛北街 15 号楼供暖所煤厂院内平房
阜外东社区	南礼士路甲 1 号院内平房
南营房社区	月坛北街 5 号楼 2 门 103 号
万明园社区	万明园 7 号楼 2-104
滨河社区	北滨河路 2 号院 9 号楼 2 层 207、209

月坛街道

三里河第一社区	三里河北街5号院内
三里河第二社区	三里河北街3号院内
三里河一区社区	三里河一区3号院5楼半地下
月坛社区	月坛北街8号楼108号
社会路社区	月坛南街19号院4号楼1层
铁三社区	月坛西街西里16楼2门1号
三里河二区社区	三里河二区6号楼105
三区一社区	三里河三区40楼4门3号
三区三社区	复兴门外大街23-105
铁二一社区	二七剧场路东里新19楼205号
铁二二社区	二七剧场路东里新9楼2门003
南礼士路社区	南礼士路三条北里14楼3门3号
二炮社区	复外大街甲七号院
复北社区	复兴门北大街11号楼旁
广一社区	真武庙二条7号院7门1号
广二社区	西便门外大街4号院4号楼2门101
复外社区	复外大街6号楼107号
真武庙社区	真武庙五里6栋西配楼
西便门社区	西便门外大街10号院26门2号
铁四社区	西便门外大街7号院11号楼2号
汽南社区	白云路西里16号楼107号
汽北社区	木樨地北里19楼北侧
白云观社区	白云观街南里5号楼4门101号
木樨地社区	木樨地北里平房2号
公安社区	木樨地南里公安大学29楼地下室
南沙沟社区	南沙沟小区18号楼西头一层
全总社区	真武庙二里甲10-2

广安门内街道

西便门内社区	西便门内大街77号
长西社区	长椿街西里18楼西侧
槐北社区	槐柏树街11号楼一单元底商
西便门东里社区	西便门东里东平房1号
西便门西里社区	西便门西里1-102号
报国寺社区	胜利一巷28号
核桃园社区	核桃园东街6号
槐南社区	槐柏树南里9-2-002号
长椿里社区	长椿街8号楼3-1号
上斜街社区	上斜街乙46号
校场社区	校场小七条10号
宣西社区	宣武门西大街4号楼地下室
三庙社区	长椿街东里24楼前
老墙根社区	建学新楼4门103号
长椿街社区	感化3号院内平房
广安东里社区	广内大街159号
大街东社区	广内大街223号楼内东侧

康乐里社区	康乐里小区一号楼地下室

牛街街道

枫桦社区	牛街西砖胡同 2 号院 8–1
法源寺社区	南横西街 65 号后楼
东里社区	牛街东里一区 5 号楼南侧
春风社区	小寺街 6 号院
西里一社区	牛街西里一区 2 号楼北侧
西里二社区	牛街西里二区 6 号楼东侧
钢院社区	白广路 6 号院
白广路社区	白广路二条 4 号院内
南线阁社区	南线里 4 号楼 1 层
菜园北里社区	枣林前街 147 号院内

白纸坊街道

平原里社区	平原里小区 12 号楼对面地下室
双槐里社区	万寿公园南门东侧小院
右北大街社区	益民巷大楼一层
樱桃园社区	樱桃三条新安北里 1 号楼底商
菜园街社区	崇效胡同 18 号
崇效寺社区	白纸坊西街 17 号院 7 号楼 101 室
建功北里社区	南菜园 19–1
建功南里社区	南菜园乙 35 号
新安中里社区	白纸坊西街 20 号楼底商 –3
新安南里社区	白纸坊西街 6 号院 5–3–002
右内后身社区	右内西街丙一号
右内西街社区	右内西街甲 10 号院 5 号楼西侧平房
自新路社区	信建里宿舍 6 号平房
光源里社区	宏建北里 19 号
半步桥社区	半步桥街 13 号院
万博苑社区	万博苑小区 5 号楼地下室
里仁街社区	里仁街 6 号院外北平房
清芷园社区	清芷园 3 号楼 B 座 IJ 室

广安门外街道

鸭子桥社区	鸭子桥路 47 号
青年湖社区	鸭子桥北里 14–3–B01
椿树馆社区	车站东街 15–2–1–102
白菜湾社区	广外南街甲 59–3
车站东街社区	广外大街 6 号楼 1 层南侧
手帕口南街社区	手帕口南街 36 号院平房
朗琴园社区	广外手帕口南街 1 号院 11 号楼南侧一层
红居街社区	远见名苑 4 号楼 A1
红居南街社区	小红庙 3 号楼下平房
车站西街 15 号院社区	车站西街 15 号院社区西侧平房
车站西街社区	车站西街 17 号院 1 号楼南侧平房
乐城社区	广外红莲南路 6 号院 2 号楼 105

社区	地址
红莲北里社区	红莲北里 5-3-101
红莲中里社区	红莲中里 28 楼南侧平房
红莲南里社区	红莲南里 8 号
三义东里社区	广外马连道中街甲 3 号楼 1 层
三义里社区	三义里 8 号楼南侧
马中里社区	马连道中街甲 3 号楼
马连道社区	马连道路 5 号院北侧平房
湾子街社区	马连道路 15 号院 3-8
依莲轩社区	依莲轩 D 座 103
小马厂社区	小马厂路 1 号院 1 号楼北侧
手帕口北街社区	手帕口北街 11 号院南平房
天宁寺北里社区	天宁寺前街北里 5-1-103
二热社区	小马厂东里 2-101
天宁寺南里社区	天宁寺南里小区 12 号楼旁
莲花河社区	莲花河胡同 2 号院 1 号楼 1 单元
荣丰社区	荣丰 5 号楼 C01 室
蝶翠华庭社区	广外大街 305 号二区 5 号楼地下一层 6 号
中新佳园社区	中新佳园 10 号楼一层

（责任编辑　齐　田）

索　引

说明：1. 本索引基本按汉语拼音音序排列，汉字打头的主题词按首字的音序音调依次排列，首字相同时，则以第二字排序，以此类推；以阿拉伯数字、英文字母打头的主题词，排在最前面。

2. 主题词后的阿拉伯数字表示该词所在页码，其后的小写英文字母 a、b、c 表示正文中的栏别（从左至右）。

3. 部分主题词后面有若干个页码栏别，则表示该词在这些地方均有出现。

4. 特载、人物、统计资料、附录等栏目内容不在标引范围内。

A

B

C

D

F

G

H

J

K

L

M

N

P

Q

S

T

W

X

Y

Z